精選 日中慣用句辞典
精选 日汉熟语词典

併録：精選 日中漢字熟語集
附：精选 日汉汉字语汇集

高橋公一郎／田忠魁【共編】

元就出版社

は　じ　め　に

　本書のコンセプトは「漢字」です。言うまでもなく漢字の母国は中国であり、日本は母国に次いで漢字を活用している国の一つです。中国語を学び話し研究する日本人、日本語を学び話し研究する中国人にとって相手国の漢字は離れることのできないパーツです。

　本書は、日本の「慣用句」と「三字以上の漢字熟語」に着目し、徹底して忠実に日本の国語辞典に「慣用句」と表示されている見出しと掲載されている「三字以上の漢字熟語」から精選編集されたものです。「慣用句」は9,365見出し、「三字以上の漢字熟語」は3,131見出し、合計12,496見出しを収録しました。

　「精選 日中慣用句辞典」と「精選 日中漢字熟語集」の合冊の形式を取り、類義の慣用句と漢字熟語は関連見出しの解説に反映され相互に連繋しております。

　外国由来、特に中国由来の「慣用句」と「漢字熟語」は数が多く、且つ伝来の歴史が長いので、かなり古い時代に遡って収録し出典を付記しました。

本 辞 典 简 要 说 明

　本词典的基本理念是"汉字"。众所周知，汉字起源于中国，而日本是仅次于中国运用汉字的国家之一。所以，对于学习、使用、研究汉语的日本人和学习、使用、研究日语的中国人来说，离开汉字这个工具则一切无从谈起。

　本词典着眼于日本的"慣用句"(かんようく)(shúyǔ = 熟语)和三字以上的"漢字熟語"(かんじじゅくご)(hànzìyǔhuì = 汉字语汇)，忠实地依据日本的国语辞典，从标为"慣用句"的条目和三字以上的汉字条目中精选出熟语9365条和汉字语汇3131条，计12496条。

　关于外来的熟语条目，其中源自中国古代文献的条目不消说，源自西方且传入日本历时已久，完全融入日语系统之中的熟语，本辞典也精选酌收。

　本辞典将熟语和汉字语汇两部分合二而一，同义近义熟语和汉字语汇作为相关项目列于释义之后以资相互参照。

致 读 者

关于书名

　　本词典编写过程中常有人问：书名为什么不叫"成语辞典"、"谚语辞典"？为什么不叫"惯用语①辞典"而叫"熟语词典"？朋友每有所问，编者必一一作答。现在辞典面世，也许有未曾谋面的朋友会发同样的疑问，所以有必要先解释书名必作"熟语"的理由。

　　本辞典的日文书名『精選 日中慣用句辞典』似乎没有问题，因为在日语中已有共识，只是中国的初学者有人不知道这个汉语中并不存在的名词「慣用句」的真正含义是什么，无法用准确的汉语对译，于是走捷径——日文汉读——就叫 慣 用 句，这会引起概念的混乱，因为汉语本来有个"惯用语②"。症结就在于日文的句和中文的句究竟有何异同。句在语言学上是指「二語（以上）からなる語群で主部・述部の関係をもたず、一つの品詞の機能を果たすもの」（成美堂『現代言語学辞典』），或者「文の中のいくつかの語がひとまとまりとなって文の成分をなすことがある」（三省堂言『語学大辞典』第6巻），也就是 phrase。然而中文的句（句子的省称）是完全不同的概念，它是指"语言运用的基本单位。通常由词组成而具有表述性。在连贯的话语中，每个句子的末尾有隔离性停顿，书面上由句号、问号或感叹号来表示"（上海辞书出版社《语言学百科词典》），也就是 sentence。因此日语界的一些人说的"慣 用 句"其实不是句子。这个词并不是汉语的固有成分，只能整体看作一个外来语，就像"寿司""断舍离"一样。

　　另一方面，中文书名《精选日汉熟语辞典》，在中日两国初学者中可能有不同的理解。首先，有的中国人不清楚究竟什么是"熟语"，甚至以为就是"俗语"。但是俗语的主要特点是通俗（有的比较粗俗），这与熟语不同。

　　日本读者看到"熟语"这两个字往往理所当然地以为是「熟語」即 compound word（複合語）。这种分歧源于"语"和「語」的区别。語是 word（词），而在汉语的语境中，成语、惯用语、俚语、谜语、熟语、俗语、习语、歇后语、谚语这些"～语"都不是 word（词），一般是大于词小于句子的语言单位 即 phrase——短语（词组）——的简称。熟语是指"语言中固定的词组或语句。使用时一般不能任意改变其结构，且必须从整体来理解语义。包括成语、谚语、格言、惯用语、歇后语等"（上海辞书出版社《辞海》），当然还包括俗语、俚语、习语。

这样看来，只有熟语(shúyǔ)能够囊括上述各种"～语"，能跟慣用句(かんようく)比较准确地对译。所以，本辞典用"熟语"作书名。

条目选定

为了保证本辞典的权威性和规范性，条目的采择首先重视权威性大型工具书『精選版　日本国語大辞典』、『広辞苑』、『大辞林』、『大辞泉』（编者称作四大辞典），同时广泛参考各种专门的熟语辞典，如『三省堂　故事ことわざ・慣用句辞典』、『慣用句・故事ことわざ・四字熟語　使いさばき辞典』等。原则上四大辞典收录的熟语本辞典尽量收录，此外，其他专门熟语词典中较为常用的也是当采收。这样，"慣用句"、"漢字熟語"共收录12496条。为了给语言教师、翻译人员和研究者提供广泛的参考和翻译的示范，本辞典酌收了一些较艰深的和仅见于古代文献的熟语条目。

读者对象和一些问题的处理

本词典是为中日两国学习对方语言的学生、教师、研究者、口笔译人员在阅读、教学、研究、翻译、写作中遇到问题时释疑解惑和提供范例而编纂的。所以，编写中注意条目数量充足、涵盖领域宽广、古今兼顾、难易并收。

首先，条目数量要相对充足。收词量是判断一部工具书是否合用的重要标准之一。大体上，如果一部辞典，读者随机检索三、四个条目皆无收载，则可断定此词典不合己用。这也是编者多年从事实际语言工作的体会。

熟语(shúyǔ)（慣用句(かんようく)）是个开放性的系统，随着时代的演进也会逐渐地吐故纳新，但总的趋势是不断增大容量。作为一部辞典，对初学者来说大约3千多条就够用了，但这种规模的辞典读者面窄，是否值得编写和出版就值得考虑。相反，如果只知大能兼小、多多益善以至于体量膨胀，也会因卷帙浩繁令读者却步。条目究竟多少为宜，没有特定的标准。编者权衡各读者层的需要，希望能照顾到尽可能广的读者面。这也是本辞典冠以"精选"二字的缘由。

考虑到中日两国从事口译的读者和初学者的需要，给日文汉字标注了フリガナ（ルビ），也为条目和例句汉译中一部分字词标注了汉语拼音。

为了给语言教师、研究者和翻译工作者提供归纳、分析、比较的参考项，在相应条目后面列出同义·近义条目；对同一条目的不同汉字的使用和同一汉字的不同读音以及词

尾的不同形式，在本条目后面作了相应的提示。这也是为了在不增大篇幅的情况下扩大辞典的容量。例如，

【深_{ふか}みに嵌_{はま}る】（嵌る、填まるとも）
【紛<sub>まが</sub う方_{かた}ない】（ない、なしとも）。

关于例句，编者认为，除非专业术语词典③，一般性的语言辞典，都应该配有适当的例句。没有用例的语言辞典，严格地说不是辞典而是词表，就像语言教科书的生词表那样。例句最理想的应该是名家名篇的用例，但这样作需要版权所有者的授权（同意）。这是极其费时费力的而且不能保证获得授权。因此，例句全由编者自编。另外，为了不过分增大篇幅，一个条目或者一项释义原则上仅附一个较短的例句。而几乎不用于现代语境、供读者阅读求解的仅见于古代④文献中的熟语则不附例句。

释义

释义即条目汉译。

评价一部工具书的质量，除了收词量，另一个需要重点考察的就是释义是否准确得体、精·详适当。编者在编写过程中，始终重视日本的权威性国语辞典和专门熟语辞典的解释，根据编者的理解赋予相应的汉译，竭力避免盲目引用其他词典的现成释义。关于现有的各种日汉"惯用语"、"惯用句"、"谚语"、"成语"辞典（词典）以及各家的『日_{にっ}中_{ちゅう}辞典_{じてん}』、『中国語辞典_{ちゅうごくごじてん}』的释义，编者尊重前贤的劳作而不迷信盲从，审慎地把现成的汉译作为重要的参考而不是简单的照搬照抄。

所谓准确得体，首先是条目汉译传达原条目的实质内容。例如，"腐っても鯛"，在日本的四大辞典以及各熟语辞典中，都强调优秀的、美好的事物（包括人）、有价值的东西即使衰落（失势）了，仍不失其固有的价值和高贵的品位、气质。但是多数日汉词典、日汉熟语辞典、一些中日辞典_{ちゅうにちじてん}长期以来多与"瘦死的骆驼比马大"互相对译。然而这个汉语熟语表达的是"有钱有势的大户即使衰败了也比一般人富裕"，重点在财富而非品格、品位。这与日文词条表达的实质内容大异其趣⑤。所以编者不取这个陈陈相因的误译而译作"西施迟暮，美过东施；虎落平阳仍是虎；玉碎仍是玉"，以期传达原条目的实质内容。

汉译准确得体，除了要与原文实质内容一致，还需考虑文体（文白、雅俗）问题。例如，"結構_{けっこう}毛だらけ、猫灰だらけ"，是"結構"的诙谐表达。有的日汉辞典译作"行啊""好

极了"，这当然没错，但是对译的中文没有传递出原文的俚俗性和诙谐的附加色彩。本辞典用"忒好去咧"的汉译来传递原文的这种俚俗性和诙谐的附加色彩。

附加色彩还包括"褒贬"。例如，"我を忘れる"，如果望文生义地译作"忘我"则属误译。中文"忘我"一定是为公，是褒义词，而日文表现的是沉迷于某事以致于精神恍惚，具有明显的贬义色彩，译为"着迷；发呆；沉迷"才能稍许传递出原文的贬义色彩。

释义精·详程度的把握取决于原文条目的义项多少。为了避免增大篇幅使辞典显得臃肿，原则上，对两个义项以上的条目，每个义项只给出一～三个汉译，如果原条目只有一个义项，根据情况可能多付几个汉译词语以供读者适当选择。

关于出处的提示

熟语溯源是本词典编写中最耗时费力的工作，也是本辞典有别于其他同类双语辞典的一个特色。

为了省却「惯用句」研究者翻检浩繁的古代文献的时间和精力，编者极尽所能，钩沉索隐，检出熟语条目的原始出处列于词条之后。希望能对多数研究者稍有裨益。

文献出处的提示顺序为朝代·著者《书名·卷次·篇章或诗文题目》或独立篇名。例如，

晋·陈寿《三国志·蜀志·庞统传》；

唐·韩愈《进学解》。

关于文献成立的朝代，除先秦分为"春秋"和"战国"以外，两汉、两晋、两宋等都不细分。例如，

汉·司马迁《史记·项羽本纪》。

如果文献形成历时较久，或者朝代、著者难于确考（包括学界尚在讨论中的著者），则此项附缺，例如，

《论语》。

如有两种文献难于断定成立的先后，或不同文献出现同一熟语而字词略有参差，则两文献并列以供读者参照。

另外，有的熟语虽知其所自出，但限于编者的客观条件，未能见到正式出版的文献原文，亦暂付阙如。

源自西方各种文献的条目的出处，本辞典提示其所自出，列出西文的原文。

注 ①中国已有冠名"惯用语"的日汉辞典出版；
　②"惯用句"、"惯用语"，如本文所言，一字之差，可能误以为同实异名，其实所指迥异。
　③例如《简明生物学词典》、《民族辞典》等。此处不宜作"辞典"。后文准此。
　④这里特指20世纪以前的时代。
　⑤《红楼梦》（第六回）中刘姥姥："我们也知道艰难的，但只俗语说的'瘦死的骆驼比马还大'呢。你老拔一根寒毛比我们的腰还壮哩。"这是中国各熟语辞典中解释"瘦死的骆驼比马大"时必引用的典型用例。

読者の皆さんへ

書名について

本辞典の編集過程で書名についてよく聞かれる。（中国語）書名はなぜ「成语辞典」、「谚语辞典」ではないのか？なぜ「慣用語①辞典」ではなく「熟语词典」なのか？友人たちの問いに編者はその都度答えなければならない。今、辞典が出版されようとする時にあたり、まだ会ったことのない友人から同じような疑問が出されるかも知れないので、冒頭、（中国語）書名になぜ「熟语」を用いなければならないのか、その理由を解説しておく必要があると思われる。

本辞典の日本語書名『精選　日中慣用句辞典（せいせん にっちゅうかんようくじてん）』については問題ないと思われる。なぜなら，（慣用句について）日本語としては共通の認識があるからである。但し、中国の初学者の中には中国語の中に存在しない名詞「慣用句（かんようく）」に含まれる本当の意味を知らない人がいて、正確な中国語の対訳ができないため、手っ取り早く日本語漢字の中国読みで「慣用句（guànyòngjù）」を（対訳で）使っている。これによって概念の混乱を引き起こしている。なぜなら中国語の中にはもともと「慣用語②」があるからである。問題点は日本語の「句（く）」と中国語の「句（jù）」の間に如何なる共通点と相違点があるかにある。「句（く）」は言語学上「二語（以上）からなる語群で主部・述部の関係をもたず、一つの品詞の機能を果たすもの」（成美堂『現代言語学辞典』）、あるいは「文の中のいくつかの語が

ひとまとまりとなって文の成分をなすことがある」(三省堂言『語学大辞典』第6巻)、すなわちphrase(フレーズ)である。しかし、中国語の「句(句子の略称)」は全く異なる概念であり、それは「言語を運用する基本単位である。通常は単語の組み合わせによって表述性を有する。繋がっている言葉の中で句子の末尾には隔離的中断があり、文章では句点(。)、疑問符(?)と感嘆符(!)で表示される」(上海辞书出版社『语言学百科词典』)、すなわちsentence(センテンス)である。したがって、日本語学会の一部の人たちがいう「慣用句」はその実句子ではない。この単語は中国語の固有成分ではなく、「寿司」や「断捨離」のように全体で外来語と見なされるものである。

　一方、本辞典の中国語書名は『精选 日汉熟语辞典』であるが、中日双方の初学者の理解は異なるかも知れない。中国人の中には「熟语」が何を意味するのかはっきり分かっていない人や「俗语」と思っている人がいる。しかし、「俗语」の主な特徴は「通俗(下品・粗野の意を含む)」であり「熟语」とは異なる。

　日本の読者は「熟语」の二字を見れば当然「熟語」すなわちcompound word(複合語)と思う。このずれは「语」と「語」の違いから来る。「語」はword(词)であるが中国語の語域にある 成 语(成句)、慣 用 语(慣用語・イディオム)、俚语(俚諺・スラング)、謎语(なぞなぞ)、熟语(熟語)、俗语(俗言)、习语(慣用語)、歇后语(掛詞)、谚语(ことわざ)など、これら「〜语」はすべてword(词)ではない。一般に「词」より大きく「句子」より小さい言語単位、すなわちphrase(連語・フレーズ)の略称である。「熟语は言語の中で固定された連語・フレーズまたは語句・センテンスである。使用するとき勝手にその構造を変えることはできず、全体から言葉が持つ意味を理解しなければならない。成语、谚语、格言、慣用語、歇后语等が含まれる」(上海辞书出版社『辞海』)。また、当然、俗语、俚语、习语も含まれる。

　こうして見ると「熟语」だけが上述の「〜语」のすべてを包括することができ、「慣

用句(ようく)」の比較的確実な対訳であると言える。

よって、本辞典の中国語書名は「熟語(shúyǔ)」を用いることとする。

見出しの選定

本辞典の権威性とモデル性を保証するため、見出しの選定についてはまず権威のある大型書籍である『精選版 日本国語大辞典』、『広辞苑』、『大辞林』、『大辞泉』（編者は四大辞典と称す）を重視し、同時に各種の専門的慣用句辞典、例えば『三省堂 故事ことわざ・慣用句辞典』、『慣用句・故事ことわざ・四字熟語 使いさばき辞典』等を参考として収録した。原則的に四大辞典に登載されている慣用句はすべて収録することとし、また、その他の慣用句専門辞典の中で比較的常用と思われる見出しも収録することとした。これにより、「慣用句」と「漢字熟語」の合計収録数は 12,496 見出しとなった。語学教師、通訳者及び研究者に参考と翻訳の手本を提供するものである。また、本辞典には難解な慣用句、古代の文献にのみ知見される慣用句も一部収録した。

読者の対象及び一部の問題処理

本辞典は、中日両国の学生、教師、研究者及び通訳が相手国の言語に対し、読解、教授、研究、翻訳、文章作成の中で問題に出遭ったとき、その疑問を解き模範例を示すために編纂されたものである。従って、編纂においては数を満たし、幅広い領域をカバーし、古今とも考慮し、難易とも収録することに留意した。

まず、収録見出しの数量を相対的に充足した。収録数は一冊の辞典が使用に適しているかどうかを推し量る重要な基準の一つである。おおむね、読者が一冊の辞典を手に取るとき、ついでに３つ４つの見出しを調べるものだが、それらが皆載っていないのであれば自分にとって役に立たないと判断する。これも編者の長年にわたる語学に関わる仕事上の体験である。

熟語(shúyǔ)（慣用句(かんようく)）は開放的なシステムであり、時代の変遷に伴って徐々に新陳代謝されるが、総じて絶えず増大する趨勢にある。一冊の辞典は初学者にとっては見出しが

3千余りあれば用が足りるのだが、この程度の規模の辞典では読者層が限られ、果たして編集出版に値するかどうか疑問である。その逆に、「大は小を兼ねる・多ければ多いほどいい」との思考で編集すると量が膨張し内容多大な書物となって読者は後ずさりすることになる。見出しの数量はどのくらいが適当なのか特に基準はない。編者は各読者層の必要性を推し量って、可能な限り幅広い読者に配慮が届けばと願っている。本辞典に「精選」の冠を付けた所以（ゆえん）である。

また、中日両国の通訳従事者や初学者のニーズを考慮して、日本語の見出しと用例の一部漢字に「ふりがな（ルビ）」を付記し、併せて見出しの中訳と用例の中訳の一部にもピンインルビを付記した。

語学教師、研究者及び翻訳従事者が帰納、分析、比較を行う際の参考として、相応する見出しに同義・類義見出しを列挙した。また、同一見出しで異なる漢字を使用しているもの、同一漢字の異読（語尾の不同も含む）も表示した。これにより紙数を増やさずに辞典の容量を拡大した。例：

　　　【深（ふか）みに嵌（はま）る】（嵌る、填まるとも）
　　　【紛（まが）う方（かた）ない】（ない、なしとも）。

用例について、専門用語辞典[3]を除く一般的な言語辞典には用例を付けるべきと編者は思料する。用例のない言語辞典は厳格に言えば辞典ではなく単語表である。例えば言語教科書の新出単語表のように。用例は、最も理想的なのは名家名人の著書に依るのがよい。但し、この方法は版権所有者の同意を得る必要がある。これは極めて時間と労力を要し、使用権限を譲渡される保証もない。そこで、本辞典の用例はすべて編者による自作自編とし、紙数を徒に増やさないようにするため、1見出しにできるだけ短い1用例を付けることとした。また、現代の語域においてほとんど用いられていない慣用句と古代[4]文献に依る慣用句については、用例を付けないこととした。

見出しの解釈・中訳

一冊の辞典の質を評価する際、収録数量の外もう一つ重点的に考察しなければならないのは、見出しの解釈と中訳が正確適切か、精髄・詳細が適当かという点である。編者は編集の過程で権威のある国語辞典と慣用句辞典の解釈を終始重視しつつ、編者の理解に依って相応の中訳を行った。その際、諸辞典の既成中訳の盲目的引用は極力避けるようにした。現有の各種日中「慣用語(guànyòngyǔ)」「諺語(yànyǔ)」「慣用句(guànyòngjù)」「成語(chéngyǔ)」辞典及び各書店の「日中辞典(にっちゅうじてん)」の解釈・中訳ついて、編者は先賢の労作を尊重しつつも盲信盲従せず、既成の中訳を重要な参考としつつも単純な丸写しはしない作業を慎重に行った。

　いわゆる「正確適切」とは、第一に見出しの中訳が見出しの実質的内容を伝えているかである。例えば「腐っても鯛」を挙げると、四大辞典及び各慣用句辞典の解説で強調しているのは、「すぐれたもの・価値のあるもの（人）は落ちぶれてもそれなりの価値と高尚な品位気質を失わない」ことである。一方、大多数の日汉词典(rìhàncídiǎn)、日汉熟语辞典(rìhànshúyǔcídiǎn)及び一部の中日辞典(ちゅうにちじてん)は長期にわたり「瘦死的骆驼比马大」と訳して来た。しかし、この中国語慣用句の意味は「大金持ちや権力者は落ちぶれても普通の人より豊かである」であり、重点は財産であり品格品位ではない。これは日本語見出しの解説と大いに異なる⑤。従って編者は古いしきたりで踏襲されてきた誤訳を廃し、「西施迟暮，美过东施；虎落平阳终是虎；玉碎仍是玉」"を中訳とし，見出しの実質的内容を伝えることとした。

中訳の正確適切は、原文の実質的内容との一致の外、文体（文語か口語か、高尚か俗か）を考慮すると言う問題がある。例えば、「結構毛だらけ、猫灰だらけ」で「結構(けっこう)」はおどけた表現である。一部の日中辞典は「行啊；好极了」と訳しており、当然間違いではない。但し、対訳の中文には原文にある低俗性、諧謔的色彩はない。本辞典では「忒好去咧(tuīhǎoqùlie)」を用いて諧謔的彩りを加えることとした。色を付けると言う点では「褒貶」もある。例えば「我を忘れる(われわす)」の字面だけを見て当て推量で「忘我(wàngwǒ)」と訳すのは

誤訳である。中国語の「忘我」は必ず公の為でなければならず、誉め言葉である。日本語の意味は「あることに夢中になりぼうっとする」であり、明らかに「貶す」色があり、「❶着迷；❷发呆；出神；茫然自失」と訳せば少しく「貶す」意味が伝わる。見出しの意味の精髄と詳細の程度は意味の多少によって把握する。1 見出しに異なる意味がある場合は❶❷❸を用いた。紙数が増えて辞典が水膨れにならないよう、原則上、二つ以上の意味がある見出しについては、一つの意味に1、2の中訳を付ける。意味が一つの見出しについては状況に応じて複数の中訳を付ける。

 出典の提示について

 慣用句の由来は本辞典の編集で最も時間を費やした作業で、本辞典が他の二カ国語辞典と異なる特徴を持つ点である。

 研究者がおびただしい中国古代の文献を捲り検索する手間暇を省くため、編者は持てる能力を振り絞って広大な古書の海の中で注釈考証を捜索発掘し、中国由来の慣用句の出典を検出した。中国由来は見出しの後に並べている。多くの研究者に少しでも裨益があればと思っている。

 文献の出典提示は時代・著者・〈書名・巻順・文章や詩の題目〉あるいは独立の篇名の順である。例えば、

　　　晋·陈寿《三国志·蜀志·庞统传》

　　　唐·韩愈《进学解》。

王朝の成立した時代は、先秦を「春秋」と「戦国」に分ける以外、両漢（前漢と東漢）、両晋（西晋と東晋）、両宋（北宋と南宋）等は細分しない。例えば、

　　　汉·司马迁《史记·项羽本纪》。

文献の形成時期が古いか時代・著者が確定できない（学会で論争中の著者を含む）場合は、欠如とする。例えば、《论语》。

また、二つの文献が成立した前後が断定し難い場合、あるいは異なる文献に同じ慣

用句が出てきて使われている文字に僅かな違いがある場合は両文献併記とした。その他、一部の慣用句の出自は分かっているが、編者の客観的条件に限りがあり、未だ正式に出版された文献の原文を見つけることができず、当面欠如とすることにした。

注　①中国にはすでに「慣用語」と冠する日中辞典がすでに出版されている。
　　②「慣用句」と「慣用語」は、本文で指摘しているように一字違いであり異名同義と誤解されるかも知れないが、実は全く別物である。
　　③例えば『简明生物学词典』、『民族辞典』など。ここでは「辞典」とすべきではない。
　　④ここでは特に20世紀以前の時代を指す。
　　⑤『紅楼夢』第6回で、劉ばあさんの台詞「わしらも苦しいことは分かっているよ。だけど、俗に'瘦死的骆驼比马还大'と言うじゃないか。あんたの産毛1本はわしらの腕より太いのさ！」。これは、中国の各種慣用句辞典の'瘦死的骆驼比马还大'の解説で必ず引用される典型的な用例である。

この辞典の使い方

1．見出し
　1)慣用句、漢字熟語とも【　】の中に見出しを表示する。
　2)配列は五十音順とする。
2．ルビ
　1) 全見出しの漢字に「ルビ（ふりがな）」を付ける。
　2) 日本語用例で読みにくいと思われる漢字に適宜ルビ（ふりがな）を付ける。
　3) ＡＢＣＤにルビ（フリガナ）を付ける。
　4) 読みにくいと思われる中文漢字に適宜ルビ（ピンイン）を付ける。
3．記号
　類　類義の慣用句と漢字熟語。類義の慣用句・漢字熟語が三つ以上あるものは、対応する一つの見出しに集中表示し、その配列は五十音順とする。例えば、
　【天にも昇る心地】　類 有頂天；欣喜雀躍；手の舞い足の踏む所を知らず；天井が抜ける②。
　【手の舞い足の踏む所を知らず】　類 天にも昇る心地

【天井が抜ける】　❷類天にも昇る心地
【有頂天】　類天にも昇る心地
【欣喜雀躍】　類天にも昇る心地

➡ 同義の慣用句と漢字熟語。【見出し】➡で表示する。

例 用例。見出し或いは見出しの複数意味に現代語域の用例を付ける。用例はすべて編者の自作自編による。

中 中国由来は著者・〈書名・巻順・文章や詩の題目〉で表示する（「読者の皆さんへ」参照）。

西 西洋由来の慣用句と漢字熟語。原文で示す。

❶❷❸等：一つの見出しに異なる複数の意味があり、それを区別するときに用いる。

①②③等：❶❷❸等と同じ。類義句欄に表示の際に用いる。

△　この語句を（）内の語句に置き換えることができる表示。例、
　　双方の間に立って交渉を進める。在双方之间调解进行△谈判（交涉）。

凡　　例

1. 条目
   1) 熟语和汉字语汇的条目放在【　】内；
   2) 顺序，依五十音序排列。
2. 注音
   1) 条目标注振假名；
   2) 用例原文只在较难读的汉字上标注振假名；
   3) 拉丁字母 ABCD 上标注振假名；
   4) 对中文汉字，只在较难读的或多音字上标注汉语拼音。
3. 符号
   类 表示近义熟语条目和近义汉字语汇条目。近义条目众多时，集中列于一个条目之后，其排列按五十音图顺序，例如，
   【天にも昇る心地】　類有頂天；欣喜雀躍；手の舞い足の踏む所を知らず；天井が抜ける②。
   【手の舞い足の踏む所を知らず】　類天にも昇る心地
   【天井が抜ける】　❷類天にも昇る心地

【有頂天(うちょうてん)】 類 天(てん)にも昇(のぼ)る心地(ここち)
【欣喜雀躍(きんきじゃくやく)】 類 天(てん)にも昇(のぼ)る心地(ここち)

➡　表示同义互见条目。

例　表示本条目或本义项在现代语境中的使用示例，例句皆由编者自行编写。

中　附于词条最后，表示源自中国的熟语条目的出处。原则上以时代·著者·《书名·卷次·篇章或诗文题目》（详见《致读者》）。

西　表示来自西方的熟语等的原文。

❶❷❸等：表示同一条目不同义项的序号。

①②③等：与❶❷❸等相对应，表示近义条目的义项序号。

△　表示后的词语可换成括号内的词语，例如，

　　双方の間に立って交渉を進める。在双方之间调解进行△谈判（交涉）。

あ

【ああ言えばこう言う】 你说东，他（偏）说西；强词夺理。類西と言えば東という；右と言えば左；山と言えば川。

【アーチを架ける】 （棒球）本塁打。例MLBには世界中から強打者が集まっており、全打者が軽軽とアーチを架けてくるので投手は息を吐く暇もない。在美国棒球大联赛中有来自世界的强击手，轻松地打出本垒打，投手连喘息的时间都没有。

【愛嬌が零れる】（愛嬌、愛敬とも） （显得）和蔼可亲；显出魅力。例あの娘の何気ない仕草には愛嬌が零れている。那姑娘自然的举止很讨人喜欢。

【愛嬌を振りまく】（愛嬌、愛敬とも） 笑脸相迎；和颜悦色；向人讨好。例土産物屋の店員が通りがかりの観光客に愛嬌を振りまく。旅游纪念品店的店员对过往的游客都是笑脸相迎。

【挨拶切る】 绝交；断绝关系。類袖を分かつ。

【挨拶は時の氏神】 调解人是救星；听从劝架，麻烦不大。類仲裁は時の氏神。

【相性が悪い】 彼此不相容；合不来；不投缘。類反りが合わない。彼とはしばらく付き合ったが相性が悪いので別れた。跟他交往了一段时间，由于性格合不来，分手了。

【愛想が尽きる】 讨厌；厌烦。類愛想も小想も尽き果てる；愛想を尽かす；嫌気が差す。例彼のだらしなさには愛想が尽きた。他那邋遢样子真叫人厌烦。

【愛想も小想も尽き果てる】 极其讨厌；极其厌烦；非常嫌恶。類愛想が尽きる。

【愛想をする】 结账；付钱。例私の代わりにお愛想をしておいてね。先替我把钱交了吧。

【愛想を尽かす】 讨厌；嫌弃。類愛想が尽きる。例飲む打つ買うの亭主に愛想を

尽かす。对吃喝嫖赌的丈夫彻底失望。

【開いた口が塞がらぬ】 目瞪口呆；(令人)无语。類呆気に取られる。例こちらの問い合わせに対する回答が荒唐無稽で開いた口が塞がらない。他那种对所提问题的荒诞不经的回复，真叫人无语；对我们询问的回答过于荒诞，实在令人无语。

【開いた口へ牡丹餅】 天上掉馅儿饼；福从天降。類棚から牡丹餅。

【間に立つ】 (居中)斡旋；调停。類間に入る；中に立つ；中に入る。例双方の間に立って交渉を進める。在双方之间调解进行△谈判(交涉)。

【間に入る】 (居中)斡旋；调停。類間に立つ。例通常、土地取引には不動産屋が間に入る。土地交易通常有不动产商从中斡旋。

【間を裂く】 离间；挑拨；使二者离心离德。類仲を裂く。例金銭関係の縺れは往々にして人と人との間を裂く。金钱上的纠纷往往会令人与人之间的关系出现裂痕。

【相槌を打つ】 帮腔；随声附和；敲边鼓。類迎合を打つ；三味線を弾く①；反りを合わせる；調子を合わせる①；ばつを合わせる；話を合わせる。例相手の話にしきりに相槌を打つ。不断地附和对方的讲话。

【相手変われど主変わらず】 以不变应万变；他有千条妙计，我有一定之规。

【相手にとって不足はない】 旗鼓相当的对手；势均力敌的对手。類好敵手；対抗馬。

【相手のさする功名】 侥幸得胜；因对方△失误(不堪一击)而得胜。類星を拾う。

【相手のない喧嘩はできぬ】 一个巴掌拍不响。

【相手見てからの喧嘩声】 欺软怕硬；向弱者宣战；专向弱者施威。

【愛に愛持つ】 特别讨人喜欢；非常可爱。

【愛の結晶】 爱情的结晶。

【合いの手を入れる】 ❶击节助兴；打拍子。類拍子を取る。例聴衆が民謡に

合いの手を入れる。听众随着民歌拍着手。❷插话以示赞赏、赞同。例相手の話に、「そうそう」と合いの手を入れる。附和着对方的话说："就是，就是。"

【愛の鞭】　爱情的鞭策；爱之深，责之切。

【愛は屋上の烏にも及ぶ】　爱屋及乌。類屋烏の愛。中西周《尚书大传·牧誓·大战》："爱人者，兼其屋上之乌。"

【愛は惜しみなく与う】　爱就不吝惜付出；爱就会奉献一切。

【愛は惜しみなく奪う】　爱就是占有对方的一切。

【合間を縫う】　抽空ㄦ；见缝插针；忙里偷闲。類時間を割く。例自営業だから仕事の合間を縫ってよく温泉に行く。因为是个人经营的买卖，所以经常抽空去泡温泉。

【相も変わらず】　依然如故。類旧態依然。例「お元気ですか？」「相も変わらずに過ごしております。」"你身体好吗？""还是老样子，没有什么变化。"

【会うは別れの始め】　有聚必有散；没有不散的宴席。類合せ物は離れ物；会者定離；付き物離れ物。中唐·白居易《和梦游春诗一百韵》："合者离之始，乐兮忧所伏"。

【合うも不思議、合わぬも不思議】　卜卦与做梦，无所谓灵不灵；占卦做梦与现实，有时一致有时不一致。

【阿吽の呼吸】　配合默契；配合得天衣无缝。

【仰いで天に愧じず】　仰不愧天；心无愧作。類俯仰天地に愧じず。中战国·孟轲《孟子·尽心上》："父母俱存，兄弟无故，一乐也；仰不愧于天，俯不怍于人，二乐也；得天下英才而教育之，三乐也。"

【青くなる】　❶（信号灯）变绿。例車両と人は信号が青くなったら交差点を通行できる。信号变绿车和行人才能通过交叉路口。❷吓得脸色苍白；脸吓白了。類色を失う。例嘘がばれて青くなる。谎言露馅ㄦ，吓得脸色苍白。

【青写真を描く】 描绘蓝图；制定美好的计划。例新規事業について青写真を描く。描绘新事业的蓝图。

【青白きインテリ】 白面书生。類白面の書生。

【青筋を立てる】 (气得)青筋暴露；青筋暴跳；脸红脖子粗。類怒り心頭に発する。例生徒が言うことを聞かないので青筋を立てる。学生不听话，气得脸红脖子粗。

【青菜に塩】 泄了气的皮球；垂头丧气；无精打采。類気が滅入る。

【青は藍より出でて藍より青し】 青出于蓝而胜于蓝。類出藍の誉れ。中战国·荀况《荀子·劝学》："青，取之于蓝，而青于蓝；冰，水为之，而寒于水。"

【障泥を打つ】 策马扬鞭。

【煽りを食う】 吃挂落儿；受(外部)不利影响。類側杖を食う。例オイルショックの煽りを食って会社が倒産した。受石油冲击的影响，公司倒闭了。

【赤い糸で結ばれる】 姻缘天定；千里姻缘一线牵。類縁は異なもの味なもの。

【赤い気炎】 女人的热情；女人的高谈阔论。例赤い気炎を前にしては男どもは黙るしかない。遇到女人高谈阔论，男人只能沉默。

【赤い羽根】 红羽毛(社会捐款者的标志)；红羽毛共同捐助。

【垢が抜ける】 脱俗；俏皮起来；洋气起来。類灰汁が抜ける。

【足掻きが取れない】 进退维谷；一筹莫展。類進退これ谷まる。例借金だらけでどうにも足掻きが取れない。债台高筑，一筹莫展。

【赤き心】 忠心；红心；诚心。

【赤くなる】 变红；脸红；难为情。類顔から火が出る；顔に紅葉を散らす；顔を染める；朱を注ぐ；面から火が出る；頬を染める；満面朱を濺ぐ；紅葉を散らす。例同僚に二人の関係を冷やかされて彼女は顔が赤くなった。两人的关系被同事拿来说笑，她脸红了。例信号が赤くなったら横断歩道を渡ってはいけない。信号变红就

不能过马路。

【赤子の手を捻る】 轻而易举(qīngéryìjǔ)；不费吹灰之力(búfèichuīhuīzhīlì)；易如反掌(yìrúfǎnzhǎng)。【類】苦(く)もない。【例】初戦は赤子の手を捻るような相手だった。首场(shǒuchǎng)比赛不费吹灰之力就赢(yíng)了对手。

【赤子を裸にする】 使弱者更加孤立无援(gūlìwúyuán)。

【証しを立てる】 自证清白；作证；举证。【例】弁護人が法廷で被疑者の証しを立てる。律师在法庭上证明犯罪嫌疑人(xiányírén)是清白的。

【赤信号が付く】 亮起(liàngqǐ)红灯；警示危险。【類】赤ランプが点(とも)る。【例】歳入不足で国の財政に赤信号が付く。岁入不足，国家财政亮起红灯。

【垢で死んだ者はない】 人不洗澡脏不死；没见过谁是脏死(zāngsǐ)的。

【飽かぬ仲】 亲密无间(qīnmìwújiàn)；挚爱(zhìài)。【類】水魚の交わり。

【飽かぬ別れ】 分道扬镳(fēndàoyángbiāo)；被迫分手。

【赤の他人】 路人；毫无关系的人。【類】縁(えん)もゆかりもない。

【垢は擦るほど出る】 （金无足赤,）人无完人。【類】叩(たた)けば埃(ほこり)が出る。

【赤恥を掻く】 当众(dāngzhòng)丢丑；很没面子；特丢面子(diūmiànzi)。【例】人前(ひとまえ)でスピーチしなければならないので、赤恥を掻かないよう事前にメモを用意しておく。得(děi)在大家面前讲几句，为了不至于太丢面子，得(děi)先准备几句要点。

【吾が仏尊し】 心胸狭隘(xiáài)；敝帚自珍(bìzhǒuzìzhēn)；敝帚千金(bìzhǒuqiānjīn)。

【赤ランプが点る】 亮起红灯；警示危险。【類】赤信号が付く。【例】失策続(つづ)きで前途に赤ランプが点る。接连犯错，使前程亮起了红灯。

【明かりが立つ】 平反昭雪(zhāoxuě)；清白得到证明。

【上がりを請く】 降价(jiàngjià)时买入，涨价(zhǎngjià)时卖出。

【明るみに出る】 被公开；被曝光(bàoguāng)；被揭露(jiēlù)出来。【例】内部告発により粉飾決算が明るみに出た。根据内部举报，假(jiǎ)决算已经曝光。

【飽きが来る】 厌倦；腻味。例学食にはそろそろ飽きが来た。学校食堂渐渐吃腻了。

【秋風が立つ】 （秋与飽き为同音双关语）爱情冷淡下来。例共働きで生活のすれ違いが多く、夫婦間に秋風が立ち始める。因为是双职工，生活上聚少离多，夫妻的爱情开始冷淡下来。

【秋立つ】 立秋；进入秋季。

【空き店の恵比寿】 无人理睬，独自愉悦。

【商い三年】 要赚钱，忍三年；忍耐三年，生意作成。

【商いは牛の涎】 买卖要兴隆，持之须以恒；作生意，不可急。

【商いは草の種】 草籽百样，买卖百行。

【秋茄子嫁に食わすな】 婆婆欺负媳妇；秋天茄子香，不让媳妇尝。

【秋の扇】 秋后的扇子；弃妇。中汉·班婕妤《怨歌行》："新裂齐纨素，鲜洁如霜雪。裁为合欢扇，团团似明月。出入君怀袖，动摇微风发。常恐秋节至，凉飙夺炎热。弃捐箧笥中，恩情中道绝。"

【秋の鹿は笛に寄る】 ❶有所贪恋容易受骗。類女の足駄にて造れる笛には秋の鹿寄る。❷飞蛾投火。類飛んで火に入る夏の虫。

【秋の日は釣瓶落とし】 秋天的太阳落得快。

【呆れが宙返りをする】 目瞪口呆；惊愕不已；万分惊讶。類呆気に取られる。

【呆れが礼に来る】 目瞪口呆。類呆気に取られる。

【呆れて物が言えない】 目瞪口呆；瞠目结舌。類呆気に取られる。例常識が通用せず呆れて物が言えない。常识行不通，实在令人惊愕无语。

【呆れもせぬ】 目瞪口呆。類呆気に取られる。

【商人と屏風は曲がらねば世に立たず】 商家不让步，没人来光顾。

【商人に系図なし】　商人不讲门第。

【商人の空誓文】　商人发誓不可信；商人之言，不可当真。

【商人は腹を売り、客は下より這う】　漫天要价，就地还钱。

【灰汁が強い】　❶苦涩得很。例このワインは灰汁が強い。这种红酒苦涩味很浓。

❷个性强。例あの俳優は灰汁が強いのが売りだ。那个演员以鲜明的个性博得好评。

【灰汁が抜ける】　脱俗；俏皮起来；文雅起来。類垢が抜ける；渋皮が剥ける①。例世の荒波に揉まれて、彼はこの頃灰汁が抜けてきた。经过社会风雨中的磨练，他最近绅士多了。

【飽くことを知らない】　不知满足；贪婪。例宇宙の謎解明に飽くことを知らず。孜孜不倦地破解宇宙之谜。

【悪妻は六十年の不作】　恶妻在，坏三代；娶了坏老婆，倒霉一辈子；一代没好妻，三代没好子。類百年の不作。

【悪事千里を走る】　好事不出门，恶事传千里。中五代～宋·孙光宪《北梦琐言》："好事不出门，恶事行千里。"

【悪事身に返る】　恶有恶报；害人则害己。類付けが回って来る。

【悪女の賢者ぶり】　悍妇若贤妻。

【悪女の深情け】　丑女多情；帮倒忙；令人为难的好意。

【アクセントを置く】　强调；突出；凸显。類重点を置く。例スーパーの青果売り場では季節物にアクセントを置いて商品を並べている。超市的蔬菜水果卖场突出摆放着应季的商品。

【アクセントを付ける】　突出重点。例礼服にネックレスとブローチでアクセントを付ける。项链和胸针为礼服增色不少。

【悪銭身につかず】　钱财悖入则悖出；悖入悖出；不义之财，理无久享；不义之财，去得也快。類人垢は身につかぬ。

【悪態を吐く】 恶语相加；咒骂。囫自分の過ちは棚に上げて相手に悪態を吐く。自己的恶行束之高阁，对别人恶语相加。

【嘴唇も切れぬ】 黄口小儿；乳臭未干；黄嘴丫子还没退净呢。類嘴が黄色い。

【悪に強いは善にも強い】 浪子回头金不换。

【悪に強きは善にも強し】➡悪に強いは善にも強い

【欠伸を噛み殺す】 忍住哈欠；耐着性子。囫眠気に襲われ欠伸を噛み殺す。犯困却忍住哈欠。囫倫理の授業は欠伸を噛み殺すのに一苦労する。伦理课是勉强耐着性子听。

【悪法も又法なり】（又、亦とも） 恶法也须守；恶法也是法。西Socrates：Bad law is also law.

【悪夢から覚める】 幡然悔悟；悔过自新，重新做人。

【胡坐をかく】 ❶盘腿坐。類座を組む。囫座布団の上に胡坐をかく。盘腿坐在坐垫上。❷大模大样地占据（席位·位置）。囫要職の座に胡坐をかいて後進に譲ろうとしない。大模大样地占据要职而不给后辈让贤。

【揚げ足を取る】 抓话柄；抓辫子；挑毛病。類言葉尻を捉える；小爪を拾う。囫嫌味な相手だから揚げ足を取られないよう言葉遣いに気を付ける。対方是个讨厌鬼，说话不能让他抓住把柄。

【挙句の果て】 到头来；结果；到了最后。類帰する所；詰まる所；鰡のつまり。囫親に心配ばかり掛けて、挙句の果ては終身刑だ。一直让父母操心，最后还闹了个无期徒刑。

【上げ下げを取る】 顺情说好话；奉承对方；敷衍了事。

【上げ潮に乗る】 顺风顺水；抓住时机，进展顺利；顺势而上。類得手に帆を揚げる。囫事業が上げ潮に乗って前途は明るい。事业顺风顺水，前途一片光明。

【開けずの間】（開けず、開かずとも）　禁区；平素禁入的房间；禁地。

【開けずの門】（開けず、開かずとも）　禁入之门；凶险之门。

【上げたり下げたり】　一褒一贬；或褒或贬。例評論家は人を上げたり下げたりするのが商売だ。褒贬他人是评论家的营生。

【開けて悔しい玉手箱】　大失所望；一场空欢喜。類開けてびっくり玉手箱。

【開けてびっくり玉手箱】

大失所望；一场空欢喜。類開けて悔しい玉手箱。

【明けても暮れても】　日复一日；每天每天；一年到头；一天到晚总是。類年がら年中。例旅館の朝食は明けても暮れても同じような献立だ。旅馆的早餐一年到头总是一样的菜谱。

【朱に染まる】　满身是血。例銃撃で朱に染まる。受了枪伤浑身是血。

【明けの明星】　启明星；晨星；金星。類宵の明星。例明けの明星が東の空に顔を出す。启明星出现在东方的天空。

【顎が落ちる】　好吃得不得了；味道极佳；特别好吃。類頤が落ちる①；頬が落ちるよう；頬っ辺が落ちる。例完熟のマスクメロンは顎が落ちるほど美味しい。熟透的网纹香瓜特别好吃。

【顎が食い違う】　期待落空；误判。類当てが外れる。

【顎が外れる】　解颐；大笑；笑破肚皮；乐不可支。類腹を抱える。例人気漫才コンビの出し物に顎が外れそうになる。受欢迎的对口相声的表演叫人乐不可支。

【顎が干上がる】　穷得吃不上饭；难以糊口。類口が干上がる。例リストラされて顎が干上がる。遭到裁员，生计难以维系。

【顎で使う】　用下巴支使人；颐指气使。類顎をしゃくる；頤で人を使う。例部下を顎で使う。对部下颐指气使。

【顎で蠅を追う】　极度虚弱；精疲力竭；无吹灰之力；有气无力。類頤で蠅を

追う。

【顎振り三年】　技艺过关，至少三年；艺要精，下苦工。

【顎をしゃくる】　扬扬下巴；颐指气使。類顎で使う。例顎をしゃくって部下に指示する行為はパワーハラスメントだ。对部下颐指气使属于职场欺凌行为。

【顎を出す】　累得要命。例真夏の登山、山頂目前で顎を出す。盛夏登山，快到山顶的时候累得几乎走不动了。

【顎を撫でる】　得意扬扬；扬扬得意；得意洋洋；洋洋得意。類得意满面。例してやったりと顎を撫でる。认为这下子弄成了，很得意。

【顎を外す】　解颐；大笑；笑破肚皮。類腹を抱える。例落語家の滑稽話に顎を外す。单口相声演员的幽默噱头令人笑破肚皮。

【顎を養う】　生活下去；糊口。類頤を養う；口を過ごす；飯を食う②。

【朝雨馬に鞍置け】　朝雨不长，出门无妨；早晨下雨一天晴。

【朝雨に傘要らず】　早雨短，甭带伞；早晨下雨一天晴。

【朝謡は貧乏の相】　早起唱小调，早晚去乞讨；早起不工作，家境得败落。

【朝起きは三文の徳】（徳、得とも）　早起必有三分利。類早起きは三文の徳。

【朝顔の花一時】　昙花一现；好景不长。類邯鄲の夢。

【朝駆けの駄賃】　轻而易举；小菜一碟。類苦もない。

【朝観音に夕薬師】　（江戸時代的民間信仰）十八早拜观音，初八晚拜药师。

【浅き川も深く渡れ】（浅き、浅いとも）　小事不可轻视；必须小心谨慎；谨慎无大过。

【浅瀬に仇波】　见识越浅越夸夸其谈；水之渊者恒安，流之浅者益喧。

【朝題目に夕念仏】（夕、宵とも）　毫无定见；朝秦暮楚。

【明後日紺屋に晩鍛冶屋】（晩、今度とも）　承诺不可指望；约定不可当真。

【明後日の方を向く】 看错方向；南辕北辙。例話が明後日の方を向いている。把话说反了。

【麻に連るる蓬】 蓬生麻中，不扶自直；近朱者赤。类朱に交われば赤くなる。

【麻の如し】 乱世如麻；(天下)大乱；纷乱如麻。例内戦が収束せず国内は麻の如し。内战不息，国内乱世如麻。

【朝の来ない夜はない】 天总是要亮的；光明就在前头。

【麻の中の蓬】 蓬生麻中，不扶自直；近朱者赤。类朱に交われば赤くなる。中战国·荀况《荀子·劝学》："蓬生麻中，不扶而直，白沙在涅，与之俱黑。"

【朝腹の丸薬】 无济于事；杯水车薪。类焼石に水。

【朝日が西から出る】 太阳从西边出来；不可能有的事。类石が流れて木の葉が沈む；烏の頭が白くなる；烏の頭白く，馬、角を生ず；鼈が時をつくる；瓢箪から駒が出る②；晦日に月が出る。

【朝日の昇る勢い】 旭日东升之势；势不可挡。类旭日昇天；旭日昇天の勢い；日の出の勢い。

【麻布で気が知れぬ】 （东京麻布地区有"六本木"地名，但却没有树木。由此，"木が知れぬ"与"気が知れぬ"构成同音双关语）不知其真意。

【朝焼けは雨、夕焼けは晴れ】 朝霞当天雨，晚霞次日晴；早霞当天不算晴，晚霞次日可出行。

【足音を窃む】 蹑手蹑脚；悄悄儿地走；跷着脚走。类抜き足差し足。例寝ている人を起こさないよう足音を窃んでトイレに行く。怕弄醒睡觉的人，上洗手间都蹑手蹑脚的。

【足が有る】 ❶跑得快。例サッカーの選手たちは皆足が有る。足球队员个个跑得快。❷有交通工具；有车。例大都会は至る所に足が有るので便利だ。大城市到处

都有公交，很方便。

【足が重い】 ❶腿脚累了。例一日中立ち詰めの仕事で、帰宅する頃には足が重くなる。整天站着工作，回家的时候腿发沉。❷没那个心思；裹足不前。例先生にすぐ職員室へ来るようにと言われたが、思い当たる事があるので足が重い。老师让我马上到他办公室去一趟，我知道为什么，所以有点迈不动步。

【足が竦む】 吓得腿发软；迈不动步。例強化ガラス製の吊り橋から下を見て思わず足が竦んだ。从钢化玻璃吊桥上往下看，不由得腿发软。

【足が地に着かない】 ❶心里不踏实；忐忑不安；稳不住神儿；兴奋不已。類空を歩む。例お見合いを明日に控え、どうにも足が地に着かない。明天就要相亲了，总有点惴惴不安。❷浮躁；不稳重。類軽佻浮薄。例構想がよく練れていないので、まだ足が地に着かない感じがする。构想还不太成熟，有一种虚浮的感觉。

【足が地に着く】 脚踏实地；沉稳持重；稳重。類地に足を着ける。

【足が付く】 找到罪证；找到逃跑者的踪迹；找到线索；确定犯人的身份。類ねたが上がる。例遺留物から足が付いた。从遗留物品找到了线索。

【足が出る】 ❶出亏空；出赤字。類足を出す。例今回の出張は足が出た。这次出差超支了。❷露马脚；露馅儿。類馬脚を露わす。

【足が遠退く】 不常来；来者减少。例原発事故の風評で観光客の足が遠退く。核电站事故的谣传导致游客减少。

【足が鈍る】 懒得去；步履沉重；走得慢。例炎天の外出は足が鈍る。大热天不愿外出。

【足が早い】 ❶（食物）容易腐败。例大豆加工食品は足が早いので早めに食べて下さい。以大豆为原料的食品容易腐败，要快点吃。❷畅销；卖得快。類羽が生えたよう。例人気商品で足が早い。（因为是）受欢迎的商品，卖得快。

【足が棒になる】　tuǐlèisuān，pǎoduàntuǐ 腿累酸了；跑断腿。類足を棒にする。例今日は朝から晩まで40ｋｍ以上歩いたので、宿に着いたときは足が棒になっていた。今天从早到晚走了40公里，到住处时腿都拿不了弯ル了。

【足が乱れる】　❶步调不一致；步伐凌乱。例訓練不足で行進の足が乱れる。由于缺乏训练，走步时步伐凌乱。❷交通混乱。例人身事故で通勤の足が乱れる。出了伤亡事故，上班时间交通陷于混乱。

【足が向く】　不知不觉地往……走。例仕事が終わると赤提灯に足が向く。下了班，不知不觉地就往大众酒家走。

【足が弱い】　腿脚无力。例あの人は耳が遠く足が弱いので山菜採りには連れて行けない。他耳朵背，腿脚又不好，不能带他去采山野菜。

【足蹴にする】　踢；无情对待；为一己之私苛待他人。例旧恩ある方を足蹴にすることはできない。不能对有恩于我的人忘恩负义。

【朝に紅顔ありて夕べには白骨となる】　朝有红颜，夕为白骨；人生如朝露；世事无常。類今日あって明日ない身①。

【朝に道を聞かば夕べに死すとも可なり】　朝闻道，夕死可矣。中《论语·里仁》："子曰：'朝闻道，夕死可矣。'"

【朝に夕べを謀らず】　朝不谋夕；朝不虑夕。中春秋·左丘明《左传·昭公元年》："吾侪偷食，朝不谋夕，何其长也？"

【明日は明日の風が吹く】　车到山前必有路；明天再说明天的话；明天会有明天的希望。類案ずるより生むが易し。

【足で稼ぐ】　靠实干取得成果。例今は経営の神様と言われる方でも、創業時代は得意先を足で稼いだものだ。如今被称作管理之神的人，在创业之初也是凭两条腿亲自走访客户干出来的。

【足手纏いになる】　成累赘。例老後は子供の足手纏いになりたくないので福祉

施設に入ろうかと思っている。不愿意老了以后成为子女的累赘，想去养老院。

【足留めを食う】　遭受禁闭；滞留。例天候不順のため空港で半日足留めを食った。由于天气不好，在飞机场滞留了半天之久。

【味な事をやる】　干得巧妙；有两下子。類味をやる。例彼奴は見かけによらずなかなか味な事をやるな。看不出来，那小子还真有两下子啊。

【足並みが揃う】　步调一致；步调整齐。例関係各社の足並みが揃わず今年の自動車ショーは盛り上がりに欠けた。有关各公司步调不一致，所以今年的车展场面不够火爆。

【足並みを揃える】　统一步调。例官民が足並みを揃えて環境問題に取り組む。官民统一步调，解决环境问题。

【足に任せる】　❶尽量（往前）走。例足に任せて距離を稼ぐ。放开脚步，尽量往远方走去。❷信步而行；闲逛。例足に任せて繁華街をぶらぶらする。在繁华区信步闲逛。

【足の踏み場もない】　连下脚的地方也没有。

【足場を失う】　丧失立足点；站不住脚；无法立足。例人間社会では信用を損なうと生存の足場を失うことになる。在人类社会，一旦丧失信誉就失去了生存的根基。

【足場を固める】　打牢基础；巩固地盘。例組織内で上を目指すには実績と人間関係で足場を固めることが肝要だ。在组织内要想高升，至关重要的是通过业绩和人际关系稳扎稳打。

【味も素っ気もない】　十分乏味；味同嚼蜡；枯燥无味；淡而无味。類殺風景；白湯を飲むよう；砂を噛むよう；身も蓋もない；無味乾燥；物が無い①。例役人が準備した原稿を読むだけの味も素っ気もない閣僚の答弁。官员的答辩实在乏味，只是照本宣科地读准备好的稿子。

【足下が軽い】　脚步轻快；步履轻盈。例今日は楽しいピクニック、子供たちは浮き浮きして足下が軽い。今天是令人开心的郊游，孩子们高高兴兴的，走得轻快。

【足下から鳥が立つ】　❶事出突然。❷忽然想起（作某事）。例久しぶりに実家でゆっくりしていた姉は家族から急用の電話が入って足下から鳥が立つように帰って行った。姐姐回到久违的娘家，安安稳稳地待着，她家里人打来电话说有急事，就突然跑回去了。

【足下に付け込む】　乘人之危；抓住弱点。類弱みに付け込む。例相手の足下に付け込んで無理難題を吹っ掛ける。抓住对方的把柄，乘机提出无理要求。

【足下に火が付く】　火烧眉毛；身处险境；大祸临头。類焦眉の急。例経済失速で国民生活の足下に火が付き始めた。经济失控，民众生活开始遭殃了。

【足下にも及ばない】　望尘莫及；远远不及。類及びもつかない。例私の実力なんて彼の足下にも及ばない。我的实力远不如他。

【足下の明るい中】　趁早儿；事不宜迟；及早。例足下の明るい中に持ち株を処分する。要趁早把手里的股票处理掉。

【足下を固める】　巩固自身立场；站稳脚跟。例資金と支持基盤を整え、足下を固めて市会議員選挙に打って出る。确保资金，巩固基本地盘，站稳脚跟之后参选市议员。

【足下を見る】　抓住别人弱点；乘人之危。類弱みに付け込む。例商売というものはこちらが売り急げば相手に足下を見られて買い叩かれるものだ。做买卖，急于出手就会被人家抓住弱点，大肆杀价。

【足を洗う】　洗手不干了；洗手；改邪归正；金盆洗手。例マージャン漬けの生活から足を洗う。告别沉迷于麻将的生活。

【足を入れる】　跨入；涉足。類足を踏み入れる。例政界に足を入れる。进入政界。

【足を奪う】　中断交通。例大地震は都市住民の足を奪った。大地震断绝市民出行 chūxíng 的手段。例ゼネストで通勤通学の足を奪われる。同盟大罢工 bàgōng 中断了上班上学的交通。

【味を覚える】　尝到甜头 chángdào；知道滋味 zīwèi。類茸採った山は忘られぬ。例嗜好品 shìhàopǐn は一度味を覚えるとなかなか離れられないものだ。嗜好品一旦尝到甜头就放不下了。

【足を限りに】　只要能走。例今日は足を限りに行けるところまで行ってみるつもりだ。今天只要腿脚还能走就想尽量往远走走。

【足を重ねて立ち、目を側てて視る】　重足而立，侧目而视 chóngzúérlì cèmùérshì；极度畏惧 wèijù。中汉·司马迁《史记·汲郑列传》："天下谓刀笔吏不可以为公卿，果然。必汤也，令天下重足而立，侧目而视矣。"

【足を食われる】　脚擦伤 cāshāng；（拖鞋梁 tuōxiéliáng 等）把脚磨伤 móshāng。例海水浴場の砂浜で すなはま ビーチサンダルに足を食われる。在海水浴场沙滩穿人字拖鞋会磨脚 shātānchuānrénzìtuō。

【味を占める】　尝到甜头；得了甜头。例ビギナーズラックで味を占め競馬 けいば にのめりこむ。生手运气好，因此就陷入到赛马赌博之中 xiànrù sàimǎdǔbó。

【足を掬う】　下绊子 bànzi；抄腿 chāotuǐ；使坏。類足を引っ張る。例商売敵 しょうばいがたき に足を掬われる。被商业竞争对手暗中使坏。

【足を擂粉木にする】　跑断腿 pǎoduàntuǐ；疲于奔命 bēnmìng。類足を棒にする。

【足を空に】　惊慌失措；忙乱；慌忙。類泡を食う。

【足を出す】　出亏空 kuīkōng；出现赤字。類足が出る①。例足を出さないよう家計を遣 や り繰りする。设法安排收支，以免日常生活出亏空。

【足を使う】　四处奔走；活跃地走遍各处 huóyuè gèchù。例足を使っての販促は今時通用しな はんそく いまどき い。迈开双脚去促销的办法现在已经行不通了 màikāi cùxiāo。

【足を止める】　驻足 zhùzú；停步；止步。例景色のいい所で足を止める。在景色好的地方驻足。

【足を取られる】 举步维艰；步履艰难；难走。囫雪道に足を取られる。雪地行走困难。

【足を抜く】 断绝关系。園袖を分かつ。囫無頼暮らしから足を抜いてまっとうな生活に戻る。脱离流氓（团伙），回归健全的生活。

【足を伸ばす】 顺便(去)。園其の足で。囫大阪へ行ったついでに京都まで足を伸ばす。去大阪顺便到京都。

【足を運ぶ】 ❶行走。囫昼の休憩時間、お天気が好いので弁当片手に公園へ足を運ぶ。因为天儿好，午休时就拿着盒饭去了公园。❷前往访问。囫頼み事があって地元の有力者のところに足を運ぶ。去当地有权势的人那里有事相求。

【足を引っ張る】 扯后腿；拉后腿。囫妬みから陰で仲間の足を引っ張る。出于嫉妒暗中扯朋友的后腿。

【葦をふくむ雁】 有备而行；有备无患。園備えあれば患なし。

【足を踏み入れる】 踏入；走进；涉足。園足を入れる。囫本業の市場が飽和状態になり、生き残りを賭けて他業種に足を踏み入れる。主业市场已经饱和，为了生存涉足其他行业。

【足を棒にする】 跑断腿；四处奔走；疲于奔命。園足が棒になる；足を擂粉木にする；手足を擂粉木にする。囫足を棒にして迷子になった我が子を捜し回る。跑断了腿到处寻找走丢的孩子。

【足を向けて寝られない】 蒙恩不忘；不胜感激；感激不尽；大恩没齿难忘。囫大恩ある先生には足を向けて寝られない。对老师（大夫）的大恩大德，没齿难忘。

【足を向ける】 走向。囫展覧会場へ足を向ける。往展览会会场走。

【足を休める】 歇脚。囫この辺でちょっと足を休めましょう。在这歇歇脚吧。

【味をやる】 干得巧妙；有两下子。園味なことをやる

【明日ありと思う心の仇桜】 明日花亦好，夜风摧落了；世事难料。園

一寸先は闇。

【与って力がある】 功不可没；劳苦功高；实与有力。例今回の環境法改正に与って力があったのは世論の後押しである。在这次环境法修订方面，舆论的支持功不可没。

【梓に鏤める】 付梓；出版。類板に上す。

【明日の事を言えば鬼が笑う】 未来之事，不可预知；明日事，未可知。類鬼が笑う。

【明日の百より今日の五十】 明天得一百不如今天得五十；双鸟在林不如一鸟在手；明天有鱼肉不如今天有土豆。類末四十（始終）より今の三十。

【明日は我が身】 说不定明天就轮到自己了；人有旦夕祸福；世事难料。

【東男に京女】 郎才女貌；天作之合；关东好男儿，关西柔女子。類好一対。

【明日をも知れぬ身】 明日之事难以预料；朝不虑夕；朝不保夕。類一寸先は闇。

【汗になる】 汗流浃背。類汗水を流す。例炎天下の試合でユニフォームが汗になる。在烈日下比赛，汗水浸透了运动服。

【汗の結晶】 汗水的结晶。

【汗水を流す】 汗流浃背；不辞劳苦；辛勤劳作。類汗になる；汗を流す；汗をかく②；額に汗する；骨身を惜しまない。例汗水を流して蓄えたお金で家を建てる。用辛苦劳作攒下来的钱盖房子。

【汗を入れる】 小憩；歇一会，消消汗。

【汗をかく】 ❶出汗；结露。例冬季、室内外の温度差で窓ガラスが汗をかくことがある。冬天由于室内外的温度差，窗玻璃有时△会出汗（结露）。例暑さでだらだらと汗をかく。热得大汗淋漓。❷拼命努力；卖力气。類汗水を流す。例ボランティア活動で汗をかく。卖力地从事志愿者活动。

【汗を流す】　❶冲洗汗水；冲冲汗。例井戸端で汗を流す。在井畔冲洗汗水。❷出大力，流大汗；辛勤劳作。類汗水を流す。例家族を養うため黙黙と汗を流す。为了养活家人默默地劳作。

【恰も好し】　恰好；正巧。類間がいい。

【当たって砕けよ】（砕けよ、砕けろとも）　不管成否，姑且试试看；破釜沉舟试一回；无论成败，孤注一掷。

【仇は情】　苛待反为激励。

【頭打ちになる】　达到顶点；达到巅峰；（股价）触顶。例右肩上がりの経済成長が頭打ちになる。经济连续增长已达顶点。

【頭が上がらない】　抬不起头来；强硬不起来。類顔色なし②。例幾つになってもあの伯父には頭が上がらない。无论到多大，在△叔叔（伯伯）面前也强硬不起来。

【頭が痛い】　❶头痛。類頭が重い①；頭が打つ。例頭が痛いので病院で診てもらった。头痛，在医院就医。❷伤脑筋；头疼。類頭を悩ます。例息子の素行が悪くて頭が痛い。因儿子品行不好而头疼。

【頭が重い】　❶头痛；头昏昏沉沉的。類頭が痛い①。例二日酔いで頭が重い。前一天喝多了，头昏昏沉沉的。❷精神郁闷。類気が重い。例家庭内のごたごたが絶えず、このところずっと頭が重い。家庭内部纠纷不断，最近很郁闷。

【頭が固い】　头脑僵化；死脑筋；固执；死心眼ル。一本気；琴柱に膠す；尾生の信；馬鹿正直。例あの人は頭が固いから説得するのに骨が折れる。他非常固执，要说服他可费劲了。

【頭が切れる】　头脑灵活；思维敏捷。例彼はクラスで一番頭が切れる。他在班上脑子最灵活。

【頭隠して尻隠さず】　藏头露尾；欲盖弥彰。類隠すより現る；隠れたるより現わるるはなし；雉の草隠れ。

【頭<ruby>あたま</ruby>が下<ruby>さ</ruby>がる】 钦佩；佩服。類頭を下げる③。例障害児教育に一生をささげた彼女には頭が下がる。她把一生献给残障儿童教育事业，令人敬佩。

【頭<ruby>あたま</ruby>が低<ruby>ひく</ruby>い】 谦恭；谦虚；低调。類腰が低い。例苦労人の彼は偉くなっても頭が低い。他饱尝艰辛，地位高了仍很谦恭。

【頭<ruby>あたま</ruby>が古<ruby>ふる</ruby>い】 脑筋旧；思想落后；头脑陈旧。例頭が古くなってスマホにはついて行けない。头脑陈旧，用不了智能手机了。

【頭<ruby>あたま</ruby>が柔<ruby>やわ</ruby>らかい】 脑筋灵活。例新任課長は前任者より頭が柔らかそうだ。新到任的科长好像比前任脑筋灵活。

【頭<ruby>あたま</ruby>から】 压根儿（就）；根本；完全。例外見だけを見て、「彼奴は不良だ」と頭から決めつけるのはよくない。仅从外观上一下子就断言"那小子是坏蛋"，那是不好的。

【頭<ruby>あたま</ruby>から水<ruby>みず</ruby>を浴<ruby>あ</ruby>びたよう】 吓出一身冷汗；突然受惊而发抖。類肝を冷やす。

【頭<ruby>あたま</ruby>から湯気<ruby>ゆげ</ruby>を立<ruby>た</ruby>てる】 怒发冲冠；怒气冲冲；怒不可遏。類怒り心頭に発する。

【頭<ruby>あたまそ</ruby>剃るより心<ruby>こころ</ruby>を削<ruby>けず</ruby>れ】 落发不如修身；本质胜于形式。

【頭<ruby>あたま</ruby>でっかちの尻<ruby>しり</ruby>つぼみ】 虎头蛇尾。類大山鳴動して鼠一匹；竜頭蛇尾。

【頭<ruby>あたま</ruby>に入<ruby>い</ruby>れる】 牢记。類耳に留める。例工場の機械を稼働させる際、事前の点検事項をよく頭に入れておいて下さい。开动工厂的机械时，要牢记各检查环节。

【頭<ruby>あたま</ruby>に浮<ruby>う</ruby>かぶ】 脑海中浮现出；想出。類心に浮かぶ；脳裏に閃く；胸に浮かぶ。例いいアイディアが頭に浮かぶ。脑子里浮现出好主意。

【頭<ruby>あたま</ruby>に来<ruby>く</ruby>る】 ❶火冒三丈；勃然大怒。類怒り心頭に発する。例彼奴のやり方は頭に来るよ。那家伙的作法太气人啦！❷神志失常；精神错乱。類気が変になる。例彼女は突然訳の分からないことを喚くようになり、どうも頭に来たようだ。她突然语无伦次地喊起来，看样子是疯了。

【頭<ruby>あたま</ruby>に血<ruby>ち</ruby>が上<ruby>のぼ</ruby>る】 血往上涌；冲昏头脑。類感情に走る；血が上る。

【頭の上の蝿も追えぬ】 自己的问题都解决不了；自己的屁股还没擦干净；自顾不暇。

【頭の上の蝿を追う】（追う、追えとも） 正人先正己。❷己の頭の蝿を追う；人の蝿を追うより自分の頭の蝿を追え。

【頭の懸かり】 开口的由头儿；话头儿。

【頭の黒い鼠】 家贼；内鬼。

【頭の皿】 ❶脑瓜顶；天灵盖。❷河童头上的碟子。

【頭の天辺から足の爪先まで】 从头到脚；从上到下；整个儿。❷一から十まで。

【頭の中が真っ白になる】（真っ白に、白くとも） 大脑一片空白。

【頭を上げる】 崛起；坐大；抬头。❷頭角を現す。❸業界の熾烈な競争の中、新興ＩＴ企業が急速に頭を上げて来た。在业内激烈的竞争中，新兴IT产业迅速崛起。

【頭を痛める】 伤脑筋。❷頭を悩ます。❸借金の返済で頭を痛める。为还清借款而伤脑筋。

【頭を押さえる】 压制；打压；钳制；使人动弹不得。❸異議を唱えようとしたら反対派に頭を押さえられた。刚要提出不同意见，就遭到反对派的打压。

【頭を抱える】 因不知如何是好而苦恼；伤脑筋；一筹莫展；想不出好主意。❷途方に暮れる。❸借金で頭を抱える。为欠债而苦恼。

【頭を掻く】 挠头；难为情；不好意思。❷ばつが悪い。❸まずい演出に監督は自ら頭を掻いた。导演为没演好而难为情。

【頭を切り替える】 换脑筋；改变观点；转变观念。❸すばやく頭を切り替えて社会の変化に対応する。迅速转变观念以适应社会变化。

【頭を下げる】 ❶鞠躬行礼。❸深深と頭を下げる。深深鞠躬。❷认输；谢罪。

類膝を折る。例何も悪いことをしていないのだから頭を下げる必要はない。我没作任何错事，没必要屈服。❸钦佩；佩服。類頭が下がる。例彼の頑張りには頭を下げるしかない。他的顽强实在令人钦佩。

【頭を絞る】　絞尽脑汁；煞费苦心。類知恵を絞る。例頭を絞って対策を練る。绞尽脑汁想对策。

【頭を使う】　动脑筋；想主意。例こんなこともできないのか、少しは頭を使えよ。这都不会？动动脑筋啊！

【頭を突っ込む】　参与其事；染指；加入其中。類首を突っ込む。例余計なことに頭を突っ込む。染指于无谓的事。

【頭を悩ます】　伤脑筋。類頭が痛い②；頭を痛める；苦にする；苦に病む。例スポーツチームの監督は選手の起用法にしばしば頭を悩ませる。运动队的领队常常在队员调用上伤脑筋。

【頭を撥ねる】　抽头；揩油；克扣。類上前を撥ねる。例露天商が地回りに売り上げの頭を撥ねられる。摊贩被当地的混混揩油。

【頭を捻る】　绞尽脑汁；费心思；动脑筋。類知恵を絞る。例ちょっと頭を捻れば分かる。动动脑筋就明白了。

【頭を冷やす】　使头脑冷静；冷静下来；平静冲动的情绪。例そんなにかりかりしないで頭を冷やせよ。别那么冲动，冷静点！

【頭を丸める】　削发为僧；剃度；剃光头。類髪を下ろす。例殿様が亡くなり奥方は頭を丸めた。主公去世，夫人落发为尼。

【頭を擡げる】　❶抬头；崛起。類頭角を現す。例第三勢力が頭を擡げてくる。第三种势力开始崛起。❷冒头；露头。例この先どうなるのかと不安が頭を擡げる。瞻念前途，一种不安油然而生。

【徒や疎か】　轻视；不当回事。例迷信かも知れないが、古くからの言い伝えは

徒や疎かにはできない。虽说也可能是迷信，但对自古以来的传说也不能不当回事。

【新しい女】　新女性。

【新しい酒を新しい革袋に盛る】　"新"瓶装新酒；用新形式表现新内容。

【新しい酒を古い革袋に入れる】　旧瓶装新酒；换汤不换药。

【当たらず障らず】　不得罪人；不痛不痒；无关痛痒。

【中らずと雖も遠からず】　虽不中，不远矣；八九不离十。類十中八九。例今回彼の予測は中らずと雖も遠からずと言えるだろう。这次他的预测可以说是八九不离十吧。

【当たりが付く】　有线索；有头绪；心里有数。類見当が付く。例探し物がどこにあるか大体当たりが付いた。要找的东西在哪儿，大体心里有数了。

【辺り構わず】　旁若无人；不管不顾；不管是否妨碍别人。類傍若無人。例新宿の繁華街には夜半に辺り構わず奇声を発する酔客が絶えない。在新宿等繁华区，半夜总有醉汉旁若无人地怪叫。

【あたりきしゃりき車引き】　理所当然。類理の当然。

【辺りに人なきが如し】　旁若无人。類傍若無人。

【当たりを付ける】　摸底；先试试看；预先评估。類見当を付ける。例落札価格の当たりを付ける。预先评估一下中标价格。

【当たりを取る】　❶大受欢迎；取得大成功。類受けを取る。例この映画は当たりを取った。这部电影很受欢迎。❷估计；大体上预料到。類見当を付ける。

【辺りを払う】　威風凛凛；令人敬畏。類威風堂堂。例カリスマと謂われる人は何か辺りを払うものを漂わせている。所谓超凡之人总有一种令人敬畏之处。

【当たるも八卦、当たらぬも八卦】　问卜占卦，也灵也不灵；灵也是卦，不灵也是卦；占卜问卦，灵不灵都是它。

【当たるを幸い】　随手；顺手；遇到什么算什么；遇到什么便；碰到的东西

不论什么。例当たるを幸い敵を蹴散らす。遇到敌人就把他们赶跑；遇到一个算一个，把敌人全部赶跑。

【仇を恩で報いる】 以德报怨。類怨みに報ゆるに徳を以てす；徳をもって怨みに報いる。

【仇をなす】 ❶恨；怀恨。例主君に仇をなすとは、不届き者めが！竟敢对主公怀恨在心，你这个△无礼之徒（不逞之徒）！❷报复。

【彼方立てれば此方が立たぬ】 顾此失彼；难于两全其美。

【熱い戦争】 热战；诉诸武器的战争。

【熱いものが込み上げる】 热泪盈眶。類目頭が熱くなる。例結婚披露宴で娘から花束を受け取るとき我知らず熱いものが込み上げた。婚宴上接过女儿献上的花束，不由得热泪盈眶。

【悪貨は良貨を駆逐する】 （西谚）劣币驱逐良币；逆淘汰。類紫の朱を奪う。西The law of Thomas Gresham：Bad money drives out good money.

【熱くなる】 ❶热恋；热衷。例彼女は三高（身長、学歴、収入が高い）の佐藤さんに熱くなっている。她猛追三高（个儿高、学历高、收入高）的佐藤先生。❷生气；发火。類腹を立てる。例自信過剰気味の彼はちょっとでも批判されるとすぐに熱くなる。他有点过分自信，稍有批评马上就会发火儿。

【呆気に取られる】 目瞪口呆；直眉瞪眼；感到惊愕；吓呆。類開いた口が塞がらぬ；呆れが宙返りをする；呆れが礼に来る；呆れて物が言えない；呆れもせぬ；だあとなる；何をか言わんや；二の句が継げない；鳩が豆鉄砲を食ったよう；鳩に豆鉄砲；目が点になる；目口はだかる。例予想外の展開で呆気にとられる。被意外的情况吓得目瞪口呆。

【暑さ寒さも彼岸まで】 热至秋分，冷至春分。

【暑さ忘れて陰忘る】 得鱼忘筌；过河拆桥；雨一停，伞就扔。類雨晴

れて笠を忘る。

【あった物ではない】 怎么能有。例普段お世話になっている人に対してそんな言い草はあった物ではない。平时受人家的照顾，哪能那么跟人家讲话呢！

【可惜口に風ひかす】 白费口舌；马耳东风；说了白说。類無駄口を叩く。

【あっという間】 俯仰之间fǔyǎngzhījiān；一眨眼的功夫yīzhǎyǎn；一瞬间。類頭振る間；夢の間。例勝負はあっという間に決まった。一眨眼的功夫输赢shūyíng就定了。

【あっと言わせる】 令人吃惊；令人震惊；令人佩服pèifu；令人叹服tànfú。例世界中をあっと言わせるニュースは毎日のようにある。几乎jīhū每天都有令全世界震惊的消息。

【羹に懲りて膾を吹く】 惩羹吹齑chénggēngchuījī；一朝yīzhāo被蛇咬，十年怕井绳jǐngshéng。

【圧力を掛ける】 施加压力。例自分に有利になるよう相手に圧力を掛ける。为了对自己有利，向对方施加压力。

【当て馬にする】 让他人出面；当挡箭牌dāngdǎngjiànpái；推到前台。例選挙で本命候補の当て馬にされる。选举中被真正的候选人推到前台充当chōngdāng△形式上的候选人（挡箭牌）。

【当てが付く】 有眉目；估计；约略的推测yuēlüè。類見当がとう付く。例資金繰りの当てが付く。资金筹措chóucuò大体上有眉目。

【当てが外れる】 期待落空luòkōng；指望落空；没有指望。類顎があご食い違うちが；当て事と褌は先から外れる；肩透かしを食うかたす；すかを食うしく；素矢を食うすや；頼む木の下に雨漏るたのこもとあめ。例当てが外れてがっかりする。期待落空，非常失望。

【当て事と褌は先から外れる】（褌、越中褌とも；先、向こうとも） 期待易落空；一厢情愿yīxiāngqíngyuàn，难以实现。類当てが外れる。

【当て事も無い】
荒唐；奇葩；岂有此理qǐyǒucǐlǐ。類途方も無いとほう。

【当てども無い】 毫无目的；没有目标。例家出していえ当てども無く見知らぬ街をみしまちさまよう。离家出走，在陌生mòshēng的城市漫无目的地游荡yóudàng。

【当てにする】　期待；指望。類望みを掛ける。例いつまでも親を当てにするな。不要总是指望父母。

【当てになる】　靠得住；可靠；可以指望。例あの人は当てになる。那人靠得住。

【当ても無い】　没有可以指望的人；没有可以依靠的人；漫无目的。例当ても無く探し回る。漫无目的地到处找。

【当てを付ける】　❶估计；推测。類見当を付ける。例購入先の当てを付ける。先预想一下在哪儿买。❷挖苦；讽刺。

【後味が悪い】　回味不佳；事后觉得不是滋味儿；事后感到不快。類後生が悪い。例卑劣な手段で相手を陥れたので後味が悪い。用卑劣的手段坑害了对方，事后感到不是滋味。

【後足で砂をかける】　过河拆桥；忘恩负义；遗患（于）恩人。類恩を仇で返す。例散散目を掛けてやったのに後足で砂をかけるとはけしからん奴だ。我那么照顾他，他却过河拆桥，这家伙真是岂有此理。

【後押しをする】　暗中帮助；鼎力协助。類手を貸す。例今度息子が仕出し屋を開業することになったので、預金を下ろして少しばかり後押しをすることにした。这次儿子要开外卖餐馆，我决定取出存款帮他一把。

【跡形もない】　荡然无存；(消失得)无影无踪。類影も形も無い。例再開発で昔の風景は跡形もない。拆毁重建，原来的风貌荡然无存。

【後が無い】　没有退路。類俵に足が掛かる。例多重債務で後が無くなり弁護士事務所に相談する。陷入多重债务已没有退路，便向律师事务所求助。

【後釜に据える】　移交给后任；使接班。例誰を自分の後釜に据えたらいいのか、息子たちの顔を眺める。看着孩子们的脸，盘算着让谁来接自己的班。

【後釜に座る】　接任。例政変により執権の後釜に座る。由于政权更迭，接管政权。

【後から後から】　源源不断地；一个接一个地。類跡を絶たない。例花見客が後から後からやってくる。赏花的游客接踵而至。

【後口が悪い】　➡後味が悪い

【後先知らず】　不管那套；不知前后；顾前不顾后。類後先見ず。例後先知らずに動くことは危険だ。行动顾前不顾后非常危险。

【後先無し】　冒冒失失；不顾前后。類後先見ず。例丼勘定とは後先無しに金を使うこと。所谓糊涂账是指花钱不计后果。

【後先になる】　前后（顺序）颠倒。例議事次第が後先になる。议题顺序△颠倒（乱套）。

【後先踏まえる】　按先后顺序；依序；瞻前顾后。例何事も後先踏まえて対応すべきだ。处理任何事都须△瞻前顾后（有个先后）。

【後先見ず】　顾前不顾后；不顾前后；冒失。類後先知らず；後先無し；思うところなし；前後の見境もなく；無分別。例後先見ずに猪突猛進する。顾前不顾后地往前闯；冒冒失失地盲目蛮干。

【後に引けない】　不能说了不算；不能后退；不能再让步。例一旦動き出したからには後に引けない。既然已经动起来了，那就不能后退了。

【後にも先にも】　唯一的一次；独一无二；空前绝后。類唯一無二。例後にも先にもあんなに慌てたことはない。从没那么惊慌过。

【後の雁が先になる】　后来居上。

【跡の白波】　船后浪涛，即起即消；短暂的；稍纵即逝的。

【後の祭り】　马后炮；江心补漏。類争い果てての乳切木；生れた後の早め薬；会に合わぬ花；喧嘩過ぎての棒乳切；証文の出し遅れ；十日の菊；盗人の後の棒乳切木；六日の菖蒲、十日の菊。

【後は野となれ山となれ】　将来如何，且不管它；不管三七二十一；不计后

果。㊡野となれ山となれ。

【後腹が病める】　留下后患;遗患无穷;留后遗症;事后有麻烦。

【アドバルーンを揚げる】　放试探气球;试探社会上的反应;放风。㊡観測気球②。

【後へ引かない】　不让步。㊋自説に拘り後へ引かない。固执己见不让步。

【後へ回す】　以后再办;从缓。㊋二の次にする。㊋厄介事の処理は後へ回す。棘手的事以后再处理。

【後へも先へも行かぬ】　进退两难;进退维谷。㊡進退これ谷まる。

【後棒を担ぐ】　当帮手;成为帮凶。㊋うっかり後棒を担いで散散な目にあった。无意中成了帮凶而倒了大霉。

【迎合を打つ】　帮腔;唱配角;顺应对方说;随声附和。㊡相槌を打つ。

【跡を追う】　❶紧跟着（别人之后）死去。㊋祖母は半年後に祖父の跡を追った。祖母在半年之后追随爷爷而去。❷效仿前人的榜样。㊡跡を慕う①。㊋師匠の跡を追って精進する。积极效仿师父修炼技艺。

【跡を隠す】　藏起来;躲起来;隐匿行踪;隐遁。㊡行方を眩ます。

【跡を暗ます】　不留踪迹;销声匿迹;隐匿行踪。㊡行方を眩ます。㊋不祥事発生後、責任者が跡を暗ました。丑闻发生之后，负责人就销声匿迹了。

【跡を慕う】　❶跟随;追随。㊋恋人の跡を慕って上京する。追随情人上东京去。❷仿效;敬仰。㊡跡を追う②。㊋師の跡を慕って学問に励む。仿效老师的做法，潜心治学。

【後を絶たない】　不断发生;接连不断。㊡後から後から。㊋あの芸能人は前前から悪い噂が後を絶たない。那个艺人老早以前就负面传闻不断。

【跡を絶つ】　绝迹。㊋テロ事件発生後、観光客が跡を絶った。发生恐怖事件之后

游客就绝迹了。

【跡を継ぐ】 继承家业；接班；继承前人的事业。類跡を守る②；塵に継ぐ。例子供に自分の跡を継がせるつもりはない。不△想（打算）让孩子接自己的班。

【跡をつける】 ❶跟踪；盯梢。例容疑者の跡をつける。跟踪犯罪嫌疑人。❷留下痕迹。例新雪に足の跡をつける。新的雪地里留下足迹。

【後を弔う】 祈祝冥福；吊唁；祭奠。類追善供養。

【跡を濁す】 走后留下麻烦；离去时留下乱摊子。例去り際に跡を濁す行為は見苦しい。离去时给人留下麻烦的行为是很丢脸的。

【後を引く】 ❶影响持续存在；余波不消。類尾を引く。例最初の失敗が後を引いて挽回できなかった。最初的失败一直有影响，没能挽回败局。❷无尽无休；没完没了。例ドリアンは一度食べると後を引く。榴莲吃了一次以后△还想吃（就上瘾）。

【跡を踏む】 承袭前人的事业；沿袭前人的作法。

【跡を守る】 ❶看家。類留守番。例ご主人の不在中お屋敷の跡を守る。主人不在期间替他看守房产。❷传承家业；继承前人的手艺、事业。類跡を継ぐ。例弟子が師匠の跡を守る。徒弟继承师傅的△手艺（事业）。

【穴が開く】 产生空缺；出现亏空。例出演者が逮捕され番組に穴が開く。演员被逮捕，演出产生了空缺。

【穴があれば入りたい】 汗颜无地；无地自容。類身の置き所がない。

【穴が埋まる】 ❶亏损填补上。例補正で予算不足の穴が埋まる。用△补充预算（修正案）把预算不足的窟窿堵上。❷空缺补齐。例人事異動で欠員の穴が埋まる。通过人事调动补足人员空缺。

【穴のあくほど】 盯着看；目不转睛地（看）。例知人そっくりの人がいたので穴のあくほど見てしまった。因为有个人长得跟自己的朋友一模一样，就目不转睛地盯着看。

【穴へ陥まる】　中計；中圏套；上当。類術中に陥る。例まんまと敵の仕掛けた穴へ陥まってしまった。完全彻底地上了敌人的圏套。

【穴を開ける】　❶財政上出現亏空；出現缺額。例株取引で運用資金に2億円の穴を開けてしまった。做股票交易使流动资金出现2亿日元的亏空。❷产生空白。例主役が急死し映画の撮影に穴を開ける。因主演猝死，电影摄制出现空缺。

【穴を穿つ】　揭穿内幕；揭秘；曝光。

【穴を埋める】　填补亏空。例ロボットの導入で人手不足の穴を埋める。通过引进机器人，弥补人手不足的情况。例紙面の穴を埋める記事を探す。找文章填补版面空白。

【豈図らんや】　孰料；岂知；原来是。例豈図らんや，有名になったら30年前幼い自分を捨てた母親が突然現れ，驚くやら嬉しいやら。万没想到，出了名以后，30年前把年幼的自己抛弃了的母亲突然出现了，是惊讶还是喜悦，真是一言难尽。

【あの声で蜥蜴食らうか時鳥】　美女未必都是天使；知人知面不知心。

【あの手この手】　各种手段；种种方法。類手を替え品を替え。例あの手この手を繰り出す。使出各种办法。

【あの世千日この世一日】　纵使来世千般好，不如今生一日饱；活着才有乐趣。

【痘痕も靨】　情人眼里出西施。類惚れた目には痘痕も靨；惚れた欲目。

【危ない橋を渡る】　铤而走险；冒险。類一髪千鈞を引く；剃刀の刃を渡る；卵を渡る；剣の刃渡り；虎の尾を踏む；竜の髭を撫で虎の尾を踏む。

【虻蜂取らず】　鸡飞蛋打；务广而荒。

【油が切れる】　❶油用完；没有油了。例機械は油が切れると故障しやすくなる。机器用光了油就容易出故障。❷力气用完；精疲力竭。類精も根も尽き果てる。例油が切れてもうこれ以上は動けない。已经精疲力竭，动弹不了了。

【脂が乗る】　❶上膘；肥美。例脂が乗った魚は美味しい。有肥油的鱼好吃。

❷工作起劲儿，进展顺利。例仕事に脂が乗るのは40過ぎからだ。能起劲儿工作是在40岁以后。

【油紙に火のついたよう】 喋喋不休；唠唠叨叨起来没完。類口から先に生れる。

【脂に画き氷に鏤む】 画脂镂冰；劳而无功；白费力气。類氷に鏤む。

中汉·桓宽《盐铁论·殊路》："故内无其质，而外学其文，虽有贤师良友，若画脂镂冰，费日损功。"

【油に水】 不相融洽；格格不入。類水と油。

【油を売る】 磨洋工；偷懒；闲聊浪费时间。類のらをかわく①。例いつまでも油を売ってないで仕事に取り掛かってくれ。別老是磨洋工，干点活吧！

【油を差す】 打气；鼓励；煽动。類気を引き立てる。

【油を絞る】 骂个狗血喷头；申斥；遣责；训斥。類灸を据える。例成績不振で上司にこってり油を絞られる。工作成绩上不去，被领导骂个狗血喷头。

【油を注ぐ】 （火上）浇油；唆使；煽动。類そそらをかう；知恵を付ける；毒を吹き込む；火に油を注ぐ；火を付ける②；藁を焚く①。例群衆の不満に油を注ぐ。给群众的不满情绪火上浇油。

【油を流したよう】 风平浪静；一平如镜。例お天気がよく湖面は油を流したようだ。天气好，湖面一平如镜。

【阿呆の三杯汁】 傻瓜饭桶一顿能喝三碗汤。

【阿呆の一つ覚え】 一条道跑到黑；死心眼儿。類馬鹿の一つ覚え。

【甘い汁を吸う】 捞油水；占便宜；不劳而获。類うまい汁を吸う；濡れ手で粟。例組織の中枢に巣食い甘い汁を吸う。盘踞在组织的核心机构，大捞油水。

【甘い物には蟻が集る】 如蚁附膻；群蚁慕膻。類蟻の甘きに就くが如し。

【甘く見る】 瞧不起；小看；轻视；小觑。類下目に見る。例あいつを甘く見る

とひどい目に遭うぞ。那家伙你要轻视他可要倒大霉啦。

【余す所なく】　丝毫不留；完全；都。類遺憾なく。例京都の名所を余す所なく見物したい。要把京都的名胜看个遍。

【雨垂れ石を穿つ】　水滴石穿；滴水穿石。類小水石を穿つ；点滴岩を穿つ。中宋·罗大经《鹤林玉露·卷10·一钱斩吏》："乖崖援笔判云：'一日一钱，千日千钱；绳锯木断，水滴石穿。'"

【余りある】　❶绰绰有余。類御釣りが来る②。例彼の功績は失敗を補って余りある。他的功绩远远大于失败。❷怎么……都不足；怎么……都不为过。例不慮の事故で有望な人材を失い、惜しんでも余りある。因为意外事故失去了大有前途的人材，怎么痛惜都不为过。

【余りと言えば】　过分地；也太……。例子供を置き去りにするとは、余りと言えばむごい仕打ちだ。扔下孩子不管，这也太没人味儿了。

【余り物に福あり】　剩菜底，福在里；剩下的东西有福根儿。類残り物に福あり。

【編み笠一蓋】　斗笠之外，别无长物；两手空空，一身轻松。

【阿弥陀の光も金次第】（金、銭とも）　钱能通神；有钱能使鬼推磨。類金が物を言う。

【網呑舟の魚を漏らす】　网漏吞舟之鱼；法网疏阔，重犯漏过。中汉·司马迁《史记·酷吏列传序》："网漏于吞舟之鱼，而吏治烝烝，不至于奸，黎民艾安。"

【網無くて淵をのぞくな】　无网临渊，羡鱼枉然；无充分的准备就不会有成果。中晋·葛洪《抱朴子·外篇·勖学》："夫不学而求知，犹愿鱼而无网焉。心虽勤而无获矣。"

【網の目を潜る】　钻（法律的）空子。類法網を潜る。例取締りの網の目を潜って荒稼ぎをする。钻监管的空子大发横财。

【網を張る】　张网；布下法网。例警察が網を張って犯人を捕らえる。警察布下法网抓捕犯人。

【雨が降ろうが槍が降ろうが】（降ろうが、降ろうとも）　哪怕天上下刀子；无论有什么严重情况。類何が何でも。例雨が降ろうが槍が降ろうが計画通り実施する。哪怕天上下刀子也得按计划执行；无论有什么严重情况也要按计划实行。

【雨車軸の如し】　雨如车轴；大雨如注。類篠を束ねる；篠を突く；車軸を下す；車軸を流す；バケツをひっくり返したよう；盆を覆す。中宋·王安石《梦中作》："青门道北云为屋,大垆贮酒千万斛。独龙注雨如车轴,不畏不售畏不续。"

【雨塊を破らず】　雨不破块；风调雨顺，天下太平。類天下太平。中汉·王充《论衡·水旱》："当此之时,雨不破块,风不鸣条,旬而一雨,雨必以夜。"

【雨露を凌ぐ】　勉强度日。類口を糊する。例貧乏でも雨露を凌げればそれでよい。无论多么穷，只要能勉强度日也就行了。

【飴と鞭】　胡萝卜加大棒；软硬兼施；威胁利诱。

【雨に沐い風に櫛る】　沐雨栉风；栉风沐雨。類櫛風沐雨。中战国·庄周《庄子·天下》："沐甚雨,栉疾风。"三国·曹丕《黎阳作诗三首》："朝发邺城,夕宿韩陵。霖雨载涂,舆人困穷。载驰载驱,沐雨栉风。"

【雨につけ風につけ】　下雨也好刮风也好；不管什么时候。例雨につけ風につけ老夫婦の日常生活に変わりはない。刮风也好下雨也好，老两口的日常生活是一成不变的。

【雨の降る日は天気が悪い】　大实话；理所当然。類理の当然。

【雨晴れて笠を忘る】　忘恩负义；背恩忘义；卸磨杀驴；雨停忘伞；过河拆桥。類暑さ忘れて陰忘る；魚を得て筌を忘る；喉元過ぎれば熱さを忘れる②；病治りて薬忘れる。

【雨降って地固まる】　不打不相识；不打不成交。

【雨や霰と】 雨点般；接连不断地。例非難の言葉が雨や霰と浴びせられる。谴责之声雨点般飞来。

【飴をしゃぶらせる】 给点甜头；施以小恩小惠。

【危うきこと累卵の如し】 危如累卵；势如累卵。類魚の釜中に遊ぶが如し；氷に座す；燕の幕上に巣くうがごとし；累卵の危うき。中唐·姚思廉等《梁书·侯景传》："复言仆'众不足以自强，危如累卵'。"

【過ちては改むるに憚ること勿れ】 过则勿惮改。中《论语·学而》："子曰："君子不重则不威，学则不固。主忠信，无友不如己者。过则勿惮改。"

【過ちを改めざる、これを過ちという】 过而不改，是谓过矣。中《论语·卫灵公》："过而不改，是谓过矣。"

【過ちを文る】 文过饰非；小人之过也必文。類屁を放って尻窄め。中唐·刘知几《史通·14·惑经》："岂与夫庸儒末学，文过饰非，使夫问者缄辞社口，怀疑不展，若斯而已哉？"

【過ちを見てここに仁を知る】 观过，斯知仁矣。中《论语·里仁》："子曰：'人之过也，各于其党。观过，斯知仁矣。'"

【文目も分かず】（分かず、分かぬとも） ❶不能正确的判断。❷光线暗分辨不清。

【文を付ける】 寻衅；找碴ル；挑刺ル。類難癖を付ける。例こちらの説明に相手が一一文を付けてくるので参った。对方对我们的解释一味地挑刺ル，真叫人受不了。

【綾を取る】 翻绳ル（游戏）。

【歩みを運ぶ】 特意前往；专程前往。例招待されて婚礼の席に歩みを運ぶ。受邀前往出席婚礼。

【荒肝を抜く】 吓坏胆；吓破胆。類肝を潰す。例山中でいきなり熊に出くわした

時は荒肝を抜かれる思いをした。在山里突然碰上一头熊，当时真是吓破了胆。

【荒肝を拉ぐ】➡荒肝を抜く

【嵐の前の静けさ】　暴风雨前的平静。

【争い果てての乳切木】　马后炮。類後の祭り。

【争えない】　无可争辩；无可否认。類押しも押されもせぬ。例証拠を突き付けられては争えない。在证据面前无可争辩。

【新たなる月】　新月。中唐·白居易《八月十五日夜禁中独直，対月忆元九》："三五夜中新月色，二千里外故人心。"

【新たに沐する者は必ず冠を弾く】　新沐者必弾冠。中战国·屈原《渔父》："吾闻之，新沐者必弾冠，新浴者必振衣。"

【荒波に揉まれる】　历练；经风雨，见世面；在社会上打拼。例世間の荒波に揉まれて逞しくなる人もいれば消えて行く人もいる。大浪淘沙，有的人强壮起来，也有的人归于湮灭。

【あらぬ方】　完全意外的方向；错误的方向。例当初の思惑と異なり、事態があらぬ方へ進展し収拾がつかない。事态与当初的设想不同，向着完全意外的方向发展，已经不可收拾。

【あらぬ事】　没有道理的事；意想不到的事；没根据的话。例気が触れてあらぬ事を口走る。发了疯胡言乱语。

【あらぬ様】　不该有的样子；不正常的样子；异常的状态。例窓を開けっぱなしにして、通りがかりの人にあらぬ様を見られてしまった。窗户一直开着，被△过路（路过）的人看到了里面不成体统的光景。

【あらぬ所】　意想不到的地方；万没想到的场所。例あらぬ所でばったり出会いお互い素知らぬふりをした。突然在有所不便的地方邂逅，彼此都装作没看见对方。

【あらん限り】　尽其所有；全部；尽可能。類有る限り。例あらん限りの技を繰り

出す。拿出全部本事。

【有り金をはたく】　qīngnáng 倾囊；把手头的钱全拿出来。

【在りし日】　❶往昔；以前；过去。顆今は昔。❷生前。

【有り体に言う】　说老实话；实话实说；说实在的。顆実を言うと。例有り体に言えば、彼の評判は良くない。说实在的，他的kǒubēi口碑不佳。

【有りと有らゆる】　所有；一切。顆一から十まで。例有りと有らゆる手段を講じる。用尽一切手段。

【蟻の穴から堤も崩れる】　qiānlǐzhīdī kuìyúyǐxué 千里之堤，溃于蚁穴；千丈之堤，溃于蚁穴；堤kuìyǐkǒng溃蚁孔。顆蟻の一穴天下の破れ；千丈の堤も蟻の穴より崩る。中战国・韩非《韩非子・喻老》："千丈之堤，以蝼蚁之穴溃；百尺之室，以突隙之烟焚。"

【蟻の甘きに就くが如し】　rúyǐfùshān 如蚁附膻。顆甘いものには蟻が集る。

【蟻の一穴天下の破れ】　千里之堤，溃于蚁穴。顆蟻の穴から堤も崩れる。

【蟻の思いも天に届く】　只要意志坚，mǎyǐ蚂蚁能上天。顆一念岩をも通す。

【蟻の熊野参り】　lǚlǚxíngxíng qiánhūhòuyīng luòyìbùjué 缕缕行行；前呼后应；络绎不绝。

【蟻の這い出る隙もない】　shuǐxièbùtōng jièbèisēnyán 水泄不通；戒备森严。顆水も漏らさぬ。

【有る限り】　尽其所有；全部。顆あらん限り。例有る限りの知恵を絞る。绞尽脑汁。

【有るか無きか】　似有若无；wēihūqíwēi微乎其微。例ぎりぎりの所に追い込まれたが、有るか無きかの望みに賭ける。已经被逼到绝境了，为了微乎其微的希望pīnyībǎ拼一把。

【有るが儘】　如实；据实；实在。例有るが儘の自然体で暮らす方が楽だ。实实在在的自然状态的生活才是轻松自在的。

【有る事無い事】　jiǎjiǎ xūxūshíshí 真真假假；虚虚实实；或实或虚。例有る事無い事を織り交ぜて話を面白くする。把有的没的chuānchā穿插在一起，讲得引人入胜。

【有る時払いの催促なし】　有钱即付，无需cuīcù催促。

【アルファとオメガ】　始終；从头到尾；全部。類一から十まで。

【彼や此れや】　这个那个；这样那样；多方。類其れや此れや；そんなこんな；何くれとなく；何か彼にか；何や彼や；何だ彼んだ；何とか彼んとか①；何の彼の。例彼や此れやと気を回す。胡乱猜疑。

【有ろう事か】　竟然；居然。類事もあろうに。例有ろう事か飼い犬に手を噛まれた。被自己的狗咬了手，真是岂有此理；一直对他关爱有加，他竟然害我！

【合せ物は離れ物】　有聚就有散；(天下)没有不散的筵席；人无千日好，花无百日红。類会うは別れの始め。

【合わせる顔がない】　无颜以对；愧对；没脸面对。類顔が合わせられない；顔向けできない；顔向けならない；どの面下げて；面目次第もない。例惨敗してファンに合わせる顔がない。输得太惨，没脸面对粉丝。

【慌てる乞食は貰いが少ない】　心急吃不得热豆腐。

【合わぬ蓋あれば合う蓋あり】　你不爱，有人爱；有人抛弃则有人拾起；有相生就有相克。類似たもの夫婦。

【鮑の片思い】　剃头挑子一头热；单相思；一厢情愿；落花有意，流水无情。類磯の鮑の片思い；及ばぬ鯉の滝登り；落花情あれども流水意無し；落花心あり。

【哀れみを乞う】　乞求怜悯；乞哀告怜；卖惨。類袖に縋る；袂に縋る。例落ちぶれても哀れみを乞うつもりはない。虽然落魄，但不想乞求怜悯。

【哀れを掛ける】　同情；怜悯。類情けを掛ける。

【哀れを止める】　❶感动至深，长记于心。❷以失魂落魄的样子示人；卖惨。例戦争孤児たちの姿が哀れを止める。战争孤儿们的身影引起广泛的同情。

【哀れを催す】　感伤油然而生。例過疎化で寂れた集落の風景に哀れを催す。面对人口大量流失的村镇，感伤之情油然而生。

【泡を食う】 惊慌失措；慌慌张张；惊恐万状。類足を空に；周章狼狽；度を失う；目を白黒させる②。例交通渋滞で搭乗手続き締め切り時間ぎりぎりに飛行場に到着し泡を食った。交通拥堵，登机手续马上要截止了才赶到机场，慌乱不堪。

【泡を吹かす】 使惊慌失措；令人大吃一惊；吓了一大跳。類一泡吹かせる。

【暗影を投ずる】 投下阴影。類影を落とす。例長引く不況が国の財政再建に暗影を投じている。长期萧条给财政重建投下了阴影。

【鮟鱇の餌待ち】 呆呆地张着嘴；张着嘴发愣。

【暗示に掛ける】 施以心理暗示。例枕に振った言葉で読者を暗示に掛ける。开场白给读者以启示。

【暗礁に乗り上げる】 ❶（船）搁浅；搁置；触礁。類船が座る①。❷搁浅；停滞。類宙に浮く。例交渉が暗礁に乗り上げる。谈判搁浅。

【鞍上人なく鞍下馬なし】 人马一体；骑术高超，人马难分。

【案ずるより産むが易し】 事前百思，不如一试；担心不如放心；车到山前必有路。類明日は明日の風が吹く；成るように成る。

【アンテナを張る】 收集信息。例就活にはアンテナを広く張っておくことが大切だ。求职期间广泛收集信息很重要。

【案に落つ】 ❶不出所料。類案の如く。❷中圈套。類術中に陥る。

【案に相違する】 出乎意料。例ゴールデンウィークなのに案に相違して客足が伸びない。尽管是黄金周，顾客出乎意料地少。

【案に違う】 ➡案に相違する

【案に違わず】 不出预料；不出所料。類案の如く。例総選挙は案に違わず与党が勝利した。果不出所料，执政党大选获胜。

【案の内】 不出所料；果不其然；按计划。類案の如く。

【案の如く】 正如预料那样；不出所料。類案に落つ①；案に違わず；案の内。

【案の外】　没想到；意想之外。類思いも寄らない。

【暗夜に灯を失う】　不知如何是好；一筹莫展 yīchóumòzhǎn；无计可施 wújìkěshī。類途方に暮れる。

い

【帷幄に参ずる】　参与 cānyù 军机；参与谋划。

【意余って言葉足らず】　意有余而言不足。

【威ありて猛からず】　威而不猛 wēiérbùměng；威严而不凶猛 xiōngměng。中《论语·述而》："子温而厉，威而不猛，恭而安。"

【好い意味で】　往好里说；善意地说。例彼は好い意味で世渡りが上手い。往好里说他很会处世 chǔshì。

【言いえて妙】　说得妙；正好说中 shuōzhòng；一语破的 yīyǔpòdì。

【好い顔をしない】　没好脸；不高兴 gāoxìng；不带笑脸。例家賃の支払いが遅れると大家さんは好い顔をしない。房租要是交晚了，房东就没好脸子。

【言い掛かりをつける】　寻衅 xúnxìn；找碴 zhāochá 儿；挑毛病 tiāomáobìng。類難癖を付ける。

【好い鴨】　冤大头 yuāndàtóu。例麻雀 májiàng で好い鴨にされる。打麻将被当作冤大头。

【いい気なものだ】　太天真；自鸣得意 zìmíngdéyì；只顾自我陶醉 zìwǒtáozuì。例貶されているのに褒められていると勘違いしているとはいい気なものだ…。误把别人的贬斥当夸赞 biànchìdàngkuāzàn，真是天真得可以。

【いい気になる】　自以为了不起 liǎobùqǐ；沾沾自喜 zhānzhānzìxǐ；自以为是 zìyǐwéishì。例あまりいい気になっていると後で泣きを見るよ。过分 guòfèn 沾沾自喜，马上就会遭殃 zāoyāng。

【異域の鬼となる】　死为异域之鬼 sǐwéiyìyùzhīguǐ；客死异邦。中汉·李陵《答苏武书》："生为别世之人，死为异域之鬼，长与足下，生死辞矣。"

【いい薬】　有益的教训。類いい薬になる。例思考がポジティブで、失業も失恋も

人生の好い薬と思って遣り直す。思想积极，无论失业还是失恋都作为有益的教训重新开始。

【いい薬になる】 汲取教训；成为一剂良药。類いい薬。例若い頃軽犯罪で一晩拘留され、世間知らずの私にはいい薬になった。年轻时因轻微犯法被拘留一夜，这对不谙世事的我来说是一剂良药。

【好い子になる】 （只求自己）当好人；当好孩子。例あいつはどこでも好い子になりたがる。那家伙在哪都想当好人。

【好い線を行く】 达到相当程度；基本合格。例彼女のファッションは好い線を行っている。她的穿着基本得体。

【意至りて筆随う】 意到笔随。中清·黄子云《野鸿诗的》："香山《琵琶行》，婉折周详，有意到笔随之妙。"

【好い月日の下に生まれる】 生来运气好；福将。類良い星の下に生まれる。

【好い面の皮】 真丢人；没出息；现眼；太倒霉了。例後輩に出し抜かれるとは俺も好い面の皮だ。我可真丢人，让小辈给甩后边去了。

【好い所】 ❶富人家。例好い所の坊ちゃん。富家子弟。❷优点；好地方。例誰にでも好い所はある。谁都有优点。❸恰好；凑巧。類間がいい。例ちょっと聞きたいことがあったので好い所であなたに遇えてよかった。有事要请教，正好在这儿遇到你了。

【好い年をして】 那么大年纪还……；老大不小的。類年甲斐もない。例好い年をしてまだ分別がない。那么大年纪还不懂事。

【好い仲】 甜甜蜜蜜；相爱；两情相悦。類思い思われる。例あの二人は好い仲だ。他们俩关系亲密。

【好い人】 ❶好人。例李さんは好い人だ。小李是个好人。❷対象；异性朋友；情人。例彼は私の好い人です。他是我的情人。

【好い迷惑】　真讨厌；无端受累；池鱼之殃。類側杖を食う。例尻をこっちに持ってこられちゃ好い迷惑だ。让我给处理善后，真讨厌。

【好い目が出る】　❶色子出好（大）点。例サイコロ遊びで好い目が出る。掷色子出大点。❷走运；有了出头的机会。類運が向く。例操業して3年目、やっと好い目が出始めた。干到第三年才翻过身来。

【好い目を見る】　交好运。類運が向く。例たまに好い目を見るのも悪くない。偶尔交个好运也不错。

【いいようにする】　率性而为；想咋样就咋样。類自分勝手。例どうせ責任は自分で取るんだから、お前のいいようにすることだな。反正自己负责，你想咋样就咋样吧。

【言う口の下から】　刚说完……却又……；出尔反尔。類舌の根の乾かぬうち。例常習犯は「二度とやりません」と言う口の下からまた盗みをやる。惯偷刚说再也不敢了，马上又作案。

【言うことなし】　无可挑剔；好极了；没说的；没的说。類申し分がない。例この成績は言うことなしだ。这个成绩好极了。

【言うことを聞かない】　❶不听话。類旋毛を曲げる。例我儘で人の言うことを聞かない。任性不听话。❷不好使；不听使唤。類馬鹿になる①。例鋏が錆びて言うことを聞かない。剪子上锈不好使了。

【言うだけ野暮】　无须多说；不言自明。類言うまでもない。

【言うに言われない】　无以名状；说也说不出来；无法形容。類言語に絶する。例骨董品には言うに言われない風趣がある。古董有一种无以名状的情趣。例その件につきましては、言うに言われない当方の苦衷をお察しください。关于那件事，请体谅我们无法言说的苦衷。

【言うに落ちず語るに落ちる】　不打自招；不经意说出实话。類語るに落ちる。

【言うに及ばず】　不用说；不待言；当然。⦿言うまでもない。

【言うに事欠いて】　（说什么不好，）偏说；多嘴；欠嘴。⦿言うに事欠いてお前は何てことを言い出すんだ。欠嘴！说什么呀，你！

【言うに足らず】　不足道；不值一提。⦿取るに足りない。

【言うは易く行うは難し】　说起来容易，做起来难。

【言うまでもない】　不消说；不用说；不言自明；当然。⦿言うだけ野暮；言うに及ばず；言うも疎か；言うも更なり；言えば世の常；言わずと知れた；言わずもがな②；言を俟たない；更にも言わず；無論の事；論を俟たない。⦿言うまでもなく地球は丸い。地球当然是圆的。

【言うも疎か】　不消说；不言自明；无须说；当然。⦿言うまでもない。

【言うも更なり】　不消说；不用说；当然。⦿言うまでもない。

【家柄より芋幹】　门第不能当饭吃；家世不如本事。

【家給し人足る】　家给人足；国泰民安。⦿天下太平。⦿汉·司马迁《史记·商君列传》："行之十年，秦民大说。道不拾遗，山无盗贼，家给人足。"

【言えた義理】　（用于否定句）说得出口。⦿今更そんなことが言えた義理ではない。事到如今，那种话真说不出口。

【家に杖つく】　五十岁；知命之年。⦿天命を知る。

【言えば世の常】　毋庸赘言；不消说；不言自明。⦿言うまでもない。

【家貧しくして孝子顕る】　家贫出孝子。⦿明·范立本《明心宝鉴》："家贫显孝子，世乱识忠臣。"

【家を傾ける】　倾家荡产。⦿産を破る。⦿一攫千金思考は家を傾ける。一攫千金的想法会导致倾家荡产。

【家を外にする】　常不在家；抛家在外。⦿内を外にする。

【家を畳む】　收拾家当（搬家）。⦿所帯を畳む。⦿定年退職を機に家を畳んで南

海の楽園に移り住みたい。打算以退休为契机迁居南海乐园。

【家を出る】 ❶跑出家；离家出走；离婚。例家を出てアパートで独り暮らしをする。从家里搬出来，一个人住进公寓。❷出家。類髪を下ろす。例家を出てお坊さんになる。出家当和尚。

【家を持つ】 有房子；有妻室；成家。類家庭を持つ。例東京近郊に一戸建ての家を持っている。在东京近郊有一处独门独院的房子。

【厳い事】 ❶多得很。❷不得了；很；非常。

【如何なものか】 不太妥当；不行；不太好。例喫煙を必要悪と認めるのは如何なものか。把吸烟作为不得已的事而容忍，我认为欠妥。

【如何はせん】 ❶如之何；怎么办。類如何せん①。❷不得已；无可奈何。類止むを得ない。

【鋳掛屋の天秤棒】 爱出风头的人。

【鋳型に嵌める】 （教育）整齐划一；刻板的（教育）；统一规格（的教育）。例鋳型に嵌めたエリート教育で人材を養成する。以整齐划一的精英教育方式培养人才。

【如何にして】 如何；怎样（作）；怎么。例如何にしてこの疫病を封じるか、各国とも対策に苦慮している。各国都在为如何控制住这次疫情的对策而大伤脑筋。

【如何にしても】 不管怎样；无论如何（也）。類何れにしても；何れにせよ；彼と言い此れと言い；何にせよ。

【怒り心頭に発する】 怒上心头；怒火中烧；七窍生烟。類青筋を立てる；頭から湯気を立てる；頭に来る①；息筋張る②；髪の毛を逆立てる；堪忍袋の緒が切れる；業が煮える；業を煮やす；瞋恚の炎；竹屋の火事；鶏冠に来る；怒髪天を衝く；額に筋を立てる；向かっ腹を立てる；むくりを煮やす；湯気を立てる；烈火の如し。

【錨を打つ】 抛锚。類錨を下ろす①。

【怒りを遷す】 遷怒。中《论语·雍也》："有颜回者好学，不迁怒，不贰过。"

【錨を下ろす】 ❶（船舶）抛锚。類錨を打つ。例台風を避け漁船は防波堤の内側に錨を下ろした。渔船在防波堤的内側抛锚停泊，躲避台风。❷住下来；扎根。類尻を落ち着ける。例若者は旅先で伴侶を得、そこに錨を下ろした。小伙子在旅途中找到伴侶，便在那儿扎下了根。

【怒りを買う】 惹人生气；遭到斥责；挨骂。例余計な口出しをして人の怒りを買う。因多嘴而激怒别人。

【如何せん】 ❶如之何；奈何。類如何はせん①。例自転車操業で、明日の仕入れ代を如何せんという日々だ。靠借贷还贷的方式经营，明天的采购款都不知怎么办。❷很遺憾；无可奈何；无奈。例如何せん、末期癌で手遅れです。没办法了，癌症后期，已经晚了。

【遺憾なく】 无遗；充分；完全。類余す所なく。例遺憾なく持ち味を発揮する。彻底发挥出固有特色。

【遺憾にたえない】 万分遺憾；非常遺憾。類遺憾千万；残念閔子騫；残念無念；念も無い④。例ご期待に添えず遺憾にたえません。让您失望，万分遺憾。

【遺憾の意を表する】 表示歉意；深表遺憾。

【意気相投ずる】 意气相投。類気が合う。

【生き牛の目を抉る】 ➡生き馬の目を抜く

【生き馬の目を抜く】 麻利；手疾眼快；抢先获利；眼疾手快。

【勢いに乗る】 乗勢。類調子に乗る②；波に乗る①；はかが行く；余勢を駆る。例まず初戦を突破して勢いに乗りたい。希望首战取胜，乘胜进击。

【勢い猛】 势力强盛；势头凶猛；有钱有势。

【息が合う】 合得来；步调一致。類気が合う。例彼とダブルスを組むと息が合ってやりやすい。跟他组成双打很默契，打得顺手。

【意気が揚がる】 意气昂扬；热情高涨。類意気軒昂。例逆転してチームの意気が揚がる。形势逆转，队员情绪高涨起来。

【息が掛かる】 受(有权势者的)影响；有权势者作后台；有强大的后盾。例彼には地元選出代議士の息が掛かっている。他有本地当选的议员作后台。

【息が通う】 ❶还有口气；气息尚存。例雪崩で遭難し、救出された時にはまだ息が通っていたが低体温症で助からなかった。遭遇雪崩，遇救时还有气儿，终因体温过低没救过来。❷有生气。例この白玉の仏像は息が通っているようだ。这尊白玉佛像栩栩如生。

【息が切れる】 ❶断气；气绝。類息が絶える。例通行人が自動車にはねられ、その場で息が切れたようだ。行人被汽车撞了，好像当场就断气了。❷不能持久；接不上气。類息を弾ませる。例資金不足でもうじき息が切れる。资金不足，即将难以为继。

【息が絶える】 断气；死；气绝身亡。類息が切れる①；息を引き取る；徒になる②；一巻の終わり②；命を失う；命を落とす；永遠の眠り；おさらばをする②；御陀仏になる①；館舎を捐つ；棺を蓋う；此の世の別れ；最期を遂げる；簀を易う；四大空に帰す；泉下の客となる；土になる；冷たくなる②；天に召される；永い眠りにつく；はかなくなる；不帰の客となる；仏に成る；骨を埋める①；脈が上がる①；脈がない①；空しくなる；命数が尽きる；めでたくなる；目を瞑る①；世を去る；世を背く③。例酸欠で息が絶える。缺氧而死。

【息が続く】 有毅力；有长劲儿；有长性。例息子は飽きっぽくて、どんな仕事についても息が続かない。儿子没长性，什么工作都干不长。

【息が詰まる】 紧张得喘不过气来；呼吸困难。例息が詰まるような接戦を繰り広げる。展开胶着战，紧张得喘不过气来。

【息が長い】 寿命长;经久不衰。例この商品は息が長い。这种商品长销不衰。

【息が弾む】 qìchuǎnxūxū 气喘吁吁；呼吸急促；上气不接下气。類息を弾ませる。例興奮して息が弾む。兴奋得呼吸急促。

【生き肝を抜く】 xiàpòdǎn 吓破胆。類肝を潰す。例地上げ屋のあくどいやり方には生き肝を抜かれる思いがした。被土地开发商的恶劣作法吓坏了。

【息切れがする】 气力不继；qìchuǎnxūxū 气喘吁吁；上气不接下气。類息を弾ませる。

【意気地が悪い】 jūxīnbùliáng 居心不良；xīnshùbúzhèng 心术不正；心眼儿坏。類意地が悪い。

【息筋張る】 ❶鼓起干劲；干劲十足。❷大怒；大发脾气。類怒り心頭に発する。

【息精張る】 jiéjìnquánlì 竭尽全力；quánlìyǐfù 全力以赴。類全力をあげる。

【息急き切る】 急急忙忙；qìchuǎnxūxū 气喘吁吁；上气不接下气。例息子が交通事故に遭ったとの知らせに息急き切って病院へ駆け付ける。接到儿子 zāoyùchēhuò 遭遇车祸的通知，上气不接下气地赶往医院。

【生きた心地もしない】 xiàdiàolehún 吓掉了魂；húnfēipòsàn 魂飞魄散；húnbùfùtǐ 魂不附体；痛苦万状。類生きた空がない。例洪水で家が流されそうになり生きた心地もしなかった。洪水快要把房子 chōngpǎo 冲跑了，吓得魂飞魄散。

【生きた空がない】 吓得要死；吓得魂不附体。類生きた心地もしない。

【生き血を絞る】 zhàqǔxuèhàn 榨取血汗；qiāogǔxīsuǐ 敲骨吸髓。類骨までしゃぶる。例封建地主が小作農 kòsakunō の生き血を絞る。封建地主对 diànnóng 佃农简直是敲骨吸髓。

【生き血を吸う】 ➡生き血を絞る

【意気天を衝く】 yìqìfēngfā 意气风发；干劲冲天。類意気衝天。

【生きとし生けるもの】 一切生物；一切 yīqièzhòngshēng 众生；一切生灵。

【行き成り三宝】 tīngqízìrán 听其自然；漫无计划。例風の吹くまま気の向くまま。

【異議に及ぶ】 chàngfǎndiào 唱反调；提出不同意见。類異を唱える。

【意気に感じる】 感到向上的活力；感到振奋；产生有所作为的冲动。中唐·魏征《述怀》："季布无二诺，侯嬴重一言。人生感意气，功名谁复论！" 例彼の主張には

意気に感じるものがある。他的主张令人感到振奋。

【意気に燃える】　干劲十足；热情高涨。例旧家臣たちはお家再興の意気に燃えた。原来的家臣们对重振主公的家业热情甚高。

【息の臭きは主知らず】　自屎不觉臭；人罕有自知之明；人皆自我感觉良好。類臭いもの身知らず。

【息の根を止める】　❶杀死；结果性命。類無き者にする。例ライフル銃で猛獣の息の根を止める。用连发枪给猛兽以致命的一击。❷彻底打垮；置之于死地。例安売り攻勢で商売敵の息の根を止める。打价格战，压垮商业竞争对手。

【生き恥を曝す】　活着受辱；活着丢人现眼。

【生き身に餌食】　老天爷饿不死瞎家雀儿；天无绝人之路。

【生き身は死身】　生者必灭；有生必有死。類生者必滅。

【息も絶え絶え】　气息奄奄。類気息奄奄；半死半生；虫の息。例川で溺れたが自力で息も絶え絶えに岸辺に上がった。在河里溺水，奋力爬上岸已是气息奄奄了。

【委曲を尽くす】　详细说明。例事件の全容につき委曲を尽くして陳述する。对事件的全部内容进行详尽的说明。

【息を入れる】　歇口气；休息一下。類息を継ぐ；息を抜く；小休止；タバコにする；茶にする②；手を休める；一息入れる；骨を休める。例登山では時時重いリュックを卸して息を入れないと後が続かない。登山的时候，若不经常放下背包歇口气就无法继续攀登。

【息を切らす】　呼吸困难；接不上气；憋住气。類息を弾ませる。例100m競走で息を切らしてゴールインする。跑百米，憋住气冲到终点。

【息を凝らす】　屏息；屏住呼吸。類息を殺す；息を詰める；息を潜める；固唾を呑む。例息を凝らして幼女の救出活動を見守る。屏住呼吸注视着营救小女孩的情况。

【息を殺す】　屏息；屏住呼吸；不敢喘气儿。類息を凝らす。例関係者が舞台の袖から息を殺して病身の役者を見守る。同事们在舞台两端屏住呼吸，注视着抱病演出的演员。

【威儀を正す】　严肃郑重；严肃起来；郑重起来。類居住まいを正す；形を改める；姿勢を正す；膝を正す。例裁判長が威儀を正して判決を下す。庭长郑重宣布判决。

【息を吐く】　❶深呼吸；大喘一口气。類深呼吸。例重い荷物を下ろして息を吐く。放下沉重的东西，大喘一口气。❷松口气。類胸を撫で下ろす。例注文殺到で息を吐く暇もない。订单一下子来了很多，连松口气的功夫都没有。

【息を継ぐ】　歇口气；休息一下。類息を入れる。例水泳の学習は息を継ぐことから始まる。学游泳要从学换气方法开始。例峠の茶屋で息を継ぐ。在山口的茶馆歇口气儿。

【息を詰める】　屏气；憋住气。類息を凝らす。例夫婦喧嘩が始まると子供たちは息を詰めて様子を窺う。两口子吵架的时候，孩子们都屏住呼吸注视着。

【息を抜く】　歇口气；休息一下。類息を入れる。例一気にやるんだ、途中で息を抜くな！要一鼓作气，中途可不能松口气。

【息を呑む】　吓得屏住呼吸。類声を呑む。例ワニがヌーを襲うシーンに息を呑む。鳄鱼袭击牛羚的场面,吓得我屏住了呼吸。

【息を弾ませる】　气喘吁吁；上气不接下气。類息が切れる②；息が弾む；息切れがする；息を切らす；肩で息をする。例息を弾ませて朗報を伝える。气喘吁吁地传达好消息。

【息を張る】　深吸气憋住。例胸のレントゲン検査で息を張る。作胸部爱克斯光检查时屏住呼吸。

【息を引き取る】　咽气；停止呼吸。類息が絶える。例老人は安らかに息を引き

取った。老人家安详地停止了呼吸。

【息を潜める】 屏息；不出声。類息を凝らす。例かくれんぼで息を潜める。捉迷藏时屏住呼吸不作声。

【息を吹き返す】 ❶苏醒过来；(昏过去又)缓过来。類我に返る。❷复苏。例経済が長期低迷から息を吹き返す。经济从长期低迷中复苏。

【衣錦の栄】 衣锦之荣。類故郷へ錦を飾る。中宋·欧阳修《相州昼锦堂记》："此一介之士，得志于当时，而意气之盛，昔人比之衣锦之荣者也。"

【軍を見て矢を矧ぐ】 临阵磨枪；临渴掘井。類泥棒を捕らえて縄を綯う。

【意気地がない】 ❶没有志气；窝囊。類腰が弱い①。例この程度のしごきに耐えられないとは意気地がない。这么点考验都经受不住，太窝囊了。❷邋遢；松懈；散漫；衣冠不整。類締まりがない。

【幾許もない】 没有多少；(没)多久。例癌は若い人ほど進行が早く、診断されて幾許もなく亡くなるケースが多い。癌症，越是年轻人发展得越快，不少人确诊后不久就死了。

【幾ら何でも】 (不管)怎么说；无论如何。類何ぼ何でも。例この値段は幾ら何でも高すぎる。这个价格不管怎么说也太贵了。

【生簀の鯉】 池鱼笼鸟；笼中之鸟；瓮中之鳖。類籠の鳥。

【池に落ちた犬は叩け】 痛打落水狗；攻击到底。類追い打ちを掛ける。

【生ける屍】 行尸走肉；废人。例麻薬中毒で生ける屍となる。吸毒成瘾而变为废人。

【意見と餅は搗くほど練れる】 辩论才能出现好主意。

【意見に付く】 听劝；听从规劝。例初心者は経験者の意見に付くのが賢明だ。初学者听从过来人的意见是明智的。

【韋弦の佩】 韦弦之佩；佩韦佩弦；对性格缺点的有益的劝诫。中战国·韩非《韩

非子·现行》:"西门豹之性急,故佩韦以自缓;董安于之心缓,故佩弦以自急。"唐·杜牧《送杜顗赴润州幕》:"还须整理韦弦佩,莫独矜夸玳瑁簪。"

【委細構わず】 不拘情况如何;不管三七二十一。類有無を言わせず。例委細構わず強行する。不管三七二十一坚决实行。

【異彩を放つ】 大放异彩。類精彩を放つ。例弱冠18歳で棋聖となった彼は斯界で異彩を放っている。他年纪轻轻的18岁就成了棋圣,在棋艺界大放异彩。

【諍い果てての乳切木】➡ 争い果てての乳切木

【いざ鎌倉】 一旦出现重大变故;一旦紧关头;一旦大事临头;一旦紧急时刻。類いざという時;いざとなると;一旦緩急あれば;一朝有事;さあという時;まさかの時。

【潔しとしない】 不肯;不屑于;以……为耻。例彼は親の七光りに頼るのを潔しとせず、自力で活路を切り拓いて来た。他不肯罩在父亲的光环下,而是凭自己的能力闯出一条生路来。

【砂長じて巌となる】 天长地久;寿比南山;永世繁荣。類細石の巌となる。

【些かならず】 不少。例貯えなら些かならずある。有很多积蓄。

【いざさせ給え】 ❶恳请一试。❷您请。

【いざさらば】 再会;再见;别了。

【いざ知らず】 姑且不说;不得而知。例他人はいざ知らず、私には納得できない。别人怎么想姑且不谈,我就△不能同意(想不通)。

【いざという時】

紧急时刻;一旦有事。類いざ鎌倉。例いざという時は必ず声を掛けて下さい。紧急的时候务必喊我一声。

【いざとなると】

一旦紧急；一旦发生问题；一旦有事。類いざ鎌倉。例いざとなるとあの人は頼りにならない。一旦有△问题（事），他是靠不住的。

【意地が汚い】
zuǐchán tānlán
嘴馋；贪婪；下作。例酒飲みは意地が汚いもので、飲みたい酒がなければ最後はアルコール入りなら何でもよしになる。爱喝酒的人嘴馋，如果没有自己想喝的酒，到最后只要含酒精的就什么都喝。

【石が流れて木の葉が沈む】
fúshíchénmù diāndǎohēibái
浮石沉木；颠倒黑白；日出西方。類朝日が西から出る。中汉·陆贾《新语·辨惑》："夫众口之毁誉，浮石沉木，群邪所抑，以直为曲。"

【石亀の地団駄】➡雁が飛べば石亀も地団駄

【意地が悪い】
jūxīnbùliáng xīnshùbúzhèng
居心不良；心术不正；心眼儿坏。類意気地が悪い；底意地が悪い；人が悪い；横と出る；意地悪。例人をからかって喜ぶとは意地が悪い奴だ。那家伙心眼儿坏，总以
zhuōnòng lèshì
捉弄人为乐事。

【意識が高い】
意识强烈；有强烈的意识；有见地。例関連情報が溢れており、現代人は健康に関する意識が押しなべて高い。相关信息极多，现代人的健康意识全都很强。

【意識に上る】
rènshi
开始清楚地认识到；清醒地认识到。例21世紀に入りクリーンエネルギーの重要性が人人の意識に上るようになった。进入21世纪，人们开始清醒地认识到清洁能源的重要性。

【石車に乗る】
yǎnzá
演砸；因得意忘形而失败。

【礎を築く】

打基础；奠基。例国家の礎を築く。奠定国家的基础。

【意地(いじ)でも】

为了争口气；硬着头皮；说什么也。例こうなったら意地でも引き下がれない。既然如此，就为争口气也不能让步。

【意地(いじ)に掛(か)かる】

意气用事(yìqìyòngshì)；较劲(jiàojìn)；赌气(dǔqì)。类意地になる。例性格が天(あま)の邪鬼(じゃく)で反対されると余計(よけい)意地に掛かる。他性格执拗(zhíniù)，一遭到反对就格外较劲。

【石(いし)に齧(かじ)りついても】

无论怎样困难(kùnnan)（也要）。类何(なに)が何(なん)でも。例石に齧りついても世界最高峰を攻略したい。无论多困难，也要征服(zhēngfú)世界最高峰。

【石(いし)に灸(きゅう)】

石上针灸(zhēnjiǔ)，啥(shá)用没有；毫无效果。类糠(ぬか)に釘(くぎ)。

【石(いし)に漱(くちすす)ぎ流(なが)れに枕(まくら)す】

牵强附会地狡辩(qiānqiǎngfùhuì jiǎobiàn)；诡辩(guǐbiàn)；强词夺理(qiángcíduólǐ)。类減らず口(ぐち)を叩(たた)く。中南朝·宋·刘义庆《世说新语·排调》25·6："孙子荆年少时欲隐，……孙曰：'所以枕流，欲洗其耳，所以漱石，欲砺其齿。'"

【石(いし)に立(た)つ矢(や)】

心志坚，石可穿(chuān)；精诚所至，金石为开(jīnshíwéikāi)。类一念岩(いちねんいわ)をも通(とお)す。

【意地(いじ)になる】

意气用事(yìqìyòngshì)；较劲(jiàojìn)；赌气(dǔqì)。类意地に掛かる。例人は邪魔されればされるほど意地になるものだ。人总是越受干扰(gānrǎo)越较劲。

【石(いし)に布団(ふとん)は着(き)せられず】

身后尽孝，谁人知道；活着不孝，死了乱叫；子欲养而亲不待。类孝行(こうこう)のしたい時分(じぶん)に親(おや)はなし。

66

【石に枕し流れに漱ぐ】
枕石漱流；隐居林泉，随遇而安。中 三国·曹操《秋胡行》："遨游八极，枕石漱流饮泉。"

【石の上にも三年】
持之以恒，必有所成；功到自然成；水滴石穿。

【石橋をたたいて渡る】
谨小慎微；万分谨慎。類 念には念を入れる。

【医者の不養生】
教人防病，自身不净；知而不行；勤于谋人而疏于谋己。

【衣食足りて礼節を知る】
衣食足而知△荣辱（礼节）。類 倉廩実ちて礼節を知る。中《管子·牧民》："仓廪实则知礼节，衣食足则知荣辱。"汉·司马迁《史记·管晏列传》："仓廪实而知礼节，衣食足而知荣辱，上服度则六亲固。"

【衣食に奔走する】
为衣食奔走；为生活四处奔波。

【石を抱きて淵に入る】
负石而赴河；铤而走险。類 自殺行為。中 战国·荀况《荀子·不苟》："故怀负石而赴河，是行之难为者也。"汉·韩婴《韩诗外传·3》："夫负石而赴河，行之难为者也，而申徒狄能之。"

【石を抱かせる】
刑讯逼供；酷刑拷问。

【意地を通す】
一意孤行；坚持到底；刚愎自用。類 意地を張る。例 何が何でも自分の意地を通す。无论如何也要坚持己见。

【意地を張る】

固执己见；意气用事；倔强。[類]意地を通す；片意地を張る；我を立てる；我を通す；我を張る；強情を張る；情を張る；肘を張る②。[例]意地を張ってばかりいると最後に損するよ。一直固执己见，最后要吃亏的。

【異心を挟む】

怀有二心。

【鶚の嘴】

猴子吃麻花，满拧；事与愿违；不如意。[類]思うに任せない。

【何処はあれど】

尤其；别的暂且不说。

【何処ともなく】

漫无目的；不知向何方。[例]認知症の老人が何処ともなく彷徨う。认知障碍老人漫无目的地徘徊。

【何処をはかと】

向何处去；欲何之。

【居住まいを正す】

正襟危坐；端正坐姿。[類]威儀を正す。

【何れ菖蒲か杜若】

难分优劣；伯仲之间；二者难以区别。[類]何れ劣らぬ。

【何れ劣らぬ】

不分轩轾；难兄难弟；群英荟萃。[類]何れ菖蒲か杜若；何れともなし；兄たり難く弟たり難し；甲乙付け難い；甲乙無し；五分五分；春蘭秋菊俱に廃すべからず；勢力伯仲；伯仲の間；負けず劣らず；横一線；塁を摩する②。[例]何れ劣らぬ逸品が展示されている。展品都很精致，难分优劣。

【何れともなし】　难分伯仲；不分轩轾。類何れ劣らぬ。
【何れにしても】　不管怎样；反正；总而言之。類如何にしても。例何れにしても何とかしなければならない。总之得设法解决。
【何れにせよ】　不管怎样；反正；无论如何（也）。類如何にしても。例何れにせよこの件は決着を付けなければならない。无论如何，这事得有个结果。
【何れを見ても山家育ち】　芸芸之众，无一堪用。
【異性を知る】　接触异性；有性体验。
【伊勢は津で持つ津は伊勢で持つ、尾張名古屋は城で持つ】　唇齿相依；共存共荣；唇亡齿寒。類共存共栄。
【伊勢へ七度、熊野へ三度】　信仰深，人有魂；信仰虔诚，人有前程。
【伊勢や日向の物語】　逻辑混乱；杂乱无章；顺序颠倒。
【居候三杯目にはそっと出し】　寄人篱下矮三分。
【急がず休まず】　不急不停,持之以恒；不急不厌, 孜孜不倦。類倦まず弛まず。例研究は急がず休まずじっくり取り組む必要がある。从事研究就得不急不厌,孜孜不倦, 踏踏实实地去作。
【急がば回れ】　欲速则不达；宁走十里远, 不涉一步险。類急いては事を仕損ずる。
【磯の鮑の片思い】　剃头挑子一头热；一厢情愿；落花有意, 流水无情；单相思。類鮑の片思い。
【痛い所を衝く】（衝く、突くとも）　触到痛处；攻击弱点；揭疮疤。
【痛い目に合う】（合う、遭うとも）　碰钉子；尝到苦头；倒霉。例儲け話を鵜呑みにして痛い目に合う。盲目相信赚大钱的鬼话会吃大亏。
【痛くも痒くもない】　无关痛痒；不疼不痒；满不在乎。類蛙の面に水；蚊の食う程にも思わぬ；事も無げ①；鹿の角を蜂が刺す；痛痒を感じない；平気の

平左。**例**この程度の損失は我が社にとって痛くも痒くもない。这点损失对本公司来说算不了什么。

【痛くもない腹を探られる】　无故被人怀疑；受到莫须有的猜疑。**類**無い腹を探られる。

【板子一枚下は地獄】　船底之下是地狱；平安凶险，一层船板；水手生活危险。**類**一寸下は地獄。

【痛し痒し】　难以两全；左右为难；伤脑筋。**例**敵対する甲乙のどちらに就いても当方にとっては痛し痒しだ。对我们来说，在敌对双方之间，不论站在哪一边都很为难。

【徒になる】　❶徒然；枉然；白搭。❷走了；去世。**類**息が絶える。

【頂く物は夏も小袖】　贪得无厌；出家人不贪财，多多益善；给啥都要。**類**欲が深い。

【鼬の最後っ屁】　最后一着；穷余之策。**類**窮余の一策。

【鼬の無き間の貂の誇り】　山中无老虎，猴子称大王；老猫不在家，耗子成精了。**類**御山の大将②。

【鼬の目陰】　投以狐疑的目光；怀疑的眼光。

【鼬の道切り】　❶断绝来往；一刀两断。**類**縁が切れる。❷杳无音信。**類**梨の礫。

【板に付く】　❶演技纯熟。**例**はまり役で、演技が板に付いている。那是最适合他演的角色，演得恰到好处。❷恰如其分；熟练。**例**仕事ぶりが板に付いてきた。工作已经很娴熟了。

【板に上す】　付梓；刊行。**類**梓に鏤める；梓に上す。

【板挟みになる】　受夹板气。**例**仲の悪い妻と母の間で板挟みになり家から逃げ出したくなる。在关系紧张的婆媳之间受夹板气，真想逃离这个家庭。

【至る所】 dàochù 到处。类彼方此方；此処彼処；此処も彼処も；四方八方。例今や全国至る所コンビニだらけだ。现在全国到处都有24小时便利店。

【至れり尽くせり】 wúwēibúzhì guānhuáibèizhì 无微不至；关怀备至；万分周到；xīxīn悉心周到。类痒い所へ手が届く。

【一応も二応も】 再三；不止一次地；完全彻底。

【一押し二押し】 gùzhídàodǐ yīyìgūxíng 坚持到底；固执己见；一意孤行。类押しの一手。例世の中は一押し二押しだけでは通用しない、押しても駄目なら引いてみな。世事并非只有坚持到底一条路，如果硬yìngchuǎng闯行不通那就退一步试试吧。

【一押し二金三男】 jùnnándàkuǎn nìng 不要俊男大款，宁要刚毅好汉。

【一が栄える】（一、市とも） （故事结尾的套话）tàohuà后来就是大团圆啦；后来就都好了；后来就皆大欢喜了。

【市が立つ】 有集市；开放集市；设立集市。例この広場には毎週土日の朝、市が立つ。这个广场每周星期六、日早上有集市。

【一河の流れを汲むも他生の縁】 前世有缘。类袖振り合うも他生の縁。

【一か八か】 zhuàngdàyùn tīngtiānyóumìng pèng 撞大运；听天由命；碰运气。类一擲乾坤を賭す；一六勝負②；大博打；清水の舞台から飛び降りる；乾坤一擲；伸るか反るか。例一か八かの勝負に出る。撞撞运气去拼pīn个胜负。

【一から十まで】 yīwǔyīshí cóngtóudàowěi 一五一十；从头到尾；全部。类頭の天辺から足の爪先まで；有りと有らゆる；アルファとオメガ；一部始終；一切合財；何から何まで；何も彼も；何でも彼んでも①。例遣り手社長の彼は会社の運営について一から十まで掌握している。他是个△强势（能干）的总经理，全面掌zhǎngwò握着公司的运营。

【一議に及ばず】 无需商议；不用商量；不成问题；无条件。类問答無用。

【一工面二働き】 一要动脑，二要勤劳。

【一言もない】 wúkězhēngbiàn biànbó 无话可说；无可争辩；无可辩驳。类ぐの音も出ない。例非

は当方にあるのだから一言もない。理不在我方，我们无话可说。

【一事が万事】 窥一斑而知全豹；以一知万；由一件事可以推测一切。题一を以って万を知る。例彼のやることは一事が万事締まりがない。以一知万，他办什么事都不会利索。

【一日の計は晨にあり】 一日之计在于晨。题一日の計は朝にあり、一年の計は元旦にあり。

【一日の長】 一日之长；略高一等；高明些。中《论语·先进》："吾以一日长乎尔，毋吾以也。"例何名かいる秘書のうち、経歴を見ると山本さんに一日の長がある。在几名秘书中，要看经历还是山本君略高一筹。

【一字の師】 一字之师。中五代·王定保《唐摭言·5·切磋》："大居寺李向读《春秋》误呼孙叔婼为'坠'。……小吏因委屈言之，公大惭愧，命小吏受北面之礼，呼为'一字师'。"

【一樹の陰一河の流れも他生の縁】 前世有缘；萍水相逢也是前世因缘。题袖振り合うも他生の縁。

【一場の春夢】 一场春梦。中唐·卢延让《哭李郢端公》："诗侣酒徒消散尽，一场春梦越王城。"唐·张祜《寄人》："倚柱寻思倍惆怅，一场春梦不分明。"

【一段落つく】 告一段落。题切りを付ける。例編集作業が一段落付く。编辑工作告一段落。

【一と言って二とない】 最优秀，没有之一；首屈一指。例彼は歴史上一と言って二とない万能型の天才と賞されている。他被誉为历史上首屈一指的全能型天才。

【一堂に会する】 会于一堂；汇聚一堂。例高校の同窓会で在京者が一堂に会する。在京的高中校友汇聚一堂。

【一度ならず】 不止一次。例あの先生には一度ならずお目に掛かったことがあります。我不止一次见过那位老师。

【一難去ってまた一難】 災难接踵而来；三灾八难接连不断；祸不单行；避坑落井。類前門の虎、後門の狼。

【市に帰するが如し】 众望所归；人心所向。中战国·孟轲《孟子·梁惠王下》："仁人也，不可失也。从之者如归市也。"

【一日の計は朝にあり、一年の計は元旦にあり】 一日之计在于晨，一年之计在于春。類一日の計は晨にあり；一年の計は元旦にあり。

【市に虎あり】 三人成虎。類一人虚を伝うれば万人実を伝う；一犬形に吠ゆれば百犬声に吠ゆ；三人虎を成す。中汉·刘向《战国策·魏二》："谓魏王曰：'今一人言市有虎，王信之乎？'王曰：'否。''二人言市有虎，王信之乎？'……庞葱曰：'夫市之无虎明矣；然而三人言而成虎。'"

【市に虎を放つ】 纵虎于市，危险之至。

【一二に及ばず】 未及尽陈；恕未尽言。

【一にも二にも】 至关重要（的是）；首要的。類何はさて置き。例外国語をマスターするには一にも二にも実践だ。要学好外语至关重要的是实践。

【一二を争う】 数一数二。例A社とB社の総売上高は業界で一二を争っている。A公司和B公司的总营业额在同行业中是数一数二的。

【一人虚を伝うれば万人実を伝う】 一人传虚，万人传实；三人成虎。類市に虎あり。中汉·王符《潜夫论·贤难》："一犬吠形，百犬吠声；一人传虚，万人传实。"

【一念岩をも通す】 精诚所至，金石为开。類蟻の思いも天に届く；石に立つ矢；一心岩をも通す；一念天に通ず；思う念力岩をも通す；金の鎖も引けば切れる②；愚公山を移す；志有る者は事竟に成る；精神一到何事か成らざらん；為せば成る；念力岩をも通す；蚤の息も天に上がる；陽気発する処、金石また透る。

【一念天に通ず】 愚公移山，至诚感天；心诚则灵。類一念岩をも通す。

【一年の計は元旦にあり】　一年之计在于春。類一日の計は朝にあり、一年の計は元旦にあり。

【一の裏は六】　否极泰来；祸后有福；祸福倚伏。類禍福は糾える縄の如し。

【一分立つ】　保住面子；有面子。類顔が立つ。

【一木大廈の崩るるを支うる能わず】　一木难支大厦之倾。類大廈の顛れんとするは一木の支うる所にあらず。中隋・王通《文中子・事君》："大厦将颠，非一木所支也。"

【一枚噛む】　主动承担一个角色；插一手；参与。例その事業に私も一枚噛ませて下さい。这个项目也算我一份吧。

【一抹の不安】　一丝不安。例一抹の不安が胸をよぎる。胸中掠过一丝不安。

【一脈相通ずる】　一脉相通。例彼とは一脈相通ずるところがある。（我）和他有一脉相通之处。

【一命を取り止める】　捡一条命；保住性命；差点命丧黄泉。類命冥加。例神の手を持つ医師の施術で一命を取り止める。靠神医的高超医术捡回一条命。

【一目置く】　向对方让步；甘拜下风；佩服。類恐れ入谷の鬼子母神③；三舎を避ける。例私はあの先輩に一目置いている。我很敬佩那位学长。

【一も二もなく】　二话不说；干脆利索；马上。例緊急を要するので一も二もなく救命措置を施す。事出紧急，二话没说就开始急救。

【一文惜しみの百知らず】　因小失大；拣了芝麻丢了西瓜；惜指失掌。類木っ端を拾うて材木を流す。

【一文にもならない】　一无所得；徒劳无益；海底捞月；水中捞月。類楽屋で声を嗄らす；籠で水を汲む；汽車の後押し；権兵衛が種蒔きゃ烏がほじくる；笊で水汲む；死に馬に針をさす①；竹藪に矢を射るよう；駄目を踏む；灯心で竹の根を掘る；非細工の小刀減らし；膝頭で江戸へ行く；骨折り損の草臥もうけ；水の泡

②;無駄骨;無駄骨を折る;湯を沸かして水にする;労多くして功少なし;労して功無し。例一文にもならないことに頭を突っ込んで後悔する。为埋头于徒劳无益的事而后悔。

【いちゃもんを付ける】 找碴儿;鸡蛋里挑骨头;无事生非。類難癖を付ける。例不良グループにいちゃもんを付けられ金を脅し取られた。被流氓集团找茬勒索了钱财。

【意中の人】 意中人;情人。中晋·陶渊明《示周续之祖企谢景夷三郎》:"药石有时闲,念我意中人。"

【一葉落ちて天下の秋を知る】 一叶落而知天下秋;一叶知秋。中宋·李昉等《太平御览·24》:"一叶落而知天下秋"。

【一翼を担う】 承担一部分任务。例兄弟は父の下で会社経営の一翼を担っている。兄弟们在父亲手下承担一部分公司管理工作。

【一を聞いて十を知る】 闻一知十;触类旁通;举一反三。類一を以って万を知る。中《论语·公冶长》:"回也闻一以知十;赐也闻一以知二。"

【一を知りて二を知らず】 只知其一,不知其二。中战国·庄周《庄子·天地》:"彼假修浑沌氏之术者也。识其一,不知其二;治其内,而不治其外。"

【市を為す】 门庭若市。類門前市を成す。中汉·刘向《战国策·齐策一》:"令初下,群臣进谏,门庭若市。"

【一を以って万を知る】 以一知万。類一事が万事;一を聞いて十を知る;一斑を見て全豹を卜す。中战国·荀况《荀子·非相》:"君子故曰,以近知远,以一知万,以微知明,此之谓也。"

【一家を机杼す】 机杼一家;独树一帜;成一家言。中北齐·魏收《魏书·祖莹传》:"文章须自出机杼,成一家风骨,何能共人生活焉?"

【一家を成す】 ❶成家。類家庭を持つ。❷另立门户;形成一派。例宗家から分

派して一家を成す。从本家分出来另立门户。

【一巻の終わり】 ❶万事休矣；为时已晚。類万事休す。例今更何を言っても一巻の終わりだ。事到如今说啥都晚了。❷玩儿完；一命呜呼。類息が絶える。例濁流に呑み込まれ一巻の終わりとなる。被浊流吞噬，一命呜呼。

【一竿の風月】 一竿风月。中宋·陆游《鹊桥仙》词："一竿风月，一蓑烟雨，家在钓台西住。"

【一掬の涙】 一掬之泪。中唐·李白《秋浦歌十七首》："遥传一掬泪，为我达扬州。"

【一驚を喫する】 吃一惊；吓一跳。類驚き桃の木山椒の木；胸を突く①；胸を潰す①；と胸を衝く。中明·施耐庵《水浒全传·1》："风过后，向那宋书背后，奔雷也似吼一声，扑地跳出一个吊睛白额锦毛大虫来，洪太尉吃了一惊。"明·冯梦龙《警世通言·28》："李募事却见许宣请他，倒吃了一惊。"

【一計を案じる】 心生一计；想一条计策。例相手を味方に引き入れるため一計を案じる。想出一条吸引对方加盟的妙计。

【一犬形に吠ゆれば百犬声に吠ゆ】 一犬吠形，百犬吠声；吠形吠声；一人传是虚，万人传是实。類市に虎あり。中王符《潜夫论·贤难》："谚云：'一犬吠形，百犬吠声。'"

【一見旧の如し】 一见如旧；一见如故。類傾蓋故の如し。中唐·李珏《故丞相太子少师赠太尉牛公神道碑》："时韦崖州作相，网罗贤隽，知公名，愿与交。公袖文往谒，一见如故。"

【一口に出ずるが如し】 如出一口；异口同声。類異口同音。中战国·韩非《韩非子·内储说下》："州侯相荆，贵而主断，荆王疑之，因问左右，左右对曰：'无有'，如出一口也。"

【一考を要する】 得慎重考虑；需要考虑一下。例一考を要する問題なので回答はしばらく保留させて下さい。这个问题要慎重考虑，请给我点时间想想再回答。

【一国一城の主(いっこくいちじょうのあるじ)】　一国之主；独立王国的国主。

【一刻を争う(いっこくをあらそう)】　争分夺秒zhēngfēnduómiǎo；分秒必争fēnmiǎobìzhēng。類時を争う(ときをあらそう)；分秒を争う(ふんびょうをあらそう)。例病状は一刻を争う。病情要争分夺秒。

【一顧だにしない(いっこだにしない)】　完全不在意；不屑一顾bùxièyīgù；不当回事bùdàng。類眼中に置かない(がんちゅうにおかない)。例立ち入り禁止の看板があるのに釣り人たちは一顧だにしない。尽管有禁入的牌子，钓鱼的人根本不当回事。

【一再ならず(いっさいならず)】　一而再，再而三；一再；多次。類再三再四(さいさんさいし)。例一再ならず危機に見舞(みま)われる。多次遭遇zāoyù危机。

【一札入れる(いっさついれる)】　提交保证书；交出悔过huǐguò书；交出检讨书；提交（一份）字句。例違約(いやく)した相手が一札入れるなら許してやる。如果违约方交一份保证书，就可以原yuán谅liàng他。

【一粲に供する(いっさんにきょうする)】　➡一粲を博す

【一粲を博す(いっさんにはくす)】　聊博liáobó一笑。

【一糸纏わず(いっしまとわず)】　一丝不挂guà。例欧米では時に観客が一糸纏わずグラウンドに乱入することがある。在欧美，有时观众会一丝不挂闯chuǎngrù入比赛场地。

【一糸乱れず(いっしみだれず)】　一丝不乱yīsībùluàn；一丝不紊；有条不紊yǒutiáobùwěn；按部就班ànbùjiùbān。類秩序整然(ちつじょせいぜん)。中清·毛祥麟《墨馀录·嬬姝殊遇》："随事安插，经纬井然，无拉杂挂漏等病，以故头绪虽繁，叙次恰一丝不乱。"例国体(こくたい)の入場式で各県代表が一糸乱れず行進する。全国体育运动大会的入场仪式yíshì上，各县（相当于中国的省）的代表队秩序井然地列队行进。

【一将功成なりて万骨枯る(いっしょうこうなりてばんこつかる)】　一将功成万骨枯yījiànggōngchéngwàngǔkū。中唐·曹松《己亥岁二首》其一："泽国江山入战图，生民何计乐樵苏。凭君莫话封侯事，一将功成万骨枯。"

【一笑に付す(いっしょうにふす)】　付之一笑fùzhīyīxiào；一笑了之liǎozhī；一笑置之yīxiàozhìzhī。中宋·朱熹《朱文公文集·与王漕书》："亦意高明见其迂阔;不过付之一笑而已。"

【一笑を買う(いっしょうをかう)】　见笑；惹人rěrén一笑。

【一緒にする】 ❶使结婚。例見込みのある若者を一人娘と一緒にして家業を継がせる。让女儿和有前途的青年结婚来继承家业。❷合在一起；一共；混在一起。例あんなやつと一緒にしないでくれ。别跟那家伙混在一起！

【一緒になる】 ❶会合。例ディズニーランドの入り口で仲間と一緒になる。在迪士尼入口处跟伙伴会合。❷（男女）到一起；结合。類身を固める。例籍を入れて一緒になる。迁入户口结婚。

【一指を染める】 稍有染指；稍有参与。例長唄、三味線、踊りなど芸事に一指を染めたことがある。曾经从事过一点长呗（传统乐曲）、三弦和传统舞蹈等曲艺活动。

【一矢を報いる】 报一箭之仇；反驳；反击。例敵わないまでも一矢を報いたい。即便力所不敌也要反击。

【一心岩をも通す】 精诚所至，金石为开。類一念岩をも通す。

【一身に味方なし】 孑然一身；形单影只；茕茕孑立。類沖にも付かず磯にも離る。

【一身を誤る】 断送一生；毁掉前程。類身を誤る。例出来心でも人様の物に手を出せば一身を誤ることになるよ。即便一时鬼迷心窍，拿了别人的东西，也会断送一生的！

【一炊の夢】 黄粱一梦。類邯鄲の夢。

【一寸先は闇】 前途未卜；天有不测风云；前途莫测。類明日ありと思う心の仇桜；明日をも知れぬ身；鬼が出るか蛇が出るか；水の流れと身の行方；行方も知れぬ②。

【一寸下は地獄】 一寸下面是地狱；海员工作危险。類板子一枚下は地獄。

【一寸の光陰軽んずべからず】 一寸光阴不可轻。中宋·朱熹《偶成》："少年易老学难成，一寸光阴不可轻。未觉池塘春草梦，阶前梧叶已秋声。"

【一寸延びれば尋延びる】 吃得今朝苦，才有来日福；不吃苦中苦，难得甜上甜。類楽は苦の種、苦は楽の種。

【一寸の虫にも五分の魂】 匹夫不可夺其志；弱小者不可侮。類匹夫も志を奪うべからず。

【一世を風靡する】 风靡一世；风靡一时；风行一时。中民国·梁启超《饮冰室文集·12·生计学学说沿革小史·8》："个人主义，渐得势力，所谓民约说，民权论等，渐风靡一世，务以排除政府之干涉，放任人民之自由。"例一世を風靡している革新的製品も数年経てば過去のもの。哪怕是风靡一时的革命性产品，几年之后也会过时。

【一席伺う】 说一段相声。例最贔にしてくれる旦那に呼ばれて落語家がお座敷で一席伺う。单口相声演员被特别关照自己的老爷请到家表演一个段子。

【一席ぶつ】 演说一番；讲演一次。例論客の彼はどこでも一席ぶちたがる。他是评论家，在哪都要发一番议论。

【一席設ける】 设宴招待；宴请。例今日は忙しくて時間をとれないが、後日必ず一席設けますから。今天忙没时间，改日一定宴请你。

【一石を投ずる】 惹起风波；提出震撼性问题；放一炮。例新理論で学会に一石を投ずる。在学会发表震撼性的新理论。

【一戦に及ぶ】 不得已而开战；不得不应战。例相手が引き下がらないので一戦に及ぶしかない。对方不肯罢休，只得应战。

【一線を画する】 划清界限；泾渭分明；明确地区别。類黒白の差。例我が社の経営理念は利益至上主義と一線を画している。本公司的经营理念与利益至上主义泾渭分明。

【一線を越える】 越界；犯规；超越一般关系。例人として一線を越えてはならないことがある。作为一个人是有不可逾越的红线的。

【一戦を交える】 打一仗；一场厮杀。例出合い頭に敵の斥候と一戦を交える。

迎面遭遇敌方侦察兵，展开一场厮杀。

【一銭を笑う者は一銭に泣く】（一銭、一円とも）　一文钱难倒英雄汉；看不起一文钱的人会被一文钱憋倒。

【一双の玉臂、千人の枕】　一双臂，千人枕；一双玉手千人枕，半点朱唇万客尝。

【一層の事】　索性；干脆。類とてものことに。例人に頼むより一層の事自分でやる方が仕事がはかどる。与其求别人，还不如干脆自己干工作进展顺利呢。

【行ったきり雀】　有去无回；一去不复返；去而不归。類鉄砲玉②。

【一旦緩急あれば】　一旦出现紧急情况；一旦有事。類いざ鎌倉。中汉·司马迁《史记·袁盎晁错列传》："今公常从数骑，一旦有缓急，宁足恃乎！"例一旦緩急あれば直ちに参上いたします。一旦情况紧急，在下会立即赶过来。

【一箪の食、一瓢の飲】　一箪食，一瓢饮。中《论语·雍也第六》："一箪食，一瓢饮，在陋巷，人不堪其忧，回也不改其乐。贤哉回也！"

【一籌を輸する】　输一筹；差一等。中宋·陆游《九月六日夜梦中作笑诗》："问居此笑是喜不？道得老夫输一筹。"

【一朝の怒りにその身を忘る】　一朝之忿忘其身。中《论语·颜渊第十二》："一朝之忿忘其身，以及其亲，非惑与？"

【一丁字を識らず】　目不识丁；不识一丁。類無学文盲。中五代·刘昫《旧唐书·张弘靖传》："今天下无事，汝辈挽得两石力弓，不如识一丁字。"

【一擲乾坤を賭す】　一掷赌乾坤；孤注一掷。類一か八か。中唐·韩愈《过鸿沟》："谁劝君王回马首，真成一掷赌乾坤。"

【言って退ける】　敢说；直截了当地说出；大胆地说出来。類良く言う。例よくぞ皆の思っていることを言って退けてくれたね。你竟然能说出我们大家所想的事。

【言ってみれば】　换言之；说起来。例言ってみれば、金沢は北陸の小京都だ。说

起来金泽是北陆地方的小京都。

【一頭地を抜く】 ❶高人一头；高出一筹；出人头地；加人一等。類上を行く。中宋・欧阳修《与梅圣俞书》："读轼（苏轼）书，不觉汗出。快哉快哉，老夫当避路，放他出一头地也。"例成績が一頭地を抜く。成绩高出一筹。❷鹤立鸡群；出类拔萃。類群を抜く。例あまたいる女優の中で彼女の才色兼備は一頭地を抜いている。在众多女演员中，像她这样才貌双全者显得鹤立鸡群。

【何時となく】 不知不觉；不知什么时候。類何時の間にか。例何時となく彼に心を引かれていった。不知不觉，我的心被他吸引住。

【何時とも分かず】 不一定什么时候；随时。

【一途を辿る】 一味地；一路；一个劲ㄦ地。例21世紀に入り検診技術の発達と相まって癌患者は増加の一途を辿っている。进入21世纪，随着诊断技术的发展，癌症患者△有增无减（一直在增加）。

【何時にない】 异乎寻常；和平时不同。類例ならず①。例おてんば娘が今日は何時になくしおらしい。疯丫头今天异乎寻常地文静。

【何時の間にか】 不知不觉；不知什么时候。類何時となく；誰言うとなく。例何時の間にかうとうとしていた。不知不觉地迷糊了一会ㄦ。

【一杯食う】 上当；受骗。類口車に乗る。例気を付けていたのにまんまと一杯食った。尽管很谨慎，但还是被骗了。

【一杯食わす】 欺骗；诓骗；使上圈套。類口車に乗せる。例信用していたのに一杯食わされた。非常信任他，可还是被他给骗了。

【一敗地に塗れる】 一败涂地。類地に塗れる。中汉・司马迁《史记・高祖本纪》："天下方扰，诸侯并起，今置将不善，壹败涂地。"

【一杯は人酒を飲む、二杯は酒酒を飲む、三杯は酒人を飲む】 一杯人喝酒，二杯酒喝酒，三杯酒喝人；少饮酒提神，过量酒伤人。

【一拍置く】 ^{téng}腾出一点时间；^{kòng}空出一点时间。

【一発噛ます】 ^{dāngtóuyībàng}当头一棒；^{dāngtóubànghè}当头棒喝；给一鞭子。例生意気な奴なんで、一発噛ませてやった。那家伙^{jiāhuozhuāngdàbànsuàn}装大瓣蒜，我就给他当头一棒。

【一髪千鈞を引く】 ^{qiānjūnyīfà}千钧一发；一发千钧；万分危险。類危ない橋を渡る。中汉•枚乘《上书谏吴王》："夫以一缕之任，系千钧之重，上县（=悬）无极之高，下垂不测之渊，虽甚愚之人，犹知哀其将绝也。"唐•韩愈《与孟尚书书》："其危如一发引千钧。"

【一波纔かに動いて万波随う】 ^{yībōcáidòngwànbōsuí}一波才动万波随。中宋•惠洪《冷斋夜话•船子和尚偈》："千尺丝纶直下垂，一波才动万波随。"

【一飯の德】 ^{yīfànzhīdé}一饭之德；滴水之恩；一饭之恩；一点点恩惠。中汉•司马迁《史记•范雎蔡泽列传》："范雎于是散家财物，尽以报所尝困厄者。一饭之德必偿，睚眦之怨必报。"

【一斑を見て全豹を卜す】 ^{kuīyībān}窥一斑而知全豹；^{bào lüèjiànyībān}略见一斑。類一を以って万を知る。中南朝•宋•刘义庆《世说新语•方正》："王子敬数岁时……门生轻其小儿，乃曰：'此郎亦管中窥豹，时见一斑。'"

【一筆入れる】 ^{zìjù}立字据。例借用証に一筆入れる。立借据。

【一臂の力を仮す】 ^{yībìzhīlì}助一臂之力。類一肌脱ぐ。中宋•黄庭坚《代人求知人书》："不爱斧斤而斲之，期于成器，捐一臂之力，使小人有黄钟大吕之重。"

【一夫関に当たれば万夫も開くなし】 ^{yīfūdāngguān wànfūmòkāi}一夫当关，万夫莫开。中唐•李白《蜀道难》："剑阁峥嵘而崔嵬，一夫当关，万夫莫开。"

【一服の清涼剤】 一服清凉剂；令人^{shuǎngxīn}爽心悦目的事。

【一服盛る】 ^{yījì}下一剂毒药；^{tiáohé}调合毒药。

【鷸蚌の争い】 ^{yùbàngxiāngzhēng yúwēngdélì}鹬蚌之争；鹬蚌相争，渔翁得利。類漁夫の利。中汉•刘向《战国策•燕策》："蚌方出曝，而鹬啄其肉，蚌合而箝其喙。鹬曰：'今日不雨，明日

不雨，即有死蚌！'蚌亦谓鹬日：'今日不出，明日不出，即有死鹬！'两者不肯相舍，渔者得而并禽（=擒）之。"

【一歩進める】　上一个台阶；前进一步。例ナノ技術の実用化研究を一歩進める。使纳米技术实用化研究上一个台阶。

【一歩も引かぬ】　寸步不让；毫不相让。例外交交渉は双方が一歩も引かぬケースが多い。外交谈判中，寸步不让的例子很多。

【一歩を踏み出す】　迈出第一步；起步。例税制改革に向け一歩を踏み出す。向着税制改革迈出第一步。

【一歩を譲る】　❶稍逊一筹；稍有逊色。类後塵を拝する。例Ｃ社の製品はＤ社に一歩を譲る。Ｃ公司的产品比Ｄ公司的稍逊一筹。❷让一步；退一步。例この場は相手に一歩を譲って様子を見よう。这时候先让对方一步，看看情况再说。

【一本決める】　使出一着取胜。例面、胴、籠手のいずれかの技で一本決める。击中面部、上体、腕部中的一处而取胜。

【一本取る】　❶赢一着；赢一局。例背負い投げで一本取る。用过背摔赢得一着。❷驳倒。类天井を見せる。例論争で相手に一本取られる。辩论输给了对方。

【何時までもあると思うな親と金】　父母和金钱不能跟一辈子。

【何時もながら】　总是那样；和往常一样。例何時もながらのご配慮に感謝いたします。感谢您总是关心我。

【乙夜の覽】　乙览；皇帝读书。中唐·苏鹗《杜阳杂编》："若不甲夜视事，乙夜观书，何以为人君耶！"

【佚を以て労を待つ】　以逸待劳。中春秋·孙武《孙子·军争》："以近待远，以佚待劳，以饱待饥，此治力者也。"

【居ても立っても居られない】　坐立不安；心慌意乱；坐卧不宁；焦虑不安。类気が気でない。

【愛しい子には旅をさせよ】 ➡ 可愛い子には旅をさせよ

【いとしもなし】 没有特别的；没有值得特别关注的。

【意とする】 放在心上；介意。[類]気にする。[例]多少の食い違いがあっても意としない。多少有点出入也没关系。

【異とするに足りない】 不足为奇。[例]実力から見て彼がチャンピオンになるのは異とするに足りない。从实力来看，他得冠军不足为奇。

【偉とするに足る】 堪称伟大；足以称其伟大。[例]戦国時代には偉とするに足る人物が多数現れた。战国时代出现了许多堪称伟大的人物。

【暇が出る】 被解雇。[類]首になる。[例]奉公先の主人から暇が出る。（佣人）被雇主解雇。

【暇を乞う】 ❶请假；告假。[類]暇を取る①。[例]親戚に不幸があったので主人から数日暇を乞う。因为亲戚家有丧事，向主人请了几天假。❷妻子提出离婚。[類]暇を取る②。[例]何度暇を乞うても亭主は三行半を呉れない。妻子多次提出离婚，丈夫就是不写休书。❸辞职。[類]暇を取る③。[例]直木賞受賞を機に勤め先から暇を乞う。以直木奖获奖为契机辞去单位的工作。❹告辞；辞别。[類]暇を告げる。[例]長居をし過ぎたのでそろそろ暇を乞う。打搅甚久，就此告辞。

【暇を告げる】 告辞。[類]暇を乞う④；別れを告げる。[例]長居をしてはいけないので暇を告げる。怕坐久了不宜，就起身告辞。

【糸を引く】 ❶缲丝；拔丝。[例]とろろ昆布が箸に絡んで糸を引く。海带丝缠在筷子上拉出丝来。❷久久持续。[例]昨夜の夫婦喧嘩のしこりが糸を引いている。昨晚夫妻吵架还没和好。❸暗中操纵。[類]陰で糸を引く。[例]事件の裏に糸を引いている人物がいる。事件的背后有人在操纵。

【糸を解すよう】 解开线团。[例]糸を解すように難事件を審理する。像解开乱线团一样审理疑难案件。

【意に中る】 中意；正中下怀；合意。顆気に入る。例彼の申し出は我が意に中る。他的提议很合我意。

【往に跡へ行くとも死に跡へ行くな】 宁嫁离缘夫，莫作续弦妇。

【意に介する】 介意；重视；在乎。顆気にする。例善意の忠告は意に介すべきだ。应该重视善意的忠告。

【意に適う】 中意；称心。顆気に入る。例借家の間取りが家内の意に適った様子だ。妻子对所租的房子的格局似乎还满意。

【イニシアチブを取る】 取得主动权；掌握主导权。例組織の長となってこそ、初めてイニシアチブを取ることができる。只有当上组织的一把手，才能掌握主导权。

【意に沿う】 順从意愿；按……的意思。顆気に入る。例あなたの意に沿って事を進めましょう。按你的意思办吧。

【意に染まない】 不中意；不喜欢；不愿意。顆気に食わない①。例見合いの相手が意に染まない。没相中给自己介绍的对象。

【意に満たない】 不满意；不合心意。例この決着は私の意に満たない。这个结果我不满意。

【犬が西向きゃ尾は東】 天经地义；理所当然。顆理の当然。

【犬と猿】 二者互不相容；形同水火。顆犬猿の仲。

【犬に論語】 对牛弹琴。顆馬の耳に念仏。

【犬の川端歩き】 白遛狗腿，一无所得；身无分文，在店前走过。

【犬の糞で敵を討つ】 用卑劣手段报复。

【犬の遠吠え】 背地里逞英雄；虚张声势。顆虚勢を張る。

【犬は人に付き猫は家に付く】 狗跟人，猫跟家。

【犬は三日飼えば三年恩を忘れぬ】 狗养三天，报恩三年。

【犬骨折って鷹の餌食になる】 鸡孵鸭子儿白忙活；为(他)人作嫁(衣裳)。

【犬も歩けば棒に当たる】 ❶行事有时招灾。❷出外碰到好运气。

【犬も食わぬ】 连狗都不理。

【犬も朋輩、鷹も朋輩】 伺候一个主子的奴才。

【意のある所】 本心；本意；真心。例どうか当方の意のある所をお察し下さい。请体谅我们的本意。

【命あっての物種】 有了命才有一切；留得青山在, 不怕没柴烧。類死んで花実が咲くものか。

【命が縮まる】 减寿；吓丢了魂儿。例危うくホームから線路に落ちそうになって命が縮まる思いをした。差点从站台跌落到火车道上，可把人吓死了。

【命から二番目】 仅次于生命的宝贵东西。例国外へ出れば旅券は命から二番目、紛失すると厄介なことになる。出了国，护照就是极端重要的东西，一旦丢失就非常麻烦。

【命長ければ恥多し】 寿则多辱；寿则辱多。類長生きすれば恥多し。中战国•庄周《庄子•天地》："尧曰：'多男子则多惧，富则多事，寿则多辱。是三者非所以养德也，故辞。'"

【命なりけり】 生命最宝贵；正因为活着才实现。

【命に替える】 ❶豁出命去。類身に代える。❷誓死守卫。例何が起ころうと命に替えても家族を守る。不管出什么事，也要拼命保护好家人。

【命に懸けて】 不要命地；豁出命去；拼了性命。類死線を越えて；死んだ気になって；大死一番①。例命に懸けて任務をやり遂げる。拼了性命也要完成任务。

【命の親】 救命恩人；重生再造；恩同父母；恩同再造。

【命の限り】 有生之年；只要活着；一息尚存。類目の黒い内。例忠臣が命の限りを尽くして主君に仕える。忠臣是一息尚存要对主公尽忠的。

【命の洗濯】 （辛劳后）休养；放松；休闲。例亭主居ぬ間に命の洗濯。丈夫不在家的时候放松一下。

【命の綱】 mìngmài 命脉；命根子。

【命は義によりて軽し】 mìngyuán yì qīng, ruò wèi yì 命缘义轻；若为义,命可弃。中南朝·宋·范晔《后汉书·朱晖传附朱穆传》:"又专诸、荆卿之感激，侯生、豫子之投身，情为恩使，命缘义轻。"

【命は鴻毛より軽し】 qīng yú hóngmáo, wèi xīshēng 生命轻于鸿毛；为大义不惜牺牲生命。中汉·司马迁《报任少卿书》:"人固有一死,或重于泰山,或轻于鸿毛,用之所趋异也。"

【命は風前の灯火の如し】 fēngzhōngzhīzhú, wēizàidànxī 风中之烛；危在旦夕；人生无常。类風前の灯火。中三国魏·刘桢《诗》:"低昂倏忽去，炯若风中烛。"

【命を預かる】 zhǎngwò 掌握着（他人）性命。例パイロットは常に乗客乗員の命を預かっている。飞行员一直掌握着乘客和乘务员的生命。

【命を預ける】 tuōfùgěi, pīn 把性命托付给；拼着性命。例あなたにこの命を預けます。我这条命交给你啦。

【命を失う】 sàngmìng 丧命；丧生；死。类息が絶える。例病気で命を失う。病死。

【命を惜しむ】 yīqiè 惜命；珍惜性命。例生きとし生ける物の命を惜しむ。珍惜一切生命。

【命を落とす】 sàngshēng 丧生；（意外）死。类息が絶える。例つまらないことで命を落とすな。不要为了无所谓的事去送命；不要作无谓的牺牲。 wúsuǒwèi

【命を懸ける】 huò, pīnmìng 冒生命危险；豁出命（来）；拼命。类一生懸命。例橇と徒歩による北極点到達に命を懸ける。冒着生命危险,用雪橇和徒步到达北极(的极点)。 xuěqiāo

【命を軽んずる】 bùdàng 不重视自己的生命；拿生命不当回事；轻生。例苛めに遭っても決して命を軽んじてはならない。即使遭遇校园欺凌,也不能拿生命不当回事ル。 zāoyù, qīlíng

【命を削る】 ǒuxīnlìxuè 累死累活；历尽艰辛；呕心沥血。类命を縮める。例命を削るよう

にして借金を返済する。千辛万苦地努力还清债务。

【命を捧げる】　（不惜）献出生命；献身。例危険な海底トンネル工事に尊い命を捧げた労働者たちの慰霊碑に黙祷する。在为建造危险的海底隧道而献出生命的工人纪念碑前默哀。

【命を捨てる】　❶舍生忘死；奋不顾身。類命を投げ出す。例命を捨てる覚悟で事に当たる。为完成任务而奋不顾身。❷送死；断送性命。例若い身空で命を捨てるとは嘆かわしい。那么年轻去送死，太悲哀了。

【命を絶つ】　结束生命。例拳銃で命を絶つ。用手枪自杀。

【命を縮める】　缩短寿命；差点吓死；累死累活。例命を削る。例暴飲暴食は命を縮める。暴饮暴食会缩短生命。

【命を繋ぐ】　维持生命；勉强活着。類命脈を保つ。例遭難し沢の水と山菜で命を繋ぐ。在野外被困，靠沼泽的水和野菜活下来。

【命を取る】　夺去生命；索命。類命を召す。例金を出せば命を取るとまでは言わない。把钱拿出来就不会要你的命。

【命を投げ出す】　不要命；豁出命。類命を捨てる；身を捨てる。例志士たちは命を投げ出して建国の大業に当たった。壮士们为建国大业豁出命地干。

【命を拾う】　捡条命；得救。例癌全摘手術で命を拾った。切除癌肿捡了条命。

【命を棒に振る】　白死；死得不值；死无代价。

【命を的に懸ける】　奋不顾身；豁出命（来）。類一生懸命。

【命を召す】　夺取性命；索命。類命を取る。

【井の中の蛙大海を知らず】　井蛙不知海阔；坐井观天；管窥蠡测。類井蛙の見；井底の蛙；朝菌は晦朔を知らず。

【胃の腑に納める】　充分理解。類百も承知。例先生のご高見はよくよく胃の腑

に納めて置きます。先生的高见我要好好地消化理解。

【胃の腑に落ちる】 领会；理解；心服。類合点が行く。

【意のまま】 任意；随意；随心所欲地。例組織の運営を意のままにする。随心所欲地掌控着组织。

【祈るより稼げ】 与其祈祷，不如操劳。

【位牌を汚す】 玷辱祖先；败坏祖先的名誉。

【医は仁術なり】 医者仁术也。

【衣鉢を継ぐ】 継承衣鉢。類扇を請ける。例先代の衣鉢を継ぐ。继承前辈的衣钵。

【茨の道】 苦难的道路；荆棘载途；坎坷的人生。

【茨を負う】 承担罪责；背负苦难。例刑期を終えて出所したが、これからは茨を負って生きて行かねばならぬ。刑满释放，今后只能在负罪中生活。

【意表に出る】 出人意外；出乎意料。類意表を突く。例彼は時時意表に出た行動を取るから油断できない。他行事经常出人意外，不可不防。

【意表を突く】 出其不意；出人意料；出人意外。類意表に出る；不意を衝く。例意表を突く攻撃で相手を撹乱する。出其不意的攻击，使对方陷入混乱。

【威風辺りを払う】 威镇四方。

【韋編三度絶つ】 韦编三绝；读书、治学勤奋刻苦。類熟読玩味。中汉·司马迁《史记·孔子世家》："孔子晚而喜《易》……读《易》，韦编三绝。"

【移木の信】 移木建信；取信于民。中汉·司马迁《史记·商君列传》："令既具……已乃立三丈之木于国都市南门……有一人徙之，辄予五十金，以明不欺。"

【今が今】 正是现在；就时此刻。類今という今。例大統領は今が今会場に到着されました。总统现在刚刚进入会场。

【今か今かと】 望眼欲穿；迫不及待；焦急地等待；翘首企足。類今や遅し。例沿道の観客たちはパレードの通過を今か今かと待っている。道路两旁的观

众迫不及待地等着庆典游行队伍(duìwu)的到来。

【今(いま)少(すこ)し】　再稍微(shāowēi)。例今少しの辛抱です。再稍微等等；再稍微忍耐一下。

【未(いま)だ曾(かつ)て】　未曾(wèicéng)；不曾。例未だ曾てない壮挙を成し遂げる。实现空前的壮举。

【今(いま)でこそ】　（强调说法）现在。例今でこそ一日三食食べられるようになったが昔はひどい貧乏で一食の時もあった。现在一天能吃上三顿饭了，从前非常穷，有时候一天才吃一顿。

【今(いま)という今(いま)】　（强调的说法）此刻；现在。類今が今。例平和である今という今を忘れないようにしよう。不要忘记现在的和平。

【今(いま)となっては】　事到如今；到了现在（才）。類今時分(いまじぶん)②。例今となってはもう手遅(ておく)れだ。现在已经晚了。

【今(いま)泣(な)いた烏(からす)がもう笑(わら)う】　破涕为笑(pòtìwéixiào)；孩提喜怒无常(háitíxǐnùwúcháng)。

【今(いま)にして】　如今；到现在。例今にして思えば惜しいことをした。到现在想起来真可惜。

【今(いま)に始(はじ)まった事(こと)ではない】　向来如此；不自今日始；这不是第一次。

【今(いま)の今(いま)まで】　（强调的说法）直到现在；直到刚才；迄今(qìjīn)。例彼が居ることに今の今まで気が付かなかった。直到刚才一直没注意到他在。

【今(いま)の内(うち)】　趁(chèn)现在（有时间）。例いつ召集がかかるか分らないから今の内に一眠(ひとねむ)りしておこう。不知什么时候招集咱们(zhāojí zánmen)，趁现在有点时间眯一会ル。

【今(いま)の所(ところ)】　目前；现阶段；眼下。類現時点(げんじてん)；現段階(げんだんかい)。例今の所無事故無違反です。目前无事故无违规。

【今(いま)は限(かぎ)り】　❶临终之际；大限至矣(yǐ)。類今際(いまわ)の際(きわ)。❷到此为止；大势去矣。

【今(いま)は是(これ)まで】　现在只好这样了。例今は是までと観念した。现在只好这样，我不抱希望了。

【今(いま)は昔(むかし)】　往昔；(却说)从前。類在(あ)りし日(ひ)①。例今は昔の物語。△老早年（很

久很久）以前的故事。

【今一つ】 还差一点；略有欠缺。例今一つ納得が行かない。还有点不能认同。

【今も今】 （强调的说法）就现在；正好现在。

【今もかも】 现如今；现在。類今時分①。

【今や遅し】 急不可待；迫不及待；望眼欲穿。類今か今かと。例選挙の開票が進み、支持者たちは朗報が届くのを今や遅しと待っている。选举计票在进行，支持者焦急地等待好消息。

【今際の際】 弥留之际；临终。類今は限り①；往生際①。例今際の際の一言は人の記憶に残るものだ。他临终的一句话，必当牢记在人们的心中。

【今を盛り】 如日中天；全盛期；鼎盛时期。類最盛期。例公園の桜が今を盛りと咲き揃った。现在公园的樱花开得正盛。

【今を時めく】 时运亨通；显赫一时；当红；正当权。例彼は今を時めく売れっ子芸人だ。他是现在正走红的演员。

【いみじくも】 确切；巧妙地；恰当。例政男の何気ない一言がいみじくも奈美子の琴線に触れたようだ。看来政男不经意的一句话恰到好处地拨动了奈美子的心弦。

【芋の煮えたもご存じない】 不辨菽麦；太缺乏常识。

【芋を洗うよう】 拥挤不堪；拥挤得好像煮饺子；摩肩接踵。類押すな押すな；立錐の余地もない。例年末の買い出しでアメ横は芋を洗うような人波だ。（东京上野站附近的）饴屋横丁市场胡同置办年货的人特多，就跟下饺子一样挤得水泄不通。

【倚門の望】 倚门而望；儿行千里母担忧。類親思う心にまさる親心。中汉·刘向《战国策·齐策六》："女朝出而晚来，则吾倚门而望，女暮出而不还，则吾倚闾而望。"

【否応無し】 不由分说；不管愿意不愿意；不分青红皂白；不容分辩；硬是。

類有無を言わせず。例否応無しに混乱に巻き込まれた。硬是被卷入混乱之中。

【弥が上にも】　更加；越发；愈。類なおのこと。例人気芸人のサプライズ登場で会場は弥が上にも盛り上がった。当红艺人突如其来的出场，使会场气氛更加热烈起来。

【否が応でも】　无论如何；不管愿意不愿意；不管三七二十一；不容分说。類何が何でも。

【嫌気が差す】　厌烦；腻烦。類鼻に付く①。例毎日同じおかずで嫌気が差す。每天都是相同的菜，吃腻了。

【否でも応でも】　不管愿意不愿意；无论如何；不管怎么样。類何が何でも。例否でも応でも溜まった家賃を月末までに支払ってもらう。无论如何，月底前你得把所欠房租交齐。

【嫌というほど】　❶腻；厌烦。例嫌というほど小言を食らった。被狠狠地训了一顿。❷厉害；够呛。例転んで嫌というほど膝を打った。跌倒磕到膝盖，疼死（我）了。

【甍を争う】　鳞次栉比。類軒を争う。例温泉郷には旅館が甍を争っている。温泉之乡日式旅馆鳞次栉比。

【甍を並べる】　鳞次栉比。類軒を争う。

【炒り豆に花】　枯树开花；咸鱼翻身。類埋もれ木に花が咲く。

【炒り豆に花が咲く】➡炒り豆に花

【居留守を使う】　（明明在家）佯装不在。類留守を使う。例玄関のチャイムが鳴ったが昼寝中だったので居留守を使った。午睡时门口的门铃响了，假装不在家（没去开门）。

【入るを量りて出ずるを制す】（制す、為すとも）　量入为出。中汉·戴圣《礼记·王制》："必于岁之杪，五谷皆入，然后制国用……量入以为出。"清·东鲁古狂

生《醉醒石・八》："守富必须量入制出，小心勤俭。"

【入れ替わり立ち替わり】（入れ、入りとも）　接踵而至；连续不断（出现）；络绎不绝。题冠蓋相望む；踵を接する；引きも切らず。例入れ替わり立ち替わりお客さんがやってくる。客人接连不断的到来。

【色男金と力はなかりけり】　虽有男子魅力，没有财力势力。

【色が褪める】　褪色。例藍染の手拭いを洗濯したら色が褪めてしまった。靛蓝的棉布手巾一洗就掉色了。

【色香に迷う】　为香艳美色而神魂颠倒；被妖艳的女色迷住；为娇媚的女色而心动。例女の色香に迷うのは男の常。为娇媚的女色动心是男人的必然。

【色気が付く】　情窦初开；知春；春情发动。例年頃の娘に色気が付いてくると親は心配だ。女儿到知春的年龄，父母就要担心了。

【色気より食い気】　艳福不如口福；好看不能当饭吃；好看不如好吃。

【色気を示す】　垂涎；志在必得。例役員のポストに色気を示す。对公司领导的交椅垂涎欲滴；垂涎于公司领导层的交椅。

【色気を出す】　技痒难耐；露出野心。例金儲けと聞けばすぐに色気を出す。一听说能赚钱马上就来劲了。

【色濃い】　强烈；浓厚。例コロナ禍の影響が色濃く現れ、企業倒産が急增する。新冠病毒影响强烈，企业倒闭激增。例世相には時代背景が色濃く反映する。社会状况强烈地反映出时代的印记。

【色に出る】　形于颜色；写在脸上。题顔に書いてある。

【色の白いは七難隠す】　一白遮百丑。

【色は思案の外】　爱情不讲理性；爱情总是超越理智。题恋は思案の外。

【色眼鏡で見る】　带有色眼镜（看人）；对人抱有成见。例異邦人は色眼鏡で見られる。外国人常被另眼相看。

【色目を使う】 递送秋波；眉目传情。類秋波を送る。例女の子に色目を使われてどきっとした。姑娘投来深情的目光，我心里咯噔一下。

【色も香もある】 名实兼备；情理两尽。類花も実もある。

【色よい返事】 令人满意的答复。例頼み事があって知人を訪ねたが色よい返事を貰えなかった。有事去请朋友帮忙，但得到的回应令人失望。

【色を失う】 大惊失色；惊慌失色；面如土色。類青くなる②；顔色無し①；顔面蒼白；血が引く；血の気が引く。例突然の訃報に色を失う。为突如其来的噩耗而大惊失色。

【色を売る】 卖淫。類春を売る。

【色を替え品を替える】 想方设法；千方百计；挖空心思；变换各种花招；用尽各种手段。類手を替え品を替え。例旅行会社は色を替え品を替えて人々を旅に誘う。旅行社想方设法诱导人们旅游。

【色を添える】 锦上添花。類錦上に花を添える。例一千株を超える牡丹の花が公園に色を添える。一千多株牡丹花使公园魅力大增。

【色を損ずる】 面有不悦；面有愠色。

【色を正す】 正颜厉色；严肃起来。例色を正して不祥事の謝罪をする。严肃地为丑闻道歉。

【色を作る】 ❶化妆。類顔を拵える。❷卖弄风情；作媚态；妩媚。類科を作る。

【色を作す】 作色；变脸色；发怒。類腹を立てる。中汉·戴圣《礼记·哀公问》："孔子愀然作色而对曰：'君之及此言也，百姓之德也。'"例色を作して相手に詰め寄る。愤怒地逼近对方。

【色を鬻ぐ】 卖淫。類春を売る。

【祝い事は延ばせ、仏事は取り越せ】 喜事可推延，法事可提前。

【曰く言い難し】 无以名状;难以言表。類言語に絶する。中战国·孟轲《孟子·公孙丑上》:"敢问何谓浩然之气？日：'难言也。'"

【曰く付き】 有（点）说道;有来头;有来历;有前科。例「村正」は曰く付きの日本刀だ。所谓"村正"是有点来头的日本刀。

【鰯網で鯨（を捕る）】 意外收获;歪打正着。類勿怪の幸い。

【鰯で精進落ち】 吃素为开斋, 开斋吃白菜;努力为成功, 结果一场空。

【鰯の頭も信心から】 心诚则灵;信神有神在。

【言わず語らず】 不言不语;默默无言;默不作声;默然不语。類不言不語。例長年連れ添っていると言わず語らずでも相手の考えていることが分かるものだ。老夫老妻即使不言不语, 也知道对方在想啥。

【言わずと知れた】 不言自明;不言而喻。類言うまでもない。例関係者の間では言わずと知れた事件だ。在相关人之间，那是个不言而喻的事件。例首謀者は言わずと知れたEだ。不消说E就是主谋。

【言わずもがな】 ❶不说为好。類言わぬが花。例その件については、言わずもがなだ。那件事不说也罢。❷不用说;当然。類言うまでもない。例この技術は国内は言わずもがな、今や諸外国に普及している。这项技术不用说国内，现在连外国都普及了。

【言わでもの事】 ➡言わずもがな

【言わぬが花】 不说为好;此时无声胜有声。類言わずもがな①。例事の子細は言わぬが花だ。事情的缘由不说为好。

【言わぬことではない】（ではない、じゃないとも） 我不是说过么;瞧, 我说什么来着;怎么样, 我不是告诉过你么。例言わぬことではない、人の忠告を素直に聞かないからだ。我说什么来着，你就是不听劝！

【言わぬは言うに勝る】 此时无声胜有声;不说比说强。類沈黙は金、雄弁は銀。

【言わんばかり】　几乎要说出口；满脸……的样子；就差没明说。例お断りと言わんばかりにドアをばたんと閉める。就差没明说"我拒绝"了，叭的一下把门关上了。

【意を致す】　❶专心致志。類一意専心。❷表明意向；表明意志。

【意を受ける】　听从；按……的意思。例社長の意を受けて交渉に臨む。按总经理的意思谈判。

【意を得る】　❶会意；理解。例質問に対して意を得ない回答が返ってきた。对问题的回答不得要领。❷满意。類気が済む。例我が意を得たりという結果となった。结果令人满意。中战国·韩非《韩非子·饰邪》："赵代先得意于燕，后得意于齐。"唐·李白《将进酒》："人生得意须尽欢，莫使金樽空对月。"

【帷を下す】　下帷；开塾授徒。中汉·班固《汉书·董仲舒传》："下帷讲诵，弟子传以久次相授业，或莫见其面。"

【意を酌む】（酌む、汲むとも）　体谅；领会。類心を汲む。例官僚が上司の意を酌んで政を行うことを「忖度」と言ったりする。官僚领会上司意图行事叫作"忖度"。

【意を決する】　决意；决计；决心。類腹を決める。例意を決して事に当たる。决心干一番。

【異を挟む】　置疑；质疑。類不審を抱く。例裁定内容に異を挟む。质疑裁定内容。

【意を注ぐ】　致力于；倾注力量。類骨を折る。例総会の開催準備に意を注ぐ。倾注全部精力作好大会的准备工作。

【意を体する】　领会意图；理解意图。例被災者の意を体して発言する。理解灾民的意图再发言。

【威を逞しくする】　逞威风；威武雄壮；鹰扬虎视。

【異を立てる】　提出异议；标新立异。類異を唱える。例今までの学説に異を立

てる。挑战传统学说。

【意を通ずる】 私下通气。例相手にはすでに意を通じてある。已经和对方通了气。

【意を尽くす】 言尽其意；详尽；透彻地。例自分では意を尽くしたつもりだが相手によく分かってもらえなかった。我自认为已言尽其意，但还是没能令对方充分理解。

【意を強くする】 加强信心。例先生のご支援を得て意を強くいたしました。有了您的支持，信心就增强了。

【異を唱える】 唱反调；标新立异；提出异议。類異議に及ぶ；異を立てる；物言いを付ける。例与党の法案提出に野党が異を唱える。在野党对执政党提交的法案提出异议。

【彝を秉る】 践行常理；固守人间的常理。中春秋·佚名《诗经·烝民》："天声烝民，有物有则。民之秉彝，好是懿德。"

【威を振るう】 发威；威震；炫耀威武。例武田信玄はかつて甲信に威を振るった。武田信玄曾经威震甲（甲府=山梨县）信（信浓=长野县）。

【意を迎える】 讨好；迎合。類胡麻を擂る。例権力者の意を迎えることに汲汲とする。不遗余力地讨好权贵。

【意を用いる】 留意；用心；特别注意。類気を配る。例健康第一に意を用いる。首要的是留意健康。

【夷を以て夷を制す】 以夷制夷。中南朝·宋·范晔《后汉书·邓训传》："议者咸以羌胡相攻，县官之利，以夷伐夷，不宜禁护。"

【陰影に富む】 耐人寻味；含蓄。類意味深長。例北斎の「富嶽三十六景」は陰影に富んだ素晴らしい作品だ。葛饰北斋的《富岳三十六景》是蕴含深邃的杰作。

【因果の小車】 因果循环；报应不爽。類回る因果。

【因果の胤を宿す】 私通而怀胎。

【因果は皿の縁】　因果轮回如转盘；因果报应在眼前。[類]回る因果。

【因果を含める】　说明原委，以断其念。[類]宣命を含める。[例]政略結婚で、娘に因果を含める。为政治联姻，向女儿说明原委。

【殷鑑遠からず】　殷鉴不远；以往鉴来。[中]春秋·佚名《诗经·大雅·荡》：“殷鉴不远，在夏后之世。”

【慇懃を通ずる】　男女私通。[類]不義密通。[中]汉·司马迁《史记·司马相如列传》：“既罢，相如乃使人重赐文君侍者通殷勤。”

【咽喉を扼する】　扼制咽喉。[例]マラッカ海峡は国際海運の咽喉を扼する要衝だ。马六甲海峡是扼住国际海运的要冲。

【印綬を帯びる】　就任官职。[類]綬を結ぶ。[中]汉·司马迁《史记·项羽本纪》：“项梁持守头，佩其印绶。”

【印綬を解く】　卸任；辞官。[類]仕を致す。[中]汉·班固《汉书·薛宣传》：“游（谢游）得檄，亦解印绶去。”

【員数を揃える】　凑齐人数；凑足数量。[例]あちこちに声を掛けて員数を揃える。向各方面呼吁，凑足人数。

【引導を渡す】　❶对死者指示西方大路。[例]僧侶が死者に引導を渡して戒名を付ける。和尚给逝者指引西方大路，授予法号。❷宣告最后的决意；告知。[例]「君には歌手の才能はない」と、作曲家から引導を渡された。作曲家宣布最后决定：“你没有音乐天分。”

【陰徳あれば必ず陽報あり】　有阴德必有阳报。[中]汉·刘安《淮南子·人间训》：“有阴德者必有阳报，有阴行者必有昭名。”

【陰に籠る】　闷在心里；沉闷；不外露。[例]彼女は陰に籠った性格で人との付き合いが苦手だ。她性格沉闷，不善于与人沟通。

【員に備わるのみ】　忝居其位；滥竽充数；充数而已。

【陰に陽に】　明里暗里；(或公开或暗地里)总是。類陰になり日向になり。例父母は陰に陽に私を支えてくれた。父母总是支持我。

【因縁をつける】　找茬ル；找碴ル；寻衅。類難癖を付ける。例この野郎！俺に因縁をつける気か！他妈的，你要找老子的茬吗？！

【韻を押す】　押韵。類韻を踏む。

【韻を探る】　选择押韵的字；选择韵字。

【韻を踏む】　押韵。類韻を押す。

う

【有為転変は世の習い】　万物流转；人世变幻无常。類万物流転。

【有為の奥山】　尘世高山，逾越万难。

【ウェートを置く】　把重点放在……上。類重点を置く。例アパレル産業は女性客にウェートを置いている。服装产业重点放在妇女主顾上。

【上から目線】　居高临下；瞧不起人。類下目に見る。例役人はどうしても上から目線になりがちだ。官员容易摆出居高临下的姿态。

【飢えたる者は食を為し易し】　饥者易为食；饥不择食。類空きっ腹に不味い物なし。中战国·孟轲《孟子·公孙丑上》："饥者易为食，渴者易为饮。"

【上に立つ】　当领导；身居高位。例人の上に立つ者もいろいろあるから、全部が全部立派な人間だとはいいがたい。当领导的也有各种各样的人，不能一概认为都是杰出的。

【上には上がある】　能人之上有能人；人外有人，天外有天。類上を見れば方図が無い。

【上見ぬ鷲】　天不怕, 地不怕；无所畏惧；目空一切。類大胆不敵。

【上を行く】　高人一筹；高超。類一頭地を抜く①；上手を行く。例この業界で

彼は人気実力とも上を行っている。在同行业中，他的人气和实力都高人一筹。

【上を下へ】　天翻地覆；混乱不堪。例上を下への大騒ぎ。闹得天翻地覆；闹得鸡犬不宁。

【上を見れば方図が無い】　这山望着那山高；得陇望蜀；欲壑难填；应该适可而止。類上には上がある。

【魚心あれば水心】　两好合一好；投桃报李；你敬我一尺，我敬你一丈。類水心あれば魚心。

【魚と水】　鱼水之情；亲密无间；鱼水相得。類水魚の交わり。

【魚の木に登る（が）如し】　不可能实现；轻率的尝试；鲁莽行事。

【魚の釜中に遊ぶが如し】　鱼游釜中。類危うきこと累卵の如し。中南朝·宋·范晔《后汉书·张纲传》："若鱼游釜中，喘息须臾间耳。"

【魚の水に離れたよう】　如鱼离水；蛟龙失水；虎落平川。類木から落ちた猿。

【魚の水を得たるが如し】　如鱼得水。類水を得た魚のよう。中晋·陈寿《三国志·诸葛亮传》："于是与亮情好日密……先主解之曰：'孤之有孔明，犹鱼之有水也。'"

【魚の目に水見えず】　当局者迷；不识庐山真面目，只缘身在此山中。類餓鬼の目に水見えず。

【魚は鯛】　出类拔萃。類花は桜木、人は武士。

【魚を得て筌を忘る】（筌、筌とも）　得鱼忘筌。類雨晴れて笠を忘る。中战国·庄周《庄子·外物》："筌者所以在鱼，得鱼而忘筌；蹄者所以在兔，得兔而忘蹄；言者所以在意，。"

【伺いを立てる】　请示；询问。例稟議書を回し経営トップに伺いを立てる。传阅会签报告书，征询管理层的意见。

【浮かぬ顔】　闷闷不乐的脸色；愁眉不展；愁眉紧锁。類眉を顰める。例が

ん検診の結果待ちで、父は最近浮かぬ顔をしている。等待癌症诊断结果，父亲最近总是愁眉不展的。

【浮かぶ瀬】 出头之日；翻身的机会。

【鵜川の小鮎】 鼠遇猫，无可逃；瓮中之鳖。類袋の鼠。

【浮名を流す】 艳闻满天飞；因男女关系弄得满城风雨；绯闻传得沸沸扬扬。類名を流す②。

【浮き彫りにする】 刻画出；使形象突出。例その国の実態を浮き彫りにする上で国勢調査は欠かせない。要准确反映一国的真实状况，必须进行人口普查。

【憂き身を窶す】 ❶沉溺于；拼命；为伊消得人憔悴。例好きな人とのお付き合いに憂き身を窶す。陷于同所爱的人的欢愉之中而不能自拔。❷不务正业；玩物丧志。例従弟はフィギュア集めに憂き身を窶している。堂弟正热衷于收集手办。

【憂き目に逢う】 遭厄运；倒霉；吃苦头。例地震による津波で家屋を失う憂き目に逢ったが、幸い家族はすぐ小高い丘に逃げて全員無事だった。地震引起的海啸使我们遭到房屋被卷入大海的厄运，所幸全家人及时逃到附近的山丘保住了平安。

【憂き目を見る】 ➡憂き目に逢う

【浮世の風】 世风（日下）；世道；世态（炎凉）。

【浮世の絆】 尘世的羁绊；（未了的）尘缘。

【浮世は牛の小車】 （「牛」は「憂し」にかける）人世辛酸，无尽无边。

【浮世は夢】 ➡浮世は夢の如し

【浮世を立つ】 在社会上混；谋生；过日子。類世を渡る。

【鶯鳴かせたこともある】 当初也曾是花容月貌；曾经红极一时。

【鶯の谷渡り】 莺飞伴莺歌；莺歌满枝头。

【受けがいい】 受欢迎。類受けを取る。例彼女は気が利くので上司の受けがいい。她有眼力见ル，很受领导赏识。

【受けて立つ】 接受；回应；应战。例誹謗中傷に対しては受けて立つしかない。对诽谤中伤只能回敬。

【有卦に入る】 走运；走红运；吉星高照。類運が向く。例新製品が当たって有卦に入る。新产品大受欢迎，真是吉星高照。

【受けに回る】 转为守势。例勝負事は受けに回るとお仕舞だ。比赛一转为守势就完了。

【受けを取る】 叫好；博得喝彩；受欢迎。類当たりを取る①；受けがいい；大当たりを取る；落ちを取る。例何とか新作の上演で受けを取りたいものだ。想设法演出新剧目来博得大家的喝彩。

【受けを狙う】 为了博得好评；讨好观众。例テレビ番組のプロデューサーは当然視聴者の受けを狙う。电视节目△负责人（制作人）当然要博得观众的好评。

【烏合の衆】 乌合之众。中汉·班固等《东观汉记》："今东帝无尺土之柄，驱乌合之众，跨马陷敌，所向辄平。"

【動きが取れない】 动弹不得；寸步难行。類進退これ谷まる。例繋ぎ融資が決まらないと会社は動きが取れなくなる。过渡性融资不落实，公司就将寸步难行。

【雨後の筍】 雨后春笋。

【兎死すれば狐これを悲しむ】 兔死狐悲；物伤其类。中金·马钰《苏幕遮·看送孝》："有微言，深可说，兔死狐悲，伤类声凄切。"

【兎の登り坂】 英雄于用武之地大显身手；顺风顺水。類得手に帆を揚げる。

【兎の糞】 兔子尾巴长不了；断断续续；时断时续。類三日坊主。

【兎も七日なぶれば嚙みつく】 弱者忍耐也有限；兔子急了也咬人。類窮鼠猫を嚙む。

【兎を見て犬（鷹）を放つ】 ❶临阵磨枪；临渴掘井。類泥棒を捕らえ

て縄を綯う。❷見兎放鷹；見兎顾犬。中宋·释普济《五灯会元》："护圣不似老胡，拖泥带水，只是见兎放鹰，遇獐发箭。"

【憂さを晴らす】　解闷；消愁；消愁遣闷。類溜飲を下げる。例深酒で憂さを晴らすのは身体によくない。借酒消愁对身体不好。

【牛追い牛に追われる】　本末倒置。類主客転倒。

【牛掴むばかりの暗がり】　漆黑；伸手不见拇指。類墨を流したよう。

【牛に経文】　对牛弹琴。類馬の耳に念仏。

【牛に食らわる】　上当；受骗。類口車に乗る。

【牛に対して琴を弾ず】　对牛弹琴。類馬の耳に念仏。中汉·牟融《理惑论》："公明仪为牛弹《清角》之操，伏食如故。非牛不闻，不合其耳也。"宋·睦庵《祖庭事苑·1》："鲁贤士公明仪对牛弹琴，弄清角之操，牛食如故，非牛不闻，不合耳也。"

【牛に引かれて善光寺参り】　（老妇所晾的布被牛角挂上，追牛而偶入善光寺，遂笃信佛教）误打误撞，进入佛堂；因偶然机缘而笃信佛教。

【牛にも馬にも踏まれず】　孩子平平安安地成长。

【牛の歩み】　爬行；行动迟缓；蜗行牛步。

【牛の一散】　平时没头脑，偶尔也发烧；平素老牛筋，遇事也狂奔。

【牛の角突き合い】　顶牛；反目。類角突き合わせる。

【牛の寝たほど】　堆积如山；数不胜数。類数知らず。

【牛の涎】　冗长无味；又长又细；漫长而单调。

【牛は嘶き馬は吼え】　世事颠倒；乾坤颠倒。

【牛は牛連れ馬は馬連れ】　物以类聚；鱼找鱼虾找虾，乌龟王八结亲家。類類は友を呼ぶ。

【氏より育ち】　教养比出身重要；教育重于出身。

【後ろ髪を引かれる】　牵肠挂肚；依依不舍；难舍难分。類心を残す②；

出る船の纜を引く。

【後ろ指を指される】 让人在背后指责；让人家戳脊梁骨。

【後ろを付ける】 ❶给演员提台词。例役者の台詞覚えが悪いので誰か後ろを付けてくれないか？演员没记熟台词，有谁来给提词啊？❷在后台伴奏、伴唱。

【後ろを見せる】 ❶败走；落荒。類敵に後ろを見せる。例猛獣に出くわした時は後ろを見せると却ってやられる。遇到野兽，如果落荒而逃，反而会受到攻击。❷暴露弱点。❸逃避责任。

【牛を馬に乗り換える】 随风倒；转向得势的一方；看风使舵。類勝ち馬に乗る。

【薄紙を剥ぐよう】 病势日见起色；病一天比一天见好。類濡れ紙を剥がすよう②。例薄紙を剥ぐように病状が好転する。病一天比一天见好。

【臼から杵】 阴阳颠倒；本末倒置。類主客転倒。

【薄皮の剥けたよう】 肌肤白皙娇嫩；俏皮女人。例薄皮の剥けたような美人は往往にして薄命だ。肌肤白皙娇嫩的美女往往短命。

【薄気味が悪い】 有点瘆人；总觉得有点恐惧。類気味が悪い。

【臼と杵】 臼与杵；男女关系融洽。

【渦に巻き込まれる】 被卷入漩涡之中。例党内の派閥争いの渦に巻き込まれる。被卷入党内派系斗争。

【渦を巻く】 复杂地纠缠在一起；交织在一起。例大統領選挙を巡って様々な疑惑が渦を巻いている。围绕总统选举，各种各样的疑点纠缠在一起。

【嘘から出た実】 弄假成真。類瓢箪から駒が出る。

【嘘吐きは泥棒の始まり】 撒谎是偷窃的开始。

【嘘で固める】 谎话连篇；全靠谎言维系。類嘘八百。例嘘で固めた話はいずれぼろが出る。编造出来的谎话早晚得败露。

【嘘と坊主の頭はゆったことがない】　从来没撒过谎。

【嘘の皮】　全是谎话；一派谎言。囫嘘の皮と化けの皮は遅かれ早かれ剝がされる。谎言和伪装早晚会被揭穿。

【嘘八百を並べる】　鬼话连篇；一派谎言。

【嘘も方便】　说谎有时也是一种权宜之计。

【嘘を言え】　（用于揭露・斥责）撒谎；胡说；别瞎说啦。麺嘘を吐け。

【嘘を吐く】　撒谎；说谎。麺言葉を飾る②；舌を二枚に使う①；二枚舌を使う；二枚舌。囫嘘を吐くと良心が咎める。说谎会受到良心的呵责。

【嘘を吐け】　（用于揭露・斥责）撒谎；胡说；别瞎说啦。麺嘘を言え。

【疑いを挟む】　怀疑；置疑。麺不審を抱く。囫辻褄の合わない言動に疑いを挟む。对不合逻辑的言语和行动产生怀疑。

【疑いを晴らす】　解除疑惑；消除嫌疑。

【疑わしきは罰せず】　疑罪从无；仅是怀疑，不能定罪。

【梲が上がらない】　翻不了身；抬不起头来；没有出头之日。囫彼奴は何をやっても梲が上がらない。那家伙无论干什么也翻不了身。

【歌と読み】　❶凡事都有正反两方面。　❷净打小算盘。

【歌にばかり歌う】　光说不练；光唱高调不实干；干打雷，不下雨。

【打たねば鳴らぬ】　钟不敲不响；不行动就没有结果。麺蒔かぬ種は生えぬ。

【歌は世につれ世は歌につれ】　歌曲反映当时的世风，社会也受歌的影响；歌谣世风，相辅相成。

【打たれても親の杖】　父母杖责，爱之深切。

【内兜を見透かす】　看出隐情；看穿对方的内心。麺内懐を見透かす。

【内に省みて疚しからず】　内省不疚。囲《论语・颜渊》："内省不疚，夫何忧何惧？"

【内<ruby>裸<rt>うちはだか</rt></ruby>でも<ruby>外錦<rt>そとにしき</rt></ruby>】 在家裸体，出门罗绮；再穷也得撑门面。

【内<ruby>広<rt>うちひろ</rt></ruby>がりの<ruby>外窄<rt>そとすぼ</rt></ruby>り】 在家当英雄，出门是狗熊；窝里横；炕头王。㊣<ruby>内弁慶<rt>うちべんけい</rt></ruby>。

【内<ruby>懐<rt>うちぶところ</rt></ruby>を<ruby>見透<rt>みす</rt></ruby>かす】 看出对方的隐情或弱点；看透内心。㊣内兜を見透かす。㊋<ruby>長年<rt>ながねん</rt></ruby>連れ<ruby>添<rt>そ</rt></ruby>った妻にはこちらの内懐をすぐに見透かされてしまう。我的内心马上就被<ruby>老伴<rt>lǎobàn</rt></ruby>ル看穿。

【<ruby>内孫<rt>うちまご</rt></ruby>より<ruby>外孫<rt>そとまご</rt></ruby>】 外孙比亲孙可爱；爱外孙胜过孙子。

【<ruby>家<rt>うち</rt></ruby>を<ruby>空<rt>あ</rt></ruby>ける】 不在家；外出。㊣お<ruby>留守<rt>るす</rt></ruby>になる①。㊋午前中用事があって家を空ける。上午有事不在家。

【<ruby>内<rt>うち</rt></ruby>を<ruby>外<rt>そと</rt></ruby>にする】 不常在家；常外出。㊣<ruby>家<rt>いえ</rt></ruby>を<ruby>外<rt>そと</rt></ruby>にする；<ruby>外<rt>そと</rt></ruby>が<ruby>内<rt>うち</rt></ruby>；<ruby>外<rt>そと</rt></ruby>を<ruby>家<rt>いえ</rt></ruby>にする。

【うっちゃりを<ruby>食<rt>く</rt></ruby>う】 最后关头被<ruby>翻盘<rt>fānpán</rt></ruby>；关键时刻被对方逆<ruby>转<rt>nìzhuǎn</rt></ruby>取胜。㊋<ruby>腰高<rt>こしだか</rt></ruby>に攻め<ruby>土俵際<rt>どひょうぎわ</rt></ruby>でうっちゃりを食う。(<ruby>相撲<rt>xiāngpū</rt></ruby>)居高猛扑，却在土台边缘被<ruby>扔出赛场<rt>rēngchūsàichǎng</rt></ruby>。

【<ruby>現<rt>うつつ</rt></ruby>を<ruby>抜<rt>ぬ</rt></ruby>かす】 迷上；<ruby>神魂颠倒<rt>shénhúndiāndǎo</rt></ruby>；<ruby>上瘾<rt>shàngyǐn</rt></ruby>。㊣<ruby>心<rt>こころ</rt></ruby>を<ruby>奪<rt>うば</rt></ruby>われる；<ruby>血道<rt>ちみち</rt></ruby>を<ruby>上<rt>あ</rt></ruby>げる；<ruby>虜<rt>とりこ</rt></ruby>にする②；虜になる②；<ruby>熱<rt>ねつ</rt></ruby>に<ruby>浮<rt>う</rt></ruby>かされる②；熱を<ruby>上<rt>あ</rt></ruby>げる；<ruby>目<rt>め</rt></ruby>が<ruby>眩<rt>くら</rt></ruby>む②；<ruby>病膏肓<rt>やまいこうこう</rt></ruby>に<ruby>入<rt>い</rt></ruby>る②；<ruby>我<rt>われ</rt></ruby>を<ruby>忘<rt>わす</rt></ruby>れる①。㊋カラオケに現を抜かす。迷上<ruby>卡拉<rt>kǎlā</rt></ruby>ＯＫ。

【<ruby>打<rt>う</rt></ruby>って<ruby>一丸<rt>いちがん</rt></ruby>となる】 团结一致；<ruby>齐心协力<rt>qíxīnxiélì</rt></ruby>；<ruby>拧<rt>nǐng</rt></ruby>成一股绳；抱成一团。㊣<ruby>一致団結<rt>いっちだんけつ</rt></ruby>。

【打って<ruby>変<rt>か</ruby></ruby>わる】 变得<ruby>截然不同<rt>jiéránbùtóng</rt></ruby>；大变样。㊋彼は以前とは打って変わって明るくなった。他和以前大不相同，<ruby>开朗<rt>kāilǎng</rt></ruby>多了。

【打って<ruby>出<rt>で</rt></ruby>る】 ❶出马；登台。㊋市長選に打って出る。积极参选市长。❷积极进攻。㊋やられる前に先手を取って打って出る。在受到攻击之前<ruby>抢先<rt>qiǎngxiān</rt></ruby>攻击对方。

【<ruby>鬱憤<rt>うっぷん</rt></ruby>を<ruby>晴<rt>は</rt></ruby>らす】 <ruby>发泄郁愤<rt>fāxièyùfèn</rt></ruby>。㊋社会に対する鬱憤を晴らすため<ruby>愚<rt>おろ</rt></ruby>かな行為に走る<ruby>輩<rt>やから</rt></ruby>がいる。有的家伙为发泄对社会的不满而大<ruby>干蠢事<rt>gànchǔnshì</rt></ruby>。

【<ruby>俯<rt>うつむ</rt></ruby>けにする】 <ruby>愚弄<rt>yúnòng</rt></ruby>人；<ruby>瞧<rt>qiáo</rt></ruby>不起人。㊣<ruby>馬鹿<rt>ばか</rt></ruby>にする。

【<ruby>移<rt>うつ</rt></ruby>れば<ruby>変<rt>か</rt></ruby>わる】 <ruby>时过境迁<rt>shíguòjìngqiān</rt></ruby>；时移事易。㊣<ruby>時<rt>とき</rt></ruby>移り<ruby>去<rt>さ</rt></ruby>る；<ruby>時移<rt>ときうつ</rt></ruby>り<ruby>事去<rt>ことさ</rt></ruby>る。㊋移れば変わる世

の流行り。流行是与时俱进。

【腕が上がる】 ❶技艺提高。類手が上がる①。例最近テニスの腕が少し上がった。最近网球技术有进步。❷酒量增加。類腕を上げる②；手が上がる②；手を上げる③。例君は飲めないと思っていたが、最近腕が上がったね。我以为你不太能喝，近来酒量见长啊！

【腕がある】 有本事。例素人なのに大工仕事の腕がある。尽管没科过班却会木匠活。

【腕が後ろに回る】 被抓捕；被逮捕。類手が後ろに回る。例悪行を止められなければいずれ腕が後ろに回ることになる。不停止恶行总有一天要被抓起来。

【腕が立つ】 技艺高超；镂月裁云。例彼は腕が立つ自動車整備工だ。他修车的活干得特好；他是一个技艺高超的修车工。

【腕が鳴る】 摩拳擦掌；跃跃欲试；技痒。類腕をさする；腕を鳴らす①。例久しぶりの試合で腕が鳴る。好久没参赛了，这次可得显显身手。

【腕無しの振り飄石】 没有本事，要干大事；虚张声势。類虚勢を張る。

【腕に覚えがある】 对自己的本事有信心；自己觉得有两下子。例料理なら少々腕に覚えがあります。要说作菜还是有些把握的。

【腕に任せて】 用尽全力；使出最大的本事。類力の限り。例栗を落とそうと腕に任せて枝を揺する。尽最大的力气摇动树枝，要把栗子摇下来。

【腕に縒りをかける】 拿出全副本事；大显身手；浑身解数。類縒りを掛ける②。

【打てば響く】 马上作出反映；立竿见影。類響きの声に応ずるが如し。

【腕を上げる】 ❶提高本领；提高技艺。類腕をのす。例コーチの特訓の賜か、随分腕を上げたな。可能是教练强化训练的结果吧，水平提高了一大截。❷酒量增加。類腕が上がる②。例社用で夜の接待が多いから飲む方はいつの間にか腕を上げた。

由于公务晚间招待很多，不觉间酒量增加了。

【腕を限り】　铆足了劲；猛使劲。[例]滑落しそうになった登山家を腕を限りに命綱を引っ張って助ける。铆足了劲拉住安全绳，不让岌岌可危的登山家摔下去。

【腕を組む】　携手；合作。[類]手を携える。[例]プロジェクトでカウンターパートと腕を組む。与对方的人携手推进研发计划。

【腕を拱く】　袖手旁观。[類]袖手傍観。[例]腕を拱いていないでこっちへ来て手伝いなさいよ。别袖手旁观，过来帮一把呀！

【腕をさする】　摩拳擦掌；跃跃欲试。[類]腕が鳴る。[例]自分の出番が回ってくるのを腕をさすって待つ。摩拳擦掌等着轮到自己上场。

【腕を鳴らす】　❶技痒；摩拳擦掌。[類]腕が鳴る。[例]声が掛かるのを腕を鳴らして待ってるよ。正摩拳擦掌等着叫自己呢。❷大显身手。[類]腕を揮う。[例]彼は陶芸家として腕を鳴らし一時代を築いた。他作为陶艺师大显身手，开创了一个时代。

【腕をのす】　技艺大增；提高本领。[類]腕を上げる①；手を上げる②。

【腕を引く】　割腕以立誓言；立誓。[類]誓いを立てる。

【腕を揮う】　施展才能；大显身手。[類]腕を鳴らす②；手腕を振るう。[例]本職の調理師として腕を揮う。作为专业烹调师大显身手。

【腕を磨く】　磨练本领；提高技艺。[類]磨きを掛ける。[例]高名な師匠に弟子入りして腕を磨く。拜在名师门下，磨练本领。

【独活の大木】　大草包；饭桶；酒囊饭袋。[類]大男総身に知恵が回りかね；臑脛の延びた奴。

【優曇華の花】　❶昙花。❷千载一遇；非常罕见的事情。[類]千載一遇。

【鰻の寝床】　细长的房屋。[例]京都には鰻の寝床のような古い家が残っている。京都还保留着一些细长细长的老式房舍。

【項を垂れる】　低头。類首を垂れる。例親に説教されて項を垂れる。低着头接受家长训斥。

【唸るほど】　多得要命；多了去了；多而又多。類数知らず。例産業廃棄物の中には再利用できる物質が唸るほど入っている。工业废料中有再利用价值的东西多了去了。

【うねりを打つ】　起波浪。例川藻が清流にうねりを打つ。河藻在清流中△泛起波浪（起伏荡漾）。

【兎の毛で突いたほど】　毫发；丝毫；极其微小。

【鵜の真似をする烏】　东施效颦；邯郸学步。類西施の顰みに倣う。

【鵜呑みにする】　盲信；盲目轻信；囫囵吞枣。例権威者の発言だからと言って鵜呑みにしない方がいい。不要因为是权威人士的发言就盲目轻信。

【鵜の目鷹の目】　瞪大眼睛搜寻；虎视眈眈；锐利的目光。類虎视眈眈。

【産声を上げる】　❶初生婴儿第一次发出哭叫声。例私の第一子は北京で、第二子は東京で産声を上げた。我的第一个孩子生在北京，第二个孩子生在东京。❷新事物诞生。例機械文明は18世紀にイギリスで産声を上げた。机械文明诞生于18世纪的英国。

【うまい事】　巧妙地；精明地。例うまい事してのける。干得漂亮。

【うまい汁を吸う】　捞油水；占便宜；揩油。類甘い汁を吸う。

【うまい話】　美事；诱人的话语。例うまい話には気を付けろ。別上花言巧语的当！

【旨い物は宵に食え】　美味不过夜；花开堪折直须折（莫待无花空折枝）。

【馬が合う】　合得来；对劲ル；投缘。類気が合う。例あいつとは子供のころから馬が合う。我和那家伙自幼就很合得来。

【馬方船頭御乳の人】　敲竹杠者；乘人之危进行敲诈的恶棍。

【倦まず弛まず】 孜孜不倦；坚持不懈；不知疲倦。⦿急がず休まず。

【馬には乗って見よ、人には添うて見よ】 路遥知马力，日久见人心；马要骑骑看，人要处处看。⦿人には添うて見よ、馬には乗って見よ。

【馬の足】 低级演员；跑龙套的。

【馬の背を分ける】 隔道不下雨；阵雨不过道。⦿夕立は馬の背を分ける。

【馬の鼻向け】 饯别；饯行；送别。

【馬の耳に風】 马耳东风；对牛弹琴。⦿馬の耳に念仏。

【馬の耳に念仏】 马耳东风；对牛弹琴。⦿犬に論語；牛に経文；牛に対して琴を弾ず；馬の耳に風；馬耳東風。

【馬は馬連れ】 物以类聚；同声相应，同气相求。⦿類は友を呼ぶ。

【生まれた後の早め薬】 马后炮。⦿後の祭り。

【生まれぬ先の襁褓定め】 铺张浪费；准备过早。⦿海も見えぬに船用意。

【生まれもつかぬ】 伤残之躯；不是先天的疾患。例崖から滑落して救助され、生まれもつかぬ姿で病院のベッドに横たわる。跌落悬崖获救，以伤残之躯躺在医院的病床上。

【馬を牛に乗り換える】 拿好的换次的；弃优就劣，得不偿失。

【海が湧く】 鱼群大，海翻花；鱼群聚集在海面上。例海が湧いている場所には海鳥が群集する。鱼群浮到海面的地方，海鸟就成群飞过来。

【海波を揚げず】 海不扬波；太平无事；天下太平。⦿天下太平。⦿明・梅鼎祚《玉合记・21・杭海》："吾闻太平之世，海不扬波。"

【海に千年、山に千年】 老江胡；老奸巨猾。⦿海千山千。

【生みの親より育ての親】 育我之情胜过生我之恩；教养之情重于生身之恩。⦿生みの恩より育ての恩。

【生みの恩より育ての恩】 教养之情重于生身之恩。⦿生みの親より育ての親。

【産みの苦しみ】(産み、生みとも) 创业之难；筚路蓝缕。

【海の事は漁師に問え】 出海问渔夫，进山找樵夫；要尊重专家；事事要问行家。類山の事は樵に聞け。

【海の物とも山の物ともつかない】(山、川とも) 捉摸不定；未知数；前途未卜。

【海も見えぬに船用意】 没见兔子就撒鹰；行动过早。類生まれぬ先の襁褓定め。

【膿を出す】 挤脓；排脓。例人体の膿を出すのは簡単だが、社会の膿を出すのは至難だ。排出人体之脓易，排出社会之脓难。

【海を山にする】 知其不可而为之；移山填海；很难办到。類藪に馬鍬。

【有無相通ず】 有无相通；互通有无。中宋・陈亮《龙川文集・15・送邱秀州宗卿序》："使之各力其力，以业其业，休戚相同，有无相通。"

【有無を言わせず】 不容分说；不管三七二十一；不分青红皂白；硬是。類委細構わず；否応無し。例有無を言わせず同意させる。不管三七二十一强令同意。

【梅と桜】 (梅花樱花)互相媲美。

【梅に鶯】 (梅花黄莺) 相得益彰。類獅子に牡丹；竹に雀；牡丹に唐獅子。

【梅は食うとも核食うな、中に天神寝てござる】 梅肉可吃，梅核ル不能吃；梅核有毒不可食。

【埋もれ木に花が咲く】 枯木开花；枯木逢春；时来运转。類炒り豆に花；老い木に花；枯れ木に花①；枯木花開く。

【烏有に帰す】 化为乌有。類灰燼に帰す。例落雷で有形文化財の神社が烏有に帰した。雷击使神社这个有形文物化为乌有。中宋・苏轼《苏轼诗集・15・章质夫送

酒六壶，书至而酒不达，戏作小诗问之》："岂意青州六从事，化为乌有一先生。"

【裏釘を返す】 ❶把钉透木板的钉子砸弯，使牢固。❷慎之又慎，以期万无一失。

【末成りの瓢箪】 弱不禁风的人；面色苍白瘦弱无力的人。

【裏には裏がある】 内幕重重；内情复杂；戏中有戏。

【裏の裏を行く】 将计就计。㊣裏をかく。

【裏へ回る】 暗中活动；躲在背后（进行活动）；暗作。㊣暗中飛躍。㋹裏へ回って人をけしかける。背地里教唆人（干坏事）。

【怨み骨髓に徹す】 恨入骨髓；恨之入骨；刻骨仇恨。㊣憎さも憎し。㊥汉·司马迁《史记·吴王濞传》："楚元王子、淮南三王或不沐洗十余年，怨入骨髓，欲一有所出之久矣。"

【怨みに報ゆるに徳を以てす】 以德报怨。㊣仇を恩で報いる。㊥《论语·宪问》："或曰：'以德报怨，何如？'"

【恨みを買う】 得罪；招人怨恨。㋹助言したら逆に恨みを買った。劝劝他反倒得罪了他。

【恨みを飲む】 饮恨；含恨。㊥南朝·梁·江淹《恨赋》："自古皆有死，莫不饮恨而吞声。"㋹恨みを飲んで服従する。饮恨屈从。

【恨みを晴らす】 报仇；雪恨。㊣思いを晴らす①；借りを返す②。㋹恨みを晴らして長年の溜飲が下がった。报了多年以来的仇，心里舒坦了。

【裏目に出る】 适得其反；事与愿违。㊣豆を植えて稗。㋹何をやっても裏目に出る。干什么都事与愿违。

【心も無し】 ❶敞开心扉。㊣心を開く。❷无忧无虑。

【裏を打つ】 加上里子；裱褙。㋹剥げかかった襖に裏を打つ。给开始剥落的隔扇加上里子。

【裏を返す】 ❶再嫖同一妓女。❷反过来（说）。例融通がきくとは裏を返せば無原則なこと。所谓通融，反过来说就是没有原则。

【裏をかく】 将计就计；钻空子。類裏の裏を行く。例常習犯はいつも警察の裏をかこうとする。惯犯总想钻警察的空子。

【裏を取る】 对证查实。例被疑者の自供の裏を取る。核查嫌犯的供述。

【裏を封ず】 背书；在背面盖章。

【売り家と唐様で書く三代目】 富贵无三辈；富无三代享；富不过三代。類親苦労す、子は楽す、孫は乞食す。

【売り言葉に買い言葉】 你有来言，我有去语；回怼；互相攻讦。

【瓜に爪あり爪に爪なし】 瓜字有爪，爪字无爪。

【瓜の皮は大名に剥かせよ、柿の皮は乞食に剥かせよ】 瓜皮厚削，柿子皮薄削。

【瓜の蔓に茄子はならぬ】 有其父必有其子；鸡窝里飞不出凤凰。類血は争えない。

【瓜二つ】 长得一模一样。

【売り物には花を飾れ】 人靠衣裳，货靠卖相。

【憂えを掃う玉箒】 何以解忧？唯有杜康；一醉解千愁。類酒は憂いの玉箒。

【嬉しい悲鳴】 为喜事忙得不可开交。例捌き切れないほど客が押し寄せ嬉しい悲鳴を上げる。顾客多得应接不暇，忙得不可开交。

【烏鷺の争い】 黑子白子之争；下围棋。類碁を打つ。

【烏鷺を戦わす】 下围棋。類碁を打つ。

【噂が噂を呼ぶ】 一传十，十传百。

【噂をすれば影がさす】 说曹操，曹操到。類人事言わば筵敷け。

【上手に出る】 盛气凌人；居高临下（的态度）；以势压人。類嵩に懸かる①；

大上段②；大上段に構える；高飛車；高飛車に出る；呑んでかかる。例相手が弱いと見るとすぐ上手に出る。见对方软弱，立即显出居高临下的样子。

【上手を行く】　高出一筹；高人一头。類上を行く。例常に人の上手を行くことは不可能だ。不可能总是高人一头。

【上前を撥ねる】　抽头；克扣；揩油。類頭を撥ねる；掠りを取る；下駄を履く；ピンを撥ねる；棒先を切る。例紹介手数料の名目で上前を撥ねる。以介绍手续费的名目抽头ル。

【雲霞の如し】　云集。例野次馬が雲霞の如く押し寄せる。看热闹的人群蜂拥而来。

【運が開ける】　转运；好运到来；走运。類運が向く。例職を転転としたが自分に向いた仕事がやっと見つかり、運が開けてきたようだ。多次转行，终于找到适合自己的工作，好运要来了。

【運が向く】　转运；时来运转；走运。類好い目が出る②；好い目を見る；有卦に入る；運が開ける；付きが回る；芽が出る；目が出る②。例運が向くか向かないかは本人の努力と客観情勢次第だ。走不走运全靠自己的努力和客观条件。

【運気は根気】　运气靠耐力；运气靠毅力。

【生んだ子より抱いた子】　抱养胜过亲生；生而未养不如领养。

【蘊蓄を傾ける】　拿出渊博的知识；发挥全部学识和本领。例先生が蘊蓄を傾ければ傾けるほど生徒はちんぷんかんぷん。老师越倾注渊博的学识学生越发蒙。

【雲泥の差】　天壤之别；天渊之别。類月と鼈。

【うんともすんとも】　不置可否；一言不发；一声不吭；一声不响。例何を聞いても、うんともすんとも言わない。你问他什么他都不△一声不吭（吭声）。

【云云する】　议论；说三道四。例他人のことを云云する前に自分の襟を正せ。挑别人毛病之前，先把自己的事弄好。

【運の尽き】 气数已尽；运数已尽。題命運が尽きる。例ここで枝から手を離したら運の尽き、崖から真っ逆さまだ。这时抓住树枝的手一松开就完了，就得从悬崖来个倒栽葱。

【運は天にあり】 命运在天；成事在天。

【運用の妙は一心に存す】 运用之妙在乎一心。中元·脱脱《宋史·岳飞传》："阵而后战，运用之妙存乎一心"

【運を試す】 碰碰运气。例うまくいくかどうか一つ運を試して見るか。不知到底行不行，碰碰运气试试吧。

【運を天に任せる】 听天由命。類運否天賦。

【運を開く】 交上好运。例自力で運を開いて来た。靠自己的努力迎来了好运。

え

【永遠の眠り】 长眠；(婉辞)死。題息が絶える。例喜怒哀楽に別れを告げ永遠の眠りに就く。告别喜怒哀乐而长眠。

【栄華の夢】 黄粱梦。題邯鄲の夢。

【英気を養う】 养精蓄锐。例忙中閑あり、連休中は登山と温泉で英気を養う。忙中亦有闲暇时，利用小长假登山、泡温泉，养精蓄锐。

【栄枯常なし】 兴衰无常。

【詠雪の才】 咏雪之才；咏雪之慧。

【栄に浴す】 获得荣誉。例受勲の栄に浴す。获得授勋的殊荣。

【英雄色を好む】 英雄好色；英雄爱美人。

【英雄人を欺く】 英雄欺人；英雄才智胜世人。中明·李攀龙《沧溟集·15·选唐诗序》："七言古诗，唯杜子美不失初唐气格，而纵横有之。太白纵横，往往强弩之末，间杂长语，英雄欺人耳。"

【笑顔に当たる拳はない】　伸手不打笑脸人。

【易者身の上知らず】　算命算不了自己的命。

【エジプトはナイルの賜】　埃及是尼罗河的恩赐。西Herodotos：Egypt is the gift of the Nile.

【得体が知れない】　稀奇古怪；身世不明；来路不明；可疑。例何をやって食べているのか？得体が知れない奴だ。不知他靠什么活着，那家伙有点怪。

【枝は枯れても根は残る】　除恶难尽；斩草难除根。

【得たり賢し】　岂不快哉；甚合我意；值得庆幸；正中下怀。類しめたもの。

【得たりやおう】　天惠我也；妙极啦；好极啦。類しめたもの。

【枝を交わす】　连理枝；义结连理。類比翼連理。

【枝を鳴らさず】　风不鸣条；天下太平；太平无事。類天下太平。中汉·董仲舒《雨雹对》："太平之世则风不鸣条，开甲散萌而已；雨不破块，润叶津茎而已。"

【悦に入る】　心中暗喜；暗自得意。類笑壺に入る。例してやったりと一人で悦に入る。他心中暗喜，这次搞得不错。

【笑壺に入る】　心中大喜；笑逐颜开；暗自得意。類悦に入る。

【笑壺の会】　皆大欢喜；满座皆笑。

【得手に帆を揚げる】　顺风扬帆；如龙得云；英雄有了用武之地；得到施展才干的机会。類上げ潮に乗る；兎の登り坂；追風に帆を上げる；順風に帆を揚げる；上昇気流に乗る；順風満帆。

【江戸っ子は五月の鯉の吹流し】　❶东京人心直口快。類五月の鯉の吹流し①。❷五月鲤鱼旗，内心无芥蒂；东京人有口无心。類五月の鯉の吹流し②。

【江戸っ子は宵越しの銭は持たぬ】　老东京人不留隔夜钱；老东京人都是月光族。類宵越しの銭は持たぬ。

【江戸の敵を長崎で討つ】　江户的仇，报在长崎；在意外的地方（对不相干的人）报宿仇。

【会に合わぬ花】　明日黄花；马后炮。類後の祭り。

【絵に描いた餅】　画饼。

【絵に描いたよう】　❶如画般的。例峠から望む鳥海山は絵に描いたように美しい。从山口眺望鸟海山，简直就像画的一样美丽。❷典型的。例小川ブドウ園は四世代同居の絵に描いたような幸せな家庭だ。小川葡萄园是典型的四世同堂的幸福的大家庭。

【絵になる】　❶可以入画儿；能上画儿；成为画。例ここからの眺めはそのまま絵になる。眼前的景物简直就是一幅画。❷形象如画；恰如其分。例彼は何を演じても絵になる名優だ。他是一位演啥像啥的明星。

【柄のない所に柄をすげる】　❶强词夺理。類屁理屈を捏ねる。❷故意找碴儿；鸡蛋里挑骨头。類難癖を付ける。

【海老で鯛を釣る】　一本万利；吃小亏，占大便宜。類麦飯で鯉を釣る；蝦蛄で鯛を釣る。

【海老の鯛交じり】　滥竽充数；鱼龙混杂。類雑魚の魚交じり。

【烏帽子を着せる】　添枝加叶；大肆渲染；夸张。類尾鰭を付ける。

【笑みを含む】　含笑。例お客様に笑みを含んで応対する。以微笑接待顾客。

【えも言わ（れ）ぬ】　妙不可言；难以形容；无与伦比。類言語に絶する。例秋になると公園や住宅街からキンモクセイのえも言われぬいい香りが漂って来る。一到秋天，公园和居民区就飘来妙不可言的金桂花的幽香。

【衣紋を繕う】　把身上的衣服整理利落；整理一下装束。

【栄耀に餅の皮を剥く】　过于奢侈；奢侈过度。

【栄耀の隠し食い】　独享极端奢侈的欢愉。

【鰓が過ぎる】 说过头话；说得过火；说大话；口出狂言。類言葉が過ぎる。

【選ぶ所がない】 同……没有区别；等同于。例玄人のくせにこれじゃあ素人と選ぶところがない。把个内行弄得跟外行一样。

【選んで滓を掴む】 挑花了眼；选来选去，选个差的。

【襟が厚い】 大款；款爷；巨富。

【選りに選る】 ❶挑了又挑，拣了又拣；精挑细选。❷偏偏（选）。

【襟に付く】 巴结权贵；阿谀谄媚；势利眼。類胡麻を擂る。例お大尽の襟に付く。巴结富豪。

【襟元に付く】 巴结权贵；阿谀谄媚；势利眼；趋炎附势。類胡麻を擂る。

【襟を正す】 正襟危坐；态度严肃。中汉・司马迁《史记・日者列传》："宋忠、贾谊瞿然而悟，猎缨正襟危坐。"宋・苏轼《前赤壁赋》："苏子愀然，正襟危坐而问客曰：何为其然也？"例社員一同襟を正して会長の訓示を聞く。全体员工正襟危坐，对会长训示洗耳恭听。

【宴安は酖毒】 宴安鸩毒；耽于安逸，足以自毙。中春秋・左丘明《左传・闵公元年》："诸夏亲昵，不可弃也。宴安鸩毒，不可怀也。"

【蜿蜒長蛇の列】 蜿蜒的长蛇阵；蜿蜒绵长的队列。

【煙焰天に漲る】 火光冲天。類天を焦がす。

【燄燄に滅せずんば炎炎を若何せん】 焰焰不灭，炎炎若何；必须防微杜渐。中春秋・佚名《孔子家语・观周》："焰焰不灭，炎炎若何？涓涓不壅，终为江河。"

【鴛鴦の契り】 比翼双飞；琴瑟和谐；偕老之约。類比翼連理。

【縁が切れる】 断绝关系。類鼬の道切り①；おさらばになる；手が切れる①。例彼と縁が切れる。与他断绝关系。

【轅下の駒】 辕下之驹；力弱不堪重任；受制于人，不得施展。中汉・司马迁《史记・魏其武安侯列传》："公平生数言魏其、武安长短，今日廷论，局趣效辕下驹，吾并

斩若属矣。"

【縁起でもない】　不吉利；不吉之兆。類卦体が悪い。例お祝いの席で縁起でもないことを言うなよ。可别在喜庆的场合说不吉利的话呀！

【縁起を祝う】　祈祷吉祥；祝福。

【縁起を担ぐ】　求吉利；讲究吉凶。類御幣を担ぐ。例四は死、七はラッキーなどと縁起を担ぐ。四谐音死，是凶兆，七音近喜，属吉兆。

【猿猴が月をとる】　猴子捞月；志大才疏，终归失败；不自量力。類蟷螂の斧。中唐・道世《法苑珠林・愚戆篇・杂痴部》（因原文过长，从略）。

【燕雀安んぞ鴻鵠の志を知らんや】　燕雀安知鸿鹄之志。中汉・司马迁《史记・陈涉世家》："陈涉叹息曰：'嗟乎，燕雀安知鸿鹄之志哉！'"

【エンジンが掛かる】　来劲儿；走上轨道；正式启动。類軌道に乗る。例工事も序盤を過ぎやっとエンジンが掛かってきた。工程过了初始阶段总算上了轨道。

【遠水は近火を救わず】　远水救不了近火；远水不解近渴。類遠くの親類より近くの他人。中战国・韩非《韩非子・说林上》："失火而取水于海，海水虽多，火必不灭矣，远水不救近火也。"

【円石を千仞の山に転ず】　转圆石于千仞之山；势如破竹；锐不可当。類破竹の勢い。中春秋・孙武《孙子・兵势》："故善战人之势，如转圆石于千仞之山者，势也。"

【偃鼠河に飲むも満腹に過ぎず】　偃鼠饮河，不过满腹；不作非分之事。類鷦鷯深林に巣くうも一枝に過ぎず。中春秋・庄周《庄子・逍遥游》："偃鼠饮河，不过满腹。"

【縁と浮世は末を待て】　机缘只能等待；有福不用忙，无福跑断肠。類果報は寝て待て。

【縁と月日】　良缘和机遇只能等待。

【縁なき衆生は度し難し】　无缘众生，佛度无功；佛度有缘人；听人劝，吃饱饭。

【縁に繋がる】　有血缘关系；有亲戚关系。[類]血を引く。[例]彼は安達さんと遠い縁に繋がる方です。他跟安达先生有点血缘关系。

【縁に連るれば唐の物】　有缘千里来相会。

【縁の下の鍬使い】　螺蛳壳里作道场；空间狭小，施展不开；空间受限，不得施展。

【縁の下の力持ち】　暗中鼎力相助的人；无名英雄。[類]縁の下の舞；鴨の水掻き。

【縁の下の舞】　幕后舞，白辛苦；无名英雄。[類]縁の下の力持ち。

【縁は異なもの味なもの】　缘分是不可思议的；姻缘天定；千里因缘一线牵。[類]赤い糸で結ばれる；遠くて近きは男女の仲；合縁奇縁。

【猿臂を伸ばす】　伸出长臂；伸长胳膊。

【煙幕を張る】　放烟幕；用花言巧语掩盖真相。[例]政治家は煙幕を張るのに長けている。政治家擅长释放烟幕。

【縁結びの神】　月下老人；冰人；媒人。[類]月下老人。

【縁もゆかりも無い】　非亲非故；八竿子打不着；路人；毫无关系（的人）。[類]赤の他人；路傍の人。[例]あの人は縁もゆかりも無い赤の他人です。那个人是毫不相干的人。

【遠慮会釈もない】　毫不客气；不讲情面。[類]容赦なく。

【遠慮なければ近憂あり】　人无远虑，必有近忧。[類]遠き慮りなければ必ず近き憂いあり。[中]《论语·卫灵公》：“子曰：‘人无远虑，必有近忧。’”

【縁を切る】　断绝亲子关系；断绝夫妻关系。[類]勘当切る；久離を切る；毛氈を被る①。[例]道楽息子と親子の縁を切る。跟不务正业的儿子断绝亲子关系。

【宴を張る】　设宴。例結婚式の宴を張る。举行婚宴。

【縁を結ぶ】　结缘。例結婚して妻の父母と義理の親子の縁を結ぶ。结了婚就跟妻子的父母结成了非血缘亲子之缘。

お

【御愛想を言う】　说奉承话；捡好听的说；谄媚讨好。類胡麻を擂る。例孫を抱っこしていたら、近所の奥さんに「息子さんに似て利発そうなお子さんですね」と御愛想を言われた。我抱着孙子，附近的主妇就奉承说："这孩子像你家公子一样聪明啊！"

【御預けを食う】　被延期；被搁置下来。例招待旅行は御預けを食った。招待旅游被延期了。

【御後が宜しいようで】　精彩继续，敬请期待。

【追い打ちを掛ける】　穷追败兵；痛打落水狗；乘胜追击。類池に落ちた犬は叩け。例父が亡くなって間もなく母もこの世を去り、残された者に悲しみが追い打ちを掛けた。在父亲之后母亲不久也去世了，对活着的人来说真是雪上加霜。

【御家の一大事】　事莫大焉；一家的头等大事。

【老い木に花】　老树开花；枯木迎春。類埋もれ木に花が咲く。

【追い込みをかける】　冲刺；作最后的拼搏。例編集作業が終盤に入り追い込みをかける。编辑工作进入最后冲刺阶段。

【生い先有り】　大有前途；前途有望。類前途有望。

【生い先遠し】　大有前途；来日方长；前途无量。類前途有望。

【生い先無し】　前途无望。類目の前が暗くなる。

【老いたる馬は道を忘れず】　老马知道；老马识途。類老馬の智。中战国·韩非《韩非子·说林上》："管仲、隰朋从于桓公……管仲曰：'老马之智可用也。'乃放老马而

随之，遂得道。"

【追いつ追われつ】 你追我赶；互相追逐。類抜きつ抜かれつ。例両チームとも追いつ追われつの大接戦を繰り広げ、観客は大歓声を上げた。两队你追我赶争夺激烈，观众欢呼起来。

【置いてけ堀を食う】 被人丢下不管。例家族はみな花火見物に出かけてしまい、受験勉強の私は置いてけ堀を食った。家里人撇下温课备考的我，都去看烟火去了。

【追風に帆を上げる】 一帆风顺；顺风顺水。類得手に帆を揚げる。

【老いては麒麟も駑馬に劣る】 麒麟一老，不如驽马。類昔の剣、今の菜刀。中汉・刘向《战国策・齐策・5》："语曰：'骐骥之衰也，驽马先之；孟贲之倦也，女子胜之。'"

【老いては子に従え】 人老随子；老了要听子女的。

【老いて再び稚児になる】 年老变得像小孩一样。

【老いては益益壮んなるべし】 老当益壮。中南朝・宋・范晔《后汉书・马援传》："常谓宾客曰：'丈夫为志，穷当益坚，老当益壮。'"

【老いの一徹】 老年人的固执；老顽固。

【老いの繰り言】 年老爱唠叨；老人的牢骚（话）。

【老いの坂】 人老如走上坡路；饱经风霜。

【老いらくの恋】 黄昏恋；老年风流。

【老いを送る】 度过晚年；度过余生。

【老いを養う】 养老；抚养老人。例現代の老いを養う場所は養護老人ホームだ。现代养老的地方是护理型养老院。

【お伺いを立てる】 向尊长确认；请示领导；向尊长请教。例お申し越しの件については上司にお伺いを立てることにいたしましょう。关于您通知的事项，将请示上级。

【扇忌忌し】 团扇是夫妻情感的不吉之物。

【扇を請ける】 得到真传；接受衣钵。類衣鉢を継ぐ。例師匠から日本舞踊の扇を請ける。師傅那里得到日本舞蹈的真传。

【扇を鳴らす】 ❶挥扇令人带路。❷挥扇击节；打拍子。類拍子を取る。

【王侯将相寧ぞ種あらんや】 王侯将相，宁有种乎。中汉・司马迁《史记・陈涉世家》："且壮士不死即已，死即举大名耳。王侯将相宁有种乎？"

【王侯に事えず、その事を高尚にす】 不事王侯，高尚其事；无意宦达，恪守节操。中《易经・蛊卦》："不事王侯，高尚其事。象曰：'不事王侯，志可则也。'"

【王事盬きことなし】 王事靡盬。中春秋・佚名《诗经・唐风・鸨羽》："肃肃鸨羽，集于苞栩。王事靡盬，不能艺稷黍。"

【往者諫むべからず】 往者不可谏。中《论语・微子》："凤兮，凤兮！何德之衰？往者不可谏，来者犹可追。已而，已而！今之从政者殆而！"

【往生際が悪い】 轻易不肯死心；轻易不肯认罪；轻易不肯服输。例証拠が挙がっているのに往生際が悪い奴だな。证据摆在眼前，你还不肯认罪！

【王事を以て家事を辞す】 以王事辞家事；灭私奉公。類滅私奉公。中春秋・公羊高《春秋公羊传・哀公三年》："不以家事辞王事，以王事辞家事，是上之行乎下也。"

【王臣蹇蹇、躬故にあらず】 王臣蹇蹇，匪躬之故；临危勤王，奋不顾身。中《易经・蹇卦》："六二，王臣蹇蹇，匪躬之故。"

【応接に暇がない】 应接不暇。中晋・王献之《镜湖帖》："镜湖澄澈，清流泻注，山川之美，使人应接不暇。"

【負うた子に教えられて浅瀬を渡る】 受教于后学；受到后辈指点。

【負うた子より抱いた子】 近水楼台先得月；先近后远，人之常情。

【逢うた時に笠を脱げ】 机不可失；机不旋踵；要抓住机会。類時は得が

たくして失い易し。

【王手飛車取り】（日本象棋）双重打击；将军吃车。

【王手を掛ける】❶（日本象棋）将军。例将棋で王手を掛ける。下象棋将一军。❷置对方于死地；接近胜利。例優勝に王手を掛ける。拿下此局即可夺冠；将住对方即获冠军。

【嘔吐を催す】令人作呕；叫人恶心。類鼻持ちならない。例相手の汚い遣り口に嘔吐を催す。对方卑劣的做法令人作呕。

【鸚鵡よく言えども飛鳥を離れず】鹦鹉能言，不离飞鸟。中汉·戴圣《礼记·曲礼》："鹦鹉能言，不离飞鸟，猩猩能言，不离禽兽，今人而无礼，虽能言，不亦禽兽之心乎？"

【大当たりを取る】取得很大的成功；场场爆满。類受けを取る。例サーカスの興行が大当たりを取る。马戏团演出取得巨大成功。

【大男総身に智恵が回りかね】傻大个儿；四肢发达,大脑贫乏。類独活の大木。

【狼に衣】披着羊皮的狼；笑面虎；人面兽心。類犬畜生；鬼に衣❷；人面獣心；人非人；人の皮を被る。

【多かれ少なかれ】或多或少。類多少とも。例多かれ少なかれ誰でもいい所を持っている。谁都有优点，多少不同而已。

【大きなお世話】用不着你管；多管闲事。類おせせの蒲焼；余計な御世話。

【大きな顔】❶摆大架子；摆出一副盛气凌人的架势。例彼は人前で大きな顔をしたがる。他总想在人前摆架子。❷面无愧色；觍着脸。例自分の失敗は棚に上げて大きな顔をしている。他把自己的失败不当回事，毫无愧色。

【大きな口を利く】说大话；夸海口。類大風呂敷を広げる。例若造のくせに大きな口を利くな。毛孩子少说大话！

【大口を叩く】吹牛皮；说大话；夸海口。類大風呂敷を広げる。例取り巻きに煽

てられて大口を叩く。被马屁精戴了高帽就大夸海口。

【多くを問うものは多くを学ぶ】 多问多学；怀疑质疑，才是学习。

【大台に乗る】 超过……大关。例開園以来の入場者が２千万人の大台に乗った。开园以来入园已超过２千万人大关。

【大手を広げる】 张开双臂挡住。例警備員が入り口で大手を広げる。保安张开双臂挡住去路。

【大手を振る】 大摇大摆；大模大样；无所顾忌。類横行闊歩。例無罪が確定し大手を振って社会へ戻れる身となった。被宣布无罪，这回可以堂堂正正地回归社会了。

【大所の犬となるとも小家の犬となるな】 宁当大户犬，不做小家狗；大树底下好乘凉。類寄らば大樹の陰。

【大鉈を振るう】 大刀阔斧地整顿；大砍大杀。類荒療治②；鉈を振るう；メスを入れる②。例行政改革で公務員の定数に大鉈を振るう。行政改革中大量削减公务员额定人数。

【大船に乗ったよう】 可以放心了；安心；稳如泰山。類大船に乗る；親船に乗ったよう。例銀行の融資を得て大船に乗ったような気分だ。得到银行的贷款就像吃了定心丸。

【大船に乗る】 非常放心；稳如泰山。類大船に乗ったよう。例あの方の後ろ盾があれば大船に乗ったも同然だ。有他作后台大可放心。

【大風呂敷を広げる】 夸夸其谈；说大话；大吹大擂。類大きな口を利く；大口を叩く；勝手な熱を吹く；骨箱を叩く；舌が伸びる；大言壮語；熱を吹く；風呂敷を広げる；法螺を吹く；喇叭を吹く。例あの人には酒が入ると大風呂敷を広げる癖がある。他有个毛病，一喝酒就爱大吹大擂。

【大見得を切る】 ❶亮相。類面を切る。例歌舞伎役者が大見得を切る。歌舞

伎演员夸张地亮相。❷自我炫耀；硬充好汉。類見得を切る②。例金のことなら俺に任せておけと大見得を切る。他炫耀地说：钱的事就交给我吧。

【大向こうを唸らせる】 博得满场喝彩；受到广泛的欢迎。

【大目玉を食う】 受到严厉的申斥；挨了一顿责骂。類御目玉を食う；目玉が飛び出る②。例仕事が遅いと、課長から大目玉を食った。那时工作一慢，就受科长训斥。

【大目に見る】 网开一面；从轻发落；宽大处理。例今回だけは大目に見よう。这次就网开一面了。

【大門を打つ】 ❶花柳街封闭调查。❷把妓院包下大嫖其娼。

【公にする】 曝光；公布于世。類表に立てる。例報道で事実が公にされる。媒体曝光事实。

【大家と言えば親も同然、店子と言えば子も同然】 房东房客如亲子；房东如父母，房客像儿女。

【御門が違う】 弄错对象；不对路子。例あの件で恨まれるのは御門が違う。因为那件事而遭到怨恨是弄错了对象。

【御株を奪う】 取代别人的绝活儿；绝技被人超越。例世界一の技術を誇っていたが、近年は台頭著しい隣国に御株を奪われてしまった。曾为世界一流技术而自豪，近年却被发展迅速的邻国拔了头筹。

【陸へ上がった河童】 蛟龙失水；虎落平阳。類木から落ちた猿。

【御釜が割れる】 ❶夫妻分手。❷妻离子散；离鸾别凤；一家离散。

【御釜を興す】 发财致富；起家。類財を成す。

【御釜を掘る】 ❶男色。❷汽车追尾。例ブレーキが間に合わず先行車の御釜を掘ってしまった。刹闸来不及，结果和前面的车追尾了。

【尾が見える】 露馅儿；原形毕露；现原形。類馬脚を露わす。

【起きて半畳寝て一畳】 知足常乐；随遇而安。類心に笠着て暮らせ。

【お置きにする】 拉倒；作罢；放弃。

【沖にも付かず磯にも離る】 前不着村后不着店；无依无靠。類一身に味方なし。

【御灸を据える】 教训；惩罚。類灸を据える。例悪戯小僧に御灸を据える。惩罚顽劣的孩子。

【沖を越える】 技艺超群；出类拔萃。類群を抜く。

【屋烏の愛】 屋乌之爱；爱屋及乌。類愛は屋上の烏にも及ぶ。

【屋下に屋を架す】 屋下架屋；多此一举；。類屋上に屋を架す。中南朝・宋・刘义庆《世说新语・文学》："不得尔，此是屋下架屋耳。"北齐・颜之推《颜氏家训・序致》："魏晋以来所著诸子，理重事复，递相摸教，犹屋下架屋，床上施床耳。"

【奥が深い】 ❶距入口或岸边远。例この沢は奥が深い。这片沼泽地纵深很悠远。❷内容深远；深奥。例茶道、華道をはじめ、「道」と付くものはみな奥が深い。茶道花道等凡带"道"字的都有深邃的内容。

【屋上屋を架す】 叠床架屋；屋下架屋；多此一举；床上安床。類屋下に屋を架す。

【オクターブが上がる】 高八度；提高嗓门ル。例酒場の喧騒の中ではついオクターブが上がる。在酒馆嘈杂的环境中，不觉提高了嗓门ル。

【奥の手を出す】 使出绝招ル；使出不轻易示人的本领。例奥の手を出して窮地を脱する。使出绝招ル摆脱困境。

【奥歯に衣着せる】 话里有话；转弯抹角；话有弦外之音。類奥歯に物が挟まったよう。例そんなに奥歯に衣着せないで思っていることをはっきり言いなさいよ。别那么拐弯抹角地，想说啥说啥吧。

【奥歯に剣】 心怀敌意，却不动声色。

【奥歯に物が挟まったよう】 吞吞吐吐；委曲婉转。類奥歯に衣着せる。

[例]談判に行ったが奥歯に物が挟まったような応対で埒が明かない。去交涉，对方说话吞吞吐吐，毫无进展。

【噯にも出さない】　严守秘密；守口如瓶；只字不提。[類]口が堅い。[例]彼女にほの字なのに噯にも出さない。虽然暗恋着她，却不露声色。

【臆病風に吹かれる】　胆怯起来；感到害怕。[類]臆病神が付く；後れを取る②。[例]臆病風に吹かれて尻に帆を掛ける。因为感到害怕，就溜之大吉。

【臆病神が付く】　胆怯起来；害怕不敢做。[類]臆病風に吹かれる。

【臆病の神降し】　胆小鬼求神壮胆。

【臆病の自火に責められる】　胆小鬼看什么都是鬼；胆小鬼自己吓唬自己。

【臆面もない】　厚脸皮；厚颜无耻；不知害臊。[類]厚顔無恥。[例]招待されていないのに臆面もなく顔を出す。没受到邀请，他却厚着脸皮来了；脸皮厚，不是应邀参加，而是硬要参加。

【奥行きが無い】　思想浅薄；思想肤浅。[類]念も無い①。[例]彼はよく喋るが話に奥行きが無い。他很能说，但内容肤浅。

【御蔵にする】　取消原定安排；取消原定的演出。[例]政権が変わり、ダム建設計画は御蔵にされた。政权更迭，水库建设计划被束之高阁。

【御蔵になる】　计划搁浅；取消公演；搁置起来不发表。[例]あの映画は倫理規定に反するので御蔵になった。那个电影违背伦理底线，公演搁浅了。

【後れを取る】　❶自愧弗如；输给别人。[類]後塵を拝する。[例]スタートの段階で後れを取る。输在起跑线上。❷胆怯；畏缩。[類]臆病風に吹かれる。[例]人前に出ると後れを取る癖がある。一到人前就有些打怵。

【屋漏に愧じず】　不愧屋漏；不因独处而苟且；慎独。[類]君子は独りを慎む。[中]春秋·佚名《诗经·大雅·抑》：“相在尔室，尚不愧于屋漏。”

【御螻蛄になる】　输得精光；囊空如洗；身无分文。[例]バカラ賭博で御螻蛄に

なった。赌巴卡拉纸牌输得精光。

【瘧が落ちる】 興趣大减；失去热情。⇨道楽者が瘧が落ちたように正業に立ち返る。浪子回头重归正业。

【瘧を落とす】 治疗疟疾。

【驕る平家は久しからず】 骄者必败；骄兵必败；骄傲者不长久。

【奢る者は心嘗に貧し】（嘗に、常にとも） 奢者心常贫；为富者贪得无厌；欲壑难填。中五代・谭峭《谭子化书・俭化・天牧》："奢者心常贫，俭者心常富。"

【御強に掛ける】 诓骗；骗人。類口車に乗せる。

【押えがきく】 能镇住；压得住；控制得了。⇨この難局にあの人じゃ押えが利かない。这个困难局面，他可镇不住。

【御座が醒める】 扫兴；冷场；场面尴尬。類興が醒める。

【御先棒を担ぐ】 充当走卒；轻率地当走狗。類提灯を持つ。⇨善悪も弁えずほいほいと御先棒を担ぐ。不辨善恶就轻易地充当走卒。

【御先真っ暗】 前途一片黑暗；毫无前途。類目の前が暗くなる。

【御座敷が掛かる】 受到邀请；出条子。⇨人気凋落で最近は御座敷が掛かることはめったにない。(由于)人气下降，最近很少受到邀请。

【御里が知れる】 泄露老底；露出马脚；露馅ル。類馬脚を露わす。⇨しゃべりすぎるとお里が知れるぞ。说多了会露馅ル。

【収まりが付く】 ❶得到解决；收场。類決まりが付く。⇨すったもんだの末、やっと収まりが付いた。好一顿争吵，后来总算收场了。❷平衡；平稳。

【治まりて乱るるを忘れず】 治而不忘乱；居安思危。類治に居て乱を忘れず。中《易经・系辞下》："是故君子安而不忘危，存而不忘亡，治而不忘乱，是以身安而国家可保也。"

【おさらばになる】 绝交；分道扬镳。類縁が切れる。⇨彼とはあれ以来おさ

らばになった。从那以后就跟他分道扬镳了。

【おさらばをする】　❶分手；告别。類袖を分かつ。例服役を終え刑務所におさらばをする。刑满释放告别监狱。❷辞世；去世。類息が絶える。例この世とおさらばをする。告别人世。

【教うるは学ぶの半ば】　惟教学半；教是学的一半；教学相长。中西周《尚书·说命下》："惟教学半，念终始典于学，厥德修罔觉。"

【教えるにも術多し】　教亦多术矣；教育有多种方法。中战国·孟轲《孟子·告子下》："孟子曰：'教亦多术矣。予不屑之教诲也者，是亦教诲之而已矣。'"

【押しが利く】　有威信；有威严。例あの人は押しが利くのでリーダータイプだ。他有威信适于作领导。

【押しが強い】　❶果断顽强；有魄力。例彼は押しが強い交渉人（タフ・ネゴシエーター）として有名だ。作为强韧的谈判人员他是出了名的。❷脸皮厚。類厚顔無恥。

【惜しげもなく】　毫不可惜；毫不吝惜。例自分の持っている物を惜しげもなく人にやる。毫不吝惜地把自己的东西送给别人。

【怖気を震う】　吓得发抖。類金玉が縮み上がる。例バンジージャンプのジャンプ台で怖気を震う。在蹦极台上吓得发抖。

【押し出しがいい】　有风度；风度翩翩；仪表出众。例会議の議長役には滑舌と押し出しがいい人を推挙しよう。会议主席之职，我们推举一个口齿伶俐又有风度的人吧。

【推して知るべし】　可想而知；不言自明；可以想见。類思い半ばに過ぐ。

【押しの一手】　坚持到底；强力推行；不达目的，决不罢休。類一押し二押し。

【押しも押されもせぬ】　实力不容小觑；安如磐石；稳如泰山；不可动摇。類争えない；押すに押されぬ。例今や彼は押しも押されもせぬ組織の顔だ。如今他已无可争辩地成了组织的金字招牌。

【御釈迦様でも気が付くまい】➡御釈迦様でもご存じあるまい
【御釈迦様でもご存じあるまい】 shénbùzhīguǐbùjué 神不知鬼不觉。
【お釈迦にする】 nònghuài zāotà 弄坏；糟蹋。例うっかり踏み付けてカメラをお釈迦にしてしまった。不慎把照相机踩坏了。
【お釈迦になる】 成为废品；报废。類御役御免②。例洪水で水を被り機械類がお釈迦になった。机械等受洪水浸泡成了废品。例温度操作を誤り製品がお釈迦になってしまった。温度控制错误，产品报废了。
【おじゃんになる】 告吹；完蛋；倒台；拉倒。類御陀仏になる②；不発に終わる②。例土壇場に来て大型契約がおじゃんになった、こんな悔しいことはない。关键时刻大单合同告吹，没有比这更窝囊的了。
【お上手を言う】 说奉承话；谄媚；讨好。類胡麻を擂る。例上役に一つもお上手を言えないようでは出世が覚束ない。如果对上司一句好话都不说，要提拔就难了。
【押すな押すな】 杂沓；拥挤不堪。類芋を洗うよう。例バーゲン会場は押すな押すなの大盛況。大甩卖，店内拥挤不堪盛况空前。
【押すに押されぬ】 实力无可否认；稳如泰山；不可动摇；无可争辩。類押しも押されもせぬ。例押すに押されぬ政界の重鎮。不可动摇的政界大佬。
【押せ押せになる】 ❶积压起来；堆积如山。例年度末で業務が押せ押せになる。年度末尾业务堆积如山。❷紧迫；迫近。例前の芸人が時間を取りすぎたので後のスケジュールが押せ押せになる。前面的演员拖延时间了，后续者就很紧迫。
【おせせの蒲焼】 不劳你多管；多管闲事。類大きなお世話。
【御節介を焼く】 多管闲事。類ちょっかいを出す①；人の頭の蠅を追う。例自分のことは自分でやるから御節介を焼かないで欲しい。我的事自己解决，不用你操心。

【御膳立てが揃う】　万事俱备；准备停当。例御膳立てが揃ってから関係者に知らせる。准备好了就通知有关人员。

【遅かりし由良之助】　黄花菜都凉了；马后炮；为时晚矣；晚了一步。

【遅かれ早かれ】　迟早；早晚；总有一天。例焦らなくても遅かれ早かれ結果は出るよ。别急，早晚会有结果的。

【遅きに失する】　为时晚矣；错失良机。類万事休す。例疫病対策は遅きに失し、医療崩壊寸前になる。疫病对策错失良机，医疗系统濒于崩溃的边缘。

【恐れ入谷の鬼子母神】　❶岂敢岂敢；折煞我也；❷实在不好意思；对不住；❸甘拜下风。類一目置く。

【恐れをなす】　畏惧；有所恐惧；慑于。例民がお上のご威光に恐れをなしてひれ伏す。草民慑于官府的淫威，只有叩拜而已。例人気商品を買いに行ったが行列の長さに恐れをなして引き返した。去买抢手货，购物长队实在吓人，只好原路返回。

【御題目を唱える】　唱高调；大发空头议论。例御題目を唱えるばかりでは周りから相手にされなくなる。一味唱高调，周围人就不理睬你了。

【お高くとまる】　自命不凡；拿大；架子大；妄自尊大。類気位が高い。例自分を何様だと思っているんだ、お高くとまりやがって！你以为你是谁呀，那么妄自尊大！

【煽てと畚には乗るな】　不要接受（别人）吹捧；千万别一给你戴高帽就忘了姓啥了。

【煽てに乗る】　一怂恿就上套儿；一夸就得意忘形。類口車に乗る。例うっかりと周りの煽てに乗って面倒な役を引き受けさせられた。没留神让周围人给戴了高帽，接受了棘手的苦差事。

【御陀仏になる】　❶死；玩儿完。類息が絶える。例下は激流、この吊り橋から落

ちたら間違いなく御陀仏になる。下面是激流，要从这 悬索桥(xuánsuǒqiáo) 掉下去，必死无疑。

❷完蛋了；拉倒(lādǎo)。㊣おじゃんになる。㊚社長が交代し元の計画は御陀仏になった。总经理换人，原来的计划拉倒了。

【おだを上げる】 大放厥词(dàfàngjuécí)；胡说八道；胡吹乱嗙(pǎng)。

【落ちが来る】➡落ちを取る

【落ち武者は薄の穂にも怖ず】 风声鹤唳(fēngshēnghèlì)；草木皆兵(cǎomùjiēbīng)。㊣戦戦兢兢。

【お茶の子さいさい】 不费吹灰之力(bùfèichuīhuīzhīlì)；算不了一回事(suànbùliǎo)。㊣苦もない。

【お茶を濁す】 含糊其辞(hánhúqící)；支吾搪塞(zhīwútángsè)；蒙混过去(ménghùn)。㊣言葉を濁す。㊚核心を衝かれるとお茶を濁す。一问到关键就支吾搪塞。

【お茶を挽く】 （艺妓招不到客人(yìjì)）闲呆着(xiándāizhe)。

【御帳に付く】 列入黑名单。

【御猪口になる】 雨伞被风掀翻呈漏斗形(xiānfānchénglòudǒu)。㊚暴風雨(bōufūuu)で傘が御猪口になる。暴风雨把伞翻成了漏斗形。

【落ちを取る】 得到好评；博得喝彩(hècǎi)；博得满堂彩。㊣受けを取る。

【追っ手を掛ける】 派人追赶。㊚逃亡者(tōubōusha)に追っ手を掛ける。派人去追逃跑者。

【押っ取り刀で駆けつける】 匆忙赶到(cōngmáng)；急如星火(jírúxīnghuǒ)。㊚マスコミが事件現場に押っ取り刀で駆けつける。新闻媒体(méitǐ)急如星火地赶到事件现场。

【乙に絡む】 冷嘲热讽(lěngcháorèfěng)；转弯抹角地挖苦(zhuǎnwānmòjiǎo wākǔ)。㊚私に何か含む所(fuku tokoro)があるのか、彼は乙に絡んで来た。也许是对我心怀不满，他对我冷嘲热讽。

【乙に澄ます】 拿架子；装得一本正经；板着面孔。㊚いつもは愛想(aiso)のいい人が今日は美服(bifuku)に身を固め、乙に澄ましてこちらが挨拶(aisatsu)しても知らんぷりだ。他平日总是平易近人，今天却衣着华丽笔挺(yīzhuó bǐtǐng)，板着面孔，跟他打招呼(dǎzhāohu)也假装没看见(jiǎzhuāngméi)。

【おつむてんてん】 幼儿自己拍拍头；（大人哄孩子时(hōnghàizi)也用手轻拍头说）这是大脑壳(nǎoké)。

【お釣りが来る】　❶有找头。例バスに乗るときは御釣りが来ないように小銭を揃えておく。为了坐公交不用找零准备好零钱。❷绰绰有余。類余りある①。例大手柄を立て以前の不振を補って御釣りが来る。立了大功一件，弥补以前的成绩不佳是绰绰有余。

【御手が付く】　主人与女佣有性关系。類御手を付ける。

【おてのうち】　本领；本事；技艺。例ぜひおてのうちをご披露願います。请（务必）展示一下你的本事，叫我们见识见识。

【御手の物】　拿手戏；长项。類十八番；専売特許②。例家内にとって洋裁は御手の物。对我妻子来说，裁缝是她的长项。

【御手を付ける】　主人与女佣有性关系。類御手が付く；手が付く②；手を出す②；手を付ける④。

【御手を拝借】　请大家拍手结束。例それでは皆様、締めの御手をご拝借！现在请各位拍手就算结束吧。

【汚点を残す】　留下污点。例輝かしいキャリアに汚点を残す。给闪光的经历留下污点。

【頤が落ちる】　❶好吃得不得了。類顎が落ちる。❷冻得瑟瑟发抖。❸喋喋不休。類口から先に生れる。

【頤で蠅を追う】　无吹灰之力；精疲力竭；有气无力。類顎で蠅を追う。

【頤で人を使う】　颐指气使；傲慢地发号施令。類顎で使う。

【頤の雫口に入らぬ】　近在咫尺而不可得；镜里观花。

【頤を利く】　呶呶不休。

【頤を叩く】　❶喋喋不休；唠叨。類口から先に生れる。❷说坏话。類唇を返す。

【頤を解く】　解颐；大笑。類腹を抱える。

【頤を養う】 生活下去；糊口。類顎を養う。

【男が上がる】 ❶帅气；一表人才；帅。類格好良い①。❷ (男子) 声誉提高。例喧嘩の仲裁をして男が上がる。调解纠纷提高了他的声望。

【男が下がる】 (男子) 声誉降低。例言い逃ればかりでは男が下がる。一味推脱责任会降低声誉。

【男が廃る】 丢男子汉的脸；不配称作男子汉。例ここで踏ん張れないようでは男が廃る。在这挺不住就不配称男子汉。

【男が立つ】 体面；有面子；不愧为男子汉。例義理と人情で男が立った時代は遠くなりけり。男子靠讲义气重人情来保住面子的时代逝去久矣。

【男ができる】 女子有了情人。例男ができたのかあの娘は最近色気が出て来た。可能有了男朋友了吧，那姑娘最近娇媚起来了。

【男心と秋の空】 男人的心，秋天的云。類女心と秋の空。

【男に成る】 男子成人；(男孩) 长大成人。

【男の子は父親に付く】 (日俗) 离婚时，男孩儿一般判给父亲。

【男の中の男】 硬汉子；男子汉大丈夫；铁骨铮铮的大丈夫。類硬骨漢。

【男の目には糸を引け、女の目には鈴を張れ】 男人眼睛要锐而细，女人眼睛要圆且丽。

【男は気で持て】 男子汉要有气概；男儿当自强。

【男は敷居を跨げば七人の敵がある】(敷居、閾とも) 男子出门，必有敌人；男人要出头，总有死对头。

【男は辞儀に余れ】 过谦不要紧，狂傲遭人恨。

【男は度胸、女は愛嬌】 男子要无畏，女人要妩媚。

【男は裸百貫】 穷汉苦干，家值万贯。

【男は松、女は藤】 男是松，女是藤。

【男勝り】　胜过男子；巾帼英雄；巾帼须眉；女中豪杰。

【男冥利に尽きる】　生为男丁，三生有幸；享尽男人的福气。

【男やもめに蛆が湧き、女やもめに花が咲く】　鳏夫无人管，寡妇有人怜。

【男を上げる】　（男子）露脸；给男子汉争光。[例]義を見てせざるは勇無きなり、人助けで男を上げる。见义不为是无勇，男子救人人称颂。

【男を売る】　侠义英雄，天下扬名。[例]任侠の世界で男を売る。在江湖上名声大振。

【男を拵える】　女人有外遇；女人有情夫。

【男を下げる】　丢男人的脸。[例]女性に人気のあるタレントが妻への裏切りを重ねすっかり男を下げた。他是有女人缘的名人却多次出轨，真丢人。

【男を知る】　女子初次性体验。

【男を立てる】　保住（男人的）面子。[例]任侠道とは如何にして男を立てるかだ。所谓行侠仗义就是如何保全大丈夫的体面。

【男を作る】➡男を拵える

【男を磨く】　磨练男子汉气概；学习作人。[例]大侠客の親分の下で男を磨く。在大侠首领门下，磨炼侠义之气。

【音沙汰が無い】　杳无音信；销声匿迹。[類]梨の礫。[例]留学した娘からここ数ヶ月音沙汰が無く心配している。出去留学的女儿最近几个月杳无音信，很担心。

【落とし前を付ける】　用钱摆平；花钱赔礼；（出钱）了结争端。[例]この度のそちらさんの不始末、どう落とし前を付けてくれるんだ！这回你惹出的麻烦，我倒要看看怎么个了结法！

【御土砂を掛ける】　奉承；溜须拍马。[類]胡麻を擂る。

【一昨日来い】　永远不要登门！；去你妈的！；远远地滚着！[類]糞を食らえ；尻を

食らえ。【例】一昨日来やがれってんだ！我告诉你：永远不许登门，滚！

【音に聞く】 ❶传闻。【類】風の便り。❷大名鼎鼎；叫得响。【類】名に聞く。【例】加藤先生は音に聞く合気道の達人だ。加藤老师是大名鼎鼎的合气道高手。

【弟は血の緒】 老儿子最得宠。

【踊る阿呆に見る阿呆】 傻瓜跳舞，傻瓜围观；半斤八两；彼此彼此。

【驚き桃の木山椒の木】 诶呀妈呀，吓死宝宝啦！大吃一惊；吓死我啦！【類】一驚を喫する。

【驚くなかれ】 不必惊讶；别吓着你；可别吃惊。【例】驚くなかれ、カバとクジラの先祖は同じだ。不必惊讶，河马和鲸鱼是同祖同宗。

【御中が空く】 肚子饿；觉得饿。【類】腹が減る。【例】御中が空くまで飲み食いしない。肚子不饿就不吃不喝。

【御中を痛める】 亲生。【類】腹を痛める①。【例】自分の御中を痛めた子ほど可愛いものはない。没有比自己亲生的孩子更可爱的了。

【御中を抱える】 捧腹大笑。【類】腹を抱える。【例】テレビのお笑い番組に御中を抱える。电视的滑稽节目令人捧腹大笑。

【御中を拵える】 吃饱饭；填饱肚子。【類】腹を拵える；腹ができる①。【例】重労働に備え御中を拵えておく。吃饱肚子准备干重活。

【同じ穴の狢】 一丘之貉。【類】一つ穴の貉。

【同じ釜の飯を食う】 吃一个锅的饭；同甘共苦；生活在一起。

【同じテーブルに着く】 一起坐在谈判桌前；开始谈判。【例】仲裁者が現れ、紛争の当事者が同じテーブルに着く。有了调停人，纠纷双方才在谈判桌前坐下来。

【同じ流れを汲む】 同宗同门；属同一流派。【例】表千家も裏千家も同じ流れを汲む茶道の一派です。无论表千家还是里千家都是同源茶道的不同流派。

【同じ星の下に生まれる】 命运相同。

【御縄になる】　被抓；被逮捕。㊥手が後ろに回る。㊸悪事は必ず露見する、悪人は必ず御縄になる。坏事必然败露，恶人定会被绳之以法。

【尾に尾を付ける】　添枝加叶；夸大其词。㊥尾鰭を付ける。

【鬼が住むか蛇が住むか】　人心难测；人心隔肚皮；人心叵测。

【鬼が出るか蛇が出るか】　前途未卜；吉凶莫测。㊥一寸先は闇。

【鬼が出るか仏が出るか】➡鬼が出るか蛇が出るか

【鬼が笑う】　鬼（听了）都会乐的；想入非非；令人喷饭；可笑至极；白日梦。㊥明日の事を言えば鬼が笑う；来年の事を言えば鬼が笑う。

【尾に付く】　跟随别人行动；随声附和。㊥付和雷同。

【鬼とも組む】　勇猛；一味勇猛，不解人情。

【鬼に金棒】　如虎添翼；如虎生翼。㊥獅子に鰭；虎に翼；竜に翼を得たるが如し。

【鬼に衣】　❶多此一举。㊥暗闇の頬冠。❷笑面虎；披着羊皮的狼。㊥狼に衣。

【鬼の居ぬ間に洗濯】　阎王不在家，小鬼乐开花；老猫不在家，耗子上房巴。

【鬼の霍乱】　英雄只怕病来磨；壮汉也得病。

【鬼の首を取ったよう】　如立奇功；扬扬得意。

【鬼の空念仏】　魔鬼念经；假慈悲。

【鬼の目にも涙】　魔鬼有时也会流泪；铁石心肠的人，有时也会流泪。

【鬼は外、福は内】　驱鬼纳福喽！；鬼走开，福进来！

【鬼も十八、番茶も出花】　丑女妙龄也好看；粗茶新沏味也香。㊥番茶も出花。

【鬼を欺く】　力大如神，丑陋似鬼。

【鬼を酢にして食う】　天不怕，地不怕；无所畏惧。㊥大胆不敵。

【斧(おの)の柄(え)朽(く)つ】 山中方七日，世上已(yǐ)千年。[中]南朝·梁·任昉《述异记·上》：“晋时王质伐木，至，见童子数人棋而歌，质因听之。童子以一物与质，如枣核，质含之，不觉饥。俄顷，童子谓曰：‘何不去？’质起，视斧柯烂尽，既归，无复时人。”

【己(おのれ)達(たっ)せんと欲(ほっ)して人(ひと)を達(たっ)せしむ】 己欲达而达人(jǐyùdáérdárén)。[中]《论语·雍也》：“夫仁者，己欲立而立人，己欲达而达人”

【己(おのれ)に克(か)ち礼(れい)に復(かえ)る】 克己复礼(kèjǐfùlǐ)。[中]《论语·颜渊》：“克己复礼为仁。一日克己复礼，天下归仁焉！”

【己(おのれ)に如(し)かざる者(もの)を友(とも)とする勿(なか)れ】 无友不如己者(wúyǒubùrújǐzhě)。[中]《论语·学而第一》：“主忠信。无友不如己者。过则勿惮改。”

【己(おのれ)の頭(あたま)の蠅(はえ)を追(お)う】(追(お)う、追(お)えとも) 正人先正己(zhèngjǐ)；各人自扫门前雪，莫管他人瓦上霜(wǎshàngshuāng)。[類]頭(あたま)の上の蠅を追う。

【己(おのれ)の欲(ほっ)せざるところは人(ひと)に施(ほどこ)すなかれ】 己所不欲，勿施于人(jǐsuǒbúyù wùshīyúrén)。[類]我(わ)が身(み)を抓(つね)って人(ひと)の痛(いた)さを知(し)れ。[中]《论语·卫灵公》：“子贡问曰：‘有一言而可以终身行之者乎？’子曰：‘其恕乎！己所不欲，勿施于人。’”

【己(おのれ)を知(し)る者(もの)は賢者(けんじゃ)なり】(知(し)る、知(し)りうるとも) 自知者为贤人；贤人有自知之明(zìzhīzhīmíng)。

【己(おのれ)を責(せ)めて人(ひと)を責(せ)めるな】 须责己(zéjǐ)，莫责人。

【己(おのれ)を枉(ま)げる】(枉(ま)げる、枉(ま)ぐとも) 枉己(wǎngjǐ)；自身不正；放弃自己的信念。[中]战国·孟轲《孟子·万章上》：“吾未闻枉己而正人者也，况辱己以正天下者乎！”[例]己を枉げて時勢に従う。放弃自己的主张而随波逐流。

【己(おのれ)を虚(むな)しゅうする】 虚己(xūjǐ)；虚怀若谷(xūhuáiruògǔ)；谦虚(qiānxū)。[中]战国·庄周《庄子·山木》：“向也不怒而今也怒；向也虚而今也实。人能虚己以游世，其孰能害之？”[例]勝敗に拘(こだわ)らず己を虚しゅうして決戦に臨(のぞ)む。无论胜负都要谦虚地投入比赛。

【尾羽(おはう)打(う)ち枯(か)らす】 落魄(luòpò)；寒酸；穷困潦倒(qióngkùnliáodǎo)；狼狈不堪(lángbèibùkān)。[類]身(み)を落(お)とす；身(み)

を沈める②。

【御鉢が回る】　輪到（某人）；轮过来；轮班儿。**例**町内会会長の御鉢が回って来た。轮到自己当町内会会长了。

【御払い箱になる】　被辞退；被炒鱿鱼。**例**不景気になると真っ先に御払い箱になるのは非正規社員だ。不景气时候，最先被辞退的是非正式员工。

【御髭の塵を払う】　溜须拍马；拂须；逢迎讨好。**類**胡麻を擂る。**中**元·脱脱《宋史·寇准传》："尝会食中书，羹污准须，谓起徐拂之。准笑曰：'参政国之大臣，乃为官长拂须耶。'谓甚愧之。"

【帯に短し襷に長し】　高不成，低不就；上下不合用。

【帯紐解く】　❶宽衣解带；以身相许。**類**肌を許す①。❷放松；放心。**類**気を許す。**例**長旅を終えて我が家にたどり着き、やっと帯紐解く。结束了漫长的旅行，回到自己的家，总算可以放松下来了。

【御百度を踏む】　百般央求；多次前往恳求。**例**母の病気快癒を祈って神社へ御百度を踏む。为祈求母亲痊愈，百次参拜神社。**例**ユーザーに御百度を踏んで何とか注文を取ってもらった。多次拜访用户，总算征求到了订购。

【御平の長芋】　五官端正却呆板的面孔；五官端正，面无表情。

【尾鰭が付く】　添枝加叶；夸大其词。**類**尾鰭を付ける。**例**噂話には尾鰭が付きやすい。风闻很容易添枝加叶。

【尾鰭を付ける】　添枝加叶；加油添醋；大肆渲染。**類**烏帽子を着せる；尾に尾を付ける；尾鰭が付く；話に尾鰭が付く。**例**何でもないことに尾鰭を付ける。给无所谓的事添枝加叶，大肆渲染。

【帯を緩くする】　缓带；放松警惕；放心。**類**気を許す。**中**汉·班固《汉书·匈奴传》："使边城守境之民，父兄缓带，稚子咽哺，胡马不窥于长城。"

【オブラートに包む】　拐弯抹角（地说）；不露锋芒。**類**持って回る。**例**ナ

イーブな人を批判する時はオブラートに包んだ方がいい。对纯真的人提出批评的时候，最好委婉(wěiwǎn)些。

【おべっかを使(つか)う】　阿谀奉承(ē yú fèng chéng)；拍马屁(pāi mǎ pì)；奴颜婢膝(nú yán bì xī)。類胡麻(ごま)を擂(す)る。例おべっかを使うと相手に軽く見られる。阿谀奉承就会受到对方的轻视。

【覚(おぼ)えがめでたい】　受领导赏识；受器重；得宠(dé chǒng)。例彼は若手(わかて)のホープで要路(ようろ)の覚えがめでたい。他是年轻人的希望，很受领导的器重。

【覚(おぼ)えていろ】　（威胁(wēixié)、放狠话）你给我记着；走着瞧；你等着瞧(qiáo)。

【溺(おぼ)れる者(もの)は藁(わら)をも掴(つか)む】　溺水者攀草求生(nì shuǐ pān cǎo qiú shēng)；急不暇择(xiá zé)；病急乱投医。類藁(わら)にも縋(すが)る。西A drowning man will catch at a straw.

【お前百(まえひゃく)までわしゃ九十九(くじゅうく)まで、共(とも)に白髪(しらが)の生(は)えるまで】　（发誓）白头到老(bái tóu xié lǎo)；白头偕老。類偕老同穴(かいろうどうけつ)。

【御神酒上(おみきあ)がらぬ神(かみ)はない】　男不喝酒，亘古未有(gèng ǔ wèi yǒu)；(好(hào)喝酒的人为喝酒找借口)神仙无不爱酒。

【御神酒(おみき)が入(はい)る】　酒劲ル架着；酒后的言行。

【御迎(おむか)えが来(く)る】　死期临近；大限将至(dà xiàn jiāng zhì)；临终。類棺桶(かんおけ)に片足(かたあし)を突(つ)っ込(こ)む。

【汚名(おめい)を雪(すす)ぐ】　洗雪污名；平反昭雪(zhāo xuě)；洗刷恶名。類汚名返上(おめいへんじょう)；名(な)を雪(すす)ぐ；名誉(めいよ)挽回(ばんかい)。例何か手柄を立てて昼行灯(ひるあんどん)の汚名を雪ぎたい。想立点功什么的来消除废物的恶名声。

【御眼鏡(おめがね)に適(かな)う】　被上司看中(kàn zhòng)；受到上级赏识。類御目(おめ)に適(と)う；御目に留まる；眼鏡に適う。例秘書を募集しているのだが、社長の御眼鏡に適う人がなかなか現(あらわ)れない。在招募(zhāomù)秘书，然而很难出现总经理看中的人。

【御目(おめ)が参(まい)る】　中意(zhòng yi)；受到赏识；称心(chèn xīn)。類御目に入る。

【怖(おそ)めず臆(おく)せず】　毫不畏惧地(wèi jù)；无所畏惧地。例人前(ひとまえ)で怖めず臆せず自説を開陳する。毫无惧色地把自己的见解公之于众。

【御目玉を食う】　受申斥；受责备；挨斥骂。**類**大目玉を食う。**例**偷み食いしてお母さんから御目玉を食う。偷嘴吃受到妈妈的斥责。

【御目に入る】　中意；称心。**類**御目が参る；御意に入る；御意に召す。**例**主上の御目に入る。天皇中意；被天皇看中。

【御目に掛かる】　拜会；拜见；见面。**類**御目文字。**例**後日お目に掛かりたいと存じます。希望改日再见。

【御目に掛ける】　给人看；请（人）过目。**類**御覧に入れる；目に掛ける②。**例**お目に掛けるような代物ではございません。（谦虚的说法）这是不足以入您法眼的东西；这东西不值得展示给您看；拿不出手ㄦ的东西。

【御目に適う】　被上级看中。**類**御眼鏡に適う。**例**貴女様の御目に適うお品をお選び下さい。请挑选您相中的商品。

【御目に留まる】　受到上司的重视；受到上级赏识；被上司看中。**類**御眼鏡に適う。**例**君の目覚ましい活躍ぶりが会長の御目に留まったようだ。你出色的工作似乎很受会长的赏识。

【御目を掛ける】　偏爱；厚爱；提拔。**例**毎度御目を掛けていただきありがとうございます。总是承您厚爱，非常感谢。

【思い内にあれば色外にあらわる】　诚于中，形于外；心有所思，必形于外。**類**心内にあれば色外にあらわる。**中**《大学》："此谓诚于中，形于外。"

【思い思われる】　心心相印；相亲相爱；两情相悦。**類**好い仲；思えば思われる；雲となり雨となる①；相思相愛；魂合う；情けを交わす；落花流水②。**例**思い思われる仲だったが今は冷え切ってしまった。本来是心心相印的情人，现在却彻底冷淡下来了。

【思いが募る】　深情地思念。**例**会っていない時ほど思いが募る。越是见不到越是思念。

142

【思いが届く】 得到理解。例こちらの思いが届いたのか、間なしに色よい返事が来た。看来对方理解了我们的意思，马上就有了满意的回复。

【思い出したように】 偶尔心血来潮(xīnxuè)；突然。例年に1、2回遠隔地(えんかくち)に住む友人から思い出したように電話が掛かってくる。远方的朋友每年都会心血来潮打一两次电话来。

【思い立ったが吉日】 ➡思い立つ日が吉日

【思い立つ日が吉日】 事不宜迟(shìbùyíchí)；决心一定，立马行动。類善は急げ。

【思い半ばに過ぐ】 思过半矣(sīguòbànyǐ)；深有所悟(suǒwù)；可以想见。類推して知るべし。中《易经·系辞下》："知者观其象辞，则思过半矣。"

【思いなしか】 也许是（我）想得太多；也许是过虑了；也许是心理作用。例思いなしか叔母は少しやつれたようだ。也许是我的心理作用，觉得阿姨有些憔悴(qiáocuì)。

【思いの丈】 倾心思慕(sīmù chīqíng)；痴情。例思いの丈を恋文(こいぶみ)に記(しる)す。情书中尽书思慕之情。

【思いの外】 意想不到(yìxiǎngbùdào)；出乎意外(chūhūyíwài)；意外地。類思いも寄らない。例思いの外収穫があった。有了意外的收获。

【思いの儘】 随心所欲地(suíxīnsuǒyù)；尽情；按自己的意思。類自分勝手(じぶんかって)。例組織は個人の思いの儘にはならない。在组织中个人不能随心所欲。

【思いも掛けない】 意料不到；出乎预料；出乎意料；意外。類思いも寄らない。例事態は思いも掛けない方向へ進展した。事态的进展完全出乎预料。

【思いも付かない】 想象不到；意外。類思いも寄らない。例他人が思いも付かないことを研究する。研究别人想象不到的领域。

【思いも寄らない】 意想不到(yìxiǎngbùdào)；万没想到；出乎意外(chūhūyíwài)。類案の外(あんのほか)；思いの外；思いも掛けない；思いも付かない；懸念(けんねん)もない①；中中でもない；念も無い②；予想外(よそうがい)。例思いも寄らない厚遇を受けた。没想到受到如此优厚的待遇。

【思い邪(よこしま)無し】 思无邪(sīwúxié)；率直而无私(shuàizhí)。中春秋·佚名《诗经·鲁颂·駉》："思无邪，

思马斯徂。"《论语·为政》："诗三百，一言以蔽之，曰：'思无邪。'"

【思いを致す】　联想；想到。

【思いを懸ける】　恋慕；倾心；思慕。類思いを寄せる；気がある②；気持ちが傾く；心が引かれる；心に留まる①；心を掛ける②；心を寄せる。例思いを懸ければ袖にされ、思いを懸けられれば気に入らず、兎角この世はままならぬ。我虽倾心被笑痴，人有倾心我不识，事不由人本如斯！

【思いを焦がす】　渴慕；热恋。例若い頃はあの人に思いを焦がしたものだが今は何とも感じない。对年轻的时候朝思暮想的人，现在什么感觉都没有了。

【思いを凝らす】　专心致志地思考；绞尽脑汁；潜心思索。類知恵を絞る。例新機軸がないかと思いを凝らす。冥思苦想有没有什么新的方法。

【思いを遂げる】　实现心愿；如愿以偿。類思いを晴らす③。例放送作家になりたいという子供の頃から思いを遂げる。孩提时代想当广播作家的梦如愿以偿。

【思いを馳せる】　遥想；缅怀；眷念；思念；心驰神往。類心を遣る①。例異郷にありて故郷に思いを馳せる；身在异乡，眷念故土。

【思いを晴らす】　❶雪恨；疏解心中的块垒。類恨みを晴らす。例敵を討って思いを晴らす。报仇雪恨；战胜对方一雪前耻。❷解闷。類溜飲を下げる。❸得遂心愿；如愿以偿。類思いを遂げる。

【思いを寄せる】　思慕；倾心；向往。類思いを懸ける。例人知れずあの人に思いを寄せる。暗自思慕伊人；悄然倾心于彼。

【思う事言わねば腹膨る】　骨鲠在喉，不吐不快。

【思う壺（に嵌る）】　恰如所愿；正中下怀。類心に添う；心に任せる①；下地は好きなり御意はよし；図に当たる；壺に嵌る①；願ったり叶ったり；麻姑を倩うて痒きを掻く；我が意を得たり。

【思う所】　所思所想；有所考虑；略有所想。例思う所があって休暇中お寺で座禅

144

修業します。有所考虑，决定利用休假在寺院△打坐（坐禅）修行。

【思うところなし】　不管不顾；鲁莽；造次。類後先見ず。

【思う仲には垣をせよ】　至爱亲朋，无礼不行；再亲近，不失礼。

【思う仲の小諍い】　感情好，爱争吵；感情越深，越容易吵架。

【思うに任せない】　不如意；不能如願以償；不随心。類鷸の嘴；樹静かならんと欲すれども風止まず②；提灯で餅を搗く；不如意①；盡ならない。例工事の進捗が思うに任せない。工程进展不能令人满意。

【思うに別れ、思わぬに添う】　有情人难成眷属，无缘人常作夫妻；姻缘不随人愿；良缘不易结，冤家常聚头。類成るは厭なり、思うは成らず。

【思う念力岩をも通す】　精诚所至，金石为开；天下无难事，只怕有心人。類一念岩をも通す。

【思えば思われる】　你想我，我想你；心心相印；互相思念。類思い思われる。

【面影に立つ】　浮现在眼前。類目に浮かぶ。例亡き母の姿が面影に立つ。已故母亲的身姿浮现在眼前。

【面影の人】　一直怀念不忘的人。

【重きを置く】　注重；着重；重视；侧重于。類重大視；重要視；大事に懸ける。例見かけより中身に重きを置く。注重内容而不是表面形式。

【重きをなす】　占重要地位；受重视；有分量。例学会で重きをなす。在学会占有重要地位。

【玩具にする】　耍弄；玩弄。類股掌の上に玩ぶ。例乙女心を玩具にされて口惜しい！纯洁的感情被玩弄，内心郁闷！

【玩具箱を引っ繰り返したよう】　像掀翻了玩具箱一样；凌乱不堪；杂乱无章。類支離滅裂。例弟の部屋は玩具箱を引っ繰り返したようで足の踏み場もない。弟弟的房间像掀翻了玩具箱一样凌乱，无处下脚。

【表看板にする】 亮出招牌；打出旗号；对外宣称。類看板にする①。例海運業を表看板にして密輸で稼ぐ。对外宣称海运，实际搞走私赚钱。

【表に立てる】 表面化；公布于众。類公にする。

【面に泥を塗る】 往脸上抹黑；给……丢脸。類顔に泥を塗る。

【面も振らず】 目不转睛；心无旁骛；专心致志；聚精会神。類一意専心。

【面を冒す】 不惮冒犯；犯颜劝谏。類顔を犯す。例組織のボスに敢えて面を冒す馬鹿はいない。没有哪个傻瓜特意去冒犯组织的头儿。

【面を変える】 变脸色；大惊失色。類血相を変える。

【面を輝かせる】 喜形于色；笑逐颜开。例勝利に面を輝かせる。为胜利而喜形于色。

【面を切る】 （歌舞伎）亮相。類大見得を切る①；見得を切る①。例歌舞伎役者が大音声で面を切る。歌舞伎演员高声亮相。

【面を汚す】 损伤体面；使出丑；丢脸。類顔に泥を塗る。例あんなことを言わなければ面を汚すこともなかったのに。不说那话也不至于丢面子。

【面を曝す】 ❶公开露面；抛头露面。例初めてマスコミに面を曝す。首次在媒体露面。❷当众出丑。類恥を曝す。

【表を張る】 撑门面。

【面を伏す】 ❶俯首；低头。類首を垂れる。❷丢脸；抬不起头。類面目を失う。

【面を向かう】 ❶面对。❷敌对；正面对峙。類牙を剥く。

【重荷に小付け】 负担之上加负担；负担加重。

【重荷を下ろす】 卸下重担；如释重负；放下包袱。類肩の荷を下ろす。例子育てが終わり重荷を下ろす。孩子带大了，卸下重担。

【趣を異にする】　大异其趣；情形大不相同。例従来の編集と趣を異にする。与传统的编辑方法大不相同。

【母屋を渡す】　交出户主的权限；隐退。例息子がしっかりしてきたのでそろそろ母屋を渡そうかと思っている。儿子已经能挑大梁了，我想该交出户主大权了。

【思わず知らず】　不知不觉；不由自主；情不自禁。類我とはなしに；我にもあらず；我にも無く。例孫を抱っこして思わず知らず笑みがこぼれる。抱着孙子，不知不觉就露出了笑容。

【親思う心にまさる親心】　儿行千里母担忧，母行千里儿不愁；可怜天下父母心。類倚門の望；焼野の雉、夜の鶴。

【親が親なら子も子】　有什么样的父母就有什么样的子女；（责难）有其父必有其子；龙生龙，凤生凤。

【親が死んでも食休み】　无论多忙，饭后也得休息；饭后小憩不可或缺。

【親方思いの主倒し】　帮倒忙；好意帮忙，越帮越忙；好心办坏事。

【親方日の丸】　铁饭碗；大锅饭。

【親苦労す、子は楽す、孫は乞食す】　老子劳苦，孩子享乐，孙子讨饭；富不过三代。類売り家と唐様で書く三代目；祖父は辛労、子は楽、孫は乞食。

【親子は一世、夫婦は二世、主従は三世】　亲子一代完，夫妻两世缘，主仆三辈传。類師弟は三世；夫婦は二世。

【御安い御用】　小菜一碟；易如反掌；不费吹灰之力。類苦もない。

【御安くない】　关系不一般；不是一般关系。例人前でキスとは御安くないね。众目睽睽之下就接吻，可不是一般关系啊。

【親ならぬ親】　养父母；继父母。

【親に似ぬ子は鬼子】　没有不像父母的孩子；子女理应像父母。

【親の因果が子に報う】　父母缺德，子女遭殃；因果报应在后代身上。

【親の顔が見たい】　谁家的孩子这么没教养？；究竟什么样的父母养出如此恶子？

【親の心子知らず】　儿女不知父母心。

【親の脛齧り】　靠父母养活；啃老。類親の脛を齧る。

【親の脛を齧る】　啃老；靠父母养活。類親の脛齧り；脛を齧る。

【親の七光】　父母的余荫；沾老子的光；拼爹。類親の光は七光り。

【親の光は七光り】　父母的余荫；沾老子的光。類親の七光。

【親の欲目】　孩子是自己的好；护犊子。

【親は無くとも子は育つ】　没有父母，孩子也会长大。

【親船に乗ったよう】　可以放心了；安心；可以高枕无忧了。類大船に乗ったよう。

【御山の大将】　❶（童戏）占山为王。❷山中无老虎，猴子称大王；在小圈子里称王称霸。類鼬の無き間の貂の誇り；鳥なき里の蝙蝠。

【及ばぬ鯉の滝登り】　剃头挑子一头热；努力也实现不了的愿望；可望而不可即。類鮑の片思い。

【及び腰になる】　态度摇摆不定；信心不足；态度暧昧。例経済の先行きが不透明で企業は投資に及び腰になる。经济前景不确定，企业对投资态度暧昧。

【御呼びでない】　没人要；谁让你来的；没人邀请。例黙って顔を出したが、どうやら御呼びでない雰囲気だ。不声不响地到场了，看样子这儿没我的事。

【及びもつかない】　望尘莫及；不可企及；绝对达不到；不可望其项背。類足下にも及ばない。例とてもとても彼の研究レベルには及びもつかない。我可达不到他那样的研究水平。

【折り合いが付く】　交涉达成谅解；谈妥；达成妥协。例双方の折り合いが付く落し処を探るのが交渉だ。所谓谈判就是寻找双方都能接受的妥协点。

【折り合いを付ける】　互相让步，以求妥协；求大同，存小异。類小異を捨てて

大同に就く。**例**貿易問題で両者の折り合いを付けるべく折衝を重ねる。因贸易问题双方多次谈判，以求互相让步达成妥协。

【折り紙が付く】 取得鉴定证明；打保票。**類**太鼓判を捺す。

【折り紙を付ける】 打保票；经过认证。**類**太鼓判を捺す。**例**品質に折り紙を付ける。品质经过认证。**例**彼の人物については私が折り紙を付けます。他这个人，我可以打保票。

【折に触れて】 碰到机会就；随时；一有机会就。**類**事に触れて；何かに付け。**例**この事は折に触れて申し上げております。这事一有机会我就跟他说。

【折もあろうに】 偏偏在这个时候；偏巧这时。**例**折もあろうに帰国直前に旅券を盗まれるとは情けない。偏偏在就要回国的时候被偷了护照，太惨了！

【折も折】 正当这个时候；偏巧这时。**類**時も時。**例**玄関を出た折も折、宅急便屋さんが来た。正当出门的时候，偏巧快递公司来了。

【お留守になる】 ❶不在家；出门在外。**類**家を空ける。❷无暇顾及；顾不上；忽略。**例**どうでもいいことに気を取られて肝心な事がお留守になる。关注于无所谓的事而忽略了要紧的事。

【負わず借らずに子三人】 无债有三子，和美过日子。

【終わり良ければすべて良し】 只要结果好，一切都好；只要结果好，不怕过程糟。

【終わりを告げる】 告终；宣告结束。**類**幕を閉じる。**例**冬が終わりを告げる。冬季宣告结束。**例**長い独身生活に終わりを告げる。长期的独身生活宣告结束。

【終わりを全うする】 善始善终；全始全终；一生不留遗憾。

【尾を泥中に曳く】 曳尾涂中；宁处蛮荒，不居朝堂。**中**战国·庄周《庄子·秋水》："庄子曰：'吾闻楚有神龟，死已三千岁矣。王巾笥而藏之庙堂之上。此龟者宁其死为留骨而贵乎？宁其生而曳尾于涂中乎？'二大夫曰：'宁生而曳尾涂中。'庄子

曰：'往矣！吾将曳尾于涂中。'"

【尾を引く】 留下影响；留后遗症。類後を引く①。例10年前の巨大地震の影響がまだ尾を引いている。10年前大地震的影响尚未消除。

【尾を振る】 摇尾乞怜；巴结；奉承。類胡麻を擂る。例権力者に尾を振る。向权贵摇尾乞怜。

【尾を振る犬は叩かれず】 强拳不打笑脸。

【音頭を取る】 ❶领唱；带头唱。例合唱の音頭を取る。领唱。❷首倡；发起。例事業立案の音頭を取る。主导事业的规划。

【女心と秋の空】 女人的心，秋天的云。類男心と秋の空。

【女賢しくて牛売り損なう】 耍小聪明，吃大亏。

【女三人寄ればかしましい】 三个婆娘闹翻天；三个女人一台戏。

【女になる】 已经不是处女；女子长大成人。

【女の足駄にて造れる笛には秋の鹿寄る】 男人禁不住色情诱惑；英雄难过美人关。類秋の鹿は笛に寄る①。

【女の一念岩をも透す】 女子心专，水滴石穿；女人的执著之心，可以穿透岩石。

【女の髪の毛には大象も繋がる】 女人头发长，拴住好儿郎。

【女の腐ったよう】 男人不争气；没有骨气；(男人)优柔寡断；没有男子汉的气质。

【女は氏無くて玉の輿】(無くて、無うてとも) 女子出身低，也作贵人妻。類玉の輿に乗る。

【女は三界に家なし】 女子三界无家；为女生来不当家。

【女は化け物】 梳妆打扮，女人好看。

【女は弱し、されど母は強し】 当了妈，就当家。西Hugo：Female is weak,

but mother is strong.

【女を上げる】 女子提高身价；女子获得好评。類良妻賢母で女を上げる。她以贤妻良母受到好评。

【女を拵える】 男子有外遇；男子有小三。

【女を知る】 男子初次性体验。

【恩に着せる】 让人感恩戴德；卖人情；施恩（图报）；以恩人自居。類恩を売る。例こんなことで恩に着せるつもりはないよ。我可不想做这么点事就让人感恩戴德。

【恩に着る】 感恩；感激；领情。類恩を知る。例援助していただき恩に着ます。蒙您帮助，感激不尽。

【御の字】 好极；够好；难得。例今の私の実力から見たら、予選を突破できただけで御の字です。以我现在的实力，能闯过预选大关就谢天谢地了。

【恩の腹は切らねど情けの腹は切る】 陨首报恩者少，舍生取义者多。

【負んぶに抱っこ】 一切依赖别人；万事皆求人。

【陰陽師身の上知らず】（陰陽師、陰陽師とも） 算得他人吉与凶，不知自家富和穷；知人易，知己难。

【恩を仇で返す】 恩将仇报。類飼い犬に手を噛まれる；蔭に居て枝を折る；庇を貸して母屋を取られる①；後足で砂をかける。

【恩を売る】 卖人情；施恩（图报）。類恩に着せる；情けを売る②。例仕事を回して恩を売っておく。给他派活进行施恩以图回报。

【恩を返す】 报恩。類借りを返す①。例受けた恩を人知れず相手の子供に返す。把自己得到的恩惠暗中回报给对方的孩子。

【恩を知る】 知恩；感恩。類恩に着る。例恩を知っていたらこんなことができるはずがない。如果他知恩就不可能作这样的事。

か

【飼(か)い犬(いぬ)に手(て)を噛(か)まれる】 落得恩将仇报(ēn jiāng chóu bào)；养狗被狗咬(gǒu yǎo)。類恩(おん)を仇(あだ)で返(かえ)す。

【貝殻(かいがら)にて海(うみ)を量(はか)る】 以蠡测海(yǐ lí cè hǎi)；管窥蠡测(guǎn kuī lí cè)。類針(はり)の穴(あな)から天(てん)を覗(のぞ)く。中汉•东方朔《答客难》："以管窥天，以蠡测海，以筳撞钟，岂能通其条贯，考其文理，发其音声哉？"

【凱歌(がいか)を揚(あ)げる】 高唱凯歌(kǎi gē)。

【会議(かいぎ)は踊(おど)る、されど会議(かいぎ)は進(すす)まず】 （西洋史）会议浪费时间，毫无进展；漫长的会议。類小田原評定(おだわらひょうじょう)。西Talleyrand：The meeting dances, but it doesn't go on.

【会稽(かいけい)の恥(はじ)】 会稽之耻(kuài jī zhī chǐ)；一生难忘的奇耻大辱。中汉•司马迁《史记•越王勾践世家》："越王勾践反国……曰：'女忘会稽之耻也？'"

【骸骨(がいこつ)を乞(こ)う】 乞骸骨(qǐ hái gǔ)；请求辞官；请求告老还乡(gào lǎo huán xiāng)。中春秋•晏婴《晏子春秋•7•外篇上》："臣愚不能复治东阿，愿乞骸骨，避贤者之路。"

【解語(かいご)の花(はな)】 解语花(jiě yǔ huā)；如花可人的美女。類物言(ものい)う花(はな)。中五代•王仁裕《开元天宝遗事•解语花》："太液池有千叶白莲，数枝盛开，帝与贵戚宴赏焉。左右皆叹羡，久之，帝指贵妃示於左右曰：'争如我解语花？'"

【快哉(かいさい)を叫(さけ)ぶ】 大声称快(chēng kuài)；大呼快哉(kuài zāi)。例ノーベル賞受賞の一報(いっぽう)を受け、関係者たちは「やった！やった！」と快哉を叫んだ。收到诺贝尔奖(nuò bèi ěr jiǎng)获奖通知，相关人员大声称快："太好了！太好了！"

【絵事(かいじ)は素(そ)を後(のち)にす】 绘事后素(huì shì hòu sù)；作事须先有基础。中《论语•八佾》："子夏问曰：'巧笑倩兮，美目盼兮，素以为绚兮。何谓也？'子曰：'绘事后素。'"

【解釈(かいしゃく)が付(つ)く】 能解释(jiě shì)；可以理解。例この件については自分なりに解釈が付く。对这件事我能作出我的解释。

【甲斐性がない】（性、性とも）　不中用；窝囊（废）；不争气；懒散。**類**締りがない。**例**内の宿六は人が好いだけで甲斐性がない。我们当家的，好人一个，就是太窝囊了。

【灰燼に帰す】　化为灰烬。**類**烏有に帰す；煙になる；灰となる①；灰にする①。**中**宋·李格非《书〈洛阳名园记〉后》："高亭大榭，烟火焚燎，化而为灰烬，与唐俱灭而共亡，无馀处矣。"**例**電気系統が原因で世界遺産の木造建築が灰燼に帰した。因为电气系统的缘故，作为世界遗产的木结构建筑化为了灰烬。

【会心の笑みを漏らす】　面露满意的笑容。

【咳唾珠を成す】　咳唾成珠；文采卓然；言辞精当优美。**中**南朝·宋·范晔《后汉书·赵壹传》："势家多所宜，咳唾自成珠。"

【書いた物が物を言う】　书证为凭；立字句为证；书证最可靠。

【海棠睡未だ足らず】　海棠睡未足。**中**宋·释惠洪《冷斋夜话》："明皇笑曰：'岂妃子醉，直海棠睡未足耳！'"

【海棠の雨に濡れたる風情】　美人萎靡，海棠淋雨。

【快刀乱麻を断つ】　快刀斩乱麻。**中**唐·李百药《北齐书·文宣帝纪》："高祖尝试观诸意识，各使治乱丝，帝独抽刀斩之，曰：'乱者须斩！'"

【腕を返す】　（相扑）把胳膊翻上来；翻臂。**類**差し手を返す。**例**相撲で腕を返して双差しになる。相扑中翻臂双插对方腋下。

【貝になる】　闭口不言；守口如瓶。**類**口を閉じる。

【櫂は三年櫓は三月】　摇橹易，使棹难。

【外聞を失う】　丢脸；有损名声。**類**面目を失う。**例**外聞を失うようなことはやめた方がいいでしょう。还是别干那种有损名声的事吧。

【隗より始めよ】　先从隗始；从我作起。**中**汉·刘向《战国策·燕策》："今王诚欲致士，先从隗始。隗且见事，况贤于隗者乎？"

【怪力乱神を語らず】 不语怪力乱神。中《论语·述而》："子不语怪力乱神。"

【貝を作る】 哭鼻子；咧嘴要哭。類べそを掻く。

【替え着なしの晴れ着なし】 在家出门一身衣。

【カエサルの物はカエサルに】 （《新约全书·马太福音22》）凯撒的物当归给凯撒。西New Testament Matthew：Render unto Caesar.

【返す刀】 回刀；回手一刀；回马枪。例正面の敵に斬り付け、返す刀で背後の敵を倒す。砍了前面的敌人，回手一刀撂倒了身后的敌人。

【返す言葉が無い】 无言以对；无可辩驳；哑口无言。類ぐうの音も出ない。

【帰らぬ人】 不归客；永别的人。例息子は研修先の国で不慮の事故に遭い帰らぬ人となった。儿子在外国进修，遭遇意外事故成为不归客。

【帰りなんいざ】 归去来兮。例帰りなんいざ、田園まさに蕪れなんとす、なんぞ帰らざる。中晋·陶渊明《归去来兮辞》："归去来兮，田园将芜胡不归？"

【顧みて他を言う】 顾左右而言他。中战国·孟轲《孟子·梁惠王下》："曰：'四境之内不治，则如之何？'王顾左右而言他。"

【蛙の子は蛙】 有其父必有其子；龙生龙，凤生凤。類血は争えない。

【蛙の面に水】 满不在乎；不知羞耻；脸皮厚。類痛くも痒くもない。

【蛙の頬冠】 鼠目寸光。

【蛙は口ゆえ蛇に呑まるる】 多嘴多舌，招灾惹祸；多说是祸。類口は禍の門。

【顔色を窺う】 看人脸色；察颜观色；。類顔色を見る；眉を読む。例上司の顔色を窺いながら行動する。看领导的脸色行事。

【顔色を見る】 看人脸色；看人神色。類顔色を窺う。例相手の顔色を見て話しかける。看对方的脸色再搭话。

【顔が合わせられない】 没脸见人；没脸相见；无颜面对。類合わせる顔がない。

例借金を踏み倒したのであの人には顔が合わせられない。借了人家的钱没还，没脸见他。

【顔が売れる】　有名望；出名。類名が売れる。例彼はこの業界で顔が売れている。他在同行中很有名望。

【顔が利く】　吃得开；有威望；有面子；有势力。類幅が利く；羽振りがよい。例どこか君の顔が利く店があったら紹介してくれないか？有没有你熟悉的店，给我介绍一个？

【顔が曇る】　神情忧郁；阴沉着脸。類眉を顰める。例心配事があってつい顔が曇る。(他)有心事，不由得阴沉着脸。

【顔が揃う】　人员到齐。例顔が揃ったところで出発しましょう。人员到齐就出发吧。

【顔が立つ】　有面子；脸上有光。類一分立つ；肩身が広い；世間が立つ；鼻を高くする；面目が立つ；面目を施す。例そうしてもらえれば私の顔が立つ。要是能那样我就有面子了。

【顔が潰れる】　丢面子；丢脸。類面目を失う。例私の顔が潰れるようなことはしてくれるなよ。别干那些让我丢脸的事！

【顔が広い】　交游广；认识的人多。例叔父は出版業界に顔が広い。我叔叔在出版界认识人多。

【顔から火が出る】　羞得面红耳赤；(羞得)满脸通红。類赤くなる。

【顔で笑って心で泣く】　脸上笑，心里哭；强装笑脸。

【顔に書いてある】　写在脸上；一眼就能看出来。類色に出る。例君が彼女にほの字なのは顔に書いてあるよ。你对她的一往情深都写在脸上啦！

【顔に出す】　表现在脸上；喜怒形于色。類顔に出る。例不満があっても顔に出すな。即使有所不满，也不可表现出来。

【顔に出る】 脸上显出。類顔に出す。例根が正直だから喜怒哀楽がすぐ顔に出る。天生直爽，喜怒哀乐立马表现在脸上。

【顔に泥を塗る】 往脸上抹黑；损害声誉；丢脸。類面に泥を塗る；面を汚す；顔を潰す；顔を汚す。

【顔に紅葉を散らす】 羞得面红耳赤；(羞得)满面绯红。類赤くなる。

【顔向け（が）できない】 (羞得)没脸见人；无颜面对。類合わせる顔がない。例世間に顔向けできない。没脸面对世人。

【顔向けならない】 没脸见人；无颜面对。類合わせる顔がない。例裏では社会に顔向けならないことをしている。暗地里干着无颜面对世人的勾当。

【香り松茸、味湿地】 各有千秋；各有所长。類匂い松茸、味湿地。

【顔を赤らめる】 脸红起来；害羞。例クラスで先生に褒められ顔を赤らめる。在班上受到老师的表扬而害羞。

【顔を合わせる】 ❶会面；碰头。例彼とは職場で毎日顔を合わせるが特に親しい間柄ではない。虽然在单位每天和他见面，但交往不深。❷迎战；对阵。例トーナメントで顔を合わせる。在淘汰赛上对阵。

【顔を売る】 推销自己；沽名钓誉。例政治家も芸人も如何にして顔を売るかだ。无论政治家还是娱乐界的人，都得竭力推销自己。

【顔を犯す】 犯颜进谏。類面を冒す。

【顔を貸す】 赏脸；替别人出头；为……出面；应邀到场。例君に会わせたい人がいるからちょっと顔を貸してくれないか。我要把一个人介绍给你，你可得赏脸啊。

【顔を利かす】 凭面子；靠情面；靠权势。例縄張り内で顔を利かせる。在帮派内是说了算的。

【顔を曇らせる】 面带愁容；愁眉不展。類眉を顰める。例不幸な知らせに顔を曇らせる。为不幸的消息愁眉不展。

【顔を拵える】 （女性）化妆；(演员）上妆。類色を作る①；顔を作る①。例結婚式に招待され、念入りに顔を拵える。应邀参加婚礼，认真地化妆。

【顔をする】 显出……表情。例訳知りな顔をする。显出老于世故的面孔。

【顔を染める】 满脸通红。類赤くなる。例杯一杯で顔をぽっと染める。喝一杯酒就满脸通红。例二人の仲を冷やかされて裕美は顔をぽっと染めた。别人拿他俩的关系开玩笑，裕美满脸通红。

【顔を揃える】 人到齐。例各部門の代表が顔を揃える。各部门代表全都到齐。

【顔を出す】 ❶到场。類顔を見せる。例地元の会合に顔を出す。出席本地区的聚会。❷露面；出头露面。類姿を現す。例雲が切れてお日様が顔を出す。云团散去，太阳露出来。❸造访；看望。例手土産ぶら下げて友人宅に顔を出す。拎着礼物去拜访朋友家。

【顔を立てる】 赏脸；给面子；保住面子。類花を持たせる；人を立てる②；面子を立てる。例ここはあなたの顔を立てて一歩譲りましょう。这次给你个面子，让你一次。

【顔を作る】 ❶化妆。類顔を拵える。例出かける前にちょっと顔を作る。出门之前稍微化化妆。❷作表情；装模作样。

【顔を繋ぐ】 常露面；保持联系。例後でお世話になるかもしれないからあの人と顔を繋いでおいた方がいいよ。以后可能以后还会跟他有来往，最好跟他保持联系。

【顔を潰す】 丢脸；丢面子。類顔に泥を塗る。例人の顔を潰すような言動は控えるべきだ。要尽量避免使别人丢面子的言行。

【顔を直す】 补妆。例お手洗いに立った序でにちょっと顔を直す。上厕所顺便补补妆。

【顔を並べる】 主要人员到场。例閣議で閣僚が顔を並べる。部长们都出席内阁会议。

【顔を振る】 摇头；拒绝；不同意。類頭を振る。

【顔を綻ばせる】 xiàozhúyánkāi 笑逐颜开；lùchū 露出笑脸。類相好を崩す。例知り合いと会えば顔を綻ばせて挨拶を交わす。见到熟人就笑脸寒暄 hánxuān。

【顔を見せる】 lòumiàn 露面ル；到场。類顔を出す①。例山田さんはたまにこの酒場に顔を見せる。山田 shāntián 先生偶尔 ǒuěr 在这小酒馆露面ル。

【顔を汚す】 往脸上抹黑 mǒhēi；损害声誉。類顔に泥を塗る。例頼むから私の顔を汚さないでくれ。求求你别太给我丢脸。

【河海は細流を択ばず】 héhǎibùzéxìliú 河海不择细流；大人大量宽以待人；宰相肚里能撑船。類泰山は土壌を譲らず。中汉・司马迁《史记・李斯列传》："太（=泰）山不让土壤，故能成其大；河海不择细流，故能就其深。"

【我が強い】 固执；个性强；犟。類気が強い。例彼女は我が強くて扱いにくい。她非常固执，不好对付 duìfu。

【踵を踏む】 紧跟着；紧随其后。

【鏡は女の魂】 镜子是女人的命根子。

【鏡を抜く】 jiǔtǒng shànggài 打开酒桶的上盖。類口を開ける②。例祝い事ではよく木槌で鏡を抜く風景が見られる。办喜事的时候，常能看到用木槌 mùchuí 打开酒桶上盖的情形。

【垣堅くして犬入らず】 家和则无外患 wàihuàn。

【垣が取れる】 消除隔阂 géhé。

【餓鬼に苧殻】 饿死鬼耍 shuǎmágǎn 麻秆ル；无济于事 wújìyúshì；(太弱)指望不上。

【垣に耳】 géqiángyǒuěr 隔墙有耳。類壁に耳あり障子に目あり。中《管子・君臣》："古者有二言：'墙有耳，伏寇在侧。'墙有耳者，微谋外泄之谓也。"

【鍵の穴から天覗く】 guǎnkuīlǐcè 管窥蠡测；zuòjǐngguāntiān 坐井观天。類針の穴から天を覗く。

【餓鬼の断食】 shàyǒujièshì 煞有介事地作理所当然的事 lǐsuǒdāngrán；故作姿态。

【餓鬼の目に水見えず】 rújīsìkěxúnbùjiàn 如饥似渴寻不见，哪知其近在眼前。類魚の目に水見え

ず。

【餓鬼の物をびんずる】 阎王爷不嫌小鬼瘦。

【餓鬼も人数】 多个人,多份力;积羽沉舟;人多力量大;人多势众。類人衆ければ則ち狼を食らう。

【蝸牛角上の争い】 蜗牛角上之争;无谓之争;细微小事引起的争端;蛮触之争。類コップの中の嵐。中战国·庄周《庄子·杂篇·则阳》:"有国于蜗之左角者,曰触氏,有国于蜗之右角者,曰蛮氏。时相与争地而战,伏尸数万,逐北旬有五日而后反。"

【佳境に入る】 进入高潮;渐入佳境。類興に入る。中唐·房玄龄等《晋书·顾恺之传》:"恺之每食甘蔗,恒自尾至本,人或怪之。云:'渐入佳境。'"例講談の読みが佳境に入る。说书进入高潮。

【限りある位】 所获最高职位。

【限りある道】 黄泉路。

【限りでない】 不在此限;例外。例この山伏修行の神社は女人禁制だが大祭の日はその限りでない。这个只对山中修行者开放的神社禁止女人入内,但大祭之日不在此限。

【限りを尽くす】 穷尽;竭尽全力;极尽最大限度。例戦略戦術の限りを尽くして闘う。用尽所有的战略战术进行战斗。

【垣を作る】 产生隔阂;疏远;(与对方)保持距离。類隔てを置く①。例つまらないことで幼馴染みとの間に垣を作ってしまった。为一点无所谓的事,跟竹马之交产生了隔阂。

【鍵を握る】 掌握关键。例彼が勝敗の鍵を握っている。他掌握着胜负的关键。

【覚悟の上】 早已作好(精神)准备;心甘情愿。例戦死を覚悟の上出征する。出征时就作好了战死的准备。

【覚悟の前】 作好充分的精神准备。

【核心に触れる】 触及问题的本质；涉及核心问题。例被疑者から核心に触れる供述を得る。从犯罪嫌疑人获取涉及核心问题的口供。

【核心を衝く】 击中要害；切中要害；一语破的；鞭辟入里。類急所を衝く；肯綮に中る；寸鉄人を殺す；正鵠を得る。例コメントが核心を衝いている。点评切中要害。

【隠すより現る】 欲盖弥彰。類頭隠して尻隠さず。

【客星御座を犯す】 客星犯御座；小人觊觎皇位。中南朝·宋·范晔《后汉书·严光传》："（光武帝）复引光入，论道旧故……因共偃卧，光以足加帝腹上，明日太史奏，客星犯御座甚急。帝笑曰：'朕故人严子陵共卧耳。'"

【隔世の感】 隔世之感。

【斯くなる上は】 既然如此。例斯くなる上は腹を括ります。既然如此，我就下定决心干了。

【核の傘に入る】 进入核保护伞；在核保护伞下。

【欠くべからざる】 不可或缺；不可缺少；必不可少。類必要欠くべからざる。例エンジン開発に欠くべからざるコア技術とは何か？发动机研发不可或缺的核心技术是什么？

【学若し成らずんば死すとも還らず】 学若不成死不还；学若不成誓不还。

【学問に王道なし】 学海无涯苦作舟；求学是没有捷径的；作学问无捷径。

【楽屋から火を出す】 发生内讧；祸起萧墙；从内部产生纠纷。

【楽屋で声を嗄らす】 白费力气；白搭。類一文にもならない。

【隠れたるより現るるはなし】 欲盖弥彰。類頭隠して尻隠さず。

【隠れての信は顕れての徳】 心有诚信，利归其身。

【隠れもない】 众所周知；尽人皆知。類知っての通り。例彼は地元では隠れもな

い実力者だ。他在当地是众所周知的实力派。

【駆け馬に鞭】 快马加鞭。_類鞭鐙を合わす。

【影が薄い】 ❶没精打采；没有生气。_類精彩が無い。_例病気のせいかあの人は近頃どことなく影が薄い。可能是有病的关系，他最近总有点没精打采的。❷没有什么存在感；不显眼。_例彼は職場では影が薄い。他在单位很不显眼。

【掛け替えのない】 没有代替的；无可替代；独一无二的。_類唯一無二。_例掛け替えのない一人息子を亡くした。失去了唯一的独生子。

【影が差す】 出现不好的迹象；有不祥之兆；蒙上（一层）阴影。_例経済危機で社会の安定に影が差す。由于经济危机，社会稳定蒙上一层阴影。

【陰口を叩く】 背地里说坏话；背后糟践人；闲言碎语。_例曹操の陰口を叩いていたら曹操が現れた。说曹操曹操到。

【陰で糸を引く】 暗中操纵；幕后操纵。_類糸を引く③。

【陰で舌を出す】 当面奉承，背后贬损；背后嗤笑。

【影と添う】 如影随形；形影不离；形影相吊。_類影身に添う。

【蔭に居て枝を折る】 恩将仇报；忘恩负义。_類恩を仇で返す。

【陰になり日向になり】 明里暗里；人前人后（维护）。_類陰に陽に。_例陰になり日向になり夫を支える。她在人前人后维护着丈夫。

【陰に回る】 暗中作手脚；躲在幕后。_例陰に回ってあれこれ画策する。在幕后多方策划。

【影の形に随うが如し】 如影随形；形影不离；形影相随。_類影身に添う。

_中春秋·管仲《管子·明法解》："臣之法主也，如景（=影）之随形。"

【陰の内閣】 影子内阁。

【陰の人】 幕后操纵者；后台老板。_類闇将軍。

【影踏むばかり】 近在咫尺。_類目と鼻の先。

【影身に添う】　如影随形；寸步不离；形影相随。[類]影と添う；影の形に随うが如し；形に影の添う如し；形影相伴う。

【影も形もない】　（消失得）无影无踪；荡然无存；面目全非。[類]跡形もない；形骸を止めない；雪泥の鴻爪。[例]再開発で以前の町並みは影も形もない。由于二次开发，从前的街道已经面目全非。

【影も形も見せない】　销声匿迹；完全不露面。[類]影を潜める。[例]あの人はマスコミに叩かれてから影も形も見せなくなった。他受到媒体的敲打以后一直不露面了。

【陽炎稲妻水の月】　轻盈、虚幻的事物；可望而不可即。

【影を畏れ迹を悪む】　畏影恶迹；庸人自扰。[類]気で気を病む。[中]战国·庄周《庄子·渔父》：“人有畏影恶迹而去之走者，举足愈数而迹愈多，走愈疾而影不离身。自以为尚迟，疾走不休，绝力而死。”

【影を落とす】　❶投影；映出影子。[例]空には真夏の太陽、大木が影を落としている所で一休みする。盛夏烈日当空，在大树荫下稍事休息。❷投下阴影；蒙上（一层）阴影；产生影响。[類]暗影を投ずる。[例]核兵器の存在が人類の未来に影を落としている。核武器的存在给人类的未来蒙上了一层阴影。

【影を隠す】　隐迹潜踪；藏身；躲藏；隐遁。[類]行方を眩ます。

【影を潜める】　销声匿迹；隐藏起来；踪影皆无。[類]影も形も見せない；姿を消す②。[例]かつての日の出の勢いが影を潜める。往日的勃勃生机（已）无处寻觅。

【佳肴ありと雖も食らわずんばその旨きを知らず】　虽有佳肴，弗食不知其旨；人不学不知道；能人不用，不知其能。[中]汉·戴圣《礼记·学记》：“虽有佳肴，弗食不知其旨也，虽有至道，弗学不知其善也。”

【駕籠舁き駕籠に乗らず】　轿夫不坐轿；为人作嫁；无暇自顾。[類]紺屋の白袴。

【籠で水汲む】　竹篮打水一场空；徒劳无功。類一文にもならない。

【駕籠に乗る人担ぐ人、そのまた草鞋を作る人】　❶三百六十行，行行有人忙。❷高低贵贱，各有所安。

【籠の鳥】　笼中之鸟；囹圄中的人；失去自由的人。類生簀の鯉。

【過去の物になる】　已经过时（了）；已成过去。

【風穴を開ける】　❶老子毙了你；在身上开个洞。類土手っ腹に風穴を開ける。例四の五の抜かすと土手っぱらに風穴を開けてやるぞ。你要说三道四，老子毙了你！❷带来新风气。例停滞している業界にＩＴ技術で風穴を開ける。IT技术给停滞不前的业界吹入一股新风。

【風上に（も）置けない】　❶顶风臭四十里；臭不可闻。類鼻持ちならない。❷不配称作。例論文盗用は研究者の風上に置けない行為だ。剽窃论文，不配称其为学者！

【風口の蝋燭】（風口、風口とも）　风中之烛。類風前の灯火。

【風下に居る】　处于下风；甘居人后；甘拜下风。類下手に付く。例何事も風下に居るのが無難だ。无论什么事，不抢风头总是比较稳妥的。

【風下に立つ】　处于下风；甘居人后；甘拜下风。類下手に付く。例彼奴の風下に立つのだけは御免だ。要我在他之下，实难从命！

【嵩に懸かる】　❶盛气凌人；飞扬跋扈。類上手に出る。例役人が嵩に懸かって命令する。官僚飞扬跋扈地发号施令。❷乘优势而压倒对方。例相手が後退したので嵩にかかって攻め立てる。对方败退，乘势猛攻。

【笠に着る】　依仗（权势）；靠着……的权势。類虎の威を借る狐。例あそこの息子は親の権威を笠に着て少しやり過ぎだ。那个少爷仰仗着老子的威势作得有些过分。

【嵩に回る】　占上风；处于优势。

【笠の台が飛ぶ】　被斩首；被处死。類刑場の露と消える。

【笠の台の生き別れ】　身首异处；人头落地。類身首処を異にす。

【風向きが悪い】　❶形势不利；形势不妙。類形勢不利。例景気の風向きが悪い。经济景气形势不妙。❷情绪不佳。類虫の居所が悪い。例このところ毎日午前様で女房の風向きが悪い。最近我每天后半夜回家，老婆没有好脸色。

【飾りを下ろす】　落发为僧；出家。類髪を下ろす。

【がさを入れる】　警察强行搜查住宅。

【瘡を掻く】　患梅毒。

【貸し借りは他人】　亲兄弟明算账；金钱面前无父子。類銭金は親子でも他人。

【火事と喧嘩は江戸の華】　失火和打架，江户两枝花。

【火事場の馬鹿力】　失火时迸发出惊人的力气；紧急之中，力大无穷。例人は絶体絶命のピンチになると火事場の馬鹿力が出るものだ。人真到急眼的时候就力大无穷。

【下情に通じる】　深谙下情；了解民情。

【華燭の典】　洞房花烛；婚礼。

【華胥の国に遊ぶ】　梦游华胥之国；中午酣睡。中战国·列御寇《列子·黄帝篇》："（黄帝）昼寝，而梦游于华胥之国。"

【頭動かねば尾が動かぬ】　上头懒惰，下头怠慢；上头不行动，下头不劳动。

【頭が打つ】　头痛。類頭が痛い①。

【頭堅し】　身子骨硬朗。

【頭振る間】　瞬间；俯仰之间；弹指之间。類あっという間。

【頭を集める】　聚首；众人聚集。例緊急事態が発生して理事たちが頭を集める。发生了紧急情况，理事们都聚在了一起。

【頭を下ろす】　剃头；落发为僧。類髪を下ろす。

【頭を剃りても心は剃らず】　身在寺，心在市。

【頭を剃る】　落发为僧；削发。類髪を下ろす。

【頭を縦に振る】　点头；同意；首肯；赞成。類首を縦に振る。

【頭を横に振る】　摇头；不同意；拒绝。類頭を振る。

【河岸を変える】　换一个地方（接着喝）。例一次会が終わったら河岸を変えよう。宴席结束后换个地方接着喝！

【舵を取る】　掌舵；掌握方向。例会社経営の難しい舵を取る。艰难地把握着公司的经营。

【歌人は居ながらにして名所を知る】　诗人不出行，便知天下景。

【数限りない】　不胜枚举；数不尽。類数知らず。例地球上には数限りない種類の昆虫が生息している。地球上生存着无数种昆虫。

【数知らず】　不计其数；不胜枚举；不可胜数；不知凡几；成千上万；恒河沙数。類牛の寝たほど；唸るほど；数限りない；数知れぬ；腐るほど；算無し；掃いて捨てるほど；降るほど；枚挙に遑がない；八百万；山山だ①。例世の中には隠れた人材が数知らず存在する。世上埋没的人才不计其数。

【数知れぬ】　不计其数；不胜枚举。類数知らず。例彼は発明家で取得した特許は数知れぬ。他是个发明家，获得的专利不计其数。

【数で熟す】　薄利多销；以数量取胜。類薄利多売。例うちは数で熟すバッタ屋だ。俺们贯彻以数量取胜的低进低出。

【数ならぬ身】　微不足道的人；无足轻重的人；可有可无的人。

【数の内】　算在内；计入。例自己負担のない先生方のお弁当も数の内に入れておいて下さい。老师们的盒饭是免费的，请把它也算在内。

【数の外】　❶额外；定额以外的。❷不算数的；不计在内的。

【霞に千鳥】 不相匹配；没有可能。

【霞を食う】 不食人间烟火；喝西北风。⚫︎風を吸い露を飲む。⚫︎世の中に霞を食って生きている人間などいるはずがない。世间不可能有不食人间烟火而生存的人。

【掠りを取る】 揩油；抽头。⚫︎上前を撥ねる。⚫︎元請け業者が下請け業者から手数料を取るのは、悪く言えば掠りを取る行為だ。总承包商向下游承包者收取手续费，说得难听点就是揩油。

【糟を食う】 （演艺界）挨说；受斥责。⚫︎渋を食う②。⚫︎台詞を噛んでしまって監督から糟を食った。说错台词被导演训斥。

【数を熟す】 ❶处理很多东西。⚫︎実験の数を熟しているうちに偶然新素材を発見した。在大量实验的过程中偶然发现了新材料。❷积累丰富的经验。⚫︎年季を入れる。⚫︎何事も実践で数を熟さないと上達しない。无论什么事，不积累实践经验就不可能提高。

【数を頼む】 倚仗人多势众。⚫︎住民が抗議のため数を頼んで役所に押し掛ける。市民人多势众，涌向政府大楼。

【数を尽くす】 悉数；穷尽；尽数。

【風当たりが強い】 处于风口浪尖；指责强烈；备受诟病。⚫︎私はへまばっかりするので同僚の風当たりが強い。我竟干砸锅的事，受到同事们的尖锐批评。

【苛政は虎よりも猛し】 苛政猛于虎。⚫︎汉·戴圣《礼记·檀弓下》："夫子曰：'小子识之，苛政猛于虎也。'"

【風枝を鳴らさず】 风不鸣条；太平之世；天下太平；太平无事。⚫︎天下太平。⚫︎汉·董仲舒《雨雹对》："太平之世，则风不鸣条，开甲散萌而已；雨不破块，润叶津茎而已。"

【風薫る】 熏风微拂。

【風が吹けば桶屋が儲かる】 卖水的看大河--都是钱；打不切实际的如意算盘。

【稼ぐに追いつく貧乏なし】 不辞辛劳, 不愁温饱；勤则不匮；勤劳能致富。

【風冴ゆ】 寒风刺骨；朔风劲吹。⚛骨を刺す。

【風に櫛り雨に沐う】 栉风沐雨。⚛栉風沐雨。⊕战国·庄周《庄子·天下》："沐甚雨, 栉疾风。"

【風に順いて呼ぶ】 顺风而呼；借风使船；顺势而为。⊕战国·荀况《荀子·劝学》："顺风而呼, 声非加疾也, 而闻者彰。"

【風に靡く草】 草随风靡；草随风倒。⊕《论语·颜渊》："君子之德风, 小人之德草, 草上之风必偃。"

【風に柳】 风中垂柳, 应对如流；虚与委蛇；应付裕如。⚛柳に風と受け流す。

【風の便り】 风传；风闻。⚛音に聞く①；名に聞く①；耳を聞く。

【風の吹き回し】 形势；风向。

【風の吹くまま気の向くまま】 听其自然；随遇而安；兴之所至。⚛行き成り三宝。

【風の前の塵】 风前之尘；弱不禁风；风一吹就会飞。⚛風前の灯火。

【風は吹けども山は動かず】 刮大风, 山不动；处乱世而不惊；不为所动。

【風邪は万病のもと】 伤风感冒是万病之源。

【風光る】 微风拂春光；风和日丽；东风袅袅泛崇光。

【風を入れる】 放进一缕清风；使通风。⚛涼を取る。

【風を切る】 飞快(地)；风驰电掣(般)。⚛宙を飛ぶ。⊕スポーツカーが風を切って疾走する。赛车风驰电掣般疾驰。

【風を食らう】 慌张逃去；闻风而逃。⚛尻に帆を掛ける。⊕警察が踏み込んだ時、容疑者はすでに風を食らった後だった。警察闯入时, 嫌犯早已闻风而逃。

【風を吸い露を飲む】 吸风饮露；不食人间烟火。類霞を食う。中战国·庄周《庄子·逍遥游》："藐姑射之山，有神人居焉。……不食五谷，吸风饮露。"

【風を掴む】 不着边际；绝无可能。類雲を掴む。

【風邪を引く】 感冒；伤风。例日常生活で一番気を付けているのは風邪を引かないことです。日常生活中最注意的是别感冒。

【数えるほど】 寥若晨星；寥寥无几；屈指可数。類暁天の星。例観客は数えるほどしかいない。观众寥寥无几。

【ガソリンが切れる】 酒断了。例アル中でガソリンが切れると手が震える。酒精中毒（患者）一旦断了酒手就发抖。

【ガソリンを入れる】 喝酒鼓劲儿；喝酒振奋精神。例あの役者には本番前に景気付けと称してガソリンを入れる悪い癖がある。那个演员有个坏毛病，正式演出前得喝酒，说是振作一下。

【方明く】 （迷信）解除出行方向的禁忌。

【肩上げを下ろす】 ❶（衣服）展开肩部的褶，延长衣袖。❷孩子长大成人。類人と成る。

【片足を突っ込む】 ❶进去一半儿。例泥濘に片足を突っ込む。一只脚陷入泥泞中。❷涉足；与……有些关系。例若い頃出版業界に片足を突っ込んだことがある。年轻时曾与出版界有过一点关系。

【片意地を張る】 固执到底；意气用事。類意地を張る。例君はいつまで片意地を張っているんだ、ちょっと謝れば済む話だろう。你打算固执到什么时候啊？道个歉不就得了嘛？

【片腕をもがれたよう】 就像被夺去左膀右臂一样。例遣り手のプロデューサーが去り、あのテレビ局は片腕をもがれたようなものだ。能干的制片人离去，那个电视台就等于失去了左膀右臂。

【肩が怒る】　端肩膀；宽肩膀；显得自豪。例あのお相撲さんは肩が怒っている。那个相扑力士显得很威武。

【肩が軽くなる】　卸下担子；如释重负；松口气。類肩の荷が下りる。例子供たちがみな独立して肩が軽くなった。孩子们都独立了，卸下了重担。

【がたが来る】　❶机件老化；磨损严重。例がたが来ている古い機械でもメンテ次第で寿命が延びる。即使机件老化了，好好修一修还能用一阵子。❷衰老，活动不自如。類箍が緩む②。例年を取って身体のあちこちにがたが来ている。上了年纪，身体各零件都老化了。

【肩が凝る】　肩膀发酸；死板；令人感到沉重。類肩が閊える。例長老の苔の生えた訓話は聞いていて肩が凝る。听老人家的陈旧的训示，感到透不过气来。

【肩が閊える】　肩膀酸疼。類肩が凝る。

【片が付く】　（问题）得到解决；办妥事情。類決まりが付く。例あの一件は裁判で片が付いた。那件事已经通过法律程序得到了解决。

【肩が張る】　➡肩が凝る

【堅き氷は霜を踏むより至る】　履霜坚冰至；防微杜渐；未雨绸缪。類霜を履んで堅氷至る。中《易经·坤》："初六，履霜坚冰至。像曰：'履霜坚冰，阴始凝也；驯致其道，至坚冰也。'"

【堅くなる】　拘谨；拘束；紧张。類気が張る。例面接で堅くなる。面试时紧张。

【肩透かしを食う】　扑空；指望落空。類当てが外れる。例褒めてもらえると思ったのに肩透かしを食った。心想能受表扬，结果落空了。

【固唾を呑む】　（紧张得）屏住呼吸；屏息；提心吊胆。類息を凝らす。例固唾を呑んで勝敗の行方を見守る。紧张地注视着胜负的变化。

【形あり】　貌美；好看；端庄。

【形が付く】　成形；搞出样子；具备完整形态。例会則ができて組織の形が付い

た。有了本会的章程，组织就算成形了。

【形変わる】　落发为僧；出家当和尚。㊣髪を下ろす。

【形に影の添う如し】　如影随形；不离左右；形影不离；形影相随。㊣影身に添う。㊥春秋·管仲《管子·法解》："臣之法主也，如景（=影）之随形。"

【形を改める】　端正姿势；态度郑重起来。㊣威儀を正す。㊋裁判官入廷に一同形を改める。法官进入法庭时所有人都严肃郑重起来。

【形を取る】　❶表现出。㊋内心の動きが形を取って表れる。内心的变化表现出来。❷以……的形式；在形式上……。㊋出資者は私だが、あなた名義でオークションに参加する形を取って欲しい。虽然我是出资人，但希望采取以你的名义参加拍卖的形式。

【肩で息をする】　呼吸困难。㊣息を弾ませる。

【肩で風を切る】　耀武扬威；得意扬扬；趾高气扬。㊣得意满面。

【刀折れ矢尽きる】　弹尽粮绝；失去战斗手段。㊣弓折れ矢尽きる。

【刀に懸けて】　发誓；誓死。㊣誓いを立てる。㊋刀に懸けて約束は守ります。我发誓信守约定。

【刀の錆】　刀下之鬼。㊋刀の錆となる。作刀下之鬼。

【刀の手前】　为了武士的面子。㊋刀の手前、ここで引き下がる訳には行かない。为了武士的面子也不能就此退下。

【刀の刃渡り】　（近似于羌族的上刀山）走刀刃。

【肩に掛かる】　担在肩上；成为某人的负担。㊋一国の運命が首長の肩に掛かっている。一国的命运落在了最高领导人的肩上。

【型に嵌まる】　老一套；循规蹈矩；按老规矩。㊣杓子定規；常套手段；判で押したよう；判子で押したよう；枠に嵌まる。㊋慣例で型に嵌まったやり方を踏襲する。按惯例承袭老规矩。

【型に嵌める】 規格化;格式化;僵化。例彼は個性的で型に嵌められるのが大嫌いだ。他很有个性，最讨厌规格化那一套。

【型の如く】 依照固定的形式;按惯例。例職員会議は型の如く教頭の司会、校長の挨拶で始まる。教师会议按惯例由△副校长（教务主任）主持，校长致辞开始。

【型の如し】 按老规矩;老一套;率由旧章。

【肩の荷が下りる】 卸下重担;放下包袱。類肩が軽くなる;荷が下りる。例末っ子が大学を卒業して肩の荷が下りた心地だ。最小的孩子已大学毕业，觉得卸下了重担。

【肩の荷を下ろす】 卸下重担;放下包袱。類重荷を下ろす;荷を下ろす。例今年でマンションの分割払いが終わるので肩の荷を一つ下ろすことができる。今年房子按揭结束，可以卸下重担了。

【片肌脱ぐ】 助一臂之力;帮一把。類一肌脱ぐ。例私でよかったらいつでも片肌脱ぎますよ。如蒙不弃，可随时助你一臂之力。

【肩肘怒らす】 摆架子;不可一世;趾高气扬。類肩を怒らす。

【肩肘張る】 摆架子;不可一世;趾高气扬。類肩を怒らす。例肩肘張ってばかりいると周りから敬遠されるよ。你老是趾高气扬的，别人就不敢接近你了。

【片棒を担ぐ】 合伙;帮凶;合谋（干坏事）。例詐欺の片棒を担ぐ。合谋搞诈骗。

【固まり法華に徒党門徒】 （日本人认为）法华宗易盲信，真言宗易结党。

【肩身が狭い】 自惭形秽;没面子;感到丢脸。類肩身を窄める;世間が狭い②;世を憚る。例居候は肩身が狭い。吃闲饭觉得面子上过不去。

【肩身が広い】 有面子;脸上光彩。類顔が立つ。例息子がプロ選手となり親は肩身が広い。儿子成为专业队员，父母觉得很有面子。

【筐の水】 靠不住;不可靠;指望不上。

【片身を下ろす】　把鱼片成两片；把鱼剖成两片。

【肩身を窄める】　怕与人接触；自惭形秽；没脸见人。類肩身が狭い。例不祥事を起こし肩身を窄めて暮らす。干了不名誉的事，只能偷生苟安。

【片目が明く】　（相扑·体育比赛）连遭失败者勉强胜了一回；首次转败为胜。類目が明く②。例ずっと黒星だったがやっと片目が明いた。连遭失败后才，胜了一场。

【固めの杯】　饮酒以示坚守誓约。

【片目を入れる】　给达摩像点睛宣告活动成功。例達磨に片目を入れて選挙の勝利を祝う。给达摩像点上眼睛，庆祝胜选。

【語るに落ちる】　不打自招；此地无银三百两。類言うに落ちず、語るに落ちる；問うに落ちず、語るに落ちる。例語るに落ちるとはお前のことだ。你是不打自招啊。

【語るに足る】　值得一谈。例人生観と趣味が一致する語るに足る友に恵まれ、私は幸せ者だ。遇到人生观和志趣一致而且谈得来的朋友，我是幸运的。

【傍らに人無きが如し】　旁若无人。類傍若無人。中汉·司马迁《史记·刺客列传》："高渐离击筑，荆轲和而歌于市中，相乐也，已而相泣，旁若无人者。"

【肩を怒らす】　摆架子；装腔作势。類肩肘怒らす；肩肘張る；肩を張る。例チンピラが肩を怒らして歩く。小流氓趾高气扬地走。

【肩を入れる】　撑腰；支援；袒护。類依怙贔屓。例弱い方に肩を入れることを「判官贔屓」と言う。偏袒弱者在日语里叫"判官贔屓"。

【肩を落とす】　气馁；垂头丧气；沮丧。類気が滅入る。例事業に失敗して肩を落とす。因事业失败而沮丧。

【肩を貸す】　帮助；援助。類手を貸す。例人が困っている時に肩を貸すのは人情だ。别人困窘的时候，帮他一把也是人之常情。

【肩を竦める】 ❶縮肩膀；缩脖。類首を竦める。例悪戯小僧が先生に叱られて肩を竦める。淘气的孩子缩着脖子挨老师的训。❷表示无奈。例欧米人はよく肩を竦めるリアクションで諦めを表す。英美人常以耸一耸肩的动作（反应）表示无奈。

【肩を窄める】 缩着肩膀；无精打采；萎萎缩缩。類精彩が無い。例自己破産して肩を窄めて暮らす。主动申请破产，过着低调的生活。例猛吹雪の中を肩を窄めて歩く。在暴风雪中缩着肩膀走。

【肩を叩く】 要求辞职；劝退。例まさか私が肩を叩かれるとは思わなかった。万没想到会劝我辞职。

【片を付ける】 加以解决；了断。類始末を付ける。例公の場所で片を付ける。在公开的场合作个了断。

【肩を並べる】 并驾齐驱；比肩；不相上下。類轡を並べる。例ライバルと営業成績で肩を並べる。跟竞争对手在营业额上不相上下。

【肩を抜く】 撂挑子；逃避责任；摆脱出来。類手を引く②。

【肩を張る】 摆架子；装腔作势。類肩を怒らす。例壇上で肩を張る。在台上装腔作势。

【肩を持つ】 偏袒；袒护。類依怙贔屓。例夫婦喧嘩をすると子供はいつも女房の肩を持つ。两口子吵架，孩子总是站在妈妈一边。

【肩を寄せ合う】 把肩膀紧紧地挨在一起；弱者互相帮助。例戦争孤児同士がマンホールの中で肩を寄せ合って生活している。战争孤儿们在窨井中挤在一起生活。

【勝ち馬に乗る】 随风倒只为分一杯羹；看风使舵，为有所获。類牛を馬に乗り換える。例人は誰でも勝ち馬に乗りたがるものだ。人都愿意看风使舵。

【勝ち名乗りを上げる】 宣布胜利；宣布获胜。例混戦を制して勝ち名乗りを上げる。止住胶着状态，宣告比赛获胜。

【勝ちに乗ずる】　乘胜。類勝つに乗る①。例勝ちに乗じてシェアを広げる。乘胜扩大市场占有率。

【火中の栗を拾う】　火中取栗；为他人利益去冒险。

【勝ちを制する】　制胜。中戦国・孫武《孫子・虚実》："人皆知我所以胜之形，而莫知吾所以制胜之形。"例順当に勝ちを制する。△順理成章（順利）地取得胜利。

【勝ちを千里の外に決す】　決勝于千里之外。中汉・司馬遷《史記・高祖本紀》："夫运筹策帷帐之中，决胜于千里之外，吾不如子房。"

【勝ちを拾う】　意外取胜；幸运获胜；白捡来的胜利。例相手のエラーで勝ちを拾う。由于对手失误白捡来一局。

【かちんと来る】　发火；被激怒；大为恼火。類腹を立てる。例彼のその一言にはかちんと来た。他的那句话使我怒火顿生。

【活況を呈する】　呈现一派兴旺景象。

【恰好が付く】　象样子；像模像样；（够）体面；像那么回事ル。類様になる；体を成す。例これで何とか格好が付いた。这样总算像点样子了。例激励会に本人なく代理人出席では格好が付かない。本人不参加鼓励会而让代理人参加就不像那么回事。

【格好良い】　❶好看；帅气。類男が上がる①。例格好良いスポーツカーを買った。买了一台很漂亮的跑车。❷潇洒。類小意気。例あの青年は格好良い。那个小伙子挺帅。

【格好悪い】　难为情；难看；不好意思。類ばつが悪い。例彼は格好悪い服装でも全然気にしない。他根本不介意穿难看的衣服。例赤点もらって格好悪い。得了不及格的分，很难为情。

【格好を付ける】　敷衍局面；使……过得去。例彼女の前で格好を付ける。在她面前得装装样子。

【確固として抜くべからず】 确乎其不可拔;意志坚定;坚不可摧。類確乎不抜。

中《易经·乾》:"乐则行之,忧则违之,确乎其不可拔,潜龙也。"

【渇すれども盗泉の水を飲まず】 渴不饮盗泉之水;再困难也不用不义之财;人穷志不短。類鷹は死すとも穂はつまず。中晋·陆机《猛虎行》:"渴不饮盗泉水,热不息恶木阴。"

【癩の瘡恨み】 嫉妒略强于己的同类。

【勝手が違う】 不顺手;不同以往,不知如何应对。例引っ越し先は勝手が違うので慣れるまで時間が掛かる。新搬的地方跟原来不一样,得适应一段时间。

【勝って兜の緒を締めよ】 胜而不骄,常备不懈。類兜の緒を締める。

【勝手が分からない】 不摸底;摸不着门ル;发蒙。例着任したばかりなので新しい職場の勝手が分からない。由于刚到任,对新单位有点发蒙。

【勝手が悪い】 有所不便;碍手碍脚。例家族が増え勝手が悪くなってきたので郊外に新築することにした。家庭人口増加,多有不便,决定在郊区另建新房。

【買って出る】 主动承担;主动请缨;自告奋勇。類一役買う。例誰もが嫌がる役目を自分から買って出るとは、奇特な方もいるものだ。有人主动请缨去干没人愿意干的工作,真令人钦佩。

【勝手な熱を吹く】 大吹大擂;信口开河。類大風呂敷を広げる。例分からず屋め、いつまでも勝手な熱を吹いていろ!没分晓的家伙,你就信口开河吧!

【勝って負け】 赢在嘴上,输在理上。類相撲に勝って勝負に負ける。

【勝手を知る】 熟悉内部情况。例あの会社のことなら少々勝手を知っております。要说那个公司,我多少知道点内情。

【渇に臨みて井を穿つ】 临渴掘井。類泥棒を捕らえて縄を綯う。中汉《黄帝内经·素问·四气调神大论》:"夫病已成而后药之,乱已成而后治之,譬犹渴而穿井,斗而铸锥,不亦晚乎!"

【勝つに乗る】 ❶乘胜。類勝ちに乗ずる。❷得意忘形。類図に乗る。

【河童の川流れ】 淹死会水的；智者千虑，必有一失。類弘法にも筆の誤り。

【河童の屁】 ➡屁の河童

【勝つも負けるも時の運】 胜败多凭时运。類勝敗は時の運。

【桂を折る】 折桂；科举及第；蟾宫折桂。類桂林の一枝、崑山の片玉；月の桂を折る。中唐·杜甫《同豆卢峰知字韵》:"梦兰他日应，折桂早年知。烂漫通经术，光芒刷羽仪。"

【活路を切り開く】 打开一条生路；开辟生路。

【渇を癒す】 解渇；止渇；久旱逢甘霖。例砂漠のオアシスで渇を癒す。在沙漠的绿洲饮水解渴。

【活を入れる】 ❶使苏醒。例柔道の寝技で落ちた選手に活を入れる。使柔道比赛中昏过去的选手苏醒过来。❷打气；鼓劲儿。類気を引き立てる。例部員の緊張感が足りないので活を入れる。俱乐部成员紧张不起来，给他们鼓鼓劲儿。

【褐を釈く】 释褐；走上仕途；开始从政。中汉·扬雄《解嘲》:"夫上世之士，或解缚而相，或释褐而傅。"

【家庭に入る】 婚后专事家务。例家庭に入って夫を支える。作全职太太△相夫（辅助丈夫）。

【家庭を作る】 组建家庭；成家。類家庭を持つ。例円満な家庭を作る。组建起美好的家庭。

【家庭を持つ】 有家室；结婚；成家。類家を持つ；一家を成す①；一緒になる②；家庭を作る；所帯を持つ；鍋尻を焼く；身を固める①。例30過ぎに家庭を持った。30岁以后成了家。

【勝てば官軍負ければ賊軍】 胜者王侯败者贼；成王败寇。類力は正義なり。

【勝てば負ける】 胜者骄，骄者败；胜者多转败。

【糧を捨て船を沈む】 破釜沉舟；背水一战。類背水の陣。中汉·司马迁《史记·项羽本纪》："项羽乃悉引兵渡河，皆沉船，破釜甑，烧庐舍，持三日粮，以示士卒必死，无一还心。"

【糧を敵に借る】 破敌夺粮；使敌方为我所用。

【合点が行く】 能理解；明白；信服。類胃の腑に落ちる；愚案に落つ；工夫に落つ；思案に落ちる；心腹に落つ；腹に落ちる。例合点が行く行かないにかかわらず、校則だからね。不管理不理解，这是校规（只能服从）啊。

【瓜田に履を納れず】 瓜田不纳履。類瓜田李下。中三国·魏·曹植《君子行》："君子防未然，不处嫌疑间。瓜田不纳履，李下不正冠。"。

【角が立つ】 （说话）有棱角；生硬；粗暴。例あまりあけすけに言うと角が立つよ。你那么直来直去地说话，太生硬啦！

【角が取れる】 圆通；和蔼；没脾气。類丸くなる。例不惑を越え、彼も大分角が取れてきたね。他过了不惑之年也圆滑起来了呀。

【角番に立つ】 处于决定命运的关键时刻；置身于一决胜负的重大局面；面对成败攸关的局面。例あの棋士は角番に立ってから本領を発揮する。那个棋手在置身于决定胜负的关键时刻才使出最大的本领。

【門広し】 门第兴旺；家族繁荣。

【門松は冥土の旅の一里塚】 过年长一岁，不知喜是悲。

【門を出ず】 ❶出门；外出。❷出家；当和尚。類髪を下ろす。

【角を入（れ）る】 横眉立目；金刚怒目。類目に角を立てる。

【角を倒さぬ】（角、廉とも） 人穷志不短；君子固穷；穷不失义。

【角を立てる】 激化矛盾；扩大事态；伤人。例わざわざ角を立てるようなことを言う必要はない。没有必要说那种伤人的话。

【門を広ぐ】 家族人丁兴旺；螽斯衍庆；振兴门第。

【門を塞ぐ】 愧对于人，没脸登门。類敷居が高い。

【鼎の軽重を問う】 问鼎之轻重；怀疑对方的能力；欲取代权势者地位。中春秋·左丘明《左传·宣公三年》："定王使王孙满劳楚子，楚子问鼎之大小轻重焉。"

【鼎の沸くが如し】 声如鼎沸；人声鼎沸。中晋·左思《蜀都赋》："喧哗鼎沸，则唯聒宇宙。"李周翰注："喧哗之声，如鼎之沸乱聒於天地也。"

【鼎を扛ぐ】 扛鼎；力大无比。中汉·司马迁《史记·项羽本纪》："籍长八尺馀，力能扛鼎。"

【金轡をはめる】 用金钱堵住嘴；给封口费。類金の轡を食ます；轡をはめる。

【金縛りにあったよう】 就像被牢牢捆住了一样；(吓得)呆若木鸡。

【金槌の川流れ】 永无出头之日。

【金棒を引く】 大事张扬；大肆张扬；到处散布。

【叶わぬ時の神頼み】 临时抱佛脚；急来抱佛脚。類苦しい時の神頼み。

【蟹の穴這入り】 仓皇逃窜；手忙脚乱；张皇失措。類這う這うの体。

【蟹の横這い】 ❶别人看不惯，自觉最顺眼。❷发展受阻；无法向上发展。

【蟹は食うともがにに食うな】 蟹肉可吃，蟹腮不能吃；蟹肉鲜美，蟹鳃无味。

【蟹は甲羅に似せて穴を掘る】 蟹洞虽小，容身正好；不过分，不逾矩；量力而行。

【科に盈ちて後進む】 盈科后进；作学问须循序渐渐。中战国·孟轲《孟子·离娄下》："原泉混混，不舍昼夜，盈科而后进，放乎四海。"

【金請けするとも人請けするな】 宁可给钱作保，不给人作保。

【金が唸る】 很有钱；钱多得很。例あの家には金が唸っている。那家有的是钱。

【金が掛かる】 费钱。類金を食う；物が要る。例冠婚葬祭などの付き合いに金が掛かるのは仕方が無い。参加红白喜事费些钱是没办法的事。

【金が敵(かたき)】 ❶钱是祸根;钱能要人命。❷和财神无缘;想发财,财不来。

【金が物を言う】 有钱能使鬼推磨;金钱发挥作用;钱能通神;金钱万能。题阿弥陀の光も金次第;地獄の沙汰も金次第;千金の子は市に死せず。例相手がいくら立ち退きを渋っても最後は金が物を言うものだ。不管对方多么不愿意搬出去,最终还是金钱发挥了作用。

【鉦太鼓で探す】 大张旗鼓地搜寻;大事搜寻。

【金で面を張る】 用金钱收买;钱不沉,压死人。题小判で面を張る。例人の足元を見て金で面を張る。抓住他的弱点,拿钱摆平。

【金と塵は積もるほど汚い】 金钱和尘土,积累越多就越脏。

【金に飽かす】 不惜重金;舍得花钱;(花钱)大手大脚。题金に糸目をつけない。例金に飽かして美術品を買い漁る。不惜用重金搜购美术作品。

【金に糸目をつけない】 挥金如土;不吝惜金钱。题金に飽かす;金片を切る;札片を切る;湯水のように使う。

【金にする】 赚钱。例屑鉄を拾って金にする。捡废铁卖钱。

【金になる】 赚到钱;赚大钱。题銭になる。例金になることなら何でもやるよ。能赚到钱干啥都行啊。

【金に目が眩む】 利令智昏;见钱眼开;财迷心窍。题欲に目が眩む。

【金の切れ目が縁の切れ目】 钱了缘分尽;钱在人情在,钱尽没人睬。

【金の鎖も引けば切れる】 ❶硬汉也经不住诱惑。❷只要功夫深,铁杵磨成针;精诚所至,金石为开。题一念岩をも通す。

【金の轡を食ます】 用钱堵住嘴;用钱摆平;金钱封口。题金轡をはめる。

【金の生る木】 摇钱树。

【金の世の中】 金钱万能的世界;金钱万能的社会。

【金の草鞋で尋ねる】 踏破铁鞋也寻觅;耐心寻找。题一つまさりの女房は金

の草鞋^{さが}で探しても持て。

【金^{かね}は天下^{てんか}の回^{まわ}り物^{もの}】　貧富无常；贫不生根，富不长苗^{zhǎngmiáo}。類金銀^{きんぎん}は回り持ち^{まわ も}

【金離^{かねばな}れがよい】　出手大方；慷慨^{kāngkǎi}。類気前^{きまえ}がよい。

【金^{かね}は湧^わき物^{もの}】　钱能意外获得，失去无需上火。類金銀^{きんぎん}は湧き物^{わ もの}。

【金片^{かねびら}を切^きる】　大把花钱；挥金如土^{huījīnrútǔ}；不惜重金；挥霍^{huīhuò}。類金^{かね}に糸目^{いとめ}をつけない。

【金回^{かねまわ}りがよい】　生活阔绰^{kuòchuò}，手头宽裕^{kuānyù}；(个人)手头很方便。

【鐘^{かね}も撞木^{しゅもく}の当^あたりがら】　❶敲钟^{qiāozhōng}方法不同，则钟声不同。❷近朱者赤^{jìnzhūzhěchì}，近墨者黑^{jìnmòzhěhēi}；与谁为伍^{yǔshuíwéiwǔ}，受谁影响。類朱^{しゅ}に交^{まじ}われば赤^{あか}くなる。

【金持^{かねも}ち金^{かね}を使^{つか}わず】　财主不乱花钱；财主多小气；钱越多越吝啬^{lìnsè}。類金持ちと灰吹は溜まる程汚い。

【金持^{かねも}ち喧嘩^{けんか}せず】　富人不（同人）吵架^{chǎojià}；和气生财。

【金持^{かねも}ち小銭^{こぜに}に困^{こま}る】　巨富大款，手无零钱；一文小钱，难倒大款。

【金持^{かねも}ちと灰吹^{はいふき}は溜^たまる程^{ほど}汚^{きたな}い】　为富不仁^{wéifùbùrén}；钱越多越吝啬。類金持ち金を使わず。

【金^{かね}を落^おとす】　旅游消费；花掉钱。例最近の観光客は簡単には金を落としてくれない。最近游客不轻易消费。

【金^{かね}を食^くう】　费钱。類金が掛かる。例軍拡^{ぐんかく}は金を食う。扩军很费钱。

【金^{かね}を包^{つつ}む】　包上钱；送红包。例友人の子供の入学祝^{にゅうがくいわ}いにお金を包む。给朋友孩子入学送红包。

【金^{かね}を寝^ねかす】　闲置资金；白存着钱^{báicúnzhe}。例金を寝かさないで高利回^{こうりまわ}り社債を買う。不让钱闲置，购买公司的高利润债券^{gāolìrùnzhàiquàn}。

【金^{かね}を回^{まわ}す】　投资；融资^{róngzī}。例余裕があったら少し金を回してほしい。如果你那里有富余^{fùyu}，想请你给我们融点资。

【蚊^かの食^くう程^{ほど}にも思^{おも}わぬ】　不疼不痒；毫无影响。類痛^{いた}くも痒^{かゆ}くもない。

【蚊の鳴くような声】 纤弱的声音；蚊子动静。

【蚊の涙】 极少；微乎其微。類雀の涙。

【寡は衆に敵せず】 寡不敌众。類多勢に無勢。中战国·孟轲《孟子·梁惠王上》："然则小固不可以敌大，寡固不可以敌众，弱固不可以敌强。"

【黴が生える】 陈腐；陈旧；老掉牙。例黴が生えたような広告ではお客さんを引き寄せられない。老掉牙的广告吸引不了顾客。

【株が上がる】 声望大振；声誉高涨。例人命救助で一躍株が上がる。因为救了别人一命而声望大振。

【過不及ない】 恰到好处；正合适。類宜しきを得る。例立ち居振る舞いに過不及ない。举止恰到好处。

【禍福は糾える縄の如し】 祸福倚伏；祸福相倚；塞翁失马；祸福相纠缠；祸兮福所倚，福兮祸所伏。類一の裏は六；吉凶は糾える縄の如し；塞翁が馬；禍も三年置けば用に立つ。中汉·司马迁《史记·南越传》："因祸为福，成败之转，譬若纠缠。"

【禍福門なし、唯人の招く所】 祸福无门，唯人所召；祸福非天定，皆由己造成。中春秋·左丘明《左传·襄公二十三年》："闵子马见之，日：'子无然！祸福无门，唯人所召。为人子者患不孝，不患无所。'"

【兜の緒を締める】 常备不懈；提高警惕。類勝って兜の緒を締めよ。

【兜を脱ぐ】 投降；认输；倒戈卸甲。類軍門に降る；尻尾を巻く；シャッポを脱ぐ；陣門に降る；タオルを投げる；手を上げる①。例君のしつこさには兜を脱ぐしかない。太能纠缠了，我算服了你了。

【頭を振る】 摇头；不同意；表示否定。類顔を振る；頭を横に振る；首を横に振る。例「買物に一緒に行く？」と聞いたら子供は頭を振った。我问孩子："一起买东西去不？"他摇了摇头。

【株を守りて兎を待つ】　守株待兔。中战国·韩非《韩非子·五蠹》："田中有株，兔走触株，折颈而死。因释其耒而守株，冀复得兔。兔不可复得，而身为宋国笑。"

【画餅に帰す】　归于画饼；成为泡影；计划落空。類水泡に帰す。例首都移転構想は何度も持ち上がっては画餅に帰した。多次提出迁都的构想，都归于画饼。

【壁に馬を乗り掛ける】　头脑一热，就付诸行动；突然遇到障碍，不知所措。

【壁に突き当たる】　碰壁；碰钉子；遇到阻碍。例今まで順調だったが、ここへ来て壁に突き当たったようだ。此前都很顺利，最近似乎就遇到阻碍了。

【壁に耳】　隔墙有耳。類壁に耳あり障子に目あり。中春秋·管仲《管子·君臣下》："墙有耳，伏寇在侧。墙有耳者，微谋外泄之谓也。"

【壁に耳あり障子に目あり】　隔墙有耳，隔窗有眼。類垣に耳；壁に耳；藪に目；闇夜に目あり。

【壁の中の書】　壁中书。中汉·班固《汉书·艺文志》："秦燔书禁学，济南伏生独壁藏之。鲁共王坏孔子宅……得古文尚书及礼记、论语、孝经凡数十篇，皆古字也。"

【果報は寝て待て】　有福不用忙；静候佳音。類縁と浮世は末を待て；縁と月日。

【南瓜に目鼻】　圆脸（矮）胖子。類団子に目鼻。

【鎌首を抬げる】　毒蛇抬起头；重新抬头；凶兆出现。例極左と極右は人人が忘れた頃に鎌首を抬げてくる。极左和极右就是在人们忘记它的时候重新抬头。

【噛ませて呑む】　摘桃子；坐享其成。

【竈賑う】　生活富足；不愁吃喝。類鍋釜が賑う。

【竈に媚ぶ】　宁媚于灶；与其讨好高官，不如讨好实权。中《论语·八佾》："王孙贾问曰：'与其媚于奥，宁媚于灶'，何谓也？"

【竈の下の灰まで】　全部家当。例サラ金に手を出して返済できず、竈の下の灰まで持って行かれた。借高利贷还不上，结果全部家当都被拿走。

【竈を起こす】　起家；积累家产；振兴家业；顶门立户。類財を成す。例橋本建

設は先祖が採石業で竈を起こした会社だ。"桥本建设"公司是祖上以采石业起家的。

【竈を破る】　破产；倾家荡产。類産を破る。例飲む打つ買うの三道楽で竈を破った。吃喝嫖赌荡尽家业。

【竈を分ける】　分家；分居另过。例弟に竈を分けてやる。让弟弟分出去过。

【鎌を掛ける】　用话套出真情；诱导发言。類口を笔る。例鎌を掛けられつい本当のことをしゃべってしまった。真话被套出去了。

【神掛けて】　対天发誓；绝対。類願に懸けて；仏祖掛けて。例間違ったことは神掛けてやっておりません。我对天发誓，没有弄错。

【紙子着て川へ嵌る】　飞蛾投火，自取灭亡；暴虎冯河。類飛んで火に入る夏の虫。

【裃を着る】　态度拘谨；郑重其事；一本正经。類四角四面②；四角になる。例社長はいつも裃を着ているように思われているが、実はとても気さくだ。大家认为老板总是一本正经的样子，其实他很平易近人。

【裃を脱ぐ】　放松心情；不拘束；无隔阂。例皆様、本席は裃を脱いでお寛ぎ下さい。各位，这次聚会大家尽管放松。

【剃刀の刃を渡る】　走钢丝；铤而走险；冒险行动。類危ない橋を渡る。

【神ならぬ身】　不是神，而是人；凡夫俗子。

【雷が落ちる】　咆哮如雷；大发雷霆。類雷を落とす。例だらだらと練習していた部員の頭に監督の雷が落ちた。教练对磨磨蹭蹭练习的队员大发雷霆。

【雷を落とす】　大声叱责；大发雷霆。類雷が落ちる。例ドラ息子に雷を落とす。对败家子大发雷霆。

【髪の毛を逆立てる】　怒发冲冠；怒不可遏；剑眉倒竖。類怒り心頭に発する。例領主が部下の謀反に髪の毛を逆立てる。领主对部下的谋反怒不可遏。

【神の正面、仏のま尻】　神坛放正面，佛龛放角落。

【神の見えざる手】　市场经济的自动调节机能。

【神は正直の頭に宿る】　吉人天相；上苍眷顾老实人。[類]正直の頭に神宿る。

【神は非礼を受けず】　事神必以礼。

【神は見通し】　神明洞察一切；人在作，天在看；举头三尺有神明。[類]天は見通し。

【紙一重の差】　毫厘之差。[類]紙一重。

【神も仏もない】　千辛万苦无回报；冷酷无情。[類]無慈悲。

【上漏り下潤う】　德政可惠民；施仁政，使民生。

【髪結いの亭主】　吃软饭的。

【髪を下ろす】　落发为僧；削发为僧；遁入空门。[類]頭を丸める；家を出る②；飾りを下ろす；頭を下ろす；頭を剃る；形変わる；門を出ず②；出家得度；塵を出ず；仏門に入る；髻を切る；元結を切る；世を捨てる②；世を背く②；世を遁れる②。[例]あのお寺で髪を下ろす。在那座寺院落发为僧。

【髪を生やす】　弱冠；男子长大成人。

【上を学ぶ下】　上行下效；上梁不正下梁歪。

【噛む馬はしまいまで噛む】　恶习难改；山河易改，本性难移。[類]三つ子の魂百まで。

【亀の浮き木】　千载难逢。[類]千載一遇。

【亀の甲より年の劫】（劫、功とも）　姜是老的辣；老马识途。[類]老馬の智。

【亀の年を鶴が羨む】　欲壑难填；贪得无厌；这山望着那山高。[類]欲に頂きなし。

【亀は万年】➡鶴は千年、亀は万年

【仮面を被る】　戴假面具；隐蔽真面目。[例]奴は人間の仮面を被った悪魔だ。那

家伙是披着人皮的魔鬼。

【仮面を脱ぐ】 摘下假面具；露出真面目。類馬脚を露わす。例仮面を脱いで牙を剥く。摘下假面具露出獠牙。

【鴨が葱を背負ってくる】 肥猪拱门；好事送上门来。

【可もなく不可もなく】 ❶无可无不可；怎么样都行。類毒にも薬にもならない。中《论语·微子》："我则异於是，无可无不可。"❷平平；中不溜。類平平凡凡。

【鴨にする】 当成冤大头；当作获利的对象；占便宜。例欲張りな奴ほど鴨にしやすい。越贪心就越容易被（咱）当成冤大头。

【鴨の水掻き】 不为人知的辛劳；无名英雄。類縁の下の力持ち。

【蚊帳の外】 处于局外；局外人不知内情。例会社の重役なのにいつの間にか蚊帳の外に置かれて干された。他虽为公司董事，但不知从什么时候被边缘化给晒起来了。

【痒い所へ手が届く】（所へ、所にとも） 体贴入微；无微不至。類至れり尽くせり。

【空足を踏む】 脚踩空；脚蹬空。類踏鞴を踏む。例空足を踏んで駅の階段から転げ落ちた。一脚蹬空，从车站楼梯滚了下来。

【空馬に怪我なし】 一无所有，则一无所失；身无分文就不会再赔钱。

【烏が鵜の真似】 东施效颦；邯郸学步。類西施の顰みに倣う。

【烏に反哺の孝あり】 乌鸦反哺。中晋·成公绥《乌赋》："雏既壮而能飞兮，乃衔食而反哺。"

【烏の足跡】 鱼尾纹；眼角皱纹。

【烏の頭が白くなる】 乌鸦头白马生角——绝无可能。類朝日が西から出る。中汉·司马迁《史记·刺客列传·索隐》："乌头白，马生角，乃许耳。"

【烏の頭白く、馬、角を生ず】 乌头白，马生角——绝无可能的事。類朝日が西から出る。中汉·司马迁《史记·刺客列传》："乌头白，马生角，乃许耳。"

【烏の行水】 （像乌鸦点水般的）快速洗澡。

【烏の鳴かない日はあっても】 每天必（会）；没有一天不。例恩人の病気快癒を祈るため、烏の鳴かない日はあっても神社へのお百度参りを欠かしたことはない。为祈求恩人痊愈，每天都去神社作百次祈祷。

【烏の濡れ羽色】 乌黑发亮；油黑油黑的。

【烏を鵜に使う】 赶鸭子上架；用非其人；让窝囊废挑重担。

【体が空く】 有空儿；腾出手。類暇が明く。例体が空いてたらちょっと手伝ってくれないか？你有空的时候能不能帮我一把？

【体が続く】 身体吃得消。例この暑さの中でよく体が続くね。这么热你都受得了？

【体で覚える】 通过实践掌握。例頭で考えるより体で覚えろ！别动脑子了，在实践中记住吧。

【体に障る】 有碍健康；身体吃不消。例心配事があると体に障る。焦虑会对健康不利。

【体を売る】 出卖肉体；卖淫。類春を売る。

【体を惜しむ】 吝惜力气；不肯卖力气；不肯努力。類骨を惜しむ。例彼奴は体を惜しんでばかりで役に立たない。那家伙不卖力气，根本不起作用。

【体を粉にする】 拼命努力；豁出命去干。類粉骨砕身。

【体を壊す】 伤身；患病。例運動のやりすぎで体を壊す。运动过量会搞坏身体。

【体を張る】 豁出命（干）；不惜生命（地干）。類一生懸命。例国難に体を張る。拼着性命奔赴国难。

【殻に（閉じ）籠る】 固守一人世界；躲入自我封闭的世界；把自己关进个人的小天地里。例スマホのみを相手にして自分の殻に閉じ籠るのは一種の現代病かも知

れない。只把智能手机当(dàng)作交往对象，把自己关进个人的小天地里，这也许就是一种现代病。

【柄(がら)にもない】　不合身份；不配；不适当(shìdàng)。類法師の櫛(くし)貯(だくわ)え；付(つ)きも無(な)い①。例急に柄にもないことを言って失笑を買う。突然说出不合身份的话而受到嗤笑(chīxiào)。

【空振(からぶ)りに終(お)わる】　落空(luōkōng)；白忙活了。類水泡(すいほう)に帰(き)す。例この新商品は必ずヒットすると思って市場に投入したが空振りに終わった。本以为这种新商品一定会成抢手货(qiǎngshǒuhuò)而投放市场，结果希望落空。

【空(から)を踏(ふ)む】　白费力气；徒劳；白忙活。類無駄足(むだあし)を踏む。

【殻(から)を破(やぶ)る】　打破陈旧的框框(kuàngkuang)；打破自我封闭；踢开绊脚石(tīkāibànjiǎoshí)。例殻を破って新機軸(しんきじく)を打ち出す。打破旧框框，推出新方案。

【仮初(かりそめ)ながら】　尽管(jǐnguǎn)是临时的；虽说暂短(zànduǎn)；尽管时间不长。

【仮初(かりそめ)にも】　❶千万；绝对（不）。類間違(まちが)っても。例他人の悪口(わるくち)は仮初にも言ってはならない。万万不可说别人的坏话。❷既然；至少；哪怕。例仮初にもやると決めたからには最後までやり通すことだ。既然决定作了，就应该作到底。

【借(か)りてきた猫(ねこ)のよう】　格外驯顺(xùnshùn)；异常老实。

【雁(かり)の使(つか)い】　鸿雁传书(hóngyànchuánshū)。

【画竜点睛(がりょうてんせい)を欠(か)く】　画龙而未点睛(huàlóngérwèidiǎnjīng)。類仏(ほとけ)造(つく)って魂(たましい)入(い)れず。中唐・张彦远《历代名画记・张僧繇》："张僧繇于金陵安乐寺画四龙于壁，不点睛。每日：'点之即飞去。'人以为妄诞，固请点之。须臾，雷电破壁，二龙乘云腾去上天，二龙未点眼者皆在。"

【借(か)りを返(かえ)す】　❶报恩；回敬。類恩(おん)を返す。❷报仇。類恨(うら)みを晴(は)らす。例彼は一度やられるといつか必ず借りを返そうと機会を覗(うかが)っているので油断(ゆだん)がならない。他挨(ái)一次整(zhěng)必然要伺机(sìjī)报复，不可放松警惕(jǐngtì)。

【軽口(かるくち)を叩(たた)く】　说俏皮话(qiàopí)；说风趣的话；展开轻松话题。例彼とは会えば軽口を叩き合う気が置けない仲だ。跟他没有隔阂(géhé)，见面就互相说两句俏皮话。

【借りる時の地蔵顔、済すときの閻魔顔】 借时弥勒佛，还时阎王爷。

【枯れ木に花】 ❶枯树开花；枯木逢春。類埋もれ木に花が咲く。❷死而复生；咸鱼翻身。

【枯れ木も山の賑わい】 有就比没有强；聊胜于无。

【彼と言い此れと言い】 反正；说来说去；总而言之。類如何にしても。

【彼も一時、此れも一時】 彼一时，此一时。中战国·孟轲《孟子·公孙丑下》："彼一时此一时也。五百年必有王者兴。"

【彼も人なり我も人なり】 他是人，我也是人；他能我也能；彼，人也，予，人也。中唐·韩愈《原毁》："彼，人也，予，人也。彼能是而我乃不能是。"

【彼を知り己を知れば百戦殆からず】 知己知彼，百战不殆。中春秋·孙武《孙子·谋攻》："知彼知己，百战不殆。"

【可愛い子には旅をさせよ】 真心爱子女，使其经风雨。

【可愛可愛は憎いの裏】 ❶心中恨，口称爱。❷爱之切，恨之深。類可愛さあまって憎さが百倍。

【可愛さあまって憎さが百倍】 爱之切，恨之深；爱之深则恨之甚。類可愛可愛は憎いの裏❷。

【皮か身か】 事物的区分很难；真伪善恶难辨；事物的差异是连续的。

【渇きを覚える】 渴望。

【川口で船を破る】 ❶功亏一篑；功败垂成。類九仞の功を一簣に虧く。❷输在起跑线上；出师受挫。

【川竹の流れの身】 漂泊不定的妓女身世。

【川立ちは川で果てる】 淹死会水的。類木登りは木で果てる。

【川中には立てども人中には立たれず】 河中立足易，人间处事难。

【川の字に寝る】 孩子在中间，父母睡两边。

【川向こうの火事】　隔岸观火。^類対岸の火事。

【変われば変わる】　彻底改观；说变就变；变化很大；沧桑巨变。^例20年ぶりで再訪したら駅が現代化・巨大化していて、変われば変わるものと驚嘆した。时隔20年重游故地，火车站已扩建并现代化，令人惊叹沧桑之变。

【皮を引けば身が上がる】　牵一发而动全身；骨肉相连，密切相关。

【我を折る】　让步；屈服；放弃己见。^類角を折る。^例我を折って相手に歩み寄る。作出让步达成妥协。

【我を殺す】　克己从人；随和。^例団体行動では我を殺すことが大切だ。集体行动的时候随和很重要。

【華を去り実に就く】　去虚饰而取实质；去花就实。

【我を出す】　露出本性。^例最後までこらえることができずとうとう我を出してしまった。最后还是忍不住而原形毕露。

【我を立てる】　固执己见；一意孤行。^類意地を張る。^例我を立てて人の意見を聞こうとしない。固执己见不听别人意见。

【我を通す】　一意孤行；刚愎自用；固执己见。^類意地を張る。^例我を通す人がいて話はまとまらなかった。有人固执己见，无法达成共识。

【我を張る】　固执己见；固执到底；一意孤行。^類意地を張る。^例あくまで自分が正しいと我を張る。顽固地坚持认为自己意见正确。

【駕を枉げる】　枉驾；屈尊。^中晋・陈寿《三国志・蜀志・诸葛亮传》："此人可就见，不可屈致也。将军宜枉驾顾之。"

【棺桶に片足を突っ込む】　土埋半截；行将就木；半截入土。^類御迎えが来る；今日か明日か②；今日あって明日ない身②；小鼻が落ちる；桑楡且に迫らんとす；長い事はない。

【寒が明ける】　大寒到立春前夕。

【函蓋相応ず】 函蓋相応；函蓋相称；完全吻合。

【冠蓋相望む】 冠蓋相望；络绎不绝。類入れ替わり立ち替わり。中汉・刘向《战国策・魏策四》："魏使人求救于秦，冠盖相望，秦救不出。"

【考えが付く】 想到；想出；想起。類ぴんと来る。例いい考えが付く。想出好主意。

【考える葦】 （帕斯卡名言）能思想的芦苇。

【勧学院の歩み】 （9世紀）藤原氏学生的庆祝游行。

【勧学院の雀は蒙求を囀る】 耳濡目染；庙里萌童会念经。類門前の小僧習わぬ経を読む。

【雁が飛べば石亀も地団駄】 见大雁高飞，龟急得跺脚；不自量力；作非分之想。類蟷螂の斧。

【眼下に見る】 ❶俯視。例富士山頂から駿河湾を眼下に見る。从富士山顶俯瞰駿河湾。❷看不起；轻视。類下目に見る。例成り上がり者は周りの者をすぐ眼下に見る。暴发户看不起周围的人。

【干戈を動かす】 动干戈；开战。類戦端を開く。中《论语・季氏》："邦分崩离析，而不能守也；而谋动干戈于邦内。"

【干戈を収める】 战争平息。

【干戈を交える】 交战；动干戈；大动干戈。類矛を交える。

【汗顔の至り】 汗颜之至；惭愧之至；不胜汗颜。類赤面の至り。

【勘気に触れる】 触怒尊长；遭到训斥。類逆鱗に触れる。

【緩急宜しきを得る】 缓急得当；依照轻重缓急，处置适宜。

【緩頰を煩わす】 求人说情；托人缓頬。

【感極まる】 感动至极；感慨万分。類感に堪えない；感慨無量；感無量。例感極まって号泣する。感慨万分而声泪俱下。

【雁首を揃える】 凑齐人马；纠集党羽。例お前らが雁首を揃えたって何の役にも立たないよ。你们就算凑齐了人马也屁用不顶。

【間隙を生ずる】 产生隔阂。類罅が入る。例誤解から間隙を生ずる。由于误解而产生了隔阂。

【間隙を縫う】 穿过空隙。例バスケットで防御の間隙を縫ってシュートする。篮球赛，钻过对方防守的空子投篮。

【寒暄を叙す】 嘘寒问暖；问候时令。

【眼光紙背に徹す】 读出言外之意；理解深透。

【眼光人を射る】 目光逼人；目光犀利。

【諫鼓苔生す】 太平无事；天下太平。類天下太平。

【閑古鳥が鳴く】 生意萧条；冷冷清清；门前冷落。例オフシーズンで観光地に閑古鳥が鳴いている。因为是淡季，景区里冷冷清清。

【館舎を捐つ】 捐馆舍；死。類息が絶える。中汉·刘向《战国策·赵策二》："今奉阳君捐馆舍，大王乃今然后得与士民相亲，臣故敢献其愚，效愚忠。"

【勘定合って銭足らず】 理论脱离实际；理论与实践不一致；理论与现实对不上号。

【勘定に入れる】 ❶计算在内。例若干の予備費も勘定に入れる。把少量预备费用也计算在内。❷考虑在内；估计到。例お祭りに親戚が何人来るか勘定に入れて置かなければならない。举行祭典的时候有多少亲戚要来，得预先考虑进去。

【感情に走る】 感情用事；冲动；不冷静。類頭に血が上る。例感情に走って馬鹿なことをしでかし後悔する。为冲动干出傻事而后悔。

【感情を害する】 伤感情；得罪人；令人不快。類機嫌を損ねる；気に障る；気を悪くする；神経を逆撫でする。例失言で相手の感情を害してしまったようだ。我的失言好像使对方感到不快。

【顔色無し】 ❶面无人色；脸色铁青。類色を失う。中唐·白居易《长恨歌》："回眸一笑百媚生，六宫粉黛无颜色。"例恐怖のあまり顔色無し。大惊失色。❷被对方镇住，手足无措。類頭が上がらない。例麒麟児の出現に先輩たちは顔色無し。麒麟儿的出现令各先辈自惭形秽。

【顔色を失う】 ➡顔色無し

【関雎の楽しみ】 关雎之乐；琴瑟和谐。類家庭円満。

【感心しない】 不佩服；不赞赏；不喜欢。類如何かと思う。例この作品の出来栄えはあまり感心しない。我不觉得这个作品写得怎么好。

【韓信の股くぐり】 甘受胯下之辱；大人不与小人争。

【歓心を買う】 讨人欢心；博取欢心；讨好。類胡麻を擂る。例大衆の歓心を買う。取悦于大众。

【甘井先ず竭く】 甘井先竭；能者先衰。中战国·庄周《庄子·外篇·山木》："直木先伐，甘井先竭。"

【間然する所がない】 无可挑剔；无懈可击；完美无缺；无可非议。類申し分がない。中《论语·泰伯》："禹，吾无间然矣。"

【甘草の丸呑み】 猪八戒吃人参果；囫囵吞枣；不品味，不知味。

【肝胆相照らす】 肝胆相照。中宋·文天祥《文山全集·6·与陈察院文龙书》："所恃知己，肝胆相照，临书不惮倾倒。"例戦場を共に潜ってきた二人は肝胆相照らす仲だ。他们俩是一起从战场生还、肝胆相照的朋友。

【邯鄲の歩み】 邯郸学步。類西施の顰みに倣う。中战国·庄周《庄子·秋水》："且子独不闻夫寿陵馀子之学行于邯郸与？未得国能，又失其故行矣，直匍匐而归耳。"

【邯鄲の枕】 ➡邯鄲の夢

【邯鄲の夢】 邯郸梦；黄粱一梦；一枕黄粱梦。類朝顔の花一時；一炊の夢；栄華の夢；槿花一日の栄。中宋·黄庭坚《薛乐道自南阳来入都留宿会饮作诗饯行》：

"生涯谷口耕，世事邯郸梦。"

【肝胆を砕く】 煞费苦心；尽心竭力；殚精竭虑；苦心经营。類肝脑を絞る；肝を砕く②；苦心惨憺；心を砕く①；心を粉にする；骨髄を砕く；心肝を砕く；肺肝を摧く。例没落した一家の再興に肝胆を砕く。殚精竭虑以求振兴衰微的家业。

【肝胆を寒からしめる】 使胆战心寒；使心惊胆战。例連続殺人犯の残忍行為が地域住民の肝胆を寒からしめる。连续杀人犯的残忍行为令当地居民胆战心惊。

【肝胆を披く】 披肝沥胆；披肝胆。類胸襟を開く。中汉·班固《汉书·路温舒传》："故大将军受命武帝，股肱汉国，披肝胆，决大计，黜亡义，立有德……天下咸宁。"

【奸智に長ける】 会耍阴谋；擅长搞阴谋诡计。例奸智に長けた彼奴に目を付けられたら逃れる術はない。如果被那个擅长搞阴谋的家伙盯上，就无法摆脱了。

【眼中に置かない】 不放在眼里；不当回事。類一顧だにしない；眼中に無い；事とせず；事とも思わず；事ともしない；物ともせず。例唯我独尊で周囲の忠告など全く眼中に置かない。他妄自尊大，根本不把周围人的忠告△当回事（放在眼里）。

【眼中に無い】 不放在眼里；不放在心上。類眼中に置かない。例格下の対戦相手など全く眼中に無い。根本不把下一级别的比赛对手放在眼里。

【管中に豹を見る】 管中窥豹。類針の穴から天を覗く。中南朝·宋·刘义庆《世说新语·方正》："王子敬数岁时，尝看诸门生樗蒲，见有胜负，因曰：'南风不竞'门生辈轻其小儿，乃曰：'此郎亦管中窥豹，时见一斑。'"

【眼中人なし】 目中无人。類傍若無人。中宋·苏轼《古锦缠头曲》："一生喙硬眼无人，坐此困穷今白首。"

【缶詰めになる】 ❶闭门谢客以专心某项工作。例原稿が仕上がるまでの１週

間、旅館に缶詰めになった。提交书稿前在旅馆里自我关了一周。❷被软禁。

【噛んで吐き出すよう】 恶言恶语地；没好气儿地（说）。囲あらぬ方向を見て噛んで吐き出すように返事する。扭过脸没好气儿地回复。

【噛んで含める】 深入浅出地教导；耐心解释；谆谆教诲。囲して良い事と悪い事を親が子供に噛んで含めるように教える。父母谆谆教导孩子哪些事是可以作的，哪些事是不能作的。

【旱天の慈雨】 久旱逢甘雨。類闇夜の灯火。

【勘当切る】 断绝亲子关系；绝交。類縁を切る。

【関東の連れ小便】 关东人结伴去小便。

【勘所を押さえる】 抓住要点；掌握关键。類的を射る。囲テレビのコメンテーターたちはテーマの勘所を押さえるのがうまい。电视评论员对论题关键的把握恰到好处。

【官途に就く】 步入仕途；当官。囲科挙の試験に合格し官途に就く。科举及第进入仕途。

【艱難汝を玉にす】 磨难造就人才；不吃苦中苦，难为人上人；艰难困苦，成功之路；不吃苦中苦，难得甜上甜。類若い時の苦労は買ってもせよ。

【寒に入る】 进入严寒期；数九。

【願に懸けて】 一定；肯定；无疑；必然。類神掛けて。

【寒に帷子土用に布子】 冬季的单衣，夏季的棉袄；不合时宜。類土用布子に寒帷子。

【癇に障る】 触怒；激怒。類腹を立てる。囲あいつの横柄な態度が癇に障る。被那家伙的傲慢态度激怒。

【簡にして要を得る】 简明扼要；要言不烦。

【感に堪えない】 不胜感激；感慨万端。類感極まる。囲感に堪えない表情で

御礼の口上を述べる。不胜感慨地向观众作开场白；致辞时他感慨万端。

【堪忍は一生の宝】 忍得一时忿，终身无恼闷；忍耐是一生之宝。

【堪忍袋の緒が切れる】 忍无可忍。類怒り心頭に発する。

【観念の臍を固める】 这下彻底完了；彻底断了……念头；下定决心；彻底放弃。類心を据える。

【肝脳地に塗る】 肝脑涂地。中汉·司马迁《史记·刘敬叔孙通列传》："大战七十；小战四十；使天下之民肝脑涂地；父子暴骨中野。"

【肝脳を絞る】 殚精竭虑。绞尽脑汁。類肝胆を砕く。

【疳の虫】 ❶抽风。❷暴躁脾气。

【間髪を容れず】 间不容发。中汉·枚乘《上书谏吴王》："系绝于天，不可复结，坠入深渊，难以复出，其出不出，间不容发。"

【汗馬の労】 汗马之劳；汗马功劳。中战国·韩非《韩非子·五蠹》："弃私家之事，而必汗马之劳。"

【看板が泣く】 自毁招牌；砸牌子；损伤门面。類体面を汚す。例こんな料理をお客さんに出したら店の看板が泣くじゃないか。这样的菜就端给客人，那不是自毁招牌吗！

【看板に偽りなし】 表里一致；名副其实。類名実相伴う。

【看板に傷が付く】 有损声誉；伤面子。類傷が付く。例看板に傷が付かないよう、製品に欠陥が見つかったら直ちにリコールする。为保住声誉，一发现产品有缺欠就立即召回。

【看板にする】 ❶打出招牌；以……为招牌。類表看板にする。例蟹料理を看板にする。以螃蟹为招牌菜。❷打烊；(店铺)关门。類店を閉める①。例うちの店は深夜営業で午前2時を看板にしています。我们店营业到深夜，凌晨2点关门。

【看板を下ろす】 ❶闭店。類店を閉める①。例日本の理髪店は月曜日には看板

を下ろしている。日本的理发店星期一关门。❷关张；歇业(xiēyè)。[類]店を閉める②。[例]人口減少で雑貨屋(ざっかや)の看板を下ろす。由于人口减少，杂货铺(záhuòpù)歇业。

【看板(かんばん)を掲(かか)げる】 公开主义和主张；提出口号；打出旗号。[類]旗印(はたじるし)にする。[例]当節(とうせつ)は「環境に優しい」という看板を掲げる企業が多い。现在很多企业大张"环保"旗号。

【完膚無(かんぷな)きまで】 体无完肤(tǐwúwánfū)地；彻底地。[中]唐·段成式《酉阳杂俎·黥》："杨虞卿为京兆尹时，市里有三王子，力能揭巨石。遍身图刺，体无完肤。[例]対戦相手を完膚なきまで叩(たた)きのめす。彻底制服比赛对手。

【管鮑(かんぽう)の交(まじ)わり】 管鲍之交(guǎnbàozhījiāo)。[類]水魚(すいぎょ)の交わり。[中]战国·列御寇《列子・力命》："'生我者父母，知我者鲍叔也！'此世称管鲍善交者，小白善用能者。"汉·司马迁《史記・管晏列伝》："吾始困时，尝与鲍叔贾，分财利多自与，鲍叔不以我为贪……生我者父母，知我者鲍子也。"

【冠(かんむり)旧(ふる)けれど沓(くつ)に履(は)かず】 冠旧(guànjiù)不可为履(wéijù)；尊卑有序。[中]战国·韩非《韩非子·外储说左下》："冠虽穿弊，必戴于头；履虽五采，必践之于地。"

【冠(かんむり)を挂(か)く】 挂冠(guàguān)；辞官。[類]仕(し)を致(いた)す。[中]南朝·宋·范晔《后汉书·逸民列传》："时王莽杀其子宇，萌谓友人曰：'三纲绝矣！不去，祸将及人。'即解冠挂东都城门，归，将家属浮海，客于辽东。"

【冠(かんむり)を曲(ま)げる】 闹情绪；耍脾气(shuǎpíqi)；不高兴(gāoxìng)。[類]旋毛(つむじ)を曲(ま)げる。[例]部下が指示通りに動かないので課長は冠を曲げている。部下不听指挥，科长很不高兴。

【歓楽極(かんらくきわ)まりて哀情多(あいじょうおお)し】 欢乐极兮哀情多(huānlèjíxīāiqíngduō)；乐极生悲(lèjíshēngbēi)。[類]楽(たの)しみ尽(つ)きて哀(かな)しみ来(き)たる。[中]汉武帝《秋风辞》："欢乐极兮哀情多，少壮几时兮奈老何？"

【巻(かん)を追(お)う】 一卷一卷地(yījuàn)；逐卷(zhújuàn)。[例]この連載は巻を追うごとに読者を増やして来た。这个连载(liánzǎi)读者一期比一期多。

【棺(かん)を蓋(おお)いて事定(ことさだ)まる】 盖棺事定；盖棺论定(gàiguānlùndìng)。[中]唐·房玄龄等《晋书·刘毅传》："丈夫盖棺事方定矣。"

【棺を蓋う】　作古；盖棺；身故。類息が絶える。中宋·苏轼《提举玉局观谢表》："盖棺未已，犹怀结草之心，"

【願を懸ける】　许愿求神；发愿。例良い結果が得られるよう神仏に願を懸ける。祈求神佛保佑得到好结果。

【願を立てる】　➡願を懸ける

【款を通ず】　❶有深交。中唐・房玄龄等《晋书・慕容皝载记附杨裕》："顾两追前失，通款如初，使国家有太山之安，苍生蒙息肩之惠。"　❷通款；通敌。

【歓を尽くす】　尽情享乐；充分享乐。中唐·李延寿《南史·隐逸传上·孔淳之》："至则尽欢共饮，迄暮而归。"例還暦祝いで同級生たちと歓を尽くす。庆祝花甲，跟同学们一起尽情欢乐。

【燗をつける】　烫酒；温酒。例人肌の温度で燗をつける。把酒烫到人体温度。

【眼を付ける】　瞪着对方的脸；找碴ル；怒视。例夜の繁華街で「おい！俺に眼を付けたな！」とやくざに絡まれ恐かった。晚上在闹市遭流氓纠缠说："盯着老子干嘛？"可吓死我了。

き

【気合が入る】　干劲十足；斗志昂扬；全力投入。類意気軒昂。例平服からユニフォームに着替えると自然に気合が入る。脱下便装换上赛装，自然就燃起了斗志。

【気合を入れる】　❶集中精力，全力以赴；振奋（精神）。類気を入れる。❷鼓劲ル；激励。類気を引き立てる。例円陣を組んで気合いを入れる。围成圆圈ル互相鼓劲ル。

【気合を掛ける】　❶呐喊；呼喊。例剣道で互いに気合を掛ける。击剑时互相呼喊。❷鼓劲ル；鼓励。類気を引き立てる。例試合に臨み自分自身に気合を掛ける。

赛前给自己鼓劲儿。

【聞いて呆れる】 听了感到震惊；被听到的消息惊呆。例あれでプロだと言うんだから聞いて呆れる。说那就是专家，实在令人震惊。

【聞いて極楽見て地獄】 听着像天堂，看着是地狱；见景不如听景；耳闻是虚，眼见为实。類見ると聞くとは大きな違い。

【黄色い声】 （妇女、儿童的）尖嗓音。

【気炎を上げる】 扬眉吐气；提高士气；气势高涨。類気を吐く。例ウィスキーをラッパ飲みして気炎を上げる。嘴对着瓶口喝威士忌，非常兴奋。

【既往は咎めず】 既往不咎；不咎既往。類水にする②；水に流す。中《论语·八佾》："成事不说，遂事不谏，既往不咎。"

【気が合う】 脾气合得来；气味相投；义气相投；对劲儿。類意気相投ずる；息が合う；意気投合；馬が合う；呼吸が合う；性が合う；肌が合う；波長が合う。例気が合う仲間と旅行する。跟合得来的朋友一起旅行。

【気が改まる】 振作起来。例山頂からご来光を拝むと気が改まる。在山顶迎来日出，精神大振。

【気がある】 ❶有意（于）；有心想（作某事）；心荡神摇。類気になる②；心が動く②。例あなたの息子さんは本当に農業をやる気があるのかね？您的公子真想从事农业工作吗？❷（对异性）有意思。類思いを懸ける。例彼女はどうも彼に気があるみたいだ。她好像对他有点意思。

【気がいい】 性情温和；为人好；脾气好。類人が好い①。例あの娘は気がいいのでお嫁さんにしたい。那姑娘性情温和，想娶她。例気がいいので頼まれると断れない。因为为人好，所以有人求助就无法拒绝。

【気が多い】 ❶见异思迁。例あの男は気が多いから付き合うと泣くよ。他见异思迁，你跟他好上可要倒霉了。❷用心不专；喜好不专一。例気が多くて何にでも

手を出すが飽きっぽい。用心不专，什么都弄，但没长性。

【気が大きい】 度量大；大气；大方；豪爽。類腹が大きい。例うちのボスは気が大きい。我们的头ル很大气。

【奇貨居くべし】 奇货可居；机不可失。中汉·司马迁《史记·吕不韦列传》："吕不韦贾邯郸，见（子楚）而怜之，曰：'此奇货可居。'"

【気が置けない】 没有隔阂；亲密无间；无话不谈。類胸襟を開く。例毎年気が置けない仲間と一、二回飲み会をする。每年都和至交好友聚饮一两次。

【気が重い】 心情沉重；心里沉甸甸；情绪低落。類頭が重い②；気が腐る；気が沈む；気が塞ぐ；心重し②；心が曇る；心が沈む；塞ぎの虫。例それを私の口から言うのは気が重い。那事由我来说，我觉得有压力。

【気が勝つ】 好胜；刚强；泼辣。類気が強い。例気が勝った女房を貰うと亭主は一生尻に敷かれっぱなしだ。娶了强势的老婆，丈夫就得一辈子当"气管炎"了。

【気が軽い】 轻松愉快；心情舒畅。類心が軽い。例今のポストは気が軽い。现在的岗位挺轻松。

【気が変わる】 心情改变；变心；转个念头；改变心情。

【気が利いて間が抜ける】 心眼多，反成拙；聪明反被聪明误。類才子才に倒れる。

【気が利き過ぎて間が抜ける】➡気が利いて間が抜ける

【気が利く】 ❶机灵；有眼力见ル。類機転が利く。例気が利かないと秘書の仕事はできない。没有眼力见ル干不了秘书工作。❷周到；会办事ル。類気が回る。例この店のサービスは気が利いている。这个店的服务很周到。❸别致；美观。例この茶室はとても気が利いている。这个茶室很别致。

【気が気でない】 慌神ル；焦虑不安；稳不住神ル。類居ても立ってもいられない。例お爺さんが夜になっても帰って来ないので気が気でない。爷爷到晚上还没回来，

家人就慌了。

【気が腐る】　懊丧(àosàng)；沮丧(jǔsàng)；泄气(xièqi)；气馁(qìněi)。類気が重い。例トランプで負けが込んで気が腐る。扑克(pūkè)总是输，真叫人沮丧。

【気が暗くなる】　心情沉重起来；情绪低落。類気が滅入る。例病と貧乏で気が暗くなる。贫病交加，情绪低落。

【気が差す】　心有愧疚(kuìjiù)；内疚(nèijiù)；于心不安；过意不去。類気が咎める。例無断外泊(むだんがいはく)したので親に気が差す。在外过夜没告诉父母，觉得心有不安。

【気が沈む】　情绪消沉；心情郁闷(yùmèn)。類気が重い。例嫌(いや)なことばかり続いて気が沈みがちだ。讨厌的事连续不断，郁闷死了。

【機が熟す】　时机成熟。例機が熟してから行動する。时机成熟再行动。

【気が知れない】　捉摸(zhuōmō)不透；难以理解。例何を考えているのか彼の気が知れない。他在想啥(shá)，我捉摸不透。

【気が進まない】　没有心思；不起劲儿；没兴致(xìngzhì)。類気が無い。例友達に旅行に誘(さそ)われたが気が進まない。△同学（朋友）约我去旅游，可就是没心思去。

【気が済む】　心安理得；舒心(shūxīn)；满意。類意を得る②。例やりたいことは気が済むまでやりなさい。你想怎么样就尽情干吧；想做的事就做到满意为止吧。

【気がする】　❶有心思；愿意。例休みの日は何もする気がしない。节假日(jiéjiàrì)什么都不想干。❷好像；觉得。例何かいいことがあるような気がする。觉得好像要有什么好事ル。

【気が急く】　焦急(jiāojí)；着急(zháojí)；心急火燎(huǒliǎo)。類心急ぐ(こころいそぐ)；心急く(こころせく)。例気が急くと物事(ものごと)は失敗しやすい。一着急就容易失败。

【気が殺がれる】　兴致(xìngzhì)大减；挫伤锐气(cuòshāngruìqì)。類気勢を殺がれる。例発言中に野次(やじ)を飛ばされ気が殺がれる。发言时有人起哄(qǐhòng)兴致大减。

【気が逸れる】　精神溜号(liūhào)；分心；分散注意力。類気を散らす。

【気が高ぶる】　興奮。類血が騒ぐ。例出走前の馬はみな気が高ぶった様子で落ち着かない。赛马在起跑前全都兴奋躁动。

【気が立つ】　❶焦躁不安；激愤。❷兴奋；激昂。類血が騒ぐ。例出番前の役者は気が立っているから声を掛けない方がいい。演员上场前很兴奋，最好别喊他。

【気が小さい】　气量小；心眼儿小；度量小；胆子小。類気が細い；肝が小さい；穴の穴が小さい②；線が細い。例図体はでかいが彼は気が小さい。他块头儿大气量小；他人高马大，可是胆子小。

【気が違う】　精神失常；发疯。類気が変になる。例気が違ったような目付きで相手に言い寄る。用异常的眼神跟对方搭讪套近乎。

【気が散る】　精神涣散；精神不集中。例運転中に話しかけられると気が散って危ない。开车的时候有人搭话就会分散精力，很危险。

【気が尽きる】　提不起精神；郁闷；没意思；倦怠。類気が滅入る。

【気が付く】　❶注意到；意识到。類心及ぶ①。例問題点に気が付く。注意到问题的所在。❷周到；细心。類気が回る。例彼女はよく気が付く人だ。她是个细心的人。❸醒过来；苏醒。類我に返る。例酔いがさめて気が付いたら駅のベンチだった。醒酒后发现自己在火车站的长凳子上。

【気が詰まる】　感到压抑；不自在；发窘。例見知らぬ人と相部屋にされ気が詰まる。被安排跟素不相识的人在一个房间，觉得不自在。

【気が強い】　倔强；刚强；顽强。類我が強い；気が勝つ；腰が強い①；情が強い；鼻っ柱が強い。例三人姉妹の中では次女が一番気が強い。三姐妹中二女儿最倔强。

【気が遠くなる】　失去知觉；昏过去；昏厥。類気を失う。例急に眩暈がして気が遠くなった。突然眩晕，昏过去了。例ダム建設の計画が発表されたが、完成までに30年かかるとは気が遠くなるような話だ。公布了水坝建设规划，说是得30年

完成，简直叫人发蒙(fāmēng)。

【気が咎(とが)める】 内疚(nèijiù)；过意不去；于心不安。類気が差す；気が引ける；心に鬼をつくる②。例家族に隠し事ができて気が咎める。因为有事瞒(mánzhe)着家里人而心有不安。例友達に迷惑をかけてしまい気が咎める。给朋友添了麻烦(máfan)，觉得过意不去。

【気が無(な)い】 无意；没兴趣(xìngqù)；不打算。類気が進まない。例彼女はあなたにまるで気が無い。她对你毫无兴趣。例真剣に仕事を探す気が無い。并不打算认真找工作。

【気が長(なが)い】 慢性子；有耐心。例性格はどちらかと言うと気が長い方(ほう)だ。性格总的说来属于慢性子。

【気が抜(ぬ)ける】 ❶泄气(xièqì)；无精打采(wújīngdǎcǎi)；掉了魂(diàolehún)。類張り合いが抜ける。例楽しみにしていた運動会が大雨(おおあめ)で中止になり気が抜けてしまった。一直期待的运动会因暴雨而取消，实在泄气。❷跑气(pǎoqì)儿；跑味儿。例気が抜けてぬるいサイダーは飲まれたものじゃない。跑了气的乌涂汽水(wūtuqìshuǐ)儿简直没法喝。

【気が乗(の)る】 感兴趣(xìngqù)；有兴致(xìngzhì)；起劲儿。類気が向く。例彼は気が乗ったらとことんやる方(ほう)だ。他是个一有兴致就会△尽情去作（干到底）的人。

【木が入る】 打梆子(bāngzi)（表示开场或结束）。

【気が早(はや)い】 急性子；性急。類気が短い。例お袋(ふくろ)は気が早くて困る。我母亲性子急得叫△你（人）受不了(shòubuliǎo)。

【気が張(は)る】 精神紧张；精神集中；兴奋(xīngfèn)。類箍を締める。例面接を控えて気が張る。等着面试，有点紧张。

【気が晴(は)れる】 心情舒畅(shūchàng)；心里敞亮(chǎngliàng)；清爽(qīngshuǎng)。類心が解ける；心が晴れる；胸がすく；胸(むね)が晴れる；胸(むね)の痞(つか)えが下りる；溜飲(りゅういん)が下(さ)がる。例妻の病状が思わしくないので、このところ一向に気が晴れない。妻子的病情不好，最近一直心里不敞亮。

【気が引(ひ)ける】 感觉寒碜(hánchen)；不好意思；羞惭(xiūcán)。類気が咎める。例こんな恰好(かっこう)で

人前に出るのは気が引ける。就这一身儿去露面儿觉得寒碜。

【気が塞ぐ】 心情郁闷；闷闷不乐；忽忽不乐。<u>類</u>気が重い。<u>例</u>毎日何にもやることがないと気が塞ぐ。如果每天没有任何事可做，就会心情郁闷。

【気が触れる】 发狂；精神失常。<u>類</u>気が変になる。<u>例</u>気が触れてしまったのか？母親が4歳の我が子を刺し殺して心中を図るとは。母亲杀死自己4岁的孩子要一起死，是不是精神失常了？

【気が滅る】 劳神；焦虑不安；提心吊胆。<u>類</u>気が揉める。

【気が変になる】 精神异常；精神失常。<u>類</u>頭に来る②；気が違う；気が触れる；半狂乱。<u>例</u>最近あの人の挙動はおかしい、気が変になったのでは？最近他举动异常，是不是精神失常了？

【気が細い】 气量小；胆小；心理承受能力差。<u>類</u>気が小さい。

【気が紛れる】 散心；排解愁闷；消愁。<u>類</u>気を紛わす。<u>例</u>身体を動かしていると気が紛れる。活动活动身子骨能排解愁闷。

【気が回る】 周到；周全；心细。<u>類</u>気が利く②；気が付く②；手が届く②；手が回る①；目が届く。<u>例</u>彼女はよく気が回るお手伝いさんだ。她是做事心细的保姆。

【気が短い】 性急；好动肝火；急脾气。<u>類</u>気が早い；待て暫しが無い。<u>例</u>気が短いと損をする。急脾气会吃亏。

【気が向く】感兴趣；来劲儿；有兴致（作）。<u>類</u>気が乗る。<u>例</u>気が向いたら行くかも知れない。感兴趣了也许会去。

【気が滅入る】 提不起精神；郁闷；情绪低落。<u>類</u>青菜に塩；意気消沈；意気阻喪；肩を落とす；気が暗くなる；気が尽きる；気を腐らす；気を落とす；力を落とす。<u>例</u>不運が重なり気が滅入る。老是倒霉，很郁闷。

【気が揉める】 焦虑不安；担心。<u>類</u>気が減る；気苦労；気骨が折れる；気を尽くす①；心が疲れる。<u>例</u>なかなか返事をよこさないので気が揉める。因为（对方）老

也没有回音而焦虑不安。

【気が休まる】 平心静気；心情安定下来；松口气。例雑用が多くて気が休まる暇もない。琐事萦身，静不下心来。

【気が緩む】 精神松懈；心情放松。例春のぽかぽかした陽気に気が緩む。暖洋洋的春光使人心情放松。例台風が去り被害が無かったので気が緩む。台风过去了，没受损失，松了一口气。

【気が弱い】 懦弱；怯懦；胆小。类心臓が弱い。例彼は見かけによらず気が弱い。他与外表不同，胆小怯懦。

【木から落ちた猿】 虎落平阳；蛟龙搁浅滩；蛟龙失云雨。类魚の水に離れたよう；陸へ上がった河童。

【気が若い】 有朝气；心不老；心理年轻。例長生きしている人は押しなべて気が若くよく動いている。长寿的人几乎都人老心不老且爱活动。

【機関銃のように捲し立てる】 像机枪似地滔滔不绝地说。

【聞きしに勝る】 实际超过所闻；所见胜过所闻。例東尋坊は聞きしに勝る絶景だった。（福井县的）东寻坊是远胜于传说的佳境。

【聞き捨てならない】 不能置之不理；不能置若罔闻。例聞き捨てならない一言を放つ。撂下一句（教人）不能置若罔闻的话。

【鬼気迫る】 异常认真；认真得令人恐怖。例殺陣の撮影現場にはまさに鬼気迫る雰囲気が充満していた。武打的拍摄现场逼真的气氛简直有些恐怖。

【忌諱に触れる】 触犯忌讳；触碰禁忌。例パパラッチの記事はしばしば王室の忌諱に触れる。狗仔队的报道往往会触犯王室的忌讳。

【騏驥の跼躅は駑馬の安歩に如かず】 骐骥之跼躅，不如驽马之安步；跬步不休，跛鳖千里；驽马十驾，功在不舍。中汉·司马迁《史记·淮阴侯列传》："骐骥之跼躅，不如驽马之安步。"

【聞き耳を立てる】　側耳倾听；竖起耳朵听；倾听；注意听。類耳を傾ける。例隣家に騒動が起きたようで聞き耳を立てる。隔壁好像打起来了，于是竖起耳朵听。

【危急存亡の秋】　危急存亡之秋。類危急存亡。中三国·诸葛亮《前出师表》："今天下三分，益州疲弊，此诚危急存亡之秋也。"

【聞くと見るとは大きな違い】　听景见景,大相径庭。類聞いて極楽見て地獄。

【聞くは一時の恥、聞かぬは末代の恥】（末代、一生とも）　求教一时耻,不问耻一世；要不耻下问。類問うは一度の恥、問わぬは末代の恥。

【聞く耳持たぬ】　不想听别人的意见。例怪し気な儲け話には聞く耳持たぬ。不靠谱的赚钱话题不想听。

【聞くも涙語るも涙の物語】　台上台下,泪如雨下；唱的流泪,听的心碎。

【気位が高い】　架子大；自命不凡；孤高自许；心高气傲；妄自自大。類お高くとまる。例彼女は気位が高いので付き合い難い。她架子大，很难接近。

【聞けば聞き腹】　耳不闻，心不烦；不听则已，一听生气。類知らぬが仏。

【聞けば気の毒、見れば目の毒】　耳不闻心不烦，眼不见嘴不馋。

【機嫌気褄を取る】　讨好；奉承；取悦；逢迎。類胡麻を擂る。

【機嫌を損ねる】　惹得不高兴；得罪；触怒。類感情を害する。例僕のガールフレンドは一旦機嫌を損ねると1週間も口を利いてくれない。我的女朋友，一旦得罪了她，一个礼拜都不跟我说话。

【機嫌を取る】　讨好；奉承；取悦；逢迎。類胡麻を擂る。例ぐずる赤ちゃんの機嫌を取る。哄闹人的婴儿。

【気心が知れる】　知根知底；了解脾气禀性。例彼とは幼い頃から気心が知れている。我从小就知道他的脾气秉性。

【肌骨を驚かす】　使毛骨悚然。類肝を冷やす。

【騎虎の勢い】　骑虎之势；骑虎难下；欲罢不能。類引っ込みが付かない。中

南朝·宋·何法盛《晋中兴书》："今日之事，义无旋踵，骑虎之势，可得下乎？"

【旗鼓の間に相見ゆ】　兵戎相见；在战场相见。

【生地が出る】　现原形；露出本来面目。類馬脚を露わす。例取り繕っていても人間は何かの拍子に生地が出るものだ。无论怎么遮掩，人总会在不经意中现出原形。

【樹静かならんと欲すれども風止まず】　❶亲未老，孝应早；子欲养而亲不待。類孝行のしたい時分に親はなし。❷树欲静而风不止；不能如愿以偿。類思うに任せない。

【雉の草隠れ】　藏头露尾。類頭隠して尻隠さず。

【雉も鳴かずば撃たれもすまい】　多嘴多舌，无端惹祸；祸从口出。類口は禍の門。

【汽車の後押し】　劳而无功；白费力气。類一文にもならない。

【机上の空論】　纸上谈兵；坐而论道。類空理空論；座上の空論；畳の上の水練；畳水練。

【気色が悪い】　不舒服；不快；心情不好。類胸糞が悪い。例上から目線で格下から評価されても気色が悪いだけだ。受到后生晚辈居高临下的夸赞，只能感到不舒服。

【疑心暗鬼を生ず】　疑心生暗鬼；疑神疑鬼。類疑心暗鬼；心に鬼をつくる①；杯中の蛇影；幽霊の正体見たり枯れ尾花。中宋·吕本中《东莱吕紫薇师友杂志》："尝闻人说鬼怪者，以为疑心生暗鬼，最是切要议论。"

【技神に入る】　出神入化；鬼斧神工。類神に入る。

【鬼神に横道なし】　鬼神无邪；鬼神亦有其道。類神明に横道無し。

【帰心矢の如し】　归心似箭。中明·兰陵笑笑生《金瓶梅词话·55》："留连了八九日，西门庆归心如箭，便叫玳安收拾行李。"

【傷が付く】　留有污点；有损声誉。類看板に傷が付く。例キャリアに一度傷が付くと出世が覚束なくなる。职业经历中一旦留下污点就难得升迁了。

【傷口に塩】　伤口（上）撒盐；雪上加霜。類踏んだり蹴ったり。

【瑕なき玉】　白璧无瑕；完美无缺。類完全無欠。

【瑕に珠】　恶中亦有小善。

【傷持つ足】（足、脛とも）　有恶行则心不安。類脛に疵持つ。

【帰する所】　归根结底；总之。類挙句の果て。例あれこれ議論したが、帰する所この方法しかない。虽经多方议论，归根结底只有这一种办法。

【疵を求む】　吹毛求疵。類毛を吹いて疵を求む。

【気勢が上がる】　精神抖擞；士气大振。類気勢を揚げる。例逆転シュートで選手たちの気勢が上がる。逆转攻球，运动员士气大振。

【気勢を揚げる】　提振气势；斗志昂扬；大张旗鼓；抖擞精神。類気勢が上がる。例選挙の出陣式で気勢を揚げる。参选仪式上大家斗志昂扬。

【気勢を殺がれる】　锐气受挫；挫伤锐气。類気が殺がれる；気を挫く。例オリンピック開催が延期となり選出されたアスリートたちは気勢を殺がれてしまった。奥运会延期，选拔出来的运动员锐气大挫。

【犠牲を払う】　付出代价；付出牺牲。例平和を守るため多大な犠牲を払う。保卫和平要付出巨大的代价。

【鬼籍に入る】　名登鬼录；死亡。類亡き数に入る。

【期せずして】　不期；偶然。類如何かした；如何かして①；端無くも。例期せずして空港ロビーで旧友に出逢った。在飞机场大厅和老朋友不期而遇。

【機先を制する】　先发制人。類先んずれば人を制す；先手必勝；先手を打つ②；先鞭を着ける；先を越す；先を取る。例機先を制したのはいいが後が続かなかった。先发制人倒还可以，但后续没跟上。

【驥足を展ばす】　展其驥足；充分施展才能。中晋·陈寿《三国志·蜀志·庞统传》："庞士元非百里才也，使处治中、别驾之任，始当展其驥足耳。"

【来た、見た、勝った】　(罗马·凯撒)言简意赅的信函：来也，见也，克之矣。西Caesar：Veni,Vidi,Vici.

【危殆に瀕する】　瀕于危殆；面临危境。例疫病の大流行で世界経済は危殆に瀕している。疫病大流行，世界经济面临危境。

【来たか長さん待ってたほい】　我正盼着你来呢；可算盼来了。

【来るべき】　下次。例来るべき市議選に立候補するつもりです。我打算参加下届市议（会议）员选举。

【来る者は拒まず、去る者は追わず】　来者不拒，去者不追。類去る者は追わず、来る者は拒まず。中战国·孟轲《孟子·尽心下》："往者不追，来者不拒。"

【気違いに刃物】　疯子持刀；疯子拿刀，凶险增高。

【機知に富む】　谈吐机敏风趣；巧妙机智；言语机智巧妙。例テレビのお笑い番組出演者の機知に富んだ遣り取りはアドリブもあるがシナリオも多い。电视娱乐节目中演出者巧妙机智的问答虽有临时发挥，但依剧本进行的居多。

【危地を脱する】　摆脱困境；脱离险境；走出泥潭。類虎口を脱する。例山岳遭難したがヘリコプターによる救助で危地を脱した。登山遇险，有直升飞机救援才脱离险境。

【吉凶は糾える縄の如し】　吉凶如纠缠；吉凶祸福，难以预测；祸福相纠缠。類禍福は糾える縄の如し。中晋·孙楚《征西官属送于陟阳候作》："吉凶如纠缠，忧喜相纷绕。"

【切った張った】　打打杀杀；大打出手。例映画ではよく切った張ったの大立ち回りのシーンがある。电影常有打打杀杀的激烈的场面。

【切って落とす】　❶斩落马下；砍倒。例薙刀で馬上の敵を切って落とす。拿

着长柄大刀把敌人斩落马下。❷开始；开幕。[类]幕が開く。[例]毎年7月下旬に高校野球大会の幕が切って落とされる。每年7月下旬高中棒球大赛开赛。

【切って捨てる】 格杀勿论；除掉。[例]会社経営者には時に不必要な人・物を切って捨てる非情さが求められる。公司的经营者有时要有冷酷的决断，砍掉不必要的人员和物品。

【切って取る】 干净利落地战胜；漂亮地击败。[例]強打者を三球三振に切って取る。以三击不中把击球高手淘汰出局。

【切っても切れない】 （关系）密不可分；割也割不断；极其亲密；骨肉相连；血肉相连。[例]両者は切っても切れない強い絆で結ばれている。二者由斩不断的强韧纽带联系在一起。

【屹度した】 严峻的；严肃郑重。[例]屹度した態度で反論する。△义正词严地（用严厉郑重的态度）加以反驳。

【屹度なる】 严峻起来；变得严肃起来；变色。[例]失礼なことをされて屹度なる。因对方失礼而报以严厉的态度。

【狐が落ちる】 驱除邪祟；被狐狸精迷住的人恢复正常。

【狐と狸】 狐狸与貉子；彼此都是老江湖。

【狐と狸の化かし合い】 尔虞我诈。

【狐につままれる】 被狐狸迷住；中邪；着魔。[例]宝くじで3億円当たった時はしばらくの間狐につままれたようだった。买彩票中了3亿日元大奖，△老半天（一时间）就像中了邪似的。

【狐の子は頬白】 孩子像父母。[类]血は争えない。

【狐の嫁入り】 晴天下雨。

【狐を馬に乗せたよう】 ❶不稳；动摇。❷说话漫无边际，不可信。

【切っ刃を回す】 ❶手按刀柄；刀出鞘。[类]鯉口を切る。❷尽情批驳；在论辩

中大显身手。

【気褄を合わす】 讨好；迎合；取悦。類胡麻を擂る。

【気で気を病む】 庸人自扰；自寻烦恼；无病自炙。類影を畏れ迹を悪む。

【木で鼻を括る】 带理不理；非常冷淡；带搭不理。類取り付く島もない。

【機転が利く】 机灵；心眼儿快。類気が利く①；気を利かせる；勾配が早い②；心利く；当意即妙；目端が利く。例居酒屋アルバイトの面接で機転が利きそうな子を採用する。餐馆打工面试，录用机灵的年轻人。

【軌道に乗る】 纳入轨道；上（了）轨道；步入正轨。類エンジンが掛かる；乗りが来る；弾みが付く。例紆余曲折を経て巨大プロジェクトが軌道に乗って来た。几经周折，大型项目终于步入正轨。

【黄なる涙】 （动物的）眼泪。

【黄なる物】 （一枚一両的）金币；黄货。類山吹色②。

【気に入る】 中意；相中；喜欢。類意に中る；意に適う；意に沿う；心に適う；心を留める②；目に留まる②。例この柄のワイシャツが気に入った。我相中了这种图案的△衬衣（衬衫）。

【気に掛かる】 担心；挂心；放不下心。類気にする。例仕事をしていても病気で入院中の母のことが気に掛かる。工作的时候都放心不下生病住院的母亲。

【気に掛ける】 放在心上；介意。類気にする。例家族の健康を気に掛けて料理を作る。做饭的时候把家人的健康放在心上。

【気に食わない】 不中意；相不中；不喜欢；不称心。類意に染まない。例この服は気に食わない。不喜欢这件衣服。例気に食わない奴だ。他是个令人讨厌的家伙。

【気に障る】 伤害感情；使……不痛快。類感情を害する。例お気に障ったら御免なさい。如果我使您不快，请您原谅。

【機に乗じる】　乗机；抓住时机。[例]機に乗じて販路を拡張する。巧妙利用机会扩大销路。

【気にする】　介意；关心；担心；在乎。[類]意とする；意に介する；気に掛かる；気に掛ける；気に留める；気になる①；気を砕く①；心に懸かる；心に懸ける；心に留まる②；心に留める；心を置く①；心を残す①；念頭に置く；耳に留める②。[例]あまり気にすると体に良くない。过分在意会对身体不好。

【木に竹を接ぐ】　驴唇不对马嘴；不协调；不对路。

【気に留める】　放在心上；留心；注意。[類]気にする。[例]天気予報はいつも気に留めている。总是留心天气预报。

【気になる】　❶担心；放不下心。[類]気にする。[例]家族の安否が気になる。担心家人的安危。❷有意；想要。[類]気がある①。[例]誘われてその気になる。有意应邀。

【機に臨み変に応ず】　临机应变；随机应变。[類]臨機応変。[中]唐·李德裕《请赐刘沔诏状》："自度便宜，临机应变，不得过怀疑虑，皆待指挥。"

【木にも草にも心を置く】　草木皆兵；风声鹤唳。[類]戦戦兢兢。

【気に病む】　焦虑；烦恼；担心；忧愁。[類]気を揉む。[例]つまらないことを気に病む。为无所谓的事而烦恼。

【木に縁りて魚を求める】　缘木求鱼；钻冰求火。[類]畑に蛤。[中]战国·孟轲《孟子·梁惠王上》："以若所为，求若所欲，犹缘木而求鱼也。……缘木求鱼，虽不得鱼，无后灾。"

【機に因りて法を説く】　因势利导；佛法唯一，说法各异；随机应变。[類]臨機応変。

【絹を裂くよう】　尖锐刺耳的声音；尖（厉的）叫声。[例]「きゃあー！」という絹を裂くような悲鳴が聞こえた。听到"啊–"的一声尖厉的惨叫。

【昨日の今日】　那以后不久；一两天前；不久前。[例]昨日の今日なのに早や心変わ

りか。才这么两天就变心了？

【昨日の襤褸、今日の錦】 昨日衣褴褛，今朝穿罗绮；贫富轮回；盛衰无常。類昨日の花は今日の夢。

【昨日の敵は今日の友】 昨日仇，今朝友；人事变化无常。

【昨日の花は今日の夢】 昨日是花，今朝成梦；盛衰流转，变化无常。類昨日の襤褸、今日の錦。

【昨日の淵は今日の瀬】 昨日是深渊，今朝成浅滩；沧海桑田；世事变幻无常。類滄海変じて桑田となる。

【昨日は人の身、今日は我が身】 昨天看旁人，今天轮到自己；昨日他人事，今朝到自己。類今日は人の身、明日は我が身。

【昨日や今日】 这两天；最近；近来。類昨日今日。例お前との付き合いは昨日や今日のことではない、水臭いことは言うな。跟你的交情不是一天两天了，别说见外的话了。

【茸採った山は忘れられぬ】 尝到甜头，常在心头。類味を覚える。

【気の所為】 心理作用；神经过敏；只是心情关系。例気の所為か誰かに監視されているようだ。可能是精神作用，觉得受到监视。

【気の毒を掛ける】 让人操心；让别人担心。例子供のことであなたに気の毒をお掛けし、申し訳ありませんでした。 孩子让你操心了，真过意不去。

【木登りは木で果てる】 淹死会水的。類川立ちは川で果てる。

【木の股から生まれる】 不懂男女之情的人；不解人情；石头人儿。

【着の身着のまま】 只有一身衣服。例火事で着の身着のまま焼け出された。着火了，仅仅穿件衣服逃了出来。

【木の実は本へ落つ】 万象归宗；叶落归根。類花は根に鳥は故巣に。

【気の病】　心劳成疾；心病；抑郁症。

【起爆剤になる】　成为导火线；成为动因；成为契机。類引き金になる。例生産力過剰の社会では経済活性化の起爆剤になる起業は稀だ。在生产力过剩的社会里，成为激活经济动因的创业很少出现。

【気は心】　略表寸心；小意思；瓜子不饱是人心。類志は髪の筋；志は木の葉に包め；塵を結んでも志。例気は心だから僅かでも包んだ方がいい。瓜子不饱是人心，钱虽不多，还是装红包里吧。

【気は世を蓋う】　气盖世；拔山盖世；气势宏大。類抜山蓋世。中战国·项羽《垓下歌》："力拔山兮气盖世，时不利兮骓不逝。骓不逝兮可奈何，虞兮虞兮奈若何！"。

【牙を噛む】　非常懊恨；咬牙切齿；异常兴奋。類切歯扼腕。

【牙を研ぐ】　磨牙砺爪；秣马厉兵；摩厉（=磨砺）以须；磨刀霍霍。類爪を研ぐ。例政敵を追い落とすため密かに牙を研ぐ。为把政敌赶下台，暗中伺机加害于他。

【牙を鳴らす】　❶懊悔；悔恨。❷凶相毕露；露骨地显出敌意。類獅子の歯噛み。例ライオンの群れが牙を鳴らして野牛に襲い掛かる。狮群凶恶地扑向野牛。

【牙を剥く】　满怀敌意；敌对。類面を向かう②。例奴隷が主人に牙を剥く。奴隶对主人显出敌意。

【驥尾に付す】　附骥尾；附骥。類蒼蠅驥尾に付して千里を致す。中汉·司马迁《史记·伯夷列传》："伯夷、叔齐虽贤，得夫子而名益彰。颜渊虽笃学，附骥尾而行益显。"

【機微に触れる】　感到内心微妙的变化；触及内心的奥秘。例夫婦の情愛は機微に触れることが多く、他人には分からないものだ。夫妻之爱多有精微之处，外人无从感知。

【機微を穿つ】　说穿微妙之处；一语道破天机；巧妙地道出内心的意趣。

【季布の一諾】 季布一诺；说话极有信用；一诺千金。中汉·司马迁《史记·季布栾布列传》："楚人谚曰：'得黄金百，不如得季布一诺。'"

【気骨が折れる】 操心；劳神。類気が揉める。例接客は気骨が折れる。伺候客人是很劳神的。

【気前がよい】 大方；慷慨。類金離れがよい。例彼は気前がよいのでたかりやすい。他很大方，所以让他请客很容易。

【決まりが付く】 得到解决；有结论；完结。類収まりが付く①；片が付く；けりが付く；埒が明く。例懸案の問題に決まりが付かないと次に進めない。老大难问题不解决就迈不出下一步。

【決まりが悪い】 不好意思；难为情；尴尬。類ばつが悪い。例招待されて手ぶらで訪問するのは決まりが悪い。受到邀请，不好意思空着手去拜访。

【気味が好い】 心里痛快；拍手称快；活该。類小気味が好い。例悪人が懲らしめられて気味が好い。坏人受到惩罚，令人拍手称快。

【気味が悪い】 瘆人；害怕；令人毛骨悚然。類薄気味が悪い；暗がりに鬼を繋ぐ；不気味。例夜お墓の側を歩くのは気味が悪い。夜晚走过坟地时令人毛骨悚然。

【君君たらずとも臣臣たらざる可からず】 君虽不君，臣不可以不臣。中《古文孝经》："余谓不然，君虽不君，臣不可以不臣；父虽不父，子不可以不子。"

【君君たり臣臣たり】 君君，臣臣。中《论语·颜渊》："孔子对曰：'君君，臣臣，父父，子子。'"

【君辱められるれば臣死す】 君辱臣死。類主辱められるれば臣死す。中战国·佚名《国语·越语下》："臣闻之，为人臣者，君忧臣劳，君辱臣死。"

【君は舟、臣は水】 君为舟，臣为水；君者舟也，庶人者水也。中战国·荀况《荀子·王制》："君者，舟也；庶人者，水也。水则载舟，水则覆舟。"

【気脈を通じる】 串通一气；暗中勾结；秘密联络；秘密沟通。類ぐるになる；

肌を合わせる②；腹を合わせる②；八百長②。囫大業達成のため同志たちと気脈を通じておく。为完成大业，与同道秘密联络。

【きめが細かい】 ❶细腻；细嫩。囫赤ちゃんの膚はきめが細かい。△宝宝（婴儿）的皮肤非常细嫩。❷细致；周到。麵念が入る。囫彼女の仕事はきめが細かい。她工作非常细致。

【決めてかかる】 深信不疑；断定；认定。囫相手は弱いと決めてかかる。断定对方软弱。

【鬼面人を威す】 ❶装鬼脸吓人；❷虚张声势。麵虚勢を張る。

【肝が大きい】 胆子大。麵肝が太い；強心臓；穴の穴が太い①；心臓が強い②。囫乱世になればなるほど肝が大きい人物が出現する。世道越乱越会出胆子大的人。

【肝が据わる】 有胆量；胆子壮；沉得住气。麵度胸が据わる。囫彼は勝負師と言われるだけに肝が据わっている。到底是赌徒，他胆子够壮的。

【肝が小さい】 胆小。麵気が小さい。囫子供の頃から肝が小さくて、蛇を見ると今でもびくっとする。自幼胆小，即便现在看见蛇都会哆嗦。

【肝が太い】 胆子大。麵肝が大きい。囫冒険家は肝が太いだけでなく細心だ。冒险家不光胆大，还心细。

【肝精焼く】 关照；照顾；辛苦。麵世話を焼く。

【気も漫ろ】 魂不守舍；心不在焉；心神不宁。麵心ここに在らざれば視れども見えず；心ここに在らず；手が付かない；手に付かない。囫大賞受賞者発表前になると候補者たちは内心気も漫ろになる。在公布大奖获奖者前，有望获奖者都心神不宁。

【気持ちが傾く】 倾心；仰慕；心仪。麵思いを懸ける。囫前はFさんが好きだったが今はGさんに気持ちが傾いている。原来喜欢F，现在倾心于G。

【肝膽を作る】 焦虑不安；非常担心。麵気を揉む。

【肝に応える】 深受感动；内心受到震撼。类肝に染みる。例師の教えは弟子の肝に応えるものだ。先生的教诲使弟子深受感动。

【肝に染みる】 没齿难忘；永志不忘；深受感动；沁人心脾。类肝に応える：腸に染みる②；身に沁みる①；胸に当たる；胸に応える。

【肝に銘ずる】 铭记在心；铭诸肺腑；刻骨铭心。类心に刻む；心に沁みる；心に留む；心肝に徹する；心骨に刻す；心魂に徹する；脳裏に焼き付く；骨に刻む；胸に刻む。例仏の教えを肝に銘じて精進する。铭记佛祖的教诲，努力修行。

【驥も櫪に伏す】 英雄无用武之地。中汉·曹操《龟虽寿》："老骥伏枥，志在千里；烈士暮年，壮心不已。"

【肝を煎る】 ❶焦虑。类気を揉む。❷关照；斡旋 伤脑筋。类世話を焼く。

【肝を砕く】 ❶伤脑筋；忧心忡忡。❷冥思苦想；胡思乱想。类肝胆を砕く。

【肝を消す】 ➡肝を潰す

【肝を据える】 下定决心；沉着；沉得住气。类腹を決める。例隊員たちは肝を据えて遺棄された化学兵器の除去作業に当たる。队员们沉着地进行遗弃化学武器的清除作业。

【肝を潰す】 吓破胆；吓得魂不附体；魂飞魄散；亡魂丧胆；心胆俱裂。类荒肝を抜く；生き肝を抜く；肝を抜かれる；度肝を抜く；毒気を抜かれる。例ワラビ採りでマムシを掴みそうになり肝を潰した。采蕨菜的时候差点抓在蝮蛇身上,可把我吓死了。

【胆を嘗める】 卧薪尝胆。类臥薪嘗胆。中汉·司马迁《史记·越王勾践世家》："越王勾践返国，乃苦身焦思，置胆于坐，坐卧即仰胆，饮食亦尝胆也。"

【肝を抜かれる】 吓破胆；吓得魂不附体；魂飞魄散。类肝を潰す。

【肝を冷やす】 吓出一身冷汗；吓得一激灵。类頭から水を浴びたよう；肌骨を

驚かす；心胆を寒からしめる；背筋が寒くなる；魂を冷やす；鳥肌が立つ；肌に粟を生ずる；身の毛がよだつ；胸を冷やす。例危うく対向車とぶつかりそうになって肝を冷やす。险些和对面的车撞上，吓出一身冷汗。

【肝を焼く】 焦虑。類気を揉む。

【客が付く】 有买主。例不动产のいい物件なのですぐに客が付く。因为是优良的不动产，所以马上就会有买主。

【逆手に取る】 ❶反扭对方胳膊。類逆を取る①。❷以子之矛攻子之盾；将计就计。類逆を取る②。

【逆に取る】 理解相反；误解。例相手の好意を逆に取る。把对方的好意理解反了。

【客発句に亭主脇】 让客人露脸；给客人面子；抬举客人。

【客をする】 招待客人；邀请和招待客人。

【客を取る】 （妓女）接客。

【逆を取る】 ❶反扭对方胳膊。類逆手に取る①。例逆を取られる技は痛い。胳膊被反扭很疼。❷以子之矛攻子之盾；将计就计。類逆手に取る②。例こちらを骗そうとする相手の逆を取って、ぎゃふんと言わせる。用将计就计的方法制服欺骗我的家伙，要让他哑口无言。

【客を引く】 拉客。例温泉旅館の番頭が船着き場で客を引く。温泉旅馆的经理在码头拉客。

【キャスティングボートを握る】 掌握决定性的一票；掌握决定权。例保革伯仲で第三政党がキャスティングボートを握った。保守·革新两派难分伯仲，第三大政党就握有关键的一票。

【脚下を照顧せよ】 要端正自己；要自我反省；言人先责己。

【脚光を浴びる】 ❶演员登台。例役者として初めて脚光を浴びたのは15歳の時だった。作为演员首次登台是15岁的时候。❷受到瞩目；受到广泛关注。類注目

を浴びる。例メタンハイドレートは将来のエネルギー資源として脚光を浴びている。可燃冰(kěránbīng)作为未来的能源受到瞩目。

【キャラが被(かぶ)る】　不同的笑星，风格雷同；艺术风格相似(xiāngsì)。例お笑い芸人(わらげいにん)はキャラが被るとどちらも売れなくなる。喜剧演员如果风格雷同，就都红不起来。

【キャラが立(た)つ】　个性突出；很有个性。例ドラえもんはキャラが立っている。△多来萌(duōláiméng)（哆啦A梦）是个非常有个性的角色(juésè)。

【裘葛(きゅうかつ)を易(か)う】　一易寒暑(yīyìhánshǔ)。

【久闊(きゅうかつ)を叙(じょ)する】　叙旧；畅叙阔别(chàngxùkuòbié)。例友(とも)と数年振(すうねんぶ)りに再会し居酒屋(いざかや)で久闊を叙する。与多年不见的老朋友相会，在酒馆畅叙阔别。

【九牛(きゅうぎゅう)の一毛(いちもう)】　九牛一毛(jiǔniúyīmáo)。類取(と)るに足(た)りない。中汉·司马迁《报任少卿书》："假令仆伏法受诛，若九牛亡一毛，与蝼蚁何以异？"

【旧交(きゅうこう)を温(あたた)める】　重温(chóngwēn)旧谊；再续旧交。類旧情を温める。例上京(じょうきょう)の折(おり)に在京の同級生たちと旧交を温めるのが楽しみだ。去东京时跟在京的老同学叙旧是很愉快的事。

【朽索(きゅうさく)の六馬(ろくば)を馭(ぎょ)するが如(ごと)し】　朽索驭马(xiǔsuǒyùmǎ)；非常困难(kùnnan)而又危险。中《尚书·五子之歌》："予临兆民，懔乎若朽索之驭六马。"

【九死(きゅうし)に一生(いっしょう)を得(え)る】　九死一生(jiǔsǐyīshēng)；死里逃生(sǐlǐtáoshēng)；虎口余生(hǔkǒuyúshēng)。類命(いのち)辛辛(からがら)；死線(しせん)を越(こ)える；刀下(とうか)の鳥(とり)、林藪(りんそう)に交(まじ)わる；万死一生(ばんしいっしょう)；万死(ばんし)の中(うち)に一生(いっしょう)を得(え)る。中唐·李峤《以御史大夫娄师德谢赐杂彩表》："七擒三捷，诚所庶几，九死一生，岂当还顾。"

【休止符(きゅうしふ)を打(う)つ】　打上休止符(xiūzhǐfú)；告一段落。類切(き)りを付(つ)ける。例何事(なにごと)も適当(てきとう)なところで休止符を打つ必要がある。什么事都需要在适当之处(shìdāngzhīchù)打上个休止符。

【旧情(きゅうじょう)を温(あたた)める】　重温(chóngwēn)旧谊；再续旧交。類旧交を温める。

【急所(きゅうしょ)を衝(つ)く】　击中(jīzhòng)要害；说到点子上；指出关键所在。類核心(かくしん)を衝く。例相

手の急所を衝いて音を上げさせる。击中要害令对方示弱。

【牛耳を執る】　执牛耳；主导；掌舵。[中]春秋·左丘明《左传·定公八年》："卫人请执牛耳。"

【九仞の功を一簣に虧く】　为山九仞，功亏一篑。[類]川口で船を破る①；千日に刈った萱一日に亡ぼす；百日の説法屁一つ。[中]《尚书·旅獒》："为山九仞，功亏一篑。"

【窮すれば通ず】　穷则变，变则通。[中]《易经・繫辞》："穷则变，变则通。"

【窮鼠猫をかむ】　穷鼠啮狸；狗急跳墙；困兽犹斗。[類]兎も七日なぶれば嚙みつく。[中]汉·桓宽《盐铁论·诏圣》："死不再生，穷鼠啮狸。匹夫奔万乘，舍人折弓，陈胜、吴广是也。"

【九腸寸断す】　肝肠寸断；撕心裂肺。[類]断腸の思い。

【窮鳥懐に入る】　穷鸟入怀；危难者寻求庇护；望门投止。[類]窮鳥懐に入れば猟師も殺さず。[中]北齐·颜之推《颜氏家训·省事》："穷鸟入怀，仁人所悯，况死士归我，当弃之乎！"

【窮鳥懐に入れば猟師も殺さず】　穷鸟入怀，猎人不杀；恻隐之心人皆有之；救助穷困乃人之常情。[類]窮鳥懐に入る。

【牛刀を以って鶏を割く】　割鸡（焉）用牛刀；小题大作。[類]虱の皮を槍で剥ぐ；鶏を割くに焉んぞ牛刀を用いん。[中]《论语·阳货》："子之武城，闻弦歌之声。夫子莞尔而笑曰：'割鸡焉用牛刀？'"

【急場を凌ぐ】　采取应急措施；临时救急。[例]地震で停電・断水したためローソクの明かりと小川の水で 2、3 日急場を凌いだ。地震导致停电和停水，用蜡烛和溪水对付了两三天。

【朽木は雕る可からず】　朽木不可雕也；不堪造就；朽木不雕。[中]《论语·公冶长》："宰予昼寝。子曰：'朽木不可雕也，粪土之墙不可杇也！于予与何诛？'"

【窮余の一策】 穷极之策；最后一着；黔驴之技。類鼬の最後っ屁。

【久離を切る】 断绝亲子关系；与亲人断绝关系。類縁を切る。

【笈を負う】 负笈；游学。中汉・桓宽《盐铁论・相刺》："故玉屑满箧，不为有宝；诵诗书负笈，不为有道。"

【灸を据える】（灸、御灸とも） 教训一番；惩处；严厉斥责。類油を絞る；大目玉②。例娘が言うことを聞かないので灸を据える。因为女儿不听话而对她严加训斥。悪戯小僧に御灸を据える。惩罚顽劣的孩子。

【御意に入る】 中意；喜欢。類御目に入る。

【御意に召す】 中意；喜欢。類御目に入る。

【御意を得る】 ❶谨承圣意；谨领尊命。例上様の御意を得たく存じます。愿领（大人）遵命。❷参见；拜谒尊颜。例初めて殿下の御意を得ます。初次参见殿下。

【今日あって明日ない身】 ❶人世无常。類朝に紅顔ありて夕べには白骨となる。❷来日无多；死期临近。類棺桶に片足を突っ込む。

【京男に伊勢女】 京都男儿，伊势淑女。類好一対。

【今日か明日か】 ❶翘首以待。類首を長くする。例今日か明日かと合格通知の到着を待っている。度日如年地等待录取通知书。❷大限将至；今天不死，明日断气。類棺桶に片足を突っ込む。例末期癌で今日か明日かの命です。癌症晚期，就是这两天的事ル。

【興が醒める】 扫兴；败兴；失去兴致。類御座が醒める；興を醒ます；座が白ける；座を醒ます。例ブームが過ぎ去って興が醒める。热潮过去后就会失去兴趣。例宴会の席上、突然口論が起こりすっかり興が醒めてしまった。宴席上突然吵起来，实在扫兴。

【興が乗る】 乗兴（而作）。類興に乗る。例話に興が乗ってつい長居をしてしまった。谈得兴致勃勃，没想到打扰了很久。

【興が湧く】　产生兴趣；感兴趣。例一つの事に夢中になると他の事には興が湧かない。如果迷上一件事，对别的就不感兴趣了。

【今日考えて明日語れ】　今天想好了明天说；深思熟虑之后发言。

【行間を読む】　体会字里行间的意思；读出言外之意。

【胸襟を開く】　推心置腹；开诚布公。類肝胆を披く；襟を披く；心腹を輸写す；赤心を推して人の腹中に置く；底を割る①；肺肝を出す；腹を割る。例初対面の人に胸襟を開く訳には行かない。不能对生人一见面就推心置腹。

【郷原は徳の賊】　乡愿，德之贼也；貌似忠厚的人（=伪君子）是败坏道德底线的人。中《论语·阳货》："子曰：'乡原（=愿），德之贼也。'"

【強将の下に弱卒なし】　强将手下无弱兵。類勇将の下に弱卒なし。中宋·苏轼《东坡题跋·6·题连公壁》："俗语曰：'强将下，无弱兵。'真可信。"

【狂人走れば不狂人も走る】　世人常爱跟风；盲目追随他人；一犬吠影，百犬吠声。類付和雷同。

【兄弟は他人の始まり】　兄弟早晚成陌路；分家三年成邻舍。

【兄弟は両の手】　兄弟如同左右手；兄弟手足。類兄弟は左右の手なり。

【胸中に成竹あり】　胸有成竹。中宋·苏轼《文与可画筼筜谷偃竹记》："故画竹必先得成竹于胸中，执笔熟视，乃见其所欲画者，急起从之，振笔直遂，以追其所见。"

【篋底に秘す】　秘不示人；秘藏。例遺言を篋底に秘す。遗嘱秘不示人。

【暁天の星】　寥若晨星；寥寥无几。類数えるほど。

【今日という今日】　今天一定。例こんなことお客さんに言いたくないけど、今日という今日は溜まっているツケを払ってもらいますよ。今天请务必结清欠账！虽然我不愿意对客人这样讲。

【強弩の末、魯縞に入る能わず】　强弩之末。中汉·班固《汉书·韩安国传》：

"且臣闻之，冲风之衰，不能起毛羽；强弩之极，力不能入鲁缟。"

【京に田舎あり】　京师之中也有农村；闹市有僻巷。

【興に入る】　渐入佳境；入迷。類佳境に入る。例宴たけなわで話が興に入る。饮至酒酣谈兴渐浓。

【興に乗る】　乘兴（而作）。類興が乗る。例興に乗りカラオケで歌いまくる。乘兴唱卡拉OK，唱个没完。

【京の着倒れ、大阪の食い倒れ】　京都讲衣着，大阪重美食；京都人讲究穿，大阪人讲究吃。

【今日の情けは明日の仇】　今朝虽是友，明日或成仇；人心易变。

【今日の後に今日無し】　今日之后无今日；岁月不待人；时不再来。類歲月人を待たず。

【京の夢、大阪の夢】　京都梦大阪梦，世事皆在梦中。

【今日は人の身、明日は我が身】　今天看别人，明朝到自己。類昨日は人の身、今日は我が身。

【京へ筑紫に坂東さ】　各地方言，同实异名；各地方言，各有特点。

【教鞭を執る】　当教师；执教。例少子化で教鞭を執る仕事は超狭き門となった。少子化大大收窄了从教之门。

【喬木風に折らる】　树大招风；出头的椽子先烂；枪打出头鸟。類高木は風に折らる。

【狂瀾を既倒に廻らす】　回狂澜于既倒；力挽狂澜。中唐·韩愈《进学解》："障百川而东之，回狂澜于既倒。"

【興を醒ます】　扫兴；败兴。類興が醒める。例せっかく盛り上がっているのに興を醒ますようなことを言うなよ。难得大家这么热情高涨，你就别说让人扫兴的话了。

【興を添える】 助興。例宴に興を添えるため手品や日本舞踊などを披露する。为给宴会助兴，表演戏法和日本舞蹈。

【清き一票】 公正的一票。

【虚器を擁す】 有职无权；空有其位。

【曲がない】 ❶毫无趣味；乏味。類芸がない。例趣向を凝らそうと皆で知恵を絞っているが曲がないものばかりだ。大家绞尽脑汁要计划得好些，但却都是些乏味的主意。❷冷淡；不亲切。類取り付く島もない。

【玉山崩る】 玉山将崩；泥醉不支。中南朝·宋·刘义庆《世说新语·容止》："嵇叔夜之为人也，岩岩若孤松之独立；其醉也，傀俄若玉山之将崩。"

【旭日昇天の勢い】 旭日东升之势；喷薄日出之势。類朝日の昇る勢い。

【玉趾を挙ぐ】 亲举玉趾；有劳大驾。中春秋·左丘明《左传·僖公二十六年》："寡君闻君亲举玉趾，将辱於敝邑，使下臣犒执事。"

【玉石俱に焚く】 玉石俱焚。中《尚书·胤征》："火炎昆岗，玉石俱焚。天吏逸德，烈于猛火。"

【玉斧を乞う】 恳请斧正。

【玉を付ける】 付艺妓钱。例宴会に芸者を呼んだので置屋に玉を付ける。宴会请来艺妓须向艺妓所付钱。

【局を結ぶ】 结局；终结；结束；完结。類始末を付ける。

【去就に迷う】 去留犹豫不决；何去何从，游移不定。例会社を辞めたいと思っているが上司に引き留められて去就に迷っている。想辞掉公司的工作，受到领导的挽留，去留犹豫未决。

【挙手の礼】 举手礼。

【虚勢を張る】 虚张声势。類犬の遠吠え；腕無しの振り飄石；鬼面人を威す②；痩せ肘を張る。例金もないくせに「おごってやる」と虚勢を張る。明明没有

钱，却虚张声势地说："我请客！"

【巨星墜つ】 巨星陨落；伟人逝世。

【挙措を失う】 举措失当；失措。例喪主として葬儀参列者の前で挙措を失わないよう気を付ける。作为丧主，注意不能在参加葬礼的人面前举措失当。

【曲肱の楽しみ】 曲肱之乐；曲肱而枕。中《论语·述而》："饭疏食，饮水，曲肱而枕之，乐亦在其中矣。"

【虚に乗ずる】 乘虚而入；攻其不备；突然袭击。類虚を衝く。例相手の虚に乗じて勝ちを制する。乘其不备一招致胜。

【挙に出る】 举动；行动。例政争で新党設立の挙に出る。由于政治纷争导致建立新党的举动。

【居は気を移す】 居移气；环境改变人的气质。中战国·孟轲《孟子·尽心上》："居移气，养移体，大哉居乎。"

【魚腹に葬らる】 葬身鱼腹。類藻屑となる。中战国·屈原《渔父》："宁赴湘流，葬于江鱼之腹中。安能以皓皓之白，而蒙世俗之尘埃乎?"

【漁夫の利】 渔翁之利；鹬蚌相争，渔人得利；渔利。類鷸蚌の争い；論ずるものは中から取れ。中汉·刘向《战国策·燕策》："蚌方出曝，而鹬啄其肉……两者不肯相舍，渔者得而并禽（=擒）之。"

【清水の舞台から飛び降りる】 孤注一掷；豁出命去；抱定必死的决心。類一か八か。

【清めの塩】 为辟邪撒的盐。

【清めの水】 神社前的洗手漱口水；洁净之水。

【虚を衝く】 攻其不备；突然袭击。類虚に乗ずる。例スポーツでは正攻法だけでなく相手の虚を衝く技も欠かせない。体育比赛不仅需要正面进攻，攻其不备的战法也不可或缺。

【綺羅星の如く】 繁星璀璨一般（地）。類星を列ねる。例会場には有名俳優が綺羅星の如く参集した。会场内名优荟萃，犹如璀璨的繁星一般。

【綺羅を飾る】 ❶遍身罗绮；花枝招展；打扮得漂漂亮亮的。類満艦飾②。例芸能人の結婚披露宴をテレビ中継するとあって、招待客たちは綺羅を飾って宴席に座った。因为演员的婚宴要电视直播，应邀前来的人都打扮得花枝招展地坐在席位上。❷虚饰外表；装潢门面。類見栄を張る。

【綺羅を磨く】 追求华美；极尽奢华。

【義理ある仲】 姻亲关系；干亲。

【切りがない】 没完没了，无止境；无限度；无休无止。類止まる所を知らない；止め処が無い；方図がない。例雑草取りはやってもやっても切りがない。铲除杂草怎么除也没个完。例欲を言えば切りがない。欲望是没有止境的；欲壑难填。

【義理が悪い】 知恩不报；欠人情；亏欠对方。例急に引っ越すことになったので、隣近所に一言って置かなければ義理が悪い。突然决定搬家，得跟左邻右舍打个招呼，别亏欠了人情。

【義理と褌欠かされぬ】 大丈夫不可不讲义气；礼数不可或缺。

【義理にも】 （看在）情面上（也）；即便顾及面子（也不）。例折角の手作り料理だが義理にも美味しいとは言えない。这个菜虽然是特意给做的，但是无论如何也不能说好吃。

【切り札を出す】 使出撒手锏；亮出王牌。例膠着した局面を打開するため切り札を出す。为打破僵持的局面使出撒手锏。

【切り盛りをする】 料理；操持；安排。例夫が亡くなった後、一人で居酒屋の切り盛りをして3人の子供を育て上げた。丈夫离世后一个人打理小酒馆，把三个孩子培养成人。

【器量を下げる】 评价下降；形象下降。例責任逃ればかりでは公人としての器量

を下げることになる。总是推脱责任会有损公职人员的形象。

【義理を欠く】 欠人情；缺礼。囫義理を欠いているので顔を出しにくい。我欠人家的人情，不好意思露面。

【錐を立つべき地】 立锥之地。中战国·吕不韦《吕氏春秋·为欲》："夫无欲者……其视有天下也，与无立锥之地同。"

【義理を立てる】 尽情分；保住情面。囫友人に義理を立ててあまり気の進まない会合に出席する。拘于朋友的情面，去参加本不愿意去的聚会。

【切りを付ける】 告一段落；了结一桩。類一段落付く；休止符を打つ；一山越す。囫あの人は一旦やりかけたことには切りを付けないと気が済まない気質だ。他的性格是一旦开始行动，不完成就不会罢手。

【麒麟も老いぬれば駑馬に劣る】 麒麟之衰，驽马先之；千里马老了不如驽马；麒麟一老，不如驽马。類昔の剣、今の菜刀。中汉·刘向《战国策·齐策·闵王》："麒麟之衰也，驽马先之，孟贲之倦也，女子胜之。"

【綺麗な花には刺がある】 （西谚）美丽的花都有刺。西There's no rose without thorns.

【綺麗な花は山に咲く】 好花开在山里。

【岐路に立つ】 置身歧路；面临抉择。囫高卒前に進学か就職かの岐路に立つ。高中毕业面临升学还是就业的选择。

【議論を上下する】 展开口水战；唇枪舌剑。類丁丁発止②。

【機を逸する】 ➡機を失する

【軌を一にする】 ❶统一天下；一轨。中北齐·魏收《魏书·崔鸿传》："历文、景之怀柔蛮夏，世宗之奋扬威武，始得凉、朔同文，牂、越一轨。"❷同出一辙；同辙同轨。中唐·韩愈《秋怀诗》其一："浮生虽多涂，趋死惟一轨。"囫政党は思想信条で軌を一にする者たちによって結成される。政党是由思想信条一致的人组成的。

【気を入れる】 加劲儿；专注于；聚精会神。類気合を入れる①。例大仕事なの

で気を入れてやって下さい。这是个大任务，要加把劲儿去作。

【気を失う】 昏迷；昏过去。類意識不明；気が遠くなる；人事不省；前後を失う

②；前後不覚；前後を知らず②；前後を忘れる②；目を回す①。例脳震盪で気を失

う。脑震荡昏迷。

【気を移す】 转换心情；转移情绪。類気を変える。

【気を奪われる】 无暇他顾；无暇顾及；把全部精力集中于。例サミットでテロ対

策に気を奪われる。峰会期间，把全部精力都集中于应对恐怖袭击问题上。

【気を落とす】 泄气；气馁；情绪低落。類気が滅入る。例彼女に振られたからと

いってそんなに気を落とすなよ。别因为被人电了就那么气馁呀。

【気を変える】 转换心情；另打主意；重整旗鼓。類気を移す。例山奥

の湯治場で気を変えてみるのも悪くないな。在山坳的温泉疗养地转换一下心情也

是不错的。

【気を利かせる】 知趣儿；有眼力见儿；机灵。類機転が利く。例気を利かせて二人

っきりにする。知趣儿地只把两个人留下（自己走开）。

【気を腐らす】 灰心丧气；怄气；沮丧。類気が滅入る。例何度やっても思っ

た通りに行かないので気を腐らす。多次尝试都不如意，便灰心丧气了。

【気を挫く】 挫伤锐气；气馁。類気勢を殺がれる。例やる気を挫くようなこと

を言うなよ。别说那种泄气话。

【気を砕く】 ❶担心；关心。類気を配る。❷打不起精神来；没干劲。類精が抜け

る。

【気を配る】 留神；警觉；(多方) 注意。類意を用いる；気を遣う；気を付ける；

気を留める；心を掛ける①；心を利かす；心を配る；心を使う；心を留める①；心

を用いる；神経を使う；念を入れる。例お客様に失礼がないよう気を配る。注意避

免对客人失礼。

【気を静める】 鎮定心神；沉住气。類心を鎮む。例まず深呼吸をして気を静めなさい。请先深呼吸，然后使心情平静下来。

【機を失する】 失掉好机会；错失良机。類時を失う。例機を失することなくうまく対応する。不失时机地巧妙应对。

【気を確かに持つ】 坚强些；头脑清醒。例傷は大したことない、気を確かに持て！伤势不重，坚强点(要挺住)！

【気を散らす】 分散精力；分心。類気が逸れる。例今は目標に向かって前進あるのみ、気を散らしてはいけない。现在只能向目标前进，不能分心。

【気を遣う】 顾虑；小心谨慎；操心照顾。類気を配る。例あまり気を遣わないで下さい。别太为我操心。

【気を尽くす】 ❶劳神；操碎了心。類気が揉める。❷竭尽全力；专心致志。類精を出す。

【気を付け】 （口令）立正！例体育館で先生が生徒たちに「気を付け！」「礼！」と号令を掛ける。在体育馆，老师对学生们喊口令："立正！""敬礼！"

【気を付ける】 小心；注意；当心。類気を配る。例気を付けて行動する。小心行动。

【気を詰める】 全神贯注；坚忍不拔；拼命地干。類心を凝らす①；根を詰める。

【奇を衒う】 玩儿花样；标新立异；显示奇特。例奇を衒った演出で観客の目を引く。以奇特的演出吸引观众。

【気を留める】 留意；特别留心；注意。類気を配る。

【気を取られる】 注意力被吸引去；只顾；分神。例運転中スマホに気を取られると危ないよ。开车时让手机分神很危险啊！

【気を取り直す】 重振精神；恢复情绪；重新振作起来。例気を取り直して再出発だ。重新振作起来，从零开始。

【気を抜く】 松劲儿；放松；松懈。例大型農機の操作中は一瞬も気を抜けない。操作大型农业机械的时候，一分一秒也不能松懈。

【気を呑まれる】 被（对方气势）吓倒；被震慑住；怯阵。例デビューの時は、会場の大歓声にすっかり気を呑まれてしまった。第一次登台时被全场的欢呼声吓住了。

【気を吐く】 扬眉吐气；斗志昂扬；豪言壮语。類気炎万丈；気炎を上げる；大言壮語；熱を吹く；メートルを上げる①。例だれたサッカーの試合だったが何人か気を吐く選手がいた。虽说这场足球踢得不起劲，但还有几个斗志不减的队员。

【気を励ます】 振奋精神；打起精神；重新振作起来。類景気を付ける。例これからが正念場と自ら気を励ます。鼓励自己说：要进入关键时刻了。

【気を晴らす】 散心；消愁解闷；令人心情舒畅。類溜飲を下げる。例酒は憂いの玉箒、一杯引っ掛けて気を晴らすとするか。一醉解千愁，喝他一杯散散心！

【気を張る】 ❶紧张起来。類褌を締める。例不慣れな土地で気を張って生活する。在陌生的地方紧张地生活；人生地不熟，生活不敢放松。❷奋起；振作起来。類景気を付ける。例もう一息だ、気を張って行こう。胜利就在眼前啦，加油干啊！

【気を引き立てる】 鼓励；给……打气；鼓劲儿。類油を差す；活を入れる②；気合を入れる②；気合を掛ける②；力を付ける②；螺子を巻く；発破を掛ける；焼きを入れる②。例劣勢に際し円陣を組んで気を引き立てる。处于劣势，大家站成一个圆圈互相鼓劲儿。

【気を引く】 引诱；不动声色地试探；引起对方注意。類誘い水を向ける。例色気を振りまいて相手の気を引く。卖弄风骚，吸引对方注意。

【気を紛らわす】　散心；消愁解闷；排遣。類気が紛れる。例面白くないことがあったが、パチンコやショッピングで気を紛らわす。心情不太好，就去玩弹球、购物散散心。

【気を回す】　猜疑；疑神疑鬼；往坏里想。例なんでもありませんからあまり気を回さないで下さい。什么事都没有，别疑神疑鬼了。

【義を見てせざるは勇無きなり】　见义不为，无勇也。中《论语·为政》："非其鬼而祭之，谄也。见义不为，无勇也。"

【木を見て森を見ず】　只见树木，不见森林；一叶障目，不见泰山。

【機を見るに敏】　见机行事；不失时机；敏锐地发现有利时机；见机而作。

【気を持たせる】　使对方抱希望；撩拨；挑逗。例女が男に気を持たせるような素振りをする。女人用她的举止撩拨男子。

【気を揉む】　焦虑不安；担心；放心不下。類気に病む；肝膽を作る；肝を煎る①；肝を焼く；辛気が湧く；心気を砕く。例縁談の成り行きに気を揉む。焦虑地等待相亲的结果。

【気を養う】　养神；养精蓄锐。例ご来光を拝んで気を養う。在山顶沐浴着朝阳修养精神。

【気を遣る】　性交达到高潮。

【気を許す】　放松警惕；疏忽；大意。類帯紐解く②；帯を緩くする；気を緩める；心を許す；肌を許す②。例つい気を許して相手に本音を漏らしてしまった。不知不觉地放松了警惕，向对方道出了真情。

【気を緩める】　放松警惕；麻痹大意；松懈。類気を許す。例最後の最後まで気を緩めるな。直到最后的最后也不可松懈。

【気を良くする】　心情转好；心情好；心情舒畅；高高兴兴。例高得点に気を良くする。得了高分，心情好起来。

【気を悪くする】　伤害感情；不痛快；生气。類感情を害する。例長時間待たされて気を悪くする。不得不长时间等待，内心感到不快。

【錦衣を着て故郷に帰る】　衣锦还乡。類故郷へ錦を飾る。中唐·姚察等《梁书·柳庆远传》："高祖饯于新亭，谓曰：'卿衣锦还乡，朕无西顾之忧矣。'"

【槿花一日の栄】　槿花一日自为荣；短暂的荣华富贵，转瞬即逝；盛衰无常。類邯郸の夢。中唐·白居易《放言五首·5》："松树千年终是朽，槿花一日自为荣。"

【金魚の糞】　跟屁虫；紧跟不离。類腰巾着②。

【金銀は回り持ち】　贫富无常；金银无根，流转如奔；穷不生根，富不长苗。類金は天下の回り物。

【金銀は湧き物】　钱能意外获得；命中有财，不求自来。類金は湧き物。

【金言耳に逆らう】　忠言逆耳。類忠言耳に逆らう。中汉·司马迁《史记·留侯世家》："且'忠言逆耳利于行，良药苦口利于病'，愿沛公听樊哙言。"

【禁じ得ない】　不禁；情不自禁；不由自主。例喜び・怒り・哀しみ・驚きを禁じ得ない。喜怒哀乐，情不自禁。

【琴瑟相和す】　琴瑟和谐；夫妻恩爱；夫妇感情融洽；鸾凤和鸣。類比翼連理。中春秋·佚名《诗经·小雅·常棣》："妻子好合，如鼓瑟琴。"明·沈受先《三元记·团圆》："夫妻和顺从今定，这段姻缘凤世成，琴瑟和谐乐万春。"

【錦上（に）花を添える】　锦上添花。類色を添える；花を添える。中宋·黄庭坚《了了庵颂》："又要涪翁作颂，且图锦上添花。"宋·王安石《即事》："嘉招欲覆杯中渌，丽唱仍添锦上花。"

【琴線に触れる】　触动心弦。類心を打つ。

【金玉が縮み上がる】　吓得发抖。類怖気を震う。例殺戮現場に遭遇して金玉が縮み上がる。遭遇屠戮现场，吓得发抖。

【禁断の木の実】（圣经·旧约全书）禁果。西The Old Testament: Forbidden nuts.

【金的を射落とす】(射落とす、射止めるとも)　获得极大成功；独占鳌头；拔头筹。

【金時の火事見舞い】　大红脸；满脸通红。

【金の卵】　宝贝疙瘩；宝贝蛋；稀罕而难得的人才。

【金箔が剥げる】　露出本相；现原形。類馬脚を露わす。

【勤勉は成功の母】　（西谚）勤勉是成功之母；勤奋是成功之母。西Diligence is the mother of success.

【金榜に名を掛く】　金榜题名。

【金星を上げる】　立下汗马功劳；立一大功。例格下がチャンピオンと対戦し金星を上げる。低级别选手挑战冠军成功，创造辉煌。

【金襴の契り】　义结金兰；金兰之谊。中唐·房玄龄等《晋书·苻生载记》)："晋王思与张王齐曜大明，交玉帛之好，兼与君公同金兰之契。"

【襟を披く】　坦诚相待；推心置腹；披肝沥胆。類胸襟を開く。中唐·房玄龄等《晋书·周顗传》："伯仁总角于东宫相遇，一面披襟，便许之三事，何图不幸自贻王法。"

く

【苦あれば楽あり】　苦尽甘来；有苦才有乐。類楽は苦の種、苦は楽の種。

【愚案に落つ】　认为有道理；可以接受；可以理解。類合点が行く。

【食い足りない】　❶吃不饱；没够吃。❷不够劲儿；不满足；意犹未尽。例前宣伝に釣られて映画を見に行ったが、期待していた分ちょっと食い足りなかった。正因为受了先期宣传的蛊惑去看电影，结果甚感不足。

【食い物にする】 当牺牲品；当作可利用的工具。例政府の補助金を食い物にする。空吃政府补助金。

【食うか食われるか】 势不两立；你死我活。

【空気を読む】 分析判断现场的气氛；察觉周围气氛。例どこの職場にも空気を読めない人がいるものだ。哪个职场都有对周围气氛浑然无知的人。

【空谷の跫音】 空谷跫音；空谷足音。中战国·庄周《庄子·徐无鬼》："夫逃虚空者……闻人足音跫然而喜矣。"

【ぐうの音も出ない】 没词儿；无言以对；哑口无言；张口结舌；一声不吭。类一言も無い；返す言葉が無い；言葉なし。例ぐうの音も出ないほど相手に遣り込められる。被对方驳得哑口无言。

【食うや食わず】 几乎吃不上饭；吃了上顿没下顿；非常贫困。例国連によると食うや食わずの飢餓線上の人口は数億人にも上る。据联合国说，处于极度贫困线的人口有几亿人之多。

【食えない】 ❶吃不上饭；不能糊口。类口が干上がる。例こんな安月給ではとても食えない。这么点工资根本活不了。❷奸滑；不好对付。例裏表があって食えない奴。口是心非的家伙不好对付。

【公界をする】 ❶出席正式的重大场面。❷妓女接客。

【釘が利く】 有效；意见发挥作用；生效。

【釘付けになる】 像被钉子钉住一样；定住；一动不动。例何度見てもあの映画のあの場面には釘付けになる。无论看多少遍，总是对那部电影的那个场面目不转睛。

【釘になる】 手脚冻僵。

【釘を刺す】 （事先）讲妥；一言为定；定死；敲定。类念を押す。例上司から約束した時間・場所に必ず来るようにと釘を刺された。领导已经定死了，让我务

必准时到约定地点。

【苦言を呈する】 提出忠告；进忠言。例無二の友だからこそ君に苦言を呈するんだ。正因为我们是至交，才向你进此忠言。

【愚公山を移す】 愚公移山。類一念岩をも通す。中战国·列御寇《列子·汤问》："北山愚公者，年且九十……率子孙荷担者三夫，叩石垦壤，箕畚运于渤海之尾……子子孙孙无穷匮也，而山不加增，何苦而不平？"

【臭い仲】 可疑的关系；关系暧昧。

【臭い飯を食う】 坐牢；入狱；被拘押；蹲笆篱子。類獄に下る。

【臭い物に蝿がたかる】 臭味相投；苍蝇不叮没缝的鸡蛋。

【臭い物に蓋をする】 捂盖子；掩盖丑事；遮丑。

【臭いもの身知らず】 自丑不觉；人罕有自知之明；人皆自我感觉良好。類息の臭きは主知らず。

【草木にも心を置く】 草木皆兵；风声鹤唳。類戦戦兢兢。

【草木も靡く】 人所敬服；众望所归；风靡之势。例草木も靡くと言えば、今IT産業だろう。要说成风靡之势的，现在恐怕就是IT产业了。

【草木も眠る】 夜深人静；更深人静；夜静更深；夜阑人静。類真夜中。例草木も眠る丑三つ時。夜深人静的丑时三刻。

【草木も揺がぬ】 天下太平；一派升平；太平无事。類天下太平。

【腐っても鯛】 西施迟暮，美过东施；虎落平阳仍是虎；玉碎仍是玉。

【草の根を分けて搜す】 仔细寻找；到处寻找；挖地三尺也要找到。

【草葉の陰】 九泉之下；泉下。

【楔を打ち込む】 ❶插入敌阵；硬挤进。例他社占有のコンビニ市場に楔を打ち込む。打入△别人所有（他公司拥有）的便利店市场。❷挑拨离间；制造隔阂。

【楔を刺す】 （预先）说妥；一言为定；定死。類念を押す。

【臭みがある】 言行举止令人生厌；有怪癖。例彼の話振りには独特の臭みがある。他讲话的样子叫人讨厌。

【草も揺がず】 ❶天下太平；太平无事。類天下太平。❷闷热；酷热无风。

【腐るほど】 多了去了；数不胜数；比比皆是。類数知らず。例着物や靴を腐るほど持ってどうするの？干嘛要这么老多衣服、鞋呀？

【草を打って蛇を驚かす】 打草惊蛇。中宋·郑文宝《南唐近事》："会部民连状诉主簿贪贿于县尹，鲁乃判曰：'汝虽打草，吾已惊蛇。'为好事者口实焉。"

【草を結ぶ】 ❶旅途中野营；露营。❷结草衔环；感恩报恩。

【孔子の倒れ】 千虑一失；老虎也有打盹的时候；智者千虑，必有一失。類弘法にも筆の誤り。

【櫛の歯が欠けたよう】 残缺不全；稀稀落落。類歯の抜けたよう。例ドーナッツ現象で旧繁華街は櫛の歯が欠けたようになった。空洞化现象导致老繁华区像缺了齿的梳子一样，疏疏落落的。

【櫛の歯の如し】 接连不断。類櫛の歯を挽く。

【櫛の歯を挽く】 接二连三；连续不断。類櫛の歯の如し。例櫛の歯を挽くように欠陥が露呈する。接连不断地暴露出瑕疵。

【愚者も千慮の一得あり】 愚者千虑，必有一得；千虑一得。類千慮の一得。中春秋·晏婴《晏子春秋·内篇杂下十八》："晏子曰：'婴闻之：圣人千虑，必有一失；愚人千虑，必有一得。'"

【苦汁を嘗める】 饱尝艰辛；吃苦头；饱经风霜。類苦杯を嘗める。例借金地獄の苦汁を嘗める。饱尝举债地狱之苦。

【鯨に鯱】 穷追不舍，死缠烂打。

【九字を切る】 念九字真言以求消灾护身。

【籤を引く】 抽签（决定）。例誰が買い出しに行くか籤を引く。抽签决定谁去

采购。

【薬が効き過ぎる】 药力过猛；过分呵责。例叱るのはいいが薬が効き過ぎてもいけない。训斥是应该的，但过了头也不好。

【薬が効く】 ❶药见效。例薬が効いて病気が治る。药见效把病治好了。❷忠告有效；惩罚有效。例乱暴者で薬が効かない。狂暴的家伙警告不起作用。

【薬が回る】 药在体内起效。例薬が回って眠くなる。药起到催眠的效用。

【薬にしたくも無い】 一点也没有；丝毫没有。类微塵もない。例今の世に義理人情なぞ薬にしたくも無い。当今的社会丝毫没有人情味。

【薬にするほど】 极少；一点点。类雀の涙。例薬にするほどの臨時福祉給付金でももらえば有り難い。哪怕能领到一点点临时福利款也是好的。

【薬になる】 有益处；汲取有益的教训。例盗癖を矯正するため一度豚箱に入れることも彼にとっては薬になるのではないか。要消除他的偷窃恶习，把他送局子里呆一回也许能汲取教训。

【薬人を殺さず、薬師人を殺す】 药不杀人，庸医杀人；东西在人用。

【薬より養生】 养生胜于吃药；药补不如养生。

【癖ある馬に能有り】 有特性者必有过人处；有脾气的人必有专长。

【癖になる】 养成毛病；成癖；上瘾。例寝酒が癖になる。睡前喝酒会成瘾。

【癖をつける】 ❶养成某种习惯。例若い頃に寝酒の癖をつけてしまい今でも止められない。年轻的时候养成睡前喝酒的习惯，到现在也戒不了。❷挑毛病；吹毛求疵。类難癖を付ける。

【糞の役にも立たない】 屁用不顶；百无一用；一点用处都没有。类屁の突っ張りにもならない。例分厚い取説は面倒臭くて糞の役にも立たない。厚厚的操作说明书很麻烦，而且屁用不顶。

【糞も味噌も一緒】 不分善恶美丑；良莠不分。类味噌も糞も一緒。

【糞を食らえ】（打喷嚏时的咒语）去你妈的；狗屁；他妈的。類一昨日来い。

【下さるものは夏も小袖】来者不拒；欲壑难填；贪得无厌；给啥都要。類欲が深い。

【管を巻く】酒后说絮叨话；没完没了地说醉话。例宴席で管を巻くと嫌われる。酒席上没完没了的说醉话，会遭人厌恶。

【管を用いて天を窺う】以管窥天。類針の穴から天を覗く。中汉·韩婴《韩诗外传·10卷·9章》："苟如子之方，譬如以管窥天，以锥刺地，所窥者大，所见者小，所刺者巨，所中者少。"

【口裏を合わせる】统一口径。類口を合わせる。例悪事がばれないよう口裏を合わせる。统一口径，以便坏事不露馅儿。

【口が上がる】❶吃不上饭；无法糊口。類口が干上がる。❷说话技巧有长进；变得能说会道。

【口が上手い】能说会道；嘴甜；会说话；善于花言巧语。類弁が立つ。例相手の口が上手くて、ころっと騙された。对方能说会道，轻易就上了当。

【口が煩い】❶嘴碎；唠叨。例叔母は何かにつけて口が煩い。阿姨动不动就唠叨个没完没了。❷周围的闲言碎语。例村社会は口が煩い。封闭性的社会免不了会有闲言碎语。

【口が多い】话多；饶舌；话匣子；轻嘴薄舌。類口が軽い❷；唇が薄い；口忠実；舌が長い。

【口が奢る】口味高；讲究吃喝；专吃好的。類舌が肥える。例口が奢っていて料理に煩い。口味高，对饭菜很挑剔。

【口が重い】话少；寡言；不轻易开口。例口が重いので誤解されやすい。话太少，所以容易被误解。

【口が掛かる】❶被招聘；有人雇佣。例アルバイトの口が掛かる。有打工的

活ル。[例]養子の口が掛かる。有人要收作养子。❷被邀请(yāoqǐng)。[例]サーカス団に地方公演の口が掛かる。马戏团被邀请去地方演出。

【口(くち)が堅(かた)い】　嘴紧；嘴严；守口如瓶(shǒukǒurúpíng)。[類]噯(おくび)にも出(だ)さない；口が腐っても；口が裂けても；口を守る瓶の如くす。[例]彼は口が堅いから安心だ。他嘴严，可以放心。

【口(くち)が軽(かる)い】　❶嘴快；说话轻率(qīngshuài)。[例]彼女は口が軽いから大事なことは話せない。她嘴不严，要紧的事不能对她说。❷爱说话。[類]口が多い。[例]男のくせに口が軽い。一个男人还那么话多。

【口(くち)が腐(くさ)っても】　守口如瓶；绝不说出去。[類]口が堅い。[例]口が腐っても黙秘(もくひ)を貫(つらぬ)く。守口如瓶，一直保持沉默(chénmò)。

【口(くち)が肥(こ)える】　口味高；讲究吃。[類]舌(した)が肥える。[例]食(く)い道楽(どうらく)で自然と口が肥えた。他是讲究吃的人，自然口味高。

【口(くち)が強(こわ)い】　说话压人；说话硬气(yìngqì)；能说会道(néngshuōhuìdào)。

【口(くち)が裂(さ)けても】　守口如瓶；绝不说出去。[類]口が堅い。[例]結社の秘密は口が裂けても吐(は)かない。对结社的秘密守口如瓶，绝不交代。

【口(くち)が過(す)ぎる】　说话过分(guòfèn)；说话不礼貌。[類]言葉(ことば)が過ぎる。[例]口が過ぎる奴(やつ)と上司から睨(にら)まれる。（认为）他说话过头，被领导盯上(dīngshàng)。

【口(くち)が酸(す)っぱくなる】　舌敝唇焦(shébìchúnjiāo)；口干舌燥(kǒugānshézào)；反复劝说。[類]口を酸っぱくする。[例]口が酸っぱくなるほど説明しても分(わ)かってくれない。说得口干舌燥，可他还是不懂。

【口(くち)が滑(すべ)る】　说走嘴；失言；说漏。[類]口を滑らせる；舌(した)が滑る。[例]つい口が滑って実(じつ)の子(こ)でないことがばれてしまった。不留神说走嘴，非亲生之子暴露了。

【口(くち)が干上(ひあ)がる】　不能糊口(húkǒu)；揭不开锅(jiēbùkāiguō)；吃不上饭。[類]顎(あご)が干上がる；食(く)えない①；口が上がる①；鼻(はな)の下(した)が干上がる；飯(めし)の食(く)い上(あ)げ。[例]日傭取(ひようと)りは三日の雨で口が干上がる。连下三天雨，作日工的就揭不开锅了。

【口が減らない】 要嘴皮子；耍贫嘴；能言善辩。類減らず口を叩く。例従弟は相変わらず口が減らない。堂兄弟还是那么能说。

【口が解れる】 （消除紧张）逐渐开始发言。例司会が巧みなのでパネリストたちの口が解れるのも早い。主持人巧妙引导，△参会人员（讨论者）很快就开始发言了。

【口が曲がる】 遭天罚，烂嘴巴；说恩人、尊长，必遭报应。類罰が当たる。例生前可愛がってもらったおじいさんの悪口を言うと口が曲がるぞ。爷爷生前那么疼你，你还说爷爷的坏话，是要遭报应的！

【口から高野】 祸从口出。類口は禍の門。

【口から先に生れる】 喋喋不休；能说会道；嘴把式。類油紙へ火のついたよう；頤が落ちる③；頤を叩く①；嘴を鳴らす②；言葉多し；竿の先に鈴；舌先三寸；頬桁を叩く。

【口から出任せを言う】 信口开河；信口雌黄；随口说谎；满嘴跑火车。類口に任せる；言葉を放つ；太平楽①；出放題②；与太を飛ばす。例口から出任せを言って相手を煙に巻く。信口开河把对方说得晕头转向。

【口が悪い】 尖酸刻薄；嘴损；说话带刺；说话尖刻。類憎まれ口を叩く。例口が悪いのは育ちのせいだ。嘴损是由成长环境造成的。

【朽木は柱にならぬ】 朽木不可为栋梁；精神堕落, 不堪任用。類糞土の牆は杇るべからず。

【口食うて一杯】 糊口而已；仅止于能吃上饭。類口を糊する。

【口車に乗せる】 使人上当；用花言巧语骗人。類一杯食わす；御強に掛ける；口三味線に乗せる；口に乗せる；だまを食わす；朝三暮四；ペテンに掛ける。例沈没船の財宝探しの話でうまうまと詐欺グループの口車に乗せられた。轻易地上了诈骗集团的沉船寻宝鬼话的当。

【口車に乗る】 上当；被（别人的）花言巧语所骗。類一杯食う；牛に食らわる；煽てに乗る；口に乗る②；手に乗る；手を食う；ペテンに掛かる；瞬を読まれる①。例おじいさん、おばあさん、俺俺詐欺の口車に乗らないよう気を付けて下さい。老爷爷、老奶奶，注意别上电话诈骗的当啊！

【口三味線に乗せる】 用花言巧语骗人。類口車に乗せる。例とろい奴をうまく口三味線に乗せて金品をせしめる。用花言巧语骗取傻瓜的钱财。

【口添えをする】 关照一声；美言；代人说好话；说情。類口を添える。例人に頼まれて口添えをするのはいいが、後で恨まれるのは嫌だ。受人之托为他说好话可以，但之后却遭记恨就很讨厌了。

【口では大坂の城も建つ】 说得轻巧；空口说白话最容易。

【口と腹とは違う】 口是心非；心口不一；表里不一。類口は口、心は心。

【口尚乳臭し】 口尚乳臭；乳臭未干。類嘴が黄色い。中汉·班固《汉书·高帝纪上》："是口尚乳臭，不能当韩信。"

【口に合う】 合口味；可口。例エスニック料理をご馳走になったが私の口に合うのが数皿あった。受招待吃民族特色菜，有几道还合我的口味。

【口にする】 ❶说；说出口。類口に出す。例はしたないことを口にするな。别说那种粗鄙的话！❷吃；品偿。例これは初めて口にする料理だ。以前从没吃过这种菜。

【口に税はかからぬ】 说话不上税；言者无罪；可以随便说话。

【口に出す】 说出来。類口にする①；口に出る；口の端に掛ける；歯節へ出す。例思っていることをすぐ口に出す。想到的事马上就说出来。

【口に絶つ】 ❶绝口不提。例忌まわしい思い出なのでずっと口に絶っておりました。因为是极其令人不快的事，所以一直绝口不提。❷忌口；不吃。例菜食主義なので肉は口に絶っております。因为是素食主义者，忌吃肉。

【口に出る】 说出来；说出。類口に出す。例いつも思っている事がふと口に出る。总是不经意把心里想的事说出去。

【口に乗せる】 使人上当(shàngdàng)；用花言巧语(huāyánqiǎoyǔ)骗人。類口車に乗せる。

【口に上る】 成为话题；被议论。類口の端に上る。例政界のゴシップはよく人の口に上る。政界的八卦(bāguà)往往成为饭后茶余的谈资。

【口に乗る】 ❶脍炙人口(kuàizhìrénkǒu)；成为话题。類人口に膾炙する。例サプリメントの話題はしょっちゅう中高年(ちゅうこうねん)の口に乗ります。保健食品总是成为中老年的话题。❷上当；受骗。類口車に乗る。例儲(もう)け話(ばなし)の口に乗り大損(おおぞん)した。上了发财的当，损失惨重。

【口には関所がない】 口无遮拦(zhēlán)；嘴上没有把门的；不慎口过(bùshènkǒuguò)。

【口に針】 说话带刺(dàicì)；夹枪带棒(jiāqiāng)；话里藏针(cángzhēn)。類言葉(ことば)に針(はり)を持(も)つ；針を含(ふく)む。

【口に任せる】 信口开河(xìnkǒukāihé)；信口胡诌(húzhōu)。類口から出任せを言う。例口に任せて埒(らち)もないことを言う。信口开河地说些不着边际(bùzhuóbiānjì)的话。

【口に蜜あり、腹に剣あり】 口蜜腹剑(kǒumìfùjiàn)。類笑中(しょうちゅう)に刀(とう)あり。中宋·司马光《资治通鉴·唐玄宗天宝元年》："尤忌文学之士，或阳与之善，啖以甘言而阴陷之。世谓李林甫'口有蜜，腹有剑。'"

【口にも筆にも尽くせない】 笔墨(bǐmò)言辞难以表达；无法用语言来形容。類筆舌に尽くしがたい。

【口の下から】 话音刚落；刚说完就。類舌(した)の根(ね)の乾(かわ)かぬうち。

【口の虎は身を破る】 说胡话伤己身(shāngjǐshēn)；说话须谨慎(jǐnshèn)；祸从口出(huòcóngkǒuchū)。類口(くち)は禍(わざわい)の門(もん)。

【口の端に掛ける】 挂在嘴边(guàzàizuǐbiān)；风传(fēngchuán)；议论；提到。類口に出す。

【口の端に上る】 成为谈资；被人谈论。類口に上る。例隣近所(となりきんじょ)の口の端に上る。成为左邻右舍(zuǒlínyòushè)的谈资。

【愚痴の闇】 愚昧无知(yúmèiwúzhī)；愚蠢(yúchǔn)不懂道理。

【口は口、心は心】 kǒushìxīnfēi 口是心非。類 口と腹とは違う。

【口は心の門】 心中想象，见于嘴上；慎 shènyán 言保平安。

【嘴が黄色い】 rǔxiùwèigān 黄口小儿；乳臭未干；黄毛丫头 yātou。類青二才；緊唇も切れぬ；口尚乳臭し；口脇黄ばむ；尻が青い。例 四十、五十になっても政界・財界では嘴が黄色いとされる。即使四五十岁，在政界和经济界也被视为黄口小儿。

【嘴を容れる】 chāzuǐ 多管闲事；插嘴；多嘴。類 口を挟む。例 お節介焼きで何にでも嘴を容れたがる。爱操心什么闲事都管。

【嘴を挟む】➡嘴を容れる

【嘴を鳴らす】❶悔恨得直咬牙 yǎoyá。類 切歯扼腕 せっしやくわん。❷喋喋不休 diédiébùxiū。類 口から先に生れる。

【口は重宝】 人嘴两张皮，咋说咋有理 zǎ zǎ；口是心非；很会说。

【口は禍の門】 禍 huòcóngkǒuchū 从口出；口是祸之门 kǒushìhuòzhīmén；直言贾祸 zhíyángǔhuò。類 蛙は口ゆえ蛇に呑まるる；雉も鳴かずば撃たれまい；口から高野；口の虎は身を破る；舌の剣は命を絶つ；舌は禍の根；物言えば唇寒し秋の風；病は口より入り、禍は口より出ず。中元・郑庭玉《后庭花》第一折："可知道钱是人之胆，则你那口是祸之门。"

【唇が薄い】 zuǐchúnbáo 嘴唇薄；能说；多嘴多舌 duōzuǐduōshé。類 口が多い。

【唇滅びて歯寒し】 chúnwángchǐhán 唇亡齿寒。輔車相依る ほしやあいよる。中 春秋・左丘明《左传・僖公五年》："晋侯复假道於虞以伐虢。宫之奇谏曰：'虢，虞之表也；虢亡，虞必从之。'……谚所谓'辅车相依，唇亡齿寒'者，其虞虢之谓也。"

【唇を返す】 fěibàng 诽谤；攻 gōngjié 讦；说坏话；遣责 qiǎnzé。類 頤を叩く②；藁を焚く②。中 汉・司马迁《史记・平准书》："客谈：'初令下，有不便者。'（颜）异不应，微反唇。"

【唇を噛む】 qiǎngrěn 强忍住；抑制悔恨。例 侮辱され唇を噛む。受到侮辱强忍着。

【唇を尖らす】 juēzuǐ 噘嘴表示不满。類 口を尖らす。例 親の説教に唇を尖らす。对父母的教训不满地噘着嘴。

【唇を翻す】➡唇を返す

【口火を切る】 开端；开头；最先发言。類端を開く。例司会がテーマを告げて討論会の口火を切る。主持人宣布主题，讨论会开始。

【口程にもない】 并不像说的那么高明。例豪傑ぶっているが口程にもない弱虫だ。他摆出一副豪杰的派头，但名不副实，是个孬种。

【口も八丁手も八丁】 又能说又能干；嘴一份手一份。類口八丁手八丁。

【口より先に手が出る】 没等开口先动手；动辄诉诸武力。

【口より出せば世間】 话一出口，不胫而走；一传出去就弄得满城风雨；一经传出就闹得沸沸扬扬；一透露出去就引发街谈巷议。

【口脇黄ばむ】 黄口小儿；乳臭未干；毛孩子。類嘴が黄色い。

【口を開ける】 ❶开口说话。類口を開く。例あの人は口を開ければ自慢話でうんざりだ。那家伙一开口就自夸，真叫人腻透了。❷打开盖子。類蓋を抜く。例ピクルスのガラス容器の口を開ける。打开泡菜瓶的口。

【口を合わせる】 统一口径。類口裏を合わせる。例事前に口を合わせておく。事先统一好口径。

【口を入れる】 插嘴；多嘴。類口を挟む。例プライベート・マターに口を入れないで下さい。对私事请少插嘴！

【口を掩う】 窃笑；偷着乐。例昔のご婦人は何か可笑しいことがあったら着物の袖でそっと口を掩ったものだ。从前妇女遇到可笑的事，就拿袖子挡着嘴窃笑。

【口を掛ける】 招呼；邀请。類声を掛ける②。例欧州旅行に参加しないかと何人かに口を掛けた。我邀请几个人说："参不参加欧洲旅游？"

【口を固める】 钳口；堵嘴；不让说出。類口を封ずる。

【口を箝する】 ❶钳口；三缄其口。類口を封ずる。❷噤若寒蝉。類口を閉じる。

【口を利く】 ❶说话。類口を開く。例くたびれて口を利くのも億劫だ。累得简直连话都不想说了。❷调解；斡旋。類橋渡しをする。例仕事捜しの件なら彼に口を利いてもらったらどう？要找工作，请他给帮帮忙怎么样？

【口を切る】 ❶先开口说话；开始说起来。例パネルディスカッションの口を切る。小组讨论时首先发言。❷开栓；启用。例1本100万円もする幻の高級酒の口を切る。打开一瓶一百万日元的、梦幻般高级酒的瓶盖。

【口を極める】 极言；极口。例関係者が口を極めて賞賛する。相关人员极口称赞。例周りから口を極めて罵倒される。被周围人骂个狗血喷头。

【愚痴を零す】 抱怨；发牢骚。例うまく行かないからといって周りに愚痴を零しても始まらない。因为没搞好就跟别人发牢骚是没用的。

【口を吸う】 接吻；亲嘴。

【口を過ごす】 谋生；糊口。類顎を養う。例内職でなんとか口を過ごす。靠业余打工勉强糊口。

【口を酸っぱくする】 苦口相劝；磨破嘴皮子；苦口婆心；舌敝唇焦地说。類口が酸っぱくなる。例口を酸っぱくして諭す。苦口婆心地开导。

【口を滑らせる】 说走嘴；失言。類口が滑る。例身内の問いにうっかり口を滑らす。由于是自家人询问而不留神说走嘴。

【口を窄める】 说话谦恭；说恭维话。

【口を添える】 关照一声；打个招呼；美言；讲情。類口添えをする。例田中さんに頼み事があるんだけど、親戚のあなたからも一言口を添えてもらえたら助かるんだが。我有事想求田中先生,你作为他的亲戚如果能给说句话可就帮了大忙啦。

【口を揃える】 异口同声。類異口同音。例あの交差点は危険だと、住民が口を揃えて訴える。当地居民异口同声地诉说那个道路交叉口很危险。

【口を出す】 插嘴；多嘴；干涉。類口を挟む。例外野は口を出すな。外人少插嘴！

【口を叩く】　随便乱说；说话口气大。例ヒヨコのくせに生意気な口を叩く。小孩崽子，竟敢口出狂言。

【口を垂れる】　低声下气地说。

【口を衝いて出る】　脱口而出；流利不断地说出。中宋·苏轼《跋欧阳公书》："此数十纸，皆文忠公冲口而出，纵手而成，初不加意者也。"例意外な事実が当事者の口を衝いて出る。当事人脱口说出意外的事实。

【口を噤む】　闭口不言；守口如瓶；闭口不谈；噤若寒蝉。類口を閉じる。例詰問されて口を噤む。受到质问却噤若寒蝉。

【口を付ける】　开始吃；动筷子。類箸を付ける。例乾杯でお猪口に口を付ける。举起酒盅干杯。例粗末な料理ですがどうぞお口を付けて下さい。算不上美味佳肴，请别客气。

【口を慎む】　说话小心；言语谨慎。例お客さんの前では口を慎むように！客人面前说话要谨慎！

【口を尖らす】　噘嘴表示不满意；噘着嘴争吵。類唇を尖らす；面を膨らす；頬を膨らます。例お小遣いが少なくて口を尖らす。嫌零花钱少就不满地噘着嘴。

【口を閉ざす】　沉默；闭口不言；守口如瓶。類口を閉じる。例尋問に対し堅く口を閉ざす。面对询问保持沉默不语。

【口を閉じる】　缄口不言；沉默；闭口不言；守口如瓶。類貝になる；口を箝する②；口を噤む；口を閉ざす；口を結ぶ。例古傷に触られると口を閉じてしまう。一触到旧伤疤就沉默不语了。

【口を濁す】　含糊其辞；支支吾吾。類言葉を濁す。例過去のことを聞かれると口を濁す。一问到过去的事就支支吾吾。

【口を拭う】　装作若无其事；佯装不知；假装没事人。類白を切る。例悪事を働いておきながら口を拭ってやり過ごそうたって、そうは問屋が卸さない。干

完坏事还想假装若无其事地混过去，可没那么便宜(piányi)的事。

【口(くち)を濡(ぬ)らす】 ❶糊口；勉强度日。類口を糊する。❷吃一点。

【口(くち)を糊(のり)する】 糊口(húkǒu)；勉强(miǎnqiǎng)度日。類雨露(あめつゆ)の凌(しの)ぐ；口食(くちく)うて一杯(いっぱい)；口を濡(ぬ)らす①；糊口(ここう)を凌(しの)ぐ。例日雇(ひやと)い仕事(しごと)で口を糊する。靠打零工度日。

【口(くち)を挟(はさ)む】 插嘴(chāzuǐ)；多嘴；插话。類嘴(くちばし)を容(い)れる；口を入れる；口を出す；言葉(ことば)を挟む；横槍(よこやり)を入(い)れる。例関係のない人は口を挟まないで下さい。无关的人请不要插嘴。

【口(くち)を開(ひら)く】 开口（说话）。類口(くち)を開(あ)ける①；口を利(き)く①；物(もの)を言(い)う①。例相棒(あいぼう)は新婚のせいか口を開けばのろけ話(ばなし)だ。我那△伙计（搭档）可能是新婚的缘故，一开口就说他俩那点事ル。(tāliǎ)

【口(くち)を封(ふう)ずる】 封口；不许说话；堵嘴(dǔzuǐ)。類口を固(かた)める；口を箝する①；口を塞(ふさ)ぐ。例硬軟使い分けて証人の口を封ずる。软硬兼施(ruǎnyìngjiānshī)，让证人保持沉默。

【口(くち)を塞(ふさ)ぐ】 三缄其口；封口；堵嘴。類口を封ずる。例彼は金(かね)を出してこっちの口を塞ごうとしている。他妄图(wàngtú)用钱堵住我的嘴。

【口(くち)を守(まも)る瓶(かめ)の如(ごと)くす】 守口如瓶(shǒukǒurúpíng)。類口(くち)が堅(かた)い。中宋·黎靖徳《朱子语类·一〇五》："守口如瓶，是言语不乱出；防意如城，是恐为外所诱。"

【口(くち)を套(むし)る】 套出话来(tāo)；刺探口气(cìtàn)；交谈摸底。類鎌(かま)を掛(か)ける。

【口(くち)を結(むす)ぶ】 闭嘴；沉默；闭口不言。類口を閉(と)じる。例憮然(ぶぜん)として口をぎゅっと結ぶ。面带不悦地闭着嘴。

【口(くち)を割(わ)る】 坦白交代(tǎnbái)；招供(zhāogòng)；招认。類泥を吐(は)く。例物証(ぶっしょう)を並(なら)べられたら口を割るしかない。既然物证摆(bǎi)在那里了，就只有招认了。

【履(くつあたら)新しと雖(いえど)も首(こうべ)に加(くわ)えず】 履虽新不加于首(lǚsuīxīnbùjiāyúshǒu)；恪守尊卑等级(kèshǒuzūnbēi)。中汉·司马迁《史记·儒林列传》："冠虽敝，必加于首；履虽新，必关于足。何者？上下之分也。"。宋·李昉等《太平广记·一一七·报应十》："夫履虽新不加于首，冠虽旧不践于地。"

【食って掛かる】 極力反驳；顶撞；极力辩驳。例相手の発言が気に入らず食ってかかる。讨厌对方的发言，极力反驳。

【沓の子を打つ】 密密麻麻；密集；一个挨一个。

【轡を並べる】 并辔（而行）；齐头并进；一齐；并驾齐驱。類肩を並べる。例世界市場において三大メーカーが轡を並べて競っている。在世界市場上，三大厂家并辔争先。

【轡をはめる】 用钱财堵住嘴；给封口费。類金轡をはめる。例轡をはめて反対派を懐柔する。用钱堵住反对派的嘴，让他们听话。

【靴を隔てて痒きを搔く】 隔靴搔痒。類隔靴搔痒。中宋・释道原《景德传灯录·22》："僧曰：'恁么即识性无根去也。'师曰：'隔靴搔痒。'"

【句読を切る】 加标点符号；断句。

【愚に返る】 老糊涂；年老昏聩。

【苦肉の策】 苦肉计。類反間苦肉の策。中元・关汉卿《单刀会》第一折："亏杀那苦肉计黄盖添粮草。"

【苦にする】 苦于；为……感到苦恼；伤脑筋。類頭を悩ます。例病気を苦にする。为疾病所苦。

【苦になる】 觉得辛苦；成为心理负担；成为负担。例この程度の重労働は苦にならない。这点体力活算不了什么。

【国に杖つく】 七十杖于国；七十岁；杖国之年。中汉・戴圣《礼记・王制》："五十杖于家，六十杖于乡，七十杖于国，八十杖于朝。"

【国に二君なし】 国无二君。類天に二日無し。中汉・戴圣《礼记・丧服四制》："天无二日，土无二王，国无二君，家无二尊。"

【国に盗人、家に鼠】 国必有盗贼，家必有老鼠；任何群体都有害群之马。

【愚にも付かぬ】 太愚蠢；愚不可及；愚蠢透顶。類愚の骨頂。例愚にも付かぬ

ことで貴重な時間を潰されるのは御免だ。恕我不能把宝贵的时间浪费在无聊的事情上。

【国破れて山河あり】　国破山河在。[中]唐·杜甫《春望》:“国破山河在，城春草木深。”

【苦に病む】　苦恼；担心；伤脑筋。[類]頭を悩ます。[例]彼女はあれこれ苦に病む質だ。她这个人就是什么都爱担心。

【国を売る】　卖国。

【愚の骨頂】　愚蠢透顶；无聊透顶。[類]愚にも付かぬ。

【苦は色変える】　各家有本难念的经；各家都有难唱的曲儿；各人有各人的辛苦。

【苦杯を喫する】➡苦杯を嘗める

【苦杯を嘗める】　吃苦头；经受痛苦的折磨。[類]苦汁を嘗める。[例]昨年の試合は苦杯を嘗めたが今年は雪辱を期している。去年赛季吃了苦头，希望今年一雪前耻。

【苦は楽の種】　今日之苦，他日之福；苦尽甘来。[類]楽は苦の種、苦は楽の種。

【首が危ない】　要被解雇；饭碗要保不住。[例]使い込みがばれて首が危ない。侵吞公款败露，饭碗要保不住。

【首が据わる】　(婴儿)脖子能挺住了；脖子可以支撑头了。[例]首が据わるまでは抱っこする時気を付けなければならない。婴儿脖子能挺住之前，抱的时候一定要小心。

【首が繋がる】　保住饭碗；免于被解雇。[例]今回は始末書を提出して何とか首が繋がった。这次提交了检讨书，总算保住了饭碗。

【首が飛ぶ】　被解雇；被撤职；丢饭碗。[類]首になる。[例]ヘマをすればすぐに首が飛ぶ。搞砸锅就会砸了饭碗。

【首が回らない】　债台高筑，一筹莫展；债务压得喘不过气来。[類]鐺が

詰まる。例多重負債で首が回らない。被多重债务压得喘不过气来。

【頸木を争う】（頸木、軛とも）　互相争斗；争雄；逐鹿。

【踵を返す】（踵、跟とも）　往回走；原路返回；折回去。例出勤途中で忘れ物を思い出し直ぐ踵を返した。上班途中想起忘了东西，立即折回去了。

【踵を接する】（踵、跟とも）　接踵而至；纷至沓来；接连不断。類入れ替わり立ち替わり。例除夜の鐘が終わるのを合図に初詣客が踵を接して御大師様に参拝する。以新年钟声结束为信号，新年首次参拜的人们便不断地来到供奉大师的寺院。

【首にする】　解雇；撤职；开除。類首を切る。例不祥事を起こしたので首にする。因为发生丑闻而把他解雇。

【首になる】　被解雇；被撤职。類暇が出る；首が飛ぶ；ちょんになる②。例飲酒運転で捕まり即免許取り上げ、会社の方は首になった。酒驾被抓，当即没收驾照，同时被公司解雇。

【首に縄を付ける】　生拉硬拽；强行带离。例首に縄を付けてでも出席させる。就算硬拉也要让他出席。

【首根っこを押さえる】　抓住要害；抓住把柄；制伏；制服。

【首の皮一枚】　还有一丝希望。例首の皮一枚で踏みとどまり逆転に成功する。靠一线希望坚持（下去)，最终成功逆转。

【首の座へ直る】（へ、にとも）　上断头台；将被处斩；听候发落。

【首振り三年】➡顎振り三年

【首を洗って待つ】　引颈受戮；引颈以待。例社内の派閥抗争に敗れ、今や首を洗って待つ心境だ。在公司内派系斗争落败，现在的心境就是引颈受戮了。

【首を搔く】　砍头；枭首；斩首。類首を刎ねる。例敵の将士の首を搔いて手柄を立てる。将敌方的将士斩首，立了一功。

【首を賭ける】　豁出命（地干）。類一生懸命。例社運を左右する大事業に首を賭ける。豁出命去干一件公司命运攸关的大事业。

【首を傾げる】　怀疑；冥思苦想；纳闷ル。類不審を抱く。例怪奇現象に首を傾げる。对怪现象感到纳闷ル。

【首を切る】　解雇；开除。類首にする；暇を出す②；暇を遣る②。例不況で従業員の首を切る。由于不景气而解雇员工。

【首を縊る】　上吊自杀；缢死。例松の木にロープをかけて首を縊る。在松树上挂绳子上吊。

【首を竦める】　缩脖子。類肩を竦める。例分かったよと首を竦める。一缩脖子，说："懂了。"

【首を挿げ替える】　更动重要职位；更迭重要官员。例大臣の首を挿げ替える。调换大臣（部长）的位置。

【首を縦に振る】　点头；同意；首肯。類頭を縦に振る；承知の助。例素直に首を縦に振ればいいんだよ！老老实实地点头就可以了！

【首を垂れる】　（因沉思、悲伤、失望、害羞）低头；垂头。類項を垂れる；面を伏す①。例子供が親に叱られて首を垂れる。孩子挨家长的训斥低下头。

【首を突っ込む】　参与其事；染指；加入其中。類頭を突っ込む。例彼は好奇心が旺盛で何にでも首を突っ込みたがる。他好奇心强，什么都想参与。例若い頃反社会の組織に首を突っ込んでいたことがある。年轻的时候曾参加过反社会组织。

【首を長くする】　翘首以待；引领以待。類今日か明日か①；待ちに待った。例結婚披露宴で花嫁の入場に首を長くする。在婚宴上翘首以待新娘入场。

【首を刎ねる】　砍头；斩首。類首を搔く。例刑場で罪人の首を刎ねる。在刑场斩首犯人。

【首を捻る】　百思不得其解；疑惑；费思量。類理解に苦しむ。例難題にぶつか

り、しきりに首を捻る。遇到难题，大伤脑筋。

【首を横に振る】 摇头；拒绝；不赞成。類頭を振る。例一緒に行く？と聞かれて首を横に振る。被问到："一起去吗？"摇摇头。

【工夫に落つ】 信服；恍然大悟；原来如此。類合点が行く。

【工夫を凝らす】 找窍门；绞尽脑汁；开动脑筋；费尽心机。類知恵を絞る。例俳優が演技に工夫を凝らす。演员努力在演技上开动脑筋。

【凹き所に水溜まる】 ❶水往低处流；条件具备，不请自来。類低き所に水溜まる。❷雪上加霜；屋漏更糟连夜雨。類踏んだり蹴ったり。❸平素不讨喜，有事遭怀疑。

【隈を取る】 勾脸谱。例あの京劇の俳優が善玉の隈を取っている。那个京剧演员在勾正面人物的脸谱。

【雲霧となる】 死后火化；遗体火化。類荼毘に付す。

【雲煙となす】 火化遗体。類荼毘に付す。

【雲煙となる】 死后火化；遗体火化。類荼毘に付す。

【雲となり雨となる】 ❶云雨情深；相亲相爱。類思い思われる。❷変幻無常。類有為転変。

【苦もない】 轻而易举；不费劲儿；不费吹灰之力。類赤子の手を捻る；朝駆けの駄賃；朝飯前；お茶の子さいさい；御安い御用；事もなげ②；造作も無い；掌を反す①；手間隙いらず；手も無い②；手を反す①；屁の河童；無造作①；訳が無い①。例これしきの事は苦もない。这么点小事不费吹灰之力。

【雲に梯】 癩蛤蟆想吃天鹅肉；异想天开；奢望。

【雲に汁】 出现转机；情况好转。

【雲に臥す】 住在深山老林。

【蜘蛛の子を散らす】 人群四散；四散奔逃。例警察側が催涙弾を放つとデモ隊

は蜘蛛の子を散らすように退いた。警方发射催泪弹，游行队伍四散奔逃。

【雲は龍に従い、風は虎に従う】　云从龙，风从虎；明君必有贤臣。

🀄《易经·乾卦》："同声相应，同气相求。水流湿，火就燥。云从龙，风从虎。圣人作而万物覩。"

【雲無心にして岫を出づ】　云无心以出岫；行云流水；悠然平静地生活。

類行雲流水。🀄晋·陶渊明《归去来兮辞》："云无心以出岫，鸟倦飞而知还。"

【雲行きが怪しい】　❶要变天了。例雲行きが怪しい、一雨来そうだ。要变天，要有一场雨。❷形势不利；山雨欲来。類形势不利。例このところ世界金融の雲行きが怪しい。最近世界金融的形势山雨欲来。

【雲を霞と】　（跑得）无影无踪；一溜烟地。類どろんを決める。例犯行現場から雲を霞と逃げ失せる。从犯罪现场逃得无影无踪。

【雲を掴む】　云里雾里；不着边际；摸不着头脑。類風を掴む。例彼の話は聞けば聞くほど雲を掴むようだ。他的话越听越摸不着头脑。

【雲を衝く】　大高个儿；顶天；大块头。例東京スカイツリーが雲を衝いてそびえ立っている。东京晴空塔高耸入云。

【雲を遏む】　（歌声优美）响遏行云。🀄战国·列御寇《列子·汤问》："秦青……抚节悲歌，声振林木，响遏行云。"

【暗い影が差す】　要糟；有不良征兆。例前途に暗い影が差す。前景不妙。

【位が付く】　雍容大度；有派头；气度不凡。

【位人臣を極める】　位极人臣。🀄汉·诸葛亮《答李严书》："吾本东方下士，误用于先帝，位极人臣，禄赐百亿。"

【蔵が建つ】　发大财；成为富豪；成为巨富。類財を成す。例商売が当たって蔵が建った。买卖大赚，成了巨富。

【暗がりから牛を引き出す】　❶动作迟钝。類闇から牛を引き出す①。❷辨认

不清。⦅類⦆闇から牛を引き出す②。

【暗がりに鬼を繋ぐ】　因情况不明而恐惧；忐忑不安；胆战心惊；毛骨悚然。⦅類⦆気味が悪い。

【暮らしが立つ】　能够维持生活；日子还过得去。⦅例⦆息子が仕事に就きやっと一家の暮らしが立つようになった。儿子有了工作，一家的生活总算可以维持了。

【暮らしを立てる】　维持生活；过日子。⦅類⦆煙を立てる。⦅例⦆農業だけで暮らしを立てるのは難しい。仅靠农业维持生计是困难的。

【比べ物にならない】　不能相比；不可比拟；没有可比性。⦅類⦆桁が違う；同日の論ではない；日を同じくして論ずべからず；訳が違う。⦅例⦆都会と農村の生活水準は比べ物にならない。城市和农村的生活水平没有可比性。

【暗闇の鉄砲】　蛮干一气；鲁莽行事；蛮干。⦅類⦆盲滅法；闇夜の礫；闇夜の鉄砲。

【暗闇の恥を明るみへ出す】　家丑外扬；机事不密，闹得沸沸扬扬。

【暗闇の頬冠】　多此一举；瞎子点灯白费蜡。⦅類⦆鬼に衣①；月夜に提灯。

【苦しい時の神頼み】　急来抱佛脚；平时不烧香，临时抱佛脚。⦅類⦆叶わぬ時の神頼み；事ある時は仏の足を戴く；困った時の神頼み；切ない時の神頼み。

【苦しみを嘗める】　遭罪；经受痛苦。⦅例⦆ありとあらゆるこの世の苦しみを嘗める。尝尽人间所有的苦痛。

【苦しゅうない】　没关系；不要紧。⦅例⦆苦しゅうない、面を上げよ。抬起头来，没关系。

【ぐるになる】　互相勾结；合谋；狼狈为奸；沆瀣一气。⦅類⦆気脈を通じる。⦅例⦆警察が密輸組織とぐるになっていたとは信じ難い。简直无法相信，警察跟走私团伙相互勾结。

【車の両輪】　如车之两轮；互相依存；二者缺一不可。

【車は海へ、船は山へ】　倒行逆施；本末倒置；南辕北辙。類主客転倒。

【車は三寸の轄を以て千里を駆く】　车以三寸之辖，驱千里；三寸之辖。中汉·刘安《淮南子·人间训》："车之所以能转千里者，以其要在三寸之辖。"

【車を懸く】　悬车；辞官；告老还乡。類仕を致す。中《孝经》："七十而悬车。"

【車を摧く】　险路摧车；人心难测。中唐·白居易《太行路》："太行之路能摧车，若比人心是坦途。"

【車を転がす】　开车；驱车。例小さな島なのでちょっと車を転がすと海が見える。岛比较小，稍一开车就看见海了。

【車を捨てる】　下车步行。例ここから先は狭い小路で車を捨てるしかない。由此向前是狭窄的小路，只能下车走了。

【クレオパトラの鼻】　（西谚）克娄巴特拉的鼻子；影响大局的小事；小事亦可改变大局。西Pascal:(If)Cleopatra's nose (had been shorter).

【紅は園生に植えても隠れなし】　能人在哪都显眼；金子总会发光；春色满园关不住。

【黒い霧】　政界·财界丑闻；高层的黑幕。

【グローブを合わせる】　（拳击比赛）拳击手互相顶手套；开始交锋。例〈ボクシングの試合〉ゴングが鳴って両選手がグローブを合わせる。锣声响了，两个拳击手互相顶了一下手套。

【黒山の人だかり】　人山人海。類人山を築く。

【君子の過ちは日月の食の如し】　君子之过，如日月之食。中《论语·子张》："君子之过也，如日月之食焉。过也人皆见之，更也人皆仰之。"

【君子の九思】　君子有九思。中《论语·季氏》："君子有九思：视思明，听思聪，色思温，貌思恭，言思忠，事思敬，疑思问，忿思难，见得思义。"

【君子(くんし)の三畏(さんい)】 君子三畏(jūnzǐsānwèi)。[中]《论语·季氏》：“君子有三畏：畏天命，畏大人，畏圣人之言。”

【君子(くんし)の三楽(さんらく)】 君子三乐(jūnzǐsānlè)。[中]战国·孟轲《孟子·尽心上》：“君子有三乐，而王天下者不与存焉。”

【君子(くんし)の徳(とく)は風(かぜ)】 君子之德风(jūnzǐzhīdéfēng)。[中]《论语．颜渊》：“君子之德风，小人之德草。”

【君子(くんし)の交(まじ)わりは淡(あわ)きこと水(みず)の如(ごと)し】 君子之交淡如水(jūnzǐzhījiāodànrúshuǐ)。[中]战国·庄周《庄子·山木》：“且君子之交淡若水，小人之交甘若醴。君子淡以亲，小人甘以绝。”

【君子(くんし)は危(あや)うきに近寄(ちかよ)らず】 君子不近险境；君子不涉险。

【君子(くんし)は器(き)ならず】 君子不器(jūnzǐbùqì)。[中]《论语·为政》：“子曰：‘君子不器。’”

【君子(くんし)は三端(さんたん)を避(さ)く】 君子避三端(jūnzǐbìsānduān)。[中]汉·韩婴《韩诗外传·七》：“是以君子避三端，避文士之笔端，避武士之锋端，避辩士之舌端。”

【君子(くんし)は周(しゅう)して比(ひ)せず、小人(しょうじん)は比(ひ)して周(しゅう)せず】 君子周而不比(jūnzǐzhōuérbùbǐ)，小人比而不周(xiǎorénbǐérbùzhōu)；比而不周。[中]《论语·为政》：“子曰：‘君子周而不比，小人比而不周。’”

【君子(くんし)はその罪(つみ)を悪(にく)んでその人(ひと)を悪(にく)まず】 君子恶(wù)其罪不恶(wù)其人。[類]罪を憎(にく)んで人を憎(にく)まず。[中]《孔丛子·刑论》：“孔子曰：‘可哉，古之听讼者，恶其意而不恶其人。’”

【君子(くんし)は人(ひと)の美(び)を成(な)す】 君子成人之美(jūnzǐchéngrénzhīměi)。[中]《论语·颜渊》：“子曰：‘君子成人之美，不成人之恶。小人反是。’”

【君子(くんし)は独(ひと)りを慎(つつし)む】 君子慎独(jūnzǐshèndú)。[類]屋漏(おくろう)に愧(は)じず；独りを慎む。[中]汉·戴圣《礼记·大学》：“……此谓诚于中，形于外，故君子必慎其独也。”

【君子(くんし)は豹変(ひょうへん)す】 君子豹变(jūnzǐbàobiàn)。[中]《易经·革卦》：“大人虎变，小人革面，君子豹变。”

【君子(くんし)は交(まじ)わり絶(た)ゆとも悪声(あくせい)を出(いだ)さず】 君子绝交不出恶声(jūnzǐjuéjiāobùchū è shēng)。[中]汉·司马迁《史记·乐毅传》：“臣闻古之君子，交绝不出恶声；忠臣去国，不絜其名。”

【君子(くんし)は和(わ)して同(どう)ぜず、小人(しょうじん)は同(どう)じて和(わ)せず】 君子和而不同(jūnzǐhéérbùtóng)，小人同(xiǎoréntóng)

而不和(érbùhé)。 類和して同ぜず。 中《论语·子路》:"子曰:'君子和而不同，小人同而不和。'"

【葷酒山門に入るを許さず(くんしゅさんもんにいるをゆるさず)】 不许荤酒进山门(hūnjiǔ)。

【群臣を棄つ(ぐんしんをす)】 弃群臣(qìqúnchén);君王驾崩(jiàbēng)。 中战国·韩非《韩非子·外储说右下》:"王不幸弃羣臣，则子之亦益也。"

【軍配が上がる(ぐんばいがあ)】 得胜;获胜;优胜。 類軍配を上げる。 例今年の紅白歌合戦(こうはくうたがっせん)は白組(しろぐみ)に軍配が上がった。今年的红白两组歌唱比赛白方获胜。

【軍配を上げる(ぐんばいをあ)】 判定获胜。 類軍配が上がる。 例判官贔屓(ほうがんびいき)で弱い方に軍配を上げたくなる。同情弱者，都希望弱的一方获胜。

【軍配を返す(ぐんばいをかえ)】 比赛开始。

【薫は香を以て自ら焼く(くんこうもってみずかやく)】 薰以香自烧(xūnyǐxiāngzìshāo);有才者因其才而灭其身。 中汉·班固《汉书·龚胜传》:"薰以香自烧，膏以明自销，龚生竟夭天年，非吾徒也。"

【君父の讐は俱に天を戴かず(くんぷのあだはともにてんをいただかず)】 父之仇，弗与共戴天(fùzhīchóu fúyǔgòngdàitiān)。 類不俱戴天(ふぐたいてん)。 中汉·戴圣《礼记·曲礼上》:"父之仇，弗与共戴天。"

【群盲象を撫でる(ぐんもうぞうをな)】 盲人摸象(mángrénmōxiàng);瞎子摸象(xiāzi)。 類群盲象を評す(しゅうもうぞうもす);衆盲象を摸す。

【群盲象を評す(ぐんもうぞうをひょうす)】 盲人摸象;瞎子摸象。 類群盲象を撫でる。

【軍門に降る(ぐんもんにくだ)】 投降(tóuxiáng)。 類兜(かぶと)を脱ぐ。 例楚は秦の軍門に降った。楚国降秦(xiáng)。

【薫蕕器を同じうせず(くんゆううつわをおなじうせず)】 薰蕕不同器(xūnyóubùtóngqì);善恶不共存(shàn è)。 類水火器物(すいかきぶつ)を一つ(ひと)にせず。 中春秋·佚名《孔子家语·致思》:"回闻薰莸不同器而藏，尧桀不共国而治，以其类异也。"

【群羊を駆って猛虎を攻む(ぐんようをかってもうこをせむ)】 驱羊攻虎(qūyánggōnghǔ);以弱敌强。 中汉·司马迁《史记·张仪列传》:"且夫为从者，无以异于驱群羊而攻猛虎，虎之与羊不格明矣。"

【君臨すれども統治せず(くんりんすれどもとうちせず)】 有王无权，君主立宪(lìxiàn)。 西British politics:Reigns, but does not rule.

【群を抜く(ぐんをぬ)】 拔群(báqún);出类拔萃(chūlèibácuì);卓尔不群(zhuóěrbùqún)。 類一頭地を抜く(いっとうち)②;沖(おき)を越える(こ);

鶏群の一鶴；人並み勝れる。例彼の才能は群を抜いている。他的才干是出类拔萃的。

け

【形影相弔う】 xíngyǐngxiāngdiào xíngdānyǐngzhī 形影相吊；形单影只。中晋·李密《陈情表》："外无期功强近之亲，内无应门五尺之僮；茕茕孑立，形影相吊。"

【形影相伴う】 rúyǐngsuíxíng 形影相伴；如影随形；夫妻形影不离。類影身に添う。

【傾蓋故の如し】 qīnggàirúgù yījiànrúgù 倾盖如故；一见如故。類一見旧の如し。中汉·邹阳《狱中上书自明》："谚曰：'有白头如新，倾盖如故。'何则？知与不知也。"

【謦咳に接する】 qīnchéngqīngkài qīnlíngyǎjiào 亲承謦欬；亲聆雅教。中战国·庄周《庄子·徐无鬼》："闻人足音跫然而喜矣，又况乎昆弟亲戚之謦欬其侧者乎？" 例大政治家の謦咳に接することを得、光栄至極に存じます。有幸亲聆大政治家雅教，荣幸之至。

【形骸を止めない】 dàngránwúcún miànmùquánfēi 荡然无存；面目全非。類影も形も無い。例川岸に建っていた家は洪水で形骸を止めず押し流されてしまった。建在河岸上的房屋被洪水冲走，已荡然无存。

【形骸を土木にす】 tǔmùxínghái bùxiūbiānfú 土木形骸；不修边幅。類形振り構わず。中南朝·宋·刘义庆《世说新语·容止》："刘伶身长六尺，貌甚丑悴，而悠悠忽忽，土木形骸。"

【圭角が取れる】 wéirén léngjiǎo 为人圆通；没有棱角。類丸くなる。

【芸が細かい】 ❶精細；周到。類念が入る。例彼のやることは芸が細かい。他作事精细周到。❷表演细腻 xìnìjīngzhàn 精湛。

【芸がない】 fáwèi pīngyōng 平淡乏味；毫无情趣；平庸。類曲がない；念も無い③。例客に芸がないと思われるのは芸人の恥だから、いつも新しいネタを考えている。观众认为平淡乏味就是丢艺人的脸，所以总 zōngděi 得想出新的笑料。

【芸が身を助けるほどの不仕合せ】 lúnluò húkǒu píng 沦落到卖艺为生的田地；卖艺糊口；凭技艺糊口。

【景気を付ける】　振作精神；打气；鼓劲；加油。🔴気を励ます；気を張る②。🔴酒を一杯あおって景気を付ける。喝一大口酒，振作一下精神。

【鶏群の一鶴】　鹤立鸡群；鸡群之鹤。🔴群を抜く。

【鶏犬相聞こゆ】　jīquǎnxiāngwén　鸡犬相闻。🔵春秋·李耳《老子·80章》："邻国相望，鸡犬之声相闻，民至老死不相往来。"

【鶏口となるも牛後となるなかれ】　níngwéijīkǒu wùwéiniújiǔhòu　宁为鸡口，勿为牛后。🔴鯛の尾より鰯の頭。🔵汉·刘向《战国策·韩策一》："臣闻鄙语曰：'宁为鸡口，无为牛后。'今大王西面交臂而臣事秦，何以异于牛后？"

【計算に入れる】　把可能的情况考虑进去；事先作预案。🔴そのことはもう計算に入れてある。这事已经考虑进去了。

【敬して遠ざける】　jìngéryuǎnzhī　敬而远之。🔵《论语·雍也》："务民之义，敬鬼神而远之，可谓知(=智)矣。"

【芸術のための芸術】　（法·维克多·库辛语）wéikèduō kùxīn　为艺术的艺术；艺术至上主义；纯粹的艺术；纯艺术。🔵Victor Cousin: l'art pour l'art.

【芸術は長く人生は短し】　xīlà xībōkèlādǐ　（希腊·希波克拉底）人生有限，艺术长存；人生短暂，技艺永存。🔵Hippokrates: Ars longa, vita brevis.

【刑場の露と消える】　chū　被处死刑。🔴笠の台が飛ぶ；畚に乗る。

【傾城買いの糠味噌汁】　wéipiáochāng níngchīkāng wèihuījīnrútǔ wèi　为嫖娼，宁吃糠；节衣缩食只为挥金如土；为挥霍，先吝啬。huīhuò linsè

【傾城に誠なし】　jīnǚ　妓女无真情；欢乐场中无真言。🔴女郎に誠あれば晦日に月が出る；女郎の千枚起請。

【蛍雪の功】　yíngxuě nángyíngyìngxuě　萤雪之功；囊萤映雪。🔴螢の光，窓の雪。

【兄たり難く弟たり難し】　nánxiōngnándì nánfēnbózhòng bùxiāngshàngxià　难兄难弟；难分伯仲；不相上下。🔴何れ劣らぬ。🔵南朝·宋·刘义庆《世说新语·德行》："杏于太丘，太丘曰：'元方难为兄，

季方难为弟。'"

【兄弟垣に閲ぐ】 兄弟阋墙。類骨肉相食む。中春秋·佚名《诗经·小雅·常棣》："兄弟阋于墙，外御其务（=侮）。"

【兄弟垣に閲げども外その務を禦ぐ】 兄弟阋于墙，外御其侮。中春秋·佚名《诗经·小雅·常棣》："兄弟阋于墙，外御其务（=侮）。"

【兄弟は左右の手なり】 兄弟犹如左右手。類兄弟は両の手。中晋·陈寿《三国志·魏志·王脩伝》："夫兄弟者，左右手也。"

【刑の疑わしきは軽くせよ】 罪疑惟轻；定罪有疑问时只能轻判。中《尚书·大禹谟》："罪疑惟轻，功疑惟重。"

【芸は道によって賢し】 术业有专攻；敲锣卖糖，各专一行；三十六行，各有所长。類餅は餅屋。

【芸は身の仇】 一技在身，艺能毁身；一技之长，身为所伤。

【芸は身を助ける】 一技在身，胜积千金；艺能养身；艺不压身。

【桂馬の高あがり】 爬得高，跌得重；贸然闯入敌阵。

【桂林の一枝、崑山の片玉】 桂林之一枝，昆山之片玉；杰出人才。類桂を折る。中唐·房玄龄《晋书·卷五十二·郤诜列传》："臣举贤良对策，为天下第一，犹桂林之一枝，昆山之片玉。"

【毛色の変わった】 独具一格的；独特的。例彼は一風毛色の変わった芸人だ。他是个很有个性的艺人。

【稀有にして】 好容易；勉强；好歹。類やっとの事で。

【気がない】 没兴趣；没有迹象。例火の気がない場所から出火した。在不可能起火的地方起火了。

【怪我の功名】 因祸得福；歪打正着。

【逆鱗に触れる】 冒犯龙颜；触怒尊长。類勘気に触れる。例諫言した将軍

259

は皇帝の逆鱗に触れ辺境に左遷された。谏言规劝的将军触到了皇帝的逆鳞，被贬到边境去了。

【檄を飛ばす】　传檄天下；发出号召；激发斗志。囫政治改革を掲げ新党首が檄を飛ばす。新党首传檄天下，打出政治改革的旗号。

【下戸と化け物は無い】　世上没有不能喝酒的人。

【下戸の肴荒らし】　不喝酒光吃菜。

【下戸の建てたる倉も無し】　不喝酒也没见谁把钱攒下；不喝酒也攒不下酒钱。

【気色あり】　❶有意思；有趣。❷异样；奇怪。類奇奇怪怪。

【気色覚ゆ】　❶觉得有意思；有情趣。❷觉得异常。

【消し口を取る】　率先到达有利的灭火位置。

【けじめを食う】　被疏远；被边缘化；不受待见；遭到轻视；受歧视。

【けじめを付ける】　❶分清善恶是非；加以区别。囫白黒のけじめを付ける。分清是非曲直。❷用实际行动来承担责任；引咎 囫選挙違反を検挙され、公職を辞してけじめを付ける。违反选举法被揭发，引咎辞去公职。

【下種と鷹とに餌を飼え】　鹰犬役以食，小人役以利。

【下種の後智恵】　事后诸葛亮。類虚仮の後思案；後知恵。

【下種の一寸、のろまの三寸】　老粗和脑残，门都关不严；开关拉门亦显教养高低。

【下種の勘繰り】　小人疑心重；卑鄙的人多疑心。

【下種の逆恨み】　以怨报德；小人不识劝，忠告反遭怨；狗咬吕洞宾，不识好人心；好心当成驴肝肺。

【下種の猿知恵】　下下人并无上上智；笨蛋只有馊主意。

【下種の誹り食い】　埋怨难以下咽，还要狼吞虎咽。

【下種の知恵は後から】➡下種の後智恵

【下種も三食、上﨟も三食】　人不分贵贱；卑贱者一日三餐，高贵者三餐一日。

【卦体が悪い】　不吉利；可恶。類縁起でもない。

【卦体糞が悪い】　真可恨；真他妈丧气；可恶；忒不吉利。類縁起でもない。

【桁が違う】　相差悬殊；没有可比性；无可比拟；天壤之别。類比べ物にならない。例アメリカの農家の所有面積は日本とは桁が違う。美国农民占有的土地面积与日本有天壤之别。

【桁が外れる】　非比寻常；异乎寻常。例彼の強さは桁が外れている。他的强势实在不一般。

【下駄と焼き味噌】　形似而神异；形状相似，实质迥异。

【下駄も仏も同じ木のきれ】　飘茵落溷分贵贱，本是同根同叶片；高低贵贱，原本相同。

【下駄を預ける】　全权委托；有劳你了；交给你了。類白紙委任。例この問題は私の手には負えないので知人に下駄を預けた。这件事我处理不了，全权委托给朋友了。

【下駄を履かせる】　抬高分数；增加水分。例下駄を履かせた統計にはバイアスがかかっており信頼できない。有水分的统计会出现偏差，不可信。

【下駄を履く】　❶从中揩油；抽头；从中牟利。類上前を撥ねる。❷彻底结束之前（不）；不到最后的最后不。例選挙の当落は下駄をはくまで分からない。不到最后不知道选举胜负。

【けちが付く】　有不吉之兆；不顺利。例ハネムーンの飛行機が欠航して二人の門出にけちが付いた。蜜月要乘的航班取消，二人新婚起步不吉利。

【けちを付ける】　❶说丧气话。❷挑毛病；吹毛求疵。類難癖を付ける。例評論家にけちを付けられて面白くない。受到评论家指摘而不高兴。

261

【血気盛ん】 血气方刚。例血気盛んな年頃。血气方刚的年龄。

【血気に逸る】 逞匹夫之勇；意气用事；贸然行动；鲁莽行事。類暴虎馮河。例若い頃は血気に逸って馬鹿なことをしたものだ。年轻的时候好意气用事，干了些傻事。

【血気の勇】 一时之勇；一时冲动；匹夫之勇。類匹夫の勇。例若者は血気の勇に流されやすい。年轻人容易逞一时之勇。

【穴隙を鑽る】 钻穴隙；（男女）私通。類不義密通。中战国·孟轲《孟子·滕文公下》："不待父母之命、媒妁之言，钻穴隙相窥，逾墙相从，则父母国人皆贱之。"

【結構毛だらけ、猫灰だらけ】 忒好去咧；好极啦；蛮好。

【結構は阿呆の唐名】 好人好到家，人称大傻瓜。

【血相を変える】 变脸色；大惊失色。類面を変える。例信用不安の噂がたち、預金者たちが引き出しのため血相を変えて銀行へ押し寄せた。风传金融信用不稳，储户们大惊失色，涌向银行提款。

【穴の穴が小さい】（穴、尻とも） ❶小气。類財布の紐が長い。例叔父さんは穴の穴が小さくてお年玉をくれたことがない。叔叔很小气，从来没给过我压岁钱。
❷胆子小；度量小。類気が小さい。例穴の穴が小さく、いつも他人の後ろに隠れている。胆子小，总是躲在别人后面。

【穴の穴が太い】（穴、尻とも） ❶胆子大；胆儿肥。類肝が大きい。❷脸皮厚。類厚顔無恥。

【血路を開く】 杀开一条血路；冲出困境。例関ヶ原の戦いで勇猛轟く嶋津軍は多大な犠牲を払いつつ血路を開いて戦場から脱出した。在关原之战，英勇闻名的岛津（现鹿儿岛县）部队付出巨大的牺牲杀开一条血路，从战场逃脱。

【決を採る】 表决。例論議を尽くし議長が決を取る。讨论结束，议长主持表决。

【穴を捲る】（穴、尻とも） 绝地反扑；穷鼠啮狸；翻脸；突然强硬起来。類

尻を捲る。

【穴を割る】（穴、尻とも）揭疮疤；恶行败露；露出破绽；露马脚。類尻を割る。例司法取引で共犯者が穴を割って自分の罪を逃れる。在辩诉协议中，同案犯揭疮疤逃避自己的罪责。

【褻にも晴れにも】 ❶无论是平素还是正式场合。❷独一无二。類唯一無二。

【下の下】 下下等；最下等。例落ち目になると下の下の策しか思いつかなくなるのだろうか。难道走下坡路的时候就只能想到下下策吗？

【毛の生えた】 略胜一筹；稍许好一些的。例新築住宅と言ってもマッチ箱に毛の生えたような代物です。所谓新建住宅，也不过是比火柴盒稍强一点而已。

【仮病を使う】 托病；装病。例仮病を使って学校を休む。装病不上学。

【毛ほど】 丝毫（不）。類露ほども；針の先で突いたほど。例他人に謝る気持ちなど彼には毛ほどもない。他丝毫没有对别人道歉的意思。

【煙に巻く】 用大话骗人；忽悠；迷惑人。例突拍子もない話題を持ち出して相手を煙に巻く。用离奇的话忽悠对方。

【煙になる】 化为乌有；（被）烧光。類灰燼に帰す。例焼夷爆弾で何もかも煙になってしまった。所有的一切都被燃烧弹化为灰烬。

【煙を立てる】 维持生计；过日子。類暮らしを立てる。

【気もない】 没有……的气氛；丝毫没有……的迹象；没有……的样子。例その日の午前は晴天で竜巻が発生する気もなかった。那天上午晴，丝毫没有刮龙卷风的迹象。例彼女は普段通りで心配事があるような気も無かった。她和平常一样，丝毫没有担心的样子。

【螻蛄の水渡り】 ❶学也学不到手。❷五分钟热血；虎头蛇尾。類熱し易く冷め易い。

【螻蛄腹立つれば鶸喜ぶ】 你怒我喜；利害关系相反。

【けりが付く】　有着落；了结；有了结果。類決まりが付く。例この紛争は何時になったらけりが付くんだ？这场纠纷什么时候才能了结呀？

【けりを付ける】　终结；结束。類始末を付ける。例けりを付けるため最高裁まで争うつもりだ。为了有个了断，决计打到最高法院。

【毛を吹いて疵を求む】　吹毛求疵。類疵を求む；角水を突く。中战国·韩非《韩非子·大体》："不吹毛而求小疵，不洗垢而察难知。"

【毛を以て馬を相す】　以毛相马；以貌取人。中汉·桓宽《盐铁论·汉·利议》："故以言举人，若以毛相马，此其所以多不称举。"

【犬猿の仲】　针尖对麦芒；二者互不相容；势如水火。類犬と猿；犬猿もただならず。

【犬猿もただならず】　针尖对麦芒；水火不相容；冰炭不同器。類犬猿の仲。

【験がいい】　吉兆；好兆头。例中国人にとっては六と八は験がいい数字だそうだ。据说，对中国人来说，六和八是吉祥数字。

【喧嘩過ぎての棒乳切】　打完仗，操棍棒；马后炮。類後の祭り。

【喧嘩に被る笠はない】　吵架防不了、躲不开；人生在世，吵架必至；吵架必两伤。

【喧嘩に花が咲く】　越吵越凶；吵架升级。

【喧嘩の側杖】　看打架，遭棒打；殃及池鱼。類側杖を食う。

【懸河の弁】　口若悬河。類立て板に水。

【喧嘩は降り物】　吵架无法预测。

【剣が峰に立つ】　处在关键时刻；站在紧要关头。例贈賄罪で起訴され政治生命が剣が峰に立たされる。以贿赂罪被起诉，处于政治生命的悬崖。

【喧嘩を売る】　找碴儿打架；寻衅。類事を構える；酢を買う。例何だその口の利き方は！俺に喧嘩を売る気か？怎么说话呢，想找茬打架呀？！

【喧嘩を買う】 接受挑战；说打就打。例あの子は血の気が多くすぐに喧嘩を買うので生傷が絶えない。那孩子血气方刚，动不动就打架，总是新伤压旧伤。

【玄関を張る】 装潢门面。類見栄を張る。

【嫌疑を受ける】 被嫌疑；被认为有嫌疑。例窃盗犯の嫌疑を受ける。被怀疑为盗窃犯。

【現金掛値なし】 货真价实；市无二价；现金买卖一口价；不要谎，不讲价。類正真正銘。

【舷舷相摩す】 船舷相接；海上激战。

【言言肺腑を衝く】 肺腑之言，感人至深。

【涓涓塞がざれば終に江河となる】 涓涓不壅，终为江河。中春秋·佚名《孔子家语·观周》："涓涓不壅，终为江河，绵绵不绝，或成网罗。"

【言語に絶する】 不可名状；难以用语言形容；无以言表。類言うに言われない；曰く言い難し；得も言われぬ；言葉に余る；言語道断②。例世界自然遺産の素晴らしさは言語に絶する。世界自然遗产的绝妙不可名状。例巨大津波が陸地を呑み込む様は言語に絶する。巨大的海啸吞噬陆地的情形难以用语言形容。

【賢者は長い耳と短い舌を持つ】 （西谚）聪明人多听少说。西The wise man has long ears and a short tongue.

【賢者ひだるし伊達寒し】 贤者饥，俏者寒；圣人不凝滞于物；贤者必受异常之苦。

【献上の鴨】 破衣烂衫，鞋袜灿然（的人）；衣衫褴褛而鞋袜光洁（的人）。

【謙譲の美徳】 谦让的美德。

【健全なる精神は健全なる身体に宿る】 （罗马·尤维纳利斯语）健康的精神寓于健康的体魄。西Juvenalis：Mens sana in corpore sano.

【言近くして意遠し】 言近意远；语言浅近，含义深刻。中宋·计有功《唐诗纪

事61·聂夷中》："又《咏＜田家＞》诗云……所谓言近意远，和三百篇之旨也。"

【言質を与える】　給予承諾；貽人口实；授人口实；授人以柄。例相手に言質を与えないよう口を濁す。为了不给对方留下口实而把话说的模棱两可。

【言質を取る】　取得承诺；抓住话把。例言質を取られないようぬらりくらりと答弁する。答辩时为了不被抓住把柄就支吾搪塞。

【剣突を食う】　遭到责骂；受斥责。例やってもいないことで剣突を食うのはご免だ。我没干，凭什么受你斥责！

【剣突を食わす】（食わす、食わせるとも）　劈头盖脑地申斥；责骂；申斥；痛斥。例ぐうたら亭主に剣突を食わす。斥责游手好闲的丈夫。

【原点に帰る】　回到原点；回到起点；重新考虑。例どの道も迷ったり壁にぶつかったりした時は原点に帰るのが賢明だ。如果哪条路都走不通或碰壁，重新开始才是明智的选择。

【見当が付く】　心里有谱；心里大致有数；大体上估计得到。類当たりが付く；当てが付く；心及ぶ②；察しが付く；想像が付く；目処が付く；目鼻が付く；目星が付く。例事件の真相が奈辺にあるのか、全く見当が付かない。事件的真相何在，完全心中无数。

【見当を付ける】　估计；推测；猜测。類当たりを付ける；当たりを取る②；当てを付ける①；目処を付ける；目星を付ける；目算を立てる。例どのくらい経費が掛かるのか見当を付ける。估计一下大约需要的经费。

【権に借る】　凭借权力；仰仗权势。

【懸念もない】　❶万没想到；没料到。類思いも寄らない。❷佯装不知；若无其事。類白を切る。

【堅白同異の弁】　坚白同异之辩；诡辩。類歪理屈。中汉·司马迁《史记·孟子荀卿列传》："而赵亦有公孙龙为坚白同异之辩，剧子之言。"

【犬馬の心】 犬马之心。中汉·司马迁《史记·三王世家》(霍去病上疏)："臣窃不胜犬马心，昧死愿陛下诏有司，因盛夏吉时定皇子位。"

【犬馬の齢】(齢、歯とも) 犬马之齿；(年龄自谦)虚度春秋；马齿徒增。類馬齢を重ねる。中汉·班固《汉书·赵充国传》："臣位至上卿，爵为列侯，犬马之齿七十六，为明诏填沟壑，死骨不朽，亡所顾念。"

【犬馬の労】 犬马之劳。中唐·房玄龄《晋书·段灼传》："愿陛下思子方之仁；念犬马之劳；思帷盖之报；发仁惠之诏；广开养老之制。"

【剣は一人の敵、学ぶに足らず】 剑一人敌，不足学；欲夺天下者当学兵法。中汉·司马迁：《史记·项羽本纪》"书足以记名姓而已。剑一人敌，不足学，学万人敌。"

【権柄晴れて】 公开；公然；正大光明地。類天下晴れて。

【けんもほろろ】 极其冷淡；毫不理睬。類取り付く島もない。例彼女に粉を掛けたがけんもほろろでがっくりした。主动跟她搭话却完全不予理睬，真叫人沮丧。

【賢路を塞ぐ】 防贤路；尸位素餐，不肯让贤。中晋·潘岳《河阳县作诗》："在疚妨贤路，再升上宰朝。"

【剣を売り牛を買う】 卖剑买牛；罢兵务农。中汉·班固《汉书·龚遂传》："民有持刀剑者，使卖剑买牛，卖刀买犊。"

【剣を落として舟を刻む】 刻舟求剑。類舟に刻みて剣を求む。中战国·吕不韦《吕氏春秋·察今》："楚人有涉江者，其剑自舟中坠于水，遽契其舟，曰：'是吾剑之所从坠。'"

【験を担ぐ】 求吉利，重视吉凶之兆；迷信吉凶之兆。例日本には冠婚葬祭の日を選ぶ時に験を担ぐ習慣がある。日本人选择红白喜事的日子时，习惯上都重视吉凶之兆。

【言を構える】 说假话；瞎编；胡编乱造。例国会の証人喚問で言を構えると偽

証罪になる。国会传唤证人时如果说假话就构成作伪证罪。

【妍を競う】 争妍；尽态极妍。📖美人コンテストで妍を競う。选美比赛中争奇斗艳；选美尽态极妍。

【言を左右にする】 支吾其词；闪烁其词。📖言葉を濁す。📖確信が持てないので言を左右にする。因为没有自信而闪烁其词。

【言を食む】 食言；食言而肥；自食其言。

【言を俟たない】 自不待言；不消说。📖言うまでもない。📖彼の方が正しいことは言を俟たない。他之正确自不待言。

【乾を旋らし坤を転ず】 旋乾转坤；扭转乾坤。📖唐·韩愈《潮州刺史谢上表》："陛下即位以来，躬亲听断，旋乾转坤。"

こ

【鯉口を切る】 手按刀柄；按剑（准备厮杀）。📖切っ刃を回す①。📖武士が刀の鯉口を切って敵の出方に備える。武士手按刀柄，看对方如何出手。

【恋に上下の隔て無し】 恋爱不分贵贱；爱无身份高低。

【恋の鞘当て】 （男人之间）争风吃醋；情敌之争。

【鯉の滝登り】 鲤鱼跳龙门。

【恋の病】 相思病。📖四百四病の外；胸の病②。

【恋の山には孔子の倒れ】 英雄难过美人关。

【恋の闇】 热恋不讲理智。📖恋は思案の外。

【恋は曲者】 恋爱会使人神魂颠倒。

【恋は思案の外】 爱情不讲理性；爱情总是超越理智。📖色は思案の外；恋の闇；恋は盲目；恋は闇。

【恋は盲目】 爱情不讲理性；爱情是盲目的；恋情是盲目的。📖恋は思案の外。📖Love is blind。

【恋は闇】 爱情不讲理性；爱情是盲目的；恋情是盲目的。📖恋は思案の外。

【光陰矢の如し】 光阴似箭；白驹过隙；乌飞兔走。類駒の隙を過ぐるが如し；白駒の隙を過ぐるが如し。中宋·苏轼《行香子·秋兴》："朝来庭下,光阴如箭,似无言、有意伤侬。都将万事,付与千钟。"

【光炎万丈長し】 光焰万丈。中唐·韩愈《调张籍》："李杜文章在,光焰万丈长。"

【甲乙付け難い】 难分优劣；难分伯仲。類何れ劣らぬ。

【甲乙無し】 难分伯仲；难分优劣；不分轩轾。類何れ劣らぬ。

【後悔先に立たず】 后悔莫及；悔之晚矣；悔之无及；追悔莫及后悔药吃不得。類臍を噬む；後悔臍を噛む。

【後悔臍を噛む】 噬脐莫及；悔之晚矣；吃后悔药。類後悔先に立たず。中南朝·齐梁·颜之推《颜氏家训·省事》："纵得免死,莫不破家,然后噬脐,亦复何及！"

【口角泡を飛ばす】 说得唾沫飞溅；激烈争论。

【高閣に束ぬ】 束之高阁。類棚に上げる。中南朝·梁·费昶《赠徐郎》："射策徐郎,明经拜爵,……车载斗量,束之高阁。"

【甲が舎利になる】 绝对（不）；罕见；绝无仅有。類間違っても。

【業が煮える】 愤怒；焦躁；发火。類腹を立てる。

【幸か不幸か】 不知是福是祸。例幸か不幸か私は今まで真実を知らなかった。不知是福是祸,我原本不知道真实的情况。

【好機逸すべからず】 莫失良机；时不可失。類時は得がたくして失い易し。

【剛毅朴訥仁に近し】 刚毅木讷近仁。中《论语·子路》："子曰：'刚、毅、木、讷,近仁。'"

【肯綮に中る】 深中肯綮；点到关键之处。類核心を衝く。中明·宋濂《元史·王都中传》："都中遇事剖析,动中肯綮。"

【攻撃は最大の防御】 进攻是最好的防御；以攻为守。

【膏血を絞る】 榨取民脂民膏；敲骨吸髓。類骨までしゃぶる。

【巧言令色鮮し仁】 巧言令色鲜矣仁。類巧言令色。中《论语·学而》："子曰：'巧言令色鲜矣仁。'"

【膏肓に入る】→ 病 膏肓に入る

【孝行のしたい時分に親はなし】 子欲养而亲不待；风 树 之 感 fēngshùzhīgǎn。類石に布団は着せられず；樹静かならんと欲すれども風止まず①；子養わんと欲すれども親待たず；墓に布団は着せられぬ；風樹の嘆。

【乞う御期待】 敬请期待。

【鴻鵠の志】 鸿 鹄 之 志 hónghúzhīzhì。類図南の翼。中汉·司马迁《史记·陈涉世家》："陈涉太息曰：'嗟乎，燕雀安知鸿鹄之志哉！'"

【後顧の憂い】 后 顾 之 忧 hòugùzhīyōu。中北齐·魏收《魏书·李冲传》："朕以仁明忠雅，委以台司之寄，使我出境无后顾之忧。"

【功罪相償う】 功 过 相 抵 xiāngdǐ。

【功罪相半ばする】 功过参半 cānbàn；功罪兼半。

【光彩を放つ】 放（出）光彩。類精彩を放つ。例あまたいるお笑い芸人の中ではHが断然光彩を放っている。在众多的滑稽演员中，H无可争议地大放异彩。 huáyì

【巧詐は拙誠に如かず】 巧 诈 不 如 拙 诚 qiǎozhàbùrúzhuōchéng。中战国·韩非《韩非子·说林》："故曰：'巧诈不如拙诚。乐羊以有功见疑，秦西巴以有罪益信。'"

【公算が大きい】 可能性大。例原発建設は住民投票をやると否决される公算が大きい。建设核电站如果诉诸全民公投，则被否决的可能性很大。 sùzhū

【恒産なきものは恒心なし】 无 恒 产 者 无 恒 心 wúhéngchǎnzhěwúhéngxīn。中战国·孟轲《孟子·滕文公上》："民之为道也，有恒产者有恒心，无恒产者无恒心。苟无恒心，放辟邪侈，无不为已。"

【好事魔多し】 好 事 多 磨 hǎoshìduōmó。類月に叢雲花に風；花に嵐。中宋·晁端礼《安公子》词："是即是，从来好事多磨难。"

【好事も無きに如かず】 好 事 不 如 无 hǎoshìbùrúwú。中明·佚名《增广贤文》："庭前生瑞草，好事不如无。"

【好事門を出でず】 好 事 不 出 门 hǎoshìbùchūmén。中宋·释道原《景德传灯录》："僧问绍宗：'如何是西来意？'绍宗曰：'好事不出门，恶事行千里。'"

【講釈師見て来たような嘘を言う】（言う、つきとも） 说得有鼻子有眼。

【後車の戒め】 后车之鉴。類人のふり見て我がふり直せ。中汉·刘向《说苑·善说》："《周书》曰：'前车覆，后车戒。'盖言其危。"

【攻守所を変える】 攻守易位；形势逆转。

【強情を張る】 固执己见；顽固；执拗。類意地を張る。例欲しいおもちゃを買ってもらうまで、子供が強情を張って売り場から離れようとしない。孩子想要一个玩具，不给买就拗着不肯离开柜台。

【行色を壮んにする】 壮行色。

【後進に道を譲る】 让贤；为后来人让路。類道を譲る②。

【後塵を拝する】 步人后尘；落后；依附权贵。類一歩を譲る①；後れを取る①；引けを取る。

【後生畏るべし】 后生可畏。中《论语·子罕》："子曰：'后生可畏，焉知来者之不如今也？'"

【孔席暖まらず、墨突黔まず】 孔席不暖，墨突不黔；为苍生社稷奔忙不已；孔席墨突。中汉·班固《答宾戏》："是以圣哲之治，栖栖遑遑，孔席不暖，墨突不黔。"

【口舌の徒】 口舌之徒；耍嘴皮子的人；空发议论的人。

【黄泉の客】 黄泉之客；命丧黄泉。

【浩然の気を養う】 养浩然之气。中战国·孟轲《孟子·公孙丑上》："我善养吾浩然之气。其为气也，至大至刚，以直养而无害，则塞于天地之间。"

【公然の秘密】 公开的秘密。

【碁打ち鳥飼馬鹿の中】 玩物丧志；悠哉游哉，身家之灾；声色犬马，痴人玩耍。

【碁打ちに時なし】 专心下棋，不知时移。

【巧遅は拙速に如かず】 巧而迟不如拙而速。

【口中の雌黄】 订正错误言论；改正错误说法。中唐·房玄龄《晋书·王衍传》："义理有所不安，随即改更，世号'口中雌黄'。"

【口中の虱】 口中虱；极易被消灭。中汉·班固《汉书·王莽传中》："校尉韩威

进曰：'以新室之威而吞胡虏，无异口中蚤虱。'"

【溝瀆に縊る】　白白自杀；没有价值的自杀。中《论语·宪问》："岂若匹夫匹妇之为谅也，自经于沟渎而莫之知也。"

【狡兎死して走狗烹らる】　狡兔死，走狗烹；过河拆桥；卸磨杀驴。类飛鳥尽きて良弓蔵る。中汉·司马迁《史记·越王勾践世家》："蜚鸟尽，良弓藏；狡兔死，走狗烹。"

【功なり名を遂げて身退くは天の道なり】　功成名遂身退，天之道。类功なり名を遂げる。中春秋·李耳《老子·9章》："富贵而骄，自遗其咎。功成名遂，身退，天之道也。"

【功なり名を遂げる】　功成名遂；功成名就。类功なり名を遂げて身退くは天の道なり；名を遂げる；花を咲かせる①。中战国·墨翟《墨子·修身》："功成名遂，名誉不可虚假，反之身者也。"

【江南の橘、江北の枳となる】　橘化为枳；南橘北枳；环境影响人的品格。中春秋·晏婴《晏子春秋·杂下六》："婴闻之，橘生淮南则为橘，生于淮北则为枳，叶徒相似，其实味不同。"

【郷に入っては郷に従え】（従え、従うとも）　入乡随乡；入乡随俗；入境问俗。中唐《敦煌变文集》："良日可惜，吉日难逢……故入国随国，入乡随乡，到蕃里还立蕃家之名。"

【甲に着る】　狐假虎威；仗势欺人。类虎の威を借る狐。

【業に沈む】　自食恶果；罪有应得；恶业不能解脱。类身から出た錆び。

【効能書きを並べる】　宣传药效；大加宣扬。例彼は自身の健康法についてあれこれ効能書きを並べた。他总是大力宣扬自己的健身之法。

【勾配が早い】　❶坡陡。❷机敏；手疾眼快；脑筋转得快。类機転が利く。

【孝は百行の本】　孝为百行之本；百行孝为本。中汉·班固《白虎通·攷黜》："孝道之美，百行之本也，故赐以玉瓒，得专为赐也。"

【勾張り強くして家を倒す】（勾張り、甲張り·強張りとも）　过欲其强，反令其伤；过犹不及；过偏爱，反为害。

【好物に祟り無し】　美味不伤人；爱吃的尽可大快朵颐。
【口吻を洩らす】　流露出某种语气。囫不満気な口吻を洩らす。流露出不满的语气。
【首を回らす】　回首；回顾；回想；回望。囫京都の本能寺で古に首を回らす。在京都的本能寺追怀古代的事；京都本能寺怀古。
【興亡恒無し】　（国家、民族）盛衰无常。
【弘法にも筆の誤り】　智者千虑，必有一失。题河童の川流れ；孔子の倒れ；猿も木から落ちる；上手の手から水が漏れる；千慮の一失；知者も千慮に一失あり。
【弘法筆を択ばず】　善书者不择纸笔；善书者不择笔。题善書紙筆を択ばず；能書筆を択ばず。
【高木は風に折らる】　树大招风；出头的椽子先烂；枪打出头鸟。题喬木風に折らる；大木は風に折られる；出る杭は打たれる。
【子馬の朝駆け】　始其疾，难为继；用力猛，累得重。
【高名の中に不覚あり】　得意忘形是失败的祸根。
【功名を竹帛に垂る】　名垂竹帛；名垂青史。题名を残す。圉宋·曾巩《寄致仁欧阳少师》："四海文章伯，三朝社稷臣。功名垂竹帛，风义动簪绅。"
【高明の家、鬼その室を覗う】　高明之家，鬼瞰其室；富贵之家，易遭不幸。圉汉·扬雄《解嘲》："高明之家，鬼瞰其室。攫拏者亡，默默者存；位极者宗危，自守者身全。"
【蝙蝠も鳥のうち】　❶蝙蝠会飞也算鸟。题目高も魚の中。❷滥竽充数。题雑魚の魚交じり。
【紺屋の明後日】　明日复明日，明日何其多；预约未来，不可轻信。
【紺屋の地震】　（藍澄まない→相済まない。日语本为谐音歇后语）对不起。
【紺屋の白袴】　无暇自顾；自顾不暇；为人作嫁。题駕籠舁き駕籠に乗らず。
【甲羅が生える】　老奸巨猾；老于世故；老资格；资深。题海千山千。囫政界には甲羅が生えた議員がごろごろいる。在政界老于世故的议员比比皆是。
【甲羅を経る】　老练；有经验。题劫臘を経る；劫を経る②。囫甲羅を経た陶芸家

ほど味のある作品を残す。越是有经验的陶艺家越能留下有品味的作品。

【甲羅を干す】 晒太阳；俯卧晒背。例海水浴場で甲羅を干す。躺在海滨浴场晒太阳。

【毫釐の差は千里の謬り】 差之毫厘，谬以千里；失之毫厘，差之千里。

中汉·戴圣《礼记·经解》："君子慎始，差若毫厘，缪（=谬）以千里。"

【黄梁一炊の夢】 ➡邯鄲の夢

【蛟竜雲雨を得】 蛟龙得云雨；蛟龙得水；如龙得云。中晋·陈寿《三国志·吴志·周瑜传》："恐蛟龙得云雨，终非池中物也。"

【亢竜悔いあり】 亢龙有悔；盛极必衰；乐极生悲；物极必反。類盛者必衰。

中《易经·乾卦》："上九，亢龙有悔。"

【紅涙を絞る】 （美女）泪如雨下；红颜垂泪。

【剛戾自ら用う】 刚戾自用；刚愎自用；师心自用。類猾介固陋。中汉·司马迁《史记·秦始皇本纪》："始皇为人，天性刚戾自用，起诸侯，并天下，意得欲从，以为自古莫及己。"

【劫臘を経る】 饱经沧桑；经过充分历练。類甲羅を経る。

【紅炉上一点の雪】 红炉点雪；涣然冰释；烟消云散。中宋·王质《大慧禅师正法眼藏序》："余夜宿金山之方丈，不得寐，信手而抽几案文书，得此阅之，至烘炉点雪，恍然非平时之境。"

【稿を改める】 重写稿子；另找时间写。例再版の際に一部稿を改めるつもりです。再版时想重写部分书稿。

【稿を起こす】 起草；起稿；开始写。類筆を起こす。例新聞連載小説の稿を起こす。开始写报纸连载小说。

【香を聞く】 闻香。例竹林の四阿で香を聞いて楽しむ。在竹林的凉亭欣赏着焚香（的香气），十分愉悦。

【業を曝す】 前世恶行，今世报应。

【功を奏する】 大功告成；成功；奏效。例ハンドマイクによる親の呼びかけが功を奏し、誘拐犯は人質を解放した。父母用手提麦克喊话奏效，绑匪释放了

人質。

【効を奏する】 奏效；起效。例抗がん剤が効を奏する。抗癌药奏效。

【香を闘わせる】 品香赛；焚香以决其品质；赛香。例香を闘わせるなんて風雅な遊びだね。赛香是很有品位的游戏呀。

【稿を脱す】 脱稿。

【業を煮やす】 急得发脾气；气急败坏。例いつまでも埒が明かないので業を煮やす。由于问题老也得不到解决而气急败坏。

【劫を経る】 ❶经过长年累月。類年を経る①。❷积累经验。類甲羅を経る。

【声が潤む】 声音哽咽。例別れ話を持ち出すと彼女の声が潤んだ。一说到分手她就声音哽咽。

【声が掛かる】 ❶叫好儿；博得喝彩。例客席から「成田屋！」と声が掛かる。观众席发出叫好声："成田演得好！"❷受到上级的关照。例「次の大臣は君だ」と総理から声が掛かる。总理夸赞说："下任大臣就是你了。"❸受邀。例声が掛かったので顔を出す。应邀出席。

【声が嗄れる】 声音嘶哑。類声を嗄らす。例声が嗄れるほど名前を叫び続けながら迷子を探す。不断地呼喊着名字寻找走失的孩子，几乎嗓子都喊哑了；不断地呼喊着走失的孩子的名字，几乎嗓子都哑了。

【声が潰れる】 发不出声；声音沙哑。例浪曲の厳しい稽古で何度か声が潰れた。浪花调训练严格，嗓子都哑了好几次

【声が通る】 声音响亮；声音响彻。類音吐朗朗。例ソプラノで声がよく通る。因为是女高音，所以声音非常响亮。

【声が弾む】 声音显得快活兴奋。例「わっしょい！わっしょい！」と神輿の担ぎ手の声が弾む。抬神轿的人们兴奋地喊着："嗨哟！嗨哟！"

【声なき声】 底层的呼声；民众的呼声。例選挙で怖いのは「声なき声」層の投票行動だ。选举中不可忽视的是底层民众的投票行动。

【声の限り】 尽最大声音；放开嗓门儿。類声を絞る。

【声の下】 话音刚落；话刚说完。類舌の根の乾かぬうちに。例「タバコはもうや

める！」と言った声の下から戸棚に仕舞った灰皿を探す。刚说完"要戒烟！"就去找橱柜里的烟灰△碟（缸）。

【声を上げる】　❶提高嗓门儿。類声を張り上げる。例声を上げて力説する。提高嗓门极力提出主张。❷大声呼吁；提出意见。例オリンピック誘致に賛成の声を上げる。大声疾呼赞成申办奥运会。

【声を荒らげる】　怒斥；厉声呵斥。例あの温厚な人が声を荒らげるとは、何か余程のことがあったに違いない。他这个温和的人能厉声呵斥人，肯定有不寻常的原因。

【声を合わせる】　➡声を揃える

【声を惜しまず】　竭力高喊；不客气地大喊。類声を張り上げる。

【声を落とす】　压低声音。類声を潜める。例主治医が声を落として患者の家族に病状を説明する。主治医压低声音，向家属介绍病情。

【声を限りに】　拼命喊；声嘶力竭；尽最大声音；放开嗓门儿。類声を絞る。例声を限りに助けを求める。拼命呼喊救命。

【声を掛ける】　❶打招呼；叫人。類言葉を掛ける。例知人に「おはよう」と声を掛ける。跟朋友打招呼说："早上好！"❷邀请；招呼。類口を掛ける。例旅行の件、彼にも声を掛けておいた。旅行的事也邀请他了。

【声を嗄らす】　声嘶力竭。類声が嗄れる。例両校の応援団がスタンドで声を嗄らす。两校的拉拉队在看台声嘶力竭地喊着。

【声を聞く】　❶有……迹象。例桜が芽吹き春の声を聞く季節となった。樱花(树)发芽，已经听得见春天的脚步声了。❷年近。例月日の経つのは早いもので、甥っ子が30の声を聞く年になった。时间过得真快，不觉间△侄子（外甥）都快30岁了。

【声を殺す】　压低声音。類声を潜める；声を落とす。例周りの人の迷惑にならないよう、集会場で声を殺して知人に挨拶をする。在会场怕妨碍周围的人，就压低声音跟朋友打招呼。

【声を忍ばせる】　声音压得极低；用极低的声音。例口に手を当て声を忍ばせて話

す。用手挡着嘴以极低的声音讲话。

【声を絞る】　拼命呼喊；竭力高喊。類声の限り；声を限りに；声を振り絞る。例「火事だ！」と声を絞る。拼命呼喊："失火啦！"

【声を揃える】　齐声；异口同声。類異口同音。例合唱で声を揃える。齐声合唱。例皆が声を揃えて褒め称える。大家异口同声地称赞。

【声を大にする】　大声疾呼；大声。例声を大にして警鐘を鳴らす。大声疾呼，发出警告。

【声を立てる】　发出声音。例映画の撮影中、見物客は声を立ててはいけない。电影摄制中，围观者不可出声。

【声を尖らす】　拉开嗓子；语声严厉。例危険な作業なので現場監督が声を尖らす。因为是危险作业，现场监督说话语声严厉。

【声を呑む】　（紧张得、激动得）说不出话来；语塞。類息を呑む；言葉を呑む。例スリリングなシーンに声を呑む。被惊悚的场面吓得说不出话来。例絶世の美女を目の当たりにして声を呑む。面对绝世美女一时语塞。

【声を励ます】　提高嗓门儿。類声を張り上げる。例声を励まして母校のチームを応援する。提高嗓门儿给母校的代表队加油。例佳境に入り講釈師は釈台を叩きつつ声を励ます。说到高潮时，说书人拍击桌子提高了嗓门。

【声を弾ませる】　兴致勃勃（地讲述）。例「私、宝塚に受かったよ！」と声を弾ませて母に報告する。兴奋地告诉母亲："我被宝塚歌剧团录取了！"

【声を張り上げる】　提高嗓门儿；声嘶力竭。類声を上げる①；声を惜しまず；声を励ます。例「おーい！」と声を張り上げて友達を呼ぶ。扯着嗓子喊朋友："喂——！"

【声を引く】　拉长声音。例詩吟で声を引く。拖着长声吟诗。

【声を潜める】　悄声；压低声音；放低嗓门。類声を落とす；声を殺す。例内緒話で声を潜める。因为是悄悄话而压低声音。

【声を振り絞る】

拼命呼喊；声嘶力竭。類声を絞る。例競馬のゴール寸前のデッドヒートにアナウンサ

277

一が声を振り絞る。赛马出现几乎同时接近终点的时候，播音员会声嘶力竭地呼喊。

【小男の腕立て】 螳臂当车；小孩的拳头，打不疼。🔲蟷螂の斧。

【コーランか、しからずんば剣か】 要古兰经还是要剑；信伊斯兰者生，不信者死。🔲Islam(Muhammad)：Is it a Koran or Sword?

【氷と炭】 冰炭不相容；水火不相容；性格迥异。🔲水と油。

【氷に座す】 坐冰之险，危如累卵；非常危险。🔲危うきこと累卵の如し。

【氷に鏤む】 画脂镂冰；徒劳无益；镂冰雕朽。🔲脂に画き氷に鏤む。🔲汉·桓宽《盐铁论·殊路》："故内无其质而外学其文，虽有贤师良友，若画脂镂冰，费日损功。"

【氷は水より出でて水よりも寒し】 冰水为之而寒于水；后来居上；学生超过老师。🔲出藍の誉れ。🔲战国·荀况《荀子·劝学》："青，取之于蓝，而青于蓝；冰，水为之，而寒于水。"

【氷を歩む】 如履薄冰；胆战心惊；走钢丝。🔲薄氷を履む。🔲悪事がばれそうになって氷を歩む思いだ。恶行要败露，胆战心惊。

【木陰に臥す者は枝を手折らず】 阴其树者不折其枝；不害恩人。🔲汉·韩婴《韩诗外传·二》："食其食者不毁其器，阴其树者不折其枝。"

【黄金の釜を掘り出したよう】 喜从天降；意外的喜事。🔲勿怪の幸い。

【呉下の阿蒙】 吴下阿蒙；才疏学浅之人；学识尚浅之人。🔲晋·陈寿《三国志·吴志·吕蒙传》裴松之注引《江表传》："蒙始就学，笃志不倦，……过蒙言议，常欲受屈。肃拊蒙背曰：'吾谓大弟但有武略耳，至于今者，学识英博，非复吴下阿蒙。'"

【御機嫌を伺う】 看别人脸色行事；注意避免引起对方不快；问候。🔲年に何回かは妻の実家を訪れ義父母の御機嫌を伺っている。每年去妻子的娘家几次，看望岳父母两位老人。

【小気味が好い】 痛快；心情舒畅；爽。🔲気味が好い。🔲勧善懲悪ドラマの結末は小気味が好い。劝善惩恶的电视剧结尾都很痛快。

【呼吸が合う】 互相协调一致；合得来。🔲気が合う。🔲スポーツのダブルスではペアの呼吸が合うことが肝要だ。体育比赛中双打时互相协调配合非常重要。

【呉牛月に喘ぐ】 吴牛喘月；杞人忧天；不必要的忧虑。南朝·宋·刘义庆《世说新语·言语》："满奋畏风，在晋武帝坐；北窗作琉璃屏，实密似疏，奋有难色。帝笑之，奋答曰：'臣犹吴牛见月而喘。'"

【呼吸を合わせる】 使合拍；统一步调；使步调一致。間を合わせる①。シンクロナイズド-スイミングで選手たちが呼吸を合わせた演技は見事だ。花样游泳（水上芭蕾）比赛时，选手们协调配合，表现非常出色。

【呼吸を呑みこむ】 掌握诀窍；掌握窍门儿。芸事は呼吸を呑みこむことが大切だ。演艺最重要的是掌握窍门儿。

【呼吸を計る】 看准时机；把握火候。潮時を見る；時を見る。呼吸を計って機密案件を重役会議に持ち出す。看准时机，在董事会上提出机密议案。

【故郷へ錦を飾る】 衣锦还乡。衣錦の栄；錦衣を着て故郷に帰る；錦を飾る；錦を着て故郷へ帰る。

【故郷忘じ難し】 乡情难忘。

【虚空を掴む】 空抓。老人は仰向けに倒れ虚空を掴んで息絶えた。老人仰面倒地挣扎，气绝身亡。

【小口を利く】 耍小聪明；能说会道；说话卖弄聪明。

【獄に下る】 下狱；入狱。臭い飯を食う。無期懲役で獄に下る。判无期徒刑下狱。

【黒白の差】 泾渭分明；大相径庭。一線を画する。

【黒白を明らかにする】 辨明是非；明辨是非。古の聖人が黒白を明らかにして人の道を説く。古代的圣人总是辨明是非，宣讲为人之道。

【黒白を争う】 争辩是非。黒白を争って法廷闘争に持ち込む。争辩是非曲直打到法庭上。

【黒白を付ける】 判明是非。最高裁で黒白を付けられたら如何なる原告・被告もそれに従う外はない。如果最高法院已经判明了是非，无论什么样的原告和被告都只能服从。

【黒白を弁ぜず】 善恶难辨；是非难明；混淆黑白；混淆是非。亡国

の輩(やから)は黒白を弁ぜず。亡国之徒不辨是非。

【小首(こくび)を傾(かし)げる】　歪着头，感到疑惑；纳闷儿；怀疑。類不審(ふしん)を抱(いだ)く。例あれっと小首を傾げる。欸(éi)？（他）觉得有些奇怪。

【獄門(ごくもん)に懸(か)ける】　xiāoshǒushìzhòng 枭首示众。

【極楽願(ごくらくねが)うより地獄作(じごくつく)るな】　欲往生，止恶行；死后升天国，先要积阴德。

【極楽(ごくらく)を願(ねが)う】　wǎngshēngjìngtǔ 愿往生净土。

【高句麗蒙古遁(こくりもくりに)げる】　lángbèitáocuàn bàotóushǔcuàn pāogēxièjiǎ qìjiǎyèbīng 狼狈逃窜；抱头鼠窜；抛戈卸甲；弃甲曳兵；仓皇逃去。

【鵠(こく)を刻(きざ)して鶩(あひる)に類(るい)す】　kèhúlèiwù 刻鹄类鹜；取法乎上，可得其中。中南朝·宋·范晔《后汉书·马援传》："效伯高不得，犹为谨敕之士，所谓刻鹄不成尚类鹜者也。"

【孤閨(こけい)を守(まも)る】　kōngguī 独守空闺。

【苔(こけ)が生(は)える】　老旧；古老；陈旧。例そんな苔が生えたような手法が今時(いまどき)通用するとでも思っているのか？你认为这么老套(lǎotào)的手法现如今还能用吗？

【虎穴(こけつ)に入(い)らずんば虎子(こじ)を得(え)ず】　bùrùhǔxuéyāndéhǔzǐ 不入虎穴 焉得虎子。類驪竜頷下(りりょうがんか)の珠(たま)。中汉·班固等《东观汉记·班超传》："不探虎穴不得虎子。当今之计，独有因夜以火攻虏，使彼不知我多少，必大震怖，可殄尽也。"

【倒(こ)けつ転(まろ)びつ】　liángǔndàipá diēdiēzhuàngzhuàng 连滚带爬地；跌跌撞撞地。例突然の発砲音に群衆は倒けつ転びつ四散(しさん)した。突然传来枪声，众人连滚带爬地四散(sìsàn)逃命。

【虚仮(こけ)にする】　yúnòng qiáo dàngshǎguā 愚弄人；瞧不起；拿人当傻瓜(ばか)。類馬鹿にする。例よくも俺様(さま)を虚仮にしやがったな！你真把老子当傻瓜啦！

【虚仮(こけ)の後思安(あとじあん)】　shǎguā shìhòuzhūgěliàng 傻瓜总是事后诸葛亮。類下種(げす)の後智恵(あとぢえ)。

【虚仮(こけ)の一心(いっしん)】　yúchéng 愚诚；一条道跑到黑；愚忠。例虚仮の一心で辞典编集もやっと目鼻(めはな)が付きました。一条道跑到黑地编辞典，总算有了眉目。

【後家(ごけ)の頑張(がんば)り】　guǎfupīnmìng 寡妇拼命维持残破的家庭。

【虚仮(こけ)も一心(いっしん)】　qínnéngbǔzhuō bǒbiē númǎshíjià gōngzàibùshě 勤能补拙；跛鳖千里；驽马十驾，功在不舍。

【後家(ごけ)を立(た)てる】　shǒuguǎ cóngyīérzhōng 守寡；从一而终。例祖母は後家を立てて老舗を子供に引き継がせた。祖母守寡，让孩子继承了老店(しにせ)。

【沽券に関わる】　有失身份；有伤体面。例あらぬ風評を立てられ、我が社の沽券に関わる事態だ。被人传播谣言，有伤本公司的颜面。

【股肱の臣】　股肱之臣。中汉·司马迁《史记·太史公自序》："二十八宿环北辰，三十辐共一毂，运行无穷，辅拂股肱之臣配焉，忠信行道，以奉主上，作三十世家。"

【糊口を凌ぐ】　勉强糊口；勉强度日。類口を糊する。例私が失業したので家内のパートで一家が糊口を凌いでいる。我失业，靠妻子作计时工一家勉强度日。

【虎口を脱する】　逃出虎口；脱险。類危地を脱する；俎上の魚江海に移る。例虎口を脱して帰還する。虎口脱险 生还。

【虎口を逃れて竜穴に入る】　逃出虎口，落入龙潭；一难接一难。

【小腰を屈める】　稍微弯腰。例上司とすれ違う時小腰を屈める。跟领导擦肩而过时弯了一下腰。

【此処だけの話】　这话只能在这儿说；这话可哪说哪了。例此処だけの話だけど、うちの会社危ないんだって。这话只能在这说，听说我们公司可能要倒闭。

【此処で逢ったが百年目】　在这里遇见(可就)算你倒霉(了)；狭路相逢。

【呱呱の声をあげる】　呱呱坠地；降生；(新事物)诞生。

【此処の所】　最近这阵子；近来。例此処の所売り上げは順調だ。最近这阵子卖得很顺。

【此処ばかりに日は照らぬ】　此处不留人，自有留人处。

【此処は一つ】　❶暂且。例此処は一つ成り行きを見守ることにしよう。让我们暂且静观其变吧。❷这事就；这次请。例此処は一つ私にお任せください。这次就交给我吧。

【此処までお出で甘酒進じょ】　❶过来给你糖吃！❷有本事，你过来！

【此処も彼処も】　到处；所有的地方。類至る所。例日本の春は此処も彼処も桜が満開だ。日本的春天到处开满樱花。

【心暖まる】　内心感到温暖。例心暖まるおもてなしにお礼を述べる。对诚挚的招待表示感谢。

【心合わざれば肝胆も楚越の如し】　心不和，肝胆楚越；心有不和，人有隔

膜。中战国·庄周《庄子·德充符》："仲尼曰：'自其异者视之，肝胆楚越也。自其同者视之，万物皆一也。'"

【心急ぐ】 心急；心急如焚；焦急。類気が急く。

【心痛し】 难受；心痛；伤心。類胸が痛む。

【心動く】 ➡心が動く

【心内にあれば色外にあらわる】 喜怒形于色；诚于中，形于外。類思い内にあれば色外にあらわる。

【心移る】 移情别恋；被吸引注意力；产生恋情。類心を移す。

【心移ろう】 注意力转移；移情别恋；变心。類心を移す。

【心重し】 ❶沉稳持重。❷心事重重；心情沉重。類気が重い。

【心及ぶ】 ❶注意到。類気が付く①。❷想象得到；（根据常识）预测到。類見当が付く。

【心が洗われる】 净化心灵。例少年少女合唱団のハーモニーに心が洗われる。少男少女合唱团的和声使心灵得到净化。

【心が痛む】 伤心；感到歉疚；感到伤脑筋；难过。類胸が痛む。例息子夫婦の離婚話を聞いて心が痛む。听说儿子两口子要离婚而伤脑筋。

【心が動く】 ❶动心；动情。類心が乱れる。例「愛してるよ」の一言に心が激しく動いた。就为一句"我爱你"而激动不已。❷有意；有意于。類気がある①。例花見付き温泉に誘われて心が動いた。人家邀请我去洗温泉赏樱花，我就心动了。

【心が躍る】 心跳；（内心）激动。類胸が躍る。例幼い頃、父母のクリスマスプレゼントに心が躍った。小时候，爸爸妈妈的圣诞礼物令我内心激动。

【心が折れる】 精神支撑不住；崩溃。例高校生の息子を雪崩で失い心が折れそうになる。因为雪崩失去上高中的儿子，几乎要崩溃了。

【心が通う】 心连心；心心相印；心灵相通；互相理解。類心が通ずる；以心伝心②。例一緒に生活すれば自然に心が通うようになる。一起生活自然就会△心心相印（心灵相通）。

【心が軽い】 轻松；心情舒畅。類気が軽い。例重要案件が片付いて心が軽い。

处理完重要的问题心情舒畅了。

【心が挫ける】 气馁；灰心；情绪低落。類性が抜ける②。例病気勝ちだと心が挫けそうになる。如果老爱得病就打不起精神。

【心が曇る】 心情黯淡；郁郁不乐。類気が重い。例余命幾ばくもない病人を見舞うと心が曇る。去探望来日无多的病人心情沉郁。

【心が籠る】 充满真情；真心实意；诚心诚意；体贴。類心を尽くす。例さりげなく心が籠った接待をされるとまた行きたくなる。受到诚恳周到接待就还想再去。

【心が騒ぐ】 惴惴不安；忐忑不安；预感情况不妙。類胸が騒ぐ。例大震災発生地に住む娘と連絡が取れず心が騒ぐ。住在大地震地区的女儿失联，心里惴惴不安。

【心が沈む】 心情沉重；心里沉甸甸的；情绪消沉。類気が重い。例最近体調不良で心が沈みがちだ。最近因为身体状况不好情绪消沉。

【心が通ずる】 心连心；心灵相通；心心相印。類心が通う。例口数が少なくても心が通ずる。即使不说话彼此也心灵相通。

【心が解ける】 心情舒畅；心里敞亮；清爽；融洽。類気が晴れる。例継父と継子の間で心が解けるには時間が掛かる。达到非亲生父子之间的谐和需要时间；非亲生父子之间要达到谐和需要时间。

【心が弾む】 兴奋不已；心情亢奋；内心充满期待。類胸が躍る。例明日から修学旅行なので心が弾む。明天就去修学旅行了，非常兴奋。

【心が晴れる】 心情舒畅。類気が晴れる。例生活が保障されないといつまでも心が晴れない。如果生活得不到保障，心情永远不会舒畅。

【心が引かれる】 被吸引；感到有魅力。類思いを懸ける。例何とはなしに彼女に心が引かれる。不知为什么总是情不自禁地注意她。

【心が乱れる】 心烦意乱；心乱如麻；心神不宁；六神不安；心里七上八下。類心が動く①；心が揺れる；心を動かす②；心を乱す。例心が千千に乱れる。心乱如麻；心有千千结。

【心が揺れる】 方寸已乱；犹豫不决。類心が乱れる。例どちらにするか、両者

の間（あいだ）で心が揺れる。二者之间选择哪一个，犹豫不决。

【心利く（こころきく）】　机灵；心眼儿快；有眼力见儿。類機転（きてん）が利く。例温泉宿（おんせんやど）の心利いた客扱（きゃくあつか）いが忘れられない。温泉旅馆的服务体贴周到，令人难忘。

【心曇る（こころくもる）】　心理阴暗；心生邪念（xiénièn）。類気（き）が重（おも）い。

【心ここに在らざれば視れども見えず（こころここにあらざればみれどもみえず）】　心不在焉，视而不见。類気（き）も漫（そぞ）ろ。中汉·戴圣《礼记·大学》："心不在焉，视而不见，听而不闻，食而不知其味。"

【心ここに在らず（こころここにあらず）】　心不在焉。類気（き）も漫ろ。中汉·戴圣《礼记·大学》："心不在焉，视而不见，听而不闻，食而不知其味。"

【志合えば胡越も昆弟たり（こころざしあえばこえつもこんていたり）】　意合则胡越为兄弟。中汉·班固《汉书·邹阳传》："意合则胡越为兄弟，由余子臧是矣；不合则骨肉为雠敌，朱象管蔡是矣。"

【志有る者は事竟に成る（こころざしあるものはことついになる）】　有志者事竟成。類一念岩（いちねんいわ）をも通（とお）す。中南朝·宋·范晔《后汉书·耿弇传》："将军前在南阳，建此大策，常以为落落难合，有志者事竟成也。"

【志は髪の筋（こころざしはかみのすじ）】　千里送鹅毛，礼轻人意重。類気（き）は心（こころ）。

【志は木の葉に包め（こころざしはこのはにつつめ）】　千里送鹅毛，礼轻人意重。類気（き）は心（こころ）。

【志を得る（こころざしをえる）】　志得意满；心满意足；如愿以偿。例一流大学を卒业し上场企业に就职できたので、まずは志を得たというところか。毕业于一流大学，就职于上市企业，基本上可以说心满意足了。

【志を立てる（こころざしをたてる）】　立志。例青雲（せいうん）の志を立てる。立下青云之志。

【志を遂げる（こころざしをとげる）】　实现志愿；愿望实现；梦想成真。例艱難辛苦（かんなんしんく）の末（すえ）に志を遂げる。历经艰难困苦实现了愿望。

【心騒ぐ（こころさわぐ）】　心慌意乱；预感凶险。類胸（むね）が騒ぐ。

【心急く（こころせく）】　心急如焚；焦急。類気（き）が急（せ）く。

【心ときめく（こころときめく）】　内心无法平静；心情激动；充满期待。例憧（あこが）れのスターの公演を目（ま）の当（あ）たりにして心ときめく。近距离观看我崇拜的明星的演出，心情很激动。

【心ならずも（こころならずも）】　出于无奈；迫不得已；违心地。例心ならずも同意してしまった。不得已而同意。

284

【心に余る】 shùshǒuwúcè; yīchóumòzhǎn 束手无策；一筹莫展。

【心に浮かぶ】 hūrán 忽然想起；浮现在眼前。類頭に浮かぶ。例妙案が心に浮かぶ。忽然想出一个好主意。

【心に浮かべる】 想起；眼前浮现出。類胸に描く。例黄山の風景を心に浮かべる。眼前浮现出黄山的景致。

【心に描く】 miáohuì 在心中描绘；想象。類胸に描く。例将来の夢を心に描く。心中描绘着未来的理想。

【心に鬼をつくる】 ❶疑神疑鬼；疑心生暗鬼。類疑心暗鬼を生ず。❷心存愧疚。類気が咎める。 kuìjiù

【心に懸かる】 挂念；担心；放心不下。類気にする。例田舎に残してきた妻子のことが心に懸かる。挂念留在乡下的妻儿。 guàniàn

【心に垣をせよ】 防人之心不可无；常备不懈。類人を見たら泥棒と思え。 chángbèibùxiè

【心に懸ける】 挂在心上；惦记；挂念。類気にする。例ご相談の件は心に懸けておきましょう。我们要把所谈之事放在心上。 diànjì guàniàn

【心に笠着て暮らせ】 知足常乐；不作奢求；要合乎身份地生活。類起きて半畳寝て一畳。 shēqiú

【心に適う】 合意；称心如意；遂心。類気に入る。例お心に適うようサービスさせていただきます。我们为您提供称心如意的服务。 chènxīnrúyì suíxīn wèinín

【心に刻む】 铭记；铭刻于心；牢记。類肝に銘ずる。例師の教えを心に刻む。先生的教诲铭刻于心。 jiàohuì

【心に従う】 ❶按自己的意志行事。❷按对方意志行事。

【心に沁みる】 铭刻于心；痛感。類肝に銘ずる。例悲しみに沈んでいる時の慰めが心に沁みる。悲痛时的安慰给我留下深刻的记忆。 ānwèi

【心に錠をおろす】 ❶警觉；严加防范。❷决不改变主意。 jǐngjué fángfàn

【心に添う】 ❶如愿以偿；称心如意。類思う壺に嵌る。❷萦绕在心中。 rúyuànyǐcháng chènxīnrúyì yíngrào

【心に違う】 违心；与期待相反。例彼女に心に違うことを言って後悔する。后悔跟她说违心的话。

【心に留む】　永志不忘；铭刻于心。類肝に銘ずる。

【心に留まる】　❶感到有魅力。類思いを懸ける。❷挂念；不能忘怀。類気にする。

【心に留める】　放在心上；牢记在心；记住。類気にする。例これは心に留めておくべき教訓だ。这教导应该牢记在心。

【心に残る】　难以忘怀；难忘。例何でもない映画の台詞や小説の表現が不思議と心に残っているものだ。平庸的电影台词和小说的语句,不可思议地难以忘却。

【心に任せる】　❶如愿。類思う壺に嵌る。例恋の道だけは心に任せぬものだ。爱情本不能尽随人愿。❷率性而为；任性。類自分勝手。例心に任せて好き放題をやる。率性而为,无法无天。

【心にもない】　并非出自本心；言不由衷。例心にもないことを言いなさんな。你口是心非；你别口是心非了！

【心に物を言わす】　以表情或手势示意。類目が物を言う。

【心の垢】　烦恼；心中的杂念。

【心の仇は心】　恶念害己；魔乱心性。

【心の綾】　复杂的心理。

【心の置き所なし】　无可奈何的苦痛。

【心の鬼が身を責める】　受良心呵责；感到内疚。類寝覚めが悪い。

【心の糧】　精神食粮。

【心の琴線に触れる】　扣人心弦；触动心弦。類心を打つ。例さり気ない一言が心の琴線に触れる。为无意中的一句话触动心弦。

【心の底】　内心深处。例私は心の底からあなたを信じています。我从心底里相信你。

【心の丈】　全部思想；所思所想。

【心の友】　❶挚友。類心腹の友。例彼は私のことを分かってくれる心の友です。他是能理解我的挚友。❷内心的宽慰；慰藉内心的事物。例盆栽は私の心の友です。盆景是我内心的慰藉。

【心の張り】　心力；劲头。例50 歳を過ぎたばかりの息子に先立たれてすっかり心の張りを失ってしまった。刚过 50 岁的儿子先我而去，内心彻底丧失了奔头。

【心の欲する所に従えども矩を踰えず】　从心所欲，不逾矩。中《论语·为政》："七十而从心所欲，不逾矩。"

【心の乱れ】　心烦意乱；心中烦乱。例相手の心の乱れを衝いて反撃する。乘他心乱之际予以猛烈反击。

【心の闇】　❶心神迷茫。❷溺爱子女之心。類子故の闇。

【心は心として】　内心姑且不说；虽有所思。例被害者を気の毒に思う心は心として、残された子供たちを何とかしなければならない。同情受害者的心情暂且不说，总不能不管留下的孩子们。

【心は二つ身は一つ】　心有余而力不足；一心不可二用。

【心は持ちよう】　心中苦乐在于对待的方法；塞翁失马，焉知非福。例心は持ちようで、人生何とかなるものさ。心中的苦乐就在你怎么看了，人生总会有办法的。

【心開く】　豁然开朗；神清气爽；顿悟。

【心広く体胖なり】　心广体胖。中汉·戴圣《礼记·大学》："富润屋，德润身，心广体胖。"

【心惑う】　内心惶惑；胡思乱想；困惑。

【心安きは不和の基】　不见外，朋友怪；朋友亲密，不可失礼。類親しき仲にも礼儀あり。

【心行くばかり】　尽情；心满意足。類心行くまで。

【心行くまで】　尽情；心满意足。類心行くばかり；恣にする②。例うららかな日差しの下、酒肴片手に心行くまで桜を賞でる。风和日丽，品着美酒佳肴，尽情地欣赏着樱花。

【心より】　衷心；从心里；发自内心。例心よりお悔やみ申し上げます。谨致由衷的哀悼之意。

【心を洗う】　洗心；神清气爽；涤荡内心的污浊。中《易经·系辞》："圣人以此洗心。"例心服している高僧の説教を聞くといつも心を洗われる。聆听自

287

己所敬佩的高僧说法，总能涤荡内心的污浊。

【心を改める】　改过自新；革心。類心を入れ替える。例一度過ちを犯したが心を改めてやり直す。曾经犯过错误，改过自新重新站起来。

【心を合わせる】　同心同德；齐心协力。類心を一にする。例住みやすいコミュニティ造りに心を合わせる。同心协力，打造宜居社区。

【心を致す】　尽心尽力；诚恳。類心を尽くす。例専門家たちは大気汚染と水質汚濁の改善に日夜心を致して活動している。专家们为改善大气污染和水质污染，不分昼夜尽心尽力地工作着。

【心を痛める】　伤脑筋；烦恼；苦恼。類胸が痛む。例子供の素行の悪さに心を痛める。为孩子品行恶劣大伤脑筋。

【心を一にする】　同心协力；一条心；拧成一股绳；万众一心；一心一德。類一味同心；心を合わせる；心を一つに；力を合わせる；腹を合わせる①。例関係者全員が心を一にしなければこの難局を乗り切ることはできない。如果有关人员不是一条心，就无法△克服（渡过）这道难关。

【心を入れ替える】　洗心革面；悔过自新；改邪归正；改过迁善；洗心涤虑。類心を改める；心を翻す②；根性を入れ換える；魂を入れ替える。例これからは心を入れ替えて頑張ります。从今以后，我改过自新好好干。

【心を入れる】　专心致志；专注于；一心一意。類一意専心。例先端技術の開発に心を入れる。专心致志地开发尖端技术。

【心を動かす】　❶感动；打动。類心を打つ。例変わらぬ友情に深く心を動かされる。为对方始终不渝的友情深深感动。❷动摇。類心を乱す。❸说服；使……动心。例熱心に勧誘され心を動かす。受到热情的劝说而动心。

【心を打つ】　动人心魄；打动（人心）；使人感动；使人佩服。類琴線に触れる；心の琴線に触れる；心を動かす①；胸を打つ。例自伝を読んで筆者の生き様に心を打たれた。读了自传，为作者的生活状态所感动。

【心を移す】　移情别恋；变心；见异思迁。類心移る。

【心を奪われる】　入迷；出神；被吸引住。類現を抜かす。例人気のスマホゲー

ムに心を奪われる。对智能手机流行游戏玩得入迷。

【心を置く】 ❶惦记；记挂。類気にする。例私とあなたの間柄だから心を置かず何でも話して下さい。咱们是自家人，不用介意，有啥就说啥吧！❷警惕；谨慎。

【心を躍らせる】 欢欣雀跃；满怀喜悦；激动不已。類胸が躍る。例豪華客船での世界一周に心を躍らせる。为坐豪华游轮环游世界而欢欣雀跃。

【心を鬼にする】 硬着心肠；把心一横；一狠心。例子供を一人立ちさせるため心を鬼にして突き放す。为了让孩子自立，一狠心把他推出去。

【心を掛ける】 ❶留意；放在心上。類気を配る。❷眷恋；思慕。類思いを懸ける。

【心を傾ける】 一心一意；专心致志；全力以赴。類心を尽くす。例社会福祉の充実に心を傾ける。全力以赴地致力于社会福利的完善。

【心を通わす】 心灵沟通；知心。類心を交わす。例二人とも還暦を迎えたが、彼は私にとって幼い頃から心を通わせる竹馬の友だ。我们两个都迎来了花甲之年，对我来说，他是最知心的总角之交。

【心を交わす】 互相理解；心心相印；知心。類心を通わす。例彼女とは心を交わす仲だった。(那时) 跟她之间可谓心心相印。

【心を利かす】 留神；机灵。類気を配る。

【心を決める】 下定决心。類腹を決める。例一旦心を決めたらもう後を振り向かない。一旦下定决心，就决不回头。

【心を砕く】 ❶煞费苦心；费尽心机。類肝胆を砕く。例不良少年の更生に心を砕く。为了使小流氓重新作人而煞费苦心。❷担心；处处小心。類気を配る。

【心を配る】 留心；注意；关注。類気を配る。例お客様の安全に心を配る。注意客人的安全。

【心を汲む】 体谅；理解（别人的心情）。類意を酌む。例関係者の心を汲んで対処する。考虑到有关人员的心情来应对。

【心を焦がす】 忧愁；伤脑筋；苦恼；焦虑。

【心を粉にする】 呕心沥血；煞费苦心。類肝胆を砕く。

【心を籠める】 诚心诚意；精心；真诚。類心を尽くす。例心を籠めた手料理でお客さんを持て成す。用精心烹制的菜肴招待客人。

【心を凝らす】 ❶全神贯注；聚精会神。類気を詰める。❷下功夫。類丹誠を込める。

【心を殺す】 隐忍；忍受；忍耐。

【心を定める】 决心。類腹を決める。

【心を鎮む】 镇定心神；静下心来。類気を静める。

【心を知る】 深知其内心；知心。

【心を据える】 作最坏的心理准备；不抱希望；彻底放弃；打定主意。類観念の臍を固める。

【心を澄ます】 去除邪念；使头脑冷静。

【心をそそる】 引起兴趣。例新たな趣向が観客の心をそそる。全新的方案引起观众的兴趣。

【心を使う】 关心；操心；用心。類気を配る。例接客に心を使う。用心接待客人。

【心を掴む】 得人心；抓住人心。類人を逸らさない。例ベストセラー作家は読者の心を掴む術を心得ている。畅销书作家深知如何抓住读者的心。

【心を尽くす】 尽心尽力；悉心；实心实意。類心が籠る；心を致す；心を傾ける；心を籠める；心魂を傾ける；精魂を傾ける；誠心誠意；身を尽くす。例心を尽くして患者さんの看護をする。悉心照料患者。

【心を留める】 ❶留意；关心。類気を配る。例運転者は常に交通安全に心を留めていなければならない。司机总得留意交通安全。❷喜欢；倾心。類気に入る。

【心を捉える】 抓住人心；得人心；吸引注意。類人を逸らさない。例魚の鮮度でお客さんの心を捉える。靠鱼的新鲜度抓住顾客的心。

【心を悩ませる】 烦心；烦恼；心烦意乱。類胸が痛む。例つまらないことで心を悩ませる。为无所谓的事而烦心。

【心(こころ)を残(のこ)す】 ❶挂念。類気にする。❷留恋。類後ろ髪を引かれる。

【心(こころ)を引(ひ)かれる】 被吸引住；被迷住；着迷(zháomí)。例いつみてもあのお寺の松の巨樹には心を引かれる。那个寺院的古木巨松，什么时候看都会被吸引住。

【心(こころ)を一(ひと)つに】 一条心；同心协力(tóngxīnxiélì)；拧成一股绳(níngchéngyīgǔshéng)。類心を一にする。

【心(こころ)を開(ひら)く】 敞开心扉(chǎngkāixīnfēi)；不存戒心；融洽(róngqià)。類心も無し①；腹心を布く。例連れ子は私になかなか心を開いてくれない。她带来的孩子怎么也不肯向我敞开心扉。

【心(こころ)を翻(ひるがえ)す】 ❶变心。例すぐに心を翻す輩は信用ならない。容易变心的人是不可靠的。❷洗心革面(xǐxīngémiàn)。類心を入れ替える。例心を翻して新規蒔き直しを図る。洗心革面，准备重(chóng)打鼓另(lìng)开张。

【心(こころ)を惑(まど)わす】 扰乱(rǎoluàn)心绪；打乱内心的平静。

【心(こころ)を迷(まよ)わす】 使心绪紊乱(wěnluàn)。例色恋沙汰(いろこいざた)で心を迷わす。恋爱使内心惑乱。

【心(こころ)を磨(みが)く】 休养精神；修行(xiūxíng)；提升智力与德行(déxíng)。例修験道(しゅげんどう)で心を磨く。按"修验道"在山里修行。

【心(こころ)を乱(みだ)す】 丧失理性(sàngshī)；苦恼不能自持。類心を動かす②。例人に悪口(わるくち)を言われ心を乱す。遭遇恶评(zāoyùèpíng)，苦恼得要命。

【心(こころ)を虚(むな)しくする】 虚心(xūxīn)；没有先入观；不固执己见(gùzhíjǐjiàn)。中战国·庄周《庄子·渔父》："丘少而脩学，以至于今，六十九岁矣，无所得闻至教，敢不虚心。"

【心(こころ)を用(もち)いる】 留神；留意；注意；小心谨慎(xiǎoxīnjǐnshèn)。類気を配(くば)る。例要人の接待に心を用いる。小心谨慎地接待要人。

【心(こころ)を持(も)つ】 怀有……的心情。例環境保全とは地球に優しい心を持つことだ。环保就是怀有善待(shàndài)地球之心。

【心(こころ)を以(もっ)て心(こころ)に伝(つた)う】 以心传心(yǐxīnchuánxīn)。類以心伝心(いしんでんしん)。中唐·惠能《六祖大师法宝坛经·行由品》："法则以心传心，皆令自悟自解。"

【心(こころ)を遣(や)る】 ❶遥想(yáoxiǎng)；怀念。類思(おも)いを馳せる。❷排遣(páiqiǎn)心中的郁闷(yùmèn)；解闷(jiěmèn)。類溜飲(りゅういん)を下げる。❸率性而为(shuàixìngérwéi)。類自分勝手(じぶんかって)。

【心(こころ)を許(ゆる)す】 以心相许；放松警惕；没有戒心。類気を許す。例彼は心を許せる友人です。他是推心置腹的朋友。

【心を寄せる】　抱有好感；爱上（某人）;倾心。類思いを懸ける。例小さい頃近所の男の子に心を寄せたことがある、あれは初恋か。小时候对附近的男孩子抱有好感，那大概就是初恋吧。例漢詩に心を寄せる。喜爱△汉诗（中国古诗）。

【此処を最後】　最后一搏；背水之战；成败利钝，在此一举。類此処を先途と。

【此処を先途と】　以此为生死存亡的关头。類此処を最後。例ここを先途と歯を食いしばって踏み止まる。成败利钝在此一举，咬紧牙关坚持住；这是生死存亡的关头，咬紧牙关坚持住。

【此処を踏んだら彼所が上がる】（彼所、彼所とも）　扯着耳朵，腮帮子动；互相影响；互相牵制；无法作到两全其美。

【腰がある】　（面条等）筋道；有嚼头。類腰が強い②；歯応えがある。例このウドンは腰があって煮崩れしない。这种面条有筋性，禁煮。

【腰が重い】　不爱动；懒得动。例腰が重くてめったに外出しない。懒得动，很少出门。

【腰が軽い】　❶好动；勤快。❷轻率。類尻が軽い③。

【腰が砕ける】　松劲儿；半途而废；腰杆子挺不直。例杜撰な取り組みで鳴り物入り事業の腰が砕けた。草率上马，结果大轰大嗡的事业半途而废。

【腰が据わる】　潜心（于）；专心致志。類腰を落ち着ける②；腰を据える②。例飽きっぽくてどんな仕事についても腰が据わらない。没长性，无论干什么工作都不能专心致志。

【腰が高い】　傲慢；狂傲。類頭が高い。例お前のように腰が高いと周りから敬遠されるばかりだ。像你那么狂傲，周围的人只能对你敬而远之。

【腰が立たない】　站不起来。例疲れ果てて腰が立たない。累得站不起来了。

【来し方行く末】　过去和将来。

【腰が強い】　❶腰杆子硬。類気が強い。例あの男は腰が強く、なかなか土俵を割らない。他非常顽强，不能轻易败阵。❷筋道；柔韧。類腰がある；歯応えがある。例グルテン含有量の多い小麦粉で製造した麺類は腰が強い。用谷蛋白含量高的面粉做的面条非常筋道。

【腰がない】　不筋道；没有嚼头；没有韧性。類腰が弱い②。例麵は茹で過ぎると腰がなくなる。面条煮过头就不筋道了。例化繊の服は腰がない。化纤的衣服没有韧性。

【腰が抜ける】　瘫软；吓瘫；断了脊梁骨。例暴力バーで腰が抜けるほどぼられた。在暴力酒吧间被宰了一把，简直吓瘫了。

【腰が入る】　❶腰部稳定。❷认真努力；鼓起干劲。類本気になる。

【腰が低い】　谦恭；低调；低姿态，平易近人；和蔼。類頭が低い；腰を低くする。例腰が低いと対人関係で軋轢が少ない。态度谦和人际关系就很少有摩擦。

【腰が引ける】　❶因害怕而腰发软。例上司から危険な仕事を命じられて腰が引けてしまった。领导派我个危险的活ㄦ，吓得我腰发软腿发颤。❷怕担责任而消极回避。例逃げ腰になる。

【腰が弱い】　❶软弱；没有骨气。類意気地がない①。例彼は腰が弱くて頼りない。他软弱不可靠。❷没有韧性；不筋道。類腰がない。例このソーメンは腰が弱くて食えたものじゃない。这种挂面没筋性，难吃死了。

【乞食が赤包み】　叫花子拿漂亮包袱；与身份不相称。

【乞食が馬を貰う】　乞丐得了骏马，无法处置。

【乞食が米を零したよう】　❶小题大作。類針ほどの事を棒ほどに言う。❷乞丐把碗打了；雪上加霜。類踏んだり蹴ったり。

【乞食に氏無し】　乞丐像脚上的泡，自己走的；乞丐不是天生的。

【甑に坐するが如し】　如坐深甑遭蒸炊；热得像在蒸笼里一样。中唐·韩愈《郑群赠簟》："自从五月困暑湿，如坐深甑遭蒸炊。"

【乞食に貧乏無し】　没有比乞丐更穷的人；乞丐赤贫，其下无人；乞丐不怕穷。

【乞食にも門出】　规矩无例外，哪怕是乞丐；家有家法，铺有铺规。

【乞食の朝謡】　沿街乞讨，自在逍遥。

【乞食の系図話】　乞丐亮家谱；赖汉总提当年勇。

【乞食の断食】　乞丐饿肚，自称辟谷；打肿脸充胖子。

【乞食も場所】　任何事都要选定场所。

【乞食も袋祝い】 凡事皆有礼数；行事必有规矩。類乞食も身祝い。

【乞食も身祝い】 叫花子有叫花子的礼数；凡事都有礼法；盗亦有道。類乞食も袋祝い。

【乞食も三日すれば忘れられぬ】 乞讨三天，帝王不换；习惯成自然；积习难改。

【腰に梓の弓を張る】 （老年）弓着腰；伛偻似弓。

【五指に余る】 多于五人；不低于五个。例多目的ダムの利点は五指に余る。多功能水坝优点至少有五个。

【五指に入る】 前五名；头五名。例彼の年間営業成績は社内で五指に入る。他的年度营业业绩在公司内属头五名。

【五指のこもごも弾くは捲手の一挃に如かず】 五指之更弹，不若卷手之一挃；各个轮番出战，不如集中一战。中汉·刘安《淮南子·兵略训》："夫五指之更弹，不若卷手之一挃；万人之更进，不如百人之俱至也。"

【小癪に障る】 气人；令人不快。類腹を立てる。例相手の失礼な口の利き方が小癪に障る。对方不礼貌的言辞令人不快。

【小姑一人は鬼千匹に向かう】 媳妇好当，小姑难搪。

【五十にして天命を知る】 五十而知天命。類天命を知る。中《论语·为政》："吾十有五而志于学，三十而立，四十而不惑，五十而知天命，六十而耳顺，七十而从心所欲，不逾矩。"

【後生が悪い】 事后感觉不快；交不上好运；(死后)进不了极乐世界。類後味が悪い。例田舎のお袋を孤独死させて後生が悪い。没能给乡下的老母亲送终，我可能进不了极乐世界了。

【股掌の上に玩ぶ】 玩于股掌之上。類玩具にする。中战国·佚名《国语·吴语》："大夫种勇而善谋，将还玩吴国于股掌之上，以得其志。"

【胡椒の丸呑み】 猪八戒吃人参果，不知啥味儿；只看表面，不能理解本质。

【後生は徳の余り】 广积阴德，往生极乐。

【鐚が詰まる】 债务缠身；为还借款，一筹莫展。類首が回らない。

【腰を上げる】　❶站起身来。圞御輿を上げる①。囲一休みしてから「よっこらしょ！」と腰を上げる。歇了一阵子，"欸！"地一声站起身来（迈步）。❷行动起来；开始行动。圞神輿を上げる②。

【腰を入れる】　❶稳定身体重心；哈下腰去干。囲故障した車を皆で腰を入れて押す。大家弯着腰来推发生故障的车。❷认真地做。圞本気になる。囲経済の構造改革に腰を入れる。对经济结构改革动真格的。

【腰を浮かす】　抬起屁股；起身；坐不稳。囲玄関にお客さんが来たようなので腰を浮かす。门口好像有客人来，就站了起来。

【腰を押す】　支援；帮助。圞手を貸す。囲彼は少し腰を押してやれば一人立ちできる。只要在背后帮他一把，他就能独立支撑。

【腰を落ち着ける】　❶安定下来；有着落。圞尻を落ち着ける。囲いい仕事を見つけたので留学先に腰を落ち着ける。找到了好工作，在留学地安定了下来。❷静下心来；潜心从事。圞腰が据わる。囲腰を落ち着けて新素材の研究開発に取り組む。潜心从事新材料的研发。

【腰を折る】　❶打断；中途阻止。囲折角盛り上がっているんだから横から茶茶を入れて腰を折らないでくれよ。难得大家热情高涨，你别中途来捣乱搞破坏呀。❷屈服。圞膝を折る。

【腰を下ろす】　坐下。圞腰を掛ける。囲座布団に腰を下ろす。坐在坐垫上。

【腰を屈める】　弯腰打个招呼。囲向こうから知り合いが来たのでちょっと腰を屈めて行き違う。对面走来个熟人，略为弯腰致意，擦身而过。

【腰を掛ける】　坐下；落座。圞腰を下ろす。囲登山道で倒木に腰を掛けて一休みする。在登山道上坐在倒木上休息一下。囲他にやりたい仕事があるので、今の会社はちょっと腰を掛けているだけです。因为有别的工作要做（=要跳槽），只是暂时留在现在的公司。

【腰を据える】　❶稳稳当当坐下。圞尻を落ち着ける。囲今日はこの居酒屋に腰を据えて飲むことにしよう。今天在这间酒馆稳稳当当地坐下来喝两盅吧。❷沉下心去；专心致志。圞腰が据わる。囲腰を据えて家業に取り組む。沉下心来打理家

业。

【腰を抜かす】　吓得站不起来；吓死人；非常吃惊；吓得要死。例ここ数年の物価の上昇には腰を抜かす。这几年的物价暴涨简直吓死人。

【腰を伸ばす】　伸伸腰；休息。例あの山小屋に着いたら腰を伸ばせる。到了登山休息站可以休息一下。

【腰を低くする】　谦恭；谦虚。類腰が低い。例腰を低くしてお願いをする。弯腰恭敬地△拜托（请求）对方。

【腰を割る】　（相扑等）取马步姿势。例腰を割る運動で足腰を鍛える。采取马步姿势锻炼腰腿。

【古人の糟魄】（糟魄、糟粕とも）古人之糟粕。中战国·庄周《庄子·天道》："轮扁……问桓公曰：'敢问公之所读者何言邪？'公曰：'圣人之言也。'曰：'圣人在乎？'公曰：'已死矣。'曰：'然则君之所读者，古人之糟粕已夫！'"

【後世を弔う】　为逝者作法，祈福来世。類追善供養。

【御託を並べる】　没完没了地唠叨；信口开河；废话连篇。例何時まで御託を並べれば気が済むんだ！？你要唠叨到什么时候才罢休啊？！

【木楯に取る】　当挡箭牌；临时用作防身。類出しにする。例制度の不備を木楯に取って責任を転嫁する。利用制度的漏洞甩锅。

【御多分に洩れず】　毫无例外地；和其他多数人一样。類例に洩れず。例景況が悪化しており、御多分に洩れず我が社も来年度の新規採用は見合わせです。景况不好，本公司和其他公司一样，下个年度暂停录用新人。

【胡蝶の夢】　庄周梦蝶。中战国·庄周《庄子·齐物论》："昔者庄周梦为胡蝶，栩栩然胡蝶也，自喻适志与，不知周也。俄然觉，则蘧蘧然周也。不知周之梦为胡蝶与，胡蝶之梦为周与？"

【骨髄に入る】　透彻骨髓；沁入骨髓。類骨に沁みる。

【骨髄に徹する】　透彻骨髓。類骨に沁みる。

【骨髄を砕く】　呕心沥血；殚精竭虑；绞尽脑汁。類肝胆を砕く。

【此方の物】　我们的。例形勢が逆転したので勝利は此方の物だ。形势逆转，胜

利是属于我们的。

【凝っては思案に余る】(余る、能わずとも) 入迷会失去正确的判断。

【骨肉相食む】 骨肉相残；煮豆燃萁；萁豆相煎；相煎何急。類兄弟垣に鬩ぐ；血で血を洗う①；豆を煮るに萁をたく；兄弟喧嘩。

【骨肉の親】 骨肉至亲。類親兄弟。中战国·韩非《韩非子备内·第十七》："医善吮人之伤，含人之血，非骨肉之亲也，利所加也。"

【骨箱を叩く】(叩く、鳴らすとも) 说大话；吹牛。類大風呂敷を広げる。

【木っ端を拾うて材木を流す】 拣了芝麻，丢了西瓜；舍本逐末；拘泥小节，耽误大事；因小失大。類一文惜しみの百知らず。

【コップの中の嵐】 无关大局的纷争；蜗角之争。類蝸牛角上の争い。

【小爪を拾う】 抓话把，反唇相讥；抓辫子。類揚げ足を取る。

【五鼎に食らわずんば死して五鼎に烹られん】 生不五鼎食，死即五鼎烹；生不封侯，则愿为大恶受酷刑；不名垂千古，就要遗臭万年。中汉·司马迁《史记·平津侯主父列传》："丈夫生不五鼎食，死即五鼎烹耳。"

【小手が利く】 手巧；灵巧；会办事。類手が利く。例各部署に小手が利く人材を配置しておくと組織がよく機能するものだ。各岗位部署些会办事的人才，单位的工作就好办了。

【後手に回る】 被抢先；晚了一步；陷于被动。例対策が後手に回る。对策晚了一步。

【小手を翳す】 手搭凉棚。例小手を翳して前方を見る。手搭凉棚往前看。

【事ある時は仏の足を戴く】 平时不烧香，急来抱佛脚。類苦しい時の神頼み。

【事あれかし】 唯恐天下不乱。類事がな笛吹かん。例社会が逼塞状態になると「事あれかし」の野心家や野次馬が増える。社会处于封闭状态，就会冒出许多唯恐天下不乱的野心家和幸灾乐祸的人。

【事がある】 ❶曾经。例私は二、三度熊料理を食べた事がある。我吃过两三次熊肉。❷有时。例ここは豪雪地帯だが暖冬の年は3月初めで雪のない事がある。

这里是大雪地带，但遇到暖冬，有时3月初就没有雪了。

【事が無い】 ❶不曾；没……过。例私はまだヨーロッパ旅行をした事が無い。我还不曾去欧洲旅行。❷无法；……不到。例家屋構造と衛生環境の変化に因るものか、最近は農村部でもゴキブリを見る事がめったに無い。可能是房屋结构和卫生环境变化了的关系，最近即使在农村也很少能看到蟑螂了。

【事適う】 顺利实现；畅行无阻。

【事がな笛吹かん】 唯恐天下不乱；伺机而动。類事あれかし。

【事が延びれば尾鰭が付く】 夜长梦多。

【事が運ぶ】 进展；发展。例こちらの望む方向に事が運ぶ。事态发展正如所愿。

【事ここに至る】 事已至此。例事ここに至ってはなす術がない。事已至此，别无他法。

【事志と違う】 事与愿违。類事と心と違う。

【事こそあれ】 竟然；偏偏。類事しもあれ；事もあろうに。

【悉く書を信ずれば即ち書無きに如かず】 尽信书，则不如无书。中战国・孟轲《孟子・尽心下》："尽信《书》，则不如无《书》。吾于武成，取二三策而已矣。"

【琴柱に膠す】 胶柱鼓瑟；不会变通；死心眼儿；死脑筋。類頭が固い。中汉・司马迁《史记・廉颇蔺相如传》："王以名使括，若胶柱而鼓瑟耳。括徒能读其父书传，不知合变也。"

【事しもあれ】 竟然；偏偏。類事もあろうに；事こそあれ。

【事と心と違う】 事与愿违。類事志と違う。

【事と次第に依る】 根据情况有可能；看情况。類事に依る；時に因る；時に因ると。例事と次第に依っては敵に回るかもしれない。根据情况，有可能变成敌人。

【事とする】 专门从事；专事；专攻。類専らにする①。例文筆業を事として半生を送る。半辈子专门从事文笔工作。

【事とせず】 不当回事；不予理睬。類眼中に置かない。

【事とも思わず】 不当回事；不放在心上。類眼中に置かない。

【事と(も)せず】 不当回事；不介意；不在乎。類眼中に置かない。例悪天候を事ともしないで出発する。没把恶劣天气当回事就出发。

【事直る】 复旧；赦免罪行，回复原来的身份。

【事なきを得る】 没出乱子；没出意外。例事前に対策を取っていたので事なきを得た。事先采取防范措施才没出乱子。

【事成る】 事情办成；实现；完工。

【事に当たる】 办事；从事。類事に従う②。例準備万端で事に当たる。作好充分准备再开始工作。

【事に従う】 ❶顺应事态；根据情况。❷从事。類事に当たる。

【事にする】 作为；决定；坚持。例会議は明日の午前招集する事にする。决定明天上午召开会议。

【異にする】 不同；两样。例目標は同じだが私は彼とアプローチを異にする。我和他虽然目标相同但研究途径不同。

【事につけ】 有什么事的时候。例うちの女房は事につけ口出しするので困る。我老婆一有什么事就多嘴，真够呛。

【事になる】 成为；决定；定下来。例前任者から任務を引き継ぐ事になった。已经定了接受前任的任务。

【事に臨む】 面对重大事件。例事に臨んで動ぜず。面对大事而岿然不动。

【事に触れて】 遇事就；随时；一有问题就。類折に触れて。例親父の後を継ぐため弟子になったら事に触れて説教を食らうはめになった。为接老爷子的班，跟他学手艺，结果一有什么事就挨训。

【事に依る】 看情况；根据情况。類事と次第に依る。例正直なのも事に依る。直率也得看是什么情况。

【事に依ると】 也许；说不定；或许。類ひょっとしたら。例事に依るとイベントは中止されるかも知れない。说不定活动会停止呢。

【事の有様】 内情；具体情况。例発生した事の有様を上司に報告する。向上级报告发生的具体情况。

【事の起こり】　事情的起因；事情的发端。例事の起こりを調査する。调查事情的起因。

【琴の緒絶ゆ】　伯牙绝弦；失去知音；丧失至交。中战国·吕不韦《吕氏春秋·本味览》："钟子期死，伯牙破琴绝弦，终身不复鼓，以为世无足复为鼓琴者。"

【事の序】　顺便；同时捎带作。类物の序で。例妹が来週香港へ行くので、事の序に漢方薬を買って来てくれるよう頼んだ。妹妹下周去香港，托她顺便给我买点中药。

【事の由】　原因；理由；内情。例事の由はともかくとして、殴り合いをするのはよくない。不管理由如何，互相扭打是不应该的。

【言葉多き（者）は品少なし】　话多者品味低；能说的店家真货少。

【言葉多し】　话痨；能说会道。类口から先に生れる。

【言葉が過ぎる】　说过头；说过火；口无遮拦；说走嘴。类鰓が過ぎる；口が過ぎる。例あなたは少し言葉が過ぎますよ。你有点说过头了。

【言葉が尖る】　言辞尖刻；说话刻薄。例かちんと来てつい言葉が尖ってしまった。我按捺不住怒火，终于用词尖刻起来。

【言葉尻を捉える】　抓住话把；挑别人错话。类揚げ足を取る。例言葉尻を捉えて相手をなじる。抓住对方的话把儿，兴师问罪。

【言葉涼し】　说话干脆利索；快人快语；说话清爽。

【言葉なお耳にあり】　言犹在耳。中春秋·左丘明《左传·文公七年》："今君虽终，言犹在耳。"

【言葉なし】　无话可说；无言以对。类ぐうの音も出ない。

【言葉に甘える】　承您的好意；承您这么说。例お言葉に甘えてご一緒させていただきます。承您好意，那我就奉陪了。

【言葉に余る】　无以言表；没法表达；没法说。类言語に絶する。例富士山の山頂から大パノラマを俯瞰した感動は言葉に余る。从富士山顶俯瞰大全景时的感动简直无以言表。

【言葉に鞘がある】　不说真话；说话不坦诚；说话有所保留。

【言葉に花が咲く】 说得起劲；谈笑风生。類話が弾む。

【言葉に花実を交ぜる】 真真假假，虚虚实实；真话假话，水乳交融。

【言葉に花を咲かす】 ❶花言巧语；利口便舌；说得天花乱坠。類言葉を飾る①。❷谈得起劲；说话非常投机。類話が弾む。

【言葉に針を持つ】 说话带刺。類口に針。

【言葉の綾】 巧妙的措辞；华丽的辞藻。例そう言ったのは言葉の綾で他意はありません。那么说就是一种措辞，并无他意。

【言葉の先を折る】 打断话头；插嘴；把话头抢过去。類話の腰を折る。

【言葉の先を取る】 抢先说出（对方要说的话）。

【言葉の下から】 话音刚落；刚说完就。類舌の根の乾かぬうち。例言うことを聞くよという言葉の下からもう口答えをする。刚说完"我听话"马上就顶嘴。

【言葉は国の手形】 口音必有家乡的印记；一开口就知道是哪里的人；乡音难改。類訛りは国の手形。

【言葉は心の使い】 言为心声；言语是心灵的使者。

【言葉は立ち居を表す】 话如其人；言如其人。

【言葉を返す】 ❶回答。例道を聞かれて言葉を返す。回答别人问路。❷顶嘴；反驳。例お言葉を返すようですが、あなたの意見は通りませんよ。好像要和您顶嘴了，您的意见是讲不通的。

【言葉を掛ける】 打招呼；搭话；搭腔。類声を掛ける①。例慰めの言葉を掛ける。拿话来安慰。

【言葉を飾る】 ❶措辞巧妙；用词华丽。類言葉に花を咲かす①。例結婚式の祝辞で言葉を飾る。在婚礼上致词说好话。❷说得天花乱坠；巧言如簧；撒谎。類嘘を吐く。

【言葉を交わす】 交谈。例親しく言葉を交わす。亲切交谈。

【言葉を下ぐ】 言语谦恭。類辞を低くする。

【言葉を散らす】 到处散布；不分对象地讲话。

【言葉を番う】 （口头）约定；相约。

【言葉を継ぐ】 接话茬；补充说；接着说。◎前の発言者の言葉を継いで補足説明をする。接着前面发言者的话作补充说明。

【言葉を尽くす】 费尽唇舌；把话说尽。◎書面だけでなく言葉を尽くして陳情する。除了书面形式还以口头极力申诉。

【言葉を濁す】 含糊其辞；支吾其词；隐约其辞。類お茶を濁す；口を濁す；言を左右にする；左右に託す；三味線を弾く②；箆を使う。◎痛い所を衝かれて言葉を濁す。被说中要害而支吾其词。

【言葉を練る】 推敲；斟酌字句。◎文筆業に携わる者はしばしば言葉を練ることに苦しむ。舞文弄墨的人往往为推敲字句煞费苦心。

【言葉を残す】 ❶（给后人）留下话。◎師匠は弟子たちに謎めいた言葉を残してこの世を去った。师傅去世前给弟子们留下了谜一样的话。❷话到舌边留半句。◎明け透けに責めるより少し言葉を残した方が相手は反省する。明明白白地责难不如说话留点余地，更让对方反躬自省。

【言葉を呑む】 把话咽回去；说不出话来；语塞。類声を呑む。◎巨大氷河が轟音とともに海に崩れ落ちる光景に言葉を呑む。巨大的冰川轰鸣着崩落入海的情景，简直无以名状。◎急に当事者が現れたので言葉を呑んだ。由于当事人突然现身而语塞。

【言葉を挟む】 插话；插嘴。類口を挟む。◎他の人が発言している最中に言葉を挟むもんじゃない。人家说话的时候不应该插嘴。

【言葉を放つ】 信口开河；恣意放言；满嘴跑舌头。類口から出任せを言う。◎乱暴な言葉を放つ。不管不顾地信口开河。

【言葉を引き取る】 接别人的话茬（继续说）。◎重役会議で専務が常務理事の言葉を引き取って議事を進める。在理事会上，专务理事接着常务理事的话继续讲。

【言葉を卑くする】 言语谦恭。類辞を低くする。◎授賞式で言葉を卑くして挨拶する。授奖仪式上非常谦恭地致词。

【五斗米の為に腰を折る】 为五斗米折腰。中唐·房玄龄等《晋书·陶潜传》："潜叹曰：'吾不能为五斗米折腰，拳拳事乡里小人耶！'"

【事程左様に】 那么样；这么样。例事程左様に世間は甘くない。社会并非如此简单。

【事もあろうに】 偏偏；竟然；竟会有这种事。類有ろう事か；事しもあれ；選りに選る②。例事もあろうに一番信頼していた部下に裏切られた。简直不敢相信，竟被自己最信任的部下给出卖了。

【子供隠された鬼子母神のよう】 象鬼子母丢了孩子似的；丢失宝贝，张慌失措。

【子供子供している】 孩子气；天真幼稚。例親が甘えさせ放題に育てたのであの子は二十歳を過ぎても子供子供している。在父母一味骄纵下长大的，所以那孩子都20多了，还是稚气不脱。

【事も無げ】 ❶满不在乎；若无其事。類痛くも痒くもない。例何が起ころうと事も無げに笑い飛ばす。无论发生什么事，都满不在乎地一笑了之。❷轻而易举。類苦もない。例難問を事も無げに片付ける。轻而易举地解决难题。

【事も無し】 ❶平安无事。類平穏無事。❷稳妥。❸平庸无奇。類平平凡凡。

【子供の喧嘩に親が出る】 孩子打架，大人出面。

【子供の使い】 打发孩子办大事；用非其人；用人不当。

【子供の根問い】 小孩子爱刨根问底。

【子供は風の子】 孩子不怕冷；孩子爱在户外玩儿。

【理過ぎて】 超越常规；极端。類常軌を逸する。

【理迫めて】 ❶充分说理。❷理所当然。

【理無し】 不讲道理；不合道理。類筋が違う；不都合②。

【事を起こす】 ❶惹事。例事を起こして司法官を罷免される。因为惹了祸，被免去司法官的职务。❷开始重大的行动。例業界再編の今こそ事を起こす時だ。事业重组的现在正是采取重大行动的时候。

【事を欠く】 缺少；不足。例内福なので手持ち資金には事を欠かない。因为是闷声发大财，所以手头不缺资金。

【事を構える】 寻衅滋事；挑衅；借端生事。類喧嘩を売る。例この件であなたと事を構えるつもりはない。我不想借此事向你挑衅。

【事を好む】 好事；爱惹事；遇事生风。例どこの国にも事を好む輩がいるものだ。好事之徒哪国都有。

【後度を突く】 叮嘱；叮问；提醒。類念を押す。

【事を運ぶ】 进行；处理；办（理）。例あの人に頼めば穏便に事を運んでくれる。事情交给他，他会办得非常妥帖。

【事を分ける】 条分缕析；详细说明道理。類理を分ける。例財産相続に就き、市の担当者が遺族に対し事を分けて説明する。关于财产继承，市的负责人对遗属作详细的说明。

【子中をなす】（中、仲とも） 成为有孩子的夫妇。

【粉を掛ける】 向女人搭讪。例あの娘には彼氏がいるから粉を掛けても無駄だよ。人家姑娘有对象了，你搭讪也没用。

【碁に凝ると親の死に目に逢わぬ】 为争围棋输赢，不顾父母临终；迷上棋子，不顾爹死。

【子に過ぎたる宝なし】 金子不如孩子。類子に優る宝なし。

【粉になる】 累死累活；极其疲惫；干重活。

【碁に負けたら将棋に勝て】 围棋输了，象棋赢回来；失之东隅，收之桑榆。

【子に優る宝なし】 金子不如孩子；孩子是宝中之宝。類子に過ぎたる宝なし。

【小糠三合あるならば入り婿すな】 千万不要入赘；家有隔夜米，不作上门婿。

【此の上ない】 无上；无比。類類がない。例此の上ない評価をしていただいた。得到了最高的评价。例残念此の上ない。遺憾至极。

【此の親にして此の子あり】 有其父必有其子。類血は争えない。

【児手柏の両面】 叶有两面，事有正反；表里两面，正反难辨。

【此の人にしてこの病あり】 斯人也而有斯疾也；得此病，是天命。中《论语·雍也》："亡也，命矣夫！斯人也而有斯疾也！"

【好むと好まざるとに係わらず】 不论愿意与否。類泣いても笑っても。例好むと好まざるとに係わらず、規則は規則だ。不管你愿意不愿意，规则就是规则（只

能服从)。

【木の芽張る】　树木发芽。

【此の世の別れ】　辞世；死。類息が絶える。

【此は如何に】　此何也；这是怎么回事。類此れは如何に。

【子は親の鏡】　孩子是父母的镜子；看子女知父母。

【子は親の背中を見て育つ】　孩子看着父母的后背长大。

【子は鎹】　孩子是维系夫妇感情的纽带。

【小馬鹿にする】　愚弄人；侮辱；瞧不起。類馬鹿にする。例小馬鹿にされたのであの人とは二度と口を利きたくない。他瞧不起人，再不想跟他说话了。

【子は三界の首枷】（首枷、首っ枷とも）　子女是一辈子的累赘；孩子是父母一生的牵挂。

【御破算にする】　一笔勾销；清零；归零。類白紙に返す。例夫婦喧嘩は大体3日で御破算にして仲直りだ。夫妻吵架大体上三天清零，言归于好。

【御破算になる】　重打鼓，另开张；从头作起。例あの商談は他社の横槍が入って御破算になった。那笔买卖由于别的公司插了一杠子，得从头来。

【此はそも】　这到底（是怎么）；这究竟。

【小鼻が落ちる】　鼻翼下陷；临终；弥留之际；接近死亡。類棺桶に片足を突っ込む。例死期が迫ると小鼻が落ちるものだ。临终时候鼻翼会下陷。

【小鼻を蠢かす】　很得意；洋洋得意；得意洋洋。類得意満面。例お母さんに小鼻を蠢かしながら百点満点の国語の解答用紙を見せる。得意洋洋地把满分一百的语文卷子拿给妈妈看。

【小鼻を膨らませる】　皱鼻子；不高兴的样子；不满的样子。例小娘が親に叱られても承服できず小鼻を膨らませる。小姑娘挨了大人训，不服，显出不高兴的样子。

【胡馬北風に依り、越鳥南枝に巣くう】　胡马依北风，越鸟巢南枝；思乡之情甚笃。中汉·佚名《行行重行行》："道路阻且长，会面安可知?胡马依北风，越鸟巢南枝。"

【小腹が立つ】 微怒；略有不快；有点生气。類腹を立てる。例あいつの顔を見ていると小腹が立つ。见到那小子就有点生气。

【小腹を立てる】 微怒；稍感不快；有点生气。類腹を立てる。例サービスが悪いので小腹を立てる。服务态度不好，有些令人不快。

【小判で面を張る】 用金钱压人；以钱服人。類金で面を張る。

【媚を売る】 ❶谄媚；阿谀奉承。類胡麻を擂る。例強い者には媚を売り、弱い者には恩を売る。对强者阿谀奉承，对弱者以恩人自居。❷卖俏；卖弄风骚。類科を作る。例ホステスが客に媚を売る。女招待向顾客卖弄风情。

【小袋と小娘】 ❶小口袋容量大，小姑娘开销大。❷女孩要悉心呵护。

【拳を握る】 ❶紧张得握拳。例冒険家の高層ビル綱渡りシーンに我知らず拳を握る。看到冒险家在高楼之间走钢丝，不觉间紧张得攥起拳头。❷遗憾得攥拳头。例拳を握って敗戦を悔しがる。惨败，悔恨得直攥拳头。

【小舟に荷が勝つ】 不堪重负；不堪重任。

【五分も透かない】 滴水不漏；周到；无懈可击。類抜け目がない。

【御幣を担ぐ】 迷信；什么都讲吉凶。縁起を担ぐ。例人知れず御幣を担ぐ者は意外に多いものだ。想不到私下里重视吉凶的人很多。

【枯木（に）花開く】 枯木逢春；起死回生；东山再起；咸鱼翻身。類埋もれ木に花が咲く。

【小骨が折れる】 费点劲；有点费劲；不太容易。類骨が折れる。例普段遣り付けていない作業は小骨が折れる。平素作不惯的工作比较费劲。

【小骨を折る】 费点劲；有点费劲。類骨が折れる。例小学生の子供に算数を教えるのに小骨を折るとは思わなかった。没想到教小学的孩子们算数有点费劲。

【小股が切れ上がる】 腿长而显得身材苗条。例あの娘は子供の頃から小股が切れ上がっていた。那个姑娘从小就腿长、身材苗条。

【小股を掬う】 钻对方空子占便宜；攻其不备，抢占先机；使绊子。例弱肉強食の世の中、人に小股を掬われる方がとろい。在弱肉强食的世道，心眼慢就会被人抢占先机。

【困った時の神頼み】　临时抱佛脚；平时不烧香，急来抱佛脚。類苦しい時の神頼み。

【独楽鼠のよう】　忙得团团转（的人）；忙得不可开交（的人）。例一膳飯屋の小女が混雑する店の中で独楽鼠のように立ち働いている。简易食堂的小姑娘在拥挤的店里忙得团团转。

【胡麻の灰】　（近代）盗窃旅行者钱物的贼；强行向旅行者推销的恶人。

【胡麻の蠅】　➡胡麻の灰

【鱓の魚交じり】　滥竽充数。類雑魚の魚交じり。

【鱓の歯軋り】　蚍蜉欲撼树，奈何力不足；螳臂当车；胳臂拧不过大腿。類蟷螂の斧。

【小間物屋を開く】　呕吐。類反吐が出る①。例泥酔の挙句、小間物屋を開いて皆に迷惑を掛けた。醉酒呕吐，给大家添了麻烦。

【小回りが利く】　灵活机动。例彼は小回りが利くのでどこでも重宝がられる。他办事灵活，在哪都受欢迎。例軽自動車の方が燃費が安く小回りが利く。轻型汽车油耗低而且机动灵活。

【駒を進める】　继续下一步。例サッカーワールドカップで一次リーグを突破し決勝トーナメントに駒を進める。在世界杯足球赛中，突破第一循环赛进军夺标赛。

【胡麻を擂る】　阿谀；逢迎；溜须；拍马屁。類阿諛追従；意を迎える；襟に付く；襟元に付く；御愛想を言う；お上手を言う；御土砂を掛ける；御髭の塵を払う；おべっかを使う；尾を振る；歓心を買う；機嫌気褄を取る；機嫌を取る；気褄を合わす；媚を売る①；尻尾を振る；上手を使う；太鼓を叩く；味噌を擂る。例胡麻を擂るのはいいが嫌味や卑下無しで擂りたいものだ。溜须拍马也可以，只是希望别令人生厌和太卑下。

【護摩を焚く】　焚烧护摩木，祈祷平安。

【塵溜めに鶴】　垃圾堆边一仙鹤；一朵鲜花插在牛粪上。類掃き溜めに鶴。

【小耳に挟む】　偶然听到；无意中听到。類耳に挟む。例宴席で彼の近況を小耳に挟んだ。在宴席上偶然听到他的近况。

【米の飯とお天道様はどこへ行っても付いて回る】 太阳照到的地方总会有饭吃；此处不留人，自有留人处。

【御免蒙る】 ❶得到许可。例御免蒙って高い席に座らさせていただきます。恕我忝居上座。❷得到允许离去。例所用があるのでお先に御免蒙ります。有事要办，我先告退了。❸敬谢不敏；恕我享受不了。例脂っこい料理は御免蒙る。太油腻的菜我吃不了。

【薦を被る】 沦为乞丐。

【子養わんと欲すれども親待たず】 子欲养而亲不待；尽孝应及时。类孝行のしたい時分に親はなし。中春秋·佚名《孔子家语·致思》："树欲静而风不止，子欲养而亲不待也。往而不可追者，年也；去而不可见者，亲也。"

【小山が揺るぎ出たよう】 壮汉迈脚，地动山摇。

【子故の闇】 溺爱子女，失去理智；爱子不以其道；护犊子。类心の闇②；子を思う心の闇。

【御覧に入れる】 请……看；拿给……看。类御目に掛ける。例皆さんに私の拙い手品を御覧に入れましょう。请各位看看我初学的戏法。

【御覧になる】 ❶（您）看。例上野寛永寺の牡丹をぜひ御覧になって下さい。请一定去上野寛永寺看看牡丹花。❷试试看。例この漢方薬は一ケ月服用して御覧になれば痩せる効果が分かります。这个中药喝一个月就会知道减肥效果。

【垢離を掻く】 祓禊；沐浴斋戒。例滝に打たれて垢離を掻く。以瀑布之水沐浴斋戒。

【孤塁を守る】 把守孤垒；守孤城。例すたれ行く伝統工芸の孤塁を守る。坚守逐渐衰微的传统工艺的最后阵地。

【是あるかな】 有是哉；原来如此。中《论语·子路》："有是哉，子之迂也。奚其正？"

【此れ幸いと】 正巧；正好；正合适。例口煩い姑が旅行に出かけたので此れ幸いと羽を伸ばす。碎嘴子老婆婆去旅行，正好松快松快。

【此れぞこの】 夫是之谓；这就是。类此れやこの。

【此れと言う】　值得一提的；特别的；一定的。類物の数。例此れと言うお勧め品は特にございません。没有可以向您推荐的商品。

【此れと言って】　值得一提；特别。類物の数。例此れと言って記すべきことはない。没有什么要特别记述的内容。

【此れに懲りよ道才坊】（坊、棒とも）　仅此一次，下不为例；看你下次还敢不敢了。

【此れは如何に】　此何也；岂能如此；这是怎么回事。類此は如何に。例此れは如何に！定刻になっても主役が姿を見せず。时间已到而主角不现身，岂有此理。

【此れはしたり】　这下子可糟了。例此れはしたり、私めがすっかり失念しておりました。这可糟了，我把这事给忘个一干二净。

【此れやこの】　夫是之谓；原来如此。類此れぞこの。

【此れを以って】　以此；因此。例此れを以って新法が成立いたしました。新法以此告成。

【転がる石に苔付かず】　➡転石苔を生ぜず

【転ばぬ先の杖】　未雨绸缪；防患于未然；事先做好准备。類先手を打つ③；降らぬ先の傘。

【衣の下の鎧】　袈裟里面是铠甲；表面装出和平姿态；口蜜腹剑。類笑中に刀あり。

【衣は骭に至り袖腕に至る】　硕大壮汉，瘦小衣衫；健硕而粗壮。

【衣を返す】　（迷信）反穿睡衣能梦见情人。類夜の衣を返す。

【転んでもただでは起きぬ】　无利不起早；总忘不了捞一把；雁过拔毛。

【コロンブスの卵】　哥伦布立鸡蛋。西Eggs of Columbus.

【恐いもの知らず】　胆大包天；肆无忌惮；天不怕,地不怕；大无畏。類大胆不敵。例恐いもの知らずの猪武者。天不怕地不怕的莽汉。

【怖いものなし】　天不怕,地不怕；肆无忌惮。類大胆不敵。例怖いものなしの専制君主。肆无忌惮的暴君。

【怖いもの見たさ】　越害怕越想看。例怖いもの見たさに友達とお化け屋敷を覗き

に行く。越害怕越想看，要跟朋友去一窥鬼屋。

【声色を遣う】 模仿别人的腔调。口真似。例声帯模写の芸人が有名人の声色を遣って笑わせる。口技艺人模仿名人的声音，令人发笑。

【碁を打つ】 下围棋。類烏鷺の争い；烏鷺を戦わす。例碁敵同士の二人は暇さえあれば碁を打っている。围棋好对手的两个人（，只要）一有空就下围棋。

【子を思う心の闇】 溺爱子女，失去理智；爱子不以其道；护犊子。類子故の闇。

【子を堕す】 堕胎；人工流产。類水にする③。

【子を棄つる藪はあれど身を棄つる藪はなし】 贫弃子，不弃己。

【粉を吹く】 出白霜。例干し芋が粉を吹く。薯干儿上长出白霜。

【子を見ること親に如かず】 知子莫若父。中春秋·管仲《管子·大匡》："知子莫若父，知臣莫若君。"

【子を持って知る親の恩】 养儿方知父母恩。

【今昔の感】 恍如隔世；隔世之感；今昔之感。類昔は昔、今は今。

【根性を入れ換える】 洗心革面；痛改前非；脱胎换骨；改恶从善。類心を入れ替える。例おまえのその腐った根性を入れ換えてやる。我要让你不可救药的劣根性脱胎换骨。

【昆布に針刺す】 （日俗）针刺海带发誓；诅咒。

【権兵衛が種蒔きゃ烏がほじくる】 白忙活；白受累；白辛苦。類一文にもならない。

【コンマ以下】 小数点以下；低于标准。

【コンマ以上】 小数点以上；超乎一般。

【根を詰める】 聚精会神；倾注全力；专注；拼命。類気を詰める。例あまり根を詰めると身体に障るよ。过分拼命会对身体有影响。

さ

【さあという時】 关键时刻；到（关键）时候。類いざ鎌倉。例入山前にさあという時に必要不可欠な備品を点検する。进山前要检查关键时刻必须用的东西。

【塞翁が馬】 塞翁失马，焉知非福。類禍福は糾える縄の如し。中汉·刘安《淮南子·人间训》（引文长，从略）。宋·魏泰《东轩笔录·六》："塞翁失马，今未足悲；楚相断蛇，后必为福。"

【災害は忘れた頃にやってくる】 天灾是在快忘记的时候再度来袭的；灾难总是乘虚而入。

【才覚が付く】 发挥聪明才智；能张罗；(善于)筹措资金。例当面、资金の才覚が付かないので計画を延期する。眼下筹措不到资金，计划延期。

【歳寒の松柏】 岁寒松柏；坚守节操。中《论语·子罕》："岁寒，然后知松柏之后凋也。"

【細工は流流、仕上げを御覧じろ】 作法各有不同，要看最后结果。

【裁決流るる如し】 速判速决；不延误地顺利判决。

【歳月人を待たず】 岁月不待人；时不我待；时不再来。類今日の後に今日無し；月日に関守なし；時人を待たず。中晋·陶渊明《杂诗》："盛年不重来，一日难再晨。及时当勉励，岁月不待人。"

【細行を矜まざれば終に大徳を累わす】 不矜细行，终累大德。中《尚书·旅獒》："不矜细行，终累大德；为山九仞，功亏一篑。"

【西国を打つ】 朝拜西部三十三地菩萨。

【最後に笑う者が最もよく笑う】 谁笑在最后，谁就笑得最好；别高兴得太早。西He laughs best who laughs last.

【最後の切り札】 最后的王牌。類伝家の宝刀。

【最後の手段】 最后的手段。

【最後の審判】 (基督教)最后的审判。

【最後の晩餐】 (耶稣及其十二门徒的)最后的晚餐。西<Jesus Christ and 12Apostles>Last Supper.

【最後を飾る】 最后的精彩场面；压轴戏。例オリンピックで最後を飾るのは男子マラソンだ。奥运会最后的精彩场面是男子马拉松赛。

【最期を遂げる】 死去；结束一生。類息が絶える。例信長は本能寺で最期を遂げ

た。織田信長在本能寺结束了一生。

【幸先がよい】（よい、いいとも）　预兆吉利。例釣竿を垂れてすぐに大物がかかるとは幸先がいい。刚甩了竿就有大鱼上钩，真是开门红。

【採算が合う】　合算；上算；划算。類採算が取れる。

【採算が取れる】　合算；上算；划算。類採算が合う；算盤が合う②；割がいい；割に合う。例この仕入れ値では採算が取れない。这个批发价不合算。

【才子才に倒れる】　才子毁于才；恃才者败于才；聪明反被聪明误。類気が利いて間が抜ける；才に溺れる；策士策に溺れる；粋が川へ陥る。

【最初で最後】　最初也是最后；只有唯一的一次。例留学の機会なんて、私にとって最初で最後かも知れない。留学机会对我来说也许就只有这唯一的一次。

【采薪の憂い】　采薪之忧；（自谦）有病在身。例負薪の憂え。中战国·孟轲《孟子·公孙丑下》："昔者有王命，有采薪之忧，不能造朝。"

【最大多数の最大幸福】　（英·边沁语）最大多数人的最大幸福。西Bentham：The greatest happiness of The greatest number.

【細大漏らさず】　巨细不遗；事无巨细；和盘托出；细大不捐。例打合せ事項を細大漏らさずレジュメに記載する。要研究的问题事无巨细都写入摘要。

【采柄を握る】　发号施令；指挥。類采配を振る。

【才に溺れる】　聪明反被聪明误。類才子才に倒れる。

【才に走る】　过于相信自己的才能。例馬謖は才に走って馘首された。马谡过分相信自己的才能丢了脑袋。

【采配を振る】　发号施令；进行指挥。類采柄を握る；采を採る；旗を振る。例工事現場で采配を振る。在工地现场指挥。

【賽は投げられた】（賽、采とも）　（罗马·凯撒语）色子已掷下；箭在弦上；势在必行。類ルビコンを渡る。西Caesar：Alea jacta est.

【財布の口を締める】➡財布の紐を締める

【財布の底をはたく】　倾囊；拿出全部钱财。例海外旅行で財布の底をはたいてブランド品を漁る。出国旅游倾囊搜求名牌。

【財布の紐が堅い】 不舍得花钱；手紧。例不景気になると消費者の財布の紐が堅くなる。一不景气,消费者就舍不得花钱。

【財布の紐が長い】 不愿意出钱；吝嗇；一钱如命。類穴の穴が小さい①；出す事は舌を出すのも嫌い；爪に火を点す；生爪に火を灯す。

【財布の紐が緩む】 乱花钱；大手大脚。類財布の紐を緩める。例給料日には財布の紐が緩む。发工资的日子就大手大脚。

【財布の紐を頸に懸けるよりは心に掛けよ】 钱要防备偷盗,更怕大手大脚。

【財布の紐を締める】 紧缩开支；不乱花钱；紧缩支出。例収入が不安定なので財布の紐を締めるしかない。收入不稳定,只能紧缩支出。

【財布の紐を握る】 掌管财权；管钱。類財布を握る；台所を預かる。例大抵の家は奥さんが財布の紐を握っている。一般家庭都是主妇掌管财政大权。

【財布の紐を緩める】 手松；乱花钱；解囊。類財布の紐が緩む。例孫が遊びに来るとつい財布の紐を緩めてしまう。每当孙子来玩手就松了。

【財布を握る】 管钱；掌管财权。類財布の紐を握る。例財務大臣とともに中央銀行総裁は国の財布を握っている。财政部长和中央银行行长一起掌管着国家的钱财。

【財宝は地獄の家苞】 钱是身外物；生不带来, 死不带去。

【財宝は身の敵】 人为财死；财可毁身。

【西方を誦す】 诵经祈祷极乐往生。

【幸いにして】 幸亏；所幸。例幸いにして命に別状はなかった。所幸没有性命之忧。

【采を採る】 指挥；发号施令。例采配を振る。

【財を成す】 发财；聚集财富；发家致富。類御釜を起こす；竈を起こす；蔵が建つ；産を成す；身を起こす②。例紀伊国屋文左衛門は蜜柑船で財を成した。(江戸前期的) 纪伊国屋文左卫门贩运柑橘发了大财。

【竿の先に鈴】(先に、先のとも) 啰嗦；话痨；口若悬河。類口から先に生れる。

【座が白ける】　冷场；扫兴；索然败兴。類興が醒める。例宴席で突然殴り合いが始まり座が白けてお開きとなった。宴席上突然打了起来，结果不欢而散。

【杯を上げる】　❶举杯；干杯。例父の米寿を祝って杯を上げる。举杯庆祝父亲的米寿。❷対酌；对饮。例知人と居酒屋で杯を上げる。和朋友在大众酒家对酌。

【杯を返す】　❶回敬一杯酒。例一昔前まで日本酒の宴席では杯を返す習慣があったが、非衛生的なので廃れた。从前，喝日本酒的宴席上有用同一酒盅回敬的习惯，因不卫生而废止。❷与师傅、头目断绝关系。例親分に杯を返して組を出る。跟龙头老大断绝关系离开暴力团。

【杯を傾ける】　喝酒；饮酒。例気の置けない者同士で杯を傾ける。跟至交好友聚饮。

【杯をする】　❶为誓约饮酒；举杯盟誓。例夫婦固めの杯をする。喝夫妻交杯酒。❷饮酒饯行；喝酒送行。例杯をして友の旅立ちを送る。举杯给朋友饯行。

【杯を貰う】　❶接杯喝酒。例相手から杯を貰ったら返杯するのが礼儀だ。按照礼节，接受对方的敬酒之后要回敬一杯。❷成为头目的属下；拜在门下。例親分から杯を貰う。接过大当家所赐的酒成为属下。

【逆立ちしても】　竭尽全力（也）；不管怎样（也）。例締め切りが明日に迫り、逆立ちしても原稿が間に合いそうにないので逃げ出したくなる。明天截稿，无论如何也写不完，真想逃跑。

【座が長い】　屁股沉。類尻が長い。例座が長くて迷惑がられているのに当人は自覚がない。屁股沉，主人为难本人还不自知。

【逆捩じを食わせる】　加以反诘；反唇相讥；加以反驳。例相手が当方の落度だけを責めるので逆捩じを食わせてやった。对方一味指责我们的失误，所以就加以反驳。

【座が持たない】　无法再谈下去；话题已尽；尴尬；冷场。類間が持てない②。例私一人じゃ座が持たないからあなたにも同席してもらいたい。我一个人跟他没那么多话说，请你也参加吧。

【酒屋へ三里、豆腐屋へ二里】　穷乡僻壤；闭塞不便的乡村。類陸の孤島。

【盛りが付く】 发情。例動物の雄は盛りが付いた時とても危険だ。雄性动物发情的时候非常危险。

【下がりを請く】（請く、請けるとも） 进货后跌价赔本。

【先がある】 有前途。例君にはまだまだ先がある。你前途无量。

【先が思いやられる】 前途堪忧。例あの子は優柔不断で先が思いやられる。那孩子优柔寡断，前途堪忧。

【先が無い】 没有前途。例しゃぶ中毒じゃ先が無い。要是吸毒成性就没有前途了。

【先が見える】 ❶将来可以预见。例現状を分析すれば先が見えてくる。分析一下现状就可以预见未来。❷长期工作将近结束。例青函トンネル工事にやっと先が見えてきた。青森到函馆的隧道总算快打通了。

【先立つ物】 （启动）资金；(实现计划、行动所需的）钱款。例何をするにも先立つ物がなければどうしようもない。不管作什么，没启动资金就无计可施。

【先に立つ】 ❶率先；带头；身先士卒。類先棒を振る。例何事も先に立って行動する。干什么都带头。❷首要。例喜びよりも不安が先に立つ。首先不是高兴而是不安。例予算が先に立ってこその事業計画だ。正是先有了预算才有事业的计划。

【先棒を振る】 率先；带头。類先に立つ①。

【先細りになる】 每况愈下；江河日下；日薄西山；日益衰退。例ネット通販に食われ実店舗の売り上げは先細りになるばかりだ。受到网购的挤压,实体店的销售额每况愈下。

【先を争う】 争先；抢先；争先恐后。例バーゲンセールで開店と同時に客が先を争って店内に雪崩込む。因为大甩卖，刚一开门顾客就争先恐后地蜂拥而入。

【先を追う】 开道；净街。

【先を駆く】 一马当先；冲锋在前；带头冲杀。

【鷺を烏】 颠倒黑白；指鹿为马。類鹿を指して馬となす。

【先を読む】 预见未来；推测将来。例あの人は20年前から先を読んでいたね。他

20年前就预见到啦。

【先んずれば人を制す】 先发制人；先下手为强。類機先を制する。中汉·班固《汉书·项籍传》："先发制人，后发制于人。"

【策がない】 毫无谋略；没有策略。例力に頼ってばかりで策がない。全凭实力而无策略。

【策士策に溺れる】 权术家过分玩弄权术反遭失败；聪明反被聪明误。類才子才に倒れる。

【桜伐る馬鹿、梅伐らぬ馬鹿】(伐る·伐らぬ、それぞれ切る切らぬとも) 樱树不剪枝，梅树必修枝。

【探りを入れる】 试探；探探情况；投石问路。腹を探る。例まず探りを入れ、その後で動くことにしましょう。先试探一下情况，然后再采取行动。

【朔を奉く】 奉朔；服从天子的统治。類正朔を奉ずる。

【簣を易う】 易簣；临终；(婉辞)死。類息が絶える。中汉·戴圣《礼记·檀弓》："斯季孙之赐也，我未之能易也，元，起易簀。"

【さくを切る】 开垄沟；培垄。例農作物の多くはさくを切る必要がある。大多数的农作物需要培垄。

【策を講ずる】 研究对策；考虑万全之策；研究解决问题的办法。例策を講じて事故を未然に防ぐ。研究办法，预防事故于未然。

【策を弄する】 耍花招；耍手腕；玩弄计谋。類芝居を打つ；一芝居。例策を弄すると碌なことがない。玩弄计谋不会有好结果。

【酒が酒を飲む】 越喝越能喝；越醉越能喝。

【酒が回る】 ❶酒劲儿上来。類酔いが回る。例酒が回ると陽気になる。酒劲儿一上来就兴高采烈。❷所有的人斟满酒。例皆さんにお酒が回ったところで乾杯しましょう。大家都斟满了酒就干杯吧。

【酒に呑まれる】 酩酊大醉；被酒灌糊涂；酕醄大醉。類虎になる。例昨夜は乾杯合戦ですっかり酒に呑まれてしまった。昨晚较劲干杯，结果喝得酩酊大醉。

【酒に別腸あり】 酒有别肠；喝酒多少，不在身高。中宋·司马光《资治通鉴·后

汉高祖天福七年》:“曦曰:‘维岳身甚小，何饮酒之多?’左右或曰:‘酒有别肠，不必长大。’”

【酒の燗は人肌】　烫酒到体温才行。

【酒飲み本性違わず】　醉酒不失本性;醉酒而不失态。[類]生酔い本性違わず。

【酒は憂いの玉箒】　酒是扫愁帚;一醉解千愁;杯中之物。[類]憂えを掃う玉箒;忘憂の物。[中]宋・苏轼《洞庭春色》:“要当立名字，未用问升斗。应呼钓诗钩，亦号扫愁帚。”

【酒は飲むとも飲まれるな】　酒可喝，不可喝到醉;不可贪杯。

【酒は百薬の長】　酒为百药之长。

【酒を煮る】　煮酒以灭杂菌。

【雑魚の魚交じり】　滥竽充数。[類]海老の鯛交じり;蝙蝠も鳥のうち②;鱓の魚交じり。

【囁き千里】　悄悄话，传天下。

【細石の巌となる】万寿无疆;寿比南山不老松。[類]砂長じて巌となる;徳若に御万歳。

【匙が回る】　善于配药;配出好药。[例]あのお医者さんは匙がよく回る。那位医生很会配药。

【差しつ差されつ】觥筹交错;杯觥交错;推杯换盏;传杯换盏;交杯换盏;互相敬酒。[例]宴席で差しつ差されつ歓談する。宴席上推杯换盏相谈甚欢。

【座して食らえば山も空し】　坐吃山空;坐食山空。[中]元·秦简夫《东堂老劝破家子弟》第一折:“那些钱物则有出去的，无有进来的，便好道坐吃山空，立吃地陷。”

【差し手を返す】　(相扑)把胳膊翻上来;翻转胳膊。[類]腕を返す。[例]差し手を返して右四つになる。把胳膊翻上来，双方都把右手插入对方腋下扭在一起。

【刺身のつま】　微不足道的配角;可有可无的人或事物。

【座上の空論】　纸上谈兵。[類]机上の空論。

【砂上の楼閣】　沙上楼阁;不能长久(的事物)。[類]空中楼閣①。

【匙を投げる】 ❶放弃;不抱希望。例根っからの悪で少年院の教官も匙を投げた。压根儿就恶劣，少年院的教官都不抱希望了。❷不可救药;放弃救治。例主治医に匙を投げられたらもうお終いだ。主治医师放弃治疗就完了。

【誘い水を向ける】 用话套;诱导;抛砖引玉。類気を引く;水を向ける。例土地を売る気はないかと誘い水を向けられた。被对方诱导：你不想卖掉土地吗？

【早足を踏む】 快步移动。

【沙汰の限り】 荒谬绝伦;岂有此理。類言語道断;沙汰の外①;冗談じゃない。例賄賂人事がまかり通るとは沙汰の限りだ。买官卖官畅行无阻，实在荒谬绝伦。例破廉恥漢で沙汰の限りを尽くさないと気が済まない。寡廉鲜耻的人不把坏事作绝都不甘心。

【沙汰の外】 荒謬絶倫;豈有此理。類沙汰の限り。例寄宿生が門限破りをするとは沙汰の外！住宿生无视关门时间，真是岂有此理。

【沙中の偶語】 坐沙中语;臣子密谋反叛。中汉・司马迁《史记・留侯世家》："上在雒阳宫，从复道望见诸将往往相与坐沙中语。上曰：'此何语？'留侯曰：'陛下不知乎？此谋反耳。'"

【雑音を入れる】 乱插嘴;说长道短。例実情を知らない者が雑音を入れて会議を搔き回す。不明真相的人乱插嘴扰乱会议。

【五月の鯉の吹き流し】 ❶东京人心直口快;類江戸っ子は五月の鯉の吹流し①。❷五月鲤鱼旗，内心无芥蒂;东京人有口无心。類江戸っ子は五月の鯉の吹流し②。

【察しが付く】 察觉到;想象到。類見当が付く。例私がこう言えば察しが付くでしょう。我这么说你就应该有所察觉了吧。

【察するに余りある】 不难体谅;超乎想象;异乎寻常。遺族の憤りは察するに余りある。遗属的愤怒超乎想象。

【札片を切る】 大把花钱炫富;挥金如土。類金に糸目をつけない。例一生に一度くらいは札片を切れる身分になりたいものだ。真想一辈子也能挥金如土一把。

【里心が付く】 想家;思乡;得思乡病。例中卒の集団就職で上京したが1週間

も経たないうちに里心が付いて離れない。因初中毕业后集体就业来东京，不到一周就特想家。

【悟りを開く】 开悟；大彻大悟；看得开。類目を開く。例悟りを開いて無我の境地に入る。开悟进入无我境界。

【座に堪えない】 如坐针毡；呆不下去。類針の筵。例非難の矢面に立たされ座に堪えない。处于谴责的众矢之的，如坐针毡。

【座に連なる】 参加。例所用があり後れて会合の座に連なる。因为有事，开会迟到。

【座に直る】 就坐；回到自己的座位。

【鯖の生き腐れ】 鲐鱼腐烂得快。

【鯖を読む】 打马虎眼；在数字上捣鬼。例年を聞かれ10歳ほど鯖を読む。被问到年龄，瞒报了10岁。

【さびを利かせる】（利かせる、利かすとも） ❶加辣根；用辣根。類山葵が利く；山葵を利かせる。❷心中为之一振；辛辣；扣人心弦。類山葵が利く；山葵を利かせる。例代議士を30年もやっているとさびを利かせた話術に磨きが掛かってくる。干了30年国会议员，练就一身扣人心弦的讲话艺术。

【様に様を付ける】 敬上加敬；毕恭毕敬；无限崇敬。例命の恩人なので様に様を付けても足りないほど崇める。他是我的救命恩人，对他无限崇敬。

【様になる】 像样；像那么回事儿。類恰好が付く。例彼は何をやっても様になる。他无论作什么都很像样。例彼女はスタイルがいいから何を着ても様になる。她身材好，穿什么都很得体。

【様はない】 不成样子；不成体统；不体面。類不体裁。例格下に惨敗とは、様はない。败给下个级别的对手，太不体面了。

【様を見ろ】 活该。類其れ見たことか。

【然もあらばあれ】 既已如此，夫复何言；只好那样了；既如是，则无不可。類然もあれ。

【然もありなん】 当如是哉；理当如此；理所当然。類理の当然。例近所の悪

ガキが少年院に送られたそうだが、普段の素行からして然もありなんという話だ。听说附近的那个坏孩子被送进 少年院，从平素的操行来看那是理所当然的。

【然もあれ】 既已如此，夫复何言；只好那样了；既如是，则无不可。類然もあらばあれ。

【然も言われたり】 所言甚是；诚如所言。

【然もそうず】 ❶此言差矣；说哪里话来；说哪儿的话。❷确乎如此。

【然もないと】 否则；不然。類然もなくば。例急ぎましょう、然もないと飛行機に乗り遅れてしまう。快点儿!不然就△来不及（赶不）上飞机了。

【然もなくば】 否则；(如若) 不然；不然 (的话) 就。類然もないと。例抵抗するな！然もなくば撃つぞ！老实点！否则毙了你！

【然もなし】 ❶非也。❷未足虑也。

【鞘がある】 有城府；(内心) 深藏不露；内心不轻易表露。

【鞘を取る】 赚差价。例マンション転がしで鞘を取る。倒卖楼盘赚差价。

【左右に託す】 支吾搪塞；闪烁其词。類言葉を濁す。

【座右の銘】 座右铭。

【白湯を飲むよう】 像喝白开水一样；十分乏味；味同嚼蜡。類味も素っ気もない。例東北人にとって関西風の味は白湯を飲むようだ。对（日本）东北地方的人来说，关西的口味简直清淡如水。

【晒し者になる】 当众出丑；示众。類恥を曝す。例口下手な私が挨拶すると人様の前で晒し者になってしまうので、それだけは勘弁してほしい。我不善辞令，一讲话就得当众出丑，所以就饶了我吧。

【更にも言わず】 不消说；自不待言。類言うまでもない。

【笊で水汲む】 竹籃打水一场空；一无所获。類一文にもならない。

【猿に烏帽子】 沐猴而冠；狗带帽子装人。類沐猴にして冠す。

【猿の尻笑い】 乌鸦笑猪黑。類似たり寄ったり。

【猿の人真似】 猴子学人瞎模仿；东施效顰。類西施の顰みに倣う。

【猿も木から落ちる】 智者千虑，必有一失。類弘法にも筆の誤り。

【去る者は追わず、来る者は拒まず】 来者不拒，去者不追。類来る者は拒まず、去る者は追わず。中战国·孟轲《孟子·尽心下》："夫子之设科也，往者不追，来者不拒。苟以是心至，斯受之而已矣。"

【去る者は日日に疎し】 去者日以疏；人走茶凉。中南朝·梁·萧统《昭明文选·古诗十九首》无名氏诗："去者日以疏，来者日以亲。"

【然ればこそ】 果然如此；正因为如此。

【騒ぎではない】 根本谈不上；岂止（不）。例仕事が忙しくて花見どころの騒ぎではない。工作忙，哪有闲空欣赏樱花！

【触らぬ神に祟りなし】 不惹神，神不怪；人不招灾，灾不自来；多一事不如少一事。

【触り三百】 多事招灾。

【座を組む】 盘腿坐。類胡坐をかく①；膝を組む①；陸に居る。例西洋人や中国人はテーブルとイスの生活なので座を組むのは苦手だ。洋人和中国人惯用桌椅，不擅长盘腿坐。

【座をさます】 冷场；扫兴。類興が醒める。例通訳のレベルが低くて座をさますことこの上ない。翻译水平太低，满座极为扫兴。

【座を占める】 坐……交椅；占据座位。例 I 社はこの業界で 10 年間トップの座を占めている。I 公司在业内坐第一把交椅已经 10 年了。

【差をつける】 拉开档次；拉开距离；加以区别。例視聴率で他局に差をつける。通过收视率和其他电视台拉开档次。例待遇で差をつける。在待遇上加以区别。

【座を取り持つ】 在席上应酬周旋。例幹事として如才なく座を取り持つ。作为干事他在席面上周旋得左右逢源。

【座を外す】 暂时离席；离开座位。類席を外す。例携帯に電話が入ったのでちょっと座を外す。有电话打来，暂时离席。

【山雨来たらんと欲して風楼に満つ】 山雨欲来风满楼。類一雨ありそう。中唐·许浑《咸阳城东楼》："溪云初起日沉阁，山雨欲来风满楼。"

【三界に家無し】 ➡ 女は三界に家無し

【山海の珍味】 山珍海味。類珍味佳肴。

【三軍も帥を奪うべきなり、匹夫も志を奪うべからざるなり】 三军可夺帅也，匹夫不可夺志也；只要意志坚，要改难上难。中《论语·子罕》："子曰：'三军可夺帅也，匹夫不可夺志也。'"

【三五の十八】 打错算盘；计划（指望）落空。

【三顧の礼】 三顾之礼；草庐三顾；三顾茅庐。中三国·诸葛亮《前出师表》："先帝不以臣卑鄙，猥自枉屈，三顾臣于草庐之中。"例会長の座に就くよう、三顧の礼をもってお願いしたところ、健康の理由で断られた。我们以三顾之礼请他当会长，他还是以健康为理由回绝了。

【三尺下って師の影を踏まず】 从师行止，后师三尺；退后三尺，不蹈师影；毕恭毕敬地随在师傅后边。

【三尺高し】 被处以磔刑。

【三舎を避ける】（避ける、避くとも） 退避三舎。類一目置く。中春秋·左丘明《左传·僖公二十八年》："若以君之灵，得反晋国，晋楚治兵，遇于中原，其辟君三舎。"

【三十にして立つ】 三十而立；而立之年。中《论语·为政》："吾十有五，而志于学。三十而立。"

【三十六計逃げるに如かず】 三十六计，走为上计。類逃げるが勝ち。中南朝·梁·萧子显《南齐书·王敬则传》："檀公三十六策，走是上计。汝父子唯应急走耳。"

【三種の神器】 ❶日本皇家的传世三宝：镜·剑·宝玉。例三種の神器とは八咫鏡、天叢雲剣、八尺瓊勾玉を指す。所谓三种神器是指八咫镜、天丛云剑、八尺琼勾玉。❷三大件。例1950年代の三種の神器はテレビ、冷蔵庫、洗濯機だった。日本在20世纪70年代三大件是指电视、冰箱、洗衣机。

【山椒は小粒でもぴりりと辛い】 花椒粒粒小，辣你受不了；短小精悍；身材不高，却精明强干。

【三途の川】 冥河；三途河。

【三寸の見直し】 ❶仔细检点，会有缺点。❷缺点看惯，不觉刺眼。

【三寸俎板を見抜く】　明察秋毫；洞察一切；火眼金睛；眼光敏锐。類眼光炯炯。

【算段が付く】　筹措到；张罗得到。例資金繰りの算段が付く。筹措到资金。

【山中の賊を破るは易く、心中の賊を破るは難し】　破山中贼易，破心中贼难；责人易，律己难。中明·王守仁《与杨仕德·薛尚诚书》："尝寄书仕德云：'破山中贼易，破心中贼难。区区剪除鼠窃，何足为异！'"

【山中暦日なし】　山中无历日；悠闲隐居。中唐·太上隐者《答人》："偶来松树下，高枕石头眠。山中无历日，寒尽不知年。"

【三度の飯より好き】　比吃饭还要紧；最喜欢。

【三度目の正直】　（占卜等）第三次才确实可靠；第三次算数；第三局定输赢。

【算無し】　数不胜数；不计其数。類数知らず。

【三人行えば必ず我が師有り】　三人行，必有我师。中《论语·述而》："子曰：'三人行必有我师焉。择其善者而从之，其不善者而改之。'"

【三人虎を成す】　三人成虎。類市に虎あり。中汉·刘向《战国策·魏二》："谓魏王曰：'今一人言市有虎，王信之乎？'曰：'否。'二人言市有虎，王信之乎？'……庞葱曰：'夫市之无虎明矣；然而三人言而成虎。'"

【三人寄れば公界】　三人共事，没有机密；三人共知，无人不知。

【三人寄れば文殊の智恵】　三个臭皮匠，抵个诸葛亮。

【三年飛ばず鳴かず】　三年不飞又不鸣；雌伏隐忍，伺机而发；韬光养晦；不声不响。類鳴かず飛ばず。中汉·司马迁《史记·滑稽列传》："国中有大鸟，止王之庭，三年不蜚（=飞）又不鸣，王知此鸟何也？"

【産の紐を解く】　生孩子；分娩。類身二つになる。

【三拍子揃う】　具备三项基本条件。例徳育、知育、体育の三拍子揃った教育が理想だ。德智体三项具备的教育是理想的。

【酸鼻を極める】　惨不忍睹；目不忍睹；催人泪下；酸鼻。類見るに堪えない。例地下鉄サリン事件は酸鼻を極めた。地铁萨林投毒惨案简直催人泪下。

【三遍回って煙草にしょ】 夜巡三遍，方可安然；安全第一，万无一失。

【三枚に下ろす】 把鱼身片成三片。例鯛を三枚に下ろす。把鲷鱼片成三片。

【算を置く】 ❶用蓍草占卜。❷用算筹计算。

【産を傾ける】 ❶倾家荡产。類産を破る。例三代目が遊蕩三昧で産を傾けた。第三代尽情寻欢作乐，荡尽家产。❷倾注家产；罄其所有。例篤志家が交通遺児扶育のため産を傾ける。慈善家为抚育交通事故孤儿，倾注全部家产。

【産を成す】 发家致富。類財を成す。例初代が産を成し、二代目が大きくし、三代目が食いつぶす。第一代发家，第二代扩大，第三代坐吃山空。

【算を乱す】 散乱无序；乱纷纷；杂乱无章。類右往左往②。例味方の猛反撃に敵は算を乱した。在我方的猛烈反攻之下，敌方乱成一团。例泥棒に入られた部屋の中は家具、衣類、書類などが算を乱していた。被盗贼闯入的房间家具、衣物、书籍等乱得一塌糊涂。

【産を破る】 破产。類家を傾ける；竈を破る；産を傾ける①；身上を潰す；身上をはたく；身代を棒に振る；どらを打つ。

し

【仕上げが肝腎】 要完美收官；收尾尤为重要；最后阶段至关重要。

【思案に余る】 想不出主意；一筹莫展。類途方に暮れる。例思案に余ったら専門家に聞けばいい。一筹莫展的时候问问专家就行了。

【思案に落ちる】 理解；想通。類合点が行く。

【思案に暮れる】 想不出办法；一筹莫展；不知怎么办好。類途方に暮れる。例あれこれと思案に暮れる。怎么也想不出好主意。

【思案に沈む】 苦思冥想；沉思。例前途を悲観し思案に沈む。对前途悲观，陷入沉思。

【思案に尽きる】 不知如何是好；想不出主意。類途方に暮れる。例打開策を模索しているが思案に尽きる。在摸索解决办法，却想不出好主意来。

【死一等を減ずる】 仅免于死罪。

【時雨(じう)の化(か)】 时雨之化(shíyǔzhīhuà)；像及时雨一样，滋润教化(zīrùnjiàohuà)。[中]战国·孟轲《孟子·尽心上》："君子之所以教者五：有如时雨化之者，有成德者，有达财者，有答问者，有私淑艾者。"

【潮(しお)がさす】 涨潮(zhǎngcháo)。[例]潮がさしてきたので潮干狩(しおひが)りは終了だ。开始涨潮了，赶海(gǎnhǎi)到此结束。

【塩(しお)が浸(し)む】 备尝(bèicháng)人世艰辛；饱经风霜(bǎojīngfēngshuāng)。

【潮(しお)が引(ひ)く】 ❶退潮。❷众人纷纷散去(sànqù)；由盛趋衰(qūshuāi)。[例]落選したら潮が引くように周(まわ)りから人がいなくなった。落选之后周围的人像退潮一样散去了。

【塩辛(しおから)を食(く)おうとて水(みず)を飲(の)む】 要吃虾酱(xiājiàng)，喝水过量；准备过分(guòfèn)，反而误事。

【潮時(しおどき)を見(み)る】 看准时机；伺机(sìjī)。[類]呼吸(こきゅう)を計(はか)る。[例]潮時を見て決行する。看准时机再行动。

【塩(しお)をする】 喂底口儿(wèidǐkǒu)；烹调(pēngtiáo)以前在食材上撒盐(sǎyán)。[例]保鮮と身(み)が締(し)まるので魚(さかな)の切(き)り身(み)に塩をする。用盐给切好(qiēhǎo)的鱼喂底口儿能保鲜肉还瓷实(císhi)。

【塩(しお)を出(だ)す】 泡水(pàoshuǐ)脱盐；用水把盐分(yánfèn)泡出来。[例]塩蔵ワラビの塩を出す。用水把腌制(yānzhì)的蕨菜(juécài)的盐分泡出来。

【塩(しお)を踏(ふ)む】 在社会摸爬滚打(mōpágǔndǎ)；在世上历练(lìliàn)；尝尽(chángjìn)世间酸甜苦辣(suāntiánkǔlà)。

【然云(しかい)う】 （汉文训读(xùndú)）云尔；一如上述；如上所述；如此而已(yǐ)。[類]因(よ)って件(くだん)の如(ごと)し。

【四海波静(しかいなみしず)か】 四海波静；四海升平；天下太平(tiānxiàtàipíng)。[類]天下太平(てんかたいへい)。

【死灰復燃(しかいまたも)ゆ】 死灰复燃(sǐhuīfùrán)。[中]汉·司马迁《史记·韩长孺列传》："安国曰：'死灰独不复然(=燃)乎？' 田甲曰：'然即溺之。'"

【四角(しかく)な文字(もじ)】 方块字；汉字。

【四角(しかく)になる】 态度生硬；一本正经(yīběnzhèngjīng)；古板不知通融(tōngróng)。[類]裃(かみしも)を着(き)る。

【仕方(しかた)が無(な)い】 ❶没有办法；没法子。[類]止(や)むを得(え)ない。[例]仕方が無く相手の言いなりになる。没法子只能一切(yīqiè)都听对方的。❷受不了(shòubùliǎo)；……得要命。[類]堪(たま)ったものではない。[例]喉(のど)が渇(かわ)いて仕方が無い。渴(kě)得要命。

【死活(しかつ)にかかわる】 生死攸关(shēngsǐyōuguān)。[例]今(いま)会社を首になれば一家の死活にかかわる。如果被现在公司炒(chǎo)了鱿鱼(yóuyú)，就是一家老小生死攸关的大事。

【地が出る】　lòuchūběnxiàng；lòudī　露出本相；露底。類馬脚を露わす。例彼女はかまととぶっているがいずれ地が出るよ。她装傻明知故问，早晚得露底。

【歯牙にも掛けない】　bùzúguàchī；bùxièyīgù　不足挂齿；不值一提；不屑一顾。類洟も引っ掛けない；目も呉れない。例若造の言うことなんか歯牙にも掛けない。根本不理睬小毛孩子说的话。

【地金が出る】　显出本性；显出本来面貌；现原形。類馬脚を露わす。例いい子ぶっていたが段段と地金が出て来たな。此前一直装好人，慢慢地这不就现了原形了嘛。

【地金を出す】　显出本性；显出本来面貌；现原形。類馬脚を露わす。

【歯牙の間に置く】　zhìzhīchǐyájiān dāngzuò　置之齿牙间；当作重要的事；值得一提的事。中汉·司马迁《史记·刘敬叔孙通列传》："此特群盗鼠窃狗盗耳，何足置之齿牙间。郡守尉今捕论，何足忧。"

【鹿の角を蜂が刺す】　不疼不痒；毫无作用；满不在乎；不知羞耻。類痛くも痒くもない。

【屍に鞭打つ】　biānshī　鞭尸。類死屍に鞭打つ。中汉·司马迁《史记·伍子胥列传》："乃掘楚平王墓，出其尸，鞭之三百，然后已。"

【屍を晒す】　bàoshī　暴尸荒野。

【自家薬籠中の物】　yàolóngzhōngwù；nángzhōng；zhǎngzhōng　药笼中物；囊中物；掌中之物。中五代·后晋·刘昫《旧唐书·元行冲传》："（狄）仁杰笑而谓人曰：'此吾药笼中物，何可一日无也！'"例スマホは現代人にとって自家薬籠中の物だ。智能手机对现代人来说是掌中之物。

【鹿を馬】　zhǐlùwéimǎ　指鹿为马。類鹿を指して馬となす。

【鹿を逐う】　zhúlù　逐鹿；争夺天下。類中原に鹿を逐う。中汉·司马迁《史记·淮阴侯列传》："秦失其鹿，天下共逐之。"

【鹿を逐う者は山を見ず】　zhúlùlièrén；wúxiá　逐鹿猎人不看山；逐利者无暇他顾。類獣を逐う者は目に太山を見ず。

【鹿を指して馬となす】　zhǐlùwéimǎ　指鹿为马。類鷺を烏；鹿を馬；理を曲げる。中汉·司马迁《史记·秦始皇本纪》："（赵高）持鹿献于二世，曰：'马也。'二世笑曰：'丞相误邪！谓鹿为马。'"

【紙価を高める】➡洛陽の紙価を高める

【時間の問題】　时间问题；迟早一定（会）。例兵糧攻めに遭い降参するのは時間の問題だ。粮道被切断，投降是早晚的事。

【時間を稼ぐ】　争取时间；拖延时间。類間を持たせる。例逆探知をするので相手にうまく話を合わせて時間を稼いで下さい。要进行逆探测，请用话跟对方好好周旋，多争取些时间。

【時間を食う】　太费时间；耗费时日。例一つの作業に時間を食われ残業することになった。被一件工作占去了太多时间，得加班了。

【時間を割く】　抽空儿；挤时间。類合間を縫う；暇を割く；暇を盗む；暇を見る。例お忙しい毎日なのにわざわざ時間を割いていただき恐縮です。您每天那么忙还特意为我浪费时间，实在过意不去。

【敷居が高い】　门槛高；不好意思登门。類門を塞ぐ。例高安さんとこは敷居が高いのでここ数年ご無沙汰している。不好意思登高安先生家门，这几年音信皆无；高安先生家门槛高，这几年未通音信。

【敷居を跨ぐ】　跨过门坎；登门。例ここの家の敷居を跨ぐのは久しぶりだ。好久没登这家门了。

【時機に投ずる】　抓住好时机。例時機に投じて出世の足掛かりを得る。抓住好时机得到升迁的途径。

【児戯に等しい】　等于儿戏。例実効ある対策を取れない防災論議は児戯に等しい。不能得到实用性对策的防灾理论等于儿戏。

【鴫の看経】　呆立不动；呆若木鸡。

【鴫の羽返し】　（相扑）用双臂勒对方的脖子。

【鴫の羽掻き】　屡次；多次。

【時宜を得る】　得天时；合时宜。例専門家が疫病対策で時宜を得た提言を行う。关于疫病对策，专家提出合时宜的建议。

【時宜を失する】　失天时；不得天时。例優柔不断で再生の時宜を失する。因优柔寡断失去了复苏的天时。

【如(し)くは無(な)い】　莫若；莫过于；最好（是）。例何をするにも事前準備をしておくに如くは無い。无论做什么，最好事先作好准备。

【舳艫(じくろ)相銜(あいふく)む】　舳舻(zhúlú)相衔(xiāngxián)；船首尾相连。

【時好(じこう)に投(とう)ずる】　迎合时尚。例時好に投じたヒット作品を生み出す。推出迎合潮流深受欢迎的作品。

【地獄極楽(じごくごくらく)はこの世(よ)にあり】　现世现报(xiànshìxiànbào)，不待来世；善恶报应(shàn è bàoyìng)，今生不爽(shuǎng)。

【地獄(じごく)で仏(ほとけ)に会(あ)ったよう】　绝处逢生(juéchùféngshēng)；困难(kùnnan)时遇到意外的救星。

【地獄(じごく)にも鬼(おに)ばかりではない】　世上总会有好人。類渡(わた)る世間(せけん)に鬼(おに)は無(な)い。

【地獄(じごく)にも知(し)る人(ひと)】　天涯何处(tiānyáhéchù)无芳草；任何地方都会交到朋友。

【地獄(じごく)の一丁目(いっちょうめ)】　走向毁灭(huǐmiè)的第一步；非常可怕的地方。

【地獄(じごく)の上(うえ)の一足飛(いっそくと)び】　盲人瞎马(mángrénxiāmǎ)，盲人骑(qí)瞎马，夜半临深池；危险至极。

【地獄(じごく)の釜(かま)の蓋(ふた)もあく】　春节和孟兰盆节连地狱里(yúlánpénjié)也放假(fàngjià)，佣人(yōngrén)也有休息时。

【地獄(じごく)の沙汰(さた)も金次第(かねしだい)】　有钱能使鬼推磨(tuīmò)；衙门(yámen)口向南开，有理没钱别进来。類金(かね)が物(もの)を言(い)う。

【地獄(じごく)は壁一重(かべひとえ)】　一失足成千古恨；一念之差(chā)，铸(zhù)成大错。

【地獄(じごく)も住(す)み家(か)】　久居其则安；久居而安。類住(す)めば都(みやこ)。

【時刻(じこく)を回(めぐ)らす】　花时间；费时。

【仕事(しごと)にならない】　干不了活(gànbùliǎo)；无法工作。例日中は電話の応対で仕事にならない。白天老得(děi)接电话，没法工作。例コロナ禍で客足がばったり止まり仕事にならない。由于新冠疫情(xīnguānyìqíng)突然断了客源，也就没有工作了。

【指呼(しこ)の間(かん)】　呼之可闻的距离；鸡犬(jīquǎn)相闻。例内海に小さな島々(しまじま)が指呼の間に散らばっている。内海分布着许多鸡犬相闻的小岛。

【痼(しこり)を残(のこ)す】　留下后遗症(hòuyízhèng)；留下尾巴(wěiba)；留下疙瘩(gēda)。例国境纷争は一旦停戦となったが、将来に痼を残したままだ。边境纠纷(jiūfēn)之战倒是(dàoshi)停止了，但却为(wèi)将来留下了后遗症。

【子細(しさい)に及(およ)ばず】　不用多说；无须多说；毋庸赘述(wúyōngzhuìshù)。類問答無用(もんどうむよう)。例もう結論が出てしまったので経緯(いきさつ)は子細に及ばず。既然已(yǐ)有结论，原委就无需细说了。

【志士苦心多し】 志士多苦心。中晋·陆机《猛虎行》："渴不饮盗泉水，热不息恶木阴。恶木岂无枝？志士多苦心。"

【獣食った報い】 自作自受；恶有恶报；自食恶果。類身から出た錆び。

【志士仁人は生を求めて以て仁を害するなし】 志士仁人无求生以害仁。中《论语·卫灵公》："志士仁人，无求生以害仁，有杀身以成仁。"

【獅子身中の虫】 害群之马；吃里扒外的人；内奸；心腹之患。

【事実は小説よりも奇なり】 （英·拜伦语）事实比小说还离奇。西Byron:Fact are stranger than novels.

【死して後已む】 死而后已。類斃れて後已む。中《论语·泰伯》："曾子曰：'士不可以不弘毅，任重而道远。仁以为己任，不亦重乎？死而后已，不亦远乎？'"

【獅子に鰭】 如虎添翼。類鬼に金棒。

【獅子に牡丹】 （牡丹獅子）相得益彰。類梅に鶯。

【死屍に鞭打つ】 鞭尸；谴责死者。類屍に鞭打つ；死者に鞭打つ。中汉·司马迁《史记·伍子胥列传》："乃掘楚平王墓，出其尸，鞭之三百，然后已。"

【獅子の子落し】 置自己的儿子于艰苦环境中进行考验；若要爱子女，令其经风雨。

【獅子の歯噛み】 凶相毕露；张牙舞爪。類牙を鳴らす②。

【梲の端書き】 热恋不能如愿以偿；没有结果的热恋。

【死児の齢を数える】 追悔莫及之事，唠叨也无益。類死んだ子の年を数える。

【獅子の分け前】 （伊索寓言）巧取豪夺；榨取他人的劳动成果。西<Isop fairy tale>Lion's share.

【祖父は辛労、子は楽、孫は乞食】 富不过三代。類親苦労す、子は楽す、孫は乞食す。

【磁石に針】 异性相吸；互相吸引。

【死者に鞭打つ】 鞭尸；谴责死者。類死屍に鞭打つ。

【四十にして惑わず】 四十而不惑。中《论语·为政》："吾十有五而志于学，三十而立，四十而不惑……"

【四十八手の裏表】 所有的招数；浑身解数；七十二变化。

【支障を来す】 带来麻烦；造成困难。例自然災害でライフラインに支障を来す。自然灾害使城市基本生活保证系统遭到破坏。

【爾汝の交わり】 尔汝之交；亲如手足；亲密无间。類水魚の交わり。中南朝·宋·刘义庆《世说新语·言语》刘孝标注引《文士传》："（祢衡）少与孔融作尔汝之交，时衡未满二十，融已五十。"

【沈む瀬あれば浮かぶ瀬あり】 有盛就有衰；荣枯无常；祸福为邻。類七転び八起き②。

【死生の間をさまよう】 徘徊在生死线上；处弥留之际。類死線をさまよう。

【市井の徒】 市井之徒；市井小人。中唐·李密《淮阳感旧》诗："樊哙市井徒，萧何刀笔吏。一朝时运会，千古传名諡。"

【死生命あり】 死生有命。中《论语·颜渊》："死生有命，富贵在天。"

【姿勢を正す】 端正态度；幡然觉醒，端心态。類威儀を正す。例世論に叩かれてから姿勢を正すのでは遅い。遭到舆论谴责后再端正态度为时已晚。

【咫尺を弁ぜず】 咫尺莫辨；伸手不见五指。類墨を流したよう。

【死せる孔明生ける仲達を走らす】 死诸葛（吓）走生仲达。中唐·房玄龄等《晋书·宣帝纪》："时百姓为之谚曰：'死诸葛走生仲达。'帝闻而笑曰：'吾便料生，不便料死故也。'"

【自然に還れ】 （法·卢梭语）回归大自然。西Rousseau：Retour a la nature.

【自然は飛躍せず】 （德·莱布尼茨、瑞典·林耐语）大自然不会突变；自然界的变化是渐进的。西Leibniz·Linne：Nature non facit saltum.

【視線を浴びる】 受注目；受关注；被投以……的目光。例周囲から羡望の視線を浴びる。周围投以羡慕的眼光。

【死線を越えて】 超越生死；舍生忘死；奋不顾身。類命に懸けて。例死線を越えて突撃する。奋不顾身地冲锋。

【死線を越える】 超越生死；越过死线；闯过鬼门关。類九死に一生を得る。例ＩＣＵで80日間、やっと死線を超えた。在重症监护室度过80天，终于越

过了生死线。

【死線をさまよう】 徘徊在死亡线上。⟨類⟩死生の間をさまよう。⟨例⟩デング熱に罹り死線をさまよう。患登革热，在生死线上挣扎。

【視線を逸らす】 移开视线；扭过脸去。⟨類⟩目を側める；目を背ける；目を逸らす；目を離す。⟨例⟩路上に転がっている轢き殺された狸の死骸から思わず視線を逸らした。看到被车碾死在道上的△狸（貉子）尸体，不由自主地移开了视线。

【視線を向ける】 向……看去；把视线投向……。⟨類⟩目が行く；目を呉れる；目を向ける①；目を遣る。⟨例⟩山中で物音がした方向に視線を向ける。在山里朝着发出声音的方向看去。

【地蔵と閻魔は一】 地藏与阎王只是阿弥陀的分身。

【地蔵の顔も三度】 事不过三；忍耐是有限度的。⟨類⟩仏の顔も三度。

【士族の商法】 武士经商，赔个精光；外行人做生意。⟨類⟩殿様商売；武士の商法。

【児孫のために美田を買わず】 不为儿孙买良田。

【時代が付く】 古朴；古色古香。⟨例⟩郷土博物館には時代が付いた農器具や刀剣が陳列されている。乡土博物馆陈列着具有时代感的农具、刀剑等。

【四大空に帰す】 （佛教）四大归于空；死；肉体泯灭。⟨類⟩息が絶える。

【時代の寵児】 时代的宠儿。

【舌が肥える】 口味高；饮食挑剔；嘴刁。⟨類⟩口が奢る；口が肥える。⟨例⟩あちこち食べ歩いているうちに舌が肥えたようだ。到处吃美食，好像口味高了。

【舌が滑る】 说（话）走嘴。⟨類⟩口が滑る。⟨例⟩話に夢中になってつい舌が滑ってしまった。谈话过于投入，不留神说走嘴了。

【舌が長い】 饶舌；话多。⟨類⟩口が多い。

【舌が伸びる】 说大话；口出狂言；不怕风大闪了舌头。⟨類⟩大風呂敷を広げる。⟨例⟩よくもまあそんなに舌が伸びるもんだ。你真不怕风大闪了舌头！

【舌が回る】 口齿伶俐；能说会道；伶牙俐齿。⟨類⟩立て板に水。⟨例⟩商売柄、噺家は舌がよく回る。职业性质决定，说单口相声的都口齿伶俐。

【舌が縺れる】　舌头发硬；说话不利索；说话不清楚。類呂律が回らない。例脳卒中の後遺症で舌が縺れる。脳卒中留下的后遗症，说话不利索。

【舌三寸に胸三寸】　说话用心，都要谨慎。

【親しき中に垣をせよ】➡親しき中にも礼儀あり

【親しき中にも礼儀あり】　亲密而不越礼仪；再亲密，也执礼。類心安きは不和の基；近しき中にも礼儀あり；良い仲には垣をせよ。

【下地は好きなり御意はよし】　正中下怀；甚合我意。類思う壺に嵌る。

【地踏鞴を踏む】➡地団駄を踏む

【滴り積もりて淵となる】　积水成渊；汇百川而成大海；积土成山。類塵も積もれば山となる。

【舌鼓を打つ】　香得咂嘴；咂着嘴吃。例懐石料理に舌鼓を打つ。怀石料理（日式简餐）好吃得直咂嘴。

【下手に付く】　屈居人下；甘拜下风；雌伏于下。類風下に居る；風下に立つ。例誰だって人の下手に付くのは嫌だ。谁也不愿意屈居人下。

【下手に出る】　采取谦恭的态度；表现恭敬。例相手が強いと見るとすぐ下手に出る。一看对方很强势，立马就毕恭毕敬了。

【自他共に許す】　世所公认。例連続優勝したが、本人としてはまだまだ自他共に許すレベルではないと思っている。虽然蝉联第一，但本人认为还远没达到世所公认的水平。

【下に居る】　坐下；蹲下；跪下。

【下に下に！】　（江户时代高官出行时净街的吆喝声）闲杂人等，肃静回避！

【下に出す】　用旧物贴换新物；用旧物折价贴钱；折价回收。例この車を下に出して新車に買い替えたい。想以这台旧车折价回收买一台新车。

【耳朶に触れる】　听到。類耳に入る。例このところ頻繁に耳朶に触れるのはコロナウイルス関連のニュースだ。最近不断听到的就是有关新冠病毒的消息。

【下にも置かない】　殷勤款待；待为上宾。例お客様は神様、下にも置かず持て成す。顾客是上帝，要殷勤接待。

【舌の先】 ❶舌尖。❷口头上；嘴上。囫あの人は舌の先で相手を丸め込むのがうまい。他非常善于拿话哄人。

【舌の剣は命を絶つ】 因出言不慎，断送性命；祸从口出；恶语伤人，祸及己身。類口は禍の門。

【舌の根の乾かぬうち】 话音刚落；刚说完就；口血未干。類言う口の下から；口の下から；声の下；言葉の下から。囫「もう二度とやりません」と言った舌の根の乾かぬうちにまたかよ！刚说"再也不干了"，怎么又这样了！

【下端に付く】 低调应对；虚心对待。

【下腹に毛が無い】 老奸巨猾。類海千山千。

【舌は禍の根】 祸从口出。類口は禍の門。

【下紐解く】 ❶宽衣解带；（男女）上床；以身相许。類肌を許す①。❷男女情投意合。

【下目に懸ける】 看不起；轻视；蔑视。類下目に見る。

【下目に見る】 看不起；轻视；蔑视。類甘く見る；上から目線；眼下に見る②；下目に懸ける；尻目に掛ける②；目八分に見る。囫こちらも社会的地位があるのに先輩面をしていつも下目に見ようとする。咱也是有一定社会地位的人，可那家伙总要摆出大哥的派头看不起人。

【舌も引かぬ】 话音未落；还没说完。

【舌柔らかなり】 巧舌如簧；能说会道。類弁が立つ。

【舌を食う】 咬舌自尽。

【舌を出す】 ❶暗中嗤笑。囫ぺこぺこしながら裏で舌を出す。表面恭恭敬敬，暗地里嘲笑。❷（掩饰失败、难为情）一伸舌头。囫失敗して照れ隠しに舌を出す。没弄好，不好意思地一伸舌头。

【舌を鳴らす】 （表示赞叹・不满）啧啧称赞；咂嘴；咂舌。類舌を巻く。囫名物料理に舌を鳴らす。对名菜啧啧称赞。囫悔し紛れにちぇっと舌を鳴らす。非常懊悔地一咂舌。

【舌を二枚に使う】 ❶说话前后矛盾；撒谎。類嘘を吐く。❷见人说人话，见

鬼说鬼话。

【舌を振る】 驚呆；震惊。類舌を振るう②。

【舌を振るう】 ❶雄辩；振振有词。❷惊呆；震惊。類舌を振る。

【舌を巻く】 咂舌；赞叹不已；非常惊讶；咂嘴弄舌。類舌を鳴らす①。例彼が持っている才能には舌を巻くしかない。对他的才能只有赞叹而已。

【地団太を踏む】 悔恨得捶胸顿足；遗憾懊恼得直跺脚。例上前を撥ねたつもりが裏をかかれて地団駄を踏む。本以为揩了点油，谁知反而被揩了油而悔恨不迭。

【七五三の祝い】 （祝福三岁五岁七岁的孩子健康成长的仪式）"七五三"的祝贺仪式。類七五三①。

【七十にして矩をこえず】 七十而从心所欲，不逾矩。中《论语·为政》："……六十而耳顺，七十而从心所欲，不逾矩。"

【質に置く】 当出去；押给典当行。例オメガを質に置いて金を借りる。把欧米伽押给典当行借钱。

【死地に陥れて後生く】 陷之死地然后生。中春秋·孙武《孙子·九地》："投之亡地然后存，陷之死地然后生，夫众陷于害，然后能为胜败。"

【死地に赴く】 赴死；前去送死。類死地に赴く覚悟で事に当たる。抱定必死的决心拼命干。

【質に取る】 收作抵押。例物品を質に取って金を貸す。以物品为抵押而放债。

【質八を置く】 抵押；当出去；把抵押物交给当铺。

【七仏通戒の偈】 （佛教）"过去七佛"的偈词（宗旨是止恶行善净化灵魂）。

【七歩の才】 七步之才；出口成章；七步成章；才思敏捷。中北齐·魏收《魏书·自序》："诏试收为《封禅书》，收下笔便就，不利草稿，文将千言，所改无几。……帝曰：'虽七步之才，无以过此。'"

【死中に活を求める】 死中求活；死里求生。中宋·王质《上皇帝书》："今日刃侵于胸，火逼于肤，死中求活，法当寻出奇之计。"

【征に懸かる】 ❶（围棋）遭遇征子。❷逼入绝境；失去自由。

【征に懸ける】 ❶（围棋）征子。❷剥夺对方的人身自由；紧逼。

【質を置く】 典当；当掉。

【実がある】 有诚意；诚恳；能体谅人。例あの人の贈り物は一見雑なようで実がある。他的礼物乍一看似乎有点粗糙，实际上是有诚意的。

【日月地に墜ちず】 天理不灭；道义尚存；道义犹在。

【十指に余る】 十个以上；不止十个。例地中海でも有名なリゾート地で五つ星のホテルは十指に余る。在地中海著名的度假胜地，五星级宾馆不下10家。

【十指の指す所】 十手所指；众人意见一致。類十目の視る所、十手の指す所。中汉・戴圣《礼记・大学》："十目所视，十手所指，其严乎。"

【失笑を買う】 惹人发笑；遭耻笑。例場違いなことを言って失笑を買う。说话不合时宜，遭到耻笑。

【失態を演ずる】 丢丑；出丑；出洋相。類醜態を演じる。例酒の席で失態を演ずることはままある。酒席上出洋相的事时而有之。

【知った事でない】 与我无关；我管不了。類我関せず；他人事；余所事。例世間の噂など知った事でない。世人的传言与我无关。

【実地を踏む】 亲身体会；亲身经历；实际体验。例多くのことは実地を踏んで見ないと分からないものだ。很多事不亲身体验就不会明白。

【知っての通り】 众所周知；如您所知。類隠れもない。例知っての通り西安は世界有数の観光地だ。众所周知，西安是世界著名的旅游△目的地（胜地）。

【室に入りて矛を操る】 入室操戈。中宋・李昉《太平御览・郑玄别传》："康成入吾室，操吾矛，以伐我乎！"

【失敗は成功のもと】 失败是成功之母。

【疾風に勁草を知る】 疾风知劲草。中南朝・宋・范晔《后汉书・王霸传》："（光武）谓霸曰：'颍川从我者皆逝，而子独留。始验疾风知劲草。'"

【尻尾を出す】 露出狐狸尾巴；露出马脚；露破绽。類馬脚を露わす。例したたかな奴でなかなか尻尾を出さない。这家伙不好对付，轻易不会露出破绽。

【尻尾を掴む】 抓住狐狸尾巴；抓住把柄。例とうとう尻尾を掴まれた。终于被

抓住了把柄。

【尻尾を振る】 摇尾乞怜；阿谀；奉承；取悦。_類胡麻を擂る。_例金持ちに尻尾を振る。向大款摇尾乞怜；傍大款。

【尻尾を巻く】 夹起尾巴；投降；认输。_類兜を脱ぐ。_例相手の強さに尻尾を巻く。向强大的对手认输。

【失礼ながら】 对不起；冒昧地说。_類卒爾ながら。_例失礼ながら、あなたの社会の窓が開いてますよ。请原谅（我冒昧地提醒你），鸡架门儿没关。

【実を挙げる】 见实质成果；收到实效。_例運よく短期間に実を挙げることができた。很幸运，短时间就收到了实效。

【実を言うと】 说实在的。_類有り体に言う；正直な所；全くのところ。_例実を言うと、日本人なのに俺は刺身と納豆が苦手なんだ。说实在的，我虽身为日本人，但是生鱼片和纳豆可吃不了。

【実を尽くす】 竭尽诚意；尽最大诚意。_例十数年に渡り病床にある師匠に実を尽くす。十几年一直竭尽诚意照顾卧病的师傅。

【実を取る】 求实；务实；抓住本质；获取实质性的东西。_例彼は虚名を追わずしっかりと実を取るタイプだ。他是个不务虚名，只追求实质的类型（的人）。

【師弟は三世】 师徒是三世因缘。_類親子は一世、夫婦は二世、主従は三世。

【死出の旅】 赴黄泉。

【地で行く】 ❶在现实中再现；现实版。_例あの人は落語の与太郎を地で行っているみたいだ。他是相声里那个傻小子的现实版。❷照本来的样子去作；不作秀。_例何事も地で行く方が気楽だ。办任何事，不作秀就没有负担。

【舐犢の愛】 舐犊之爱；老牛舔犊；舐犊情深；深爱子女。_中南朝·宋·范晔《后汉书·杨彪传》："愧无日磾先见之明，犹怀老牛舐犊之爱。"

【しどもない】 ❶窝囊；散漫。_類締りがない。❷稚拙；天真无邪。_類天真爛漫。

【品玉も種から】 戏法灵不灵，全靠毯子蒙；巧妇难为无米之炊。

【死なば諸共】 生死与共；下地狱，陪着你。

【科を作る】 娇滴滴；作媚态；显得娇媚；卖俏；扭扭捏捏。_類色を作る❷；

媚を売る②。例コンパニオン嬢が「お一つどうぞ」と科を作って客にお酌をする。礼仪小姐娇媚地给客人斟酒说："请喝一杯吧。"

【死に馬に蹴られる】 遭遇咸鱼翻身，损失惨重；遭遇对手大翻盘。

【死に馬に鍼をさす】 ❶徒劳无益。類一文にもならない。❷死马当活马医。

【史に三長あり】 史有三长（才・学・识）；史学家要有△天才（才华）、学问、见识。中宋・欧阳修等《新唐书・列传》："礼部尚书郑惟忠尝问：'自古文士多，史才少，何耶？'对曰：'史有三长：才、学、识。世罕兼之，故史者少。'"

【梓に上す】 付梓；出版。類板に上す。

【死に花を咲かせる】 光荣牺牲；死后留名；死的光荣。

【詩に別才あり】 诗有别才；诗人要有天分。中宋・严羽《沧浪诗话・诗辨》："夫诗有别才，非关书也；诗有别趣，非关理也。"

【死に水を取る】 送终。例子供たちに死に水を取ってもらいながら祖母は94歳で他界した。祖母由孩子送终，以94岁辞世。

【死人に口無し】 死人不能开口；死无对证。

【死ぬの生きるのという騒ぎ】 闹着要死要活；人命关天的乱子；寻死觅活。

【死ぬ者貧乏】 死者无福分；谁死谁吃亏；好死不如赖活着。

【死ぬる子は眉目よし】 总觉得夭折的孩子好看。

【鎬を削る】 双方激烈交锋；争论；辩论。例巨大ＩＴ企業2社が世界市場の制覇を巡り鎬を削っている。两个巨型IT企业正在激烈争夺世界市场霸主地位。

【駟の隙を過ぐるが如し】 若驷之过隙；光阴似箭；日月如梭。類光陰矢の如し。中汉・戴圣《礼记・三年问》："则三年之丧，二十五月而毕，若驷之过隙。然而遂之，则是无穷也。"

【四の五の言う】 牢骚满腹；说三道四；说长道短。類文句を並べる。例四の五の言ってばかりで動こうとしない。只是一味说三道四，没有行动。

【死の商人】 军火商；军火投机商。

【死の灰】 放射性尘埃。

【篠を束ねる】 大雨如注；倾盆大雨。類雨車軸の如し。

337

【篠を突く】　大雨如注；倾盆大雨；暴雨。類雨車軸の如し。例1時間200㎜の篠を突く雨で河川はあっという間に氾濫した。1小时200㎜的大暴雨，使河流转瞬间泛滥成灾。

【篠を乱す】　风雨大作；风雨交加。

【死は或いは泰山より重く或いは鴻毛より軽し】　死或重于泰山，或轻于鸿毛。中汉·司马迁《报任少卿书》："人固有一死，或重于泰山，或轻于鸿毛。"

【芝居を打つ】　搞小把戏；耍花招。類策を弄する。例お似合いの二人を遇わせるため芝居を打つ。耍个小花招，让般配的两个人"邂逅"。

【死馬の骨】　千金买骨；善待平庸，则俊杰来归。中汉·刘向《战国策·燕策一》："郭隗先生曰：'臣闻古之君人，有以千金求千里马者，三年不能得。'……马已死，买其首五百金……涓人对曰：'死马且买之五百金，况生马乎？天下必以王为能市马，马今至矣。'于是不能期年，千里之马至者三。"

【駟馬も追う能わず】　驷马不能追；一言既出，驷马难追。類駟も舌に及ばず。中汉·刘向《说苑·谈丛》："口者关也，舌者机也。出言不当，四马不能追也。"

【自腹を切る】　自掏腰包。類腹が痛む；腹を痛める②；懐を痛める；身銭を切る；身を切る②。例町で偶然出会ったお得意さんに昼食を奢るなど公私の曖昧な出費は会社の経費で落とせないので自腹を切ることになる。街里偶然遇到老客户，请吃（午）饭公私难分，公司不会给报销，得自掏腰包。

【字引と首っ引き】　手不离词典。例花子さんは大学一年生の時から字引と首っ引きでシェークスピアをかじっている。花子从大一开始就手不离词典地啃莎士比亚（的作品）。

【四百四病の外】　相思病。類恋の病。

【痺れが切れる】　❶腿麻了。類痺れを切らす①。例お寺で30分も正座していたら痺れが切れて立ち上がれなくなる。在寺院正襟危坐半小时，腿就麻得站不起来了。❷等腻了；等得不耐烦了。類痺れを切らす②。例いつまで経っても開演しないので痺れが切れた。老也不开演，都等得不耐烦了。

【痺れ京へ上れ】　（解除腿麻的咒语）麻木麻木，京城大路！

【痺れを切らす】 ❶腿麻了。類痺れが切れる①。❷等膩了；等得不耐烦。類痺れが切れる②。例約束の時間に現れないので痺れを切らしてショート・メールする。没按约定的时间到，等膩了，发个短信。

【慈悲を垂れる】 垂怜；发慈悲。

【渋皮が剥ける】 ❶俏皮起来；洋气起来；去掉土包子气。類灰汁が抜ける。例田舎娘が都会に出てきて渋皮が剥ける。乡下姑娘来到城里，洋气起来了。❷变得老练；娴熟起来。

【私腹を肥やす】 中饱私囊；假公济私；肥私；贪污。類腹を肥やす；懐を肥やす。例天網恢恢疎にして漏らさず、権力や地位を利用して私腹を肥やす輩は必ず罰せられなければならない。天网恢恢疏而不漏，利用权力和地位中饱私囊的人，必受惩处。

【渋を食う】 ❶不划算；吃亏。類損がいく。❷受责备；挨说。類糟を食う。

【始末が悪い】 管不住；降不住；没辙；制伏不了。類手に負えない。例息子は飲んだくれの上に小遣いをせびりに来るから始末が悪い。儿子醉醺醺的来要小钱，真没辙。

【始末に負えない】 不好处理；不可收拾；难以应付；棘手。類手に負えない。例いくら忠告しても聞かないので始末に負えない。怎么忠告也不听，实在棘手。例始末に負えなくなるまで問題を放置してきた責任は誰が取るのか？把问题搁置不管直到不可收拾，谁来负这个责任？

【始末を付ける】 收拾；处理善后。類片を付ける；局を結ぶ；けりを付ける；埒を明ける。例交通事故の始末を付ける。处理交通事故的善后事宜。

【締まりがない】 松松垮垮；懒散；松懈；没有节制。類意気地がない②；甲斐性がない；自堕落；しどもない①；箍が外れる；箍が緩む①；螺子が緩む。例服装に締まりがない。衣着不整。例女に対して締まりがない。对女人比较随便。

【自慢高慢馬鹿のうち】 矜夸、傲慢，都是笨蛋；狂傲自大，就是傻瓜。

【自明の理】 自明之理；不言自明的道理。

【死命を制する】 控制命脉；抓住死穴；控制命运。中汉·司马迁《史记·留侯世

339

家》:"昔者汤伐桀而封其后于杞者，度能制桀之死命也。今陛下能制项籍之死命乎？"。[例]ハイテク技術の導入と更新が企業の死命を制する。尖端技术的引进和更新控制着企业的命脉。

【示しがつかない】　不能作表率；不能作榜样。[例]指揮官が規律違反しているようでは部下に対して示しがつかない。指挥官违反纪律就无法给部下作出表率。

【しめたもの】　太好了；好极了。[類]得たり賢し；得たりやおう。[例]世界遺産登録で目論見通り観光客が激増すればしめたものだ。登录世界遗产，一如规划的那样，游客激增，那就太好了。

【紙面を賑わす】　报章热议；媒体热议。[例]毎日毎日国内外の盛沢山のニュースが紙面を賑わしている。每天国内外的新闻都有报章的热议。

【耳目となる】　成为助手；作为……的耳目。[例]大政治家には耳目となる参謀が付いているものだ。大政治家都有耳目一般的参谋人员。

【耳目に触れる】　耳目所及；触及耳目；耳闻目睹。[例]初めての海外旅行で、耳目に触れるものは何でも珍しい。因为是头一次出国旅游，耳目所及无不感到新奇。

【耳目を集める】　引起广泛关注。[類]注目を浴びる。[例]情報化社会と言われる現代では、連日大衆の耳目を集めるニュースに事欠かない。在信息化社会的△现在（今天），不缺连日引起广泛关注的新闻。

【耳目を驚かす】　令人震惊；为之哗然；耸人听闻；惊动社会。[例]世間の耳目を驚かせた事柄はその年の十大ニュースなどとして後世に伝えられる。令社会为之哗然的事件，会作为当年的十大新闻流传后世。

【耳目を属す】　瞩耳目；凝神视听；刮目洗耳，专注视听。[中]春秋·左丘明《左传·成公二年》："师有功，国人喜以逆之，先入，必属（=瞩）耳目焉。"

【駟も舌に及ばず】　驷不及舌；一言既出，驷马难追。[類]駟馬も追う能わず。[中]《论语·颜渊》:"夫子之说君子也，驷不及舌。"

【霜を戴く】　平添华发；出现白发。[類]霜を置く。[例]共に霜を戴いて子や孫に金婚式を祝ってもらう。都已平添白发，由儿孙们给祝贺金婚。

【霜を置く】　头发发白；出现白发；平添华发。[類]霜を戴く。

【霜(しも)を履(ふ)んで堅氷(けんぴょう)至(いた)る】 履霜(lǚshuāng)，坚冰至(jiānbīngzhì)；一叶落知天下秋。[類]堅(かた)き氷(こおり)は霜(しも)を踏(ふ)むより至(いた)る。[中]《易经·坤卦》：“初六，履霜，坚冰至。”

【差異(しゃい)もない】 无聊(wúliáo)的；无谓(wúwèi)的；乱糟糟(luànzāozāo)。[類]仕様(しよう)も無(な)い。

【社会(しゃかい)の木鐸(ぼくたく)】 社会的木铎(mùduó)；社会的引领者。

【社会(しゃかい)の窓(まど)】 男裤的裤门(kùmén)；裤子的前面。

【蛇(じゃ)が蚊(か)を呑(の)んだよう】 远不足以果腹(guǒfù)；不够塞牙缝(sāiyáfèng)。

【釈迦(しゃか)に説法(せっぽう)】 班门弄斧(bānménnòngfǔ)；圣人门前卖字画。

【杓子(しゃくし)で腹(はら)を切(き)る】 根本作不到；走形式。[類]擂粉木(すりこぎ)で腹を切る。

【杓子(しゃくし)は耳(みみ)掻(か)きにならず】 大未必能兼小。[類]長持(ながも)ち枕(まくら)にならず。

【癪(しゃく)に障(さわ)る】 触怒(chùnù)；令人生气；动肝火。[類]腹(はら)を立(た)てる。[例]健康食品のしつこいコマーシャルが癪に障る。总是播放(bōfàng)保健食品的广告，气死我了。

【癪(しゃく)の種(たね)】 讨厌(tǎoyàn)的事。

【尺(しゃく)も短(みじか)きところあり、寸(すん)も長(なが)きところあり】 尺有所短(chǐyǒusuǒduǎn)，寸有所长(cùnyǒusuǒcháng)。[中]战国·屈原《卜居》：“夫尺有所短，寸有所长，物有所不足，智有所不明。”

【借家(しゃくや)栄(さか)えて母屋(おもや)倒(たお)れる】 蒙恩者盛(méngēnzhěshèng)，施恩者衰；喧宾夺主(xuānbīnduózhǔ)。[類]庇(ひさし)を貸(か)して母屋(おもや)を取(と)られる②。

【尺(しゃく)を打(う)つ】➡尺を取る

【錫(しゃく)を飛(と)ばす】 云游；游方。[類]一所不住(いっしょふじゅう)。

【尺(しゃく)を取(と)る】 量尺寸(liángchǐcùn)。[例]子供の浴衣(ゆかた)の尺を取る。量孩子浴衣的尺寸。

【酌(しゃく)を取(と)る】 斟酒(zhēnjiǔ)。

【尺(しゃく)を枉(ま)げて尋(ひろ)を直(の)ぶ】 枉尺直寻(wǎngchǐzhíxún)；吃小亏，占大便宜(zhàndàpiányí)。[類]小(しょう)の虫(むし)を殺(ころ)して大(だい)の虫(むし)を生(い)かす。[中]战国·孟轲《孟子·滕文公下》：“枉尺而直寻，宜若可为也。”

【蝦蛄(しゃこ)で鯛(たい)を釣(つ)る】 一本万利(yīběnwànlì)；吃小亏，占大便宜。[類]海老(えび)で鯛を釣る。

【車軸(しゃじく)を下(くだ)す】 大雨如注；大雨滂沱(pāngtuó)。[類]雨(あめ)車軸の如(ごと)し。

【車軸(しゃじく)を流(なが)す】 大雨如注；大雨滂沱。[類]雨(あめ)車軸の如(ごと)し。

【奢侈(しゃし)に流(なが)れる】 过分奢侈(guòfènshēchǐ)；奢侈超过身份。[例]懐(ふところ)が暖(あたた)かくなるとどうしても奢侈に流れやすい。兜里(dōulǐ)一有钱就容易奢侈。

【社稷墟となる】　社稷为墟；国家覆亡。[中]汉·刘安《淮南子·人间训》：“重耳反国，起师而伐曹，遂灭之。身死人手，社稷为墟。”

【社稷の臣】　社稷之臣；护国之重臣。

【じゃ知らぬ】　不知是否；莫非。

【尺蠖の屈めるは伸びんがため】　尺蠖之屈；欲进故退。[中]《易经·系辞下》，“尺蠖之屈，以求信也；龙蛇之蛰，以存身也。”

【借金を質に置く】　❶千方百计凑钱。❷一贫如洗；身无长物。[類]赤貧洗うが如し。

【シャッポを脱ぐ】　认输；服了。[類]兜を脱ぐ。[例]こてんぱんにやられシャッポを脱ぐ。一败涂地，彻底认输。

【射程距離に入る】　力所能及的范围；唾手可得；可以收入囊中。[例]せっせとお金を貯めて来た甲斐があって、垂涎のスポーツ・カー購入が射程距離に入ってきた。没白辛苦攒钱，终于有能力购买梦寐以求的跑车了。

【斜に構える】　❶摆好架式；做好准备的架式。[例]斜に構えて先方の出方を見る。拉开架势看对方如何动作。❷冷嘲热讽；讥刺嘲讽（的态度）。[例]彼はいつも斜に構えて世の中を見ている。他总是以挖苦讽刺的态度看待世事。

【蛇の道は蛇】　奸雄知奸雄；内行看门道，外行看热闹；内行知内幕。

【蛇の目を灰汁で洗ったよう】　擦亮眼睛；目光敏锐；明察秋毫。[類]眼光炯炯。

【蛇は一寸にして人を呑む】　杰出人物自幼不凡；大才自幼就颖脱不群；英雄出少年。[類]栴檀は双葉より芳し。

【娑婆っ気が多い】　世俗气很重；名利心强。[例]あのお坊さんは娑婆っ気が多くて、よくラジオのパーソナリティなどをやっている。那个和尚非常世俗，常常去电台作音乐节目的主持人。

【娑婆で見た弥三郎】　假装不认识；把熟人当生人对待。

【邪魔が入る】　发生障碍；有（人）干扰。[類]茶茶が入る。[例]旨いものには蠅がたかる、儲け話には邪魔が入る。好吃的东西会有苍蝇麇集，赚钱的事会

有人来干扰。

【沙弥から長老にはなれぬ】 不能一步登天;沙弥不能一步登天当长老。 類始めから長老にはなれぬ。

【三味線を弾く】 ❶帮腔;敲边鼓;随声附和。類相槌を打つ。例お偉方の話に三味線を弾く。给大人物的讲话帮腔。❷捣糨糊;支吾搪塞。類言葉を濁す。例自分に都合が悪くなると三味線を弾く。一旦对自己有所不便就支吾搪塞。

【十月の木の葉髪】 脱发如秋天的落叶;落叶时节发也脱。

【衆寡敵せず】 众寡不敌;寡不敌众。類多勢に無勢。中晋·陈寿《三国志·郭淮传》:"(刘)备欲渡汉水来攻,诸将议众寡不敌,备便乘胜,欲以水为陈(=阵)拒之。"

【習慣は第二の天性なり】 习惯是第二天性。類習い性となる。

【衆口金を鑠かす】 众口铄金;人多口杂,足以混淆视听。類積毀骨を銷す。中战国·佚名《国语·周语下》:"且民所曹好,鲜其不济也;其所曹恶,鲜其不废也。故谚曰:'众心成城,众口铄金。'"

【十三月なる顔付き】 悠闲自得的样子;无忧无虑的样子。

【終始一の如し】 终始如一;始终如一。類筋道を立てる。中战国·荀况《荀子·议兵》:"虑必先事,而申之以敬,慎始如终,终始如一。"

【十字架を背負う】 背上十字架;受苦受难;忍辱负重。例戦犯という十字架を背負う。背负着战犯的罪名。

【終止符を打つ】 打上终止符;画上句号;结束。類ピリオドを打つ。例生計が立つようになり借金生活に終止符を打つ。有了生计,给举债生活画上个句号。

【宗旨を変える】 ❶改变趣味、志趣等。例以前は肉好きだったが今は宗旨を変えて野菜と魚が中心だ。以前喜欢吃肉,现在改了口味,以蔬菜和鱼为主。❷改行。例サラリーマンから文筆業に宗旨を変える。由工薪族改行为专业作家。

【十字を切る】 画十字祈祷。例信徒が教会で十字を切る。信徒在教堂画十字进行祷告。

【衆心城を成す】 众志成城。類人は石垣、人は城。中战国·佚名《国语·周语下》:"众心成城,众口铄金。"

【重心を取る】 保持平衡。類釣り合いを取る。例重心を取って貨物を積み重ねる。码放货物时要保持重心平稳。

【醜態を演ずる】 丢丑；出丑；出乖露丑。類失態を演ずる。例舞台で台詞が出て来ず呆然と立ち尽くすという醜態を演じてしまった。在台上忘了台词，无语呆立，大出其丑。

【衆知を集める】 集思广益；汇集众人的智慧。例衆知を集めてこの難局を乗り切ろう。让我们汇聚大家的智慧，渡过眼前的难关！

【重点を置く】 放重点。類アクセントを置く；ウェートを置く。例金融政策に重点を置く。以金融政策为重点。

【姑の涙汁】 微乎其微；少得可怜。類雀の涙。

【十に八九】 十有八九；十之八九；八九不离十。類十中八九。

【十人寄れば十国の者】 十人聚集，背景各异。

【重箱の隅は杓子で払え】（「隅は」、「隅を」とも）細枝末节，宽宥不责；不要吹毛求疵；不要深究细枝末节。

【重箱の隅を楊枝でほじくる】 鸡蛋里挑骨头；挑剔细节；吹毛求疵。類難癖を付ける。

【秋波を送る】 暗送秋波；流波送盼；脉脉含情；使眼色。類色目を使う；尻目に掛ける①；目は口ほどに物を言う；モーションを掛ける。中南唐・李煜《菩萨蛮》：“眼色暗相钩，秋波横欲流。”例こちらが秋波を送っても相手は気が付かない。それとも無視されている？向对方暗送了秋波，是人家没注意到？还是被无视了？

【愁眉を開く】 舒展愁眉。類眉を開く。例手術が成功したと聞いて愁眉を開く。听到手术成功才一展愁眉。

【十分は溢れる】 水满则溢；满招损，谦受益；话不可说满，事不可做绝。

【重宝を懐く者は夜行せず】 怀重宝者，不以夜行；有大志者，应自重其身。中汉・刘向《战国策・赵策》：“怀重宝者，不以夜行；任大功者，不以轻敌”

【衆望を担う】 肩负众望。例衆望を担って政界にデビューする。肩负着众望，登上政治舞台。

【渋面を作る】 显出不快的脸色；阴沉着脸。例選手が思うように動いてくれず監督が渋面を作る。运动员发挥的不好，领队脸上显出不快。

【衆盲象を摸す】 mángrénmōxiàng 盲人摸象；群盲说象。類群盲象を撫でる。

【衆目の一致する所】 大家一致认为；一致公认。

【十目の視る所、十手の指す所】 shímùsuǒshì shíshǒusuǒzhǐ 十目所视，十手所指；举世公认。類十指の指す所。中汉·戴圣《礼记·大学》："曾子曰：'十目所视，十手所指，其严乎。'"

【柔もまた茹わず剛もまた吐かず】 róuyìbùrú gāngyìbùtǔ bújù qiánghèng 柔亦不茹，刚亦不吐；不欺柔弱，不惧强横。中春秋·佚名《诗经·大雅·烝民》："维仲山甫，柔亦不茹，刚亦不吐，不侮矜寡，不畏强御。"

【柔能く剛を制す】 róunéngzhìgāng 柔能制刚；柔能克刚。類柳に雪折れ無し。中南朝·宋·范晔《后汉书·臧宫传》："柔能制刚，弱能制强。"

【聚斂の臣あらんより寧ろ盗臣あれ】 yǔqíyǒujùliǎnzhīchén nìngyǒudàochén 与其有聚敛之臣，宁有盗臣；治国必获民心；治国不可榨取民脂民膏。中汉·戴圣《礼记·大学》："百乘之家不畜聚敛之臣。与其有聚敛之臣，宁有盗臣。"

【獣を逐う者は目に太山を見ず】 zhúshòuzhěmùbùjiàntàishān wúxiá 逐兽者目不见太山；逐利者无暇他顾。類鹿を追う者は山を見ず。中汉·刘安《淮南子·说林训》："逐兽者目不见太山，嗜欲在外，则明所蔽矣。"

【雌雄を決する】 yījuécíxióng 一决雌雄；决胜负。中汉·司马迁《史记·项羽本纪》："天下匈匈数岁者，徒以吾两人耳，愿与汉王挑战，决雌雄，毋徒苦天下之民父子为也。"例総裁選で雌雄を決する。通过总裁选举一决雌雄。

【衆を頼む】 yǎngzhàngrénduōshìzhòng shìzhòng 仰仗人多势众；恃众。例衆を頼むのは悪しき民主主義 xié è かも知れない。也许只有邪恶的民主主义才仰仗人多势众。

【珠玉の瓦礫に在るが如し】 sìzhūyùzàiwǎshíjiān jùnjiéchǔzhòngrén 似珠玉在瓦石间；俊杰处众人之中。中南朝·宋·刘义庆《世说新语·容止》："王大将军称太尉：'处众人中，似珠玉在瓦石间。'"

【菽水の歓】 shūshuǐzhīhuān shūshuǐchénghuān yúyuè 菽水之欢；菽水承欢；贫寒中尽孝使父母愉悦。中汉·戴圣"啜菽饮水，尽其欢，斯之谓孝。"

【祝杯を挙げる】 举杯祝酒。例リーグ戦に優勝して祝杯を挙げる。liánsàiduóguàn 联赛夺冠，

345

举杯欢庆。

【菽麦を弁ぜず】　不辨菽麦；无知。[中]春秋·左丘明《左传·成公十八年》：“周子有兄而无慧，不能辨菽麦，故不可立。”

【祝融の災い】　祝融之灾；火灾；失火。

【趣向を凝らす】　别出心裁；苦心孤诣。[類]創意工夫。[例]趣向を凝らして賓客をもてなす。别出心裁地招待宾客。

【孺子教うべし】　孺子可教。[中]汉·司马迁《史记·留侯世家》：“父以足受，笑而去。良殊大惊，随目之。父去里所，复返，曰：‘孺子可教矣。’”

【首足処を異にす】　首足异处；身首异处。[類]身首処を異にす。[中]战国·吕不韦《吕氏春秋·顺民》：“首足异处，四枝布裂，为天下戮。”

【手足を措く所なし】　无所措手足；手足无措。[中]《论语·子路》：“刑罚不中，则民无所措手足。”

【手段を選ばない】　不择手段。[例]〈マキャベリズム〉目的のためには手段を選ばない。（马基雅弗利主义鼓吹）为达目的不择手段。

【手中に収める】　归我所有；收入囊中；落在手中。[類]手に入れる。[例]M＆Aで他社の半導体部門を手中に収める。通过兼并和收购，把别的公司的半导体部门收入囊中。

【手中に落ちる】　落入手中。[類]手に落ちる。[例]あの高層ビルはＪ集団の手中に落ちた。那幢高层建筑落入了Ｊ集团手中。

【出欠を取る】　点名；确认出缺席；考勤。[例]授業開始前に出欠を取る。正式讲课之前先点名。

【術中に陥る】　中计；落入圈套。[類]穴へ陥まる；案に落つ②；罠に掛かる；罠に嵌る。[例]相手の術中に陥った振りをして裏をかく。佯装落入对方圈套后杀他个回马枪。

【出藍の誉れ】　出蓝之誉；青出于蓝而胜于蓝。[類]青は藍より出でて藍より青し；氷は水より出でて水よりも寒し。[中]战国·荀况《荀子·劝学》：“青，取之于蓝而青于蓝；冰，水为之而寒于水。”

【手套を脱す】　拿出真本事。

【朱に交われば赤くなる】　近朱者赤，近墨者黑；蓬生麻中。類麻に連るる蓬；麻の中の蓬；鐘も撞木の当たりがら②；芝蘭の化；善悪は友による；人は善悪の友による；鮑魚の肆に入るが如し；水は方円の器に従う。中晋・傅玄《太子少傅箴》："故近朱者赤，近墨者黑；声和则响清，形正则影直。"

【主辱めらるれば臣死す】　君辱臣死。類君辱めらるれば臣死す。中战国・佚名《国语・越语下》："臣闻之，为人臣者，君忧臣劳，君辱臣死。"

【朱筆を入れる】　用红笔批改；改稿（件）。類朱を入れる。例改訂版に朱筆を入れる。再版时修改初版书稿。

【首尾よく】　顺利地；成功地。類成功裏。例新造船が首尾よく進水した。新造的船顺利下水。

【寿命が縮まる】　吓得要死。例息子が参加したワンダーフォーゲル部が山で遭難したとのニュースが入り寿命が縮まる思いをしたが、ヘリで全員救出されたと聞いて胸を撫で下ろした。有报道说儿子参加的山野徒步走活动者困在山里，可把我吓死了，后来听说出动直升机全员得救，心里的石头才落了地。

【修羅の巷】　修罗场；激战之地；惨烈的战场。類修羅場。

【修羅を燃やす】　妒火中烧；燃起嫉妒之火；大为嫉妒。類角を出す。

【手腕を振るう】　大显身手；施展才干。類腕を揮う。例得意の分野で手腕を振るう。在擅长的领域大显身手。

【朱を入れる】　用红笔批改；修改（文章）。類朱筆を入れる；筆を入れる；筆を加える。例生徒の解答用紙に朱を入れる。用红笔批阅学生的答卷。

【株を削り根を掘る】　削株掘根；彻底根除。類根を絶つ。中汉・刘向《战国策・秦策》："削株掘根，无与祸邻，祸乃不存。"

【朱を注ぐ】　满脸通红；大红脸。類赤くなる。例人前で叱責され思わず顔に朱を注いだ。在众人面前受斥责，闹个大红脸。

【寿を上る】　上寿；祝寿。中汉・司马迁《史记・孝武本纪》："天子从封禅还，坐明堂，群臣更上寿。"

【綬を釈く】 释绶；卸任；辞官。類仕を致す。中三国·曹冏《六代论》："汉宗室王侯解印释绶，贡奉社稷，犹惧不得为臣妾。"

【綬を結ぶ】 就任官职。類印綬を帯びる。中汉·班固《汉书·萧育传》："长安（人名）语曰：'萧朱结绶，王贡弹冠'，言其相荐达也。"

【循環端無きが如し】 循环无端；往复无穷；没完没了。中春秋·孙武《孙子·兵势》："奇正相生，如循环之无端，孰能穷之？"

【春秋に富む】 富于春秋；年富力强。類前途有望。中汉·司马迁《史记·曹相国世家》："天下初定，悼惠王富於春秋，参尽召长老诸生，问所以安集百姓。"

【春秋の筆法】 春秋的笔法。中汉·司马迁《史记·孔子世家》："孔子在位听讼，文辞有可与人共者，弗独有也。至于为《春秋》，笔则笔，削则削，子夏之徒不能赞一词。"

【春秋鼎に盛んなり】 春秋鼎盛；正当壮年；年富力强。中汉·贾谊《陈政事疏》："天子春秋鼎盛，行义未过，德泽有加焉。"

【順風に帆を上げる】 一帆风顺。類得手に帆を揚げる。

【春眠暁を覚えず】 春眠不觉晓。中唐·孟浩然《春晓》："春眠不觉晓，处处闻啼鸟。"

【春蘭秋菊俱に廃すべからず】 春兰秋菊，俱不可废；各有千秋；难分伯仲。類何れ劣らぬ。中五代·后晋·刘昫《旧唐书·裴子余传》："或问雍州长史陈崇业，子余参与朝隐、行谌优劣，崇业曰：'譬如春兰秋菊，俱不可废也。'"

【順を追う】 按顺序。例取説に従い順を追って本棚を組み立てる。根据说明书，按顺序组装书架。

【上医は国を医す】 上医医国。中战国·佚名《国语·晋语》"文子曰：'医及国家乎？'对曰：'上医医国，其次疾人，固医官也。'"

【小異を捨てて大同に就く】 求大同，存小异。類折り合いを付ける；大同团结。

【性が合う】 合得来；对脾气；对劲儿。類気が合う。例彼とはなぜか性が合わない。不知为什么我跟他合不来。

【情が移る】

产生感情；日久生情。[例]ペットは飼(か)っているうちに情が移る。宠物(chǒngwù)养着养着慢慢地产生了感情。

【情(じょう)が強(こわ)い】 倔强(juéjiàng)；固执己见(gùzhí jǐjiàn)。[類]気(き)が強(つよ)い。[例]彼は情が強くて思い込んだら梃子(てこ)でも動かない。他非常固执，认准(rènzhǔn)一个门儿，谁也奈何不得(nàihébùdé)他。

【仕様(しよう)が無(な)い】 没有办法；不可救药(bùkějiùyào)。[類]手(て)に負(お)えない。[例]これしか仕様が無い。没法子，只好如此了。[中]仕様が無い馬鹿者だ。不可救药的蠢货(chǔnhuò)！

【性(しょう)が抜(ぬ)ける】 ❶丧失(sàngshī)原来性质。[例]古くなると生地の性が抜ける。时间久了，布料就不挺括(tǐngguā)了。❷精神倦怠(juàndài)；没有精神。[類]心(こころ)が挫(くじ)ける。

【城下(じょうか)の盟(ちかい)】 城下之盟(chéngxiàzhīméng)。[中]春秋·左丘明《左传·桓公十二年》：“楚伐绞。……大败之，为城下之盟而还。”

【小寒(しょうかん)の氷(こおり)大寒(だいかん)に解(と)く】 小寒成冰，大寒解冻；世事并不总是循序(xúnxù)而进。

【松菊猶存(しょうきくなおそん)す】 松菊犹存(sōngjúyóucún)；乱世亦有(yìyǒu)高洁之士。[中]晋·陶渊明《归去来兮辞》：“三径就荒，松菊犹存。”

【常軌(じょうき)を逸(いっ)する】 超出常规；逸出(yìchū)常规。[類]理(ことわり)過(す)ぎて。[例]夫に常軌を逸した言動が散見されるので専門医に診(み)てもらった。我丈夫(zhàngfu)时常有异常的言行，去看了专科医生。

【猖獗(しょうけつ)を極(きわ)める】 极为猖獗(chāngjué)。[例]鳥(とり)インフルエンザが猖獗を極める。禽流感(qínliúgǎn)极其猖獗。

【小康(しょうこう)を保(たも)つ】 ❶保住小康；病情稳定。[例]交通事故で重傷を負(お)ったが、今はＩＣＵ(アイシーユー)で小康を保っている。交通事故受了重伤，现在在重症监护室(zhòngzhèngjiānhùshì)，病情稳定。❷社会暂时(zànshí)安定。[例]社会の小康を保つ。保持社会的和平安定。

【性懲(しょうこ)りも無(な)い】 好了伤疤(shāngbā)忘了疼；不接受教训；没记性。[類]難産色(なんざんいろ)に懲(こ)りず；喉元(のどもと)過(す)ぎれば熱(あつ)さを忘(わす)れる①；火傷火(やけどひ)に懲(こ)りず。[例]来(く)るなと言っても性懲りもなくまたやって来る。告诉说别来，没记性还来。

【正直(しょうじき)な所(ところ)】 说实在的；说真话。[類]実(じつ)を言(い)うと。[例]正直な所、あの人にはがっかりした。说实在的，我对他真是太失望了。

【正直の頭に神宿る】 神佛保佑老实人；老实人不吃亏。圞神は正直の頭に宿る。

【正直は一生の宝】 诚实为一生之宝；幸福来自诚实。

【正直者が馬鹿を見る】 老实人吃亏；老实人倒霉。

【小事は大事】 小事可能酿成大事；要防微杜渐；积小错，成大祸。

【照準を合わせる】 瞄准。圞狙いを付ける。囲ガイド試験に照準を合わせて勉強する。奔着考导游证而努力学习。

【常常綺羅の晴れ着なし】 天天罗绮，无盛装；习以为常。

【上昇気流に乗る】 顺风顺水；得天时之利，发展顺利。圞得手に帆を揚げる。

【掌上に運らす】 运之掌上；随意处置；随心所欲。圞手玉に取る。囲战国・孟轲《孟子・公孙丑上》："以不忍人之心，行不忍人之政，治天下可运之掌上。"

【霄壤の差】 霄壤之别；极大的差异。圞月と鼈。

【小食は長生きのしるし】 少吃长寿。

【生死を離る】 涅槃开悟；超脱生死。

【小人閑居して不善を為す】 小人闲居为不善。圞暇ほど毒なものはない。囲《大学》："小人闲居为不善，无所不至。"

【小人窮すれば斯に濫す】 小人穷困则会作乱。囲《论语・卫灵公》："子曰：'君子固穷，小人穷斯滥矣。'"

【小人罪無し、玉を懐いて罪有り】 匹夫无罪，怀璧其罪；暴发户容易犯罪。圞匹夫罪無し、璧を懐いて罪有り。囲春秋・左丘明《左传・桓公十年》："周谚有之：'匹夫无罪，怀璧其罪。'"

【小人の過つや必ず文る】 小人之过也必文；小人总是文过饰非。圞屁を放って尻窄め。囲《论语・子张》："子夏曰：'小人之过也必文。'"

【小人の勇】 匹夫之勇。圞匹夫の勇。

【小水石を穿つ】 水滴石穿；滴水可以穿石。圞雨垂れ石を穿つ。

【上手の手から水が漏れる】 智者千虑，必有一失；高明的人，有时也会失败。圞弘法にも筆の誤り。

【上手の猫が爪を隠す】　真人不露相；水静者深；真正有能耐的人不露锋芒；高手不轻易出手。類能ある鷹は爪を隠す。

【上手を使う】　阿谀奉承；巧言令色；溜须拍马。類胡麻を擂る。

【将星隕つ】　将星陨落；战将死于疆场。

【小節に拘る】　拘泥小节。

【少壮幾時ぞ】　少壮几时。中汉·刘彻(武帝)《秋风辞》:"箫鼓鸣兮发棹歌, 欢乐极兮哀情多。少壮几时兮奈老何!"

【消息を絶つ】　失联；杳无音信。類梨の礫。例娘が消息を絶ってから早や30年経つ。女儿失联快30年了。

【冗談から駒が出る】　意外处有意外事；戏言成真；儿戏变成真事。

【冗談じゃない】　别开玩笑了；岂有此理；这可不是闹着玩儿的。例私を盗人呼ばわりするなんて、冗談じゃない！说我是贼？别开玩笑了！類沙汰の限り。

【冗談を飛ばす】　连续说笑话；随口说笑话。類馬鹿を言う。例冗談を飛ばしても誰も笑わないので白ける。连着说笑话也没人笑，真扫兴。

【上智と下愚とは移らず】　上智与下愚不移。中《论语·阳货》"子曰：'唯上智与下愚不移。'"

【承知の助】　知道；同意。類首を縦に振る。例その件は承知の助だ。那件事我同意。

【小智は菩提の妨げ】　小聪明反害觉悟；聪明反被聪明误。

【掌中に収める】　收入掌中；归为己有。類手に入れる。例陸海空三軍の統帥権を掌中に収める。把陆海空三军的统帅权收入掌中。

【笑中に刀あり】　笑中有刀；笑里藏刀；口蜜腹剑。類口に蜜あり、腹に剣あり；衣の下の鎧；真綿に針を包む；面従腹背。中五代·后晋·刘昫《旧唐书·李义府传》："义府貌状温恭，……故时人言义府笑中有刀。"

【掌中の珠】　掌上明珠；最珍贵的东西；最宠爱的孩子。中晋·傅玄《短歌行》："昔君视我，如掌中明珠；何意一朝，弃我沟渠。"

【焦点を絞る】　聚焦；集中关注；集中讨论。類スポットを当てる。例焦点を絞

って原因を究明する。锁定目标，查明原因。

【生得の報い】　前世之缘；前世之因成今生之果。

【焦土と化す】　化为焦土。

【性に合う】　对脾气；合得来。類歯に合う。例このやり方は僕の性に合わない。这种作法不适合我。

【衝に当たる】　❶居于要冲；处于重要的地点。例東京駅は鉄道の衝に当たる。东京火车站是铁路的枢纽。❷肩负重任。例某国との戦後処理の衝に当たる。肩负着处理与某国的战后事宜。

【情に厚い】　重情重义；深情厚谊；厚道。例彼は情に厚い好人物だ。他是个重情重义的大好人。

【情に引かされる】　因同情而丧失正确判断；被同情心所左右。例司法といえども情に引かされることがある。司法有时也会受同情心的影响。

【情に絆される】　碍于情面；却不开情面；受情感的羁绊；为情所动。例情に絆されて夫婦になる。为真情所动而结为夫妻。

【情に脆い】　感情脆弱；心软。例情に脆くてすぐ涙ぐむ。心软动辄热泪盈眶。

【性根を据えて掛かる】　沉下心干。

【少年老い易く学成り難し】　少年易老学难成。中宋·朱熹《偶成》："少年易老学难成，一寸光阴不可轻。未觉池塘春草梦，阶前梧叶已秋声。"

【少年よ大志を抱け】　（美·克拉克语）青年啊，要胸怀大志。西Clark：Boys,be ambitious.

【小の虫を殺して大の虫を助ける】　舍车马,保将帅；丢卒保车；牺牲小者以救大者。類尺を枉げて尋を直ぶ；小を捨てて大に就く；大事の中に小事なし；大事の前の小事①；大の虫を生かして小の虫を殺す。

【勝敗は時の運】　胜败也凭时运。類勝つも負けるも時の運。

【商売は道によって賢し】　专业要靠专家；不管干啥，得靠行家。類餅は餅屋。

【情張りは棒の下】 打死犟嘴的；老实人少吃亏。

【焦眉の急】 燃眉之急；迫在眉睫。類足下に火が付く；尻に火が付く；火が付く③；眉に火がつく。

【勝負に成る】 可以一较高下；可以较量一下。例プロとアマじゃ勝負に成らない。专业选手和业余选手是无法较量高低的。

【勝負は時の運】 ➡勝敗は時の運

【城府を設けず】 不设城府。中元・脱脱《宋史・傅尧俞传》："尧俞厚重寡言，遇人不设城府，人自不忍欺。"

【正法に奇特無し】 正派佛门无奇特。

【照明を当てる】 聚焦；关注。類光を当てる。例農村の過疎と大都市の待機児童の問題に照明を当てる。关注农村人口过度减少和大城市孩子入不上幼儿园的问题。

【正面を切る】 ❶当面；不客气，直截了当。例正面を切って反論する。当面反驳。❷正经八百；郑重其事。例法事で上座の和尚さんに正面を切ってお酌をする。做法事的时候，恭恭敬敬地给首座和尚斟酒。

【仕様も無い】 没用；没意义；不可救药。類差異もない；体もない；取り留めがない①；野方図②；益体も無い；埒も無い②。例仕様も無いことに手を出すな。不要去干没用的事。例親に迷惑を掛けてばかりで、仕様も無い奴だ。净给父母惹麻烦，真是不可救药的家伙。

【証文の出し遅れ】 已经无效；马后炮。類後の祭り。

【醤油で煮染めたよう】 像用酱油煮透似的；脏兮兮的；脏死了。類煮染めたよう。

【従容として迫らず】 从容不迫。類悠揚迫らず。中宋・张守《毘陵集・二》："徐为后图，则进周旋，庶几简易而不烦，从容而不迫矣。"

【鷦鷯深林に巣くうも一枝に過ぎず】 鷦鷯巣于深林，不过一枝；人应安分知足。類偃鼠河に飲むも満腹に過ぎず。中战国・庄周《庄子・逍遥游》："鷦鷯巣于深林，不过一枝；偃鼠饮河，不过满腹。"

【情理を尽くす】　尽情尽理。例ゴミ焼却場建設の必要性と安全性に就き、行政側が住民に対し情理を尽くして説明を行う。关于垃圾焚烧场建设的必要性和安全性，市政部门向市民进行尽情尽理的说明。

【将を射んと欲すれば先ず馬を射よ】　射将先射马；射人先射马。類人を射んとせば先ず馬を射よ。中唐・杜甫《前出塞》之六："射人先射马，擒贼先擒王。"

【情を売る】　卖淫。類春を売る。

【錠を下ろす】　❶上锁。例牢の錠を下ろす。锁上牢门。❷关闭心扉；拒绝他人。例彼女は錠を下ろした胸の内を開こうとはしなかった。她紧闭心扉，不想敞开。

【小を捨てて大に就く】　舍小求大；舍车马，保将帅；丢卒保车。類小の虫を殺して大の虫を助ける。

【章を断ち義を取る】　断章取义。中南朝・梁・刘勰《文心雕龙・章句》："寻诗人拟句，虽断章取义，然章句在篇，如茧之抽丝，原始要终，体必鳞次。"

【情を立てる】　忠贞不渝；坚守贞操；忠于爱情。類操を立てる。例情を立てているつもりはないが、夫と死別後30数年一人暮らしだ。本没想忠贞不渝，可实际上与丈夫诀别后已孀居30多年了。

【情を通ずる】　❶通敌；勾结。例敵と情を通ずる。通敌；与敌人勾结。❷通奸；私通。類不義密通。例道ならぬ恋で情を通ずる。恋情有悖人伦，与其私通。

【情を張る】　固执己见；意气用事。類意地を張る。例情を張って口を利かない。意气用事，不肯开口。

【生を隔つ】　阴阳两隔。類幽明界を異にする。

【食が進む】　食欲旺盛。類箸が進む。例身体を動かすと食が進む。活动身体就会增进食欲。

【食が細い】　饭量小。例あの子は小さい頃から食が細かったせいか今でも痩せぎすだ。那孩子可能是自幼饭量太小的缘故，现在还是△瘦骨嶙峋（太瘦）。

【食が細る】　饭量减少；食欲减退。例年を取ると基礎代謝量が減るので自然と食が細る。上了年纪基础代谢减缓，自然饭量就小了。

【食指が動く】 食指（大）动；想弄到手。中春秋·左丘明《左传·宣公四年》："楚人献鼋于郑灵公，公子宋与子家将见，子公之食指动，以示子家曰：'他日我如此，必尝异味。'"例格安なので食指が動く。太便宜了，想买。例好条件で転職を誘われ食指が動く。有优厚条件跳槽的诱惑，心有所动。

【触手が動く】 有野心，蠢蠢欲动；野心勃勃。類野心満満。例リゾート施設買収に外資の触手が動く。外资跃跃欲试，想收购度假设施。

【触手を伸ばす】 伸出魔掌；伸出魔爪；伸手。例海外不動産に触手を伸ばす。向海外不动产伸手。

【食膳に供する】 上桌；上菜；端上桌。類食膳に上る。例急な来客で有り合わせのものを食膳に供する。突然来客人，就把现成的菜端上桌。

【食膳に上る】 端上桌；上桌。類食膳に供する。例旬の筍が食膳に上る。应时的竹笋端上桌。

【食膳を賑わせる】 肴馔丰盛；丰盛大餐；满桌美味佳肴。例四季折折、山海の珍味が食膳を賑わせる。一年四季山珍海味满桌子。

【食を願わば器物】 要吃饭，先备碗；事先准备，必不可少。

【曙光を見出す】 曙光在前；看到黎明的曙光；看到希望。例戦乱が治まり人人は新政権の誕生に曙光を見出す。战乱结束，人们从新政权的建立看到了曙光。

【所在が無い】 无事可作；无聊。例病院で待ち時間が長くて所在が無い時は備え付けの新聞や週刊誌を手に取る。在医院等候时间长，很无聊，就拿医院准备的报刊来看。

【如才が無い】 周到；圆滑；滴水不漏。類抜け目がない。例彼の人付き合いは如才が無い。他待人接物非常周到。

【諸式が上がる】 物价上涨；食玉炊桂。類物価高。例諸式が上がっても食費を切り詰めるのは辛い。物价上涨伙食费削减，真够呛。

【女子と小人とは養い難し】 唯女子与小人为难养也。中《论语·阳货》："唯女子与小人为难养也，近之则不逊，远之则怨。"

【初心に返る】　重拾初心；不改初衷。例トレードを機に、初心に返って頑張ります。以转队籍为契机，重拾初心，努力好好干。

【初心忘るべからず】　勿忘初衷；不忘初心。

【所帯を畳む】　收拾家当；停止独立谋生；放弃自立门户。類家を畳む。例夫が亡くなり独り身になったので所帯を畳んで娘夫婦と同居することにした。丈夫故去成了独身，收拾家当决定跟女儿夫妇一起生活。

【所帯を持つ】　（结婚）成家；组建家庭。類家庭を持つ。例あの人と所帯を持てたらいいな。要能跟她（他）组建家庭可不错。

【蜀犬日に吠ゆ】　蜀犬吠日；少见多怪；粤犬吠雪。中唐·柳宗元《答韦中立论师道书》："屈子赋曰：'邑犬群吠，吠所怪也。'仆往闻庸、蜀之南，恒雨少日，日出则犬吠，余以为过言。"

【背負って立つ】　❶当顶梁柱。例国の未来を背負って立つ人材を育成する。培养肩负国家未来的人才。❷负全责。

【初日が出る】　（相扑）（屡败之后）首次得胜。例五連敗の後やっと初日が出た。五连败之后首次得胜。

【緒に就く】　就绪。中春秋·佚名《诗经·大雅·常武》："不留不处，三事就绪。"例鍬入れ式が挙行され地下鉄１号線の工事は緒に付いた。举行开工典礼，地铁１号线工程已经就绪。

【書は以て姓名を記するに足るのみ】　书足以记姓名而已。中汉·司马迁《史记·项羽本纪》："书足以记名姓而已。剑一人敌，不足学，学万人敌。"

【除夜の鐘】　除夕钟声。

【女郎に誠あれば晦日に月が出る】　妓女无谎，日出西方；妓女之言不可信。類傾城に誠なし。

【女郎の千枚起請】　妓女发愿，都是扯淡；不足信。類傾城に誠なし。

【書を校するは塵を掃うが如し】　校书如扫尘。中宋·沈括《梦溪笔谈·杂志二》："宋宣献博学，喜藏异书，皆手自校雠。常谓：'校书如扫尘，一面扫一面生。故有一书每三四校犹有脱谬。'"

【白泡噛ます】 策馬使之亢奮。

【知らざるを知らずとせよ】 不知为不知。類知らざるを知らずと為す、是知るなり。

【知らざるを知らずと為す、是知るなり】 不知为不知, 是知也。類知らざるを知らずとせよ。中《论语·为政》："子曰：'由, 诲女知之乎！知之为知之, 不知为不知, 是知也。'"

【知らぬ顔の半兵衛】 佯装不知；装好人。類白を切る。

【知らぬが仏】 眼不见, 心不烦。類聞けば聞き腹。

【知らぬ存ぜぬ】 装不知道。類白を切る。例自分でやっておきながら知らぬ存ぜぬでは通らない。是自己干的却装不知道, 那可不行。

【知らぬは亭主ばかりなり】 惟有丈夫不知道；戴绿帽子, 自己不知。

【知らぬ仏より馴染みの鬼】 人熟为宝。敬而远之不如亲而近之。

【白旗を掲げる】 举白旗；表示投降。例敵の猛攻を支えきれずトーチカの上に白旗を掲げる。抵挡不住敌方的猛攻, 碉堡上举起了白旗。

【白羽の矢が立つ】 ❶被特别选中。例次期会長として白羽の矢が立つ。被选中, 成为下届会长。❷成为牺牲品。

【白羽の矢を立てる】 指定；选中。例会長が後継者に白羽の矢を立てる。会长指定接班人选。

【調べが付く】 查清；查出来。例きちんと調べが付くまでは白黒を付けられない。彻底查清之前, 无法判定是非曲直。

【虱の皮を槍で剥ぐ】 杀鸡用牛刀；小题大作；高射炮打蚊子。類牛刀を以って鶏を割く。

【虱をひねって当世の務を談ず】 扪虱而言；旁若无人。類傍若無人。中唐·房玄龄《晋书·苻坚载记下》："桓温入关, 猛被褐而诣之, 一面谈当世之事, 扪虱而言, 旁若无人。"

【白を切る】 装蒜；假装不知道；佯装不知。類口を拭う；懸念もない②；

知らぬ顔の半兵衛；知らぬ存ぜぬ；空を使う；猫を被る②；耳を潰す。例証拠が挙がっているのにあくまでも白を切る気か！ 证据摆在这里，你还想一直装下去吗？！

【芝蘭の化】 芝兰之化；近朱者赤。類朱に交われば赤くなる。中春秋·佚名《孔子家语·六本》："与善人居，如入芝兰之室，久而不闻其香，即与之化矣。"

【後足を踏む】 退缩；后退。犹豫。

【尻馬に乗る】 随声附和，盲从；跟在别人的屁股后头。類付和雷同。例人の尻馬に乗って悪ふざけをするのはやめろ！不要跟在别人屁股后头胡闹！

【尻が青い】 毛孩子；黄口小儿。類嘴が黄色い。例大事な仕事なので尻が青い奴には任せられない。这工作很重要，不能交给小毛孩子。

【尻が暖まる】 久居其职；久居其位。

【尻が重い】 懒得行动；屁股沉；迟钝。例尻が重いので食事は専ら宅配の弁当だ。因为懒得动弹，所以吃饭都是叫送上门的盒饭。例冬は一旦炬燵に入ると尻が重くなる。冬天一钻进被炉就不想出来了。

【尻が軽い】 ❶敏捷。類身が軽い①。❷女性出轨轻浮；轻佻。❸行为轻率；行为有失稳重。類腰が軽い②。

【尻が来る】 ❶被抗议；有人来诉苦。❷替别人善后。類尻を拭う。

【尻がこそばゆい】 难为情；稳不住神儿；神不守舍；坐立不安。類ばつが悪い。例誉め殺しをされて尻がこそばゆい。受到过分的赞誉而坐立不安。

【尻が据わる】 久住一地；长呆下去。例彼は仕事を転転としたが結婚を機に尻が据わった。他多次调转工作，结了婚终于安顿下来了。

【尻が長い】 客人久坐不走；屁股沉。類座が長い。例あいつは一杯入ると尻が長いから酒は出すな。那家伙一喝上酒就屁股沉了，别给他上酒。

【尻から抜ける】 过后就忘；转身就忘。類健忘症。

【尻が割れる】 露马脚；被看出破绽；露馅儿。類馬脚を露わす。例ちょっとした素振りで女房に尻が割れる。不经意的一个动作就被老婆看出了破绽。

【尻毛を抜く】 趁人不备时吓人一跳。

【尻に敷く】 老婆当家；欺压丈夫。類嬶天下。例女房の尻に敷かれている方が却って家庭円満だ。"气管炎"的家庭往往是美满的家庭。

【尻に付く】 当尾巴；跟在别人后面。類付和雷同。例自分の考えが無く、すぐ人の尻に付く。没有自己的思想，马上就跟在别人后面跑。

【尻に火が付く】 火烧屁股；火烧眉毛；刻不容缓；紧急。類焦眉の急。例尻に火が付くまで動こうとしない。不到火烧眉毛的时刻不想动弹。

【尻に帆を掛ける】 仓皇逃走；逃之夭夭。類風を食らう。例悪事がばれたら尻に帆を掛け、すたこらさっさ。一旦恶行败露，就一溜烟儿地逃走。

【尻拭いをする】 给别人擦屁股；替别人处理善后；替别人还债。類尻を拭う。例部下に尻拭いをさせ知らんぷりの上役もいる。也有这样的领导，让手下给他擦屁股，自己却没事人似的。

【尻の毛まで抜かれる】 被骗个精光；被骗走所有钱财。例ホステスに入れ上げ尻の毛まで抜かれる。为女招待大把花钱，结果被骗走所有钱财。

【尻の毛を抜く】 乘人不备，抢先下手；乘虚下手。類鼻毛を抜く。例周りは尻の毛を抜こうとする奴ばかりだから気を付けろ。周围竟是些想抢先下手的家伙，你得当心。

【尻の持って行き場がない】 无处诉苦；无处申诉；投诉无门。類野生動物に農作物を荒らされても尻の持って行き場がなく泣き寝入りだ。被野生动物糟蹋了庄稼，无处诉苦，只能干吃哑巴亏。

【尻目に懸ける】 ❶投以娇媚的目光；暗送秋波。類秋波を送る。❷蔑视；斜眼看。類しため下に見る。例後輩から尻目に懸けられるとは屈辱的だ。被后生小子轻视，实在是耻辱。

【尻餅を搗く】 一屁股坐到地上；屁股着地摔倒。例アイスバーンになった雪道で尻餅をついた。在硬硬的雪道上摔了个屁股蹲儿。

【尻も結ばぬ糸】 善始不善终；有头无尾；有始无终。

【時流に乗る】 順応時代潮流；迎合潮流。類時を得る；流れに棹さす；波に乗る②。例時流に乗った彼は飛ぶ鳥を落とす勢いだ。迎合潮流的他简直不可一世。

【死力を尽くす】 拼死（力）。類一生懸命。例リング上で二人のボクサーが死力を尽くして打ち合う。在赛场上，两个拳击手拼死力地互相击打。

【尻を上げる】 客人起身告辞。例お隣のご隠居が「よっこらしょ！」と尻を上げて立ち去った。邻家的老爷子"诶！"地站起身来走了。

【尻を押す】 作后盾；撑腰。類手を貸す。例優柔不断な性格で誰かが尻を押してくれるのを待っている。性格优柔寡断，等着有谁来给自己作后盾。

【尻を落ち着ける】 长期呆下去；坐定；安家落户。類錨を下ろす②；腰を落ち着ける①；腰を据える①；尻を据える；根が生える；根を生やす①；船が座る②；御輿を据える。例居心地がいいので友人の家についつい尻を落ち着けてしまった。在朋友家呆着挺舒心的，不知不觉就呆了很长时间。例人事異動が殆どないので一度あるポストに就くと長期間尻を落ち着けることになる。因为几乎没有人事调动，一经上岗就会长时间呆在那里。

【尻を絡げる】 把下摆撩起掖在腰间。類尻を端折る②。例浴衣の尻を絡げ唐傘を片手に温泉場のぬかるんだ道を行く。把浴衣的下摆撩起，一手打着油纸伞，走在温泉乡的泥泞的道路上。

【尻を食う】 ❶受连累。類側杖を食う。❷替别人善后。類尻を拭う。

【尻を食らえ】 去你妈的！；见鬼去吧！類一昨日来い。

【尻を据える】 长期呆下去；坐定；稳稳地坐着。類尻を落ち着ける。例人気作家が馴染みの温泉宿に尻を据えて執筆に没頭する。当红作家稳稳当当地在常去的温泉旅馆埋头写作。

【尻を叩く】 催促；鼓励。例納期に間に合わせるよう社員の尻を叩く。督促员工要赶上交货期限。

【尻を拭う】 替别人善后；为别人擦屁股；收拾残局。類尻が来る②；尻拭いをする；尻を食う②。例連帯保証人になると尻を拭う羽目になるよ。当了连带保证人就要负责收拾残局呀。

【尻を端折る】 ❶省去末尾；省略。例決められた連載枚数を超えそうになり尻を端折る。发现可能要超出既定的连载页数，就删减了结尾的篇幅。❷把下摆撩起

掖在腰间。【類】尻を絡げる。【例】俄(にわか)雨(あめ)が降(ふ)って来たので着流(きなが)しの尻を端折(はしょ)って走った。突然下起雨来，掖起和服便装(héfúbiànzhuāng)的下摆就跑。

【尻(しり)を捲(まく)る】 绝地反扑；穷鼠啮狸(qióngshǔnièlí)；耍无赖(shuǎwúlài)；要打架。【類】穴を捲る。【例】腰を低くしてもこちらの言(い)い分(ぶん)を聞いてくれないのでとうとう尻を捲った。自己态度谦恭(qiāngōng)，可是对方不听解释，终于予以反击。【例】犯行現場を押さえられ、「どうにでもしてくれ！」と尻を捲って胡坐(あぐら)を掻(か)く。被抓(zhuā)了现行(xiànxíng)，盘腿坐着(pántuǐzuò)放挺(fàngtǐng)说："随你怎么着(zhāo)！"

【尻(しり)を持(も)ち込(こ)む】 前来追责；要求处理善后问题。【例】問題が発生したからと言ってこちらに尻を持ち込むのは筋違(すじちが)いです。你出了问题让我来处理善后，岂有此理(qǐyǒucǐlǐ)。

【尻(しり)を持(も)つ】 撑腰(chēngyāo)；支援；维护。【類】手を貸す。

【尻(しり)を割(わ)る】 揭疮疤(jiēchuāngbā)；揭露(jiēlù)坏事。【類】穴を割る。

【首級(しるし)を挙(あ)げる】 斩下(zhǎnxià)首级；取首级。

【知(し)る人(ひと)ぞ知(し)る】 有关的人才知道；只有圈子(quānzi)内的人才知道。【例】新疆(xīnjiāng)和田(hétián)は知る人ぞ知る貴(き)腐ワインの産地だ。圈子内的人才知道，新疆和田是贵腐葡萄酒的产地。

【知(し)る者(もの)は言(い)わず、言(い)う者(もの)は知(し)らず】 知者弗言(zhīzhěfúyán)，言者弗知(yánzhěfúzhī)。【中】春秋·李耳《老子·56章》："知者弗言，言者弗知。塞其兑，闭其门……是谓玄同。"

【知(し)るや知(し)らずや】 知道还是不知道；是否注意到。

【知(し)る由(よし)もない】 无法知道；无从获悉(huòxī)。【例】関係者が口を噤(つぐ)み真実は知る由もない。有关人员守口如瓶(shǒukǒurúpíng)，真情无从得知。

【白(しろ)い大陸(たいりく)】 白色大陆；南极洲。

【白(しろ)い歯(は)を見(み)せる】 微笑；露出(lùchū)笑容。【例】白い歯を見せながら冗談を言う。带着微笑开玩笑。

【白(しろ)い目(め)で見(み)る】 冷眼看人；白眼看人；冷淡对待。【類】白眼(しろめ)で見る；側目(そばめ)にかく②；白眼視(はくがんし)。【例】出来心(できごころ)でした万引(まんび)きが噂(うわさ)になり、周(まわ)りから白い目で見られるようになった。一时鬼迷心窍(guǐmíxīnqiào)偷了东西的传闻，引起周围人白眼相待。

【白(しろ)い物(もの)】 ❶白雪。❷白发(báifà)。❸（化妆(huàzhuāng)用）白粉。

【白星(しろぼし)をあげる】 取胜；得胜；取得战绩(zhànjì)。【類】星を挙げる②。【例】世界ランキング

100位のプロテニスプレーヤーがナンバーワンから殊勲の白星をあげる。世界百强△专业（职业）网球选手，取得战胜第一名的卓越成绩。

【白眼で見る】 白眼看人。㊣白い眼で見る。㋑何時までも懐かない継子を白眼で見る。对不跟自己亲近的继子一直冷眼相看。

【城を枕に討ち死にする】 据城死战；与城共存亡。

【吝ん坊の柿の種】 极端的吝啬鬼。(línsèguǐ)

【仕を致す】 致仕；辞官；悬车致仕。(zhìshì, xuánchēzhìshì)㊣印綬を解く；冠を挂く；車を懸く；綬を釈く。㊥战国·公羊高《公羊传·宣公元年》："退而致仕。"(jīzī)

【死を決する】 抱定必死的决心。㋑冒険家が垂直の岩壁に死を決して挑む。冒险家抱定必死的决心，挑战立陡立陡的崖壁。(tiāozhàn lìdǒu yǎbì)

【死を賜る】 赐死。(cìsǐ)㊥春秋·晏婴《晏子春秋·杂下四》："弦章谏曰：'君欲饮酒七日七夜，章愿君废酒。不然，章赐死。'"

【刺を通ずる】 拜帖；递交名片。(bàitiě, dìjiāo)

【詩を作るより田を作れ】 与其作诗，不如种田；风流不能当饭吃，君当种田勿作诗。(zhòngtián, dàng, dāng)

【死を賭す】 豁出命；拼死。(huō, pīnsǐ)㊣一生懸命。㋑死を賭して油田火災の鎮圧に当たる。豁出命去扑救油田大火。(pūjiù)

【辞を低くする】 言辞谦恭(qiāngōng)；恭恭敬敬地说话。㊣言葉を下ぐ；言葉を卑くす。㋑辞を低くして貴人に接する。言语谦恭地接待高层人物。

【歯を没す】 没齿；到死；生命终结。(mòchǐ)㊥《论语·宪问》："夺伯氏骈邑三百，饭疏食，没齿无怨言。"

【死を視ること帰するが如し】 视死如归。(shìsǐrúguī)㊥战国·管仲《管子·小匡》："平原广牧，车不结辙，士不旋踵，鼓之而三军之士视死如归，臣不如王子城父。"

【信あれば徳あり】 有信仰(xìnyǎng)之心，必有福报。

【瞋恚の炎】 愤怒的火焰；怒火中烧；火冒三丈。(huǒyàn, nùhuǒzhōngshāo, huǒmàosānzhàng)㊣怒り心頭に発する。

【深淵に臨んで薄氷を踏むが如し】 如临深渊，如履薄冰；战战兢(rúlínshēnyuān, rúlǚbóbīng, zhànzhànjīng)

兢；小心谨慎。**類**薄氷を履む。**中**春秋·佚名《诗经·小雅·小旻》："战战兢兢，如临深渊，如履薄冰。"

【心が疲れる】　心劳；劳神；精神疲劳；身心疲惫。**類**気が揉める。**例**理屈っぽい相手と話をしていると心が疲れるよ。跟死掰道理的人交谈太累啦。

【心肝に徹する】　刻骨铭心；牢记；彻底。**類**肝に銘ずる。**例**後悔心肝に徹する。彻底后悔了。

【心肝を砕く】　绞尽脑汁；呕心沥血；倾注心血。**類**肝胆を砕く。**例**科学者が心肝を砕いてｉｐｓ細胞の創出に成功した。科学家呕心沥血，成功首创诱导性多能干细胞（ips）。

【辛気が湧く】　心情焦躁；焦虑起来。**類**気を揉む。

【新紀元を画する】　开创新纪元；立于新起点。**類**新紀元を開く。

【新紀元を開く】　开创新纪元；开启新的时代；立于新起点。**類**新紀元を画する。

【仁義を切る】　（江湖上）行见面礼；互相寒暄；拜码头。**例**「お控えなすって！」と渡世人が仁義を切る。赌徒行见面礼说："拜见老大，在下这厢有礼了。"**例**興行師が前もって地元の顔役に仁義を切っておかないと後でおかしなことになる。商业演出主办人如果不先拜码头，随后就会出麻烦。

【心気を砕く】　操碎（了）心；殚精竭虑。**類**気を揉む。

【心気を燃やす】　焦虑不安；急躁。

【神経が高ぶる】　精神亢奋；心情激动；精神紧张；兴奋。**類**血が騒ぐ。**例**群発地震による不安で神経が高ぶり不眠症になってしまった。多发性地震引发的不安导致精神紧张，彻夜难眠。

【神経に障る】　令人烦躁；触怒。**例**工事現場からの騒音が神経に障る。施工现场的噪音令人烦躁不安。

【神経を逆撫でする】　刺激（神经）；惹恼；触犯；触怒。**類**感情を害する。**例**相手の神経を逆撫でするようなことを平気で言う。毫不在意地说刺激对方（之类）的的话。

【神経を擦り減らす】　身心疲惫；心力交瘁。**例**高所作業で神経を擦り減らす。

高空作业，精神和肉体疲惫不堪。

【神経を使う】　当心別出意外；劳神；操心；格外费心；格外谨慎。類気を配る。例私は心配性なんだから余計な神経を使わせないでくれよ。我总是爱操心，别让我太操心啦！

【神経を尖らせる】　极度警觉；神经过敏；提高警惕。例政府は自然災害の頻発に神経を尖らせている。政府对自然灾害的频发保持高度警惕。

【心血を注ぐ】　倾注心血；呕心沥血；全身心地投入。例国宝の修復に心血を注ぐ。全身心地投入到国宝修复工作。

【人口に膾炙する】　脍炙人口。類口に乗る①。中唐・林嵩《周朴诗集序》："先生……一篇一咏，脍炙人口。"例唐詩には人口に膾炙する作品が大変多い。唐诗中脍炙人口的作品非常多。

【沈香も焚かず屁もひらず】　不求有功，但求无过；平庸；平淡。類平平凡凡。

【心骨に刻す】　铭记在心；刻骨铭心。類肝に銘ずる。

【身骨を砕く】　全力以赴；竭尽全力；拼命。類粉骨砕身。

【人後に落ちない】　不亚于别人；不落人后。中唐・李白《流夜郎赠辛判官》："气岸遥凌豪士前，风流肯落他人后？"例野次馬根性では人後に落ちない。在起哄捣乱方面不亚于他人。

【心魂に徹する】　铭记于心；刻骨铭心。類肝に銘ずる。例先達の教えが心魂に徹する。先贤之教铭记于心。

【心魂を傾ける】　倾注全部精神；投入全部精力；殚精竭虑。類心を尽くす。例メーカー各社は生き残りを賭けて次世代コンピューターの開発に心魂を傾けている。各厂家赌上公司的存亡，为开发新一代计算机而投入全部精力。

【辛酸を嘗める】　备尝艰辛；历尽艰辛；饱尝辛酸；含辛茹苦。例戦前から戦後まで、祖母は世の辛酸を嘗めながら10人もの子供を生み育てた。从二战前到战后，祖母历尽艰辛，养育了10个孩子。

【仁者は敵なし】　仁者无敌。中战国・孟轲《孟子・梁惠王上》："故曰：'仁者无敌。'王请勿疑！"

【身首処を異にす】 shēnshǒuyìchù 身首异处。類笠の台の生き別れ；首足処を異にす；台座の別れ。中战国·吕不韦《吕氏春秋·顺民》："孤虽知要领不属，身首异处，四枝（=肢）布裂，为天下戮，孤之志必将出焉。"

【身上が回る】 日子过得穷困；生活 jiǒngpò 窘 迫；生活 liáodǎo 潦 倒。

【心証を害する】 言行引起别人不快；给人不良印象。例私は心証を害するようなことを言った覚えはないが、彼はえらく怒っていた。虽然我不记得说过使人不快的话，可他却大为光火。

【身上を潰す】 荡尽家产；qīngjiādàngchǎn 倾家荡产。類産を破る。例電子マネー取り引きにのめりこんであっという間に身上を潰した。热衷于电子货币交易，zhuǎnyǎnjiān 转 眼 间就倾家荡产了。

【身上をはたく】 荡尽家产；倾家荡产。類産を破る。例昔は国のため民のために身上をはたいた政治家が珍しくなかった。过去为国为民倾家荡产的政治家不在少数。

【寝食を忘れる】 fèiqǐnwàngshí 废寝 忘 食。例売れっ子漫画家が締め切りに追われ寝食を忘れて原稿を仕上げる。当红漫画家废寝忘食地完成画作，以赶上 jiégǎo 截稿 期限。

【人事を尽くして天命を待つ】 jìnrénshìyǐdàitiānmìng móushìzàirén chéngshìzàitiān 尽人事以待 天 命；谋事在人，成 事在天。

【信心過ぎて極楽を通り越す】 信仰过分，反为迷信；信仰过笃，guòfèn 反入迷途；guòdù xìnyǎng rùmó 信 仰 走火入魔。

【人心の同じからざるは其の面の如し】 rénxīnzhībùtóng rúqímiànyān 人心之不同，如其面焉。中春秋·左丘明《左传·襄公三十一年》："人心之不同，如其面焉。吾岂敢谓子面如吾面乎？"

【信心は徳の余り】 衣食足，然后有信仰。

【薪水の労】 xīnshuǐzhīláo fúshì 薪 水 之劳；服侍别人。中南朝·梁·萧统《陶靖节传》："送一力给其子，书曰：'汝旦夕之费，自给为难，今遣此力，助汝薪水之劳。此亦人子也，可善遇之。'"

【甚助を起こす】 男子 chīcù 吃醋；男子产生 jídù 嫉妒之心。

【人生意気に感ず】 rénshēnggǎnyìqì 人 生 感意气。中唐·魏征《述怀》："人生感意气，功名谁复论。"

【人生行路難し】 rénshēngzhīlù méiyǒu tǎntú jiānnán lǐsuǒdāngrán 人生之路，没有坦途；一生艰 难，理所 当 然。

【人生七十古来稀なり】 人生七十古来稀。中唐・杜甫《曲江二首》："酒债寻常行处有，人生七十古来稀。"

【人生朝露の如し】 人生如朝露。類浮世は夢の如し。中汉・班固《汉书・苏武传》："人生如朝露，何久自苦如此。"

【人生のための芸術】 （俄・托尔斯泰语）为人生的艺术。西Guyau・Tolstoy：L'art pour la vie.

【人生僅か五十年】 人生短暂五十年。

【親戚の泣き寄り】 唯有近亲，分我忧心；亲者能分担忧患。類親は泣き寄り、他人は食い寄り。

【心臓が強い】 ❶脸皮厚。類厚顔無恥。❷胆子大；不怯场。類肝が大きい。例心臓が強くて友人の家に長年居候していたこともある彼は、今や超有名な芸人だ。他曾厚着脸皮长期呆在朋友家，现在是超级有名的演员。

【心臓が弱い】 懦弱；胆子小；脸皮儿薄。類気が弱い。例彼は強面の顔付きだが実は心臓が弱い。他面相很凶，但实际上胆子很小。

【心臓に毛が生えている】 厚颜无耻；恬不知耻。類厚顔無恥。

【深窓に育つ】 长在深闺。例深窓に育った純真無垢なお嬢様。在深闺长大的天真无邪的小姐。

【深窓の佳人】 大家闺秀；深闺佳人。

【身代有り付く】 为官；谋得官职。

【進退これ谷まる】 进退维谷；进退失据；进退无路。類足掻きが取れない；後へも先へも行かぬ；動きが取れない；絶体絶命；立ち往生する；二進も三進も行かない；抜き差しならない；退っ引きならない；引くに引かれず；弁慶の立ち往生。

中春秋・佚名《诗经・大雅・桑柔》："人亦有言，进退维谷。"

【身体髪膚これを父母に受く】 身体发肤，受之父母。中《孝经・开宗明义》："身体发肤，受之父母，不敢毁伤，孝之始也。"

【身代を棒に振る】 倾家荡产；破产；荡尽家产。類産を破る。例あの資産家は財宝探しに熱中して身代を棒に振ったそうだ。据说那个大款热衷于寻宝

而倾家荡产。

【死んだ気になって】 豁出命地；拼死地。圞命に懸けて。囲死んだ気になってもう一回やり直す。豁出命去从头再干。

【死んだ子の年を数える】 悔之无益；于事无补。圞死児の齢を数える。

【心胆を寒からしめる】 使对方胆战心惊；使毛骨悚然。圞肝を冷やす。囲銃の所持規制が緩い国では時時心胆を寒からしめる無差別乱射殺人事件が発生している。在持枪限制较松的国家，经常发生令人胆战心惊的无差别枪击事件。

【心胆を練る】 费尽心机；挖空心思；想尽办法。圞知恵を絞る。囲パソコン用新ソフトの開発に心胆を練る。为开发计算机的新应用软件而费尽心机。

【死んでの長者より生きての貧乏】 好死不如赖活着；宁贫而生，不富而死。

【死んで花実が咲くものか】 人死万事空；留得青山在，不怕没柴烧。圞命あっての物種。

【死んでも命があるように】 死乞白赖地想活下去；不想死。

【死んでも死にきれない】 死不瞑目。

【心頭を滅却すれば火もまた涼し】 灭却心头火亦凉；心静自然凉。圉唐·杜荀鹤《夏日题悟空上人院》："三伏闭门披一衲，兼无松竹荫房廊。安禅不必须山水，灭得心中火自凉。"。

【神に入る】 出神入化；炉火纯青；巧夺天工。圞技神に入る。囲神に入る名工の作品。炉火纯青的大师的作品。

【真に迫る】 （表演得）逼真；惟妙惟肖。囲アパッチの襲撃シーンは真に迫っている。（印第安）阿帕切人的袭击场面演得逼真。

【之繞を掛ける】 增大一圈；添枝加叶；夸大渲染；更加一层。圞針ほどの事を棒ほどに言う。囲野暮に之繞を掛けたような男と一緒になって後悔している。后悔跟超级傻帽（男人）在一起。

【信は荘厳より起こる】 信仰来自庄严（的形式）；形式决定内容；内容来自形式。

【親は泣き寄り、他人は食い寄り】 亲人来吊慰，外人来图醉。**類**親戚の泣き寄り。

【心腹に落つ】 能理解；能接受。**類**合点が行く。

【心腹の友】 知心朋友；挚友；知己；心腹之交；莫逆之交。**類**心の友①；莫逆の友；刎頸の友；無二の友。

【心腹の疾】 心腹之疾；心腹之患；难治之症。**中**春秋·左丘明《左传·哀公十一年》："越在我，心腹之疾也。"

【心腹を輸写す】 输写心腹；坦诚相告；披肝沥胆；说真心话。**類**胸襟を開く。**中**汉·班固《汉书·赵广汉传》："吏见者皆输写心腹，无所隐匿。"

【慎莫に負えぬ】 对付不了；降服不了；制不了。**類**手に負えない。

【人民の人民による人民のための政治】 （美·林肯语）民有、民治、民享的政治。**西**Lincoln：Government of the people, by the people, for the people.

【神明に横道無し】 神明无私欲；神处事最公道。**類**鬼神に横道なし。

【身命を賭する】 豁出性命；拼上老命。**類**一生懸命。**例**消防隊員が身命を賭して消火救命活動に当たる。消防队员豁出命地灭火救人。

【陣門に降る】 投降。**類**兜を脱ぐ。**例**籠城半年、終に敵の陣門に降る。守城半年，最终还是投降了。

【信頼すべき筋】 可靠的来源。

【迅雷耳を掩うに暇あらず】 迅雷不及掩耳。**中**战国·佚名《六韬·龙韬·军势》："疾雷不及掩耳，迅电不及瞑目。"

【真を打つ】 （单口相声演员）获得高手资格；压轴子。**例**苦節15年、実力と人気で真を打つ。始终不渝地努力15年，终于靠表演实力和人望成为表演压轴段子的高手。

【信を置く】 置信；信任；相信。**例**部下に全幅の信を置く。百分之百信任部下。

【信を問う】 问是否信任；调查信任度。**例**国民投票で信を問う。通过公民投票调查信任度。

【陣を取る】 ❶布阵；摆阵。**例**関が原に陣を取る。在关之原摆开阵势。❷

【占地盤】例花見でいい場所に陣を取る。为赏樱花占个好地方。
【信を為す】❶信以为真；深信不疑；相信。類本気にする。❷信仰。
【陣を引く】退兵；撤兵；撤军。例黄河の辺りまで陣を引く。撤兵到黄河边。
【刃を迎えて解く】迎刃而解。類破竹の勢い。中唐・房玄齢《晋书・杜预传》："今兵威已振，譬如破竹，数节之后，皆迎刃而解。"

す

【水火器物を一つにせず】水火不同器；水火不相容；善恶不共存。類薰蕕器を同じうせず。
【粋が川へ陥る】善泳者溺；聪明反被聪明误。類才子才に倒れる。
【水火の責め】水火相逼；水浇火烧的拷问。
【粋が身を食う】风流常为风流死；风流必伤身。
【水火も辞せず】赴汤蹈火，在所不辞。類たとえ火の中水の中。
【水火を踏む】蹈水火；赴汤蹈火。中战国・列御寇《列子・黄帝》："和者大同于物，物无得伤阂者，游金石，蹈水火，皆可也。"
【随喜の涙】感激的眼泪；感激涕零。類感謝感激雨霰。
【水魚の交わり】鱼水之交；鱼水情。類飽かぬ仲；魚と水；管鮑の交わり；爾汝の交わり；刎頸の交わり。
【水晶は塵を受けず】水晶不容尘染；廉洁自爱，拒受尘埃。
【彗星の如く】如彗星一样突然出现。例次代のホープが彗星の如く登場した。下一个时代的巨子像彗星一样突然出现。
【垂涎の的】艳羡的目标；令人垂涎之物。
【水泡に帰す】化为泡影；前功尽弃；化为乌有。類画餅に帰す；空振りに終わる；ふいになる；水となる；水になる；無に帰する；無になる；徒労に帰す；水の泡①。例長年に渡る労苦が水泡に帰する。多年的辛劳前功尽弃。
【酸いも甘いも嚙み分ける】通晓人情世故；老于世故；历尽沧桑。類情けを知る①；世を知る。

【垂簾の政】 垂帘听政。中宋·佚名《大宋宣和遗事·后集》："群臣复请元祐皇后垂帘听政。"

【粋を利かす】 善解人意；体贴人。例世話人の粋を利かせた取り持ちで一組のカップルが誕生した。由于介绍人的悉心撮合，一对情侣产生了。

【数が知れる】 程度可想而知。類取るに足りない。

【枢機に預かる】 参与机要事宜。例大統領補佐官として枢機に預かる。作为总统助理参与机要事宜。

【数字に明るい】 擅长计算。例数字に明るい人がいてくれると助かる。有长于计算的人在身边很省事。

【末四十（始終）より今の三十】 十鸟在林不如意鸟在手；与其将来多得，宁可现在少得。類明日の百より今日の五十。

【据え膳食わぬは男の恥】 色诱不沾，男子不堪；坐怀不乱，不是好汉。

【末通る】 成就；大功告成；告竣。

【末の露、本の雫】 修短随化，终期于尽；夭寿先后，皆有尽头。

【酢が過ぎる】 过分；过于；过度。類度が過ぎる。

【頭が高い】 傲慢无礼；妄自尊大；趾高气扬；目无下尘。類傲岸不遜；傲慢無礼；腰が高い；態度が大きい。例あの人は頭が高いので敬して遠ざけるのが無難だ。他傲慢无礼，我们还是敬而远之比较好。

【姿を現す】 出现；露面。類顔を出す②。例太陽が雲間から姿を現す。太阳露出云端。例時の人が会場に姿を現す。焦点人物现身会场。

【姿を消す】 ❶消失踪影；彻底消失。類行方を眩ます。例子供の頃は夕方になるとコウモリが飛んでいたものだが姿を消してから数十年経つ。蝙蝠在我小时候一到傍晚就飞出来，现在消失踪迹有几十年了。❷销声匿迹；（人间）蒸发。類影を潜める。例郊外型量販店の進出で駅前の商店街は姿を消した。郊区型大超市出现，使站前商店街销声匿迹了。

【図が無い】 无法想象；不合道理；极端。類途方も無い。

【すかを食う】 期待落空；上当受骗；失望。類当が外れる。例デートの

約束をしていたのにすかを食った。定好了约会的时间，结果扑了个空。

【すきが回る】 被通缉；被盯上。

【好きこそ物の上手なれ】 好者能精；爱好方能精湛。

【過ぎたるは猶及ばざるが如し】 过犹不及。類念の過ぐるは無念。中《论语·先进》："子贡问：'师与商也孰贤？'子曰：'师也过，商也不及。'曰：'然则师愈与？'子曰：'过犹不及。'"

【空きっ腹に不味い物なし】 饥不择食；饥饿是最好的调味品；饥者易为食。類飢えたるものは食を為し易し；ひもじい時の不味い物なし。

【好きにする】 随便做；为所欲为。類自分勝手。例自分の家だと思って好きにしていいよ。拿这儿就当自己家，随便点！

【隙間風が吹く】 产生隔阂。類罅が入る。例同じ釜の飯を食っていた兄弟の間に隙間風が吹き始めた。曾在一起生活的两兄弟之间开始产生隔阂。

【数寄を凝らす】 注重雅致；考究。例安土桃山時代から茶室や茶器に数寄を凝らすようになった。从安土桃山时代起，茶室和茶具就非常考究了。

【頭巾と見せて頬かぶり】 金玉其外，败絮其中；徒有其表；装潢门面。

【救いの神】 救星。例困っている時に救いの神が現れた。正在一筹莫展的时候救星出现了。

【救いの手】 救援之手；援助之手。例困っている人に救いの手を差し伸べる。对处于困境的人施以援手。

【凄味を利かす】 威胁；吓唬人。例サラ金の取立人が「あほんだら、早よ銭返せ！」と凄味を利かす。高利贷讨债鬼威胁说："混蛋，快还账！"

【筋がいい】 素质不错；有培养前途。例ピアノの先生から「君は筋がいいね」と褒められた。受到钢琴老师表扬："你素质△还可以（不错）呀。"

【筋が立つ】 合乎逻辑；合乎道理。類辻褄が合う。例彼の言い分は筋が立っている。他的主张合乎道理。

【筋が違う】 不合道理；误判；目标·方向错误。類理無し。例今更そんなことを言われても筋が違う。事到如今你那么说我，是没有道理的。

【筋が通る】 ❶合乎道理；有条理。類辻褄が合う。例話の筋が通る。说的有道理。❷细长笔直。例彼女のぱっちりした目と筋が通った鼻は母親譲りだ。她那水灵灵的大眼睛和高鼻梁随她母亲。

【筋が悪い】 ❶功底不好。例芸事の筋が悪い。没有艺术细胞。❷臭棋；走棋不合理。例黒番のその一手は筋が悪い。执黑的那步棋是臭棋。❸品行不端，人品差。類不行状。

【筋骨を抜かれたよう】 累得像散了架似的；精疲力尽；体力不支。類綿のように疲れる。

【筋骨を抜く】 打趴下；打个半死。

【筋道が通る】 合理；始終如一。類辻褄が合う。例彼の言動は筋道が通っている。他的言行是合乎道理的。

【筋道を立てる】 有条理；合乎逻辑；条分缕析。類終始一の如し；筋を通す；終始一貫；首尾一貫。例農地基盤整備につき筋道を立てて説明する。有条不紊地讲解农田基本建设问题。

【筋道を踏む】 按程序。例物事は筋道を踏まないとスムーズに行かないよ。行事不按程序来就不会顺利呀！

【筋を通す】 首尾一致；一以贯之；合乎道理。類筋道を立てる。例何事も筋を通さなければ気が済まない。无论什么事，不合道理就不能安心。例最後まで筋を通す。一直到最后坚持不变。

【薄の穂にも怯じる】 风声鹤唳；草木皆兵。類戦戦兢兢。

【涼しい顔】 若无其事的样子；与己无关的样子；无所谓的样子。類素知らぬ顔。例騒動の火付け人なのに涼しい顔をしている。本来是骚乱的煽动者，却作出一副与己无关的样子。

【涼しき道】 通往极乐世界的道路。

【進むを知りて退くを知らず】 只知进，不知退；鲁莽冒进。

【雀海中に入って蛤となる】 雀入海而为蛤。中战国·佚名《国语·晋语九》："雀入于海为蛤，雉入于淮为蜃。"

【雀の巣も構うに溜まる】 集腋成裘；积土成山；聚少成多。類塵も積もれば山となる。

【雀の涙】 少得可怜；一点点；微乎其微。類蚊の涙；薬にするほど；姑の涙汁；爪の垢。例雀の涙ほどのボーナスでも貰えればありがたい。哪怕是再少的奖金，聊胜于无（能得到就是好的）。

【雀百まで踊り忘れず】 幼时成习，终生难改；生性难改；禀性难移。類三つ子の魂百まで。

【鈴を転がすよう】 银铃般的（动人嗓子）。類玉を転がす。

【鈴を張ったよう】 水灵灵的（美丽的大眼睛）。

【裾を掻く】 ❶下绊子摔倒对方。❷乘人不备，抢占先机。類鼻毛を抜く。

【スタートを切る】 开始；出发；起跑。類幕が開く。例事業は順調なスタートを切った。事业顺利启动。

【頭痛の種】 烦恼的原因；心病。

【擦った揉んだ】 争执；争论不休；摩擦；纠纷。例人選を巡って擦った揉んだする。围绕人选问题，争论不休。例移転先については、擦った揉んだのすえ落ち着くべき所に落ち着いた。关于搬迁的去处，经过一番争论，终于确定了下来。

【鼈が時をつくる】 绝无可能；太阳从西边出来。類朝日が西から出る。

【酢でさいて飲む】 历数别人的缺点；数落。

【捨てたものではない】 还有价值；并非一无可取之处；还有用。例俺もまだまだ捨てたものではない。咱也不是毫无可取之处的。

【捨ててかかる】 彻底放弃；不抱希望。例可能性があるのだから最初から捨ててかかるな。可能性是有的，不要一开始就放弃。

【捨て鉢になる】 破罐子破摔；自暴自弃。類自暴自棄。例何をやってもうまく行かないので捨て鉢になる。干什么都干不好，所以就破罐子破摔了。

【酢でも蒟蒻でも】 滚刀肉；棘手；软硬不吃。類手に負えない。

【捨てる神あれば拾う神あり】 天无绝人之路；此地不留人，自有留人处。

【ストップを掛ける】 叫停；阻止。例汚染肉の輸入にストップを掛ける。叫停污

染肉类的进口。

【砂にする】 ❶作废；白费；白扔。❷骗取。

【砂を噛ます】 （相撲）摔倒（对手）。

【砂を噛むよう】 味同嚼蜡；索然无味；扫兴。⦿味も素っ気もない。⦿親に説教された後の食事は砂を噛むようだ。被大人责骂之后，吃饭简直味同嚼蜡。⦿砂を噛むような小説で途中で読むのを止めた。小说索然无味，读一半就作罢了。

【図に当たる】 正中下怀；如愿以偿；正如所愿。⦿思う壺に嵌る。⦿強硬策が図に当たる。强硬政策正如所愿。

【図に乗る】 得意忘形；借势逞能；忘其所以。⦿勝つに乗る②；調子に乗る①。⦿図に乗って遣り過ぎないように気を付けなさい。我提醒你不要得意忘形太过分。

【脛が流れる】 举步无力；行走不稳；脚底没跟儿。

【脛から火を取る】 一贫如洗；一无所有；赤贫。⦿赤貧洗うが如し。

【脛に疵持つ】 心有愧疚；心中有愧；作过亏心事。⦿傷持つ足。⦿脛に傷持つ者同士、お互いあれこれ穿鑿するのは止めよう。彼此都有亏心事，就别互相攻讦了。

【臑脛の延びた奴】 傻大个儿；四肢发达，大脑贫乏。⦿独活の大木。

【脛を齧る】 靠人养活；啃老。⦿親の脛を齧る。

【酢の蒟蒻の】 发牢骚；说三道四；吹毛求疵；挑毛病。⦿文句を並べる。

【滑ったの転んだの】 为鸡毛蒜皮的小事，喋喋不休地发牢骚；说长道短；唠唠叨叨。⦿女三人寄ると滑ったの転んだのとかしましい。三个女人一台戏，为点小事唠叨个没完。

【すべての道はローマに通ず】 （法・拉封丹语）条条大路通罗马；殊途同归。⦿百川海に朝す。⦿La Fontaine：Tous les chemins mènent à Rome.

【図星を指される】 被击中要害；被一语道破天机。⦿図星を指されて返答に詰まる。被击中要害，无言以对。

【スポットライトを浴びる】　引起公众注目；引发关注；(在)众目睽睽(之下)。[類]注目を浴びる。[例]時代の寵児としてスポットライトを浴びる。作为时代的宠儿，受到广泛关注。

【スポットを当てる】　聚焦；作为重要问题。[類]焦点を絞る。[例]次回の当番組では「世界の四大海獣」にスポットを当ててみたい。下次本节目准备聚焦“世界四大海洋哺乳动物”。

【すまじきものは宮仕え】　官身不由己；当差不自在；为人不当差。

【素股が切れ上がる】　身材高挑；身材修长。

【隅から隅まで】　所有的角落；任何角落；一切范围。[例]会社の内部事情については隅から隅まで承知している。对公司内部的大事小情了如指掌。[例]隅から隅まで部屋を掃除する。打扫房间，不留死角。

【角水を突く】　细枝末节也较真儿；吹毛求疵；求全责备。[類]毛を吹いて疵を求む。

【墨と雪】　二者截然相反；性质迥异。[類]正反対。

【隅に置けない】　有两下子；不可小觑；轻视不得；有两把刷子。[類]抜け目がない。[例]お前さんも隅に置けないね。你小子还有两下子啊。

【墨は餓鬼に磨らせ、筆は鬼に持たせよ】　研墨要轻，拿笔须重。

【角を入れる】　(江户时代习俗)男孩将成年时，剃前额发际两侧。

【墨を流したよう】　漆黑；漆黑一团；。[類]牛掴むばかりの暗がり；咫尺を弁ぜず；鼻を撮まれても分からない。[例]夜中に墨を流したような廊下を手探りで厠へ行く。夜里在漆黑的走廊，用手摸索着上厕所。

【住めば都】　久居其地则安；安土重居。[類]地獄も住み家。

【相撲に勝って勝負に負ける】　转胜为败；进展顺利，却以失败告终。[類]勝って負け。

【相撲にならない】　不是对手；实力相差悬殊。[類]太刀打ちができない；歯が立たない。[例]プロとアマの対戦じゃ最初から相撲にならない。专业队和业余队比赛压根就不成对手。

【相撲を取る】 相扑^{xiāngpū}；日式摔跤^{shuāijiāo}。例子供の頃はよく相撲を取って遊んだものだ。小时候经常玩相扑。

【素矢を食う】 一场空欢喜^{yīchǎngkōnghuānxǐ}；期待落空^{luòkōng}。類当てが外れる。

【擂粉木で芋を盛る】 根本不可能；根本办不到。類擂粉木で腹を切る。

【擂粉木で腹を切る】 办不到；根本不可能。類杓子で腹を切る；擂粉木で芋を盛る；狭匙で腹を切る；連木で腹を切る。

【受領は倒るる所に土を掴め】 贪官坐牢^{tānguān}，依然想捞^{lāo}；任何时候都不忘捞一把。

【する事なす事】 所作所为；所作的一切^{yīqiè}。例姑^{pópo}は私のする事なす事が気に障る様子だ。看来我做什么都令婆婆不快。

【ずるを決め込む】 耍滑头^{shuǎhuátóu}；偷懒^{tōulǎn}。例ずるを決め込んで欠席する。耍滑头缺席。

【諏訪八幡も照覧あれ】 举头三尺有神明，说谎^{shuōhuǎng}天打五雷轰^{hōng}。

【酢を買う】 找碴儿^{zhǎochá}激怒对方；煽动^{shāndòng}刺激。類喧嘩を売る。

【巣をくう】 ❶筑巢^{zhùcháo}；絮窝^{xùwō}；搭窝^{dāwō}。例屋根裏に雀が巣をくった。麻雀在天棚里筑了巢了。❷占居^{zhànjū}；盘踞^{pánjù}。例暗黒街に巣をくう社会のゴミを一掃しよう。把盘踞在危险街区的社会渣滓^{zhāzǐ}彻底清除掉！

【寸が詰まる】 尺寸短；不够长。例子供は成長が早く着物はじきに寸が詰まる。孩子长得快^{zhǎngdekuài}，衣服马上就小了。

【寸暇を惜しむ】 珍惜一点点空闲^{kòngxián}时间；争分夺秒^{zhēngfēnduómiǎo}；分秒必争^{fēnmiǎobìzhēng}。例家族を養うため寸暇を惜しんで働く。为了养家糊口^{húkǒu}，争分夺秒地干活。

【寸鉄人を殺す】（殺す、刺すとも） 一针见血^{yìzhēnjiànxiě}；一语破的^{yīyǔpòdì}；一语击中^{jīzhòng}要害。類核心^{kǎxīn}を衝く。中宋·罗大经《鹤林玉露·地集》："若自宫之多闻，弄一车兵器者也，曽之守约，寸铁杀人者也。"

【寸分違わず】 分毫不差^{fēnháobùchā}；一模一样^{yīmúyīyàng}。例国宝の弥勒菩薩像を寸分違わずに複製する。分毫不差地复制国宝弥勒菩萨像^{mílèpúsàxiàng}。

【寸を詘げて尺を信ぶ】 诎寸伸尺^{qūcùnshēnchǐ}；舍小利，图大利。中汉·刘安《淮南子·氾

论训》："诎（=屈）寸而伸尺，圣人为之；小枉而大直，君子行之。"

せ

【性相近く、習い相遠し】 性相近，习相远。中《论语·阳货》："子曰：'性相近也，习相远也。'"

【井蛙の見】 井蛙之见。類井の中の蛙 大海を知らず。中战国·庄周《庄子·秋水》："井蛙不可以语于海者，拘于虚也。"南朝·梁·僧祐《弘明集·明佛论》："奕秋之心，何尝有得，而乃欲率井蛙之见，妄抑大猷。"

【生ある者は必ず死あり】 有生者必有死。中汉·扬雄《法言·君子》："有生者必有死；有始者必有终；自然之道也。"

【青雲の志】 青云之志；雄心壮志。中唐·王勃《滕王阁序》："老当益壮，宁移白首之心？穷且益坚，不坠青云之志。"

【青雲の士】 青云之士。中汉·司马迁《史记·伯夷列传》："闾巷之人，欲砥行立名者，非附青云之士，恶能施于后世哉！"

【精衛海を填む】 精卫填海。中汉·佚名《山海经·北山经》："炎帝之少女，名曰女娃。女娃游于东海，溺而不返，故为精卫，常衔西山之木石，以堙于东海。"

【精が出る】 起劲ㄦ；有干劲ㄦ。例野菜作りは面白いし、第一身体にいいから余計精が出る。种菜很有意思，头一宗是对身体好，所以格外起劲。

【精がない】 没劲ㄦ；没有精神。類不景気②。

【精が抜ける】 打不起精神来；精疲力竭。類気を砕く②。

【正鵠を得る】 打中要害；击中目标。類核心を衝く。例専門家の指摘は正鵠を得ている。专家指出的都切中要害。

【精魂を傾ける】 投入全副精力；殚精竭虑。類心を尽くす。例匠は己の本業に精魂を傾ける。工匠把全部精力都投入到本行中。

【精彩が無い】 毫无生气；没精神。類影が薄い①；肩を窄める。例日当たりが悪いせいか花の色に精彩が無い。可能是日照不足的关系，花的颜色不够艳丽。

【精彩を欠く】(精彩、生彩とも)　不够精彩；缺乏活力。例風邪気味でプレーに精彩を欠く。有点感冒，比赛状态不佳。

【精彩を放つ】(精彩、生彩とも)　大放异彩。類異彩を放つ；光彩を放つ；光を放つ。例彼女の新体操の演技は精彩を放っている。她的新体操表演大放异彩。

【枘鑿相容れず】　方枘圆凿；相龃龉。中战国·宋玉《九辨》："圆凿而方枘兮，吾固知其龃龉而难入。"

【正朔を奉ずる】　奉正朔；俯首称臣；归顺朝廷。類朔を奉く。中唐·白居易《骠国乐》："骠国乐，骠国乐，出自大海西南角。雍羌之子舒难陀，来献南音奉正朔。"

【西施の顰みに倣う】　东施效颦；邯郸学步。類鵜の真似をする烏；烏が鵜の真似；邯鄲の歩み；猿の人真似；猿真似。中战国·庄周《庄子·天运》："故西施病心而矉（=顰）其里，其里之丑人见而美之，归亦捧心而矉其里……彼知矉美而不知矉之所以美。"

【盛昌我意に任す】　依仗权势，恣意妄为。

【精神一到何事か成らざらん】　精神一到，何事不成；有志者事竟成。類一念岩をも通す。中宋·朱熹《朱子语类·学二》："阳气发处，金石亦透，精神一到，何事不成？"

【聖人に夢なし】　圣人无梦。中战国·庄周《庄子·大宗师》："古之真人，其寝不梦，其觉无忧。"

【聖人は物に凝滞せず】　圣人不凝滞于物。中战国·屈原《渔父》："圣人不凝滞於物，而能与世推移。"

【清水に魚棲まず】　水至清则无鱼。類水清ければ魚棲まず。中汉·戴德《大戴礼记·子张问入官》："故水至清则无鱼，人至察则无徒。"

【正正の旗、堂堂の陣】　正正之旗，堂堂之阵；堂堂正正。類正正堂堂①；堂堂の陣。中春秋·孙武《孙子·军争》："不要正正之旗，勿击堂堂之陈（=阵），此治变者也。"

【清濁併せ呑む】　兼容并包；兼收并蓄；海纳百川。

【清濁を分かつ】　分清清浊；分清善恶。

【掣肘を加える】　掣肘；妨碍；加以牵制。[中]战国·吕不韦《吕氏春秋·具备》："吏方将书，宓子贱从旁时掣摇其肘。吏书之不善，则宓子贱为之怒。"

【井底の蛙】　井底之蛙。[類]井の中の蛙大海を知らず。[中]战国·庄周《庄子·秋水》："子独不闻夫埳（=坎）井之蛙乎？"

【急いては事を仕損ずる】只图快，必失败；欲速则不达。[類]急がば回れ。

【青天の霹靂】　青天霹雳；晴天霹雳。[類]寝耳に水。[中]宋·王令《王令集·寄满子权》："九原黄土英灵活，万古晴天霹雳飞。" 宋・陆游《四日夜鸡未鸣起作》诗："放翁病过秋，忽起作醉墨。正如久蛰龙，青天飞霹雳。"

【制に応ず】　应制；奉皇命作诗（文）。

【盛年重ねて来らず】　盛年不重来。[中]晋·陶渊明《杂诗》："盛年不重来，一日难再晨。"

【生は難く死は易し】　生难死易。

【生は寄なり死は帰なり】　生寄死归；生是暂寓，死是归去。[中]汉·刘安《淮南子·精神训》："生，寄也；死，归也。"

【生は死の始め】　生即死的开始。

【精も根も尽き果てる】　筋疲力尽；精疲力竭。[類]油が切れる②；力尽きる。[例]校内マラソンでゴールに辿り着いた時には精も根も尽き果てていた。校内马拉松赛到终点的时候，已经精疲力竭了。

【勢力を張る】　扩展势力。[例]チェーンストアが全国各地に勢力を張る。连锁店向全国各地扩展势力。

【声涙倶に下る】　声泪俱下。[類]袖に湊の騒ぐ。[中]唐·房玄龄等《晋书・王彬传》："（彬）因勃然数（王）敦曰：'兄抗旌犯顺，杀戮忠良，谋图不轨，祸及门户。'音辞慷慨，声泪俱下。"

【正論を吐く】　发表正确的言论。[例]彼は寡黙だが、時に正論を吐くので一目置かれている。他话少，但有时会大发高论，都惧他三分。

【精を入れる】　倾注全力。[例]40 歳を過ぎてやっと本業に精を入れることができる

ようになった。过了40岁以后才渐渐开始倾注全力于自己的本行。

【生を享ける】　生于；出生；诞生。例生を享けるは偶然、死するは必然。生为偶然，死为必然。

【姓を冒す】　冒用他人姓氏。例入り婿して岡田の姓を冒す。入赘继承冈田的姓。中汉・司马迁《史记・卫将军骠骑列传》："其父郑季……与侯妾通……故冒姓为卫氏。"

【精を出す】　卖力气；竭尽全力；起劲儿。类気を尽くす②；馬力を掛ける。例野良仕事に精を出す。卖力气地干庄稼活儿。

【贅を尽くす】　极尽奢华；十分奢华；钟鸣鼎食。类贅沢三昧。例着道楽の彼女はファッションに贅を尽くしている。她爱穿，在时装方面极尽奢华。

【生を偸む】　偷生；苟活。中战国・荀况《荀子・荣辱》："今夫偷生浅知之属，曾此而不知也。"

【精を励ます】　勤奋；奋勉。

【生を視ること死の如し】　视生如死。中战国・列御寇《列子・仲尼》："视生如死，视富如贫，视人如豕，视吾如人。"

【背負い投げを食う】(背負い、背負いとも)　在紧要关头被自己人出卖；(万没想到)被自己人出卖。

【背が立つ】　脚能够着底的水深；几乎没顶。例背が立たない深みに嵌って溺れそうになった。陷进没顶的深水，差点淹死。

【是が非でも】　不管三七二十一；无论如何；不管好歹。类何が何でも。例是が非でも出席していただかないと困る。无论如何得请你出席。

【積悪の家には必ず余殃あり】　积恶之家，必有余殃；积恶余殃。中《易经・坤卦》："积善之家，必有余庆；积不善之家，必有余殃。"

【席暖まるに暇あらず】　席不暇暖。类席の暖まる暇がない。中南朝・宋・刘义庆《世说新语・德行》："武王式商容之闾，席不暇暖，吾之礼贤，有何不可？"

【積羽舟を沈む】　积羽沉舟。中汉・刘向《战国策・魏策一》："臣闻积羽沉舟，群轻折轴。"

【関ヶ原の戦い】　决定命运的战斗；一举定乾坤的决战。类天下分け目。

【赤縄を結ぶ】　月老拴红绳；结为夫妇。類契りを交わす。

【赤心を推して人の腹中に置く】　推赤心置人腹中；(对所有人都）推心置腹。類胸襟を開く。中南朝・宋・范晔《后汉书・光武帝本纪》："萧王推赤心置人腹中，安得不投死！"。

【積善の家には必ず余慶あり】　积善之家，必有余庆。中《易经・坤・文言传》："积善之家，必有余庆；积不善之家，必有余殃。"

【席の暖まる暇もない】　不暇暖。類席暖まるに暇あらず。中南朝・宋・刘义庆《世说新语・德行》："武王式商容之闾，席不暇暖，吾之礼贤，有何不可？"

【赤貧洗うが如し】　赤贫如洗；一贫如洗；家贫如洗；上无瓦片，下无立锥之地；室如悬罄。類借金を質に置く②；素寒貧；脛から火を取る；提灯程の火が降る；火が降る；膝の皿から火が出る；火を吹く力も無い②；釜中魚を生ず。中清・吴敬梓《儒林外史・31回》："老人家两个儿子，四个孙子，家里仍然赤贫如洗。"

【席末を汚す】　忝列末席。類末席を汚す。

【赤面の至り】　惭愧之至。類汗顔の至り。

【石薪の味を嘗めて会稽の恥を雪ぐ】　忍辱负重，以雪会稽之耻。類臥薪嘗胆。

【席を改める】　换个地方；换个场合。例会議終了後、席を改めて懇親会を行います。会议结束后，换个地方举行联谊酒会。

【籍を入れる】　加入户籍；上户口。例籍を入れて一緒になる。迁入户口在一起生活；结婚入籍。

【堰を切ったよう】　像潮水一般；像突然决堤一样。例開門と同時に観客が堰を切ったように雪崩れ込む。刚一开门，观众就像潮水一般涌了进来。

【堰を切る】　决堤；洪水奔流；冲破提防。例大水が堰を切って住宅地に流れ込む。洪水决堤流入住宅区。例熱い思いが堰を切って言葉に出る。滚烫的情思冲破堤防化为语言喷涌而出。

【席を汚す】　忝列末席；忝居其位。類末席を汚す。例私ごときが席を汚して申し訳ありません。不才忝列末席，深感惭愧。

【席を蹴る】 愤然离席；拂袖而去。例話にならないので席を蹴る。因为实在不像话而愤然离席。

【席を進める】 凑近畅谈；促膝长谈。

【席を外す】 暂时离席；（现在）不在。類座を外す；場を外す。例急用で席を外す。因为有急事，暂时离席。

【席を譲る】 让座；让位。例幼児の手を引いた婦人が乗ってきたので席を譲る。带小孩的妇女上车来，我把座让给了她。例老害になるので社長の席を後進に譲って退く。为避免僵化，把总经理的职位让给年轻人，然后引退。

【世間が煩い】 人言可畏。例何かと世間が煩いので言動には慎重にならざるを得ない。人言可畏，言行不△能（得）不谨慎些。

【世間が狭い】 ❶交游少。例彼女は引っ込み思案で世間が狭い。她不出头，交友甚少。❷感到丢脸；自惭形秽。類肩身が狭い。例警察のお世話になってから世間が狭くなった。自从被带到警察局就觉得没脸见人。

【世間が立つ】 脸上有光；风光；对社会有交代。類顔が立つ。

【世間が詰まる】 不景气；资金流通困难。類不景気①。

【世間が張る】 交际广，耗费多；要面子，开销多。

【世間が広い】 ❶交际广；吃得开。例彼は職業柄世間が広い。由于工作的关系，他交际广。❷社会知识多；深谙世故。

【世間に出る】 走进社会；走上社会。例学校を卒業し世間に出る。毕业走上社会。

【世間の口に戸は立てられぬ】 众口难防；人嘴堵不住。類人の口に戸は立てられず。

【世間は張り物】 人事交往，必讲排场；世人都要撑门面。類見栄を張る。

【世間は広いようで狭い】 人生何处不相逢；世界似乎很大，其实很小。類世の中は広いようで狭い。

【世間晴れて】 公然；公开；堂而皇之。類天下晴れて。

【世間を騒がせる】 引起轩然大波；引发热议；引发广泛关注。例このとこ

ろアフリカ豚コレラの蔓延が世間を騒がせている。最近非洲猪瘟蔓延，引起广泛关注。

【世間を狭くする】（因）丧失信誉而被边缘化；失信受孤立。例汚職がばれて首になり、全額返還のうえ世間を狭くするんじゃ目も当てられない。贪污败露，不但全额退还，还失信受孤立，简直成了可怜虫。

【世間を張る】讲排场；摆阔；好虚荣。類見栄を張る。

【瀬越しをかける】使在风浪中锻炼；设置难关；考验。

【世故に長ける】饱经世故；长于人情练达；通达世故；善于处世。類世辞に賢い。例政治家の秘書はサラリーマン型、ブローカー型、野心家型の3タイプと言われているが、世故に長けているのはブローカー型だ。据说政治家的秘书有工薪族类型、经纪人类型、野心家类型三种，而长于人情练达的属于经纪人类型。

【世事に疎い】不谙世故；阅历浅。例大商家のぼんぼんや深窓の令嬢は世事に疎い。大商家的少爷和闺秀都不谙世故。

【世辞に賢い】善于处世；善于说奉承话；会来事儿。類世故に長ける。

【背筋が寒くなる】不寒而栗；令人毛骨悚然。類肝を冷やす。例原発メルトダウン事故のニュースが入ってきて背筋が寒くなった。看到核电站熔毁事故的新闻，不觉毛骨悚然。

【世帯を破る】家庭破裂；离婚；散伙。

【狭匙で腹を切る】办不到；不可能。類擂粉木で腹を切る。

【積毀骨を銷す】积毁销骨；众口铄金；人言可畏。類衆口金を鑠かす。

中汉·司马迁《史记·张仪列传》："'众口铄金，积毁销骨'，故愿大王审定计议，且赐骸骨辟魏。"

【絶景かな絶景かな】绝景哉！绝景哉！

【雪上霜を加う】雪上加霜。類踏んだり蹴ったり。中宋·释道原《景德传灯录·19》："饶你道有什么事，犹是头上着头，雪上加霜。"

【接触を保つ】
保持来往。例情報収集のため裏社会の人間と接触を保つ。为了收集信息，跟黑道社

会的人保持联系。

【雪辱を果たす】
洗雪耻辱；雪耻。例昨年は敗北したが今年の大会で雪辱を果たしたい。去年战败了，今年的大赛想一雪前耻。

【雪駄の土用干し】 挺胸叠肚；狂傲无礼；趾高气扬。

【舌端火を吐く】 唇枪舌剑；舌锋逼人；言辞激烈。類火を吐く①。

【雪中に炭を送る】 雪中送炭。中宋·范成大《大雪送炭与芥隐》："不是雪中须送炭，聊装风景要诗来。"

【雪中の松柏】 雪中松柏。

【雪隠で饅頭】 ❶吃独食；独吞。❷只要吃饱，在哪儿都好。

【雪泥の鴻爪】 雪泥鸿爪；往事留下的痕迹；痕迹消失殆尽。類影も形も無い。中宋·苏轼《和子由渑池怀旧》："人生到处知何似，应似飞鸿踏雪泥。泥上偶然留指爪，鸿飞那复计东西。"

【Z旗を掲げる】 升Z型旗；动员全体，尽最大努力，克服最严峻的局面。

【切ない時の神頼み】 平时不烧香，临时抱佛脚。類苦しい時の神頼み。

【切ない時は親を出せ】 窘困时以老子为例进行申辩；困窘时就把父母抬出来。

【節を折る】 折节；屈节。類節を曲げる。中春秋·管仲《管子·霸言》："折节事彊(=强)以避罪，小国之形也。"

【節を曲げる】 曲(屈)节。類節を折る。中唐·李延寿《北史·李䜣传》："䜣既宠于献文，参决军国大议，兼典选举，权倾内外，百僚莫不曲节以事之。"例折角のお誘いだが節を曲げてまで従うつもりはない。虽是难得的邀请，但不想屈节接受邀请。

【節を全うする】 全节；保全节操；坚贞不屈。中《汉·班固汉书·昭帝纪》："移中监苏武前使匈奴，留单于庭十九岁乃还，奉使全节，以武为典属国，赐钱百万。"

【背中が見える】 即将追上。例車の販売台数でトップを走るメーカーの背中が見えて来た。汽车销售数量即将赶上位居榜首的厂家。

【背中に目はなし】　注意不到背后的阴谋；没发觉阴谋诡计。

【背中を押す】　催人奋进；鼓励；加油。例進路指導で背中を押してやる。在升学指导时加以鼓励。

【背中を向ける】　漠不关心；无动于衷。類背を向ける①。

【銭金は親子でも他人】　金钱借贷无父子；父子之间也要分清金钱。類貸し借りは他人。

【背にする】　背对；背靠着。例小学校は山を背にして建っている。小学校△靠山而建（背后是山）。

【銭になる】　赚到钱。類金になる。例この商売は銭になる。这个买卖能赚钱。

【背に腹はかえられぬ】　为解燃眉之急顾不得其他；火烧眉毛顾眼前；舍车马保将帅。

【銭を買う】　把金币、银币换成零钱；破钱。

【銭をつく】　付款；交钱。

【是非に及ばず】　不得已；没有办法。類止むを得ない。例お取込み中なら是非に及ばず。处在忙乱之中（的话），那也是没有办法的事；在忙乱之中，那也是不得已的。

【是非も知らず】　忘我地；不管不顾地；入迷地；不顾一切地。類無我夢中。

【是非も無い】　不得已；没有办法。類止むを得ない。例病気ということであれば是非もない。如果是有病，那△就只好那么着了（也是不得已的）。

【狭き門】　入学求职困难；龙门难登；独木桥。例いつの世でも進学と就職は狭き門だ。无论什么时代，考大学和就业都是一大难关。

【蝉の抜け殻】　蝉蜕；没有实质内容；只有空壳。

【責め一人に帰す】　由最高负责人担全责。

【責めを負う】　承担责任；负责任。例その件については私が責めを負います。那件事由我承担责任。

【責めを塞ぐ】　基本上尽到职责；敷衍塞责；勉强完成任务。

【台詞を付ける】　导演；说明原委。

385

【世話がない】 ❶没治了；没辙。例人を引っかけようとして逆に自分が騙されるとは世話がない。本想骗人，结果叫人家给骗了，真没辙。❷省事；不费事。例上の子は大人しくて夜泣きもせず、世話がなくて親として助かった。大孩子老实（很乖），夜里也不哭闹，省事，大人少遭罪。

【世話が焼ける】 麻烦人；给人添麻烦。類手が掛かる；手が焼ける；手間が掛かる。例この子は本当に世話が焼ける。这孩子实在是麻烦人。

【世話に砕ける】 ❶歌舞伎道白变为日常口语形式。❷言语、态度平易近人。

【世話になる】 多承关照；仰仗关照。類面倒を掛ける；厄介になる。例学生時代、あの店にはよく世話になった。我在学生时代常常△去那个（来这个）店。

【世話をかく】 照料；帮助；照管。類世話を焼く。例この子には随分世話をかかされた。这孩子可没少叫我操心。

【世話を掛ける】 添麻烦。類造作を掛ける；手を煩わす；厄介を掛ける。例若い頃上京して伯母の家に下宿をし随分世話を掛けた。年轻的时候上东京住在姑姑家，给她添了不少麻烦。

【世話を焼く】 关照；帮助；照管。類肝精焼く；肝を煎る②；世話をかく；面倒見；面倒を見る。例なにくれと下宿人の世話を焼く。对房客多方照顾。

【世話を病む】 操碎了心；悉心照料；无微不至地关照。

【背を丸める】 曲背；弯腰驼背；罗锅着腰。例筑波颪に背を丸めて歩く。在筑波山刮来的风中，罗锅着腰走路。

【背を向ける】 ❶漠不关心；不理睬。類背中を向ける。例世の中の動きに背を向けて生きる。生活中毫不关心社会的变动。❷违背；违抗。例恩人に背を向ける。背叛恩人。

【善悪の報いは影の形に随うが如し】 善恶之报，如影随形。中五代・后晋・刘昫《旧唐书·儒学列传·张士衡传》："善恶之报，若影随形。此是儒书之言，岂徒佛经所说。"

【善悪は友による】 善恶因交友；近朱者赤，近墨者黑。類朱に交われば赤くなる。

【善意の第三者】 善意的第三方。

【泉下の客となる】 成为泉下之客;故去;作古。類息が絶える。

【線が太い】 度量大;有气魄;行事果断干脆。類腹が大きい。例息子は線が太いので将来が楽しみだ。这孩子有度量,前途是可指望的。

【線が細い】 胆子小;敏感;懦弱。類気が小さい。例うちの子は線が細いから学校でいじめに遭わないか心配だ。我家孩子胆小,我担心他在学校会挨欺负。

【千貫のかたに編み笠一蓋】 得不偿失。類鼻を欠く。

【疝気の虫】 疝气病原。

【千鈞の重み】 千钧之重。中战国·商鞅及后学《商君书·错法》:"乌获举千钧之重,而不能以多力易人。"例その人にとって千鈞の重みがある言葉や教えを「座右の銘」と言う。对一个人来说,有千钧之重的话语和教诲就是"座右铭"。

【千金の裘は一狐の腋に非ず】 千金之裘,非一狐之腋;治国需众多贤士。中汉·司马迁《史记·刘敬叔孙通列传》:"语曰'千金之裘,非一狐之腋也……三代之际,非一士之智也'。信哉!"

【千金の子は市に死せず】 千金之子,不死于市;金钱万能。類金が物を言う。中汉·司马迁《史记·货殖列传》:"谚曰'千金之子,不死于市。'此非空言也;。"

【千金の子は坐して堂に垂せず】 千金之子,坐不垂堂;不在危险处停留。中汉·司马迁《史记·袁盎晁错列传》:"臣闻千金之子坐不垂堂,百金之子不骑衡,圣主不乘危而徼幸。"

【先見の明】 先见之明;未卜先知。中南朝·宋·范晔《后汉书·杨彪传》:"愧无日磾先见之明,犹怀老牛舐犊之爱。"

【前後に暮れる】 茫茫然,不知所措;走投无路。類途方に暮れる。

【前後の見境もなく】 顾前不顾后;不管不顾;不管三七二十一。類後先見ず。例親に叱られ前後の見境もなく家を跳び出した。受到家长斥责,就不管不顾地从家跑出去了。

【前後を失う】 ❶蒙头转向;不知所措。類途方に暮れる。❷失去知觉。類気を失う。

【前後を知らず】 ❶蒙头转向；不知所措。類途方に暮れる。❷失去知觉。類気を失う。

【前後を忘れる】 ❶蒙头转向；不知所措。類途方に暮れる。例突然梯子を外され前後を忘れてしまった。突然被撤了梯子，一时不知所措。❷失去知觉。類気を失う。例泥酔して前後を忘れてしまった。烂醉如泥，失去了知觉。

【前座を務める】 垫场；权充引玉之砖；说垫话儿。例選挙で立候補者登壇の前座を務めてもらうため有名人に応援に来てもらう。为了给参选者讲演垫场，请名人来声援。

【前車の覆るは後車の戒め】 前车之覆，后车之鉴；前车之鉴。類人のふり見て我がふり直せ。中汉・班固《汉书・贾谊传》："鄙谚曰：'前车覆，后车戒'，秦氏所以亟绝者，其辙亦可见，然而不避，是后车又将覆也。"

【前車の轍を踏む】 重蹈覆辙；复蹈前辙。類轍を踏む；二の舞を演じる。

【千丈の堤も蟻の穴より崩る】 千丈之堤，溃于蚁穴；千里之堤，溃于蚁穴。類蟻の穴から堤も崩れる。中战国・韩非《韩非子・喻老》："千丈之堤，以蝼蚁之穴溃；百尺之室，以突隙之炽焚。"

【善書紙筆を択ばず】 善书者不择纸笔。類弘法筆を択ばず。中宋・陈师道《后山谈丛》："善书不择纸笔，妙在心手，不在物也。"

【前事を忘れざるは後事の師なり】 前事不忘，后事之师。中汉・刘向《战国策・赵策一》："臣观成事，闻往古，天下之美同，臣主之权均之能美，未之有也。前事之不忘，后事之师。君若不图，则臣力不足。"

【先生と呼ばれるほどの馬鹿でなし】（呼ばれる、言われるとも）你少给我戴高帽；你少忽悠我；还没傻到一戴高帽就得意忘形。

【仙籍を許す】（古代典章）允许进入清凉殿。

【然諾を重んずる】 重然诺；所诺必信；信守承诺。中唐・崔颢《代闺人答轻薄少年》："儿家夫婿多轻薄，借客探丸重然诺。"

【栴檀は双葉より芳し】 杰出人物自幼不凡；英雄出少年；大才自幼就颖脱不群。類蛇は一寸にして人を呑む；松は寸にして棟梁の機あり；実のなる木は花

から知れる。

【戦端を開く】 挑起战端；开战。類干戈を動かす；火蓋を切る；兵端を開く；砲火を交える。

【前轍を踏む】➡前車の轍を踏む

【先手を打つ】❶先手棋；(走棋)先布子。例白番が先手を打つ。(围棋)执白先下。❷先发制人。類機先を制する。例勝負の駆け引きでは先手を打った方が有利だ。比赛先发制人是上策；成败之策在于先下手为强。❸未雨绸缪；制定预案，以应不测。類転ばぬ先の杖。例いつ起こるか分からない自然災害に対して先手を打つことは極めて困難だ。对不知何时发生的自然灾害，制定预案是非常困难的。

【船頭多くして船山へ上る】(山へ、山にとも) 艄公多，撑翻船；木匠多了盖歪房子；厨师多了烧坏了汤。

【先頭を切る】 作先导；领头。例どの分野にも先頭を切る人材が必要だ。任何领域都需要△领头的（领军）人材。

【善に従うこと流るるが如し】 从善如流。中春秋・左丘明《左传・成公八年》："君子曰：'从善如流，宜哉。'"

【千日に刈った萱一日に亡ぼす】 千日割草，一天烧光；前功尽弃；辛苦之功，毁于一旦。類九仞の功を一簣に虧く。

【善に強い者は悪にも強い】 能行大善者亦能为大恶；大恶大善，互可转换。

【膳に上る】 上饭桌。例山菜料理が膳に上る。山野菜上饭桌。

【千に一つ】 千分之一的概率；几乎没有可能。類百に一つ。例実現する可能性は千に一つもない。实现的可能性连千分之一都没有。

【先入主となる】 先入为主。類先入観。中汉・班固《汉书・息夫躬传》："唯陛下观览古今，反复参考，无以先入之语为主。"

【善の裏は悪】 善恶会互相转化；善中也有恶。

【善は急げ】 好事不宜迟；好事不必犹豫。類思い立つ日が吉日。

【千番に一番の兼ね合い】 难度极大；成功率不过千分之一。

【先鞭を着ける】 着先鞭；抢先；率先。類機先を制する。中南朝・宋・刘义庆《世语新语・赏誉》刘孝标 注引《晋阳秋》："吾枕戈待旦，志枭逆虏，常恐祖生先吾箸（=着）鞭耳。"例K社は電気自動車の実用化に先鞭を着けた。在电动车的实用化上，K公司△着了先鞭（占了先机）。

【千万人と雖も吾往かん】 虽千万人吾往矣。中战国・孟轲《孟子・公孙丑上》："自反而不缩，虽褐宽博，吾不惴焉。自反而缩，虽千万人吾往矣。"

【宣命を含める】 陈明因果报应的道理；说明原委；晓之以理。類因果を含める。

【前面に押し出す】 把……放在首位；突出。例人口抑制のため「一人っ子政策」を前面に押し出す。为抑制人口增长而突出"独生子女政策"。

【千も万もいらぬ】 无须多说；请勿多言；不必啰嗦；不必说这说那。類問答無用。

【前門の虎、後門の狼】 前门拒虎，后门进狼。類一難去ってまた一難。中明・李贽《史纲评要・周纪・显王》："前门拒虎，后门进狼，未知是祸是福。"

【千里の行も足下に始まる】 千里之行，始于足下。類千里の道も一歩から。中春秋・李耳《老子・64章》："合抱之木，生于毫末；九层之台，起于垒土；千里之行，始于足下。"

【千里の野に虎を放つ】 放虎归山；遗患日后。

【千里の道も一歩から】 千里之行，始于足下；行远自迩。類千里の行も足下に始まる。

【千里も一里】 有情千里来相会；为见情人面，千里不嫌远。類惚れて通えば千里も一里。

【全力をあげる】 竭尽全力；全力以赴；不遗余力。類息精張る；ベストを尽くす；諸肌を脱ぐ；精一杯；全力投球；力一杯；手一杯①；目一杯①；力戦奮闘。例被災者の救助に全力をあげる。全力以赴地救助灾民。

【千慮の一失】 千虑一失；智者千虑，必有一失。類弘法にも筆の誤り。中春秋・晏婴《晏子春秋・内篇杂下》："圣人千虑，必有一失；愚者千虑，必有一得。"汉・司马

迁《史记·淮阴侯列传》："智者千虑,必有一失;愚者千虑,必有一得"

【千慮の一得】 千虑一得;愚者千虑,必有一得。類愚者も千慮の一得あり。

中春秋·晏婴《晏子春秋·内篇杂下》："圣人千虑,必有一失;愚者千虑,必有一得。"

【洗礼を受ける】 受洗礼;领洗;经受考验。例プロに入団したばかりの新人はよく手痛い洗礼を受けるものだ。刚刚进入职业队的新手,都要经过严厉的考验。

【先を越す】 抢先;抢占先机。類機先を制する。例他社の先を越そうと各社は商品開発に鎬を削っている。各公司为领先其他公司,都在商品开发上拼命竞争。

【善を責むるは朋友の道なり】 责善,朋友之道也。中战国·孟轲《孟子·离娄下》："责善,朋友之道也;父子责善,贼恩之大者。"

【先を取る】 先发制人;抢先;着先鞭。類機先を制する。例先を取って試合を有利に進める。在比赛时先发制人取得主动权。

【線を引く】 划定界线;设定基准。

そ

【相違ない】 必然;必须;确实;无疑;肯定。例彼の実力なら合格するに相違ない。以他的实力△无疑会(肯定)合格。例冷凍の宅配便は相違なく受取人本人に手渡す。冷冻快递件必须亲手交给收件人(本人)。

【滄海の一粟】 沧海一粟。類大海の一粟。中宋·苏轼《前赤壁赋》："寄蜉蝣于天地,渺沧海之一粟。"

【滄海変じて桑田となる】 沧海变桑田;沧海桑田。類昨日の淵は今日の瀬;滄桑の変;淵は瀬となる。中唐·储光羲《献八舅东归》诗："独往不可群,沧海成桑田。"

【爪牙に掛かる】 成为恶人的猎物;遭到毒手。例家出娘は悪人の爪牙に掛かりやすい。离家出走的女孩容易成为坏人的猎物。

【喪家の狗】 丧家之犬。中汉·司马迁《史记·孔子世家》："东门有人,其颡似尧,其项类皋陶,其肩类子产,然自要(=腰)以下不及禹三寸,累累若丧家之狗。"

【創業は易く守成は難し】 创业易,守成难。中唐·吴兢《贞观政要·君

道》："房玄龄对曰：'……草创为难。'魏征对曰：'……守成则难。'"

【造詣が深い】 造诣很深；造诣深厚；得其三昧。例茶器にしろ刀剣にしろ骨董品の鑑定家はそれぞれの分野で途轍もなく造詣が深い。无论是茶具还是刀剑，举凡古玩的鉴赏家都在各自领域具有极其深厚的造诣。

【象牙の塔】 象牙之塔。

【双肩に担う】 肩负。例総理大臣は国の行く末を双肩に担うポストだ。总理大臣是肩负国家未来的职位。

【糟糠の妻】 糟糠之妻；贫穷时共患难的妻子。类糠味噌女房。中南朝·宋·范晔《后汉书·宋弘传》："臣闻贫贱之知不可忘，糟糠之妻不下堂。"

【糟糠の妻は堂より下さず】 糟糠妻，不垂堂。中南朝·宋·范晔《后汉书·宋弘传》"臣闻贫贱之知不可忘，糟糠之妻不下堂。"

【相好を崩す】 喜笑颜开；笑容满面；笑逐颜开。类顔を綻ばせる。例大好物をお土産に持参すると先生は決まって相好を崩す。每当带去老师最喜欢的礼物，他都会笑逐颜开。

【造作も無い】 不费事；不麻烦。类苦もない。例そんな事は造作も無い。那么点事不费吹灰之力。

【造作を掛ける】 添麻烦。类世話を掛ける。例主役がドタキャンで代役の方にはすっかり造作を掛けてしまった。主角关键时刻爽约，可给替代者添了大麻烦。

【宋襄の仁】 宋襄之仁；妇人之仁。中春秋·左丘明《左传·僖公二十二年》："宋人既成列，楚人未既济。司马曰：'彼众我寡，及其未既济也请击之。'公曰：'不可。'既济而未成列，又以告。公曰：'未可。'既陈而后击之，宋师败绩。"

【総好かんを食う】 遭到大家的厌弃；受到所有人的唾弃；受万人烦。例セクハラで女性陣から総好かんを食う。因为性骚扰，遭到妇女的嫌恶。

【想像が付く】 想象得到；察觉到。类見当が付く。例どういう結末になるのか、大体想像が付く。大体上想象得到最终结果是什么样子。

【滄桑の変】 沧海变桑田；世事变迁。类滄海変じて桑田となる。中金·元好问《续夷坚志》序："有金元遗山先生，具班马之才，阅沧桑之变，隐居不仕，著述自

娯。"

【想像も付かない】 想象不出；无法想象。類想像を絶する。例凡人には天才の境地など想像も付かない。凡人想象不出天才的境界；燕雀焉知鴻鵠之志！

【想像を絶する】 超出想象；无法想象。類想像も付かない。例宇宙の神秘は想像を絶する。宇宙的神秘之处超乎想象。例人類の登場で両極の氷河が想像を絶するスピードで溶け始めている。人类的出现使两极的冰河以超出想象的速度融化。

【相談に乗る】 提供参考性意见；参加商量；帮助斟酌。例困ったことがあったら相談に乗るよ。有困难我会帮你出主意的。例困ったことがあるので相談に乗ってよ。我遇到麻烦了，帮我出出主意呀。

【相談を懸ける】 商量；协商；征询意见。例新会社を作ろうと思い友人に相談を懸ける。跟朋友商量办一个新的公司。

【総嘗めにする】 ❶打败所有对手。例一人の棋士が斯界のタイトルを総嘗めにする快挙を成し遂げた。一个职业棋手成就了扫平棋界内锦标赛全部选手的壮举。❷灾害波及整个区域。例未曾有の大洪水が大河の流域を総嘗めにした。空前的洪水淹没了大河整个流域。

【そうは烏賊の金玉】 那可不行；没有那么便宜的事；天上不会掉馅饼；没有免费的午餐。類そうは問屋が卸さない。

【相場が決まっている】 铁定；必然；天经地义。例日本料理には日本酒と相場が決まっている。吃日本料理就喝日本清酒，是天经地义的。

【相場が悪い】 形势不利；情况不妙。類形势不利。

【糟粕を嘗める】 开口闭口古人曰；泥古；言必称古训。例亡くなられた時代小説家たちの糟粕を嘗めているだけで未だ独創的な新境地を拓いておりません。一味地紧步已故历史小说家的后尘，迄今尚未开拓出具有独创性的新生面。

【そうは問屋が卸さない】 没那么便宜的事；没那么容易的事。類そうは烏賊の金玉。

【草莽の臣】 草莽之臣；庶民；在野的人。中战国·孟轲《孟子·万章下》："在国曰市井之臣，在野曰草莽之臣，皆谓庶人，庶人不传质为臣，不敢见于诸侯，礼也。"

【桑楡且に迫らんとす】 桑榆且迫；大限将至；行将就木。類棺桶に片足を突っ込む。中五代·后晋·刘昫《旧唐书·太宗纪》："筋骨将尽，桑榆且迫。"

【蒼蠅驥尾に付して千里を致す】 苍蝇附骥尾而至千里；附骥尾。類驥尾に付す。中汉·司马迁《史记·伯夷传·索隐》："苍蝇附骥尾而致千里，以譬颜回因孔子而名彰也。"

【叢蘭茂らんと欲すれども秋風之を敗る】 丛兰欲茂，秋风败之。中唐·李世民《帝范·去逸》："故蘩兰欲茂，秋风败之；王者欲明，谗人蔽之。此奸佞之危也。斯二者，危国之本。"

【総領の甚六】 老大受骄纵，往往不成器。长子往往憨厚沉稳大方；傻乎乎的老大。

【倉廩実ちて礼節を知る】 仓廪实而知礼节。類衣食足りて礼節を知る。中汉·司马迁在《史记·管晏列传》："故其称曰：'仓廩实则知礼节，衣食足则知荣辱。上服度则六亲固。'"

【惻隠の情】 恻隐之心。類判官贔屓。中战国·孟轲《孟子·告子上》："恻隐之心，人皆有之。"

【俗耳に入りやすい】（入り、入りとも） 通俗易懂；容易为世人接受。類通りがいい。例下ネタは俗耳に入りやすい。低俗的话题容易为受众接受。

【足跡を残す】 留下业绩。例L先生は日本の土地改良事業に偉大な足跡を残した。L先生在日本的农田改良事业方面作出了卓越的业绩。

【俗に言う】 俗话说；通俗地说。例「悪性腫瘍」とは俗に言う「癌」ですよ。"恶性肿瘤"通俗地说就是"癌"呀。

【そくらをかう】 煽动；唆使；拱火儿。類油を注ぐ。

【底意地が悪い】 坏心眼儿；心眼儿不好；居心不良。類意地が悪い。例傍から見ていると彼女は夫に対して底意地が悪い。外人一看就知道，她对丈夫存心不良。

【底が浅い】 肤浅；根底浅；能力不足。例私など底が浅くてまだまだです。我根底浅还远远不行。

【底が堅い】 行情坚稳；行情坚挺；底盘坚固。例底が堅いと見て売らずに様

子を見ることにした。认为行情坚挺，我决定只观望不卖。

【底が知れない】　深不可测；高深莫测。[例]彼の実力は底が知れない。他的实力深不可测。[例]彼の野心は底が知れない。他的野心高深莫测。

【底が割れる】　意图被识破；露底；真意被拆穿。[類]馬脚を露わす。[例]狂言かどうか専門家にかかれば間なしに底が割れる。专家马上就能识破是不是骗局。

【其処とも知れず】　不知何处。

【そこはかと無し】　总觉得；不知从哪儿；不由得。[類]何処となく。[例]京都の町並みにはそこはかと無く雅な風情が漂っている。总觉得京都的市街飘逸着一种△雅致的（优雅的）情调。

【其処へ行くと】　由此看来。[例]兄はぐれてしまった。其処へ行くと弟は立派だ。哥哥已经堕入歧途，由此看来弟弟是出色的。

【其処へ持って来て】　再加上；加之。[類]所へ持ってきて；持って来て。[例]地震にやられ、其処へ持って来て大雨とは、泣きっ面に蜂だ。遭遇地震，再加上大雨，简直是雪上加霜。

【底を入れる】　行市落到底；跌入谷底；停止下跌。[類]底を打つ；底を突く②。[例]原油価格は底を入れたようだから今が買いだ。原油价格已跌入谷底，现在是时候买入了。

【底を打つ】　跌至谷底；停止下跌。[類]底を入れる。[例]悪材料を出し尽くして底を打ったようだ。疲跌因素尽显，似乎已经停止下跌了。

【齟齬を来す】　出现分歧；相龃龉；产生不协调。[例]住民の反対運動で工事の進捗に齟齬を来す。当地居民的反对运动扰乱了工程进度。

【底を突く】　❶见底。[例]蓄えが底を突く。积蓄已经见底。❷跌至谷底。[類]底を入れる。[例]世界同時不況なのにダウは底を突くどころか高値を更新し続けている。尽管世界同时都陷入衰退，道琼斯却非但没有跌到谷底，还在不断高涨。

【底を叩く】（叩く、叩くとも）　抖搂净；用尽；倒光；告罄。[類]底を払う；皆になる。[例]財布の底を叩いてもまだ足りない。即使拿出全部的钱，还是不够。

【底を払う】用尽；倒光；告罄。[類]底を叩く。[例]海外旅行客の爆買いで在庫が底

を払った。由于外国游客疯狂购买，库存已经告罄。

【底を割る】 ❶据实以告；毫无隐瞒。劉胸襟を開く。囫刎頸の交わりとは腹の底を割る間柄のこと。所谓刎颈之交，就是毫无隐瞒的△交情（关系）。❷跌破谷底。囫東京市場は底を割って「いつまで続く泥濘ぞ」状態だ。东京股市跌破谷底，处于不知何时摆脱困境的状态。

【俎上に載せる】 提出加以评论；为了评论而将人或事提出来。劉俎板に載せる。囫メディアは思い出したように首都移転構想を俎上に載せる。媒体偶尔心血来潮，把迁都构想拿出来讨论。

【俎上の魚】 俎上肉；任人宰割的命运。劉俎板の鯉。

【俎上の魚江海に移る】 脱险；逃出险境；转危为安。劉虎口を脱する。

【素知らぬ顔】 装成不知道的样子；若无其事；佯装不知。劉涼しい顔；空吹く風；何処吹く風；何食わぬ顔。囫事情を知っているので素知らぬ顔はできない。知道底细就不能佯装不知了。

【謗りを免れない】 难免受到责难；免不了受指责。囫放漫経営の誹りを免れない。难免受到粗放经营的批评。

【そつが無い】 无漏洞；无懈可击；周到圆滑。劉抜け目がない。囫やることなすことそつが無い。所作所为，无懈可击。

【そっくり其の儘】 原封不动；原样。囫借りた物はそっくり其の儘返す。借人家的东西必须原样归还。

【素っ気が無い】 冷淡；无情。劉曲がない②；無愛想。囫気を引こうとしても彼女はいつも素っ気が無い。总想引起她的注意，但她总是漠然以对。

【卒爾ながら】 恕我冒昧；突然打扰，请原谅；对不起，打扰您。劉失礼ながら。囫卒爾ながら江戸から来られた御仁ではござるまいか？恕吾冒昧，自江户来者非子也耶？（突然打扰，请原谅。您是从江户来的吧？）

【そっとしておく】 不惊动；不打扰；不去动；不去管。囫息子は受験に失敗したばかりなので今はそっとしておくしかない。儿子没考好，现在得让他一个人静一会。

【ぞっとしない】 不怎么样；不太令人佩服；没什么意思。囫作品の出来栄えはあ

まりぞっとしない。作品写得没什么意思。

【外方(そっぽ)を向(む)く】 不理睬;无视;置之不理。類横(よこ)を向く。例製品の質が悪く消費者に外方を向かれる。产品质量低劣,无人问津(wúrénwènjīn)。

【袖打(そでう)ち合(あ)わす】 拱手致敬(gǒngshǒuzhìjìng);两(liǎng)袖相合以致敬意。

【袖反(そでかえ)る】 衣袖被风吹动;衣袖飘动(yīxiùpiāodòng)。

【袖掻(そでか)き合(あ)わす】➡袖打ち合わす

【袖(そで)に時雨(しぐ)る】 泪如雨下(lèirúyǔxià);泪湿衣袖(yīxiù)。類袖を濡らす。

【袖(そで)に縋(すが)る】 乞求;求助;乞怜(qǐlián)。類哀(あわ)れみを乞(こ)う。例もうあなたの袖に縋るしかありません。我只能向你求助了。

【袖(そで)にする】 冷待;慢待;无视。類取(と)り付(つ)く島(しま)もない。例異性から袖にされ腐(くさ)る。受到异性的冷待而沮丧(jǔsàng)。

【袖(そで)に湊(みなと)の騒(さわ)ぐ】 泣涕涟涟(qìtìliánlián); 声泪俱下(shēnglèijùxià)。類声涙(せいるいとも)に下(くだ)る。

【袖(そで)の下(した)】 贿赂(huìlù)。例あの人に袖の下は利かない。他不接受贿赂。

【袖振(そでふ)り合(あ)うも多生(たしょう)の縁(えん)】 相会皆有缘(jiē);萍水相逢(píngshuǐxiāngféng)也是前世因缘。類一河(いちが)の流(なが)れを汲(く)むも他生(たしょう)の縁(えん);一樹(いちじゅ)の陰(かげ)一河の流れも他生の縁。

【袖振(そでふ)る】 ❶挥袖惜别(huīxiù);挥袖致意。❷挥袖起舞。

【袖纏(そでま)き干(ほ)す】 泪浸衣袖(lèijīn),权作双枕晾晒(shuāngzhěnliàngshài)。

【袖(そで)を反(かえ)す】 ❶(迷信)把袖子里子和面翻过来睡觉,可梦见情人。❷舞蹈时甩(shuǎi)动(dòng)袖子。

【袖(そで)を絞(しぼ)る】 泪满衣襟(yījīn);泣涕涟涟(qìtìliánlián)。類袖を濡らす。

【袖(そで)を連(つら)ねる】 联袂(liánmèi);共同行动;结伴。類袂(たもと)を連ねる。例袖を連ねてお祭(まつ)り見物(けんぶつ)に出かける。一起去看庆祝活动。

【袖(そで)を通(とお)す】 穿(chuān)新衣服。類手を通す。例成人式の晴(は)れ着(ぎ)に袖を通す。穿上成人仪式的盛装(shèngzhuāng)。

【袖(そで)を濡(ぬ)らす】 泪满襟(jīn);流泪。類袖に時雨(しぐ)る;袖を絞る;袂(たもと)を絞(しぼ)る;袂(たもと)を濡らす。例メロドラマに袖を濡らす。为(wèi)情节剧感动流泪。

【袖を引く】 ❶偷偷提醒。例今言うのはまずいと友人の袖を引く。暗中提醒朋友，现在不宜说。❷邀请；催促。例一緒に行かないかと袖を引かれる。受到的邀请：一起去吧。

【袖を広ぐ】 行乞；乞食。

【袖を分かつ】 断绝关系；离别。類挨拶切る；足を抜く；おさらばをする①；袂を分かつ；手を切る；手を引く②；手を分かつ②；道を切る。例彼と袖を分かってから20年経つ。和他分手已经20年了。

【外が内】 常不在家；经常出门在外。類内を外にする。

【外堀を埋める】 扫平外围；清除周边障碍；迂回进攻。例外堀を埋めてから本題に取り掛かればリスクは少ない。清除周围障碍再进入本题，风险就小。

【外を家にする】 常不在家；抛家在外。類内を外にする。

【備えあれば患いなし】 有备无患。類葦をふくむ雁。中《尚书·说命中》："惟事事乃有其备，有备无患。"春秋·左丘明《左传·襄公十一年》："居安思危，思则有备，有备无患。"

【其の足で】 顺便去；就便去；从那儿直接去。類足を伸ばす。例郵便局に行った其の足でスーパーに寄る。上邮局，顺便去超市。

【其の気になる】 别人一说，也跟着那么想；产生那种念头；想那么作。例高校のサッカー部の監督に「君ならプロを目指せるよ」と言われて其の気になる。高中足球俱乐部△领队（教练）说："你可以向专业足球运动员方向发展。"所以自己也那么想。

【其の手は食わない】 不上你的当；不吃那一套。類其の手は桑名の焼き蛤。

【其の手は桑名の焼き蛤】 不上你的当；不吃那一套。類其の手は食わない。

【其の時は其の時】 到时候再说。例どうするか、其の時は其の時だ。究竟怎么办，到时候再说。

【側杖を食う】 受牵连；遭池鱼之殃。類煽りを食う；好い迷惑；喧嘩の側杖；尻を食う①；池魚の殃；弾みを食う；火の粉が降りかかる；巻添えを食う。例お前のせいでとんだ側杖を食った。因为你的缘故，我跟着遭了殃。

【側目にかく】　❶斜眼看。❷冷眼看。類白い眼で見る。

【空知らぬ雨】　泪水。

【空飛ぶ鳥も落とす】　气冲霄汉；意气昂扬，势不可挡；位高权重。類飛ぶ鳥を落とす勢い。例連戦連勝で空飛ぶ鳥も落とす勢いだ。连战连胜，势不可挡。

【空に標結う】　痴心妄想；异想天开。

【空に知られぬ雪】　落樱缤纷；落花如雪。類桜吹雪。

【空に三つ廊下】　阴晴雨雪，天气难测。

【空吹く風】　毫不在意；与己无关；漠不关心。類素知らぬ顔。

【空耳を潰す】　假装没听见。

【空目を使う】　假装没看见；装蒜。

【空を歩む】　心里不踏实；心怀惴惴；忐忑不安；战战兢兢。類足が地に着かない①。

【空を使う】　佯装不知；装糊涂；装傻。類白を切る。例記者に何を聞かれても空を使う。记者问什么都装糊涂。

【反りが合わない】　合不来；脾气不合；不对劲ル。類相性が悪い；箸が合わぬ。例あの二人は反りが合わない。他们两个人性格合不来。

【反り身になる】　挺着胸脯；得意扬扬。例壇上で反り身になって演説する。挺着胸脯在台上讲演。

【反りを合わせる】　迎合（対方）；配合；顺应。類相槌を打つ。例その場の雰囲気で周りの人に反りを合わせる。根据当时的气氛迎合周围的人。

【反りを打つ】　佩刀尖端上翘；使呈弓形。例反りを打った天守閣が美しい。有飞檐的天守阁很美。

【反りを返す】　➡反りを打つ

【其れかあらぬか】　❶是否；不知是不是。❷不知是否△因此（由于这个缘故）。

【其れかと言って】　虽说如此；话是那么说。類とは言うものの。例其れかと言って、これ以上いい方法は思いつかない。话是那么说，可再也想不出更好的办法了。

【其れから其れと】　连绵不断；一个接一个地；连续不断地。例其れから其れ

とやるべきことはいくらでもある。需要不断作下去的事，简直无穷无尽。

【其れ来た】 看！来了。例『魚群がそっちへ行ったぞ！』『其れ来た、網を入れろ！』。"鱼群跑那边去了！""看，来了！快下网！"

【其れ御覧】 你瞧；我不是说过吗；不听好人言，吃亏在眼前。類其れ見たことか。例其れ御覧、自分でやってみると大変でしょう。你瞧！自己弄不行吧？

【其れでいて】 尽管如此；虽然那样。類其れにも拘らず。例まだまだヒヨッコだ、其れでいて一丁前の口を利く。还是个小孩子，却说上大人话了。

【其れでこそ】 那才称得上；这才像是。例よくぞこの試練に耐えた。其れでこそ私の弟子だ。你还真经得住这次考验了，这才是我的弟子呢。

【其れでも地球は動いている】 （伽利略语）尽管如此,地球照样在转动。
西Galileo Galilei：Anche così, la terra si sta muovendo.

【其れでもって】 ❶因此。例急用ができて、其れでもって予約をドタキャンした。有急事，所以在践约前突然取消了预定事项。❷然后。例30歳の時土地を購入しておき、其れでもって40の時に家を建てた。30岁的时候买了土地，然后40岁的时候盖了房子。

【其れというのも】 为什么呢, 因为；那是因为。例一流企業が安泰とは言えない。其れというのも最近グローバルな産業構造の変革が益益激化しているからだ。一流企业也不能高枕无忧，为什么呢，因为最近全球性的企业结构改革越来越激烈了。

【其れとはなしに】 委婉地；婉转地；不动声色。例其れとはなしに上司の意中を探る。不露声色地试探领导的心思。

【其れにしては】 要这么说；这样看来。例初めての挑戦だが、其れにしては上出来だ。是初次挑战，要这么说成绩还算不错。

【其れにしても】 ❶即使如此；尽管那样。類其れにつけても。例其れにしても弱ったね。尽管如此也够伤脑筋的。❷真是；还。例其れにしても今日はむちゃくちゃ暑い。今天真是热死了。

【其れにつけても】 尽管如此；正因为如此。類其れにしても❶。例勝つことは勝ったが、其れにつけても酷い試合だった。赢倒是赢了，可那也是一场鏖战啊。

【其れにとりて】 对此；因此；这种场合。

【其れに引き替えて】 正好相反；与其相比；相比之下。例旦那は寡黙だが、其れに引き替えて奥さんはよくしゃべる。丈夫话很少，而太太正好相反，非常能说。

【其れにも拘らず】 尽管如此；虽然那样。類其れでいて。例条件はすべて整っている。其れにも拘らず着手しようとしない。已经万事俱备，尽管如此，还不想立即开始干。

【其れはさておき】 那且不说；那个暂且不提；闲话少说。類閑話休題。例其れはさておき、景気の先行きが気になる。那且不说，我担心景气的趋向。

【其れはそうと】 那先不说；此外；另外；可是。類閑話休題。例其れはそうと、息子さんは今何してるの？另外，你儿子现在干什么呢？

【其れは其れとして】 那且不说；那先不说。類閑話休題。例其れはそれとして、君自身の考えを伺いましょう。那且不说，我想听听你本人的想法。

【其れは其れは】 ❶那可真是。例奥様は、其れは其れはお奇麗な方でした。太太可真是个漂亮的人。❷哎哟。例『徹夜でなんとか仕上げた。』『其れは其れは、ご苦労様でした。』"熬了一夜总算干完了。""哎哟，那可辛苦你了。"

【其れはともあれ】 那且不说；那事无所谓。類閑話休題。例其れはともあれ本題に入りましょう。那事无所谓，还是说正事吧。

【其れはない】 那是不行的；那怎么行呢；不可如此；不该这样。例飲み屋でお愛想する時になって相棒が「俺は金を持っていない」なんて、其れはないでしょう。在酒馆结账的时候伙伴说："我没带钱。"那怎么行呢？

【其れ見たことか】 怎么样，搞糟了吧；你看，我不是说过吗；不听好人言，吃亏在眼前。類様を見ろ；其れ御覧。例其れ見たことか、あれほど足元に気を付けろと言ったのに滑って転んだ。不听好人言吃亏在眼前，我那么叫你注意脚下，可还是滑倒了吧？

【其れ見ろ】 ➡其れ見たことか

【其れもそうだ】 那倒也是。例言われてみれば其れもそうだ。要那么一说，倒也是那么回事。

【其れも其のはず】 那也是理所当然的。例魔法のように難問を解く。其れも其のはず彼は世界的な数学者だ。像魔术一样解开难题。那是理所当然的，他是世界著名的数学家。

【其れや此れや】 这样那样；这个那个（地）；各种各样。類彼や此れや。例特別な用事もないのに其れや此れやで日が暮れる。没有什么要紧的事，忙忙活活地天就黑了。

【揃いも揃って】 全是；清一色；净是些；毫无例外。類何奴も此奴も。

【算盤が合う】 ❶算对了。❷合算；上算。類採算が取れる。

【算盤が持てない】 不上算；无利可图。類損がいく。

【算盤の玉はずれ】 账外资金；额外盈余；内部资金。

【算盤を置く】 ❶打算盘。類銭勘定。❷计较利益。類算盤勘定。

【算盤を弾く】 ❶打算盘。類銭勘定。例今時計算で算盤を弾く人はいない。如今已经没有人用算盘子进行计算了。❷计较个人得失；盘算。類算盤勘定。例うまく行くかどうか算盤を弾いてみる。盘算一下看能不能弄好。

【損がいく】 吃亏；亏本。類渋を食う①；算盤が持てない；馬鹿を見る；間尺に合わない；割が悪い；割を食う。例新しい商売に手を出して思いのほか損がいった。拓展新的买卖，没想到亏了本ル。

【損して得取る】 吃小亏，占大便宜。類尺を枉げて尋を直ぶ。

【損なこととは露知らず】 一点也不知道；一无所知；不知道会亏损。類露知らず。例損なこととは露知らず大変失礼しました。非常抱歉，那事我一无所知。

【そんなこんな】 这样那样；这个那个。例彼や此れや。例ここのところそんなこんなで大忙ぎです。最近这事那事的，太忙了。

【存亡の機】 生死存亡的关键时刻。

【損を掛ける】 给对方造成损失；使蒙受损失。例この度はあなたに損をお掛けして申し訳ない。这次使你蒙受损失实在对不起。

た

【だあとなる】 惊呆；瞠目结舌；目瞪口呆。類呆気に取られる。例余りの馬鹿馬鹿しさにだあとなる。过分荒唐，被惊得目瞪口呆。

【大隠は市に隠る】 大隐隐于市；大隐朝市。中晋・王康琚《反招隐诗》："小隐隐陵薮，大隐隐朝市。"

【大恩は報ぜず】 大恩不报；大恩不言谢。

【大概にする】 适可而止。類大抵にする。例遊び呆けるのも大概にしてそろそろ家のことを手伝え。别光顾玩，家里的事也得伸把手ル！

【大海の一粟】 沧海一粟；太仓一粟。類滄海の一粟。中宋・苏轼《送顿起》诗："回头望彭城，大海浮一粟。"

【大海は芥を択ばず】 大海不择尘芥；宽宏大度。

【大海を手で塞く】 以手遮天；绝对办不到；螳臂当车。

【大廈の材は一丘の木にあらず】 大厦之材非一丘之木。中汉・王褒《四子讲德论》："千金之裘，非一狐之腋；大厦之材，非一丘之木；太平之功，非一人之略也。"

【大廈の顛れんとするは一木の支うる所にあらず】 大厦将颠，非一木所支。中隋・王通《文中子・事君》："大厦将颠，非一木所支也。"

【対岸の火事】 隔岸观火；事不关己；与己无关；无关痛痒。類川向こうの火事。

【大姦は忠に似たり】 大奸似忠。中宋・邵博《闻见后录卷二十三》："吕海之言曰：'大奸似忠，外似朴野，中藏巧诈。'"

【大義親を滅す】 大义灭亲。中春秋・左丘明《左传・隐公四年》："石碏，纯臣也，恶州吁而厚与焉。大义灭亲，其是之谓乎？"

【大吉は凶に還る】 大吉近于凶；大吉还于凶；乐极生悲；泰极生否。

【大疑は大悟の基】 大疑乃大悟之本源；大悟源于大疑。

【大魚は支流を泳がず】 水浅养不住大鱼。

【大魚を逸する】 错失良机；大功未成。類長蛇を逸する。

【大軍に関所なし】 大军无敌；大军势不可挡。

【大賢は愚なるが如し】 大智若愚；外愚内智。類大知は愚の如し。

【乃公出でずんば】 乃公不出，将如苍生何；舍我其谁；老子天下第一。

【大行は細瑾を顧みず】 大行不顾细谨；作大事不拘泥于小事。中汉·司马迁《史记·项羽本纪》："大行不顾细谨，大礼不辞小让。如今人方为刀俎，我为鱼肉，何辞为！"

【大巧は拙なるが如し】 大巧若拙。中春秋·李耳《老子·45章》："大直若屈，大巧若拙"。

【太鼓判を捺す】 打保票。類折り紙が付く；折り紙を付ける。例彼の実力については太鼓判を押しますよ。关于他的实力，我可以打保票。

【太鼓も桴の当たりよう】 敲鼓有轻重，鼓声不同；方法不同，则反响不同。

【太鼓を叩く】 逢迎；随声附和；奉承。類相槌を打つ。

【太鼓を持つ】 ➡太鼓を叩く

【台座の別れ】 身首异处；被砍头。類身首処を異にす。

【泰山は土壌を譲らず】 泰山不让土壤；有容乃大。類河海は細流を択ばず。中战国·李斯《谏逐客书》："是以太（=泰）山不让土壤，故能成其大；河海不择细流，故能就其深；王者不却众庶，故能明其德。"

【大山鳴動して鼠一匹】 （西谚）雷声大，雨点小；虎头蛇尾。類頭でっかちの尻つぼみ。西Parturient montes, nascetur ridiculus mus.

【泰山を挟みて北海を超ゆ】 挟泰山以超北海；挟山超海；非人力所及；力所不能及。類灯心で須弥山を引き寄せる。中战国·孟轲《孟子·梁惠王上》："挟太山以超北海，语人曰：'我不能，是诚不能也。'"

【大事に懸ける】 重视；爱护；认真对待。類重きを置く。

【大事の中に小事なし】 成大事者不拘小节；想成大事，不能不忽略小事；为成大事，小事无暇顾及。類小の虫を殺して大の虫を助ける。

【大事の前の小事】 ❶为成大事牺牲小事。類小の虫を殺して大の虫を助ける。

❷欲成大事，毋弃小事。

【大蛇を見るとも女を見るな】　宁看大蛇，不看女人；(歧视妇女的思想) 红颜皆祸水。

【大上段に構える】　❶盛气凌人地；以势压人。[類]上手に出る。❷小题大做；煞有介事。[類]針ほどの事を棒ほどに言う。[例]大した問題じゃないからそんなに大上段に構えないでくれよ。没什么大不了的事，别那么小题大做。

【大小は武士の魂】　大小两刀乃武士之魂。

【大食は命の取り越し】　三餐过饱，健康难保。

【大食腹に満つれば学問腹に入らず】　饱食终日，何来学识；皮囊填饱，学问挤跑；肚子塞得饱，学问作不了。

【大所高所から】　从大处 (着眼)。[例]大所高所から物申す。从大的方面进一言。

【大事を取る】　谨慎行事；小心；当心；慎重。[類]念には念を入れる。[例]ただの風邪かもしれないが大事を取って病院で検査してもらう。也许仅仅是伤风，但还是得小心点，要去医院检查。

【大尽風を吹かす】　摆阔；挥金如土。

【大人は大耳】　大人耳朵大，小事存不下。

【大人は赤子の心を失わず】　❶大人不失赤子之心。[中]战国·孟轲《孟子·离娄下》：“大人者，不失其赤子之心者也。”❷明君不是民心。

【大声里耳に入らず】　大声不入里耳；阳春白雪，农夫不解。[中]战国·庄周《庄子·天地》：“大声不入於里耳，《折杨》、《皇荂》，则嗑然而笑。”

【大層も無い】　不合情理；超出常规；不合道理。[類]途方も無い。[例]大層も無いことを言い出す。说出不合情理的话来。[例]先生に空港まで送っていただくなんて大層も無い、ここでお別れします。让老师送到机场太过分了，就此告别。

【大地に槌】　百发百中；十拿九稳。[類]百発百中。

【大知は愚の如し】　大智若愚。[類]大賢は愚なるが如し。[中]宋·苏轼《贺欧阳少师致仕启》：大勇若怯，大智如愚。”

【大地を見抜く】　洞察一切；看到本质。[類]眼光炯炯。

【大抵にする】 适可而止。**類** 大概にする。**例** 人を困らせるのも大抵にしてくれ。难为人也得适可而止?!

【大道廃れて仁義あり】 大道废，有仁义。**中** 春秋・李耳《老子・18章》："大道废，有仁义；智慧出，有大伪；六亲不和，有孝慈；国家昏乱，有忠臣。"

【態度が大きい】 态度傲慢；架子大；盛气凌人；妄自尊大；高视阔步。**類** 頭が高い。**例** 後輩のくせに態度が大きい。一小字辈还摆大架子！

【大徳は小怨を滅す】（滅す、滅ぼすとも） 大德灭小怨；大的恩德可以抵消小的怨恨。**中** 春秋・左丘明《左传・定公五年》："大德灭小怨，道也。"

【台所を預かる】 掌管全家的经济。**類** 財布の紐を握る。**例** 財務大臣は国の台所を預かる要職である。财政部长是管理国家经济的重要职位。

【大なり小なり】 或大或小。**例** 大なり小なり成果はあった。多少有了点成果。

【鯛の尾より鰯の頭】 宁为鸡口，不为牛后。**類** 鶏口となるも牛後となるなかれ。

【大の虫を生かして小の虫を殺す】 为成大事，牺牲小事；舍车马，保将帅；为了大事，要牺牲小节。**類** 小の虫を殺して大の虫を助ける。

【大は小を兼ねる】 大能兼小。

【大病に薬なし】 大病无药；病入膏肓，无可救药；事到无法挽回的地步；积重难返。

【台風の目】 台风眼；焦点人物；核心人物。**例** 政局の台風の目となる。成为政局的焦点人物。

【太平楽を言う】（言う、並べるとも） 说宽心话；不合时宜地信口开河。**例** お家の一大事というのに彼は太平楽を言っている。内部出了大乱子，他却还在说宽心话。

【大弁は訥なるが如し】 大辩如讷。**中** 春秋・李耳《老子・45章》："大巧若拙，大辩若讷。"

【大木の下に小木育つ】 广厦庇寒士；树大阴凉多；大树底下好乘凉。

【大木は風に折られる】 树大招风；出头的椽子先烂。**類** 高木は風に折ら

る。

【大木は倒れても地に付かず】 大树虽倒,干不着地;百足之虫,死而不僵。

【体面を汚す】 玷污名誉;丢面子。類看板が泣く;名に背く;名を折る;名を汚す;名を辱める。例不祥事を起こして会社の体面を汚す。出了丑闻,有伤公司的颜面。

【体もない】 不像样子;没意思;无聊。類仕様も無い。例叔父さんは体もないギャグを飛ばしては一人悦に入っている。叔叔耍无聊的噱头还自鸣得意。

【大勇は怯なるが如し】 大勇若怯。中宋·苏轼《贺欧阳少师致仕启》:"大勇若怯,大智如愚,至贵无轩冕而荣,至仁不导引而寿。"

【大欲は無欲に似たり】 大欲似无欲;大欲若无。

【大利は利ならず】 大利似非利。

【体を躱す】 把身子躲开;把身子闪开;避开。例崖から岩が落ちて来たのでとっさに体を躱した。一下子闪开了山崖上滚落下来的巨石。例攻撃から体を躱す。避开攻击。

【体を成す】 像样;成样子。類恰好が付く。例組織の体を成していない。还没形成正式的组织。

【体を引く】 向后倒退;后撤。例妻になじられて夫は体を引いた。丈夫受到妻子的责难而退缩。

【タオルを投げる】 (拳击)扔出毛巾;认输。類兜を脱ぐ。例ボクシングで、赤コーナーの選手が乱打されてセコンドがリング内へタオルを投げた。拳击赛中红方选手连遭猛击,助手向场内扔出毛巾。例相手が強すぎるのでタオルを投げるしかない。对手实在太强,只能认输。

【斃れて後已む】 (鞠躬尽瘁,)死而后已。類死して後已む。

【高が知れる】 不过尔尔;没什么了不起的。類取るに足りない。例田舎の金持ちなんて高が知れている。乡下的财主,没什么大不了的。

【箍が外れる】 没了约束;松懈;彻底放松。類締りがない。例厳しい先代が

407

亡くなり跡継ぎは箍が外れたように放蕩に走った。严厉的前代主人去世，接班人没了约束，开始放荡(fàngdàng)起来。

【箍が緩む】 ❶涣散(huànsàn)；松懈。類締(し)まりがない。例監督が長期不在でチームの箍が緩む。领队长期不在，这个队就涣散起来了。❷人老不中用(bùzhōngyòng)；老朽(lǎoxiū)无能。類がたが来る②。

【高(たか)きに登(のぼ)るは必(かなら)ず低(ひく)きよりす】 登高必自卑(dēnggāobìzìbēi)；登高必由低。中汉·戴圣《礼记·中庸》"君子之道，辟如行远必自迩，辟如登高必自卑。"

【高(たか)く買(か)う】 高度评价。例指導教官は君(きみ)のことを高く買っているよ。导师对你评价不低呀(ya)。

【高く付く】 （贪便宜(tānpiányi)）反而花费大；（买时便宜）日后花费大。例中古(ちゅうこ)を安く買ったが修理費が高く付いた。低价买个二手货，可修理费反而花费大。

【高腰(たかごし)を掛(か)く】 大模大样(dàmúdàyàng)地坐下；挺胸(tǐngxiōng)落座。

【高嶺(たかね)の花(はな)】 高不可攀(gāobùkěpān)；可望而不可即(kěwàngérbùkějí)。

【鷹(たか)は死(し)すとも穂(ほ)はつまず】 节操(jiécāo)之士虽贫不取不义之财；渴不饮盗泉之水。類武士(ぶし)は食わねど高楊枝(たかようじ)。

【高飛車(たかびしゃ)に出(で)る】 盛气凌人(shèngqìlíngrén)；施高压；动硬的。類上手(うわて)に出(で)る。例相手が弱いと見ればすぐ高飛車に出る。发现对方软弱(ruǎnruò)，立马动硬的。

【高日知(たかひし)らす】 驾崩(jiàbēng)；薨(hōng)；升天。

【高(たか)みの見物(けんぶつ)】 作壁上观(zuòbìshàngguān)；袖手旁观(xiùshǒupángguān)。類袖手傍観(しゅうしゅぼうかん)。

【宝(たから)さかって入(い)る時(とき)はさかって出(で)る】 货悖而入者，亦悖而出(huòbèiérrùzhě, yìbèiérchū)。中战国·曾参《大学》："言悖而出者，亦悖而入；货悖而入者，亦悖而出。"

【宝(たから)の持(も)ち腐(ぐさ)れ】 空藏(kōngcáng)美玉；拿着金碗讨饭吃(jīnwǎntǎo)；闲置人才。類知恵(ちえ)の持ち腐れ。

【宝(たから)の山(やま)に入(い)りながら手(て)を空(むな)しくして帰(かえ)る】 入宝山却(què)空手而归；错失良机。

【宝(たから)は身(み)の差(さ)し合(あ)わせ】 财宝在手，急难(jínàn)可救。

【宝(たから)は湧(わ)き物(もの)】 财宝唾手可得(tuòshǒukědé)；随处(suíchù)有财宝，就看找不着(zhǎobùzháo)。

【高を括る】　不放在眼里；不当一回事；当作小事一桩；认为不足虑。類 嘗めてかかる。例 大した相手ではないと高を括る。认为没什么了不起的而不把对方放在眼里。

【箍を締める】　严加管理；紧张起来。類 気が張る；気を張る①；身を引き締める。例 情報管理の箍を締める。严格信息管理。

【箍を外す】　bǎituōshùfù 摆脱束缚；wújūwúshù 无拘无束；zòngqíng 纵情；déyìwàngxíng 得意忘形。類 羽目を外す。例 箍を外して遊び呆ける。没了拘束，尽情玩耍。

【薪に花】　荒原也有花；cūzhōngyǒuxì 粗中有细；刚中有柔。

【薪を抱きて火を救う】　bàoxīnjiùhuǒ 抱薪救火；fùxīnjiùhuǒ 负薪救火；pīmájiùhuǒ 披麻救火。中 汉·司马迁《史记·魏世家》："且夫以地事秦，譬犹抱薪救火，薪不尽，火不灭。"

【沢庵の重しに茶袋】　bēishuǐchēxīn 杯水车薪；不起作用；wújìyúshì 无济于事。類 糠に釘。

【多芸は無芸】　样样通，样样松；艺多不精。

【竹植うる日】　农历五月十三（植竹易成活）。

【竹に油を塗る】　口齿伶俐；língyálìchǐ 伶牙俐齿；kǒuruòxuánhé 口若悬河。類 立て板に水。

【竹に雀】　(竹子麻雀) máquè xiāngdéyìzhāng 相得益彰；最佳组合。類 梅に鶯。

【筍の親優り】（筍、竹の子とも）　子胜于父；qīngchūyúlán 青出于蓝而胜于蓝。類 鳶が鷹を生む。

【竹八月に木六月】　fázhú fámù 八月伐竹，六月伐木。

【竹屋の火事】　huǒmàosānzhàng 火冒三丈；dàfāléitíng 大发雷霆。類 怒り心頭に発する。

【竹藪に矢を射るよう】　túláowúyì 徒劳无益；wúdìfàngshǐ 无的放矢。類 一文にもならない。

【竹を割ったよう】　zhíshuǎng 性情直爽；gāncuì 干脆；xīnzhíkǒukuài 心直口快。例 彼は竹を割ったような気性の持ち主だ。他是个心直口快的人。

【蛸の糞で頭に上がる】（頭に、頭へとも）　shǐkeláng 屎壳郎戴花，chòuměi 臭美；以脸上瘤额上 liú chuāng 疮为 cuì "粹"；丑类自以为美。

【蛸の共食い】　zìxiāngcánshā 自相残杀；zìxiāngyúròu 自相鱼肉；内斗；同类相残。

【他山の石】　tāshānzhīshí 他山之石(，可以攻玉)；tāshāngōngcuò 他山攻错。中 春秋·佚名《诗经·小雅·鹤鸣》："他山之石，可以攻玉。"

【他山の石以て玉を攻むべし】➡他山の石

【足して二で割る】　折中；折衷。類中を取る。

【他事ながら】　瑣事而已；虽事不关足下。例私の方も恙なく過ごしておりますので、他事ながらご心配なく。我这里一切安好，勿念。

【出しにする】　当幌子；利用；当作借口。類木楯に取る。例お前が彼女に会いたいのに俺を出しにしないでくれよ。你要见她，别拿我当幌子呀。

【出しに使う】➡出しにする

【多少とも】　或多或少；多少也；多多少少。類多かれ少なかれ。例俳句なら多少とも心得があります。要说俳句，我多少能写一点。

【助け舟を出す】❶派遣救生艇。❷帮助（摆脱困境）；伸出援手；出手相救。類手を差し伸べる。例私が進退に窮している時、鈴木さんが助け舟を出してくれた。在我进退两难的时候，铃木对我出手相救。

【出す事は舌を出すのも嫌い】　铁公鸡；一毛不拔。類財布の紐が長い。

【多勢に無勢】　寡不敌众。類衆寡敵せず；寡は衆に敵せず。

【叩けば埃が出る】　金无足赤，人无完人。類垢は擦るほど出る。

【叩けよ、さらば開かれん】　（圣经新约・马太福音7、路加福音11）叩门，就给你们开门。類求めよ、さらば与えられん。西 New Testament Matthew：Knock, and it shall be opened unto you.

【徒でさえ】　本来就；平时就（已经）。例徒でさえ弱り目なのにこれ以上虐めないでくれ。本来就够倒霉的了，你就别再欺负我了。

【只では置かない（ぞ）】（只、徒とも）　絶不轻饶；不会轻易放过。類徒では済まないぞ。

【徒では済まない（ぞ）】（只、徒とも）　不能就这么算了；不能轻饶；饶不了（你）；不能善罢甘休。類只では置かないぞ。例そんな憎まれ口をたたいたら徒では済まないぞ。出此恶语，我可轻饶不了你。

【只の鼠ではない】（ではない、じゃないとも）　绝非等闲之辈；不是一个平凡的人。

【只程安い物はない】 没有比免费的东西更便宜的了；白来的东西最便宜。

【多多益益弁ず】 多多益善。中汉·司马迁《史记·淮阴侯列传》："上问曰：'如我能将几何？'信曰：'陛下不过能将十万。'上曰：'于君何如？'曰：'臣多多而益善耳。'"

【畳の上で死ぬ】 寿终正寝；善终；得全天寿。類天寿を全うする。

【畳の上の水練】 纸上谈兵。類机上の空論。

【畳の塵を毟る】 ❶百无聊赖。類暇を持て余す。❷害羞；难为情地低下头。

【只より高い物はない】 没有比白来的东西再贵的了；受人微赠，欠人大情。

【踏鞴を踏む】 用力过猛而蹬空；踩空；踏空。類空足を踏む。

【駄駄を捏ねる】 撒娇不听话；磨人；任性撒泼。例幼児がアイスを買ってくれと駄駄を捏ねる。小孩儿磨人，非要给买冰淇淋不可。

【立ち臼に菰】 矮胖女人穿和服的样子；形象不佳。

【太刀打ちができない】 敌不过；竞争不过；不是对手。類相撲にならない。例あの人には到底太刀打ちができない。我根本不是他的对手。

【立ち往生する】 进退不得；不能动弹；抛锚。類進退これ谷まる。例暴風雪が原因のホワイトアウトにより国道1号線で数百台の車が立ち往生した。暴风雪导致的白毛风使国道1号线数百辆汽车抛锚。

【立場が無い】 没面子；丢脸。類面目を失う。例この条件を受け入れていただかないと私の立場が無い。如果您不接受这个条件，我就没面子了。

【立ち回りを演じる】 表演武打（场面）；撕打起来；扭打起来。例若い頃は血の気が多く、よく立ち回りを演じたものだ。年轻的时候血气方刚，时常跟人动武。

【駄賃を取る】 拿酬谢金；收取佣金；拿跑腿钱。例買い物を頼まれたので少々駄賃を取らさせてもらう。别人委托购物，就收点跑腿钱。

【達人は大観す】 达人大观；高明者判断准确无误。中汉·贾谊《鹏鸟赋》："小智自私兮贱彼贵我，达人大观兮无物不可。"

【立つ瀬がない】 没面子；狼狈；下不来台。類面目を失う。例よかれと思ってしたことが恨みを買うとは全く立つ瀬がない。出于一片好心却遭到嫉恨，太没面子了。

【タッチの差(さ)】 触线之差(chùxiànzhīchā)；差一点点(chà)；微弱之差(chā)。例タッチの差で首位に及(およ)ばず。只差一点点没拔得头筹(bádétóuchóu)。

【立(た)っているものは親(おや)でも使(つか)え】 急时人尽可用；有急事时谁都可以使唤(shǐhuàn)。

【脱兎(だっと)の勢(いきお)い】 脱兎之势(tuōtù)；势如脱兎；飞快；迅猛(xùnměng)之势。類始(はじ)めは処女(しょじょ)の如(ごと)く、後(のち)は脱兎(だっと)の如(ごと)し。

【立(た)つ鳥(とり)跡(あと)を濁(にご)さず】（立(た)つ、飛(と)ぶとも） 不给后人留麻烦(liúmáfan)；干净利索(gānjìng lì suǒ)地离去。

【手綱(たづな)を締(し)める】 严加管束(guǎnshù)。例共(とも)に難局を乗り越えるため要員の手綱を締める。为了共度难关，加强人员管理。

【立(た)つより返事(へんじ)】 （被唤(bèihuàn)时）先答应(dāying)，后起身。

【立(た)て板(いた)に水(みず)】 口若悬河(kǒuruòxuánhé)；说话流利。類懸河(けんが)の弁(べん)；舌(した)が回(まわ)る；竹(たけ)に油(あぶら)を塗(ぬ)る；弁舌(べんぜつ)爽(さわ)やか。

【縦(たて)から見(み)ても横(よこ)から見(み)ても】 无论从哪方面看。例縦から見ても横から見ても欠点がない。无论从哪方面看，都没有缺点。

【蓼(たで)食(く)う虫(むし)も好(す)き好(ず)き】 人各有所好(hào)；萝卜白菜(luóbobái)，各有所爱。

【盾(たて)に取(と)る】 ❶以……为后盾(hòudùn)；倚仗(yǐzhàng)。例大岩を盾に取って陣取る。以巨大岩石为屏障构筑阵地(píngzhànggòuzhù)。❷以……为借口。例市の再開発計画を盾に取って住民に立ち退(の)きを迫(せま)る。以城市再开发为借口，迫使居民撤离(chèlí)。

【伊達(だて)の薄着(うすぎ)】 俏皮人(qiàopírén)不穿棉。

【盾(たて)の半面(はんめん)】 事情的一面；片面。

【縦(たて)の物(もの)を横(よこ)にもしない】 油瓶子倒了也不扶(yóupíngzi fú)；懒惰(lǎnduò)。類横の物を縦にもしない。

【盾(たて)の両面(りょうめん)を見(み)よ】 正反两方面都要看；看问题要全面。

【立(た)てば歩(あゆ)めの親心(おやごころ)】 能站了又盼着会走；急切地盼望(jíqiè pànwàng)孩子成长(chéngzhǎng)。

【立(た)てば芍薬(しゃくやく)、座(すわ)れば牡丹(ぼたん)、歩(ある)く姿(すがた)は百合(ゆり)の花(はな)】 立若芍药(sháoyào)，坐如牡丹(mǔdān)，行似百合(xíngsìbǎihé)；婀娜多姿(ē nuóduōzī)；绰约多姿(chuòyuēduōzī)；风姿绰约(fēngzīchuòyuē)；仪态万方(yítàiwànfāng)。

【盾(たて)を突(つ)く】 反抗；顶撞(dǐngzhuàng)。類反旗(はんき)を翻(ひるがえ)す。例貴様(きさま)、俺(おれ)に盾を突く気か！小

子，你想顶撞我？！

【たとえ火の中水の中】（水の中、水の底とも）　赴汤蹈火,在所不辞。類水火も辞せず。

【多とする】　多赖；感谢；厥功甚伟。類労を多とする。例長年に渡る皆様のご交誼ご厚情を多とする次第です。多蒙各位长久以来的深情厚谊。

【炭団に目鼻】　丑八怪。類独が嚔をしたよう。

【棚上げにする】　搁置起来；束之高阁。類棚に上げる。例自分のことは棚上げにしてよく言うよ！你说话竟然回避自己的问题！

【棚卸しをする】　❶盘点；点货。例年度末决算の前に棚卸しをする。年度决算之前进行盘点。❷数落；挑毛病。

【棚から牡丹餅】　天上掉馅儿饼；福从天降。類開いた口へ餅；棚牡丹。

【掌にする】　随心所欲地支配；玩于股掌之上。類手玉に取る。例社長だからと言って会社の運営を掌にすることはできない。即便是总经理,对公司的经营管理也不能随心所欲。

【掌を合わす】　双手合十；合掌以拜神佛。

【掌を反す】　❶易如反掌。類苦もない。中汉・枚乘《上书谏吴王》："变所欲为,易于反掌,安于泰山。"例掌を反すように問題を解く。解决问题易如反掌。❷翻脸；突然改变态度。類手の平を返す。例落ち目になると周りは掌を反す。一走下坡路周围马上就改变态度。

【掌を指す】　了如指掌；毫无疑问。中《论语・八佾》："或问禘之说。子曰:'不知也。知其说者之于天下也，其如示诸斯乎?'指其掌。"例問題の所在は掌を指すが如し。对问题的关键了如指掌。

【棚に上げる】　置之不理；束之高阁；存而不论；搁起。類高閣に束ぬ；棚上げにする；等閑に付す；余所にする；等閑視。例手数の掛かることは暫く棚に上げて置いて急ぎの仕事に取り掛かる。麻烦的事暂时搁置起来,先处理当务之急。

【棚の物を取ってくるよう】　如探囊取物；唾手可得；信手拈来。

【田にも畔にも腥物つけて】　对至爱悉数相赠；把一切都给所爱的人。

【他人の疝気を頭痛に病む】 替古人担忧；多管闲事；杞人忧天。類隣の疝気を頭痛に病む；人の疝気を頭痛に病む。

【他人の空似】 撞脸；陌生人长相酷似。

【他人の飯には骨がある】 在家千日好，出门一时难；人家饭再好，不如自家香。

【他人の飯を食う】 撇家在外；外出打工；历经艰苦。

【他人の別れ棒の端】 恩断义绝，形同陌路。

【他人は時の花】 不可总依赖别人；人无千日好，花无百日红。

【狸の腹鼓】 （民间传说）貉月夜鼓腹自乐。

【種が割れる】 真相大白；揭秘；谜底曝光。例無限連鎖講は最初から種が割れている商法なのになぜ騙される人がこんなに多いのか？传销式金融本来就是明显违反商法的，为什么还有这么多人上当呢？

【種も仕掛けもない】 没有任何秘密；没有"机关"。

【種を明かす】 揭（露秘）密；揭谜底。例種を明かせば何でもないことだ。揭了谜底那算不了啥。

【種を蒔く】 播种；造成……原因；埋下祸根。例災いの種を蒔く。播下灾难的种子。

【種を宿す】 妊娠；怀孕。例高貴の種を宿す。怀上高官显贵的孩子。

【楽しみ尽きて哀しみ来たる】 乐极生悲；欢乐极兮哀情多。類歓楽極まりて哀情多し。中汉·刘彻《秋风词》："萧鼓鸣兮发棹歌，欢乐极兮哀情多。"

【頼みの綱】 唯一的希望；最后的期望。例我が家は息子が頼みの綱だ。儿子是我家唯一的依靠。

【頼む木の下に雨漏る】（木の下、木の下・木の下とも） 指望落空；大失所望。類当てが外れる。

【タバコにする】 歇一会。類息を入れる。例3時になったらタバコにしよう。到3点就歇一会ル吧。

【束になって掛かる】 多人打一个人；群起而攻之；群殴。

【茶毘に付す】 火葬；火化。類雲霧となる；雲煙となす；雲煙となる；灰に

する②。例現代では土葬は殆どどなくなり、遺体は荼毘に付される。现代几乎没有土葬了,遗体都火化。

【旅の空】 他乡的天;他乡的云;漂泊不定的境遇。

【旅の恥は掻き捨て】 在外无相识,丢丑无人知。

【旅は憂いもの辛いもの】 天涯游子,备尝艰辛;出门在外,百般艰辛。

【旅は情け、人は心】 在外靠朋友,作人讲义气。

【旅は道連れ世は情け】 出门要同路,处世需互助;旅途有伙伴,处世靠人情。

【ダブル不倫】 双重婚外情;夫妇双双出轨。

【他聞を憚る】 怕别人听见。例他聞を憚るので個室でお話しします。怕被人听见,在单间谈。

【食べてすぐ寝ると牛になる】 吃了就睡会变成牛;吃完就躺,缺乏教养。

【食べ物の恨みは恐ろしい】 争食之怨,难消难散。

【魂合う】 心心相印;心往一处想。類思い思われる。

【手纏の端無きが如し】(手纏、環・鐶とも) 如环之无端。中汉·司马迁《史记·田单列传》:"兵以正合,以奇胜。善之者,出奇无穷。奇正还相生,如环之无端。"

【卵に目鼻】 白皙的鸭蛋脸。

【卵の四角と女郎の誠】 四方的鸡蛋,妓女的誓言。

【卵を見て時夜を求む】 见卵而求时夜(=鸡);急于求成。中春秋·庄周《庄子·齐物论》:"且汝亦大早计,见卵而求时夜,见弹而求鸮炙。"

【卵を渡る】 极其危险;过独木桥;累卵之危。類危ない橋を渡る。

【魂が抜ける】 失魂落魄;没有精神;无精打采。類張り合いが抜ける。例大黒柱を失い、母は魂が抜けてしまったようだ。失去了一家的顶梁柱,母亲好像丢了魂似的。

【魂を入れ替える】 脱胎换骨;改过自新;洗心革面。類心を入れ替える。例出所したら魂を入れ替えてやり直そうと思う。打算出狱后脱胎换骨,重新开始。

415

【魂を冷やす】 吓破胆；心惊胆战；吓出一身冷汗。類肝を冷やす。
【騙すに手無し】 ❶诈骗难防；骗子难防。❷除了欺骗，别无良方。
【堪ったものではない】 受不了；无法忍受。類仕方が無い②；臍堪え難し。例人助けをして悪く言われるとは堪ったものではない。帮助别人反遭恶评，实在受不了！
【玉と欺く】 露珠如玉。
【玉となって砕くとも瓦となって全からじ】 宁为玉碎，不为瓦全。中唐·李百药《北齐书·元景安传》："岂得弃本宗，逐他姓？大丈夫宁可玉碎，不能瓦全！"
【玉なす】 珠粒一样；珠玉一般；美如珠玉。
【玉に瑕】 璧有瑕；白璧微瑕；美中不足；大醇小疵。類白璧の微瑕。中汉·司马迁《史记·廉颇蔺相如列传》："相如视秦王无意偿赵城，乃前曰：'璧有瑕，请指示王。'"
【玉の汗】 汗珠子；大颗的汗珠。
【玉の輿に乗る】 女人嫁入豪门；女人因结婚获得高贵的地位。類女は氏なくて玉の輿。
【玉の盃底無きが如し】 玉卮无当；好看而不实用。中战国·韩非《韩非子·外储说右上》："今有千金之玉卮，通而无当，可以盛水乎？"
【玉の肌】 冰肌玉骨。
【玉琢かざれば器を成さず】（器、器とも） 玉不磨则无光；玉不琢不成器。中汉·戴圣《礼记·学记》："玉不琢，不成器。人不学，不知道。"
【珠磨かざれば光なし】➡珠琢かざれば器を成さず
【堪るものか】 那怎么行呢；那可不行。例これしきの不運に挫けて堪まるものか。受这么点打击就灰心丧气，怎么行呢！
【玉を懐いて罪有り】 怀璧其罪；超越身份会倒霉；不可僭越。類匹夫罪無し、璧を懐いて罪有り。中春秋·左丘明《左传·桓公十年》："匹夫无罪，怀璧其罪。"
【だまを食わす】 欺骗；违约。類口車に乗せる。例先物取引でまんまとだまを食わせられた。搞期货交易上了个大当。

【玉を転がす】　銀铃般；声音清脆 qīngcuì；声音优美圆润 yuánrùn；珠落玉盘。類鈴を転がすよう。例玉を転がすような美声に聞き入る。倾听银铃般悦耳的声音。

【だまを出す】　尽诉衷肠 jìnsùzhōngcháng；和盘托出 hépántuōchū。

【民の口を防ぐは水を防ぐより甚だし】　防民之口，甚于防川 fángmínzhīkǒu shènyúfángchuān。中战国·佚名《战国策·周语》："防民之口，甚于防川，川壅而溃，伤人必多。"

【民は之に由らしむべし、之を知らしむべからず】　民可使由之，不可使知之 mínkěshǐyóuzhī, bùkěshǐzhīzhī。類由らしむべし、知らしむべからず。中《论语·泰伯》："民可使由之，不可使知之。"

【惰眠を貪る】　❶贪睡 tānshuì；睡懒觉 shuìlǎnjiào。❷无所事事。類無為徒食。

【例が無い】　无先例；从来没有。類ついぞない。例そんなことはあった例が無い。那种事尚无先例。

【矯めつ眇めつ】　多角度仔细端详 zǐxìduānxiáng；左看右看。例古伊万里 kǒimàri と言われる皿を矯めつ眇めつ鑑定する。仔仔细细端详被称作古伊万里的盘子进行鉴定 chēngzuògǔyīwànlǐ pánzi jiàndìng。

【駄目で元元】　不行也没什么；失败只当不曾作 dàngbùcéngzuò。類駄目元。

【為にする】　别有用心 biéyǒuyòngxīn；另有目的 lìngyǒu。例彼の発言は為にするものだ。他的发言是别有用心。

【為になる】　有益；有好处 hǎochù；有用处 yòngchù。類役に立つ。例社会の為になる仕事をしたい。希望作对社会有益的工作。

【駄目を押す】　❶（围棋）填官子 wéiqí tiánguānzi。例囲碁で、駄目を押す。围棋最后收单官。❷再次确认；叮问 dīngwèn。類念を押す。例必ず来て下さいと駄目を押す。再三叮嘱 dīngzhǔ：一定来啊。❸再追加得分 défēn。例さらに２得点し駄目を押す。再追加两分(以确保胜出)。

【駄目を出す】　❶向演员交待注意事项。例出演者の演技に駄目を出す。对演员的演技提出注意事项。❷指出缺点。例企画案に駄目を出す。指出规划方案的缺点。

【駄目を踏む】　白干 báigàn；徒劳。類一文にもならない。

【ダモクレスの剣 つるぎ】　达摩克利斯之剑 dámókèlìsīzhījiàn；居安思危的教训 jūānsīwēi。西 Damocles sward.

【袂に縋る】　求助；乞怜 qǐlián。類哀れみを乞う。例権力者の袂に縋る。向权贵乞哀告怜 gàolián。

417

【袂を絞る】　泪满襟。類袖を濡らす。例葬儀では毅然としていたが人目に付かない所で袂を絞る。葬礼上表现得很坚强，而在没人的地方流泪。

【袂を連ねる】　联袂；共同行动；结伴。類袖を連ねる。例共同出資者として袂を連ねる。作为共同出资人结成伙伴关系。

【袂を濡らす】　泪满襟。類袖を濡らす。例貰い泣きで袂を濡らす。同情的泪水沾湿衣襟。

【袂を分かつ】　分袂；断绝关系；分道扬镳。類袖を分かつ。例長年の相棒と袂を分かつのは辛い。跟多年的搭档分道扬镳，很难受。

【田も遣ろう畔も遣ろう】➡田にも畔にも腥物つけて

【便りのないのは良い便り】　（西谚）没有消息就是好消息。西No news is good news.

【足らず余らず子三人】　不多不少，三个子女正好；贫也三子，富也三子。

【足るを知る】　知足。中春秋·李耳《老子·46章》："祸莫大于不知足，咎莫大于欲得，故知足之足，常足矣。"

【誰言うとなく】　不知谁说的；不知不觉间。類何時の間にか。例誰言うとなく噂が広まる。不知不觉间传闻就扩散开了。

【誰かある】　有人吗？；来人！；谁在那？

【誰か烏の雌雄を知らん】　谁知乌之雌雄；人心难测，善恶难辨；人心隔肚皮。中春秋·佚名《诗经·小雅·正月》："具曰予圣，谁知乌之雌雄？"

【誰彼なしに】　不管是谁；不论是谁。例人手不足で誰彼なしに採用する。人手不足，无论是谁都录用。

【誰の目にも】　谁看都；谁看也。例彼の振る舞いは誰の目にも奇異に映った。他的举止谁看都很奇葩。

【誰も彼も】　谁都；所有的人。例今や誰も彼もが自家用車を持つ時代になった。如今已是尽人皆有私家车的时代。

【戯けを尽くす】　净干蠢事；瞎胡闹。例俺も尻の青い頃は戯けを尽くして親を困らせたものだ。我小时候净瞎胡闹，让父母伤透了脑筋。

【俵に足が掛かる】　没有退路。類後がない。例不況の波に押され、社運は俵に足が掛かっている状態だ。受萧条的冲击，公司已经没有退路了。

【俵を割る】　（相扑）出界；输。類星を落とす。例しぶとくてなかなか俵を割らない。顽强地坚持不服输。

【田を打つ】　耕田。類田を作る。例春の雪解けを待って田を打つ。等春天冰雪融化之后再耕田。

【田を作る】　耕田；种田。類田を打つ。例農民が額に汗して田を作る。农民流大汗种田。

【団塊の世代】　处于人口高峰期的一代；1945-1954年出生的一代人。

【啖呵を切る】　骂得痛快淋漓；连珠炮般的吆喝。例鯔背な兄さんが啖呵を切る。帅哥连珠炮似地大声吆喝。

【断機の戒め】　➡孟母断機の教え

【短気は損気】　急性子吃亏。

【短気は未練の元】　性子急，常后悔。

【短気は身を亡ぼす腹切り刀】　性急无异于自杀；急性急会伤身。

【断金の契り】　断金契；断金之交；至交。中北魏·郦道元《水经注·淯水》："城西有孔嵩旧居。嵩字仲山，宛人，与山阳范式有断金契。"

【端倪すべからず】　不可端倪。中唐·韩愈《送高闲上人序》："故旭之书，变动犹鬼神，不可端倪。"

【団子に目鼻】　圆脸盘儿。類南瓜に目鼻。

【男子家を出ずれば七人の敵有り】　男人一出门，对手有七人；男人闯世界必有众敌。

【男子厨房に入らず】　男人不应进厨房。

【断じて行えば鬼神も之を避く】　断而敢行，鬼神避之；断然干下去，就是鬼神也要退避三舍。中汉·司马迁《史记·李斯列传》："顾小而忘大，后必有害，狐疑犹豫，后必有悔。断而敢行，鬼神避之，后有成功。"

【男子の一言金鉄の如し】　男子言之必信；一言既出，驷马难追。類武士に

二言なし。

【男女七歳にして席を同じゅうせず】　男女七岁不同席。[中]汉·戴圣《礼记·内则》:“七年男女不同席，不同食。”

【丹誠を込める】　精心；全身心地投入；尽心竭力。[類]心を凝らす②；手間を掛ける；手を掛ける①。[例]盆栽造りに丹誠を込める。全身心地投入到盆景制作当中。

【旦夕に迫る】　危在旦夕；人命危浅，朝不虑夕。[類]命旦夕に迫る。

【段段よくなる法華の太鼓】　越来越好；逐渐见好。

【断腸の思い】　断肠之感；断魂；悲痛到极点；回肠百转[類]九腸寸断す；血を吐く思い；腸が千切れる；腸を断つ；身も世もない。

【胆斗の如し】　胆如斗大；熊心豹胆；大胆。[中]晋·陈寿《三国志·蜀书·姜维传》注:“维死时，见剖，胆如斗大。”

【胆は大ならんことを欲し、心は小ならんことを欲す】　胆欲大而心欲小。[中]五代·后晋·刘昫《旧唐书·孙思邈传》:“胆欲大而心欲小，智欲圆而行欲方。”

【短兵急に】　突然；冷不防；猝不及防。[類]藪から棒。[例]短兵急に別れ話を持ち出す。突然提出要分手。

【胆を奪う】　使吓破胆；使陷于惊恐之中。

【痰を切る】　❶祛痰。[例]毎朝起き掛けに水を飲んで喉に詰まった痰を切るのが習慣だ。有个习惯，晨起喝口水，把咽喉的痰清理干净。❷一吐为快。

【断を下す】　作出决断。[例]取締役会で会社の経営方針変更に関し、社長が断を下す。在董事会上，总经理做出了关于改变公司经营管理方针的决断。

【短を捨て長を取る】　舍短取长；舍人之短，学人之长；取长补短。[中]汉·班固《汉书·艺文志》:“观此九家之言，舍短取长则可以通万方之略矣。”

【暖を取る】　取暖。[例]炬燵で暖を取る。用被炉取暖。

【胆を練る】　锻炼胆量；增强胆略。[例]剣豪や修行僧が山籠りをして胆を練る。剑侠和修行佛法的僧人进入深山锻炼胆量。

【端を発する】　发端。[例]食糧不足に端を発し暴動が発生する。暴动起因于粮食不足。

【端を開く】 开端；开启。🔄口火を切る。📝大政奉還により明治維新の端を開くことになった。(由第15代征夷大将军) 把行政权交还给天皇，开启了明治维新。

ち

【小さくなる】 畏缩；低声下气；抬不起头来；拘谨；拘束。📝会社で干されて隅っこで小さくなる。在公司不给工作机会，低调地畏缩在一旁。

【地位は人を作る】 地位造就人。

【知恵出でて大偽あり】 智慧出，有大伪。🀄春秋·李耳《老子·18章》："大道废，有仁义；智慧出，有大伪；六亲不和，有孝慈；国家昏乱，有忠臣。"

【知恵が付く】 有了智慧；增长智慧；聪明起来。📝何度も痛い目に遭って少しは知恵が付いた。多次受到惩罚后，多少聪明了一点。

【知恵が無い】 下功夫不足；没脑子；脑力不足。📝知恵が無いと世渡りは窮屈になる。下功夫不够就很难在世上混。

【知恵が回る】 脑子转得快；机敏；心眼儿来得快。🔄目から鼻へ抜ける。📝一休さんはよく知恵が回る。一休小和尚心眼儿来得快。

【知恵の持ち腐れ】 有智慧而不用；怀才不遇；英雄无用武之地。🔄宝の持ち腐れ。

【智恵は小出しにせよ】 智慧也要细水长流；智慧不可一次耗尽。

【知恵を借りる】 (向人)求教；请求指点。📝皆様の知恵をお借りしたい。恳请各位多加指点。

【知恵を絞る】 绞尽脑汁；千方百计；想尽办法。🔄頭を絞る；頭を捻る；思いを凝らす；肝脳を絞る；工夫を凝らす；心胆を練る；無い知恵を絞る；脳漿を絞る；脳味噌を絞る。📝ここは一つ皆で知恵を絞りましょう。这个问题咱们大家都想想办法吧。

【知恵を付ける】 给人出主意；出谋划策；教唆；唆使。🔄油を注ぐ。📝子供に要らざる知恵を付けるな。別给孩子出坏主意。

【誓いを立てる】 立誓；发誓。類腕を引く；刀に懸けて；肘を噛む。例自分自身に誓いを立てる。对自己发誓。

【血が通う】 有人情味儿；暖人心。例この病院の医療看護は血が通っている。这个医院的医疗和护理令人感到温暖。

【血が騒ぐ】 热血沸腾；激昂；热情高涨；兴奋。類気が高ぶる；気が立つ②；神経が高ぶる；血が滾る；血が沸く。例博打狂いの血が騒ぐ。赌徒赌博正在兴头上。例お祭り好きの血が騒ぐ。爱热闹的情绪高涨起来。

【近しき中にも礼儀あり】 亲密而不越礼仪；再亲密，也执礼。類親しき中にも礼儀あり。

【血が滾る】 热血沸腾。類血が騒ぐ。例義憤に駆られ血が滾る。义愤填膺，热血沸腾。

【血が繋がる】 有血缘关系。類血を引く。例彼とは従弟同士で血が繋がっている。我跟他是堂兄弟，有血缘关系。

【地下に眠る】 长眠于地下；已故；死去。例毎年お彼岸の日には地下に眠る父母に家族の近況を報告している。每年彼岸节都会向长眠于地下的父母报告家人的近况。

【地下に潜る】 潜入地下。例弾圧を逃れて地下に潜る。遭到镇压转入地下。

【血が上る】 冲动；眩晕；冲昏头脑。類頭に血が上る。例親方はすぐ血が上るので「瞬間湯沸かし器」と渾名されている。老板特好冲动，所以给他起了个外号叫"瞬间热水器"。

【血が引く】 面无血色；脸煞白。類色を失う。例危うく自動車に轢かれそうになり血がさっと引いた。差点被汽车轧上，脸刷的一下子煞白。

【近火で手を焙る】 追逐眼前小利。

【力足を踏む】 用力站稳；站稳脚跟。例準備体操で力足を踏む。站稳脚跟，作热身操。

【力及ばず】 力不从心；无能为力；力所不及。類手に負えない。例合格するには今一歩力及ばず。距离合格还差一步。

【力が落ちる】　❶丧失力气；灰心丧气。❷能力下降。例年のせいで力が落ちて来たのか、練習しても一向に上達しない。也许是年龄大而体力下降的关系，怎么练习也没有提高。

【力瘤を入れる】　下大力气；卖力气；致力于。類骨を折る。例直接間接に地元が潤うので住民こぞって大型ダム建設の誘致に力瘤を入れる。由于会使当地直接间接地受益，所以居民全体致力于引进大型水库建设工程。

【力尽きる】　力气用尽；筋疲力尽。類精も根も尽き果てる。例力尽きるまでやることができたので悔いはありません。已经尽了最大的努力，所以没有遗憾。

【力に余る】　力所不能及；不能胜任。類手に負えない。例力に余る仕事なので辞退する。这是不能胜任的工作，所以辞退。

【力にする】　作为靠山；仰仗；依赖。例私はあなたを力にしております。我全靠你了。

【力になる】　帮助；可以依靠；帮忙。類手を貸す。例大衆の支持が力になる。群众的支持是可以依靠的。

【力の限り】　力所能及；用尽全力。類腕に任せて。例選手宣誓！正正堂堂、力の限り闘うことを誓います！运动员宣誓："堂堂正正，全力以赴地参加比赛。"

【力は正義なり】　（西谚）力量就是正义；胜者王侯败者贼；成王败寇。類勝てば官軍、負ければ賊軍。西Might is right.

【力山を抜き気は世を蓋う】　力拔山兮气盖世；拔山盖世。類拔山蓋世。中汉·司马迁《史记·项羽本纪》："力拔山兮气盖世，时不利兮骓不逝。骓不逝兮可奈何，虞兮虞兮奈若何！"

【地から湧く】　突然从地下冒出来；突如其来；突然出现。類天から降ったか地から湧いたか。例黒装束の一団が地から湧いたように両替商の塀際に現れた。一群黑衣人就像从地下冒出来的一样，突然出现在钱庄的墙头。

【力を合わせる】　同心协力；勠力同心。類心を一にする。例人類社会は人と人が力を合わせること、つまり「協力」で成り立っている。人类社会是靠人与人

之间的勠力同心，也就是"协作"支撑(zhīchēng)的。

【力(ちから)を入(い)れる】 ❶用力；加劲儿。例エンコした車を力を入れて押す。用力推抛(pāo)锚(máo)的汽车。❷尽力；努力。类骨(ほね)を折(お)る。例有望な選手の育成に力を入れる。努力培养有前途的选手。❸袒护；鼎(tānhù)力(dǐnglìxiāngzhù)相助。类依怙贔屓(えこひいき)。例将来性を見(み)込(こ)んで力を入れる。预见有前途而出手相助。

【力(ちから)を得(え)る】 受到鼓舞；得到支持。例満場の歓声に力を得る。因全场的欢呼而受到鼓舞。

【力(ちから)を落(お)とす】 泄(xièqi)气；灰心(huīxīnsàngqì)丧气。类気(き)が滅入(めい)る。例一度失敗したぐらいで力を落とさないで下さい。不要因为一次失败就灰心丧气。

【力(ちから)を貸(か)す】 帮助；帮忙。类手(て)を貸す。例ブドウ園の支柱建(しちゅうた)ての時はバックホーを扱(あつか)える友人に力を貸してもらった。葡萄园立庄(lìzhuāngzi)子的时候，请操作反铲挖掘(fǎnchǎnwājué)机(jī)的朋友来帮忙。

【力(ちから)を込(こ)める】 集中精力；使劲儿。例スカウトが力を込めて有望選手を勧誘する。猎头顾问(liètóugùwèn)起劲地说服有潜(qiánzhì)质的选手。

【力(ちから)を尽(つ)くす】 尽力；致力于；竭尽(jiéjìnquánlì)全力。类骨(ほね)を折(お)る。例両国(りょうこく)の親善に力を尽くす。致力于两国的友好关系。

【力(ちから)を付(つ)ける】 ❶增强实力。例最近彼はめきめき力を付けて来たね。最近他的实力明显增强了。❷鼓舞；激励。类気(き)を引(ひ)き立(た)てる。例友だちが精神的に参っているようなのでそれとなく力を付けてやった。朋友似(sihū)乎有些情绪低落，我不动声(bùdòngshēng)色(sè)地鼓励他一番。

【血(ち)が沸(わ)く】 热血沸腾(rèxuèfèiténg)；激昂(jīáng)。类血が騒ぐ。例本場(ほんば)スペインの闘牛を見て血が沸いた。现场看西班(xībānyá)牙斗牛，看得热血沸腾。

【地球(ちきゅう)は青(あお)かった】 （苏·加加林(jiājiālín)语）地球是蓝色的！西Gagarin：The earth was bulue.

【池魚(ちぎょ)の殃(わざわい)】 池鱼之殃(chíyúzhīyāng)。类側杖(そばづえ)を食(く)う。中战国·吕不韦《吕氏春秋·必己》："宋桓司马有宝珠，抵罪出亡。王使人问珠之所在，曰：'投之池中。'于是竭池而求之，无得，鱼死焉。此言祸福之相及也。"

【契りを交わす】 相約結為夫妻；訂婚；赤绳系足。類赤繩を結ぶ；契りを結ぶ②；二世を契る。例二人は契りを交わした仲だ。两个人已经定好要结婚了。

【契りを結ぶ】 ❶结盟；缔约；盟约。類手を結ぶ②。❷決定结为夫妻。類契りを交わす。

【畜生の浅ましさ】 卑鄙下流；丑恶低劣；卑鄙的小人之心。

【竹帛に垂る】 名垂竹帛；名垂青史。類名を残す。中南朝·宋·范晔《后汉书·邓禹传》："但愿明公威德加于四海，禹得效其尺寸，垂功名于竹帛耳。"

【竹帛の功】 竹帛之功；名垂青史。類名を残す。

【竹馬の友】 竹马之友；总角之交。中南朝·宋·刘义庆《世说新语·品藻》："殷侯既废，桓公语诸人曰：'少时与渊源共骑竹马，我弃去，已辄取之，故当出我下。'"

【竹林の七賢】 竹林七贤。

【知者の一失、愚者の一得】 智者或有一失，愚者或有一得。

【知者は惑わず、仁者は憂えず、勇者は懼れず】 智者不惑，仁者不忧，勇者不惧。中《论语·子罕》："子曰：'智者不惑；仁者不忧；勇者不惧。'"

【知者は水を楽しむ、仁者は山を楽しむ】 知者乐水，仁者乐山。《论语·雍也》："子曰：'知者乐水，仁者乐山；知者动，仁者静；知者乐，仁者寿。'"

【知者も千慮に一失あり】 智者千虑，必有一失。類弘法にも筆の誤り。中春秋·晏婴《晏子春秋·内篇杂下》："智者千虑，必有一失；愚者千虑，必有一得。"

【痴人の前に夢を説く】 对痴人说梦。中宋·释惠洪《冷斋夜话》："有问之曰：'汝何姓？'答曰：'姓何？'又问：'何国人？'答曰：'何国人？'此正所谓对痴人说梦耳。"

【痴人夢を説く】 痴人说梦。中宋·辛弃疾《稼轩长短句·三·水调歌头》："莫向痴儿说梦，且作山人索价，颇怪鹤书迟。"

【血筋は争えない】 血统是无法隐瞒的；有其父必有其子；龙生龙，凤生凤。類血は争えない。

【父父たれば子も子たり】 父父子子；父有为父之道，子须尽子之孝。中《论语·颜渊》："君君，臣臣，父父，子子。"

【父の恩は山より高し】 父恩比山高。類父母の恩は山よりも高く海よりも深し。

【些っとやそっと】 一星半点ル；一点点。例些っとやそっとのことでは驚かない。不因些许小事而惊讶。

【帙を繙く】 开卷；展读。

【血で血を洗う】 ❶骨肉相残；同室操戈。類骨肉相食む。例国王の後継を巡り王子たちが血で血を洗う醜い争いを繰り広げる。围绕继承王位，王子们展开了骨肉相残的丑恶争夺。❷以暴易暴；以眼还眼，以牙还牙。類暴を以て暴に易う。中五代·后晋·刘昫《旧唐书·源休传》："我国人皆欲杀汝，唯我不然。汝国已杀突董等，吾又杀汝，犹以血洗血，污益甚尔。"例マフィア同士の血で血を洗う縄張り争い。黑手党内部的以暴易暴的势力范围争夺。

【血と汗】 血汗；辛辛苦苦。例数十年に及ぶ村民の血と汗の結晶で禿山に緑が戻った。村民几十年的血汗使荒山披上了绿装。

【池塘春草の夢】 （未覚）池塘春草梦。中宋·朱熹《偶成》："少年易老学难成，一寸光阴不可轻。未觉池塘春草梦，阶前梧叶已秋声。"

【血となり肉となる】 （知识·经历）成为资本，变成实力；知识的储备将华为实力。

【地に足の着いた】 脚踏实地。類地に足を着ける。例彼は地に足の着いた言動で仲間から信頼されている。他以实实在在的言行赢得大家的信任。

【地に足を着ける】 脚踏实地。類足が地に着く；地に足の着いた。例堅い仕事に就き地に足を着けて暮らしたい。想找个正儿八经的工作，过上脚踏实地的生活。

【治に居て乱を忘れず】 治而不忘乱；居治不忘乱；居安思危。類治まりて乱るるを忘れず。中《易经·系辞下》："君子安而不忘危，存而不忘亡，治而不忘乱，是以身安而国家可保也。"

【血に飢える】 嗜血成性；嗜杀成性；残忍。例血に飢えたハイエナの群れに襲われる。遭到嗜血成性的鬣狗群的攻击。

【地に落ちる】 坠于地；衰落；变得无人理睬。中《论语·子张》："文武之道未坠于地，在人。"例地に落ちた信用を取り戻すのは容易ではない。恢复一落千丈的信誉谈何容易。

【知に働けば角が立つ、情に棹させれば流される】 单凭理智行事则有失圆通，重视感情又会被感情驱使；理智行事则到处碰壁，感情用事则随波逐流。

【地に塗れる】 一败涂地。类一败地に塗れる。中汉・司马迁《史记・高祖本纪》："天下方扰，诸侯并起，今置将不善，壹败涂地。"

【血の雨が降る】 血肉横飞。类血の雨を降らす。例暴力団の抗争で血の雨が降る。暴力团的争斗，血肉横飞。

【血の雨を降らす】 血肉横飞。类血の雨が降る。例無差別テロで血の雨を降らす。不加区别的恐怖袭击，致使血肉横飞。

【血の海】 血海；血流成河；血泊。

【血の気】 ❶血色。例身体が温まって血の気が差してきた。全身暖和过来才有了血色。❷血气；有血性。例彼は血の気が多い。他是个血气方刚的人。

【血の気が引く】 没有血色；面色苍白。类色を失う。例人非人の残虐行為に血の気が引く。被野兽般的暴虐行径吓得面色苍白。

【血の出るよう】 流血流汗；千辛万苦；拼死拼活；费尽心血。类血の滲むよう。例血の出るような猛稽古に耐え、小兵だが関取になった。（相扑）经过千辛万苦的训练，身材虽小却晋升到"关取"（十两以上）级别。

【血の涙】 血泪。中晋・陆机《赠弟士龙》诗之九："抚膺涕泣，血泪彷徨。"

【血の滲むよう】 费尽心血；拼死拼活；流血流汗。类血の出るよう。例血の滲むような努力の積み重ねにより今日がある。拼死拼活不断努力才有今天。

【血の巡り】 理解力；脑筋。类脳味噌①。例血の巡りの悪い奴だな。（这家伙）真是个笨蛋；这家伙脑筋不灵。

【地の利は人の和に如かず】 地利不如人和。例天の時は地の利に如かず、地の利は人の和に如かず。中战国・孟轲《孟子・公孙丑下》："天时不如地利，地利不如人和。"

【地の利を得る】 得地利；最佳地点。例中華料理店の開業に先んじ地の利を得た場所を探す。开中餐馆先要寻找最佳地点。

【血は争えない】 血统是无法改变的；有其父必有其子。类瓜の蔓に茄子はならぬ；蛙の子は蛙；狐の子は頬白；此の親にして此の子あり；血筋は争えない；

物種(ものだね)は盗(ぬす)まれず。

【知(ち)は力(ちから)なり】 （英・培根语）知识就是力量。西Bacon: Knowledge is power.

【血(ち)は水(みず)よりも濃(こ)い】 （西谚）血浓于水。西Blood is thicker than water.

【地歩(ちほ)を固(かた)める】 巩固地位。例政治家としての地歩を固める。巩固作为政治家的地位。

【地歩(ちほ)を占(し)める】 占一席之地；站稳脚跟；稳居……之位。例時代小説作家の中で不動の地歩を占める。他在历史小说家中占有不可动摇的地位。

【血祭(ちまつ)りに上(あ)げる】 拿……作牺牲品；抓……当替罪羊。例真っ先にお前を血祭りに上げてくれよう！首先拿你祭旗！

【血眼(ちまなこ)になる】 红眼；不顾一切；拼命。類目の色を変える。例スマホを紛失し血眼になって捜す。把智能手机丢了，拼命地找。

【血道(ちみち)を上(あ)げる】 （为异性）神魂颠倒；鬼迷心窍。類現を抜かす。例新興宗教に血道を上げる。为新兴宗教鬼迷心窍。

【血(ち)も涙(なみだ)もない】 冷酷无情；毫无人性；狠毒。例獄吏は血も涙もない。狱卒非常冷酷。

【茶茶(ちゃちゃ)が入(はい)る】 （有人）捣乱；有人干扰。類邪魔が入る。例折角話が盛り上がっているところに茶茶が入る。谈兴正浓的时候有人来捣乱。

【茶茶(ちゃちゃ)を入(い)れる】 捣乱；从旁插嘴；妨碍；打岔。類水を掛ける②；水をさす②。例人が話をしている時に横から茶茶を入れるものではない。人家说话的时候不应该从旁插嘴（捣乱）。

【茶(ちゃ)にする】 ❶愚弄；支吾搪塞；带搭不理。類馬鹿にする。❷休息一下。類息を入れる。例10時になったらお茶にしましょう。到10点就稍微休息一下吧。

【茶腹(ちゃばら)も一時(いっとき)】 喝一肚子茶水也能充饥一时；有胜于无；聊胜于无。類湯腹も一時。

【茶(ちゃ)を入(い)れる】 泡茶；沏茶。例お茶を入れましょうか？给您沏杯茶吧。

【茶(ちゃ)を立(た)てる】（立てる、点てるとも）（茶道）调茶；按茶道作法沏茶。例庵で茶を立ててお客様をもてなす。在寒舍点茶招待客人。

【注意を引く】　引人注意；引起关注。類目に立つ。例周囲とは全く異なる事物に注意を引かれる。被与周围完全不同的事物吸引注意力 注意到与周围事物大不相同。

【中原に鹿を逐う】　中原逐鹿；逐鹿中原；争夺天下。類鹿を逐う。

中唐·魏征《述怀》："中原还逐鹿，投笔事戎轩。纵横计不就，慷慨志犹存。"

【忠言耳に逆らう】　忠言逆耳。類金言耳に逆らう；良薬は口に苦し。中汉·司马迁《史记·留侯世家》："且'忠言逆耳利于行，良药苦口利于病'，愿沛公听樊哙言。"

【仲裁は時の氏神】　调解人是救星；听从劝架，麻烦不大。類挨拶は時の氏神。

【忠臣は二君に事えず】　忠臣不事二君。中汉·司马迁《史记·田单列传》："忠臣不事二君，贞女不更二夫。"

【忠臣を孝子の門に求む】　求忠臣必于孝子之门。中南朝·宋·范晔《后汉书·韦彪传》："事亲孝，故忠可移于君，是以求忠臣必于孝子之门。"

【中心を取る】　保持平衡。類釣り合いを取る。例中心を取って丸木橋を渡る。保持平衡过独木桥。

【宙に浮く】　❶漂浮；飘在空中。例無重力実験室では人も物も宙に浮く。在失重实验室，人和物品都飘在空中。❷搁置；不上不下；搁浅。類暗礁に乗り上げる②。例毎年恒例の社員旅行が疫病流行で宙に浮く。每年按惯例组织的员工旅行，因为疫病流行搁浅了。

【宙に舞う】　在空中飞舞；悬在空中。例結婚披露宴終了後、同級生たちの胴上げで新郎は宙に舞った。婚宴后，新郎被老同学们抬起抛向空中。例優勝パレードで紙吹雪が宙に舞った。夺冠庆祝游行的时候，彩纸屑满天飞。

【宙に迷う】　迷茫；悬在空中；彷徨。

【注目を浴びる】　引起人们重视；引人注目；令人瞩目；引起关注。類脚光を浴びる②；耳目を集める；スポットライトを浴びる。例彼は長い下積みを経て、あのヒット曲で一躍注目を浴びる流行歌手となった。他长期处于底层，凭借那首成名歌曲一跃成为备受关注的流行歌星。

【注文を付ける】　❶提出要求；提出条件。例施工に当たって幾つか注文を付け

る。施工时提出几个要求。❷（相撲 xiāngpū）力士对峙时取有利的姿势。例あの小兵力士はしばしば得意技で注文を付ける。那个块头小的力士经常用拿手绝招 juézhāo 得到有利的姿势。

【昼夜を舎かず】　不舎昼夜；不分昼夜；昼夜不停。類昼夜を分かたず。中《论语·子罕》："子在川上曰：'逝者如斯夫，不舍昼夜。'"例森の水車は昼夜を舎かず働いている。林中的水车昼夜不停地转动着。

【昼夜を分かたず】　不分昼夜；昼夜不停。類昼夜兼行；昼夜を舎かず；日に夜を継ぐ；不眠不休；夜となく昼となく；夜を昼になす；夜を日に継ぐ。例港のコンテナヤードではクレーンが昼夜を分かたず稼働している。在港口的集装箱△保管场（货场），起重机不分昼夜地运行。

【中流に舟を失えば一壺も千金】（舟、船とも）　中河失舟，一壺千金。中战国·佚名《鶡冠子·学问》："中河失船，一壺千金，贵贱无常，时物使然。"

【中流の砥柱】　中流砥柱。類大黒柱。中春秋·晏嬰《晏子春秋·内篇谏下》："吾尝从君济于河，黿衔左骖，以入砥柱之中流。"

【宙を飛ぶ】　飞也似地；火速地。類風を切る。例宙を飛んで注進に及ぶ。火速上报。

【寵愛昂じて尼にする】　过分宠爱，反成其害。

【丁か半か】　是双是单；是正面是反面。例テレビの時代劇番組では、「丁か半か！さあ、張った張った！」という賭博場シーンがよく使われる。在古装电视剧中常有赌场的场面，赌徒喊着："是双是单？押了，押了！"

【朝菌は晦朔を知らず】　❶朝菌不知晦朔；井蛙不知海阔。類井の中の蛙大海を知らず。中战国·庄周《庄子·逍遥游》："朝菌不知晦朔，蟪蛄不知春秋。"❷短命。

【長広舌を揮う】　滔滔不绝；发挥雄辩之才；长篇大论地雄辩。類弁舌を振るう。例法廷で弁護士が長広舌を揮う。法庭上律师发挥着雄辩的才能；法庭上律师滔滔不绝。

【調子がいい】　❶会迎合人；会哄人；会来事儿。例あいつは調子がいいから騙

されるな。那家伙会讨好人，別<ruby>上<rt>shàng</rt></ruby>他的<ruby>当<rt>dàng</rt></ruby>。❷（身体）状況好。_例今日は喉の調子がいい。今天<ruby>嗓子<rt>sǎngzi</rt></ruby>状况挺好。

【<ruby>調子<rt>ちょうし</rt></ruby>に<ruby>乗<rt>の</rt></ruby>る】　❶<ruby>得意忘形<rt>déyìwàngxíng</rt></ruby>。_類図に乗る。_例あまり調子に乗ると足下を掬わ<ruby>れるよ<rt>あしもと すく</rt></ruby>。<ruby>过分<rt>guòfèn</rt></ruby>得意忘形就会给别人以<ruby>可乘<rt>kěchéngzhījī</rt></ruby>之机。❷<ruby>趁势<rt>chènshì</rt></ruby>；进展顺利。_類<ruby>勢<rt>いきお</rt></ruby>いに乗る。_例新車の販売が調子に乗ってきた。新车<ruby>销售<rt>xiāoshòu</rt></ruby>开始走上轨道。

【<ruby>長者<rt>ちょうじゃ</rt></ruby>の<ruby>脛<rt>すね</rt></ruby>に<ruby>味噌<rt>みそ</rt></ruby>を<ruby>塗<rt>ぬ</rt></ruby>る】　多上加多；<ruby>多此一举<rt>duōcǐyījǔ</rt></ruby>。

【<ruby>長者<rt>ちょうじゃ</rt></ruby>の<ruby>万灯<rt>まんとう</rt></ruby>より<ruby>貧者<rt>ひんじゃ</rt></ruby>の<ruby>一灯<rt>いっとう</rt></ruby>】　富人献万灯不如穷人一灯明；物丰不如心诚。_類貧者の一灯。

【<ruby>長袖善<rt>ちょうしゅう よ</rt></ruby>く<ruby>舞<rt>ま</rt></ruby>い、<ruby>多銭善<rt>たせんよ</rt></ruby>く<ruby>買<rt>あきな</rt></ruby>う】　<ruby>长袖善舞，多钱善贾<rt>chángxiùshànwǔ duōqiánshàngǔ</rt></ruby>；<ruby>多财善贾<rt>duōcáishàngǔ</rt></ruby>。_中战国·韩非《韩非子·五蠹》："鄙谚曰：'长袖善舞，多钱善贾。'此言多资之易为工也。"

【<ruby>長所<rt>ちょうしょ</rt></ruby>は<ruby>短所<rt>たんしょ</rt></ruby>】　<ruby>恃长则短<rt>shìchángzéduǎn</rt></ruby>，失于自满；优点也可能变成缺点。

【<ruby>帳尻<rt>ちょうじり</rt></ruby>が<ruby>合<rt>あ</rt></ruby>う】　❶<ruby>账目<rt>zhàngmù</rt></ruby>收支相符。_例会計係は毎日の営業収支の帳尻が合うまで帰れない。会计每天都<ruby>得<rt>děi</rt></ruby>把营业收支账目<ruby>核对<rt>héduì</rt></ruby>无误才能下班。❷<ruby>抵消<rt>dǐxiāo</rt></ruby>。_例今回の成功で前の失敗と帳尻が合う。这次的成功把前次的失败抵消了。

【<ruby>帳尻<rt>ちょうじり</rt></ruby>を<ruby>合<rt>あ</rt></ruby>わせる】　❶核对账目。_例年度末に貸借対照表で帳尻を合わせる。<ruby>财会<rt>cáikuài</rt></ruby>年度末通过借贷对照表核对账目。❷使符合<ruby>逻辑<rt>luójí</rt></ruby>；使合乎道理。_類<ruby>辻褄<rt>つじつま</rt></ruby>を合わせる。_例<ruby>嘘<rt>うそ</rt></ruby>がばれないよう関係者間で帳尻を合わせる。相关人员统一<ruby>口径<rt>kǒujìng</rt></ruby>，别让<ruby>假话露馅<rt>jiǎhuàlòuxiàn</rt></ruby>儿。

【<ruby>調子<rt>ちょうし</rt></ruby>を<ruby>合<rt>あ</rt></ruby>わせる】　❶配合；迎合。_類<ruby>相槌<rt>あいづち</rt></ruby>を<ruby>打<rt>う</rt></ruby>つ。_例<ruby>直<rt>す</rt></ruby>ぐに気が変わる相手に調子を合わせるのは骨が折れる。迎合随时改变主意的对方的说法，实在费劲。❷<ruby>准音调<rt>zhǔnyīndiào</rt></ruby>。_例ピアノの調子を合わせる。<ruby>校准<rt>jiàozhǔn</rt></ruby>钢琴的音调。

【<ruby>調子<rt>ちょうし</rt></ruby>を<ruby>取<rt>と</rt></ruby>る】　❶打拍子。_類<ruby>拍子<rt>ひょうし</rt></ruby>を取る。_例<ruby>誰<rt>だれ</rt></ruby>かが民謡を歌い出したら<ruby>箸<rt>はし</rt></ruby>で皿を<ruby>叩<rt>たた</rt></ruby>いて調子を取る。有人唱起民谣，就拿筷子<ruby>敲盘子<rt>qiāopánzi</rt></ruby>打拍子。❷保持<ruby>平衡<rt>pínghéng</rt></ruby>。_類<ruby>釣<rt>つ</rt></ruby>り<ruby>合<rt>あ</rt></ruby>いを取る。_例<ruby>重<rt>おも</rt></ruby>い<ruby>物<rt>もの</rt></ruby>を<ruby>担<rt>かつ</rt></ruby>ぐときは、両手、肩、腰で調子を取る。<ruby>挑重担子<rt>tiāozhòngdànzi</rt></ruby>的时候，要<ruby>掌握<rt>zhǎngwò</rt></ruby>双手、肩和腰的平衡。

【<ruby>長蛇<rt>ちょうだ</rt></ruby>の<ruby>列<rt>れつ</rt></ruby>】　<ruby>长蛇阵<rt>chángshézhèn</rt></ruby>。_例新しいゲームソフトの発売初日には決まって長蛇の

列ができる。发行新款_{xīnkuǎn}游戏软件的第一天，准会排起长长的大队。

【長蛇を逸する】 坐失良机_{zuòshīliángjī}；失之交臂_{shīzhījiāobì}。類大魚を逸する。

【提灯で餅を搗く】 不能如愿以偿_{rúyuànyǐcháng}；不能得心应手_{déxīnyìngshǒu}；进展不顺利。類思うに任せない。

【提灯に釣り鐘】 相差悬殊_{xiāngchàxuánshū}；不可同日而语_{bùkětóngrìéryǔ}。類月と鼈。

【提灯程の火が降る】 赤贫；一无所有_{yīwúsuǒyǒu}；家徒四壁_{jiātúsìbì}。類赤貧洗うが如し。

【提灯をつける】 买卖好不好，跟着大户跑_{pǎo}。

【提灯を持つ】 吹捧_{chuīpěng}；抬轿子_{táijiàozǐ}；溜须拍马_{liūxūpāimǎ}。類御先棒を担ぐ。例下心をもって権門に近づきその提灯を持つ。怀着自己的算盘_{suànpán}，接近权贵给他溜须拍马。

【掉尾の勇を奮う】 鼓起最后一股勇气。

【掉尾を飾る】 收尾作得出色；善终；以优异成绩结束_{chéngjì}。例観客の拍手喝采に応え、出演者総出で掉尾を飾る。为回报观众的鼓掌喝彩_{gǔzhǎnghècǎi}，全体演员出来谢幕。

【帳面面を合わせる】 在账面作手脚_{zhàngmiàn}；作伪帐_{wěizhàng}。例帳面面を合わせて公金を着服する。在账面上做手脚，贪污_{tānwū}公款。

【頂門の一針】 顶门一针_{dǐngményīzhēn}；一针见血_{yīzhēnjiànxiě}；切中要害_{qièzhòng}。中宋·刘克庄《题母惰赵公辞执政恩数简》："吾事上十年，聒聒顶门一针，每言治乱，原于君心。"

【長夜の飲】 长夜之饮_{chángyèzhīyǐn}。中汉·司马迁《史记·殷本纪》："大冣（=聚）戏于沙丘，以酒为池，县（=悬）肉为林，使男女倮（=裸）相逐其间，为长夜之饮。"

【長夜の眠り】 ❶一生像在梦中一样度过；醉生梦死_{zuìshēngmèngsǐ}。類酔生夢死。❷处于生死轮回_{lúnhuí}之中，不得解脱。

【長幼序あり】 长幼有序；有长幼之序_{yǒuzhǎngyòuzhīxù}。中战国·荀况《荀子·君子篇》："故尚贤使能，则主尊下安；贵贱有等，则令行而不流；亲疏有分，则施行而不悖；长幼有序，则事业捷成而有所休。"

【蝶よ花よ】 娇生惯养_{jiāoshēngguànyǎng}；心肝儿宝贝儿。類乳母日傘；過保護。例親に蝶よ花よで甘やかされ我儘娘になった。被父母当作_{dàngzuò}心肝宝贝娇惯成了任性的姑娘。

【頂礼昂じて尼になる】 一心向佛_{fó}，终成尼姑_{nígū}。

【ちょっかいを出す】 ❶多管闲事。類御節介を焼く。例他人の領分にちょっか

いを出すな。少管别人的闲事！❷向妇女调情；调戏妇女。例いい女とみればすぐにちょっかいを出す。一见到漂亮女人就动手动脚。

【ちょっとした】　❶轻微；一点儿。例ちょっとした物ですが私からの気持ちです。一点微不足道的东西，聊表寸心。❷相当；蛮不错的。例あの人は地元ではちょっとした有名人ですよ。他在当地可是正经八百的名人啊。

【千代に八千代に】　千秋万代。

【千代を籠む】　千秋万代，繁荣不败。

【ちょんになる】　❶草草收场；结束。類幕を閉じる。例いい企画だったがテレビ局の都合でちょんになる。本来规划得好好的，由于电视台的缘故而草草收场。❷被解雇。類首になる。例三ヶ月でアルバイト先をちょんになる。只打了三个月工就被解雇了。

【ちょんの間】　转眼间；一晃。類束の間。

【塵塚に鶴】　垃圾堆边一仙鹤；一朵鲜花插在牛粪上。類掃き溜めに鶴。

【塵に立つ】　传得沸沸扬扬；街谈巷议。類街談巷説。

【塵に継ぐ】　继承先辈的事业；继承遗志；接班。類跡を継ぐ。

【塵に同ず】　与世无争；和光同尘。類和光同塵。中春秋·李耳《老子·4章》："和其光，同其尘。"

【塵に交わる】　与世无争；和光同尘。類和光同塵。

【塵も積もれば山となる】　积土成山；聚沙成塔。類滴り積もりて淵となる；雀の巣も構うに溜まる；鼠が塩を引く。中战国·荀况《荀子·劝学》："积土成山，风雨兴焉；积水成渊，蛟龙生焉。"

【塵も灰も付かぬように言う】　加以冷言冷语；极其冷淡；待搭不理。類取り付く島もない。

【塵を出ず】　脱离尘世；出家。類髪を下ろす。

【塵を切る】　（相扑）洁身去尘的动作。

【塵を絶つ】　❶绝尘；神速。中战国·庄周《庄子·田子方》："夫子奔逸绝尘，而回瞠若乎后矣。"❷超脱尘俗；绝尘拔俗；超然物外；遗世独立。中南朝·梁·慧皎

433

《高僧传·兴福·释昙翼》："释昙翼本吴兴馀杭人，少而信悟，早有绝尘之操。"

【塵を望んで拝す】　望尘而拜。中 唐·房玄龄《晋书·石崇传》："广城君每出，崇降车路左，望尘而拜，其卑佞如此。"

【塵を捻る】　扭捏；不好意思；无所措手足。類 ばつが悪い。

【塵を結んでも志】　千里送鹅毛，礼轻人意重；聊表寸心。類 気は心。

【血湧き肉踊る】　摩拳擦掌；跃跃欲试。

【血を受ける】　受……遗传；继承血统。類 血を引く。例 両親とも長生きで、君はその血を受けているから百まで生きるよ。你父母都长寿，你受他们的遗传，一定能长命百岁。

【地を易うれば皆然り】　易地则皆然；换位思考则同理。中 战国·孟轲《孟子·离娄下》："禹、稷、颜回同道。禹思天下有溺者，由己溺之也；稷思天下有饥者，由己饥之也，是以如是其急也。禹、稷、颜子易地则皆然。"

【血を啜る】（啜る、歃るとも）　歃血为盟。中 战国·谷梁赤《谷梁传·庄公二十七年》："信其信，仁其仁，衣裳之会十有一，未尝有歃血之盟也。" 例 紂王を倒すため生け贄の血を啜る。为打倒纣王，歃血为盟。

【血を吐く思い】　悲痛欲绝；断肠之感。類 断腸の思い。

【地を掃う】　（名声·信誉）扫地；完全丧失（名声·信誉）。中 春秋·佚名《孔子家语·致思》："於是夫子再拜，受之。使弟子扫地，将以享祭。" 例 信用が地を掃う。信誉扫地。

【血を引く】　继承血统；（接受）遗传。類 縁に繋がる；血が繋がる；血を受ける。例 源氏の血を引く。有源氏家族的血统。

【血を見る】　见血；发生伤亡；流血（事件）。類 流血の惨事；刃傷沙汰。例 武力衝突で血を見る。武装冲突，出现伤亡。

【血を分ける】　骨肉同胞；骨肉至亲。例 家の親父には血を分けた兄弟姉妹が10人いた。老爷子的同胞兄弟姊妹有十人。

【狆が嚔をしたよう】　丑八怪；丑陋而滑稽的面孔。類 炭団に目鼻；阿多福②；凸凹野郎；不器量①；不細工②。

【枕席に侍る】 荐枕席；同床共寝。

【沈黙は金、雄弁は銀】 （西谚）雄辩是银，沉默是金。類言わぬは言うに勝る。西Speech is silver, silence is gold.

【沈黙を破る】 ❶打破沉默；开口说话。例重要参考人が終に沈黙を破った。重要的证人终于打破了沉默。❷重新开始活跃。例長期に渡る沈黙を破って活動を再開する。打破长时间的沉默，重新开始活跃起来。

つ

【ついぞない】 从未有过；从来没有过；不曾。類例が無い。例ついぞない自然現象に遭遇して驚いた。遇到不可思议的自然现象，惊讶不已。例あんなに嫌な思いをしたことはついぞなかった。那么令人不快的事是从来没有过的。

【付いて回る】 挥之不去；缠身；摆脱不掉。例悪い噂が付いて回る。负面传闻缠身摆脱不掉。

【終の住処】 最后的栖身之所；最后的归宿。

【終の別れ】 永别；诀别。

【つうと言えばかあ】 一唱一和；心心相通；彼此默契。

【痛棒を喰らわす】 严加申斥；当头棒喝。類灸を据える。例警察が暴走族に痛棒を食らわす。警察对飙车族严加训斥。

【痛痒を感じない】 不疼不痒；无关痛痒；无动于衷。類痛くも痒くもない。例いくら制裁を加えられても痛痒を感じない。无论什么样的制裁都无动于衷。

【杖とも柱とも】 唯一依靠；完全仰仗；唯一的支柱。例劉備にとって諸葛亮は杖とも柱とも頼む参謀だった。对刘备来说，诸葛亮是必须完全仰仗的谋臣。

【杖に縋るとも人に縋るな】 宁肯挂拐杖，也别依靠他人。

【杖に突く】 当作拐杖。

【杖の下に回る犬は打てぬ】 嗔拳不打笑面；对哀告者不忍下手。類杖の下にも回る児がかわゆい。

【杖の下にも回る児がかわゆい】 孩子告饶，不忍杖责。類杖の下に回る犬

は打てぬ。

【杖ほど掛かる子は無い】　手杖可依靠，孝子难依靠。

【杖も孫ほどかかる】　权把手杖当儿孙。

【杖を曳く】　散步；出游。

【使い物にならない】　没有用；不能用；不堪任用。例この鋏は錆びて使い物にならない。这把剪子生锈不能用了。

【使いを立てる】　派使者；派人去（作某事）。類人を立てる③。例親戚や近隣に対し葬儀連絡の使いを立てる。派人告知亲戚和邻里葬礼的事。

【即かず離れず】　不即不离。類不即不離。例スイスは即かず離れずを国是とする永世中立国である。瑞士是以不即不离为基本国策的永久中立国。

【付かぬ事】　贸然（的事）；突如其来（的事）；冒昧。例付かぬ事を聞くが、君は鈴木さんの入院先を知っているかね？贸然相问，你知道铃木先生在哪儿住院吗？

【束の間】　刹那间；转眼之间；弹指之间。類ちょんの間。例束の間の幸せを噛み締める。充分体味瞬间的幸福；享受这短暂的幸福。

【掴み所が無い】　没有抓手；不得要领；摸不着头脑。類要領を得ない。例話が支離滅裂で掴み所が無い。说得杂乱，简直摸不着头脑。

【月が欠ける】　月亏。

【付きが回る】　时来运转；走运。類運が向く。例なかなか付きが回って来ない。好运总也不来。

【月が満ちる】　❶月满；月圆。例月が満ちて東山から顔を出す。月盈而出东山之上。❷（怀孕）足月。例月が満ちてきたので産婦人科に入院する。已经足月，住进妇产科医院。

【月と鼈】　相差悬殊；天壤之别；判若天渊；天差地远；相去天渊；云泥之别。類雲泥の差；霄壤の差；提灯に釣り鐘；天地の相違；天と地。

【月に異に】　逐月；每个月；一个月一个月地。

【月に叢雲花に風】　月有乌云遮，花被风摧折；好事多磨。類好事魔多し。

【月の桂を折る】　折桂；科举及第。類桂を折る。

【月の前の灯火】(灯火、灯とも) 相形见绌；相比之下黯然失色；自愧不如；小巫见大巫。

【月日に関守なし】 岁月不居；日月如梭；岁月不待人。類歳月人を待たず。

【月日を送る】 过日子。例肉体的・精神的に健康な月日を送れたらそれでよし。能在肉体上、精神上健康生活，于愿足矣。

【月満つればすなわち虧く】 月满则亏；盛极必衰；月盈则食。中汉・司马迁《史记・范雎蔡泽列传》："语曰'日中则移，月满则亏'。物盛则衰，天地之常数也。进退盈缩，与时变化，圣人之常道也。"

【付きも無い】 ❶不相称。類柄にもない。❷生硬；不随和。

【付き物離れ物】 有合必有分；没有不散的宴席。類会うは別れの始め。

【月夜に釜を抜かれる】 过分粗心大意；漫不经心。

【月夜に提灯】 多此一举；徒劳无益。類暗闇の頬冠。

【月夜の蟹】 空洞无物。

【月よ星よと眺む】 视若珍宝；奉若掌上明珠；非常欣赏。

【月を越す】 过了月；推迟到下个月。例給料が遅配で月を越した。拖欠工资到下个月。

【月を指せば指を認む】 指月认指；只抠字眼儿，不解本意；咬文嚼字，不顾本质。

【月を跨ぐ】 跨月份。例月を跨いで現地調査を行う。跨月份进行实地调查。

【机を並べる】 并着桌子；同学；同事。例小学校で机を並べた同級生たちと還暦を祝う。和小学同班同学一起庆祝60大寿。

【付けが回って来る】 恶有恶报；遭报应。類悪事身に返る。例若い頃の放蕩の付けが回って来て身体ががたがただ。遭到年轻时候放荡不羁的报应，（现在）百病缠身。

【付けにする】 赊账；赊欠；挂账。例今日の分は付けにしといてね。今天的钱先记上账吧。

【都合が付く】 通融；筹措；安排得开。例都合が付いたらご出席願います。

如果您时间安排得开，请出席。

【辻褄が合う】　无差错；无破绽；合乎逻辑；合乎道理；有条理。類筋が立つ；筋が通る①；筋道が通る；理に当たる；理に適う；理路整然。例彼の言動は辻褄が合っている。他的言论和行动是合乎逻辑的。

【辻褄を合わせる】　使合乎逻辑；使有条理；堵塞漏洞；消除破绽。類帳尻を合わせる②。例嘘がばれそうになって辻褄を合わせるのに四苦八苦する。谎言要败露，绞尽脑汁消除破绽。

【土が付く】　（相扑）落败；输；败。類星を落とす。例番狂わせで本命に土が付いた。出乎意料，种子选手落败了。

【槌で庭を掃く】　极尽吹拍之能事；露骨地奉承。

【土となる】➡土になる

【土になる】（土に、土ととも）死；死去被埋葬。類息が絶える。例旅に病み見知らぬ土地で土になる。在旅途中病倒，客死他乡。

【土仏の水遊び】　泥菩萨戏水；飞蛾投火；玩火自焚；自取灭亡。類飛んで火に入る夏の虫。

【土仏の夕立に逢うたよう】　泥菩萨叫雨打了似的；落汤鸡似的；无精打采；垂头丧气。

【土を踏む】　踏上（某处）土地；到达。例十数年ぶりに祖国の土を踏み心が和む。回到阔别十几年的祖国，内心（终于）安稳下来。

【釣った魚に餌はやらぬ】　结发夫妻，不用在意。

【綱を張る】　（相扑）成为冠军；获得横纲称号。例原則として大関が二場所連続優勝すると綱を張ることができる。原则上大关级别的力士连胜两个赛季即可晋升为横纲。

【常ならず】　无定；无常；短暂。例浮世は常ならず。尘世变化无常。

【角が生える】　吃醋；嫉妒。類角を出す。

【角突き合わせる】　冲突；顶牛儿；抵触。類牛の角突き合い。例あの二人は会えば決まって角突き合わせる。他们俩一见面准顶牛儿。

【角を折る】 让步;放弃狂傲的态度;态度软化。類我を折る。例双方が角を折るよう勧告する。劝双方互相让步。

【角を出す】 (女人)嫉妒;吃醋。類修羅を燃やす;角が生える;焼き餅を焼く。例浮気がばれて女房が角を出す。外遇败露,老婆打翻醋瓶。

【角を矯めて牛を殺す】 磨瑕毀玉;矫枉过正。類葉を欠いて根を断つ。

【鍔迫り合いを演じる】 展开白刃战;激烈地对抗。例小選挙区で保革両党が鍔迫り合いを演じる。在小选举区保守·革新两党对抗激烈。

【燕の幕上に巣くうがごとし】 燕巣幕上;置身险境。類危うきこと累卵の如し。中春秋·左丘明《左传·襄公二十九年》:"夫子获罪于君以在系,惧犹不足,而又何乐?夫子之在此也,犹燕之巣于幕上,君又在殡,而可以乐乎?"

【唾を付ける】 抢先号下;抢先占住。例先に唾を付けた者の勝ちだ。抢先占住者为胜。

【粒が揃う】 个个优秀;个个出类拔萃。例我が社の人材は粒が揃っている。本公司员工个个出类拔萃。

【潰しが効く】 多才多艺;多面手;干什么都能胜任;通才。例彼は潰しが効くからどんな仕事に就いてもやって行ける。他是个通才,什么工作都拿得起来放得下。

【礫を打つ】 掷石子;扔石子。

【粒を揃える】 选拔水平相同的;搜罗优秀人才等。例粒を揃えて特別プロジェクトチームを結成する。选拔优秀人才,组成特别课题组。

【壺に嵌る】 ❶如愿以偿;正中下怀。類思う壺に嵌る。例作戦が壺に嵌って悦に入る。策略如愿以偿,心中大悦。❷击中要害;抓住要害。類的を射る。例彼の論駁は壺に嵌っている。他的驳论正中要害。

【壺の口を切る】 十月举行新茶品茶会。

【蕾を散らす】 摧折青年才俊;糟蹋人才;使有前途的人夭折;毁掉才能。

【壺を心得る】 抓住要点;掌握要领。類的を射る。例プロはその道の壺を心得ている。行家抓得住要点。

【詰まらない物ですが】 一点小东西;一点小意思。例詰まらない物ですがど

うかお納め下さい。一点小意思，请收下。

【詰まる所】 说到底；归根结底；毕竟。類挙句の果て。例詰まる所、私に責任を取れというのですね。说到底就是让我承担责任喽？

【褄を取る】 当艺妓；成为艺妓。類左褄を取る。例あの人は若い頃柳橋で褄を取っていた。她年轻的时候在（东京的）柳桥当过艺妓。

【罪がない】 ❶无恶意；无歹意。例落語家どうしの洒落は罪がないけどきつい。日本落语家（单口相声演员）的戏谑之言虽无恶意却相当尖锐。❷天真无邪。類天真爛漫。例幼児は罪がないものだ。孩提是天真无邪的。

【罪無くして配所の月を見る】 流放之地，游人赏月，别有一番风味。

【罪なことをする】 对人苛酷；凌虐他人；干缺德勾当。例人の恋路を邪魔するなんて、罪なことをするなよ！干扰别人谈恋爱，别干那种缺德勾当！

【罪を着せる】 栽赃陷害；嫁祸于人；电锅。例他人に罪を着せるのは卑劣な行為だ。嫁祸于人是卑劣的行为。

【罪を着る】 代人受过；替人顶罪。例子分が親分の罪を着て警察に出頭する。小喽啰去警察署自首替头儿顶罪。

【罪を憎んで人を憎まず】 恶其罪，不恶其人；恨罪不恨人。類君子はその罪を悪んでその人を悪まず。中《孔丛子·刑论》："孔子曰：'可哉。古之听讼者，恶其罪而不恶其人。'"

【旋毛が曲がる】 矫情；性格扭曲；乖张。類旋毛を曲げる。例彼奴は生まれつき旋毛が曲がっている。那家伙天生性格扭曲。

【旋毛を曲げる】 闹情绪；故意闹别扭；使性子。類天邪鬼；言うことを聞かない①；冠を曲げる；旋毛が曲がる；臍を曲げる。例彼女が旋毛を曲げたらお手上げだ。她要是使起性子来，那可就没辙了。

【詰めが甘い】 结尾部分掉以轻心；最后的关键时刻松懈下来。例あなたは最初のうちはいいが詰めが甘いので最後はやられる。你一开始还不错，最后的关键放松了，所以最终失败了。

【冷たい戦争】 冷战。

【冷たくなる】 ❶热情减退；爱情冷却下来。類熱が冷める。例夫が最近冷たくなった。丈夫最近冷淡下来了。❷尸体变凉；死了。類息が絶える。例冷たくなって霊安室に移される。遗体已经变凉，移送到太平间。

【爪で拾って箕で零す】 入不敷出；点滴攒钱，大把花钱。

【爪に爪なく瓜に爪あり】 （瓜和爪字的结构）爪字应有却无爪，瓜字应无点不少。

【爪に火を点す】 非常吝啬。類財布の紐が長い。

【爪の垢】 一丁点儿；一点点。類雀の涙。例不況でボーナスは爪の垢ほどだった。由于不景气，奖金只有一丁点儿。

【爪の垢を煎じて飲む】 模仿贤者；尽量效仿；亦步亦趋。

【詰め腹を切らされる】 被迫辞职。例上司の涜職に連座し部下が詰め腹を切らされる。受上司渎职的牵连，部下被迫辞职。

【爪を隠す】 真人不露相；水静者深；真正有能耐的人不露锋芒；高手不轻易出手。類能ある鷹は爪を隠す。

【爪を立てる】 ❶挠；抓。例ライオンのようなネコ科動物は普段は肉球に隠れている爪を立てて獲物を逃さないようにする。像狮子这样的猫科动物，一般是伸出藏在肉掌中的爪，抓住猎物不让它逃掉。❷抵抗；违背。例彼はたまには上司に爪を立てたりもする。他有时会顶撞领导。

【爪を研ぐ】 磨牙砺爪；摩厉以须；磨刀霍霍。類牙を研ぐ。例爪を研いで獲物を待ち構える。作好充分准备，伺机捕获猎物。

【露知らず】 一无所知；一点也不知道。例損なことととは露知らず。例高校の先輩とは露知らず大変失礼をいたしました。完全不知道您是高中时的学长，失敬失敬。

【露と消える】 离开人世；（从尘世）消失。

【露の命】 朝露；短暂的生命。

【露ほども】 丝毫也；一点也；万万没。類毛ほど。例私は旦那のことを露ほども疑ったことがない。我丝毫也没怀疑过自己的丈夫。

【面(つら)から火(ひ)が出(で)る】 羞得面红耳赤(miànhóngěrchì);(羞得)满脸通红。類赤(あか)くなる。

【面(つら)にて人(ひと)を切(き)る】 以傲慢(àomàn)的态度伤人。

【面(つら)に似(に)せて巻子(へそご)を巻(ま)く】 千人千脾气(píqi),万人万模样(múyàng);十个指头不一般齐。

【面(つら)の皮(かわ)が厚(あつ)い】 脸皮厚;厚颜无耻(hòuyánwúchǐ)。類厚顔(こうがん)無恥(むち)。例本家の敷居(しきい)を跨(また)ぐないことをやらかしておきながらまたのこのこやってくるとは、叔父(おじ)は本当に面の皮が厚い。做了败坏门风的事还满不在乎地登门来(mànbùzàihū),叔叔(shūshu)脸皮也太厚了。

【面(つら)の皮(かわ)の千枚張(せんまいば)り】 脸皮厚;厚颜无耻。類厚顔(こうがん)無恥(むち)。

【面(つら)の皮(かわ)を剥(は)ぐ】 揭穿丑恶嘴脸(jiēchuānchǒu è zuǐliǎn);剥去伪装(bāoqùwěizhuāng),现出丑恶原形。類手目(てめ)を上(あ)げる;化(ば)けの皮(かわ)を剥(は)がす;一皮剥(ひとかわむ)く;面皮(めんぴ)を剥(は)ぐ。

【面(つら)を張(は)る】 扇耳光(shāněrguāng);打脸。例生意気(なまいき)なので一発(いっぱつ)面を張ってやった。他太狂妄(kuángwàng),就扇了他一记耳光。

【面(つら)を膨(ふく)らす】 撅起嘴(juēqǐzuǐ);面带不悦。類口(くち)を尖(とが)らす。例おちょくられて面を膨らす。受了愚弄(yúnòng),面带不悦。

【面(つら)を見返(みかえ)す】 对侮辱(wǔrǔ)自己的人进行报复;反唇相讥(fǎnchúnxiāngjī);以眼还眼。類目(め)には目(め)を、歯(は)に歯(は)を。例万吉(まんきち)は大人(おとな)になったら自分と家族を辱(はずか)めた網元(あみもと)の面を見返すことを心(こころ)に誓(ちか)った。万吉(wànjí)在心里发誓,对侮辱自己和家人的渔把头(yúbǎtóu)进行报复。

【釣(つ)り合(あ)いを取(と)る】 保持平衡(pínghéng)。類重心(じゅうしん)を取(と)る;中心(ちゅうしん)を取(と)る;調子(ちょうし)を取(と)る②。例両手(りょうて)に重(おも)い物(もの)を持(も)つときに釣り合いを取る。两手拿重物(zhòngwù)时保持平衡。例国際収支(こくさいしゅうし)の釣り合いを取る。保持国际收支平衡。

【釣(つ)り合(あ)わぬは不縁(ふえん)の基(もと)】 不般配是造成离婚的根本原因;夫妻不般配导致离异(líyì)。

【釣(つ)り落(お)とした魚(さかな)は大(おお)きい】 跑掉(pǎodiào)的鱼都是大的;未到手的都是好的。類逃(に)がした魚(さかな)は大(おお)きい。

【剣(つるぎ)の刃渡(はわた)り】 走钢丝;万分危险的举动。類危(あぶ)ない橋(はし)を渡(わた)る。

【吊(つ)るし上(あ)げを食(く)う】 遭到众人的责难(zénàn);挨斗(áidòu);成为众矢之的(zhòngshǐzhīdì)。類槍玉(やりだま)に挙(あ)がる。例裏切者(うらぎりもの)が吊るし上げを食う。叛徒(pàntú)遭到众人的一致谴责。

【鶴(つる)の一声(ひとこえ)】 一锤定音(yīchuídìngyīn);权威者的一句话。例様々(さまざま)な意見(いけん)が出(だ)されたが首長(しゅちょう)の鶴の一声で方針(ほうしん)が決定(けってい)した。出现了各种意见,头儿的一句话,方针就定下来了。

【鶴は千年、亀は万年】 千年仙鹤万年龟；长命百岁；龟寿万年；寿比南山不老松。

【唾を引く】 垂涎三尺；特想得到。類涎が出る。

【聾の早耳】 选择性耳聋；耳聋专听坏话。

て

【手垢が付く】 沾上手上的油泥；用旧；失去了新鲜的感觉。

【手垢の付いた】 陈旧；老套；陈腐；了无新意。例手垢の付いた演目ばかりで見る気がしない。净是老掉牙的节目，没看头。

【手足となる】 成为左右手；成为心腹；成为得力的帮手。例補佐官に任命され首相の手足となって働く。被任命为助理，将作为首相的左右手开展工作。

【手足を擂粉木にする】 疲于奔命；东奔西走。類足を棒にする。

【手足を伸ばす】 舒展宽衣；自由自在地休息。例温泉場で手足を伸ばす。在温泉疗养地无拘无束地放松休息。

【亭主の好きな赤烏帽子】 绝对顺从一家之主；家主所好，都得说好。

【亭主を尻に敷く】 妻子欺负丈夫；妻管儿严。

【貞女は二夫に見えず】 贞女不事二夫。

【泥中の蓮】 泥中荷花；出污泥而不染。

【泥の如し】 烂醉如泥；泥醉。中唐·杜甫《将赴成都草堂途中有作，先寄严郑公五首》："岂藉荒庭春草色，先判一饮醉如泥。"

【泥裡に土塊を洗う】 在泥水中洗土块；肮脏丑陋；越洗越脏。

【テープを切る】 冲线；赛跑得第一名。例100ｍ走決勝でテープを切る。百米决赛跑第一。

【出女に入り鉄砲】 （江户时代）严查离开江户的诸侯女眷和进入江户的枪炮。

【手が上がる】 ❶本领提高；书法有长进。類腕が上がる①。例書道の手が上が

る。书法的水平有所提高。❷酒量见长。類腕が上がる②。例若い頃に比べて手が上がったのか、最近悪酔いしなくなった。也许比年轻的时候酒量见长，最近没有酒醉难受的情况了。

【手が空く】　手头闲着；手头没有工作；腾出手来。類暇が明く。例手が空いたらこっちを手伝ってね。有空儿帮帮我的忙。

【手が空けば口が開く】　❶没有工作，难以糊口。❷闲暇时闲扯。

【手が有る】　❶有办法；有手段。例その手が有ったか。(当时)你有那个手段吗？❷有劳力。例家には手が十分に有る。家里劳动力充足。

【手が要る】　需要人手；需要帮手。例果樹の摘果作業には相当手が要る。果树疏果工作需要相当多的人手。

【手が後ろに回る】　被逮捕；作恶被抓。類腕が後ろに回る；御縄になる；縄に掛かる；縛に就く。例悪事を働くからには手が後ろに回る覚悟はできているのだろうね？既然要干坏事，你做好了被抓的准备了，是吧？

【手が掛かる】　费事；麻烦。類世話が焼ける。例子供が小さい頃は手が掛かる。孩子小的时候很费事。

【手書きあれども文書きなし】　善書者衆，能文者寡。

【手が利く】　手巧。類小手が利く。例彼は手が利くので細工仕事向きだ。他手巧，适合作手工艺的活ル。

【手が切れる】　❶断绝关系。類縁が切れる。例腐れ縁で手が切れない。孽缘是斩不断的。❷崭新(的纸币)。類手の切れるような①。例ご祝儀には手が切れるような新札を包む。作为贺礼把崭新的票子装入红包。

【手が込む】　结构复杂；手工精巧；精致。例ねずみ講の仕掛けは手が込んでいる。传销式贷款运作机理非常复杂。例現代の工業製品はその殆どが非常に手が込んだ物である。现代工业产品几乎全都做工精巧。

【手が下がる】　❶技艺退步；水平下降。例芸事は毎日やっていないと手が下がるものだ。搞艺术的不每天练习水平就会下降。❷书法退步。例最近は筆を持つこともないので手が下がった。最近很少拿笔，写的字退步了。❸酒量小了。例一杯の方は

年とともに手が下がる。酒量随着年龄的増長而逐年下降。

【手刀を切る】 （相扑）立掌三点礼。

【手が付かない】 心不在焉；没心思作。類気も漫ろ。例心配事があって仕事に手が付かない。有担心的事，不能集中精力着手工作。

【手が付く】 ❶着手；开始使用。類手を染める。例出された料理に手が付く。开始吃端上桌的菜。❷女佣与主人有性关系。類御手を付ける。例奥に上がり殿様の手が付いた。进入内宅成为老爷的女人。

【手が付けられない】 无从下手；不可救药；没法对付；无计可施。類手に負えない。例アル中とあっては手が付けられない。如果是酒精中毒就没办法了。例洪水であっという間に浸水し家財に手が付けられない。洪水瞬間淹到室内，家具都顾不了了。

【手が出ない】 买不起；无能为力。例都心のマンションは高騰し続け中層サラリーマンの年収ではとても手が出ない。首都中心区的房子不断涨价，中层员工的收入根本买不起。

【手が届く】 ❶够得着；买得起。例この値段なら手が届く。这个价位还买得起。❷周到；作得充分。類気が回る。例隣家の野菜畑はよく手が届いている。邻家的菜地侍弄得很好。❸快到……岁；年近。例親父は100歳に手が届くところまで長生きした。△老太爷（老爷子）长寿，活到将近一百岁。

【手が無い】 ❶人手不足。類手不足。例手が無くて困っている、手伝ってくれないか？这儿正愁缺人手呢，能不能帮一把？❷无计可施；没有办法。類手の施しようがない。例有効な手が無い。没有有效的办法。

【手が長い】 三只手；好偷东西。類手癖が悪い。例仲間内に手が長い輩が潜んでいるようだから要注意。圈子内好像有爱偷东西的家伙，需要注意。

【手が入る】 ❶前来逮捕；查抄。類手が回る②。例マルサ（国税局）の手が入る。国税局前来搜查。❷订正；修改。類手を加える。例企画案に上司の手が入る。领导修改规划方案。

【手が入れば足も入る】 一步退，步步退；越陷越深；一旦松懈就会被抓住弱

点。

【手が離せない】 腾(téng)不出手来；占着手(zhànzheshǒu)呢；抽(chōu)不出身；正忙着。例今(いま)手が離せないので他(ほか)の人に頼んでくれ。我现在腾不出手来，去找别人帮忙吧。

【手が離れる】 ❶脱身；不再从事。例後任が決まって厄介(やっかい)な役目(やくめ)から手が離れた。继任者已(yǐ)定，可以摆脱(bǎituō)麻烦(máfan)的工作了。❷已(yǐ)不需照料。例長男は中卒で就職し手が離れるのが早かった。大儿子初中毕业就工作了，早早的就不用我养活了。

【手が早い】 ❶手快；手脚麻利。例選果場のベルトコンベアーで作業するおばさんたちはみんな手が早い。在水果分拣(fēnjiǎn)场流水线工作的大妈们，个个手脚麻利。❷好(hào)动手。例気が短くて手が早い乱暴者(らんぼうもの)。急性子爱动手的莽(mǎng)夫(fū)。❸马上就搭(dā)上(shàng)关系。例あの男は手が早いから特に女子新入社員は気を付けた方(ほう)がいい。他勾引(gōuyǐn)女人是个快手，新入职的女员工尤其要当心。

【手が塞がる】 占着手(zhànzheshǒu)；没空(méikòng)儿。例先生のお手が塞がっていない時にお伺(うかが)いしたいと存(ぞん)じます。希望在先生闲暇(xiánxiá)的时候前往拜访。

【手が回る】 ❶照顾得周到；顾得上。類気が回る。例自分のことで精一杯(せいいっぱい)、他人のことにまで手が回らない。自己的事就够忙(máng)活(huo)的了，根本顾不上别人的事。❷布控；警察布置人员。類手が入る①。例容疑者の周辺に捜査の手が回る。在嫌犯(xiánfàn)的周围布置警员。

【手が見える】 ❶知道底细；看穿(kànchuān)内心深处(shēnchù)。❷不为(wèi)人知的缺点和秘密败露。

【手が焼ける】 棘手(jíshǒu)；麻烦(máfan)；（令人）头疼；无法对付。類世話が焼ける。例この子はいたずらで本当に手が焼ける。这孩子太淘(táo)了，真叫人头疼。

【手が良い】 ❶字写得好。❷作法对。

【手が悪い】 ❶手气不好。例〔トランプで〕こんなに手が悪くては勝てるはずがない。(扑克(pūkè))手气这么不好，怎么能赢(yíng)呢(ne)！❷字写得拙劣(zhuōliè)。❸手段恶劣；作法不对。

【敵国外患無(てきこくがいかんな)き者(もの)は国恒(くにつね)に亡(ほろ)ぶ】 无敌国外患者(wúdíguówàihuànzhě)，国恒亡(guóhéngwáng)；没有忧患意识则国家会灭亡。中战国·孟轲《孟子·告子》："入则无法家拂士，出则无敌国外患者，国恒亡。然后知生于忧患，而死于安乐也。"

【出来ない相談】 办不到的事；缘木求鱼；与虎谋皮。例急に部屋を空けろと言われても出来ない相談だ。突然让把房子腾空，那可办不到。

【敵に後ろを見せる】 落荒而逃；临阵脱逃。類後ろを見せる①；敵前逃亡。

【敵に塩を送る】 救敌于困厄。

【敵は本能寺にあり】 声东击西；醉翁之意不在酒；项庄舞剑，意在沛公。類敵本主義。

【敵もさる者（引っ掻くもの）】 不可小觑的敌手；对手绝非等闲之辈。

【敵を見て矢を矧ぐ】 临渴掘井；临阵磨枪。類泥棒を捕らえて縄を綯う。

【手薬煉引く】 严阵以待；急切地等待；摩拳擦掌。類手に唾す。例千載一遇の好機と手薬煉引く。急切地等待这千载难逢的好机会。

【手癖が悪い】 好偷东西；手不老实；三只手；手脚不干净。類手が長い。例あのおばさんは手癖が悪いと噂されている。听说那个大妈手不老实。例あの好いたらしい紳士は異性に手癖が悪いと噂されている。那个讨人喜欢的绅士据说对女性可手不老实。

【手車に乗せる】 ❶哄着捧着；小心郑重地对待。❷以抬轿子的方式操控（对方）；随心所欲地操纵。類手玉に取る。

【梃入れをする】 ❶(抑制行情下跌)托盘。類梃子を入れる①。❷鼎立相助；鼎立支撑。類梃子を入れる②。

【手心を加える】 酌情处理；酌情给以照顾。例学生の卒論に手心を加える。对学生的毕业论文给与适当照顾。

【梃子でも動かない】 毫不动摇；不为所动；顽固到底。例あの人は融通無碍に見えても一旦決断したら梃子でも動かない所がある。他表面上不受什么框框约束，一旦决定了就毫不动摇。

【梃子を入れる】 ❶维持（行情）；(抑制行情下跌)托盘。類梃入れをする①。例弱含みの小豆相場に梃子を入れる。扶持看跌的小豆行情。❷撑腰；鼎立相助；扶持。類梃入れをする②。例食糧増産で国の安全保障能力を高めるため農業に梃子を入れる。为了以增产粮食、提高保障国家安全的能力而扶持农业。

【手塩に掛ける】 亲手抚养；亲手拉扯大；亲手精心培育。類手に掛ける②。例手塩に掛けて後継者を育成する。亲手精心培育接班人。

【手玉に取る】 随意摆布；玩弄；捉弄；牵着鼻子走。類掌上に運らす；掌にする；手車に乗せる②；鼻面を取って引き回す。例大人のチームが少年チームに手玉に取られるとは情けない。成年队被少年队牵着鼻子走，真是太惨了。

【出遣いより小遣い】 日常开支聚少成多，超过一次性购买。

【手付を打つ】 交定金。例マンション購入の手付を打つ。交买房子的定金。

【鉄槌を下す】 重拳出击；严厉处罚；严厉打击；严加取缔。例捜査官が麻薬密売組織に鉄槌を下す。警方严厉打击毒品地下交易组织。

【鉄桶水を漏らさず】 固若金汤；坚如磐石；无懈可击。類鉄壁の陣。

【鉄のカーテン】 (英·丘吉尔) 铁幕。西Churchill: Iron curtain.

【鉄は熱いうちに打て】 (西谚) 趁热打铁。西Strike while the iron is hot.

【哲婦城を傾く】 哲妇倾城；才女多言，祸国毁家。中春秋·佚名《诗经·大雅·瞻印》："哲夫成城，哲妇倾城。"

【轍鮒の急】 辙鲋之急；身处极度困厄之中。中战国·庄周《庄子·杂篇·外物》："车辙中有鲋鱼焉……曰：'我东海之波臣也，君岂有斗升之水而活我哉？'"

【鉄壁の陣】 铜墙铁壁；高城深池；极难攻破的阵势。類金城鉄壁；金城湯池；鉄桶水を漏らさず；難攻不落①。

【手蔓を求める】 找门子；找关系；托人情。例息子の嫁探しで手蔓を求める。托人帮助给儿子找对象。

【轍を踏む】 重蹈覆辙。類前車の轍を踏む。例同業者の轍を踏まないよう気を付ける。注意不重蹈同行的覆辙。

【出て失せろ】 滚开！例お前に用はない、出て失せろ！没你的事，滚！

【手と身になる】 身无分文；一文不名。類無一文。

【手取り足取り】 手把手。類手を取る②。例コーチから手取り足取り教えてもらった。请教练手把手地教。

448

【手鍋を下げる】 甘愿受穷。例手鍋を下げても好いた男と暮らしたい。哪怕受穷也愿意跟所爱的男人一起生活。

【手習いは坂に車を押す如し】 学如逆水行舟，不进则退。

【手に合う】 ❶适合自己的能力；❷用着顺手。

【手に汗を握る】 捏一把汗；提心吊胆。類冷や汗をかく。例戦後、テレビが出始め頃のプロレス中継には毎回手に汗を握った。二战之后刚有电视的时候，每次看职业摔角都手里捏着一把汗。

【手に余る】 管束不了；棘手；应付不了。類手に負えない。例この仕事は私の手に余る。这个活儿我干不了。例この子はわがままで私の手に余る。孩子太任性，我管不了。

【手に合わない】 用着不合手；用着不顺手。例このラケットは私の手に合わない。这个球拍我用着不顺手。

【手に入れる】 弄到手；得到。類手中に収める；掌中に収める；手にする②；手に入る；懐にする；物にする②。例公売で農地を手に入れる。买到强制拍卖的农田。

【手に負えない】 管不了；束手无策；解决不了。類始末が悪い；始末に負えない；仕様が無い；慎莫に負えぬ；酢でも蒟蒻でも；力及ばず；力に余る；手が付けられない；手に余る；手を焼く；如何にもこうにも；煮ても焼いても食えない；箸にも棒にも掛からない；一筋縄では行かない；輪にも葛にも掛からぬ。例腕白坊主で母親の手に負えない。这个淘气包子妈妈管不住他。

【手に落ちる】 落到……手里。類手中に落ちる；手に帰する；手に渡る。例写楽のあの浮世絵はパリの美術商の手に落ちた。东洲斋写乐的风俗画落入巴黎美术商之手。例パリはナチスの手に落ちた。巴黎已落入纳粹手中。

【手に掛かる】 ❶直接处理。例職人の手に掛かる。经过匠人亲自处理。❷受照料。❸被杀死。例テロリストの手に掛かる。惨遭恐怖分子的毒手。

【手に掛ける】 ❶亲自动手。類手を下す①。例自ら手に掛けたプロジェクトはそれぞれ感慨深いものがある。亲自参与的课题都有很深的感触。❷亲自抚育；亲

自照料。**類**手塩に掛ける。**例**隣人は珍しい草花を収集し手に掛けている。邻居收集奇花异草，亲自培育。❸亲手杀死。**例**逆臣を手に掛ける。亲手杀掉逆臣。

【手に帰する】 落入……手中；归于；落到。**類**手に落ちる。**例**勝利が本命の手に帰するとは限らない。优胜未必归于种子选手。

【手にする】 ❶拿在手里；手持。**例**おしぼりを手にする。手里拿着手巾把儿。❷获得；拿到。**類**手に入れる。**例**前から欲しかった物を手にする。得到了盼望已久的东西。

【手に付かない】 不能专心从事；沉不下心；心不在焉；没心思作。**類**気も漫ろ。**例**気が散って受験勉強が手に付かない。分散精力，不能专心致志地温课备考。

【手に唾す】 准备好；摩拳擦掌。**類**手薬煉引く。**中**南朝·宋·范晔《后汉书·公孙瓒传》注引《九州春秋》："瓒曰：'始天下起兵，我谓唾手而决。'"

【手に手を取る】 手挽手；手拉着手。**例**手に手を取って喜び合う。携手同庆。

【手に取るなやはり野に置け蓮華草】 （瓢水＝泷新之丞的俳句）毋撷野芬芳，原野离离爱风霜，紫云英自香；野花再香，不宜家养；莲花不能瓶里栽。**類**やはり野に置け蓮華草。

【手に取るよう】 非常清楚；历历在目；非常明显。**例**彼女の気持ちは手に取るように分かる。她的心情非常明显。

【手に成る】 出于……之手。**例**現代の名工の手に成る作品を展示する。展出现代能工巧匠的作品。

【手に乗る】 上当；中计。**類**口車に乗る。**例**うっかりその手に乗ってしまった。没注意就上了他的当。

【手に入る】 拿到手里；弄到手；得到。**類**手に入れる。**例**いい物が手に入る。好东西到手；弄到好的东西。

【手に持つ物を落としたよう】 茫然若失。**類**茫然自失。

【手に渡る】 归……所有；落入……手中。**類**手に落ちる。**例**あの市有地は公売でM社の手に渡った。那块归市所有的土地拍卖落入M公司之手。

【てにをはが合わない】 前言不搭后语；语无伦次；说话不和语法。**類**平仄が合

わない。例演説の発声は明快だが、てにをはが合わないので意味不明快。讲演的语调还算明快，但是有点前言不搭后语，不知所云(bùzhīsuǒyún)。

【手の内に丸め込む】　巧妙笼络(lǒngluò)；随意操纵(cāozòng)。例舌先三寸(したさきさんずん)で手の内に丸め込む。凭(píngzhe)着三寸不烂(làn)之舌笼络住。

【手の内を見せる】　❶展示本领。❷亮底牌(liàngdǐpái)；露底(lòudǐ)。例こちらが手の内を見せなければ相手は信用しない。不向对方亮底牌，△他（人家）就信不着咱(xìnbùzháozán)。

【手の裏を返す】　突然改变态度；翻脸不认人。類手の平を返す。

【手の切れるような】　❶崭新(zhǎnxīn)（的纸币）。類手が切れる②。例手の切れるような新札。崭新的钞票(chāopiào)。❷（水）冰凉；冰手。例手の切れるような湧水(わきみず)。凉得冰手的泉水。

【手の平を返す】　态度突变；翻脸(fānliǎn)不认人。類掌(たなごころ)を反す②；手の裏を返す；手を反す②。例恩ある方(かた)に手の平を返すようなことはできない。不能对恩人翻脸。

【手の施しようがない】　无计可施(wújìkěshī)；手足无措(shǒuzúwúcuò)；不知从何入手。類手がない②；手を失う；東西(とうざい)を失(うしな)う②；為(な)す術(すべ)もない；頬返しが付かない。例財政が破綻(ほうかく)し手の施しようがない。财政崩溃(bēngkuì)，无计可施。

【手の舞い足の踏む所を知らず】　手之舞之，足之蹈之(shǒuzhīwǔzhī zúzhīdàozhī)；欣喜若狂(xīnxǐruòkuáng)；手舞足蹈(shǒuwǔzúdǎo)。類天にも昇(のぼ)る心地(ここち)。中战国·孟轲《孟子·离娄章句下》："孟子曰：'（乐）生则恶可已也，恶可已，则不知足之蹈之，手之舞之。'"

【手の奴(やっこ)、足の乗(の)り物(もの)】　手为奴仆(shǒuwéinúpú)，足为轿夫(zúwéijiàofū)；亲力亲为(qīnlìqīnwéi)；不假(bùjiǎ)人手；不求人。

【出端を折る】　挫伤锐气(cuòshāngruìqì)。類出端を挫く。

【出端を挫く】　一开始就给人泼冷水(pōlěngshuǐ)；挫伤锐气。類出端を折る。例勝負事(しょうぶごと)はまず相手の出端を挫くことが肝要だ。较量时先挫伤对方的锐气至关重要。

【手は見せぬ】　拔刀就砍(bádāojiùkǎn)；拔刀快如闪电(shǎndiàn)；手起刀落。

【手袋を投げる】　割席；宣布绝交(xuānbù)。

【出船あれば入り船あり】　林子大，什么鸟都有；世界之大，无奇不有(wúqíbùyǒu)。

【手間が掛かる】　费事；费时间；麻烦(máfan)。類世話(せわ)が焼(や)ける。例この仕事は手間が掛

かる。这个工作很费事。
【手間隙いらず】 不费吹灰之力(bùfèichuīhuīzhīlì)；容易作。類苦もない。
【手回しがいい】 准备周到(tuǒtiē)；安排妥帖。類用意周到。例事務局長には何事に対しても手回しがいい能力が求められる。秘书长(mìshūzhǎng)必须具备能周到安排任何事情的本领。
【手間を掛ける】 下工夫(gōngfu)；花时间。類丹誠を込める。例手間を掛け丁寧にやる。下功夫认真作。
【手間を取る】 费时间；费时；费事；费劲。類暇が入る；暇を取る④。例機械の修理に手間を取る。机械修理很费时间。
【手目を上げる】 识破骗局(piànjú)；撕下画皮(sīxià)；剥去伪装(bāoqù)。類面の皮を剥ぐ。
【手も足も出ない】 毫无办法；一筹莫展(yīchóumòzhǎn)；无能为力(wúnéngwéilì)。類薬缶で茹でた蛸のよう。例専門外で手も足も出ない。外行(wàiháng)无能为力。
【手もすまに】 不停歇地(tíngxiē)；不停地；持续不断地。
【手も無い】 ❶微不足道(wēibùzúdào)；不足取。類取るに足りない。例手も無い相手に敗れる。败给微不足道的对手。❷轻而易举(qīngéryìjǔ)；简单容易。類苦もない。
【手も無く】 毫无抵抗；轻易地；简单地。例手も無く同意させられる。轻易地就被迫同意。
【出物腫れ物所嫌わず】 放屁生疮不挑地方(fàngpìshēngchuāng tiāo)。
【手盛りを食う】 搬起石头砸(zá)自己的脚。
【寺から里へ】 本末倒置(běnmòdàozhì)。類主客転倒。
【寺啄の子は卵から頷く】 天性始于娘胎(niángtāi)；出生即显天性。
【出る杭は打たれる】 出头的椽子先烂(chuánzi làn)；树大招风(shùdàzhāofēng)；枪打出头鸟。類高木(kōuboku)は風に折らる。
【出る所へ出る】 去打官司(guānsi)；对簿公堂(duìbù)。類公沙汰②；表沙汰②；裁判沙汰。例こうなったら出る所へ出るしかない。事已至此(yǐ)，只有对簿公堂了。
【出ると負け】 上场必输(shū)。例出ると負けなので嫌んなっちゃう。上场必输，简直郁闷(yùmèn)死了。

【出る船の纜を引く】 依依不舍；不忍（使之）离去。類後ろ髪を引かれる。

【出る幕ではない】 不是出头的时候；不是出面的场合；不是多嘴的时候。例ここはあんたの出る幕ではない。这儿不需要你出面。

【手を空ける】 留出功夫；腾出手；腾出时间。類暇を明ける。例いつでも出動できるよう手を空けておく。腾出手来，准备随时出动。

【手を上げる】 ❶投降；认输。類兜を脱ぐ。例武器を捨てて手を上げる。放下武器投降。❷提高技艺。類腕をのす。例溪流釣りの手を上げる。提高在山溪垂钓的水平。❸酒量见长。類腕が上がる②。例連日の晩酌で手を上げる。连续好多天晚上喝酒，酒量见长。❹举手要打；抬手就打。例こちらが口答えすると父はすぐ手を上げる。我一回嘴爸爸马上就抬手打人。

【手を合わせる】 ❶作揖；合十；恳求。例手を合わせて援助を乞う。恳求援助。例仏壇に向かって手を合わせる。向佛坛合十（行礼）。❷比赛；一较高低。類勝負事①。例プロ棋士がコンピューターと手を合わせる。专业棋手跟电脑下棋一较高低。

【手を入れる】 ❶修整；修改。類手を加える。例指導教授から卒論に手を入れてもらう。请导师给修改毕业论文。例庭木に手を入れる。修剪院子里的树木。❷派警察搜查。例殺人容疑で手を入れる。因杀人嫌疑派警察搜查。

【手を失う】 无计可施；毫无办法。類手の施しようがない。

【手を打つ】 ❶采取措施；想办法；设法。例早めに手を打たないと損失が膨らむ。不及早想办法，损失会大增。❷达成协议；成交。類話が付く。例一反歩50万円で手を打つ。以50万日元1反（约1000m²）成交。❸和好；言归于好。類仲を直す。例顔役の仲介で敵対勢力と手を打つ。地方大佬出面调解，敌对势力握手言和。

【手を替え品を替え】 千方百计；施展各种手法；用尽种种办法。類あの手この手；色を替え品を替え；手を砕く。例手を替え品を替え誘客する。千方百计地吸引顾客。

【手を反す】 ❶易如反掌。類苦もない。❷突然翻脸。類手の平を返す。例恋人が手を返したように冷たくなった。情人突然改变态度，冷淡下来。

【手を掻く】 摆手禁止；摆手叫停。

【手を掛ける】 ❶精心做；照料。類丹誠を込める。例庭の結構に手を掛ける。精心安排院子的布局。❷偷。類手を出す④。例人の物に手を掛けるとお縄になるよ。偷人家的东西可是要逮起来的呀。

【手を貸す】 帮助；帮把手；帮忙。類後押しをする；肩を貸す；腰を押す；尻を押す；尻を持つ；助太刀②；力になる；力を貸す。例家の新築に雑役として手を貸す。盖新房，帮助干点零活。例転んだ人に手を貸す。伸手扶起跌倒的人。

【手を借りる】 求别人帮助；求助于人。例ちょっと誰かの手を借りたいんだけど。想求人帮一把。

【手を切る】 断绝关系。類袖を分かつ。例一旦引き込まれると不良仲間と手を切るのは難しい。一旦陷入到坏人当中，要断绝关系就难了。

【手を食う】 上当。類口車に乗る。例賭け勝負でちょろい手を食ってしまった。赌钱轻易就上了一当。

【手を砕く】 想方设法。類手を替え品を替え。

【手を下す】 ❶亲自动手；(亲自)下手。類手に掛ける①。例最重要政策なので首相が自ら手を下す。因为是最重要的政策，首相要亲力亲为。❷着手；采取行动。類手を染める。例食品会社がプロ球団の経営に手を下す。食品公司要着手经营专业球队。

【手を組む】 合作；携手。類手を携える。例合弁事業でN社と手を組む。与N公司联手搞合资项目。

【手を加える】 加工；修改。類手が入る；手を入れる①。例原稿に手を加える。修改文稿；改稿。

【手を拱く】 拱手；袖手旁观；不参与。類袖手傍観。中汉·刘向《战国策·秦策一》："大王拱手以须，天下徧随而伏，伯王之名可成也。"例このまま手を拱いている訳には行かない。不能就这样袖手旁观。

【手を差し伸べる】 伸出援手；出手相救。類助け舟を出す②。例困っている時に手を差し伸べるのはお互い様だ。困难时出手相救是互相的。

【手を締める】 击掌庆祝；拍手祝贺成功。例大発会で手を締める。新年首次交

易会上大家拍手祝贺。

【手を擦る】 搓手；搓着手恳求。類手を揉む②。例八百屋の親父が手を擦って客を迎える。菜店老板搓着手迎接顾客。

【手を染める】 着手；开始；参与其事。類手が付く①；手を下す②；手を付ける①。例盆栽に手を染めたのは40過ぎからだ。开始搞盆景是40岁以后的事了。例電子取引に手を染める。参与电子交易。

【手を出す】 ❶主动参与。例仕手戦に手を出して火傷した。搞大宗投机买卖，结果损失惨重。❷勾引女人。類御手を付ける。例最近の草食系男子は自分の方から異性に手を出そうとしない。最近的"草食男"不会主动追求异性。❸举手打人。例喧嘩は先に手を出した方が負けだ。吵架时先动手的一方理亏。❹偷窃；贪占。類手を掛ける②。例魔が差してつい預かり金に手を出してしまった。鬼迷心窍，贪占了自己保管的钱。

【手を携える】 携手合作；共同协力。類腕を組む；手を組む；手を繋ぐ；手を取り合う②；手を取る①。例手を携えて復興に取り組む。携起手来，共图重建大业。

【手を束ねる】 袖手旁观。類袖手傍観。例どんな難病でも医者が手を束ねる訳には行かない。无论什么样的疑难病症，医生都不能袖手旁观。

【手を突く】 两手触地表示感谢；两手扶地赔不是。例畳に手を突いて許しを乞う。双手触地，恳求宽恕。

【手を尽くす】 想尽一切办法。例人命救助に手を尽くす。想尽一切办法挽救生命。

【手を付ける】 ❶着手；开始使用。類手を染める。例税制改革に手を付ける。着手税制改革。❷贪污。例会社の金に手を付ける。贪污公司的公款。❸动筷子；开始吃。類箸を付ける。例前菜から手を付ける。先吃凉菜。❹勾引属下女性；与属下有染。類御手を付ける。例人の女に手を付ける。勾引别人的女人。

【手を繋ぐ】 携手；团结协作；和衷共济。類手を携える。例外交辞令で手を繋ごうと言いながら互いに足を蹴り合っている。嘴上说着团结协作的外交辞令，

脚下使绊子。

【手を通す】 首次穿(chuān)新衣。類袖(そで)を通す。例プレゼントされた衣服に手を通す。穿上别人赠送的新衣服。

【手を取り合う】 ❶互相拉着手(lāzheshǒu)。類手を取り合って互いの無事(ぶじ)を喜ぶ。互相拉着手庆幸平安无事。❷携手；合力。類手を携える。例明るい未来を目指(めざ)し手を取り合って前進しましょう。携手向光明的未来奋进。

【手を取る】 ❶手拉手。類手を携える。例手を取ってお年寄(としよ)りを屋内に案内する。拉着老人的手，领到屋里。❷手把手；亲切(qīnqiè)地（教(jiāo)）。類手取り足取り。例その道(みち)のイロハを師匠(ししょう)は手を取って弟子(でし)に叩(たた)き込んだ。师傅手把手地教给徒弟本(běn)行(háng)的基本技能。

【手を鳴らす】 拍手叫人。

【手を握る】 ❶言归于好(yánguīyúhǎo)；握手言和(wòshǒuyánhé)；和解。類仲(なか)を直(なお)す。例喧嘩相手(けんかあいて)と手を握る。和吵架(chǎojià)的对方握手言和。❷结盟(jiéméng)；携手。類手を結ぶ②。例賛同者と手を握って事に当たる。跟同道携手一起行动。

【手を抜く】 潦草从事(liáocǎo)；偷工减料(tōugōngjiǎnliào)。例仕事の手を抜いて減給処分を受けた。工作草率，受到降薪(jiàngxīn)处分。

【手を濡らさず】 不费力气；坐享其成(zuòxiǎngqíchéng)；不亲自动手。例搾取者は自分の手を濡らさず甘い汁(あましる)を吸う。剥削(bōxuē)者不费力气便可坐享其成。

【手を延ばす】 拓展(tuòzhǎn)事业规模；发展；扩大活动范围。類間口(まぐち)を広(ひろ)げる。例化学メーカーが多角経営(たかくけいえい)で建設・不動産事業に手を延ばす。化工厂搞多种经营，拓展到建筑和食品产业。

【手を放つ】 放开手；撒手(sāshǒu)。

【手を離れる】 ❶(孩子等)不需照料了。例家族の手を離れて特養ホームに移る。离开家人的照料，送到特别护理养老院。❷不归……所有。例あのマンションはとっくに私の手を離れて今は他人の物です。那个公寓(gōngyù)早就不属于我的，现在是别人的了。

【手を引く】 ❶牵手(qiānshǒu)；引导。例日本では多くの老人が何故(なぜ)か手を引かれるのを

嫌がる。在日本不知为什么许多老年人不愿拉手。❷不再干（某事）；罢手；断绝关系。類肩を抜く。例白物家電から手を引く。不再经营家电了。

【手を翻（ひるがえ）せば雲となり、手を覆（くつがえ）せば雨となる】 fānshǒuwéiyún fùshǒuwéiyǔ 翻手为云，覆手为雨；翻云覆雨。中唐·杜甫《贫交行》："翻手作云覆手雨，纷纷轻薄何须数。"

【手を広げる】 扩大势力范围；拓展（tuòzhǎn）事业规模；扩大活动范围。類間口を広げる。例県外に商売の手を広げる。向其他县（相当于中国的省）拓展营业范围。

【手を回す】 预先暗中布置；事先安排。例手を回して被疑者を確保する。暗中布置人确保嫌犯（xiánfàn）不出意外。例週刊誌に記事が載らないよう手を回す。事先安排周刊不登消息（xiāoxi）。

【手を結ぶ】 ❶言归于好（yánguīyúhǎo）。類仲を直す。❷结盟（jiéméng）。類契りを結ぶ①；手を握る②。

【手を揉む】 ❶（感情激动地）搓（cuō）（着（zhe））手（shǒu）。❷搓着手恳求（kěnqiú）。類手を擦る。例「先生に一つお願いがあるのですが」と手を揉みながら話を切り出す。搓着手说出："有一事想请先生帮忙。"

【手を焼く】 无法对付；尝（cháng）到苦头；大伤脑筋；感到棘手（jíshǒu）。類手に負えない。例野良猫（のらねこ）や野鳥にこっそりと餌遣りをする人がいて周辺住民は騒音や悪臭に手を焼いている。有人偷偷地给野猫、野鸟投食，周围住户因噪声（zàoshēng）和臭味（chòuwèi）大伤脑筋。

【手を休める】 歇气ル（xiēqì）；稍事休息（shāoshìxiūxi）；暂停（zàntíng）。類息を入れる。例母はセーターを編んでいる手を休めて肩をとんとんと叩（たた）いた。母亲放下正织的毛线活ル，轻轻地敲了敲肩膀（qiāojiānbǎng）。

【手を緩める】 缓和；放松；松劲ル。例取締（とりしま）りの手を緩める。放松管束（guǎnshù）；放宽管控。

【手を汚す】 亲自动手（作不好的事）；染指。例巨悪は自分の手を汚さずそれとなく部下や周囲を使嗾（しそう）する。大恶棍不亲自动手，暗中唆（suōshǐ）使手下人或周围的人去干。

【手を分かつ】 ❶分头进行；分担任务。❷分道扬镳（fēndàoyángbiāo）；断绝关系。類袖を分かつ。

【手を煩（わずら）わす】 添麻烦（máfan）；请……帮助。類世話を掛ける。例お忙しい所お手を煩

わせて恐縮です。在您百忙中还来添麻烦,实在不好意思。

【天下三分の計】 三分天下之计。

【天下の憂いに先立ちて憂え、天下の楽しみに後れて楽しむ】 先天下之忧而忧,后天下之乐而乐。類先憂後楽。中宋·范仲淹《岳阳楼记》:"是进亦忧,退亦忧。然则何时而乐耶?其必曰:'先天下之忧而忧,后天下之乐而乐欤!'"

【伝家の宝刀】 最后的绝招;最后的王牌;法宝。類最後の切り札。例「解散権」という伝家の宝刀を抜く。打出解散议会这张最后的王牌。

【天下は一人の天下にあらず、乃ち天下の天下なり】 天下者非一人之天下,乃天下之天下也。中商·姜子牙《六韬·发启》:"利天下者天下启之,害天下者天下闭之。天下者非一人之天下,乃天下之天下也。"

【天下は回り持ち】 盛衰流转;荣枯无常。類世は回り持ち。

【天下晴れて】 公开;公然。類権柄晴れて;世間晴れて。例冤罪であることが判明し、これで天下晴れて表を歩ける。已证实为冤案,这才敢公开出门走走。

【天から降ったか地から湧いたか】 不知是从天上掉下来的,还是从地里钻出来的;突如其来。類地から湧く;降って湧く。

【天下分け目】 决定胜负的关键时刻;你死我活的关头;决定政权的归属。類関ヶ原の戦い。

【天下を取る】 夺取天下;掌握政权。例信長、秀吉、家康は次次に天下を取った。织田信长、丰臣秀吉、德川家康先后夺得天下。例お笑い界の天下を取る。席卷整个娱乐界;君临整个娱乐界。

【天顔に咫尺す】 侍奉在天皇身边;谒见皇帝。中唐·刘禹锡《望赋》:"希庆霄兮溯阿阁。如云兮天颜咫尺,如草兮臣心踊跃。"

【天機を洩らす】 泄露天机。中唐·吕岩《无俗念》:"低头泄漏天机,不因师指,此事如何识。"宋·李昉《太平广记·六五·姚氏三子》:"(姚生)苦问其故,(三子)不言。遂鞭之数十,不胜其痛,具道本末。……今泄天机,三子免祸幸矣!"

【天狗になる】 自负起来;翘尾巴。例虚栄心の強いスターに天狗になるなと言っても無理というものだ。即使对虚荣心强的明星说"别翘尾巴"也是办不到的。

【天勾践を空しゅうすること莫れ、時に范蠡無きにしも非ず】 天莫空勾践，时非无范蠡；天不灭勾践，忠臣范蠡现。

【天災は忘れたころにやって来る】 忘记天灾，天灾必来；灾祸常来自疏忽。

【天定まって亦能く人を破る】 天定，亦能破人；天道正常亦能破除人的邪恶。中汉·司马迁《史记·伍子胥列传》："吾闻之，人众者胜天，天定亦能破人。"

【天使が通る】 （源自法国谚语"天使走过"）鸦雀无声；冷场。类水を打ったよう。西Un ange passe.

【天寿を全うする】 寿终正寝；天寿而终；得全天年。类畳の上で死ぬ。

【天井が抜ける】 ❶尽人皆知；沸沸扬扬。❷尽情狂欢。类天にも昇る心地。

【天井を打つ】 冲顶；涨到最高价。类天井を突く。例世界経済低迷なのにこの投機的株高はいつ天井を打つのだろうか？世界经济低迷，这个投机股什么时候才能涨到最高价？

【天井を突く】 股价涨到最高。类天井を打つ。

【天井を見せる】 打翻在地；严惩；使大吃苦头；驳倒。类一本取る❷。

【天知る、地知る、我知る、子知る】 天知地知，我知你知；要想人不知，除非己莫为。中南朝·宋·范晔《后汉书·杨震传》："震曰：'故人知君，君不知故人，何也？'密曰：'暮夜无知者。'震曰：'天知，神知，我知，子知。何谓无知！'密愧而出。"

【点数を稼ぐ】 ❶获得高分。类星を稼ぐ。例得意の英語で点数を稼ぐ。靠长项的英语提高分数。❷讨好他人以获得好评；取悦于人以便留个好印象。例重役の家族にサービスして点数を稼ぐ。给领导的家属效力进行讨好。

【転石苔を生ぜず】 （英·谚语）❶滚石不生苔，转行不聚财；见异思迁，终无所得。❷流水不腐，户枢不蠹；活跃者不落伍。类流れる水は腐らず。西A rolling stone gathers no moss.

【椽大の筆】 如椽大笔。中南朝·宋·刘义庆《世说新语》："王东亭尝梦人以大笔与之，管如椽子大。既觉，语人云：'他日当有大手笔事。'不日，烈宗晏驾，哀策谥议，皆王所作。"

【天高く馬肥ゆる秋】 秋高马肥。🀄唐·杜甫《为华州郭使君进灭残寇形势图状》："今残孽虽穷蹙日甚……尚虑其逆帅望秋高马肥之便，蓄突围拒辙之谋。"

【天地の相違】 天壤之别；差别悬殊。类月と鼈。

【天地は万物の逆旅、光陰は百代の過客】 天地者万物之逆旅，光阴者百代之过客。🀄唐·李白《春夜宴桃李园序》："夫天地者万物之逆旅，光阴者百代之过客。而浮生若梦，为欢几何？"

【点滴石を穿つ】 滴水穿石；水滴石穿。类雨垂れ石を穿つ。🀄宋·罗大经《鹤林玉露》："一日一钱，千日一千，绳锯木断，水滴石穿。"

【天道是か非か】 天理何在；老天不公。🀄汉·司马迁《史记·伯夷列传》："余甚惑焉，傥所谓天道，是邪非邪？"

【天道人を殺さず】 上苍慈悲，不弃生灵；上天有好生之德。

【天と地】 天壤之别；天悬地隔。类月と鼈。

【天に在らば比翼の鳥、地に在らば連理の枝】 在天愿作比翼鸟，在地愿为连理枝。类比翼連理。🀄唐·白居易《長恨歌》："在天愿作比翼鸟，在地愿为连理枝。天长地久有时尽，此恨绵绵无绝期。"

【天に口無し、人を以て言わしむ】 上天无口，教人言之；上天不言，人口相传。

【天に跼り地に蹐す】 局天蹐地；处乱世，需谨慎；处世要小心谨慎。🀄春秋·佚名《诗经·小雅·正月》："谓天盖高，不敢不局。谓地盖厚，不敢不蹐。"

【天に唾する】 搬起石头砸自己的脚；自作自受。类天に向かって唾を吐く；天を仰いで唾する。

【天に二日無し】 天无二日；国无二君。类国に二君なし。🀄汉·戴圣《礼记·曾子问》："天无二日，土无二王，尝禘郊社，尊无二上，未知其为礼也。"

【天に向かって唾を吐く】 搬起石头砸自己的脚；自作自受。类天に唾する。

【天に召される】 (西谚)(基督教)见上帝；上天；归天。类息が絶える。🇬🇧Called to heaven.

【天にも地にも掛け替えのない】 无可代替的；最心爱的；最宝贵的。

【天にも昇る心地】 欢天喜地；欣喜若狂；心花怒放；欣喜雀跃；喜之不胜。[類]有頂天；欣喜雀躍；手の舞い足の踏む所を知らず；天井が抜ける②。

【天の与うるを取らざれば反って其の咎めを受く】 天与弗取，反受其咎。[中]汉·司马迁《史记·淮阴侯列传》："天与弗取，反受其咎，时至不行，反受其殃。愿足下孰虑之。"

【天の助け】 天助。

【天の時は地の利に如かず、地の利は人の和に如かず】 天时不如地利，地利不如人和。[類]地の利は人の和に如かず。[中]战国·孟轲《孟子·公孙丑下》："天时不如地利，地利不如人和。"

【天の作せる 孼 は猶違くべし、自ら作せる 孼 は逭るべからず】 天作孽犹可违，自作孽不可逭；自作自受。[類]身から出た錆び。[中]《尚书·太甲》："王拜手稽首曰：'予小子不明于德，自底不类。欲败度，纵败礼，以速戾于厥躬。天作孽，犹可违；自作孽，不可逭。"

【天の配剤】 老天爷的安排；善有善报，恶有恶报；老天有眼。

【天の美禄】 酒乃天之美禄。[中]汉·班固《汉书·食货志》："酒者，天之美禄，帝王所以颐养天下，享祀祈福，扶衰养疾。"

【天馬空を行く】 天马行空。[中]明·刘廷振《萨天锡诗集序》："其所以神化而超出于众表者，殆犹天马行空而步骤不凡。"

【天は高きに居って卑きに聴く】（居って、処ってとも） 天处高而听卑；天高听卑。[類]神は見通し。[中]战国·吕不韦《吕氏春秋·制乐》："臣敢贺君，天之处高而听卑，君有至德之言三，天必赏君。今昔（=夕）荧惑其徙三舍。"

【天は二物を与えず】 人无十全，瓜无滚圆；金无足赤，人无完人。

【天は人の上に人を造らず人の下に人を造らず】 上苍不造人上人，上苍不造人下人。

【天は自ら助くる者を助く】 （西谚）天助自助者；苍天不负苦心人。[西] Heaven helps those who help themselves.

【天は見通し】 神明洞察一切；人在作，天在看；举头三尺有神明。[類]天は高き

に居って卑きに聴く；神は見通し。

【天秤に掛ける】 ❶権衡利弊（优劣）。類秤に掛ける。例親元からの通勤とアパート住まいを天秤に掛ける。权衡住父母家通勤和自己住公寓哪个更好。❷脚踏两只船；骑墙。類二股を掛ける。例しばらくの間、就職が内定した2社を天秤に掛けておく。好长时间在已经决定录用的两个公司之间犹豫不决。

【天命を知る】 知天命；知命之年；五十岁。類家に杖つく；五十にして天命を知る。中论语《为政》："吾十有五而志于学，三十而立，四十而不惑，五十而知天命，六十而耳顺，七十而从心所欲，不逾矩。"

【天網恢恢疎にして漏らさず】 天网恢恢，疏而不漏；天网恢恢，疏而不失。中春秋·李耳《老子·73章》："天之道，不争而善胜，不言而善应，不召而自来，繟然而善谋。天网恢恢，疏而不失。"北齐·魏收《魏书·元澄传》："'天网恢恢，疏而不漏'，是故欲求治本，莫若省事清心。"

【天を仰いで唾する】 搬起石头砸自己的脚；自作自受。類天に唾する。

【天を仰ぐ】 仰天而叹。例見逃し三振で天を仰ぐ。击球手三击不中，仰天而叹。

【点を打つ】 批评；谴责。類非を鳴らす。

【天を怨みず、人を尤めず】 不怨天，不尤人。中《论语·宪问》："不怨天，不尤人。下学而上达，知我者其天乎！"

【天を焦がす】 火光冲天。類煙焰天に漲る。例山火事が二ケ月にわたり天を焦がした。山火连续两个月火光冲天。

【天を衝く】 冲天；高耸入云。類天を摩する。中战国·屈原《九歌·大司命》："乘龙兮辚辚，高驰兮冲天。"。例樹齢4千年のジャイアントセコイアが天を衝いている。树龄4千年的巨大红杉高耸入云。

【天を摩する】 摩天；高耸入云。類天を衝く。例スカイツリーが天を摩し関東平野を睥睨している。东京晴空塔高耸入云，俯瞰着关东平原。

と

【問い声よければ答え声よい】 好问必好答；善问必善答。

【何奴も此奴も】 都（她妈）；净是些；都是。類揃いも揃って。例何奴も此奴もなっちゃいない。没一个行的；她妈不行。

【問屋長者に似る】 批发商外强中干；批发商表面排场内心发慌。

【問屋の只今】 说得好听，不见行动；只说不做。類紺屋の明後日。

【如何あっても】 无论如何；不管怎么样。類如何でもこうでも；何でも彼でも②；何としてでも；何としても。例如何あっても私の言うことを聞けないと言うのか！你的意思是不管怎么样也不听我的话吗？

【如何いう風の吹き回し】 不知刮的是哪阵风；出乎意料；出乎预料；出人意料；出人意外；丈二和尚摸不着头脑。

【如何致しまして】 不敢当；岂敢岂敢；哪里哪里；不客气。例「ご馳走様でした」「如何致しまして」。"承蒙款待！""哪里哪里。"

【頭角を現す】 崭露头角；头角峥嵘；脱颖而出。類頭を上げる；頭を擡げる①；穂に出ず。中唐·韩愈《柳子厚墓志铭》："逮其父时，虽少年，已自成人，能取进士第，崭然见头角。众谓柳氏有子矣。"例今年最も頭角を現した者を新人王に賞す。把今年崭露头角的顶尖人物誉为新人王。

【如何かした】 偶然。類期せずして。例彼とは如何かした成り行きで親しくなった。由于偶然的情况跟他的关系密切起来了。

【灯火親しむべし】 秋凉适于灯下读书。中唐·韩愈《符读书城南》："时秋积雨霁，新凉入郊墟。灯火稍可亲，简编可卷舒。"

【如何かして】 ❶偶然。類期せずして。例如何かして季節外れの物を無性に食べたくなる。偶然地特别想吃反季节的东西。❷总想设法；想方设法。例如何かして手に入れたいものだ。想方设法得到它。

【如何かしている】 反常；不对劲儿；不对头；真够呛。例すぐにぷんぷんして、今日のあなたは如何かしている。上来就怒气冲冲的，你今天这是怎么了？

【如何かすると】 ❶偶尔;有时。類時として。例如何かするとこの問題は見逃されしまう。偶尔会把这个问题漏掉。❷动不动;常常。類何かと言えば。例彼らは如何かすると羽目を外しがちだ。他们常常会有过分的行为。

【薹が立つ】 过了全盛时期;(成为)大龄青年;(成为)明日黄花。例あの家の娘は少し薹が立って来たね。他家的姑娘已经是大龄青年了。

【如何かと思う】 不敢苟同;不赞赏;不喜欢。類感心しない。例会長のやり方は如何かと思う。会长的作法我不敢苟同。

【刀下の鬼となる】 刀下鬼;被斩杀的人。

【刀下の鳥、林藪に交わる】 死里逃生;幸免于难;九死一生。類九死に一生を得る。

【等閑に付す】 等闲视之;忽视。類棚に上げる。

【同気相求める】 同气相求。類類は友を呼ぶ。中《易经·乾》:"同声相应,同气相求。水流湿,火就燥,云从龙,风从虎。"

【峠を越す】 度过危险期;度过难关。類山を越す。例世界中に蔓延してしまった疫病は一向に峠を越す気配がない。在全世界蔓延的疫病毫无转好的迹象。

【東西暮れる】 ➡東西を失う

【東西南北の人】 东西南北人;漂泊者;居无定所之人。中汉·戴圣《礼记·檀弓上》:"吾闻之,古也墓而不坟。今丘也,东西南北之人也,不可以弗识也。"

【東西を失う】 ❶迷失方向。❷不知如何是好;一筹莫展。類途方に暮れる。

【東西を弁ぜず】 ❶不辨东西。類方向音痴。❷不懂事理。類西も東も分からない。中白居易《重伤小女子》:"才知恩爱迎三岁,未辨东西过一生。"

【如何したものか】 不知如何是好;不知怎么办;怎么搞的。類途方に暮れる。例あれこれ考えてはいるが、さて如何したものか。前思后想还是不知如何是好。

【同日の論ではない】 不可同日而语。類比べ物にならない。中汉·司马迁《史

记·苏秦列传》:"夫破人之与破于人也,臣人之与臣于人也,岂可同日而论哉!"

【闘雀人を恐れず】 全力厮杀者无所畏惧。

【同舟相救う】 同舟共济。類呉越同舟。中春秋·孙武《孙子·九地》:"夫吴人与越人相恶也,当其同舟而济,遇风,其相救也如左右手。"

【如何しようも無い】 ❶没办法;毫无办法。類止むを得ない。例金がないんじゃ如何しようも無い。没有钱就毫无办法。❷没救儿了;不可救药。例如何しようも無い馬鹿。不可救药的混蛋。

【灯心で須弥山を引き寄せる】 绝对办不到;力所不能及;力所不及;无能为力。類泰山を挟みて北海を超ゆ。

【灯心で竹の根を掘る】 劳而无功;徒劳。類一文にもならない。

【唐人の寝言】 不知所云;胡言乱语。

【当世を尽くす】 引领时代新潮流。

【灯台下暗し】 灯下黑;丈八灯台,照远不照近。類提灯持ち足下暗し。

【如何でもこうでも】 无论如何;不管怎样;一定要。類如何あっても。例如何でもこうでも納期に間に合わせなければならない。无论如何也得按期交货。

【尊い寺は門から見ゆる】 高尚之士,高贵气质;尊贵者仪表即非凡。

【東道の主】 东道主。中春秋·左丘明《左传·僖公三十年》:"若舍郑以为东道主,行李之往来,共其乏困,君亦无所害。"

【堂堂の陣】 堂堂之阵。類正正の旗、堂堂の陣。中春秋·孙武《孙子·军争》:"无邀正正之旗,勿击堂堂之陈(=阵)。"

【堂に入る】 登堂入室;升堂入室。中《论语·先进》:"由也升堂矣,未入于室也。"例周さんの日本語は堂に入っている。小周的日语可以登堂入室了。

【問うに落ちず語るに落ちる】 不打自招;此地无银三百两;狗肚子存不住二两酥油。類語るに落ちる。

【如何にかこうにか】　勉勉強強；勉強；好歹；好（不）容易。類やっとの事で。例如何にかこうにか完走した。勉强算跑下来了；好容易跑完了全程。

【如何にかして】　想办法；设法；想方设法。類何とかして。例如何にかして現状を打開したい。想设法改变现状。

【盗に食を齎す】　资盗食；资助敌方；藉寇兵赍盗粮。中汉·刘向《战国策·秦策三》："诸侯见齐之罢露，君臣之不亲，举兵而伐之，主辱军破，为天下笑。所以然者，以其伐楚而肥韩、魏也。此所谓'藉贼兵而齎盗食'者也。"

【堂に昇りて室に入らず】　升堂而未入室；学问等未至高深的程度。中《论语·先进》："由也升堂矣，未入于室也。"

【如何にもこうにも】　无论怎么（也）；怎么（也）。類手に負えない。例如何にもこうにもお手上げだ。怎么弄也是不行；怎么着都不成。

【如何にもならない】　无济于事；怎么也办不到。例私の力では如何にもならない。我这两下子是无济于事了。

【湯の盤銘】　商汤王的铭文；苟日新，日日新，又日新；不断进取。類日日に新たなり。中汉·戴圣《礼记·大学》："汤之＜盘铭＞曰：'苟日新，日日新，又日新。'"

【疾うの昔】　很久以前；老早；早就。類疾っくの昔。例あの鉄道路線は疾うの昔に廃止されましたよ。那条铁路老早以前就废置了。

【問うは一度の恥、問わぬは末代の恥】　求教耻一时，不问耻一世；求教一时耻，不问一世耻；要不耻下问。類聞くは一時の恥、聞かぬは末代（一生）の恥。

【刀筆の吏】　刀笔吏。中汉·司马迁《史记·萧相国世家》："萧相国何于秦时为刀笔吏，录录未有奇节。"

【同病相憐れむ】　同病相怜。中汉·赵晔《吴越春秋·阖闾内传》："子不闻河上歌乎？同病相怜，同忧相救。"

【豆腐に鎹(とうふにかすがい)】 棉花堆里打拳；不起作用；毫无效果。類糠に釘(ぬかにくぎ)；暖簾に腕押し(のれんにうでおし)。

【当分の間(とうぶんのあいだ)】 暫时(zànshí)。例当分の間ご厄介(やっかい)をお掛けします。一段时间内要给您添麻烦了(nintiān máfan le)。

【唐へ投げ銀(とうなげがね)】 江户初期的外贸投资(jiānghù)；砸钱(záqián)；烧钱。

【灯滅せんとして光を増す(とうめっせんとしてひかりをます)】 回光返照(huíguāngfǎnzhào)。

【如何やらこうやら(どうやらこうやら)】 勉勉强强(miǎnmiǎnqiǎngqiǎng)；勉强；好歹(hǎodǎi)；好不容易。類やっとの事(こと)で。例病気(びょうき)がちだが、如何やらこうやら八十の坂は越えた。总好(hào)生病, 好歹算过了80大关。

【桃李もの言わされども下自ら蹊を成す(とうりものいわされどもしたおのずからけいをなす)】 桃李不言，下自成蹊(táo lǐ bù yán, xià zì chéng xī)。中汉·司马迁《史记·李将军列传》："谚曰：'桃李不言，下自成蹊。'此言虽小，可以谕大也。"

【桃李門に満つ(とうりもんにみつ)】 桃李满天下(táo lǐ mǎn tiān xià)；桃李盈门(yíng mén)；天下桃李，悉在公门(xī)。中宋·司马光《资治通鉴·唐则天皇后·久视元年》："天下桃李，悉在公（指狄仁杰）门矣。"

【道理を詰める(どうりをつめる)】 讲清道理；以理服人(yǐ lǐ fú rén)。

【蟷螂の斧(とうろうのおの)】 螳臂当车(tángbìdāngchē)；不自量力(bùzìliànglì)；不知高低(bùzhīgāodī)；不知深浅(bùzhīshēnqiǎn)；夸父逐日(kuāfùzhúrì)。類猿猴が月をとる(えんこうがつきをとる)；雁が飛べば石亀も地団駄(がんがとべばいしがめもじだんだ)；小男の腕立て(こおとこのうでたて)；蚍蜉大樹を動かす(ひふたいじゅをうごかす)；身の程を知らない(みのほどをしらない)；竜の髭を蟻が狙う(りゅうのひげをありがねらう)。中战国·庄周《庄子·人间世》："汝不知夫螳螂乎，怒其臂以当车辙，不知其不胜任也。"

【当を得る(とうをえる)】 得当(dédàng)；正确；恰到好处(qiàdàohǎochù)。中《易·噬嗑》："'贞厉无咎'，得当也。"例救急車の看護師は急患に当を得た処置を施(ほど)した。救护车的医护人员给急病患者(yīhù huànzhě)作了适当的处置。

【当を失する(とうをしっする)】 失当(shīdàng)；不适当(shìdàng)；不合道理。例国の干拓事業は当を失し敗訴した。国家的围垦(wéikěn)（围海造田）工程因不适当而败诉。

【胴を取る(どうをとる)】 坐庄(zuòzhuāng)。例賭場(とば)で胴を取る。在赌场坐庄(dǔchǎng)。

【十日の菊六日の菖蒲】(六日の菖蒲十日の菊とも) 明日黄花；马后炮。類後の祭り。

【遠からずして】 不久(的将来)；即将。類日ならずして。例遠からずして吉報が届くはずです。不久就会传来喜讯。

【遠き慮りなければ必ず近き憂いあり】 人无远虑，必有近忧。類遠慮なければ近憂あり。中《论语・卫灵公》："子曰：'人无远虑，必有近忧。'"

【遠きに交わりて近きを攻める】 远交近攻。類遠交近攻。中汉・刘向《战国策・秦策三》："王不如远交而近攻，得寸则王之寸，得尺亦王之尺也。"

【遠きに行くには必ず邇きよりす】 行远必自迩。中汉・戴圣《礼记・中庸》"君子之道，辟如行远必自迩，辟如登高必自卑。"

【遠きは花の香、近きは糞の香】 远来的和尚好念经；家花不如野花香。

【遠くて近きは男女の仲】(近き、近いとも) 千里姻缘一线牵；男女远离，异性相吸；有缘千里来相会。類縁は異なもの味なもの。

【遠くの火事より背中の灸】 别人的大事不如自己的小事；别人的大事不经心，自己的小事必关心。

【遠くの親類より近くの他人】 远亲不如近邻；远水不救近火；远水不解近渴。類遠水は近火を救わず；二階から目薬②。

【十で神童、十五で才子、二十過ぎれば只の人】 小时了了，大未必佳；十岁神童，十五才子，过了二十变平庸。

【遠目を使う】 从远处看。例キノコ採りで遠目を使って枯れた大木を探す。采蘑菇要从远处看，找腐朽的大树。

【通りがいい】 通俗易懂；容易为世人接受。類俗耳に入りやすい。例無二の親友でも人前では「さん」付けの方が通りがいい。即使是莫逆之交，人前也是用郑重称呼容易为人接受。例この集落はほとんど鈴木姓なので屋号で言ってもらっ

た方が通りがいい。这个村子几乎都姓铃木，所以叫堂号好懂。

【蜥蜴の尻尾切り】　四脚蛇丢尾巴，保命之策；舍车马保将帅；丢车保帅；向属下甩锅以自保。

【度が過ぎる】　过度；过头；过分。圞酢が過ぎる；度を過ごす。例度が過ぎた言動で側近の支持を失う。由于言行过分而失去心腹的支持。

【時移り事去る】　时移事去；时过境迁。圞移れば変わる。匣唐·陈鸿《长恨歌传》："尊玄宗为太上皇，就养南官，自南宫迁于西内，时移事去，乐尽悲来。"

【時が解決する】　时间会解决一切问题。例悲しみや怒りは時が解決してくれる。时间会抚平悲哀和愤怒。

【時として】　偶尔；有时。圞如何かすると①；時とすると。例利口そうに見えても時としてへまをやる。看上去挺聪明的人有时也会办傻事。

【時とすると】　偶尔；有时。圞時として。例いつも負けてばかりだが、時とすると勝つこともある。虽然总是输，但偶尔也有赢的时候。

【時となく】　不时地；时不时地。例真夏の公園に時となく蝉の声が響く。盛夏的公园里会不时响起蝉鸣。

【時と場合】　一时一个情况；因时而异；时间和场合。例冗談も時と場合によりけりだ。开玩笑也要看时间和场合。

【時に遇う】　生逢其时；遇到机会。圞世に合う。例時に遇って重用される。生逢其时，受到重用。

【時に遇えば鼠も虎となる】　时运抓得住，耗子变成虎；全赖时运功，懦夫成英雄；时势造英雄。

【時に当たる】　正当其时；到……的时候。圞時に臨む。

【時に従う】　顺应时势。

【時に取りて】（取りて、取ってとも）　根据当时的具体情况；适时地；当时。

【時に臨む】 面临……时刻；正当……之际。類時に当たる。例時に臨み最終決断を下す。根据当时情况做出最终决断。

【時によりけり】 此一时，彼一时；要看在什么时候；取决于时间。例大目に見るのも時によりけりだ。能否宽大处理也要取决于时机。

【時に因る】 根据情况。類事と次第に依る。例時に因り己の出処進退を判断する。根据情况决定自己的出处进退。

【時に因ると】 有时；根据情况；依具体情况而定。類事と次第に依る。例時に因ると彼は来れないかも知れない。根据情况他也许来不了。

【時の氏神】 关键时刻来调解的人；正在节骨眼上出面调停的人。

【時の運】 时运；一时的运气。

【時の鐘】 时钟。

【時の代官、日の奉行】（代官、大将とも）识时务者为俊杰；顺时者昌；聪明人，作顺民；要服从当下的权贵。

【時の花をかざす】 顺应时势取得成功；时势造英雄。

【時の人】 ❶轰动一时的人物；当前议论中心的人。❷当时的人；那个时代的人。

【時の用には鼻をも削ぐ】（削ぐ、削げとも）急不暇择；饥不择食；慌不择路。

【時は得がたくして失い易し】 时者难得而易失；机不可失，时不再来。類逢うた時に笠を脱げ；好機逸すべからず。中汉・司马迁《史记・淮阴侯列传》："夫功者难成而易败，时者难得而易失也。"

【時は金なり】 （西谚）时者金也；时间就是金钱。西Time is money.

【時人を待たず】 时不我待；岁月不待人。類歳月人を待たず。

【時も時】 正当这个时候；偏巧这时。類折も折。例宴会が始まった時も時、

470

親戚の叔父(おじ)さんが訪ねてきた。正在宴会开始的时候，一个父辈亲属来访。

【度肝(どぎも)を抜(ぬ)く】　吓破胆(xiàpòdǎn)；吓得魂飞魄散(húnfēipòsàn)；使大吃一惊(dàchīyījīng)。類肝(きも)を潰(つぶ)す。例ど派手な衣装でパーティー参加者の度肝を抜く。异常艳丽奇葩的(yànlìqípā)盛装(shèngzhuāng)令参加聚会(jùhuì)的人惊愕不已(jīng è bù yǐ)。

【度胸(どきょう)が据(す)わる】　沉着冷静(chénzhuó)；泰山崩(bēng)于前而色不变；胆子大。類肝(きも)が据わる；腹(はら)が据わる；沈着冷静(ちんちゃくれいせい)。例あの人は度胸が据わっている。他胆量过人。

【度胸(どきょう)を据(す)える】　壮起胆子(zhuàng dǎnzi)；壮着胆子。例度胸を据えて登壇する。装着胆子走上讲坛(jiǎngtán)。

【時(とき)を争(あらそ)う】　争分夺秒(zhēngfēnduómiǎo)。類一刻(いっこく)を争う。例一命(いちめい)を救うため時を争う。为拯(zhěng)救(jiù)生命而争分夺秒。

【鬨(とき)を合(あ)わす】　敌我交战，同时喊杀；应对(yìngduì)敌方喊杀(hānshā)声，也呐喊冲杀(nàhǎnchōngshā)。

【時(とき)を失(うしな)う】　失掉时机(shīdiào)；坐失良机(zuòshīliángjī)。類機を失する。例市場参入の時を失う。失去打入市场的机会。

【時(とき)を移(うつ)さず】　不失时机(bùshīshíjī)；当即(dāngjí)；立即。類程(ほど)こそあれ。例許可が下(お)りるのを待って時を移さず着工する。等许可下来立即开工。

【時(とき)を選(えら)ばず】　无论何时；任何时候；不择时。類時を構わず。例天災は時を選ばずやってくる。天灾不择时；天灾不定什么时候就来。

【時(とき)を得(え)る】　应运而生(yìngyùnérshēng)；应时（而抢手）；抓住良机(zhuāzhù)（飞黄腾达(fēihuángténgdá)）；抓住时机大展宏图(dàzhǎnhóngtú)。類時流(じりゅう)に乗る。中列子《说符》："得时者昌，失时者亡。"。例市場には時を得てバカ売れしている商品が幾つかある。市场会有几样应时而疯抢(fēngqiǎng)的商品；市场上有几种应季而极为畅销的商品。

【時(とき)を追(お)う】　时时刻刻；随着时间的推移(tuīyí)。類刻一刻(こくいっこく)；時時刻刻(じじこっこく)②。例株価(かぶか)は時を追って変動する。股价时时刻刻都在变动。

【時(とき)を置(お)く】　隔一段时间。例頂(いただ)き物(もの)をしたら直(す)ぐにお返しをせず、少し時を置い

471

てからやるようにしている。收到礼物，一般不马上回赠(huízèng)，总是过一段时间再回赠。

【時を稼ぐ(とき かせ)】　争取时间；赢得时间(yíngdé)；拖延时间(tuōyán)。**類**間を持たせる。**例**今すぐ解決できる問題ではないので時を稼ぐ必要がある。不是马上就能解决的问题，需要放置一段时间。

【時を構わず(とき かま)】　无论何时；不管什么时候。**類**時を選ばず。**例**あの人はアポなしで時を構わずにやってくるから困ったものだ。他不打招呼(zhāohu)也不管什么时候就来打扰(dǎrǎo)，真要命（令人头疼）。

【時を超える(とき こ)】　超越时光。**例**神話は時を超えて現代に語りかけて来る。神话超越时光流传(liúchuán)到现代。

【時を奏す(とき そう)】　（古代）宫中报时。

【時を撞く(とき つ)】　撞钟(zhuàngzhōng)报时。**例**お寺の鐘が時を撞く。寺院撞钟报时。

【時を作る(とき つく)】　雄鸡报晓(bàoxiǎo)。**例**雄鶏(おんどり)が時を作る。雄鸡报晓。

【鬨をつくる(とき)】　战场上众兵呐喊(zhòngbīngnàhǎn)；众人呐喊。

【時を待つ(とき ま)】　等待时机。**例**雌伏(おおば)して大化けする時を待つ。隐忍雌伏以待时机一举成名(yǐnrěncífú)。

【時を見る(とき み)】　抓住时机(zhuāzhù)；看准时机(kànzhǔn)。**類**呼吸を計る(こきゅう はか)。**例**時を見て証券会社に「売(う)り」と「買(か)い」の注文を入れる。看准时机向证券(zhèngquàn)公司预定卖出和买入。

【時を忘れる(とき わす)】　忘记时间；不觉间（已经）；不知不觉。**例**気が置けない仲間(なかま)と時を忘れて歓談(chàngtán)する。跟知心好友畅谈忘记了时间。

【徳孤ならず必ず隣あり(とくこ かなら となり)】　德不孤必有邻(débùgūbìyǒulín)。**中**《论语·里仁》："子曰：'德不孤,必有邻。'"

【読書百遍、義自ずから見る(どくしょひゃっぺん ぎ おの あらわ)】　书读百遍其义自见(shūdúbǎibiànqíyìzìjiàn)。**中**晋·陈寿《三国志·魏志·董遇传》："人有从学者，遇不肯教，而云：'必当先读百遍'，言'读书百遍而义自见。'"

【得心が行く】　彻底了解；搞懂；搞通。例彼の詳細な説明で得心が行った。他解释得很详细，所以彻底明白了。

【徳とする】　感恩戴德；感谢；道谢。例いつも変わらぬ友情を徳とする。感谢恒久不变的友情。

【毒にも薬にもならない】　可有可无；无可无不可；治不了病，也要不了命。類可もなく不可もなし①。

【禿筆を呵す】　拙作；拈秃笔。

【毒薬変じて薬となる】　毒药也可变成良药；是药是毒，全在用法。

【塒を巻く】　聚集不散；盘踞。例大蛇が塒を巻く。蟒蛇盘踞着。例深夜、駅前の路上に若者たちが塒を巻いて座っている。深夜，站前的马路上，一些年轻人坐着泡在那。

【徳若に御万歳】　寿比南山不老松。類細石の巌となる。

【毒を仰ぐ】　服毒。例毒を仰いで命を絶つ。服毒自杀。

【櫝を買いて珠を還す】　买椟还珠。類見る目なし。中战国·韩非《韩非子·外储说左上》："楚人有卖其珠于郑者，…饰以玫瑰，辑以翡翠。郑人买其椟而还其珠。此可谓善卖椟矣，未可谓善卖鹭珠也。"

【毒を食らわば皿まで】　一不做，二不休。

【得を取るより名を取れ】（取る、取ろうとも）　名誉重于利益；要利不如要名。

【毒を吹き込む】　教唆；灌输坏主意；唆使；煽动。類油を注ぐ。

【徳をもって怨みに報いる】　以德报怨。類仇を恩で報いる。中《论语·宪问》："或曰：'以德报怨何如？'子曰：'何以报德？以直报怨，以德报德。'"

【毒をもって毒を制す】　以毒攻毒。中宋·罗泌《路史·有巢民》："劫瘟攻疾，巴菽殂葛，犹不得而后之，以毒攻毒，有至仁焉。"宋·周密《云烟过眼录·鲜于伯机所藏》：

"骨咄犀，乃蛇角也。其性至毒，而能解毒，盖以毒攻毒也。"

【毒を盛る】　下毒；投毒。例妃は毒を盛られて暗殺された。妃子被人下毒暗杀了。

【棘のある】　（说话）带刺儿；尖刻。例棘のある言葉で相手を傷付ける。用尖刻的言辞伤害对方。

【何処で暮らすも一生】　在哪儿都是一辈子；要选宜居的地方生活；要住就住好地方。

【何処となく】　总觉得；总有些；不知为什么。類そこはかとなく；何とはなしに。例晩秋になると何処となく物寂しさを感じる。深秋总有种莫名的寂寥之感。例彼は最近何処となく変わったね。总觉得他最近有些变化。

【床に就く】　❶就寝；睡觉。類目を合わせる①。例明日の出張に備え早めに床に就く。准备明天出差，今天早点睡。❷卧病；卧床不起。類床に臥す。例祖母は床に就いてから久しい。祖母卧病已久。

【床に臥す】　卧床；卧病。類床に就く②。例父は過労で床に臥した。父亲因过于劳累而卧床不起；父亲累倒了。

【何処の馬の骨】　来历不明的家伙。例娘が何処の馬の骨と一緒になろうとも本人の意志を尊重する。不管女儿要跟什么样来历不明的人结婚，我都尊重她本人的选择。

【何処の烏も黒い】　天下乌鸦一般黑。

【何処吹く風】　若無其事（的样子）；装出与自己毫无关系的样子；压根儿不在意；与已无关（的样子）。類素知らぬ顔。例何を言われても何処吹く風だ。无论说什么压根儿不在意；你说啥他都一副若无其事的样子；无论谁说什么他全当耳旁风。

【何処もかしこも】　无论哪儿；到处。例何処もかしこもその話題で持ちきりだ。到处都对那件事议论不休。

【所構わず】　➡所嫌わず

【所変われば品変わる】　一个地方一个样；十里不同风，百里不同俗。

【所嫌わず】　到处；随处；不论哪里。例所嫌わず大声を出すのは周りの迷惑だ。不管在哪儿大声说话会妨碍别人。

【所狭しと】　占满；满满地。例雑貨店には日用品が所狭しと置かれている。杂货店堆满了日用品。

【ところてん式に】　自然而然，依序向前；按部就班。例人事異動でところてん式に昇進する。人事变动要按部就班地晋升。

【所に付く】　适得其所。

【所により】　某地方；有的地方。例明日は曇りの予報ですが、所により雨が降るでしょう。天气预报说明天阴，局部地区可能有雨。

【所へ持ってきて】　不幸又；再加上；偏偏又。類其処へ持って来て。例地震による山崩れで谷を堰き止められた所へ持ってきて台風による大雨で二重災害となった。地震引起山体滑坡堵塞了山谷，偏偏又因台风下起了大雨，导致双重灾害。

【所を得る】　适得其所。例人事異動でやっと我が所を得て張り切る。人事调动终于得到了好岗位，我感到浑身是劲。

【所を替える】　❶换个地方。例風水の方角が悪いので住む所を替える。风水的朝向不好，得换个住处。❷形势·地位逆转。例下剋上で主従所を替える。以下犯上，主从地位逆转。

【所を異にする】　❶分离；分散在不同的地方。例ダーウィンの法則で地球上には同種の亜種が所を異にして生存する。根据达尔文的理论，地球上的同种生物的亚种分散在不同的地方生存。❷交换场地；调换位置。例攻守所を異にする。攻守形势逆转。

【床を上げる】　❶叠被；收拾被褥。例朝起きたら床を上げて押し入れに入れ

る。起床后把被叠上放入壁橱。❷痊愈；告别病榻。類床を払う。例明日は床を上げて快気祝いだ。明天搞个庆祝痊愈小聚。

【何処を押せばそんな音が出る】 根据什么那么说；凭什么说那种毫无道理的话。

【床を取る】 铺床；铺被褥；准备睡觉的地方。類寝支度。例今日は叔母さんが遊びに来て泊まるから座敷に床を取ってやる。今天婶婶（姑姑·姨·伯母）来住，我得在客厅给她准备睡觉的地方。

【床を払う】 病愈收拾被褥；离开病榻。類床を上げる。例床を払ったら刺身で一杯やりたいな。病好后真想就着生鱼片喝上一杯啊。

【鶏冠に来る】 恼怒；火冒三丈；气得满脸通红；怒火中烧。類腹を立てる。例言いたい放題の相手に俺はとうとう鶏冠に来た。对方没完没了地喋喋不休，我终于火冒三丈。

【どさくさに紛れる】 趁乱；乘纷乱之机。例大震災のどさくさに紛れて火事場泥棒が徘徊する。趁火打劫者趁着大地震的混乱伺机作案。

【年有り】 ❶丰年；好年成。❷经年；好多年。類年を経る①。

【年が明ける】 迎来新年；新年伊始。類年が改まる①；年が返る；年が替わる①；年が立つ①。例申の年が明ける。迎来猴年。

【年が改まる】 ❶迎来新的一年；岁月更新。例年が改まって寅年となる。过了年就是虎年了。❷改换年号；改元。類年が替わる②。例年が改まって令和となる。改元为令和。

【年が行く】 上年纪。類年を取る①。例若い頃から老け顔で年が行っても変わらない。年轻的时候就显得面老，上了年纪也没有变化。

【年甲斐もない】 那么大还不懂事；白活（那么大岁数）。類好い年をして。例年甲斐もなく若い女に入れ揚げる。一把年纪了还在年轻女人身上大把花钱。

【年が返る】 迎来新的一年；岁月更新。類年が明ける。

【年が替わる】 ❶迎来新的一年；岁月更新。類年が明ける。❷改换年号；改元。類年が改まる②。

【年が立つ】 ❶新年伊始。類年が明ける。❷经年；过了若干年。類年を経る①。

【年が年】 毕竟上了年纪。例年が年だから身体のあちこちが不具合だ。毕竟上了年纪，身体到处都感到不适。

【年が寄る】 上年纪。類年を取る①。

【年寒くして松柏の凋むに後るるを知る】 岁寒，然后知松柏之后凋也。中《论语·子罕》："子曰：'岁寒，然后知松柏之后凋也。'"

【年高し】 年事已高；年长。

【年問わんより世を問え】 不问年纪，要看经历；年龄不论，重在为人。

【年に似合わぬ】 不像那么小岁数；年纪不大，言行老成。例彼女は年に似合わぬしっかりした考えを持っている。她年龄不大思想倒是很成熟。

【年には勝てない】 年纪不饶人；不服老不行。類寄る年波には勝てない。例健診でどこも異常はないが、年には勝てず足腰が弱くなった。检查身体没有异常，但年纪不饶人，腰腿不行了。

【年に不足はない】 ❶适龄；达到（结婚的）……年龄。例30歳前で衆議院議員に立候補しても年に不足はない。虽然不到30岁，参选众议员，在年龄上也是够格的。例女性が25歳前後で結婚するなら全然年に不足はない。女的25岁左右结婚完全适龄。❷已近天年，死而无憾。

【年は争えない】 年纪不饶人。類寄る年波には勝てない。例年は争えないもので腰が曲がって来た。年纪不饶人，腰都弯了。

【年は薬】（年は、年がとも） 阅历使人成熟；姜是老的辣。類老馬の智。

【年端も行かぬ】 未成年；年幼；还没长大。類裄丈も無い。例年端も行かない

小娘と本気で喧嘩するなんて、あんたも気が若いね。跟小丫头(yātou)吵架(chǎojià)动真气，你可真有朝气(zhāoqì)啊(ā)！

【斗酒(としゅ)なお辞(じ)せず】　斗酒亦(dǒujiǔyì)不辞。

【屠所(としょ)の羊(ひつじ)】　待宰(dàizǎi)的羔羊(gāoyáng)；死到临头；大难临头(dànànlíntóu)。

【年寄(としより)の冷水(ひやみず)】　人老还逞能(chěngnéng)；老人不量力。

【年(とし)を追(お)う】　逐年(zhúnián)。[例]年を追って経験を積み重ねる。经验逐年增加；逐年积累经验。

【年(とし)を送(おく)る】　❶过年。[類]年を越す。❷经年累月(jīngniánlěiyuè)。[類]年を経る①。

【年(とし)を惜(お)しむ】　依依不舍(yīyībùshě)地送走旧年。[例]除夜(じょや)の鐘(かね)の音(おと)を聞きながら行(ゆ)く年を惜しむ。听着钟声辞旧岁。

【年(とし)を食(く)う】　上年纪。[類]年を取る①。[例]あの人は童顔(どうがん)だから若く見られるが、実際は相当年を食っているよ。他长着娃娃脸(zhǎngzhewáwaliǎn)，显得很年轻，实际上岁数不小了。

【年(とし)を越(こ)す】　度过新年；过年；辞旧迎新(cíjiùyíngxīn)。[類]年を送る①；年を取る②。[例]里帰(さとがえ)りし家族全員で年を越す。回到故乡和全家人一起过年。

【年(とし)を取(と)る】　❶上年纪；上岁数。[類]年が行く；年が寄る；年を食う；年を拾う；年を経る②；齢(よわい)を重(かさ)ねる。[例]年を取れば人生の酸(す)いも甘いも分かるようになる。老来必知人生的酸甜苦辣(suāntiánkǔlà)。❷迎接新年；度过新年。[類]年を越す。[例]旅先(たびさき)の温泉で年を取るのも一興だ。在旅游地泡温泉(pàowēnquán)迎接新年也是一大快事。

【年(とし)を拾(ひろ)う】　上年纪；上岁数。[類]年を取る①。

【どじを踏(ふ)む】　砸锅(záguō)；失败；搞糟(gǎozāo)。[例]仕事でとんでもないどじを踏んでしまった。没想到工作搞砸了。

【年(とし)を経(へ)る】　❶经过很长的岁月；经年累月(jīngniánlěiyuè)；长年累月(chángniánlěiyuè)；积年累月(jīniánlěiyuè)；河山带砺(héshāndàilì)；年深日久(niánshēnrìjiǔ)；穷年累月(qióngniánlěiyuè)。[類]劫(こう)を経(へ)る①；年有り②；年が立つ②；年を送る②。[例]今でも年を経た茅葺(かやぶ)き屋根(やね)の古民家(こみんか)で暮らしている。现在仍(réng)生活在

茅草屋顶的老式民宅里。❷上年纪。類年を取る①。

【年(とし)を跨(また)ぐ】　跨年(份)。例ハルビンの氷祭(こおりまつ)りは年を跨いで行われる。哈尔滨的冰雪节跨在新年前后举办。

【年(とし)を守(まも)る】　守岁。

【どすの利(き)いた声(こえ)】　低沉(dīchén)可怕的声音；令人胆寒的低声。

【どすを呑(の)む】　怀揣(huáichuāi)短刀。例あいつはどすを呑んでいるかも知れないから気をつけろ！那家伙(jiāhuo)可能揣着刀子呢，当心！

【渡世(とせい)が成(な)る】　可以生活下去；在社会上混得下去。

【渡世(とせい)を送(おく)る】　处世(chǔshì)；生活。類世を渡(わた)る。例しがない旅芸人(たびげいにん)として渡世を送る。过着卑微(bēiwēi)的江湖艺人的生活；过着贫困的流浪(liúlàng)艺人的生活。

【塗炭(とたん)の苦(くる)しみ】　涂炭之苦(tútàn)；水深火热(shuǐshēnhuǒrè)。類火(ひ)の中(なかみず)水の底(そこ)。中《尚书·仲虺之诰》："有夏昏德，民坠涂炭。"

【何方(どちら)かと言(い)えば】　算是；说起来。例私は何方かと言えば母親(ははおや)似だ。要说像谁，我还是像我母亲。

【取(と)っ替(か)え引(ひ)っ替(か)え】　换了又换；不断更换(gēnghuan)。例取っ替え引っ替えして品物(しなもの)を選ぶ。换来换去地挑选(tiāoxuǎn)商品。

【疾(と)っくの昔(むかし)】　很久以前；老早；早就。類疾(と)うの昔。例人間は浅はかで、虐(いじ)められた相手のことはよく覚えているが、自分が他人を虐めたことは疾っくの昔に忘れているものだ。人是鄙陋(bǐlòu)的，自己被人欺负总也不忘，自己欺负别人的事早就忘(wàng)掉(diào)了。

【毒気(どっけ)に当(あ)てられる】　被震住；惊得目瞪口呆(mùdèngkǒudāi)；吓得不知所措(bùzhīsuǒcuò)。例啖呵(たんか)を切った姉御(あねご)の毒気に当てられる。被大发雷霆(dàfāléitíng)的老板娘给吓蒙(xiàměng)了。

【毒気(どっけ)を抜(ぬ)かれる】　吓破胆(xiàpòdǎn)；锐气大减(ruìqì)；蔫(niān)了。類肝(きも)を潰(つぶ)す。例どすを呑(の)んで乗り込んだが、相手は一枚(いちまい)も二枚(にまい)も上ですっかり毒気を抜かれてしまった。揣着(chuāizhe)刀

子闯进去一看，自己远不是他的对手，就彻底蔫了。

【何方へ転んでも】　倒向哪一方（也）；不管怎样。例どっちへ転んでも儲かる仕組みになっている。这个计划不管怎样都能赚钱；不管怎样都是个赚钱的骗局。

【何方もどっち】　双方都不对；半斤八两；彼此彼此。類似たり寄ったり。

【取って押さえる】　捉住。例警官が現行犯を取って押さえる。警察抓住现行犯。

【取って返す】　（走到中途）返回。例自家用車で出勤途中、忘れ物を思い出したので自宅へ取って返した。开自己的车去上班途中想起忘带的东西了，又返了回去。

【取って代わる】　取而代之；代替。例総選挙で元野党が現与党に取って代わる。大选中原来的在野党取代现在的执政党。

【取って付けたよう】　不自然；假惺惺。例取って付けたような愛想笑いで客をあしらう。强装笑脸应付客人。

【咄咄人に逼る】　咄咄逼人。中晋·卫铄《与释某书》："卫有一弟子王逸少，甚能学卫真书，咄咄逼人。"南朝·宋·刘义庆《世说新语·排调》："殷有一参军在座，云：'盲人骑瞎马，夜半临深池。'殷曰：'咄咄逼人。'仲堪眇目故也。"

【突拍子もない】　出奇；离奇；不一般。類途方も無い。例突拍子もないことを言って人を笑わせる。说离奇的话逗大家笑。例突拍子もない構想。离奇的构思。

【トップを切る】　❶领跑；跑在头里；最先。例トップを切ってゴールインする。跑在最前面，第一个到终点。❷居于首位；在最前头。例新型エンジンの研究開発で業界のトップを切る。在研究新型发动机方面居于同业界的前沿。

【土手っ腹に風穴を開ける】　给你肚子开个洞；给你肚子一刀；给你一枪。類風穴を開ける①。

【途轍も無い】　毫无道理；超出常规；不合道理。類途方も無い。例飲み屋で途轍も無い値段を吹っ掛けられた。在酒馆喝酒遭遇天价宰客。

【とてもじゃないが】　不是绝对不行，但是；怎么（也）；无论如何(wúlùnrúhé)。 類とてもとても❷。例とてもじゃないがこの仕事は私(わたし)向きではない。虽然不是绝对的，但这项工作不适合我。

【とてもとても】　❶非常。例子供に先に死なれとてもとても辛(つら)い。孩子先于自己离世实在太难过了。❷无论如何也（不）；怎么（也）。類とてもじゃないが。例私ごときじゃとてもとてもあの方(かた)の相手にはなりません。像我这样的人△实在（怎么也）不是人家的对手。

【とてものことに】　干脆(gāncuì)；索性(suǒxìng)。類一層(いっそう)の事(こと)。

【徒党(ととう)を組(く)む】　结党；结成帮派。例徒党を組んで反乱する。结党谋反(móufǎn)。

【鰡(とど)のつまり】　归根结底(guīgēnjiédǐ)；到末了(mòliǎo)；终归。類挙句(あげく)の果(は)て。例鰡のつまり、喧嘩(けんか)別(わか)れとなった。最终还是不欢而散(bùhuānérsàn)。

【止(と)まる所(ところ)を知(し)らない】　无止境；没有停歇(tíngxiē)。類切(き)りがない。例Oチームの進撃は止まる所を知らない。O队的进攻没有停歇；O队接连不断地攻击。

【止(と)めを刺(さ)す】　❶刺咽喉(cìyānhóu)；最后一击；致命一击。類無(な)き者(もの)にする。例マタギが熊(くま)に止めを刺す。猎人给熊(lièrén xióng)最后一击。❷最后一击；致命一击。例収賄罪(shòuhuìzuì)で政治生命に止めを刺される。因受贿罪政治生命就此终结。❸最好；登峰造极(dēngfēngzàojí)。例山(やま)は富士(ふじ)、花(はな)は桜(さくら)に止めを刺す。最美的山为富士，最美的花为樱花。

【隣(となり)の芝生(しばふ)は青(あお)い】　（西谚）东西总是人家的好(xīyàn dōngxi)。類隣の糠汰味噌；隣の花は赤い(ひと はな あか)；人の花は赤い；余所の花はよく見(よそ はな み)える。西The grass is always greener on the other side of the fence.

【隣(となり)の糠汰味噌(じんだみそ)】　东西总是人家的好。類隣の芝生は青い。

【隣(となり)の疝気(せんき)を頭痛(ずつう)に病(や)む】　替古人担忧(dānyōu)；看三国掉眼泪(diàoyǎnlèi)，多管闲事；杞人忧天(qǐrényōu tiān)。類他人の疝気を頭痛に病む。

【隣(となり)の宝(たから)を数(かぞ)える】　作毫无意义的事；鸡孵鸭子(jīfūyāzi)ル，白忙活。

【隣の花は赤い】 別人家的花红；东西总是人家的好。類隣の芝生は青い。

【斗南の一人】 斗南一人。中宋·欧阳修等《新唐书·狄仁杰传》："狄公之贤，北斗以南，一人而已。"

【図南の翼】 图南之翼；鸿鹄之志；志存高远。類鴻鵠の志。中战国·庄周《庄子·内篇·逍遥游》："背负青天，而莫之夭阏者，而后乃今将图南。"唐 骆宾王《夏日游德州赠高四》诗："未展从东骏，空戢图南翼。"

【途に就く】 出发；首途。例留学の途に就く。踏上留学之旅。

【とにもかくにも】 总之；无论如何。類何はともあれ。例とにもかくにも無事でよかった。总之平安无事就好。

【堵に安んずる】 安堵；放心；安生；安居。中汉·司马迁《史记·田单列传》："即墨即降，愿无虏掠吾族家妻妾，令安堵。"

【砥の如し】 周道如砥；道路平坦。中春秋·佚名《诗经·小雅·大东》："周道如砥，其直如矢。"

【堵の如し】 观者如堵；人多得像一堵墙一样。中汉·戴圣《礼记·射义》："孔子射于矍相之圃，盖观者如堵墙。"

【どの面下げて】 有什么脸；没有脸面。類合わせる顔がない。例実家に逃げ帰った妻をどの面下げて迎えに行けるんだ！有什么脸面去迎接跑回娘家的妻子！

【とは言うものの】 虽然那么说；虽说；尽管那样。類其れかと言って。例一度は断った、とは言うものの皆に推されればやるしかない。虽说推辞了一次，但大家还是推举我，那就只好接受了。

【怒髪天を衝く】（天、冠とも） 怒发冲冠；怒气冲天。類怒り心頭に発する。中汉·司马迁《史记·廉颇蔺相如列传》："相如因持璧却立，倚柱，怒发上冲冠。"

【駑馬に鞭打つ】 竭尽驽钝；勉励自己去作；鞭策自己好好干。例再選されましたが駑馬に鞭打つのみでございます。引き続き、ご支援のほど宜しくお願い致しま

す。虽再次当选 (dāngxuǎn)，只有竭尽驽钝而已 (éryǐ)。恳请 (kěnqǐng) 各位一如既往 (yīrújìwǎng) 地支持我的工作。

【鳶 (とび) が鷹 (たか) を生 (う) む】　子胜于父；乌鸦窝里出凤凰 (wūyāwō li chū fènghuáng)；鸡窝里飞出金凤凰。類 筍 (たけのこ) の親優 (おやまさ) り。

【飛 (と) び立 (た) つばかり】　❶欢欣雀跃 (huānxīnquèyuè)；高兴得跳起来 (gāoxìngdetiàoqǐlái)。類胸 (むね) が躍 (おど) る。例好きな人に求婚され小夜子 (さよこ) の心は飛び立つばかり。自己喜欢的人来求婚，小夜子 (xiǎoyèzǐ) 心里高兴得不得了 (bùdéliǎo)。❷心向往之 (xīnxiàngwǎngzhī)；恨不得飞过去。

【鳶 (とび) に油揚 (あぶらあ) げを攫 (さら) われる】（鳶 (とび)、鳶 (とんび) とも）　蛋糕被夺 (dàngāo bèi duó)，手足无措 (shǒuzúwúcuò)；快要到嘴的 (kuài yàodàozuǐ) 东西 (dōngxi) 被抢走 (qiāngzǒu) 了。

【鳶 (とび) も居住 (いず) まいから鷹 (たか) に見 (み) える】　举止若庄严 (zhuāngyán)，贫亦有尊严；仓廪不实 (cānglǐnbùshí)，亦应 (yìyìng) 守礼。

【土俵 (どひょう) に上 (あ) がる】　❶走上相扑台 (xiāngpū)。例力士 (りきし) が東西から土俵に上がる。相扑选手从东西两边上场 (dōngxī)。❷坐到谈判桌前 (tánpànzhuō)。例貿易自由化促進のため多国間協議の土俵に上がる。为了促进贸易自由化，坐到多国协商的谈判桌前。

【斗柄 (とひょう) もない】　毫无道理；出奇；超出常规。類途方 (とほう) も無 (な) い。

【土俵 (どひょう) を割 (わ) る】　❶（相扑 (xiāngpū)）出圈儿 (chūquān)。例相扑力士 (あいてりきし) に寄 (よ) られて土俵を割る。相扑力士被对手推出场地。❷战败。例ベースアップを巡 (めぐ) る労使交渉では双方とも簡単に土俵を割ることはない。围绕 (wéirào) 提高基本工资待遇劳资双方进行交涉，都不会轻易后退。

【飛 (と) ぶ鳥跡 (とりあと) を濁 (にご) さず】➡立 (た) つ鳥跡を濁さず

【飛 (と) ぶ鳥 (とり) を落 (お) とす勢 (いきお) い】　气冲霄汉 (qìchōngxiāohàn)；气冲牛斗 (qìchōngniúdǒu)；意气昂扬 (àngyáng)；气焰万丈 (qìyàn zhàng)；不可一世 (bùkěyīshì)。類空 (そら) 飛ぶ鳥も落とす。

【途方 (とほう) に暮 (く) れる】　不知如何是好；一筹莫展 (yīchóumòzhǎn)；罔知所措 (wǎngzhīsuǒcuò)。類頭 (あたま) を抱 (かか) える；暗夜に灯 (あんや ともしび) を失 (うしな) う；思案 (しあん) に余 (あま) る；思案に暮れる；思案に尽 (つ) きる；前後 (ぜんご) に暮れる；前後を失 (うしな) う①；前後を知 (し) らず①；前後を忘 (わす) れる①；東西 (とうざい) を失う②；如何 (いか) したものか；闇 (やみ) に惑 (まど) う②；行方無 (ゆくえな) し②。例突然解雇 (かいこ) され途方に暮れる。突然被解雇 (jiěgù)，不知如何是

好。

【途方も無い】 毫无道理；出奇；超出常规。類当て事もない；図が無い；大層もない；突拍子もない；途轍も無い；斗柄もない。例東京中央卸売市場でのホンマグロの初競りは毎年途方も無い値が付く。在东京中央批发市场首场拍卖黑金枪鱼每年都会拍出惊人的价格。例突然途方も無いことを言い出す。突然说出毫无道理的话。

【富は屋を潤し、徳は身を潤す】 富润屋，徳润身；钱多可建豪宅，德高彰显人格。中汉·戴圣《礼记·大学》："富润屋，徳润身，心广体胖。"

【と胸を衝く】 大吃一惊；受到震动；震惊。類一驚を喫する。

【止め処が無い】 没完没了；……不止；无止境。類切りがない。例人の欲望というものは止め処が無い。人的欲望是没有止境的。

【朋有り、遠方より来る、また楽しからずや】 有朋自远方来，不亦乐乎。中《论语·学而》："子曰：学而时习之，不亦说乎？有朋自远方来，不亦乐乎？人不知而不愠，不亦君子乎？"

【共にする】 在一起。例苦楽を共にしダイヤモンド婚を祝う。庆祝同甘共苦迎来钻石婚。

【俱に天を戴かず】 不共戴天。類不俱戴天。中汉·戴圣《礼记·曲礼上》："父之仇，弗与共戴天。"

【鳥屋に就く】 鸡进窝下蛋；鸟换毛时待在巢内。

【豊葦原の瑞穂の国】 （日本之美称）丰苇原瑞穗之国。

【土用布子に寒帷子】 夏季的棉袄，冬季的单衣；不合时宜；冷热颠倒。類夏炉冬扇；寒に帷子土用に布子。

【虎に翼】 如虎添翼。類鬼に金棒。中三国·诸葛亮《诸葛亮集·将苑·兵权》："将能执兵之权，操兵之势，而临群下，譬如猛虎加之羽翼，而翱翔四海，随所遇而施之。"

【虎になる】 耍酒疯；酩酊大醉；醉酒作闹。類酒に呑まれる。例昨夜は何軒か梯子してすっかり虎になった。昨晚一连喝了好几家酒馆，喝得酩酊大醉。

【捕らぬ狸の皮算用】 打如意算盘；卖水的看大河——全是钱；如意算盘。類皮算用。

【虎の威を借る狐】 狐假虎威；挟权倚势。類笠に着る；甲に着る；門の前の瘦犬。中汉·刘向《战国策·楚策一》："虎求百兽而食之，得狐。狐曰：'子无敢食我也……'虎以为然，故遂与之行。兽见之皆走。虎不知兽畏己而走也，以为畏狐也。"宋·洪迈《容斋随笔·五笔一·狐假虎威》："谚有'狐假虎威'之语，稚子来扣其义，因示以<战国策><新序>所载。"

【虎の尾を踏む】 如蹈虎尾；虎尾春冰。類危ない橋を渡る。中《尚书·君牙》："心之忧危，若蹈虎尾，涉于春冰。"

【虎の子】 珍爱的东西；爱不释手之物。

【虎の巻】 ❶秘传的兵书；秘传的书。❷扼要易懂的参考书；有注解的自学书。

【虎は死して皮を留め、人は死して名を残す】 豹死留皮，人死留名。類人は死して名を留む。中宋·欧阳修《新五代史·王彦章传》："（彦章）尝为俚语谓人曰：'豹死留皮，人死留名。'"

【虎は千里往って千里還る】 ❶虎行千里，还巢护仔。❷虎能一日往返千里；往返千里，气势威猛。

【どらを打つ】 生活放荡不羁；倾家荡产。類産を破る。

【虎を画きて狗に類す】（画きて、画いてとも；狗、犬とも）画虎不成反类狗。中南朝·宋·范晔《后汉书·马援传》："效季良不得，陷为天下轻薄子，所谓画虎不成反类狗者也。"

【虎を野に放つ】 放虎归山。類虎を養いて自ら患いを遺す。中晋·陈寿《三国志·蜀志·刘备传》裴松之注引《零陵先贤传》："既入，巴复谏曰：'若使备讨张鲁，是放

虎于山林也。'璋不听。”

【虎を養いて自ら患いを遺す】　养虎遗患；养虺成蛇；养痈遗患。[類]虎を野に放つ。[中]汉·司马迁《史记·项羽本纪》：“楚兵罢食尽，此天亡楚之时也，不如因其机而遂取之。今释弗击，此所谓养虎自遗患也。”

【鳥居を越す】　老奸巨猾；成为老手。[類]海千山千。

【取り返しが付かない】　不可收拾；无法挽回。[例]取り返しが付かないミスを犯してしまった。犯了无法挽回的错误。

【虜にする】　❶抓俘虏；俘获。[例]敵軍の兵士を虜にする。俘获敌军士兵。❷迷住；吸引人心。[類]現を抜かす。[例]堅物の男を博打に誘って虜にする。诱使古板的人赌博使他入迷。

【虜になる】　❶被俘；成为俘虏。[例]敵軍の虜になる。被敌军所俘。❷入迷。[類]現を抜かす。[例]恋の虜になる。成为爱情的俘虏。

【取り付く島もない】　（冷淡得令人）无法接近；搭不上话；无可求助。[類]木で鼻を括る；曲がない②；けんもほろろ；素っ気が無い；袖にする；塵も灰も付かぬように言う；鰾膠もしゃしゃりもない；鰾膠もない；鼻であしらう；鼻の先であしらう；無愛想。[例]縒りを戻そうとしたが取り付く島もない。虽想言归于好，但因对方冷淡而说不上话。

【取り留めがない】　❶漫无边际；不着边际；山南海北；天南地北；天南海北。[類]仕様も無い。[例]おばあさんたちの話しは取り留めがない。老奶奶们说话不着边际。❷不得要领。[類]要領を得ない。

【鳥なき里の蝙蝠】　山中无老虎，猴子称大王。[類]御山の大将②。

【鳥の将に死なんとする其の鳴くや哀し】（死なん、死せんとも）鸟之将死，其鸣也哀。[中]《论语·泰伯》：“曾子言曰：‘鸟之将死，其鸣也哀；人之将死，其言也善。’”

【鳥肌が立つ】 起鸡皮疙瘩。⇨肝を冷やす。⇒寒気がして鳥肌が立つ。遇到寒气起鸡皮疙瘩。⇒深夜、墓場に青火が立つのを見て鳥肌が立つ。深夜看到墓地有鬼火起了一身鸡皮疙瘩。

【取りも直さず】 正是；就是；不外是。⇨外でもない。⇒公費を投入することは取りも直さず国民の納めた税金を使うことである。投入公费就是使用国民缴纳的税金。

【取るに足りない】 不足取；微不足道；不足挂齿；何足挂齿；无足轻重；小小不言。⇨言うに足らず；九牛の一毛；数が知れる；高が知れる；手も無い①；何でもない①；何ともない；何の事はない；何の其の；話にならない①；吹けば飛ぶよう；屁でもない；屁にもならない；目じゃない；物ならず；問題外；問題にならない。⇒私など取るに足りない存在です。我是个微不足道的小人物。

【取る物も取り敢えず】 急匆匆；匆匆忙忙；十万火急。⇒警察から急報があり取る物も取り敢えずハンドルを握って現場に向かう。收到警局的紧急通知便十万火急地驱车前往现场。

【徒労に帰す】 归于徒劳；以徒劳告终；成为泡影；白费力气。⇨水泡に帰す。⇒長年流してきた汗水が徒労に帰してしまい空しい。多年的汗水归于徒劳，真是令人△遺憾（感到气馁）。

【泥のように眠る】 沉睡；酣睡；昏睡。

【泥棒に追い銭】 赔了夫人又折兵；雪上加霜。⇨盗人に追い銭。

【泥棒にも三分の道理】➡盗人にも三分の理

【泥棒を捕らえて縄を綯う】 临阵磨枪；临渴挖井。⇨軍を見て矢を矧ぐ；兎を見て犬（鷹）を放つ①；渇に臨みて井を穿つ；敵を見て矢を矧ぐ；難に臨んで遽に兵を鋳る；盗人を見て縄を綯う。

【泥を被る】 被责难；受批评；承担责任；顶缸。⇒仲間が不祥事を起こし、

私が泥を被る羽目になった。朋友干了坏事，我不得不出来顶缸为他承担了责任。

【泥を塗る】（脸上）抹黑；丢脸：败坏名誉。類顔に泥を塗る。例家名に泥を塗りやがって、絶対に許せない！决不允许抹黑家族的名声！

【泥を吐く】供出罪状；坦白交代。類口を割る。例早く泥を吐いて楽になったらどうだ。你就痛快点坦白了不就没事了吗！

【どろんを決める】逃之夭夭；偷偷溜走；突然逃离。類雲を霞と。例形勢不利と見てその場からのどろんを決める。一见形势不妙就偷偷从现场溜走。

【度を失う】惊慌失措；惊恐慌乱；慌神ル；不冷静。類泡を食う。例突然求婚されて度を失う。因突然来求婚而△惊慌失措（有点不知所措）。例有名人が週刊誌の記者にいきなり不倫を問われて度を失う。名人被周刊记者突然问到他婚外恋的事而△惊慌失措（慌了神ル）。

【度を越す】➡度を過ごす

【度を過ごす】过分；过度。類度が過ぎる。例お酒は飲んでもいいけど度を過ごさないようにして下さい。酒可以喝，不过△要有节制（不能过度）。

【団栗の背競べ】半斤八两；彼此彼此；一样平庸（无奇）。類似たり寄ったり。

【頓着無い】不介意；不在乎；不放在心上。類意に介しない。例内の人は食べ物に頓着無いので助かる。我家先生不讲究饮食，我可省事了。

【呑舟の魚】吞舟之鱼；巨大的鱼。中战国·庄周《庄子·庚桑楚》："吞舟之鱼，砀而失水，则蚁能苦之。"

【呑舟の魚は枝流に游がず】吞舟之鱼不游于支流；杰出的人志存高远；大人不作猥琐之事。中《列子·杨朱》："吞舟之鱼，不游枝流；鸿鹄高飞，不集污池。"

【飛んで火に入る夏の虫】飞蛾投火；自取灭亡；自投罗网。類秋の鹿は笛に寄る②；紙子着て川へ嵌る；土仏の水遊び；雪仏の水遊び。

【翔んでる】(飛んでるとも)　不拘常识；无拘无束；自由自在。例翔んでるカップル。无拘无束的一对男女。

【どんと来い】　有种的，过来！；来吧，我不在乎。例何が起ころうとどんとこいだ！不管发生什么事我都不在乎。

【蜻蛉を切る】　翻跟头；空翻。類翻筋斗を打つ。

な

【名有り】　有名；出名；著名。類名がある。

【名有りて実無し】　有名无实。類有名無実。中战国·佚名《国语·晋语八》："宣子曰：'吾有卿之名而无其实。'"

【無いが意見の総仕舞】　家败之后无须劝，富时再劝也枉然。

【内界の財貨】　精神财富；非物质性财产；软财产。

【内助の功】　内助之功；夫人帮助之功。

【無い袖は振れない】　巧妇难为无米之炊。例金を無心されたが無い袖は振れない。死乞白赖地来要钱，可我也巧妇难为无米之炊。

【無い知恵を絞る】　挖空心思；费尽心思；搜肠刮肚；搜索枯肠；绞尽脑汁。類知恵を絞る。

【泣いて暮らすも一生、笑って暮らすも一生】　哭着过是一生，笑着过也是一生；哭着过一辈子不如笑着过一辈子。

【泣いて馬謖を斬る】　挥泪斩马谡。中明·罗贯中《三国演义·96回孔明挥泪斩马谡…》："须臾，武士献马谡首级于阶下。孔明大哭不已。"

【泣いても笑っても】　不管想什么办法；不管怎样；无论怎样。類好むと好まざるとにかかわらず。例泣いても笑っても結果が出るまであと一日だ。不管怎样，再等一天就出结果了。

【無い腹を探られる】 无辜受怀疑；受到莫须有的猜疑。❻痛くもない腹を探られる。❼無い腹を探られて不愉快だ。无辜受怀疑令人不快。

【無い物は無い】 ❶一应俱全；应有尽有。❼ホームセンターに行けば無い物は無い。到家居用品中心，商品一应俱全。❷没有就是没有。❼やっていないんだから証拠を搜しても無い物は無い。我没干，即使找证据，没有就是没有。

【なおのこと】 更加。❻弥が上にも。❼近場もいいけど、海外旅行ならなおのこと行ってみたい。近处当然也不错，但要是出国旅游那就更愿意去了。

【名がある】 有名；广为人知。❻名有り。❼ここは地元では名がある商店街だそうだ。据说这ル是当地有名的商店街。

【長生きすれば恥多し】 寿则辱多；长寿则多辱。❻命長ければ恥多し。

【長い事はない】 行将就木；不久于人世。❻棺桶に片足を突っ込む。❼癌のステージⅤでもう長い事はない。现在是癌症五期，已不久于人世。

【永い眠りにつく】 长眠；逝去；永眠。❻息が絶える。

【長居は恐れ】 客人不走，主人不安；久坐不辞，必无好事。

【長い目で見る】 从长远观点看；把目光放远。❼将来のある若者だからここは一つ長い目で見てやって下さい。他是一个有前途的青年，请用长远的眼光看待他。

【長い物には巻かれよ】（巻かれよ、巻かれろとも） 不与强者争高下；胳膊拗不过大腿；在人矮檐下怎敢不低头；委曲求全，可保安全。

【長い草鞋を履く】 （赌徒）溜之大吉；溜之乎也；一走了之；远走高飞；背井离乡；逃往外地流浪。

【名が売れる】 声名显赫；蜚声于；驰名；著名。❻顔が売れる。❼指揮者として世界中に名が売れる。他是蜚声世界的指挥家。

【鳴かず飛ばず】 雌伏隐忍，伺机而发；韬光养晦；不声不响；默默无闻。❻三年飛ばず鳴かず。❿战国·韩非《韩非子·喻老》："右司马…日：'有鸟…不飞

不鳴，嘿然无声，此为何名？'王曰：'…不飞不鸣，将以观民则。虽无飞，飞必冲天；虽无鸣，鸣必惊人。'" 例二十歳(はたち)で歌手デビューしたが、30代半ばまで鳴かず飛ばずだった。作为歌手20岁出道，35以前默默无闻。

【名(な)が立(た)つ】　成为公众人物；引起关注的人物。

【無(な)かったことにする】　就算没提过；就算不曾(céng)有过。例先般の合意は無かったことにする。此前的△共识（协议）就不算数了。

【名(な)が通(とお)る】　名闻遐迩(xiáěr chímíng)；驰名。例あの会社は世界的に名が通った多国籍企業だ。那家公司是世界驰名的跨国企业。

【中中(なかなか)でもない】　万没想到；出乎意料(chūhūyìliào)。類思(おも)いも寄(よ)らない。

【名(な)が泣(な)く】　（行为）有损名声；声誉下降；遭恶评(zāo è píng)。例素人に負けたらプロの名が泣く。如果输给业余选手会有损专业选手的名声。

【中(なか)に立(た)つ】　居中；斡旋(wòxuán)；调停(tiáotíng)。類間(あいだ)に立つ。例二国間の武力衝突を停止させるため国連機関が中に立つ。为(wèi)平息两国的武装冲突联合国的有关部门居中调停。

【中(なか)に入(はい)る】　居中；斡旋；调停；调解。類間(あいだ)に立つ。

【鳴(な)かぬなら鳴(な)くまで待(ま)とう時鳥(ほととぎす)】　（徳川家康(déchuānjiākāng)）耐心等待，时机会来。類待(ま)てば海路(かいろ)の日和(ひより)あり。

【永(なが)の暇(いとま)を告(つ)げる】　诀别(juébié)。

【長持(ながも)ち枕(まくら)にならず】　大未必兼小；过犹不及(guòyóubùjí)；大而无当(dàérwúdàng)，等于无。類杓子(しゃくし)は耳搔(みみか)きにならず。

【流(なが)れに棹差(さおさ)す】　順水推舟(shùnshuǐtuīzhōu)；随波逐流(suíbōzhúliú)；随应(suíyìng)时代潮流。類時流(じりゅう)に乗(の)る。

【流(なが)れに耳(みみ)を洗(あら)う】　颍水洗耳(yǐngshuǐ)；许由洗耳(xǔyóu)；消除所听到的不洁之音。類耳を洗う。

【流(なが)れる水(みず)は腐(くさ)らず】　流水不腐，户枢不蠹(liúshuǐbùfǔ hùshūbùdù)。類転石苔(てんせきこけ)を生(しょう)ぜず②。中战国・吕不韦《吕氏春秋・尽数》："流水不腐，户枢不蠹，动也。"

【流れを汲む】　継承……正统；属于……流派。例モネは印象派の流れを汲む画家だ。莫奈属于印象派的画家。

【仲を裂く】　离间；使……不和睦；挑拨。類間を裂く；生木を裂く。例兄弟の仲を裂く。挑拨兄弟关系。

【仲を取り持つ】　牵线搭桥；做媒。類橋渡しをする。例両家の仲を取り持つ。给两家牵线搭桥。

【中を取る】　折中；折衷。類足して二で割る。例二人の意見の中を取る。把两个人的意见△加以折中（折中一下）。例値札10万円の骨董品を6万円と値切り、中を取って8万円で手に入れた。标价10万日元的古董砍价6万，△结果（最后）折中以8万日元买了下来。

【仲を直す】　和好；言归于好。類手を打つ③；手を握る①；手を結ぶ①。

【亡き数に入る】　名登鬼录；登录于鬼簿；已经亡故。類鬼籍に入る。

【泣きだしそうな空模様】　即将下雨；山雨欲来。類一雨ありそう。

【泣き面に蜂】　祸不单行；雪上加霜。類踏んだり蹴ったり。

【無き手を出す】　用尽绝招；费尽心机。

【無きにしも非ず】　并非没有；不是一点也没有。類無しとしない。例接戦なので当選の可能性が無きにしも非ず。因为△旗鼓相当（胜败难分·势均力敌），所以胜选并非没有可能。

【無きになす】　弃置不顾；无视；不当回事。

【無きに等しい】　等于没有。例我が家の貯えは無きに等しい。我家的积蓄等于零。

【泣きの涙】　❶流泪；哭哭啼啼；哭天抹泪。❷被逼无奈；不得已。例ローン返済に行き詰まり、泣きの涙で高級車を手放した。已经无力还贷，不得已卖掉了高级轿车。

【泣きべそを搔く】　哭丧着脸；小孩儿要哭。類べそを搔く。例お前は遊んでばかりで、後で泣きべそを搔いても知らないよ。你光知道玩，以后有你哭的，到时候我可不管。

【泣き目を見る】　遭到不幸；吃苦头；遭难。類泣きを見る。

【無き者にする】　杀死；除掉。類息の根を止める①；止めを刺す①。例目障りな奴を無き者にする。除掉这个碍眼的家伙。

【泣きを入れる】　❶哀求。例締め切りを延ばしてくれるよう泣きを入れる。哀求延长截止日期。❷恳求解除买卖合同；恳求对方以合适价格交易。例大豊作でミカンが捌き切れず、中央卸売市場の卸売業者が仲卸業者に泣きを入れる。桔子大丰收卖不出去，中央批发市场批售商哀求中间批发商△超合同（以合适价）格买下。

【泣きを見せる】　让家人为难；行为让自己人遭罪。例詐欺で検挙され両親に泣きを見せることになってしまった。因诈骗被逮捕，让父母无地自容。

【泣きを見る】　遭难；吃苦头；自作自受；倒霉。類泣き目を見る。例欲張ると最後に泣きを見る。贪多最后要吃苦头。

【泣く子と地頭には勝てぬ】　秀才遇见兵，有理讲不清；讲理的胜不过蛮横的。

【泣く子は育つ】　能哭的孩子好养活；能哭的孩子长得壮。

【泣く子も黙る】　令人生畏；极有震慑力；凶神恶煞一般。例あの名門クラブには泣く子も黙る鬼コーチがいる。那个有名的俱乐部有个令人生畏的教练。

【泣く子も目を開け】　行动要看场合；不能肆无忌惮；做什么都要有所顾及。

【鳴く蟬よりも鳴かぬ蛍が身を焦がす】　此时无声胜有声；嘴上不说，心如烈火；涛涛者不值钱，情深者不多言。

【無くて七癖、有って四十八癖】　任何人都有癖性；金无足赤，人无完人。

【泣くに泣けない】　欲哭无泪；极其沮丧。囫オウンゴールで負けるなんて泣くに泣けない。踢了乌龙球△叫人家给赢了（输给对方），真是沮丧透了。

【鳴く猫は鼠を捕らぬ】　爱叫的猫不拿耗子；能说的反而无行动。

【仲人口は半分に聞け】　媒人的话只能信一半。

【仲人は宵の口】　婚礼结束，媒人告辞；新人入洞房，媒婆出厅堂。

【名残を惜しむ】　依依惜别；恋恋不舍。囫一泊した同窓会の翌日、ホテルの玄関先で幼馴染たちと名残を惜しむ。同学聚会住了一宿，第二天在宾馆门口跟△竹马之交（儿时好友）依依惜别。

【情けが仇】　好心办坏事；本来是帮忙，结果帮倒忙。

【情けに刃向かう刃なし】　情面难却；恩将仇报，谁能作到。

【情けは人の為ならず】　与人方便，自己方便；爱人者，人恒爱之；善有善报。類人を思うは身を思う。

【情け容赦もない】　毫不留情；不讲情面。囫大不況到来で社員の首を情け容赦もなく斬る。经济严重萧条，只能△狠下心（放下情面）裁减员工。

【情けを売る】　❶卖淫。類春を売る。❷感情投资；卖人情。類恩を売る。

【情けを掛ける】　怜悯；表示同情。類哀れを掛ける。囫敗者に情けを掛ける。同情战败者。

【情けを交わす】　相亲相爱；男女相爱；互相爱慕。類思い思われる。囫互いに見詰め合って情けを交わす。互相凝视以示爱慕之情。

【情けを知る】　❶通晓人情世故。類酸いも甘いも嚙み分ける。囫苦境や不遇の時ほど人の情けを知ることが多い。越是在逆境和不得志的时候越能体味到世态炎凉。❷（开始）知道性爱。

【生さぬ仲】　非亲生（亲子）关系。

【無しとしない】　不能说没有；并非没有。類無きにしも非ず。囫超難関でも合格

する可能性は無しとしない。即便是最难的难关，合格的可能性也不能说完全没有。

【梨の礫】 肉包子打狗，有去无回；渺无音讯；泥牛入海；石沉大海；杳无音信。類鼬の道切り②；音沙汰が無い；音信不通；消息を絶つ。例スマホでメールを送ったが、梨の礫だと気になるものだ。用智能手机发了短信却无回音，真令人担心。

【馴染みを重ねる】 男女亲密起来；成为妓女的熟客。

【為す術もない】 无计可施；一筹莫展毫无办法；束手无策。類手の施しようがない。例事ここに至っては為す術もない。事已至此，毫无办法。

【薺打つ】 （日俗）为了作七草菜粥时，把七种野菜放到菜板上，一边唱着小曲一边敲打。

【為せば成る】 事在人为；功夫不负有心人；有志者事竟成。類一念岩をも通す。例〔上杉鷹山〕為せば成る、為さねば成らぬ、何事も、成らぬは人の、為さぬなりけり。（上杉鷹山：江户时代米泽＝现山形县诸侯）黾勉事能成，怠惰焉有功？知否事不就，皆由尔未行！

【謎を掛ける】 委婉地说；拐弯抹角；暗示。例謎を掛けて相手の気持ちを探る。拐弯抹角地试探对方的心思。

【謎を解く】 揭示谜底；揭示真相；解决难题。例この謎を解くのに三十年かかった。解决这个难题竟用了30年。

【灘の生一本】 （兵库县所产）原浆清酒。

【雪崩を打つ】 雪崩式地；蜂拥（而至）；潮水般地。例内戦が勃発し外資が雪崩を打って流出する。内战爆发，外资雪崩式地△逃离（撤出）。

【鉈を振るう】 大刀阔斧地整顿。類大鉈を振るう。

【夏歌う者は冬泣く】 夏不种，冬无食；该劳动时不劳动，该享福时干受穷。

【なっていない】 不像话；啥也不是；糟透了。例普段は大口を叩いているくせ

にやることがなっていない。平时能吹牛，可是作起来却啥也不是。

【夏の小袖】 秋后的扇子；雨后的伞。

【夏も小袖】 ➡ 頂く物は夏も小袖

【七重の膝を八重に折る】 卑躬屈膝；低声下气地苦苦哀求；负荆请罪。類膝を折る。

【七転び八起き】 ❶百折不回；不屈不挠。類不撓不屈。❷沉浮不定；荣枯无常；盛衰无常。類沈む瀬あれば浮かぶ瀬あり。

【名無しの権兵衛】 无名小卒；无名之辈。

【七度尋ねて人を疑え】 不可轻易怀疑人；好好寻找之后再怀疑人。

【斜めならず】 异常（高兴）；异乎寻常；喜不自胜。例何かいいことがあったのか、父はご機嫌斜めならずだ。不知有什么好事，爸爸异常高兴。

【斜めに見る】 斜歪着看；以偏颇的眼光看。例ひねくれ者で何事も斜めに見る癖がある。(他)性情乖僻，总是以偏颇的眼光看待一切。

【名に負う】 负有盛名；名副其实。類名実相伴う。

【何か彼にか】 这个那个；种种。類彼や此れや。例何か彼にかと雑用が多い。这个那个的琐事太多。

【何かせむ】 （反语）这算什么；简直毫无价值。

【何かと言えば】 动不动就；一有机会就；总是。類如何かすると②。例爺さんは何かと言えばと孫自慢だ。爷爷张口闭口总是夸他孙子。

【何が何だか】 发蒙；怎么一回事；莫名其妙。例君の言っていることは何が何だか訳が分からない。你说的话叫人发蒙，根本不知所云。

【何が何でも】 不管三七二十一；无论如何；不管怎样。類雨が降ろうが槍が降ろうが；石に齧りついても；否が応でも；否でも応でも；是が非でも；槍が降っても；理が非でも。例一度約束したことは何が何でも守らなければならない。一旦约定,

无论如何要守约。

【何かに付け】(何彼につけてとも) 一有机会；动不动；一有什么事。類折に触れて。例あの人は何かに付けてけちを付けたがる。他动不动就想挑毛病。

【何から何まで】 一切；全部；都。類一から十まで。例家の事は何から何まで妻に委せっ切りだ。家里的事全交给妻子了。

【名に聞く】 ❶风闻；据传。類風の便り。❷著名的；有名的。類音に聞く。

【何くれとなく】 这样那样地；各方面；多方。類彼や此れや。例彼は何くれとなく気さくに相談に乗ってくれる。各方面的事都可以坦率地跟他商量。

【何食わぬ顔】 若无其事(的表情)；装没事人；佯装不知的样子。類素知らぬ顔。例何食わぬ顔で人の足を引っ張る。假装若无其事地扯别人后腿。

【名にし負う】 负有盛名；名副其实。類名実相伴う。例名にし負う大企業に理事として迎えられる。被负有盛名的大企业聘为理事。

【何するものぞ】 没什么大不了的；不当回事；不足为奇；算不了什么。例前途に如何なる障害があっても何するものぞと乗り越える。无论前途有什么障碍,都不当回事△地(去)克服它。

【名に背く】 玷污名声；砸牌子；名不副实。類体面を汚す。例故宮の荘厳さは世界歴史遺産の名に背かない。故宫之庄严无愧于世界历史遗产之名。

【名に立つ】 闻名；著名；出名。類世に聞こえる。

【何にも増して】 首先；首要的；最重要的。類何はさて置き。例彼は私にとって何にも増して頼りになる友人だ。他是我最仰赖的朋友。

【何はさて置き】 首先；其他暂时不提。類一にも二にも；何にも増して；何を措いても；先ず以て①。例労働やスポーツで汗を掻いた後は、何はさて置きシャワーを浴びて冷たいビールだ。劳动或运动出一身汗之后,首先得洗个淋浴喝点冰镇啤酒。

【名に恥じない】 无愧于美名；名副其实；名实相副。**類**名実相伴う。**例**彼はノーベル賞候補者の名に恥じない業績を積み重ねている。他留下了无愧于提名诺贝尔奖的业绩。

【何はともあれ】 总之；无论如何；不管怎么说；反正。**類**兎にも角にも；先ず以て②；何分にも；何と言っても。**例**何はともあれ無事でよかった。总之，平安无事值得庆幸。

【何は無くとも】 只要……就行，别的无所谓；尽管没有什么特别的。**例**朝ごはんには何は無くとも海苔の佃煮と納豆があればいい。早饭只要有浓煮紫菜和纳豆就行，别的无所谓。

【何不足ない】 应有尽有，什么都不缺。**例**物質的に何不足ない生活を謳歌する。尽享丰衣足食的△物質（富裕）生活。

【名に旧る】 久已闻名；名闻久矣。

【何分にも】 毕竟；怎奈；不管怎么说。**類**何はともあれ。**例**何分にも病み上がりなので当分の間自宅で静養します。毕竟病刚好，所以眼下要在家静养一段时间。

【何も彼も】 什么都；一切；全部。**類**一から十まで。**例**何も彼も順調に行っている。所有的一切都进展顺利。

【何や彼や】 这个那个；种种。**類**彼や此れや。**例**何や彼やと人の世話を焼く。对人们多方照顾。

【難波の葦は伊勢の浜荻】 南方称芦，北方叫苇；地易名异；不同的地方（有）不同的叫法。

【何を措いても】 首先。**類**何はさて置き。**例**何を措いても生存者の救出が第一だ。首先，救出幸存者才是至关重要的。

【何をか言わんや】 夫复何言；还有什么可说的呢；无言以对。**類**呆気に取られる。**例**あれで国会議員とは、何をか言わんやだ。就那种人也是国会议员？真是无语。

【何を隠そう】 实话实说；都实说了吧；无需隐瞒。例何を隠そう、あの覆面レスラーは私です。实话说了吧，那个蒙面的专业摔跤手就是我。

【名の無い星は宵から出る】 好戏压轴，差戏打头；无名之辈，先来点缀；先上的是开胃小菜儿。

【名乗りを上げる】 ❶（大声）通报自己的姓名。例テレビの尋ね人番組で、私たちが実の親であると名乗りを上げ、20数年前に行方不明になった子供と涙の再会を果たした。在电视寻人节目中，我们说出是亲生父母，终于和20年前失踪的孩子潸然相见。❷参加竞争。例次回の万博開催地に名乗りを上げる。参加下次万国博览会举办地的竞争。

【名は実の賓】 名者实之宾也；有其实方有其名；实至名归。中战国·庄周《庄子·逍遥游》："子治天下，天下既已治矣，我犹代子，吾将为名乎？名者实之宾也。吾将为宾乎？"

【名は体を表す】 名表其体；名副其实；名实相副。

【鍋釜が賑う】 生活富足；活得滋润。類竈賑う。

【鍋尻を焼く】 组建家庭；（结婚）成家过日子。類家庭を持つ。

【並べてならず】 非同寻常；非常出色。

【鍋蓋に目鼻】 扁平的黑脸。

【ナポリを見てから死ね】 （西谚）看过那不勒斯死也瞑目。類日光を見ずして結構と言うなかれ。西See Naples and then die.

【生壁の釘】 不起作用；不管用。類糠に釘。

【生木を裂く】 棒打鸳鸯；拆散情侣；强使情侣分开。類仲を裂く。例親の反対で二人は生木を裂くように引き離された。由于父母反对，两个人硬是被拆散了。

【怠け者の足から鳥が立つ】（立つ、起つとも） 懒汉遇事慌乱；平时慵懒，

遇事慌乱；平时惰，遇事惑。

【怠け者の節句働き】　平素净偷懒，年节出来干。

【生ますに叩く】　群殴；毒打。

【生唾を飲み込む】　垂涎欲滴；垂涎三尺。〔類〕涎が出る。〔例〕鰻を焼くいい香りにごくりと生唾を飲み込む。闻到烤鳗鱼的香味就咽口水。

【生爪に火を灯す】　极为吝啬。〔類〕財布の紐が長い。

【生兵法は大怪我のもと】　学艺不精，挨打不轻；凭一知半解要栽跟头。

【生酔い本性違わず】　大醉不失本性；醉酒不糊涂。〔類〕酒飲み本性違わず。

【訛りは国の手形】　听口音知其故乡；乡音难改。〔類〕言葉は国の手形。

【波風が絶えない】　风波不断；不断地发生纠纷。〔例〕獅子身中の虫がいて組織内で波風が絶えない。因为内部有小人作乱，所以组织内总是一波未平一波又起。

【波風が立つ】　起风波；产生分歧；产生纠纷。〔例〕子供の教育方針を巡り夫婦の間に波風が立つ。围绕孩子的教育问题夫妻之间产生分歧。

【涙片手に】　一边流泪一边……；挥泪；流着泪。〔例〕涙片手に別れを告げる。挥泪告别。

【涙に暮れる】　终日以泪洗面；哭成泪人ル。〔例〕最愛の娘を亡くして涙に暮れる。最疼爱的女儿死去，哭成了个泪人ル。

【涙に沈む】　非常悲痛；悲痛欲绝。

【涙に迷う】　悲痛得乱了方寸；哭得昏天黑地。

【涙に咽ぶ】　泣不成声；哽咽；抽抽搭搭地哭。〔例〕南北離散家族たちは再会会場で涙に咽んだ。南北方离散家属在会面的会场里泣不成声。

【涙を誘う】　催人泪下。〔例〕メロドラマの筋立ては視聴者の涙を誘うよううまく作られている。情节剧巧妙的构思足以让观众感动落泪。

【涙を絞る】　使人潸然泪下；催人泪下。〔例〕人生一度や二度は涙を絞ることも

あるさ。人一生总会有一两次催人泪下的经历。

【涙を呑む】　忍住泪水；惜败；饮泣。例延長戦で涙を呑む。进行加时赛结果惜败。

【涙を振るう】　挥泪；不徇私情。例涙を振るって馬謖を斬る。挥泪斩马谡。

【涙を催す】　泪下；眼泪汪汪；（觉得）要落泪。例悲しくて我知らず涙を催した。不由得伤心落泪。例涙を催したが喪主なのでぐっとこらえた。要落泪，但我是丧主，所以强忍住泪水。

【並並ならぬ】　不寻常；异乎寻常；出众。例並並ならぬ覚悟で事に臨む。总以异乎寻常的心理准备面对大事。

【波に乗る】　❶乘势而作；顺势而为。類勢いに乗る。例波に乗って勝ち続ける。顺风顺水连战连胜。❷赶上潮流；乘着势头；顺着潮流。類時流に乗る。例国際化の波に乗って海外進出する。乘着国际化的势头扩展到国外。

【波にも磯にも着かず】　（态度）含混暧昧，摇摆不定；前不着村后不着店，心神不安。

【波を打つ】　呈波浪形；波动；起伏。例微風に麦畑が波を打つ。微风吹起麦浪。

【波を切る】　（乗風）破浪。例豪華客船が波を切ってハワイに向かう。豪华邮轮（客轮、游轮）乘风破浪驶向夏威夷。

【蛞蝓に塩】　好像老鼠见了猫；遇到克星；蔫了。類蛇に見込まれた蛙。

【嘗めてかかる】　傲视；以轻视的态度对待；小看。類高を括る。例相手が無名でも嘗めてかかってはいけない。不可因为没有名气而傲视对方。

【名も無い】　无名；名不见经传；默默无闻；没名儿。例今演歌界の大御所と呼ばれるＰ先生は若い頃名も無い流しだった。现在被誉为流行歌曲界泰斗的Ｐ先生年轻的时候是个走街卖唱的无名之辈。

【習い性となる】 习与性成；习以为常；习惯成性；习惯成自然。類習慣は第二の天性なり。中《尚书·太甲上》："兹乃不义，习与性成。"不见经传

【習うより慣れよ】 熟能生巧。

【奈落の底】 地狱最底层；无底深渊。例奈落の底でもがき苦しむ。在无底深渊苦苦挣扎。

【成らぬ中が楽しみ】 过程胜于结果；尚未成功，期待之中。類待つうちが花。

【ならぬ堪忍するが堪忍】 忍其难忍方为忍。

【並ぶ者がない】 无出其右；无与伦比；无人可比。類右に出る者がない。例彼は斯界において他に並ぶ者がないと賞されている。他受到在这一行无人可比的赞誉。

【形振り構わず】 不顾衣着；不修边幅；衣冠不整。類形骸を土木にす。例食うために朝から晩まで形振り構わず野良仕事に励む。为了吃饭从早到晚在地里干活，根本顾不上衣着和仪表。

【鳴りを静める】 ❶不作声；沉默。類鳴りを潜める①。❷停止（公开）活动。類鳴りを潜める②。

【鳴りを潜める】 ❶不作声；沉默；悄然无声。類鳴りを静める①。例会社倒産の噂が立ち、大会議室で社員一同鳴りを潜めて社長の説明を待つ。风传公司倒闭，在大会议室员工们悄然无声地等待着总经理的说明。❷停止（公开）活动；销声匿迹。類鳴りを静める②。例当局の取り締まり強化で反社会勢力が鳴りを潜める。由于当局强化管理，反社会势力销声匿迹。

【成るは厭なり、思うは成らず】 世事不能尽遂人意；世事很难称心如意。類思うに別れ、思わぬに添う。

【成るように成る】 担心无用，事由天定；车到山前必有路；该怎么样就会怎么样。類案ずるより生むが易し。例よくよくよしても仕様がない、人生成るように

成れだ。担心也没有用，人生顺其自然吧。

【成ろう事なら】 如有可能；若能实现。例成ろう事なら宇宙旅行をしてみたい。如果可能我想做一次宇宙旅行。

【縄に掛かる】 被捕；落网；被抓住。类手が後ろに回る。例こそ泥がお縄に掛かる。小偷被抓住。

【縄目の恥】 绑缚之耻；被逮捕的耻辱。例元法務大臣でも法を犯せば縄目の恥を免れることはできない。哪怕是原法务大臣，犯了法也免不了绑缚之耻。

【縄を入れる】 拉绳丈量土地。类縄を打つ②。例太閣検地で縄を入れる。(16世纪末)"太阁检地"时拉绳丈量土地。

【縄を打つ】 ❶绑缚犯人。类縄を掛ける②。例盗人に縄を打つ。把盗贼绑起来。❷丈量地亩。类縄を入れる。例新開地に縄を打つ。丈量新开垦的土地。❸圈绳定界；圈定地盘。例お祭りで屋台の出店場所に縄を打つ。节日庆典时圈定售货摊床的地盘。

【縄を掛ける】 ❶绑；捆。例荷台に載せた荷物にシートを被せて縄を掛ける。用苫布把车上的东西苫上，用绳子捆好。❷捆绑犯人；逮捕。类縄を打つ①；星を挙げる①。例容疑者に縄を掛ける。逮捕嫌犯。

【名を揚げる】 扬名；名扬四海；闻名遐迩；遐迩闻名。类名を立てる；名を著わす。例全国大会の覇者として名を揚げる。以全国比赛的冠军名扬天下。

【名を著わす】 扬名；出名；著名。类名を揚げる。例石碑を建立し世にその名を著わす。立石碑扬名于世。

【名を売る】（売る、本来は沽る） 远近闻名；出名；成名。类名を流す①；名を広める。中南朝·宋·范晔《后汉书·逸民传序》："彼虽硁硁有类沽名者，然而蝉蜕嚣埃之中，自致寰区之外，异夫饰智巧以逐浮利者乎？！"例カリスマ美容師として名を売る。天才美容师远近闻名。

503

【名を得る】 获得美名；出名。⦿名を取る；名を成す。⦿デビュー作が大ヒットして名を得る。出世之作大获成功而出了名。

【名を惜しむ】 珍惜名誉。⦿君子は名を惜しむ。君子惜名。

【名を折る】 玷污名声；丢脸；丢人。⦿体面を汚す。⦿我が一族の名を折るようなことだけはしないでくれよ。决不可做出有损我们家族声誉的事。

【名を借りる】 ❶以……为借口。⦿公的募金の名を借りて私腹を肥やす。以公益募捐为借口中饱私囊。❷假借他人名义。⦿他人の名を借りて会員登録をする。假借他人名义△注册（登记）为会员。

【名を汚す】 玷污名声。⦿体面を汚す。⦿ドーピングでオリンピックのメダルを剥奪され母国の名を汚す。因为服用兴奋剂被剥夺了奥运会奖牌，玷污了国家的声誉。

【名を雪ぐ】 恢复名誉；洗雪污名。⦿汚名を雪ぐ。⦿殊勲打を放ちチームのお荷物の名を雪ぐ。打出建立奇功的好球，洗刷了球队包袱的恶名。

【名を捨てて実を取る】 舍名求实；要名不如要利。⦿花より団子。

【名を正す】 正名。中《论语·子路》："子曰：'必也正名乎！'"

【名を立てる】 扬名；立名。⦿名を揚げる；名を著わす。中汉·司马迁《史记·伯夷列传》："闾巷之人，欲砥行立名者，非附青云之士，恶能施于后世哉？"⦿文筆家として名を立てる。作为专业作家而扬名。

【名を保つ】 保持声誉。

【名を竹帛に垂る】 名垂竹帛；名垂青史。⦿名を残す。中南朝·宋·范晔《后汉书·邓禹传》："但愿明公威德加于四海，禹得效其尺寸，垂功名于竹帛耳。"

【名を連ねる】 名列……之中。⦿会社の役員に名を連ねる。名列公司董事之中。

【名を遂げる】 成名。⦿功なり名を遂げる。⦿作曲家として名を遂げる。以作曲家成名。

504

【名を留める】 青史留名。類名を残す。例初代開拓局長として今に名を留める。作为首任开拓局局长，他的名字至今广为人知。

【名を取る】 获得好名声；受到好评。類名を得る；名を成す。

【名を取るより得を取れ】 舍名求实。類花より団子。

【名を流す】 ❶远近闻名；扬名。類名を売る；名を広める。例役者が流し目で「女殺し」の名を流す。优伶以飞眼博得美女杀手的名声；男演员以其眉眼传情而博得"美女杀手"的称号。❷传出艳闻；恶评如潮。類浮名を流す。

【名を成す】 成名。類名を取る。例人形制作師として名を成す。以木偶制作师而成名。

【名を盗む】 欺世盗名；博取虚名。

【名を残す】 留名；青史留名；流芳百世；流芳千古；名垂千古。類功名を竹帛に垂る；竹帛に垂る；竹帛の功；名を竹帛に垂る；名を留める。例弘法大師空海はレオナルドダヴィンチ型の万能天才として現代に名を残している。弘法大师空海和尚以达芬奇式的全才名声流传至今。

【名を辱める】 辱没名声；玷污名声；损坏名声。類体面を汚す。例縄付きを出して一門の名を辱める。出了罪犯，辱没了整个家族的名声。

【名を馳せる】 馳名。例高級ブドウの産地として名を馳せる。作为优质葡萄产地而闻名遐迩。

【名を広める】 使闻名；声名远播；声名远扬。類名を売る；名を流す①。

【名を振るう】 名声响亮；名声远扬。

【南柯の夢】 南柯一梦。中唐·皇甫枚《三水小牍·陈璠》："五年荣贵今何在，不异南柯一梦中。"

【難癖を付ける】 刁难；吹毛求疵；打鸡骂狗；寻事生非；挑剔；挑毛病；找茬儿。類文を付ける；言いがかりをつける；いちゃもんを付ける；因縁を

つける；柄のない所に柄をすげる②；眼を付ける；癖をつける②；けちを付ける②；重箱の隅を楊枝でほじくる；文句を付ける；楊枝で重箱の隅をほじくる。例ちょっと失言するとすぐ難癖を付ける。稍一说错话就受刁难。

【難産色に懲りず】 好了伤疤忘了疼。類性懲りもない。

【南山の寿】 南山之寿。中春秋·佚名《诗经·小雅·天保》："如南山之寿，不骞不崩。如松柏之茂，无不尔或承。"

【汝の敵を愛せよ】 （新约·马太福音 5）爱你的敌人吧。西New Testament Matthew：Love your enemies.

【難色を示す】 面有难色；显出为难的神色。例彼女は相手が提示した条件に難色を示した。对方提出的条件，她显出为难的表情。

【何だ彼んだ】 这样那样；这个那个。類彼や此れや。例何だ彼んだと文句を言う。这个那个地发牢骚。

【難中の難】 难中之难，无过此难。中三国·康僧铠译《无量寿经下》："若闻斯经，信乐受持，难中难无过此难。"

【何でも彼んでも】（彼ん、彼とも） ❶所有的；无论什么样的。類一から十まで。例廃品なら何でも彼んでも引き取ります。如果是废品，所有的都回收。❷无论如何（也）。類如何あっても。例何でも彼んでも自分の主張を押し通そうとする。无论如何也要把自己的主张坚持到底。

【何でも来い】 啥都行；什么都可以。例食べれるものなら何でも来いだ。只要是能吃的东西啥都行。例注文があれば何でも来いだ。有什么要求都可以提。

【何でもない】 ❶没什么；没关系；算不了什么。類取るに足りない。例何でもない事に腹を立てるな。别为无所谓的事生气。❷什么也不是。例彼女は通訳でも何でもない。她根本就不是什么翻译。

【何という】 ❶叫什么。例これは何という花ですか？这花叫什么名字？❷多么；

何等。**例**フグ刺しは何という美味しさだ。河豚生鱼片太好吃啦！❸什么。**例**懐石とは言っても何ということもない料理だ。所谓怀石料理其实是没什么大不了的料理。

【何と言っても】 毕竟；不管怎么说；终究。**类**何はともあれ。**例**何と言っても駄目なものは駄目だ。不管怎么说，不行就是不行。**例**何と言ってもその国の料理にはその国のお酒が合う。不管怎么说，一国的酒适合一国的菜肴。

【何とか彼んとか】 ❶这个那个地。**类**彼や此れや。**例**何とか彼んとかとケチを付ける。百般挑剔。❷好不容易；勉强。**类**やっとの事で。**例**何とか彼んとか暮らしております。勉强度日。

【何とかして】 设法；想办法。**类**如何にかして。**例**何とかして金持ちになりたい。总想成为大款。

【何としてでも】 无论如何。**类**如何あっても。**例**彼は欲しいものは何としてでも手に入れようとする。他想得到的东西都会想方设法弄到手。

【何としても】 无论如何（也）；怎么也要。**类**如何あっても。**例**この作業は何としても今月中に終わらせたい。这个工作无论如何也要在本月之内完成。

【何とは無しに】 不知为什么；不知不觉地；不由得。**类**何処となく。**例**人はいいことがあると何とは無しに顔に出てしまうものだ。人有（什么）好事不知不觉就会表现在脸上。

【何とも彼とも】 无法表达。**例**いきなり質問されても何とも彼とも答えようがない。突然被问，真是无法作答；冷不防来问，什么都说不了。

【何ともない】 没什么；没关系；无所谓。**类**取るに足りない。**例**人に馬鹿にされても何ともない。别人看不起（我）也没关系；被人瞧不起也无所谓。

【何ともはや】 实在；简直；委实。**类**誠にもって。**例**何ともはや、家の道楽息子

には困ったものだ。我家那个不争气的儿子简直把我愁死了。

【何にせよ】　不管怎样；无论如何；总之。類如何にしても。例何にせよ借りたものは返すのが当たり前だ。不管怎么样，借的东西当然得还。

【難に臨んで遽に兵を鋳る】　临难铸兵；临渴掘井。類泥棒を捕らえて縄を綯う。中春秋·晏嬰《晏子春秋·内篇杂上》："溺而后问坠，迷而后问路，譬之犹临难而遽铸兵，（临）噎而遽掘井，虽速，亦无及已。"

【何の彼の】　这样那样；这个那个。類彼や此れや。例母親は何の彼のと口煩い。母亲是个碎嘴子，总是这个那个地说个不停。

【何の気なしに】　无意中；无意识地。例何の気なしに川面を眺めたら底の方に大きな緋鯉がいた。无意中一看河面，水下有一条大红鲤鱼（绯鲤）！

【何の事はない】　没什么了不起的。類取るに足りない。例心配していたが何の事はなかった。当时很担心，但没有什么事。

【何の其の】　算不了什么；没什么。類取るに足りない。例コート上の気温が45度を超える猛暑も何の其のでテニスをやっていたら熱中症でぶっ倒れた。场地高温45度以上的酷暑，也没当回事，打网球，结果中暑倒下了。

【南風競わず】　南风不竞；衰微；不强劲。中春秋·左丘明《左传·襄公十八年》："不害，吾骤歌北风，又歌南风。南风不竞，多死声，楚必无功。"

【何ぼ何でも】　咋的也得；怎么也得；无论怎样；不管怎么样。類幾ら何でも。例何ぼ何でも子供に甘すぎるのはよくない。不管怎么样，过分娇惯孩子都是不好的。

【難を構える】　❶出难题。❷兵戎相见；互相责难。中汉·刘向《战国策·赵策三》："秦赵构难，而天下皆说（=悦），何也？"

に

【煮え切らない】 犹豫不定；暧昧；优柔寡断；沉吟不决；迟疑未决；举棋不定。**類**二の足を踏む；右顧左眄；首鼠両端；優柔不断。**例**彼の煮え切らない態度に彼女の心は離れて行った。因为他的态度暧昧，她的心已离他而去。

【煮え湯を飲まされる】 亲信背叛，格外悲惨；被亲信出卖，大受其害。**例**まさか片腕の部下に煮え湯を飲まされるとは夢にも思っていなかった。作梦也没想到会被心腹部下出卖。

【煮え湯を飲ませる】 出卖并加害信任自己的人；叛卖。

【匂い松茸、味湿地】 松茸闻着好，蟹味菇吃着香。**類**香り松茸、味湿地。

【二階から目薬】 ❶隔靴搔痒。**類**隔靴搔痒。❷远水救不了近火；远水不解近渴。**類**遠くの親類より近くの他人。

【荷が重い】 担子重；责任大。**例**この役目は荷が重いのでお断りしたい。这工作担子太重，打算推掉。

【荷が下りる】 卸掉肩上的负担；如释重负。**類**肩の荷が下りる。**例**子供が巣立ってやっと荷が下りた。孩子独立了，总算卸下了肩上的担子。

【荷が勝つ】 担子过重；责任过大。**例**君にとっては荷が勝つミッションかも知れないが、他に適当な人がいないので何とか引き受けて欲しい。这个任务对你来说也许担子过重，不过再找不到合适的人，你就接下来吧。

【逃がした魚は大きい】 跑掉的鱼都是大的；失掉的东西是最好的。**類**釣り落とした魚は大きい。

【苦虫を嚙み潰したよう】 极不高兴；极其不快的神色。

【肉が落ちる】 消瘦；变瘦；掉膘。**例**老衰で肉が落ちる。因衰老而消瘦。

【憎さも憎し】 恨入骨髓；恨之入骨；刻骨仇恨。**類**怨み骨髄に徹す。

【肉付けをする】　増添内容；充实内容。類肉を付ける。例基本方針は決まったがどう肉付けをするかだ。基本方针已定，下面就看怎么充实内容了。

【憎まれ口を叩く】　说刻薄话；说令人反感的话。類口が悪い。

【憎まれっ子世にはばかる】　❶恶人当道；小人反而得势。❷小时淘气，长大成器；淘气的孩子有出息。

【肉を斬らせて骨を断つ】（断つ、切るとも）　拼死一搏；拼着一身剐也把皇帝拉下马。

【肉を付ける】　使丰满；充实内容；增添内容。類肉付けをする。例計画の骨子に沿って具体的な肉を付ける。根据计划的要点充实具体内容。

【逃げ腰になる】　显出躲避负担·困难的态度；要逃避责任。類腰が引ける。例正念場に来て逃げ腰になるとは情けない。到了关键时刻要逃避责任，太没出息了。

【逃げも隠れもしない】　不躲也不藏；行不更名坐不改姓。

【逃げるが勝ち】　三十六计，走为上计。類三十六計逃げるに如かず；負けるが勝ち。

【逃げを打つ】　留后手儿；留退路；为逃避责任作准备。例失敗した時に槍玉に挙げられないよう逃げを打っておく。留后路以备失败时成为众矢之的。

【錦の御旗】　❶官军的旗。❷冠冕堂皇的借口。例「共存共栄」を錦の御旗にして弱国を侵略する。以"共存共荣"为冠冕堂皇的借口去侵略弱国。

【錦を飾る】　衣锦还乡。類故郷へ錦を飾る。

【錦を着て故郷へ帰る】　衣锦还乡。類故郷へ錦を飾る。中唐·姚思廉等《梁书·柳庆远传》："高祖饯于新亭，谓曰：'卿衣锦还乡，朕无西顾之忧矣。'"

【錦を衣て夜行くが如し】　衣锦夜行；衣绣夜行。類闇夜の錦；夜の錦。中汉·司马迁《史记·项羽本纪》："富贵不归故乡，如衣绣夜行，谁知之者！"

【西と言えば東と言う】　你说东，他说西。類ああ言えばこう言う。

【西の海】　祓除不祥；驱入邪祟的冥界。

【西の海へさらり】　❶（驱邪咒语）妖魔鬼怪快走开。❷弃之如敝履。

【煮染めたよう】　脏成红黑色；像用酱油煮过似的。[類]醤油で煮染めたよう。

【西も東も分からない】　不懂道理；不知东西南北；不懂事；对环境陌生。[類]東西を弁ぜず②。[例]西も東も分からない奴に何を言っても無駄だ。对不懂道理的人讲什么都没用。

【二世を契る】　白头偕老之约；相爱忠贞不渝。[類]契りを交わす。

【二足の草鞋を履く】　一身兼职；身兼二职；赌徒兼当捕快。

【二鼠藤を嚙む】　二鼠啮藤；人命无常，渐趋死亡。[中]宋·法云《翻译名义集·5》："缘藤入井，有黑白二鼠，啮藤将断。"

【似たもの夫婦】　志趣相投的恩爱夫妻；不是一家人，不进一家门。[類]合わぬ蓋あれば合う蓋あり；割れ鍋に綴じ蓋。

【似たり寄ったり】　大同小异；相差不多；彼此彼此；不相上下；半斤八两。[類]猿の尻笑い；何方もどっち；団栗の背競べ；目糞鼻糞を笑う；五十歩百歩；大同小異。[例]どの案も似たり寄ったりだ。哪种方案都大同小异。

【日光を見ずして結構と言うなかれ】（見ずして、見ない中は）不游日光，不饱眼福；能游日光，于愿足矣；五岳归来不看山。[類]ナポリを見てから死ね。

【二進も三進も行かない】　进退两难；寸步难行；一筹莫展；陷入困境。[類]進退これ谷まる。

【煮て食おうと焼いて食おうと】　爱怎么办就怎么办；随心所欲地处置。[例]煮て食おうと焼いて食おうとそちらの勝手、どうにでもしてくれ。要如何处置，悉听尊便！

【似て非なり】　似是而非。[中]战国·孟轲《孟子·尽心下》："孔子曰：'恶似而非者，

悪莠，恐其乱苗也…悪紫，恐其乱朱也。'"例忠誠と盲従は似て非なり。忠诚和盲从相似但并非相同。

【似ても似つかない】　毫不相似；毫无共同之处。例二人は双子姉妹だから外見はそっくりだが性格は似ても似つかない。她们两个是孪生姐妹，长相一样，但性格迥异。

【煮ても焼いても食えない】　滚刀肉；蒸不熟，煮不烂；软硬不吃。類手に負えない。

【二度あることは三度ある】　有了第二次就会有第三次。

【二桃三士を殺す】（士、子とも）　二桃杀三士；用计谋使自杀。中三国·诸葛亮《梁甫吟》："一朝被谗言，二桃杀三士。谁能为此谋，国相齐晏子。"（事见《晏子春秋·内篇谏下》，叙事过长，从略）

【二度と再び】　再也不。例盗みは二度と再びやりません。（我）再也不敢偷东西了。

【二兎を追う】　同时要做两件事；既顾此又顾彼。

【二兎を追うものは一兎をも得ず】（西谚）逐二兎者一兎不得；一心不可二用；一心二用则一事无成。西He that hunts two hares at once will catch neither

【二の足を踏む】　犹豫不前；犹豫不决；踌躇不前。類煮え切らない。例倒产しそうな会社を「お前に呉れてやる」と言われても二の足を踏んでしまう。一个濒临破产的公司即便有人说"这个白给你"，我也会犹豫的。

【二の句が継げない】　目瞪口呆；瞠目结舌。類呆気に取られる。例相手の暴言に二の句が継げない。对方的粗暴言语使人目瞪口呆。

【二の次にする】　以后再说；从缓；作为次要的。類後へ回す。例スピードも重要だが乗客の安全を二の次にすることは絶対にあってはならない。速度是重要的，

但乗客的安全決不可等閑視之。

【二の舞を演じる】　重蹈前人的覆轍。❏前車の轍を踏む。例同僚議員の二の舞を演じないよう政治資金の扱いはガラス張りにする。为了避免重蹈同行议员的覆辙，政治资金的使用要完全透明。

【二の矢が継げない】　无以为继；没有进一步的措施。例相手を追い詰めても二の矢が継げないのではどうしようもない。即使穷追对方，如果没有进一步措施，也是白搭。

【二の矢を継ぐ】　采取下一步措施。例新製品がヒットしたので二の矢を継ぐ。新产品获得成功，要采取下一步措施。

【二匹目の泥鰌を狙う】　一次成功后如法炮制第二次。例タレントQの居酒屋探訪番組の視聴率が高いのを見て、他テレビ局も二匹目の泥鰌を狙って来た。电视明星Q的大众酒家探访节目收视率高，所以其他电视台也都如法炮制。

【鮎膠もしゃしゃりもない】　非常冷淡；待搭不理。❏取り付く島もない。

【鮎膠もない】（鮎膠、鰾膠とも）　非常冷淡；待搭不理；不理不睬。❏取り付く島もない。例こちらが好意を示しても相手は鮎膠もない。虽然示好，对方却不理不睬。

【二本差す】　❶腰带着两把刀；武士的样子。❷（相扑）把双手插入对方腋下。

【二枚舌を使う】　一张嘴，两片舌；说话前后矛盾；撒谎。❏嘘を吐く。

【女房と畳は新しい方が良い】　老婆是新的好；怜新弃旧；喜新厌旧。

【女房と味噌は古いほど良い】　老婆是旧的好。

【女房の妬くほど亭主もてもせず】　丈夫没有（让老婆吃醋的）女人缘。

【睨みが利く】　有震慑力；能制服人。例彼が居ると全体に睨みが利く。他在就能把所有人镇住。

【睨みを利かせる】　足以服众；有威慑力；发挥影响；镇得住。例組織は誰か

睨みを利かせる人がいないと箍が緩む。一个组织没有足以服众的人就会 huànsàn 涣散。

【似れば似るもの】 kùsì 酷似；xiāngsì 惊人地相似。例二人とも美人女優で、母子とは言えば似れば似るものだ。两位都是美女演员，虽是母女，但长 zhǎngde 得惊人地相似。

【俄雨と女の腕捲り】 léizhènyǔ 雷阵雨，来势 xiōng 凶，去得快；不足为惧；不值得害怕。

【鶏は三歩歩くと忘れる】 记性不大忘性不小；zhuǎnshēn 转身就忘；jiànwàng 健忘。類健忘症。

【鶏を割くに焉んぞ牛刀を用いん】 shājīyānyòngniúdāo 杀鸡焉用牛刀。類牛刀を以って鶏を割く。中《论语·阳货》："子之武城，闻弦歌之声。夫子莞尔而笑，曰：'割鸡焉用牛刀。'"

【荷を下ろす】 xièxiàdànzi 卸下担子；完成任务一身轻松。類肩の荷を下ろす。例今主管している荷を下ろしてからゆっくりと休暇を取りたい。打算卸下现在主管的担子之后 qǐng jià 请个假轻松一下。

【任重くして道遠し】 rènzhòngdàoyuǎn 任重道远。中《论语·泰伯》："曾子曰：'士不可以不弘毅，任重而道远。仁以为己任，不亦重乎？死而后已，不亦远乎？'"

【人間到る処青山あり】 dàochù 人间到处有青山。

【人間万事塞翁が馬】 ➡塞翁が馬

【人参飲んで首縊る】 yǐnzhènzhǐkě 饮鸩止渴；行事不思前想后，必致恶果。

【人参をぶら下げる】 诱之以利；搞物质刺激。例人は hanasaki 鼻先に人参をぶら下げられると弱いものだ。人很难经得起眼前物质刺激的 yòuhuò 诱惑。

【忍の一字】 心字头上一把刀；忍字当头。

ぬ

【糠に釘】 白费事；báidā 徒劳；白搭。類石に灸；沢庵のおもしに茶袋；豆腐に kasugai 鎹；生壁の釘；暖簾に腕押し。例彼奴は何度叱っても糠に釘だ。那家伙无论说他多少 jiāhuo biàn 遍

都白费事。

【糠味噌が腐る】　走调ル；五音不全；跑调ル。

【糠を舐りて米に及ぶ】　舐糠及米；逐步蚕食。中汉·司马迁《史记·吴王濞列传》："里语有之，'舐糠及米。'"

【抜き足差し足】　蹑手蹑脚；轻手轻脚。類足音を窃む。例寝ている人の邪魔にならないよう抜き足差し足でトイレに行く。为了不惊扰睡觉的人，上厕所也蹑手蹑脚的。

【抜き差しならない】　动弹不得；束手无策；无可奈何；一筹莫展。類進退これ谷まる。例戦況が悪化し戦時内閣は抜き差しならない状況に追い込まれた。战况恶化，战时内阁陷入一筹莫展的状态。

【抜きつ抜かれつ】　你追我赶；势均力敌；不相上下。類追いつ追われつ。例選挙で抜きつ抜かれつの接戦を繰り広げる。选战中双方势均力敌展开激烈的争夺。

【抜き手を切る】　游拔手泳；游自由式；游爬泳。例黒潮に抜き手を切る。以爬泳游向黑潮。

【抜く手も見せず】　迅疾；迅速；迅雷不及掩耳；麻利。類目にも留らぬ。例社長に就任するやいなや抜く手も見せず社内の反対分子を一掃する。总经理一上任，就以迅雷不及掩耳之势清除了公司内所有的反对派。

【抜け駆けの功名】　抢（得）头功；抢先立功。

【抜け目がない】　门槛精；不放过占便宜的机会；用心周到。類五分も透かない；如才がない；隅に置けない；そつがない；目が早い；目の鞘が外れる；要領がいい②。例彼奴は何をやるにしても抜け目がない。那家伙无论干什么，都不放过占便宜的机会。

【主ある花】　名花有主。

【盗人猛猛しい】 做了坏事反而蛮不讲理；厚颜无耻；盗窃强抢，理直气壮。

【盗人に追い銭】 赔了夫人又折兵；雪上加霜。[類]泥棒に追い銭。

【盗人に鍵を預ける】 让小偷保管家门的钥匙；开门揖盗。

【盗人にも三分の理】 恶人有恶理；强词夺理，强盗逻辑；无理搅三分。

【盗人の後の棒乳切木】 贼走关门；打完架想起抄家伙。[類]後の祭り。

【盗人の上前を取る】 强人更有强中手；强盗之上有大盗。

【盗人の逆恨み】 不恨自己作恶，反恨别人检举。

【盗人の隙はあれども守り手の隙はない】 贼人有闲，看守无暇。

【盗人の昼寝】 为干坏事做准备；贼睡午觉，夜里行盗。

【盗人を捕らえてみれば我が子なり】 ❶事出意外，难于处置；手足无措。❷家贼也须防；内鬼也要防。

【盗人を見て縄を綯う】 临阵磨枪；临渴掘井。[類]泥棒を捕らえて縄を綯う。

【塗り箸で素麺を食う】 漆筷子夹面，难以如愿。

【微温湯に浸かる】 两亩地一头牛，老婆孩子热炕头；安于现状；过安稳日子；无所作为。[例]微温湯に浸かっておられるのは平和の証しとも言える。能安于现状是天下太平的明证。

【濡れ紙を剥がすよう】 ❶小心翼翼；小心谨慎处理。[類]念には念を入れる。❷病势日见起色；病一天比一天见好。[類]薄紙を剥ぐよう。

【濡れ衣を着せる】 冤枉人；诬陷；妄加罪名；诬良为盗。[例]謀略で濡れ衣を着せられる。被别人阴谋妄加罪名。

【濡れ衣を着る】 背黑锅；蒙冤；含冤负屈。[例]身代わりとなって濡れ衣を着る。替别人背黑锅。

【濡れ手で粟】 不劳而获；轻松获利；轻易发财。[類]甘い汁を吸う。

【濡れぬ先こそ露をも厭え】　絶不可触碰底线；越过底线，罪恶无边。

ね

【寝息を窺う】　观察他人是否熟睡；乘他人熟睡之机干坏事。囫泥棒が家人の寝息を窺う。小偷观察家人是否熟睡。

【寧日が無い】　永无宁日；不得安宁。

【願いましては】　（珠算）准备好了吗；准备好。囫珠算の読み上げ算で、先生が「願いましては、99÷3は？」と問題を出す。珠算随念随打时老师念题："99÷3=多少"。

【寝返りを打つ】　睡觉时翻身；背叛投敌；叛变；翻来覆去。囫夜中に何度も寝返りを打つ。夜里睡觉多次翻身。囫情勢が悪くなると寝返りを打つ者が現れる。形势一恶化就会出现叛变的。

【願ったり叶ったり】　如愿以偿；正中下怀；正合心愿。麵思う壺に嵌る。囫先生が同行してくれるなら願ったり叶ったりです。有老师同行那是求之不得。

【願っても無い】　求之不得。囫高待遇の海外勤務という願っても無い仕事に恵まれる。得到求之不得的派驻海外的工作。

【根が生える】　不动地方；生根；扎根。麵尻を落ち着ける。囫樹齢一千年の巨木に見惚れ、こちらも根が生えたよう。注视着树龄千年的大树，自己仿佛也扎了根似的。

【値が張る】　昂贵；特贵。囫上等のカシミヤは値が張る。高级开司米面料十分昂贵。

【根が深い】　根深蒂固；有深层原因。囫この事件はなかなか根が深そうだ。这个事件似乎有深层原因。

【寝首を掻く】 偷袭；暗中陷害；暗算。例腹心に寝首を搔かかれる。遭到亲信的暗算。

【猫に鰹節】 在猫身边放干鱼；不可掉以轻心；有危险。

【猫に小判】 投珠与豕；对牛弹琴；暴殄天物。類豚に真珠。

【猫に木天蓼、お女郎に小判】 投其所好，立见功效；立竿见影；最爱（之物）。

【猫の首に鈴を付ける】 猫脖子上系铃铛；主意很好，实现不了；主意好，作不到。

【猫の子一匹いない】 连个人影都没有；空无一人。

【猫の手も借りたい】 忙得不可开交；人手不足。類盆と正月が一緒に来たよう②；目が回る②；目面も明かぬ。

【猫の額】 巴掌大的地方。

【猫の目】 变化无常。

【猫も杓子も】 任何阿猫阿狗；有一个算一个；不管什么人。例昨今はは猫も杓子もスマートフォンだ。如今不论是谁有一个算一个，全都玩儿智能手机。

【猫を被る】 ❶假装老实；假憨儿。例良家の子女だが実はズベ公で、普段は猫を被っている。虽然生为良家女，实为女流氓，平素假装老实。❷佯装不知。類白を切る。

【寝覚めが悪い】 （事后）受良心谴责；醒来后情绪不佳。類心の鬼が身を責める。例友達を先生に告げ口して寝覚めが悪い。把同学的事儿向老师告了密而受良心谴责。

【螺子が緩む】 散漫；精神松懈。類締りがない。例長期休暇の後はとかく螺子が緩みがちだ。休完长假后往往紧张不起来。

【螺子を巻く】 鼓励；鞭策；督励。類気を引き立てる。例組織内の規律が乱れて

いるので螺子を巻く必要がある。组织内部秩序混乱，需要整治。

【寝ずの番】 通宵值班；更夫。類不寝番。

【鼠が塩を引く】 聚少成多；积土成山。類塵も積もれば山となる。

【鼠に引かれそう】 寂寞；独自在家。

【ねたが上がる】 找到证据；找到罪证。類足が付く。例ねたが上がって黙秘していた被疑者は観念した。因为找到了证据，一直保持沉默的嫌犯死心认罪了。

【ねたが割れる】 露底；露馅儿。類馬脚を露わす。例マジックのねたが割れる。魔术的机关被看破。例詐欺のねたが割れる。诈骗露底。

【寝た子を起こす】 没事儿找事儿；庸人自扰；自找麻烦。

【妬に籠む】 记恨在心；长期记恨。

【寝刃を合わす】 ❶磨刀。❷策划阴谋。

【根絶やしにする】 根绝；根除；连根拔掉；斩草除根；彻底铲除。類根を絶つ。例犯罪組織を根絶やしにするため捜査官は日夜奮闘している。为了彻底铲除犯罪集团，搜查人员日夜奋战。

【熱が冷める】 热情降下来；由兴奋转为平静。類冷たくなる①。例あれほど好きだった彼への熱が冷める。以前那么喜欢他，现在热情降下来了。

【熱が入る】 热衷；投入；来劲儿。類熱を入れる。例好きなことには熱が入る。对喜欢的事很投入。

【熱気を帯びる】 充满热情；热烈地（参与）。例熱気を帯びた声援を送る。给予充满热情的声援。

【熱し易く冷め易い】 易热易冷；忽冷忽热；五分钟热血。類螻蛄の水渡り②；線香花火②。

【熱に浮かされる】 ❶因发高烧说胡话。例マラリアで熱に浮かされる。疟疾高烧说胡话。❷神魂颠倒；入谜。類現を抜かす。例熱に浮かされたように他人に

付き纏うことを「ストーカー行為」という。入谜一样纠缠他人被称作骚扰行为。

【熱を上げる】　入迷；狂热；痴迷于；迷上。⟨類⟩現を抜かす。⟨例⟩グループ・サウンズに熱を上げる。热衷于小乐队。

【熱を入れる】　热衷；努力；投入精力。⟨類⟩熱が入る；熱を持つ②。⟨例⟩選挙運動に熱を入れる。热衷于选举活动。

【熱を帯びる】　❶发烧。⟨類⟩熱を持つ①。⟨例⟩放射線治療の影響で全身が熱を帯びる。放疗导致发烧。❷热情高涨。⟨例⟩場内が大歓声で熱を帯びる。全场热情高涨欢声雷动。

【熱を吹く】　豪言壮语；说大话。⟨類⟩気を吐く。

【熱を持つ】　❶发烧；局部发热。⟨類⟩熱を帯びる①。⟨例⟩傷口が熱を持つ。伤口处发热。❷热衷于；痴迷于；入迷。⟨類⟩熱を入れる。⟨例⟩賭け事に熱を持つ。赌博入迷。

【寝ても覚めても】　日日夜夜；时时刻刻；无时无刻。⟨類⟩年がら年中。⟨例⟩寝ても覚めてもあなたのことしか頭にない。我脑子里无时无刻都在想着你。

【寝鳥を刺す】　加害于老实人；残害弱者。

【音に泣く】　放声大哭。

【根に持つ】　怀恨在心；记仇；耿耿于怀。⟨類⟩根葉に持つ。⟨例⟩首にされたことをずっと根に持つ。对被解雇之事一直耿耿于怀。

【根葉になる】　成为仇恨的种子；成为怨恨的根源。

【根葉に持つ】　怀恨在心；记仇；耿耿于怀。⟨類⟩根に持つ。

【涅槃に入る】　涅槃。

【根太は敵に押させよ】　脓包得让仇人挤；脓血必须彻底排净。

【根掘り葉掘り】　刨根问底；拔树寻根；追根究底。⟨例⟩事件の参考人として警察署で根掘り葉掘り事情聴取された。作为事件的证人,在警局被刨根问底地询问。

【寝耳に水】　晴天霹雳；青天霹雳；突如其来；事出意外。類青天の霹靂。例そんなことが起きていたなんて寝耳に水だった。发生那样的事真是晴天霹雳。

【眠れる獅子】　睡狮；沉睡的雄狮。

【根も葉もない】　毫无根据；无中生有。類事実無根。例根も葉もないことを言って相手を傷付ける。说些毫无根据的话伤害对方。

【狙いを付ける】　瞄准；锁定目标；定准方向。類照準を合わせる。例テレビコマーシャルで高齢の客層に狙いを付ける。电视广告瞄准老年层。例砲撃で１マイル先の標的に狙いを付ける。炮击定准１英里前方靶标。

【練り牛も淀まで】　途中快慢不同，目标终点一样。

【寝る子は育つ】　能睡的孩子长得快。

【音を上げる】　叫苦；告饶；示弱。類弱音を吐く。例兵糧攻めに音を上げる。因粮道被切断而叫苦不迭。

【根を下ろす】　扎根；生根；成为坐地户。類根を生やす②；根を張る。例漢字文化は日本に根を下ろしている。汉字文化已经在日本扎了根。

【根を切る】　根治；彻底根除。類根を絶つ。

【根を断ちて葉を枯らす】　斩草除根；除恶务尽。類根を絶つ。

【根を絶つ】　根除；彻底革除；彻底治疗；抽薪止沸；拔本塞源。類株を削り根を掘る；根絶やしにする；根を切る；根を断ちて葉を枯らす。例麻薬密輸の根を絶つのは至難だ。彻底根除毒品走私极其困难。

【根を絶やす】　绝种；绝根；彻底失传。例伝統行事を守ろうと思っても、限界集落では根を絶やすことになる。即使想保存传统庆典活动，在濒危山村也终将彻底失传。

【値を付ける】　标价；定价。例青物市場で卸売会社と仲卸しの間で競りを行い出荷品に値を付ける。在菜市场批发公司和中间批发商竞价定出上市价格。

521

【根を生やす】 ❶久坐不去。類尻を落ち着ける。例酒屋の前に置いたビールケースに根を生やして友人と盛っ切りをやる。和朋友坐在酒店外的啤酒箱子上不动地方，要把上来的酒都喝完。❷扎根。類根を下ろす。例旅先の南洋の島に根を生やす。在旅游目的地南洋岛屿定居。

【根を張る】 根深蒂固；扎根；根基稳固。類根を下ろす。例欅の大木が数本急斜面に根を張っている。有几棵高大的欅树长在陡坡上。例島国なので海の魚を常食する習慣が根を張っている。因为是岛国，所以常吃海鱼的习惯已经根深蒂固。例悪が根を張る。恶势力根基稳固。

【値を戻す】 价格回升；价格反弹。例株取引で前場は下げたが後場で値を戻した。股票交易时上午下降，下午又反弹了回去。

【念が入る】 细致；周到；认真。類きめが細かい②；芸が細かい①。例おもてなしに念が入る。悉心周到地招待。

【念が残る】 难以割舍；放不下；恋恋不舍；留恋。

【念が晴れる】 心中再无挂碍；可以放心了；没有了挂念。

【年がら年中】 一年到头；常年；总是。類明けても暮れても；寝ても覚めても。例年がら年中働き詰めじゃ体がもたない。一年到头干体力活，身体会受不了。

【年季が入る】 技艺娴熟；熟练；功夫到家。例あの大工さんは年季が入っている。那位木匠技艺娴熟。

【年季を入れる】 长期磨练；积累经验；下功夫。類数を熟す②；場数を踏む。例何事も年季を入れなければ物にならない。什么事都得长期磨练才能成功。

【年貢の納め時】 ❶罪人服法之日；受制裁的日子。類年貢を納める①。例海外逃亡生活10数年、地元警察に拘束されついに年貢の納め時が来た。逃亡海外十几年，被当地警察逮捕，服罪的时候终于到了。❷放下一切；最终幡然醒悟。類年貢を納める②。例名立たるプレイボーイも年貢の納め時で家庭を持つことになった。

有名的花花公子终于幡然醒悟,组建了家庭。

【年貢を納める】 ❶认罪伏法;听凭发落。類年貢の納め時①。例散散悪事を働いてきたがこの辺で年貢を納めるとするか。自己干了那么多坏事,该服法认罪了。❷有着落。類年貢の納め時②。

【懇ろになる】 成为亲密的朋友;(男女)相爱。例ひょんなことであの人と懇ろになった。由于偶然的机遇跟他(她)好上了。

【念頭に置く】 放在心上;铭记在心。類気にする。例私の言ったことを念頭に置いて行動して下さい。行事要把我说的话放在心上。

【念には念を入れる】 加倍小心;要格外注意;反复确认。類石橋をたたいて渡る;大事を取る;濡れ紙を剥がすよう①;小心翼翼②。例出掛ける時は念には念を入れて火元と鍵の掛け忘れをチェックする。外出时反复确认火源和锁门。

【ねんねんころり、おころりよ】 宝宝好好儿睡吧。

【年年歳歳花相似たり、歳歳年年人同じからず】 年年岁岁花相似,岁岁年年人不同。中唐·刘希夷《代悲白头翁》:"年年岁岁花相似,岁岁年年人不同。寄言全盛红颜子,应怜半死白头翁。"

【念の過ぐるは無念】 过分谨慎可能效果相反;过犹不及。類過ぎたるは猶及ばざるが如し。

【念の為】 为慎重起见;为明确起见。例念の為もう一度確認します。为慎重起见再确认一下。

【念も無い】 ❶浅薄;不懂事。類奥行きが無い。❷万没想到;毫无道理。類思いも寄らない。❸毫无情趣;没意思。類芸がない。❹遗憾;悔恨。類遺憾にたえない。

【念力岩をも通す】 精诚所至,金石为开;天下无难事,只怕有心人。類一念岩をも通す。

【念を入れる】 用心；注意；精心；留神。類気を配る。例念を入れて点検する。仔细检查。

【念を押す】 叮问；叮嘱。類釘を刺す；楔を刺す；後度を突く；駄目を押す②。例必ず約束を守るよう念を押す。再三叮嘱务必守约。例念を押しておきますが、増水しておりますから川の側へは絶対行かないようにして下さい。我要提醒你，现在涨水，千万别往河边走。

の

【能ある鷹は爪を隠す】 真人不露相；水静者深；有真本事的人不露锋芒；高手不轻易出手。類上手の猫が爪を隠す；爪を隠す。

【能書きを並べる】 自我吹嘘；自吹自擂。類自画自賛。例いつまでも能書きを並べてないでさっさと仕事に取り掛かってよ。别一个劲儿的自吹自擂，赶紧干活吧。

【能がない】 没本事；没能力。類無能力①。例秘書の書いた原稿を読むだけでは能がない。只是照本宣科读秘书写的稿就不算本事。

【能事畢れり】 能事毕矣；已竭尽所能。中《易经·系辞上》："引而伸之，触类而长之。天下之能事毕矣。"

【能じゃない】 （只有……）算不上什么本事；（只作……）是不行的。例人の言うことを聞くばかりが能じゃないだろう、頭を使え、自分の頭を！只听别人的不算本事，要动脑子，自己的脑子！

【脳漿を絞る】 绞尽脑汁；挖空心思。類知恵を絞る。

【能書筆を択ばず】 善书者不择笔。類弘法筆を択ばず。

【嚢中の錐】 锥处囊中（终必脱颖而出）。中汉·司马迁《史记·平原君虞卿列传》："夫贤士之处世也，譬若锥之处囊中，其末立见。"

【脳天から声を出す】　发出尖厉的叫声；尖叫。

【脳味噌が足りない】　脑力不足；脑筋不够用；愚笨。

【脳味噌を絞る】　绞尽脑汁；挖空心思。**類**知恵を絞る。

【能面のよう】　面无表情；容貌端正。**例**こちらが冗談言っても相手が能面のようだと白ける。我开个玩笑他却毫无表情，有些扫兴。

【能率を上げる】　提高效率。**例**工場をロボット化して能率を上げる。工厂实现机器人化提高效率。

【脳裏に閃く】　脑海里闪现；忽然想起。**類**頭に浮かぶ。**例**グッドアイディアが脳裏に閃く。脑子里闪现出一个好主意。

【脳裏に焼き付く】　铭刻在心；铭记在心；印在脑子里；记忆犹新。**類**肝に銘ずる。**例**少年期に目の当たりにした親戚の火事が今でも脳裏に焼き付いている。少年时期亲眼目睹了亲戚家的火灾，至今记忆犹新。

【軒を争う】　鳞次栉比；重宇别院。**類**甍を争う；甍を並べる；軒を並べる。**例**豪邸が軒を争う。豪宅鳞次栉比。

【軒を連ねる】　➡軒を争う

【軒を並べる】　鳞次栉比。**類**軒を争う。**例**空港ターミナルに免税店が軒を並べる。机场航站楼内的免税店一家挨一家。

【野暮れ山暮れ】　身在荒郊野外；夕阳西下，断肠人在天涯；山野迎朝暮，游子今何处。

【残り物に福あり】　剩菜底，福在里；剩下的东西有福根ル。**類**余り物に福あり。

【熨斗を付ける】　情愿双手奉送；甘愿奉送。**例**こんなものでよかったら熨斗を付けてくれてやる。这样的东西如果你要，我情愿双手奉送。

【望みを掛ける】　指望。**類**当てにする。**例**子供にあまり望みを掛けるな。不要太

525

指望孩子。

【望みを託す】 寄予希望。**例**後進に望みを託す。寄希望于后进之士。

【望むところだ】 好啊，正等着呢；好啊，来吧。**例**ガチンコ勝負なら望むところだ。要是公正比赛，我正等着呢；动真格的？好啊，来吧！

【退っ引きならない】 进退两难；进退维谷；摆脱不了；一筹莫展；脱不开身。**類**進退これ谷まる。**例**退っ引きならない時はじたばたせず流れに身を任せることにしている。在进退不得的时候，不做无谓的挣扎，而是顺潮流而动。

【喉がいい】 嗓子好；嗓音好。**例**あなたは喉がいいと煽てられてテレビの喉自慢番組に出場する。受到音质好的夸赞而登上电视的"一展歌喉"节目。

【喉が渇く】 ❶嗓子干；口渴。**例**真夏の登山で喉がからからに渇く。盛夏登山嗓子干得冒烟。❷渴望弄到手；垂涎三尺。**類**涎が出る。

【喉が鳴る】 馋得要命；馋涎欲滴。**例**シシカバブと生ビールを前にして喉が鳴る。看着烤羊肉串和△生啤酒（扎啤）馋涎欲滴。

【喉がひっつく】 口渴得厉害；口干舌燥。**例**炎天下のジョギングで喉がひっつきそうだ。烈日下跑步跑得口干舌燥。

【喉から手が出る】 渴望弄到手；垂涎欲滴；特想得到。**類**涎が出る。**例**切手マニアから見れば喉から手が出る代物。在集邮迷看来，那是最想得到的。

【野となれ山となれ】 不管三七二十一；不计后果；将来如何，且不管它。**類**後は野となれ山となれ。

【喉元過ぎれば熱さを忘れる】 ❶好了疮疤忘了疼。**類**性懲りもない。❷忘恩负义。**類**雨晴れて笠を忘る。

【喉を搤して背を打つ】 扼亢拊背；扼其喉，击其背；前后夹击，使无退路。**中**汉·司马迁《史记·刘敬叔孙通列传》："夫与人斗，不搤（=扼）其亢（=吭），拊其背，未能全其胜也。今陛下入关而都，案秦之故地，此亦搤天下之亢而拊其背也。"

【野に伏し山に伏す】 （一路上）风餐露宿；餐风饮露；长途跋涉；旅途千辛万苦。

【上り大名下り乞食】 出门豪奢，归来落魄。

【鑿と言えば槌】 机灵会来事；精明周到；有眼力见ル。類目から鼻へ抜ける。

【蚤の息も天に上がる】 有志者事竟成；只要功夫深，铁杵磨成针。類一念岩をも通す。

【蚤の心臓】 耗子胆ル；兔子胆ル。

【蚤の夫婦】 高妻矮夫；妻子比丈夫体态硕大。

【飲む打つ買う】 吃喝嫖赌；花天酒地。

【飲めや歌え】 又喝又唱；饮酒欢歌；狂饮欢闹。例無礼講で飲めや歌えの乱痴気騒ぎを繰り広げる。狂饮欢歌，尽情喧闹。

【のらをかわく】 ❶磨洋工，懒惰；偷闲。類油を売る。❷游手好闲。

【乗りかかった船】 欲罢不能；骑虎难下；既然开始了，只好干到底。類引っ込みが付かない。

【乗りが来る】 来劲ル；起劲ル；有兴趣。類軌道に乗る。

【糊と鋏】 东拼西凑；剪刀加糨糊。例糊と鋏で作った卒論では通らない。剪刀加糨糊拼凑的毕业论文是通不过的。

【矩を逾える】 踰矩；行为违背常理。中《论语·为政篇》子曰："吾十有五而志于学，三十而立，四十而不惑，五十而知天命，六十而耳顺，七十而从心所欲不逾矩。"

【伸るか反るか】 孤注一掷；破釜沉舟；不管成败。類一か八か。例伸るか反るか、思い切ってやってみる。孤注一掷，下决心干；不管成败，决心一试。

【暖簾に腕押し】 棉花堆里打拳；白费力气；没有搞头ル。類豆腐に鎹；糠に釘。

【暖簾を下ろす】 ❶关门；打烊。類店を閉める①。例あの飲み屋が暖簾を下ろ

すのは夜中の2時だ。那家店打烊是在夜里2点。❷歇业；关张。類店を閉める②。例経営不振で暖簾を下ろすことにした。经营不下去决定关门大吉。

【暖簾を分ける】　允许老伙计开分号。例弟子に暖簾を分けてやる。允许徒弟另开分号。

【狼煙を上げる】　❶燃起烽火。例狼煙を上げて敵の動向を知らせる。点起烽火通报敌人的动向。❷发出信号。例行政改革の狼煙を上げる。发出行政改革的信号。

【呑んでかかる】　傲视对方；盛气凌人；以狂傲的态度对待；轻视。類上手に出る。例大したことはないと呑んでかかった相手にこっぴどくやられた。认为对方没什么了不起的，反被对方狠狠地收拾了一顿。

【のんべんだらりと】　虚度光阴；吊儿郎当；无所事事；蹉跎岁月。類無為徒食。例定年で退職したが、あれこれやりたいことが多く、のんべんだらりとしてはおられない。虽然退休了，但要做的事还很多，还不能整天无所事事。

は

【ハードルが高い】　难度大；有难度。例君の偏差値ならR大もハードルが高くはないだろう。从你的偏差值来看，考上R大学应该问题不大。

【肺肝を出す】　披肝沥胆；表明心迹；显示诚意。類胸襟を開く。中唐·韩愈《柳子厚墓志铭》："握手出肺肝相示，指天日涕泣，誓生死不相背负，真若可信。"

【肺肝を摧く】　煞费苦心；殚精竭虑。類肝胆を砕く。中唐·杜甫《垂老别》："弃绝蓬室居，塌然摧肺肝"。

【敗軍の将は兵を語らず】　败军之将，不可言勇。中汉·司马迁《史记·淮阴侯列传》："臣闻败军之将，不可以言勇；亡国之大夫，不可以图存。"

【背水の陣】　背水之阵；背水一战；背城一战；决一死战。類糧を捨て船を沈む。中战国·尉缭子《尉缭子·天官》："背水阵者为绝地，向坂陈（=阵）者为

废军。" 例背水の陣を布く。布下背水之阵。

【杯中の蛇影】(はいちゅうのだえい) 杯弓蛇影bēigōngshéyǐng；疑神疑鬼yíshényíguǐ。類疑心暗鬼を生ず。中汉·应劭《风俗通义·怪神》："予之祖父郴为汲令，以夏至日诣见主簿杜宣，赐酒。时北壁上有悬赤弩，照于杯中，其形如蛇。宣畏恶之，然不敢不饮，其日便得胸腹痛切…故处设酒，杯中故复有蛇，因谓宣：'此壁上弩影耳，非有他怪。'宣遂解。"

【掃いて捨てるほど】(はいてすてるほど) 有的是；多了去了；多得数不清shùbùqīng。類数知らず。例あの程度の人材なら掃いて捨てるほどいる。这个水平的人材简直多了去了。

【灰となる】(はいとなる)（と、にとも）❶化为乌有huàwéiwūyǒu。類灰燼に帰すかいじんにき。例もらい火で自宅が灰となった。大火延烧过来，自己家化为灰烬huījìn。❷烧成骨灰。例生あるものが灰となるは自然の摂理せつりだ。有生命者化为乌有乃是nǎishì大自然的法则。

【灰にする】(はいにする) ❶化为灰烬；付之一炬。類灰燼に帰す。例阿房宮ēpánggōngを灰にしたのは項羽こううだとする说がある。有一种说法认为是项羽xiàngyǔ一把火把阿房宫化为灰烬的。❷火化尸体shītǐ。類荼毘だびにふす。例最近ペットを斎場さいじょうで灰にし、お墓はかを建てる人が多い。最近很多人在火葬场huǒzàngchǎng火化宠物chǒngwù遗体再修个墓。

【灰吹きから蛇が出る】(はいふきからじゃがでる) 完全出乎意料chūhūyìliào；万没想到。

【肺腑を衝く】(はいふをつく) 感人肺腑gǎnrénfèifǔ；感动至深。例名人の人情噺にんじょうばなしに肺腑を衝かれる。名人的暖心故事gùshì感人至深。

【枚を銜む】(ばいをふくむ) 衔枚xiánméi；不出声；悄无声息qiāowúshēngxī（地行动）。中战国·屈原《九辩》："愿衔枚而无言兮，尝被君之渥洽。"

【這えば立て、立てば歩めの親心】(はえばたて、たてばあゆめのおやごころ) 孩子能站zhàn了，又盼pàn他会走；望子成龙wàngzǐchénglóng心切xīnqiè。

【歯が浮く】(はがうく) 倒牙dǎoyá；牙松动ròumá；肉麻。例歯槽膿漏で歯が浮く。牙龈脓肿yáyínnóngzhǒng导致牙活动。例よくもああ歯が浮くようなことを言えるね。你竟jìng说出这种肉麻的话！

529

【捗が行く】（捗、計・果・量とも）　进展顺利；有进展。類勢いに乗る。例物事は段取りが良ければはかが行く。事情如果按部就班ànbùjiùbān进行就会很顺利。

【馬革に屍を裹む】　马革裹尸mǎgéguǒshī；为国捐躯wèiguójuānqū；血洒疆场xuèsǎjiāngchǎng。中汉·班固等《东观汉记·马援传》："男儿要当死于边野，以马革裹尸还葬耳，何能卧床上在儿女子手中邪？"

【場数を踏む】　富有经验；积累实践shíjiàn经验。類年季を入れる。

【歯が立たない】　❶啃不动kěnbùdòng。例ライオンでも歯が立たない骨をハイエナはばりばり食べることができる。狮子咬不动shīziyǎobùdòng的骨头鬣狗liègǒu能嘎巴嘎巴gābagāba地吃掉chīdiào。例テストでわざと歯が立たない問題を出すのは如何なものか？考试故意出考生答不出的题怎么行呢！❷敌不过；比不上。類相撲にならない。例あの人にだけは歯が立たない。我根本不是他的对手。

【馬鹿と鋏は使いよう】　只要知人善任zhīrénshànrèn，傻子shǎzi也有用。

【はかなくなる】　故去；过世；死。類息が絶える。

【馬鹿にする】　愚弄yúnòng；看不起；瞧不起qiáo；轻视。類俯けにする；虚仮にする；小馬鹿にする；茶にする①；人を食う；人をつけにする；人を馬鹿にする。例俺を馬鹿にする気か？你有意瞧不起我？

【馬鹿につける薬はない】　糊涂没药医hútu；浑人无药可医húnrén。

【馬鹿にならない】　不可小看；不容轻视。類タバコ代は馬鹿にならない出費だ。吸烟的费用是一笔不可小瞧xiǎoqiáo的开销。

【馬鹿になる】　❶不好使；不中用bùzhōngyòng。類言うことを聞かない②。例蛇口の栓が馬鹿になる。水龙头坏了。❷（装傻zhuāngshǎ）退让tuìràng；忍让rěnràng。例子供のため馬鹿になって夫に付いて行く。为了孩子，对丈夫zhàngfu忍让，都听他的。

【墓に布団は着せられぬ】　身后尽孝jìnxiào，谁人知道；死了爹娘diēniáng才尽孝；子欲养而亲不待。類孝行のしたい時分jibun に親はなし。

【刃金を鳴らす】 炫耀武力；耀武扬威。

【馬鹿の大足】 傻子脚大；傻大脚。

【馬鹿の一つ覚え】 一条道走到黑；死心眼儿。⦿阿呆の一つ覚え。

【馬鹿は死ななきゃ直らない】 傻病治不好；傻子没治，死了完事。

【馬鹿も休み休み言え】 少说胡话；别胡说。

【謀は密なるを良しとす】 谋以密为佳；谋事宜密；机事不密则害成。

【秤に掛ける】 权衡（利弊）；权衡轻重。⦿天秤に掛ける①。⦿どちらが有利か秤に掛ける。权衡一下哪个有利。

【馬鹿を言う】 说傻话；开玩笑。⦿冗談を飛ばす。⦿あの人は馬鹿を言って人を笑わせるのが好きだ。他喜欢说笑话让人发笑。

【馬鹿を言え】 胡说！；瞎扯！⦿馬鹿を言え！そんなことがあって堪るか！胡说！有那种事还得了！

【馬鹿を見る】 吃亏；倒霉。⦿損がいく。⦿安物に手を出して馬鹿を見る。买便宜货吃亏。

【吐き気を催す】 觉得恶心。⦿腹黒いくせに乙に澄ましている奴を見ると吐き気を催す。满腹男盗女娼却装出一副道貌岸然的样子，这种家伙看见他就觉得恶心。

【掃き溜めに鶴】 垃圾堆边一仙鹤；一朵鲜花插在牛粪上。⦿塵溜めに鶴；塵塚に鶴。

【馬脚を露わす】 露出马脚。⦿足が出る②；尾が見える；御里が知れる；仮面を脱ぐ；生地が出る；金箔が剥げる；地が出る；地金が出る；地金を出す；尻尾を出す；尻が割れる；底が割れる；ねたが割れる；化けの皮が剥がれる；化けの皮を現す；襤褸が出る；襤褸を出す；藁が出る。⦿无名氏《包待制陈州粜米》第三折："兄弟，这老儿不好惹，动不动先斩后闻，这一来我们露出马脚来了。"

【破鏡(はきょう)の嘆(なげ)き】 破镜之叹；离异的哀伤。

【破鏡(はきょう)再(ふたた)び照(て)らさず】 破镜(pòjìng)不再照；破镜难圆；覆水难收(fùshuǐnánshōu)；马前泼水(mǎqiánpōshuǐ)。[類]覆水盆(ふくすいぼん)に返(かえ)らず。

【歯切(はぎ)れがいい】 言语畅达(chàngdá)；口齿伶俐(línglì)。[例]あの役者(やくしゃ)は歯切れがいい啖呵(たんか)を切(き)るので人気(にんき)がある。那个演员口齿伶俐、滔滔不绝(tāotāobùjué)，赢得了广泛赞誉(guǎngfànzànyù)。

【白衣(はくい)の天使(てんし)】 白衣天使；女护士。

【箔(はく)が付(つ)く】 赢得(yíngdé)名声；威信提高；身价提高。[例]海外研修をして箔が付いた。在国外进修提高了身价。

【白玉楼中(はくぎょくろうちゅう)の人(ひと)となる】 竟成白玉楼(báiyùlóu)中之人；文人墨客谢世(mòkèxièshì)。[中]宋 岳珂《桯史. 王义丰诗》:“碧纱笼底墨才干，白玉楼中骨已寒。”（事见唐·李商隐《李长吉小传》，文长从略）

【莫逆(ばくげき)の友(とも)】 莫逆之交(mònìzhījiāo)。[類]心腹(しんぷく)の友。[中]战国·庄周《庄子·太宗师》:“四人相视而笑，莫逆于心，遂相与为友。” 北齐·魏收《魏书·眭夸传》:“少与崔浩为莫逆之交。”

【白日(はくじつ)の下(もと)に晒(さら)す】 暴露(bàolù)在光天化日(guāngtiānhuàrì)之下。[例]旧悪が白日の下に晒される。旧日的恶行暴露在光天化日之下。

【白紙(はくし)で臨(のぞ)む】 不存偏见(piānjiàn)地应对(yìngduì)；没有△先入观（成见）。[例]調停の初会合(はつかいごう)は双方の言い分を聞く場(ば)とし、当方は白紙で臨むことにする。调停(tiáotíng)的第一次会议要听取双方各自的主张，我们不存偏见。

【白紙(はくし)に返(かえ)す】 归零；清零；当作(dàngzuò)没有发生。[類]御破算(ごはさん)にする；白紙に戻す；白紙に返る。[例]約束したことを白紙に返す。约定的事就当作没有发生。

【白紙(はくし)に返(かえ)る】 归零；清零；恢复原状。[類]白紙に返す。[例]縁談が白紙に返る。婚事归零。

【白紙(はくし)に戻(もど)す】 清零；回到出发点；恢复原状。[類]白紙に返す。

【拍車(はくしゃ)が掛(か)かる】 速度加快。[例]資金が担保されたので工事に拍車が掛かる。资金

得到保证，工程进度加快。

【拍車を掛ける】 加速；强力促进；加快。**類**ピッチを上げる。**例**技術革新に拍車を掛ける。加快进行技术革新。

【麦秀の嘆】 麦秀黍离；亡国之叹。**中**汉·司马迁《史记·宋微子世家》："箕子朝周，过故殷虚，感宫室毁坏，生禾黍，箕子伤之…乃作麦秀之诗以歌咏之。其诗曰：'麦秀渐渐兮，禾黍油油。彼狡僮兮，不与我好兮！'"

【拍手を送る】 褒奖；赞许；点赞；鼓掌。**例**選手たちの奮闘に拍手を送る。为选手们的拼搏热烈鼓掌。

【白刃踏むべし】 白刃可蹈；可上刀山。**中**汉·戴圣《礼记·中庸》："白刃，可蹈也；中庸，不可能也。"

【白刃前に交われば流矢を顧みず】 白刃交前，不救流矢；火烧眉毛顾眼前。**中**南朝·梁·沈约等《宋书·袁顗传》："白刃交前，不救流矢，事有缓急故也。"

【白扇倒に懸かる】 富士冠雪如白扇倒悬。

【爆弾を抱える】 怀抱炸弹，身有危难；身有隐患；厝火积薪。**例**癌に罹った人は再発や転移という爆弾を抱えている。患癌症的人有复发和转移的隐患。

【伯仲の間】 伯仲之间。**類**何れ劣らぬ。**中**三国·魏·曹丕《典论·论文》："文人相轻，自古而然。傅毅之于班固，伯仲之间耳。"

【白鳥の歌】 临终的歌；作者最后的杰作。

【博打を打つ】 赌博；耍钱。**例**花札で博打を打つ。用（日本特有的）花纸牌赌博。**例**人生の岐路に立って博打を打つ。面对人生的歧路，放手一搏。

【縛に就く】 就擒；被捕。**類**手が後ろに回る。**例**大人しく縛に就け！老老实实束手就擒！

【白馬は馬に非ず】 白马非马；诡辩论。**中**战国·公孙龙《公孙龙子·白马论》："马者，所以命形也。白者，所以命色也。命色者，非命形也，故曰白马非马。"

【薄氷を履む】　如履薄冰；身处险境；虎尾春冰；临深履薄；如临深渊。類氷を歩む；深淵に臨んで薄氷を踏むが如し。中春秋・佚名《诗经・小雅・小旻》："战战兢兢，如临深渊，如履薄冰。"例薄氷を履みながら最下位当選を果たした。战战兢兢地实现了末位当选。

【白璧の微瑕】　白璧微瑕；美中不足。類玉に瑕。中南朝・梁・萧统《陶渊明集序》："白璧微瑕，惟在《闲情》一赋。"

【白面の書生】　白面书生。類青白きインテリ。中南朝・梁・沈约《宋书・沈庆之传》："陛下今欲伐国；而与白面书生辈谋之；事何由济！"

【伯楽の一顧を得る】　伯乐一顾。中汉・刘向《战国策・燕策二》："人有卖骏马者，……伯乐乃还而视之，去而顾之，一旦而马价十倍。"

【歯車が噛み合わない】　内部不统一；意见相左；互相不一致。例私はどうも彼とは歯車が噛み合わない。我和他总是有点意见相左。

【歯車が狂う】　一着错，满盘输；连锁反应；步伐紊乱。例人生の歯車が狂う。人生的步伐紊乱。

【箔を付ける】　镀金；(往脸上)贴金。例イギリスの名門大学に留学して箔を付ける。留学英国名校镀金。

【バケツをひっくり返したよう】　倾盆大雨。類雨車軸の如し。例熱帯では一日に何回かバケツをひっくり返したようなスコールがある。热带地方一天下几次骤雨。

【化けの皮が剥がれる】　原形毕露；画皮被揭掉。類馬脚を露わす。

【化けの皮を現す】　现出原形；露出本性。類馬脚を露わす。例とうとう化けの皮を現した。终于现了原形。

【化けの皮を剥がす】　揭下假面具；剥下画皮。類面の皮を剥ぐ。

【覇権を握る】　❶掌握霸权。例政界の覇権を握る。掌握政界的霸权。❷夺

冠。例パリダカレースの覇権を握る。在巴黎-达喀尔拉力赛夺冠。

【歯応えがある】 ❶有咬头。例クラゲの前菜はこりこりして歯応えがある。凉拌海蜇有咬头。❷值得与之较量；有劲头。例あの男は歯応えがある、見直したよ。我重新认识到他是个值得与之较量的对手。

【鋏を入れる】 ❶剪彩；剪。例トンネルの開通式で代表者がテープに鋏を入れる。代表在隧道开通典礼上剪彩。例庭の植木に鋏を入れる。修剪院子里的树。❷剪票。例乗車券に鋏を入れる。剪（车）票。❸影片审查。例映画フィルムに鋏を入れる。对电影进行审查。

【箸が転んでもおかしい年頃】 女孩青春期；敏感的青春妙龄。

【箸が進む】 胃口好；食欲旺盛。類食が進む。例好きな料理ばかりなので箸が進む。都是爱吃的菜，便大快朵颐；都是喜欢的菜，食欲大增。

【橋が無ければ渡られぬ】 没有搭桥人，事情不好办；办事须有手段。

【梯子を外される】 被拆台；下不了台；（被）撤梯子。

【端無くも】 没有料到；万没想到；偶然地。類期せずして。例端無くも過分のお言葉を賜り光栄に存じます。不期过蒙谬奖，不胜荣幸之至；没想到会受到如此赞誉，深感荣幸。

【恥無し】 ❶毫不逊色；像样。❷脸皮厚；厚颜无耻。類厚顔無恥。

【箸にも棒にも掛からない】 软硬不吃；不可救药；无从下手；无法对付。類手に負えない。

【箸の上げ下ろし】 细小的一举一动。例子供の躾は箸の上げ下ろしから始まる。孩子的教养要从一举一动的小事开始。

【恥の上の損】 丢人又吃亏；出丑又赔本ル。

【恥の上塗り】 更加丢脸；越发丢人。

【始らない】 白费；无济于事；于事无补。例今更後悔しても始まらない。事到

如今，后悔也无济于事。

【初めあらざるなし、克く終わり有る鮮し】 靡不有初，鲜克有终；善始者多，善终者少。🀄春秋·佚名《诗经·大雅·荡》："天生烝民，其命匪谌。靡不有初，鲜克有终。"

【始めあるものは必ず終わりあり】 有始必有终。🀄汉·扬雄《法言·君子》："有生者必有死，有始者必有终，自然之道也。"

【始めから長老にはなれぬ】 不能一步登天；不能入庙就当长老。【類】沙弥から長老にはなれぬ。

【始めちょろちょろ中ぱっぱ、赤子泣くとも蓋取るな】 (煮好米饭的办法)文火到武火，孩子哭了不揭锅、好饭端上桌。

【始めに言葉ありき】 (圣经·新约)太初有道。🀅New Testament John: There are words at the beginning.

【始めの囁き、後のどよめき】 起初窃窃私语，终至沸沸扬扬。

【始めは処女の如く、後は脱兎の如し】 始如处女，后如脱兎。【類】脱兎の勢い。🀄春秋·孙武《孙子·九地》："是故始如处女，敌人开户；后如脱兎，敌不及拒。"

【恥も外聞も無い】 不顾体面；不知羞耻。

【馬車馬のよう】 心无旁骛；专心致志；一心一意。【類】一意専心。【例】大家族を養うため父は馬車馬のように働いた。父亲为了养活一大家子，一心一意地劳作了一辈子。

【箸より重い物を持ったことがない】 娇生惯养，毫无劳动经验。

【橋渡しをする】 当介绍人；当中间人；穿针引线。【類】口を利く②；仲を取り持つ；橋を掛ける②；橋を渡す②；渡りを付ける。【例】誰か先方へ橋渡しをしてくれる人はいないか？有谁能帮我联系对方吗？

【箸を下ろす】 开始吃；动筷子。【類】箸を付ける。

【恥を搔く】　出丑；丢人；丢面子。類面目を失う。例公衆の面前で恥を搔く。大庭广众之中出丑。

【橋を掛ける】　❶架桥。類橋を渡す①。例揚子江に橋を掛ける。在长江上建桥。❷搭上关系。類橋渡しをする。

【恥を曝す】　当众出丑；丢人现眼；丢丑。類面を曝す②；晒し者になる；見世物②。例表に恥を曝したくない心理が働き、家庭内暴力の多くは秘されている。家丑不可外扬的心理作用使许多家庭暴力被掩盖起来。

【恥を知る】　知耻；知道廉耻。例恥を知れ！恥を！恬不知耻！无耻！

【恥を雪ぐ】　雪耻。例父の仇を討って恥を雪ぐ。为父亲报仇雪恨。嫌疑を晴らして恥を雪ぐ。解除嫌疑，洗刷耻辱。

【箸を付ける】　动筷子；开始吃；夹菜。類口を付ける；手を付ける③；箸を下ろす；箸を取る。例料理に箸を付ける。夹菜。

【箸を取る】　动筷子；开始吃；用筷子夹菜。類箸を付ける。例皆さん、お箸をお取り下さい。大家动筷儿吧。

【箸を持って食うばかり】　饭来张口，衣来伸手；照料得无微不至。

【橋を渡す】　❶架桥。類橋を掛ける①。例向こう岸に橋を渡す。往对岸架桥。❷当介绍人。類橋渡しをする。例敵対していた両国間に友好の橋を渡し国交正常化に導いた功労者。为敌对的两国架起友好的桥梁促成邦交正常化的大功臣。

【箸が合わぬ】　不吻合；合不来；不相适应。類反りが合わない。

【バスに乗り遅れる】　没赶上班车；被落下；落伍。類時代錯誤②。西Miss the bus.

【弾みが付く】　起劲儿；来劲儿。類軌道に乗る。例強力な助っ人が来てくれたので仕事に弾みが付く。来了得力的帮手，工作来劲儿了。

【弾みを打つ】　反弹；反作用力。例前から来た自転車にぶつかり弾みを打って

転んだ。跟前面来的自行车相撞(xiāngzhuàng)，反弹回来倒(dǎo)在地上了。

【弾(はず)みを食(く)う】　受牵连(qiānlián)；受……的影响；受连累(liánlei)。**類**側杖(そばづえ)を食う。**例**コロナ禍(か)の弾みを食ってサービス業を中心に倒産が急増した。受新冠病毒(xīnguānbìngdú)的影响，以服务业为中心，倒闭(dǎobì)的企业激增。

【弾(はず)みを付(つ)ける】　增强势头；增加动力。**例**今回の実験成功で今後の実用化に弾みを付けたい。希望这次试验的成功能为(wéi)今后的实用化加把劲。

【旗色(はたいろ)が悪(わる)い】　形势不利；情况不妙。**類**形勢不利(けいせいふり)。**例**今年の紅白歌合戦(こうはくうたがっせん)は紅組(あかぐみ)の旗色が悪い。今年的红白分组赛歌(sàigē)红组情况不妙。

【肌(はだ)が合(あ)う】　合得来；对劲儿；对脾气(píqi)。**類**気(き)が合う。**例**彼とは肌が合うからうまくやっていけそうだ。我跟他合得来，应该能合作得很好。

【裸(はだか)で道中(どうちゅう)はならぬ】　身无分文(fēnwén)，没法出门；作什么都要有准备。

【裸(はだか)で物(もの)を落(お)とす例(ためし)なし】　一无所有(yīwúsuǒyǒu)，无物可丢(diū)；一无所有就不会再受损失。

【裸(はだか)になる】　❶毫无虚饰(xūshì)；实打实；坦率。**例**彼となら裸になって話ができる。跟他可以坦率地交流。❷一无所有(yīwúsuǒyǒu)。**類**無一文(むいちもん)。**例**起業に失敗して裸になる。创业失败，变得一无所有。

【裸(はだか)の王様(おうさま)】　（安徒生童话(āntúshēng)）被忽悠得忘乎所以的君王(hūyou wànghūsuǒyǐ jūnwáng)。**西**Andersen: Naked king.

【畑(はたけ)が違(ちが)う】　专业不同；非本专业；跨行(kuàháng)。**例**畑が違う人たちの懇親会は気が置けず話題が多いので楽しい。不同专业的人开联谊会(liányìhuì)没有顾忌(gùjì)，话题丰富，很愉快。

【畑(はた)に蛤(はまぐり)】　缘木求鱼(yuánmùqiúyú)；打错算盘(suànpán)。**類**木(き)に縁(よ)りて魚(うお)を求(もと)める。

【跣(はだし)で逃(に)げる】　（专家都得(děi)）落荒而逃(luòhuāngértáo)；顶级人才无敌手。

【旗印(はたじるし)にする】　打出旗号；提出口号；高举……的大旗。**類**看板(かんばん)を掲(かか)げる；旗を揭(かか)げる①。**例**食糧増産を旗印にして全国的に海岸と湖沼の大規模干拓を推(お)し進(すす)める。以增加粮食生产(liángshi)为旗帜(qízhì)，大规模推进海滩湖滨围垦造田(hǎitānhúbīnwéikěn)。

【肌で感じる】　亲身体验到；亲身感到。例地球温暖化による影響を肌で感じる。亲身体验到全球气候转暖(zhuǎnnuǎn)的影响。

【肌に粟を生ずる】　起鸡皮疙瘩(jīpígēda)。類肝を冷やす。

【肌身離さず】　不离身；随身；时刻不离身。類身に添える。例身分証明書を肌身離さず携帯する。随身携带身份证。

【肌身を汚す】➡肌を汚す

【働かざる者食うべからず】　不劳动者不得食。

【旗を揚げる】　❶举兵；起兵。類兵を挙げる。例封建王朝打倒の旗を揚げる。起兵推翻封建王朝(tuīfānfēngjiànwángcháo)。❷创办。例新党の旗を揚げる。创建新党。

【肌を合わせる】　❶发生两性关系。❷预先合谋(hémóu)；事先商量(shāngliáng)好。類気脈を通じる。

【肌を入れる】　重新穿(chóngxīnchuān)起上衣。例冷えて来たのでメリヤスの下着に肌を入れる。天冷了重新穿上针织衫(zhēnzhīshān)。

【旗を掲げる】　打出旗号；挑(tiāo)起大旗。類旗印にする。例明治維新は「文明開化」の旗を掲げて日本を近代化に導いた。明治维新(míngzhìwéixīn)高举"文明开化"的大旗，引导日本走向现代化。

【肌を汚す】　❶奸污(jiānwū)；凌辱(língrǔ)。❷（女子）失去贞操(zhēncāo)。

【肌を脱ぐ】　❶打赤膊(chìbó)；光膀子(guāngbǎngzi)。❷助一臂之力(yībìzhīlì)；出力。類一肌脱ぐ。例町内会長として地域のために肌を脱ぐ。作为町内会长(zuòwéidīngnèihuìzhǎngwèi)为本社区出力。

【旗を振る】　挑(tiāo)大旗；指挥；领导。類采配を振る。例会社更生法が適用されたので管財人として再建の旗を振る。适用公司更生法(gēngshēngfǎ)，作为财产管理人领导公司重建(chóngjiàn)。

【旗を巻く】　❶溃逃(kuìtáo)；收兵。例乱戦の末、将兵は旗を巻いて四散した。混战之后官兵偃旗息鼓(yǎnqíxīgǔ)、四散奔逃(bēntáo)。❷收摊(shōutān)；下马。例資金繰りの目処が立たないので新

539

規事業については一旦旗を巻くことにした。获取资金无望决定新计划暂停(zàntíng)。

【肌(はだ)を許(ゆる)す】 ❶以身相许。[類]带紐解く①；下紐解く①；身を任せる②。❷完全相信；放心。[類]気を許す。

【罰(ばち)が当(あ)たる】 遭报应(zāobàoyìng)。[類]口が曲がる；的が立つ。[例]恩を仇で返すなんて、今に罰が当たるぞ。竟然恩将仇报(jìngránēnjiāngchóubào)，马上会遭报应的。

【破竹(はちく)の勢(いきお)い】 破竹之势(shìrúpòzhú)；势如破竹；所向无敌(suǒxiàngwúdí)；下坂走丸(xiàbǎnzǒuwán)。[類]円石を千仞の山に転ず；刃を迎えて解く；向かう所敵なし。[中]唐・房玄龄《晋书・杜预传》："今兵威已振，譬如破竹，数节之后，皆迎刃而解。"

【八字(はちじ)の眉(まゆ)】 八字眉。

【八十(はちじゅう)の手習(てなら)い】 年届八十，开始学习；活到老学到老。[類]六十(ろくじゅう)の手習い。

【八十八夜(はちじゅうはちや)の別(わか)れ霜(じも)】 5月2日起无霜，进入农忙期；一过无霜期，进入农忙时。

【八(はち)の字(じ)を寄(よ)せる】 前额皱起八字纹(zhòu wén)；皱眉(zhòuméi)。[類]眉を顰(ひそ)める。[例]苦情を持ち込まれて八の字を寄せる。有人来投诉，便皱起眉头。

【蜂(はち)の巣(す)をつついたよう】 像捅(tǒng)了马蜂窝(mǎfēngwō)一样。[例]爆弾発言で会場は蜂の巣をつついたようになった。爆炸性(bàozhàxìng)的发言使整个会场乱得像捅了马蜂窝一样。

【罰(ばち)は目(め)の前(まえ)】 立遭天谴(lìzāotiānqiǎn)；现世现报(xiànshìxiànbào)。[類]天罰覿面(てんばつてきめん)。

【波長(はちょう)が合(あ)う】 对劲儿；对脾气(píqi)；投缘(tóuyuán)。[類]気が合う。[例]同好の士なので波長がよく合う。爱好(àihào)相同所以彼此投缘。

【鉢(はち)を托(ひら)く】（托く、開くとも） 托钵(tuōbō)；化缘(huàyuán)。

【ばつが悪(わる)い】 难为情(nánwéiqíng)；尴尬(gāngà)；局促不安(júcùbùān)。[類]頭を搔く；格好悪い；決まりが悪い；尻がこそばゆい；塵を捻る；間が悪い①。[例]離婚した元妻との同席はばつが悪い。和已经离婚的妻子同席而坐很尴尬。

【罰金(ばっきん)ものだ】 该罰；应该受罰。[例]団体旅行で時間を守らない人は罰金ものだ。团体旅游不遵守(zūnshǒu)时间应该受罚。

【白駒の隙を過ぐるが如し】 如白驹过隙；光阴似箭；时间易逝。類光陰矢の如し。中战国·庄周《庄子·知北游》："人生天地之间，若白驹之过隙，忽然而已。"

【白虹日を貫く】 白虹贯日；国有内乱之兆。中汉·司马迁《史记·鲁仲连邹阳列传》："昔者荆轲慕燕丹之义，白虹贯日，太子畏之。"

【はったりを掛ける】 吓唬人；虚张声势。類はったりを利かせる。例こちらがはったりを掛けてもびくつくような相手ではない。对方可不是怕你吓唬的那种人。

【はったりを利かせる】（利かせる、利かすとも） 胡弄玄虚；故弄玄虚；虚张声势。類はったりを掛ける；外連味。例ヤクザのはったりを利かせた脅しにびびる。被流氓的虚张声势吓得不敢上前。

【這っても黒豆】 死不认错；知错不改。

【ぱっとしない】 不起眼；不引人注目；（显得）没精神；蔫。例進捗状況がぱっとしない。工作进展不能令人满意。例彼はこの頃ぱっとしないね。他最近有点没精神啊。

【発破を掛ける】 激励；打气；鼓劲ㄦ。類気を引き立てる。例「ゴールは間近だ！」と仲間に発破を掛ける。给伙伴鼓劲ㄦ："胜利在望！"

【ばつを合わせる】 顺着对方说；迎合；随声附和。類相槌を打つ。例上司の話にばつを合わせる。附和领导的发言。

【鳩が豆鉄砲を食ったよう】 （惊得）目瞪口呆。類呆気に取られる。例「あなたが主役よ」と聞いて、新人女優は鳩が豆鉄砲を食ったような表情になった。听人说："你是主角呀！"新入行的女演员惊得目瞪口呆。

【鳩に三枝の礼有り】 长者先，幼者后；凡事长者先；尊老敬老。

【鳩に豆鉄砲】 （惊得）目瞪口呆；惊慌失措。類呆気に取られる。

【歯止めを掛ける】 关闸；踩刹车；刹车；煞住。類ブレーキが掛かる②；ブ

レーキを掛ける②。 例大気汚染に歯止めを掛ける。阻止大气污染。

【鳩を憎み豆を作らぬ】 因噎废食。

【バトンを渡す】 交接；让给后任；移交工作。例後任にバトンを渡す。把工作移交给后任。

【鼻脂引く】（脂、油とも） ❶完成最后的工序。❷做好准备。

【鼻息が荒い】 气焰嚣张；趾高气扬；气势汹汹。例負け知らずなので鼻息が荒い。因为没败过阵，所以趾高气扬。

【鼻息を窺う】 仰人鼻息；看脸色。例小遣いが欲しいので親父の鼻息を窺う。观察老爷子的脸色想弄点零花钱。

【鼻が胡座を搔く】 鼻子扁平。

【鼻が利く】 嗅觉灵敏；目光敏锐。例新聞記者は鼻が利かなければいけない。新闻记者必须嗅觉灵敏。

【花が咲く】 ❶兴盛；有活力。例あの人の人生は晩年になってから花が咲いた。他到了晚年才焕发出活力。❷热烈；兴高采烈。類花を咲かせる②。例中学校の同窓会で思い出話に花が咲く。中学的同学聚会上大家热烈地追怀着少年往事。

【鼻が高い】 得意扬扬；自豪；骄傲。類得意满面。例息子が有名大学に受かったので鼻が高い。儿子考上了名牌大学，觉得很自豪。

【鼻が凹む】 没面子；被驳倒；沮丧。類面目を失う。

【鼻が曲がる】 恶臭扑鼻；臭气熏天。例家の側にドブ川があり、特に真夏には鼻が曲がるような臭気を放っている。房子旁边有条脏水沟，尤其一到夏天就臭气熏天。

【鼻薬を嗅がせる】 行贿；给点甜头；施小恩小惠。例鼻薬を嗅がせて担当者から落札予定価格を聞き出す。通过贿赂，从负责人那儿打听出中标预定价格。

【鼻糞丸めて万金丹】 治不了病也要不了命。

【鼻毛が長い】 色迷；被女人迷得神魂颠倒。类鼻毛を伸ばす；鼻の下が長い；鼻の下を長くする；鼻の下を伸ばす；目尻を下げる②；助兵衛。例私は鼻毛が長いにやけた男は大嫌い。我最讨厌那种沉迷于女色的轻佻男子。

【鼻毛を数える】➡鼻毛を読む

【鼻毛を抜く】 抢占先机；出其不意，抢先下手；钻空子进行诓骗。类尻の毛を抜く；裾を搔く②。

【鼻毛を伸ばす】 被女人迷住；沉溺于女色。类鼻毛が長い。例美女に取り囲まれてすっかり鼻毛を延ばす。周围都是美女，彻底被女色迷住了。

【鼻毛を読む】 耍弄男性。例水商売だから男の鼻毛を読むのに長けている。因为是△以客人为服务对象的行当（接待客人的行业），她耍弄男性的本事非同小可。

【鼻先であしらう】➡鼻の先であしらう

【鼻先で笑う】 嗤之以鼻；冷笑；讥笑；嘲笑。类鼻で笑う。例こちらが好意でしているのに鼻先で笑われるとは心外だ。我善意的行为反而遭到讥笑,太遗憾了。

【話が合う】 谈得投机；谈得来。例話が合わない人を仲間外れにする。把话不投机的人排除在朋友圈外。

【話が噛み合わない】 谈不拢；话不投机。类話にならない②。例先方と話が全然噛み合わない。跟对方根本谈不到一起。

【話が違う】 ❶说话不算数；当初不是这样约定的；言而无信。例それでは話が違う。你那样就是说话不算数了。❷两码事。例それとこれとは話が違う。那个跟这个是两码事。

【話が付く】 谈妥；达成共识。类手を打つ②；話を付ける；渡りが付く。例土地代は100万円ということで話が付いた。购地价格谈妥了，是100万日元。

【話が弾む】 谈得起劲；相谈甚欢。㊥言葉に花が咲く；言葉に花を咲かす②；話に花が咲く；話に実が入る。㋑月に一度開かれる川柳同好会の打ち上げではいつも話が弾む。每月一次的"川柳同仁会"的聚餐总是相谈甚欢。

【話が早い】 好办；好解决；容易谈妥。㋑双方に異存がないなら話が早い。如果双方没有不同意见，问题就好办了。

【話が見えない】 不知说什么；不知所云。㋑回りくどくて話が見えない。说得很啰唆，简直不知所云。

【話が分かる】 明白道理；通情达理；知情达理。㋑話が分かる人だから困ったことがあれば彼に相談すればいいよ。他是深谙世事的人，有为难的事，可以找他商量。

【話変わって】 却说；且说；换个话题。㊥閑話休題。㋑話変わって、時代は秦王朝まで遡ります。且说，时代要追溯到秦朝。

【話し上手の聞き下手】 善说不善听；一言堂。

【話し上手は聞き上手】 会说会听；善言者亦善听。

【話に尾鰭が付く】 夸大其词；添枝加叶。㊥尾鰭を付ける。

【話にならない】 ❶不像话；不足挂齿。㊥取るに足りない。㋑途方もない値段で話にならない。价钱贵得不像话。㋑実力の差があり過ぎて話にならない。实力相差悬殊，不值得一提。❷谈不拢；没谈成。㊥話が噛み合わない。㋑下っ端が交渉相手では話にならない。让底下的人来交涉可没法谈。㋑融通が利かなくて話にならない。(他)心眼儿太死，谈不拢。

【話に花が咲く】 越说越有兴致；说得兴高采烈。㊥話が弾む。㋑女学校の同級会では話に花が咲きっぱなし。跟原来女中的老同学谈得兴高采烈。

【話に実が入る】 越说越有兴致。㊥話が弾む。㋑釣りのことになるとつい話に実が入る。说到钓鱼，不觉间就越说越来劲。

【話の腰を折る】　打断话茬儿；插话；打岔。類言葉の先を折る。例人の話の腰を折るとは失礼な奴だ。没礼貌的家伙，人家说话他来打岔。

【話の種】　谈资；话题。例話の種が尽きない。话题多得说不完。

【話の接穂がない】　没有话茬儿；话谈不下去。

【話を合わせる】　迎合对方的说法；使说法一致；顺着对方的话说。類相槌を打つ。例相手にうまく話を合わせる。很会顺着对方的话往下说。

【話を壊す】　毁掉商量妥的事；毁掉交涉的结果。例せっかくまとまった話を壊すのは勿体ない。毁掉来之不易的谈判结果，实在太可惜了。

【話を付ける】　商定；解决问题；谈妥。類話が付く。例軽い物損事故なので示談で話を付ける。因为是轻微的物品损坏，通过协商解决问题。

【話を詰める】　深入交谈；把话说透。例交渉の妥結に向けて話を詰める。深入交谈以找到交涉的妥协点。

【鼻筋が通る】　高鼻梁儿。例私は背が高くて鼻筋が通った男に弱い。我在高个儿俊男面前很难自持。

【鼻血も出ない】　囊空如洗；身无分文。例私から何か取ろうたって鼻血も出ない。即便想从我这弄走点什么，可我身无分文。

【鼻っ柱が強い】　倔强；固执己见。類気が強い。例あの娘は鼻っ柱が強いけど可愛いところもある。那个姑娘虽然倔强，但也有可爱之处。

【鼻っ柱を圧し折る】　挫其锐气。類鼻を折る。例自信過剰の彼の鼻っ柱を圧し折ってやった。我大挫了那个过分自信的家伙的锐气。

【鼻面を取って引き回す】　牵着鼻子走；随意摆布（别人）。類手玉に取る。

【鼻であしらう】　待搭不理；冷淡对待。類取り付く島もない。例こちらが頭を下げているのに鼻であしらわれたので気分が悪い。尽管自己毕恭毕敬，但人家待搭不理的，令人不快。

【鼻で笑う】　冷笑；讥笑；嘲笑。類鼻先で笑う。例人の好意を鼻で笑うとはどういう神経をしてるんだ。讥笑别人的好意，这究竟是什么心理呀？

【花と散る】　殒命疆场；血洒疆场。例戦場で花と散り国の犠牲となった若者たちが傷ましい。为国捐躯、血洒疆场的年轻人，实在令人痛惜。

【鼻に当てる】　自高自大；炫耀；自豪。類自画自賛。

【花に嵐】　花遇风摧折；好事多磨。例好事魔多し。

【鼻に掛かる】　带鼻音。例鼻に掛かった声で甘える。用鼻子哼着撒娇。

【鼻に掛ける】　自高自大；炫耀；自豪。類自画自賛。例門閥を鼻に掛ける。炫耀门第。

【鼻に付く】　❶腻烦；讨厌。類嫌気が差す。例彼の気障な仕草が鼻に付く。对他那种装腔作势的举止实在令人讨厌。❷冲鼻子；有难闻的气味。類鼻を突く。例魚河岸へ行くと魚の生臭さが鼻に付いて離れない。一到海鲜市场，始终有冲鼻子的鱼腥味。

【鼻に手を当てる】　用手试探有无气息；确认生死。

【花の命は短くて苦しきことのみ多かりき】　花季短暂苦涩多。

【花のお江戸】　花城江戸；繁华之都----江戸。

【花の顔】　花颜；花容月貌；貌美如花。類芙蓉の顔。

【鼻の先】　❶鼻子尖儿。例鼻の先の脂を拭く。擦掉鼻子尖儿上的油。❷眼前。類目と鼻の先。例交番は駅ビルの鼻の先にある。派出所就在火车站跟前。

【鼻の先であしらう】　待理不理；待搭不理；冷淡对待。類取り付く島もない。

【鼻の下が長い】　好色；对女人垂涎三尺。類鼻毛が長い。例鼻の下が長い男は女に騙されやすい。好色之徒容易上女人的当。

【鼻の下が干上がる】　穷得吃不上饭；难以糊口。類口が干上がる。例鼻の下が干上がったら生活保護を申請する。如果吃不上饭就申请低保。

【鼻の下の建立】 化缘 是为了生计。

【鼻の下を長くする】 好色；露出好色的样子。類鼻毛が長い。

【鼻の下を伸ばす】 好色；露出好色的样子。類鼻毛が長い。例キャバレーでホステスたちに囲まれ鼻の下を伸ばす。在卡巴莱被女招待们包围着，露出好色的样子。

【花は折りたし梢は高し】 想折花，树太高；事不遂人愿；可望而不可即。

【花は桜木、人は武士】 花中樱花最美，人中武士最伟；花数樱花，人数武士。類魚は鯛。

【花は根に鳥は故巣に】 落叶归根，飞鸟归巢。類木の実は本へ落つ。

【花実が咲く】 获得殊荣；结果喜人。

【花道を飾る】 光荣引退。例代議士在任40年を超え、勲一等を賜り人生の花道を飾る。担任议员40多年，受一等功勋，光荣引退。

【鼻向けもならぬ】 臭不可闻；令人作呕。類鼻持ちならない。

【鼻持ちならない】 臭不可闻；令人作呕；俗不可耐。類嘔吐を催す；風上に置けない①；鼻向けもならぬ。例鼻持ちならない成金とは付き合いを避けるようにしている。我尽量不跟俗不可耐的暴发户来往。

【花も恥じらう】 闭月羞花；沉鱼落雁。例花も恥じらう年頃の娘さんは眩しい。有着闭月羞花之貌的年轻姑娘，可谓光彩夺目。

【洟も引っ掛けない】 不屑一顾；不屑理睬；连理都不理。類歯牙にも掛けない。例自分が偉くなったら旧知に洟も引っ掛けない。自己发迹之后对老朋友理都不理。

【花も実もある】 名实兼备；有名有实。類色も香もある。例彼女は花も実もある銀幕の女王だった。她是名副其实的银幕女王。

【花より団子】 舍华求实；好看不如好吃；舍风度，求果腹。類名を捨てて実を取る；名を取るより得を取れ。

【鼻を明かす】 抢先下手，使大吃一惊；给点厉害的。例今に見ておれ！必ず

世間の鼻を明かしてやるぞ。走着瞧，这就让世人大吃一惊！

【鼻を蠢かす】 抽动鼻翼；得意扬扬。類得意满面。例してやったりと鼻を蠢かす。非常得意地想这下子可弄成功了。

【鼻を打つ】 冲鼻子；呛鼻子。類鼻を突く。例柑橘系の強烈なにおいの香水が鼻を打ち、一瞬くらっとなった。浓烈的柑橘系列香水味冲鼻子，瞬间有点发晕。

【鼻を折る】 挫其锐气；使丢丑。類鼻っ柱を圧し折る。例彼奴はいい気になっているので鼻を折ってやろう。那家伙瞎嘚瑟，得教训他一下。

【鼻を欠く】 得不偿失；明珠弹雀；隋珠弹雀。類千貫のかたに編み笠一蓋。

【洟をかむ】 ❶擤鼻涕。例ティッシュで洟をかむ。用面巾纸擤鼻涕。❷啜泣；抽抽搭搭地哭。類洟を啜る②。

【鼻を挫く】 ➡鼻を折る

【花を咲かせる】 ❶功成名就；绽放异彩。類功なり名を遂げる。例彼の夢は画壇で花を咲かせることだ。他的梦想是在画坛绽放异彩。❷热闹；盛大；热烈。類花が咲く②。例釣り天狗同士が自慢話に花を咲かせる。自封的钓鱼高手们竞相自夸。

【洟を啜る】 ❶抽鼻涕。例風邪を引いて洟を啜る。感冒抽鼻涕。❷啜泣。類洟をかむ②。

【花を添える】 锦上添花；增光；添彩。類錦上花を添える。例取って置きの余興で宴会に花を添える。拿出看家本领为宴会锦上添花。

【鼻を高くする】 脸上有光；得意；作脸。類顔が立つ。例満点を取ったら鼻を高くしてもいいだろう。要是得了满分就可以自豪一下吧。

【鼻を突き合わせる】 紧挨着；面对面。類額を合わせる。例避難先の仮設住宅

で鼻を突き合わせて暮らす。在避难地的临时住宅里，大家都紧挨着挤在一起。

【鼻を突く】 冲鼻子；呛鼻子；扑鼻；刺鼻。類鼻に付く②；鼻を打つ。例工場排水の異臭が鼻を突く。工厂的废水恶臭恶臭的，刺鼻子。

【鼻を撮まれても分からない】 伸手不见五指；漆黑。類墨を流したよう。

【鼻を鳴らす】 ❶发出撒娇的声音。例「ねえ、グッチのショルダーバッグ欲しい」と鼻を鳴らして彼氏にねだる。用撒娇的声音对他说："哎，我想要△古琦（古姿）挎包"。❷用鼻子哼（以示不屑）。例「ふん」と鼻を鳴らして人を小馬鹿にする。"哼！"不屑地用鼻子哼了一声。

【鼻をひる】 打喷嚏。

【花を持たせる】 使脸上增光；给人面子。類顔を立てる。例たまには俺にも花を持たせてくれよ。偶尔也让咱风光风光呗！

【歯に合う】 适合；适于；合得来。類性に合う。

【歯に衣着せぬ】 直言不讳；坦率；说话不留情面。類腹蔵ない。例彼は歯に衣着せぬコメントで人気がある。他坦率的△评论（点评）深受欢迎。

【羽が生えたよう】 畅销；疯抢。類足が早い②；羽が生えて飛ぶ。例暑い夏は水物が羽が生えたように売れる。盛夏饮料最畅销。

【羽が生えて飛ぶ】 畅销；疯抢。類羽が生えたよう。

【羽を交わす】 比翼双飞；夫妻和谐。類比翼連理。

【羽を交わせる鳥】 比翼鸟；恩爱夫妻。類比翼連理。

【羽を垂れる】 低头认输；投降。類膝を折る。

【羽を並べる】 ❶比翼双飞；夫妻和谐。類比翼連理。❷臣子协力辅佐君主。

【羽を伸ばす】 解脱束缚，自由舒畅；无拘无束；放松一下；放开手脚。例長期バカンスで羽を伸ばす。休个长假轻松轻松；休个长假放松放松。

【歯の抜けたよう】 稀稀落落；残缺不全。類櫛の歯が欠けたよう。例昔の繁

華街が歯の抜けたように寂れた。从前的繁华区已经稀稀落落的了，十分萧条。

【歯の根が合わない】 打颤；发抖。囫恐怖で歯の根が合わない。吓得直哆嗦。囫寒中水泳で水から上がったら歯の根が合わない。游冬泳刚上岸时冷得发抖。

【歯の根を鳴らす】 ❶咬紧牙关忍耐；上牙直打下牙。類歯を食い縛る。❷气得发疯。

【幅が利く】 有势力；有影响力。類顔が利く。囫わが社はこの業界では幅が利く方だ。本公司在业界是有影响力的。

【幅を利かせる】 发挥影响力；利用权势；说了算。類羽振りを利かせる。囫伊藤建設は県内の土建業界で幅を利かせている。伊藤建设集团在县（相当于中国的"省"）内土建业界影响力最大。

【幅を取る】 ❶占地方；占较大空间。類場を取る。囫この机は幅を取って邪魔だ。这个桌子太占地方，碍事。❷发挥影响力。類羽振りを利かせる。

【婆を引く】 最后碰倒霉的；(打扑克) 抽大王。囫仕事の分担で婆を引いてしまった。分配工作碰上最坏的工作。

【幅を持たせる】 使有伸缩性；留有灵活性；留有余地。囫会社運営の裁量権に幅を持たせる。给公司经营的裁夺权限留有△灵活性（余地）。

【歯節へ出す】 说出口；说出。類口に出す。

【羽振りがよい】 有势力；抖威风；吃得开。類顔が利く。囫一派閥の頭領ともなれば羽振りがよいのも頷ける。当上派别的掌门人当然就声威大震了。

【羽振りを利かせる】 仗着权势为所欲为。類幅を利かせる；幅を取る②。囫大物政治家が羽振りを利かせる。大牌政治家仗着权势为所欲为。

【歯滅び舌存す】 齿亡舌存；刚者易断，柔者不折。中汉·刘向《说苑·敬慎》："夫舌之存也，岂非以其柔耶？齿之亡也，岂非以其刚耶？"

【浜の真砂は尽きるとも世に盗人の種は尽きまじ】
细沙有尽，恶人无尽；海滨沙粒有时尽，世上偷儿无尽时。

【羽目に陥る】　陥入困境；导致不希望的结果。例保証人になれば、最悪、他人の借金を肩代わりする羽目に陥る。如果当了保人，最坏的结果是陷入替人还债的窘境。

【羽目になる】➡羽目に陥る

【羽目を外す】　忘其所以；尽情；得意忘形；过分。類箍を外す。例一度羽目を外したら後戻りできない性分。(他是个)一旦来了兴致就不会中途罢手的主儿。

【鱧も一期、蝦も一期】(蝦、海老とも)　身份境遇有高低，生来死去都相似。

【波紋が広がる】　影响扩大。例ネット社会ではあっという間に事件の波紋が広がる。在网络社会事件的影响瞬间就扩散开来。

【波紋を描く】　形成波纹；泛起涟漪。例鏡のような水面に石を投げるときれいな波紋を描く。往一平如镜的水面投入石子就会荡起美丽的涟漪。

【波紋を投じる】　发生影响；引起反响；提出重大问题。例テレビ各局の報道が日日社会に波紋を投じている。各电视台的新闻报道每天都向社会提出有影响的问题。

【波紋を呼ぶ】　引起巨大反响。例外務大臣の発言が波紋を呼んだ。外相的发言引起了巨大反响。

【早いが勝ち】　捷足先登；先下手为强。類早い者勝ち。例一部の農家は「早いが勝ち」の心理に動かされて未熟な果実を出荷しようとする。一些农户在"先下手为强"的心理推动下，总想拿尚未成熟的果实上市。

【早い事】　赶快；迅速。類早い所。例頂いた桃、悪くならないうちに早い事食べてしまおう。人家给的桃，趁着没坏赶快吃了吧。

【早い所】　赶快；赶紧；迅速。類早い事。例お天気が好いので早い所洗濯物を乾

してしまおう。现在天好，赶快把洗的衣服 晾 上(liàngshàng)。

【早(はや)い話(はなし)が】 直截了当(zhíjiéliǎodàng)地说；简单地说。類一口(ひとくち)に言(い)う。例早い話が責任は私が持つということです。简单地说就是由我负责。

【早(はや)い者(もの)勝(が)ち】 捷足先登；先下手为强。類早いが勝ち。例新幹線(しんかんせん)の自由席は早い者勝ちだ。新干线的自由席是捷足先登。

【早(はや)い者(もの)に上手(じょうず)なし】 图快则不精；毛手毛脚，图快不好。

【早牛(はやうし)も淀(よど)、遅牛(おそうし)も淀(よど)】 快慢都一样；办事不必慌，结果都一样。

【早起(はやお)きは三文(さんもん)の徳(とく)】 早起三分利。類朝起(あさお)きは三文の徳。

【早鐘(はやがね)を衝(つ)くよう】 心砰砰直跳(xīnpēngpēngzhítiào)；惴惴不安(zhuìzhuìbùān)；怀里揣着兔子(huáilǐchuāizhetùzi)。類胸(むね)が騒(さわ)ぐ。

【早(はや)かろう悪(わる)かろう】 只图快，多失败；并非越快越好。

【早寝早起(はやねはやお)き病(やまい)知(し)らず】 早睡早起身体好。

【早飯(はやめし)も芸(げい)の内(うち)】 吃饭快，是能耐；必要时吃饭快也是本领。

【流行物(はやりもの)は廃(すた)り物(もの)】 流行止于一时；盛极必衰。

【腹(はら)が癒(い)える】 消气；泄了愤而息怒(xièfènxīnù)；解恨(jiěhèn)。類腹を癒す。

【腹(はら)が痛(いた)む】 自己掏钱(tāoqián)；自掏腰包(yāobāo)。類自腹(じばら)を切る。例顎足(あごあし)つきだから腹が痛むことはない。伙食(huǒshí)和交通费全管，不用自掏腰包。

【腹(はら)が大(おお)きい】 为人大度；度量大。類気(き)が大きい；線(せん)が太(ふと)い；腹(はら)が太(ふと)い①。例あの人は腹が大きくて頼(たよ)り甲斐(がい)がある。他度量大，是个可以依靠的人。

【腹(はら)が北山(きたやま)】 饿了。類腹が減る。

【腹(はら)が決(き)まる】 拿定主意；下决心；想法定下来。類腹を決める。例このプロジェクトは君に任(まか)せると言っているのに、まだ腹が決まらないのかね。这个项目说好已经交给你了，怎么还没下决心呢？

【腹(はら)が下(くだ)る】 拉肚子；腹泻(fùxiè)。類腹を壊す。例昨日(きのう)から腹が下って止(と)まらない。从

昨天起腹泻不止。

【腹が黒い】 心肠坏；黑心肠。例善人ぶっているが腹が黒い。假充善人，一肚子坏水ル。

【腹が空く】 肚子饿；饥饿。類腹が減る。例腹が空いていない時は無理して食べない方が体にいい。不饿的时候，不硬吃有益健康。

【腹が据わる】 沉着；有胆量；有主意。類度胸が据わる。例いざとなると腹が据わる。关键时刻△有主意（很沉着）。

【腹が立つ】 生气；发怒。類腹を立てる。例自分自身に腹が立つ。生自己的气。

【腹ができる】 ❶吃饱饭。類御中を拵える。例パーキングエリアで腹ができたら出発だ。在服务区吃饱了就出发。❷有思想准备；拿定主意。例その仕事を引き受けるかどうかまだ腹ができていない。是否接受这个工作还没拿定主意。

【腹が出る】 有肚子了；肚子大。例中年になると腹が出て来る。一到中年肚子就鼓出来了。

【腹が無い】 ❶没胆量；没有肚量；鼠肚鸡肠；小肚鸡肠。❷没打算；不打算。

【腹が張る】 ❶撑着；吃得太饱。例バイキングだとつい腹が張るほど食べてしまう。自助餐不注意就吃撑着。❷胀肚；腹胀。例芋を食べ過ぎると腹が張る。芋头吃多了会腹胀。

【腹が膨れる】 肚子吃饱；肚子鼓胀。例椀子蕎麦の早食いに挑戦して腹がぱんぱんに膨れる。挑战快吃荞麦面条，吃到肚子要爆炸了。

【腹が太い】 ❶度量大。類腹が大きい。例彼は腹が太くて沈着、政治家タイプだ。他度量大、稳重，是政治家的料。❷偷懒耍滑。例ずる休みするとは腹が太い野郎だ。装病请假，这家伙偷懒耍滑。

【腹が減っては軍はできぬ】 不吃饭什么也干不了；人是铁，饭是钢。

【腹が減る】 肚子饿；饥饿；枵肠辘辘；饥肠辘辘。類御中が空く；腹が北

553

山；腹が空く。**例**ぺこぺこに腹が減っているので何を食べても美味しい。实在太饿了，吃什么都香。

【腹が捩れる】　笑破肚皮。**類**腹を抱える。**例**可笑しくて面白くて腹が捩れる。滑稽又有意思，简直笑破肚皮。

【腹筋を縒る】　笑破肚皮；捧腹大笑。**類**腹を抱える。

【腹鼓を打つ】　吃饱喝足；闹个肚儿圆。**例**パラオに旅行して新鮮な伊勢海老料理に腹鼓を打った。去帕劳旅游，吃新鲜的大龙虾都撑得慌。

【腹に一物】　心怀叵测；居心叵测；心怀鬼胎。**類**胸に一物。**例**腹に一物ありそうな言い方をする。从言辞看出心怀叵测。

【腹に納める】　藏在心中；记在心里。**類**胸に納める。**例**このことは君の腹に納めて置いてくれ。把这件事记在心里吧。

【腹に落ちる】　能理解；能领会；可以接受。**類**合点が行く。

【腹にしまう】　➡腹に納める

【腹に据えかねる】　忍无可忍；怒不可遏；无法忍受。**類**腹の虫が治まらない。**例**根も葉もないデマを飛ばされ腹に据えかねる。被人散布毫无根据的谣言，简直无法忍受。

【腹の皮が突っ張れば目の皮が弛む】　食困；饭后发困。

【腹の皮が捩れる】　笑破肚皮。**類**腹を抱える。

【腹の皮を捩る】　捧腹大笑；笑破肚皮。**類**腹を抱える。**例**彼のタイミングのいい気の利いたジョークに皆が腹の皮を捩った。他不失时机地搞噱头，令大家笑破肚皮。

【腹の筋を縒る】　捧腹大笑；笑破肚皮。**類**腹を抱える。

【腹の虫が治まらない】　怒不可遏；忍不住要发火。**類**腹に据えかねる；腸が煮え返る；腸が煮え繰り返る。**例**ずっと無視されてきたので腹の虫が治まらない。

因一直受漠视(mòshì)而怒不可遏。

【腹(はら)の虫(むし)の居所(いどころ)が悪(わる)い】　情绪不佳；不高兴(gāoxìng)。類虫の居所が悪い。例思い通りに行かないので腹の虫の居所が悪い。因为未能如愿而不高兴。

【腹(はら)は借(か)り物(もの)】　子女身份贵贱(guìjiàn)，随父不随母。

【腹八分(はらはちぶ)に医者要(いしゃい)らず】　饭吃八分饱，医生不用找。

【腹(はら)も身(み)の内(うち)】　饭是人家的，肚子是自己的；饮食过量，有害健康。

【腸(はらわた)が腐(くさ)る】　堕落(duòluò)；灵魂腐朽(línghúnfǔxiǔ)；没有志气。例拝金主義で腸が腐っている。拜金主義腐蚀(fǔshí)了灵魂。

【腸(はらわた)が千切(ちぎ)れる】　肝肠寸断(gānchángcùnduàn)；悲痛欲绝(bēitòngyùjué)。類断腸(だんちょう)の思(おも)い。例恋人(こいびと)を交通事故で失い腸が千切れるようだ。因交通事故失去了恋人而悲痛欲绝。

【腸(はらわた)が煮(に)え返(かえ)る】　怒不可遏(nùbùkě è)；满腔怒火(mǎnqiāng nùhuǒ)；万分恼(nǎo)恨(hèn)。類腹の虫が治まらない。

【腸(はらわた)が煮(に)え繰(く)り返(かえ)る】　怒火中烧；万分恼恨；满腔怒火。類腹の虫が治まらない。例一番頼(たよ)りにしていた友人に裏切(うらぎ)られ腸が煮えくり返る。被最倚重(yǐzhòng)的朋友出卖而万分恼恨。

【腸(はらわた)が見(み)え透(す)く】　看穿(kànchuān)内心；看透别人的心思(xīnsi)；企图显而易见。類腹を見抜く。例あいつが何(なに)を狙(ねら)っているのか、腸が見え透いている。那家伙(jiāhuo)的心中的目标是显而易见的。

【腸(はらわた)に染(し)みる】　❶怡然微醺(yíránwēixūn)；酒劲儿上来。例60度の焼酎(しょうちゅう)はきゅっと腸に染みる。60度的烧酒喝下去忽(hū)一下子酒劲儿就上来了。❷深受感动；浸入心脾(jìnrénxīnpí)。類肝に染みる。例師匠(ししょう)の励(はげ)ましが腸に染みる。師傅(shīfu)的鼓励使我深受感动。

【腸(はらわた)を切(き)る】　➡腸を断つ

【腸(はらわた)を断(た)つ】　肝肠寸断(gānchángcùnduàn)；悲痛欲绝(bēitòngyùjué)。類断腸(だんちょう)の思(おも)い。例肉親(にくしん)との別(わか)れに腸を断つ。跟亲人告别令人悲痛欲绝。

【腹を合わせる】（合わせる、合わすとも）❶同心协力。類心を一にする。例事業の成功を期して全参加企業がしっかりと腹を合わせましょう。为了事业成功，我们所有加盟企业要团结起来！❷串通一气。類気脈を通じる。例応札業者が事前に腹を合わせて入札する。投标业主事先串通好再投标。

【腹を痛める】❶亲生。御中を痛める。例腹を痛めたわが子ほど可愛いものはない。没有比自己亲生的孩子更可爱的了；自己身上掉下来的肉最可爱。❷自己负担（费用）；自掏腰包。類自腹を切る。例こちらから食事に誘ったのだから腹を痛めるのは当たり前だ。因为是我张罗请客，所以理应我掏腰包。

【腹を癒す】消气ル；解恨；出气。類腹が癒える。

【腹を抉る】尖锐地质问；单刀直入。

【腹を抱える】捧腹大笑；令人捧腹。類顎が外れる；顎を外す；頤を解く；御中を抱える；腹が捩れる；腹を捩る；腹筋を縒る；腹の皮が捩れる；腹の皮を捩る；腹の筋を縒る；腹を捩る；腹を縒る。例売れてるコンビの漫才に腹を抱える。受欢迎的对口相声令人捧腹大笑。

【腹を固める】下决心；拿定主意。類腹を決める。例後任を誰にするか腹を固める。决定出由谁来接替工作。

【腹を決める】下决心；决计；拿定主意。類意を決する；肝を据える；心を決める；心を定める；腹が決まる；腹を固める；腹を括る；腹を据える①；臍を固める。例選ばれた以上腹を決めてその任に当たる。既然已被选上，就决定挑起这副担子。

【腹を切る】引咎辞职。例会社全体の責任なのだから君一人が腹を切ることはない。这是整个公司的责任，用不着由你一个人引咎辞职。

【腹を括る】下定决心；横下一条心。類腹を決める。例前途に控える困難に腹を括って挑む。下决心迎接前进途中的困难。

【腹を下す】　拉肚子；泻肚。類腹を壊す。例夏は冷たいものばかり食べて腹を下しやすい。夏天一个劲儿吃凉的容易腹泻。

【腹を拵える】　吃饱饭；填饱肚子。類御中を拵える。例重労働の前に腹を拵える。干重活之前先吃饱。

【腹を肥やす】　中饱私囊；肥私。類私腹を肥やす。例利権で腹を肥やす。利用特权中饱私囊。

【腹を壊す】　腹泻；拉肚子；泻肚。類腹が下る；腹を下す。例残り物を無理に食って腹を壊した。勉强吃掉剩菜，结果拉肚子了。

【腹を剖き珠を蔵す】　剖腹藏珠；为钱财不要命。類主客転倒。中唐·王方庆《魏郑公谏录·对西胡爱珠》："太宗谓侍臣曰：'朕闻西胡爱珠，若得好珠，劈身藏之。'侍臣咸曰：'贪财损己，实为可笑。'太宗曰：'勿惟笑胡，今官人贪财，不顾性命。身死之后，子孙被辱，何异西胡之爱珠耶！'"

【腹を探る】　试探；窥测对方的真意。類探りを入れる。例互いに相手の腹を探り合う。互相试探对方的真意。

【腹を据える】　❶下定决心；做好心理准备。類腹を決める。例ここが正念場と腹を据える。作好应对这个关键时刻的精神准备。❷强压怒火；冷静下来。類虫を殺す。例相手の理不尽な対応に腹を据えかねる。对方蛮不讲理地应对，令人忍无可忍。

【腹を立てる】　生气；发怒。類熱くなる②；色を作す；かちんと来る；癇に障る；業が煮える；小癪に障る；小腹が立つ；小腹を立てる；癪に障る；腹が立つ；向きになる①。例詰まらないことに一一腹を立てていたら切りがない。对所有无聊的事都生气，那可没个头儿。

【腹を見透かす】　识破诡计；看穿（对方）意图。類腹を見抜く。例相手はとっくにこちらの腹を見透かしていた。对方早就看穿了我的意图。

【腹を見抜く】　看穿心思；识破对方的阴谋；识破意图。類腹を見透かす；腸が見え透く。例同僚に腹を見抜かれる。被同事看穿了内心所想。

【腹を見られる】　内心被看穿。例失言でこちらの腹を見られてしまった。由于失言，自己的意图被看破了。

【腹を召す】　达官贵人剖腹；切腹自杀。例落城を間近にして殿は腹を召された。城池即将失守，城主剖腹自杀了。

【腹を捩る】　捧腹大笑；笑破肚皮。類腹を抱える。

【腹を読む】　揣摩对方心思；推测对方意图。例交渉では先に腹を読まれた方が不利になる。谈判时先被对方了解到本方的意图则对本方不利。

【腹を縒る】　捧腹大笑。類腹を抱える。

【腹を割る】　掏心窝子（说）；推心置腹；坦诚相告。類胸襟を開く。例こちらが腹を割れば相手はきっと分かってくれる。如果坦诚相告，对方一定能理解我们。

【張り合いが抜ける】　泄气；失去劲头。類気が抜ける①；魂が抜ける。例主役が不在で出演者たちの張り合いが抜ける。主角不在，其他演员都没劲儿了。

【馬力を掛ける】　加把劲；鼓干劲；卖力气。類精を出す。例もう一息で完成するので馬力を掛ける。坚持一下就完成了，鼓足干劲。

【張子の虎】　纸老虎。

【針の穴から天を覗く】　管窥蠡测；坐井观天；以管窥天。類貝殻にて海を量る；鍵の穴から天覗く；管中に豹を見る；管を用いて天を窺う；葦の髄から天井を覗く。

【針の先で突いたほど】　针鼻儿大的；一点点；一丁点儿。類毛ほど。例責任感は針の先で突いたほどしかない。责任心只有一点点。

【針の筵】　（如坐）针毡。類座に堪えない。

【針の山】　（地狱的）刀山。

【針ほどの事を棒ほどに言う】 言过其实；夸大其词；夸张。**類**大袈裟；乞食が米を零したよう①；針小棒大；之繞を掛ける；大上段に構える②；輪に輪を掛ける；輪を掛ける。

【針を蔵に積みても溜まらぬ】 攒小钱儿成不了大款。

【針を含む】 话中带刺；含沙射影。**類**口に針。**例**文章に針を含む。文章怀有敌意；文章带刺。

【針を以て地を刺す】 以锥刺地；以浅见论大道。**中**战国・庄周《庄子・秋水》："是直用管窥天，用锥指地也，不亦小乎？"

【春雨じゃ、濡れて行こう】 春雨淅沥，不怕淋湿；毛毛细雨，浇浇无妨。

【春立つ】 立春。

【春に三日の晴れなし】 春无三日晴；樱花季节天多变。

【春を売る】 卖淫；卖春。**類**色を売る；色を鬻ぐ；体を売る；情を売る；情けを売る①；身を売る②。

【春を鬻ぐ】 ➡春を売る

【馬齢を重ねる】 马齿徒增；虚度年华；虚度春秋。**類**犬馬の齢。**例**私の一生なぞ人様のお褒めに与るようなものではなく、ただ馬齢を重ねて来ただけです。我的一生没有什么可褒奖的，不过是虚度年华而已。

【晴れの舞台】 隆重的舞台；盛大的场面。

【腫れ物に触るよう】 小心谨慎；小心翼翼；提心吊胆。**例**受験生は家庭で腫れ物に触るように扱われている。考生在家里受到小心呵护。

【葉を欠いて根を断つ】 磨瑕毁玉；因小失大。**類**角を矯めて牛を殺す。

【歯を噛む】 切齿悔恨；扼腕。**類**切歯扼腕。**例**もう少しで勝てたのにと歯を噛んだ。差一点就赢了，真是令人扼腕！

【歯を食い縛る】 咬紧牙关；拼命忍住。**類**歯の根を鳴らす①。**例**ここを先途

と歯を食い縛る。在此生死存亡之秋咬紧牙关挺住。

【覇を称える】　称霸；称王称霸。[中]汉·司马迁《史记·管晏列传》："管仲世所谓贤臣，然孔子小之。岂以为周道衰微，桓公既贤，而不勉之至王，乃称霸哉？"[例]世界に覇を称える。称霸世界。

【場を取る】　占地方。[類]幅を取る①。[例]6畳間にベットではほとんど場を取られるよ。6张榻榻米房间放上床，几乎把整个屋子占满了。

【場を外す】　中途退场；离去；离开。[類]席を外す。[例]集会に出ていたが急用で場を外した。参加集会时突然有急事，中途离开会场。

【歯を剥く】（剥く、出すとも）　不留情面地斥责；痛斥。

【半肩担ぐ】　助一臂之力；协助。

【反間苦肉の策】　反间苦肉计；苦肉计；反间计。[類]苦肉の策；反間苦肉。

【万感交到る】　百感交集；感慨万端。[例]ノーベル賞受賞に際し万感交到る。诺贝尔奖获奖之际，真是百感交集。

【反感を買う】　招来反感；引起反感；激起反感。[例]好意でやったことが逆に反感を買ってしまった。出于好意，反倒招来反感。

【万機公論に決すべし】　万机应决于公论；一切取决于民意。

【反旗を翻す】　造反；反叛。[類]盾を突く；弓を引く。[例]農民が封建制度に反旗を翻す。农民对封建制度揭竿而起。

【判子で押したよう】　千篇一律；老一套。[類]型に嵌まる。

【万歳の後】　百年之后；死后。

【万策尽きる】　走投无路；山穷水尽；无计可施；被逼入绝境。

【半座を分く】　让出半个座位；（净土宗）同坐莲花台。

【万死一生を顧みず】　不顾万死一生。[中]汉·司马迁《报任少卿书》："夫人臣出万死不顾一生之计，赴公家之难，斯已奇矣。"

【万事休す】 万事休矣；万事皆休。類一巻の終わり①；遅きに失する。中宋・黄庭坚《次韵马荆州》："六年绝域梦刀头，判得南还万事休。" 例事ここに至れば万事休す。事已至此，万事休矣！

【万死の中に一生を得る】 万死一生；九死一生；死里逃生。類九死に一生を得る。

【万乗の君】 万乘之君。中战国・孟轲《孟子・公孙丑上》："不受于褐宽之博，亦不受于万乘之君。"

【半畳を入れる】 喝倒彩；起哄。類野次を飛ばす。例国会審議で反対政党の議員が半畳を入れるのは目立とうとするパフォーマンスだろう。在国会审议的时候，反对党议员起哄可能是为了引人注目的一种表演。

【半畳を打つ】 喝倒彩；起哄。類野次を飛ばす。

【班女が閨】（閨、閨とも） 空闺；闺怨。

【万全を期す】 以期万全；作到万无一失。

【パンチの利いた】 印象强烈的；具有震撼作用的。

【番茶も出花】 粗茶新沏味也香；丑女妙龄也好看。類鬼も十八、番茶も出花。

【パンチを食う】 遭到沉重打击。

【判で押したよう】 老一套；千篇一律。類型に嵌まる。

【槃特が愚痴も文殊の知恵】 愚者修行不废，可达文殊智慧。

【パンドラの箱】 （希腊神话）潘多拉盒；潘多拉魔盒。西Greek mythology：Pandora's Box.

【万難を排する】 排除万难。例万難を排して事に当たる。排除万难，一力承担。

【般若の面】 般若面具；冤魂（女鬼）面具。

【万人の万人に対する戦い】 所有人对所有人的战争。

【叛服常無し】　叛服无常；服从与背叛，反复无常；向背无常。**中**宋·苏轼《司马温公神道碑》："惟西羌夏人，叛服不常。"

【万物は流転する】　万物流转：一切皆流，万物皆变。

【蛮勇を振るう】　蛮干；逞匹夫之勇；逞无谋之勇。

【万里一条の鉄】　（佛教）万里一条铁；真理永恒。

【万里の長城】　万里长城；国家所依赖的大将；人民军队。**中**唐·李延寿等《南史·檀道济传》："道济见收，愤怒气盛，目光如炬，俄尔间引饮一斛，乃脱帻投地，曰：'乃坏汝万里长城。'"

【範を垂れる】　垂范；率先垂范；作表率；以身作则。**例**上司が率先して範を垂れる。领导率先垂范。

【番を張る】　当阿飞头ル；当小流氓头ル。**例**クラスで番を張る。在班里成为差生的头ル。

ひ

【日脚が伸びる】　白昼渐长。**例**春分を過ぎれば北回帰線の北側は日脚が伸びる。过了春分，北回归线以北白昼就会变长。

【火危うし】　小心火烛；注意防火。**類**火の用心。

【贔屓の引き倒し】　过分袒护反害其人；过于爱之，反而害之。

【贔屓目に見る】　往好里看；偏袒的眼光看。**類**贔屓目。**例**身内は可愛いからどうしても贔屓目に見てしまう。自己人都是可爱的，所以容易用偏袒的眼光看待。

【冷え物でござい】　（江户时代在公共澡堂入池时的寒暄）我也暖暖身子；抱歉，我要把水弄凉了。

【日が浅い】　刚……不久；日子还短；刚开头。**例**この仕事に就いてからまだ日が浅い。从事这项工作还时间不长。

【日が当たる】　向陽；身处优越环境；近水楼台。例キャリア官僚は日が当たるポストを約束されている。公务员考试一等合格官僚保证会有好的岗位。

【火が消えたよう】　失去生气；非常沉寂；冷冷清清。例人口減で町は火が消えたようだ。人口减少，街面上冷冷清清的。

【非学者論に負けず】　胡搅蛮缠，谁也不服；不学无术，强词夺理；秀才遇见兵，有理说不清。

【日陰の身】　见不得人的人；在人前抬不起头来的人；没脸见人的人。

【日が高い】　❶日上三竿；时间不早了。例もう日が高いのにまだ寝ているのか。已经时候不早了，还睡呀？❷时间还早；天还未黑。例まだ日が高いからもう一踏ん張りしよう。太阳还没落呢，再努把子力呀。

【火が付く】　❶燃起；点燃。例ストーブの上に干していた洗濯物に火が付く。晾在炉子上面的衣服烧着了。❷引发事端。例動乱に火が付く。引发动乱。❸急迫；慌忙。類焦眉の急。

【日が長い】　白天长；日照长。

【火が入る】　❶被点燃。例溶鉱炉に火が入る。高炉被点燃。❷油锅起火。例中華鍋に火が入る。油锅起火。

【火が降る】　一贫如洗；家徒四壁；赤贫。類赤貧洗うが如し。

【火が回る】　火势蔓延；延烧。例山火事の火が民家に回って来た。山林大火延烧到民房。

【日が短い】　白昼短。例冬は日が短いので早めに帰宅する。冬季天短，赶紧回家。

【光を当てる】　投射光线；目光投向。類照明を当てる。例この小説は明治維新の陰の立役者に光を当てたものだ。这部小说着眼于明治维新时幕后的核心人物。

【光を失う】　黯然失色；失去威严；失去希望；没有活力。

【光を放つ】　大放光芒；大放异彩；才华横溢。類精彩を放つ。例彼の功績は半世紀にわたり光を放っている。他的功绩半个世纪一直大放异彩。

【引かれ者の小唄】　硬充好汉不服输；输了还逞强。

【引合いに出す】　引为例证。例私の事を引き合いに出されても困る。把我这点事拿出来当例证可不行。

【引き金になる】　成为起因；成为导火线。類起爆剤になる。例メタボ健診が引き金になって私の健康志向が強まった。代谢综合症体检成了我注重健康的动因；以代谢综合征体验为契机，我的健康意识增强了。

【引き金を引く】　扣扳机；直接动因。例貧富の差の拡大が暴動の引き金を引いた。贫富差距的扩大直接引发了暴动。

【悲喜交交至る】　悲喜交集。中宋·李昉《太平广记·成公智琼》："有一马车似智琼，驱驰前至，视之果是，遂披帷相见，悲喜交至。"

【引きも切らず】　接连不断；络绎不绝；纷至沓来；联翩而至。類入れ替わり立ち替わり。例注文が引きも切らずに入る。接连不断地有人订货。

【飛行の三鈷】　（弘法大师空海）确定密教圣地的金刚杵。

【低き所に水溜まる】　水往低处流；有利可图，趋之若鹜；罪恶渊薮，恶人聚首。類凹き所に水溜まる①；水の低きに就くが如し①。

【引く手数多】　成为香饽饽儿；有人气。例景気が持ち直し新卒者は引く手数多だ。景气好转，应届毕业生成了香饽饽儿。

【びくともしない】　纹丝不动；满不在乎；毫不动摇；纹风不动。例どんな経済危機がやって来ようとも我が社の屋台骨はびくともしない。无论有什么样的经济危机，本公司的根基都毫不动摇。

【引くに引かれず】　欲罢不能；进退两难；进退维谷；骑虎难下。類進退こ

れ谷まる。例立場上引くに引かれず。处于骑虎难下的境地。

【引くの山の】　忙乱不堪；一片混乱；乱糟糟的。

【日暮れて道遠し】　日暮途远；天黑路远；前途渺茫。中汉·司马迁《史记 伍子胥传》："吾日莫（=暮）途远，吾故倒行而逆施之。"

【日暮れて道を急ぐ】　天黑赶路；赶工期。

【微醺を帯びる】　略带醉意。

【髭食い反らす】　摆派；摆派头；显威风。

【髭を貯える】　留胡子；蓄须。

【髭の塵を払う】➡御髭の塵を払う

【卑下も自慢の中】　表面谦卑，实为倨傲；装作谦卑，实为自豪。

【髭を当たる】　刮胡子。例床屋で髭を当たる。在理发店刮胡子。

【引けを取る】　自愧弗如；自惭形秽；相形见绌；比不上。类後塵を拝する。例兄は弟に引けを取る。哥哥不如弟弟。

【髭を撫でる】　捋胡子；略显得意的样子。例勝利に酔い髭を撫でる。得意洋洋地沉醉于胜利之中。

【非業の死】　死于非命。

【非細工の小刀減らし】　艺不精，白费功；劳而无功；白忙活。类一文にもならない。

【膝頭で江戸へ行く】　事倍功半；收效甚微。类一文にもならない。

【膝が流れる】　腿发软；腿脚没劲ル；行走不稳。

【膝が抜ける】　❶腿酸软。例長距離走で膝が抜けてもうこれ以上走れない。长跑跑得两腿酸软，实在跑不动了。❷裤膝处磨破。例わざと膝が抜けたジーンズを穿いている人をたまに見かける。偶尔能见到有人特意穿膝盖有漏洞的牛仔裤。

【膝が笑う】　累得腿发颤；两腿发软。例黄山の二日目、山下りの時は膝が笑い

通しで辛かった。在黄山第二天下山时，始终两腿发颤，很难受。

【庇を貸して母屋を取られる】 ❶恩将仇报。類恩を仇で返す。❷得寸进尺；喧宾夺主。類借家栄えて母屋倒れる。

【膝とも談合】 和谁商量都有益处；集思广益。

【膝の皿から火が出る】 极端贫困；赤贫。類赤貧洗うが如し。

【膝元を離れる】 离开双亲（的膝下）；离家独立谋生。例高校を卒業し大学進学のため親の膝元を離れる。高中毕业，离开父母上大学。

【膝を容れる】 ❶身居斗室。中晋·陶渊明《归去来兮辞》："倚南窗以寄傲，审容膝之易安。"❷加入交谈。

【膝を打つ】 拍大腿。例はたと膝を打って納得する。啪地一拍大腿，表示赞同。

【膝を折る】 屈膝；屈服；下跪；卑躬屈节；摧眉折腰。類頭を下げる❷；腰を折る❷；七重の膝を八重に折る；羽を垂れる；膝を屈める；膝を屈する；平蜘蛛のよう；平身低頭。例臣下が王の前に膝を折る。臣子在国王面前要下跪。

【膝を屈める】 屈膝；屈服；下跪。類膝を折る。

【膝を崩す】 非正襟危坐；放松地坐；舒展地坐。類膝を直す。例読経は長いので膝を崩してもいいですよ。诵经时间长，坐着可以伸伸腿哟。

【膝を屈する】 屈膝；屈服。類膝を折る。

【膝を組む】 ❶盘腿坐。類座を組む。例囲炉裏端で膝を組み暖を取る。盘腿坐在火塘旁边烤火。❷同席；平起平坐。

【膝を進める】 凑上来；往前凑近。類膝を乗り出す。例和室で膝を進めてお酌をする。在日式房间膝行上前斟酒。例隣のテーブルの面白そうな会話に膝を進める。邻桌谈话有意思就凑了上去。

【膝を抱く】 ❶抱膝；孤独。例正月なのに一人アパートで膝を抱いて過ごす。新年孑然一身在公寓里度过。❷祈求；恳求。

【膝（ひざ）を正（ただ）す】　端坐；正襟危坐（zhèngjīnwēizuò）。[類]威儀（いぎ）を正す。[例]膝を正して祝辞を述べる。正襟危坐，口诵（kǒusòng）祝辞。

【膝（ひざ）を立（た）てる】　支起一条腿。

【膝（ひざ）を突（つ）き合（あ）わせる】　促膝谈心（cùxītánxīn）；坦率（tǎnshuài）地交谈。[類]膝を交える。[例]膝を突き合わせて相談する。促膝交谈。

【膝（ひざ）を突（つ）く】　跪坐鞠躬（guìzuòjūgōng）致敬。[例]座敷（ざしき）に通され双方が膝を突いて挨拶（あいさつ）する。被让到客厅，双方互相郑重（zhèngzhòngqíshì）其事地互相问候。

【膝（ひざ）を直（なお）す】　随便坐；伸伸腿轻松一下。[類]膝を崩す。

【膝（ひざ）を乗（の）り出（だ）す】　凑上前去；凑近（còujìn）（对方）。[類]膝を進める。[例]興味を引く話なので膝を乗り出す。对谈话内容感兴趣（xìngqù）就凑（了）上去。

【膝（ひざ）を交（まじ）える】　促膝谈心；坦率地交谈。[類]膝を突き合わせる。[例]膝を交えて談笑する。促膝畅谈（chàngtán）。

【肘鉄砲（ひじでっぽう）を食（く）わせる】　让对方碰钉子（pèngdīngzi）；断然回绝。[例]しつこく言い寄る男に肘鉄砲を食わせる。断然回绝纠缠（jiūchán）示爱的男子。

【秘事（ひじ）は睫（まつげ）】　秘事·秘传（mìchuán），都在眼前。

【肘（ひじ）を噛（か）む】　啮臂（nièbì）；立誓；下最大的决心。[類]誓（ちか）いを立（た）てる。[中]汉·司马迁《史记·孙子吴起列传》："吴起杀其谤己者三十余人，而东出卫郭门。与其母诀，啮臂而盟曰：'起不为卿相，不复入卫。'遂事曾子。"

【肘（ひじ）を食（く）う】　碰（pèng）（了）一鼻子灰；碰壁（pèngbì）；男方求爱遭拒（zāojù）。[例]飲（の）み屋（や）の女将（おかみ）に言い寄って肘を食った。向酒馆的老板娘套近乎（tàojìnhū）碰了一鼻子灰。

【肘（ひじ）を張（は）る】　❶摆威风（bǎiwēifēng）；逞（chěng）威风。❷固执。[類]意地（いじ）を張る。

【肘（ひじ）を曲（ま）げる】　曲肱而枕（qūgōngérzhěn）；安贫乐道（ānpínlèdào）。[中]《论语·述而》："饭疏食，饮水，曲肱而枕之，乐亦在其中矣。"

【美人（びじん）に年（とし）なし】　美女年老，依然妖娆（yāoráo）；美人岁晚，风韵（fēngyùn）不减；倾国倾城（qīngguóqīngchéng）

春常在。

【秘すれば花】 结局意外才是艺术；有悬念才是艺术。

【尾生の信】 尾生之信；死心眼儿。類頭が固い。中战国・庄周《庄子・盗跖》："尾生与女子期于梁下，女子不来，水至不去，抱梁柱而死。"

【顰に倣う】➡西施の顰みに倣う

【額に汗する】 满头大汗地干活；拼命干活。類汗水を流す。例国家国民のため額に汗することを厭わない溝板政治家は尊敬に値する。为国家和民众而不辞劳苦、努力实干的庶民政治家是值得尊敬的。

【額に筋を立てる】 气得额上青筋都暴出来；青筋暴跳；暴怒；盛怒。類怒り心頭に発する。例額に筋を立てて夫の浮気を詰る。气得额上青筋暴出，责难丈夫的外遇。

【額に箭は立つとも背に箭は立たず】(背、背とも) 宁可前进一步死，绝不后退半步生。

【尾大掉わず】 尾大不掉。中春秋・左丘明《左传・昭公十一年》："末大必折，尾大不掉，君所知也。"

【額を集める】 聚众商议；聚谈。例何か妙案はないかと額を集める。大家聚在一起商议看有什么好主意。

【額を合わせる】 凑近；聚在一起；面对面。類鼻を突き合わせる。例額を合わせて密談する。聚在一起密谈。

【火種になる】 成为火种；成为隐患；导火线。例金銭問題が夫婦不仲の火種になる。金钱问题成为夫妇不和的导火线。

【左団扇で暮らす】 安闲度日；享清福。類左団扇。例大店の旦那が隠居し左団扇で暮らす。巨商的老板退休后享清福。

【左褄を取る】 当艺妓；成为艺妓。類褄を取る。例今は大金持ちの奥様に収ま

っているが昔は左棲を取っていたことがある。她现在是大富豪的夫人，以前当过艺妓。

【左前になる】 事业受挫；经济上窘迫；趋于衰落。例左前になって左団扇の頃を懐かしむ、貧富の両方を味わえたから良しとするか。事业受挫，怀念宽裕的过去，贫富都尝过了，可以了。

【秘中の秘】 绝密；机密中的机密。

【飛鳥尽きて良弓蔵る】 飞鸟尽，良弓藏；鸟尽弓藏。類狡兎死して走狗烹らる。中汉·司马迁《史记·越王勾践世家》："飞鸟尽，良弓藏；狡兎死，走狗烹。越王为人长颈鸟喙，可与共患难，不可与共乐。"

【筆硯に親しむ】 笔耕；著述；写文章。類文を属す。

【引っ込みが付かない】 欲罢不能；骑虎难下；下不了台。類騎虎の勢い；乗りかかった船。例相手にそう出られたらこちらも引っ込みが付かない。对方已经那样逼上来了，我们也不能作罢。

【羊に虎の皮を着せる】 外强中干。

【羊の歩み】 如牵牛羊诣于屠所；走向死亡。中北凉·昙无谶译《北本涅槃经·迦叶品》："如囚趋市，步步近死，如牵牛羊诣于屠所。"

【筆舌に尽くしがたい】 语言难以表达；难以言表；不可名状；不可言传。類口にも筆にも尽くせない。例半径1kmに及ぶ爆発現場の惨状は筆舌に尽くしがたい。爆炸半径达1公里的现场惨状简直难以用语言表达。

【ピッチを上げる】 加速；提速。類拍車を掛ける。例竣工目前で工事のピッチを上げる。竣工在即，工程提速。

【匹夫罪なし、璧を懐いて罪有り】 匹夫无罪，怀璧其罪；暴发户容易犯罪。類小人罪無し、玉を懐いて罪有り；玉を懐いて罪有り。中春秋·左丘明《左传·桓公十年》："初，虞叔有玉，虞公求旃；弗献。既而悔之，曰：'周谚有之：匹夫无罪，怀璧

其罪，吾焉用此，其以賈害也。'乃献。"

【匹夫の勇】 匹夫之勇。類血気の勇；小人の勇。中战国·孟轲《孟子·梁惠王下》："此匹夫之勇，敌一人者也。"

【匹夫も志を奪うべからず】 匹夫不可夺志。類一寸の虫にも五分の魂。中《论语·子罕》："子曰：'三军可夺帅也，匹夫不可夺志也。'"

【必要欠くべからざる】 必不可少；不可或缺；不可缺。類欠くべからざる；不可欠。例光、空気、水は生命体維持に必要欠くべからざる要素である。光·空气·水是维持生命不可或缺的要素。

【必要に迫られる】 迫于需要。例浪費を避けるため買物は必要に迫られた時にだけするようにしている。为了避免浪费，尽量在切实需要的时候才购物。

【必要は発明の母】 （英谚）需要是发明之母；有需要才有发明。西Necessity is the mother of invention.

【筆力鼎を扛ぐ】 笔力扛鼎。中唐·韩愈《病中赠张十八》："龙文百斛鼎，笔力可独扛。"

【蹕を駐む】 驻跸；帝王出行，中途小住。中晋·左思《吴都赋》："于是弭节顿辔，齐镳驻跸。"

【批点を打つ】 ❶点评诗文。❷批评；谴责。類非を鸣らす。

【人垢は身につかぬ】 钱财悖入则悖出；不义之财，不会长久。類悪銭身につかず。

【一雨ありそう】 看样子要下阵雨；山雨欲来；风云突变。類山雨来たらんと欲して風楼に満つ；泣きだしそうな空模様；風雲急を告げる。例西空の黒雲を見ると一雨ありそうだ。看西边天空乌云，是要下雨了。例政局は一雨ありそうな雰囲気だ。政局大有山雨欲来之势。

【人有る中にも人無し】 世人数不清，贤者若晨星。

【一泡吹かせる】 使惊慌失措；使人大吃一惊；措手不及。類泡を吹かす。例奇襲攻撃で敵に一泡吹かせる。突然袭击使敌人惊慌失措。

【一息入れる】 稍事休息；小憩；喘口气。類息を入れる。例八合目の山小屋で一息入れましょう。在离山顶不远的登山休息站稍微休息一下吧。

【人至って賢ければ友なし】 人至察则无徒；对人不可求全责备。中汉·戴圣《礼记·子张问入官》："故水至清则无鱼，人至察则无徒。"

【人衆ければ則ち狼を食らう】 人众食狼；人多力量大。類餓鬼も人数。中汉·王充《论衡·谰时》："狼众食人，人众食狼。敌力角气，能以小胜大者希；争强量功，能以寡胜众者鲜。"

【人衆ければ天に勝つ】 人众胜天。中汉·司马迁《史记·伍子胥列传》："子之报仇，其以甚乎！吾闻之，人众者胜天，天定亦能破人。"

【人が好い】 ❶为人好；人品好。類気がいい。例彼女は人が好いので誰からも好かれる。她人品好，大家都喜欢她。❷老实巴交；好好先生；心慈面软。例人が好いので頼まれると断れない。他是好好先生，所以别人求他他就不好意思拒绝。

【人が変わる】 变了个人。例あの一件以来、彼は人が変わったように真面目になった。自从那件事以后，他像变了个人似的认真起来了。例アルコールが入ると人ががらりと変わる。他一喝上酒就不是他了。

【一方ならず】 格外；非常；特别。例一方ならぬ喜びに浸る。沉浸在格外的喜悦之中。

【人必ず自ら侮りて然る後に人これを侮る】 人必自侮，然后人侮之。中战国·孟轲《孟子·离娄上》："夫人必自侮，然后人侮之；家必自毁，而后人毁之；国必自伐，而后人伐之。"

【一皮剥く】 剥去伪装；剥去画皮；揭掉面纱。類面の皮を剥ぐ。例社会的地位やお金の有る無しにかかわらず、人間一皮剥けば大した相違はない。无论有没

有社会地位和金钱，去掉表面的东西，人都没有多大差异(chāyì)。

【一皮剥ける(ひとかわ む)】 大有长进(zhǎngjìn)；成熟一些。類一皮も二皮も剥ける①。例一皮剥けて綺麗(きれい)になる。明显地漂亮(piàoliang)起来了。例一皮剥けて腕前(うでまえ)が上がる。本领大有长进。

【一皮も二皮も剥ける(ひとかわ ふたかわ む)】 ❶大有长进。類一皮剥ける。例スマホの機能は一年で一皮も二皮も剥ける。智能手机的功能一年就有很大改进。❷女大十八变；出落(chūluo)。例少女は数年見ないうちに一皮も二皮も剥けた美人に成長した。小姑娘(gūniang)几年没见就出落成了美女了。

【人が悪い(ひと わる)】 人品坏；心术不正(xīnshùbùzhèng)。類意地(いじ)が悪い。例知っていながら教えてくれないなんて、あなたも人が悪い。明明知道却(què)不告诉我，你真坏。

【人聞きが悪い(ひとぎ わる)】 传出去不好听；有损名声。例私があの人を虐(いじ)めているなんて、人聞きが悪いことを言わないでよ。我欺负他(qīfù)？你可别说那种坏人名声的话！

【一癖も二癖もある(ひとくせ ふたくせ)】 刺儿头(cì tóu)；不可掉以轻心(diàoyǐqīngxīn)；非同一般。

【一口に言う(ひとくち い)】 简单地说；直截了当地说(zhíjiéliǎodàng)；一言以蔽之(yīyányǐbìzhī)。類早(はや)い話(はなし)が。例人生は一口に言うと山あり谷ありです。简单地说，人生既有巅峰(diānfēng)又有低谷。

【一口乗る(ひとくち の)】 算上一份儿。例そのお話、私にも一口乗らせてよ。那事也算我一份吧。

【一口物に頬を焼く(ひとくちもの ほお や)】 吃热豆腐烫了嘴(tàng zuǐ)；自讨苦吃(zìtǎokǔchī)。

【人心地が付く(ひとごこち つ)】 缓过气来；恢复常态。例長旅(ながたび)から自宅へ帰りやっと人心地が付いた。长时间旅行回到家才算恢复了常态。

【人事言わば筵敷け(ひとごとい むしろし)】 说谁谁到，坐席备好；说曹操(cáocāo)，曹操到。類噂(うわさ)をすれば影(かげ)がさす。

【一言多い(ひとことおお)】 多余的话；废话(fēihuà)。例悪意はないんだろうが、彼女は一言多いから周りから嫌(いや)がられる。也许她没有恶意，但多说了一句话，让大家讨厌了。

【人事で無い(ひとごと な)】 不应作壁上观(zuòbìshàngguān)；不能认为与己(jǐ)无关；并非事不关己(jǐ)。

【人酒を飲む、酒酒を飲む、酒人を飲む】 饮酒莫贪杯，贪杯活受罪。

【一筋縄では行かない】 不能用常规办法处理；不可等闲视之；非比寻常。**類**手に負えない。**例**一筋縄では行かない人物。(他)是个不可等闲视之的人物。

【一溜まりもない】 一会儿也支持不了；不堪一击；马上垮台；一触即溃。**例**激流に呑まれたら一溜まりもない。被激流卷走马上就完了。

【一つ穴の貉】 一丘之貉。**類**同じ穴の狢。

【一つとして】 全然（没）；一个也（没）。**例**貴賓のお持て成しに一つとして遺漏があってはならない。接待贵宾，一项也不可遗漏。

【一つまさりの女房は金の草鞋で探しても持て】 女大一，是个宝，踏破铁鞋也要找；女大一，是好妻；妻子大一岁，丈夫乐一生。**類**金の草鞋で尋ねる。

【一つ間違えば】 差一点就。**例**一つ間違えば大事故になるところだった。差一点就酿成严重的事故。

【一つ屋根の下】 同堂；同一个屋檐下；同一个家庭。**例**昔は大家族で従兄弟従姉妹たちと一つ屋根の下で育った。过去同宗兄弟姐妹在同一个大家族里长大。

【人手に掛かる】 ❶被别人杀害。**例**旅先で人手に掛かる。在外地被人杀害。❷受到别人养育。**例**幼くして父母を亡くし人手に掛かって大きくなった。自幼失去父母，由别人抚养大。

【人手に掛ける】 ❶指使别人行刺。❷让别人养育。

【人手に渡る】 到别人手里；让给别人。**例**負債処理で持ち家が人手に渡った。(为)处理负债，自己的房子给了人家。

【人と入れ物は有り次第】 人多人少，全在利用；人与容器，再多不嫌多，再少不嫌少。

【人と成る】 长大成人。**類**肩上げを下ろす②；脇を塞ぐ。

【人と屏風は直ぐには立たず】 只凭正直不能成事；以为讲理，没人理你。

【人並み勝れる】 超群；出类拔萃；超常。類群を抜く。例彼は知恵遅れでも人並み勝れた画才があった。他虽然有智力障碍，但却有超群的绘画天才。

【人並み外れる】 超常；异乎寻常。例人並み外れた肉体の持ち主でないと格闘技は無理だ。如果没有超常的体魄，就干不了格斗术这行。

【人に勝たんと欲する者は先ず自ら勝つ】 欲胜人者先自胜。中战国·吕不韦《吕氏春秋·先己》："故欲胜人者，必先自胜；欲论人者，必先自论；欲知人者，必先自知。"

【人には添うてみよ、馬には乗ってみよ】 路遥知马力，日久见人心；人要处处看，马要骑骑看。類馬には乗って見よ、人には添うて見よ。

【人の頭の蠅を追う】 多管闲事。類御節介を焼く。

【人の行く裏に道あり花の山】 阳关道，独木桥，另辟蹊径花更娇。

【人の一生は重荷を負うて遠き道を行くが如し】 （德川家康）人的一生如负重远行。

【人の噂も七十五日】 闲话只是一阵风；谣言不会长久。

【人の皮を被る】 人面兽心；不是人。類狼に衣。例テロ分子は人の皮を被った異界の生き物だ。恐怖分子是披着人皮的魔怪世界的生物。

【人の口に戸は立てられず】 人嘴堵不住；人口封不住。類世間の口に戸は立てられぬ。

【人の疝気を頭痛に病む】 看三国掉眼泪；替古人担忧；杞人忧天；为别人的事苦恼。類他人の疝気を頭痛に病む。

【人の宝を数える】 ➡隣の宝を数える

【人の蠅を追うより自分の頭の蠅を追え】 少管闲事；各人自扫门前雪，莫管他人瓦上霜。類頭の上の蠅を追う。

【人の花は赤い】 东西总是别人的好；这山望着那山高。類隣の芝生は青い。

574

【人のふり見て我がふり直せ】 借鉴他人，矫正自己；前车之覆，后车鉴之；覆车之鉴。類後車の戒め；前車の覆るは後車の戒め；覆車の戒め。

【人の褌で相撲を取る】 借人之物，为己谋利；假手于人；借鸡下蛋。

【人の将に死なんとする、其の言や善し】 人之将死，其言也善。中《论语·泰伯》"曾子言曰：'鸟之将死，其鸣也哀；人之将死，其言也善。'"

【人の悪口は鴨の味】

说人坏话，心里痛快。

【人は石垣、人は城】 民为国之本；众志成城。類衆心城を成す。

【人は一代、名は末代】 人生一世休，名声千古留。

【人は落ち目が大事】 ❶逆境应励志，东山须再起。❷落难朋友，应施援手。

【人は死して名を留む】 人死留名。類虎は死して皮を留め、人は死して名を残す。中宋·欧阳修《新五代史·王彦章传》："彦章武人，不知书，常为俚语谓人曰：'豹死留皮，人死留名。'"

【人は善悪の友による】 近朱者赤，近墨者黑。類朱に交われば赤くなる。

【一旗揚げる】 大干一场；兴办新事业。例田舎から都会へ出てきて一旗揚げる。从乡下来到大城市干一番事业。

【人は互い】 人应该互相帮助。類持ちつ持たれつ。

【一肌脱ぐ】 助一臂之力；鼎力相助；倾力帮助。類一臂の力を仮す；片肌脱ぐ；肌を脱ぐ②。例困っている人たちのため一肌脱ぐ。倾力帮助有困难的人。

【一花咲かせる】 荣耀一时。例一花咲かせたのでいつ死んでも悔いはない。我已荣耀一时，死而无憾。

【人は情】 人间需要真情；人要有同情心。類世は情け。

【人は情の下で立つ】 处事靠人情；人世需要人情。

【人はパンのみにて生くる者に非ず】 (《新约·马太福音4》)人活着不是单靠食物；生活不应仅止于满足物质的需要。西New Testament Matthew: People do not live on bread alone.

【人は人、我は我】 我行我素。

【人は見かけによらぬもの】 人不可貌相；不可以貌取人；海水不可斗量。類見掛けに依らない。

【人は見目よりただ心】 貌美不如心善；容貌美不如心灵美。類見目より心。

【人木石にあらず】 人非木石；人非草木；人是有情感的。中唐·白居易《李夫人》诗："人非木石皆有情，不如不遇倾城色。"

【一骨折る】 尽点力；出一把力；效力。例貴女のためなら一骨折りましょう。如果有益于你，我愿尽力。

【人前を繕う】 装门面；在人前掩饰。類見栄を張る。例夫婦仲は良くないが商売柄人前を繕っている。夫妻关系并不好，但为了生意在人前要装门面。

【人前を憚る】 在众人面前有所顾忌；众目睽睽，谨言慎行。例保釈中は人前を憚り家に籠る。保释期间不敢见人，呆在家里。

【人増せば水増す】 人口多花销多；家大业大花销必大。

【瞳を凝らす】 凝视；睁大眼睛看；注视。類目を凝らす。例電子顕微鏡に映し出されたウイルスの正体に瞳を凝らす。睁大眼睛注视着显现在电子显微镜下病毒的真面目。

【人目が煩い】 世人眼目可畏；人眼可畏。例車内で化粧をしていると人目が煩い。在车内化妆会引人注视。

【人目に余る】 令人看不下去；不堪入目；令人生厌。類目に余る。例行儀が悪くて人目に余る。举止不文雅，叫人看不下去。

576

【人目に晒す】　示众；在众人前曝光（bàoguāng）。⑩老いた姿（すがた）を人目に晒したくない。不愿意让人看到自己的老态龙钟（lǎotàilóngzhōng）的样子。

【人目に立つ】　显眼；引人注目（yǐnrénzhùmù）。類目に立つ。⑩抜群のスタイルが人目に立つ。出众的体态很引人注目。

【人目に付く】　显眼；引人注目。類目に立つ。⑩看板は人目に付く所に設置しないと効果がない。牌子（páizi）不立在显眼的地方没有效果。

【人目を奪う】　夺目；显眼。類目に立つ。⑩芸人（げいにん）はまずそれと分かる服装で人目を奪おうとする。艺人用一看便知的服装来吸引眼球。

【人目を避ける】　躲避旁人（duǒbìpángrén）眼目；防止人们看见。⑩遅刻したので人目を避けて入場する。迟到了，入场时躲避着人们的目光。

【人目を忍ぶ】　避人眼目；偷偷地；怕人看见。類人目を盗む。⑩人目を忍んで逢（あ）い引きする。偷偷地去幽会（yōuhuì）。

【人目を盗む】　背着人（bèizhe）；偷偷地；怕人看见；偷偷摸摸（tōutōumōmō）。類人目を忍ぶ；人目を憚る；目棲を忍ぶ①；目を掠める；目を潜る；目を忍ぶ；目を盗む。⑩人目を盗んでゴミのぽい捨（す）てをやる。偷偷地乱扔垃圾（luànrēnglājī）。

【人目を憚る】　怕人看见；顾忌（gùjì）别人的目光；避讳（bìhuì）人眼。類人目を盗む。⑩人目を憚らずにキスをする。旁若无人（pángruòwúrén）地接吻（jiēwěn）。

【人目を引く】　引人注目（yǐnrénzhùmù）。類目に立つ。⑩スタイル抜群のモデルたちは皆（みな）人目を引く服装・髪型ですたすたと登退場（とうたいじょう）する。风姿绰约（fēngzīchuòyuē）的模特（mótè）儿以博人眼球（bórényǎnqiú）的服装和发型目不斜视地（fàxīnmùbùxiéshì）走台。

【人もあろうに】　（明明应该是别人却）偏偏（quèpiānpiān）。⑩人もあろうに親しくしていた人が詐欺師（さぎし）だったとは今でも信じられない。现在都不敢相信，怎么偏偏跟我最好的人是诈骗犯（zhàpiànfànne）呢！

【人も無げ】　旁若无人（pángruòwúrén）；目中无人（mùzhōngwúrén）；目空一切（mùkōngyīqiè）。類傍若無人（ぼうじゃくぶじん）。⑩まだ尻（しり）が

577

青いので人も無げな言動も大目に見てもらえる。你还年幼无知，旁若无人的言行也可以得到谅解。

【一役買う】　主动承担任务；主动请缨；主动帮忙；毛遂自荐。**類**買って出る。**例**新会社設立に一役買う。主动请缨参与组建新公司的工作。

【一山当てる】　撞大运，发一笔财；投机赚一笔。**例**土地投機で一山当てる。作土地投机生意赚一笔钱。

【一山いくら】　一堆；论堆（卖）。**例**一山いくらで果物を売る。水果论堆卖。

【一山越す】　闯过一道难关；告一段落。**類**切りを付ける。**例**紛争の調停交渉が一山越す。调解纠纷的谈判闯过了一关。

【人山を築く】　人山人海；众人聚集。**類**黒山の人だかり。**例**人気のイベントで人山を築く。因为是倍受欢迎的活动，人山人海。

【人遣りならず】　自觉自愿；非受强制而为。

【一人口は食えぬが二人口は食える】　两个人过日子不比一个人费钱；独身费钱，夫妇省钱。

【一人相撲を取る】　唱独角戏；一个人卖力气傻干。**類**一人相撲②。**例**おっちょこちょいで一人相撲を取っては皆に馬鹿にされる。冒冒失失的一个人傻干会被人看不起。

【一人として】　一个人也（不）；谁也（不）。**例**一人として反対するものがあってはならない。哪怕有一个人反对也不行。

【一人ならず】　不止一个人。**例**ツアーのキャンセル客が一人ならずいて定員割れだ。退出组团旅游的人不止一个，最终没达到组团的最低人数。

【一人残らず】　一个人不剩地；全都；统统。**類**皆が皆。**例**観客は一人残らず彼女の演技に魅了された。所有的观众都被她的演技吸引住了。

【独りを慎む】　慎独。**類**君子は独りを慎む。

【人我に辛ければ我また人に辛し】 人爱我，我必爱之，人恶我，我必恶之；礼尚往来。**中**春秋·列御寇《列子·说符》："度在身，稽在人。人爱我，我必爱之；人恶我，我必恶之。汤武爱天下，故王；桀纣恶天下，故亡。"

【人を射んとせば先ず馬を射よ】 射人先射马；射将先射马。**類**将を射んと欲すれば先ず馬を射よ。**中**唐·杜甫《前出塞》诗之六："射人先射马，擒贼先擒王。"

【人を怨むより身を怨め】 怨人不如怨己；怨人先自省。**中**汉·刘安《淮南子·缪称训》："苟乡（=向）善，虽过无怨；苟不乡（=向）善，虽忠来患。故怨人不如自怨，求诸人不如求诸己，得也。"

【人を思うは身を思う】 善有善报；好心自有好报；与人方便，与己方便。**類**情けは人の為ならず。

【人を食う】 小瞧人；愚弄人；目中无人。**類**馬鹿にする。**例**彼はよく人を食った発言をする。他说话总把别人当傻瓜。

【人を逸らさない】 不得罪人；圆通；周到；抓住人心。**類**心を掴む；心を捉える。**例**雄弁家は話術で人を逸らさない。雄辩家讲话能抓住人心。

【人を立てる】 ❶托人说和；找人调解。**例**人を立てて話を進める。托人居中调解进行交涉。❷给别人面子。**類**顔を立てる。**例**公の場では人を立てることが大事だ。在公众场合，要紧的是给别人留面子。❸派人去作某事。**類**使いを立てる。**例**人を立てて親戚や隣近所に葬儀の連絡をする。派人去向亲戚和邻里通知葬礼的事。

【人を使うは苦を使う】 让人劳作是苦差事；劳心者亦苦。

【人をつけにする】 捉弄人；看不起人；欺负人。**類**馬鹿にする。

【人を呪わば穴二つ】 害人亦害己。**類**鼈人を食わんとして却って人に食わる。

【人を馬鹿にする】 小瞧人；欺负别人；瞧不起人。**類**馬鹿にする。**例**人を馬鹿にするのもいい加減にしろ！別那么瞧不起人！

【人を人とも思わない】 目中无人；目空一切。類傍若無人。例いくら偉くなったとは言え人を人とも思わなくなってしまってはお仕舞だ。就算再怎么了不起，如果目空一切那就完了。

【人を見たら泥棒と思え】 防人之心不可无；对人不可轻信。類心に垣をせよ。

【人を見て法を説け】（人、人とも） 因材施教。

【人を見る目】 慧眼识人；识人的眼力。例人を見る目のある上司の下で働きたい。愿意在慧眼识人的领导手下工作。

【人を以て言を廃せず】 不以人废言。中《论语·卫灵公》："君子不以言举人，不以人废言。"

【日向に氷】 越来越少；秋后的蚂蚱，兔子的尾巴。

【日ならずして】 不久；最近（将）；即将。類遠からずして。例日ならずして健診結果が分かった。不久就知道了体检结果。

【火に油を注ぐ】 火上浇油。類油を注ぐ。例わざと火に油を注ぐようなことを言って相手を怒らせる。故意说些火上浇油的话激怒对方。

【微に入り細に入り】 细致入微；仔仔细细；非常仔细地。類微に入り細を穿つ。例微に入り細に入り取材する。非常细致入微地进行采访。

【微に入り細を穿つ】 细致入微；仔仔细细；非常仔细地；纤悉无遗。類微に入り細に入り。例週刊誌の記事は虚虚実実、微に入り細を穿っている。周刊杂志的报道写得虚虚实实、细致入微。

【髀肉の嘆】 髀肉之叹；慨叹髀肉；髀肉复生。中西晋·司马彪《九州春秋》："（刘）备曰：'吾常身不离鞍，髀肉皆消。今不复骑，髀里肉生……是以悲耳。'"例髀肉の嘆をかこつ。慨叹髀肉复生；叹生髀肉。

【日に就り月に将む】 日就月将；日新月异；时刻进步。類日進月歩。中春秋·佚名《诗经·周颂·敬之》："日就月将，学有缉熙于光明。"

【日に焼ける】 ❶皮肤晒黑。例海水浴で日に焼け、小麦色の肌になった。在海滨游泳晒太阳,皮肤晒成了棕色。❷晒褪色。例看板が日に焼けてみっともない。广告牌晒掉色了,很难看。

【日に夜を継ぐ】 日以继夜;夜以继日。類昼夜を分かたず。中战国·庄周《庄子·至乐》;"夫贵者夜以继日,思虑善否。"例日に夜を継ぐ突貫工事。夜以继日地突击工程。

【日の当たる場所】 好的岗位;令人向往的境遇·地位·岗位;有阳光的地方。

【非の打ち所が無い】 无可非议;无懈可击;无可挑剔。類申し分がない。例出処進退に非の打ち所が無い。或去或留都无可非议。

【火の海】 火海。例強風で住宅街は火の海と化した。强风把居民区变成了一片火海。

【火の消えたよう】 失去生气;非常寂寞;冷清。例商店街は火の消えたように寂れた。商业街萧条下来,毫无生气。

【檜舞台を踏む】 在理想的大舞台施展才华;登上大显身手的舞台。

【火の車】 ❶(地狱的)火焰车。❷经济拮据;捉襟见肘。例家計の遣り繰りが火の車だ。家庭经济拮据。

【火の気】 火(源);火的暖和气儿。例火の気のない所から出火した。没有火源的地方起火了。例いくら暖地でも冬は部屋に火の気が欲しい。不管怎么暖和的地方,冬天屋子里还要有点儿暖和气儿。

【火の粉が降りかかる】 遭遇不虞之灾;城门失火,殃及池鱼。類側杖を食う。例取引先が裁判所に会社更生法の適用を申請し、我が社にも火の粉が降りかかって来た。交易伙伴向法院申请适用公司更生法,结果我们公司也随之遭受了损失。

【火の玉】 ❶火团;火球。❷斗志昂扬;奋勇地。類闘志満満。例チーム一丸火の玉となって闘う。团队精诚一致,奋勇参战。❸鬼火;磷火。例夏の夜、土葬の

墓地に火の玉が浮かぶ。夏夜在土葬(tǔzàng)的墓地(mùdì)有磷火漂浮(piāofú)在空中。

【火の付いたよう】 ❶婴儿大哭(yīng'érdàkū)。囫お乳が欲しいのかうんちが出たのか、赤ん坊が火の付いたように泣いている。不知是要吃奶(chīnǎi)还是拉屎(lāshǐ)了，婴儿大声啼哭(tíkū)。❷急如星火。囫銀行が焦げ付いたとの噂(うわさ)に火の付いたような取り付け騒ぎが起こった。银行出现呆账(dāizhàng)的风闻引起紧急挤兑(jǐduì)潮。

【火の手】 ❶火勢。囫強風に煽(あお)られ火の手が広がる。火借风势蔓延(mànyán)开来。❷强劲的势头；火焰(huǒyàn)般的。囫社会悪(しゃかいあく)に対しマスコミが批判の火の手を上げる。媒体(méitǐ)以强劲的势头抨击(pēngjī)社会的弊病(bìbìng)。

【日の出の勢(いきお)い】 蒸蒸日上(zhēngzhēngrìshàng)。類朝日(あさひ)の昇(のぼ)る勢(いきお)い。囫21世紀前半、IT(アイティー)関連産業は日の出の勢いで発展している。21世纪前期，IT相关产业的发展蒸蒸日上。

【火の出るよう】 ❶激烈。囫力士(りきし)が火の出るようなぶつかり稽古(けいこ)をする。相扑(xiāngpū)选手进行激烈的碰撞(pèngzhuàng)训练。❷面红耳赤(miànhóngěrchì)；脸上火辣辣(huǒlàlà)的。囫クラスで先生から成績一番と発表され火の出るように顔がほてった。在班上老师宣布(xuānbù)我成绩(chéngjī)第一，令我面红耳赤。

【火の無い所に煙は立たぬ】 无风不起浪(wúfēngbùqǐlàng)；事出有因(shìchūyǒuyīn)。

【火の中水の底】 水深火热(shuǐshēnhuǒrè)(之中)。類塗炭(とたん)の苦(くる)しみ。

【日の目を見る】 得见天日；有出头之日；得到认可；公布于世。類立身出世(りっしんしゅっせ)。囫苦節数十年の研究の成果がやっと日の目を見る。默默无闻地研究数十年，其成果终于得见天日。

【火の元】 火源；火头。

【火の用心】 小心火烛(huǒzhú)；注意防火。類火危(ひあや)うし。

【火花を散らす】 白刃相交(báirèn)；激烈交战；白热化。類火を散らす。囫ワールドカップ出場を目指(めざ)し有力チームが火花を散らす。为了世界杯出线，强队争夺激烈。囫防

衛を巡り論議に火花を散らす。围绕防卫问题，争论非常激烈。

【罅が入る】 出現裂痕；个人经历有污点（瑕疵）。類間隙を生ずる；隙間風が吹く；溝ができる。例コップに罅が入る。杯子裂璺。例キャリアに罅が入る。个人履历有瑕疵。例夫婦仲に罅が入る。夫妻关系出现裂痕。

【響きの声に応ずるが如し】 应答如响；迅速应对；立竿见影。類打てば響く。

【日日に新たなり】 日日新。類湯の盤銘。中汉·戴圣《礼记·大学》："汤之盘铭曰：'苟日新，日日新，又日新。'"

【蚍蜉大樹を動かす】 蚍蜉撼大树；不自量力。類螳螂の斧。中唐·韩愈《调张籍》："不知群儿愚，那用故谤伤。蚍蜉撼大树，可笑不自量。"

【火蓋を切る】 开战；开始竞赛；拉开战幕。類戦端を開く。例夏の高校野球大会が火蓋を切る。夏季高中棒球大赛开战。

【日干しになる】 挨饿；饿瘦。例このまま失業状態が続き公の救済が無ければ一家全員日干しになる。如果老也找不着工作又没有公家的救济，这样下去全家都得挨饿了。

【暇が明く】 有空ル。類体が空く；手が空く；暇を得る。例暇が明いたら遊びに来てね。有空ル来玩ル吧。

【暇が入る】 费时；费工。類手間を取る。

【暇に飽かす】 豁出时间；花时间。例暇に飽かして街をぶらつく。花时间在街上闲逛。

【暇ほど毒なものはない】 闲暇最不好；无事可作，身心之祸；小人闲居为不善。類小人閑居して不善を為す。

【暇を明ける】 腾出空ル来；腾出时间。類手を空ける。

【暇を得る】 得闲；有了空ル。類暇が明く。

【暇を割く】 挤出时间；抽出时间；抽空ル。類時間を割く。例暇を割いて身の回りの宿題を片付ける。抽空处理一下身边的遗留问题。

【暇を出す】 ❶给假。類暇を遣る①。例毎年農繁期には御店から10日ほど暇を出してもらう。每年农忙时向店里请10天假。❷解雇。類暇を遣る②。例仕事覚えが悪く御店から暇を出される。活计学不会，被店方解雇。❸休妻。類暇を遣る③。

【暇を潰す】 消磨时间；打发时光。例駅前のパチンコ店で暇を潰す。在站前的弹球房消磨时间。

【暇を取る】 ❶请假；告假。類暇を乞う①。例勤め先から暇を取って姪の結婚式に出席する。在单位请了假，参加△侄女（外甥女）的婚礼。❷跟丈夫离婚。類暇を乞う②。例夫から暇を取って実家へ戻る。跟丈夫离婚回娘家。❸辞掉工作。類暇を乞う③。例所属先から暇を取って独立する。辞掉单位的工作自己干。❹费时。類手間を取る。例アケビの蔓を材料にした籠造りは結構暇を取るものだ。用木通的藤蔓作原料编筐相当费时间。

【暇を盗む】 忙里偷闲；挤出时间；抽空ル。類時間を割く。例暇を盗んでは近場のサウナ付き温泉に通う。忙里偷闲常到附近带桑拿的温泉泡澡。

【暇を見る】 抽空ル。類時間を割く。例今度暇を見て会いに行くね。下次抽空ル去看你呀。

【暇を持て余す】 百无聊赖。類畳の塵を毟る①；間が持てない①。例暇を持て余しているようだったらリンゴの収穫を手伝ってくれないか？你闲着没事不能来帮着摘苹果吗？

【暇を貰う】 ➡暇を取る①

【暇を遣る】 ❶给假。類暇を出す①。例お盆で一週間暇を遣るからゆっくり休んで下さい。盂兰盆节给你一周假，好好歇歇吧。❷解雇。類暇を出す②。例商売あがったりで奉公人に暇を遣る。生意清淡，辞退伙计。❸休妻。類暇を出す③。

【悲鳴を上げる】 ❶惊叫；尖叫。例クマに襲われ悲鳴を上げて逃げる。受到熊的攻击，尖叫着逃命。❷示弱。類弱音を吐く。例あまりの暑さに悲鳴を上げる。热得叫苦不迭。

【ひもじい時の不味い物なし】 饥不择食；饥者口中尽佳肴。類空きっ腹に不味い物なし。

【冷や汗をかく】 提心吊胆；捏一把冷汗。類手に汗を握る。例嘘がばれやしないかと冷や汗をかく。提心吊胆怕谎言败露。

【百害あって一利なし】 有百害而无一利。類有害無益。

【百尺竿頭に一歩を進む】 百尺竿头，更进一步；百尺竿头须进步。中宋・释道原《景德伝灯録・十》："师示一偈曰'百丈竿头不动人，虽然得入未为真。百尺竿头须进步，十方世界是全身。'"

【百獣の王】 百兽之王；狮子。中宋・赵令畤《侯鲭录》卷八："张文潜戏作〈雪狮绝句〉云：'六出装来百兽王，日头出后便郎当。'"

【百川海に朝す】 百川归海。類すべての道はローマに通ず。

【百日の説法屁一つ】 功亏一篑；前功尽弃。類九仞の功を一簣に虧く。

【百に一つ】 百分之一；极少；罕有。類千に一つ；万に一つ。例百に一つの望みでもそれに賭けてみよう。哪怕有百分之一的希望也赌一把看看。

【百年河清を俟つ】 俟河之清，人寿几何；河清难俟；百年盼不到黄河水清。中春秋・左丘明《左伝・襄公八年》："俟河之清，人寿几何？"

【百年の計】 百年大计。中宋・陈亮《上孝宗皇帝第三书》："何忍假数百年社稷之大计，以为一日之侥幸，而徒以累陛下哉！"

【百年の恋も一時に冷める】 多年热恋，一朝冷却；对多年来热中的事业突然失去兴趣。

【百年の不作】 抱恨终天；遗恨终身的憾事。類悪妻は六十年の不作。

【百聞は一見に如かず】 百闻不如一见；闻名不如见面。中汉·班固《漢書·趙充国伝》："百闻不如一见,兵难隃（=遥）度,臣願馳至金城,图上方略。"

【百も承知】 清楚地知道；充分理解；完全知道。類胸の腑に納める；百も承知、二百も合点。

【百も承知、二百も合点】 清楚地知道；充分理解；完全知道。類百も承知。

【百様を知って一様を知らず】 知百目而疏一纲；粗通百种,一种不精；样样通样样松。

【百里を行く者は九十里を半ばとす】 行百里者半九十。中汉·刘向《战国策·秦策五·谓秦王》："诗云：'行百里者半于九十。'此言末路之难也。"

【冷酒と親の意見は後で利く】 父母的意见是慢慢见效的；不听老人言,定会受饥寒。

【百步譲る】 退一万步说。例百步譲ってあなたの持論を認めるにしても一般人にはなかなか受け入れてもらえないでしょう。退一万步说,就算我承认了你的主张,也很难让普通人接受吧。

【冷や水を浴びせる】 泼冷水；挫锐气。

【冷や飯を食う】 ❶靠别人养活；吃闲饭。❷坐冷板凳；受冷遇。例彼は一流大卒なのに硬骨漢が禍してか長年冷や飯を食わされて来た。可能是他宁折不弯的性格所致,一流大学毕业却常年坐冷板凳。

【票が開く】 开箱计票；开票。例投票の当日中に票が開く。投票当天就开票。

【氷山の一角】 （英谚）冰山一角。西The tip of the iceberg. 例表面に現れる問題は往々にして氷山の一角に過ぎない。能浮出水面的问题往往只是冰山一角。

【拍子を取る】 打拍子。類合いの手を入れる①；扇を鳴らす②；調子を取る①。例民謡に合わせて拍子を取る。随着民谣打拍子。

【平仄が合わない】　前后矛盾；不合逻辑。類てにをはが合わない。例いつも言っていることと平仄が合わない。总是跟所说的话相矛盾。

【氷炭相容れず】　冰炭不相容；冰炭不同器；水火不相容。類水と油。中战国·韩非《韩非子·显学》："夫冰炭不同器而久，寒暑不兼时而至。"宋·陆游《剑南诗稿·62》："君不见牛奇章与李卫公，一生冰炭不相容。"

【瓢箪から駒が出る】　❶戏语成谶；弄假成真。類嘘から出た実。❷绝无可能的事；鸡窝飞不出凤凰。類朝日が西から出る。

【瓢箪で鯰を押さえる】　不可捉摸；不得要领。類要領を得ない。

【瓢箪の川流れ】　❶喜不自胜；美滋滋。類胸が躍る。❷游游逛逛。

【秒読みに入る】　进入读秒；进入倒计时。例人工衛星の発射が秒読みに入る。人造卫星发射进入倒计时。

【ひょっとしたら】　也许；说不定；有可能。類事に依ると。例ひょっとしたら私が勘違いしたのかな。说不定是我弄错了。

【平蜘蛛のよう】　俯伏；低头；俯首谢罪。類膝を折る。例前代未聞の不祥事に警察幹部が平蜘蛛のように陳謝する。对前所未有的丑闻，警察局领导低头谢罪。

【開け胡麻】　（阿拉伯故事）芝麻开门。西Aribaba and forty thieves：Open Sesame.

【平たく言えば】　通俗地说；简单地说；说白了。例生存競争とは平たく言えば喧嘩です。所谓生存竞争，通俗地说就是打架。

【ピリオドを打つ】　终止；结束；告终。類終止符を打つ。例現役にピリオドを打つ。退出现役；结束现役。

【皮裏の陽秋】　皮里阳秋；委婉而中肯的批评。中南朝·宋·刘义庆《世说新语·赏誉》："褚季野皮里阳秋，谓其裁中也。"

【蛭に塩】　耗子见了猫；小鬼看见钟馗像。類蛇に見込まれた蛙。

【昼を欺く】　如同白昼；亮如白昼。例昼を欺く夜の繁華街。（夜晚的）繁华

街区明亮得如同白昼。

【日を改める】　改日；改天。例残りの問題は日を改めて協議する。余下的问题改日再议。

【火を入れる】　点火；点燃。類火を付ける①。例薪ストーブに火を入れる。点燃火炉。

【非を打つ】　指出错处；谴责。類非を鳴らす。例やんわりと相手の非を打つ。委婉地指出对方的错处。例この作品は非を打つところがない。这部作品无可指摘。

【日を移す】　改变日程；推迟。例諸般の事情で結婚披露宴の日を移す。由于多方面原因婚宴推迟。

【日を追って】　逐日；一天比一天地。例状況が日を追って好転する。情况一天天好转。

【火を落とす】　熄火；把厨房、磁窑的火熄灭。例ストーブの火を落とす。把炉子里的火熄灭。

【日を同じくして論ずべからず】　不可同日而论；不可同日而语；没有可比性。類比べ物にならない。中汉·司马迁《史记·苏秦传》："夫破人之与破于人也，臣人之与臣于人也，岂可同日而论哉！"

【火を掛ける】　放火；纵火。類火を放つ。例小屋に火を掛けて敵を燻り出す。往小屋放火，把敌人熏出来。

【日を重ねる】　假以时日；过一段时间。例日を重ねるうちに病状も良くなるさ。再过些日子病情就会好转的。

【火を失する】　失火；过失导致火灾。

【火を擦る】　貌合神离。

【火を散らす】　白刃相交；激烈交战；白热化。類火花を散らす。

【美を尽くす】　极美；特别美。例金襴緞子で美を尽くす。金丝缎特别美。

588

【火を付ける】 ❶点火。类火を入れる。例蠟燭に火を付ける。点燃蜡烛。❷煽风点火；煽动；挑动。类油を注ぐ。例大衆の不満に火を付ける。煽动群众的不满情绪。❸放火。类火を放つ。例自宅に火を付ける。放火烧自己的房子；把自己的房子点着了。

【火を通す】 烧烤蒸煮；加热食材。例冷たくなった料理に火を通す。把已经凉了的菜热一下。

【非を鳴らす】 非难；强烈谴责；指斥。类点を打つ；批点を打つ②；非を打つ。例時代錯誤の認識に非を鳴らす。激烈批评时代错误的认识。

【火を吐く】 ❶唇枪舌剑。类舌端火を吐く。例火を吐くような党首討論会。唇枪舌剑的政党领袖讨论会。❷喷火。例休火山が再び火を吐く。休眠火山再次喷发。例銃口が火を吐く。枪口吐出火舌；枪口射出子弹。

【火を放つ】 放火；纵火。类火を掛ける；火を付ける③。例風上から枯草に火を放って敵を攻撃する。在上风头点枯草放火烧敌人。

【火を吹く】 ❶开火。例機関砲が火を吹く。机关炮开火。❷猛烈地燃烧起来。例地震による火災で石油貯蔵タンクが火を吹く。地震引起的火灾使石油储存罐猛烈燃烧起来。❸发挥威力。例〈野球〉重量打線が火を吹く。（棒球）强劲的击球手阵容发挥威力。

【火を吹く力も無い】 ❶没有丝毫力气。❷极度贫困。类赤貧洗うが如し。

【火を見たら火事と思え】 见微知著；警钟长鸣。

【火を見るよりも明らか】 洞若观火；十分清楚；显而易见。中《尚书·盘庚上》："非予自荒兹德，惟汝含德，不惕予一人，予若观火。"例結末は火を見るよりも明らかである。结果十分清楚。

【火を以て火を救う】 以火救火；非徒无益而又害之。中战国·庄周《庄子·人世间》："是以火救火，以水救水，名之曰益多。"

【ピンからキリまで】 从最好的到最坏的；从上到下。例宝石と言ってもピンからキリまで色色ある。虽然都叫宝石，但从高到低档次繁多。

【牝鶏晨す】 牝鸡司晨。類雌鶏歌えば家滅ぶ。中《尚书·牧誓》："古人有言曰：'牝鸡无晨。牝鸡之晨，惟家之索。'"

【鬢糸茶烟の感】 老来安适，追怀青春放浪之感。中唐·杜牧《题禅院》："今日鬢丝禅榻畔，茶烟轻飏落花风。"

【貧者の一燈】 一片真心，胜过万金。類長者の万灯より貧者の一燈。

【顰蹙を買う】 言行招人嫌恶；言行惹人瞧不起；言行遭到厌恶。例映画館で煎餅をポリポリやり、周りのお客さんから顰蹙を買う。在电影院"嘎锛儿嘎锛儿"地吃脆饼干，遭到周围人的嫌恶。

【貧すれば鈍する】 贫穷则愚钝；人穷志短。

【ピントが外れる】 离题；跑题；模糊不清。例国会で大臣がピントが外れた答弁をして失笑を買う。国会上大臣答辩跑题，遭到哄笑。

【ピントが惚ける】 焦点没对好；中心不明确；照得模糊。例話のピントが惚けている。说话中心不明确。

【ぴんと来る】 ❶马上意识到；想到；一下明白了；茅塞顿开。類考えが付く。例彼の一言でぴんと来た。他的一句话使我马上就想起来了。❷合拍。例本場の四川料理との謳い文句だが、この味は今一つぴんと来ない。宣传是地道的川菜，但这味道好像还差了点儿。

【貧の盗みに恋の歌】 逼到份儿上，啥都会干；贫欲盗，恋欲歌。

【貧は世界の福の神】 贫穷激励上进进而致富；贫则发奋以致富；穷是福星。

【貧乏籤を引く】 走厄运；背运；倒霉。

【貧乏人の子沢山】 穷人孩子多。

【貧乏暇なし】 越穷越忙；贫穷则无暇；穷人多忙。

【ピンを撥ねる】　抽头；克扣；揩油。類上前を撥ねる。例下請けが孫請けからピンを撥ねる。承包人揩下包的油。

ふ

【不意打ちを食らう】　遭到突然袭击。類不意を食う。例不意打ちを食らって戸惑う。被突然袭击△给打蒙了（不知所措）。

【ふいにする】　错过；付诸东流；抛弃。類棒に振る。例千載一遇のチャンスをふいにする。错过千载难逢的良机。

【ふいになる】　落空；化为泡影。類水泡に帰す。例株に手を出して今までの貯えがふいになる。染指股票，结果迄今为止的所有积蓄都化为泡影。

【不意を討つ】　➡不意を衝く

【不意を食う】　遭到突然袭击。類不意打ちを食らう。例不意を食ってどぎまぎした。遭遇突然袭击惊慌失措。

【不意を衝く】　出其不意；偷袭；突然袭击；攻其不备。類意表を突く。例スポーツでは相手の不意を衝くのも技の一つだ。体育比赛中攻其不备也是一种战术。

【風雲急を告げる】　山雨欲来；形势告急；形势危急；风云突变。類一雨ありそう。例総理大臣の突然の辞任を受け政界の権力闘争が風雲急を告げる。受总理突然辞职的影响，政界权力斗争形势危急。

【風月を友とする】　吟风咏月，超凡脱俗。

【風采が上がらない】　其貌不扬；没有风度。例お前さんはいつまで経っても風采が上がらないね。你总是那么没有风度啊！

【風樹の嘆】　风树之叹；风木叹；欲孝无门。類孝行のしたい時分に親はなし。中宋·陆游《焚黄》："早岁已兴风木叹，余生永废蓼莪诗。"

【風雪に耐える】　忍受风霜；饱经风霜；历经磨难。

【風前の灯】 风中之烛；风烛残年。🔄命は風前の灯火の如し；風口の蝋燭；風の前の塵。

【夫婦喧嘩は犬も食わない】 夫妻吵架，狗都不理；夫妻吵翻天，不用审判官；夫妻无隔宿之仇。

【夫婦は合せ物離れ物】 夫妻有合有离；男女结夫妻，兀自可东西；夫妻本是同林鸟。

【夫婦は二世】 夫妻两世缘。🔄親子は一世、夫婦は二世、主従は三世。

【武運拙く】 武运不佳。🔄武運拙く戦場に散る。武运不济，血洒疆场。

【笛吹けども踊らず】 (新约·马太福音11) 我们向你们吹笛，你们不跳舞；百呼不应；怎样诱导也无人响应；不为所动。🔄New Testament Matthew：We have piped unto you, and ye have not danced.

【分がある】 占优势；处于有利地位。🔄一日の長で、今対戦すればこちらに分がある。现在比赛，我以一日之长占有优势。

【深い仲】 关系很深；深交；关系不一般。🔄二人はいつしか深い仲になった。两人不知不觉地便成了深交。

【不覚の涙】 不觉泪下。🔄自分自身が余りにも情けなく不覚の涙が零れる。感到自己太没出息了，不觉流下眼泪。

【不覚を取る】 大意失荆州；因大意遭到失败；不留神搞糟。🔄私としたことが不覚を取ってしまった。我怎么竟然会大意失荆州了呢；我竟然把事情搞砸了！

【腑が抜ける】 丧失灵魂；没有志气；失魂落魄；不争气。🔄大敗して選手たちは腑が抜けてしまったようだ。惨败的队员们一副失魂落魄的样子。

【不可能という文字は我が辞書にはない】 (拿破仑语) 我的词典里没有"不可能"这个词。🔄Napoléon：Le mot impossible n'est pas dans mon dictionnaire.

【深みに填る】(填る、嵌るとも) 陷进深渊；陷入其中，不能自拔；深陷。

⓬流れの深みに嵌って危うく命を落とすところだった。陷入河流的深坑，险些丢了性命。⓬欲望に負けずるずると破滅の深みに嵌る。欲令智昏，一点一点陷入自毁的泥潭。

【分が悪い】　形势不利；处于劣势。⓬形勢不利。⓬この勝負は分が悪い。这场比赛形势不利。

【不義にして富み且つ貴きは浮雲の如し】　不义而富且贵，于我如浮云。⓬《论语·述而》："饭疏食饮水，曲肱而枕之，乐亦在其中矣。不义而富且贵，于我如浮云。"

【不帰の客となる】　成了不归客；仙逝。⓬息が絶える。

【不義は御家の御法度】　（江戸时代武士·商家家规）严禁男女私通。

【俯仰天地に愧じず】　俯仰无愧；仰不愧于天，俯不怍于人；无愧于天地。⓬仰いで天に愧じず。⓬战国·孟轲《孟子·尽心上》："孟子曰：'君子有三乐，而王天下不与存焉。父母俱存，兄弟无故，一乐也；仰不愧于天，俯不怍于人，二乐也；得天下英才而教育之，三乐也。'"

【不興を買う】　触怒（尊长）；惹尊长不高兴；冒犯上级。⓬口は禍のもと、周りの不興を買わないよう気を付ける。祸从口出，注意不要触怒周围的人。

【河豚食う無分別、河豚食わぬ無分別】　拼死吃河豚是鲁莽，怕吃河豚是轻率。

【覆車の戒め】　前车之鉴。⓬人のふり見て我がふり直せ。

【腹心の病い】　腹心之疾；心腹之患。⓬春秋·左丘明《左传·哀公六年》："除腹心之疾而置诸股肱，何益？"

【腹心を布く】　布腹心；敞开心扉；坦率地说出心里话。⓬心を開く。⓬春秋·左丘明《左传·宣公十二年》："若惠顾前好，徼福于厉、宣、桓、武，不泯其社稷，使改事君，夷于九县，君之惠也，孤之愿也，非敢所望也。敢布腹心，君实图之。"

【覆水盆に返らず】 覆水难收。類破镜再び照らさず；落花枝に返らず、破镜再び照らさず。中唐・骆宾王《艳情代郭氏答卢照邻》："谁分迢迢经两岁,谁能脉脉待三秋。情知唾井终无理,情知覆水也难收。"

【伏線を張る】 设下伏笔；作铺垫；作好预设。例小说で登場人物の行動に伏線を張る。在小说中为出场人物的行动设下伏笔。例失敗するケースを考慮し伏線を張っておく。考虑到失败的可能性，预先作好准备。

【腹蔵ない】 毫不隐晦；坦率；直言不讳；畅所欲言。類歯に衣着せぬ。例腹蔵ないところを申し上げればこういうことです。坦率地说就是这样的。

【福徳の三年目】 意外交好运；千载难逢的福分。類勿怪の幸い。

【福は内、鬼は外】 （立春前一天驱魔的咒语）福进来！鬼滚开！

【河豚は食いたし命は惜しし】 又想吃，又怕烫；想吃老虎肉，又怕老虎咬。

【含む所がある】 心存芥蒂；有些怨恨；心怀不满。例お前は俺に何か含む所があるのか？你是不是对我心怀不满啊？

【袋叩きにあう】 遭到群殴；遭到围殴；被围攻。類槍玉に挙がる。例人体に有害な食品を販売し市民の袋叩きにあう。销售对身体有害的食品遭到市民围攻。

【袋の鼠】 瓮中之鳖；走投无路（的人）。類鵜川の小鮎。例検問が敷かれ逃走車は袋の鼠だ。设立检查站，逃逸车辆成了瓮中之鳖。

【吹けば飛ぶよう】 一阵风就能刮跑；寒酸；微不足道。類取るに足りない。例零細企業の課長なんて吹けば飛ぶような役職だ。小微企业的科长，那是微不足道的职务。

【不幸中の幸い】 不幸中的万幸。

【不幸にして】 真不幸。例不幸にして私の予測が当たった。不幸被我言中。

【塞ぎの虫】 闷闷不乐；精神郁闷；心情不舒畅。類気が重い。

【無沙を打つ】 借钱不还。

【巫山の雲雨】 巫山云雨。類巫山の夢。中战国・宋玉《高唐赋》："妇人…去而辞曰：'妾在巫山之阳，高丘之岨，且为朝云，暮为行雨。朝朝暮暮，阳台之下。'"

【巫山の夢】 巫山云雨。類巫山の雲雨。

【武士に二言なし】 武士言必信；武士无诳语；一言既出，驷马难追。類男子の一言金鉄の如し。

【武士の商法】 外行人做生意；武士从商；赔个精光。類士族の商法；殿様商売。

【武士は相身互い】 武士要互相帮助；同道需互助。類持ちつ持たれつ。

【富士は磯】 无与伦比；无可比拟；无出其右。類類がない。

【武士は食わねど高楊枝】 武士不露饿相；武士吃不上饭，也要有风范；人穷志不短；硬撑内面。

【節を付ける】 加上曲调；抑扬顿挫。例唐詩に節を付けて吟ずる。加上曲调吟诵唐诗。

【負薪の憂え】 负薪之忧；（自谦）有病在身。類采薪の憂い。中汉・戴圣《礼记・》："君使士射，不能，则辞以疾。言曰：'某有负薪之忧。'"

【不審を抱く】 心存疑虑；怀疑。類異を挟む；疑いを挟む；首を傾げる；小首を傾げる。例警備員が不審を抱いた客に近づく。保安走近可疑的客人。

【浮世は夢の如し】 浮生若梦；浮云朝露。類人生朝露の如し；夢の世。中唐・李白《春夜宴桃李园序》："夫天地者万物之逆旅，光阴者百代之过客。而浮生若梦，为欢几何？"

【布石を打つ】 事先布置；预设；预先安排。例S社は海外事業展開のため三十数年前から着着と布石を打ってきた。S公司为了扩展海外业务，从30多年前就扎扎实实地做着准备。

【符節を合わするが如し】 若合符节；二者完全吻合。中战国・孟轲《孟子・离娄下》："得志行乎中国，若合符节。先圣后圣，其揆一也。"

【不足はない】 足够；完全够格；具备充分条件。例我が大学の留学生受け入れ体制に不足はない。我们大学接纳留学生体制十分完备。

【不足を言う】 发牢骚；抱怨。類文句を並べる。例待遇が悪いと不足を言う。抱怨待遇低。

【札が落ちる】 中标；得标。

【札が付く】 臭名昭著；公认的；一致的评价。例少年時代には悪の札が付いていたが、成人して大実業家になった。少年时期是公认的坏小子，长大后却成了大企业家。

【札削る】 取消进入"清涼殿"资格。

【二つと無い】 独一无二；绝无仅有；唯一。類唯一無二。例人間は一人一人が二つと無い存在だ。人都是一个一个的独一无二的存在。

【二つながら】 两个都；二者都。例出展されている陶器は二つながら国宝です。展出的这两件瓷器都是国宝。

【二つに一つ】 ❶二者取一；二者必其居一。類二者択一。例高卒後の進路は進学か就職か二つに一つだ。高中毕业后的方向或者升学或者就业，二者必居其一。❷一半；各半。例一人区だから当選の確率は二つに一つだ。因为是一人参选区，所以当选概率是一半。

【二つ返事で】 满口答应；连忙答应；立即同意；马上答应。例彼は好条件を提示されたので、引き抜きには二つ返事だった。因为条件优厚，他马上同意跳槽了。

【豚に真珠】 （西谚）投珠与豕；对牛弹琴；毫无意义。類猫に小判。西New Testament Matthew：Pearls on pigs.

【二股を掛ける】 脚踏两只船；三心二意。類天秤に掛ける②；両天秤②；両天秤を掛ける。例どちらに転んでも生き残れるよう二股を掛ける。脚踏两只船，无论倒向哪一边都能自保。

【二目と見られない】 不堪入目；目不忍睹；看不下去。類見るに堪えない。例火傷で二目と見られない顔になる。烫伤的脸简直目不忍睹。

【豚も煽てりゃ木に登る】 人经不起吹捧；笨蛋受怂恿也有超常行动。

【二人は伴侶、三人は仲間割れ】 二人同心，三人纷争；二人易和谐，三人必分裂。

【蓋を開ける】 ❶揭晓。例選挙結果は蓋を開けて見なければ分からない。选举结果不到最后揭晓就不会知道。❷开幕；开始上演。類幕が開く。例新宿コマでの30日間興行の蓋を開ける。为期30天的演出在新宿独乐剧场开始。

【豚を盗んで骨を施す】 行大恶，施小善。

【淵に臨みて魚を羨むは退いて網を結ぶに如かず】 临渊羡鱼不如退而结网。中汉·班固《汉书·董仲舒传》："故汉得天下以来，常欲治而至今不可善治者，失之于当更化而不更化也。古人有言曰：'临渊羡鱼，不如退而结网。'"

【淵は瀬となる】 昨日深渊，今朝浅滩；世道巨变。類滄海変じて桑田となる。

【釜中魚を生ず】 釜中生鱼；生活极度穷困；断炊已久。類赤貧洗うが如し。中南朝·宋·范晔《后汉书·独行列传·范冉》："穷居自若，言貌无改，闾里歌之曰：'甑中生尘范史云，釜中生鱼范莱芜。'"

【釜中の魚】 釜中之鱼；鼎鱼幕燕。中宋·司马光《资治通鉴·晋海西公太和五年》："且臣奉陛下威灵，击垂亡之虏，譬如釜中之鱼，何足虑也。"

【普通の体でない】 六甲之身；身怀六甲。例あなたは普通の体でないから重労働はしなくてもいいよ。你怀孕了不必作重体力劳动了。

【物議を醸す】 引发广泛议论；引发热议；弄得议论纷纷。例インターネットに投稿して物議を醸す。向网络发帖引起广泛议论。

【仏祖掛けて】 对佛祖发誓；绝对；一定。類神掛けて。

【降って湧く】 宛如天降；突如其来；从天而降；突然出现。類天から降ったか地から湧いたか。例降って湧いたような幸運に恵まれる。遇到宛如天降的好运；简直是好运从天而降。

【仏門に入る】 皈依佛门；出家为僧。類髪を下ろす。

【筆が荒れる】 文笔粗陋。例あの作家は最近筆が荒れてきた。那个作家最近文笔变得粗劣了。

【筆が遅い】 写得慢；下笔慢。例人気はあるが筆が遅くて演者泣かせの脚本家。这个剧作家受欢迎，但写作速度慢，令演出者为难。

【筆が滑る】 赘笔；没注意写了不该写的东西。例つい筆が滑って編集長に大目玉を食った。一不留神写了不该写的文字，被总编辑好一顿训。

【筆が立つ】 文笔好；善于写文章。例草稿は筆が立つ彼に頼もう。草稿让他写吧，他文笔好。

【筆に任せる】 信笔而写；写得顺利。例いつもはストーリーの展開に苦しむのだが、今日は登場人物が思うように動いてくれるので、筆に任せた。平时苦于故事情节的展开，但今天书中人物随我所想而动，写得非常顺利。

【筆を入れる】 删改；修改。類朱を入れる。例編集長が記事の下書きに筆を入れ印刷へ回す。由总编对新闻草稿进行修改后交付印刷。

【筆を擱く】 ❶搁笔；放下笔。類筆を折る。例創作の泉が涸れ筆を擱くことにした。创作灵感枯竭，就此搁笔。❷写完。例本編を以て２年に渡る新聞連載小説の筆を擱く。报纸连载两年的小说以本章收笔。

【筆を起こす】 动笔；下笔；开始写。類稿を起こす；筆を下ろす②。例現地取材をして構想を固めてから筆を起こす。进行现场采访，构思成熟之后开始动笔。

【筆を折る】 封笔；搁笔；停笔。類筆を擱く①；筆を断つ；ペンを折る。例健康を害し筆を折る。健康出了问题停止写作。

【筆を下ろす】 ❶试新笔；试笔。例瑠璃廠(liúlichǎng)で買ってきた筆を下ろしてみる。试用在（北京的）琉璃厂买的毛笔。❷落笔；下笔开始写。類筆を起こす。例新作の筆を下ろす。新作开始动笔。

【筆を加える】 删改(shāngǎi)（文章）；修改（诗文）；增删(zēngshān zhùshù)（著述）。類朱を入れる。例学生の卒論原稿(そつろん)に筆を加える。修改学生的毕业论文。例以前の内容に筆を加えて新(あら)たに出版する。把以前的内容加以增补重新(chóngxīn)出版。

【筆を染める】 ❶蘸墨(zhànmò)。例筆を染めまっさらな宣紙(せんし)に向かう。毛笔蘸上墨汁在新买的宣纸(xuānzhǐ)上写。❷首次写；头一回写。例あの作家は40歳過ぎから時代小説に筆を染めた。那个作家过了40岁才开始写历史题材的通俗小说。

【筆を断つ】 封笔；搁笔；停笔。類筆を折る。

【筆を尽くす】 尽全力描述(miáoshù)；详尽描述。

【筆を執る】 执笔；动笔。類ペンを執る。例雑誌のコラムを頼(たの)まれたので筆を執る。杂志约写专栏(zhuānlán)开始动笔。例風景画の注文があったので筆を執る。有人预订风景画于是开始动笔。

【筆を投げる】 半途停笔；没写完就放弃了。例ストーリーがうまく進まず筆を投げる。故事情节展开不理想便中途停笔。

【筆を拭う】 中途停笔；辍笔(chuòbǐ)。例評論文に無理が感じられ何度(なんど)か筆を拭う。感到评论写起来困难(kùnnan)，几次辍笔。

【筆を運ぶ】 运笔；书写；执笔写字作画。例すらすらと筆を運ぶ。运笔顺畅(shùnchàng)。

【筆を走らす】 写得快；流利地写；挥洒自如(huīsǎzìrú)。例筋(すじ)が見えるので快調に筆を走らす。情节清晰(qīngxī)写得很顺利。

【筆を揮う】 大笔一挥；挥毫(huīháo)。例著名な書道家に筆を揮って頂(いただ)く。请著名书法家挥毫。

【筆を曲げる】 歪曲事实地写(wāiqū)；写得歪曲事实。例記者(きしゃ)たる者(もの)が筆を曲げたら失格

だ。新闻记者如果写得歪曲了事实，他就是不合格的。

【不徳の致すところ】　领导无方所致；(因我）无德所致。

【太く短く】　人生短暂而充实；不必长寿，只求如愿；人生苦短，及时行乐。[例]人生のモットーに「太く短く生きる」と「細く長く生きる」がある。人生的信条有两种：一种是短暂充实匆匆度过，一种是细水长流慢慢老去。

【懐が暖かい】　手头宽裕；带的钱多；手头钱够用。[類]融通が利く②。[例]所有の土地が売れたので懐が暖かい。卖了自家的地，手头宽裕了。

【懐が痛む】　金钱上受（到意外的）损失；花钱多，手头拮据。

【懐が寂しい】　囊中羞涩；手头拮据；手头紧。[類]懐が寒い。[例]今日は懐が寂しいので退勤後の赤提灯はパス。今天手头紧，下班后就不进小酒馆了。

【懐が寒い】　囊中羞涩；手头拮据；手头紧；没带钱。[類]不都合③；懐が寂しい；不如意②。[例]このところ懐が寒いので食費を切り詰めている。最近手头紧，削减伙食费。

【懐が深い】　❶（相扑）膀大腰圆。[例]あの力士は懐が深い。那个相扑选手膀大腰圆。❷有度量，能包容。[例]この揉め事への対応を見て彼の懐が深いことが分かった。看他对这次纠纷的处理，知道了他很有度量。

【懐と相談】　确认带了多少钱；依自己的经济能力行事。

【懐にする】　怀揣；带着；得到。[類]手に入れる。[例]重要書類を懐にして出かける。带着重要文件出门。[例]賞金を懐にした。得到了奖金。

【懐を痛める】　自掏腰包；花自己的钱。[類]自腹を切る。[例]災害救済募金にちょっと懐を痛めた。拿出点钱捐给了灾害救济基金。

【懐を肥やす】　中饱私囊；谋私利。[類]私腹を肥やす。[例]不正で懐を肥やす。用非法手段中饱私囊。

【腑に落ちない】　不理解；不能接受；不能领会。[例]この合意書には腑に落ちない

点が若干ある。这个协议书有几个难于接受的地方。

【船が座る】 ❶船搁浅。類暗礁に乗り上げる①。❷稳坐不走。類尻を落ち着ける。

【舟に刻みて剣を求む】 刻舟求剑。類剣を落として舟を刻む。中战国·吕不韦《吕氏春秋·察今》："楚人有涉江者，其剑自舟中坠于水，遽契其舟曰：'是吾剑之所从坠。'舟止，从其所契者入水求之。舟已行矣，而剑不行，求剑若此，不亦惑乎？"

【舟は帆任せ帆は風任せ】 拼命不如听天由命；顺天命，不拼命。

【船は水より火を恐る】 船不怕水只怕火；不惧外敌猖狂，只恐祸起萧墙。

【船を漕ぐ】 打盹儿；打瞌睡。例お爺さんが日当りのいい縁側で船を漕いでいる。老爷爷在阳光充足的屋檐下打盹儿。

【不発に終わる】 ❶炸弹没响；炮弹没发射。❷胎死腹中；告吹。類おじゃんになる。例事前に情報が洩れて、社長の解任動議は不発に終わった。由于事前走漏风声，总经理卸任的动议告吹。

【不評を買う】 遭到差评；遭到恶评。例漫画が子供の教育によくないとＰＴＡの不評を買った時代もあった。从前有过一个时期漫画遭遇家长教师联席会的恶评，认为不利于对孩子的教育。

【不平を鳴らす】 鸣不平；提意见；发牢骚。類文句を並べる。例学食が高くてまずいので学生たちが不平を鳴らす。学生们因学生食堂又贵又不好吃而大发牢骚。

【不平を並べる】 大发牢骚；牢骚满腹。類文句を並べる。例不平を並べたところで庶民の生活は変わらない。即使大发牢骚，民众的生活也不会改变。

【腐木は柱と為す可からず、卑人は主と為す可からず】 腐木不可以为柱，卑人不可以为主。中汉·班固《汉书·刘辅传》："今乃触情纵欲，倾于卑贱之女，欲以母天下，不畏于天，不愧于人，惑莫大焉。里语曰：腐木不可以为柱，卑人不可以为

主。"

【父母の恩は山よりも高く海よりも深し】　父母之恩比山高比海深。類父の恩は山より高し。

【踏まれた草にも花が咲く】　悲惨者也会时来运转。

【踏み台にする】　当作垫脚石。例政略結婚を踏み台にして出世の階段を駆け上る。以政治联姻为跳板，登上出人头地的阶梯。

【文は遣りたし書く手は持たぬ】　欲把情书传递，又恨不会写字。

【不問に付す】　不予过问；不追究；置之不理。例職務上の些細なミスだから、今回は不問に付すことにしよう。这是工作上的小毛病，这次就不算问题了。

【冬来たりなば春遠からじ】　(英·雪莱语)冬天来了，春天还会远吗？西Sherry: If Winter comes, can spring be far behind?

【冬立つ】　立冬；冬季开始。

【芙蓉の顔】　芙蓉之面；面如芙蓉。類花の顔。

【降らぬ先の傘】　未雨绸缪。類転ばぬ先の杖。

【降りかかる火の粉は払わねばならぬ】　灾难降临，必须应对。

【振り出しに戻す】　回到原来状态；重新开始。類振り出しに戻る。例新たな耐震基準が制定されたのでビルの設計を振り出しに戻す。新的抗震标准已经制定，建筑物设计推倒重来。

【振り出しに戻る】　回到出发点；回到起点。類振り出しに戻す。例失敗したら何度でも振り出しに戻ればいい。不管多少次，失败了都可以回到起点重来。

【無聊を託つ】　慨叹无聊；抱怨无事可作。例定年退職後は無聊を託っております。退休后一直抱怨无事可作。

【篩に掛ける】　筛选；挑选；选拔。例次期リーダーに相応しいかどうか、候補者を篩に掛ける。筛选候选人看谁适于作下任领导。

【ブルータスよ、お前もか】 （英・莎士比亚戏剧）还有你吗，布鲁图？连你都背叛我了吗？ 西Shakespeare：Brute, you too?

【古川に水絶えず】 传统大户虽然衰落，不会彻底灭绝；百足之虫，死而不僵。

【古傷が痛む】 旧伤隐隐作疼；勾起痛苦的回忆。

【故きを温ねて新しきを知る】 温故知新。類温故知新。中《论语・为政》："温故而知新，可以为师矣。"

【故郷は遠きにありて思うもの】 故乡就是身在远方而魂牵梦萦的地方；故乡故乡，魂牵梦萦的远方。

【振るっている】 离奇；奇特；奇葩；异乎寻常。類奇想天外。例彼の入門の動機が振るっている。他入门的动机异乎寻常。

【降るほど】 多得很；多如牛毛；多了去了；不计其数。類数知らず。例人気商品で引き合いが降るほどある。因为是受欢迎的商品，所以交易量不计其数。

【ブレーキが掛かる】 ❶制动器开启；刹车。類ブレーキを掛ける①。例列車に緊急自動停止のブレーキが掛かる。列车紧急制动装置启动。❷被阻止；被制止。類歯止めを掛ける。例理性が勝り欲望にブレーキが掛かる。理性占了上风，欲望受到抑制。

【ブレーキが利かない】 刹车失灵；止不住；制动器不灵。例彼は物事に熱中するとブレーキが利かなくなるタイプだ。他就是这么个人，迷上一件事就停不下来。

【ブレーキを掛ける】 ❶刹车；制动。類ブレーキが掛かる①。❷阻止；制止；叫停。類歯止めを掛ける。例医療費高騰にブレーキを掛ける。叫停医疗费飞涨。

【触れなば落ちん風情】 水性杨花；等待你去勾引。

【風呂敷を広げる】 大吹大擂；说大话。類大風呂敷を広げる。

【風呂を立てる】 烧洗澡水。類湯を立てる。例すぐに風呂を立てるから汗を流し

て下さい。马上给你烧洗澡水冲冲汗吧。

【踏ん切りがつかない】 下不了决心；迈不出这一步。例見合いを勧められたが、今の自分の経済力では踏ん切りがつかない。有人给我介绍对象，可是以我现在的经济能力还下不了决心。

【刎頸の友】 刎颈之友；生死之交。類心腹の友。

【刎頸の交わり】 刎颈之交。類水魚の交わり。中汉·司马迁《史记·廉颇蔺相如列传》："卒相与欢，为刎颈之交。"

【文事ある者は必ず武備あり】 有文事者，必有武备；文武齐备，不可偏废。中汉·司马迁《史记·孔子世家》："臣闻有文事者必有武备，有武事者必有文备。古者诸侯出疆，必具官以从。请具左右司马。"

【文章は経国の大業、不朽の盛事】 文章，经国之大业，不朽之盛事。中三国·魏·曹丕《典论·论文》："盖文章经国之大业，不朽之盛事。年岁有时而尽，荣乐止乎其身。"

【踏んだり蹴ったり】 连踢带踹；祸不单行；屋漏又逢连阴雨；连遭厄运。類傷口に塩；凹き所に水溜まる②；乞食が米を零したよう②；雪上霜を加う；泣き面に蜂；病み足に腫足；弱り目に祟り目。例詐欺には遭うし泥棒には入られて踏んだり蹴ったりだ。遇到诈骗又遭小偷入室，真是祸不单行。

【褌を締めてかかる】 下定决心干。類緊褌一番。例大仕事を頼まれ褌を締めてかかる。接受重大任务，决心大干一场。

【糞土の牆は杇るべからず】 粪土之墙不可圬；朽木粪墙。類朽木は柱にならぬ。中《论语·公冶长》："朽木不可雕也，粪土之墙不可圬也。"

【分に過ぎる】 超越身份；高于自己身份；超过自己的能力。例分に過ぎた評価をいただき恐縮です。承蒙过高的评价，不胜惶恐；谬承夸奖，实在不敢当。

【文は人なり】　文如其人。

【文は武に勝る】　笔杆子胜过枪杆子；文胜于武。[類]ペンは剣よりも強し。

【分秒を争う】　争分夺秒；分秒必争。[類]一刻を争う。

【分別過ぐれば愚に返る】　想过头反倒无所适从；思虑过犹不及。

【分母を払う】　约掉分母。

【文明の利器】　文明的利器。

【文を属す】　属文；写文章。[類]筆硯に親しむ。[中]汉·班固《汉书·刘歆传》：“歆，字子骏，少以通诗书，能属文。”

へ

【平気の平左】　满不在乎；不为所动；若无其事。[類]痛くも痒くもない。[例]彼奴は他人から何を言われても平気の平左だ。那家伙人家说他什么，他都满不在乎。

【平行線を辿る】　互不妥协；相持不下。[類]平行線②。[例]争議は平行線を辿って決着がつかない。争议双方互不妥协，问题解决不了。

【兵刃を交える】　厮杀；拼杀。

【兵端を開く】　开战；开启战端。[類]戦端を開く。[例]外交折衝が決裂し両国はついに兵端を開いた。外交谈判破裂，两国终于开启战端。

【平地に波瀾を起こす】　平地起波澜；没事儿找事儿。[中]唐·刘禹锡《竹枝词九首》其七：“瞿塘嘈嘈十二滩，此中道路古来难。长恨人心不如水，等闲平地起波澜。”

【兵に常勢無し】　兵无常势。[中]春秋·孙武《孙子·虚实》：“水因地而制流，兵因敌而制胜。故兵无常势，水无常形，能因敌变化而取胜者，谓之神。”

【兵は神速を貴ぶ】　兵贵神速。[類]兵は拙速を尊ぶ。[中]晋·陈寿《三国志·魏志·郭嘉传》：“太祖将征袁尚及三郡乌丸。……嘉言曰：‘兵贵神速。’”

【兵は拙速を尊ぶ】　兵贵拙速；兵贵神速；战斗要快速发起攻击。[類]兵は神

速を貴ぶ。中春秋·孙武《孙子·作战》："故兵闻拙速，未睹巧之久也。"

【兵馬の権】 军权；统兵之权。

【平方に開く】 开平方；求平方根。

【弊履を棄つるが如し】 qìrúbìlǚ 弃如敝履；shìrúbìxǐ 视如敝屣。中战国·孟轲《孟子·尽心上》："舜视弃天下，犹弃敝蹝（=屣）也。"

【兵を挙げる】 jǔbīng 举兵；起兵。類旗を揚げる①。中汉·司马迁《史记·吴王濞传》："欲举兵诛之，谨闻教。"例军の不满分子が兵を挙げる。军界不满分子起兵（fǎnpàn 反叛）。

【ベストを尽くす】 quánlìyǐfù 全力以赴；jìnlìérwéi 尽力而为；jiéjìnquánlì 竭尽全力。類全力をあげる。例選手宣誓、正正堂堂ベストを尽くして闘うことを誓います！运动员xuānshì宣誓：堂堂正正，竭尽全力，参加比赛！

【臍で茶を沸かす】 荒唐可笑；可笑至极；笑破肚皮。類笑止千万①。

【臍の緒切ってから】 有生以来。例自慢じゃないが、臍の緒切ってから嘘と坊主の頭はゆったことがない。不是我自夸，有生以来没shuō说huǎng过谎。

【べそを掻く】 kūsàngzheliǎn 小孩儿要哭；哭丧着脸。類貝を作る；泣きべそを掻く；吠え面をかく。例仲間外れにされてべそを掻く。被排除在quānzi圈子之外而哭丧着脸。

【臍を曲げる】 nàobièniu 闹别扭；不听话；jiǎoqing 矫情。類旋毛を曲げる。例分け前が他の人より少ないと臍を曲げる。闹别扭说自己分得的比别人少。

【下手すると】 nòng 弄不好就；万一出chācuò差错。例下手すると取り返しのつかないことになる。万一出了差错就会zhuīhuǐmòjí 追悔莫及。

【隔てを置く】 ❶保持距离。類垣を作る。❷区别对待；歧视；看人下菜碟。

【下手の鉄砲も数撃てば当たる】 wāidǎzhèngzháo 歪打正着；xiāmāopèngdàosǐhàozi 瞎猫碰到死耗子。

【下手の考え休むに似たり】 bènrén 笨人想一天，白白费时间。

【下手の道具調べ】 手艺不精爱àitiāo挑工具的毛病。

【下手の長談義】 fèihuàliánpiān 废话连篇；luōluosuōsuō 啰啰嗦嗦，méiwánméiliǎo 没完没了。

【下手の横好き】 笨手笨脚偏爱好；不擅长却爱好；搞不好却很喜欢。

【鼈人を食わんとして却って人に食わる】 害人不成反害己；搬起石头砸自己的脚；机关算尽太聪明，反误了卿卿性命。類人を呪わば穴二つ。

【屁でもない】 狗屁不是；不足挂齿；不值一提。類取るに足りない。例油断して屁でもない相手に負けるとは情ない。疏忽大意输给不足挂齿的对手太惨了。

【ペテンに掛かる】 上当；受骗。類口車に乗る。例用心してたのにまんまとペテンに掛かる。尽管小心，还是上个大当。

【ペテンに掛ける】 骗人；欺骗；蒙骗；忽悠。類口車に乗せる。例大勢で一人をペテンに掛ける。众人（合伙）骗一个人。

【反吐が出る】 ❶呕吐。類小間物屋を開く。❷恶心；作呕。類胸が悪い①。例相手の汚い遣り口に反吐が出る。对方肮脏的手段令人作呕。

【屁とも思わない】 根本不当回事；一点不放在眼里；认为狗屁不是。例あいつのことなんか屁とも思っちゃいない。那个家伙，狗屁不是。例他人に迷惑を掛けることを屁とも思わない。他根本不把给人添麻烦当回事。

【屁にもならない】 狗屁；不值（得）一提。類取るに足りない。例屁にもならない事を一一取り上げるな！别把不值一提的事一一摆出来了！

【紅をさす】 ❶抹口红。例出がけに紅をさす。外出前涂口红。❷变红；脸发红。例お酒のせいで頬にほんのりと紅をさす。喝了酒稍微有点上脸。

【屁の河童】 轻而易举（的事）；易如反掌（的事）；小菜一碟；不在话下。類苦もない。例この程度のことなら屁の河童、私に任せておきなさい。这点事ル不在话下，交给我吧。

【屁の突っ張りにもならない】 屁用不顶；毫无用处。類糞の役にも立たない。例内の亭主はいざとなると屁の突っ張りにもならない。我老公到关键时刻屁用不顶。

【蛇に噛まれて朽縄に怖じる】 一朝被蛇咬，十年怕井绳；惩羹吹齑。

【蛇に見込まれた蛙】 就像耗子见了猫；吓掉魂ル；吓瘫。類蛞蝓に塩；蛭に塩。

【蛇の生殺し】 使半死不活；活受罪。

【蛇を画いて足を添える】 画蛇添足。中明・文征明《文征明集・補集二二》："画蛇添足，宁免识者之诮耶。"

【蛇を遣う】 虚度春秋；游手好闲；优哉游哉。類無為徒食。

【減らず口を叩く】 不认输；找借口；强词夺理。類石に漱ぎ流れに枕す；口が減らない；負け惜しみの減らず口；負け相撲の小股取るが如し。

【篦を使う】 支吾搪塞；模棱两可；含糊其辞。類言葉を濁す。

【屁理屈を捏ねる】 强词夺理；讲歪理。類柄のない所に柄をすげる①；弁を弄する；理屈を捏ねる；理屈を付ける。例息子は屁理屈を捏ねて働こうとしない。儿子讲歪理不想工作。

【縁を取る】 镶边ル；锁边ル。

【屁を放って尻窄め(る)】(窄め、窄めとも) 掩盖过失；作了错事想蒙混过去；文过饰非。類過ちを文る；小人の過つや、必ず文る。

【弁が立つ】 能言善辩；雄辩。類口が上手い；口上手；口達者；舌柔らかなり；程が好い②。例議員を長くやっていると自然に弁が立つようになる。当议员时间长了自然就能言善辩了。

【弁慶の立ち往生】 进退维谷；进退不得。類進退これ谷まる。

【弁慶の泣き所】 ❶胫骨；迎面骨。例サッカーで弁慶の泣き所を蹴られて蹲る。足球赛上被踢了胫骨而蹲下了。❷软肋；致命弱点。例強者の弁慶の泣き所を衝く。攻击强者的软肋。

【弁舌爽やか】　口齿伶俐；能言善辩。類立て板に水。例弁舌爽やかな青年政治家。能言善辩的年轻政治家。

【弁舌を振るう】　施展辩才；滔滔不绝地讲。類長広舌；長広舌を揮う；弁を振るう。例大衆の面前で弁舌を振るう。在大众面前口若悬河、滔滔不绝。

【ベンチを温める】　当替补队员。例かつての名プレーヤーもベテランとなりベンチを温めることが多くなった。曾经的著名选手成了老运动员，作替补队员的时候增多了。

【変哲もない】　稀松平常；平淡无奇。例何の変哲もない人生を送るのも悪くない。度过平淡无奇的人生也没什么不好。

【弁当を使う】　吃盒饭。例ヤカンにお湯を沸かして弁当を使う。烧壶热水吃盒饭。

【便に供する】　提供方便。例交通網を整備して国民の便に供する。完善交通网络，给国民提供便利。

【ペンは剣よりも強し】　（英·利顿语）笔胜过刀剑；笔杆子胜过枪杆子；笔墨能胜刀枪。類文は武に勝る。西Lytton: Calamaus gladio fortior.

【辺幅を飾る】（飾る、修飾する·修めるとも）　装潢门面；虚饰外表。類見栄を張る。例あの人は偉くなっても辺幅を飾らず気さくだ。他即使发达了仍不修边幅，而且平易近人。

【ペンペン草が生える】　家园荒芜；家园衰微破败；变成满目荒凉的废墟。

【片鱗を示す】　初露锋芒；牛刀小试；略见一斑；崭露头角。例天才は幼くしてその片鱗を示す。天才小的时候就崭露头角。

【ペンを折る】　封笔；搁笔；停笔。類筆を折る。例締め切りに追われ疲れ果ててペンを折る。赶着交稿疲劳至极而停笔。

【ペンを執る】　执笔；动笔。類筆を執る。例うつ病が治り一年ぶりにペンを執る。

抑郁症康复，时隔一年重新执笔。

【弁を振るう】 施展辩才；滔滔不绝地讲述。類弁舌を振るう。例弁を振るって国難を説く。施展辩才论说国难。

【弁を弄する】 强词夺理；卖弄口才；耍嘴皮子。類屁理屈を捏ねる。例弁を弄する輩をソフィストと言う。善于强词夺理之辈称为诡辩家。

ほ

【ポイントを稼ぐ】 ❶比赛得分。類星を稼ぐ。例カードでポイントを稼ぐ。靠（会员）卡攒积分。❷努力行事以获得好评；比对手占优势。例首相は得意の外交でポイントを稼いでいる。首相依靠自己擅长的外交来获取加分。

【奉加帳を回す】 传递捐款簿；筹集捐款。例奉加帳を回して地震被災者への義援金を募る。传递捐款簿募集善款给地震灾民。

【砲火を交える】 开战；交战；交火。類戦端を開く。例南軍と北軍が砲火を交える。南方军和北方军开战。

【鮑魚の肆に入るが如し】 如入鲍鱼之肆。類朱に交われば赤くなる。中汉·刘向《说苑·杂言》："与恶人居，如入鲍鱼之肆，久而不闻其臭，亦与之化矣。"

【亡国の音】 亡国之音。中汉·戴圣《礼记·乐记》："亡国之音哀以思，其民困。"

【棒先を切る】 揩油；抽头。類上前を撥ねる。

【茅茨剪らず采椽削らず】 茅茨不翦，采椽不斲；生活简朴而为善政。中战国·韩非《韩非子·五蠹》："尧之王天下也，茅茨不翦，采椽不斲。"

【法師の櫛貯え】 和尚攒梳子--不相称；不适宜；不相配。類柄にもない。

【方図がない】 没有止境。无尽无休。類切りがない。例人の欲望は方図がない。人的欲望是永无止境的。

【坊主憎けりゃ袈裟まで憎い】 恨和尚连同袈裟；憎其人而及其物。

【坊主の花簪】　和尚的簪子；再好也用不上。

【坊主丸儲け】　无本生意，只赚不赔；空手套白狼；空手捞白鱼。

【忙中閑あり】　忙中有闲；忙中亦有暇。

【法に照らす】　依法。例法に照らして罰する。依法处罚。

【棒に振る】　白白浪费；断送。類ふいにする；水にする①。例せっかくのチャンスを棒に振るな。不要白白断送这次难得的机会！

【忘年の友】　忘年之友；忘年之交；忘年交。中五代·后晋·刘昫《旧唐书·王倨传》："言及刺武三思事，琚义而许之，与周璟、张仲之为忘年之友。"

【這う這うの体】　狼狈不堪地；仓皇失措地。類蟹の穴這入り。例集会で袋叩きに遭い、這う這うの体で退場する。在集会上遭遇围攻狼狈退场。

【棒ほど願って針ほど叶う】　所望者厚，所得者菲。

【法網を潜る】　钻法律空子。類網の目を潜る。例知能犯は法網を潜るのに長けている。智能犯擅长钻法律的空子。

【砲門を閉じる】　炮轰结束；停止炮击。例停戦協定に応じ砲門を閉じる。按停战协议停止炮击。

【砲門を開く】　开炮；开始炮击；战斗打响。例敵の根拠地に向けて砲門を開く。向敌人根据地开炮。

【忘憂の物】　忘忧（之）物。類酒は憂いの玉箒。中晋·陶渊明《饮酒》其七："泛此忘忧物，远我遗世情。"

【焙烙の一倍】　砂锅易损，倍增成本；砂锅易碎，加价一倍。

【棒を呑んだよう】　呆立；紧张得笔直地站住。例神様とも仰ぐ方から声を掛けられ棒を呑んだようになる。被奉若神明一样的人喊了一声，我就呆呆地站住。

【棒を引く】　❶划直线。❷销账；一笔勾销。

【暴を以て暴に易う】　以暴易暴。類血で血を洗う②。中汉·司马迁《史记·伯夷

列传》："登彼西山兮，采其薇矣，以暴易暴兮，不知其非矣。"

【吠え面をかく】 哭丧着脸；哭鼻子。類べそを搔く。例いい気になっているといまに吠え面をかくぞ。你这会儿沾沾自喜，马上就得哭鼻子。

【頬返しが付かない】 无计可施；束手无策。類手の施しようがない。

【頬が落ちるよう】 好吃得不得了；非常好吃；香极了。類顎が落ちる。例このメロンは一口口に入れると頬が落ちるようだ。这个梅龙瓜吃一口简直好吃极了。

【頬が緩む】 脸上露出笑容。例米寿で親族に囲まれ思わず頬が緩む。被亲人们簇拥着祝贺△米寿（八十八岁大寿），不由得脸上露出笑容。

【頬桁を叩く】 嘚啵；喋喋不休。類口から先に生れる。

【ポーズを取る】 ❶摆好姿势。例モデルがポーズを取る。模特摆姿势。❷装出样子；假装。例積極的なポーズを取っているが内心はやる気がない。表面装出积极的样子，内心△没有干的意思（并不想干）。

【頬は面】 同实异名；异名同实。

【頬を染める】 羞红了脸。類赤くなる。例意中の人に声を掛けられ頬を染める。意中人主动打招呼，脸红了。

【頬を抓る】 拧脸蛋儿（确认不是梦）；掐脸蛋儿。例超難関試験の合格通知を受け取って頬を抓る。接到难度极大的考试合格通知书，怀疑是在做梦，掐了一下脸。

【頬を膨らませる】（膨らませる、膨らます・膨らすとも） 撅起嘴；面带不悦。類口を尖らす。例何で私が叱られなければならないのと頬を膨らます。撅着嘴说："为什么就得我挨说呢！"

【外でもない】 不是别的；正是；不外乎。類取りも直さず；他ならない❶。例外でもない、君の自費留学の件だけど休職扱いで会社の許可が下りたよ。就是你自费留学的事，公司按停薪留职已经批下来了。

【他ならない】 ❶无非（是）；就是。類外でもない。例研修の目的は現有人材資

源の能力向上に他ならない。研修无非是要提高现有人才（资源）的能力。❷既然是。❿他ならないあなたからのお誘いですからお断りする訳には行かない。正因为是你的邀请（yāoqǐng）我才不能回绝呢。

【墓穴を掘る】　自掘坟墓（zìjuéfénmù）；自取灭亡（zìqǔmièwáng）。類飛んで火に入る夏の虫。❿小細工をして却って墓穴を掘る。耍花招反倒害了自己（shuǎhuāzhāofǎndào）。

【保険を掛ける】　为了万一另（lìng）作准备；为保险起见（wèi）；防备万一。❿三校受験して保険を掛けておく。为保险起见报考三个学校。

【矛先が鈍る】　攻势弱下来；批判·追究势头缓和下来。❿人情に訴えられると攻撃の矛先が鈍る。一诉诸（sùzhū）人情味就会降低攻击的势头。

【矛先を躱す】　规避（guībì）攻击；避开（谴责和批判的 qiǎnzé）锋芒（fēngmáng）。❿批判の矛先を躱す。避开批判的锋芒。

【矛先を転じる】　改变攻击目标；转而（zhuǎnér）攻击（其他目标）。❿正攻法は通じないと見て、矛先を転じ搦手（からめて）から攻めることにした。发现正面进攻不行，就决定转而从后面进攻。

【反故にする】　❶废弃掉（fèiqìdiào）；作废。❿返品された雑誌を反故にする。把退回的杂志废掉。❷取消；废止。❿外交上不可逆的（ふかぎゃくてき）な条約を反故にする。取消外交上不可逆的条约。

【矛を収める】　收兵；停战；偃兵息甲（yānbīngxījiǎ）。❿十分暴（あば）れたので、この辺で矛を収めることにしよう。我们闹得够意思了（gòuyìsi），差不多就收兵吧。

【矛を交える】　交战；厮杀（sīshā）。類干戈（かんか）を交える。❿仇敵同士（きゅうてきどうし）が矛を交える。仇敌（chóudí）之间厮杀。

【矛を向ける】　矛头指向（máotóu）；对准目标。類矢を向ける。❿批判の矛を彼に向ける。把批判的矛头指向他。

【恣にする】　❶随心所欲（suíxīnsuǒyù）；恣意（zìyì）。類自分勝手（じぶんかって）。❿支配階級が権勢を恣にする。

613

统治阶级滥用职权。❷尽情;纵情;尽兴。❸心行くまで。囫もし自分が大統領だったらと、空想を恣にする。尽情地梦想着要是我当了总统嘛……。

【星が割れる】 查出犯人;确定罪犯。囫ＤＮＡ鑑定で星が割れた。通过DNA鉴定确定犯人。

【輔車相依る】 辅车相依,唇亡齿寒。❸唇滅びて歯寒し。⊕春秋·左丘明《左传·僖公五年》:"谚所谓'辅车相依,唇亡齿寒'者,其虞、虢之谓也。"

【星を挙げる】 ❶逮捕犯人。❸縄を掛ける。囫迷宮入り直前で星を挙げ警視総監賞をいただく。在即将作为无头案处理之前逮捕了犯人,获得警察总监奖。❷(相扑)得分;取胜。❸白星をあげる。囫関脇力士が力相撲で横綱からあっぱれな星を挙げる。(相扑)关胁全凭力气完美地战胜横纲。

【星を戴く】 披星戴月;起早贪黑;夙兴夜寐。囫繁忙期の農家は一家総出で未明から日没まで星を戴いて働く。农忙期农民全家出动,从黎明到日落披星戴月地劳动。

【星を落とす】 输;负。❸俵を割る;土が付く;星を潰す。囫格下相手に星を落とす。(相扑等)输给了下级力士。

【星を稼ぐ】 得分;提高比赛成绩。❸点数を稼ぐ①;ポイントを稼ぐ①。囫一次リーグを突破するには弱いチームから確実に星を稼いでおくことが肝要だ。要突破循环赛的初赛,重要的是从弱队一点一点地提高比赛成绩。

【星を指す】 预判准确;一语破的;猜中;猜对。❸的に当たる。

【星を潰す】 输;涂黑。❸星を落とす。

【星を列ねる】 (王侯公卿)整然列坐;众人列坐。❸綺羅星の如く。

【星を拾う】 险胜;侥幸取胜。❸相手のさする功名。囫うっちゃりで星を拾う。(相扑)用借力转身的招数把对方扔出场地而险胜。

【星を分ける】 不分胜负;平局;打个平手ル。囫両チームの今年の対戦成績は

10勝10敗で星を分けた。两个队今年的对战成绩是10胜10负，打个平局。

【細く長く】 细水长流；一点一滴持续不断地。例もっぱら脇役だが細く長く俳優生活を送る。△他（她）一直当配角，过着平稳悠长的演员生活。

【臍堪え難し】 受不了；憋不住。類堪ったものではない。

【臍を固める】 下定决心。類腹を決める。例最終的にはこの案で行くと臍を固める。最终下定决心执行这个方案。

【臍を噛む】 噬脐莫及；后悔也来不及；追悔莫及。類後悔先に立たず。中春秋·左丘明《左传·庄公六年》："亡邓国者，必此人也。若不早图，后君噬齐（=脐），其及图之乎？"例あの時買っておけばよかったと臍を噛む。当时买下就好了，(想到此就)追悔莫及。

【菩提を弔う】 祈祷冥福；祭奠逝者。類追善供養。例十三回忌で母の菩提を弔う。母亲13周年忌辰为她祈祷冥福。

【蛍の光、窓の雪】 萤雪之功；囊萤映雪；刻苦学习；穿壁引光；凿壁借光。類蛍雪の功。中唐·房玄齢等《晋书·车胤传》："胤恭勤不倦，博学多通。家贫不常得油，夏月则练囊盛数十萤火以照书，以夜继日焉。"。南朝·梁·任彦升《为萧扬州荐士表》："至乃集萤映雪，编蒲缉柳。"注引《孙氏世录》："晋孙康家贫，常映雪读书，清介，交游不杂。"

【蛍二十日に蝉三日】 鼎盛不长；昙花一现。

【牡丹に唐獅子】 相得益彰；绝佳搭配。類梅に鶯。

【ボタンの掛け違い】➡ボタンを掛け違える

【ボタンを掛け違える】 开头弄错；开头就有失误。例何事もボタンを掛け違えるとうまく行かない。不管什么事开头弄错就搞不好。

【歩調を合わせる】 协同步调；使步调一致；统一行动。例ＧＤＰ増加に歩調を合わせて国民の生活水準が向上する。随着GDP的增加，国民的生活水平相应地有所

提高。

【没にする】（提案・稿件等）不采用；不予发表。例特ダネ記事と自信を持っていたが、社の方針で没にされた。对独家特讯满有把握，但因社内方针限制而没被采用。

【頬っ辺が落ちる】 好吃得不得了；非常好吃。類顎が落ちる。例元祖「かばやき」店のうな重に頬っ辺が落ちる。 正宗烤鱼串店的鳗鱼盖饭非常好吃。

【程がある】 有个限度；有个分寸。例あんたは人がいいにも程がある。脾气好你也得有个限度。

【程が好い】 ❶恰到好处；有教养有风度。類小意気。❷会说话；会奉承。類弁が立つ。

【仏造って魂入れず】 画了龙没点睛；功亏一篑。類画竜点睛を欠く。

【仏に成る】 死去。類息が絶える。

【仏の顔も三度】 事不过三。類地蔵の顔も三度。

【仏の沙汰も銭】 佛爷好不好，就看钱多少；一切向钱看。

【仏の光より金の光】 佛光普照，人爱钞票。

【仏も昔は凡夫なり、我等も終には仏なり】 佛身原本是凡人，凡人修行也成神。

【程こそあれ】 立即；立马；当即。類時を移さず。

【熱が冷める】 事态平静下来；舆论沉寂下来。例問題が起きると熱が冷めるまで隠れているのが彼の常套策だ。他的惯用伎俩就是一出事就躲起来，等待舆论沉寂下来。

【穂に出ず】（秀に出づとも） 走上前台；受到瞩目。類頭角を現す。

【骨折り損の草臥もうけ】 徒劳无功；白费力气。類一文にもならない。

【骨が折れる】 费劲；费力气。類小骨が折れる；小骨を折る；一苦労。例この仕

事は骨が折れる。这个工作很费力气。

【骨が舎利になっても】 拼死也（要）；即使死了……也。例骨が舎利になっても恨みは消えない。即使我死了，仇恨也不会消失。

【骨が太い】 骨头硬；坚实；坚不可摧。例政府が標榜しているのは骨が太い（骨太）経済対策だ。政府公开推重的是坚不可摧的经济政策。

【骨と皮】 皮包骨（头）；骨瘦如柴；瘦骨嶙峋。類楊枝に目鼻を付けたよう；骨皮筋右衛門。例あの筋骨隆隆だった父も90歳を越えたら骨と皮だ。那么身强力壮的的父亲一过90岁就变得皮包骨了。

【骨に刻む】 刻骨铭心；牢牢记在心里。類肝に銘ずる。中南朝·宋·范晔《后汉书·皇后纪上·明德马皇后》："卫尉年尊，两校尉有大病，如令不讳，使臣长抱刻骨之恨。"唐·李白《上安州李长史书》："深荷王公之德，铭刻心骨。"例先輩の忠告を骨に刻む。牢记学长的忠告。

【骨に沁みる】 深感；牢记在心；内心受到强烈震撼；彻骨。類骨髄に入る；骨髄に徹する；骨の髄まで①；骨身に応える。例善意の批判が骨に沁みる。牢牢记住善意的批评。

【骨に徹する】 ➡骨に沁みる

【骨になる】 化成骨灰；死；作古。類灰となる②；灰にする②。例その道の通によれば、飲む打つ買うのうち博打だけは骨になるまで止められないそうだ。据圈子内的人说，吃喝嫖赌中只有赌博是至死不渝的。

【骨抜きにする】 阉割；抽掉精髓。類骨を抜く。例抜本的な改革案だったが、抵抗勢力により骨抜きにされた。本来是彻底的改革方案,但是被反对派抽掉了精髓。

【骨の髄まで】 ❶深入骨髄；彻骨；入骨。類骨に沁みる。例寒さも骨の髄まで来ると感覚が麻痺する。寒气入骨之后感觉就会麻木。❷彻底；彻头彻尾。類徹頭徹尾。例彼は骨の髄まで芸人だ。他是个彻底的艺人。

【骨までしゃぶる】　敲骨吸髓；榨干血汗。類生き血を絞る；膏血を絞る。例悪いやつにつかまって骨までしゃぶられる。被恶棍弄去榨干血汗。

【骨身に応える】　彻骨；透入骨髓；深感；深受触动。類骨に沁みる。例女房のあの一言が骨身に応えて転職することにした。妻子的一句话深深的地触动了我，于是决定改行。例年を取ると冬の寒さが骨身に応える。上了年纪就觉得冬天的寒气透骨。

【骨身に沁みる】➡骨身に応える

【骨身を惜しまない】（惜しまない、惜しまずとも）　不辞劳苦。類汗水を流す。例釣りキチは道具の入手と手入れに骨身を惜しまない。酷爱钓鱼的人为买到渔具和保养渔具实在是不怕麻烦。

【骨身を削る】　历尽千辛万苦；艰苦卓绝；不辞劳苦。類身を削る。例骨身を削って身代を築く。不辞劳苦积累家产。

【骨を埋める】　❶死；埋骨。類息が絶える。例船が難破して住み着いた島に骨を埋める。船失事了，最终死在（登陆）居住的岛上。❷贡献一生；倾毕生精力于。例骨を埋めるつもりで伝統工芸を継承する。要为传承传统工艺贡献一生。

【骨を惜しむ】　不愿受累；不肯卖力气。類体を惜しむ。例彼は仕事好きで骨を惜しまない。他勤快肯卖力气。

【骨を折る】　尽力；卖力气；精心照拂；费劲。類意を注ぐ；力瘤を入れる；力を入れる②；力を尽くす。例国交正常化のために骨を折る。为邦交正常化尽力。

【骨を砕く】　粉身碎骨。類粉骨砕身。

【骨を刺す】　砭人肌骨；（寒气）刺骨。類風冴ゆ；寒気凛冽；身に沁みる②；身を切る①。例骨を刺す極北の寒気。来自北极的刺骨的冷空气。

【骨を抜く】　❶抽掉主要内容；去掉骨干；（比喻）阉割。類骨抜きにする。例野党が提出した法案の骨を抜こうと与党が修正案を出す。执政党提出的修正

案要抽掉在野党法案的主要内容。例彼は彼女にめろめろですっかり骨を抜かれている。他就像被她抽掉了脊梁骨的窝囊废。类骨抜きにする。

【骨を拾う】 ❶收遗骨；拣遗骨。例火葬場で会葬者が骨を拾う。在火葬场参加葬礼的人△装（收）遗骨。❷（替别人）善后；处理身后事；收拾烂摊子。例万一の時は俺の骨を拾ってくれ。万一我有不测，请为我处理身后事。

【骨を休める】 稍事休息；歇歇身子骨ル。类息を入れる。例温泉旅行で骨を休める。去温泉旅行松一松身子骨ル。

【墓木已に拱す】 墓木已拱；墓木拱矣；早就该死了。中春秋·左丘明《左传·僖公三十二年》："尔何知？中寿，尔墓之木拱矣！"

【洞が峠を決め込む】 （采取）观望（态度）；骑墙；看风使舵；随风转舵。类風見鶏②；日和見②。

【法螺を吹く】 吹牛；吹牛皮；说大话。类大風呂敷を広げる。例あの男は法螺を吹く癖があるので話半分に聞いておいた方がいいよ。所以听他的话最好打对折；他吹牛成癖，所以他的话最好只听一半ル。

【蒲柳の質】 蒲柳之质；弱不禁风。中南朝·宋·刘义庆《世说新语·言语》："蒲柳之姿，望秋而落；松柏之质，经霜弥茂。"

【惚れたが因果】 爱是前世姻缘。

【惚れた腫れた】 迷恋；对异性着魔；色迷心窍。例みっともないから人前で惚れた腫れたといちゃつくな。别在大庭广众之中黏黏糊糊的，成何体统！

【惚れた目には痘痕も靨】 情人眼里出西施。类痘痕も靨。

【惚れた病に薬無し】 相思病重，吃药没用。

【惚れた欲目】 情人眼里出西施。类痘痕も靨。

【惚れた弱み】 听任情人的摆布；一见钟情；坠入爱河，不能自拔。例惚れた弱みで何でも相手の言うことを聞く。坠入爱河，不能自拔，一切听从对方的。

【惚れて通えば千里も一里(ほれてかよえばせんりもいちり)】　有情千里来相会；有情千里不嫌远。類千里も一里。

【襤褸が出る(ぼろがでる)】　lòuchūpòzhàn 露出破绽；lòuxiàn 露馅儿。類馬脚(ばきゃく)を露(あら)わす。例実力(じつりょく)が伴(ともな)わないんだからどうしても襤褸が出る。没有实力，所以肯定会露出破绽。

【襤褸は着てても心は錦(ぼろはきててもこころはにしき)】　lánlǚ 襤褸其容，金玉其中。

【法論味噌売りの夕立(ほろみそうりのゆうだち)】　卖鸡蛋的怕跌跤 diējiāo，卖字画的怕雨浇 yǔjiāo。

【ほろろ打つ(ほろろうつ)】　野鸡振翅 zhènchì；野鸡鸣叫。

【襤褸を出す(ぼろをだす)】　lòupòzhàn 露破绽；lòumǎjiǎo 露马脚；lòudǐ 露底。類馬脚(ばきゃく)を露(あら)わす。例調子に乗り過ぎて襤褸を出す。过分得意 guòfèndéyì 忘形 wàngxíng 才露出马脚 lùchūmǎjiǎo。

【歩を進める(ほをすすめる)】　❶迈步；前进。例トーナメントで二回戦に歩を進める。淘汰赛 táotàisài 进入第二轮 lún 比赛。❷步行。

【歩を運ぶ(ほをはこぶ)】　前行；迈步 màibù。例年(ねん)に一度のＴ県種苗(ティー)交換会に歩を運ぶ。去参加一年一度的Ｔ县种苗交换大会。

【本気にする(ほんきにする)】　xìnyǐwéizhēn 信以为真；dàngzhēn 当真；认真。類信(しん)を為(な)す①；真(ま)に受ける。例ちょっとからかってみただけだから本気にしないでくれよ。我不过是开个小小的玩笑，别当真啊。

【本気になる(ほんきになる)】　认真起来；当真。類腰(こし)が入(はい)る②；腰(こし)を入(い)れる②；本腰を入れる。例一発(いっぱつ)やられたので本気になって殴(なぐ)り返す。因为挨 āi 了一下子，所以真地发火回击他。

【本腰を入れる(ほんごしをいれる)】　认真地干；正儿八经(地)；鼓起干劲。類本気になる。例何事(なにごと)も本腰を入れなければ物(もの)にならない。无论什么事不认真作就不会成功。

【盆と正月が一緒に来たよう(ぼんとしょうがつがいっしょにきたよう)】　❶ shuāngxǐlínmén 双喜临门。例長男の結婚と長女の出産とが重なり、盆と正月が一緒に来たようだ。大儿子结婚和大女儿生孩子赶到一块了，真是双喜临门。❷忙得不可开交 bùkěkāijiāo。類猫(ねこ)の手(て)も借(か)りたい。例海外から爆買(ばくがい)客(きゃく)が押し寄せ、売り場は盆と正月が一緒に来たようだ。疯狂购物 fēngkuánggòuwù 的外国游客蜂拥而 fēngyōngér

至，商场忙得不可开交。

【本音を吐く】 说出真心话。例いい加減本音を吐いたらどうだ。差不多你就把真心话说出来吧。

【煩悩の犬は追えども去らず】 烦恼挥之不去；烦恼像狗，赶也不走。類意馬心猿。

【盆を覆す】 倾盆。類雨車軸の如し。

【盆を敷く】 开赌场。例倉庫で盆を敷いているところを警察に踏み込まれた。正在仓库设赌局，被警察逮了个现行。

【盆を翻す】➡盆を覆す

ま

【枚挙に遑が無い】 不胜枚举。類数知らず。例学術論文の剽窃が枚挙に遑がないとはあきれたものだ。学术论文的剽窃多得不胜枚举，实在令人吃惊。

【間がいい】 凑巧；碰巧。類恰も好し；好い所③；好都合。例ちょうど間がいい時に乗り継ぎの列車が来た。正巧要换乘的火车到了。

【紛いも無い】 没错正是；真正；毫无疑问，正是；地地道道。類正真正銘。例鑑定の結果は紛いも無いダイヤモンドです。鉴定的结果，这是真正的钻石。

【紛う方ない】（ない、なしとも） 丝毫不错；的的确确；真正。類正真正銘。例この書は紛う方ない空海の直筆だ。这幅字的确是空海的真迹。

【魔が差す】 鬼迷心窍；中魔；鬼使神差；产生邪念。例つい魔が差してスーパーで万引きをしてしまった。不觉间鬼迷心窍，偷了超市的东西。

【曲がった事】 邪门歪道的事。例私は曲がった事には手を出さない。我从不染指邪门歪道的事。

【間がな隙がな】 一有闲工夫；一有机会；经常。

【間が抜ける】 发傻；疏忽；傻头傻脑。例あいつはちょっと間が抜けている。那小子有点发傻。

【蒔かぬ種は生えぬ】 不种则不收；不种其因，不得其果；不劳则无获。類打たねば鳴らぬ。

【間が延びる】 松散；拖沓；慢吞吞。例間が延びるとやる気がなくなってくる。一拖沓兴致就没了。

【間が持てない】 ❶百无聊赖。類暇を持て余す。例定年退職後、一日が長くて間が持てない。退休后一天过得很慢，百无聊赖。❷尴尬；冷场。類座が持たない。例遠縁のお葬式に呼ばれたが見知らぬ人ばかりで間が持てない。应邀参加远亲的葬礼，竟是些不认识的人，很尴尬。

【罷り成らぬ】 不准；不许。例不祥事を起こしておいて責任逃れとは、罷り成らぬ。决不允许干出不△名誉（体面）的事还逃脱罪责。

【曲がりなりにも】 勉勉强强；勉强凑合。類やっとの事で。例曲がりなりにも私がここまでやってこれたのは妻の支えがあったからです。我能勉强达到这地步全靠妻子的支持。

【間が悪い】 ❶难为情；不好意思。類ばつが悪い。例葬儀に平服で出席し、間が悪い思いをした。穿着便装去参加了葬礼，觉得有点不好意思。❷不凑巧；不走运。例運転中など間が悪い時に携帯電話が鳴る。手机响得真不是时候，正开车呢。

【巻添えを食う】 受牵连；无辜受连累；殃及池鱼。類側杖を食う。例高速道路で玉突き事故の巻添えを食う。在高速公路上因连续追尾事故而无辜受害。

【紛れも無い】 没错正是；的的确确；千真万确；毫无疑问。類正真正銘。例これは紛れも無く明代の青磁です。毫无疑问这是明代的青花瓷。

【幕が上がる】 ➡幕が開く

【幕が開く】　开幕；开启；开始。類切って落とす②；スタートを切る；蓋を開ける②；幕を開ける；幕を上げる；幕を切って落とす；幕を切る①。例今年も待ちに待ったツール・ド・フランスの幕が開いた。今年翘首以待的环法自行车赛拉开帷幕。例新たな時代の幕が開く。开启新的时代。

【幕が下りる】　落幕；告终；结束。類幕を閉じる。例千秋楽を迎え長期公演の幕が下りる。到了末场演出，长期公演结束。例トップの交代でお家騒動に幕が下りる。上层换人，内部派系纷争才告结束。

【間口を広げる】　扩大事业范围；拓展研究领域；扩大经营范围。類手を延ばす；手を広げる；店を広げる②。例最近は本業以外の間口を広げる企業が多い。最近有很多企业向本行业以外扩大业务范围。

【幕になる】　闭幕；告终；落下帷幕。類幕を閉じる。例事件は意外な展開を見せて幕になった。事件出现意外的进展才告终结。

【枕が上がらない】　卧床不起。例父が脳卒中で倒れ枕が上がらなくなってからもう1年経つ。父亲因脑卒中（中风）卧床已有1年之久。

【枕片去る】　守空房；独守空帷。

【枕枕く】　睡觉；就寝。類目を合わせる①。

【枕を重ねる】　男女多次同床共枕。類枕を交わす。

【枕を交わす】　同床共枕；滚床单。類枕を重ねる。

【枕を欹てる】　倚枕倾听；(躺着)侧耳倾听。類耳を傾ける。中唐·白居易《香炉峰下新卜山居诗》："遗爱寺钟欹枕听，香炉峰雪拔簾看"。例夜半、枕を欹てて雷鳴を聞く。半夜躺在床上听雷鸣。

【枕を高くする】　高枕无忧；高枕而卧；安心睡大觉。中汉·司马迁《史记·张仪列传》："为大王计，莫如事秦……，则大王高枕而卧，国必无忧矣！"。例政敵を葬り枕を高くする。除掉政敌，可以高枕无忧了。

【枕を並べる】　同时；一起。例わが党の候補者は善戦空しく枕を並べて敗北した。本党候选人奋战未果，最终一一败选。

【枕を濡らす】　泪湿枕巾。例ホームシックに罹り枕を濡らす。思乡之甚泪湿枕巾。

【枕を振る】　(单口相声)说开场白；念引子。

【枕を結ぶ】　在野外露宿；野营。

【幕を開ける】　开幕；(活动)开始；拉开帷幕。類幕が開く。例桜が咲き始め、春の観光シーズンの幕を開ける。樱花开始绽放，春天的旅游季节开始。

【幕を上げる】➡幕を開ける

【幕を下ろす】　落幕；落下帷幕；落下帐幕；结束。類幕を閉じる。

【幕を切って落とす】　拉开帷幕；开始；开幕；首次公开。類幕が開く。

【幕を切る】　❶开幕；开始。類幕が開く。例投票日が公示され選挙戦の幕を切る。公示投票日，选战开始。❷落下帷幕。類幕を閉じる。

【幕を閉じる】　闭幕；收场；结束。類終わりを告げる；ちょんになる①；幕が下りる；幕になる；幕を下ろす；幕を切る②；幕を引く。例プロサッカーが今シーズンの幕を閉じた。本赛季的职业足球赛落下帷幕。

【幕を引く】　闭幕；收场；结束。類幕を閉じる。例明治維新により江戸時代は幕を引いた。明治维新宣告江户时代结束。

【負け惜しみの減らず口】　不认输；强词夺理；为失败狡辩。類減らず口を叩く。

【負けが込む】　输局很多；接连失败；连连惨败。例今シーズンは調子が悪く滑り出しから負けが込んでいる。这个赛季状态不佳，从一开始就接连失败。

【負けず劣らず】　不分优劣；不相上下。類何れ劣らぬ。例兄弟ともに成績抜群で負けず劣らずだ。兄弟两个成绩都很△出色(优秀)，不相上下。

【負け相撲の小股取るが如し】 不认输；不服输。類減らず口を叩く。

【負け博打のしこり打ち】 越输越要赌；越输越要往回捞。

【負けるが勝ち】 不争锋，终制胜；败中有胜；以退为进。類逃げるが勝ち。

【孫子の代まで】 直到子孙后代。例平和と繁栄が孫子の代まで続くことを祈る。希望和平与繁荣持续到子孙后代。

【誠にもって】 实在；非常。類何ともはや；全くもって。例誠にもって面目ない。实在丢人。

【馬子にも衣裳】 人是衣裳马是鞍。

【馬子に縕袍】 马帮穿粗布衣服；什么人穿什么衣服。

【孫は子よりも可愛い】 孙子比儿子更可爱；疼孙子胜于疼儿子。

【麻姑を倩うて痒きを掻く】 请麻姑瘙痒；如愿以偿；痛快淋漓。類思う壺に嵌る。中唐·杜牧《读韩杜集》："杜诗韩笔愁来读，似倩麻姑痒处搔。"

【まさかの時】 紧急时刻；万一；一旦。類いざ鎌倉。例保険はまさかの時のためにある。保险是用来防备万一的。

【摩擦を生じる】 产生摩擦；闹摩擦。例多民族国家だから民族間で様々な摩擦を生じるのは当たり前のことです。因为是多民族国家，不同民族间发生种种摩擦是理所当然的事。

【勝るとも劣らない】 绝不逊于；远胜于；有过之，无不及。例生き残りを賭け他社に勝るとも劣らない製品の開発に注力する。为生存下去而打拼，倾力开发远胜于其他公司的产品。

【間尺に合わない】 不合算；划不来；吃亏。類損がいく。例折角手伝っているのに邪魔者扱いされては間尺に合わない。好心去帮忙却被当成帮倒忙的，真划不来。

【魔性の者】 魔怪；恶魔。

【枡で量るほどある】 车载斗量;数量极大。

【先ず以て】 ❶首先。類何はさて置き。例先ず以て祝着至極に存じ奉ります。首先表示由衷的祝贺。❷总之;不管怎样。類何はともあれ。例手術は成功したので先ず以て一安心だ。手术成功,总之可以放心了。

【又しても】 又;再次。例あれほど気を付けていたのに又しても失態を犯してしまった。尽管万分小心,可又出洋相了。

【瞬く間】 眨眼之间;一瞬间;一刹那。例注文に応じ瞬く間に飴細工を仕上げる。根据要求,眨眼之间糖人儿就吹成了。

【又と無い】 ❶无双;无比。類類がない。例思いがけず又と無い御馳走に預かる。没想到竟然承蒙以世间少有的美味招待我。❷绝无仅有;再也难得。類一世一度。例又と無いであろう好条件で採用される。以最好的条件被录用。

【股に掛ける】 走遍;活跃于。例越中富山の薬屋さんは全国を股に掛けて置き薬商売をしている。越中富山药店活跃于全国,从事药品预售(注:在用户家预存常用药,定期巡检,收取已用药的药款)。

【又にする】 下次再说;以后再说。例今日の議題からは逸れるので、その件は又にしましょう。这件事脱离了今天的议题,下次再说吧。

【間違っても】 千万(不);无论怎么也(不)。類仮初にも①;甲が舎利になる;金輪際。例間違っても人の物に手を出してはいけない。不管如何不能偷人家的东西。例私は間違ってもあんなへまはしない。不管怎么样,我不会犯那样的错误。

【待ちに待った】 盼望已久;等候很久;期待已久;翹首以待。類首を長くする。例明日は待ちに待った年に一度の花火大会だ。明天是盼望已久的一年一度的焰火晚会。

【待ち惚けを食う】 白等;对方爽约。例デートで待ち惚けを食うといらいらする。约会时对方爽约会令人焦虑。

【待ち惚けを食わせる】　叫人白等；使空等一场。例車の大渋滞で彼に1時間待ち惚けを食わせてしまった。交通拥堵不堪，让他白等了一小时。

【待つうちが花】　等候之时最有期待感；期待是最甜蜜的。類成らぬ中が楽しみ。

【松毬より年嵩】　姜是老的辣；经验最重要。類老馬の智。

【松が取れる】　正月初七。例年始回りは松が取れないうちにやるものだ。拜年应该在松枝门拆下（正月初七）之前进行。

【真っ赤な嘘】　弥天大谎。例彼女が言っていることは真っ赤な嘘だ。她说的是弥天大谎。

【睫を濡らす】　提高警惕；多加小心。類眉に唾を付ける。

【睫を読まれる】　❶上当；受骗。類口車に乗る。❷被对方小看；被轻视。類安く見られる。

【末期の水】　临终时口含的水。

【末席を汚す】　忝列末座。類席末を汚す；席を汚す。例ご厚意に甘えて末席を汚させてもらいます。承蒙厚意，允许我忝列末席。

【全くのところ】　说实在的；实在（是）；其实。類実を言うと。例全くのところ彼がこれほどやれるとは思っていなかった。说实在的真没想到他能作到如此程度。

【全くもって】　实在；简直。類誠にもって。例遠来のお客さんに全くもって失礼な対応だ。作为对远方的客人的接待，实在是太失礼了。

【待ったを掛ける】　下令停止；叫停；要求暂停。例原発建設に待ったを掛けようと住民運動を起こす。发起要求叫停核电站建设的市民运动。

【マットに沈む】　（拳击）被击倒。例相手のフックを食らいマットに沈む。被对方用勾拳击倒。

【松の内】　新年期间；元旦至初七。

【松は寸にして棟梁の機あり】　杰出人物自幼不凡；英雄出少年；大才自

627

幼就穎脱不群。㊛栴檀は双葉より芳し。

【待て暫しが無い】　急性子；迫不及待；不容迟疑；一刻也等不了。㊛気が短い。

【待てど暮らせど】　左等右等；无论怎么等待。㋑待てど暮らせど直木賞受賞の朗報は届かない。左等右等也没等来直木奖的获奖通知。

【待てば海路の日和あり】　北风也有转南时；耐心等待，好运会来。㊛鳴かぬなら鳴くまで待とう時鳥；待てば甘露の日和あり。

【待てば甘露の日和あり】　北风也有转南时；耐心等待，好运会来。㊛待てば海路の日和あり。

【的が立つ】　遭报应；受惩罚。㊛罰が当たる。

【的に当たる】　预判准确；猜中；猜对。㊛星を指す。㋑仕手が的に当たって大儲けをする。大宗买卖预判准确，大赚一把。

【的になる】　关注的核心人物；成为众矢之的。㋑幸運続きで周囲の妬みの的になる。因为接连交好运而成为周围人嫉妒的目标。

【的を射る】　抓住要点；切中要害；有的放矢。㊛勘所を押さえる；壺に嵌る②；壺を心得る；要を得る。㋑ご指摘は的を射ております。您的指摘切中要害。

【的を絞る】　确定目标；瞄准；以……为核心。㋑マタギたちは冬眠中の熊に的を絞って狩りをする。（日本东北地方的）猎人们以冬眠的熊为狩猎目标。

【俎板に載せる】　提出讨论；提上议程；上会。㊛俎上に載せる。㋑理事会で重要案件を俎板に載せる。把重要的议案拿到董事会上加以讨论。

【俎板の鯉】　任人宰割；人为刀俎，我为鱼肉。㊛俎上の魚。

【眦を決する】　瞪大眼睛；张目决眦。㊛目を剥く。㋑眦を決して侵略者に対峙する。怒目圆睁与侵略者对峙。

【学びて思わざれば則ち罔し】 学而不思则罔。中《论语·为政》："子曰：'学而不思则罔，思而不学则殆。'"

【学びて時に之を習う、亦説ばしからずや】 学而时习之，不亦说乎。中《论语·学而》："子曰：'学而时习之，不亦说乎？有朋自远方来，不亦乐乎？人不知而不愠，不亦君子乎？'"

【真に受ける】 当真；信以为真。類本気にする。例作り話を真に受ける。对编造的假话信以为真。

【招かれざる客】 不速之客。

【目の当たりにする】 发生在眼前；目睹；目击。例信じられない光景を目の当たりにする。目睹无法相信的情景；眼前出现了难以置信的光景。

【瞼が重くなる】 困得睁不开眼睛；眼皮发沉。類目の皮が弛む。例夜も更けて瞼が重くなってきた。夜深了，眼皮开始发沉。

【儘ならない】（ない、ぬとも） 不如意；不能如愿以偿。類思うに任せない。例他人をこちらの思い通りに動かそうとしても儘ならない。即便想摆布他人也不能如愿。

【儘にならぬが浮世の常】 不如意事常八九；世间常有不如意。

【豆を植えて稗】 事与愿违；期待落空。類裏目に出る。

【豆を煮るに萁をたく】 煮豆燃萁；手足相残。類骨肉相食む。中三国·魏·曹植《七步诗》："煮豆燃豆萁，豆在釜中泣，本是同根生，相煎何太急。'"

【眉毛を読まれる】 心思被察觉；内心所想被识破。

【眉に唾を付ける】 提高警惕；多加小心。類睫を濡らす。例出来過ぎた話で眉に唾を付ける。对过分完美的话语要提高警惕。

【眉に火がつく】 燃眉之急；火烧眉毛。類焦眉の急。

【眉一つ動かさない】 连眉头也没皱一下。例眉一つ動かさず捕虜の処刑を命

じる。眉头都没皱一下就下令处死俘虏。

【眉を上げる】 吊起眉梢；发怒。類眉を吊り上げる。

【眉を落とす】 （旧時）出阁；出嫁。類嫁に行く。

【眉を描く】 描眉。

【眉を曇らせる】 皱眉；满面愁云；愁眉不展。類眉を顰める。

【眉を吊り上げる】 吊起眉梢；发怒。類眉を上げる。例心外なことを言われて眉を吊り上げる。因别人说出完全意外的话而发怒。

【眉を伸べる】 ➡眉を開く

【眉を引く】 ➡眉を描く

【眉を顰める】 皱眉（头）；担心；显出（心中）不快。類浮かぬ顔；顔が曇る；顔を曇らせる；顔を顰める；八の字を寄せる；眉を曇らせる。例身内の不幸に眉を顰める。为亲人的不幸眉头紧蹙。例花見客のマナーの悪さに眉を顰める。对赏花人的不文明举止皱眉头。

【眉を開く】 舒展愁眉；安心；放心。類愁眉を開く。

【眉を寄せる】 ➡眉を顰める

【眉を読む】 察颜观色；看表情推测内心。類顔色を窺う。

【丸い卵も切りようで四角】 结果取决于方法；理应圆满收场，方法不当可能失败；事在人为。

【丸く納まる】 得到圆满的解决。例仲裁があって騒動は丸く納まった。有了仲裁骚乱得以平息。

【丸くなる】 成熟；圆滑；老练。類角が取れる；圭角が取れる。例堅物も世間に揉まれて丸くなる。死板的人经过社会的磨练也会圆滑起来。

【丸裸になる】 变得一无所有；变成穷光蛋。例事業に失敗して丸裸になる。事业失败变成了穷光蛋。

【稀に見る】　少有；罕见。[例]彼は稀に見る逸材だ。他是少见的优秀人才。

【真綿で首を絞める】　拐弯抹角地责难和教训；委婉责难。

【真綿に針を包む】　绵里藏针；笑里藏刀；口蜜腹剑。[類]笑中に刀あり。

【回りが早い】　❶发作快。[例]激しい運動をした後のビールは回りが早い。剧烈运动后喝啤酒劲儿上来得快。❷蔓延得快。[例]早春の野火は回りが早い。早春的野火蔓延得快。

【回り回って】　经过许多周折；辗转；绕一大圈；转弯抹角。[例]回り回って本案件は私が担当することになった。经过许多周折最终结果是让我来解决这个案子；转了一圈儿，最后这个案子还是由我来负责。

【回れ右】　向后转；掉头。[例]隊列行進で隊長が「回れ右！」と号令を掛ける。队列行进中队长发出口令："向后转！"[例]アフリカのサファリパークで突然正面から巨象に襲われ、車は慌てて回れ右をした。在非洲野生动物园突然有大象从正面袭来，观赏汽车慌忙掉头逃跑了。

【間を合わせる】　❶使合拍；使合节拍。[類]呼吸を合わせる。[例]伴奏に間を合わせる。跟上伴奏。❷妥善处理；应付。[例]相手の意向に間を合わせる。按对方的意思妥善处理。

【間を置く】　留出间隔；空出间隔；隔。[例]前後に１メートルづつ間を置く。前后留一米的间隔。[例]間欠泉は一定の間を置いて鉱泉を噴き上げる。间歇泉每隔一定的时间就喷出矿泉。

【間を欠く】　不管用；不起作用。

【間を持たせる】（持たせる、持たすとも）（作无关的事）填补时间空白；打发时间；消磨时间。[類]時間を稼ぐ；時を稼ぐ。[例]主役が到着するまで手品師が幕前で間を持たせる。主角到达之前由魔术师在幕前填补这段时间。[例]四方山話で間を

持たせる。侃 大 山 来打发时间。

【満更でもない】　还算可以；差 强 人意；觉得不错。例語学試験の結果は満更でもない。外语考试的结果△还算可以（差强人意）。

【まんじりともしない】　一夜没合眼；坐以待旦。例娘の安否が気がかりで、まんじりともしないうちに外が白んできた。担心女儿的安危一夜没合眼,天都放 亮了。

【万に一つ】　万分之一(也)；万一。類百に一つ。

【万能足りて一心足らず】（万能、万能とも）　精通百艺,只缺真心；有才无德；才有余德不足。

【満は損を招く】　满 招 损。中《尚书·大禹谟》："惟德动天, 无远弗届, 满招损, 谦受益, 时乃天道。"

【満面朱を灑ぐ】（灑ぐ、注ぐとも）　气得面 红耳赤。類赤くなる。

【満を持す】　持满；引而不发；准备充分, 相 机而作。例満を持して新型エンジン搭載のSUVを売り出す。经过充分准备, 安装了新型发动机的 SUV（运动型多用途）车大量销 售。

【満を引く】　引満；拉满 号。中唐·李延寿《南史·齐纪上·高帝》："立帝於室内, 画腹为射的, 自引满, 将射之。"

み

【ミイラ取りがミイラになる】　说客反被说服；肉包子打狗, 有去无回；前往召 回别人, 结果自己一去不返。

【見栄も外聞もない】　顾不上体面；顾不了那么多。

【見得を切る】　❶亮 相。類面を切る。例歌舞伎役者が見得を切る。歌舞伎演员在台上亮相。❷自我炫耀；硬充好汉。類大見得を切る②。例ここの勘定は俺に

任せておけと見得を切る。他硬充好汉说："这次买单就交给我吧！"

【見栄を張る】　装潢(zhuānghuáng)门面；讲排场；讲虚荣。類綺羅を飾る②；綺麗事①；玄関を張る；世間は張り物；世間を張る；人前を繕う；辺幅を飾る；門戸を張る①；世は張り物。例大して収入も無いのに見栄を張って高級車を買う。尽管没有什么高收入，却(què)买高级车装门面。

【実が入る】　果实成熟。

【身が軽い】　❶敏捷(mǐnjié)。類尻が軽い①。例サーカスのブランコ乗りは身が軽い。马戏团的荡秋千(dàngqiūqiān)演得身轻如燕(yàn)。❷一身轻松。例係累が無くて身が軽いからどこでも生活できる。没有家累(jiālěi)轻松自由，在哪都能生活。

【磨きが掛かる】　技術高超。例才能に恵まれた人が精進を重ねその芸に益益磨きが掛かる。有天分(tiānfèn)的人不断勤奋努力，技艺越来越高超。

【磨きを掛ける】　锤炼(chuíliàn)；精益求精(jīngyìqiújīng)；提高技艺。類腕を磨く。例メーカーが得意分野の技術に磨きを掛ける。生产者在自己擅长(shàncháng)领域进一步提高技术水平。

【味覚の秋】　增进食欲的秋季。

【見掛けに依らない】　人不可貌相(màoxiàng)；不可仅凭(píng)表象判断。類人は見かけによらぬもの。例彼は見掛けに依らずしっかりした考えを持っている。人不可貌相，他的思想还真挺(tǐng)成熟。

【身が入る】　全身心投入；专心致志(zhuānxīnzhìzhì)；专注。類一意専心(いちいせんしん)。例周囲の雑音が気になって創作に身が入らない。周围的干扰(gānrǎo)分散精力，不能专注于创作(chuàngzuò)。

【身が引き締まる】　肩负重任，不敢造次；重任在身，慎(shèn)之又慎。例この度司令官に任ぜられ身が引き締まる思いです。这次被任命为司令，感到重任在身。

【身が持たない】　身体支撑(zhīchēng)不住；身体吃不消。例こう忙しくては身が持たない。这么忙，身体吃不消。

【身が持てない】　不能自持；放荡不羁(fàngdàngbùjī)，荡尽家产。

633

【身から出た錆】 自作自受；咎由自取；自食其果。類業に沈む；自業自得；獣食った報い；天の作せる孽は猶違うべし、自ら作せる孽は遁るべからず。

【身柄を押さえる】 拘留；逮捕；抓捕。例誘拐事件で警察がU氏の身柄を押さえて取り調べる。绑架人质事件中警察抓住了U进行审讯。

【未完の大器】 将来必成大器；前途无量（的人）；大器将成。

【右から左】 （钱）到手就光；一手来一手去。例ローンの支払いが多くて、月給貰っても右から左だ。还贷太多，所以工资一到手马上就光。

【右といえば左】 你说东，他（偏）说西；故意唱反调；故意作对。類ああ言えばこう言う。

【右とも左とも】 左右摇摆；时左时右；是左是右，一时难定。例判定の結果は右とも左とも言いかねる。判断的结果很难说是右还是左。

【右に出る者がない】 无出其右；没有能超过（他）的。類並ぶ者がない。例我が市の氷彫刻家の中では彼の右に出る者がない。在我市的冰雕艺术家中还没人超过他。

【右の耳から左の耳】 秋风过耳；过耳风；过耳不留，听了就忘；左耳进，右耳出；左耳听，右耳冒。

【右へ倣え】 ❶向右看齐。例班長が「右へ倣え！」と号令を掛ける。班长喊口令："向右看齐！"❷模仿别人；步人后尘。例何事も右へ倣えの方が気楽だ。不管什么事，模仿别人总是轻松的。

【右向け右】 向右转！

【右も左も分からない】 ❶找不着东南西北；不了解陌生的环境。類方向音痴。例初めての土地で右も左も分からない。刚到此地根本找不着东南西北。❷一窍不通；什么也不知道。例右も左も分からない若造は口出しするな。啥也不懂的小子少多嘴！

【見切りを付ける】　不指望；放弃；不再抱希望。例放蕩息子に見切りを付ける。对败家的儿子彻底不抱希望。

【右を見ても左を見ても】　huánshì 环视周围；周围全是。例右を見ても左を見てもイエスマンばかりで骨のある奴は見当たらない。周围全是应声虫，有骨头的人一个也没有。

【水屑となる】　zàngshēnyúfù 葬身鱼腹；yānsǐ 淹死。類藻屑となる。

【御格子参る】　拉起格子门；落下格子门。

【御輿を上げる】　❶(坐着的人)站起来；起身。類腰を上げる①。例あの人は一旦酒が入るとなかなか御輿を上げない。他一喝上酒就不愿意动弹了。❷开始行动。類腰を上げる②。例職人さんは午前と午後一回づつ一服したあと御輿を上げる。手艺人上下午各小憩一次后再开始工作。

【御輿を担ぐ】　抬轿子；吹喇叭；(给人)戴高帽。例皆で御輿を担いで彼を委員長にする。大家给他戴高帽让他当委员长。

【御輿を据える】　坐下不动；稳坐不动。類尻を落ち着ける。例お年寄りたちが御輿を据えて雑談に興ずる。老人们稳坐不动，兴致勃勃地聊天。

【操を立てる】　坚守贞操；确立节操；坚守自己的△主义(信念)。類情を立てる；操を守る。例操を立て二夫に嫁せず。坚守贞操，不事二夫。

【操を守る】　坚持操守；守节。類操を立てる。

【操を破る】　❶丧失贞洁；女子失节。❷变节。

【見猿、聞か猿、言わ猿】　不看不听不说；闭目塞听。

【微塵もない】　丝毫没有；一点也没有。類薬にしたくも無い。例良心に恥じるところは微塵もない。丝毫没有亏心的事。

【水到りて渠成る】　水到渠成。中宋·苏轼《答秦太虚书》："度囊中尚可支一岁有余，至时别作经画，水到渠成，不须预虑。"

【水が合わない】　不适应；水土不服。例新しい任地は最初のうち水が合わないものだ。新上任的地方开始时往往水土不服。

【水が漬く】　浸水；水淹。例梅雨時の大雨で家屋や水田に水が漬いた。房子和水田都被雨季的大雨淹了。

【水が入る】　（相扑）暂停；短时间休息。例両横綱の対決は水が入る大一番となった。两位横纲的对决在短暂休息后重开最终角逐。

【水が引く】　水位回落；大水退去。例大陸の大河の洪水は勾配が緩いので、なかなか水が引かない。大陆地势平缓，大河的洪水不容易消退。

【自らを持する】　自持；坚守自我；不动摇。例事に当たっては周りの雑音に惑わされず自らを持することが肝要だ。行事不受外界干扰，坚持不动摇是最重要的。

【自らを恃む】　依靠自己的力量。

【身過ぎは草の種】　谋生手段不可胜数。

【水清ければ魚棲まず】　水至清则无鱼。類清水に魚棲まず。中汉·戴德《大戴礼记·子张问入官》："故水至清则无鱼，人至察则无徒。……民有小罪，必以其善以赦其过，如死使之生，其善也，是以上下亲而不离。"

【水清ければ月宿る】　心若冰清玉洁，神则护佑无邪；心地纯洁，则有神佛保佑。

【水心あれば魚心】　两好合一好；投桃报李；你敬我一尺，我敬你一丈。類魚心あれば水心。

【水積もりて魚聚まる】　水积而鱼聚；利多之处，人之所趋。中汉·刘安《淮南子·说山训》："欲致鱼者先通水，欲致鸟者先树木。水积而鱼聚，木茂而鸟集。"

【水積もりて川を成す】　水积成川。中汉·刘向《说苑·建本》："水积成川，则蛟龙生焉；土积成山，则豫樟生焉；学积成圣，则富贵尊显至焉。"

【水で割る】　兑水；加水稀释。類水をさす①；水を割る。例濃縮醬油を水で割

る。往浓缩酱油里兑水。

【水と油】　不相融洽；格格不入；枘圆凿方。類油に水；氷と炭；氷炭相容れず。

【水となる】　付诸东流；化为泡影；泡汤。類水泡に帰す。

【水にする】　❶付诸东流；化为泡影。類棒に振る。例一言口を滑らせて長年の信用を水にする。一句话说走嘴就会丧失多年来的信誉。❷不咎既往；既往不咎。類既往は咎めず。❸堕胎。類子を堕す。例不義で宿した子を水にする。打掉婚外情怀上的胎儿。

【水に流す】　一笔勾销；捐弃前嫌；不咎既往；既往不咎。類既往は咎めず。例過去の経緯は水に流す。过去的事情就让它过去了；事情的原委就算了。

【水になる】　化为泡影；泡汤；努力落空。類水泡に帰す。例同業者に先を越され長年の研究が水になる。被同行抢了先，多年的研究泡汤了。

【水に慣れる】　适应新环境。例早くここの水に慣れて下さい。你要尽快适应这里的环境。

【水の泡】　❶泡影；虚幻。類水泡に帰す。❷化为泡影；泡汤；（努力）白搭。類一文にもならない。例長年の積み重ねが水の泡となる。多年的努力白搭了。

【水の滴るよう】　水灵灵的；水灵；细皮嫩肉。類水も滴る。例銀幕のスターと言えば男女とも水の滴るような容貌の持ち主ばかりだ。银幕上的影星，无论男女都长得非常水灵。

【水の流れと身の行方】　未来难以预知；前途多变数。類一寸先は闇。

【水の低きに就くが如し】　❶犹水之就下；水往低处流。類低き所に水溜まる。中战国・孟轲《孟子・告子上》："水信无分于东西，无分于上下乎？人性之善也，犹水之就下也。"❷自然趋势，无可阻挡。

【水は逆様に流れず】　河水不会倒流；必须顺应自然规律。

【水は方円の器に随う】 水随方圆之器，人依善恶之友；人随环境和交友，可变好变坏。類朱に交われば赤くなる。中唐・白居易《偶吟》诗："无情水任方圆器，不系舟随去住风。"

【水も滴る】 水灵灵的；水灵。類水の滴るよう。

【水も漏らさぬ】 水泄不通；戒备森严；森严壁垒。類蟻の這い出る隙もない。例首脑会议に備え水も漏らさぬ警備体制を敷く。戒备森严以迎接首脑会议。

【水をあける】 （比赛）拉开较大的距离；把后面的远远甩下。例後続に水をあけてゴールする。冲刺时把后面的甩得很远。

【水を入れる】 （相扑）暂停比赛，稍事休息。例行司が2分を越えた力相撲に水を入れる。裁判员指令僵持两分钟以上的相扑选手稍事休息。

【水を打ったよう】 鸦雀无声。類天使が通る。例裁判長の一声で法廷が水を打ったように静まり返る。审判长的一声使法庭鸦雀无声，恢复了宁静。

【水を得た魚のよう】 如鱼得水。類魚の水を得たるが如し。中晋・陈寿《三国志・蜀书・诸葛亮传》："孤之有孔明，犹鱼之有水也。"例古巣に戻り彼は水を得た魚のようだ。他回到故居，简直如鱼得水。

【水を掛ける】 ❶浇水。例畑の野菜に水を掛ける。给地里的蔬菜浇水。❷捣乱。類茶茶を入れる。例せっかく盛り上がっている話に水を掛ける。给好不容易热烈起来的交谈泼冷水。

【水を切る】 ❶划水；泅渡。例ドーバー海峡を水を切って渡る。泅渡多佛尔海峡。❷控去水分；除去水分；沥干水分。例野菜を洗って水を切る。洗好了蔬菜再控去水分。

【水をさす】 ❶加水；兑水。類水で割る。❷捣乱；挑拨离间；设置障碍；调三窝四。類茶茶を入れる。例恋愛中の二人に水をさすようなことを言う。说坏话挑拨热恋情侣的关系。

【御簾を隔てて高座を覗く】 隔靴搔痒;因事情不如意而着急。類隔靴搔痒。

【水を向ける】 用话套;引诱;试探。類誘い水を向ける。例相手から情報を得ようと酒の席でさりげなく水を向けてみる。在酒席上不动声色地要用话套出对方的信息。

【水を割る】 兑水;稀释;冲淡。類水で割る。例アルコールの度数が高いので水を割って飲む。酒的度数太高兑水喝。

【身銭を切る】 自掏腰包。類自腹を切る。例公私の境目があやふやな時は仕事でも身銭を切ることがある。在公与私界线不十分分明的时候,哪怕是工作,有时也要自掏腰包。

【店を閉める】 ❶闭店。類看板にする②;看板を下ろす①;暖簾を下ろす①;店を畳む①;店を引く①。❷关门大吉;关张。類看板を下ろす②;暖簾を下ろす②;店を畳む②。

【店を畳む】 ❶闭店。類店を閉める①。例台風が近づいているので今日は早めに店を畳もう。台风临近,今天提前闭店。❷关张;歇业。類店を閉める②。例人口減少には勝てず店を畳む。无法解决人口减少的问题而关门歇业。

【店を張る】 ❶开店;摆摊。例青空市場に店を張る。在露天市场摆摊。❷妓女列坐,只等嫖客。

【店を引く】 ❶收摊。類店を閉める①。❷妓女停止接客。

【店を広げる】 ❶摆摊。例卸で若者向き小物グッズを仕入れて歩行者天国で店を広げる。批发一些年轻人喜欢的小物件在步行街摆摊卖。❷扩大买卖;扩大店面。類間口を広げる。例フランチャイズ方式で全国に店を広げる。通过获取经营权的方式在全国扩展店铺。

【味噌が腐る】 嗓音太坏;破锣嗓子。

【溝ができる】 出现裂痕;产生隔阂。類罅が入る。例ゴミ焼却場の建設を巡り推

進派と反対派の間に深い溝ができる。围绕建立垃圾焚烧场，赞成派和反对派之间产生了深刻的裂痕。

【晦日に月が出る】　绝无可能；太阳从西边出来。類朝日が西から出る。

【味噌も糞も一緒】　好坏不分；鱼龙混杂；不分青红皂白；混为一谈。類玉石混淆；糞味噌①；糞も味噌も一緒。

【味噌を上げる】　老王卖瓜，自卖自夸；王婆卖瓜；自卖自夸；爱自我炫耀；自吹自擂。類自画自賛。

【味噌を擂る】　溜须拍马；阿谀奉承。類胡麻を擂る。例組織の幹部に味噌を擂る。给组织里的头头溜须拍马。

【味噌を付ける】　丢脸；搞砸；砸锅。類面目を失う。例最終段階で味噌を付けてしまい残念だ。最后阶段搞砸了，太遗憾了。

【見た所】　看上去；表面上看来。類見た目。例見た所うまくいっているようだ。表面上看来进展顺利。

【三度諌めて身を引く】　三谏不听则逃之；不硬劝谏。中汉·戴圣《礼记·曲礼》："为人臣之礼，不显谏，三谏而不听则逃之。"

【三度肘を折って良医となる】　三折肱成良医；积累经验方能成功。中春秋·左丘明《左传·定公十三年》："'三折肱知为良医'。唯伐君为不可，民弗与也。

【見た目】　看上去；外观；从表面上看。類見た所。例見た目はいいが中身を伴っていない。表面上看还不错，但内容就不行了。

【道が付く】　有了路子；可以联系了；有了头绪。例問題解決の道が付く。有了解决问题的头绪。

【道が開ける】　开辟道路；开辟途径。例国家資格を取得しプロとしてやって行ける道が開けた。取得了国家资格认证，打开了搞专业的通道。

【道草を食う】 在途中耽搁；路上闲逛；途中贪玩。例あの子はお使いに出すといつも道草を食う。那孩子让他出去办事总在半道上耽搁时间。例あの道この道、天職に巡り会うまで随分道草を食った。在找到最适于自己的职业以前，在各处浪费了不少时间。

【道無き道】 无路可走的地方；几乎没有路。例道なき道を切り開いた創業者に畏敬の念を抱く。对从零开始艰难创业的人抱有敬畏之心。

【道ならぬ】 不道德的；不正当的。例兄嫁に対して道ならぬ恋情を抱く。对嫂子有不正当的恋情。

【道の傍の碑の文】 黄绢幼妇外孙齑臼——绝妙好辞；绝妙好辞；好文章。

【道は近きにあり、然るにこれを遠きに求む】 道在迩而求诸远；舍近求远。中战国·孟轲《孟子·离娄上》："道在迩而求诸远，事在易而求诸难。人人亲其亲，长其长，而天下平。"

【道を切る】 切断交通；断绝来往。类袖を分かつ。

【道を付ける】 ❶开路；找到解决问题的头绪。例山の向こう側まで道を付ける。把道路开到山那边。❷指引后学；引路。例彼は日本人選手のメジャーリーグ進出に道を付けた。他指导日本选手参加美国职业棒球甲级联赛。

【道を譲る】 ❶让路。例一時停止して対向車に道を譲る。停车让路给对面的车。❷让贤。类後進に道を譲る。例若い人たちに道を譲る。给年轻人让贤。

【三日にあげず】 三天两头ル；经常；不间断。例あのラーメン店には三日にあげず通っている。三天两头上那个拉面店去吃饭。

【三日見ぬ間の桜】 事物变化无常；世事多变。类世の中は三日見ぬ間に桜かな。

【三つ子の魂百まで】 江山易改，本性难移；江山易改，秉性难移。类噛む馬はしまいまで噛む；雀百まで踊り忘れず。

【三つ指を突く】 近似磕头的行礼;行最敬礼。例仲居さんが三つ指を突いて「いらっしゃいませ」と言ってから座敷に入ってくる。女招待行最敬礼说:"欢迎光临!"然后来到席前（侍候）。

【見ての通り】 如你所见。例見ての通りの病状です。病情如你所见（很严重）。

【見ては極楽住んでは地獄】 看起来是天堂,住起来是地狱;外表像天堂,其实是地狱。

【見て見ぬ振りをする】 睁一只眼,闭一只眼;装作没看见。類目を瞑る③。例面倒に巻き込まれるのは嫌だから見て見ぬ振りをする。不想卷入麻烦就装作没看见。例初犯で軽犯罪だから今回だけは見て見ぬ振りをしよう。因为（他）是初次轻微犯罪，这次就睁只眼闭只眼吧。

【緑の黒髪】 油亮的黑发;油黑发亮的头发。

【皆が皆】 大家都;一个（人）不剩;全都。類一人残らず。例粒揃いとは言っても皆が皆使える訳ではない。虽说全是优选的，但并非全都适用。

【皆にする】 用光;穷尽;精光。

【皆になる】 告罄;穷尽无余。類底を叩く。

【源清ければ流れ清し】 源清则流清;源清流洁。中战国·荀况《荀子·君道》:"原（=源）清则流清，原（=源）浊则流浊。故上好礼义，尚贤使能，无贪利之心，则下亦将綦辞让，致忠信，而谨于臣子矣。"

【身に余る】 （赞誉）过分;不敢当;担不起。例身に余るお褒めのお言葉賜り恐縮です。您过分的褒奖实在不敢当。

【身に覚えがある】 有印象;有这事;有记忆。例そう言われれば身に覚えがある。这么一说还真有印象。

【身に覚えのない】 没有印象;毫无记忆。例身に覚えのない罪に問われる。被追问没有任何记忆的罪行。

【身に代える】 豁出命去；奋不顾身。類命に替える。

【身に係る】 关系到自身；切身。

【身に沁みる】 ❶深感；切实地感受到；铭刻于心。類肝に染みる。例親の有難さが身に沁みる。深切地体会到有父母的好处。❷寒气袭人。類骨を刺す。

【身に過ぎる】➡身に余る

【身に添う】 片刻不离；形影不离。例母親が四六時中幼児の身に添って世話をする。母亲一天到晚片刻不离地照料小孩。

【身に添える】 不离身；随身携带。類肌身離さず。

【身に付く】 ❶学到手；掌握。類物にする①。例いい習慣が身に付く。养成好习慣。❷合身儿。例新調のドレスがよく身に付いている。新买的连衣裙非常合身儿。❸到手；持有。

【身に付ける】 ❶掌握。類物にする①。例平衡感覚を身に付ける。掌握平衡感。❷穿上；身着。例高価な宝石を身に付ける。把名贵的宝石戴在身上。❸带上；随身携带；揣着。例海外旅行ではパスポートを身に付けることが義務付けられている。海外旅行有义务随身携带护照。

【身につまされる】 如同亲身经历。類我が身につまされる。例「おしん」のテレビドラマを見て同年代の彼女は何度も身につまされた。作为同龄人，她看电视连续剧《阿信》总是如同亲身经历一样。

【身になる】 ❶为他人着想；设身处地；将心比心。例当人の身になって置かれている現状を眺めてみる。设身处地地看看人家所处的现状。❷（对身体）有益处；管用。類役に立つ。例実際に体験したことは身になる。实际体验了才算真正管用。

【見ぬうちが花】 想象胜过亲眼见；见景不如听景。類見ぬが花。

【見ぬが花】 见景不如听景；想象胜过亲眼见。類見ぬうちが花。

【見ぬ物清し】 眼不见为净。

【見ぬ世の人を友とす】 厚古薄今；亲近古人，爱读古诗文。

【身の置き所がない】 无地自容；汗颜无地；羞愧难当；无处可待。類穴があれば入りたい。例公衆の面前で恥を晒し身の置き所がない。大庭广众之下出丑 无地自容。

【身の毛がよだつ】 毛骨悚然；寒毛直竖；起鸡皮疙瘩。類肝を冷やす。例落語の名人の怪談話を聞いていると夏でも身の毛がよだつ。听单口相声的名人讲鬼怪故事，夏天也会起鸡皮疙瘩。

【身の熟し】 举止；身段。例彼女は身の熟しが軽い。她的举止很轻捷。

【実のなる木は花から知れる】 杰出人物自幼不凡；英雄出少年；大才自幼就颖脱不群。類栴檀は双葉より芳し。

【身の振り方】 立身之计；前途；今后去向。例先輩に身の振り方を相談する。向前辈请教今后的发展方向。

【身の程を知らない】 不自量力；无自知之明；不知进退。類蟷螂の斧。例権威者の前で浅知恵をひけらかすとは身の程を知らない奴だ。在权威面前炫耀肤浅的智慧，真是没有自知之明的家伙。

【実るほど頭の下がる稲穂かな】 籽实越成穗越低；水静者深；越有成绩越谦虚。

【見始めの見納め】 第一次也是最后一次看到。

【見果てぬ夢】 未做完的梦；不能实现的理想；未竟之梦。例欲の塊で見果てぬ夢を追い続ける。贪得无厌的人无休止地追逐未竟之梦。

【身は習わし】 人随环境而变；环境造就人；习惯使然。

【身は身で通る】 ❶应该按自己身份生活。❷人往往以自我为中心生活。

【身一つ】 只身；身无一物。例持参金なしの身一つで婿になった。身无分文就当

上了女婿。

【身二つになる】 分娩；生孩子。類産の紐を解く。

【耳が痛い】 听起来不舒服；感到刺耳。例就職せずぶらぶらしている息子のことを聞かれると耳が痛い。一有人问到没工作在家赋闲的儿子的事就觉得刺耳。

【耳が汚れる】 听了令人不快；听到讨厌的话语；不堪入耳。例人の悪口を聞くと耳が汚れる。听到给人泼脏水的话语就觉得讨厌。

【耳が肥える】 具有（对戏曲和音乐的）鉴赏力。例落語にはまり段段と耳が肥えてきた。老听单口相声，逐渐提高了鉴赏能力。

【耳が近い】 耳朵灵；听力很好；耳朵长。類耳が早い；地獄耳②。

【耳が遠い】 耳沉；耳背。例耳が遠くなったので補聴器を誂えた。耳朵背了，定作了个助听器。

【耳が早い】 耳朵长；耳朵尖；消息灵通。例ネット民は耳が早い。网民消息灵通。類耳が近い。

【耳順う年】 耳順之年。類六十にして耳順う。中《论语·为政》："吾十有五而志于学……六十而耳顺，七十而从心所欲，不逾矩。"

【蚯蚓ののたくったよう】 蟑螂爬的字；七扭八歪的字；春蚓秋蛇。例草書は見ようによっては蚯蚓ののたくったような字体で判読に窮する。草书依不同看法有时看上去七扭八歪，难于辨认。

【耳に当たる】 ➡耳に障る

【耳に入れる】 说给……听；告诉。例治安情勢につき少少お耳に入れておきたいことがございます。关于治安形势，有些事要告诉您一下。

【耳に逆らう】 刺耳；不爱听；听了不愉快。類耳に障る。例親父の小言は一一耳に逆らう。老爷子的唠叨没一句爱听的。

【耳に障る】 刺耳；听了令人生气。類耳に逆らう。例外野の雑音が耳に障る。听

外部人说长道短很刺耳。

【耳にする】　偶然听到。類耳に挟む。例ちょっとうれしいニュースを耳にした。听到一个好消息。

【耳に胼胝ができる】　耳朵磨出茧子；听腻。類耳に付く②。例毎日テレビで繰り返される健康食品のコマーシャルは耳に胼胝ができる。每天电视反复播的健康食品广告把耳朵磨出茧子来了。

【耳に付く】　❶听后忘不掉；萦绕在耳畔。例ざあざあという渓流の音が耳に付いて熟睡できなかった。溪水哗哗的流淌声萦绕耳畔，无法熟睡。❷听腻；听了心烦。類耳に胼胝ができる。

【耳に留まる】　❶听后心有所感；听了放心不下。例春山で鶯の鳴き声が耳に留まる。春天在山里听到黄莺的鸣啭，觉得很悦耳。❷听了心中不悦；听了生气；听后萦绕于耳。例別れ際の彼の一言が耳に留まる。分手那一刻他的一句话一直萦绕于耳。

【耳に留める】　❶注意听。類耳を傾ける。例警告を耳に留める。注意听警告。❷听后记住；牢记。類頭に入れる。例大先輩から教えられた体質改善の秘訣を耳に留める。牢牢记住大学长教我的改善体质的秘诀。

【耳に残る】　声音留在耳边；声音留在记忆中。例映画のテーマ音楽は不思議と耳に残っているものだ。电影主题曲一直留在耳边，真是不可思议。

【耳に入る】　听到；听懂。類耳朶に触れる；耳に触れる。例ビッグニュースが耳に入って来た。听到了一个重大新闻。

【耳に挟む】　无意中听到；略微听到一点。類小耳に挟む；耳にする。例見知らぬ人たちの会話から知人の近況を耳に挟む。无意中从陌生人的谈话中听到朋友的近况。

【耳に触れる】　听到。類耳に入る。例早朝の公園で野鳥の囀りが耳に触れるの

を楽しむ。早晨(zǎochén)在公园听到鸟的鸣啭(míngzhuàn)，感到很惬意(qièyì)。

【耳の穴(あな)を広(ひろ)げる】　注意听。類耳を傾ける。例俺の言うことを耳の穴を広げてよーく聞け！注意好好儿听我讲！

【耳を洗(あら)う】　洗耳(xǐěr)；许由洗耳(xǔyóu)。類流れに耳を洗う。中晋・皇甫谧《高士传》："尧让天下于许由……遁于中岳颍水之阳……又召为九州长，由不欲闻之，洗耳于颍水之滨。"

【耳を疑(うたが)う】　怀疑（自己的）耳朵；以为听错。例突然の悲報に耳を疑う。突如其来的不幸消息使我不敢相信自己的耳朵。

【耳を打(う)つ】　❶震耳朵(zhèněrduo)；刺耳(cīěr)。類耳を劈く。例深夜、雨垂れの音が耳を打つ。深夜的雨滴声(yǔdīshēng)觉得刺耳。❷耳语。例ディレクターが放送中に小声(こごえ)でキャスターの耳を打つ。导演在播报(bōbào)中跟新闻播音员耳语。

【耳を掩(おお)いて鐘(かね)を盗(ぬす)む】　掩耳盗铃(yǎněrdàolíng)。中战国・吕不韦《吕氏春秋・自知》："百姓有得钟者，欲负而走，则钟大不可负；以椎(=锤)毁之，钟况然有声。恐人闻之而夺己也，遽掩其耳。"

【耳を驚(おどろ)かす】　令人震惊。例耳を驚かすニュースが飛び込んできた。传来令人震惊的消息。

【耳を貸(か)す】　听取意见；听别人说话。例彼は人の話に耳を貸そうとしない。他不想听别人的意见。

【耳を傾(かたむ)ける】　注意听；倾听。類聞(き)き耳(みみ)を立(た)てる；枕(まくら)を敧(そば)てる；耳に留める①；耳の穴を広げる；耳を澄ます；耳を敧てる；耳を立てる。例被害者の声に耳を傾ける。注意倾听受害者的诉说(sùshuō)。

【耳を聞(き)く】　风闻；有所耳闻；听到传闻。類風(かぜ)の便(たよ)り。

【耳を信(しん)じて目(め)を疑(うたが)う】　贵耳贱目(guìěrjiànmù)；重遥轻近；相信听到的，不相信看到的。
中汉・张衡《东京赋》："若客所谓，末学肤受，贵耳而贱目者也。"

【耳を澄(す)ます】　注意倾听；侧耳静听。類耳を傾ける。例微(かす)かに聞こえてくる音に

647

耳を澄ます。注意听那微弱的声音。

【耳を敬てる】　側耳傾聴；竖起耳朵听；全神贯注地听。類耳を傾ける。例自分に対する世間の評判に耳を敬てる。注意倾听社会上对自己的评判。

【耳を揃える】　把钱凑齐；凑足款项。例お借りしていた金子に利子を添え耳を揃えて返済しに参上しました。凑足所借金元本息前来奉还。

【耳を立てる】　竖起耳朵听；倾听。類耳を傾ける。例パーティーで隣のテーブルの会話に耳を立てる。聚会时竖起耳朵听邻桌的谈话。

【耳を潰す】　装作没听见；佯装不知。類白を切る。

【耳を劈く】　震耳欲聋。類耳を打つ①；耳を聾する。例耳を劈く削岩機の轟音。凿岩机的轰鸣震耳欲聋。

【耳を塞ぐ】　把耳朵捂上；不想听；拒听。例下品な野次に思わず耳を塞ぐ。不由得捂住了耳朵，不想听粗野的起哄声。

【耳を聾する】　震耳欲聋。類耳を劈く。例ジャンボ機が耳を聾するジェット音を残して離陸する。超大型喷气客机起飞时发出震耳欲聋的喷气震动声。

【見目より心】　容貌美不如心灵美；人不重外表重心地；心地重于仪表。類人は見目よりただ心。

【見も知らぬ】　素不相识；未见过；陌生；素昧平生。例見も知らぬ異郷を探訪してみたい。想探访未知的异境。

【実もない】　没有内容。例形式的で実もない質疑応答。没有实际内容的流于形式的答辩。

【身も蓋もない】　杀风景；直截了当；赤裸裸的；过分露骨。類味も素っ気もない。例身も蓋もないことを言わないでよ。说话别说得那么露骨。

【身も細る】　担心得身体消瘦；担心得要命；（操心得）形销骨立。例恋煩いで身も細る。为伊消得人憔悴；害相思病以至形销骨立。

【身も世もない】 悲痛欲绝；悲痛得什么都顾不得；失去理智。類断腸の思い。例妻が幼子を抱えて夫の遺体にすがり身も世もなく号泣する。妻子抱着小孩，紧紧抓着丈夫的遗体，哭得死去活来。

【脈が上がる】 ❶脉搏停止（跳动）；死。類息が絶える。例脈が上がって医師が死亡を宣告する。脉搏停止，医生告知死亡。❷绝望。類目の前が暗くなる。

【脈がある】 ❶一息尚存；还有气脉。例意識不明だが脈があるので命に別状はない。虽然意识不清，但还有脉搏，没有生命危险。❷前途有望；有希望。類前途有望。例彼女を食事に誘ったらＯＫなので少しは脈がありそうだ。邀请她吃饭，她答应了，看来还有点希望。

【脈がない】 ❶脉搏停止了。類息が絶える。例瓦礫の下で発見された時にはすでに脈がなかった。从瓦砾下发现时已经没有脉搏了。❷没有希望。類目の前が暗くなる。例この取引はどうも脈がなさそうだ。这笔交易看来没有希望了。

【脈を取る】 诊脉；把脉；号脉。類脈を見る①。

【脈を見る】 ❶诊脉；把脉。類脈を取る。例医師が患者の腕を取って脈を見る。医生按着患者腕部给他诊脉。❷试探有无希望。例相手にその気があるかどうか脈を見ているところだ。正在试探对方是否有那个意思。

【冥加に余る】 非常幸运；走运；谢天谢地。類冥利に尽きる。例健康で長生きなら冥加に余ることだ。能健康长寿就谢天谢地了。

【冥加に叶う】 得到神佛保佑；菩萨保佑；老天爷保佑；吉人天相。

【冥加に尽きる】 ❶非常幸运；造化。類冥利に尽きる。❷神佛不保佑。

【冥利に尽きる】 非常幸运；造化。類冥加に余る；冥加に尽きる①。例美人に生れ玉の輿に乗ることができ、女冥利に尽きる。长得好看又嫁到富家，真是女人的造化。

【見られたものじゃない】 不堪入目；粗劣不堪；看不得。類見るに堪えない。

🔘ああいうテレビドラマはとても見られたものじゃない。那种电视剧简直看不得。

【見る影もない】　面目全非；不见踪影；衰微破败；变得不成样子。類見るに堪えない。🔘年老いて若い頃の美貌は見る影もない。老了以后，年轻时候的美貌就消失得无影无踪。

【見るからに】　一看就（知道）。🔘彼は見るからに育ちの良さを感じさせる。一眼看去，就知道他是在优裕的环境中长大的。

【見ると聞くとは大違い】　看景听景，大相径庭。類聞いて極楽見て地獄。

【見る所】　值得看的地方。🔘北京は首都であるとともに観光地として見る所が多い。北京是首都，同时，作为旅游目的地（打卡地·胜地）也有很多可看的地方。

【見るに忍びない】　目不忍睹；惨不忍睹。類見るに堪えない。🔘妻は癌で見るに忍びないほど痩せてしまった。妻子患了癌症，瘦得目不忍睹。

【見るに堪えない】　惨不忍睹；不堪入目；目不忍睹。類酸鼻を極める；二目と見られない；見られたものじゃない；見る影もない；見るに忍びない；目も当てられない；目を覆う。🔘野生の象が大量死した現場は見るに堪えない。野象大量死亡现场简直目不忍睹。

【見るに見兼ねる】　不忍坐视不管；看不下去。🔘見るに見兼ねて助け舟を出す。不忍坐视不管，就出手相助。

【見る間に】　转瞬间；眼看着。類見る見るうちに。🔘夕立の後に懸かった虹は見る間に消えてしまった。下午雷阵雨过后的彩虹转瞬间就消失了。

【見る見るうちに】　眼看着。類見る間に。🔘火は見る見るうちに燃え上がった。眼看着火着起来了。

【見る目がある】　有眼力；有判断能力。類目が利く。🔘あの人を伴侶に選ぶとは、あなたには見る目がある。能把他（她）选为终生伴侣说明你是有眼力的。

【見る目嗅ぐ鼻】　世人的耳目；世人的品评。

650

【見る目なし】 没有眼力。類櫝を買いて珠を還す。例スカウトが人を見る目なしでは務まらない。搜罗人才的人没有敏锐的眼力就干不了这一行。

【見れば見るほど】 越看越。例この骨董は見れば見るほど味がある。这古玩越看越有味道。

【見れば目の毒】 眼馋；看得到就想得到。類目の毒①。

【未練未酌がない】 毫无同情心；毫不手软；非常冷淡。類無慈悲。

【身を誤る】 误入歧途；自毁人生；犯错误。類一身を誤る。例覚醒剤で身を誤る。因兴奋剂而毁了一生。

【身を厭う】 保重身体。

【身を入れる】 全身心投入；专心致志；潜心。類一意専心。例本業に身を入れる。全身心地投入本职工作。

【身を売る】 ❶卖身为娼。❷卖淫。類春を売る。

【身を起こす】 ❶显达；发迹。類立身出世。❷发家致富；起家。類財を成す。例無一文から身を起こして大金持ちになる。从身无分文起家成为大款。

【身を修める】 修身。例自らの身を修めてはじめて人を導くことができる。修得自身才能引导别人。

【身を惜しむ】 爱惜自身；嫌吃苦；不能吃苦。

【身を落とす】 落魄；沦落；沉沦。類尾羽打ち枯らす。例社会の底辺に身を落とす。沦落到社会的最底层。

【身を躍らせる】 纵身；跳跃。例スキーのジャンパーが70m級ジャンプ台から次次に空中へ身を躍らせる。跳台滑雪运动员依次从70米级跳台纵身跃向空中。

【身を隠す】 ❶藏身；躲藏。類行方を眩ます。例かくれんぼで物陰に身を隠す。捉迷藏的时候，躲在隐蔽的地方。❷隐居；避开人们的视线。類世を忍ぶ。

【身を固める】 ❶结婚；成家。類家庭を持つ。例いい人と巡り合って身を固めたい。希望遇到一个好人跟他结婚。❷有了一定的职业。例不況下で身を固めることは至難だ。在不景气的情况下要有个稳定的工作极难。❸裝束停当 zhuāngshùtíngdang。例犯人は銃を持っているので防弾チョッキに身を固める。犯人持枪 chíqiāng，所以要穿 chuān 上防弹背心 fángdànbèixīn。

【身を躱す】 ❶身子躲开 duǒkāi。例前方からバイクが来たのでさっと身を躱す。前面来了摩托 mótuō，一下子躲闪开了 duǒshǎnkāi。❷避开责任；推脱 tuītuō。例組織の役に推されると彼は決まって身を躱そうとする。如果推举他当组织的头儿，他一定会推脱 tuījǔ 的。

【身を切る】 ❶砭人肌骨 biānrénjīgǔ；刺骨 cìgǔ。類骨を刺す。例身を切る寒風を衝いて家路を急ぐ。冒着刺骨的寒风匆匆 cōngcōng 地走在回家的路上。❷自掏腰包 tāo。類自腹を切る。

【身を砕く】 粉身碎骨 fěnshēnsuìgǔ；费尽心思 xīnsi；竭尽全力 jiéjìnquánlì。類粉骨砕身。

【身を削る】 历尽千辛万苦 qiānxīnwànkǔ；因过度操劳二憔悴；艰苦卓绝 jiānkǔzhuójué。類骨身を削る。例息子が武装集団の人質となり、家族は毎日身を削られる思いだ。儿子被武装集团绑走 bǎngzǒu，家人每天焦虑得 jiāolǜ 憔悴 qiáocuì 不堪；儿子成了武装集团的人质，家人每天担心得要命。

【身を焦がす】 备受煎熬 jiān'áo；想得要命；求之不得 qiúzhībùdé，辗转反侧 zhǎnzhuǎnfǎncè；为伊消得人憔悴 wèiyīxiāoderénqiáocuì。類胸を焦がす。例片思いに身を焦がす。受单相思的煎熬。

【身を粉にする】 粉身碎骨；拼命；不辞辛苦。類粉骨砕身 fěnkǔsuìshēn。例身を粉にして国家再建に取り組む。不辞辛苦地投入到国家重建之中。

【身を殺して仁を成す】 杀身成仁 shāshēnchéngrén。中《论语·卫灵公》："志士仁人；无求生以害仁；有杀身以成仁。"

【身を晒す】 置身险境 xiǎnjìng；挺身 tǐngshēn 面临危难 wēinàn。例危難に身を晒しながらレスキュー活動に従事する。自己置身于危险之中，从事救援活动。

【身を沈める】 ❶投水自杀。類身を投ずる①。例滝に身を沈める。在瀑布 pùbù 投水自

殺。❷沦落。類尾羽打ち枯らす。例この世の地獄に身を沈める。沦落到人间地狱之中。

【身を持する】　洁身自持；把持自身。

【身を忍ぶ】　遁世；隐遁；隐居。類世を忍ぶ。

【身を捨ててこそ浮かぶ瀬もあれ】　有所牺牲，才有成功。

【身を捨てる】　豁出性命；拼命；舍命一搏。類命を投げ出す。例身を捨てて回天の大業に当たる。豁出命去投身于扭转乾坤的大业之中。

【身を責める】（身を責むとも）　过度使用身体；劳其筋骨；不顾自己的身体。

【身を立てる】　❶显达；出人头地。類立身出世。例彼は国内有数の実業家として身を立て、故郷に錦を飾った。他成了国内屈指可数的企业家之后衣锦还乡。❷以……为生；谋生。例娘夫婦は教職で身を立てています。女儿夫妇靠教书吃饭。

【身を尽くす】　尽心竭力；全力以赴；全身心投入。類心を尽くす。

【身を抓む】　对别人的痛苦感同身受；设身处地地同情别人。類我が身を抓って人の痛さを知れ。

【身を挺する】　挺身；挺身而出。例身を挺して火事から人を救う。挺身从火灾现场救人。例壊滅状態の組織の再編に身を挺する。为重建濒临灭亡的组织挺身而出。

【身を投ずる】　❶投水自杀；跳楼（跳崖）自杀。類身を沈める①；身を投げる①。例橋の上から身を投ずる。从桥上跳下自杀。❷投身于；热衷。類身を投げる②。例建設業界に身を投ずる。全身心投入到建筑业中。

【身を投げる】　❶投水自杀；跳楼（跳崖）自杀。類身を投ずる①。例深淵に身を投げる。跳入深渊自杀。❷投身于；热衷于。類身を投ずる②。

【身を引き締める】　紧张；认真；振作精神。類箍を締める。例大一番を前に身を

引き締める。振作精神迎战决定胜负的一局。

【身を退く】 抽身而退;引退;从……退出。例第一線から身を退く。从第一线退下来。

【身を潜める】 ❶藏身。類行方を眩ます。❷遁世;隐居。類世を忍ぶ。

【身を開く】 退居一旁;闪开;让出通道。

【身を翻す】 转身。例忘れ物を思い出して身を翻す。想起忘带的东西转身返回去。

【身を任せる】 ❶听任摆布;完全听命于。例弁護士に身を任せる。完全交给律师去办。❷以身相许;委身。類肌を許す①。例好きな人に身を任せる。委身于自己喜欢的人。

【実を結ぶ】 取得成果;获得成功;实现。例研究が実を結ぶまでには長い年月を要する。研究取得成果需要很长时间。

【身を持ち崩す】 生活放荡;堕落。例違法薬物に手を出して身を持ち崩す。沾染毒品堕落下去。

【身を以て】 ❶亲身;亲自。例何度か交通事故に遭ったり起こしたりして身を以て運転の怖さを知っている。出了几次交通事故,切身体会到驾车的危险性。❷好容易;只身。類やっとのことで。例明け方の火事で身を以て焼け出された。黎明时着火,只身逃出火场。

【身を焼く】 求之不得,辗转反侧;为伊消得人憔悴。類胸を焦がす。例身を焼くような激しい恋をする。像燃烧一样热烈地爱恋。

【身を窶す】 装成落魄的样子;装扮成不显眼的样子;憔悴。例目明しが乞食に身を窶して下手人の見張りをする。密探乔装成叫花子,监视杀人嫌犯。

【身を寄せる】 寄身;投靠;投奔;寄居。例被災して東京の親戚に身を寄せる。受灾了,投奔东京的亲戚家。

む

【六日の菖蒲、十日の菊】(むいか あやめ、とおか きく) 明日黄花(míngrìhuánghuā);秋后的扇子(shànzi);雨后的伞。類後の祭り。

【無為にして化す】(むいにしてかす) 无为而化(wúwéiérhuà);无为自化;无为而治。中春秋·李耳《老子·五十七》:"是以圣人之言曰:'我无为而民自化;我好静而民自正;我无事而民自富;我无欲而民自朴。'"

【ムードに乗る】(ムードにのる) 随着潮流;受到气氛(qìfēn)推动。例社会の健康ムードに乗って関連商品がよく売れる。借助于重视健康的社会热潮,相关商品大为畅销(chàngxiāo)。

【向かう鹿には矢が立たず】(むかうしかにはやがたたず)(立たず、立たぬとも) 面对天真柔顺(róushùn),△无法(不忍)粗暴加害;纯真柔顺,害之何忍。

【向かうところ敵なし】(むかうところてきなし) 所向无敌(suǒxiàngwúdí)。類破竹の勢い(はちくのいきお)。中三国·诸葛亮《心书》:"因天之时,就地之势,依人之利,则所向无敌,所击者万全矣。"

【無何有の郷】(むかうのさと) 无何有之乡(wúhéyǒuzhīxiāng);乌托邦(wūtuōbāng);一无所有之地。類桃源郷(とうげんきょう)。中战国·庄周《庄子·逍遥游》:"今子有大树,患其无用,何不树之于无何有之乡、广莫之野?彷徨乎无为其侧,逍遥乎寝卧其下。"

【昔取った杵柄】(むかしとったきねづか) 老把式;老行当(hángdang);老手艺。例昔取った杵柄で、動きに無駄(むだ)がない。老行当,动作麻利。

【昔の剣、今の菜刀】(むかしつるぎ、いまながたな) 烈士暮年(lièshìmùnián),雄风不再;人老则无用;好汉不提当年勇。類老(お)いては麒麟(きりん)も駑馬(どば)に劣(おと)る;駃騠も老いぬれば駑馬に劣る。

【昔は昔、今は今】(むかしはむかし、いまはいま) 今非昔比(jīnfēixībǐ);彼一时(bǐyīshí),此一时(cǐyīshí);老皇历(huánglì)翻不得。類今昔(こんじゃく)の感(かん)。

【向かっ腹を立てる】(むかっぱらをたてる) 盛怒;火冒三丈(huǒmàosānzhàng);怒火中烧(nùhuǒzhōngshāo)。類腹(はら)を立てる。例世(よ)の中(なか)の不条理に向かっ腹を立てる。对世道的荒唐非常气愤(qìfēn)。

【無我の境】 无我之境;忘我的境地。中民国·王国维《人间词话》:"无我之境,以物观物,故不知何者为我,何者为物。"

【無冠の帝王】 无冕之王;新闻工作者。

【向きになる】 ❶(因无所谓的事)生气。类腹を立てる。例詰まらないことで向きになる。为不值得的琐事生气。❷过于认真;当真。类生真面目。

【麦飯で鯉を釣る】 一本万利。类海老で鯛を釣る。

【葎の門】 蓬户瓮牖;蓬门荜户;陋巷蓬门;茅椽蓬牖;瓮牖绳枢。

【むくりを煮やす】 盛怒;火冒三丈;怒火中烧。类腹を立てる。

【無下にする】 辜负(好意);使……落空;置之不理。类無にする。例先方のご厚情を無下にする訳には行かない。总不能辜负人家的一番好意。

【向こう意気が強い】 好强;不服输;好胜心强。例亥年生まれは向こう意気が強いと言われる。据说生于猪年的人都好胜心强。

【向こうに回す】 以……为对手。例試合巧者を向こうに回して善戦する。全力以赴地跟赛场老手较量。

【向こうを張る】 跟……较量;跟……对抗。例大手スーパーの向こうを張ってバーゲンセールを仕掛ける。组织大甩卖跟大型超市较量。

【無言の帰宅】 尸骨还家。

【無告の民】 无告之民;可怜无助的人;弱势群体。中战国·孟轲《孟子·梁惠王下》:"老而无妻曰鳏,老而无夫曰寡,老而无子曰独,幼而无父曰孤。此四者,天下之穷民而无告者。文王发政施仁,必先斯四者。"

【無言の行】 无言戒律;无言的修行。

【虫がいい】 只顾自己;自私自利。类自分勝手。例どちらに転んでも儲けようなんて虫がよすぎる。不管怎么动怎么变都要赚钱,实在太自私了。

【虫が起こる】 ❶小孩夜里哭闹。❷产生欲望；产生某种冲动。例マカオへ行くたびに博打の虫がむくむくと起こってくる。每到澳门，想赌博的冲动就会油然而生。

【虫が納まる】 怒气消散；息怒；消气；解气。例今更謝られても虫が納まらない。事到如今，即使道歉也消不了气。

【虫が鳴る】 ❶腹痛。❷产前阵痛。

【虫が嫌う】 喜欢不起来；不知为什么，总觉得讨厌。類虫が好かない。

【虫が知らせる】 预感；事前感到。類虫の知らせ。例虫が知らせたのか、急いで帰宅したら母が倒れていた。好像有一种预感，马上回家一看，母亲病倒了。

【虫が好かない】 喜欢不起来；不知为什么，总觉得讨厌。類虫が嫌う。例何故だかあいつは虫が好かない。不知为什么，对那家伙我就是喜欢不起来。

【虫が付く】 姑娘有了情人；有男人纠缠上。例あの娘には悪い虫が付いている。有坏小子纠缠上那个姑娘了。

【虫酸が走る】 讨厌得使人恶心；非常讨厌。例気障な野郎で虫酸が走る。那个矫揉造作的家伙，简直令人作呕。

【虫の息】 奄奄一息。類息も絶え絶え。例知らせを聞いて駆け付けた時、父は虫の息だった。接到通知马上跑过去一看，父亲已是奄奄一息了。

【虫の居所が悪い】 情绪不佳；不高兴；气ル不顺。類風向きが悪い②；低気圧③；腹の虫の居所が悪い；不機嫌。例今日うちの先生は虫の居所が悪いから気を付けた方がいいよ。今天我们老师气ル不顺，得小心点呀。

【虫の知らせ】 不祥的预感；第六感。類第六感；虫が知らせる。

【虫も殺さない】 非常仁慈；菩萨心肠。例あの人は虫も殺さない風でいて実は怖いやあさんなんだよ。那人看上去挺仁慈，实际上可是个邪乎的横主ル啊。

【虫を起こす】 小孩ル发脾气（哭闹）。例子供が急に虫を起こしたかのようにぐ

ずるので内科のお医者さんに診てもらった。孩子突然发脾气哭闹起来，就请内科医生看了。

【虫を殺す】 qiángyā 强压怒火；忍住怒气；克制发火。⚟腹を据える②；胸を摩る①。

【娘三人持てば身代潰す】 有三个女儿就会倾家荡产 qīngjiādàngchǎn；女儿陪嫁费用高 péijià。

【娘一人に婿八人】 一家养女百家求；僧多粥少 sēngduōzhōushǎo；竞争激烈。

【娘を見るより母を見よ】 择妻先看母 zé；有其母，方有其女。

【無駄足を踏む】 白跑一趟 pǎoyītàng；徒劳往返 túláowǎngfǎn；走冤枉路 yuānwǎng。⚟空を踏む；無駄足。⚞印鑑を間違えて銀行や役所に無駄足を踏んだ回数は数えきれない。印章带错了，结果往银行、市政府白跑了好多趟。

【無駄口を叩く】 说废话；闲聊 xiánliáo。⚟可惜口に風ひかす；一言多い；無駄口。⚞無駄口を叩いて上司に怒られる。说了废话，遭到领导训斥 xùnchì。

【無駄話はさておき】 闲话到此；闲话休提；言归正传。⚞無駄話はさておき、そろそろ本題に入りましょう。闲话到此打住，开始转入正题吧 zhuǎnrù。

【無駄骨を折る】 白受累 shòulèi；白辛苦。⚟一文にもならない。⚞これといった成果もなく無駄骨を折っただけだ。没有像样的成果，白辛苦了。

【無駄飯を食う】 吃闲饭；吃白饭；不劳而食 bùláoérshí。⚞いつまでも親の脛齧りで無駄飯を食っている訳には行かない。不能一直啃 kěnlǎo老吃闲饭。

【鞭鐙を合わす】 快马加鞭 kuàimǎjiābiān。⚟駆け馬に鞭。

【無知の知】 （希腊·苏格拉底语）自知无知，可达真知。⚞Socrates：Ignorant Knowledge.

【鞭を呉れる】 用鞭子抽打；鞭打 biāndǎ。⚞俺に逆らったら鞭を呉れるぞ。敢顶撞 dǐngzhuàng我可要挨鞭子啦 áibiānzi。

【胸糞が悪い】 不快；不痛快。⚟気色が悪い；胸が悪い②。⚞恩知らずの彼奴の名前を聞いただけでも胸糞が悪い。一听到那个忘恩负义 wàngēnfùyì的家伙 jiāhuo名字我心里就不

痛快。

【胸座を取る】 揪住前襟。例相手の胸倉を取って問い詰める。揪住对方的前襟追问。

【胸騒ぎがする】 忐忑不安；心怀惴惴；心惊肉跳。類胸が騒ぐ。例夢見が悪かったせいか何だか胸騒ぎがする。可能是作了噩梦的缘故，总觉得心惊肉跳的。

【空しきけぶり】 焚化炉的烟；火化遗体时所冒的烟。

【空しき空】 太空；虚空。

【空しき名】 虚名。

【空しくなる】 死。類息が絶える。

【無に帰する】 归于无；化为泡影。類水泡に帰す。例軍事クーデターで政権がひっくり返り巨額の投資が無に帰する。军事政变导致政权被推翻，巨额投资打了水漂儿。

【無にする】 辜负；使……落空；使……白费。類無下にする。例裏切り行為で信用を無にする。因背叛行为辜负了信任。

【無になる】 成为泡影；白费徒劳。類水泡に帰す。例今まで積み重ねてきた成果が無になる。迄今为止积累的成果全化为泡影。

【無二の友】 至交；挚友。類心腹の友。

【胸が熱くなる】 一股暖流涌上心头；心情激动。類胸に迫る。例一人娘の結婚式で花束を贈呈された時胸が熱くなった。在独生女的婚礼上给我献花的时候，不觉心头涌上一股暖流。

【胸が痛む】 心里难受；担心；忧虑。類心痛し；心が痛む；心を痛める；心を悩ませる；胸が疼く；胸を痛める。例重度の障害児を抱える妹の事を思うと胸が痛む。一想起妹妹有个重症残疾的孩子，我就非常担心。

【胸が一杯になる】 激动得说不出话；深受感动；充满感动。類胸が痞える②；

659

胸が詰まる；胸が塞がる。【例】感謝の気持ちで胸が一杯になる。内心充满了感激之情。

【胸が疼く】　心口疼；心如刀绞。【類】胸が痛む。【例】後悔の念で胸が疼く。后悔得心如刀割。

【胸が躍る】　心情激动；喜不自胜。【類】心が躍る；心が弾む；心を躍らせる；飛び立つばかり①；瓢箪の川流れ①；胸が高鳴る；胸を躍らせる。【例】明日から京都の祇園会を見に小旅行をするので今から胸が躍っている。明天要短期旅行去看京都的祇园会，现在就激动得不得了。

【胸が裂ける】　心如刀绞；肝肠欲裂；肝肠寸断；乱箭攒心。【例】相思相愛の仲だっただけに別離の時は胸が裂けるようだ。正因为曾是相亲相爱的一对，分手时才心如刀绞。

【胸が騒ぐ】　忐忑不安；惴惴不安；心惊肉跳；心旌摇摇。【類】心が騒ぐ；早鐘を衝くよう；胸騒ぎがする；胸が轟く。【例】あの子に何か悪いことが起きたのではと胸が騒ぐ。内心忐忑不安，担心孩子是不是遇到什么意外了。

【胸がすく】　心里亮堂；(除掉心病) 畅快；痛快。【類】気が晴れる。【例】胸がすくようなファインプレーにスタンドが沸く。令人痛快淋漓的绝佳比赛，使观众席一片沸腾。

【胸が高鳴る】　心情激动；希望即将实现，内心难以平静。【類】胸が躍る。【例】留学が決まり異国での生活に胸が高鳴る。留学的事已定，将来的异国生活令人兴奋。

【胸が痞える】　❶咽不下；噎住。【例】餅を食べて胸が痞えたので慌てて水を飲む。吃粘糕噎住了，赶紧喝水。❷悲喜之情涌上心头；郁积在心；心里堵得慌。【類】胸が一杯になる。【例】感動の余り胸が痞えて言葉が出てこない。由于过分激动，内心拥塞，无法用语言表达。

【胸が潰れる】　心碎；悲痛欲绝；心如刀绞。【例】刎頸の友の訃報に接し胸が潰れる思いだ。接到生死之交的讣告，悲痛欲绝。

【胸が詰まる】　百感交集；感慨万端。類胸が一杯になる。例感謝の気持ちで胸が詰まる。内心充满感激之情不知说什么好了；心中感激无以言表。

【胸が轟く】　心怦怦跳；动人心弦；忐忑不安。類胸が騒ぐ。例彼に告白する時胸が轟いた。向他袒露肺腑的时候，心怦怦直跳。

【胸が張り裂ける】➡胸が裂ける

【胸が晴れる】　心情舒畅；心里亮堂。類気が晴れる。例裁判で勝訴し胸が晴れる。官司打赢了，心情舒畅。

【胸が塞がる】　心里堵得慌；心情郁闷。類胸が一杯になる。例暗い世相で胸が塞がり勝ちだ。黑暗的社会状况往往令人心情郁闷。

【胸が焼ける】　烧心；胃里难受；吐酸水儿。例昨夜のパーティーでご馳走攻めに遭い少し胸が焼けているようだから今日の朝食は抜くよ。昨晚聚会实在太丰盛了，胃里有点难受，今天早饭就算啦。

【胸が悪い】　❶恶心。類反吐が出る②。❷心情不舒畅；不痛快。類胸糞が悪い。例あの人非人の名前を聞くだけで胸が悪くなる。一听到那人面兽心的家伙的名字，心里就不舒畅。

【胸三寸に納める】　藏在心里；埋在心中。類胸に納める。例誰にでも胸三寸に納めてあの世へ持って行くことがあるものだ。谁都有藏在内心、带到黄泉去的秘密。

【旨とする】　以……为宗旨；以……为最好。例あなたは人生において何を旨としていますか？你的人生宗旨是什么？

【胸に当たる】　内心受到震撼；深有所感。類肝に染みる。

【胸に一物】　心怀叵测；心怀鬼胎。類腹に一物。例あの人はどうも胸に一物あるようで胡散臭い。那个人似乎心怀叵测，很可疑。

【胸に浮かぶ】　心中浮现出；忽然想起；在心中描绘（出）。類頭に浮かぶ。例窮すれば通ずで妙案が胸に浮かぶ。穷则通，突然想出好主意。

【胸に描く】 在胸中描绘；心中想象。類心に浮かべる；心に描く。例二人のバラ色の人生を胸に描く。内心描绘着二人玫瑰色的人生。

【胸に納める】 埋在心里；藏在心中。類腹に納める；胸三寸に納める；胸に畳む；胸に秘める。例このことは私一人の胸に納めておこう。决计将此事埋在我自己心中；这事就埋在我一个人的心里吧。

【胸に聞く】 扪心自问；仔细思考。類胸に手を置く。例事件の動機は当事者の胸に聞くしかない。事件的动机只有当事人扪心自问了。

【胸に刻む】 铭刻心中；铭记在心；牢记在心中。類肝に銘ずる。例この光景は胸に刻んでおきたい。要把此情此景牢记于心。

【胸に応える】 内心受到强烈震撼；打动心灵。類肝に染みる。例同僚から「理事会で近藤先生が君のことを褒めていたよ」と聞いてじいんと胸に応えた。听同事说："理事会上近藤老师表扬你了！"我心中受到震动。

【胸に迫る】 涌上心头；不胜感慨；百感交集。類胸が熱くなる。例悲喜こもごも胸に迫るものがある。悲喜之情一齐涌上心头。

【胸に畳む】 藏在心中。類胸に納める。例ほろ苦い初恋の記憶は大切に胸に畳んでおこう。我将把初恋时苦涩记忆珍藏在心中。

【胸に手を当てる】 冷静充分地思考；仔细思量。類胸に手を置く。

【胸に手を置く】 仔细思量；平心静气地想；冷静充分地思考；反躬自问；抚心自问。類胸に聞く；胸に手を当てる。例どうしてこんなことになったのか、胸に手を置いてよ～く考えてごらん。你平心静气地好好想一想，怎么会变成这个样子了？

【胸に秘める】 藏在心中。類胸に納める。例胸に秘めた恋。藏在心里的恋情。

【胸に鑢を掛く】 万分苦恼；极其苦恼。

【胸の痞えが下りる】 心结烟消云散；消除心中的郁结；去除心病。類気が晴

662

れる。例教会で懺悔したら胸の痞えが下りた。在教堂忏悔之后，心结消散了。

【胸の火】 炽烈的爱火；妒火中烧。

【胸の病】 ❶肺结核。例若い頃胸の病で3年間療養生活を送った。年轻的时候得了肺结核，疗养过3年。❷相思病。類恋の病。例胸の病は草津の湯でも治せない。得了相思病，泡草津温泉是治不好的。(草津：著名的温泉之乡，在群马县)

【胸拉ぐ】➡胸が潰れる

【胸を痛める】 烦恼；万分担心。類胸が痛む。例級友が交通事故に遭い、子供心に胸を痛める。同学遭遇车祸，自己虽然年幼，还是非常担心。

【胸を打つ】 拨动心弦；打动。類心を打つ。例日本人の胸を打つ演歌は数え切れないほどある。能拨动日本人心弦的流行歌曲不计其数。

【胸を躍らせる】 心情激动；兴奋得心蹦蹦直跳；兴奋不已。類胸が躍る。例映画の主役に抜擢され胸を躍らせる。被选拔为电影主演，激动得心蹦蹦直跳。

【胸を貸す】 陪练；作陪练对手；指导。例先輩が後輩に胸を貸す。资深选手作年轻选手的陪练。

【胸を借りる】 接受指导；讨教；就教于高手。例相手の胸を借りるつもりで挑戦する。当作向对方讨教而向他挑战。

【胸を焦がす】 苦苦思恋；(为爱情)备受煎熬。類身を焦がす；身を焼く。例あの人には若い頃胸を焦がした記憶がある。我记得年轻的时候，曾因对她思恋而备受煎熬。

【胸を摩る】 ❶强压怒火；压住怒气。類虫を殺す。❷松一口气。類胸を撫で下ろす。

【胸を叩く】 拍胸脯。例「俺に任せておけ」と胸を叩く。拍胸脯说："△看我的，放心吧（就交给我吧；就包在我身上了）！"

【胸を突く】 ❶吃惊；震惊。類一驚を喫する。例叔母のきつい一言に胸を突か

れた。阿姨严厉的一句话令我大吃一惊。❷涌上心头；拨动心弦；放心不下。囫悲しさが胸を突く。悲痛涌上心头。

【胸を潰す】❶大吃一惊。類一驚を喫する。❷非常苦悩。

【胸を撫で下ろす】 松一口气；放心。類息を吐く②；一安心；胸を摩る②。囫家族の無事を聞いて胸を撫で下ろす。听说家里人平安无事，松了一口气。

【胸を弾ませる】➡胸を躍らせる

【胸を張る】 挺胸；自信满满；雄赳赳。囫胸を張って凱旋する。雄赳赳地凯旋而归。囫この商品は胸を張って推奨します。自信满满地推荐这款商品。

【胸を冷やす】 胆战心惊；毛骨悚然。類肝を冷やす。

【胸を膨らませる】 满怀希望；满心欢喜。囫ピカピカの新入生が胸を膨らませて校門を潜る。闪亮登场的新生满怀希望地踏入校园。

【胸を病む】 患肺病；患肺结核。類胸の病①。囫姉は胸を病んで療養所におります。姐姐患肺结核在疗养院。

【むべなるかな】（うべなるかなとも） （文言）信夫；诚如是哉；完全正确。

【無用の長物】 无用之物；废物；附赘悬疣。類余計物。

【無用の用】 无用之用；貌似无用，实有大用。中战国·庄周《庄子·人间世》："人皆知有用之用,而莫知无用之用。"

【紫の朱を奪う】 恶紫夺朱；赝品取代正品；劣币驱逐良币。類悪貨は良貨を駆逐する。中《论语·阳货》："恶紫之夺朱也；恶郑声之乱雅乐也；恶利口之覆邦家者。"

【無理が通れば道理が引っ込む】 无理行得通，道理就不通；邪恶当道，则正理无存；无理得势，则道理退避三舍。

【無理もない】 不无道理；理所当然。類理の当然。囫彼女が臍を曲げるのは無

理もない。她使性子不是毫无道理的。

【無論の事】 不用说；当然。類言うまでもない。例借りた物を返すのは無論の事、寸志も付けさせていただきます。借东西当然要归还，此外还请接受一点小意思。

め

【目明き千人盲千人】 世人贤愚各半；贤者千千万，愚者万万千。

【明暗を分ける】 分出优劣；决定胜负。例一瞬の判断が明暗を分ける。瞬间的判断就分出优劣。

【命運が尽きる】 气数已尽。類運の尽き。例奮闘空しく命運が尽きる。奋斗无果气数已尽。

【迷宮に入る】 进入迷宫；成为无头案。例あの事件は捜査の甲斐なくとうとう迷宮に入った。那个案件调查无果，最终成为无头案。

【明鏡も裏を照らさず】 精明人也有顾不到之处。

【名実相伴う】 名实相副；名副其实；名不虚传。類看板に偽りなし；名に負う；名にし負う；名に恥じない；名実共に。例V社は名実相伴う世界的自動車メーカーだ。V公司是名副其实的世界闻名的汽车厂家。

【名実共に】 名副其实。類名実相伴う。例今や彼は名実共に斯界の第一人者だ。当今在这个领域，他是名副其实的第一人。

【明治は遠くなりにけり】 大汉盛唐，梦中辉煌。

【名状し難い】 难以名状；莫可名状；无可名状。例初めて乗った飛行機から眺めた地上の風景は私にとって名状し難いものであった。第一次坐飞机看到地面的风景，简直是难以名状。

【名所に見所なし】 所谓名胜无好景；名不副实；有名无实。類有名無実。

【命数が尽きる】 寿数已尽；阳寿已尽。類息が絶える。例可愛そうに、長女は

665

癌に罹り15歳で命数が尽きた。真可惜了，大女儿患了癌症，才15岁阳寿就尽了。

【命旦夕に迫る】　命在旦夕；即将临终；人命危浅。**類**旦夕に迫る。

【冥土にも知る人】　到处都有可交的朋友；黄泉也有知交。

【冥土の土産】　带去阴间的礼物；临终的愿望；最后的安慰。

【銘の物】　名牌；刻有匠人名字的器物；信得过产品。

【名物に旨い物なし】　所谓名产没有好吃的；名不副实，往往有之；不必期望过高。**類**有名無実。

【命脈を保つ】　维持生命；勉强活下去。**類**命を繋ぐ；余喘を保つ；露命を繋ぐ。**例**道路拡幅計画に掛かった欅の巨木は、住民たちの陳情のお陰で命脈を保つことができた。处于道路拓宽计划范围内的参天榉树，由于市民请愿才保住。

【冥冥の裡】　不知不觉间。**類**秘密裏。

【命を革む】　革命；改变天命；改朝换代。**中**《易经·革·象辞》："汤武革命，顺乎天而应乎人。"

【銘を打つ】　带上牌号；刻上制作者的名字。**例**陶芸家が自分の作品に銘を打つ。陶艺师在作品上刻上自己的名字。

【メートルを上げる】　❶气势昂扬。**類**気を吐く。❷喝了酒来劲儿；兴高采烈。**例**パブの大画面テレビを見ながらサッカーワールドカップの自国チームを声援するサポーターたちがジョッキを片手にメートルを上げている。在酒馆看着足球世界杯赛的大屏幕电视，声援本国球队的球迷们手持大啤酒杯一片欢腾。

【目が合う】　❶对视；视线碰在一起。**類**目を見合わせる。**例**猛獣は目が合うと襲ってくる。和猛兽对视，它就会扑过来。❷睡觉；合眼。**類**目を合わせる①。

【目が明く】　❶看得见。❷（相扑）连败首次转胜。**類**片目が明く。**例**〈相扑〉8日目でやっと目が明いた。（相扑）比赛第8天才第一次得胜。

【目がある】　有识别能力；有眼光；有判断能力。類目が利く。

【目顔で知らせる】　以眼神示意。類目が物を言う。例目顔で知らせようとしたが彼は気が付いてくれなかった。想给他递个眼色，可他没注意到。

【目が霞む】　❶看不清楚；眼花。例白内障で目が霞む。得了白内障，眼睛看不清。❷判断力下降。類目が曇る。

【目が堅い】　能熬夜；深夜也没有睡意；（小孩）深夜也不想睡。

【目が利く】　有眼力；有鑑賞力。類見る目がある；目がある；目が高い。例あの鑑定士は南画に目が利く。那位古玩鉴定专家对南画非常有鉴赏力。

【目が曇る】　判断不清；看不清楚。類目が霞む②。例身贔屓すれば目が曇る。偏袒自家人就辨不清是非。

【目が眩む】　❶眼花；目眩。類目が回る①。例高所恐怖症で目が眩む。因为恐高症而目眩。例对向车の遠光灯で目が眩む。对面开来的车的远光灯晃眼。❷心智迷失；鬼迷心窍；丧失判断能力。類現を抜かす。例財産に目が眩んで年の離れた富豪と結婚する。见钱眼开，跟年龄差很大的富豪结婚。

【目が肥える】　提高鉴别能力；有眼力。例どんな趣味も長年やっていると目が肥えてくる。无论什么爱好，常年从事眼力就会提高。

【目が冴える】　清醒不困；没有睡意。例明朝早出なので早く眠ろうと意識すればするほど目が冴える。明晨早早出发，越想早睡反而越发睡不着。

【目が覚める】　❶觉醒；（睡）醒。類目を覚ます①；夢が覚める②。例年を取り、白白明けになると目が覚める。上了年纪，一到黎明就醒。❷醒悟。例株で大火傷をしてやっと目が覚めた。炒股损失惨重才有所醒悟。❸令人眼前一亮；绚烂夺目。例目が覚めるような絶世の美女。绚烂夺目的绝世美女。

【目頭が熱くなる】　鼻子发酸；热泪盈眶；感动得要掉泪。類熱いものが込み上げる。例結婚式で親友の祝辞に目頭が熱くなる。婚礼上好朋友的祝辞使我热泪

盈眶。

【目頭を押さえる】 暗掩泪水；忍住泪水。例目頭を押さえながら霊柩車を見送る。强忍泪水目送灵车。

【目頭を拭う】 拭泪；擦眼泪；擦眼角。例周りの人に気づかれないようそっと目頭を拭う。为了不被周围人看见，悄悄地擦着眼泪。

【目が据わる】 目光呆滞；两眼发直；两眼发呆。例彼は酒癖が悪いから目が据わってきたら逃げるに如かず。他醉态不好，他眼睛一发直，你最好是溜之大吉。

【目が高い】 有眼力；有欣赏力。類目が利く。例偽物を見破るとは、お目が高い。能识别真伪，可真有眼力。

【目が近い】 近视；视力弱。例私は子供の頃から目が近い。我从小就近视。

【目が散る】 眼花缭乱。例美女に囲まれ目が散って困る。被美女包围着，弄得眼花缭乱，真没辙。

【目が潰れる】 失明。例事故に遭って右目が潰れた。遭遇事故造成右眼失明。

【目が出る】 ❶价钱贵得惊人。類目玉が飛び出る①。❷走运；有了出头的机会。類運が向く。例真面目にやっていればその人なりに必ず目が出るものだ。认真作的话，总会有适于自己的出头之日。

【芽が出る】 时来运转；发迹；交好运。類運が向く。例石の上にも三年でやっと芽が出た。苍天不负苦心人，终于时来运转。

【目が点になる】 目瞪口呆；惊愕的表情；眼睛发呆。類呆気に取られる。例歌舞伎の七変化物の早変わりには毎度目が点になる。对歌舞伎中七般变化的瞬间换装，总是看得眼睛发直。

【目が遠い】 老花眼；眼花。例最近目が遠くなってきた感じがするので、先ず眼科で診てもらうことにした。最近渐渐感到眼发花，决定先去眼科看看。

【目角が強い】 ❶看得准；眼光敏锐。類眼光炯炯。❷过目不忘；记忆力强。

類地獄耳①。

【目が届く】 照顾得到；看得见；眼皮底下；注意到。例園児が多すぎて一人一人に目が届かない。幼儿园的孩子太多，无法一个不落地照顾到。

【目が飛び出る】 ➡目玉が飛び出る

【目が留まる】 受到关注；看到；引起注意。例春山で水芭蕉の花に目が留まる。在春天的山里看到观音莲的花。

【目角を立てる】 怒目而视；用锐利的目光看；横挑鼻子竖挑眼。類目に角を立てる。

【目が無い】 ❶没有鉴赏力；没有识别能力。例人を見る目が無い。没有识别人的眼光。❷特喜欢；没有节制；不顾一切。例私は甘い物に目が無い。我特喜欢吃甜的。

【眼鏡が狂う】 误判；看走眼；看错；估计错误。例将来有望と思ってスカウトしたが眼鏡が狂った。认为将来有培养前途就选定了他，结果看走眼了。

【眼鏡に適う】 被领导看中；受到上级的赏识。類御眼鏡に適う。例Ｗ氏は総理の眼鏡に適って環境大臣として入閣した。W先生被总理看中，入阁为环境大臣。

【目が離せない】 必须密切关注；总得看着。例病人から目が離せない。病人得时刻密切注视着；不能从病人身上离开视线。

【目が早い】 眼睛尖；目光敏锐。類抜け目がない。例消費者は新商品や流行品に目が早い。消费者对新商品和流行商品眼光敏锐。

【目が光る】 严密监视；密切注视；看得严。例常に監視モニターの目が光っている。监控镜头总是严密地监视着。

【目が回る】 ❶头晕目眩；眼花缭乱；天旋地转。類目が眩む①。例ジェットコースターに乗って目が回った。坐过山车弄得头晕目眩。❷忙得不可开

交;忙得团团转。類猫の手も借りたい。例特壳日は目が回る忙しさだ。大甩卖的日子简直忙得不可开交。

【目が物を言う】 使眼色;以眼神示意;递眼色。類心に物を言わす;目顔で知らせる;目で物を言う;目に物言わせる;目を使う。

【目が行く】 向……看去。類視線を向ける。例晩秋、鳴き声を聞いて空飛ぶ白鳥の群れに目が行く。深秋听到叫声，举目看到在空中飞行的天鹅。

【目から鱗が落ちる】 (新约全书·使徒行传 9):"扫罗(人名)的眼睛上好像有鳞立刻掉下来，他就能看见";茅塞顿开;恍然大悟。類工夫に落つ。西New Testament: The scales fall from one's eyes.

【目から鼻へ抜ける】 伶俐;精明机敏;聪慧过人。類知恵が回る;鑿と言えば槌;目の鞘が外れる。例近江商人は目から鼻へ抜けると言われた。据说近江(滋贺县)商人精明机敏。

【目から火が出る】 两眼冒金星;眼前出现火星;(头部受重击瞬间)眩晕。例頬に一発食らって目から火が出る。挨了一巴掌，打得两眼冒金星。

【目釘を湿す】 准备战斗;刀出鞘，箭上弦。

【目くじらを立てる】 横挑鼻子竖挑眼;吹毛求疵;找碴儿。類目に角を立てる。例姑が嫁の仕草に目くじらを立てる。婆婆对儿媳的举止横挑鼻子竖挑眼。

【目糞鼻糞を笑う】 乌鸦笑猪黑;五十步笑百步;半斤八两。類似たり寄ったり。

【目口はだかる】 目瞪口呆;瞠目结舌;大惊。類呆気に取られる。

【恵みの雨】 及时雨;甘雨;甘霖。

【盲が杖に離れたよう】(杖に、杖をとも) 像盲人失去了手杖一样;失去依赖，不知所措。

【盲の垣覗き】 瞎子点灯白费蜡。

【盲蛇に怖じず】 无知者无畏;初生牛犊不怕虎。

【巡り巡って】　几经周折；转来转去。例巡り巡っても問題は一向に解決されない。几经周折，问题还是一点也没解决。

【回る因果】　因果轮回。類因果の小車；因果は皿の縁。

【目先が利く】　有先见之明；有远见。類機転が利く。例私は目先が利かないので商売には向いてない。我缺乏远见，不适于作生意。

【目先を変える】　别开生面；花样翻新。例目先を変えた商品でヒットを狙う。想以花样翻新的商品打开局面。

【飯の食い上げ】　丢了饭碗；没了生计；吃不上饭。類口が干上がる。例トラック運転手が自動車運転免許証を取り上げられたら飯の食い上げだ。卡车司机如果被没收了汽车驾驶执照就丢了饭碗了。

【飯の種】　吃饭的家什；饭碗；生活的手段。類商売道具。例文筆業を飯の種にしている。以文笔为生；写作成了饭碗。

【飯も喉を通らない】　担心得吃不下饭。例悪事がばれそうで飯も喉を通らない。干的坏事要败露，担心得吃不下饭。

【目じゃない】　算不了什么；不是个儿；没什么了不起的。類取るに足りない。例このくらいの賞金獲得は彼にとって目じゃない。得这么点奖金对他来说实在算不了什么。

【目尻を下げる】　❶眉开眼笑；美滋滋的。例学芸会で孫のピアノ演奏を聞いて目尻を下げる。在汇报演出会上听着孙子演奏钢琴，美滋滋的。❷眼神色眯眯的。類鼻毛が長い。例京都で舞妓さんたちとの記念撮影に男性旅行客たちが目尻を下げる。在京都舞妓们的合影时，男游客们眼神色眯眯的；男游客们跟京都和舞妓合影，眼神总是色眯眯的。

【飯を食う】　❶吃饭。❷讨生活；生活。類顎を養う。例真っ当な仕事をしてそこそこ飯を食えればそれでいい。有个正儿八经的工作，能凑合着吃上饭就行了。

【メスを入れる】 ❶动手术。例卵巣癌全摘のメスを入れる。作卵巣癌切除手术。❷清除祸根；采取果断措施。類大鉈を振るう。例検察が政界の疑獄事件にメスを入れる。检方对政界的重大腐败案件采取果断措施。

【目高も魚の中】 鳉再小也算鱼。類蝙蝠も鳥のうち①。

【目玉が飛び出る】 ❶价钱贵得惊人。類目が出る①。例有名な美術品には目玉が飛び出るような値が付く。知名的美术品标价高得吓人。❷受到严厉训斥。類大目玉を食う。例刻限破りをし寮長に目玉が飛び出るほど叱られた。晚归超过宿舍关门时间，被宿舍管理员狠狠斥责了一顿。

【鍍金が剥げる】 现原形；露出本来面目。類仮面を脱ぐ；生地が出る；金箔が剥げる；地が出る；地金が出る；地金を出す。例名士ぶっているがペテン師だからいずれ鍍金が剥げるよ。摆出一副名人的样子，但他是骗子，早晚得现原形。

【滅相もない】 没有的事；没影儿的话；哪儿的话。例専門家を前にして滅相もないことを言うもんじゃない。别在专家面前说些没影儿的话了。例お世辞だなんて滅相もない、本心ですよ。怎么是恭维话呢，是发自内心的呀。

【目褄を忍ぶ】 ❶避开世人的眼睛。類人目を盗む。❷幽会。

【目面も明かぬ】 忙得晕头转向；忙得不可开交；无暇他顾；无暇顾及；忙乱不堪。類猫の手も借りたい。

【目で殺す】 用眼神迷住（别人）；用眼神使（对方）神魂颠倒。

【めでたくなる】 （婉辞）死。類息が絶える。

【愛での盛り】 最受疼爱；最受赏识；最得宠。

【目で見て口で言え】 确认事实后再说话；看准了再讲。

【目で物を言う】 使眼色；以眼神示意。類目が物を言う。

【目処が付く】 有眉目；就绪。類見当が付く。例主力銀行と相談して資金繰りの目処が付いた。跟支柱性银行商议，资金筹措有了着落。

【目と鼻の先】 近在咫尺；咫尺之遥；近在眼前；相去咫尺。類影踏むばかり；鼻の先②。例交番は駅から目と鼻の先です。派出所和火车站近在咫尺。

【目処を付ける】 估计；定出大致目标。類見当を付ける。例予算獲得に就き凡その目処を付ける。关于申领预算，定出大致的目标。

【目に遭う】 遭遇；碰上。類目を見る。例今度という今度はえらい目に遭ったよ。这回可真倒了大霉了。

【目に余る】 看不下去；不能容忍；不能漠视。類人目に余る。例目に余る行為で看過できない。行为太不像话了，不能坐视不管；行为太不堪了，不能睁一只眼闭一只眼。

【目に一丁字なし】 目不识丁。類無学文盲。

【目に浮かぶ】 浮现在眼前；历历在目。類面影に立つ。例亡き母の在りし日の姿が目に浮かぶ。已故母亲健在时的身影浮现在眼前。

【目に映る】 映入眼帘；看见。類目に入る。例風聞とは異なり目に映るものがすべて新鮮だった。与传闻不同，映入眼帘的全是新鲜的。

【目に掛かる】 ❶偶然看见。類目に入る。❷见面；拜会。類御目に掛かる。

【目に掛ける】 ❶看见；见到。類目に入る。❷给看。類御目に掛ける。❸特殊关照；特别照顾。類目を掛ける①。例あの役者さんには随分目に掛けてやったものだ。曾对那个演员多方关照。

【目に角を立てる】 怒目而视；横眉立目。類角を入れる；目角を立てる；目くじらを立てる；目を三角にする；目を吊り上げる。例それくらいのことで目に角を立てるなよ。别为那么点事横眉立目的呀！

【目に障る】 ❶看了有害。類目の毒②。例ヌード写真は子供の目に障る。裸体照片孩子看了会产生不良影响。❷碍眼；妨碍视线。例ここから写真を撮ると電柱と電線が目に触る。从这个角度拍照，电线杆子和电线遮挡视线。

【目に染みる】 ❶烟熏眼睛；辣眼睛。例剪定で落とした枝を焼却しようとしたが燃えつきが悪く煙が目に染みた。要把修剪掉的树枝烧掉，但火不爱着，烟辣眼睛。❷鲜艳夺目；(看了)印象深刻。例青空と紅葉が目に染みる。蓝天和红叶鲜明悦目。

【目にする】 偶然看见。類目に入る。例最近野良猫をよく目にする。最近常看到流浪猫。

【目に立つ】 显眼；引人注目。類注意を引く；人目に立つ；人目に付く；人目を奪う；人目を引く；目に付く①；目を奪う；目を引く。例満開のコブシの大樹が畑の中でよく目に立つ。花开满枝头的高大的辛夷在田地里很显眼。

【目に付く】 ❶显眼；引人注目。類目に立つ。例彼は2メートル近いのでどこにいても目に付く。他身高将近2米，在哪都很显眼。❷印在眼里。例あの映画のラストシーンが目に付いて離れない。看那部电影的最后场面印象深刻，总是挥之不去。

【目に留まる】 ❶偶然看见；(能)看到。類目に入る。例ふとその記事が目に留まった。忽然看到了那篇报道。例大都市でまず目に留まるのはテレビ塔だ。在大城市首先看到的是电视塔。❷看中；相中。類気に入る。例何かあなたの目に留まるお品はございましたか？有什么你看中的东西吗？

【目には青葉、山時鳥、初松魚】 初夏的山野，赏心悦目的绿叶、杜鹃、首获的鲣鱼。

【目に入る】 映入眼帘；看见。類目に映る；目に掛かる①；目に掛ける①；目にする；目に留まる①；目に触れる；目を射る②。例カーブを曲がると海が目に入ってきた。转过弯就看见大海了。例日光が目に入ってボールの行方を見失う。阳光晃眼睛，看不见球往哪去。

【目には目を、歯に歯を】 (古巴比伦·汉穆拉比法典)以眼还眼，以牙还牙。類面を見返す。西Code of Hammurabi：Eye for an eye, tooth for a tooth.

【目に触れる】 看见；显眼；所见之处。類目に入る。例来客の目に触れるよう大ホール正面に壁画を配置する。大厅正面配一幅壁画，以便来客抬眼就能看见。

【目に見える】 ❶显著；眼看着。例景況が目に見えて好転する。景气明显好转。❷已见分晓。例甲乙の力量の差は明らかで、甲の勝ちは目に見えている。甲和乙实力相差悬殊，甲获胜已无悬念。

【目に見えるよう】 想象得到；眼前浮现出。例どういう結末になるか目に見えるようだ。可以预见到将出现什么结果。

【目にも留らぬ】 神速；迅雷不及掩耳；特别快；快得看不清。類疾風迅雷；電光石火②；抜く手も見せず。例時速300ｋｍと言えば目にも留らぬ速さだ。时速300公里,那可是神速。例刀を何時鞘から抜いて納めたのか、目にも留らぬ居合抜きの技。什么时候把刀拔出来又收回去的，那拔刀的△手法（功夫）快得简直看不清。

【目に物言わせる】 使眼色；递眼色。類目が物を言う。例目に物言わせて相手を引き下がらせる。使眼色让对方退下。

【目に物見せる】 让对方偿偿厉害；给点颜色看看；使吃点苦头。例今度こそは目に物見せてやる。这回可得给他点颜色看看了。

【目に焼き付く】 留下不可磨灭的印象。例京のお盆、大文字の火が目に焼き付く。京都盂兰盆节、"大"字形篝火印象深刻。

【目の色を変える】 眼神都变了；(因激怒、震惊、热衷）变了脸色、眼神。類血眼になる。例金儲けとなると目の色を変える。一说到赚钱眼神都变了。例「態度が悪い」と、目の色を変えて店員を詰る。变了脸色责难营业员说："态度不好！"

【目の上のたん瘤】 眼中钉，肉中刺。

【芽の内に摘む】 消灭于萌芽状态；防患于未然；未焚徙薪。類芽を摘む。例将来の禍根になりそうなものは芽の内に摘んでおく。把可能会成为将来祸根的

因素消灭于萌芽状态。

【目の敵にする】 敌视;仇视;看成眼中钉。例誤解で目の敵にされ弱っている。因为误解被当成了眼中钉,真伤脑筋。

【目の皮が弛む】 困得睁不开眼;上眼皮跟下眼皮打架;犯困。類瞼が重くなる。例腹が膨れると目の皮が弛む。吃得过饱就会犯困。

【目の薬】 赏心悦目(的事物);值得一看(的事物)。類目を楽しませる。

【目の黒い内】 有生之年;活着的时候。類命の限り。例俺の目の黒いうちはお前たちの好きにはさせない。有我一口气在就不会让你们随便乱来!

【目の鞘が外れる】 精明;机灵;警醒。類抜け目がない。

【目の鞘を外す】 紧紧盯住;密切注视;警惕地注视。

【目の正月】 大饱眼福;一饱眼福。類目を楽しませる。

【目の玉が飛び出る】➡目玉が飛び出る

【目の付け所】 着眼点;值得注意的地方。類着眼点。例彼は目の付け所が人と変わっている。他的着眼点与众不同。

【目の毒】❶眼馋;看了就想要。類見れば目の毒。❷看了有害无益;不宜看。類目に障る①。例未成年の目の毒になる映像や印刷物を取り締まる。对儿童不宜的影像和书刊严加管控。

【目の中に入れても痛くない】 含在嘴里怕化了;宠爱;疼爱。

【目の保養】 养眼;大饱眼福。類目を楽しませる。例美人コンテストの観客になって目の保養をさせてもらった。当上选美的观众,得以大饱眼福。

【目の前が暗くなる】 前途暗淡;没有希望。類生い先なし;御先真っ暗;脈が上がる②;脈がない②。例不合格の知らせに目の前が暗くなる。面对不合格的通知,感到前途暗淡。

【目の遣り場に困る】 不好意思看;目不忍睹;无法正视。例公園のベンチでア

ベックがいちゃいちゃしているので目の遣り場に困る。在公园的长椅上一对情侣(qínglǚ)正在调情(tiáoqíng)，简直目不忍睹。

【目の寄る所へは玉も寄る】 物以类聚(wùyǐlèijù)。<类>類は友を呼ぶ。

【目は口ほどに物を言う】 眉目传情(méimùchuánqíng)；眼睛可以传递信息(yǎnjīng chuándì)。<类>秋波を送る。

【目は心の鏡】 眼睛是心灵的窗户；眼睛反映内心。

【目端が利く】 机警；机灵；有远见；有先见之明(xiānjiànzhīmíng)。<类>機転が利く。<例>あの黒服はとても目端が利く。那个大堂领班非常机警。

【目端を利かせる】 当机立断(dāngjīlìduàn)；机敏；随机应变(suíjīyìngbiàn)。<例>目端を利かせててきぱきと接客する。机敏麻利地接待客人。

【目八分に見る】(分、分とも) 盛气凌人(shèngqìlíngrén)；小瞧人(xiǎoqiáorén)；态度傲慢(àomàn)，看不起人。<类>下目に見る(shitame)。

【目鼻が付く】 大体上有眉目；有头绪(tóuxù)。<类>見当(けんとう)が付く。<例>多数派工作により過半数維持の目鼻が付く。由于做了多数派的工作，保住过半数的目标大体上有了眉目。

【目鼻を付ける】 搞出眉目(gǎochū)；弄出头绪(nòngchū)。<例>フィジビリティ調査をして実施の目鼻を付ける。进行可行性调研(diàoyán)后定出实施的头绪。

【目引き袖引き】 挤眉弄眼(jǐméinòngyǎn)；捅捅咕咕(tǒngtǒnggūgū)。<类>目引き鼻引き。

【目引き鼻引き】 挤眉弄眼送暗号。<类>目引き袖引き。

【目星が付く】 估计到；心里有谱(pǔ)。<类>見当(けんとう)が付く。<例>誰(だれ)が黒幕(くろまく)か目星が付いた。谁是幕后(mùhòu)人物，已心中有数(yǐxīnzhōngyǒushù)。

【目星を付ける】 大体上预料到；确定大致目标；心中大致有数。<类>見当(けんとう)を付ける。<例>容疑者の目星を付ける。大体确定犯罪嫌疑人(xiányírén)。

【目も当てられない】 惨不忍睹(cǎnbùrěndǔ)；看不下去。<类>見(み)るに堪(た)えない。<例>地震による山津波(やまつなみ)が住宅地を直撃、被災現場は目も当てられない惨状です。地震引发的泥石流(níshíliú)

直接冲击住宅区，受灾现场惨不忍睹。

【目もあや】　艳丽夺目；令人目眩；眼花缭乱；光彩夺目；五彩缤纷。**例**花嫁が目もあやな衣装で入場する。新娘穿着绚丽夺目的盛装入场。**例**クリスマスツリーを目もあやに飾り立てる。圣诞树装饰得五彩缤纷。

【目も及ばず】　❶极其漂亮；绚丽夺目；光彩夺目；美得叫人不敢正视。❷闪电一样快。

【目も呉れない】　不理睬；不屑一顾；不放在眼里。**類**歯牙にも掛けない。**例**堅物で女には目も呉れない。过分古板，根本不理睬女人。

【目元が涼しい】　眉清目秀。**類**眉目秀麗。**例**太郎は色白で目元が涼しい娘に一目惚れした。太郎对皮肤白皙、眉清目秀的姑娘一见钟情。

【目も遥に】　极目所至；目之所及；视力的尽头。

【目安を付ける】　定（出大致的）目标。**例**その年の天候に依り農作物の収穫時期に目安を付ける。根据当年的气象确定大致的收割期。

【目病み女に風邪引き男】　（江户时代,害眼病的女子用红绢遮住眼睛,感冒的男子头扎上青紫色头带。当时人们认为美观）眼病女子和伤风男子颇具魅力；眼病女子美，伤风男子帅。

【目を遊ばせる】　东看看西看看；各处观赏；游目骋怀。

【目を合わせる】　❶睡觉；闭眼。**類**床に就く①；枕枕く；目が合う②；目を瞑る④；夢を結ぶ②。❷对视。**類**目を見合わせる。

【目を射る】　❶刺眼；耀眼。**例**車のライトが目を射る。车灯刺眼。❷映入眼帘；看见。**類**目に入る。**例**宿の窓越しに私の目を射たのは真白き富士だった。从旅馆窗户望出去，映入眼帘的正是富士山。

【目を入れる】　点睛；添上眼睛。**例**最後の作業で影像に目を入れる。雕像最后一步是为它点睛。

【目を疑う】 怀疑自己的眼睛;感到惊讶,不敢相信自己的眼睛。🟥ここ10数年の急発展ぶりには目を疑うばかりだ。最近十几年的发展非常惊人。

【目を奪う】 夺目;吸引目光;引人注目。🟦目に立つ。🟥広場の中央に据えられた巨大クリスマスツリーが歩行者の目を奪う。广场中央装点的高大圣诞树,吸引行人的目光。

【目を奪われる】 目光被吸引;看出神;看得入迷。🟥アルプスの大パノラマに目を奪われる。目光被巨大的阿尔卑斯全景图吸引住了。

【目を覆う】 惨不忍睹;目不忍睹;捂上眼睛不看。🟦見るに堪えない。🟥巨大津波が残した傷跡には目を覆うばかりだ。滔天的海啸留下的创痕实在是目不忍睹。🟥面倒に巻き込まれるのが嫌で世事に目を覆う。不愿意受到麻烦的牵连,对世事视而不见。

【目を掩うて雀を捕らう】 掩目捕雀;自欺欺人;耍小聪明。🟨南朝·宋·范晔《后汉书·何进传》:"〈易〉称'即鹿无虞',谚有'掩目捕雀'。夫微物尚不可欺以得志,况国之大事,其可以诈立乎?"

【目を落とす】 低着头;视线向下。🟥地面を這いまわる蟻にふと目を落とす。忽然低头看见地上乱爬的蚂蚁。書類に目を落とす。低头看文件。

【目を驚かす】 瞠目而视;睁大眼睛看。🟦目を丸くする。🟥天空に突然現れたオーロラに目を驚かす。瞪大了眼睛看天空突然出现的极光。

【目を輝かす】 因惊喜、期待而兴奋;目光炯炯。🟥宝物を発見して目を輝かせる。发现了宝贝,闪着惊喜的目光。

【目を掛ける】 ❶特别照顾;看中。🟦目に掛ける③。🟥役者が旦那に目を掛けられる。演员受到老爷的特别照顾。❷注视。🟦目を付ける。

【目を掠める】 躲避监视;偷偷地;趁别人没看见。🟦人目を盗む。

【目を極める】 极目远眺;尽量往远看。

【目を潜る】 趁别人没看见；背地里行动。類人目を盗む。例門番の目を潜って構内に入る。乘看门(kānmén)的人不注意，溜进(liūjìn)院内。

【目を配る】 环顾(huángù)四周；注意看四周；环视。例遺漏のないよう目を配る。环顾四周看有没有什么疏漏(shūlòu)。

【目を晦ます】 瞒(mán)人眼目；打马虎眼(mǎhuyǎn)；骗(piàn)过……的眼睛(yǎnjing)；掩人耳目(yǎnréněrmù)。例偽造パスポートで入国しようとしても審査官の目を晦ますことはできない。用假护照(jiǎhùzhào)入境骗不过检查人员的眼睛。

【目を呉れる】 向……看去；看一眼；照看。例仕事が忙しくて家事に目を呉れる暇(hima)もない。工作太忙，没时间顾家。

【目を肥やす】 提高鉴赏力(jiànshǎnglì)；长见识(zhǎngjiànshi)；开眼界；培养鉴别力(jiànbiélì)。例世界一周旅行で大(ōo)いに目を肥やした。周游世界大开眼界。例美術館巡(meguri)りで目を肥やす。通过参观各地的美术馆来增长见识。

【目を凝らす】 凝视(níngshì)；聚精会神(jùjīnghuìshén)(地看)；注视。類瞳(hitomi)を凝らす；目を据える。例ブリザードの時は先行車の尾灯と道路標識に目を凝らして慎重に運転する。有暴风雪的时候，聚精会神地看着前车尾灯和公路标志牌，小心驾驶(jiàshǐ)。

【目を覚ます】 ❶醒悟(xīngwù)；清醒。類目が覚める①。例遊びはいい加減にして早く目を覚ませ！别玩ル了，赶紧清醒清醒吧(ba)！❷醒悟；觉悟(juéwù)过来。例郷土愛が目を覚ます。产生乡土之爱。

【目を曝す】 仔细(zǐxì)地看遍。例作品に何か欠点がないか目を曝す。仔细地看作品有没有什么缺点。

【目を皿にする】 仔细、注意地搜寻(sōuxún)；睁(zhēng)大眼睛(yǎnjing)。例あの一家はテレビ番組(bangumi)投稿用の珍百景(chinhyakkei)を四六時中(shirokujichū)、目を皿にして探(sa)している。那家的人一天到晚瞪(dèng)大了眼睛到处(dàochù)寻找可以提供给电视台的新奇景致。

【目を三角にする】 横眉立目(héngméilìmù)；瞪眼(dèngyǎn)；怒目。類目に角を立てる。例目を三

角にして怒鳴る。横眉立目大声呵斥(hēchì)。

【目を忍(しの)ぶ】 避人眼目；避开人们的视线；怕人看见。 類 人目(ひとめ)を盗(ぬす)む。 例 人の目を忍んで逢瀬(おうせ)を楽しむ。避开人们的视线，享受(xiǎngshòu)幽会(yōuhuì)的时光。

【目(め)を白黒(しろくろ)させる】 ❶ (噎(yē)得)直翻(zhīfān)白眼。 例 粽(ちまき)が食道に詰まって目を白黒させる。粽(zòngzi)子噎在食道，直翻白眼儿。❷ 惊慌失措(jīnghuāngshīcuò)；不知所措(bùzhīsuǒcuò)。 類 泡(あわ)を食(く)う。 例 藪(やぶ)から棒(ぼう)に指名されて目を白黒させる。突然被点名而不知所措。

【目(め)を据(す)える】 凝视(níngshì)；注视；直盯(dīng)着。 類 目を凝(こ)らす。 例 肉食獣(にくしょくじゅう)が獲物(えもの)に目を据える。食肉动物注视着猎物(lièwù)。

【目(め)を注(そそ)ぐ】 注视。 例 政治の動向に目を注ぐ。注视政治动向。 例 同情の目を注ぐ。投以同情的目光。

【目(め)を側(そば)める】 側目而视(cèmùérshì)；斜眼看；(令人)侧目。 類 視線(しせん)を逸(そ)らす。 中 汉·刘向《战国策·秦策》："妻侧目而视，侧耳而听。"

【目(め)を背(そむ)ける】 不忍正视；移开视线。 類 視線(しせん)を逸(そ)らす。 例 困難に目を背けていたら未来は切り開けない。不正视困难(kùnnan)就不会有前途。

【目(め)を逸(そ)らす】 移开视线；扭脸(niǔliǎn)去；佯装(yángzhuāng)没看见。 類 視線(しせん)を逸(そ)らす。 例 実際に起きていることから目を逸らしてはいけない。不正视已经发生的事实是不行的。

【芽(め)を出(だ)す】 ❶ 萌芽(méngyá)；发芽。 類 芽を吹(ふ)く①。 ❷ 漏出苗头。 類 芽を吹く②。

【目(め)を立(た)てる】 锉锯齿(cuòjùchǐ)；伐锯(fájù)。 例 鋸(のこぎり)の目を立てる。把锯齿锉尖；伐锯。

【目(め)を楽(たの)しませる】 赏心悦目(shǎngxīnyuèmù)。 類 目の薬；目の正月；目の保養；目を喜ばせる。 例 10数ｋｍ(キロメートル)に及ぶ奥入瀬渓流(おいらせけいりゅう)の遊歩道(ゆうほどう)を行けば、紅葉(もみじ)、黄葉、清流(こうりゅう)が観光客の目を楽しませてくれる。行走在绵延(miányán)十几公里的(青森(qīngsēn)县)奥入濑大溪谷(àorùlàidàxīgǔ)的游步道上，红叶、黄叶、溪流令游人赏心悦目。

【目(め)を使(つか)う】 使眼色；用眼神示意。 類 目が物を言う。

【目(め)を付(つ)ける】 关注；注视；注意看；看中(kànzhòng)。 類 目を掛ける②；目を止める。 例

681

優秀な人材は早い時期から目を付けておく。及早发现优秀的人才。[例]不良生徒として学校から目を付けられる。作为顽劣学生受到学校的关注。

【目を瞑る】　❶闭眼睛；睡觉。[類]目を合わせる①。[例]彼岸のお墓参りで目を瞑って手を合わせると亡き父母が思い出される。在春分、秋分祭扫的时候，闭目合十便会浮现出故去的双亲。❷死；死去。[類]息が絶える。[例]この世に別れを告げ静かに目を瞑る。安详地闭上眼睛告别人世。❸睁一只眼闭一只眼；视而不见；不予追究。[類]見て見ぬ振りをする。[例]不祥事に目を瞑る訳にはいかない。不能对渎职行为睁一只眼闭一只眼。❹忍耐。[例]家賃が安いから一日中陽が差さないことには目を瞑る。因为房租便宜，所以终日不见阳光也将就了。

【芽を摘む】　防微杜渐；扼杀在摇篮里；消灭于萌芽状态。[類]芽の内に摘む。[例]画一教育で子供の多様な才能の芽を摘んではならない。不应该以整齐划一的教育把孩子的多样化才能扼杀在萌芽状态。

【目を吊り上げる】　怒目而视；瞪眼睛；横眉立目。[類]目に角を立てる。[例]母親が目を吊り上げると子供たちはおとなしくなる。妈妈一瞪眼睛孩子们就老实了。

【目を転ずる】　改变观察的角度；把目光转向。[例]国内問題に目を転ずる。目光转向国内问题。

【目を通す】　看一遍；过目。[例]稟議書に目を通して判子を押す。传阅报告书过目后盖章。

【目を止める】　注视；留意。[類]目を付ける。[例]経済統計に目を止める。留意经济统计。

【目を長くする】　用长远的眼光看。

【目を盗む】　躲过眼睛；躲避监视；偷偷地；趁别人没看见。[類]人目を盗む。[例]親の目を盗んで逢引する。背着父母偷偷去幽会。

【目を離す】　移开视线；放松看管；不（加以）注意。[類]視線を逸らす。[例]小さ

いお子さんから目を離さないで下さい。不能让小孩离开你的视线。

【目を光らせる】　严加监视；严密注视；提高警惕。囫暴力団抗争に目を光らせる。严密注视黑社会的黑吃黑。

【目を引く】　引人注意；引人注目。麴目に立つ。囫マスゲームが観衆の目を引く。团体操吸引观众眼球。

【目を開く】　开悟；开眼界。麴悟りを開く。囫若い頃ゲーテの本を読んで目を開かれた。年轻时读歌德的书眼界大开。

【芽を吹く】　❶萌芽；发芽。麴芽を出す①。囫春になると広葉樹が一斉に芽を吹く。一到春天阔叶树就一齐长出嫩芽。❷露出苗头；显出发展势头。麴芽を出す②。

【目を塞ぐ】➡目を瞑る①②③

【目を伏せる】　垂下眼；向下看；低眉下视。囫相手の視線に威嚇され目を伏せる。慑于对方的目光便压低了视线。

【目を細くする】　眯缝着眼睛；笑眯眯的。麴目を細める。

【目を細める】　眯缝着眼睛；笑眯眯的；为……而高兴。麴目を細くする。囫近眼の人は目を細める癖がある。近视眼的人有眯缝眼睛的毛病。囫愛弟子の成長に目を細める。为得意门生的成长而高兴。

【目を丸くする】　圆睁双眼；瞪大眼睛；惊视。麴目を驚かす。囫X国の国民一人当たりのGDPは世界一だが、物価が高いのには目を丸くする。X国人均GDP世界第一，但物价之高令人瞠目。

【目を回す】　❶昏过去。麴気を失う。囫頭を強く打って目を回す。头受到重击昏过去。❷忙得团团转；晕头转向。囫株主総会直前ともなれば事務局スタッフは資料作りで目を回すことになる。一到股东大会之前,秘书处的人为准备资料忙得晕头转向。

【目を見合わせる】　対視。類目が合う①；目を合わせる②。例二人は列車の窓越しに目を見合わせた。两个人隔着火车的窗玻璃对视。

【目を見張る】　睁大眼睛直看；瞠目而视。類目を剥く。例子供の頃にしか会ったことがない姪がすっかり美人になって目を見張る。侄女（外甥女）只是小时候见过，现在成了漂亮的大姑娘，得刮目相看了。例万里の長城からの雄大な眺めに目を見張る。睁大眼睛从万里长城上眺望无比开阔的景观。

【目を見る】　遭遇；体验。類目に遭う。例いつまでも強情を張っていると痛い目を見ることになるよ。一直固执下去会倒大霉的！

【目を剥く】　瞪眼睛；睁大眼睛。類眦を決する①；目を見張る。例口論となり、相手がいきなり目を剥いて跳びかかって来た。吵起来，对方瞪着眼睛扑上来。

【目を向ける】　❶往……看；注意到。類視線を向ける。例新分野に目を向ける。注視着新的领域。❷以某种态度看；看待；投以……的目光。例羨望の目を向ける。投以羨慕的目光。

【目を遣る】　向……看去。類視線を向ける。例私はコンパートメントから時時外の景色に目を遣ったり小説を読んだりうとうとしたりしながら長距離列車で旅をするのが好きだ。我喜欢坐长途列车旅行，在包厢不时看看外面的景色，读读小说，有时打个盹儿。

【目を喜ばせる】（喜ばせる、喜ばすとも）　（令人）赏心悦目；看了高興。類目を楽しませる。例春から秋にかけて庭の花花が目を喜ばせてくれる。从春到秋院子里的花花草草令人赏心悦目。

【面が割れる】　被认出来；查清身份；认出真面目。例現代では監視カメラに顔認証装置が取り付けられているので面が割れるのが早い。现在监控录像镜头安上了人脸识别装置，很快就能判明面孔。

【面子を立てる】 保面子；给面子。類顔を立てる。例相手の面子を立てて譲歩する。为给对方面子而让步。

【面倒を掛ける】 承关照；添麻烦。類世話になる。例仕事探しで友人に面倒を掛ける。为找工作给朋友添麻烦。

【面倒を見る】 照顾；照料。類世話を焼く。例家族の面倒を見る。照料家里人。

【面と向かう】 当面；面对面。例面と向かって抗議する。当面提出抗议。

【雌鶏歌えば家滅ぶ】 牝鸡司晨，家必沉沦。類牝鶏晨す。

【雌鶏勧めて雄鶏時を作る】 妻子一声唤，丈夫团团转。

【面皮が厚い】 厚脸皮；脸皮厚。類厚顔無恥。例新参者のくせに面皮が厚い。一个新来的，脸皮这么厚！

【面皮を欠く】 丢脸；丢面子。類面目を失う。例自己破産して世間に面皮を欠く。申请自我破产，在世人面前丢面子。

【面皮を剥ぐ】 剥面皮；剥去伪装；揭穿假面具。類面の皮を剥ぐ。

【面目が立つ】 保住面子；不失体面。類顔が立つ。例それでは仲介人としての私の面目が立たたない。那样我作为中间人就没面子了。

【面目が潰れる】 丢脸；没面子。類面目を失う。例彼女のあの一言で彼の面目が潰れてしまった。她的那一句话，令他颜面尽失。

【面目次第もない】 没面子；没脸见人；丢尽脸面；颜面尽失。類合わせる顔がない。例私の不徳の致すところで面目次第もない。颜面尽失，皆由我无德所致。

【面目丸潰れ】 丢尽面子；颜面尽失。類面目を失う。

【面目躍如たるものがある】（面目、面目）（他）不愧为；其言其行，恰如其人。類面目躍如。

【面目を改める】 改善形象；面目一新。類面目を一新する。例一度失職したが再選されて面目を改めた。失去一次职位，但再次当选挽回了面子。例旧市街

が再開発で面目を改める。旧街区通过重新开发面貌焕然一新。

【面目を一新する】 面目一新；面貌焕然一新。類面目を改める。例高速鉄道の駅舎が完成し旧駅前広場は面目を一新した。高铁车站大楼建成，旧的站前广场已焕然一新。例劣等生が一躍成績を上げ学校で面目を一新した。劣等生成绩一下子大幅度提高，在校内面目一新。

【面目を失う】 丢脸；颜面尽失；跌份儿。類面を伏す②；外聞を失う；顔が潰れる；立場がない；立つ瀬がない；恥を掻く；鼻が凹む；味噌を付ける；面皮を欠く；面目が潰れる；面目丸潰れ；面目を潰す。例誹謗中傷により面目を失う。由于诽谤中伤而颜面尽失。

【面目を凌ぐ】 忍辱；忍受屈辱。

【面目を潰す】 丢面子。類面目を失う。

【面目を施す】 脸上有光；博得赞誉；露脸。類顔が立つ。例挑戦者をノックアウトで下し、チャンピオンとしての面目を施す。击败挑战者，博得作为冠军的荣誉。

【面を打つ】 制作假面。例媼の面を打つ。制作老媼的面具。

【面を被る】 ❶带上面具。例お祭りで子供がドラえもんのお面を被る。在庆祝活动时孩子们带上△多菜门（哆啦A梦）的面具。❷带上假面。例慈善家の面を被って裏で残酷なことを平気でやる輩がいる。有些家伙，带着慈善家面具而在暗中满不在乎地干着残酷的勾当。

【面を通す】 ❶见面记住面孔。例い組の鳶の頭になったので親分衆の集まりの際に面を通しておく。当上了消防队"以"小组的小头目，在头目聚会时互相记住面孔。❷核对面孔；当面指认嫌犯。例拘置所で容疑者を複数並べ、マジックミラー越しに関係者に面を通してもらう。在拘留所让△他（她）透过单向可视玻璃指认几个站在那里的谁是嫌犯。

【面を取る】 ❶削去棱角；倒角。囫梁材の面を取る。削去横梁的棱角。❷（击剑）击中头部。囫すれ違いざま鮮やかに面を取る。一错身巧妙地击中对方的头部。

も

【盲亀の浮木】 盲龟浮木；铁树开花；千载难逢；瞎猫碰死耗子。圞千载一遇。⑪唐·罽宾沙门佛陀多罗译《圆觉经》："浮木盲龟难值遇。"

【申し分がない】 无可挑剔；毫无缺点。圞言うことなし；間然する所がない；非の打ち所がない；百点満点②。囫経歴は申し分がないが人品に問題がある。履历很好，但人品有問題。

【申し訳が立つ】 说得过去。囫優勝候補と言われながら一回戦で敗退してしまい、応援してくれた方方に申し訳が立たない。都认为我们能夺魁，结果第一局就输了，真没法向给我们助威的各位交代。

【申し訳ばかり】 装装样子；装模作样；少得可怜。囫苦手な料理が出てきたので申し訳ばかりに箸を付ける。上了我最不爱吃的菜，只是装模作样地吃了一点点。囫申し訳ばかりの謝礼ですがどうかお受け取り下さい。微不足道的一点谢意，请您收下。

【毛氈を被る】 ❶败家子被逐出家门；搞砸。圞縁を切る。❷在妓院挥霍。

【盲点を衝く】 指出漏洞或疏失。囫厳重警備の盲点を衝かれる。防守的薄弱环节遭到攻击。

【孟母三遷の教え】 ➡孟母三遷

【孟母断機の教え】 孟母断机之教。⑪汉·刘向《列女传·母仪·邹孟轲母》："母方织，问曰：'学何所至矣？'对曰：'自若也。'母愤，因以刀断机，曰：'子之废学，犹吾之断斯机也。'"

【蒙を啓く】 啓蒙。

【燃え杭には火がつきやすい】 旧情容易复萌。類焼け木杭に火がつく。

【燃えるよう】 火焰般；炽热；火红。例紅葉と言っても燃えるような紅はモミジ、ウルシ、ナナカマドなどだ。所谓红叶，真正火红的就是槭树（枫树）、漆树、花楸树。

【モーションを掛ける】 向异性示好；眉眼传情；献殷勤。類秋波を送る。例あの娘には彼氏がいるからモーションを掛けても無駄だよ。那姑娘已经有心上人了，你再献殷勤也是白搭。

【目算を立てる】 估计；估算。類見当を付ける。例事業に着手する前に工期と経費の目算を立てる。着手一项事业之前，对工期和预算进行估算。

【藻屑となる】 葬身鱼腹；葬身海底；死于水灾或海难。類魚腹に葬らる；水屑となる。例しけで漁船が転覆し、乗組員は太平洋の藻屑となった。海上风暴掀翻了渔船，船员在太平洋葬身鱼腹。

【目的のためには手段を選ばず】 （意·马基雅弗利主义）为达目的不择手段。西Machiavelianism：Any means for the purpose.

【もしものこと】 不测；意外（的事）；三长两短；山高水低。例私にもしものことがあったら後のことはお願いね。如果我身有不测，后事就拜托你了。

【百舌の草潜】 伯劳入草；春季到来。

【百舌の速贄】 伯劳的食物；伯劳把捕获物串挂在树枝上作为食物。

【持ちが良い】 耐久性好；经久耐用；不爱坏。例あのメーカーの電池はちょっと高いが持ちが良い。那个公司的电池虽然有点贵，但是耐用。

【持ち出しになる】 超支部分自己负担；不足部分自掏腰包。例予算の見積りが甘くて費用が持ち出しになった。预算估计过低，得自掏腰包了。

【持ちつ持たれつ】 你帮我，我帮你；互相帮助。類相互扶助；人は互い；武士は

相身互い;世の中は相持ち。**例**人間社会は持ちつ持たれつだ。人类社会就得互相帮助。

【餅は乞食に焼かせろ、魚は殿様に焼かせろ】 年糕不翻烤不好,烤鱼不翻才正好。

【餅は餅屋】 作事靠行家;隔行如隔山;犬守夜,鸡司晨。**類**芸は道によって賢し;商売は道によって賢し。

【持ちも提げもならぬ】 狗咬刺猬,无从下口;无法处理;不可收拾。**例**両国関係は悪化の一途で、今や持ちも提げもならぬ。两国关系一味恶化,现在已到了不可收拾的地步。

【餅を搗く】 作爱。

【勿怪の幸い】 意外的幸运。**類**鰯網で鯨を捕る;黄金の釜を掘り出したよう;福徳の三年目。

【沐猴にして冠す】 沐猴而冠。**類**猿に烏帽子。**中**汉·司马迁《史记·项羽本纪》:"人言楚人沐猴而冠耳,果然。"

【畚に乗る】 押赴刑場;被处死刑。**類**刑場の露と消える。**例**江戸時代、火付けは決まって畚に乗せられた。江戸时代纵火必处以死刑。

【勿体を付ける】 装腔作势;摆架子;装模作样;假模假式。**類**勿体顔;様子ありげ;容子を作る。**例**勿体を付けないで何があったのか早く話せよ。别装了,快说出了什么事?

【持ったが病】 儿女金钱,多了心烦;一无所有一身轻,有了反倒患无穷;有了不如没有好;没有不愁,有了倒忧。

【持って生まれた】 生就的;天生的。**例**持って生まれた気質は変えようがない。生就的秉性改不了。

【持って来て】 不巧又;不幸又;又加上。**類**其処へ持って来て。**例**歯が痛いとこ

ろへ持って来て腹もしくしくし出した。本来就牙疼，再加上肚子又隐隐作痛。

【持(も)って来(こ)い】 再好不过；正合适；最理想。[例]この役は彼に持って来いだ。这差(chāi)事(shi)交给他最合适。[例]今日は一日中(いちにちじゅう)晴れの予報で山菜採(さんさいと)りには持って来いだ。天气预报说今天全天晴，最适于采山野菜。

【持(も)って回(まわ)る】 兜圈子(dōuquānzi)；转弯抹角(zhuǎnwānmòjiǎo)。[類]オブラートに包(つつ)む。[例]あの人はいつも持って回った言(い)い方(かた)をするので苛苛(いらいら)する。他说话总爱兜圈子，急死人。

【以(もっ)て瞑(めい)すべし】 含笑九泉(hánxiàojiǔquán)；因此可以瞑目(míngmù)；死而无憾(wúhàn)；死也瞑目。[例]家族に恵まれ健康で長寿できたら以て瞑すべしだ。家庭△条件好（和睦），身体健康而且长寿的话，我死而无憾了。

【専(もっぱ)らにする】 ❶专心致志(zhuānxīnzhìzhì)。[類]事(こと)とする。[例]執筆活動を専らにする。专心致志地从事写作。❷独揽(dúlǎn)；专擅(zhuānshàn)。[例]一族(いちぞく)がこの世(よ)の栄華(えいが)を専らにする。一个家族独揽人间的荣华。

【持(も)つべきものは友(とも)】 有什么不如有朋友。

【持(も)てる者(もの)の悩(なや)み】 有，有有的烦恼(fánnǎo)；财产多，烦恼多。

【元(もと)が切(き)れる】 ❶售价(shòujià)低于进价；赔本(péiběn)儿。❷资金枯竭(kūjié)；资金没了。[類]元値が切れる。

【元(もと)が取(と)れる】 ❶赚回(zhuànhuí)本钱。❷获得酬劳(chóuláo)；得到回报。

【本木(もとき)にまさる末木(うらき)なし】 东找西找，头一个最好；新交不如旧好。

【髻(もとどり)を切(き)る】 落发为僧(luòfàwéisēng)；出家。[類]髪(かみ)を下(お)ろす。

【元値(もとね)が切(き)れる】 赔本(péiběn)儿。[類]元が切れる①。[例]生鮮野菜や鮮魚は元値が切れてもその日のうちに売り切らなければならない。新鲜蔬菜(shūcài)和鱼即使赔本儿也得当天(yěděidàngtiān)卖光。

【元(もと)の鞘(さや)に収(おさ)まる】 破镜重圆(pòjìngchóngyuán)；和好如初；言归于好(yánguīyúhǎo)。[類]縒(よ)りが戻(もど)る；縒りを戻す。

【元の木阿弥】 回到原来的寒酸状态；恢复原来的惨状。

【元はと言えば】 从根上说；归根结底；说到底。例元はと言えば、君が余計なことを言うからこんな騒ぎになったんだ。从根上说，就因为你多嘴才闹出这乱子。

【求めよ、さらば与えられん】 （新约·路加福音11）你们祈求，就给你们；祈求则有所得。類叩けよ、さらば開かれん。西New Testament Matthew：Ask, and it shall be given you.

【元も子も失う】➡元も子もない

【元も子もない】 本利全丢；鸡飞蛋打。例ここが我慢のしどころ、焦っては元も子もなくなる。现在是咬牙忍耐的关键，急躁就得鸡飞蛋打。

【元結を切る】 落发为僧；出家。類髪を下ろす。例乱世を見限り元結を切る。看破红尘落发为僧。

【元を正す】 追其原由；究其根源；正本清源。例元を正せば誰かを傷付けることになる。如果追究根源就会伤及某人。

【蛻の殻】 ❶金蝉之壳；（人走后留下的）空房子。例国軍が急襲したがゲリラのアジトは蛻の殻だった。政府军奔袭发现窝点内的游击队已逃之夭夭；政府军奔袭，但游击队的窝点儿已空空如也。❷（灵魂出窍的）尸体；遗骸。

【物言いが付く】 出现反对意见；（对决定）持异议。例正式な手順を踏んでいなかったので、役員の人選に物言いが付いた。因为没有履行正式的手续，对董事会成员的人选出现了不同意见。

【物言いを付ける】 提出异议；提出抗议。類異を唱える。例強引な議事進行に物言いを付ける。对独断专行的议事程序提出异议。

【物言う花】 解语；美人；美女。類解語の花；綺麗所。

【物言えば唇寒し秋の風】 （松尾芭蕉俳句）祸从口出；言人过，终招祸。類口は禍の門。

【物言わぬ花】　草木无语，花如美女。

【物がある】　有值得……的；有……之处。例匠の技には人を心服させる物がある。匠人的技艺有令人心服之处。

【物が要る】　需要经费；费钱。類金が掛かる。例何をするにも先立つ物が要る。无论干什么首先得有经费。

【物が無い】　❶杀风景；索然无味。類味も素っ気もない。❷没有生命。

【物が分かる】　懂事；明事理；懂人情。例物がよく分かっている人は余計なことは言わない。明事理的人不多嘴多舌。

【物心が付く】　孩子开始懂事。例芸能やスポーツで一流の人は物心が付く頃から稽古をしている。一流的表演人才和体育人才都是从懂事的时候就开始训练的。

【物種は盗まれず】　血统是改变不了的；父子遗传，无法隐瞒。類血は争えない。

【物ともせず】　不当回事。類眼中に置かない。例悪天候を物ともせずに出発する。不把坏天气当回事就出发。

【物ならず】　不算一回事；不成问题；不在话下。類取るに足りない。

【物にする】　❶学到手；掌握。類身に付く①；身に付ける①。例外国語を物にするには最低10年はかかる。要掌握一门外语最低要十年时间。❷弄到手。類手に入れる。例郊外の一軒家を割安で物にすることができた。成功以低价买下郊区一处独立住宅；以低价买下了郊区一处独门独户的房子。

【物になる】　❶顶用；学成。例長年勉強しても語学はなかなか物にならない。外语学了多年还是不顶用。❷成材。例物になるかならないかは天分と本人の努力次第だ。能不能成才就看天分和本人的努力了。

【物に似ず】　无可比拟；无与伦比。類類がない。

【物の哀れ】　感物之幽情；幽深的感触。

【物の数】 值得一提；数得着。類此れと言う；此れと言って。例シベリアの冬を体験すれば日本の寒さなど物の数ではない。如果体验过西伯利亚的严冬，那么日本的寒冷就不值得一提了。

【物の上手】 达人；技艺高超者。

【物の序で】 顺便。類事の序で。例親戚の結婚式で久しぶりに上京したが、物の序でに神田の本屋街を覗いてみるか。来到阔别的东京参加亲戚的婚礼，顺便到神田书店街去看看吧。

【物の弾み】 不小心；顺势。例物の弾みで本当のことをしゃべってしまった。顺嘴就把实情说出来了。

【物の見事に】 出色地；准确地；漂亮地。例超難度の技を物の見事に決める。完美的拿下了超难度动作。

【物は言いよう】 人嘴两张皮，咋说咋有理；话看怎么说。

【物は考えよう】 事儿看怎么想；是非曲直取决于观点。

【物は相談】 ❶办事在商量。❷想跟你商量商量；有一事相商。例物は相談と言うが、10億円ばかり我が社に出資してみる気はないかね。有一事相商，能不能给我们公司出资10亿日元？

【物は試し】 要勇于尝试；不尝试，成不了事；什么事要试试看才知道。

【物は使いよう】 东西全在人用。

【物も言いようで角が立つ】 话看怎么说；同样的话，说得不当会伤人。

【物を言う】 ❶说话；发声。類口を開く。❷起决定性作用；管用。類役に立つ。例蓄積されたノーハウが物を言う。积累的窍门管用。

【物を言わせる】 依靠；使充分发挥作用。例資金力に物を言わせて同業他社を買収する。充分发挥资金的力量，收购同行业的一个公司。

【紅葉のような手】 婴儿红红的可爱的小手。

【紅葉を散らす】 羞得满脸通红；害臊。【類】赤くなる。

【揉みに揉む】 再三讨论。【例】揉みに揉んで最善の方案を絞り出す。经过再三讨论得出最佳方案。

【股立を取る】 为便于活动把下摆掖于腰带。

【股を割いて腹に充たす】 割股以啖腹；为眼前的需要牺牲根本利益。【中】唐·吴兢《贞观政要·君道》："若损百姓以奉其身，犹割股以啖腹，腹饱而身毙。"

【貰う物は夏も小袖】 来者不拒；贪得无厌；出家人不贪财，越多越好。【類】欲が深い。

【諸鐙を合わす】 双扣马镫使疾驰。

【諸手を挙げて】 举双手（赞成）；无条件(接受)。【例】国策だからと言って何でもかんでも「諸手を挙げて」という訳には行かない。不能因为是国策就无论什么都无条件接受。

【諸肌を脱ぐ】 竭尽全力；全力以赴。【類】全力をあげる。

【諸刃の剣】 双刃剑。【例】海外進出は諸刃の剣だ。向海外扩展是一把双刃剑。

【文句を付ける】 责难；挑毛病；吹毛求疵。【類】難癖を付ける。【例】気に入らない相手に何かと文句を付ける。对不喜欢的人总爱挑毛病。

【文句を並べる】 大发牢骚；抱怨连连。【類】四の五の言う；酢の蒟蒻の；不足を言う；不平を鳴らす；不平を並べる。【例】ゴミ分別の件で大家さんに文句を並べられて弱った。垃圾分类受到房东的指责，非常尴尬。

【門戸を閉ざす】 闭门自守；闭关锁国。【例】徳川幕府は265年間に渡り外国に門戸を閉ざした。德川幕府对外国闭关锁国长达265年。

【門戸を成す】 成门户；振兴家族；自成一派；自成一家。【類】門戸を張る③。

【中】唐·姚思廉等《梁书·王茂传》："茂年数岁，为大父深所异，常谓亲识曰：'此吾家之千里驹，成门户者必此儿也。'"

694

【門戸を張る】 ❶修飾门面。[類]見栄を張る。❷自立门户。❸自成一派。[類]門戸を成す。

【門戸を開く】 开放门户。[例]経済政策で国の門戸を開く。依靠经济政策打开国门。

【門前市をなす】 门庭若市。[類]市を為す。[中]汉・刘向《战国策・齐策一》："令初下，群臣进谏，门庭若市。"

【門前雀羅を張る】 门可罗雀。[中]汉・司马迁《史记・汲郑列传》："始翟公为廷尉，宾客阗门；及废，门外可设雀罗。"

【門前の小僧習わぬ経を読む】 门前小僧，自会念经；耳濡目染；潜移默化。[類]勧学院の雀は蒙求を囀る。

【門前払いを食う】 轰出衙门；驱离衙门口；吃闭门羹。[例]新聞記者が事件の取材に行ったが当事者の門前払いを食った。报社记者登门采访，吃了当事人的闭门羹。

【問題にならない】 不算一回事；相差甚远。[類]取るに足りない。[例]相手が弱すぎて問題にならない。对手太差，算不上一回事。[例]杜撰な計画で問題にならない。因为是漏洞百出的计划，根本不能成为问题。

【門徒物知らず】 门徒宗只知念弥陀。

【翻筋斗を打つ】 翻筋斗；翻跟头；空翻。[類]蜻蛉を切る。

【門に入る】 投在门下；叩门拜师。[例]医術で、甲派の門に入る。医术投在甲派门下。

【門の前の瘦犬】 狗仗人势；狐假虎威。[類]虎の威を借る狐。

【門を潜る】 开始学艺；拜师。[例]私が落語家Y師匠の門を潜ったのは高卒後です。我拜单口相声大师Y先生为师是在高中毕业以后。

【門を叩く】 叩门拜师。[例]技術の粋を会得すべく師の門を叩く。为领会技术的精髓叩门拜师。

や

【刃に掛かる】 被斩杀；被杀害。例白兵戦で相手の刃に掛かる。在白刃战中被对方斩杀。

【刃に掛ける】 斩杀；用刀杀；刀斩。例歯向かう者を刃に掛ける。斩杀反抗者。

【刃に伏す】 自杀；自我了断。

【矢面に立つ】 成为众矢之的；首当其冲；成为挡箭牌。例官房長官は常に政府の矢面に立って記者会見に臨んでいる。内阁官方长官总是充当政府的挡箭牌会见记者。

【薬缶で茹でた蛸のよう】 毫无办法；一筹莫展；不知所措；无所措手足。類手も足も出ない。

【焼きが回る】 ❶锻造工件烧过火。例この包丁は焼きが回っていて売り物にはならない。这把菜刀烧过火了，卖不了了。❷年老头脑昏聩。例あんな凡ミスをするとは、ベテランも焼きが回って来たのかな？犯这种简单错误，是不是老手也老朽昏聩了？

【焼き餅焼くとて手を焼くな】 吃醋不可过分；嫉妒过分，自己也会受害。

【焼き餅を焼く】 吃醋；忌妒。類角を出す。例焼き餅を焼くのは女性の方とは限らない。忌妒的事不限于女性。

【焼きを入れる】 ❶淬火；锤炼。例日本刀に限らず鋼造りには焼きを入れる工程が欠かせない。不仅是日本刀，钢制品的淬火工序是少不了的。❷打气；鼓劲ル。類気を引き立てる。例最近うちの柔道部員はどうもやる気がないので、一つ先輩に稽古に参加してもらい焼きを入れて欲しい。最近我们柔道俱乐部的成员有点松劲ル，所以想请大师兄来一起参加训练，给大家鼓鼓劲ル。❸制裁；惩罚。例上級生が下級生に焼きを入れる事件が発覚してZ高校野球部は全国大会出場停止に

追い込まれた。Z高中棒球俱乐部高年级惩罚低年级同学被曝光，结果被停止参加全国比赛。

【薬餌に親しむ】 药罐子；经常患病；多病。

【役者が一枚上】 技高一筹；本领更高；能力更强。類役者が違う。例同じ野球のピッチャーと言っても彼は役者が一枚も二枚も上で大リーグ級だ。虽说都是棒球投手，他更技高一筹，属于美国棒球大联赛级的。

【役者が揃う】 群贤毕至；济济一堂；人员到齐。例これで役者が揃ったな、会議を始めよう。人员这就到齐了，开始开会吧。

【役者が違う】 技高一筹。類役者が一枚上。例試合しても役者が違うので私じゃてんで相手にならない。人家是高手，即使比赛，我压根儿就不是对手。

【役者に年なし】 艺人不随年老；演员总显得年轻。

【薬石効無し】 药石无功；药石无效；医治无效。中唐·宣宗（李忱）《命皇太子即位册文》："药石无功，弥留斯迫。"

【益体もない】 无用；无聊；没用处。類仕様も無い。

【役に立たずの門立ち】 只会虚张声势的废物；无用之辈。

【役に立つ】 有用处；管用；有帮助。類為になる；身になる②；物を言う②；用が足りる；用に立つ。例この小物入れはとても役に立つ。这个小容器挺有用的。例大人になったら社会の役に立つ人間になりたい。长大了要做有益于社会的人。

【役人風を吹かす】 摆官架子；官气十足。

【益もない】 无益；毫无益处；没有价值。

【櫓を上げる】 （搭台子）准备演出；准备场地，开始演出。

【役を振る】 分配角色。例人気番組「笑点」では各落語家に役を振っている。在人气节目"笑点"里，给各位单口相声演员分配了角色。

【焼け跡の釘拾い】 挥金如土之后过紧日子；丢了西瓜捡芝麻。

【焼石に水】　杯水车薪；无济于事。[類]朝腹の丸薬。

【火傷火に懲りず】　不接受教训重复错误；重蹈覆辙。[類]性懲りもない。

【焼野の烏】　黑上加黑；非常黑。

【焼野の雉、夜の鶴】　儿行千里母担忧；爱子心切，不顾一切。[類]親思う心にまさる親心。

【自棄のやん八】　自暴自弃；豁出去。[類]自暴自棄。

【焼け木杭に火がつく】　旧情复燃；男女恢复原来的关系。[類]燃え杭には火がつきやすい。

【自棄を起こす】　自暴自弃。[類]自暴自棄。[例]何をやってもうまく行かないので自棄を起こす。因为什么都弄不好就自暴自弃。

【家尻を切る】　挖墙入室盗窃。

【野次を飛ばす】　大喝倒彩；大声奚落；高声起哄。[類]半畳を入れる；半畳を打つ。[例]相手が答弁している時に下品な野次を飛ばすな。人家答辩时不许高喊下流话起哄。

【野人暦日なし】　身居山野，无需日历；不知有汉，无论魏晋。

【安かろう悪かろう】　便宜无好货，好货不便宜；价廉物不美。[類]安物買いの銭失い。

【易きに付く】　避难就易。[例]人はとかく易きに付きやすい。人都容易避难就易。

【安く見られる】　被小看。[類]睫を読まれる②。[例]私も安く見られたものだ。我也曾被人小看过。

【安物買いの銭失い】　图便宜，白扔钱；贪贱买老牛。[類]安かろう悪かろう；安物は高物。

【安物は高物】　便宜无好货；便宜货实际上不便宜。[類]安物買いの銭失い。

【痩せても枯れても】　不论怎么差；再怎么不行也；再怎么落魄。[例]痩せても枯

れても私は元華族だ。再怎么落魄我也是原来的贵族。

【痩せの大食い】 痩人饭量大；瘦人反而能吃。

【痩せ肘を張る】 虚张声势；硬撑着；硬充好汉。類虚勢を張る。例いい年をして痩せ肘を張るのもいい加減にしなさい。年纪不小了，别硬撑着，差不多就行了。

【痩せる思い】 非常痛苦；极其辛苦。例重度障害の子供を抱えていると毎日が痩せる思いだ。家有重度残疾孩子，每天度日如年。

【屋台が傾く】 经营困难；买卖支撑不住；将要倒闭。例産業構造の変化に追い付いて行けず大店の屋台が傾く。大买卖跟不上产业结构变化的步伐，将要倒闭。

【野猪にして介するもの】 冒失鬼；猛张飞；鲁莽冒失的人。類猪武者。

【家賃が高い】 我不配；忝居其位。例私の実力でこの地位は家賃が高い。以我的实力不配有这么高的地位。

【厄介になる】 寄居；受饮食起居的照顾；寄宿。類世話になる。例上京したらいつも妹の家に厄介になる。去东京总是住妹妹家。

【厄介を掛ける】 给人添麻烦。類世話を掛ける。例この度は厄介をお掛けします。这次就给您添麻烦了。

【躍起になる】 一个劲儿地；拼命地。例嘘がばれそうになり躍起になって言い訳をする。谎言要露馅，就拼命辩解。

【やっとの思いで】 好容易；好歹；勉强。類やっとの事で。例やっとの思いで目的を達成した。好容易才达到了目的。

【やっとの事で】 好容易；好歹；勉强。類稀有にして；如何にかこうにか；如何やらこうやら；何とか彼んとか②；曲がりなりにも；身を以て②；やっとの思いで。例やっとの事で窮地を脱した。好容易脱离困境。

【矢でも鉄砲でも持って来い】 有什么能耐尽管使出来。

【宿を借りる】　借宿。例物置でも結構ですから今夜一晩宿をお借りしたいのですが。今晚想借宿一宿，仓房也行。

【宿を取る】　订旅馆；投宿；落脚。類草鞋を脱ぐ②。例今はネットで宿を取れるので便利だ。现在网上能订旅馆很方便。例ヒッチハイクで鄙びた温泉に宿を取る。搭便车，预约乡间温泉旅馆。

【柳に受ける】　巧妙地应付过去。類柳に風と受け流す。

【柳に風と受け流す】（「柳に風」とも）　应付裕如；巧妙地应付过去；虚与委蛇。類風に柳；柳に受ける；柳は風に従う。

【柳に雪折れ無し】　柔能克刚；以柔克刚。類柔よく剛を制す。

【柳の下に何時も泥鰌は居らぬ】（居らぬ、いないとも）　不应守株待兔；偶然的好运不是规律。

【柳の葉を百度射中つ】　百发百中。類百発百中。中汉·司马迁《史记·周本纪》："楚有养由基者，善射者也。去柳叶百步而射之，百发而百中之。左右观者数千人，皆曰善射。"

【柳は風に従う】　应付裕如；杨柳依风。類柳に風と受け流す。

【柳は緑、花は紅】　柳绿花红；花红柳绿。中宋·洪迈《夷坚志·乙志·17·林酒仙》："秋至山寒水冷，春来柳绿花红。一点洞庭万变，江村烟雨蒙蒙。"

【柳を折る】　折柳；惜别；折柳赠别。中《三辅黄图·桥》："霸桥在长安东，汉人送客至此桥，折柳赠别。"唐·雍陶《题情尽桥》："从来只有情难尽，何事名为情尽桥。自此改名为折柳，任他离恨一条条。"

【梁を打つ】　设置鱼梁。例梁を打って落鮎を捕る。设置鱼梁，捕秋季的香鱼。

【野に遺賢なし】　野无遗贤；政治清明，贤才尽用。中《尚书·大禹谟》："嘉言罔攸伏，野无遗贤，万邦咸宁。"

【野に下る】　下野。例現与党が選挙で敗北して少数派となり野に下る。现在的执

政党选举失败，成为少数派而下野。

【屋根を葺く】 葺房顶；苫房顶。例今や茅や薄で屋根を葺く職人はほとんどいなくなった。如今能用茅草或芒草葺屋顶的工匠几乎一个也没有了。

【矢の如し】 似箭；像箭一样（快）。

【矢の催促】 不断催逼；紧催；紧逼。例在庫が逼迫しメーカーに納品を前倒ししてくれるよう矢の催促をする。库存告急，不断紧催厂家提前交货。

【矢の使い】 接连派人催促；告急。例すぐさま西軍を攻撃するよう家康は小早川に矢の使いを放った。德川家康多次派人催小早川秀秋立即进攻西军。

【やはり野に置け蓮華草】 蓮花不能瓶里栽；野花再香，不宜家养。類手に取るな、やはり野に置け蓮華草。

【藪から棒】 冷不防；突如其来；没头没脑。類短兵急に。例君は藪から棒に何を言い出すんだね。你突然没头没脑的说什么呀。

【藪（野夫）に剛（功）の者】 沙中有金，石中有玉。

【藪に馬鍬】 知其不可而为之；强推蛮干。類海を山にする。

【藪に目】 机事难密；隔墙有耳。類壁に耳あり障子に目あり。

【藪の中】 真相难明；谜团。

【藪をつついて蛇を出す】 多管闲事，自讨苦吃；自找麻烦。

【病革まる】 病势骤变；病情急剧恶化。例病革まってその日のうちに亡くなった。病情突然恶化，当天就去世了。

【病膏肓に入る】 ❶病入膏肓。❷走火入魔；着迷。類現を抜かす。中春秋·左丘明《左传·成公十年》："疾不可为也，在肓之上，膏之下，攻之不可，达之不及，药不至焉，不可为也。"宋·王谠《唐语林》："请足下多服续命之散，数加益智之丸，无令病入膏肓，坐亲斧锧也。"

【病治りて薬忘れる】 忘恩负义；好了伤疤忘了疼。類雨晴れて笠を忘る。

【病に侵される】 生病；患病。

【病に沈む】 得重病；病倒。

【病の床】 病床；病榻。◍病の床に就く。卧病在床。

【病は気から】 病从心上起；心情导致疾病；病势轻重，皆由心定。

【病は口より入り、禍は口より出ず】 病从口入，祸从口出。類口は禍の門。⊕晋·傅玄《口铭》："情莫多妄，口莫多言。蚁孔溃河，溜穴倾山。病从口入，祸从口出。"

【病は少しく癒ゆるに加わる】 病加于小愈；疏忽导致大灾难。⊕汉·韩婴《韩诗外传》八："官怠于有成，病加于小愈，祸生于懈惰，孝衰于妻子。察此四者，慎终如始。"

【病を得る】 得病。◍病を得て初めて健康の大切さを知る。得了病才知道健康的重要性。

【病を護りて医を忌む】 护疾忌医；护短不思改过。⊕宋·周敦颐《周濂溪集·通书二·过》："今人有过，不喜人规，如护疾忌医，宁灭其身而无悟也。"

【病を養う】 疗养；养病。◍湯治場で病を養う。在温泉疗养地疗养。

【山が当たる】 押宝押中；押题押对。◍山が当たって一儲けする。押宝押中，赚了一笔。◍数学のテストで何問か山が当たった。考数学有几道题押对了。

【山が其処にあるから】 （英·马洛里语）因为山就在那里。⊕Mallory：Because it is there.

【山が見える】 事业接近完成；胜利在望。◍少なからぬ犠牲者を出した海底トンネル工事もやっと山が見えて来た。付出不少生命代价的海底隧道工程终于胜利在望了。

【山師の玄関】 虚有其表；虚饰其表；羊质虎皮。

【山高きが故に貴からず、樹有るを以て貴しとなす】 山高故不贵，以

有树为贵；人不可貌相。

【山高く水長し】　山高水长；品格高尚；高风亮节。

【山高ければ谷深し】　山高则谷深；行市暴涨必有暴跌。

【山と言えば川】　人家说东，他（就）说西；故意唱反调。[類]ああ言えばこう言う。

【山に躓かずして垤に躓く】　不踬于山，而踬于垤；大事谨慎无大过；小事疏忽有小错。[中]战国· 韩非《韩非子· 六反》："先圣有谚曰：'不踬于山而踬于垤。山者大，故人顺之；垤微小，故人易之也。'"

【山眠る】　冬季群山，一片寂然。

【山の芋が鰻になる】　突发变异；奇异的变化；发生看似不可能的变化。

【山の幸】　山珍；野味；山中猎物。

【山場を迎える】　迎来关键时刻；到了紧要关头。[例]二国間の貿易交渉が山場を迎える。两国贸易谈判到了紧要关头。

【山山だ】　❶多了去了；老鼻子。[類]数知らず。[例]政府に対する不満は山山だが、生活保護を受ける身では何も言えない。对政府的不满多了去了，但自己接受低保，什么都不能说。❷很想。[例]新築マンションを買いたいのは山山だが、40 年ローンを考えると二の足を踏む。非常想买新建的公寓，但一想到得贷款 40 年就犹豫了。❸顶多不过。[例]公演のチケット販売で 300 枚の割り当てが来たが捌けるのは 100 枚程度が山山だ。分派给我 300 张公演的门票需要发卖，可是顶多能卖出去 100 张。

【山粧う】　五花山；秋天的山林美景。

【山笑う】　新绿满山。

【山を当てる】　❶发现矿脉；探测到矿藏。[例]銅鉱の山を当てる。发现铜矿的矿脉。❷侥幸成功。[例]競馬で山を当てる。赌赛马赌赢了。

【山を鋳、海を煮る】　铸山煮海；物产丰富。[中]汉・司马迁《史记・吴王濞列

传》："吴有豫章郡铜山，濞则招致天下亡命者盗铸钱，煮海水为盐。"宋·李纲《理财论上》："铸山煮海，平准市易，香矾茶课之所取，不为不多也。"

【山を掛ける】 ❶^{yābǎo}押宝。例先物取引で山を掛ける。投机作期货交易。❷^{yātí}押题。例明日の期末試験に一夜漬けの準備で山を掛ける。明天期末考试，突击准备押一下题。

【山を築く】 ^{duījīrúshān}堆积如山；^{jù}聚成人山。類山をなす。例廃品業者が古タイヤの山を築く。废品回收业者把废轮胎堆成了小山。

【山を越す】 渡过难关；经过最关键的时刻。類峠を越す。

【山を立てる】 以山为地标^{dìbiāo}（确定船的位置）。例江戸時代の船は山を立てて漁や航海をした。江户时代的船出海打渔或者航行以山为地标。

【山をなす】 ^{duījīrúshān}堆积如山；极多。類山を築く。例水害による廃棄物が指定場所に山をなしている。水灾造成的废弃物在规定的地方堆积如山。例旧弊が山をなしていてどこから手を付けたらいいのか分からない。积弊如山，不知从何处下手。

【山を抜く】 力能拔山^{báshān}。中汉·司马迁《史记·项羽本纪》："力拔山兮气盖世，时不利兮骓不逝。"

【山を張る】 ➡山を掛ける

【山を踏む】 犯罪。例金塊密輸の山を踏んで警察にぱくられた。走私金锭^{jīndìng}被警察给逮住^{dǎizhù}了。

【病み足に腫足】 ^{huòbùdānxíng}祸不单行；^{xuěshàngjiāshuāng}雪上加霜。類踏んだり蹴ったり。

【闇から牛を引き出す】 ❶动作迟钝^{chídùn}。類暗がりから牛を引き出す①。❷辨认^{biànrèn}不清。類暗がりから牛を引き出す②。

【闇から闇に葬る】 ❶秘密掩盖丑闻^{yǎngàichǒuwén}；偷偷地处理。例権力者が自分に不都合な事柄を闇から闇に葬る。掌权者^{zhǎngquánzhě}把不利于自己的事暗中掩盖起来。❷偷偷地作流产。

704

【闇に烏】　分辨不清。[類]雪に白鷺。

【闇に暮れる】　❶天黑；进入黑夜。❷悲伤得丧失判断能力。

【闇に咲く花】　妓女；卖淫女。

【闇に惑う】　❶黑夜辨不清方向而迷路。❷乱了方寸；失去理性。[類]途方に暮れる。

【闇夜に烏、雪に鷺】➡闇に烏

【闇夜に目あり】　纸（里）包不住火；隔墙有耳；没有不透风的墙。[類]壁に耳あり障子に目あり。

【闇夜の礫】　无的放矢；鲁莽；蛮干一气。[類]暗闇の鉄砲。

【闇夜の鉄砲】　无的放矢；鲁莽；蛮干一气。[類]暗闇の鉄砲。

【闇夜の灯火】　暗夜的明灯；危困中的救星；久旱逢甘雨。[類]旱天の慈雨。

【闇夜の錦】　衣锦夜行。[類]錦を衣て夜行くが如し。

【止むに止まれぬ】　万不得已；身不由己；迫不得已。[類]余儀なくされる。[例]止むに止まれぬ衝動に駆られる。为冲动驱使而不能自已。

【止むを得ない】　不得已；无可奈何；逼不得已。[類]如何せん②；仕方が無い①；是非に及ばず；是非も無い；如何しようも無い①。[例]悪天候による登頂断念は止むを得ない。因天气恶劣放弃登顶是不得已的。

【矢も盾も堪らない】　心急火燎；不能自已；急切。[例]今すぐ恋人に会いたくて矢も盾も堪らない。心急火燎地想立马见到情人。

【遣らずの雨】　下雨天，留客天。

【遣らずぶったくり】　只取不予；只进不出。[例]水割り一杯１万円とは、遣らずぶったくりのバーでひどい目に遭った。在黑心酒吧一杯加水的威士忌花一万日元，真是倒了大霉。

【遣らずもがな】　不该给予。[例]オウンゴールで遣らずもがなの１点を相手チーム

に与えてしまった。踢(tī)了个乌龙球(wūlóngqiú)，结果白给对方送了本不该送的1分(fēn)。

【槍(やり)が降(ふ)っても】　哪怕天上下刀子（也）；不管有什么困难(kùnnan)。[類]何(なに)が何(なん)でも。

【槍玉(やりだま)に挙(あ)がる】　成为众矢之的(zhòngshǐzhīdì)；被责难(zénàn)；被攻击。[類]吊(つ)るし上(あ)げを食(く)う；袋叩(ふくろだた)きにあう。[例]敗戦の反省会ではまずH(エイチ)が槍玉に挙がった。在比赛失败反省会(fǎnxǐnghuì)上，H最先成了众矢之的。

【槍玉(やりだま)に挙(あ)げる】　把……当作责难(dàngzuòzénàn)对象；围攻；集中攻击。[例]炭鉱のガス爆発事故で犠牲者多数、「生産第一、安全軽視」と労組(ろうそ)が社長を槍玉に挙げる。煤矿(méikuàng)瓦斯爆炸(wǎsībàozhà)多人遇难(yùnàn)，工会集中谴责(qiǎnzé)总经理“生产第一，轻视安全”。

【槍一筋(やりひとすじ)の主(ぬし)】（一筋(ひとすじ)、一本(いっぽん)とも）　可带领持矛侍从(chímáoshìcóng)的武士身份。

【槍衾(やりぶすま)を作(つく)る】　形成枪林之阵。

【八幡(やわた)の藪(やぶ)知(し)らず】　进得去出不来的迷宫。

【矢(や)を矧(は)ぐ】　❶（造箭(zàojiàn)工序）把箭羽(jiànyǔ)固定在箭杆(jiàngǎn)上。❷箭上弦(shàngxián)。

【矢(や)を向(む)ける】　矛头(máotóu)指向；对准目标。[類]矛(ほこ)を向ける。[例]失政の大統領に弾劾(だんがい)の矢を向ける。弹劾(tánhé)的矛头指向施政错误的总统。

ゆ

【有終(ゆうしゅう)の美(び)】　善终之美；完美的结局。[例]有終の美を飾(かざ)る。曲终奏雅(qǔzhōngzòuyǎ)；善始(shànshǐ)善终(shànzhōng)；完美收场。

【勇将(ゆうしょう)の下(もと)に弱卒(じゃくそつ)なし】　强将手下无弱兵(qiángjiàngshǒuxiàwúruòbīng)。[類]強将(きょうしょう)の下に弱卒なし。[中]宋・苏轼《题连公壁》：“俗语日：‘强将手下无弱兵。’真可信。”

【融通(ゆうずう)が利(き)く】　❶临机应变(línjīyìngbiàn)；应付裕如(yìngfùyùrú)。[類]臨機応変(りんきおうへん)。[例]彼はとても融通が利くので調整役(ちょうせいやく)タイプだ。他为人灵活适于作协调(xiétiáo)工作。❷手头宽裕(kuānyù)。[類]懐(ふところ)が暖(あたた)かい。[例]伯父(おじ)さんは融通が利くので少し都合してもらおう。叔叔(shūshu)手头宽裕，从他那借点钱吧。

【夕立は馬の背を分ける】 隔道不下雨；阵雨隔牛背。**類**馬の背を分ける。

【夕虹百日の旱】 夕虹现，百日旱。

【夕べの陽に子孫を愛す】 隔代人，格外亲；爷爷爱乖孙。**中**唐·白居易《秦中吟·不致仕》："朝露贪名利，夕阳忧子孙。"

【夕べを残す】 夜幕降临，尚有余晖。

【雄弁に物語る】 雄辩地说明。**例**城壁に残された無数の矢玉の痕が戦闘の激しさを雄弁に物語っている。 城墙上无数弹痕雄辩地证明战争的激烈。

【幽明界を異にする】 阴阳两隔；阴阳相隔。**類**生を隔つ。

【勇名を馳せる】 威名远扬；勇敢驰名。**例**戦闘で一番槍を付け勇名を馳せる。战斗中率先冲入敌阵威名远扬。

【悠揚迫らず】 从容不迫；不慌不忙；泰然自若。**類**従容として迫らず；泰然自若；余裕綽綽。**例**彼はどんな時でも悠揚迫らぬ出処進退ができる器だ。他是一个任何时候都可以从容不迫地出处进退的人才。

【幽霊の正体見たり枯れ尾花】 （横井也有・俳句）飘忽见幽灵，竟是何物须定睛，芒穗舞西风；一场虚惊；疑心生暗鬼。**類**疑心暗鬼を生ず。

【幽霊の浜風に逢う】 垂头丧气；无精打采；毫无魄力的样子。

【勇を鼓す】 鼓勇；鼓足勇气。**中**唐·张碧《鸿沟》："山河欲拆人烟分，壮士鼓勇君王存。"

【行き掛けの駄賃】 顺便赚点外快；顺便作。

【行き大名の帰り乞食】 去时似王侯，归途像乞丐。

【行きつ戻りつ】 走来走去；踱来踱去；反反复复。**例**なかなか構想が纏まらず行きつ戻りつする。构思怎么也不能成形，总是反反复复的。

【雪と墨】 性质迥异；黑白分明；二者截然相反。**類**正反対。

【雪に白鷺】 分辨不清。**類**闇に烏。

【雪は豊年の瑞】　瑞雪兆丰年。

【行きは良い良い帰りは恐い】　去时容易回程难。

【雪仏の水遊び】　泥菩萨戏水；玩火自焚；自取灭亡。類飞んで火に入る夏の虫。

【雪を欺く】　洁白如雪；雪白雪白的。例北極圏に住む白人種の肌は雪を欺くようだ。住在北极圈的白种人肌肤洁白如雪。

【雪をいただく】　山顶积雪。

【雪を回らす】　舞姿飘逸如飞雪。中三国·曹植《洛神赋》:"仿佛兮若轻云之蔽月，飘飖兮若流风之回雪。"

【行方無し】　❶去向不明。類行方不明。❷无所适从；没有行动目标。類途方に暮れる。

【行方も知れぬ】　❶去向不明；下落不明。類行方不明。❷将来难以预测；世事难料。類一寸先は闇。

【行方を眩ます】　隐迹潜踪；消失踪迹；销声匿迹；藏形匿影。類跡を隠す；跡を暗ます；影を隠す；姿を消す①；身を隠す①；身を潜める①。例彼女は不祥事を起こしてから行方を眩ましたままです。她出了不名誉的事以后就销声匿迹了。

【行くとして可ならざるは無し】　所为必有所成；所行无不行。

【行くに径に由らず】　行不由径；不抄近路。中《论语·雍也》:"有澹台灭明者，行不由径，非公事，未尝至于偃之室也。"

【行く水に数書く】　留不下痕迹；徒劳无益；白费力气。

【湯気に中る】　洗澡时头晕。例湯気に中ったら涼しい所で横になると良い。洗澡时出现头晕可以在凉快的地方躺一会。

【湯気を立てる】　怒气冲冲；大发雷霆。類怒り心頭に発する。

【揺さ振りをかける】　使动摇；使惊慌；使对方受到震撼。例硬软两面作战で相手に揺さ振りをかける。采取软硬兼施的办法，使对方动摇。

【寛にたゆたに】　飘飘摇摇；摇摇晃晃。

【油断は怪我の基】　粗心大意是灾难之源。

【油断も隙もない】　一点也不能掉以轻心；切不可疏忽大意。例相手は海千山千で油断も隙もない。对手老奸巨猾，切不可疏忽大意。

【湯の辞儀は水になる】　你推我让，浴汤已凉；过分礼让会误事。

【湯腹も一時】　喝饱了茶水也能充饥一时；有胜于无；聊胜于无。类茶腹も一時。

【指一本も差させない】　无可指摘；不容置喙；不让人说三道四。例これは私の専権事項なので他の人には指一本も差させない。这是我权限内的事，不容他人置喙。

【指折り数える】　❶屈指计算；扳着手指数。类指を折る①。❷掰着手指头算日子；屈指以待。例あと何日と、嫁ぐ日を指折り数える。扳着指头算还有几天出嫁。

【指を折る】　❶弯着手指头计数。类指折り数える①。❷屈指可数。例有名な仏師として先ず指を折られるのは鎌倉時代の運慶と快慶だ。作为著名的佛像工匠，屈指算来，也就是镰仓时代的运庆和快庆。

【指を切る】　妓女断指，以示忠贞。

【指を唇に当てる】　嘘；手指加唇以示不可作声。例集会でおしゃべりをしていたら隣の人が指を唇に当てて注意した。集会时（在底下）说话，旁边的人把手指放在唇上进行警告。

【指をくわえる】　羡慕；眼馋。例社長の娘は高嶺の花で、指をくわえて眺めているしかない。总经理的女儿是可望而不可即的，只有望梅止渴而已。

【指を差す】　背地嘲笑；背后说坏话；戳脊梁骨。例人様に指を差されるよ

うなことだけはするなよ！让人戳脊梁骨的事可绝对不能作呀。

【指を染める】 染指；开始作。中《春秋左传·宣公四年》："子公怒，染指于鼎，尝之而出。"例20歳の頃から生け花に指を染めた。20岁的时候就开始从事插花艺术。

【指を詰める】 （为谢罪或发誓）切断手指。例ドジを踏んで指を詰めさせられる。事情搞砸，不得不断指谢罪。

【弓折れ矢尽きる】 弹尽粮绝；失去战斗手段。類刀折れ矢尽きる。

【湯水のように使う】 挥金如土；不吝惜金钱；随意挥霍。類金に糸目をつけない。例直販会社はコマーシャル代を湯水のように使う。直销公司毫不吝惜花广告费。

【弓と弦】 近路和弯路；直如弦曲如钩。

【弓は袋に太刀は鞘】 刀枪入库，马放南山；天下太平。類天下太平。

【弓も引き方】 ❶射箭中不中，挽弓力不同。❷容易偏袒己方的人。

【弓矢取る身】 行伍之身；武士。

【弓を鳴らす】 （近代日俗）拨动弓弦以辟邪。

【弓を引く】 反叛；背叛；反抗。類反旗を翻す。例上司に弓を引く度胸はない。不敢对抗上司。

【夢か現か】 是梦境还是现实；梦耶？真耶？例浦島太郎は竜宮城で夢か現かと紛う大歓待を受けた。浦岛太郎在龙宫受到极高的款待，简直就跟作梦一样。

【夢が覚める】 ❶梦醒。❷觉醒；清醒过来。類目が覚める①。

【夢路を辿る】 进入梦乡；作梦。類夢を見る①；夢を結ぶ①。

【夢に夢見る】 梦中作梦；虚幻不真切；朦胧模糊。類夢の夢。

【夢の告げ】 梦中的启示；神佛的启示；托梦。

【夢の間】 瞬间；很快；俯仰之间。類あっという間。例英雄も庶民も振り返れば人生は夢の間。无论英雄还是庶民回顾人生皆在俯仰之间。

【夢のまた夢】➡夢の夢

【夢の夢】　梦中作梦；梦中之梦。類夢に夢見る。

【夢の世】　浮生若梦；如梦的人世；人世无常。類浮世は夢の如し。

【夢は五臓の疲れ】　（中医认为）作梦皆因五脏疲劳。

【夢は逆夢】　梦和现实相反；噩梦相反。

【夢枕に立つ】　托梦；梦见。例洞窟での修行中、大明神が夢枕に立ち剣の極意を授かる。在山洞修炼的时候，神仙托梦，秘传剑术的精髓。

【夢見騒がし】　作噩梦。

【夢を合わす】　圆梦；解梦。

【夢を描く】　梦想；幻想着；有……的理想。類夢を見る②。例プロ野球選手になる夢を描いて猛練習に励む。梦想当职业棒球运动员，拼命训练。

【夢を追う】　追求梦想；追求理想。例自分の実力を顧みずに夢を追い続けるのは時間の無駄というものだ。不顾自身实力穷追梦想就是浪费时间。

【夢を託する】　寄托希望。例若い人に夢を託する。寄希望于年轻人。

【夢を見る】　❶作梦。類夢路を辿る。例明け方に訳の分からない夢を見た。天快亮的时候做了一个奇怪的梦。❷梦想；幻想。類夢を描く。例宇宙飛行士になる夢を見る。梦想当上宇航员。

【夢を結ぶ】　❶作梦。類夢路を辿る。❷安睡；熟睡。類目を合わせる①。例幼子があどけなく夢を結ぶ。孩子甜甜地睡熟了。

【熊野松風は米の飯】　无人不爱的名曲。

【揺り籠から墓場まで】　（英・工党口号）从降生到坟墓（实现社会保障）；从生到死；终生；一生。西British Labour Party：From the cradle to the grave.

【湯を立てる】　烧洗澡水。類風呂を立てる。例昭和40年頃までは薪を燃やして湯を立てていた。1965年以前（日本人）用柴火烧洗澡水。

【湯を使う】 洗澡；洗浴；沐浴(mùyù)。類湯を引く。例旅の宿で湯を使ってさっぱりする。在日式旅馆洗个澡很爽(shuǎng)。

【湯を引く】 洗澡；沐浴。類湯を使う。

【湯を沸かして水にする】 徒劳；白辛苦。類一文にもならない。

よ

【夜明け前が一番暗い】 (英谚)黎明(yīngyàn límíng)前的黑暗。西It is always darkest just before the day dawns.

【酔いが回る】 酒劲儿上来了。類酒が回る①。例酔いが回って饒舌になる。酒劲儿上来话多起来。

【宵越しの銭は持たぬ】 (老东京人)(dōngjīng)不留隔夜钱(géyèqián)；月光族。類江戸っ子は宵越しの銭は持たぬ。

【酔い醒めの水は甘露の味】 醒酒水似甘露(sìgānlù)。

【宵っ張りの朝寝坊】 晚睡晚起(的人)。

【良い仲には垣をせよ】 人亲密，不废礼(fèilǐ)；关系再近，也有分寸。類親しき仲にも礼儀あり。

【宵の明星】 金星；太白星。類明けの明星。

【良い星の下に生まれる】 生来运气好(yùnqihǎo)；福将(fújiàng)；幸运儿；生日时辰好(shíchén)。類好い月日の下に生まれる；幸運児。

【容易ならぬ】 严重；不容乐观(lèguān)；非同小可(fēitóngxiǎokě)。例自然災害が原因で来年前半の食糧需給は容易ならぬ。由于自然灾害的缘故，明年上半年粮食供求(gōngqiú)不容乐观。

【用が足りる】 管用；够用；可用。類役に立つ。例コンビニが家の裏にあるので車が無くても生活の用が足りている。便利店就在我家房后，所以没有车也生活无忧。

【陽気発する処、金石また透る】 阳气发处(yángqìfāchù)，金石亦透(jīnshíyìtòu)；精诚所至，金石(jīnshí)

为开。类一念岩をも通す。中宋·黎靖德《朱子语类·总论为学之方》："阳气发处，金石亦透。精神一到，何事不成！"

【要求を呑む】 接受对方的条件；答应要求。例条件が悪くないので交渉相手の要求を呑むことにする。条件不错，决定接受谈判对手的要求。

【楊枝一本削ったことも無し】 笨手笨脚；粗人干不了细活ル。

【楊枝で重箱の隅をほじくる】 吹毛求疵；鸡蛋里挑骨头。类難癖を付ける。

【楊枝に目鼻を付けたよう】 骨瘦如柴；形销骨立；皮包骨。类骨と皮。

【容赦なく】 毫不客气（地攻击）；毫不留情；毫不手软。类遠慮会釈もない。例容赦なく相手を痛めつける。狠狠（毫不留情）地收拾对方一顿。

【楊枝を違える】 出点小差错。

【様子ありげ】 煞有介事；似有特殊含义的；意味深长的。类勿体を付ける。例最近の彼女の言動は何か様子ありげだね。最近她的言谈举止似乎有什么特别的意味啊。

【容子を作る】 装腔作势；摆架子。类勿体を付ける。

【羊頭を掲げて狗肉を売る】 挂羊头，卖狗肉；名不副实。类羊頭狗肉。中宋·释普济《五灯会元》卷十六："悬羊头，卖狗肉，坏后进，初几灭。"

【杳として】 杳然；不清楚。例家族と一緒のキャンプ地で杳として消息を絶った女の子の捜索は現在も続けられている。跟家人在一起的女孩在宿营地杳然失联，搜索仍在进行中。

【用に立つ】 管用；可用；能用。类役に立つ。例この鋏は錆びてて用に立たない。这把剪子生锈不能用了。

【用に立てる】 供……之用；派上用场。例これはお母さんのへそくりだけど、お前が困った時の用に立ててくれたらいい。这是妈妈的私房钱，有难处的时

候可以派点用场。

【様に依りて胡蘆を画く】 依样画葫芦；照葫芦画瓢。🀄宋·魏泰《东轩笔录·卷一12》："太祖笑曰：'颇闻翰林草制，皆检前人旧本，改换词语，此乃俗所谓'依样画葫芦'耳，何宣力之有？'"

【洋の東西を問わず】 不论东洋西洋；在世界每个地方；东西方都一样。例洋の東西を問わず真心は伝わるものだ。不论东方还是西方，真心总能得到理解。

【摇籃の地】 出生成长之地；摇篮发祥地。

【要領がいい】 ❶灵；心灵手巧。例彼は要領がいいから仕事がとても効率的だ。他心灵手巧，工作效率非常高。❷精明；会钻营。類抜け目がない。例要領がいいばかりでは世の中通用しないぞ。光会钻营在社会上是行不通的呀。

【要領を得ない】 不得要领；膝痒搔背。類掴み所が無い；取り留めがない②；瓢箪で鯰を押さえる；不得要领。🀄汉·司马迁《史记·大宛列传》："骞从月氏至大夏，竟不能得月氏要领。"例問い合わせをしたが要領を得ない回答が返ってきた。问过了，但回答得不得要领。

【要を得る】 抓住要点。類的を射る。例質問に対し要を得た回答をする。抓住要点回答问题。

【用を足す】 ❶办完事。類用を弁ずる。例ちょっと用を足しに出かけます。我出去办点事。❷方便（解手）；如厕。例試合前に用を足しておく。比赛前先上厕所。

【俑を作る】 作俑；开坏的先例；首开恶例。🀄战国·孟轲《孟子·梁惠王上》："仲尼曰：'始作俑者，其无后乎！'"

【用を成さない】 没法用；起不了作用。例2ｋｇも誤差があるのでは体重計の用を成さない。有2千克的误差就起不到体重计的作用了。

【用を弁ずる】 办完事。類用を足す①。

【世が世ならば】 如果生逢其时；要是赶上好时候；想当年。例世が世なら

ば今頃はお殿様だ。如果世道不变，这会儿就已经是大老爷了。

【善かれ悪しかれ】 好歹；或好或歹；无论如何。類良くも悪くも。例善かれ悪しかれ家庭裁判所の裁定に従うしかない。不管是好是坏，家庭法院的判决只能服从。

【余儀なくされる】 迫不得已；万般无奈；只有……而已。類止むに止まれぬ。例ネット通販に押され店舗販売からの撤退を余儀なくされる。受到网络销售的挤压，实体店铺销售只有一路败退而已。

【良きにつけ悪しきにつけ】 不管好坏。例姉妹は良きにつけ悪しきにつけ比べられる。姐妹两个不管是好还是不好，都可以比一比。

【良く言う】 亏你说得出（口）；敢说！類言って退ける。例居候のくせによく言うよ！你个吃闲饭的，亏你说得出口！

【よく泳ぐ者は溺れ、よく騎る者は墜つ】 善游者溺，善骑者堕。中汉·刘安《淮南子·原道训》："夫善游者溺，善骑者堕，各以其所好，反自为祸。"

【欲が深い】 贪得无厌；得一望十；贪财好利。例頂く物は夏も小袖；下さるものは夏も小袖；貰う物は夏も小袖；欲の皮が突っ張る；欲をかく。

【良くしたもの】 说来也巧；老天有眼；上帝是公平的。例良くしたもので、人の一生は悪い事ばかりが続く訳ではない。老天有眼，人的一生不可能一直恶事缠身。

【よくする】 经常作。

【欲と相談】 唯利是图；一切为了钱；向钱看。類欲と二人連れ；利に走る。

【欲と二人連れ】 唯利是图；利欲熏心。類欲と相談。

【欲に頂きなし】 欲壑难填；欲望没有止境。類亀の年を鶴が羨む；隴を得て蜀を望む。

【欲に転ぶ】 欲令智昏。例欲に転んで人生を誤る。欲令智昏误入歧途；欲令智昏误了一生。

【欲に目が眩む】 利令智昏；利欲熏心。類金に目が眩む。

【欲の皮が突っ張る】　贪得无厌；贪心不足。類欲が深い。例彼奴は欲の皮が突っ張っていて、俺の物は俺の物、人の物も俺の物だ。那家伙贪得无厌，我的是我的，你的也是我的。

【欲の熊鷹股を裂く】　贪得无厌必遭杀身之祸。

【良く学び良く遊べ】　好好学，好好玩；游戏学习两不误。

【欲も得もない】　顾不得利害得失；什么都顾不上了。例二日徹夜したので欲も得もなく眠りこける。两宿没合眼，什么都顾不上了，陷入沉睡。

【良くも悪くも】　好也罢歹也罢；无论如何。類善かれ悪しかれ。例良くも悪くも生まれ育った環境から影響を受ける。无论好坏，都会受到生长环境的影响。

【欲を言うと】　如果说更高要求的话；要是苛求一点的话。例欲を言うときりがない。要说更高的要求，那是没有止境的。例いい男だが、欲を言うともう少し身長が高ければなあ。他是个不错的男子，要是更高要求一点，就希望个儿再高点。

【欲をかく】　贪心不足；贪得无厌；欲壑难填。類欲が深い。例欲をかくと碌なことがない。贪心不足不会有好结果。

【余計な御世話】　用不着你管；多管闲事；干卿何事。類大きなお世話。

【預言者郷里に容れられず】　（《圣经·新约·路加福音》）没有先知在自己家乡被人悦纳的；杰出的人往往在自己的家乡不被接纳。西New Testament：Can't enter Prophet's hometown.

【横板に雨垂れ】　笨嘴拙舌。

【横紙を破る】　蛮不讲理；蛮横。類横車を押す。

【横車を押す】　蛮不讲理；无理取闹；胡搅蛮缠；捣乱。類横紙を破る；横に車を押す。例権門を笠に着て国政に横車を押す。仰仗权势，对国家大政搅局。

【横綱を張る】　（相扑）当上横纲；取得横纲等级。例大関の地位で二

場所連続優勝すると横綱を張ることができる。大関级的力士连续两个赛季优 胜即可晋升为横纲。

【横手を打つ】 拍案叫绝；拍手表示惊讶。

【横と出る】 居心不良；使坏；玩儿邪的。⟨類⟩意地が悪い。⟨例⟩あの人は気に入らない相手だとすぐ横と出る。他遇到不喜欢的人马上就使坏。

【横に車を押す】 蛮不讲理。⟨類⟩横車を押す。

【横になる】 躺下；横卧；躺。⟨例⟩昼食後ちょっと横になるのはいい習慣だ。午饭后稍微躺一会是好习惯。

【横に寝る】 ❶有借无还。❷私吞；侵占。

【横の物を縦にもしない】 油瓶子倒了也不扶；懒得横草不拈，竖草不动。⟨類⟩縦の物を横にもしない。

【横道に逸れる】 跑题；偏离正题；离开谈话中心。⟨類⟩脇道に逸れる。⟨例⟩彼の話はしょっちゅう横道に逸れるので聞いてて疲れる。他说话经常跑题，听着很累。

【横目を使う】 流盼；侧目而视；飞眼；暗送秋波。⟨例⟩集会場に気になる人がいたので横目を使う。会场有所关注的人便侧目而视。

【横槍を入れる】 从旁插嘴；横加干涉；插一杠子。⟨類⟩口を挟む。

【横を向く】 不理睬；无视；拒绝。⟨類⟩外方を向く。⟨例⟩願い事をしたが横を向かれた。恳求了，但遭到了拒绝。

【良しとする】 算是好；就算不错了。⟨例⟩すれすれでも合格したのだから良しとしよう。勉強合格这就不错了。

【止しにする】 停止；中止。⟨例⟩中傷合戦はこの辺で止しにする。就此停止互相诋毁。

【葦の髄から天井を覗く】 以管窥天；管窥蠡测；坐井观天。⟨類⟩針の穴から天を覗く。

【誼を通じる】 搞好关系；结交；通好；友好往来。例大企業ほど権力者と誼を通じていなければ立ち行かない。尤其是大企业，如果不跟权贵搞好关系就支撑不下去。

【余人を以て代え難い】 无人可以替代；无可替代。

【余勢を駆る】 趁势；乘胜；就势。類勢いに乗る。例価格競争で優位に立っている余勢を駆ってライバル会社のシェアを切り崩す。在价格战中，凭借优势削低竞争对手的市场份额。

【余喘を保つ】 苟延残喘。類命脈を保つ。

【装いを新たにする】 重新装修；打扮的漂漂亮亮；焕然一新。

【装いを凝らす】 精心打扮；焕然一新。例テーマ・パークが装いを凝らしてオープンする。主题公园经过精心装饰后开园。

【余所に聞く】 过耳不留；姑妄听之。

【余所にする】 置之不理；漠不关心；漠然视之。類棚に上げる。例周りの心配を余所にして賭け事に狂う。不顾周围人的担心，疯狂赌博。

【余所に見る】 当作与己无关的事；袖手旁观；漠视。類袖手傍観。

【余所の花はよく見える】 东西总是人家的好；羡慕别人是人之常情。類隣の芝生は青い。

【裄丈も無い】 年幼；幼小。類年端も行かぬ。

【涎が出る】 垂涎三尺；眼热。類唾を引く；生唾を飲み込む；喉が渇く②；喉から手が出る；涎を垂らす。例涎が出るほど欲しいけど金がない。尽管垂涎三尺想得到，但是没有钱。

【涎を垂らす】 垂涎三尺。類涎が出る。例収集家が涎を垂らすような古切手を見つけた。发现了集邮家垂涎已久的老邮票。

【与太を飛ばす】 胡说八道。類口から出任せを言う。例不良どもは仲間内で虚勢

を張って与太を飛ばしたがる。小流氓在圈子内总要虚张声势地胡说八道。

【予断を許さない】 形势不容乐观；形势变幻莫测。⦿景気失速で来年の世界経済は予断を許さない。景气下跌，明年的经济形势不容乐观。

【因って来たる】 缘由；导致……的原因。⦿失敗の因って来たるところを列挙する。列举导致失败的原因。

【因って件の如し】 如上所述；一如上述。⦅類⦆然云う。

【寄って集って】 聚众；一哄而上；群起。⦿群集心理には寄って集って弱者を虐める傾向がある。群体盲动心理有一哄而上欺凌弱者的倾向。

【四つに組む】 双方开始交手；全力以赴；认真对待。⦿優勝候補同士ががっぷり四つに組む。冠亚军争夺者全力以赴地投入比赛。⦿当面する難局と四つに組む。全力以赴认真解决当前困难局面。

【余桃の罪】 余桃之罪；余桃啖君。⦅中⦆战国·韩非《韩非子·说难》："是固尝矫驾吾车，又尝啖我以余桃。"

【世と共】 平素总是。

【世に合う】 生逢其时；切合时宜；时运相济。⦅類⦆時に遇う。

【世に入れられる】得到社会认可；被世人所接受。⦿新たな通信技術が世に入れられる。新的通讯技术被广泛接受。

【世に聞こえる】 闻名于世；举世闻名；闻名；著名。⦅類⦆名に立つ。⦿バッハは世に聞こえたクラシックの作曲家だ。巴赫是闻名于世的古典作曲家。

【世に従う】 随大溜；随波逐流；顺应潮流；与世俯仰。

【世に処する】 处世。⦅類⦆世を渡る。⦿人は経験を積み重ねて世に処する術を学ぶ。人都要积累经验，学习处世的方法。

【世に知らず】 世上罕见；非同一般；举世无双。⦅類⦆類がない。

【世に知られる】 为世人所知；举世闻名。⦅類⦆立身出世。⦿松坂牛は世に知ら

れた和牛のブランドだ。松阪牛是举世闻名的日本肉牛的著名品牌。

【世に立つ】　独立生活；在社会上站稳脚跟；自立。🔄世に出る①。📝政治家として世に立つ。作为政治家立足于社会。

【世に連れる】　与时俱进；随着社会的变化而变；与世推移。

【世に出る】　❶踏入社会；步入社会；问世；自立。🔄世に立つ。📝新卒で世に出たばかりだ。是刚刚踏入社会的应届毕业生。📝新製品が世に出る。新产品问世。❷出名；出道。🔄立身出世。📝彼が指揮者として世に出たのは40歳を過ぎてからだった。他出道当上音乐指挥已经40多岁了。

【世に問う】　问世；公之于众。📝新素材を発明して世に問う。发明新材料并公之于众。

【世に無し】　❶举世无双。🔄類がない。❷得不到社会的认可。❸非阳间之物。

【世に旧る】　❶已无新鲜感；明日黄花。❷结过婚。

【余念がない】　专心致志；埋头；心无旁骛。🔄一意専心。📝朝市に間に合わせるよう農家は野菜の収穫に余念がない。为了赶上早市，农家心无旁骛地采收蔬菜。

【世の常】　世上常有的事；稀松平常。🔄世の習い。

【世の中は相持ち】　互相帮助，社会才能和谐。🔄持ちつ持たれつ。

【世の中は広いようで狭い】　人生何处不相逢；世界似乎很大，其实很小。🔄世間は広いようで狭い。

【世の中は三日見ぬ間に桜かな】　樱花三日即飘零；人间变化无常；世事无常，月盈即缺。🔄三日見ぬ間の桜。

【世の習い】　世上常见的事；普通；平常。🔄世の常。📝栄枯盛衰は世の習いだ。盛衰荣枯是世事的常态。

【夜の目も寝ない】　一夜不合眼；彻夜不眠；昼夜不停。📝病院のナースセンターは夜の目も寝ないで動いている。医院护士站的人彻夜不眠地工作。

【世は情け】 世上要有人情。類人は情。

【世は張り物】 人事交往，必讲排场；世人都要撑门面。類見栄を張る。

【世は回り持ち】 盛衰流转；荣枯无常。類天下は回り持ち。

【呼び声が高い】 呼声很高。例次期頭取の呼び声が高い。下任行长的呼声很高。

【予防線を張る】 设防线；防范于未然；事前加以警惕。例スポークスマンは記者会見で突っ込まれないよう常に予防線を張っている。新闻发言人在记者招待会上总是设好防线，以免被诘问。

【輿望を担う】 身负众望。例彼は輿望を担って国の舵取りとなった。他身负众望，成为国家的舵手。

【読み書き算盤】 读写计算，生活之伴。

【読みが深い】 深谋远虑；看得远；理解深刻；深度解读。類遠謀深慮；深謀遠慮。例読みが深すぎると却って躓くこともある。过分深度解读有时会栽跟头。

【夜道に日は暮れない】 已经晚了，索性不着急；走夜路不怕天黑；悠着点。

【嫁が姑に成る】 神不知鬼不觉，昨日新娘今成婆；日月如梭，媳妇成婆。

【夜目遠目笠の内】 夜里、远处、戴斗笠，倩影绰约；影影绰绰，风姿婉约。

【嫁に杓子を譲る】 婆婆让位给媳妇。

【嫁に行く】 出嫁。類眉を落とす。例白馬に乗った王子様のところへお嫁に行きたい。希望嫁给白马王子。

【世も末】 世道要完；末世。例警官が強盗殺人をするとは世も末だ。警察强抢杀人？世道要完了。

【夜も日も明けない】 不可须臾无也；片刻不离；须臾不离。例ヘビースモーカーでタバコがなければ夜も日も明けない。（我是）烟鬼，烟不可须臾无也。

【由らしむべし、知らしむべからず】 民可使由之, 不可使知之。類民は之に由らしむべし、之を知らしむべからず。中《论语·泰伯》："民可使由之, 不可使知之。"

【寄らば大樹の陰】 大树底下好乘凉；选择靠山, 大款高官。類大所の犬となるとも小家の犬となるな。

【縒りが戻る】 破镜重圆；言归于好。類元の鞘に収まる。例別居していた夫との縒りが戻る。跟分居的丈夫言归于好。

【選りに選る】 ❶再三挑选。❷选来选去 (偏偏选个差的)。類事もあろうに。

【縒りを掛ける】 ❶捻线；搓线。例縒りを掛けて麻縄を作る。上劲儿搓麻绳。❷拿出全副本事；竭尽全力。類腕に縒りを掛ける。

【縒りを戻す】 破镜重圆；言归于好。類元の鞘に収まる。例子供のために縒りを戻したいと思っている。为了孩子, 希望破镜重圆。

【寄ると触ると】 聚到一起就；一到一块儿就。例女の子たちは寄ると触るとファッションの話題でもちきりだ。女孩子一聚到一块就光谈论穿戴。

【寄る年波には勝てない】 年纪不饶人。類年には勝てない；年は争えない。

【夜となく昼となく】 不分昼夜地。類昼夜を分かたず。例コンビニの従業員は夜となく昼となく交代で働いている。便利店的工作人员不分昼夜地轮班工作。

【夜の衣を返す】 反穿睡衣能梦见情人。類衣を返す。

【夜の帳が下りる】 夜幕降临。

【夜の錦】 衣锦夜行。類錦を衣て夜行くが如し。

【夜を昼になす】 日夜兼程；夜以继日。類昼夜を分かたず。

【宜しきを得る】 恰到好处；得当。類過不及ない。例緩急宜しきを得る。轻重缓急, 处理得当。

【齢を重ねる】 上年纪。類年を取る①。例私の母は齢を重ねて今年で80歳になる。我母亲年事已高, 今年80岁了。

722

【弱き者よ、汝の名は女なり】 （英·莎士比亚《哈姆雷特》台词）脆弱啊，你的名字就是“女人”。[西]Shakespeare:Frailty,thy name is a woman；

【弱きを助け強きを挫く】 抑强扶弱；锄强扶弱；济弱锄强。

【弱音を吐く】 说泄气话；叫苦；叫苦不迭；叫苦连天。[類]音を上げる；悲鳴を上げる②。[例]余りの暑さに弱音を吐く。因为气温过高而叫苦。

【弱みに付け込む】 抓住短处；抓住把柄。[類]足下に付け込む；足下を見る。[例]相手の弱みに付け込んで利を得る。抓住对方的弱点来获利。

【弱り目に祟り目】 祸不单行。[類]踏んだり蹴ったり。

【夜を明かす】 彻夜不眠；过夜；通宵。[類]夜を徹する。[例]行方不明者の捜索隊は河川敷で夜を明かした。搜索失踪者的团队在河畔一直找到黎明。

【世を挙げて】 举世；举国上下。[例]世を挙げて我が国最初のオリンピック開催に浮かれる。我国首次召开奥林匹克运动大会，举国上下热情高涨。

【夜を籠む】 夜已深，天未明；尚未黎明。

【世を去る】 去世；逝世。[類]息が絶える。[例]あのお方が世を去ってから久しい。他去世已经很久了。

【世を忍ぶ】 遁世；隐遁。[類]身を隠す②；身を忍ぶ；身を潜める②；世を捨てる①；世を背く①；世を遁れる①。[例]かつては一世を風靡したが、今は世を忍んで静かに暮らしている。虽曾经引领世人于一时的人，而今却悄然隐居。

【世を知る】 通晓人情世故；了解社会的事情。[類]酸いも甘いも嚙み分ける。

【世を捨てる】 ❶遁世；隐居。[類]世を忍ぶ。❷出家。[類]髪を下ろす。[例]世を捨てて弥陀の門を潜る。离开尘俗遁入佛门。

【世を拗ねる】 反社会；玩世不恭。[例]人生の壁に当たって世を拗ねる。人生遭遇挫折就玩世不恭了。

【世を背く】 ❶遁世。[類]世を忍ぶ。❷出家。[類]髪を下ろす。❸辞世；离世。[類]息

が絶える。

【世を尽くす】 走完一生；走到人生的终点。

【夜を徹する】 彻夜；通宵。⟨類⟩夜を明かす。⟨例⟩最近流行の「ジャングル、7日間、250ｋｍ」などの鉄人マラソンレースでは、選手たちは夜を徹して走り続ける。最近流行"丛林7日250公里"铁人马拉松赛，选手们跑通宵。

【世を遁れる】 ❶遁世。⟨類⟩世を忍ぶ。⟨例⟩動乱の世を遁れ深山に逼塞する。逃离乱世隐遁深山。❷出家。⟨類⟩髪を下ろす。⟨例⟩世を遁れ鎌倉東慶寺（尼寺）に入る。脱离尘世在镰仓东庆寺出家为尼。

【世を憚る】 怕与人接触；遁世；隐居。⟨類⟩肩身が狭い。⟨例⟩息子が警察に逮捕され家族は世を憚るようにして暮らす。儿子被抓入警局，家属觉得没脸见人，保持低调生活。

【夜を日に継ぐ】 夜以继日；日以继夜。⟨類⟩昼夜を分かたず。⟨中⟩孟子《离娄下》："周公思兼三王，以施四事。其有不合者，仰而思之，夜以继日。"。

【世を響かす】 声名远播；广为社会所关注。

【世を渡す】（渡す、済すとも） ❶济世；普度众生。❷把家业交给后人。

【世を渡る】 処世；生活；度日。⟨類⟩浮世を立つ；渡世を送る；世に処する。⟨例⟩転職を重ねながら何とか世を渡って来た。多次转行勉强维持生计。

ら

【来年の事を言えば鬼が笑う】 人作千年调，鬼见拍手笑；不知明天，焉知明年。⟨類⟩鬼が笑う。

【楽あれば苦あり】 有乐就有苦；乐极生悲。⟨類⟩楽は苦の種、苦は楽の種。

【烙印を押される】 被贴上（坏人的）标签；被加上洗雪不掉的恶名。⟨例⟩日和見主義者の烙印を押される。被贴上机会主义者的标签。

【落月屋梁の想い】　落月满屋梁；思念至交的心情。⊕唐·杜甫《梦李白》(其一)："落月满屋梁，犹疑照颜色。"

【楽は苦の種、苦は楽の種】　乐极生悲，苦尽甘来。囲一寸延びれば尋延びる；苦あれば楽あり；苦は楽の種；楽あれば苦あり。

【洛陽の紙価を高める】　洛阳纸贵；著作大受欢迎。⊕唐·房玄龄等《晋书·左思传》："司空张华见《三都赋》而叹曰：'班、张之流也。使读之者尽而有余，久而更新。' 于是豪贵之家竞相传写，洛阳为之纸贵。"

【埒が明く】　了结；得到解决；有了结果。囲決まりが付く。囫待っていても一向に埒が明かないので直接出向く。干等也没有结果就直接去。

【埒も無い】　❶乱七八糟；没头没脑；不着边际。囲支離滅裂。囫埒も無いことをほざくな。不许胡吣那些不着边际的话；别说那些没头没脑的事情。❷漫无边际。囲仕様も無い。

【埒を明ける】　解决；了结；处理。囲始末を付ける。

【落花枝に返らず、破鏡再び照らさず】　落花不返枝，破镜不再照；逝者一去不复返；覆水难收。囲覆水盆に返らず。

【落花心あり】　落花有意随流水，流水无情恋落花；落花亦有情。囲鮑の片思い。⊕宋·释惟白《续传灯录·温州龙翔竹庵士珪禅师》："落花有意随流水，流水无心恋落花。"

【落花情あれども流水意無し】　落花有意，流水无情；一厢情愿；剃头挑子一头热。囲鮑の片思い。⊕明·冯梦龙《醒世恒言·卖油郎独占花魁》："谁知朱重是个老实人，又且兰花龌龊丑陋，朱重也看不上眼，以此落花有意，流水无情。"

【海獺の皮】　俯仰由人；逆来顺受。

【臈次も無い】　无序；杂乱无章。囲支離滅裂。

【喇叭を吹く】　吹牛；说大话。囲大風呂敷を広げる。囫御神酒が入ると喇叭を吹

く。一喝酒就说大话。

【乱世の英雄】 乱世英雄。中南朝·宋·刘义庆《世说新语·识鉴》："曹公少时见乔玄。玄谓日：'天下方乱，群雄虎争，拨而理之非君乎？然君实乱世之英雄，治世之奸贼。'"

り

【理解に苦しむ】 百思不解；大惑不解；难以理解。類首を捻る；不可解。例この期に及んで言い逃れをするとは、理解に苦しむ。事到如今，推脱搪塞实在令人无法理解。

【理外の理】 不可思议的道理；玄妙的道理。

【李下に冠を正さず】 李下不整冠。類瓜田李下。中《古乐府·君子行》："君子防未然，不处嫌疑间；瓜田不纳履，李下不正冠。"

【理が非でも】 不管三七二十一；无论如何。類何が何でも。

【理が非になる】 有理变没理；有理却落个没理。

【理屈と膏薬はどこへでも付く】 找借口，到处有。

【理屈を捏ねる】 强词夺理；捏造理由。類屁理屈を捏ねる。例理屈を捏ねて自分を正当化する。强词夺理，硬说自己是正确的。

【理屈を付ける】 强词夺理；编造理由；找借口。類屁理屈を捏ねる。

【陸の孤島】 穷乡僻壤；交通很不方便的地方。類酒屋へ三里、豆腐屋へ二里。

【リスクを取る】 敢于冒风险。例リスクを取らなければハイリターンは期待できない。不敢冒风险就不能指望高回馈。

【律儀者の子沢山】 规矩人孩子多。

【立志伝中の人】 白手起家的人物；励志成功的人。

【立錐の余地もない】 无立锥之地；人密集拥挤不堪；插不进脚。中战国·庄

周《庄子・盗跖》:"今秦失德弃义,侵伐诸侯社稷,尧舜有天下,子孙无置锥之地。"战国・吕不韦《吕氏春秋・为欲》:"夫无欲者……其视有天下也与无立锥之地同……无立锥之地,至贫也。"。🔵人気歌手を一目見ようとホールは立ち見客で立錐の余地もない。都要一睹红歌星,大厅内到处站着人,拥挤得无立锥之地。

【理に当たる】 合乎道理。🔶辻褄が合う。

【理に落ちる】 过分争辩道理;死抠道理;掰理;钻牛角尖。🔵あの作家の小説は理に落ちるきらいがある。那位作家的小说有钻牛角尖的倾向。

【理に勝って非に落ちる】 办法中,行不通;理论上成功,实际上失败。

【理に適う】 合乎道理;适当;合理。🔶辻褄が合う。🔵彼女の提案は理に適っている。她的建议是合理的。

【理に詰まる】 无法反驳;理屈词穷。🔵相手が正論で押してくるので理に詰まる。对方讲的合乎道理,无法反驳。

【利に走る】 唯利是图;只追逐利益。🔶欲と相談。🔵往往にして、利に走ると信用を失うことになる。只顾逐利往往会丧失信用。

【理の当然】 理所当然。🔶あたりきしゃりき車引き;雨の降る日は天気が悪い;犬が西向きゃ尾は東;然もありなん;無理もない。🔵悪いことをしたら罰せられるのは理の当然だ。作了坏事受罚是理所当然的;干了坏事理所当然要受到惩罚。

【理も非もない】 不管是否合乎道理;不管有理没理。

【溜飲が下がる】 郁结全消;心情舒畅了;心里熨帖。🔶気が晴れる。🔵政敵が失脚して溜飲が下がる。政敌倒台,心情舒畅。

【溜飲を下げる】 消除郁结;心情舒畅;心里熨帖。🔶憂さを晴らす;思いを晴らす②;気を晴らす;心を遣る②。🔵仇を討って溜飲を下げる。报了仇,心情舒畅了。

【竜吟ずれば雲起こる】 龙吟则景云生;同类相从;英雄一出,从者如云。

中唐·孔颖达《周易·乾文言》疏："龙是水畜，云是水气，故龙吟则景云出，是云从龙也。"

【流血の惨事】 流血事件；惨案。類血を見る。

【竜虎相搏つ】 龙争虎斗；两强相搏；龙虎相争；龙虎斗。

【竜に翼を得たる如し】 如虎添翼。類鬼に金棒。

【竜の雲を得る如し】 如龙乘云飞天；英雄豪杰得到一展雄风的机会。

【竜の髭を蟻が狙う】 螳臂当车；以卵击石；蚍蜉撼树。類螳螂の斧。

【竜の髭を撫で虎の尾を踏む】 若蹈虎尾；冒险。類危ない橋を渡る。

【柳眉を逆立てる】 柳眉倒竖；美女怒目（而视）。例王妃が柳眉を逆立てる。王妃怒目而视。

【凌雲の志】 凌云之志。中汉·班固《汉书·扬雄传》："往时武帝好神仙，相如上《大人赋》欲以风帝，反缥缥（飘飘）有陵（凌）云之志。"

【良禽は木を択んで棲む】 良禽择木而栖。中元·罗贯中《三国演义·第三回》："布曰：'恨不逢其主耳。'肃笑曰：'良禽择木而栖，贤臣择主而事。见机不早，悔之晚矣。'"

【燎原の火】 燎原之火。

【両虎相闘えば勢い俱に生きず】 两虎共斗，其势不俱生。類両雄並び立たず。中汉·司马迁《史记·蔺相如列传》："强秦之所以不敢加兵于赵者，徒以吾两人在也。今两虎共斗，其势不俱生。"

【良賈は深く藏して虚しきが如し】 良贾深藏若虚；真才实学不需张扬。中汉·司马迁《史记·老子韩非列传》："吾闻之，良贾深藏若虚，君子盛德，容貌若愚。"

【梁上の君子】 ❶梁上君子；小偷。中南朝·宋·范晔《后汉书·陈寔传》："夫人不可以不自勉。不善之人未必本恶，习以性成，遂至于此。梁上君子者是矣！"❷老

【良心の呵責(りょうしんのかしゃく)】 良心的呵责 hēzé；良心的谴责 qiǎnzé。例良心の呵責に耐え兼ねる。受(shòu)不(bu)了(liǎo)良心的呵责。

【梁塵を動かす(りょうじんをうごかす)】 歌动梁尘 gēdòngliángchén；余音绕梁 ràoliáng。中汉·刘向《别录》："汉兴，鲁人虞公善雅乐，发声尽动梁上尘。"

【両端を持す(りょうたんをじす)】 来持两端 láichíliǎngduān；持观望态度；机会主义。中汉·司马迁《史记·郑世家》："晋闻楚之伐郑，发兵救郑。其来持两端，故迟，比至河，楚兵已去。"例勢力拮抗の折、両端を持すとは卑怯なり。两相对峙 duìzhì 之时，其持两端者卑怯 bēiqiè 也。

【両手に花(りょうてにはな)】 ❶左右都有美女。❷鱼与熊掌兼得 xióngzhǎngjiāndé。

【両天秤を掛ける(りょうてんびんをかける)】 脚踏两只船 jiǎotàliǎngzhīchuán；权衡利弊 quánhénglìbì；骑墙 qíqiáng。類二股を掛ける(ふたまたをかける)。例どちらが得か両天秤を掛けて様子を見る。两相权衡，看哪一方有利。

【遼東の豕(りょうとうのいのこ)】 辽东之豕 liáodōngzhīshǐ；少见多怪 shǎojiànduōguài；孤陋寡闻 gūlòuguǎwén，却自鸣得意 quèzìmíngdéyì。中南朝·宋·范晔《后汉书·朱浮传》："伯通自伐，以为功高天下。往时辽东有豕，生子白头，异而献之，行至河东，见群豕皆白，怀惭而还。若以子之功论于朝廷，则为辽东豕也。"

【諒とする(りょうとする)】 谅解 liàngjiě；理解；认同。例先方からの回答を諒とする。认同对方的回答。

【両目が開く(りょうめがあく)】 （相扑 xiāngpū）连败后胜两局。

【良薬は口に苦し(りょうやくはくちににがし)】 良药苦口 liángyàokǔkǒu；忠言逆耳 zhōngyánnìěr。類忠言耳に逆らう(ちゅうげんみみにさからう)。中战国·韩非《韩非子·外储说左上》："夫良药苦于口，而智者劝而饮之，知其入而已疾也。忠言拂于耳，而明主听之，知其可以致功也。"

【両雄並び立たず(りょうゆうならびたたず)】 两雄不俱立 liǎngxióngbùjùlì；一山不容二虎。類両虎相闘えば勢い俱に生きず。中汉·司马迁《史记·郦生陆贾列传》："且两雄不俱立，楚汉久相持不决，百姓骚动，海内摇荡，农夫释耒，工女下机，天下之心未有所定也。"

【両両相俟って(りょうりょうあいまって)】 二者相辅相成 xiāngfǔxiāngchéng。例庭園内の風景と借景(しゃっけい)の塔が両両相

俟って絵のようだ。園内实景和远处借景的塔,二者相辅相成,浑然如画。

【涼を取る】 乘凉。類風を入れる。例風通しのいい所で涼を取る。在通风的地方乘凉。

【旅装を解く】 解下行装。例ホテルにチェックインして旅装を解く。入住宾馆,解下行装（休息）。

【驪竜頷下の珠】 骊龙颔下之珠;骊龙颔下取明珠。類虎穴に入らずんば虎子を得ず。中战国·庄周《庄子·列御寇》:"夫千金之珠,必在九重之渊,而骊龙颔下。"

【離婁の明】 视力极佳;极有眼力。中战国·孟轲《孟子·离娄上》:"孟子曰:'离娄之明,公输子之巧,不以规矩,不能成方员（=圆）。'"

【利を食う】 套利;吃利息;抢帽子。例相場師が利を食うタイミングを窺う。投机商盯着抢帽子的时机。

【理を曲げる】 讲歪理;颠倒是非。類鹿を指して馬となす。

【理を分ける】 有条理地说明;条分缕析。類事を分ける。例なぜそうなるのか、理を分けて言い聞かせる。条分缕析地细说为什么是那样的。

【林間に酒を煖めて紅葉を焼く】 林间暖酒烧红叶;林中饮酒,欣赏秋景。中唐·白居易《送王十八归山寄题仙游寺》:"林间暖酒烧红叶,石上题诗扫绿苔。"

【綸言汗の如し】 纶言如汗;君无戏言。中《礼记·缁衣》:"王言如丝,其出如纶;王言如纶,其出如綍。"唐·柳宗元《代韦中丞贺元和大赦表》:"纶言一降,庶政毕行。"

【臨済の喝、徳山の棒】 临济喝,德山棒;用大喝一声和当头一棒促修行者领悟禅理。

る

【類がない】 无与伦比；举世无双。類此の上ない；又と無い①；富士は磯；物に似ず；世に知らず；世に無し①；天下一品。例地球規模で類がない自然景観や遺跡などが世界遺産に指定される。在全世界无与伦比的自然景观和古迹等被指定为世界遗产。

【涙腺が緩む】 爱流泪；心软。例年を取ると涙腺が緩む。上了年纪就爱流泪。

【類に触る】 投亲靠友；依赖亲友关系。中《易经·系辞》："引而伸之，触类而长之，天下之能事毕矣。"

【類は友を呼ぶ】 物以类聚；同气相求。類牛は牛連れ、馬は馬連れ；馬は馬連れ；同気相求める；目の寄る所へは玉も寄る；類を以て集まる。

【累卵の危うき】 累卵之危；危如累卵。類危うきこと累卵の如し。中汉·司马迁《史记·范雎蔡泽列传》："秦王之国，危于累卵，得臣则安。"

【累を及ぼす】 连累；累及。例アル中から立ち直れず家族に累を及ぼしてしまい詫びる言葉もない。酒精依赖症欲罢不能，累及家人，不知说什么来谢罪。

【塁を摩する】 ❶摩垒；接近敌人营垒。中春秋·左丘明《左传·宣公十二年》："许伯曰：'吾闻致师者，御靡旌，摩垒而还。'"❷（地位·技能）不相上下。類何れ劣らぬ。

【類を以って集まる】 物以类聚。類類は友を呼ぶ。中《易经·系辞》："方以类聚，物以群分。"

【留守を預かる】 负责看家。例海外赴任中、妹夫婦に留守を預かってもらう。在海外任期之间，请妹妹夫负责给看家。

【留守をさせる】 叫人看家；让……看家。

【留守を使う】 佯称不在家；假装家里没人。類居留守を使う。例セール

【坩堝と化す】　全場一片沸騰；掀起兴奋的狂涛。例革命が成り広場は群衆の歓喜の坩堝と化した。革命成功，广场变成群众欢乐的海洋。

【ルビコンを渡る】　箭在弦上；势在必行。類賽は投げられた。

【瑠璃の光も磨きから】　玉不琢不成器，人不学不知道。

【瑠璃も玻璃も照らせば光る】　是金子总会发光；有真才实学，在哪都会得到认可。

れ

【霊験あらたか】　灵验。

【例ならず】　❶异乎寻常；与平素不同。類何時にない。❷妊娠或有病；身体有特殊情况。

【例に無く】　破例；反常。例今日の彼女は例に無く寡黙だ。今天她沉默寡言，很反常。例今年の猛暑日は例に無く多かった。今年的酷暑天气（日最高气温35度以上）多过往年，很反常。

【例に洩れず】（洩れず、漏れずとも）　不例外。類御多分に洩れず。例例に洩れず，我が社も円高に苦しんでいる。本公司也毫不例外地受到日元升值的严重影响。

【例によって】　照例；一如既往；按老规矩。類例によって例の如し。例例によって総会の後で懇親会を開催いたしますので皆さんご参加下さい。按老规矩，大会开完之后举行联谊会，请各位参加。

【例によって例の如し】　一如既往；照例。類例によって。例伝統行事は例によって例の如しだ。传统的仪式一如既往进行。

【礼を失する】　缺乏礼貌；失礼。例人前で礼を失っしないよう服装や言動に気を付ける。注意服装和言行避免在人前失礼。

【レールが敷かれる】 事先作好准备。例首脳会談に向けて事務方によりレールが敷かれる。事务人员为首脑会谈事先作好准备。

【レールを敷く】 dāqiánzhàn 打前站；作好准备。例会社の経営方針については後継者がやりやすいように私がレールを敷いておく。关于公司的经营方针，为接班的后人便于运作，我要先作好准备。

【歴史は繰り返す】 （罗马·库尔提乌斯语）历史会重演。西Curtius Rufus：History repeats itself.

【烈火の如し】 像烈火一样；怒火中烧。類怒り心頭に発する。例舌戦烈火の如し。舌战激烈，犹如烈火。

【レッテルを貼る】 扣帽子；贴上标签。例他人に無責任にレッテルを貼るもんじゃない。不应该不负责任地给别人扣帽子。

【列に入る】 进入行列。例国民一人当たりのＧＤＰが3万ドルを超えると先進国の列に入る。国民人均GDP超过3万美元就进入发达国家的行列。

【連歌と盗人は夜がよい】 连歌与盗窃，皆宜晚上作；写长篇和歌宜在深夜（就像盗贼入室都在深夜一样）。

【連木で腹切る】 绝对不可能；根本办不到。類擂粉木で腹を切る。

【輦轂の下】 辇毂之下；天子脚下。中汉·司马迁《报任少卿书》："仆赖先人绪业，得待罪辇毂下二十余年矣！"

【連城の璧】（璧、壁とも） 价值连城的宝物；稀世珍宝；稀世奇珍。中汉·司马迁《史记·廉颇蔺相如列传》："赵惠文王时，得楚和氏璧。秦昭王闻之，使人遗赵王书，愿以十五城请易璧。"

【連理の枝】 连理枝。類比翼連理。中唐·白居易《长恨歌》："在天愿作比翼鸟，在地愿为连理枝。"

ろ

【労多くして功少なし】 苦劳多，功劳少；事倍功半。類一文にもならない。

【老驥櫪に伏するも志は千里にあり】 老骥伏枥，志在千里；。中汉·曹操《龟虽寿》："老骥伏枥，志在千里；烈士暮年，壮心不已。"

【老骨に鞭打つ】 拼着这把老骨头。

【労して功無し】 劳而无功；费力不讨好。類一文にもならない。中春秋·管仲《管子·形势篇》："与不可，强不能，告不知，谓之劳而无功。"

【老醜を晒す】 老而出丑；老而丢脸。

【蠟燭は身を減らして人を照らす】 蜡烛燃烧自己照亮别人；舍己为人。

【籠鳥雲を恋う】 笼鸟羡云；囚徒渴望自由；望乡。

【老馬の智】 老马之智；老马识途。類老いたる馬は道を忘れず；亀の甲より年の劫；年は薬；松毬より年嵩。中战国·韩非《韩非子·说林上》："管仲、隰朋，从桓公伐孤竹，春往冬反（=返），迷惑失道。管仲曰：'老马之智可用也。'乃放老马而随之，遂得道。"

【老兵は死なず、ただ消え去るのみ】 （美·麦克阿瑟语）老兵不死，离去而已。西MacArthur：Old soldiers never die, they just fade away.

【労を厭う】 嫌辛苦；不愿努力。例あの人は顔は出すが労を厭うのであまり戦力にならない。他来倒是来，可是怕辛苦，不能顶个人用。

【隴を得て蜀を望む】 得陇望蜀。類欲に頂きなし。中南朝·宋·范晔《后汉书·岑彭传》："人苦不知足，既平陇，复望蜀，每一发兵，头须为白。"

【労を多とする】 多赖；功不可没；劳苦功高。類多とする。例支援者の方方の労を多とする。鼎力相助的各位功不可没。

【労を執る】 尽力；效劳；帮忙。例紛争調停の労を執る。尽力调解纠纷。

【ローマは一日にして成(な)らず】（英谚）罗马非朝夕建成；伟业非一日之功。西Rome was not built in a day.

【魯魚の誤(あやま)り】魯魚之缪；魯魚帝虎；汉字形近引起的笔误。中晋·葛洪《抱朴子·遐览》："谚云：'书三写，鱼成鲁，虚成虎。'"

【六十にして耳順(みみしたが)う】六十而耳順。類耳順う年。中《论语「为政」》。

【六十の手習(てなら)い】年届六十，开始学习。類八十の手習い。

【陸に居る】盘腿坐；稳坐；安坐。類座を組む。

【禄を盗(ぬす)む】高薪低能；无功受厚禄。例どの組織にも禄を盗む輩(やから)はいるものだ。哪个组织都有无功受禄的家伙。

【禄を食む】食禄；为官；为君主效力；靠薪金生活。例禄を食む身では主家に逆(さか)らえない。食君俸禄之身，不能违逆主公。

【廬山の真面目】庐山真面目。中宋·苏轼《题西林壁》诗："横看成岭侧成峰，远近高低各不同。不识庐山真面目，只缘身在此山中。"

【路頭に迷(まよ)う】流落街头；生活无着落；无家可归；流离失所。例戦禍で一家が路頭に迷う。由于战争的灾难，一家人流落街头。

【路傍の人】路人；陌路（人）；素不相识的人。類縁もゆかりもない。

【露命を繋ぐ】维持朝不保夕的生命；勉强度日；苟延残喘。類命脈を保つ。例人様から施(ほどこ)しを受けて露命を繋ぐ。仰仗别人的施舍，勉强度日。

【呂律が回(まわ)らない】口齿不清；语音含糊；舌头发硬。類舌が縺(もつ)れる。例酒を過ごして呂律が回らなくなる。酒喝多了，舌头不听使唤了。

【論議を呼ぶ】引起议论。例公人の二重国籍問題が論議を呼ぶ。公职人员的双重国籍问题引起议论。

【論語読みの論語知らず】书呆子；理论脱离实际（的人）；死读书（的人）。

【論陣を張る】展开辩论。例贊成派と反対派がそれぞれ論陣を張る。赞成派和

反対派摆开阵势激烈辩论。

【論ずる物は中から取れ】（取れ、取るとも）　鹬蚌相争，渔翁得利。㊃漁夫の利。

【論に及ばず】　不必议论；无须再论。㊃問答無用。㊀衆知のことは論に及ばず。众所周知的事无需再论。

【論より証拠】　事实胜于雄辩。

【論を俟たない】　自不待言；毫无疑问；毋庸置疑。㊃言うまでもない。㊀彼女が戦後歌謡界の女王であったことは論を俟たない。毫无疑问她是战后流行歌曲（通俗歌曲）的女王。

わ

【矮人の観場】　矮子观场；人云亦云；毫无主见。㊃付和雷同。㊥宋·黎靖德《朱子语类·卷二十七》："如矮子看戏相似，见人道好，他也道好。及至问著他那（=哪）里是好处，元不曾识。"

【若い燕】　大女人的小情夫；年轻的情夫。

【若い時の苦労は買ってもせよ】　宁吃少年苦，不受老来贫；少时吃苦，老来享福。㊃艱難汝を玉にす。

【若い時は二度ない】　青春不再来；年轻只有一次。

【我が意を得たり】　正中下怀；正合我意。㊃思う壺に嵌る。

【若気の過ち】　血气方刚，盲动遭殃；年轻气盛，容易冲动；年轻好胜的过失。

【若気の至り】　年轻气盛；少不更事；少壮派的鲁莽造次。

【我が心石に匪ず、転ず可からず】　我心非石，不可转也；决心不可改变。㊥春秋·佚名《诗经·邶风·柏舟》："我心匪石，不可转也。我心匪席，不可卷也。"

【我が事終わる】 吾事毕矣；应作的事都已作完。中元・脱脱《宋史・文天祥传》："天祥临刑殊从容，谓吏卒曰：'吾事毕矣。'南乡（=向）拜而死。'

【我が事成れり】 我事毕矣；吾事已了；作完自己该做的事。

【我が田へ水を引く】（へ、にとも） 只为自己利益着想；只顾自己。類我田引水。

【我が身可愛さ】 首先要自保；保护自己。例我が身可愛さで責任逃れをする。逃避责任进行自我保护。

【我が身につまされる】 设身处地地表示同情；感同身受。類身につまされる。例他人事とは思えず我が身につまされる。不能认为与己无关，而是感同身受。

【我が身を抓って人の痛さを知れ】 推己及人；将心比心；己所不欲，勿施于人。類己の欲せざるところは人に施すなかれ；身を抓む。

【我がものと思えば軽し笠の雪】 拿自己的东西，再苦不觉苦。

【我が世の春】 自己一生的黄金时代。

【別れを告げる】 告辞；告别。類暇を告げる。例都会に別れを告げて故郷に帰る。告别都市回到故乡。

【脇が甘い】 防守不严；有懈可击。例脇が甘いのですぐ相手に付け込まれる。防守不严，马上就被对方抓住弱点攻击。

【脇道に逸れる】 说话跑题；跑到岔道上。類横道に逸れる。例脇道に逸れないよう掻い摘んで話す。为了不跑题简要地说。

【脇目も振らず】 目不转睛；聚精会神；心无旁骛；专心致志。類一意専心。例脇目も振らずに本業に勤しむ。聚精会神地专注于本职工作。例脇目も振らずに真直ぐ行く。目不斜视地径直前行。

【脇を塞ぐ】 长大成人。類人と成る。

【枠に嵌まる】 老一套；死板；墨守成规。類型に嵌まる。例議会の質疑応答は枠に嵌まっている。议会的答辩是老一套。

【枠を取る】 确保分摊份额。例概算要求で前年度並みの枠を取っておく。预算要确保上年度的份额。

【枠を嵌める】 限制在框框之内。例人間社会は法律で枠を嵌められている。人类社会限制在法律的框架之内。

【訳がある】 有理由；有原因。例これにはちょっとした訳がある。这事有一定的缘由。

【訳が違う】 根本不同；不可同日而语。類比べ物にならない。例今の彼は以前とは訳が違う。现在的他跟往昔不可同日而语。

【訳が無い】 ❶轻而易举；不费吹灰之力。類苦もない。例あの程度の相手なら君にとっては訳が無いよ。那个水平的对手,对你来说是小菜一碟。❷没理由；不合道理。例私は彼に嫌われているので招待される訳が無い。他讨厌我,所以不可能邀请我。

【訳が分かる】 懂道理；明白内容。例何が何だか訳が分からない。丈二和尚,摸不着头脑。

【訳には行かない】 不能。例親戚の冠婚葬祭は出席しない訳には行かない。亲戚的婚丧嫁娶大事小情不能不到场。

【訳は無い】 ➡訳がない

【訳も無い】 ➡訳がない

【山葵が利く】 ❶辛香浓烈；辣根有强烈的刺激味。類さびを利かせる①。例山葵が利いて鼻がつーんとする。辣根太辣,冲鼻子。❷言语泼辣；尖锐。類さびを利かせる②。例山葵が利いた記事をコラムに載せる。把犀利的文章刊登在专栏内。

【山葵を利かせる】 ❶加辣根；用辣根。類さびを利かせる①。例刺身は山葵を利

かせないと美味しくない。生鱼片没有辣根的辛辣就不好吃。❷辛辣；发言一针见血。【類】さびを利かせる②。【例】政治家は山葵を利かせた内容の演説に頭を使う。政治家绞尽脑汁，要使讲演内容能振聋发聩。

【禍も三年置けば用に立つ】 灾难过三年，苦难变经验；祸兮福所倚。【類】禍福は糾える縄の如し。

【禍を転じて福と為す】 转祸为福；逢凶化吉。

【和して同ぜず】 和而不同。【類】君子は和して同ぜず、小人は同じて和せず。【中】《论语·子路》"子曰：'君子和而不同，小人同而不和。'"

【私としたことが】 我这人真是的。【例】私としたことが気が利かず恐縮です。我这个人这么没眼力见ル，真是太惭愧了。

【綿のように疲れる】 累成一滩泥；精疲力竭；骨软筋酥。【類】筋骨を抜かれたよう；疲労困憊。

【渡りが付く】 谈妥；联系上。【類】話が付く。【例】キーパーソンと渡りが付く。和关键人物谈妥（联系上）了。

【渡りに船】 急奔渡口，恰有停舟；天降甘雨；困境遇救星。【例】築60年的自宅をそろそろ新築せねばと思っていたところ、国道拡幅計画に家が掛かる話が持ち上がり渡りに船だ。60年前的老房子得重修，正好国道拓宽计划通过我家，简直是天降甘霖！

【渡りを付ける】 搭上关系；挂上钩；建立联系。【類】橋渡しをする。【例】商売がうまくいくよう関係先に渡りを付ける。和有关方面建立联系，以便买卖顺利进行。

【渡る世間に鬼は無い】 世上总会有好人。【類】地獄にも鬼ばかりではない。

【割って入る】 强行介入；挤进。【例】開発予定地の争奪戦に割って入る。硬挤进开发地面的争夺战中。【例】他人の話に割って入る。硬加入到别人的谈话中来。

【話頭を転じる】 转换话题。

【罠に掛かる】 上圈套；落入陷阱；中圈套。類術中に陥る。例人食い鰐が罠に掛かる。食人鳄落入陷阱。例金銭欲の強い人は金儲けの罠に掛かりやすい。贪财的人容易上发财的圈套。

【罠に掛ける】 下圈套；设陷阱；使……上圈套。類罠を掛ける。例害獣を罠に掛けて駆除する。让害兽落入陷阱，把它除掉。例あくどい手口で投資者を罠に掛ける。用卑劣的手段使投资者上圈套。

【罠に嵌る】 中圈套；落入陷阱。類術中に陥る。例巧妙な罠に嵌る。陷入巧妙的圈套。

【罠を掛ける】 下圈套。類罠に掛ける。

【輪にも葛にも掛からぬ】 软硬不吃；不可救药；滚刀肉。類手に負えない。

【輪に輪を掛ける】 越发严重；更加；进一步夸大。類針ほどのことを棒ほどに言う。例騒動が輪に輪を掛けて広がる。骚乱越来越严重。

【詫びを入れる】 道歉；赔礼。例詫びを入れて許してもらう。赔礼道歉，请求原谅。

【笑いが止まらない】 笑个不停；高兴得不得了。例いいことずくめで笑いが止まらない。好事连连，高兴得不得了。

【笑い事ではない】 不是闹着玩的；不是无所谓的事。例腹が脹って屁が出ないのは当人にとって笑い事ではない、腸閉塞かも知れない。腹胀不排气（放不出屁），对本人来说可不是闹着玩的，也许是肠梗阻。

【笑いを噛み殺す】 忍住笑。例授業中、誰かがおならをしたが皆笑いを噛み殺した。上课的时候有人放个响屁，大家强忍住笑。

【笑いを取る】 逗乐子；搞笑。例滑稽な話術と身振り手振りで笑いを取る。用滑稽的言语和动作搞笑。

【笑う門には福来たる】 福临笑家门；和气致祥；笑门开，幸福来。

【藁が出る】 露馅儿；露马脚；露破绽。⦅類⦆馬脚を露わす。

【草鞋を脱ぐ】 ❶结束旅行。⦅例⦆長旅の草鞋を脱ぐ。结束长途旅行。❷到旅店住下。⦅類⦆宿を取る。⦅例⦆一日10里歩いて最寄りの宿場に草鞋を脱ぐ。一天走10日里（≈39公里），在最近的旅馆落脚。❸（赌徒）落脚；暂时栖身于。⦅例⦆土地の親分のところに草鞋を脱ぐ。栖身于当地的龙头老大。

【草鞋を穿く】 ❶出外旅行。⦅例⦆仲間と一緒に日光詣での草鞋を穿く。和朋友一起去日光旅行。❷（赌徒・流氓）远走他乡。⦅例⦆敵対する一家同士の出入りが終わり、一宿一飯の義理で加勢した渡世人は慣わしで早早に草鞋を穿いた。两家打架结束后，为报滴水之恩，助阵打架的流氓按规矩赶紧逃之夭夭。

【藁苞に国傾く】 贿风可致亡国；贿赂成风，社稷将倾。

【藁苞に黄金】 包子有肉不在褶上；蒲包内藏黄金；褴褛衣衫有内秀。

【藁で束ねても男は男】 男子再穷也是男子汉。

【藁にも縋る】 抓救命稻草。⦅類⦆溺れる者は藁をも掴む。⦅例⦆藁にも縋りたいからと言って占い師に頼るとは愚の骨頂だ。仅仅因为想抓救命稻草就求算命先生，实在是糊涂到家了。

【藁の上から】 从呱呱堕地时起；刚一降生就。⦅例⦆人の性は藁の上から変わらない。人的天性从出生就注定不变。

【藁を焚く】 ❶煽动；拱火儿；唆使。⦅類⦆油を注ぐ。❷诬告；中伤。⦅類⦆唇を返す。❸挑毛病压价；褒贬。

【割がいい】 划得来；划算；合算。⦅類⦆採算が取れる。⦅例⦆深夜のバイトは割がいい。打夜间工比较合算。

【割が利く】 用量少，效果好。⦅例⦆濃縮ソースは割りが利いて経済的だ。浓缩沙司用一点就足够了，很划算。

【割が悪い】 划不来；不合算；不划算。類損がいく。例この条件では割が悪い。这个条件不划算。

【割に合う】 上算；合算；划得来。類採算が取れる。例割に合うアルバイトが見つかった。找到了合算的打工的工作。例割に合わない任務を仰せつかった。分派给我不合算的任务。

【割を入れる】 ❶设立调停人；设立调解员。❷缝入布条加宽幅度。

【割を食う】 吃亏；不上算；划不来。類損がいく。例頭の回転が鈍いのでいつも割を食っている。脑子转得慢，总吃亏。

【悪いことは言わない】 真的，不骗你；说实在的；你最好……。例悪いことは言わないから、あのプレイボーイと付き合うのはよした方がいいよ。说实在的，你最好别再跟那个花花公子来往了。

【悪い酒】 酒后爱闹；爱撒酒疯。例あの客は悪い酒で有名で、飲食店街のブラックリストに入っている。那位客人撒酒疯出了名，已经上了餐饮一条街的黑名单。

【悪い虫】 （纠缠姑娘的）坏小子；品质恶劣的情夫。例年頃の娘さんは近寄って来る悪い虫に気を付けなければ。大姑娘必须警惕靠近来的坏小子。

【悪いようにはしない】 为君之计；我不会坑你的。例悪いようにはしないから今度の仕事は私に譲ってくれないか？我不会坑你的，这次的工作让给我吧。

【悪気を回す】 胡乱猜疑。例俺は何もしちゃいない、変に悪気を回さないでくれ。我啥也没干，你别胡乱猜疑！

【悪くすると】 搞不好；(预想结果不好)说不定。例不祥事を起こして、悪くすると退学処分だ。弄出不名誉的事，搞不好会被开除学籍。

【我劣らじと】 争先恐后地；不甘人后。類我も我もと。例我劣らじと生徒会会長選挙に打って出る。不甘人后参选学生会长。

【我思う、故に我あり】 （法·笛卡尔语）我思，故我在。西Descartes：Cogito,

ergo sum.

【我か人か】 是我还是别人；茫然自失。類茫然自失。

【我関せず】 与我无关；事不关己。類知った事でない。

【我関せず焉】 ➡我関せず

【我こそは】 看我的；舍我其谁；认为自己行。例我こそはと、選挙に名乗りを上げる。当仁不让地表明参选。

【我と思わん者】 自以为是者；有绝对自信的人；认为自己绝对行的。例我と思わん者は俺に掛かって来い。有种的过来跟老子较量较量！（谁敢惹老子！）

【我とはなしに】 尽管与自己身世不同；感同身受；不由得；不由自主。類思わず知らず。

【割れ鍋に綴じ蓋】 瘸驴配破磨；不是一家人，不进一家门；结亲要门当户对。類似たもの夫婦。

【我に返る】 醒悟过来；神志清醒过来。類息を吹き返す①；気が付く③。例熱狂が去り我に返る。狂热过后回归清醒。例交通事故に遭い、我に返ったのは病院のＩＣＵだった。遭遇交通事故，清醒过来的时候已在医院的ICU了。

【我にもあらず】 不由得；不知不觉地。類思わず知らず。

【我にも無く】 不由得；不知不觉地。類思わず知らず。例我にも無く赤面してしまった。不由得脸红了。

【我も我もと】 争先恐后地。類我劣らじと。例呼びかけに応じ我も我もと押しかける。争先恐后地来应招。

【我を忘れる】 ❶着迷。類現を抜かす。❷发呆；出神；茫然自失。類茫然自失。

【わわしい女は夫を食う】 家有碎嘴婆，男人没法活；老婆嘴碎，丈夫遭罪。

【輪を描く】 画圈。例鳶が空にくるりと輪を描く。鹞子在空中盘旋。

【輪を掛ける】 更胜一筹；添枝加叶；更加。類針ほどの事を棒ほどに言う。例娘は母親に輪を掛けた電話魔だ。女儿比妈妈还好打电话。

【和を講ずる】 讲和；和谈。例冷戦が終わり多国間で和を講ずる機運が盛り上がる。冷战结束，多国间和谈的趋势大增。

【輪を作る】 形成环形；作圆形。例先生を中心に生徒が輪を作って芝生の上に座る。同学们以老师为中心，围成一个圈坐在草地上。

【和を以て貴しとなす】 （相传圣德太子于604年制定的17条为官准则中第一条）以和为贵。

【ワンクッション置く】 缓冲一下。例この問題はちょっと厄介だから直接手を出すよりはワンクッション置いた方がいい。这个问题比较麻烦，与其直接插手，不如缓冲一下为好。

精選 日中漢字熟語集

精选 日汉汉字语汇集

あ 行

【合縁奇縁】あいえん-きえん
（愛縁機縁・相縁機縁とも）
相合相悖皆由天定；意外之缘；天作之合。類缘は異なもの味なもの。

【愛嬌者】あいきょう-もの（嬌、敬とも）
讨人喜欢的人（或宠物）。

【合言葉】あい-ことば
❶口令；黑话；暗语。❷口号。

【相手方】あいて-かた
对方；对手；诉讼的对方。

【相弟子】あい-でし
同门师兄弟。類兄弟弟子。

【相手次第】あいで-しだい
视对方而定；看对方（态度）如何；视对方态度而定。

【愛別離苦】あいべつ-りく
（佛教）爱别离苦。中唐・玄奘译《瑜伽师地论・61》："云何爱别离苦？当知此苦，亦由五相。"

【相部屋】あい-べや
与别人同住一个房间；同宿舍；合住一室。

【曖昧模糊】あいまい-もこ
模棱两可；含糊其辞；依违两可。

【青息吐息】あおいき-といき
长吁短叹；唉声叹气（的样子）。

【青海原】あお-うなばら
沧海；碧海；海洋。

【青写真】あお-じゃしん
蓝图。

【青信号】あお-しんごう
绿灯。

【青天井】あお-てんじょう
❶露天；蓝天。❷（股市）持续攀升；向上飞涨。

【青二才】あお-にさい
乳臭未干的毛孩子；黄口孺子；黄口小儿。類嘴が黄色い

【青瓢箪】あお-びょうたん
面黄肌瘦的人；脸色苍白没有生气的人。

【赤信号】あか-しんごう
红灯；危险・禁止的标志。

【赤提灯】あか-ちょうちん
红灯笼；挂红灯笼的小酒馆；大众酒家。類縄暖簾②。

【悪衣悪食】あくい-あくじき
恶衣恶食；贫寒的生活。中论语《里仁》："士志于道而耻恶衣恶食者，未足与议也。"

【悪因悪果】あくいん-あっか
恶因有恶报；恶有恶报。類因果応報。

【悪逆無道】あくぎゃく-むどう
（むどう、ぶどう・ぶとうとも）
暴虐无道；大逆不道。類極悪非道。

【悪趣味】あく-しゅみ	❶低级趣味；下流的爱好。❷令人生厌的言行。
【悪戦苦闘】あくせん-くとう	苦战恶斗；艰苦奋斗；艰苦卓绝。
【悪太郎】あく-たろう	坏小子；淘气包子；调皮鬼。[類]悪戯小僧。
【悪平等】あく-びょうどう	平均主义；一刀切；表面平等，实际不公。
【浅知恵】あさ-ぢえ	肤浅的见识；浅薄的见识；知识浅薄。
【朝寝坊】あさ-ねぼう	早晨睡懒觉（的人）。
【朝風呂丹前長火鉢】あさぶろたんぜんながひばち	闲适惬意的生活；悠闲的生活。
【朝飯前】あさめし-まえ	轻而易举；易如反掌；不费吹灰之力。[類]苦もない。
【明日明後日】あす-あさって	明后天；近日（将）。
【値千金】あたい-せんきん	价值千金。[中]宋・苏轼《春宵》："春宵一刻值千金，花有清香月有阴。"
【彼方此方】あち-こち	这儿那儿；到处；各处。[類]至る所。
【厚化粧】あつ-げしょう	浓妆艳抹；搽脂抹粉。
【悪口雑言】あっこう-ぞうごん	破口大骂；恶骂；谩骂；辱骂。[類]罵詈雑言。
【後始末】あと-しまつ	善后处理；收拾；拾掇。
【後処理】あと-しょり	后期处理；收尾工作。
【後知恵】あと-ぢえ	事后诸葛亮；事后聪明。[類]下種の後知恵。
【貴方方】あなた-がた	你们。
【姉御肌】あねご-はだ	女当家的派头；女头领的派头；女掌柜的气质。
【阿鼻叫喚】あび-きょうかん	❶阿鼻地狱和叫唤地狱。❷（阿鼻地狱的）凄惨的呻吟；痛苦的哀鸣。
【阿片窟】あへん-くつ	大烟馆；秘密鸦片烟馆。
【阿保陀羅】あほん-だら	大傻瓜；大傻帽。
【雨支度】あま-じたく	出门时准备雨具。
【天邪鬼】あま-の-じゃく	性情乖戾（的人）；矫情；性情怪癖。[類]旋毛を曲げる。

【蛙鳴蝉噪】	あめい-せんそう	蛙鸣蝉噪；拙劣的议论，聒噪。中唐・李大师《南史・孔珪传》："门庭之内，草莱不翦，中有蛙鸣。"宋・苏轼《出都来陈所乘船上有题》："蛙鸣青草泊，蝉噪垂杨浦。"明・顾大典《青衫记・裴兴私叹》："蛙鸣蝉噪，魂绕神劳。"
【阿諛追従】	あゆ-ついしょう	阿谀奉承；溜须拍马。類胡麻を擂る。
【荒仕事】	あら-しごと	❶粗活ル；重活ル。類力仕事。❷杀人越货；强盗行径。
【荒武者】	あら-むしゃ	赳赳武夫；一介武夫。
【荒療治】	あら-りょうじ	❶粗暴治疗；动手术。❷大刀阔斧（推进改革）；大杀大砍。類大鉈を振るう。
【蟻地獄】	あり-じごく	❶蚁狮。❷蚁狮所设的捕蚁穴。❸陷阱。
【暗暗裏】	あんあん-り	暗中；背地里。類秘密裏。
【暗黒時代】	あんこく-じだい	黑暗时代；黑暗的中世纪。
【暗唱番号】	あんしょう-ばんごう	密码。
【安心立命】	あんじん-りゅうめい（あんじん-りゅうみょう、あんしん-りつめいとも。心、身とも）	安心立命；安身立命。中宋・释道原《景德传灯录・10》："僧问：'学人不据地时如何？'师云：'汝向什么处安身立命？'"
【安全圈】	あんぜん-けん	安全范围内。
【安全第一】	あんぜん-だいいち	（西谚）安全第一。西Safety first.
【安全牌】	あんぜん-ぱい	❶（麻将）安全牌。❷无害的人；稳妥的。
【暗中飛躍】	あんちゅう-ひやく	暗中策动；地下活动。類裏へ回る。
【暗中摸索】	あんちゅう-もさく	暗中摸索。中唐・刘𫗧《隋唐嘉话》："许敬宗性轻傲，见人多忘之。或谓其不聪，曰：'卿自难记，若遇何、刘、沈、谢，暗中摸索着亦可识之。'"
【安寧秩序】	あんねい-ちつじょ	安定团结；国泰民安。
【安本丹】	あんぽん-たん	糊涂虫；傻瓜；笨蛋。類唐変木。
【安楽死】	あんらく-し	安楽死。
【唯唯諾諾】	いい-だくだく	唯唯诺诺；唯命是从。中战国・韩非《韩非子・八奸》："此人主未命而唯唯，未使而诺诺，先意承旨，观貌察色以先主心者也。"
【毬栗頭】	いがぐり-あたま	毛栗子头；毛寸。

【如何様】いか-さま	假的；欺骗；骗人。
【如何様師】いかさま-し	骗子手；奸商。類詐欺師。
【遺家族】い-かぞく	遗属。
【如何程】いか-ほど	❶（疑问词）几何；（疑问词）多少。❷何等；多么。
【如何物】いか-もの	❶稀奇古怪之物；非常之物。類下手物②。❷赝品；假货。
【遺憾千万】いかん-せんばん	万分遗憾。類遺憾にたえない。
【衣冠束帯】いかん-そくたい	（公卿）正装；（公卿）礼服。
【意気軒昂】いき-けんこう	气宇轩昂；意气昂扬。類意気が揚がる；意気に燃える；気合が入る。
【意気地】いき-じ	志气；骨气；意气。
【意気消沈】いき-しょうちん	意气消沉；情绪低落。類気が滅入る。
【意気衝天】いき-しょうてん	气势冲天；意气风发。類意気天を衝く。
【意気阻喪】いき-そそう	沮丧；灰心丧气。類気が滅入る。
【意気投合】いき-とうごう	意气相投；合得来。類気が合う。中明·袁宏道《与梅客生书》："家弟自云中归，极口称梅开府才略盖世，识见绝伦，且意气投合，不减庞道玄之遇于节使也。"
【意気揚揚】いき-ようよう	意气扬扬；得意扬扬。類得意満面。中汉·司马迁《史记·管晏列传》："拥大盖，策驷马，意气扬扬，甚自得也。"
【幾星霜】いく-せいそう	几经寒暑；数年；若干年。中张九龄《曲江集3·与弟游家园》："星霜屡尔别，兰麝为谁幽？"
【異口同音】いく-どうおん	异口同声；众口一词。類一口に出ずるが如し；口を揃える；声を揃える。中南朝·梁·沈约《宋书·庾炳之传》："伏复深思，只有愚滞，今之事迹，异口同音，便是彰著，政未测得物之数耳。"
【異国情緒】いこく-じょうちょ（緒、調とも）	异国情调；外国情趣。
【居心地】い-ごこち	舒适感；舒适度；心情。
【依怙地】いこ-じ	执拗；无谓的固执；别扭。類片意地。

【意識不明】いしき-ふめい	昏迷不醒。類気を失う。
【異次元】い-じげん	不同的境界；完全不同的立场观点方法；完全不同的空间；异次元。
【異字同訓】いじ-どうくん	异字同义，训读同音；异字同义。
【意志薄弱】いし-はくじゃく	意志薄弱 bóruò。
【意思表示】いし-ひょうじ	表达意见；表达想法。
【石部金吉金兜】いしべきんきちかなかぶと	老八板儿；过分古板的人；老顽固；不会通融 tōngróng 的人。類生真面目 kimajime。
【衣装道楽】いしょう-どうらく	讲究穿着 chuānzhuó；以讲究穿衣为乐。類着道楽 kidōraku。
【偉丈夫】い-じょうふ	身材魁伟 kuíwěi 的男子；人高马大 réngāomǎdà；大块头儿。類大兵肥満 daihyō himan。
【衣食住】い-しょく-じゅう	衣食住；吃穿住；日常生活（条件）。
【医食同源】いしょく-どうげん	药食同源。
【意地悪】いじ-わる	心眼儿坏；心术不正 xīnshùbúzhèng；使坏。類意地が悪い。
【以心伝心】いしん-でんしん	❶以心传心 yǐxīnchuánxīn。類心を以て心に伝う。中唐・慧能《六祖坛经・行由品》："法以心传心，当令自悟。"❷心领神会 xīnlíngshénhuì；心心相印 xīnxīnxiāngyìn。
【居丈高】いたけ-だか（いたけ、いだけとも）	盛气凌人 shèngqìlíngrén；气势汹汹 qìshìxiōngxiōng；其势汹汹。類喧嘩腰 kenkagoshi。
【悪戯小僧】いたずら-こぞう	坏小子；淘气包子 táoqì；调皮鬼 tiáopíguǐ。類悪太郎 akutarō。
【悪戯半分】いたずら-はんぶん	半开玩笑。類面白半分 omoshiro hanbun。
【韋駄天】いだ-てん	❶（佛教）fójiào 韦陀 wéituó；❷跑得快的人；飞毛腿。
【異端視】いたん-し	视为异端；视为异己分子 yìjǐfènzǐ。
【異端児】いたん-じ	特立独行者；异己分子；异类；主流外的人。
【異端邪説】いたん-じゃせつ	异端邪说 yìduānxiéshuō。中苏轼《苏东坡集・后集10・拟进士对御试策》："臣不意异端邪说，惑误陛下，至于如此。"

【一意専心】いちい-せんしん
yīxīnyīyì zhuānxīnzhìzhì wéijīngwéiyī
一心一意；专心致志；惟精惟一。
類一心不乱；意を致す①；面も振らず；心を入れる；事とする；馬車馬②；馬車馬のよう；身が入る；身を入れる；無二無三②；専らにする①；余念が無い；脇目も振らず。中春秋・管仲《管子・内业》："四体既正，血气既静，一意搏（=专）心，耳目不淫，虽远若近。"

【一衣帯水】いちい-たいすい
yīyīdàishuǐ
一衣带水。中唐・李大师等《南史・陈纪下》："隋文帝谓仆射高颎曰：'我为百姓父母，岂可限一衣带水不拯之乎？'"

【一芸一能】いちげい-いちのう
一技一能。

【一見客】いちげん-きゃく
初次光顾的客人；初访的嫖客；陌生的客人。

【一言居士】いちげん-こじ
遇事总要发表己见的人；事事都要插嘴。

【一見識】いち-けんしき
卓见；颇有价值的见解。

【一期一会】いちご-いちえ
一生只遇一次；一生只有一次的际遇。

【一言一句】いちごん-いっく
❶一字一句。類一字一句。❷只言片语。類片言只句。

【一言半句】いちごん-はんく
yīyánbànjù zhīyánpiànyǔ
一言半句；只言片语。類片言只句。中宋・朱熹《朱子语类・11》："近来学者有一种则舍去册子，却欲于一言半句上便要见道理。"

【一字一句】いちじ-いっく
yīzìyījù
一字一句。類一言一句①。中宋・尤袤《全唐诗话・王维》："维诗……一字一句，皆出常境。"

【一時金】いちじ-きん
❶一次性支付。❷奖金。

【一字千金】いちじ-せんきん
yīzìqiānjīn
一字千金。中汉・司马迁《史记・吕不韦列传》："布咸阳市门，悬千金其上，延诸侯游士宾客有能增损一字者，予千金。"

【一日三秋】いちじつ-さんしゅう
yīrìsānqiū
一日三秋；一日不见如隔三秋。類一日千秋。中《诗经・王风・采葛》"彼采萧兮，一日不见，如三秋兮！彼采艾兮，一日不见，如三岁兮！"

【一日千秋】いちじつ-せんしゅう
一日三秋；一日不见如隔三秋。類一日三秋。

【一字褒貶】いちじ-ほうへん
yīzìbāobiǎn
一字褒贬。中晋・杜预《春秋序》；"《春秋》虽以一字为褒贬，然皆须数句以成言。"

【一汁一菜】いちじゅう-いっさい
一汤一菜；粗茶淡饭 cūchádànfàn；箪食瓢饮 dānsìpiáoyǐn；简单的饭菜。

【一人物】いち-じんぶつ
一个不可小觑 xiǎoqù 的人物；了不起 liǎobùqǐ 的人。

【一膳飯】いちぜん-めし
❶献于逝者 shìzhě 的饭；给逝者上供的饭。❷一碗饭；一碗盖浇饭 gàijiāofàn。

【一族郎党】いちぞく-ろうとう（ろうとう、旧読ろうどう）
一家老小和家丁；满门家眷 jiājuàn 和童仆 tóngpú。

【一大事】いち-だいじ
一件大事；一个大事件。

【一日一善】いちにち-いちぜん
一天作一件好事。

【一人前】いちにん-まえ（いちにん、ひとりとも）
❶一人份儿。❷成年人；够格的人；顶一个人（作事）。類一丁前。

【一念発起】いちねん-ほっき
决心完成谋 móushì 事；立志皈依佛门 guīyīfómén。

【一罰百戒】いちばつ-ひゃっかい
杀一儆百 shājīngbǎi；惩一儆百 chéngyījǐngbǎi；杀鸡吓猴 shājīxiàhóu；以一儆百 yǐyījǐngbǎi。

【一番手】いちばん-て
❶先锋 xiānfēng；先头部队。❷带头人。類牵引车 qiānyǐnchē ②。❸最有希望获胜者。

【一番弟子】いちばん-でし
大弟子；得意门生 déyìménshēng；高足。

【一姫二太郎】いちひめ にたろう
头生女孩二生男孩最理想。

【一病息災】いちびょう-そくさい
有慢性病者更注意健康；有痼疾 gùjí 则无他病。

【一分一厘】いちぶ-いちりん
丝毫 sīháo；分毫；一分一毫；一丝一毫 yīsīyīháo。

【一部始終】いちぶ-しじゅう
一五一十 yīwǔyīshí；全部经过；源源本本 yuányuánběnběn。類一から十まで。

【一富士二鷹三茄子】いちふじ にたか さんなすび
（日俗）新年作的好梦依次为富士山 fùshìshān、鹰 yīng、茄子 qiézi。

【一部分】いち-ぶぶん
一部分。

【一望千里】いちぼう-せんり
一望无际 yīwàngwújì。

【一木一草】いちぼく-いっそう
一草一木 yīcǎoyīmù。

【一枚岩】いちまい-いわ
铁板一块 tiěbǎnyīkuài；坚如磐石 jiānrúpánshí。

【一枚看板】いちまい-かんばん
❶主要演员；台柱子。類立役者 tateyakusha ①。❷大招牌 zhāopái。

【一味同心】いちみ-どうしん
勠力同心 lùlìtóngxīn；同心协力 tóngxīnxiélì。類心 こころ を一 いつ にする。

【一味徒党】いちみ-ととう	同伙；同党。
【一面識】いち-めんしき	一面之识；一面之交；半面之识。中《元・脱脱等宋史・范纯仁传》："范纯仁，得一面识足矣。"
【一網打尽】いちもう-だじん	一网打尽。中宋・魏泰《东轩笔录》卷四："刘待制元瑜既弹苏舜钦，而连坐者甚众，同时俊彦，为之一空。刘见宰相曰：'聊为相公一网打尽。'"
【一目散】いちもく-さん	一溜烟地；飞快地跑。
【一目十行】いちもく-じゅうぎょう	一目十行。中宋・刘克庄《杂纪六言五首》："五更三点待漏；一目十行读书。"
【一目瞭然】いちもく-りょうぜん	一目了然；一览无余；一望而知。中宋・朱熹《朱子语类・137》："见得道理透后，从高视下，一目瞭然。"
【一問一答】いちもん-いっとう	一问一答。
【一文字】いち-もんじ	笔直；一条直线。類一直線。
【一陽来復】いちよう-らいふく	❶冬尽春来。❷一阳来复；一阳复始。中宋・王安石《回贺冬启・2》："伏以四序密移，一阳来复，气验管之应，官书云物之占。"
【一利一害】いちり-いちがい	一利一弊；一得一失；有利有弊；利害参半。類一得一失。
【一里塚】いちり-づか	里程碑。類里程標。
【一両日】いちりょう-じつ	一两天；今明两天。
【一蓮托生】いちれん-たくしょう	休戚与共；休戚相关；同甘共苦；同生共死；生死相依。類運命共同体。
【一六勝負】いちろく-しょうぶ	❶赌博；掷色子。類勝負事②。❷放手一搏；冒险赌一把。類一か八か。
【一路平安】いちろ-へいあん	一路平安。中明・冯梦龙《古今小说・19》："一路平安，行了一月有余，来到旧日泊船之处。"
【一攫千金】いっかく-せんきん（攫、獲とも）	一举获千金；一下子发大财；一本万利。
【一家言】いっか-げん	一家(之)言；独到之见；独树一帜的主张。中三国・曹丕《典论・论文》："融等已逝，唯幹著〈论〉，成一家言。"

【一家眷属】いっか-けんぞく（属、族とも）　一家 眷属；整个家族；所有有关人员；一门。中清・康有为《广艺舟双楫・本汉》："《孔宙》、《曹全》是一家眷属，皆以风神逸宕胜。"一家眷属；整个家族；一门。清・康有为《广艺舟双楫・本汉》："《孔宙》、《曹全》是一家眷属，皆以风神逸宕胜。"

【一過性】いっか-せい　一过性；一时性；一次性；短暂性。

【一家相伝】いっか-そうでん　祖传；家传；家学。類先祖伝来。

【一家団欒】いっか-だんらん　一家团圆；全家团聚。

【一喜一憂】いっき-いちゆう　一喜一忧；喜忧交互而至。

【一気呵成】いっき-かせい　一气呵成。中明・胡应麟《诗薮・内篇・五》："若'风急天高'，则一篇之中句句皆律，一句之中字字皆律，而实一意贯穿，一气呵成。"

【一騎当千】いっき-とうせん　一骑当千；万人敌；万夫不当；技艺超群。類万夫不当。

【一球入魂】いっきゅう-にゅうこん　全神贯注；倾尽全力投球。類気を詰める。

【一虚一実】いっきょ-いちじつ　虚实难测；虚虚实实。

【一挙一動】いっきょ-いちどう　一举一动。類一举手一投足①。中宋・佚名《大宋宣和遗事》："所上表章，数朕失德，此章一出，中外咸知。一举一动，天子不得自由矣！"

【一挙手一投足】いっきょしゅ-いっとうそく　❶一举手一投足；举手投足；一举一动。類一举一动。❷举手之劳；吹灰之力。中唐・韩愈《应科目时与人书》："如有力者，哀其穷而运转之，盖一举手一投足之劳也。"

【一挙両得】いっきょ-りょうとく　一举两得；一箭双雕；一石二鸟。類一石二鳥。中汉・班固等《东观汉记・耿弇传》："吾深临淄，即西安孤，必覆亡矣。所谓举而两得也。"

【一軒家】いっけん-や　❶孤立的房屋；孤宅。❷独门独户；独门独院。

【一件落着】いっけん-らくちゃく　解决一个案件；了结一个案子。

【一国一城】いっこく-いちじょう　一个诸侯国一个城堡。

【一刻千金】いっこく-せんきん　一刻值千金。類春宵一刻值千金。中宋・苏轼《春宵》："春宵一刻值千金，花有清香月有阴。"

【一刻者】いっこく-もの　❶顽固的人；固执的人。類一徹者。❷易怒的人。

【一個人】いっ-こじん	个人；私人；一员。
【一切合財】いっさい-がっさい	全部；一切；所有。類一から十まで。
【一子相伝】いっし-そうでん	秘诀只传授给一个儿子。
【一視同仁】いっし-どうじん	一视同仁。類同一视①。中唐・韩愈《原人》："是故圣人一视而同仁，笃近而举远。"
【一瀉千里】いっしゃ-せんり	一泻千里。中宋・陈亮《戊申再上孝宗皇帝书》："长江大河，一泻千里，不足多怪也。"
【一宿一飯】いっしゅく-いっぱん	一宿一饭之恩；住一宿吃一顿饭。
【一生涯】いっ-しょうがい	毕生；平生；一辈子。
【一生懸命】いっしょう-けんめい	拼命；尽力；努力地。類命を懸ける；命を的に縣ける；体を張る；首を賭ける；死力を尽くす；死を賭す；身命を賭する；大車輪②。
【一触即発】いっしょく-そくはつ	一触即发。中民国・梁启超《论中国学术思想变迁之大势》第三章第一节："积数千年民族之精髓，递相遗传，递相扩充，其机固有磅礴郁积，一触即发之势。"
【一所不住】いっしょ-ふじゅう	云游；住处不定；居无定所。類錫を飛ばす。
【一進一退】いっしん-いったい	一进一退；忽好忽坏；时好时坏。中战国・荀况《荀子・修身》："一进一退，一左一右，六骥不致。"
【一身上】いっしん-じょう	有关个人的事；个人情况；个人原因。
【一心同体】いっしん-どうたい	同心同德；一条心；一个心眼ル。類心を一にする。
【一心不乱】いっしん-ふらん	一心不乱；专心致志；全神贯注；聚精会神。類一意専心。中晋・后秦・鸠摩罗什译《阿弥陀经》："若有善男子⋯⋯若七日，一心不乱。⋯⋯心不颠倒，即得往生阿弥陀佛极乐国土。"
【一寸法師】いっすん-ぼうし	❶一寸法师。❷（童话故事）英雄小矮人。
【一世一代】いっせ-いちだい	❶一生只有一次。類一世一度。❷最成功的告别演出。
【一世一度】いっせ-いちど	一生只有一次；绝无仅有。類一世一代①；又と無い②。
【一石二鳥】いっせき-にちょう	一箭双雕；一举两得；（西谚）一石二鸟。西To kill two birds with one stone. 類一挙両得。

【一殺多生】いっせつ-たしょう
（佛教）一杀多生。中北凉・昙无谶《大涅槃经》："仙豫王杀害世恶婆罗门，以其因缘却不堕地狱。……报恩经文以明一杀多生之因缘。"

【一線級】いっせん-きゅう
第一线的；主力；活跃在赛场的。

【一体全体】いったい-ぜんたい
到底；究竟。

【一致団結】いっち-だんけつ
团结一致。類打って一丸となる。

【一知半解】いっち-はんかい
一知半解。類生兵法；半可通。中宋・严羽《沧浪诗话・诗辨》："悟有浅深，有分限，有透彻之悟，有但得一知半解之悟。"宋・张栻《寄周子充尚书》："若学者以想象臆度，或一知半解为知道，而日知之则无不能行，是妄而已。"

【一昼夜】いっ-ちゅうや
一昼夜。

【一朝一夕】いっちょう-いっせき
一朝一夕。中《周易・坤・文言》："臣弑其君，子弑其父，非一朝一夕之故，其所由来者渐矣。"

【一長一短】いっちょう-いったん
❶一长一短。❷有长有短。

【一丁前】いっちょう-まえ
一份儿；成年人；顶一个人（作事）。類一人前。

【一朝有事】いっちょう-ゆうじ
一旦有事；一朝有事。類いざ鎌倉。

【一張羅】いっちょう-ら
唯一的一件好衣服。

【一直線】いっ-ちょくせん
一条线；一直地；笔直地。類一文字；真一文字①。

【一丁字】いっ-ていじ
一个字。中五代・后晋・刘昫《旧唐书・张弘靖传》："雍等诟责吏卒，多以反房名之，谓军士曰：'今天下无事，汝辈挽得两石力弓，不如识一丁字。'"

【一擲千金】いってき-せんきん
一掷千金。中唐・吴象之《少年行》："一掷千金浑是胆，家无四壁不知贫。"

【一徹者】いってつ-もの
老顽固；一条道跑到黑的人；顽固不化的人。類一刻者①。

【一手販売】いって-はんばい
包销；垄断经营；独家营销。

【一点一画】いってん-いっかく
一点一画；一笔一画。中唐・白居易《三谣・素屏谣》："吾不令加一点一画于其上，欲尔保真而全白。"

【一等地】いっとう-ち
黄金地带；最佳地段；都市内最好的街区。

【一刀両断】
いっとう-りょうだん

【一得一失】
いっとく-いっしつ

【何時何時】いつ-なんどき
【一杯一杯】
いっぱい-いっぱい
【一杯機嫌】いっぱい-きげん
【一発回答】
いっぱつ-かいとう
【一発芸】いっぱつ-げい
【一発勝負】
いっぱつ-しょうぶ
【一発必中】
いっぱつ-ひっちゅう
【一発屋】いっぱつ-や
【一般論】いっぱん-ろん
【一匹狼】いっぴき-おおかみ
【一筆啓上】
いっぴつ-けいじょう
【一顰一笑】
いっぴん-いっしょう

【一夫一妻】いっぷ-いっさい
【一夫多妻】いっぷ-たさい
【一兵卒】いっ-ぺいそつ
【一辺倒】いっ-ぺんとう
【一方通行】
いっぽう-つうこう
【一本化】いっぽん-か
【一本気】いっぽん-き
【一本調子】
いっぽん-ぢょうし
（いっぽん-ちょうしとも）

❶一刀两断。中唐・寒山《诗三百三首・242》："男儿大丈夫，一刀两断截。人面禽兽心，造作何时歇！" ❷断然；毅然决然。

一得一失；有得有失；得失相半。类一利一害。中宋・无门慧开《无门关》："清凉大法眼因僧斋前上参，眼以手指帘，时有二僧同去卷帘。眼曰：一得一失。"

何时；什么时候。

收支平衡；可丁可卯；到极限。

陶然；微醉后兴致勃勃。

资方对工会的最终答复。

一招惊人。

一局定输赢；一下子决定命运；一战决高下。类一本胜负。

一发中的；百发百中。类百发百中。

一鸣惊人。偶尔露峥嵘。

一般而论；概论；泛泛而论。

单枪匹马；单干户。

敬启；拜启。

一颦一笑。中战国・韩非《韩非子・内储上》："吾闻明主之爱，一颦一笑，颦有为颦，而笑有为笑。"

一夫一妻。

一夫多妻。

贩夫走卒；士卒。

一边倒。

❶单向道；单行道；单向通行。❷只传达单方面的意见，不传达反向意见。

统一；综合。

实心眼ル；死心眼ル。类头が固い。

单调；乏味。类千篇一律。

【一本勝負】いっぽん-しょうぶ 一局定胜负；一招定输赢。類一発勝負。

【一本道】いっぽん-みち 一条道；唯一的道路。

【一本槍】いっぽん-やり ❶一枪决胜负（枪qiāng：冷兵器，似矛sīmáo）。❷唯一的绝技。❸单打一；一条道跑到黑。

【井戸端会議】いどばた-かいぎ 妇女门凑còu在井边闲聊xiánliáo；邻舍línshè主妇们的闲谈

【田舎芝居】いなか-しばい 社戏；草台戏；草台班子戏。

【田舎者】いなか-もの 乡巴佬xiāngbālǎo；土包子。類野暮天yaboten。

【犬畜生】いぬ-ちくしょう 狗东西gǒudōngxi；畜生chùshēng；不是人。類狼ōkami に衣koromo。

【猪鹿蝶】いの-しか-ちょう （日本纸牌游戏zhǐpái）猪鹿蝶zhūlùdié。

【猪武者】いのしし-むしゃ 猛张飞měngzhāngfēi；冒失鬼；鲁莽lǔmǎng冒失的人。類野猪にして介するもの。

【命辛辛】いのち-からがら 仅以身免；险些丧命sàngmíng；勉强miǎnqiáng逃出一条性命。類九死きゅうしに一生いっしょうを得え。

【命冥加】いのち-みょうが 命大；命不该死；捡jiǎn一条命。類一命いちめいを取とり止とめる。

【意馬心猿】いば-しんえん 心猿意马xīnyuányìmǎ；意马心猿yìmǎxīnyuán。類煩悩bonnō の犬inu は追えどもさらず。中唐・吕岩《梧桐树五首・其一》："一更里，调神气，意马心猿尽拘系。"

【威風堂堂】いふう-どうどう 威风凛凛wēifēnglǐnlín；严肃庄重yánsùzhuāngzhòng；龙骧虎步lóngxiānghǔbù；严肃庄重。類辺ataり を払haらう。

【異文化】い-ぶんか 异文化；异质文化；不同的文化；异域文化yìyù。

【異聞奇譚】いぶん-きたん 奇闻轶事qíwényìshì。

【今時分】いま-じぶん ❶这会儿；现在。類今ima もかも。❷事到如今。類今ima となっては。

【意味深】いみ-しん ➡意味深長

【意味深長】いみ-しんちょう 意味深长yìwèishēncháng；耐人寻味nàirénxúnwèi。類陰影inei に富tomu。中宋・程颐《二程遗书・19》："先生云某自十七八读《论语》，当时已晓文义，读之愈久，但觉意味深长。"

【芋蔓式】いもづる-しき 顺藤摸瓜shùnténgmōguā；连锁式；从一个线索xiànsuǒ追查。

【否否三杯】いやいやさんばい 假意推让jiǎyìtuīràng；半推半就bàntuībànjiù。

【居留守】い-るす 假装不在家jiǎzhuāng。

【色事師】	いろごと-し	❶以床戏见长的演员；色情戏演员。❷风流好色之徒；玩弄女性的人。
【色眼鏡】	いろ-めがね	有色眼镜；偏见；墨镜。
【色模様】	いろ-もよう	❶布料的图案；纹样；❷（戏剧）恋爱情景。
【石清水】	いわ-しみず	岩缝流出的清水。
（石、岩とも）		
【陰陰滅滅】	いんいん-めつめつ	阴郁沉重；阴沉暗淡。
【因果応報】	いんが-おうほう	（佛教）因果报应；天道好还，种瓜得瓜，种豆得豆。類悪因悪果；善因善果。
【因果関係】	いんが-かんけい	因果关系。
【陰金田虫】	いんきん-たむし	股癣；腹股沟癣。
【慇懃無礼】	いんぎん-ぶれい	表面恭维，内心瞧不起。
【因循姑息】	いんじゅん-こそく	因循守旧；得过且过；不求进取。
【飲食物】	いんしょく-ぶつ	吃喝儿；吃的喝的。
【隠忍自重】	いんにん-じちょう	隐忍持重；沉稳持重。
【陰陽和合】	いんよう-わごう	❶阴阳之合，化成万物。❷（男女）性交。
【有為転変】	うい-てんぺん	变幻无常；白衣苍狗。類雲となり雨となる②。
【右往左往】	うおう-さおう	❶东跑西窜；乱跑。❷乱作一团。類算を乱す。
【魚河岸】	うお-がし	水产批发市场；鱼市；渔港市场。
【浮世絵】	うきよ-え	❶（江户时代的）风俗画。❷春画。
【有卦七年】	うけ-しちねん	时来运转，神佑七年。
【右顧左眄】	うこ-さべん	左顾右盼；踌躇不决。類煮え切らない。
【氏子中】	うじこ-じゅう	同祀一个氏族神的人们；同宗族的人；所有族人。
【薄化粧】	うす-げしょう	淡妆。
【氏素性】	うじ-すじょう	家世；门第；家庭出身。
【有象無象】	うぞう-むぞう	杂七杂八的东西；一群不三不四的人；一群废物。
（象、相とも）		
【嘘八百】	うそ-はっぴゃく	谎话连篇；胡说八道；信口雌黄。類嘘で固める。

【内弁慶】	うち-べんけい	窝里横；炕头王。類内広がりの外窄り。
【内股膏薬】	うちまた-ごうやく（ごう、こうとも）	两面派；骑墙派。類二股膏薬。
【宇宙食】	うちゅう-しょく	航天食品。
【有頂天】	うちょう-てん	欢天喜地；欣喜若狂；得意扬扬；得意忘形；忘乎所以。類天にも昇る心地。中晋·后秦·鸠摩罗什译《法华经·序品》："从阿鼻狱上至有顶。"
【腕一本脛一本】	うでいっぽん すねいっぽん	赤手空拳；凭自己的本事。類徒手空拳。
【腕自慢】	うで-じまん	炫耀本领；展示技艺；自信能力过人。
【腕相撲】	うで-ずもう	❶不讲招数的角力。❷掰腕子。
【腕達者】	うで-だっしゃ	有本事的人；能手。
【雨天順延】	うてん-じゅんえん	雨天顺延。
【乳母車】	うば-ぐるま	婴儿车。
【海千山千】	うみせん-やません	老江胡；老奸巨滑。類海に千年山に千年；甲羅が生える；下腹に毛が無い；狸親爺；鳥居を越す。
【海坊主】	うみ-ぼうず	❶秃头海怪。❷绿海龟。
【有耶無耶】	うや-むや	马马虎虎；稀里糊涂；含含糊糊。
【紆余曲折】	うよ-きょくせつ	❶迂回曲折；弯弯曲曲。❷曲折；错综复杂。
【裏街道】	うら-かいどう	背街；暗路；不见天日的生活。
【裏工作】	うら-こうさく	走后门；私下里作工作；背地里活动。
【裏帳簿】	うら-ちょうぼ	暗账；不公开的账簿。
【裏番組】	うら-ばんぐみ	（本地其他台同时段的节目）竞争电视节目。
【盂蘭盆】	うらぼん	盂兰盆节；盂兰盆会。中隋·颜之推《颜氏家训·终制》："若报罔极之德，霜露之悲，有时斋供，于七月半盂兰盆望于汝也。"
【裏約束】	うら-やくそく	❶密约；私下约定。❷与妓女约定再来的时间。
【瓜実顔】	うりざね-がお	瓜子脸。
【胡乱者】	うろん-もの	可疑的人；奇怪的人。
【浮気者】	うわき-もの	多情种；爱情不专的人；见异思迁的人。
【上調子】	うわ-ちょうし	轻浮；轻率；不稳重。類軽佻浮薄。

【運根鈍】 うん-こん-どん	（成功要诀）运气、耐性和坚忍。	
【雲散霧消】 うんさん-むしょう	烟消云散；雾消云散。	
【運転手】 うんてん-しゅ	司机。	
【運動員】 うんどう-いん	搞竞选活动的人员；活动家；活跃分子。	
【運動費】 うんどう-ひ	活动经费；活动资金。	
【運否天賦】 うんぷ-てんぷ	听天由命；命由天定；听凭运气。類運を天に任せる。	
【運命共同体】 うんめい-きょうどうたい	命运共同体；休戚与共。類一蓮托生。	
【永久欠番】 えいきゅう-けつばん	（专业棒球）永久缺号。	
【栄枯盛衰】 えいこ-せいすい	栄枯盛衰；盛衰荣辱。	
【英姿颯爽】 えいし-さっそう	英姿飒爽。中唐・杜甫《丹青引・赠曹将军霸》："褒公鄂公毛发动，英姿飒爽来酣战。"	
【永世中立】 えいせい-ちゅうりつ	永久中立（国）。西Permanent neutral.	
【栄耀栄華】 えいよう-えいが	穷奢极侈；荣华富贵。類贅沢三昧。	
【栄誉礼】 えいよ-れい	最高敬礼；仪仗队对国宾的礼仪。	
【液状化】 えきじょう-か	浮沙现象；地基沉沙现象。	
【依怙贔屓】 えこ-ひいき	偏袒；偏向；偏心眼儿。類肩を入れる；肩を持つ；力を入れる③。	
【会者定離】 えしゃ-じょうり	（佛教）会者定离；相见必有离别。類会うは別れの始め。	
【絵空事】 え-そらごと	画儿虚构夸张失真；荒诞无稽；脱离现实。	
【得手勝手】 えて-かって	光顾自己不顾别人；任性；放肆。類自分勝手。	
【江戸表】 えど-おもて	江户方面。	
【江戸八百八町】 えどはっぴゃくやちょう	江户八百零八街区；江户街区数不清。	
【江戸前】 えど-まえ	❶江户式；江户派。❷在东京湾捕的鱼。	
【恵比須顔】 えびす-がお	笑容可掬；面带笑容；笑脸。類地蔵顔。	
【絵文字】 え-もじ	❶图画文字。❷美术字；装饰性字体。	
【遠隔操作】 えんかく-そうさ	遥控。	
【縁起物】 えんぎ-もの	吉祥物。	

【遠交近攻】えんこう-きんこう
远交近攻。類遠きに交わりて近きを攻める。中汉・刘向《战国策・秦策三》："王不如远交而近攻，得寸则王之寸，得尺亦王之尺也。"

【掩護射撃】えんご-しゃげき
掩护射击。

【援助交際】えんじょ-こうさい
钱色交易；女学生卖淫。

【延長戦】えんちょう-せん
加时赛；延长赛。

【延長線】えんちょう-せん
延长线。

【円転滑脱】えんてん-かつだつ
圆滑老练；变幻自如；应付裕如。

【遠謀深慮】えんぼう-しんりょ
深谋远虑。類読みが深い。中汉・贾谊《过秦论》："深谋远虑，行军用兵之道，非及曩时之士也。"

【閻魔顔】えんま-がお
可怕的面孔；威严的面孔。

【閻魔大王】えんま-だいおう
阎王爷；阎罗王。中梵文「Yamaraja」的汉译。

【閻魔帳】えんま-ちょう
（警察）犯罪手册；点名簿；教师手册。

【厭離穢土】えんり-えど
（佛教）厌离秽土。

【遠慮会釈】えんりょ-えしゃく
客气；礼貌；恭敬。

【花魁道中】おいらん-どうちゅう
花魁盛装游行；花魁展示魅力的游行。

【応援団】おうえん-だん
啦啦队。

【応急措置】おうきゅう-そち
应急措施；权宜之计。

【横行闊歩】おうこう-かっぽ
大摇大摆地走；横冲直撞；大步流星；旁若无人。類大手を振る。

【黄金時代】おうごん-じだい
黄金时代，鼎盛时期。類最盛期。

【黄金週間】おうごん-しゅうかん
黄金周。

【往生際】おうじょう-ぎわ
❶临死；临终。類今際の際。❷被逼到绝境(时的态度)。

【王政復古】おうせい-ふっこ
皇权复古。

【横断幕】おうだん-まく
横幅。

【近江泥棒伊勢乞食】おうみどろぼう いせこじき
近江人能赚钱，伊势人能省钱(，江户人不差钱)。

【大一番】おお-いちばん
决定性的一局；关键的比赛；决定命运的比赛。

【大海原】	おお-うなばら	汪洋大海。
【狼少年】	おおかみ-しょうねん	❶说谎的孩子。❷狼孩儿。
【大看板】	おお-かんばん	大牌艺人；名角；著名演员。
【大袈裟】	おお-げさ	夸大；夸张；小题大作。類针ほどの事を棒ほどに言う。
【大御所】	おお-ごしょ	❶隐退的将军。❷权威；泰斗。類第一人者。
【大雑把】	おお-ざっぱ	粗率；粗枝大叶；粗略；大略。
【大仕事】	おお-しごと	重大任务；艰巨的工作；大活儿。
【大時代】	おお-じだい	老早年；古色古香；过时；陈旧。
【大芝居】	おお-しばい	❶大舞台；大戏。❷大事渲染、孤注一掷的骗局
【大所帯】	おお-じょたい	大家庭；大户人家。
【大相撲】	おお-ずもう	❶相扑协会主办的相扑比赛；相扑大赛。❷激烈摔跤。
【大掃除】	おお-そうじ	❶大扫除；大清扫。❷大清洗；消除异己。
【大出来】	おお-でき	成绩极好；特别成功；出色完成。類上出来。
【大手筋】	おおて-すじ	❶大道；大路。❷大公司；大厂商；大买卖。
【大年増】	おお-どしま	大龄女；三、四十岁的妇女。
【大入道】	おお-にゅうどう	❶光头大汉。❷光头妖怪。
【大博打】	おお-ばくち	豪赌；孤注一掷。類一か八か。
【大部屋】	おお-べや	❶（医院・旅馆）大房间。❷一般演员；一般演员休息室。
【大真面目】	おお-まじめ	认真到可笑的地步；极其认真；一本正经。
【大晦日】	おお-みそか	除夕；年三十儿。
【大名物】	おお-めいぶつ	有来历的茶具；古董茶具。
【大目玉】	おお-めだま	❶大眼珠子。❷申斥；训斥。類灸を据える。
【公沙汰】	おおやけ-ざた・	❶公开出来；公之于众。類表沙汰①。❷打官司；对簿公堂。類出る所へ出る。
【傍目八目】	おかめ-はちもく	旁观者清。
【臆病者】	おくびょう-もの	胆小鬼。類小心者。
【億万長者】	おくまん-ちょうじゃ	亿万富翁。
【鴛鴦夫婦】	おしどり-ふうふ	恩爱夫妻。類比翼連理。

【阿多福】	お-たふく	❶丑女人的面具。❷丑女人；（詈语）丑八怪。^类狆が嚔をしたよう。
【小田原評定】	おだわら-ひょうじょう	马拉松式的讨论；议而不决的漫长会议。^类会議は踊る、されど会議は進まず。
【男一匹】	おとこ-いっぴき	一条汉子；男子汉；大丈夫。^类益荒男①。
【男社会】	おとこ-しゃかい	男权社会；男子中心社会。
【男所帯】	おとこ-じょたい	只有男人的家庭。
【男伊達】	おとこ-だて	侠义之士；男子汉大丈夫；除暴安良的豪杰之士。
【音沙汰】	おと-さた	信息；消息；音信。
【帯番組】	おび-ばんぐみ	固定节目；连续节目。
【汚名返上】	おめい-へんじょう	一雪前耻；洗刷恶名。^类汚名を雪ぐ。
【御目文字】	おめ-もじ	拜见；拜会；见面。^类御目に掛かる。
【面白半分】	おもしろ-はんぶん	半开玩笑；凑热闹。^类悪戯半分；冗談半分。
【表看板】	おもて-かんばん	❶招牌。❷名目；旗号。
【表玄関】	おもて-げんかん	正门；大门。
【汚名返上】	おめい-へんじょう	一雪前耻；洗刷恶名。^类汚名を雪ぐ。
【御目文字】	おめ-もじ	拜见；拜会；见面。^类御目に掛かる。
【面白半分】	おもしろ-はんぶん	半开玩笑；凑热闹。^类悪戯半分；冗談半分。
【表看板】	おもて-かんばん	❶招牌。❷名目；旗号。
【表玄関】	おもて-げんかん	正门；大门。
【表沙汰】	おもて-ざた	❶张扬出去；公之于众。^类公沙汰①。❷打官司；对簿公堂。^类出る所へ出る。
【面道具】	おもて-どうぐ	❶五官；脸面。❷身份地位的标志。
【表舞台】	おもて-ぶたい	正式的舞台；前台。
【重馬場】	おも-ばば	泥泞的赛马跑道。
【思惑筋】	おもわく-すじ	投机帮；投机商。
【親兄弟】	おや-きょうだい	父母兄弟姐妹；亲子和手足；骨肉至亲。^类骨肉の親。
【御役御免】	おやく-ごめん	❶免职。❷报废；废置不用。
【親孝行】	おや-こうこう	孝敬父母；孝顺；乌鸟私情。

【親子電話】おやこ-でんわ	分装电话；串机电话；子母电话。
【親子丼】おやこ-どんぶり	❶鸡肉鸡蛋盖浇饭。❷母女同事一男；一男占母女。
【親重代】おや-じゅうだい	祖传；代代相传的物件。類先祖伝来。
【親不知】おやしらず-	❶自幼被收养的孤儿。❷智齿；智牙。
【親馬鹿】おや-ばか	对子女溺爱不明；过分溺爱子女。
【親不孝】おや-ふこう	不孝敬父母；逆子；不孝顺。
【親分肌】おやぶん-はだ	喜欢关照别人的人；有长者之风的人。
【温厚篤実】おんこう-とくじつ	温厚诚实；温柔敦厚。
【温故知新】おんこ-ちしん	温故知新。類故きを温ねて新しきを知る。中《论语·为政》："子曰：'温故而知新，可以为师矣。'"
【温室効果】おんしつ-こうか	温室效应。
【音信不通】おんしん-ふつう	不通音信；杳无音信。類梨の礫。
【温泉宿】おんせん-やど	温泉旅馆。
【御曹司】おん-ぞうし	公子（哥儿）；贵公子；名门子弟。
【怨敵退散】おんてき-たいさん	（咒语）妖魔鬼怪，快快滚开。
【温度差】おんど-さ	❶温差；温度差。❷差距；关注度（的差异）。
【音吐朗朗】おんと-ろうろう	声音清晰洪亮。類声が通る。
【女子供】おんな-こども	老婆孩子。
【女所帯】おんな-じょたい	只有女人的家庭。
【女伊達】おんな-だて	女侠；女中豪杰。類鉄火肌。
【女道楽】おんな-どうらく	沉溺于女色；荒淫无度；多情种。
【乳母日傘】おんば-ひがさ	娇生惯养。類蝶よ花よ。
【温良恭倹譲】おん-りょう-きょう-けん-じょう	温良恭俭让。中《论语·学而》："夫子温良恭俭让以得之。夫子求之也，其诸异乎人之求之与？"

か行

【海岸線】かいがん-せん	❶海岸线。❷沿海铁路。
【怪気炎】かい-きえん（炎、焰とも）	神乎其神。
【開業医】かいぎょう-い	开业医生。
【開眼供養】かいげん-くよう	（佛教）开光仪式。

【開口一番】かいこう-いちばん　一开口便;一张嘴就。

【外交家】がいこう-か　善于交际的人。

【外交辞令】がいこう-じれい　外交辞令。類社交辞令。

【改札口】かいさつ-ぐち　检票口。

【会社人間】かいしゃ-にんげん　一心为公司工作的人;工作狂;以公司工作为最优先的人。

【鎧袖一触】がいしゅう-いっしょく　不费吹灰之力即可破敌;不堪一击。

【外柔内剛】がいじゅう-ないごう　外柔内刚。中唐・房玄龄等《晋书・甘卓传》:"卓外柔内刚,为政简惠。"

【甲斐性】かい-しょう　要强;有志气;坚强。

【下意上達】かい-じょうたつ　下情上达

【外人部隊】がいじん-ぶたい　外国雇佣军;外籍军团。

【海水浴】かいすい-よく　海水浴;在海里游泳或海滨休闲。

【凱旋将軍】がいせん-しょうぐん　凯旋将军。

【凱旋門】がいせん-もん　凯旋门。

【海賊版】かいぞく-ばん　盗版;非法翻印。西Pirated edition.

【海内無双】かいだい-むそう　海内无双。類天下无双。中汉・东方朔《答客难》:"自以为智能海内无双,则可谓博闻辩智矣。"

【街談巷説】がいだん-こうせつ　街谈巷议。類塵に立つ。中三国・曹植《与杨德祖书》:"夫街谈巷说,必有可采;击辕之歌,有应风雅,匹夫之思,未易轻弃也。"

【快男児】かい-だんじ　血性男儿;好汉;豪爽的人。

【怪談噺】かいだん-ばなし　鬼怪故事;关于鬼怪的说书。

【開店休業】かいてん-きゅうぎょう　开门营业却无顾客登门。

【快刀乱麻】かいとう-らんま　快刀斩乱麻(「快刀乱麻を断つ」之省略)。

【怪文書】かい-ぶんしょ　黑信;黑材料;匿名信。

【垣間見】かいま-み　从缝隙看;窥视;偷看。

【傀儡政権】かいらい-せいけん　傀儡政权。

【偕老同穴】かいろう-どうけつ	白头到老；白头偕老；百年偕老。中诗经《邶風・击鼓》："执子之手，与子偕老。"诗经《王风・大车》："榖则异室，死则同穴。"
【街路樹】がいろ-じゅ	行道树；林荫道的树。
【顔写真】かお-じゃしん	面部照片；上半身照片。
【顔見世興行】かおみせ-こうぎょう	全般人马公演。
【嬶天下】かかあ-でんか	老婆当家。類尻に敷く。
【価格破壞】かかく-はかい	价格崩落；价格体系崩溃；价格规律被破坏。
【案山子】かかし	❶稻草人；土鸡瓦犬。❷徒有其名的人；傀儡。
【呵呵大笑】かか-たいしょう	哈哈大笑；呵呵大笑。
【餓鬼大将】がき-だいしょう	孩子头儿；孩子王。
【可及的】かきゅう-てき	尽量；尽可能。
【核家族】かく-かぞく	小家庭；核心家庭；夫妻与子女组成的家庭。
【学者肌】がくしゃ-はだ	学究气；学者气质。
【学習塾】がくしゅう-じゅく	补习班。
【各人各様】かくじん-かくよう	人各不相同；各自不同。
【確信犯】かくしん-はん	政治犯；思想犯。
【格物致知】かくぶつ-ちち	格物致知。中汉・戴圣《礼记・大学》："致知在格物，格物而后知至。"
【革命児】かくめい-じ	革命家；革命者。
【楽屋裏】がくや-うら	后台；内幕；幕后。類舞台裏。
【楽屋雀】がくや-すずめ	❶了解剧团内情的人。❷消息灵通人士；知情者。類事情通。
【楽屋話】がくや-ばなし	内幕消息。
【学歴社会】がくれき-しゃかい	学历社会；过分重视学历的社会。
【過激派】かげき-は	激进派；极端分子；偏激的人。
【陰日向】かげ-ひなた	❶向阳地和背阴地。❷当面一套背后一套；当面是人，背后是鬼。
【影法師】かげ-ぼうし	人的影子。
【影武者】かげ-むしゃ	❶主将的替身；替身。❷幕后操纵者。類闇将軍。
【加減乗除】か-げん-じょう-じょ	加减乘除；四则运算。

【加減見】かげん-み	❶品尝。❷试吃确定是否有毒。
【加減物】かげん-もの	难于调整到正好的东西。
【下降線】かこう-せん	图表中显示下降的线。
【火砕流】かさい-りゅう	火山碎屑流。
【風邪声】かざ-ごえ	感冒时的嗓音。
【風見鶏】かざみ-どり	❶风向标。❷见风使舵的人；机会主义者。^類洞が峠を決め込む。
【可視化】かし-か	可视化；可视的；使能够看见。
【加持祈祷】かじ-きとう	祈祷神佛保佑。
【火事場泥棒】かじば-どろぼう	趁火打劫（者）；浑水摸鱼。
【過小評価】かしょう-ひょうか	低估；小觑。
【過剰防衛】かじょう-ぼうえい	防卫过当。
【臥薪嘗胆】がしん-しょうたん	卧薪尝胆。^類胆を嘗める；石麻の味を嘗めて会稽の恥を雪ぐ。^中宋・苏轼《拟孙权答曹操书》："仆受遗以来，卧薪尝胆，悼日月之逾迈，而叹功名之不立，上负先臣未报之忠，下忝伯符知人之明。"
【佳人薄命】かじん-はくめい	红颜薄命。^類美人薄命。^中宋・苏轼《薄命佳人》："自古佳人多命薄，闭门春尽杨花落。"宋・辛弃疾《贺新郎・送杜叔高》："自昔佳人薄命，对古来，一片伤心月。"
【過積載】か-せきさい	超载。
【風邪気味】かぜ-ぎみ	轻微感冒；有感冒症状。
【仮想敵】かそう-てき	假想敌。
【家族歴】かぞく-れき	家族病史。
【片意地】かた-いじ	顽固；固执；倔强；执拗。^類依怙地。
【過大視】かだい-し	过高估计；看得太重。
【片一方】かた-いっぽう	双方中的一方。
【片田舎】かた-いなか	偏远的乡村。
【過大評価】かだい-ひょうか	高估；过分看重；过高评价。
【片仮名】かた-かな	片假名。
【片手間】かた-てま	业余工作；副业；业余。

【価値観】かち-かん	价值观。
【花鳥風月】かちょう-ふうげつ	❶ fēng huā xuě yuè 风 花 雪 月；大自然的美景。❷风流；风雅。
【隔靴掻痒】かっか-そうよう	gé xuē sāo yǎng 隔靴搔痒。^類靴を隔てて痒きを掻く；二階から目薬①；御簾を隔てて高座を覗く。^中宋·严羽《沧浪诗话·诗法》九："意贵透彻，不可隔靴搔痒；语贵脱洒，不可拖泥带水。"
【学級崩壊】がっきゅう-ほうかい	教育危机；课堂秩序无法维持。
【各個撃破】かっこ-げきは	各个击破。
【確乎不抜】かっこ-ふばつ	què hū bù bá jiān bù kě cuī 确 乎 不 拔；意志坚定；坚 不 可 摧。^類確固として抜くべからず。^中《易经·乾卦》："确乎其不可拔，潜龙也。"
【活殺自在】かっさつ-じざい	shēng shā yǔ duó suí xīn suǒ yù 生 杀予夺；有生杀之权；随心所欲地处置。^類生殺与奪。
【合従連衡】がっしょう-れんこう	hé zòng lián héng zòng héng bài hé 合 纵 联 横；纵 横 捭阖。^中汉·司马迁《史记·孟子荀卿列传》："天下方务于合纵连衡，以攻伐为贤，而孟轲乃述唐、虞、三代之德，是以所如者不和。"
【勝手気儘】かって-きまま	shuài xìng ér wéi 率 性 而 为；随便任性。^類自分勝手。
【勝手口】かって-ぐち	chú fáng 便门；后门；通向厨 房 的入口。^類通用口。
【勝手次第】かって-しだい	zì yì ér wéi 恣意而为；想怎么样就怎么样；随意行动。^類自分勝手。
【勝手連】かって-れん	随意组成的候选人支援团体。
【家庭円満】かてい-えんまん	hé mù huā hǎo yuè yuán 家庭和睦；花好月圆。^類関雎の楽しみ。
【家庭内暴力】かていない-ぼうりょく	jiā bào 家庭暴力；家暴。^西Domestic Violence.
【我田引水】がでん-いんすい	wèi zhuó xiǎng 只为自己利益着想；只顾自己。^類我が田へ水を引く。
【瓜田李下】かでん-りか	guā tián lǐ xià guā lǐ zhī xián 瓜 田 李下；瓜李之 嫌。^類瓜田に履を納れず；李下に冠を正さず。^中三国·曹植《君子行》："君子防未然，不处嫌疑间，瓜田不纳履，李下不整冠。"
【過当競争】かとう-きょうそう	过度竞争。
【過渡期】かと-き	过渡期。
【家内安全】かない-あんぜん	家庭平安。

【金釘流】 かなくぎ-りゅう	拙劣的书法；七歪八扭的书法；蟑螂爬的字。 zhuōliè / qīwāibāniǔ / zhānglángpá
【金壺眼】 かなつぼ-まなこ	眍䁖眼儿；眼窝深陷的圆眼睛。 kōulouyǎn / yǎnwōshēnxiàn yǎnjing
【金沙汰】 かね-ざた	用钱摆平；与钱有关的事件。 bǎipíng
【過半数】 かはん-すう	过半数；大多数。
【歌舞音曲】 かぶ-おんぎょく	歌舞和音乐。
【歌舞伎】 かぶき	（日本传统戏剧）歌舞伎。 xìjù gēwǔjì
【過不及】 か-ふきゅう	过多与不足。⚞過不足
【過不足】 か-ふそく	过多与不足。⚞過不及
【果報者】 かほう-もの	走运的人；福气好的人；幸运儿。
【過保護】 か-ほご	娇生惯养；溺爱。⚞蝶よ花よ。 jiāoshēngguànyǎng / nì ài / ちょう はな
【竈将軍】 かまど-しょうぐん	当家的；一家之主；老太爷。
【紙子四十八枚】 かみこ しじゅうはちまい	衣衫褴褛。 yīshānlánlǚ
【紙芝居】 かみ-しばい	拉洋片；连环画剧。 liánhuánhuàjù
【神信心】 かみ-しんじん	信神。
【雷親父】 かみなり-おやじ	动辄呵斥人的老头子；严厉的老太爷。 dòngzhéhēchì
【紙一重】 かみ-ひとえ	一纸之隔；所差无几；差别很小。⚞紙一重の差。 gé / suǒchàwújī / かみひとえ さ
【紙吹雪】 かみ-ふぶき	彩色纸屑。 zhǐxiè
【空景気】 から-げいき	虚假繁荣；表面繁荣。 xūjiǎ
【空元気】 から-げんき	表面健康；外强中干；虚张声势。 zhōnggān / xūzhāngshēngshì
【空出張】 から-しゅっちょう	假出差；以出差为名，骗取出差费。 jiǎchūchāi
【空梅雨】 から-つゆ	旱梅；干梅雨。 hànméi / gānméiyǔ
【空手形】 から-てがた	空头支票。⚞空約束。
【空鉄砲】 から-でっぽう	（放）空炮。 kōngpào
【唐天竺】 から-てんじく	远在天边；遥远的地方。
【空念仏】 から-ねんぶつ	❶有口无心空念佛。❷空话；空谈。 kōngniànfó
【空壳買】 から-ばいばい	买空卖空。 mǎikōngmàikōng
【空返事】 から-へんじ	随随便便地答应；表面上答应；不负责任的应承。⚞生返事。 dāying / yingchéng / なまへんじ
【空約束】 から-やくそく	随便的约定；空头支票；一纸空文。⚞空手形。 kōngtóuzhīpiào / yìzhǐkōngwén
【我利我利亡者】 がりがり-もうじゃ	极端自私自利的人。 zìsīzìlì

【花柳界】かりゅう-かい　花街柳巷(huājiēliǔxiàng)。

【画竜点睛】がりょう-てんせい　画龙点睛(huàlóngdiǎnjīng)。[中]唐・张彦远《历代名画记 7・梁・张僧繇》：“武帝崇饰佛寺，多命僧繇画之……又金陵安乐寺四白龙，不点眼睛，每云：‘点睛即飞去。’人以为妄诞，固请点之。须臾，雷霆破壁，两龙乘云腾去上天，二龙未点睛者现在。”

【軽業師】かるわざ-し　❶惊险杂技演员。❷从事冒险行当(hángdang)的人。

【加齢臭】かれい-しゅう　老年人身体散发(sànfā)的气味。

【枯山水】かれ-さんすい　假山假水(jiǎshānjiǎshuǐ)（的庭园）。

【苛斂誅求】かれん-ちゅうきゅう　横征暴敛(héngzhēngbàoliǎn)；敲骨吸髓(qiāogǔxīsuǐ)。

【過労死】かろう-し　过劳死；累死。

【夏炉冬扇】かろ-とうせん　夏炉冬扇(xiàlúdōngshàn)。[類]土用布子(どようぬのこ)に寒帷子(かんかたびら)。[中]汉・王充《论衡・逢遇》：“作无益之能，纳无补之说，以夏进炉，以冬奏扇，为所不欲得之事，献所不欲闻之语，其不遇祸，幸矣。”

【皮算用】かわ-ざんよう　打如意算盘(rúyìsuànpán)。[類]捕(と)らぬ狸(たぬき)の皮算用(かわざんよう)。

【間一髪】かん-いっぱつ　千钧一发(qiānjūnyífà)；毫厘(háolí)之差。[類]危機一髪(ききいっぱつ)。

【感慨無量】かんがい-むりょう　感慨万千(gǎnkǎiwànqiān)；无限感慨。[類]感極(かんきわ)まる。

【鰥寡孤独】かんか-こどく　鳏寡孤独(guānguǎgūdú)。[中]战国・孟轲《孟子・梁惠王下》：“老而无妻曰鳏，老而无夫曰寡，老而无子曰独，幼而无父曰孤。此四者，天下之穷民而无告者。”汉・刘向《说苑 7・政理 14》：“是日也，发其仓府以赈鳏寡孤独。”

【侃侃諤諤】かんかん-がくがく　侃侃谔谔(kǎnkǎn è è)。[中]清・褚人获《隋唐演义》：“直言不讳。亏得朝中有刚正大臣，如姚崇、宋璟辈侃侃谔谔，不畏强御。”

【緩急自在】かんきゅう-じざい　缓急(huǎnjí)自如。

【汗牛充棟】かんぎゅう-じゅうとう　汗牛充栋(hànniúchōngdòng)。[中]宋・陆游《冬夜读书有感》诗：“汗牛充栋成何事，堪笑迂儒错用功。”

【寒気凛冽】かんき-りんれつ　寒气袭人；砭人肌骨(biānrénjīgǔ)。[類]骨(ほね)を刺(さ)す。

【関係者】かんけい-しゃ　有关人员；相关人员。

【頑固一徹】がんこ-いってつ　顽固不化(wángùbúhuà)；坚贞不渝(jiānzhēnbùyú)。

【眼光炯炯】がんこう-けいけい
mùguāngjiǒngjiǒng jiǒngjiǒngyǒushén
目光炯炯；炯炯有神。^類三寸俎板を見抜く；蛇の目を灰汁で洗ったよう；大地を見抜く；目角が強い①。

【官公庁】かんこう-ちょう
yámén
衙门；政府机关；行政机关。

【箝口令】かんこう-れい
jiānkǒulìng
缄口令；禁言令。

【換骨奪胎】かんこつ-だったい
gǎitóuhuànmiàn
改头换面；翻版；巧妙地改写前人的诗文成新作。^中宋·释惠洪《冷斋夜话2·换骨夺胎法》："山谷云：'诗意无穷而人之才有限……然不易其意而造其语，谓之换骨法，窥入其意而形容之，谓之夺胎法。'"

【冠婚葬祭】かん-こん-そう-さい
红白喜事。

【観察眼】かんさつ-がん
观察能力。

【鑑識眼】かんしき-がん
jiànbié
鉴别能力；眼力；眼光。

【閑日月】かん-じつげつ
xiánxiá yōuxiánzìzài
❶闲暇时光。❷悠闲自在；闲适。^類悠悠自適。

【監視網】かんし-もう
jiānkòng
监视网；监控网。

【感謝感激雨霰】かんしゃかんげき あめあられ
gǎnjītìlíng namida
感激涕零。^類随喜の涙。

【癇癪玉】かんしゃく-だま
píqi shuāipào
❶脾气。❷摔炮儿。

【感情移入】かんじょう-いにゅう
rónghé
感情移入；对象和自己融合为一体的意识。

【鑑賞眼】かんしょう-がん
jiànshǎng shěnměiyǎn
鉴赏力；眼光。^類審美眼。

【環状線】かんじょう-せん
环行线；环城线；环城路；环线。

【感傷的】かんしょう-てき
伤感的；感情脆弱；容易动感情。

【感情論】かんじょう-ろん
情绪化的议论；非理性的议论。

【肝心要】かんじん-かなめ
至关重要。

【関心事】かんしん-じ
xìngqù
感兴趣的事；关心的事。

【漢数字】かん-すうじ
ā lābó
汉字数字（非阿拉伯数字）。

【完全看護】かんぜん-かんご
全面护理。

【完全試合】かんぜん-しあい
bǐsài
（棒球）全胜比赛。

【勧善懲悪】かんぜん-ちょうあく
quànshànchéng è
劝善惩恶。^中春秋·左丘明《左传·成公14年》："《春秋》之称，微而显，志而晦，婉而成章，尽而不汙（=污），惩恶而劝善，非圣人谁能修之？"汉·班固《汉书·张敞传》："敞辞之官，自请治剧郡非赏罚无以劝善惩恶。"

| 【完全燃焼】かんぜん-ねんしょう | 完全燃烧。 |

| 【完全犯罪】かんぜん-はんざい | 不留罪证的犯罪。 |

| 【完全癖】かんぜん-へき | 完美主义;求全责备（qiúquánzébèi）。 |

| 【完全無欠】かんぜん-むけつ | 完美无缺（wánměiwúquē）;尽善尽美（jìnshànjìnměi）;十全十美（shíquánshíměi）;至善至美（zhìshànzhìměi）。類瑕（きず）なき玉（たま）。 |

【観測気球】かんそく-ききゅう
❶气象观测气球。❷试探气球;❸侦查（zhēnchá）气球。類アドバルーンを揚げる。

【官尊民卑】かんそん-みんぴ
官尊民卑。

【簡単明瞭】かんたん-めいりょう
简单明了（jiǎndānmíngliǎo）。類簡明直截;単純明快（たんじゅんめいかい）。

【寒中水泳】かんちゅう-すいえい
冬泳。

【巻頭言】かんとう-げん
前言;序;卷首语（juànshǒuyǔ）。

【艱難辛苦】かんなん-しんく
艰辛、艰难困苦（jiānnánkùnkǔ）、千辛万苦（qiānxīnwànkǔ）。類四苦八苦（しくはっく）②;千辛万苦（しんばんく）;難行苦行（なんぎょうくぎょう）。

【堪忍袋】かんにん-ぶくろ
忍耐的限度。

【看板娘】かんばん-むすめ
招牌式的姑娘（zhāopáigūniang）;店头美女。

【漢方薬】かんぽう-やく
中药;汤药。

【感無量】かん-むりょう
感慨万千（gǎnkǎiwànqiān）;无限感慨。類感極（かんきわ）まる。

【漢方薬】かんぽう-やく
中药;汤药。

【感無量】かん-むりょう
感慨万千（gǎnkǎiwànqiān）;无限感慨。類感極（かんきわ）まる。

【頑迷固陋】がんめい-ころう
顽固不化（wángùbúhuà）;冥顽不灵（míngwánbùlíng）。

【簡明直截】かんめい-ちょくせつ
简明直截;简截了当（zhíjié jiǎnjiéledàng）;简洁明了（míngliǎo）。類簡単明瞭。

【顔面蒼白】がんめん-そうはく
面色苍白（cāngbái）。類色（いろ）を失（うしな）う。

【閑話休題】かんわ-きゅうだい
闲话休题;书归正传（xiánhuàxiūtí zhèngzhuàn）。類其れはさておき;其れはそうと;其れは其れとして;其れはともあれ;話（はなし）変（か）わって。中明・施耐庵《水浒全传》第十回:"且把闲话休题,只说正话。迅速光阴,却早冬来。林冲的绵衣裙袄,都是李小二浑身整治缝补。"

【生一本】き-いっぽん
❶纯粹（chúncuì）。❷纯真;正直。

【気宇壮大】きう-そうだい
气势豪迈（háomài）;气宇轩昂（qìyǔxuānáng）;气壮山河（qìzhuàngshānhé）。

【帰依三宝】	きえ-さんぼう	guīyī fó fǎ sēng 皈依三宝（佛・法・僧）。類南無三宝①。
【気炎万丈】	きえん-ばんじょう	yángméitǔqì qìshìxiōngxiōng bùkěyīshì 扬眉吐气；气势汹汹；不可一世。類気を吐く。
【既往歴】	きおう-れき	既往病历；既往病史。
【祇園精舎】	ぎおん-しょうじゃ	shìjiā zhīyuánjīngshè （为释迦说法而修建的）祇园精舍。中晋・法显《佛国记》："池流清净，林木尚茂，众华异色，蔚然可观，即所谓祇洹（=园）精舍也。"
【機会均等】	きかい-きんとう	机会均等。
【奇怪千万】	きかい-せんばん	duōduōguàishì qǐyǒucǐlǐ 咄咄怪事；岂有此理。類奇奇怪怪。
【奇岩怪石】	きがん-かいせき	qíxíngguàizhuàng 奇岩怪石；奇形怪状的石头。
【機関紙】	きかん-し	机关报。
【危機一髪】	きき-いっぱつ	qiānjūnyīfà jíjíkěwēi かんいっぱつ 千钧一发；岌岌可危。類間一髪。
【奇奇怪怪】	きき-かいかい	奇奇怪怪；qiānqíbǎiguài duōduōguàishì 千奇百怪；咄咄怪事。類奇怪千万；けしき 気色あり②。中清・曹雪芹《红楼梦・39》："天天都是在那地头上做歇马凉亭，什么奇奇怪怪的事不见呢！"
【危急存亡】	ききゅう-そんぼう	wēijícúnwáng cúnwángjìjué ききゅうそんぼう とき 危急存亡；存亡继绝。類危急存亡の秋。中三国・诸葛亮《出师表》："今天下三分，益州疲弊，此诚危急存亡之秋也。"
【企業文化】	きぎょう-ぶんか	企业文化；企业传统价值观。
【気苦労】	き-ぐろう	操心；劳神。類気が揉める。
【機嫌上戸】	きげん-じょうご	喝了酒爱笑的人。
【危険信号】	きけん-しんごう	危险信号。
【危険人物】	きけん-じんぶつ	❶危险人物。類 ちゅうい いじんぶつ 注意人物。❷需要提dīfāng 防的人。
【紀元前】	きげん-ぜん	公元前。
【貴公子】	き-こうし	piānpiānshàonián guìzhòu 翩翩少年；贵胄公子；风度翩翩的青年。中汉・司马迁《史记・廉颇蔺相如列传》："君于赵为贵公子，今纵君家而不奉公则法削……君安得有此富乎？"
【稀覯本】	きこう-ぼん	珍本；稀见本。
【帰国子女】	きこく-しじょ	从国外回来的孩子；有国外生活经历的孩子；海归子女。
【着心地】	き-ごこち	chuānzhuó shūshì 穿着的舒适度。
【起死回生】	きし-かいせい	qǐsǐhuíshēng 起死回生。中宋・李昉《太平广记・太玄女》："行三十六术甚效，起死回生，救人无数。"

774

【旗幟鮮明】きし-せんめい	qízhìxiānmíng。中明·罗贯中《三国演义》第25回："曹操指山下颜良排的阵势，旗帜鲜明，枪刀森布，严整有威。"
【寄宿舎】きしゅく-しゃ	sùshè 宿舍。
【希少価値】きしょう-かち	wùyǐxīwéiguì 物以稀为贵。
【起承転結】き-しょう-てん-けつ	❶qǐchéngzhuǎnjié qǐchéngzhuǎnhé 起承转结；起承转合。中元·杨载《诗法家数·总论》："一篇之中先立大意，起承转结，三致意焉，则工至矣。"❷顺序；次序。
【気丈夫】き-じょうぶ	❶刚强。❷心里有底；放心；有自信。类こころじょうぶ 心丈夫。
【気色顔】きしょく-がお	❶满脸怒气；面带愠yùnsè色。❷扬扬得意yángyángdéyì的面孔。
【喜色満面】きしょく-まんめん	满脸喜色；满面春风 mǎnmiànchūnfēng。
【疑心暗鬼】ぎしん-あんき	yíshényíguǐ yíxīnshēngànguǐ 疑神疑鬼；疑心生暗鬼。类疑心暗鬼ぎしんあんきしょうを生ず。
【黄信号】き-しんごう	❶黄灯（谨jǐnshèn慎快速通过）。❷警诫jǐngjiè；警示。
【気随気儘】きずい-きまま	suíxīnsuǒyù wéisuǒyùwéi zìyóuzìzài wújūwúshù 随心所欲；为所欲为；自由自在；无拘无束。类じぶんかって 自分勝手。
【既成事実】きせい-じじつ	jìchéngshìshí mùyǐchéngzhōu shēngmǐzuòchéngshúfàn 既成事实；木已成舟；生米做成熟饭。
【寄生虫】きせい-ちゅう	寄生虫。
【偽善者】ぎぜん-しゃ	伪善者；伪君子。
【奇想天外】きそう-てんがい	yìxiǎngtiānkāi 异想天开；离奇；奇特。类振fuるっている。
【気息奄奄】きそく-えんえん	qìxīyiānyān yānyānyìxī 气息奄奄；奄奄一息。类息いきも絶たえ絶だえ。中晋·李密《陈情表》："但以刘日薄西山，气息奄奄，人命危浅，朝不虑夕。"
【几帳面】きちょう-めん	guīguījǔjǔ yīsībùgǒu 规规矩矩；一丝不苟；严谨。
【木賃宿】きちん-やど	kèzhàn piányijiǎnlòu 小旅店；小客栈；便宜简陋的旅店。
【喜怒哀楽】き-ど-あい-らく	xǐnùāilè 喜怒哀乐。中汉·戴圣《礼记·中庸》："故君子慎其独也，喜怒哀乐之未发谓之中，发而皆中节谓之和。"
【着道楽】き-どうらく	chuāndài 讲究穿戴（的人）。类衣装道楽いしょうどうらく。
【既得権】きとく-けん	yǐ 已获得的权利。
【着所寝】きどころ-ね	héyīérwò 和衣而卧；和衣而睡。
【機内食】きない-しょく	飞机餐。
【昨日今日】きのう-きょう	最近；这两天。
【機能美】きのう-び	功能美；发挥基本功能中体现的美。

【起爆剤】きばく-ざい　　qǐbàojì
起爆剂；导火线（火药）；导火索；直接原因；引发新事态的直接因素。類導火線。

【騎馬戦】きば-せん　　qímǎzhàn
（游戏）骑马战。

【気無精】き-ぶしょう　　xīnhuīyìlǎn
心灰意懒；消沉。

【木仏金仏石仏】きぶつ かなぶつ いしぼとけ
木人石心；铁石心肠的人。類木石漢。　tiěshíxīncháng　ぼくせきかん

【気分屋】きぶん-や　　qíngxù　zōngwèi
受情绪支配的人；总为情绪左右的人。

【希望的観測】きぼうてき-かんそく
为主观愿望服务的观测；一厢情愿的展望。　yīxiāngqíngyuàn

【生真面目】き-まじめ　　yīběnzhèngjīng　guòfèn
一本正经；过分认真。類石部金吉金兜；糞真面目；向きになる②。

【鬼面仏心】きめん-ぶっしん　　fóxīn　cíxiáng
鬼面佛心；面目可怕，内心慈祥（的人）。

【疑問視】ぎもん-し　　rènwéi
认为可疑。

【逆効果】ぎゃく-こうか
反效果；效果相反。

【客商売】きゃく-しょうばい　　hángyè
服务行业。類水商売。

【逆宣伝】ぎゃく-せんでん
反宣传。

【脚線美】きゃくせん-び
女性腿部的线条美。

【逆探知】ぎゃく-たんち
反探测；逆探测。

【牛飲馬食】ぎゅういん-ばしょく　　tānlán
暴饮暴食；贪婪吃喝。類鯨飲馬食；暴飲暴食。

【休肝日】きゅうかん-び
酒徒休酒之日；停酒日。

【給金相撲】きゅうきん-ずもう　　xiāngpūjìnjísài
相扑晋级赛。

【吸血鬼】きゅうけつ-き　　xīxuèguǐ
吸血鬼。

【急降下】きゅう-こうか　　zhòujiàng
急剧下降；骤降。

【急行軍】きゅう-こうぐん　　jíxíngjūn
急行军。類強行軍。

【救世主】きゅうせい-しゅ　　yēsū
救世主；耶稣。

【急先鋒】きゅう-せんぽう　　jíxiānfēng
急先锋；最前列。中宋・周密《癸辛杂识续集・宋江三十六赞》："急先锋索超，行军出师，其锋必先。"

【旧態依然】きゅうたい-いぜん
旧态依然；依然如故；依然故我。　yīránrúgù　yīrángùwǒ

【急転直下】きゅうてん-ちょっか
急转直下。　jízhuǎnzhíxià

【給排水】きゅう-はいすい
上下水。

【急発進】きゅう-はっしん
（汽车等）急遽启动。　jíjù

【牛歩戦術】ぎゅうほ-せんじゅつ　（议会上）拖延战术。tuōyán

【今日明日】きょう-あす　一两天。

【恐悦至極】きょうえつ-しごく　欣喜之至；不胜欣喜之至。xīnxǐ

【業界紙】ぎょうかい-し　专业报纸；行业报纸。hángyè

【境界線】きょうかい-せん　界限；分界线；边界线。

【業界用語】ぎょうかい-ようご　行业术语；行话。hángyè hánghuà

【鏡花水月】きょうか-すいげつ　镜花水月。jìnghuāshuǐyuè 中 明・胡应麟《诗薮・内编五》："譬则镜花水月，体格声调，水与镜也；兴象风神，月与花也。"

【行儀作法】ぎょうぎ-さほう　礼节；规矩。guīju

【供給源】きょうきゅう-げん　供应源；提供者；供给者。gōngyìng gōngjǐ

【恐恐謹言】きょうきょう-きんげん　惶恐谨陈；惶恐敬白。huángkǒngjǐnchén 類 恐惶谨言。

【狂喜乱舞】きょうき-らんぶ　狂欢乱舞。

【協議離婚】きょうぎ-りこん　协议离婚。

【恐惶謹言】きょうこう-きんげん　惶恐谨陈；不胜惶恐。類 恐恐谨言。

【強行軍】きょうこう-ぐん　❶急行军。jíxíngjūn 類 急行军。kyūkōgun ❷赶进度。

【教唆煽動】きょうさ-せんどう　唆使；煽动；火上浇油。suōshǐ shāndòng huǒshàngjiāoyóu 類 油を注ぐ。あぶら そそ

【行住坐臥】ぎょうじゅう-ざが　❶（佛教）行住坐卧；日常活动。fójiào xíngzhùzuòwo ❷平素；日常行为。類 常日頃。つねひごろ 中 唐・般若译《大乘本生心地观经・报恩品》："行住坐卧，受诸苦恼。"

【拱手傍観】きょうしゅ-ぼうかん　拱手旁观；袖手旁观。gǒngshǒupángguān xiùshǒupángguān 類 袖手傍観。しゅうしゅぼうかん 中 金・仲汝尚《天宁万寿禅寺碑》："妙济禅师觉海使来住持，入院之四年，乃议改作，众惧难成，姑欲因陋就简。经始之初，议论蜂起，拱手旁观，待其自败。"

【教職員】きょうしょく-いん　教职员。

【強心臓】きょう-しんぞう　胆子大。類 肝が大きい。きも おお

【共存共栄】きょうぞん-きょうえい　共存共荣。類 伊勢は津で持つ、津は伊勢で持つ、尾張名古屋は城で持つ。いせ つ も つ いせ も おわり なごや しろ も

【兄弟喧嘩】きょうだい-げんか　弟兄打架；兄弟阋墙；煮豆燃萁。xiōngdìxiqiáng zhǔdòurángqí 類 骨肉相食む。こつにくあいは

【兄弟弟子】きょうだい-でし　同门师兄弟。類 相弟子。あいでし

777

【兄弟分】きょうだい-ぶん	情同手足 qīngtóngshǒuzú；结义兄弟。
【共通項】きょうつう-こう	共同点；共性。
【驚天動地】きょうてん-どうち	惊天动地 jīngtiāndòngdì。類 震天動地 しんてんどうち。中 唐・白居易《李白墓》："可怜荒垅（=垄）穷泉骨，曾有惊天动地文。"
【郷土愛】きょうど-あい	乡情；对故乡的爱。
【共同戦線】きょうどう-せんせん	联合阵线 liánhézhènxiàn。西 Common front.
【橋頭堡】きょうとう-ほ	桥头堡 qiáotóubǎo。
【郷土色】きょうど-しょく	乡土色彩；地方特色。類 地方色 ちほうしょく。
【強迫観念】きょうはく-かんねん	强迫症 qiǎngpòzhèng；挥之不去的焦虑 jiāolǜ。
【器用貧乏】きょう-びんぼう	样样精通，穷苦一生；身通百艺，没有绝技。類 器用貧乏人宝。
【器用貧乏人宝】きょう びんぼう ひとだから	绝技为人用 wèi，自己事无成；样样精通，穷苦一生；身通百艺，潦倒 liáodǎo 一世。類 器用貧乏；細工 さいく 貧乏人宝。
【興味津津】きょうみ-しんしん	津津有味 jīnjīnyǒuwèi；饶有兴趣 ráoyǒuxìngqù；兴味盎然 xīngwèiàngrán；津津乐道。
【興味本位】きょうみ-ほんい	以趣味为中心；从兴趣 xìngqù 出发。
【狂瀾怒濤】きょうらん-どとう	惊涛骇浪 jīngtāohàilàng；惊风骇浪 jīngfēnghàilàng。
【虚虚実実】きょきょ-じつじつ	虚虚实实 xūxūshíshí；避实就虚 bìshíjiùxū。中 明・罗贯中《三国演义・49》："岂不闻兵法'虚虚实实'之论？操虽能用兵，只此可以瞒过他也。"
【局外中立】きょくがい-ちゅうりつ	局外中立；不介入，保持中立。
【曲学阿世】きょくがく-あせい	曲学阿世 qūxué ē shì。中 汉・司马迁《史记・儒林列传》："公孙子，务正学以言，无曲学以阿世。"
【旭日昇天】きょくじつ-しょうてん	旭日东升 xùrìdōngshēng 如日之升 rúrìzhīshēng。
【玉石混淆】ぎょくせき-こんこう	玉石混淆 yùshíhùnxiáo；黑白混淆 hēibáihùnxiáo；玉石不分 yùshíbùfēn。類 味噌 みそ も糞 くそ も一緒 いっしょ。中 晋・葛洪《抱朴子・百家》："真伪颠倒，玉石混淆。"
【曲線美】きょくせん-び	曲线美 qūxiàn。
【挙国一致】きょこく-いっち	举国一致。
【虚心坦懐】きょしん-たんかい	虚心坦怀 tǎnhuái；平心静气 píngxīnjìngqì；心平气和 xīnpíngqìhé。

【拒絶反応】きょぜつ-はんのう
❶páichìfǎnyìng 排斥反应。❷看不上；无端的排斥。

【挙措進退】きょそ-しんたい
平素的 xíngwéijǔzhǐ 行为举止。

【挙動不審】きょどう-ふしん
xíngjìkěyí 形迹可疑。

【許認可】きょ-にんか
yǔnxǔ 允许；许可；认可。

【毀誉褒貶】きよ-ほうへん
huǐyùbāobiǎn 毁誉褒贬。

【距離感】きょり-かん
距离感；shūlí 疏离感。

【義理一遍】ぎり-いっぺん
走过场；表面yìngfù 应付一下；走走形式。

【義理人情】ぎり-にんじょう
rénqíngshìgù 人情世故；情面；人情。

【機略縦横】きりゃく-じゅうおう
zúzhìduōmóu 足智多谋；jībiànrúshén 机变如神；suíjīyìngbiàn 随机应变。

【器量自慢】きりょう-じまん
自视shèn 甚高；xuànměi 炫美。

【器量人】きりょう-じん
gàncái 干才；能人；décáijiānbèi 德才兼备的人。

【麒麟児】きりん-じ
qílínér 麒麟儿；神童。

【綺麗事】きれい-ごと
❶花架子。類見栄を張る。❷清闲的工作；活ル干净利索。❸手法高明作得piàoliang 漂亮。

【綺麗所】きれい-どころ（所、どこbtomo）
yìjì 艺妓；美女。類物言う花。

【議論百出】ぎろん-ひゃくしゅつ
yìlùnfēnfēn 议论纷纷；zhòngshuōfēnyún 众说纷纭。類諸説紛紛。

【金一封】きん-いっぷう
一个红包；zèngkuǎn 赠款。

【金科玉条】きんか-ぎょくじょう
jīnkēyùlǜ 金科玉律。中汉・扬雄《剧秦美新》："胤殷周之失业，绍唐虞之绝风。懿律嘉星，金科玉条。"

【謹賀新年】きんが-しんねん
gōnghè 恭贺新年。

【金環食】きんかん-しょく
rìhuánshí 日环食。

【金看板】きん-かんばん
zhāopái 金字招牌。

【金帰月来】きんき-げつらい
周五回乡，周一来上班；两地生活的人。

【欣喜雀躍】きんき-じゃくやく
xīnxǐruòkuáng 欣喜若狂；lèdétiào 乐得跳起来。類天にも昇る心地。中明・施耐庵《水浒传・108》："宋江闻报，把那忧国家，哭兄弟的病症，退了九分九厘，欣喜雀跃，同众将拔寨都起。"

【金欠病】きんけつ-びょう
别的不缺，只缺钱。

【謹厳実直】きんげん-じっちょく
严谨gěngzhí 耿直；juànjiè 狷介耿直。

【勤倹尚武】 きんけん-しょうぶ	勤俭尚武。
【金権政治】 きんけん-せいじ	权钱政治；金钱治国。
【勤倹力行】 きんけん-りっこう	厉行勤俭。
【近郷近在】 きんごう-きんざい	附近各村；城郊。
【緊褌一番】 きんこん-いちばん	捋胳膊挽袖子；准备大干一场。類褌を締めてかかる。
【金字塔】 きんじ-とう	❶金字塔。❷不朽的事业。
【金城鉄壁】 きんじょう-てっぺき	铜墙铁壁；固若金汤。類鉄壁の陣。中宋・徐积《和倪敦复》："与之气类同，见之心欲豁。金城不可破，铁壁不可夺。"
【金城湯池】 きんじょう-とうち	金城汤池；固若金汤；铜墙铁壁。類鉄壁の陣。中汉・班固《汉书・蒯通传》："先下君而君不利之，则边地之城皆将相告曰'范阳令先降而身死'，必将婴城固守，皆为金城汤池，不可攻也。"
【近所迷惑】 きんじょ-めいわく	扰民；给邻里添麻烦。
【近親相姦】 きんしん-そうかん	乱伦；近亲性行为。類畜生道②。
【銀世界】 ぎん-せかい	冰雪世界；一片银装。
【金属疲労】 きんぞく-ひろう	金属疲劳。
【禁断症状】 きんだん-しょうじょう	戒毒症状；脱瘾反映；戒断症状。
【金殿玉楼】 きんでん-ぎょくろう	金殿玉阁；琼楼玉宇。
【筋肉質】 きんにく-しつ	身无赘肉；全身都是腱子肉。
【勤皇攘夷】 きんのう-じょうい	勤皇攘夷；尊皇攘夷。類尊王攘夷。
【金波銀波】 きんぱ-ぎんぱ	金波银浪，日月之光。中南朝・梁・萧衍《如炎》："金波扬素沫，银浪翻绿萍。"
【金満家】 きんまん-か	大财主；富人；富豪；堆金积玉。類素封家。
【近未来】 きん-みらい	不久的将来。
【金無垢】 きん-むく	足金；足赤；纯金。
【勤務先】 きんむ-さき	工作地点；工作单位。類仕事先。
【金襴緞子】 きんらん-どんす	金线织花锦缎。

【勤労奉仕】	きんろう-ほうし	义工；义务劳动。類手弁当(てべんとう)。
【空空寂寂】	くうくう-じゃくじゃく	(佛教) 空寂(fójiào kōngjì)；无牵挂(qiānguà)，无烦恼。
【空空漠漠】	くうくう-ばくばく	空空如也(kōngkōngrúyě)；空旷(kōngkuàng)；空阔无垠(kōngkuòwúyín)。
【空前絶後】	くうぜん-ぜつご	空前绝后(kōngqiánjuéhòu)；空古绝今(kōnggǔjuéjīn)。類前代未聞(ぜんだいみもん)；破天荒(はてんこう)；未曾(ぞ)有。中清・田雯《古欢堂集杂著・清诗话续编》："太白旷世逸才，自成一家；少陵、昌黎，空前绝后。"
【偶像崇拝】	ぐうぞう-すうはい	偶像崇拜(ōuxiàngchóngbài)。
【偶像破壊】	ぐうぞう-はかい	❶否定并毁掉(huīdiào)偶像。❷否定传统的权威。
【空即是色】	くう-そく-ぜ-しき	(佛教) 空即是色(fójiào kōngjíshìsè)。中后秦・鸠摩罗什译《心经》："色即是空，空即是色，色不异空，空不异色。"
【空中分解】	くうちゅう-ぶんかい	❶(事故)飞机空中解体。❷计划中辍(zhōngchuò)；夭折(yāozhé)；半途而废(bàntúérfèi)。
【空中楼閣】	くうちゅう-ろうかく	❶空中楼阁(kōngzhōnglóugé)；空想。類砂上(さじょう)の楼閣(ろうかく)。中清・李渔《闲情偶寄・结构・审虚实》："虚者，空中楼阁，随意构成，无影无形之谓也。❷海市蜃楼(hǎishìshènlóu)。類蜃気楼(しんきろう)。
【空洞化】	くうどう-か	❶大都会中心部人口减少。❷只有空架子。❸国内产业外移。
【空理空論】	くうり-くうろん	不切实际的理论；空对空(bùqièshíjì)。類机上(きじょう)の空論(くうろん)。
【苦学力行】	くがく-りっこう	勤工俭学(qín jiǎn)；边打工边求学。
【苦心惨憺】	くしん-さんたん	苦心惨淡(cǎndàn)；费尽心机(fèijìnxīnjī)；煞费苦心(shàfèikǔxīn)。類肝胆(かんたん)を砕(くだ)く。
【薬九層倍】	くすり-くそうばい	卖药一本万利(yīběnwànlì)；黄金有价药无价。
【糞度胸】	くそ-どきょう	傻大胆(shā)儿；二愣子(èrlèngzi)；愣头青(lèngtóuqīng)；胆大包天(dǎndàbāotiān)。
【糞真面目】	くそ-まじめ	过于认真而不知变通；凿四方眼儿；凿死卯(záosǐmǎo)儿。類生真面目(きまじめ)。
【糞味噌】	くそ-みそ	❶玉石不分(yùshíbùfēn)；鱼龙混杂(yúlónghùnzá)。類味噌(みそ)も糞(くそ)も一緒(いっしょ)。❷信口攻讦(gōngjié)；胡乱。
【口綺麗】	くち-ぎれい	❶嘴上说的好听；净说漂(piàoliang)亮话。❷不贪吃(tānchī)；对饮食兴趣(xìngqù)不浓。
【口喧嘩】	くち-げんか	打嘴仗(dǎzuǐzhàng)；吵架(chǎojià)。

【口三味線】 くち-じゃみせん	hēngchàngsānxián 哼　唱　三　弦 的声音；口技式三弦。
【口上手】 くち-じょうず	能说会道；巧舌如 簧huáng。類弁べんが立たつ。
【口達者】 くち-だっしゃ	néngshuōhuìdào làn 能　说　会 道；健谈（的）人）；三寸不烂之舌。類弁べんが立たつ。
【口八丁手八丁】 くちはっちょう-てはっちょう	能说能干；又能说又能干。類くち口も八はっちょう丁手ても八はっちょう丁。
【口無調法】 くち-ぶちょうほう	bènzuǐzhuōshé tántǔ 笨 嘴 拙 舌；不善谈吐。類口下手。
【口下手】 くち-べた	笨嘴拙舌；不善谈吐。類口無調法。
【口真似】 くち-まね	mófǎng yǔdiào 模 仿 别人的声音语 调。類声色こわいろを遣つかう。
【口忠実】 くち-まめ	爱说话；话多。類くち口がおおい多い。
【口約束】 くち-やくそく	口头约定。
【句読点】 くとう-てん	标点符号。
【首実検】 くび-じっけん	❶确认首级。❷验明正身；当场验认；当面验 认yànrèn是否嫌xiánfàn犯本人。
【九分九厘】 くぶ-くりん	九成九；百分之九十九；几乎jīhū百分之百；基本上。
【愚問愚答】 ぐもん-ぐとう	愚 蠢yúchǔn 的问答；无聊wúliáo 的问答；毫无疑义háowúyíyì的问答。
【車社会】 くるま-しゃかい	依赖汽车的社会。
【苦労性】 くろう-しょう	爱操心；什么事都放在心上。類心しんぱいしょう配性。
【玄人筋】 くろうと-すじ	nèiháng hángjiā hángjiālǐshǒu hángqíng 内 行 ； 行家； 行 家 里 手 ； 行 情 专家。
【玄人跣】 くろうと-はだし	chēngmù tànfú 技艺不次于专家；令专家瞠 目的本领；令行家叹服。
【苦労人】 くろう-にん	bǎojīngfēngshuāng yuèlì lǎoyúshìgù 饱 经 风 霜 的人；阅历深的人；老于世故。
【黒魔術】 くろ-まじゅつ	xiéè mófǎ 邪恶的魔法；害人的魔法。
【軍資金】 ぐんし-きん	❶军费。❷资金；项目经费。
【君子豹変】 くんし-ひょうへん	➡君子は豹変す
【群集心理】 ぐんしゅう-しんり	从众心理。
【群雄割拠】 ぐんゆう-かっきょ	群雄割据。
【鯨飲馬食】 げいいん-ばしょく	暴饮暴食；狂吃狂喝。類牛ぎゅういんばしょく飲馬食。
【軽挙妄動】 けいきょ-もうどう	qīngjǔwàngdòng 轻 举 妄 动。中宋・秦观《淮海集 17・盗贼中》："或故吏善家子失计随流，轻举妄动，若此之类，特盗贼之大情耳。"

【経験値】	けいけん-ち	根据经验推测出的数值。
【鶏口牛後】	けいこう-ぎゅうご	➡鶏口となるも牛後となるなかれ。
【蛍光灯】	けいこう-とう	yíngguāng 荧 光 灯；日光灯。
【稽古事】	けいこ-ごと	从师学艺；学习技艺。
【稽古台】	けいこ-だい	❶陪练人员。類練習台。❷练功台。
【経済家】	けいざい-か	❶ tōngxiǎo 通 晓 经济的人。❷善于节约的人；遇事节约的人。
【経済観念】	けいざい-かんねん	经济头脑；经济观念。
【経済面】	けいざい-めん	❶经济方面。❷（报纸）经济版面。
【形式美】	けいしき-び	形式美。
【傾城傾国】	けいせい-けいこく	qīngchéngqīngguó tiānzīguósè guósètiānxiāng 傾 城 傾 国；天姿国色；国色天 香。中汉·班固《汉书·外戚传》："北方有佳人，绝世而独立，一顾倾人城，再顾倾人国。"
【経世済民】	けいせい-さいみん	jīngshìjìmín 经 世 济 民。中清·颜元《习斋记余·1》："求其留心经世济民之业而身可行之，手可办之者。"
【形勢不利】	けいせい-ふり	形势不利。類風向きが悪い①；雲行きが怪しい②；相場が悪い；旗色が悪い；分が悪い。
【芸達者】	げい-たっしゃ	技艺高超的人。
【軽佻浮薄】	けいちょう-ふはく	qīngtiāofúbáo qīngbó 轻 佻 浮 薄；轻浮；轻 薄。類足が地に着かない②；上調子；能天気。
【軽薄短小】	けい-はく-たんしょう	qīngbáoduǎnxiǎo 軽 薄 短 小；轻便灵巧（的产品特点）。
【軽妙洒脱】	けいみょう-しゃだつ	xiāosǎ sǎtuō 轻妙潇洒；轻松洒脱。
【鶏鳴狗盗】	けいめい-くとう	jīmínggǒudào 鸡 鸣 狗 盗。中汉·班固《汉书·游侠传序》："魏有信陵，赵有平原，齐有孟尝，楚有春申，皆藉王公之势，竞为游侠，鸡鸣狗盗，无不宾礼。"
【激甚災害】	げきじん-さいがい	特大级灾害；特大级天灾。
【劇中劇】	げきちゅう-げき	戏中戏。
【下克上】	げ-こく-じょう	kè 下克上；以下犯上。
【今朝方】	けさ-がた	chén 今早；今 晨。
【下手人】	げしゅ-にん	杀手；杀人犯；实际执行杀人任务的人。
【化粧箱】	けしょう-ばこ	huàzhuānghé ❶化 妆 盒。❷礼盒。
【下種根性】	げす-こんじょう	劣根性；奴性。

【下世話】げ-せわ	俚語(lǐyǔ);常言(道);俗話(说)。
【結果責任】けっか-せきにん	结果责任;对结果所负的责任。
【結跏趺坐】けっか-ふざ	(佛教 fójiào)結跏趺坐(jiéjiāfūzuò);打坐。
【月下老人】げっか-ろうじん	月下老人(yuèxiàlǎorén);冰人;媒人(méirén)。類 縁結びの神(かみ)。中 元・无名氏《张于湖误宿女贞观》:"你权做个撮合山主亲的月下老,俺两个衔环之报,成就了碧桃花下凤鸾交。"
【結果論】けっか-ろん	结果论;只重结果的议论。
【月給泥棒】げっきゅう-どろぼう	只拿工资不积极工作的人;吃空饷(chīkòngxiǎng)的人。類 尸位素餐(shīwèisùcān);禄蠹人(lùnǔrén)。
【月桂冠】げっけい-かん	桂冠(guìguān)。
【決勝点】けっしょう-てん	❶(径赛的 jìngsài)终点。❷决定胜负的点数(diǎnshù)。
【月世界】げっ-せかい	月亮的世界;月界。
【欠席裁判】けっせき-さいばん	缺席审判。
【決定版】けってい-ばん	❶定本;最终版本。❷最好的。
【月曜病】げつよう-びょう	(周末活动过多产生的)星期一乏力感(fálì)。
【下手物】げて-もの	❶大路货;便宜货(piányi)。❷稀奇古怪的东西(xīqígǔguài);罕见的东西(dōngxi hǎnjiàn)。類 如何物(いかもの)①。
【下馬評】げば-ひょう	社会(上的)传闻;侃大山(kǎndàshān);八卦(bāguà)。
【外面似菩薩、内心如夜叉】げめんじぼさつ ないしんにょやしゃ	面似菩萨(púsà),心如夜叉(yèchā)。
【外連味】けれん-み	故弄玄虚(gùnòngxuánxū);蒙骗(mēngpiàn);唬人(hǔrén)。類 はったりを利かせる。
【権威筋】けんい-すじ	权威渠道(qúdào);权威管道。
【牽引車】けんいん-しゃ	❶牵引车(qiānyǐn);动力车。❷带头人;领头儿的。類 一番手(いちばんて)②。
【狷介孤高】けんかい-ここう	狷介孤傲(juànjiègūào);狷介寡合(guǎhé)。
【狷介固陋】けんかい-ころう	刚愎自用(gāngbìzìyòng);孤傲拒束(jùjiān)。類 剛戾自ら用う(ごうれいみずからもちう)。
【限界集落】げんかい-しゅうらく	(半数以上超过65岁)濒危村落(bīnwēi);极限村落。
【喧嘩腰】けんか-ごし	气势汹汹(qìshìxiōngxiōng);要开打的架势。類 居丈高(いたけだか)。
【喧嘩両成敗】けんかりょうせいばい	各打五十大板。

【玄関先】	げんかん-さき	门口。
【元気印】	げんき-じるし	充满朝气(zhāoqì)；精神头ㄦ足。
【元気溌剌】	げんき-はつらつ	朝气蓬勃(zhāoqìpéngbó)；生龙活虎(shēnglónghuóhǔ)。
【牽強付会】	けんきょう-ふかい	牵强附会(qiānqiǎngfùhuì)；穿凿附会(chuānzáofùhuì)。中清・曾朴《孽海花・11》："后儒牵强附会，费尽心思，不知都是古今学不分明的缘故。"
【喧喧諤諤】	けんけん-がくがく	众说纷纭(zhòngshuōfēnyún)；吵闹纷乱(chǎonào)。
【喧喧囂囂】	けんけん-ごうごう	吵吵闹闹(chǎonào)；喧喧嚣嚣(xuānxiāo)。
【言行一致】	げんこう-いっち	言行一致(yánxíngyīzhì)。
【健康寿命】	けんこう-じゅみょう	健康年龄。
【現行犯】	げんこう-はん	现行犯。
【現行法】	げんこう-ほう	现行法律。
【乾坤一擲】	けんこん-いってき	孤注一掷(gūzhùyīzhì)。類一か八か(いち ばち)。中唐・韩愈《过鸿沟》："谁劝君王回马首，真成一掷赌乾坤。"
【現在高】	げんざい-だか	现有数量；现有金额。
【現在地】	げんざい-ち	现在位置。
【原材料】	げん-ざいりょう	原材料。
【原子雲】	げんし-ぐも	原子云；蘑菇云(mógu)。
【現実味】	げんじつ-み	现实感；实感；真实感。
【現時点】	げんじ-てん	现阶段；现在；现在的时点。類今の所(いま ところ)。
【源氏名】	げんじ-な	❶（按《源氏物语(yuánshìwùyǔ)》各卷(juàn)题目所取的）宫中女官・贵族女佣名称(nǚyōngmíngchēng)。❷（按《源氏物语》各卷题目所取的）艺妓(yìjì)等色情行业(hángyè)艺名・化名・内部称呼(chēnghu)。
【現住所】	げんじゅう-しょ	现住所(zhùzhǐ)；现住址。
【原住民】	げんじゅう-みん	原住民；当地土著(tǔzhù)。
【現状維持】	げんじょう-いじ	维持现状。
【原状回復】	げんじょう-かいふく	恢复原状。
【原水爆】	げん-すいばく	原子弹(yuánzǐdàn)和氢弹(qīngdàn)。
【原寸大】	げんすん-だい	一比一的尺寸(chǐcùn)；与实物等大。類实物大(じつぶつだい)。
【厳正中立】	げんせい-ちゅうりつ	严正中立；严守中立。

【原体験】	げん-たいけん	终生不忘的儿时体验。
【現段階】	げん-だんかい	现阶段；目前；眼下。類今の所。
【現地時間】	げんち-じかん	当地时间。
【原動力】	げんどう-りょく	原动力；动力。
【捲土重来】	けんど-ちょうらい	juǎntǔchónglái 卷土重来。中唐・杜牧《题乌江亭》："胜败兵家事不期，包羞忍耻是男儿。江东子弟多才俊，卷土重来未可知。"
【堅忍不抜】	けんにん-ふばつ	jiānrěnbùbá 坚忍不拔。中宋・苏轼《晁错论》："古之立大事者，不惟有超世之才，亦必有坚忍不拔之志。"
【原風景】	げん-ふうけい	初次体验时的景象。
【厳父慈母】	げんぷ-じぼ	címǔ 严父慈母。
【権謀術数】	けんぼう-じゅっすう	shùshù yīnmóuguǐjì 权谋术数；权术；阴谋诡计。
【健忘症】	けんぼう-しょう	jiànwàngzhèng 健忘症。類尻から抜ける；鶏は三歩歩くと忘れる。
【小意気】	こ-いき	xiāosǎ shuàiqì jùnqiào 潇洒；帅气；俊俏。類格好良い②；程が好い①。
【恋女房】	こい-にょうぼう	恋爱结婚的妻子；爱妻。
【高位高官】	こうい-こうかん	dáguānguìrén 高官；达官显贵；达官贵人。
【後遺症】	こうい-しょう	后遗症。
【好一対】	こう-いっつい	tiānzuòzhīhé 天生一对；般配的夫妻；天作之合。類東男に京女；京男に伊勢女。
【紅一点】	こう-いってん	wànlǜcóngzhōngyīdiǎn hóng 一点红；男人群中唯一的女性；万绿丛中一点红。類万緑叢中紅一点。中王安石《咏柘榴》："万绿丛中红一点，动人春色不须多。"
【幸運児】	こううん-じ	fúijàng 幸运儿；福将。類良い星の下に生まれる。
【行雲流水】	こううん-りゅうすい	xíngyúnliúshuǐ 行云流水。類雲無心にして岫を出づ。中宋・苏轼《答谢民师书》："所示书教及诗赋杂文，观之熟矣，大略如行云流水，初无定质，但常行于所当行，但常止于所不可不止，文理自然，姿态横生。"
【豪華絢爛】	ごうか-けんらん	xuànlàn fùlìtánghuáng 绚烂豪华；富丽堂皇。
【効果覿面】	こうか-てきめん	chéngxiào lìgānjiànyǐng 立见成效；立竿见影。
【豪華版】	ごうか-ばん	háohuá háoshē dōngxi ❶豪华本；豪华版。❷豪奢的东西；制作豪华。
【高歌放吟】	こうか-ほうぎん	yínchàng 大声吟唱；放声高歌。
【傲岸不遜】	ごうがん-ふそん	àomàn kuángào jié'àobùxùn 傲慢无礼；狂傲；桀骜不驯。類頭が高い。

【厚顔無恥】こうがん-むち 厚颜无耻；无耻之尤。**類**臆面もない；押しが強い②；穴の穴が太い②；心臓が強い①；心臓に毛が生えている；面の皮が厚い；面の皮の千枚張り；鉄面皮；恥無し②；破廉恥；面皮が厚い。**中**明・李化龙《平播全书・11・查妄报功》："至若吴从周前门既无攻打之功，后路与伊何预？亦复混报，此又厚颜无耻之甚者。"

【綱紀粛正】こうき-しゅくせい 整顿纪律；整饬纲纪。

【香気芬芬】こうき-ふんぷん 香气四溢；飘逸芬芳。

【剛毅木訥】ごうき-ぼくとつ 刚毅木讷。**中**《论语・子路》："刚毅木讷，近仁。"

【豪傑肌】ごうけつ-はだ 豪放；豪爽。

【後見役】こうけん-やく 监护的职责；监护人。

【巧言令色】こうげん-れいしょく 巧言令色。**類**巧言令色鲜し仁。**中**《论语・学而》："巧言令色鲜矣仁。"

【好好爺】こうこう-や 慈祥的老人；性情温和的老人。

【広告塔】こうこく-とう ❶广告塔。❷招牌人物。

【広告屋】こうこく-や ❶到处作宣传广告的人。❷广告代理商。❸到处自吹的人。

【硬骨漢】こうこつ-かん 硬汉子；有骨气的人。**類**男の中の男。

【工作員】こうさく-いん 间谍；情报人员；谍报员。

【公私混同】こうし-こんどう 公私混淆。

【好色漢】こうしょく-かん 好色之徒。

【公序良俗】こうじょ-りょうぞく 公序良俗；良好风俗；风俗良好。

【黄塵万丈】こうじん-ばんじょう 尘土飞扬；沙尘漫天。

【好人物】こう-じんぶつ 大好人；脾气好的人；老好人。

【香辛料】こうしん-りょう 香辛料；调料；作料；佐料。**類**香味料。

【好事家】こうず-か 喜好风流之事的人；好事者。

【好青年】こう-せいねん 好青年；出色的青年；给人好印象的青年。

【広大無辺】こうだい-むへん 广阔无垠；巨大无比；无边无际。

【巷談俗説】こうだん-ぞくせつ 八卦新闻；马路新闻。

【交通弱者】こうつう-じゃくしゃ （老弱残障）交通弱势群体。

【好都合】こう-つごう 方便；顺利；恰好。類 間がいい。

【好敵手】こう-てきしゅ 好对手；势均力敌的对手；强劲的对手。類 相手にとって不足はない。

【黄道吉日】こうどう-きちにち 黄道吉日。類 大安吉日。中 元・无名氏《锦云堂暗定连环计》："今日是黄道吉日，满朝众公卿都在银台门，敦请太师入朝授禅。"

【叩頭三拝】こうとう-さんぱい 顶礼膜拜；三拜九叩。類 三拜九拝。

【行動半径】こうどう-はんけい 活动半径；活动范围。

【荒唐無稽】こうとう-むけい 荒诞无稽；荒诞不经；荒诞之极。

【校内暴力】こうない-ぼうりょく 校内暴力；学校暴力。

【広範囲】こう-はんい 大范围；大面积；广泛。

【好不況】こう-ふきょう 繁荣与不景气。

【好不調】こう-ふちょう 顺利与不顺利。

【公平無私】こうへい-むし 大公无私；公正无私。中 汉・刘向《战国策・秦策》："法令至行，平平无私。"

【光芒一閃】こうぼう-いっせん ❶瞬间的闪亮。❷光辉而短暂的一生；昙花一现的人生。

【豪放磊落】ごうほう-らいらく 豪放磊落；豪爽不拘细节；豪放不羁。

【傲慢無礼】ごうまん-ぶれい 傲慢无礼。類 頭が高い。中 明・冯梦龙《东周列国志・34》："宋公傲慢无礼，寡人已幽之于亳，不敢擅功，谨献捷于上国，望君辱临，同决其狱！"

【香味料】こうみ-りょう 调料；香料；佐料。類 香辛料。

【公明正大】こうめい-せいだい 光明正大；襟怀坦白。類 正正堂堂②；青天白日②。中 宋・朱熹《朱子语类・73》："圣人所说底话，光明正大，须是先理会光明正大底纲领条目。"

【紅毛碧眼】こうもう-へきがん 红发碧眼。

【孔孟老荘】こう-もう-ろう-そう 孔孟老庄（先秦四大思想家）。

【高齢化社会】こうれいか-しゃかい　老龄化社会；老年社会。

【行路難】こうろ-なん　chǔshìjiānnán 处世艰难。

【甲論乙駁】こうろん-おつばく　甲论乙驳bó；争论不休。

【高論卓説】こうろん-たくせつ　高论；高见。

【呉越同舟】ごえつ-どうしゅう　wúyuètóngzhōu 吴越同舟。⦗類⦘同舟相救う。⦗中⦘战国・孙武《孙子・九地》："夫吴人与越人相恶也，当其同舟而济，遇风，其相救也如左右手。"

【五月病】ごがつ-びょう　（新员工、新大学生于5月感到不适应新环境）；五月病；新生忧郁症yōuyùzhèng；新人忧郁症。

【狐疑逡巡】こぎ-しゅんじゅん　狐疑不决；狐埋狐搰húmáihúhú。

【小気味】こ-きみ　心情。

【小綺麗】こ-ぎれい　挺整洁；挺利索lìsuǒ。

【極悪人】ごくあく-にん　大恶人；大坏蛋；最坏的人。

【極悪非道】ごくあく-ひどう　穷凶极恶qióngxiōngjí è；心狠手辣xīnhěnshǒulà。⦗類⦘悪逆無道；残酷非道；大逆無道；没義道。

【刻一刻】こく-いっこく　（时间）一点一点地；（随着时间的推移）逐渐zhújiàn地；渐渐地。⦗類⦘時を追う。

【国際結婚】こくさい-けっこん　跨国kuàguó婚姻；国际婚姻。

【極彩色】ごく-さいしき　浓妆艳抹nóngzhuāngyànmǒ；浓妆艳饰；浓妆重zhòngmǒ抹；花枝招展huāzhīzhāozhǎn；艳丽yànlì多彩。

【国際色】こくさい-しょく　国际色彩。

【国際線】こくさい-せん　国际航线。

【国士無双】こくし-むそう　guóshìwúshuāng 国士无双；天下第一；国家最杰出jiéchū的人物。⦗類⦘天下無双むそう。⦗中⦘汉・司马迁《史记・淮阴侯列传》："诸将易得耳，至如信者，国士无双。"

【極道者】ごくどう-もの　歹徒dǎitú；为非作歹wéifēizuòdǎi的人；穷凶极恶qióngxiōngjí è的人。

【国内外】こく-ない-がい　国内外。

【国内線】こくない-せん　国内航线。

【極楽往生】ごくらく-おうじょう　❶（佛教fójiào）极乐往生；往生wǎngshēng极乐世界。❷安然离世。⦗類⦘大往生dàiōujō。

【極楽浄土】	ごくらく-じょうど	(佛教)极乐净土；极乐世界。類西方浄土；十万億土①。
【極楽蜻蛉】	ごくらく-とんぼ	xiāoyáozìzài の人；悠闲懒散的人。類呑気坊主。
【孤軍奮闘】	こぐん-ふんとう	gūjūnfènzhàn 孤军奋战；个人奋斗。中唐・魏征等《隋书・虞庆则传》:"由是长儒孤军独战，死者十八九。"
【此処一番】	ここ-いちばん	紧要关头；关键时刻。類正念場。
【此処彼処】	ここ-かしこ	gèchù dàochù 各处；到处；这儿那儿。類至る所。
【五穀豊穣】	ごこく-ほうじょう	wǔgǔfēngráng wǔgǔfēngdēng 五谷丰穰；五谷丰登。豊年満作。中唐・巩伯壎《奇石山磨崖记》:"期于无天灾，无物疠，雨旸时叙，五谷丰穰。"
【個個人】	ここ-じん	一个一个的人；每个人。
【小言幸兵衛】	こごと-こうべえ	tiāomáobìng hàozhǐzé 爱挑毛病的人；好指责别人的人。
【此処等】	ここ-ら	cǐchù 此处；这一带；这儿。
【心意気】	こころ-いき	❶气质；性情。❷气派；qìpò气魄。❸气概。
【心得顔】	こころえ-がお	显得很懂的样子。
【心次第】	こころ-しだい	shuàixìng ér wéi suíxīnsuǒyù 率性而为；任性；随心所欲。類自分勝手。
【心支度】	こころ-じたく	心理准备；精神准备。
【心丈夫】	こころ-じょうぶ	tāshí 心里有底；胆子壮；心里踏实；有自信。類気丈夫②。
【古今東西】	ここん-とうざい	古今中外。
【古今無双】	ここん-むそう	古今无双。
【小細工】	こ-ざいく	❶小玩意儿。❷cèhuà小策划；huāzhāo小花招。
【小作農】	こさく-のう	diànnóng 佃户；佃农。
【誤作動】	ご-さどう	yùnzhuǎn 运转失误；电子程序错误。
【乞食根性】	こじき-こんじょう	一味依赖他人的劣根性；自己不努力只靠他人的bǐngxìng秉性。
【腰巾着】	こし-ぎんちゃく	❶hébāo荷包；腰包。❷跟屁虫；跟包儿的。類金魚の糞。
【故事成語】	こじ-せいご	典故；成语典故。
【虎視眈眈】	こし-たんたん	hǔshìdāndān 虎视眈眈。類鵜の目鷹の目。中《易经・颐》:"虎视眈眈，其欲逐逐。"
【後日談】	ごじつ-だん	后话；事件的后续交待。

【五十步百步】ごじっぽ-ひゃっぽ
五十步笑百步。類似たり寄ったり。中战国・孟轲《孟子・梁惠王上》："填然鼓之,兵刃既接,弃甲曳兵而走,或百步而后止,或五十步而后止。以五十步笑百步则何如?"

【後生大事】ごしょう-だいじ
❶不修今世修来世;重视来世。❷非常重视;极其珍惜。

【孤城落日】こじょう-らくじつ
孤城落日;走向衰落。中唐・王维《送韦评事》："遥知汉使萧关外,愁见孤城落日边。

【古色蒼然】こしょく-そうぜん
古色苍然;古色古香。中明・谢肇淛《五杂俎・人部》："然东京之笔,古色苍然。"

【故事来歴】こじ-らいれき
(典故的)由来;来历。

【個人差】こじん-さ
个人差异。

【牛頭馬頭】ごず-めず
牛头马面。中《楞严经・8》："牛头狱卒,马头罗刹,手执枪矟,驱入城门。"

【午前様】ごぜん-さま
下半夜回家的人;凌晨归宿的人;饮酒玩乐至后半夜的人。

【護送船団方式】ごそうせんだん-ほうしき
(扶持弱小金融机构的平稳政策)护航方式;为弱小金融机构保驾护航。

【五臓六腑】ごぞう-ろっぷ
五脏六腑。中战国・吕不韦《吕氏春秋・达郁》："凡人三百六十节、九窍、五脏、六腑。"

【五体投地】ごたい-とうち
五体投地。中唐・姚思廉《梁书・诸夷传》："今以此国君臣民庶,山川珍重,一切归属,五体投地,归诚大王。"

【五体満足】ごたい-まんぞく
四肢健全;五体安康;身体无残疾。

【誇大妄想】こだい-もうそう
夸大妄想;妄想症。

【子沢山】こ-だくさん
儿女成群。

【刻苦勉励】こっく-べんれい
刻苦勤勉。

【固定観念】こてい-かんねん
固定观念。

【小手先】こて-さき
❶手指尖儿。❷小技巧。

【小天狗】こ-てんぐ
❶小的天狗。❷身材小而武艺高强的青年。

【孤独死】こどく-し
无人送终;孤独死。

【子供心】こども-ごころ
小孩的天真心理;纯真无邪的心理。

【小生意気】こ-なまいき
狂妄;装腔作势;摆架子;自命不凡。類小利口;猪口才;生意气。

【粉微塵】	こな-みじん	粉碎；细面儿；粉末。
【小荷物】	こ-にもつ	小件行李；随旅客列车运送的小件行李。類手荷物。
【子糠雨】	こぬか-あめ	毛毛雨；蒙蒙细雨。
【御法度】	ご-はっと	禁止；严禁；禁区
【小春日和】	こはる-びより	小阳春天气；十月小阳春。
【小半時】	こ-はんとき	半小时。
【五風十雨】	ごふう-じゅうう	五风十雨；风调雨顺；天下太平；国泰民安。類天下太平。中汉・王充《论衡・是应篇》："风不鸣条，雨不破块，五日一风，十日一雨。"
【五分五分】	ごぶ-ごぶ	不相上下；各半；相等；势均力敌。類何れ劣らぬ。
【子煩悩】	こ-ぼんのう	溺爱子女（的人）。
【胡麻塩頭】	ごましお-あたま	头发斑白；花白头发。
【小町娘】	こまち-むすめ	漂亮姑娘；美女；绝代佳人。
【独楽鼠】	こま-ねずみ	小家鼠。
【小間物】	こま-もの	日用杂品；化妆品。
【小間物店】	こまもの-みせ	❶妇女小件用品杂货店。❷呕吐物。
【小麦色】	こむぎ-いろ	棕色；茶色。
【小理屈】	こ-りくつ	歪理；诡辩。類屁理屈。
【小利口】	こ-りこう	小聪明；小机灵；小伶俐。類小生意気。
【孤立無援】	こりつ-むえん	孤立无援。類四面楚歌。中南朝・宋・范晔《后汉书・班超传》："超孤立无援，而龟兹、姑墨数发兵攻疏勒。"
【五里霧中】	ごり-むちゅう	（如堕）五里雾中；迷离恍惚的境界。中南朝・宋・范晔《后汉书・张楷传》："性好道术，能作五里雾。"
【狐狸妖怪】	こり-ようかい	妖魔鬼怪。類妖怪変化。
【小料理】	こ-りょうり	简单易作的菜。
【強談判】	こわ-だんぱん	强势谈判；强硬交涉。
【欣求浄土】	ごんぐ-じょうど	（佛教）欣求极乐净土。
【金剛不壊】	こんごう-ふえ	金刚不坏；坚不可摧。中《涅槃经》曰："云何得长寿？金刚不坏身。"
【金剛力】	こんごう-りき	神力。

【金剛力士】こんごう-りきし　金剛力士；哼哈二将(hēnghāèrjiàng)。
【言語道断】ごんご-どうだん
❶荒谬绝伦(huāngmiùjuélún)；岂有此理(qǐyǒucǐlǐ)。類沙汰(さた)の限(かぎ)り。❷无以名状；妙不可言(miàobùkěyán)。類言語(げんご)に絶(ぜつ)する。中晋・后秦・鸠摩罗什《维摩经・阿閦佛品》："一切言语道断。"

【懇切丁寧】こんせつ-ていねい　诚恳(chéngkěn)耐心；热情细致。
【渾然一体】こんぜん-いったい　浑然一体(húnrányītǐ)。中宋・二程弟子《二程遗书》卷二上："学者须先识仁。仁者，浑然与物同体。义、礼、知、信皆仁也。"

【蒟蒻問答】こんにゃく-もんどう　答非所问(dáfēisuǒwèn)；莫名其妙(mòmíngqímiào)的问答。
【金輪際】こんりん-ざい　坚决（不）；绝对（不）；无论如何(wúlùnrúhé)（也不）。類間違(まちが)っても。

さ　行

【最右翼】さい-うよく　最具有可能性的；（竞争者中）最具优势者；极右。
【斎戒沐浴】さいかい-もくよく　斋戒沐浴(zhāijièmùyù)。類精進潔斎(しょうじんけっさい)。中战国・孟轲《孟子・离娄下》："虽有恶人，斋戒沐浴，则可以祀上帝。"
【才気煥発】さいき-かんぱつ　才华横溢(cáihuáhéngyì)。
【再起動】さい-きどう　（电脑）重新启动(chóngxīnqǐdòng)；重启(chóngqǐ)。
【再起不能】さいき-ふのう　不能东山再起(dōngshānzàiqǐ)；没有复兴的希望。
【細工貧乏人宝】さいくびんぼう ひとだから　样样精通，穷苦一生；身通百艺，潦倒(liáodǎo)一世；绝技为(wèi)人用，自己事无成。類器用貧乏人宝。
【細工物】さいく-もの　手工艺品；手工艺装饰的物品。
【最敬礼】さい-けいれい　最敬礼；最高的礼节。
【最高潮】さい-こうちょう　最高潮(gāocháo)。
【最後尾】さい-こうび　末尾(mòwěi)；最后边。
【最高峰】さい-こうほう　❶顶峰(dǐngfēng)；最高峰。❷顶尖人物；最高权威。
【最後通牒】さいご-つうちょう　最后通牒(tōngdié)；哀的美敦书(āidīměidūnshū)。西Ultimatum.
【再三再四】さいさん-さいし　再三再四(zàisānzàisì)；三番五次(sānfānwǔcì)；屡次三番(lǚcìsānfān)；一而再，再而三。類一再(いっさい)ならず。中清・曹雪芹《红楼梦・27》："况且他再三再四的和我说了，若没谢的，不许我给你呢。"

【才子佳人】 さいし-かじん	cáizǐjiārén 才子佳人。㊥唐·李隐《潇湘录·呼延冀》："妾既与君匹偶，诸隣皆谓之才子佳人。"	
【妻子眷属】 さいし-けんぞく	一家老小；妻子儿女。	
【才子多病】 さいし-たびょう	才子多病。	
【最上級】 さい-じょうきゅう	顶级；最高级。㊧最大級。	
【最小限】 さい-しょうげん	最小限度；最低限度。㊧最低限。	
【才色兼備】 さいしょく-けんび	cáimàoshuāngquán 才貌双全。	
【最盛期】 さいせい-き	dǐngshèng　　　　　いま　さか　　おうごんじだい 鼎盛时期。㊧今を盛り；黄金時代。	
【最前線】 さい-ぜんせん	❶前沿阵地。㊧第一線。❷第一线。㊧第一線。	
【最先端】 さい-せんたん	cháoliú 最尖端；时代潮流最前列。	
【賽銭箱】 さいせん-ばこ	功德箱。	
【最大級】 さいだい-きゅう	顶级；最大的；最高级别。㊧最上級。	
【最大限】 さいだい-げん	最大限度；极限。㊧目一杯。	
【最大公約数】 さいだい-こうやくすう	❶（数学）最大公约数。❷共同点。	
【最大多数】 さいだい-たすう	大多数的人；绝大多数人。㊧絶対多数。	
【最短距離】 さいたん-きょり	yáo　jiéjìng 最短距离；一步之遥；捷径。	
【最長不倒距離】 さいちょう-ふとう-きょり	tiàotáihuáxuě　　zháodì 跳台滑雪成功着地的最远距离。	
【才槌頭】 さいづち-あたま	bēn tóu sháozi 南北头；前锛儿头后勺子。	
【最低限】 さいてい-げん	最低限度；最小限度。㊧最小限。	
【最適化】 さいてき-か	最佳化；最优化。	
【最年少】 さい-ねんしょう	最年轻（的人）。	
【最年長】 さい-ねんちょう	niánzhǎng 最年长（的人）。	
【裁判沙汰】 さいばん-ざた	duìbù　　　 dǎguānsī　　　 sùsòng　　　で　ところ　で 对簿公堂；打官司；提起诉讼。㊧出る所へ出る。	
【西方浄土】 さいほう-じょうど	fójiào　　 jílèshìjiè　　　 ごくらくじょうど （佛教）西方极乐世界。㊧極楽浄土。	
【最優先】 さい-ゆうせん	最优先。	
【早乙女】 さ-おとめ	chāyānggūniang　shàonǚ ❶插秧姑娘。❷少女。	
【一昨昨日】 さき-おととい	大前天。	
【一昨昨年】 さき-おととし	大前年。	
【詐欺師】 さぎ-し	piànzi　　　 いかさまし 骗子。㊧如何様師。	
【先程来】 さきほど-らい	从刚才就一直。	

【桜前線】	さくら-ぜんせん	櫻花前锋；櫻花开花预期线。
【桜吹雪】	さくら-ふぶき	落樱缤纷；樱花飘落如飞雪。_類空に知られぬ雪；花吹雪。
【雑魚寝】	ざこ-ね	横七竖八地睡；横躺竖卧；众人无序地睡在一起。
【匙加減】	さじ-かげん	❶斟酌分寸；酌情。_類手加減①。❷适量配药；适当增减药量。
【殺人鬼】	さつじん-き	杀人狂；杀人魔鬼；凶神恶煞。
【雑排水】	ざっ-ぱいすい	厨房・浴室废水；厕所之外的家庭废水。
【殺風景】	さっ-ぷうけい	杀风景；缺乏风趣；扫兴。_類味も素っ気もない。_中唐・李商隐《李义山杂纂》："煞风景，谓花间喝道，看花泪下，苔上铺席，斫却垂杨，花下晒裤，游春重载，石笋系马，月下把火，妓筵说俗事，果园种菜，背山起楼，花架下养鸡鸭。"
【里腹三日】	さとばら-みっか	娘家一餐，满腹三天；回到娘家吃饱饭。
【茶飯事】	さはん-じ	家常便饭；司空见惯；习以为常。_類日常茶飯事。
【差別化】	さべつ-か	区别于其他同类；突出与其它同类的差异。
【差別語】	さべつ-ご	歧视性语言。
【五月雨式】	さみだれ-しき	时断时续，没完没了。
【再来月】	さ-らいげつ	下下月；大下个月。
【再来週】	さ-らいしゅう	下下星期；大下周。
【再来年】	さ-らいねん	后年。
【猿芝居】	さる-しばい	❶耍猴。❷拙劣的计谋；拙劣的小把戏。
【猿知恵】	さる-ぢえ	小聪明；貌似聪明实际愚蠢。
【猿真似】	さる-まね	东施效颦；机械模仿。_類西施の顰みに倣う。
【産学官】	さん-がく-かん	产业界・学界・行政部门三者关系。
【三角関係】	さんかく-かんけい	三角恋爱。
【三箇日】	さん-が-にち	正月的头三天。
【三冠王】	さんかん-おう	❶棒球三冠王。❷三项冠军；某领域内包揽三项第一。

【三寒四温】さんかん-しおん　　三寒四暖。
【三原色】さん-げんしょく　　三原色。
【三権分立】さんけん-ぶんりつ　　三权分立。
【三国一】さんごく-いち　　天下第一；举世无双 jǔshìwúshuāng。
【残酷非道】ざんこく-ひどう　　惨无人道 cǎnwúréndào；暴虐 bàonüè；穷凶极恶 qióngxiōngjí'è。類極悪非道 gokuakuhidou。
【三三九度】さんさん-くど　　（婚礼）交杯换盏 jiāobēihuànzhǎn 仪式。
【三三五五】さんさん-ごご　　三三五五 sānsānwǔwǔ；三三两两 sānsānliǎngliǎng；三五成群 sānwǔchéngqún。中唐・李白《采莲曲》："岸上谁家游冶郎，三三五五映垂杨。"
【山紫水明】さんし-すいめい　　山清水秀 shānqīngshuǐxiù；山明水秀 shānmíngshuǐxiù；青山绿水 qīngshānlǜshuǐ；碧水青山 bìshuǐqīngshān。類風光明媚 fūkoumeibi。
【三重苦】さんじゅう-く　　盲 máng・聋 lóng・哑 yǎ，一身受三苦。
【三汁七菜】さんじゅう-しちさい　　（豪华日式套餐 háohuá rìshì tàocān）七菜三汤。
【三十六計】さんじゅうろっ-けい　　三十六计。
【斬新奇抜】ざんしん-きばつ　　新奇；奇葩 qípā；崭新 zhǎnxīn。
【三千大千世界】さんぜん-だいせん-せかい　　（佛教 fójiào）三千大千世界；大千世界 dàqiānshìjiè；广大的世界。
【三段論法】さんだん-ろんぽう　　三段论法；三段论式；三段论。
【残念会】ざんねん-かい　　安慰失败者的聚会 jùhuì。
【残念賞】ざんねん-しょう　　安慰奖 ānwèijiǎng。
【残念閔子騫】ざんねん-びんしけん　　遗憾 yíhàn。類遺憾 ikan にたえない。
【残念無念】ざんねん-むねん　　万分遗憾 yíhàn；懊恼万分 àonǎo。類遺憾 ikan にたえない。
【三拝九拝】さんぱい-きゅうはい　　三拜九叩；叩拜恳求 kòubàikěnqiú。類口頭参拝 koutousanpai。
【三羽烏】さんば-がらす　　同门三杰；三雄；三个杰出 jiéchū 的人。
【産婆役】さんば-やく　　催生婆 cuīshēngpó；主导者；发起人。
【三百代言】さんびゃく-だいげん　　❶无证律师。❷玩弄诡辩 wánnòngguǐbiàn 的人。
【賛否両論】さんぴ-りょうろん　　褒贬不一 bāobiǎn；赞成与否定两种意见。
【三方一両損】さんぽう-いちりょうぞん　　不昧不贪得奖赏 bùmèibùtān jiǎngshǎng。

【三枚目】	さんまい-め	三花脸;丑角。類道化者。
【三位一体】	さんみ-いったい	(基督教)圣父,耶稣,圣灵）三位一体。
【三面記事】	さんめん-きじ	社会新闻。
【三面六臂】	さんめん-ろっぴ	三头六臂;能力超强;多才多艺。類八面六臂。
【三文判】	さんもん-ばん	粗劣的印章。
【三隣亡】	さんりん-ぼう	不宜动土;建筑的凶日子。
【明明後日】	し-あさって	大后天。
【思案顔】	しあん-がお	满面愁云;担心。類顔を曇らせる。
【思案所】	しあん-どころ	需要审慎考虑之处。
【自意識過剰】	じいしき-かじょう	自我意识过强。
【尸位素餐】	しい-そさん	尸位素餐。類月給泥棒。中汉・班固《汉书・朱云传》:"今朝廷大臣,上不能匡主,下亡以益民,皆尸位素餐。"
【試運転】	し-うんてん	试运转;试车。
【自営業】	じえい-ぎょう	个体经营;独立经营;个体户。
【塩辛声】	しおから-ごえ	沙哑嗓音;公鸭嗓。
【四海兄弟】	しかい-けいてい	四海之内皆兄弟。中《论语・颜渊》:"君子敬而无失,与人恭而有礼,四海之内皆兄弟也!"
【自学自習】	じがく-じしゅう	自学。
【四角四面】	しかく-しめん	❶方方正正;四棱四角。❷非常死板;过于认真。類裃を着る。
【自画自賛】	じが-じさん	自我吹嘘;王婆卖瓜,自卖自夸;自我点赞。類能書きを並べる;鼻に当てる;鼻に掛ける;味噌を上げる;自慢話;手前味噌。
【自家製】	じか-せい	自制。
【自画像】	じが-ぞう	自画像。
【直談判】	じか-だんぱん	直接交涉;直接谈判。
【四月馬鹿】	しがつ-ばか	(西俗)愚人节;万愚节。西April fool.
【死活問題】	しかつ-もんだい	生死存亡的问题;性命攸关(之事)。
【自家撞着】	じか-どうちゃく	自相矛盾;自己打脸。類自己矛盾。
【自家用】	じか-よう	自用;私家。

【時間外】じかん-がい　班外时间；非工作时间。
【時間帯】じかん-たい　时间带；时间段。
【士気高揚】しき-こうよう　士气大振；斗志昂扬(dòuzhìángyáng)；士气高涨(gāozhǎng)。
【式次第】しき-しだい　仪式(yíshì)程序。
【色情狂】しきじょう-きょう　色情狂；色迷；色鬼。
【時期尚早】じき-しょうそう　为时(wéishí)过早。
【色即是空】しき-そく-ぜ-くう　(佛教 fójiào) 色即是空 (sèjíshìkōng)。中唐·玄奘译《般若波罗蜜多心经》："舍利子，色不异空，空不异色，色即是空，空即是色，受想行识，亦复如是。"
【士気阻喪】しき-そそう　士气沮(jǔ)丧(sàng)；士气低落。
【自給自足】じきゅう-じそく　自给自足(zìjǐzìzú)。中战国·列御寇《列子·黄帝》："不施不惠，而物自足。"南朝·宋·范晔《后汉书·李恂传》："潜居山泽，独与诸生织席自给。"
【持久戦】じきゅう-せん　持久战。類長期戦(chōukisen)。
【持久走】じきゅう-そう　长跑。
【事業主】じぎょう-ぬし　业主；资方。
【試供品】しきょう-ひん　(药品·化妆品(huàzhuāng)·食品)试用品；样品。
【試金石】しきん-せき　试金石(shìjīnshí)。中元·关汉卿《金线池·第三折》："试金石上把你这子弟每从头儿画，分两等上把郎君子细评。"
【四苦八苦】しく-はっく　❶(佛教 fójiào) 四苦(生老病死 shēnglǎobìngsǐ)和八苦(四苦再加爱别离苦、怨憎(yuànzēng)会苦、求不得苦、五阴盛苦)四苦八苦。❷千辛万苦(qiānxīnwànkǔ)；费尽心机(fèijìnxīnjī)。類艱難辛苦(kannanshinku)。
【時系列】じ-けいれつ　时间序列。
【刺激臭】しげき-しゅう　刺激性(不好的)气味。
【資源塵】しげん-ごみ　资源垃圾(lājī)；可再利用的废弃物。
【自己愛】じこ-あい　自恋；自我陶醉(zìwǒtáozuì)；顾影自怜(gùyǐngzìlián)。
【自己暗示】じこ-あんじ　自我暗示。
【試行錯誤】しこう-さくご　试错；尝试错误(chángshì)；在实践中摸索(zàishíjiàn mōsuǒ)；不断摸索。
【自業自得】じごう-じとく　自作自受(zìzuòzìshòu)；咎由自取(jiùyóuzìqǔ)；自食恶果。類身から出た錆(mi kara deta sabi)び。
【自己完結】じこ-かんけつ　自我完善。
【自己犠牲】じこ-ぎせい　自我牺牲(xīshēng)。

【自己欺瞞】	じこ-ぎまん	❶自我欺骗；自欺；自己欺骗自己。❷言行违背良心。
【地獄耳】	じごく-みみ	❶听一次就不忘。類目角が強い②。❷能快速获知他人秘密。類耳が近い。
【自己嫌悪】	じこ-けんお	自我嫌恶；自我厌弃。
【自己顕示】	じこ-けんじ	自我显示；显示自己的存在。
【事故死】	じこ-し	死于事故。
【自己紹介】	じこ-しょうかい	自我介绍。
【事後承諾】	じご-しょうだく	先斩后奏；事后认可；事后批准；事后同意。
【自己責任】	じこ-せきにん	个人责任；自己负责。
【自己中】	じこ-ちゅう	以我为中心；自我本位。類自分本位。
【仕事先】	しごと-さき	职场；工作单位。類勤務先。
【仕事師】	しごと-し	❶土建工人。❷干将；干才；能人。
【仕事場】	しごと-ば	作业场；干活的地方。
【自己破産】	じこ-はさん	自我破产；自行申请破产。
【自己否定】	じこ-ひてい	自我否定。
【自己批判】	じこ-ひはん	自我批评；自我检讨；自我批判。
【自己弁護】	じこ-べんご	自我辩护；自我辩解。
【事後報告】	じごほうこく	事后汇报；事后通报。
【自己保存】	じこ-ほぞん	自我保存；自保；自我保护。
【自己満足】	じこ-まんぞく	自我满足；自满。
【自己矛盾】	じこ-むじゅん	自相矛盾。類自家撞着。
【自己流】	じこ-りゅう	自己特有的办法；自创一派。類無手勝流③。
【士魂商才】	しこんしょうさい	兼有武士的精神和经商的才干。
【子細顔】	しさい-がお	似有隐衷的神情；好像有什么事的样子。
【自作自演】	じさく-じえん	自编自演。
【自作農】	じさく-のう	自耕农。
【時差出勤】	じさ-しゅっきん	错峰上班。
【自殺行為】	じさつ-こうい	自杀行为；自寻死路；找死。類石を抱きて淵に入る。
【持参金】	じさん-きん	陪嫁钱；入赘礼金。
【四死球】	し-しきゅう	（棒球）四个坏球和死球。

【獅子吼】 しし-く	shīzihǒu 狮子吼。中《维摩经·佛国品》："演法无畏，犹狮子吼。其所讲说，乃如雷震。"
【時時刻刻】 じじ-こっこく	❶zhújiàn 逐渐。❷时时刻刻；每时每刻。類時を追う。
【子子孫孫】 しし-そんそん	zǐzǐsūnsūn 子子孙孙；世世代代。中春秋·列御寇《列子·汤问》："子又有子，子又有孙；子子孙孙，无穷匮也。"
【事実無根】 じじつ-むこん	píngkòngniēzào 毫无根据；凭空捏造；没有根据。類根も葉もない。
【獅子奮迅】 しし-ふんじん	yǒngwǎngzhíqián 勇猛奋斗；猛打猛冲；勇往直前。
【獅子舞】 しし-まい	狮子舞。
【四捨五入】 ししゃ-ごにゅう	shě 四舍五入。
【四十八手】 しじゅうはっ-て	❶（xiāngpū 相扑）四十八zhāoshù招数。❷各种方法·手段。
【自縄自縛】 じじょう-じばく	zuòjiǎnzìfù zuòfǎzìbì 作茧自缚；作法自毙。
【死傷者】 ししょう-しゃ	死伤者；伤亡。
【事情通】 じじょう-つう	消息灵通人士；知情者；了解内幕的人。類gakuyasuzume 楽屋雀②；shōsokusuji jōhōtsū 消息筋；消息通；情報通。
【至上命令】 しじょう-めいれい	至上命令；必需服从的命令。
【四書五経】 ししょ-ごきょう	四书五经。（〔四书〕：《论语》《大学》《zhōngyōng 中庸》《mèng 孟zǐ 子》；〔五经〕：《易经》《書经》《诗经》《礼记》《春秋》。
【私書箱】 ししょ-ばこ	私人邮政信箱。
【死屍累累】 しし-るいるい	shīhéngléilěi shīhéngbiànyě duījī 尸横累累；尸横遍野；尸体堆积如山。
【自信家】 じしん-か	满怀信心的人。
【地震雷火事親父】 じしん かみなり かじ おやじ	日本人有四怕，地震打雷失火和老爸。
【私生活】 し-せいかつ	私生活。
【次世代】 じ-せだい	新一代；下一代；第二代。
【時節柄】 じせつ-がら	shílìng 时令的关系。
【時節到来】 じせつ-とうらい	时机到来。
【自然死】 しぜん-し	衰老死亡；老死。
【自然体】 しぜん-たい	❶（柔道）自然zhànlì 站立姿态。❷态度从容；自然的状态。
【自然淘汰】 しぜん-とうた	dáěrwén tiānzé wùjìngtiānzé （达尔文语）自然选择；天择；物竞天择。類seizon 適者生存。西Dawin：Natural selection.
【地蔵顔】 じぞう-がお	císhàn miànxiàng 慈善温和的面相。類ebisugao 恵比須顔。

【志操堅固】	しそう-けんご	操守坚定；坚贞不渝。
【時代感覚】	じだい-かんかく	时代感觉；时代感；对潮流的敏感。
【時代錯誤】	じだい-さくご	❶时代错误。❷落后于时代；落伍。類バスに乗り遅れる。
【時代色】	じだい-しょく	时代色彩；时代特点。
【時代物】	じだい-もの	❶老古董；老旧的东西。類年代物。❷历史题材的小说・影视作品等。
【支度金】	したく-きん	预备费用；准备金。
【舌先三寸】	したさき-さんずん	三寸不烂之舌。類口から先に生れる。
【下仕事】	した-しごと	❶准备工作。❷转包。
【下相談】	した-そうだん	预先磋商。
【下町風】	したまち-ふう	东京老商业区的风气，老东京市民的派头。
【自堕落】	じ-だらく	吊儿郎当；邋遢；放荡。類締りがない。
【地団駄】	じ-だんだ	➡地団駄を踏む。
【七五三】	しち-ご-さん	❶(11月15日带3岁・5岁男孩和3岁・7岁女孩参拜神社祝贺成长)七五三孩提节。類七五三の祝い。❷（主菜7种・二道菜5种・三道菜3种）日式豪华套餐。
【自治体】	じち-たい	地方自治体。
【七転八起】	しちてん-はっき	百折不回；不屈不挠；顽强拼搏。類不撓不屈。
【七転八倒】	しちてん-ばっとう（転、顛とも；しちてん、しってんとも）	满地乱滚；痛得一次一次地栽倒；痛苦万状。
【七堂伽藍】	しちどう-がらん	七堂伽蓝；标准寺院。類堂塔伽藍。
【七難八苦】	しちなん-はっく	七灾八难；世间各种苦难。
【七福神】	しち-ふくじん	吉祥七福神
【視聴覚】	しちょう-かく	视觉与听觉。
【自重自愛】	じちょう-じあい	珍重；爱惜自己的身体。
【市町村】	し-ちょう-そん	（地方自治体）市镇村。

| 【四通八達】 | しつう-はったつ | 四通八达；通衢广陌。中春秋・程本《子华子・晏子问党》："且齐之为国也，表海而负嵎，轮广隰澳，其涂（=途）之所出，四通而八达，游士之所凑也。" |

【質疑応答】 しつぎ-おうとう
答辩；回答质疑；答疑。

【実業団】 じつぎょう-だん
企业集团；实业团体。

【実況放送】 じっきょう-ほうそう
实况广播；直播。類生放送。

【失敬千万】 しっけい-せんばん
万分失礼；万分失敬。

【日月星辰】 じつげつ-せいしん
日月星辰。

【実験台】 じっけん-だい
试验台；实验台。

【実事求是】 じつじ-きゅうぜ
实事求是。中汉・班固《汉书・景十三王传》："河间献王德以孝景前二年立，修学好古，实事求是。"

【質実剛健】 しつじつ-ごうけん
质朴而刚毅。

【実社会】 じっ-しゃかい
现实社会。

【実生活】 じっ-せいかつ
实际的日常生活；现实生活。

【叱咤激励】 しった-げきれい
叱咤激励；大声激励。

【失地回復】 しっち-かいふく
收复失地。

【十中八九】 じっちゅう-はっく
十有八九；十拿九稳；八九不离十；十之八九。類中らずと雖も遠からず；十に八九。

【疾風迅雷】 しっぷう-じんらい
疾风迅雷；迅雷不及掩耳；神速。類目にも留まらぬ。中汉・戴圣《礼记・玉藻》："君子之居恒当户，寝恒东首，若有疾风、迅雷、甚雨，则必变，虽夜必兴，衣服冠而坐。"

【疾風怒濤】 しっぷう-どとう
疾风怒涛；大风大浪；（18世纪德国文学运动）狂飙（突进）运动。

【櫛風沐雨】 しっぷう-もくう
栉风沐雨。類風に櫛り雨に沐う。中董昭《与荀彧书》："今曹公遭海内倾覆……栉风沐雨且三十年，芟夷群凶，为百姓除害。"

【実物大】 じつぶつ-だい
与实物等大；一比一的比例。類原寸大；等身大①。

【指定席】 してい-せき
对号入座；对号的坐席。

【仕手戦】 して-せん
股票大战；投机竞争。

【紫電一閃】 しでん-いっせん
刀光一闪；寒光一闪。

【自転車操業】 じてんしゃ-そうぎょう	勉强维持的经营；借贷经营；惨淡经营。
【四天王】 してん-のう	四大天王；四大金刚。
【自動式】 じどう-しき	自动式；自动的。
【品不足】 しな-ぶそく	匮乏；供不应求；供货不足。
【指南役】 しなん-やく	武术教练；各种技艺的指导者。
【士農工商】 し-のう-こう-しょう	士农工商。
【支配下】 しはい-か	治下；统治之下。
【芝居気】 しばい-ぎ	想耍花招以博得喝彩；欲哗众取宠；装模作样，以引起注意。
【芝居心】 しばい-ごころ	❶演戏前的心理准备。❷戏迷；深谙戏剧妙处。
【四半期】 し-はんき	季度。
【四半世紀】 しはん-せいき	四分之一世纪。
【地盤沈下】 じばん-ちんか	❶地表下沉；地面沉降。❷势力范围缩小；实力衰落。
【雌伏雄飛】 しふく-ゆうひ	韬光养晦；雌伏以图雄飞。中南朝・宋・范晔《后汉书・赵典传》："大丈夫当雄飞，安能雌伏！"
【地吹雪】 じ-ふぶき	风吹雪；积雪被强风刮起的雪面子。
【自分勝手】 じぶん-かって	任性；为所欲为；随心所欲。類いいようにする；思いの盡；勝手気儘；勝手次第；気随気儘；心次第；心に任せる②；心を遣る③；自由勝手；好きにする；手前勝手；身勝手；恣にする①；虫がいい。
【四分五裂】 しぶん-ごれつ	四分五裂。中汉・刘向《战国策・魏策一》："魏南与楚而不与齐，则齐攻其南……此所谓四分五裂之道也！"
【自分史】 じぶん-し	个人经历；个人历史；自传。
【自分自身】 じぶん-じしん	（强调的说法）自己。
【自分本位】 じぶん-ほんい	以我为中心；自私自利。類自己中。
【自暴自棄】 じぼう-じき	自暴自弃。類捨て鉢になる；自棄糞；自棄のやん八；自棄を起こす。中战国・孟轲《孟子・离娄上》："自暴者不可与有言也，自弃者不可与有为也。言非礼义谓之自爆也，吾身不能居仁由义，谓之自弃也。"

【仕放題】し-ほうだい　为所欲为；想干啥（就）干啥；随心所欲。類放埒三昧。

【四方八方】しほう-はっぽう　四面八方；到处。類至る所。

【揣摩憶測】しま-おくそく　瞎猜；以己度人；揣测；没有根据的猜测。

【島国根性】しまぐに-こんじょう　岛国气质；岛国封闭的思想意识；闭塞、狭隘的意识。

【自慢顔】じまん-がお　得意扬扬的面孔；沾沾自喜的神色。類得意满面。

【自慢話】じまん-ばなし　自吹自擂；自我吹嘘；自夸。類自画自賛。

【四民平等】しみん-びょうどう　四民平等。

【事務方】じむ-かた　办事人员；具体工作人员。

【事務屋】じむ-や　只顾埋头业务的人。

【注連縄】しめ-なわ　（挂在神殿前表示禁止入内或新年挂在门前取意吉利的）稻草绳。

【四面楚歌】しめん-そか　四面楚歌。類孤立無援。中汉·司马迁《史记·项羽本纪》："项王军壁垓下……夜闻汉军四面皆楚歌，项王乃大惊……"

【自問自答】じもん-じとう　自问自答。

【社会悪】しゃかい-あく　社会内部的不良与不公；社会的弊病。

【社会面】しゃかい-めん　报纸第三版；报纸的社会版。

【杓子定規】しゃくし-じょうぎ　死规矩；老套；墨守成规；死板。類型に嵌まる。

【杓子面】しゃくし-づら　挖抠脸；月牙脸；凹脸。

【赤銅色】しゃくどう-いろ　紫铜色。

【弱肉強食】じゃくにく-きょうしょく　弱肉强食；大鱼吃小鱼。中唐·韩愈《送浮屠文畅师序》："惧物之为己害也，犹且不脱焉，弱之肉，强之食。"

【社交辞令】しゃこう-じれい　应酬话；场面上的话；外交辞令。類外交辞令。

【射幸心】しゃこう-しん　侥幸发财的心理；侥幸心理。

【奢侈淫佚】しゃし-いんいつ　骄奢淫逸。

【遮二無二】しゃに-むに　不由分说，一味地；不顾一切地；一个劲儿。

【社用族】しゃよう-ぞく　挥霍公款的人。

【斜陽族】しゃよう-ぞく	没落贵族；衰落的权贵。
【自由意志】じゅう-いし	自由意志；自己的意志。
【縦横無碍】じゅうおう-むげ	自由自在；纵横驰骋；无拘无束。类自由自在。
【縦横無尽】じゅうおう-むじん	自由自在；无拘无束；尽情。类自由自在。
【銃火器】じゅうか-き	枪炮。
【修学旅行】しゅうがく-りょこう	修学旅行；中小学组织的旅行。
【自由闊達】じゅう-かったつ	放达不羁；放浪形骸；倜傥不羁。
【自由勝手】じゅう-かって	任性；随便。类自分勝手。
【住環境】じゅう-かんきょう	居住环境。
【衆議一決】しゅうぎ-いっけつ	靠众议决定；众人商定。
【祝儀袋】しゅうぎ-ぶくろ	红包儿；礼金袋儿。
【重軽傷】じゅう-けい-しょう	重伤和轻伤。
【重厚長大】じゅう-こう-ちょう-だい	重厚长大；厖大笨重。
【十三階段】じゅうさん-かいだん	绞刑架。
【集散地】しゅうさん-ち	集散地。
【終始一貫】しゅうし-いっかん	始终一贯；始终如一。类筋道を立てる。中清・袁枚《原任浙江巡抚卢公神道碑》："读其状方知公自县令至封疆，忠勤惠爱，终始一贯。"
【十字架】じゅうじ-か	❶十字架。❷苦难。
【自由自在】じゅう-じざい	自由自在；得心应手；不受拘束。类縦横無碍；縦横無尽。中唐・慧能《六祖大师法宝坛经・顿渐品第八》："自由自在，纵横尽得，有何可立？"
【終止符】しゅうし-ふ	❶休止符；句号（。）；下圆点（．）。❷告终；结束。
【十字砲火】じゅうじ-ほうか	交叉炮火。
【収集癖】しゅうしゅう-へき	收集癖酷；爱收集。
【袖手傍観】しゅうしゅ-ぼうかん	袖手旁观；坐观成败。类腕を拱く；拱手傍観；高みの見物；手を拱く；手を束ねる；余所に見る；余所見③；余所目③。中唐・韩愈《祭柳子厚文》："不善为斲，血指汗颜，巧匠旁观，缩手袖间。"宋・苏轼《朝辞赴定州论事状》："弈棋者胜负之形，虽国工有所不尽，而袖手旁观者常尽之。"

【周章狼狽】しゅうしょう-ろうばい　狼狈(lángbèi)周章；仓皇(cānghuáng)失措(shīcuò)；惊慌(jīnghuāng)失措(shīcuò)；不知所措(bùzhīsuǒcuò)。

【就職口】しゅうしょく-ぐち　求职的单位；就业单位。

【就職難】しゅうしょく-なん　就业难(nán)。

【住所不定】じゅうしょ-ふてい　居无定所。

【衆人環視】しゅうじん-かんし　众人围观；众目睽睽(zhòngmùkuíkuí)。

【修身斉家治国平天下】しゅうしん せいか ちこく へいてんか　修身齐家治国平天下(xiūshēnqíjiāzhìguópíngtiānxià)。[中]汉・戴圣《礼记・大学》：“心正而后身修，身修而后家齐，家齐而后国治，国治而后天下平。”

【自由席】じゆう-せき　自由席；非对号入座。

【秋霜烈日】しゅうそう-れつじつ　刑罚严峻(xíngfáyánjùn)；有权威；严罚。[中]元・姚燧《牧庵集・一・左丞许衡赠官制》：“行己似秋霜烈日，化人如时雨和风。”

【重大視】じゅうだい-し　重视；看作大问题。[類]重(おも)きを置(お)く。

【集大成】しゅう-たいせい　集大成(jídàchéng)。[中]战国・孟轲《孟子・万章下》：“伯夷，圣之清者也。……孔子，圣之时者也。孔子之谓集大成。”

【住宅難】じゅうたく-なん　住房紧张；住房困难(kùnnan)。

【集中砲火】しゅうちゅう-ほうか　集中炮击；炮轰(pàohōng)；群起而攻之(qúnqǐérgōngzhī)。

【十二支】じゅうに-し　地支；十二支(shíèrzhī)。[中]汉・司马迁《史记・历书》司马贞索隐：“岁阴者，子、丑、寅、卯、辰、巳、午、未、申、酉、戌、亥十二支是也。”

【十二分】じゅうに-ぶん　十二分；十分(shífēn)；充分(chōngfèn)。

【十人十色】じゅうにん-といろ　十个人十个样；人各不相同；人心如面(rénxīnrúmiàn)。

【十年一日】じゅうねん-いちじつ　十年如一日。

【十年一昔】じゅうねん-ひとむかし　十年如隔世(géshì)；十年成往昔(wǎngxī)。

【十八番】じゅうはち-ばん　（歌舞伎(gēwǔjì)）十八出拿手戏(náshǒuxì)；最得意的技艺；绝活儿。[類]御手(おて)の物(もの)。

【自由放任】じゆう-ほうにん　自由放任。

【自由奔放】じゆう-ほんぽう　自由奔放(bēnfàng)。

【十万億土】じゅうまん-おくど　（佛教）❶极乐世界；极乐净土。類極楽浄土。❷从现世到达西方极乐世界的十万亿佛土。

【襲名披露】しゅうめい-ひろう　襲名披露；公布继承师名。

【重要視】じゅうよう-し　重视。類重きを置く。

【主客転倒】しゅかく-てんとう　喧宾夺主；主次颠倒；本末倒置；反客为主。類牛追い牛に追われる；臼から杵；車は海へ、船は山へ；寺から里へ；腹を剖きて珠を蔵す；本末転倒。

【主義主張】しゅぎ-しゅちょう　一贯的主张和观点。

【祝祭日】しゅくさい-じつ　节假日。

【熟読玩味】じゅくどく-がんみ　细读玩味；品读；熟读并咀嚼玩味。類韋編三度絶つ。

【熟慮断行】じゅくりょ-だんこう　深思后果断实行；三思而行。

【熟練工】じゅくれん-こう　熟练工人；技工。

【主権在民】しゅけん-ざいみん　主权在民；主权属于人民。

【手工芸】しゅ-こうげい　手工艺；手工制作。

【主治医】しゅじ-い　主治医（生）。

【取捨選択】しゅしゃ-せんたく　取舍选择。

【種種雑多】しゅじゅ-ざった　各种各样；形形色色。類多種多様。

【主人顔】しゅじん-がお　摆主人的派头；举止如同主人一般。

【主人公】しゅじん-こう　主人公；主人翁。中唐·韩愈《咏灯花同侯十一》："黄里排金粟，钗头缀玉虫。更烦将喜事，来报主人公。"

【守銭奴】しゅせん-ど　守钱奴；守财奴；爱财如命。中汉·班固等《东观汉记·12》："马援叹曰：'凡殖产，贵其能施民也，否则守财奴耳。'"

【首鼠両端】しゅそ-りょうたん　首鼠两端；犹豫观望。類煮え切らない。中汉·司马迁《史记·魏其武安侯列传》："武安已罢朝，出止车门，召韩御史大夫载，怒曰：'与长孺共一老秃翁，何为首鼠两端？'"

【受胎告知】じゅたい-こくち　（新约全书·路加福音1）受胎告知；圣母领报。西Christianity：Annunciation.

【酒池肉林】	しゅち-にくりん	jiǔchíròulín shēchǐ 酒池肉林；奢侈的酒宴。中汉·司马迁《史记·殷本纪》："大㝡乐戏于沙丘，(纣)以酒为池，县（=悬）肉为林，……长夜之饮。"
【出家得度】	しゅっけ-とくど	déndù 出家得度。類髪を下ろす。
【出処進退】	しゅっしょ-しんたい	chūchǔjìntuì 出处进退；去留；进退。中宋·王安石《祭欧阳文忠公文》："功名成就，不居而去，其出处进退，又庶乎英魄灵气，不随异物腐散，而长在乎箕山之侧与颍水之湄。"
【出陣式】	しゅつじん-しき	chūzhēngyíshì 出征仪式。
【出世魚】	しゅっせ-うお	shēngzhǎng 随生长改变名称的鱼。
【出世頭】	しゅっせ-がしら	fājì chūxi 最先发迹的人；最有出息的人。
【出入国】	しゅつにゅう-こく	出入境。
【出発点】	しゅっぱつ-てん	出发点；起点。
【出没自在】	しゅつぼつ-じざい	shénchūguǐmò 神出鬼没。類神出鬼没。
【主導権】	しゅどう-けん	主导权。
【首脳部】	しゅのう-ぶ	领导班子；核心（人物）；领导（层）。
【首尾一貫】	しゅび-いっかん	首尾一贯；一以贯之。類筋道を立てる。
【修羅場】	しゅら-ば（ば、じょうとも）	xuèròuhéngfēi 武打场面；战斗场面；血肉横飞的战场。類修羅の巷。
【春花秋月】	しゅんか-しゅうげつ	chūnhuāqiūyuè 春花秋月。中唐·鱼玄机《题隐雾亭》："春花秋月入诗篇，白日清宵是散仙。"
【春夏秋冬】	しゅん-か-しゅう-とう	chūnxiàqiūdōng 春夏秋冬。
【春日遅遅】	しゅんじつ-ちち	chūnguāngmíngmèi 春日迟迟；春和景明；春光明媚。
【春宵一刻値千金】	しゅんしょう いっこく あたい せんきん	chūnxiāoyīkèqiānjīn yīkèqiānjīn 春宵一刻值千金；一刻千金。類一刻千金。中宋·苏轼《春宵》："春宵一刻值千金，花有清香月有阴。"
【純情可憐】	じゅんじょう-かれん	天真可爱。
【純真無垢】	じゅんしん-むく	wúxié tiānzhēnlànmàn 纯真无邪；天真烂漫。類天真爛漫。
【春風駘蕩】	しゅんぷう-たいとう	dàidàng 春风骀荡。
【順風満帆】	じゅんぷう-まんぱん	yángfān 一帆风顺；顺风扬帆。類得手に帆を揚げる。
【順不同】	じゅん-ふどう	无先后顺序；排列无序。

【叙位叙勲】	じょい-じょくん	授予勋位、勋章。(xūnwèi xūnzhāng)
【初一念】	しょ-いちねん	初心；初衷。(chūzhōng)
【上意下達】	じょうい-かたつ	上情下达；上意下达。
【小会派】	しょう-かいは	国会的小党派。
【消化試合】	しょうか-じあい	冠・亚军等决出后的比赛。(guàn yàjūn)
【消化不良】 しょうか-ふりょう		消化不良；食而不化。(shíérbùhuà)
【商慣習】	しょう-かんしゅう	营商规则；商界规则；交易规则。
【上機嫌】	じょう-きげん	情绪很好；心情愉快；非常高兴。(gāoxìng)
【小休止】	しょう-きゅうし	休息片刻；稍事休息。(shāoshìxiūxi) 類息を入れる。(いき い)
【小京都】	しょう-きょうと	小京都；像京都一样的地方城市。
【消去法】	しょうきょ-ほう	❶消元法。❷消去法；排除法。
【象形文字】	しょうけい-もじ	象形文字。(xiàngxíngwénzì) 中清・黄遵宪《已亥杂诗・52》："象形文字洪荒祖；石鼓文同石柱铭。"
【上下関係】 じょうげ-かんけい		上下级关系；长幼关系。(zhǎngyòu)
【上下水道】 じょうげ-すいどう		上下水道；自来水和排水。
【条件反射】 じょうけん-はんしゃ		条件反射。
【商工業】	しょうこう-ぎょう	工商业。
【常在戦場】 じょうざい-せんじょう		常备不懈；枕戈待旦；枕戈寝甲。(chángbèibúxiè zhēngēdàidàn zhēngēqīnjiǎ)
【少子化】	しょうし-か	少子化。
【正直一遍】 しょうじき-いっぺん		忠厚而无能；正直而已。(yǐ)
【笑止千万】 しょうし-せんばん		❶万分可笑。類臍で茶を沸かす。(へそ ちゃ わ) ❷可怜；悲惨。(kělián)
【盛者必衰】 じょうしゃ-ひっすい		盛者必衰。類亢竜悔いあり。(こうりゅう く)
【生者必滅】 しょうじゃ-ひつめつ		(佛教)生者必灭。類生き身は死身。(fójiào)(い み しにみ)
【常住坐臥】 じょうじゅう-ざが		❶平时；日常。類常日頃。(つね ひごろ) ❷无论何时；总是。
【常習犯】	じょうしゅう-はん	惯犯。
【常住不断】 じょうじゅう-ふだん		总是；连续不断；接连不断。(jiēliánbùduàn)
【上首尾】	じょう-しゅび	圆满；进展顺利。

【上昇気流】じょうしょうきりゅう　　上升气流。

【上昇志向】じょうしょう-しこう　　进取心；上进心。

【情状酌量】じょうじょう-しゃくりょう　　酌情轻判；量情。

【焦心苦慮】しょうしん-くりょ　　焦虑烦恼。

【精進潔斎】しょうじん-けっさい　　斋戒。類斎戒沐浴。

【正真正銘】しょうしん-しょうめい　　货真价实；名副其实；真正。類現金掛値なし；紛いも無い；紛う方ない；紛れも無い。

【小心者】しょうしん-もの　　胆小鬼；小心眼儿；心胸狭窄的人。類臆病者。

【小身者】しょうしん-もの　　❶小人物；身份低微的人。❷低收入者；俸禄低的人。

【小心翼翼】しょうしん-よくよく　　❶小心翼翼。類戦戦兢兢。中《诗经·大雅·大明》："维此文王，小心翼翼。昭事上帝，聿怀多福。"❷謹小慎微。類念には念を入れる。

【少数精鋭】しょうすう-せいえい　　少而精；；人少而精明强干。

【少壮気鋭】しょうそう-きえい　　年富力强又锐意进取；少壮而朝气勃勃。

【上層部】じょうそう-ぶ　　上层；高层。

【消息筋】しょうそく-すじ　　消息灵通人士。類事情通。

【消息通】しょうそく-つう　　消息灵通人士。類事情通。

【冗談口】じょうだん-ぐち　　戏谑；噱头；笑话。類冗談事。

【冗談事】じょうだん-ごと　　闹着玩；噱头；开玩笑。類冗談口。

【冗談半分】じょうだん-はんぶん　　半开玩笑。類面白半分。

【松竹梅】しょう-ちく-ばい　　松竹梅；岁寒三友。

【祥月命日】しょうつき-めいにち　　忌辰；忌日。

【上出来】じょう-でき　　作得好；（结果・作品）优秀；优良。類大出来。

【上天気】じょうてんき　　天气好；风和日丽。

【常套語】じょうとう-ご　　套话。

【常套手段】じょうとう-しゅだん　老一套；惯用技俩；惯用的手段。類型に嵌まる。

【上得意】じょう-とくい　尊贵的顾客。

【常得意】じょう-とくい　老主顾；常来的顾客。類得意先。

【焦熱地獄】しょうねつ-じごく　（佛教）焦热地狱；恐怖景象；极为悲惨的境遇。

【正念場】しょうねん-ば　关键时刻；重要关头。類此处一番。

【商売気質】しょうばい-かたぎ　商人气质。

【商売敵】しょうばい-がたき　商业上的竞争对手。

【商売気】しょうばい-ぎ　❶没有三分利，不起五更早；盈利心理。❷专业意识。

【商売道具】しょうばい-どうぐ　吃饭的家什；吃饭的家伙。類飯の種。

【商売繁盛】しょうばい-はんじょう　生意兴隆。

【傷病兵】しょうびょう-へい　伤病员。

【松風水月】しょうふう-すいげつ　风入松，水映月；清爽宜人。

【勝負事】しょうぶ-ごと　❶比赛。類手を合わせる②。❷赌博。類一六勝負①。

【勝負師】しょうぶ-し　赌徒；冒险家。

【勝負手】しょうぶ-て　（棋局）决定胜负的一招；关键一招。

【勝負所】しょうぶ-どころ　胜负的关键；成败的关键。

【勝負服】しょうぶ-ふく　❶骑手服；赛场服装。❷特殊场合才穿的衣服；约会时穿的衣服。

【上分別】じょう-ふんべつ　最高明的判断；最上策；好主意。

【小便一町糞一里】しょうべんいっちょう くそいちり　不怕慢就怕站；结伴赶路程，落后为出恭。

【小便小僧】しょうべん-こぞう　广场・公园里男童撒尿塑像。

【情報化社会】じょうほうか-しゃかい　信息化社会。

【情報源】じょうほう-げん　信息源；信息来源。

【情報通】じょうほう-つう　消息灵通人士。類事情通。

【照魔鏡】しょうま-きょう　照妖镜。

【枝葉末節】しょう-まっせつ　细枝末节；枝节（问题）。

【賞味期限】しょうみ-きげん	食品优质期限；保质期。
【正面衝突】しょうめん-しょうとつ	正面相撞(zhuàng)；正面冲突。
【消耗戦】しょうもう-せん	消耗战(xiāohàozhàn)；耗敌战。
【常夜灯】じょうや-とう	长明灯。
【常用漢字】じょうようかんじ	（日本1981年公布的1945个汉字字表）常用汉字
【浄瑠璃】じょうるり	❶洁净剔透的琉璃(tītòu liúlí)。❷ "净琉璃(jìngliúlí)"偶人戏(ǒurénxì)。
【生老病死】しょう-ろう-びょう-し	生老病死(shēnglǎobìngsǐ)。中南朝•宋•刘义庆《世说新语•雅量》"鸡猪鱼蒜，逢著便吃；生老病死，时至则行。"
【書画骨董】しょが-こっとう	书画古董(gǔdǒng)；书画古玩。
【初期化】しょき-か	初始化。
【諸行無常】しょぎょう-むじょう	（佛教）诸行无常(fójiào zhūxíngwúcháng)。中宋•释道原《景德传灯录》："诸行无常，是生是灭，生灭灭已，寂灭为乐。"
【職業柄】しょくぎょう-がら	职业性质的关系；由于工作性质的关系。
【職住一体】しょくじゅう-いったい	居住与工作在同一地点(jūzhù)。
【食習慣】しょく-しゅうかん	饮食习惯。
【職住分離】しょくじゅう-ぶんり	居住与工作不在同一地点。
【食生活】しょく-せいかつ	日常饮食；饮食生活。
【職人気質】しょくにん-かたぎ	匠人脾气(jiàngrénpíqi)；手艺人的气质；手艺人的脾气。類職人肌。
【職人芸】しょくにん-げい	匠人的绝活；手艺人的绝技。
【職人肌】しょくにん-はだ	手艺人的气质；手艺人的派头。類職人気質。
【食品群】しょくひん-ぐん	食品归类；食品营养成分分类。
【植物人間】しょくぶつ-にんげん	植物人。
【食文化】しょく-ぶんか	饮食文化。
【所在地】しょざい-ち	所在地。
【初志貫徹】しょし-かんてつ	贯彻初衷(chūzhōng)；始终如一(shǐzhōngrúyī)；一以贯之。
【諸事万端】しょじ-ばんたん	一切(yīqiè)事情。
【諸子百家】しょし-ひゃっか	诸子百家(zhūzǐbǎijiā)。中汉•司马迁《史记•屈原贾生列传》："孝文皇帝初立，……廷尉乃言贾生年少，颇通诸子百家之书。"
【処女航海】しょじょ-こうかい	初航；新船首航。

【処女作】	しょじょ-さく	处女作。
【処女地】	しょじょ-ち	❶处女地；未开垦的地方。❷尚未研究的领域；新领域。
【処世訓】	しょせい-くん	处世格言；处世哲学；处世指南。
【処世術】	しょせい-じゅつ	处事方法；处世方法。
【諸説紛紛】	しょせつふんぷん	众说纷纭；聚讼纷纭。類議論百出。
【女尊男卑】	じょそん-だんぴ	女尊男卑。
【初対面】	しょ-たいめん	初次见面。
【職権濫用】	しょっけん-らんよう	滥用职权。
【初七日】	しょ-なのか	（丧葬）头七。
【処方箋】	しょほう-せん	处方；药方。
【白河夜船】	しらかわ-よふね（白河、白川とも；よふね、よぶねとも）	❶睡熟；睡得晕头转向。❷强不知以为知，冒充知道。
【自力更生】	じりき-こうせい	自力更生。中民国·孙中山《中国问题的真解决》："要想解决这个紧急的问题……这样一来，中国不但会自力更生，而且也就能解决其他国家维护中国的独立与完整的麻烦。"
【私利私欲】	しり-しよく	自私自利；私利私欲。
【支離滅裂】	しり-めつれつ	支离破碎；乱七八糟；鸡零狗碎；七零八落。類 玩具箱を引っ繰り返したよう；埒も無い①；膓次も無い。
【思慮分別】	しりょ-ふんべつ	深思熟虑；思考判断。
【司令塔】	しれい-とう	（军舰）指挥塔；指挥官；指挥部。
【素人芸】	しろうと-げい	业余水平的技艺。
【素人筋】	しろうと-すじ	外行投资人。
【素人目】	しろうと-め	外行人的品评；外行人的眼光。
【四六時中】	しろくじ-ちゅう	❶一天到晚；一整天。❷经常；始终。
【白装束】	しろ-しょうぞく	白衣；法事·葬礼穿的白色服装。
【白無垢】	しろ-むく	❶婚葬、法事葬礼穿的素服。❷上下身全白的服装。
【親衛隊】	しんえい-たい	❶近卫军；亲兵。❷追星族。❸纳粹党卫军。

【心猿意馬】	しんえん-いば	^{xīnyuányìmǎ}心猿意马。中《敦煌变文集·维摩诘经讲经文》:"卓定深沉莫测量,心猿意马罢颠狂。"
【人外境】	じんがい-きょう	无人之地;远离^{chénxiāo}尘嚣之地。類^{mújinkyō}無人鏡。
【人海戦術】	じんかい-せんじゅつ	人海战术。
【人格者】	じんかく-しゃ	^{zhèngrénjūnzǐ}正人君子;人格高尚的人。
【陣笠連】	じんがさ-れん	❶^{dàidǒulì}戴斗笠的下级武士。❷唯(政党)领袖马首是^{zhān}瞻^{lǐngxiùmǎshǒushì}的议员。
【心機一転】	しんき-いってん	心机一^{zhuǎn}转;心情为之一变;一^{zhuǎnniàn}转念。
【新機軸】	しん-きじく	新计划;新方案;新方式。
【心技体】	しん-ぎ-たい	精神・武艺・体力的三要素。
【蜃気楼】	しんき-ろう	^{hǎishìshènlóu}海市蜃楼。類^{kōngchūrōukaku}空中楼閣②。中汉·司马迁《史记·天官书》:"海旁蜃气象楼台,广野气成宫阙然。"
【真空地帯】	しんくう-ちたい	真空地带。
【神経質】	しんけい-しつ	神经质。
【神経衰弱】	しんけい-すいじゃく	❶神经^{shuāiruò}衰弱。❷(^{pūkè}扑克)^{mòduì}摸对儿。
【神経戦】	しんけい-せん	神经战;精神疲劳战术。
【人権蹂躙】	じんけん-じゅうりん	^{róulìn}蹂躏人权;侵犯人权。
【真剣勝負】	しんけん-しょうぶ	❶用真刀^{bǐsài}比赛。❷真正的较量;动真格的;认真的比赛。
【深呼吸】	しん-こきゅう	深呼吸。類^{iki}息を吐く①。
【真骨頂】	しん-こっちょう	^{běnláimiànmù}本来面目;真实面貌。
【新婚旅行】	しんこん-りょこう	蜜月旅行。
【人材登用】	じんざい-とうよう	录用人才。
【新参者】	しんざん-もの	新来的;新加盟者;新人。
【深山幽谷】	しんざんゆうこく	深山^{yōugǔ}幽谷。
【紳士協定】	しんし-きょうてい	君子协定。
【紳士淑女】	しんし-しゅくじょ	^{shēnshì}绅士(和)女士。
【真実一路】	しんじつ-いちろ	一味较真儿;一根筋。

【真実味】しんじつ-み	真实感。
【人事不省】じんじ-ふせい	rénshìbùxǐng bùxǐngrénshì 人事不省；不省人事。類気を失う。中明・冯梦龙《醒世恒言・乔太守乱点鸳鸯谱》："谁想刘璞因冒风之后，出汗虚了，变为寒症，人事不省，十分危笃。"
【神社仏閣】じんじゃ-ぶっかく	fósì 神社与佛寺。
【伸縮自在】しんしゅく-じざい	伸缩自如。
【神出鬼没】しんしゅつ-きぼつ	shénchūguǐmò chūmòwúcháng 神出鬼没；出没无常。類出没自在。中汉・刘安《淮南子・兵略训》："善者之动也；神出而鬼行。"
【尋常一様】じんじょう-いちよう	普通；平常；一般。類並大抵。
【信賞必罰】しんしょう-ひつばつ	xìnshǎngbìfá shǎngfáfēnmíng shǎnggōngfázuì 信赏必罚；赏罚分明；赏功罚罪。中战国・韩非《韩非子・外储说右上》："信赏必罚，其足以战。"
【心象風景】しんしょう-ふうけい	想象中的风景；想象出来的景致。
【針小棒大】しんしょう-ぼうだい	yánguòqíshí kuādàqící 言过其实；夸大其词；夸张。類針ほどの事を棒ほどに言う。
【新所帯】しん-じょたい	新婚家庭；新组建的家庭。
【人心一新】じんしん-いっしん	wèizhī huànrányīxīn 使人心为之一新；使人心焕然一新。
【新進気鋭】しんしん-きえい	zhǎnlùtóujiǎo 崭露头角，前途无量。
【人身攻撃】じんしん-こうげき	人身攻击。
【人身事故】じんしん-じこ	人身事故；伤人事故。
【人心収攬】じんしん-しゅうらん	shōulǒng lǒngluò 收拢人心；笼络人心。
【心神喪失】しんしん-そうしつ	精神失常（法律：无行为责任能力）。
【人身売買】じんしん-ばいばい	mǎimài fànmài 买卖人口；贩卖人口。
【人生観】じんせい-かん	人生观。
【人生訓】じんせい-くん	jiàohuì 有关人生的教诲。
【人生行路】じんせい-こうろ	人生的旅程；人的一生。
【人生模様】じんせい-もよう	人生状态。
【人跡未踏】じんせき-みとう	rénjìhǎnzhì 人迹未到；人迹罕至。類前人未到。

【真相究明】	しんそう-きゅうめい	调查真相；查明真相。
【人造人間】	じんぞう-にんげん	机器人。
【心臓部】	しんぞう-ぶ	中心；中枢；心区。
【迅速果敢】	じんそく-かかん	迅速果断。
【身体検査】	しんたい-けんさ	❶体检；检查身体。❷搜身。
【身体髪膚】	しんたい-はっぷ	身体发肤。中《孝经·开宗明义》："身体发肤，受之父母，不敢毁伤，孝之始也。"
【人畜無害】	じんちく-むがい	人畜无害；毫无影响力；无所谓的存在。
【尽忠報国】	じんちゅう-ほうこく	尽忠报国；精忠报国；忠君报国。中唐·令狐德棻《周书·颜之仪传》："公等备受朝恩，当思尽忠报国，奈何一旦欲以神器假人！"
【慎重居士】	しんちょう-こじ	谨小慎微的人。
【新陳代謝】	しんちん-たいしゃ	新陈代谢；吐故纳新。
【神通力】	じんつう-りき（つ、ずとも）	神通力；神通。中晋·后秦·鸠摩罗什译《法华经·如来寿量品》："（偈言）我常住于此，以诸神通力，令颠倒众生，虽近而不见。" 南朝·梁·王僧孺《初夜文》："得六神通力，具四无碍智。"
【新天地】	しん-てんち	新天地；新的世界。
【震天動地】	しんてん-どうち	震天动地；惊天动地。類驚天動地。中唐·白居易《李白墓》诗："可怜荒陇穷泉骨，曾有惊天动地文。"
【陣頭指揮】	じんとう-しき	前线指挥；临阵指挥；第一线指挥。
【心配事】	しんぱい-ごと	担心的事。
【心配性】	しんぱい-しょう	爱操心；细枝末节都放心不下的性格。類苦劳性。
【審美眼】	しんび-がん	审美眼光；对美的鉴赏力。類鑑賞眼。 人品与风度。
【人品骨柄】	じんぴん-こつがら	人品与风度。
【神仏混淆】	しんぶつ-こんこう	神佛混淆。
【新聞種】	しんぶん-だね	新闻素材；报道的材料。
【身辺整理】	しんぺん-せいり	清理自身相关事务；处理个人物品（不留麻烦）。

【深謀遠慮】しんぼう-えんりょ
深謀远虑。 類読みが深い。 中汉・贾谊《过秦论》："深谋远虑，行军用兵之道，非及乡(=向)时之士也。"

【人面獣心】じんめんじゅうしん
人面兽心。 類狼に衣。 中汉・班固《汉书・匈奴传赞》："被发左衽，人面兽心。"

【深夜業】しんや-ぎょう
夜班（晚10点至次日早5点）。

【信頼度】しんらい-ど
可靠程度；可信度。

【森羅万象】しんら-ばんしょう
森罗万象；万物；宇宙。 中南朝・梁・陶弘景《茅山长沙馆碑》："夫万象森罗，不离两仪所育；百法纷凑，无越三教之境。"

【森林浴】しんりん-よく
森林浴；沐浴森林氧吧。

【人類愛】じんるい-あい
人类爱；对所有人类的爱。

【親類縁者】しんるい-えんじゃ
亲戚；血亲和姻亲。

【親類筋】しんるい-すじ
亲戚关系；有亲戚关系的人。

【酔眼朦朧】すいがん-もうろう
醉眼朦胧。 中宋・苏轼《杜介送鱼》："醉眼朦胧觅归路，松江烟雨晚疏疏。"

【推進力】すいしん-りょく
推进力；推动力。

【酔生夢死】すいせい-むし
醉生梦死。 類長夜の眠り①。 中宋・程颐《明道先生行状》："虽高才明智，胶于见闻，醉生梦死，不自觉也。"

【水天一碧】すいてん-いっぺき
水天一色；海天一色。 中清・陈康祺《郎潜纪闻二笔・5・上斋南斋故实》："门对南湖，水天一碧，圆木蒙密，到此豁然开朗。"

【水平思考】すいへい-しこう
水平思考；打破常规的自由思考。

【水平線】すいへい-せん
海平线；水平线。

【水面下】すいめん-か
❶水面下；水中。 ❷非公开的；内部。

【素寒貧】す-かんぴん
赤贫；一贫如洗；一文不名。 類赤貧洗うが如し。

【隙間風】すきま-かぜ
❶缝隙吹入的风；贼风。 ❷嫌隙；(情感的)裂痕。

【助太刀】すけ-だち
❶帮手。 ❷帮助。 類手を貸す。

【助兵衛】すけべえ
好色；色迷；色鬼。 類鼻毛が長い。

【助兵衛根性】すけべえ-こんじょう
❶色鬼的劣根性。 ❷贪得无厌的习性。

【頭脳明晰】ずのう-めいせき
头脑清晰。

【頭脳流出】ずのう-りゅうしゅつ
人才流失（海外）；科技人才弃国他就；楚材晋用。

【素浪人】す−ろうにん	穷困的浪人；一贫如洗的失业者。
【精一杯】せい−いっぱい	竭尽全力；尽最大努力。 類全力をあげる。
【臍下丹田】せいか−たんでん	脐下丹田。
【生活苦】せいかつ−く	生活的艰辛；生活艰难。
【生活難】せいかつ−なん	生活困难。 類不勝手②。
【青果物】せいか−ぶつ	蔬菜水果。
【性感帯】せいかん−たい	性感带；敏感部位。
【正義漢】せいぎ−かん	有正义感的人；路遇不平拔刀相助之人。
【世紀末】せいき−まつ	世纪末。
【政教一致】せいきょう−いっち	政教合一。
【政教分離】せいきょう−ぶんり	政（治和宗）教分离。
【晴耕雨読】せいこう−うどく	晴耕雨读；悠游自得的田园生活。
【正攻法】せいこう−ほう	正面进攻的战法；不用谋略・诡计的战法。
【成功裏】せいこう−り	成功地。類首尾よく。
【政財界】せい−ざい−かい	政界和经济界。
【生殺与奪】せいさつ−よだつ	生杀予夺。類活殺自在。中唐・杜牧《上宣州崔大夫书》："今藩镇之贵，土地兵甲，生杀予夺，在一出口。"
【政治屋】せいじ−や	（贬）政客；靠从政谋生的人；专门从事政治活动的人。
【青少年】せい−しょう−ねん	青少年。
【聖人君子】せいじん−くんし	圣人君子。
【誠心誠意】せいしん−せいい	诚心诚意。類心を尽くす。中明・吴承恩《西游记・95》："正是无虑无忧来佛界；诚心诚意上雷音。"
【精神統一】せいしん−とういつ	精力集中；精神集中于一点。
【精神年齢】せいしん−ねんれい	智力年龄；心智年龄。
【性生活】せい−せいかつ	性生活。

【正正堂堂】せいせい-どうどう
❶堂堂之阵；堂堂正正。類正正の旗、堂堂の陣。❷光明正大；光明磊落。類公明正大。
中清・文康《儿女英雄传》第三十回："毕竟有些爱中生敬，敬中生畏，况且人家的话正正堂堂，料着一时驳不倒。"

【生前葬】せいぜん-そう
在世时本人要求举行的葬礼。

【青壮年】せい-そう-ねん
青壮年。

【製造元】せいぞう-もと
厂家；生产者；生产商。

【生存競争】せいぞん-きょうそう
生存竞争。

【贅沢三昧】ぜいたく-ざんまい
穷奢极欲；极尽奢侈。類荣耀荣华；贅を尽くす。

【成長株】せいちょう-かぶ
❶增长股；看涨的股。❷大有前途的人；前程似锦的人才。

【青天白日】せいてん-はくじつ
❶青天白日。中唐・李白《上留田行》："田氏仓卒骨肉分，青天白日催紫荆。"❷光明磊落。類公明正大。❸冤案得以昭雪；判明清白无辜。中宋・朱熹《答魏元履三首》其二："若武侯即名义俱正，无所隐匿，其为汉复仇之志，如青天白日，人人得而知之。"

【正当防衛】せいとう-ぼうえい
正当防卫。

【制度疲労】せいど-ひろう
制度已不能适应现实。

【生年月日】せい-ねんがっぴ
出生年月日。

【正反合】せい-はん-ごう
（黑格尔理论）正反合。
西Hegel：These-AntiThese-SynThese.

【正反対】せい-はんたい
正相反。類墨と雪；雪と墨。

【政府筋】せいふすじ
官方人士；官方消息；政府渠道。

【性暴力】せい-ぼうりょく
性暴力。

【生命線】せいめい-せん
❶生命线。❷（手相）寿命线。

【生理現象】せいり-げんしょう
生理现象。

【整理整頓】せいり-せいとん
整理；整顿。

【政略結婚】せいりゃく-けっこん
政治联姻。

【清涼剤】 せいりょう-ざい	清凉剂；清新剂。
【勢力圏】 せいりょく-けん	势力范围 fànwéi。
【精力絶倫】 せいりょく-ぜつりん	精力无比。
【勢力伯仲】 せいりょく-はくちゅう	势均力敌 shìjūnlìdí。类何れ劣らぬ いずおと。
【清廉潔白】 せいれん-けっぱく	廉洁 liánjié；一清如水 yīqīngrúshuǐ。
【世界観】 せかい-かん	世界观。
【施餓鬼】 せ-がき	（佛教 fójiào）施饿鬼 shī è guǐ 法会。
【背恰好】 せ-かっこう	身材；体貌特征。
【碩学大儒】 せきがく-たいじゅ	硕学大儒 shuòxuédàrú；硕学通儒。中元·刘埙《隐居通议·诗歌二》："欧阳文忠公脩鸿文硕学，宗工大儒。"
【赤十字】 せき-じゅうじ	红十字（会）。
【責任転嫁】 せきにん-てんか	转嫁 zhuǎnjià 责任；推卸 tuīxiè 责任。
【赤裸裸】 せき-らら	赤裸裸 chìluǒluǒ；赤身。
【世間体】 せけん-てい	面子；体面。
【世間話】 せけん-ばなし	闲谈 xiánliáo；闲聊。类四方山話 よもやまばなし。
【是是非非】 ぜぜ-ひひ	是是非非 shìshìfēifēi；是非分明 shìfēifēnmíng；以是为是，以非为非。中战国·荀况《荀子·修身》："是是非非谓之知，非是是非谓之愚。"
【世代交代】 せだい-こうたい	新老交替；世代交替。
【世帯主】 せたい-ぬし	户主；家长 jiāzhǎng；一家之主。
【世帯仏法腹念仏】 せたいぶっぽう はらねんぶつ	传道诵经 chuándàosòngjīng，只为 wèi 谋生。
【絶好調】 ぜっ-こうちょう	状况最佳；情况最好。
【切磋琢磨】 せっさ-たくま	切磋琢磨 qiēcuōzhuómó；刻苦钻研 zuānyán。中《诗经·卫风·淇奥》："有匪君子，如切如磋，如琢如磨。"
【切歯扼腕】 せっし-やくわん	切齿扼腕 qièchǐ è wàn；咬牙切齿 yǎoyáqièchǐ；切齿腐心 fǔxīn。类牙を嚙む きば か；嘴 くちばしを鳴らす① な；歯を嚙む は。中汉·司马迁《史记·张仪列传》："是故天下之游谈士莫不日夜搤（=扼）腕瞋目切齿以言从（=纵）之便，以说人主。"
【絶対安静】 ぜったい-あんせい	绝对静养。
【絶対視】 ぜったい-し	绝对化；绝对的认识 rènshi。

【絶体絶命】ぜったい-ぜつめい
穷途末路；一筹莫展；无可奈何。類進退これ谷まる。

【絶対多数】ぜったい-たすう
绝大多数。類最大多数。

【絶対服従】ぜったい-ふくじゅう
绝对服从。

【切腹物】せっぷく-もの
严重失败；导致切腹的重大失败。

【絶不調】ぜつ-ふちょう
状况极差。

【瀬戸際】せと-ぎわ
紧要关头；成败的关键（时刻）。類土壇場②；土俵際②。

【瀬戸物】せと-もの
陶瓷（器）。

【銭勘定】ぜに-かんじょう
计算钱数；数钱；算账。類算盤を置く①；算盤を弾く①。

【背番号】せ-ばんごう
（选手）后背的号码。

【是非曲直】ぜひ-きょくちょく
是非曲直；青红皂白。類理非曲直。中汉・王充《论衡・说日篇》："而论各有所见，故是非曲直未有所定。"

【是非是非】ぜひ-ぜひ
务必；一定；无论如何。類何が何でも。

【是非善悪】ぜひ-ぜんあく
是非善恶。

【世話女房】せわ-にょうぼう
❶贤内助。❷歌舞伎中平民主妇的角色。

【戦意喪失】せんい-そうしつ
丧失斗志；失去斗志；无意再战。

【善因善果】ぜんいん-ぜんか
（佛教）善因善果；善有善报。類因果応報。

【先覚者】せんかく-しゃ
先觉（者）；先知先觉。

【浅学非才】せんがく-ひさい
才疏学浅。

【千客万来】せんきゃく-ばんらい
客人络绎不绝；客人接踵而来；宾客如云；宾客盈门；顾客盈门。

【専業主婦】せんぎょう-しゅふ
全职太太；专职主妇。

【千軍万馬】せんぐん-ばんば
❶千军万马。❷身经百战；经验丰富。類百戦錬磨。中唐・李延寿等《南史・陈庆之传》："先是洛中谣曰：'名师大将莫自牢，千兵万马避白袍。'"

【先決問題】せんけつ-もんだい
先决问题；首要问题。

【千言万語】	せんげん-ばんご	千言万语。類百万言。中唐・郑谷《燕》："千言万语无人会，又逐流莺过短墙。"
【線香花火】	せんこう-はなび	❶滴花。❷五分钟热情；昙花一现。類熱し易く冷め易い。
【戦国時代】	せんごく-じだい	战国时代。
【先刻承知】	せんこく-しょうち	早就知道；先已知晓。
【善後策】	ぜんご-さく	善后措施；善后处理方法。
【前後左右】	ぜんご-さゆう	前后左右。
【前後賞】	ぜんご-しょう	彩票大奖号码前后号的奖。
【千古不易】	せんこ-ふえき	永恒不变；亘古不变。類万古不易。
【前後不覚】	ぜんご-ふかく	神志不清；不省人事；昏迷不醒。類気を失う。
【潜在意識】	せんざい-いしき	潜意识。
【千載一遇】	せんざい-いちぐう	千载之一遇；千载难逢；百年不遇；千载一时。類優曇華の花②；亀の浮き木；盲亀の浮木。中汉・王褒《四子讲德论》："夫特达而相知者，千载之一遇也；招贤而处友者，众士之常路也。"
【千差万別】	せんさ-ばんべつ	千差万别。中《大唐善导和尚集・证信序》："说一切诸法，千差万别，如来观知，历历了然。"
【千山万水】	せんざん-ばんすい	千山万水；万水千山。中唐・贾岛《送耿处士》："万水千山路，孤舟几月程。"
【全自動】	ぜん-じどう	全自动。
【千思万考】	せんし-ばんこう	千思万虑；深思熟虑。
【千紫万紅】	せんし-ばんこう	万紫千红。中宋・邵雍《落花吟》："万紫千红处处飞，满川桃李漫成蹊。"
【千姿万態】	せんし-ばんたい	千姿百态。
【先住民】	せんじゅう-みん	土著；原始居民。
【千秋楽】	せんしゅう-らく	演出以及相扑比赛的最后一天；闭幕演出。
【選手権】	せんしゅ-けん	锦标赛。
【選手村】	せんしゅ-むら	奥运村；运动员村。
【前哨戦】	ぜんしょう-せん	❶前哨战。❷事先活动。
【全身全霊】	ぜんしん-ぜんれい	全心全意；全部精力；全部心血。

| 【千辛万苦】せんしん-ばんく | 千辛万苦。類艱難辛苦。中唐《敦煌变文・佛说观弥勒菩萨上生兜率天经讲经文》："富贵儿孙争奉侍，贫穷朝夕自营谋。千辛万苦为谁人，十短九长解甚事？" |

【前人未踏】ぜんじん-みとう	前人未曾涉足；前所未有。類人跡未踏。
【前世紀】ぜん-せいき	前世纪；上世纪。
【先制攻撃】せんせい-こうげき	先敌进攻；先发制人的攻击。
【全世界】ぜん-せかい	全世界；全球。類満天下。
【戦戦兢兢】せんせんきょうきょう	战战兢兢。類落ち武者は薄の穂にも怖ず；木にも草にも心を置く；草木にも心を置く；小心翼翼①；薄の穂にも怯じる；風声鶴唳。中《诗经・小雅・小旻》："战战兢兢，如临深渊，如履薄冰。"
【宣戦布告】せんせん-ふこく	向敌国宣战。
【前奏曲】ぜんそう-きょく	❶序曲；前奏曲。❷前兆；序幕。
【全速力】ぜんそく-りょく	全速。
【先祖伝来】せんぞ-でんらい	祖传；祖上传下来。類一家相伝；親譲代。
【前代未聞】ぜんだい-みもん	前所未闻；史无前例；前所未有。類空前絶後。
【選択肢】せんたく-し	选项。
【全知全能】ぜんち-ぜんのう	全知全能；无所不知，无所不能。
【先着順】せんちゃく-じゅん	先来后到；按先后顺序。
【先手必勝】せんて-ひっしょう	先下手为强；先发制人。類機先を制する。
【宣伝戦】せんでん-せん	宣传战。
【前途多難】ぜんと-たなん	前途多难。
【前途無効】ぜんと-むこう	一次乘车有效；中途下车，前方无效。
【前途有為】ぜんと-ゆうい	前途有为；将来大有作为。
【前途有望】ぜんと-ゆうぼう	前途大有希望；大有前途。類生い先あり；生い先遠し；春秋に富む；脈がある②。
【前途洋洋】ぜんと-ようよう	前途无限；前途无量；前程万里。
【前途遼遠】ぜんと-りょうえん	前途遥远；前途多舛。

【善男善女】ぜんなん-ぜんにょ
善男信女。中 明・冯惟敏《点绛唇・僧尼共犯第一折》："正讽经数声叹息,刚顶礼几度嗟呀。要求个善男信女担惊怕,总不如空门净土,当伙儿恋酒贪花。"

【全日制】ぜんにち-せい
全日制。

【千日手】せんにち-て
磨棋;和棋。

【先入観】せんにゅう-かん
成见;先入之见。類 先入主となる。

【先入主】せんにゅう-しゅ
➡先入観。

【千人力】せんにん-りき
力抵千人;千人助力。類 百人力。

【先輩面】せんぱい-づら
以前辈自居;摆老前辈的架子。

【専売特許】せんばい-とっきょ
❶专利;专利权。❷拿手好戏;专长的技艺。類 御手の物。

【千羽鶴】せんば-づる
千羽鹤;千鹤图。

【千波万波】せんぱ-ばんぱ
千波万浪;千层浪;层层波浪。

【千篇一律】せんぺん-いちりつ
千篇一律。類 一本調子。中 明・王世贞《艺苑卮言》："少年与元稹靡逞博,意在警策痛快,晚更作知足语,千篇一律。"

【千変万化】せんぺん-ばんか
千变万化。中 春秋・列御寇《列子・周穆王》："乘虚不坠,触实不硋(=碍),千变万化,不可穷极。"

【全方位外交】ぜんほうい-がいこう
全方位外交;与所有国家交好的外交政策。

【全面高】ぜんめんだか
各股票全面上涨;各股票几乎都上涨。

【禅問答】ぜん-もんどう
❶修行者间禅师答。❷不得要领的问答。

【前夜祭】ぜんや-さい
庆典或节日前夜的庆祝活动。

【先憂後楽】せんゆう-こうらく
先忧后乐。類 天下の憂いに先立ちて憂え、天下の楽しみに後れて楽しむ。中 宋・范仲淹《岳阳楼记》："先天下之忧而忧,后天下之乐而乐乎。"

【千里眼】せんり-がん
千里眼。中 北齐・魏收《魏书・杨播传》："咸言杨使君有千里眼,那可欺之?"

【千両箱】せんりょう-ばこ
(江户时代的金币箱)千两箱。

【千両役者】せんりょう-やくしゃ
名角;名优;大牌演员;大受追捧的明星。

【全力投球】ぜんりょく-とうきゅう
竭尽全力;全力以赴。類 全力をあげる。

【善隣友好】ぜんりん-ゆうこう
睦邻友好。

【粗衣粗食】そい-そしょく　粗衣蔬食(shūshí)；粗衣粝食(lìshí)；布衣蔬食(bùyīshūshí)；褐衣疏食(hèyīshūshí)。

【創意工夫】そうい-くふう　别出心裁(biéchūxīncái)；下创新(chuàngxīn)的功夫。[類]趣向(しゅこう)を凝(こ)らす。

【総会屋】そうかい-や　股东会上的混子(hùnzi)；股东会上发难(fānàn)、左右大会议程的人。

【雑木林】ぞうき-ばやし　杂树丛林(cónglín)。

【相互扶助】そうご-ふじょ　相互扶助；互相扶持(fúchí)；互助。[類]持(も)ちつ持(も)たれつ。

【草根木皮】そうこん-もくひ　草根树皮；中草药。

【総辞職】そう-じしょく　全体辞职；（内阁）总辞职。

【相思相愛】そうし-そうあい　相思相爱。[類]思(おも)い思(おも)われる。

【贈収賄】ぞう-しゅう-わい　行贿受贿(xínghuìshòuhuì)。

【送受信】そう-じゅ-しん　收发电子信息。

【増上慢】ぞうじょう-まん　过度自信；盲目自负。

【総選挙】そう-せんきょ　大选。

【草草不一】そうそう-ふいつ　草草不遑(huáng)尽言。

【総動員】そう-どういん　总动员。

【相当数】そうとう-すう　相当的数量。

【造反有理】ぞうはん-ゆうり　造反有理。

【造物主】ぞうぶつ-しゅ　造物主(zàowùzhǔ)。[中]战国・庄周《庄子・大宗师》："伟哉，夫造物者将以予为此拘拘也"

【双方向】そう-ほうこう　信息往来；信息双向交流。

【総本山】そう-ほんざん　❶（一个宗派(zōngpài)的）总寺院。❷大本营。

【走馬灯】そうま-とう　走马灯(zǒumădēng)。[中]宋・吴自牧《梦粱录・夜市》："春冬扑卖玉栅小球灯、奇巧玉栅屏风、捧灯球、快行胡女儿沙戏、走马灯……等物。"

【総力戦】そうりょく-せん　总体战。

【総論賛成各論反対】そうろんさんせい かくろんはんたい　总论赞成，各论反对；总体方案赞成，具体问题反对。

【促音便】そく-おんびん　（为发音方便产生的语流音变）促音便(cùyīnbiàn)。

【息災延命】そくさい-えんめい　健康长寿；驱灾(qūzāi)延寿。

【俗臭芬芬】ぞくしゅう-ふんぷん　俗不可耐(súbùkĕnài)；俗气不堪(kān)。

【即身成仏】そくしん-じょうぶつ　（佛教(fójiào)）即身成佛(chéngfó)；生身即可成佛。

【即身仏】 そくしん-ぶつ		(佛教)今生肉身即成佛。
【俗世界】 ぞく-せかい		尘世；娑婆(suōpó)世界。類俗世間。
【俗世間】 ぞく-せけん		俗世；尘世；红尘之中。類俗世界。
【速戦即決】 そくせん-そっけつ		速战速决(sùzhànsùjué)。
【即戦力】 そく-せんりょく		不经训练即可投入战斗的力量；现成的人力。
【即断即決】 そくだん-そっけつ		当机立断(dāngjīlìduàn)。
【底意地】 そこ-いじ		心地；心眼儿。
【粗忽者】 そこつ-もの		冒失鬼；马大哈。
【組織網】 そしき-もう		网状结构的组织。
【粗製乱造】 そせいらんぞう		粗制滥造(cūzhìlànzào)。
【祖先崇拝】 そせん-すうはい		祖先崇拜(chóngbài)；崇拜祖先。
【粗大塵】 そだい-ごみ		❶大件垃圾(lājī)。❷(戏称(xìchēng))退休后无所事事(wúsuǒshìshì)的男人。
【即効薬】 そっこう-やく		速效药；立竿见影(lìgānjiànyǐng)的药。
【率先躬行】 そっせん-きゅうこう		带头行动。
【率先垂範】 そっせん-すいはん		率先垂范(shuàixiānchuífàn)。
【素封家】 そほう-か		大财主。類金満家(きんまんか)。
【空模様】 そら-もよう		❶天气形势。❷空气；气氛(qìfēn)。
【算盤勘定】 そろばん-かんじょう		盘算(pánsuàn)；计算得失。類算盤(そろばん)を置(お)く②；算盤を弾(ひ)く②。
【尊厳死】 そんげん-し		尊严死。
【尊皇攘夷】 そんのう-じょうい		尊王攘夷(rǎngyí)。類勤皇攘夷(きんのうじょうい)。

た行

【大安吉日】 たいあん-きちじつ		黄道吉日(huángdàojírì)。類黄道吉日(こうどうきちにち)。
【第一印象】 だいいち-いんしょう		第一印象。
【第一人者】 だいいちにん-しゃ		第一人；首屈一指(shǒuqūyīzhǐ)的人；泰斗(tàidǒu)。類大御所(おおごしょ)②；泰山(たいざん)北斗(ほくと)。
【第一声】 だいいっ-せい		第一声；首次讲演。

【第一線】だいいっ-せん　❶火线；最前线。類最前線①。❷第一线；一线。類最前線②。

【第一步】だいいっ-ぽ　第一步；开始的一步。

【第一報】だいいっ-ぽう　（事件等）首次报告；第一次报告。

【大英断】だい-えいだん　重大的英明决策。

【大往生】だい-おうじょう　安然离世；无疾而终；去逝；寿终正寝(jí qùshì shòuzhōngzhèngqǐn)。類極楽往生②。

【大音声】だい-おんじょう　大声。

【大廈高楼】たいか-こうろう　高楼大厦(dàshà)。

【大喝一声】だいかつ-いっせい　大喝一声。中元・施耐庵《水浒・6》："智深大喝一声道：'你这斯们，来，来！今番和你斗个你死我活！'"

【大願成就】たいがん-じょうじゅ　实现大愿；宏愿(hóngyuàn)实现。

【大器小用】たいき-しょうよう　大材小用(dàcáixiǎoyòng)。類役不足②。中南朝・宋・范晔《后汉书・文苑传下》："'函牛之鼎以烹鸡，多汁则淡而不可食，少汁则熬而不可熟。'此言大器之于小用，固有所不宜也。"

【大器晩成】たいき-ばんせい　大器晩成(dàqìwǎnchéng)。中春秋・李耳《老子・41》："大器晩成，大音希声，大象无形。"

【大義名分】たいぎ-めいぶん　❶臣民(chénmín)的本分。❷正当(zhèngdàng)的理由。

【大逆無道】たいぎゃく-むどう　大逆无道(dànìwúdào)；大逆不道(dànìbúdào)。類極悪非道。中汉・司马迁《史记・高祖本纪》："天下公立义帝，北面事之，今项羽放杀义帝于江南，大逆无道。"

【大局観】たいきょく-かん　❶全局观；对整个局势的看法。❷对全盘棋局(quánpánqíjú)的判断。

【大慶至極】たいけい-しごく　最高的喜庆之事；大吉大利(dàjídàlì)。

【大言壮語】たいげん-そうご　夸(kuā)海口。類気を吐く。

【対抗馬】たいこう-ば　势均力敌(shìjūnlìdí)的对手；挑战(tiǎozhàn)种子选手的马。類相手にとって不足はない。

【太公望】たいこう-ぼう　钓鱼人；渔翁(yúwēng)。

【大黒柱】だいこく-ばしら　顶梁柱(dǐngliángzhù)；台柱子；主心骨。類中流の砥柱；屋台骨。

【太鼓腹】たいこ-ばら　大腹便便(dàfùpiánpián)；圆而鼓的大肚子。

【太鼓判】 たいこ-ばん	❶大印；大圆印章。❷绝对保证。
【醍醐味】 だいご-み	深奥的 妙趣(miàoqù)；乐趣(lèqù)。
【大根足】 だいこん-あし	女性的粗腿；白萝卜腿(luóbotuǐ)。
【大根役者】 だいこんやくしゃ	三流演员。
【第三者】 だいさん-しゃ	第三方；非当事方。
【第三勢力】 だいさん-せいりょく	非左非右的政治势力；第三种势力。
【泰山北斗】 たいざん-ほくと	泰山北斗(tàishānběidǒu)。⟨類⟩第一人者(だいいちにんしゃ)。⟨中⟩宋•欧阳修等《新唐书•韩愈传赞》："自愈没，其言大行，学者仰之如泰山北斗云。"
【大死一番】 だいし-いちばん （だいし、たいしとも）	❶拼老命(pīn mìng)；豁出去(huō)。⟨類⟩命(いのち)に懸(か)けて。❷了却尘缘(liǎoquèchényuán)，一心向佛(fó)。⟨類⟩不惜(ふしゃく)身命(しんみょう)。
【大至急】 だい-しきゅう	火速；（十万(shíwàn)）火急(huǒjí)；急速。⟨類⟩超特急(ちょうとっきゅう)❷。
【大慈大悲】 だいじ-だいひ	（佛教(fójiào)）大慈大悲(dàcídàbēi)。⟨中⟩后秦•鸠摩罗什译《妙法莲华经•譬喻品》："大慈大悲，常无懈倦，恒求善事，利益一切。"
【大車輪】 だい-しゃりん	❶单杠大回环(dāngàngdàhuíhuán)。❷拼命(pīnmìng)；铆足了劲(mǎozúlejìn)。⟨類⟩一生懸命(いっしょうけんめい)。
【大上段】 だい-じょうだん	❶（剑道(jiàndào)）大上段；挥刀下劈的架式(huīdāoxiàpī)。❷居高临下(jūgāolínxià)的态度。⟨類⟩上手(うわて)に出(で)る。
【大丈夫】 だい-じょうぶ	❶不要紧；没关系。❷可靠；放心。
【対症療法】 たいしょう-りょうほう	对症治疗；对症下药(duìzhèngxiàyào)。
【大食漢】 たいしょく-かん	大肚子汉。
【大所高所】 たいしょ-こうしょ	高观点，广视野；高瞻远瞩(gāozhānyuǎnzhǔ)。
【対人関係】 たいじん-かんけい	人际关系(rénjì)。⟨類⟩人間関係(にんげんかんけい)。
【大人君子】 たいじん-くんし	德高望重(dégāowàngzhòng)的人。⟨中⟩清•王夫之《读通鉴论•唐中宗》："庸人视之，如推车于太行之险，大人君子视之，一苇可杭之浅者也。"
【大政奉還】 たいせい-ほうかん	大政奉还(fènghuán)；还政(huánzhèng)于天皇。
【泰然自若】 たいぜん-じじゃく	泰然自若(tàiránzìruò)。⟨類⟩悠揚迫(ゆうようせま)らず。⟨中⟩元•脱脱《金史•颜盏门都传》："有敌忽来；虽矢石至前；泰然自若。"
【大前提】 だい-ぜんてい	大前提。

【大大的】だいだい-てき	大大（的）；很大（的）；大规模（的）。
【大多数】だい-たすう	大多数。
【大団円】だい-だんえん	大团圆；大结局；圆满收场。
【大胆不敵】だいたん-ふてき	天不怕，地不怕；胆大包天；无所畏惧。類鬼を酢にして食う；恐いもの知らず；怖いものなし。
【大道芸】だいどう-げい	街头表演；街头卖艺；走江湖。
【大同小異】だいどう-しょうい	大同小异。類似たり寄ったり。中北魏・杨炫之《洛阳伽蓝记・城北・凝圆寺》："西胡风俗，大同小异，不能具录。"
【大同団結】だいどう-だんけつ	求同存异；超越党派・团体利益谋求团结一致。類小異を捨てて大同に就く。
【大動脈】だい-どうみゃく	❶大动脉。❷交通主干道。
【大統領】だい-とうりょう	❶总统。❷老板。
【代表作】だいひょう-さく	代表作。
【大兵肥満】だいひょう-ひまん	身材魁伟；大块头；人高马大；彪形大汉。類偉丈夫。
【台風一過】たいふう-いっか	台风过后；台风过后（晴空万里）。
【大部分】だい-ぶぶん	大部分。
【太平楽】たいへい-らく	❶信口开河。類口から出任せを言う。❷恣意妄为；满不在乎。
【大名行列】だいみょう-ぎょうれつ	前呼后拥，鸣锣开道；高官名人，率众出行。
【大名旅行】だいみょう-りょこう	豪华旅游。
【大欲非道】たいよく-ひどう	暴虐贪婪；贪狠残暴。
【大漁貧乏】たいりょう-びんぼう	供过于求，价格大跌；谷贱伤农。類豊作貧乏。
【第六感】だい-ろっかん	第六感。類虫の知らせ。
【手弱女】たおやめ	窈窕淑女；婀娜女子。
【多角経営】たかく-けいえい	多种经营。
【高手小手】たかて-こて	五花大绑。
【高飛車】たか-びしゃ	盛气凌人；强横；高压。類上手に出る。

| 【多岐亡羊】たき-ぼうよう | qílùwángyáng fēnfán wúsuǒshìcóng 歧路亡羊；头绪纷繁，无所适从。中宋・朱熹《答吕子约二十八首》："昔人所谓多歧亡羊者，不可不戒也。" |

【宅地造成】たくち-ぞうせい	zhùzhái 营造住宅用地；把农田和山林改成住宅用地。
【宅配便】たくはい-びん	zháijísòng kuàidì 宅急送；快递。
【多芸多才】たげい-たさい	duōcáiduōyì 多才多艺。中三国・诸葛亮《三宾》："博闻广见，多艺多才，此万夫之望，可引为上宾。"
【多血質】たけつ-しつ	duōxuèzhì （气质类型）多血质。
【筍生活】たけのこ-せいかつ	jiādàngdùrì 靠变卖家当度日。
【蛸足配線】たこあし-はいせん	chāzuò 多头插座。
【多国籍】た-こくせき	kuàguó guójí 跨国；多国籍。
【蛸入道】たこ-にゅうどう	❶章鱼。❷tūzi 秃子；光头。
【他言無用】たごん-むよう	wàichuán xièlòu 不可外传；不可泄漏。
【多士済済】たし-せいせい	réncáijìjǐ 人才济济。
【多事多端】たじ-たたん	❶繁忙。❷qiāntóuwànxù 千头万绪；多有事端。
【多事多難】たじ-たなん	多灾多难。
【駄洒落】だ-じゃれ	wúliáo zhuōliè huīxié 无聊的笑话；拙劣的诙谐。
【多種多様】たしゅ-たよう	多种多样；各式各样；xíngxíngsèsè fēngfùduōcǎi 形形色色；丰富多彩。類 しゅじゅざった 種種雑多。
【多趣味】た-しゅみ	xìngqùguǎngfàn 兴趣广泛。
【多情多感】たじょう-たかん	多情善感。
【多情多恨】たじょう-たこん	多情多恨。
【多情仏心】たじょう-ぶっしん	多情又心软；jiànyìsīqiān xīncíshǒuruǎn 见异思迁又心慈手软。
【多数決】たすう-けつ	少数服从多数。
【黄昏時】たそがれ-どき	黄昏（时分）；bàngwǎn 傍晚时刻。
【畳水練】たたみ-すいれん	zhǐshàngtánbīng 纸上谈兵。類 きじょう くうろん 机上の空論。
【太刀先】たち-さき	❶dāofēng 刀锋；刀尖儿。❷kǎnshā 砍杀时的气势。❸指责对方时的气势。
【伊達男】だて-おとこ	❶xiāosǎ 潇洒的男子。❷xiákè 侠客。
【伊達女】だて-おんな	shímáo dǎban 时髦的女子；爱打扮的女人。

【伊達眼鏡】	だて-めがね	平光镜；装饰眼镜。
【立役者】	たて-やくしゃ	❶主角；台柱子。[類]一枚看板①。❷中心人物。[類]中心人物。
【棚牡丹】	たな-ぼた	天上掉馅饼；福从天降。[類]棚から牡丹餅。
【他人行儀】	たにん-ぎょうぎ	见外；当外人看待；像客人一样的客气。
【狸親爺】	たぬき-おやじ	老滑头；老奸巨猾；老狐狸。[類]海千山千。
【旅支度】	たび-じたく	❶出门旅行的准备；打点行囊。❷行装；出行的服装。[類]手甲脚絆。
【多方面】	た-ほうめん	多方面；多领域。
【玉手箱】	たま-てばこ	❶宝盒；玉匣。❷秘不示人的重要东西。
【玉虫色】	たまむし-いろ	❶彩虹色。❷模棱两可的解释。
【駄目元】	だめ-もと	不成功也无所谓；不行也没关系。[類]駄目で元元。
【多目的】	た-もくてき	多功能；多用途；综合。
【他力本願】	たりき-ほんがん	只依靠外力；坐享其成；坐等别人援助。
【他流試合】	たりゅう-じあい	门派之争；和别的门派比武。
【暖衣飽食】	だんい-ほうしょく	丰衣足食；穿得暖吃得饱。[中]战国・荀况《荀子・荣辱》："是庶人之所以取暖衣饱食，长生久视，以免于刑戮也。"
【断崖絶壁】	だんがい--ぜっぺき	悬崖峭壁。[中]唐・刘长卿《望龙山怀道士许法稜》："悬崖绝壁几千丈，绿萝裊裊不可攀。"
【貪官汚吏】	たんかん-おり	贪官污吏。[中]元・无名氏《鸳鸯被》："敕赐势剑金牌，一应贪官污吏，准许先斩后闻。"
【単行本】	たんこう-ぼん	单行本。
【団子状】	だんご-じょう	❶球形。❷形成一个整体；抱成一团。
【団子鼻】	だんご-ばな	蒜头鼻子。
【単細胞】	たん-さいぼう	❶单细胞。❷头脑简单。
【短時日】	たん-じじつ	短时间；短期间。[類]短日月。
【短日月】	たん-じつげつ	短期间。[類]短時日。
【胆汁質】	たんじゅう-しつ	（气质类型）胆汁质。
【単純明快】	たんじゅん-めいかい	简单明快；简单明了。[類]簡単明瞭。
【誕生石】	たんじょう-せき	生日宝石。

【男女共学】 だんじょ-きょうがく		男女同校。
【男女同権】 だんじょ-どうけん		男女同权。
【単身赴任】 たんしん-ふにん		zhīshēnfùrèn 只身赴任。
【男尊女卑】 だんそん-じょひ		nánzūnnǚbēi 男尊女卑。🀄春秋・列御寇《列子・天瑞》："男女之别，男尊女卑，故以男为贵。"
【段段畑】 だんだん-ばたけ		tītián 梯田。
【単刀直入】 たんとう-ちょくにゅう		dāndāozhírù kāiménjiànshān 单刀直入；直截了当；开门见山。🀄宋・释道原《景德传灯录・12》："若是作家战将，便请单刀直入，更莫如何若何。"
【単独行動】 たんどく-こうどう		单独行动；独立行动。
【旦那芸】 だんな-げい		xiāoqiǎn zhǎngwò 老板（为了消遣而掌握）的技艺。
【短兵急】 たんぺい-きゅう		突然；性急。
【断末魔】 だん-まつま		fójiào yàn qì 临死前的痛苦；（佛教）临终；咽最后一口气。
【談論風発】 だんろん-ふうはつ		tánxiàofēngshēng 谈笑风生；热烈谈论；激烈讨论。🏷話が弾む。
【地域社会】 ちいき-しゃかい		地区性社会；区域性社会。
【天下太平】 てんか-たいへい		tiānxiàtàipíng héqīnghǎiyàn 天下太平；河清海晏。🏷雨塊を破らず；家給し人足る；海波を揚げず；枝を鳴らさず；風枝を鳴らさず；諫鼓苔生す；草も揺がず①；草木も揺がぬ；五風十雨；四海波静か；弓は袋に太刀は鞘。🀄汉・戴圣《礼记・仲尼燕居》："言而履之，礼也；行而乐之，乐也。君子力此二者，以南面而立，夫是以天下太平也。"
【天下無双】 てんか-むそう		tiānxiàwúshuāng jǔshìwúshuāng juéshìwúshuāng wúyǔlúnbǐ 天下无双；举世无双；绝世无双；无与伦比。🏷海内無双；国士無双；天下無敵。🀄汉・司马迁《史记・李广列传》："李广才气，天下无双。"
【天下無敵】 てんか-むてき		tiānxiàwúdí 天下无敌；不可战胜。🏷天下無双。🀄战国・庄周《庄子・说剑》："'臣之剑，十步一人，千里不留行。'王大悦之，曰：'天下无敌矣！'"
【天空海闊】 てんくう-かいかつ		tiānkōnghǎikuò hǎikuòtiānkōng huòdádàdù xiōngjīn 天空海阔；海阔天空；豁达大度；胸襟开阔。🏷磊磊落落。🀄宋・汤恢《满江红》词："酒醒香销人自瘦，天空海阔春无极。"

【電光石火】	でんこう-せっか	diànguāngshíhuǒ　shíhuǒdiànguāng 电光石火；石火电光。类目にも留らぬ。中唐・吕岩《赠刘方处士》："浮世短景倏成空，石火电光看即逝。"
【天災地変】	てんさい-ちへん	zāi huò 天灾地祸；自然灾害。类天变地异。
【電車道】	でんしゃ-みち	❶ yǒuguǐ 有轨电车道。❷（xiāngpū 相扑）一下子把对方推出赛 chǎng 场。
【天井桟敷】	てんじょう-さじき	最后排最高观众席。
【天上天下唯我独尊】	てんじょうてんげ ゆいがどくそん	wéiwǒdúzūn 天上天下，唯我独尊；唯我独尊。类唯我独尊。中唐・玄奘《大唐西域记》："天上天下，唯我独尊，今兹而往生分已尽。"
【天神地祇】	てんじん-ちぎ	dìqí huángtiānhòutǔ 天神和地祇；皇天后土。类天地神明。
【電信柱】	でんしん-ばしら	❶ gānzi 电线杆子。❷ xìgāotiāo 细高挑儿。类 cháng shēn shòu qū 長身痩躯。
【天真爛漫】	てんしん-らんまん	tiānzhēnlànmàn 天真烂漫。类 jùnshīn mù gòu しどもない②；純真無垢；罪がない②；tiān yī wú fèng 天衣無縫②；mú jǎ qì 無邪気①。中宋・龚开《高马小儿图》："此儿此马俱可怜，马方三齿儿未冠。天真烂漫好容仪，楚楚衣装无不宜。"
【天孫降臨】	てんそん-こうりん	jiànglín 天孙降临。
【天地開闢】	てんち-かいびゃく	kāitiānpìdì 开天辟地。中三国・吴・徐整《三五历纪》："天地混沌如鸡子，盘古生其中，八万八千岁，天地开辟，阳清为天，阴浊为地。"
【天地人】	てん-ち-じん	❶天地人；yǔzhòu 宇宙 wànwù 万物。❷排序为天・地・人。
【天地神明】	てんちしんめい	tiāndìshénmíng dìqí 天地神明；天地神祇。类天神地祇。中明・施耐庵《水浒・77》："童贯在马上以手加额，顶礼天地神明道：'惭愧！脱得这场大难！'"
【天地無用】	てんち-むよう	dàofàng qièwùdàozhì 请勿倒放；切勿倒置；不可倒置。
【天中殺】	てんちゅう-さつ	tiānzhūshā 天诛杀；（算命）命该天杀。
【輾転反側】	てんてん-はんそく	zhǎnzhuǎnfǎncè 辗转反侧。中《诗经・周南・关雎》："悠哉游哉，辗转反侧。"
【天然自然】	てんねん-しぜん	天然；自然。
【天王山】	てんのう-ざん	líng 成败的分水岭；决定胜负的关键。
【天罰覿面】	てんばつ-てきめん	lìzāotiānfá xiànshìxiànbào 立遭天罚；现世现报。类罚は目の前。

【天変地異】てんぺん-ちい　天地变异；（自然界的）大灾大难(zāi nàn)；天崩地裂(tiānbēngdìliè)。[類]天災地変。

【店屋物】てんや-もの　叫的外卖；从饭馆叫的饭菜。

【天佑神助】てんゆう-しんじょ　天佑(tiānyòu)神助。

【電話口】でんわ-ぐち　电话的听筒和话筒；电话机。

【電話魔】でんわ-ま　爱打电话骚扰(sāorǎo)别人的人。

【東夷西戎】とうい-せいじゅう　（对周边民族的蔑称(mièchēng)）东夷西戎(dōngyíxīróng)。[類]南蛮北狄(なんばんほくてき)。

【当意即妙】とうい-そくみょう　应对(yìngduì)巧妙得体；机敏；机警。[類]機転(きてん)が利(き)く。

【同一視】どういつ-し　❶等量齐观(děngliàngqíguān)；一视同仁(yīshìtóngrén)。[類]一視同仁(いっしどうじん)。❷（心理学）自居作用。

【導火線】どうか-せん　导火线；导火索(suǒ)。[類]起爆剤(きばくざい)。

【等閑視】とうかん-し　等闲视之(děngxiánshìzhī)。[類]棚(たな)に上(あ)げる。[中]明・罗贯中《三国演义・95》：“此乃大任也，何为安闲乎？汝勿以等闲视之，失吾大事。”

【等距離】とう-きょり　等距離。

【道化者】どうけ-もの　活宝；滑稽(huájī)演员；丑角(chǒujué)。[類]三枚目(さんまいめ)。

【桃源郷】とうげん-きょう　世外桃源(shìwàitáoyuán)；桃花源。[類]無何有(むかう)の郷(さと)；武陵桃源(ぶりょうとうげん)；理想郷(りそうきょう)。[中]晋・陶渊明《桃花源记》（原文从略）。

【同工異曲】どうこう-いきょく　异曲同工(yìqǔtónggōng)。[中]唐・韩愈《进学讲》：“子云相如，同工异曲。”

【東西南北】とうざい-なんぼく　东西南北(dōngxīnánběi)。[中]春秋・左丘明《左传・襄公二十九年》：“东西南北，谁敢安处。”

【当事者】とうじ-しゃ　当事人。

【同時進行】どうじ-しんこう　同时进行；并行不悖(bìngxíngbùbèi)；双管齐下(shuāngguǎnqíxià)。

【闘志満満】とうし-まんまん　斗志昂扬(dòuzhìángyáng)。[類]火(ひ)の玉(たま)②。

【同床異夢】どうしょう-いむ　同床异梦(tóngchuángyìmèng)。[中]清・钱谦益《玉川子歌》：“同床异梦各不知，坐起问景终谁是。”

【動植物】どう-しょく-ぶつ　动植物。

【藤四郎】とうしろう　❶（镰仓时代陶工(liáncāngshídàitáogōng)）藤四郎(téngsìláng)。❷茶罐(cháguàn)；茶筒。❸老外；外行(wàiháng)。[類]門外漢(もんがいかん)。

【等身大】とうしん-だい	❶（塑像）与本人一样大；真人大小。㊊实物大。❷原原本本；不加褒贬。
【陶酔境】とうすい-きょう	陶醉的境界；陶醉。
【当世風】とうせい-ふう	时髦；时兴；流行。
【凍霜害】とう-そう-がい	霜冻害。
【堂塔伽藍】どうとう-がらん	堂·塔·伽蓝；寺院一应建筑。㊊七堂伽蓝。
【同年輩】どう-ねんぱい	同辈；年龄相仿。
【統廃合】とう-はい-ごう	合并·撤销·统一；重组和精简；行政机构改革。
【逃避行】とうひ-こう	隐遁潜行；隐姓埋名。
【同文同種】どうぶん-どうしゅ	同文同种。
【唐変木】とう-へんぼく	蠢货；木头人；糊涂虫。㊊安本丹；表六玉；与太者②；与太郎①。
【東奔西走】とうほん-せいそう	东奔西走。南船北马②。㊥宋·京镗《水调歌头·中秋》："等闲来，一天角，岁三周。东奔西走，在处依旧若从游。"
【透明人間】とうめい-にんげん	（科幻作品中的角色）隐形人；透明人。
【投融資】とう-ゆう-し	投资和融资。
【当用漢字】とうよう-かんじ	（1946-81日本汉字使用规范）当用汉字。
【道楽者】どうらく-もの	游手好闲的人；吃喝嫖赌的人；不务正业的人。
【党利党略】とうり-とうりゃく	党的利益和策略；谋求本党利益的政策。
【登竜門】とう-りゅうもん	登龙门；突破飞黄腾达的关卡；通过发迹的门径。㊥南朝·宋·范晔《后汉书·党锢列传·李膺》："膺独持风裁，以声名自高。士有被其容接者，名为登龙门。"
【同類項】どうるい-こう	❶（数学）同类项。❷同一类人。
【十重二十重】とえ-はたえ	里三层外三层；左一层右一层；重重。
【度外視】どがい-し	置之度外；不当回事。
【時世時節】ときよ-じせつ	时势；时代的潮流；偶然的机缘。
【得意顔】とくい-がお	得意之色；得意的样子。㊊得意满面。

【得意顔】	とくい-がお	得意之色；得意的样子。類得意満面。
【得意気】	とくい-げ	得意扬扬；扬扬得意。類得意満面。
【得意先】	とくい-さき	老主顾；老客户。類常得意。
【得意満面】	とくい-まんめん	春风得意 chūnfēngdéyì；满面春风 mǎnmiànchūnfēng；得意扬扬 déyìyángyáng。類顎を撫でる；意気揚揚；肩で風を切る；小鼻を蠢かす；自慢顔；反り身になる；得意顔；得意気；鼻が高い；鼻高高；鼻を蠢かす。
【独眼竜】	どくがん-りゅう	❶一目失明者；独眼龙 dúyǎnlóng。❷独眼英雄；武将伊达政宗 wǔjiàngyīdá zhèngzōng 的别名。中宋・薛居正等《旧五代史・唐书・吾皇纪上》："武皇既收长安，军甚雄，诸侯之师皆畏之。武皇一目微眇，故其时号为'独眼龙'。"
【篤志家】	とくし-か	慈善家 císhàn；热心公益事业者。
【読者層】	どくしゃ-そう	读者层。
【独身貴族】	どくしん-きぞく	单身贵族。
【読唇術】	どくしん-じゅつ	（聋哑人 lóngyǎ）看口型理解话语的能力。
【読心術】	どくしん-じゅつ	读心术；根据表情举止判断其心意的能力。
【独擅場】	どくせんじょう	独角戏 dújiǎoxì；一个人独占的场面。
【独断専行】 どくだん-せんこう		独断专行 dúduànzhuānxíng。中元・脱脱《金史・石琚传》："朕为天子，未尝敢专行独断，每事遍问卿等，可行则行，不可则止也。"
【特筆大書】 とくひつ-たいしょ		大书特书 dàshūtèshū。
【独立自尊】	どくりつ-じそん	独立自尊。
【独立独行】 どくりつ-どっこう		特立独行；我行我素；独立自主。類独立独步。汉・戴圣《礼记・儒行》："儒有澡身浴德……同弗与，异弗非也，起特立独行有如此者。"
【独立独歩】	どくりつ-どっぽ	独立自主；我行我素 wǒxíngwǒsù。類独立独行。
【土下座】	ど-げざ	❶下跪 xiàguì。❷伏地 fúdì 敬服、认罪、致谢。
【土豪劣紳】	どごう-れっしん	土豪劣绅 tǔháolièshēn。
【床上手】	とこ-じょうず	擅长 shàncháng 作爱（的人）。
【何処其処】	どこ-そこ	某处 mǒuchù；一个地方。
【所自慢】	ところ-じまん	炫耀 xuànyào 家乡。

【所番地】	ところ-ばんち	地址 门牌；住址和门牌号。
【土左衛門】	どざえもん	溺死的尸体；浮尸；溺亡者。
【道産子】	どさん-こ	❶北海道（出生的）人。❷北海道马。
【年甲斐】	とし-がい	与年龄相称的处事能力。
【年恰好】	とし-かっこう	大致的年纪；看上去的年龄。
【徒手空拳】	としゅ-くうけん	赤手空拳。類腕一本脛一本；裸一貫；裸商売②。
【泥鰌髭】	どじょう-ひげ	稀疏的胡子。
【土性骨】	ど-しょうぼね	❶骨气；倔强劲ル。❷贼骨头。
【土石流】	どせき-りゅう	泥石流。類鉄砲水；山津波。
【土壇場】	どたん-ば	❶法场。❷最后关头；绝境。類瀬戸際。
【土地勘】	とち-かん	熟悉当地的地理等情况。
【途中下車】	とちゅう-げしゃ	中途下车。
【十月十日】	とつき-とおか	十月怀胎。
【特効薬】	とっこう-やく	特效药。
【突破口】	とっぱ-こう	突破口。
【都道府県】	と-どう-ふ-けん	（地方最高行政单位）都道府县。
【隣近所】	となり-きんじょ	左邻右舍；邻里；街坊四邻。
【殿様商売】	とのさま-しょうばい	不懂生意经的买卖；懒汉的买卖；外行人的买卖。
【土俵際】	どひょう-ぎわ	❶相扑赛场边界。❷成败的关键时刻；危险的边缘。類瀬戸際。
【土崩瓦解】	どほう-がかい	土崩瓦解。中汉・司马迁《史记・秦始皇本纪》："秦之积衰，天下土崩瓦解，虽有周旦之材，无所复陈其巧，而以责一日之孤，误哉！。"
【取引先】	とりひき-さき	交易的对手；客户。
【奴隷根性】	どれい-こんじょう	奴性；奴才本性。
【泥仕合】	どろ-じあい	互相揭短；互揭丑事。
【泥棒猫】	どろぼう-ねこ	贼猫；潜入人家偷食的猫。
【団栗眼】	どんぐり-まなこ	大圆眼睛；大眼珠子。
【丼勘定】	どんぶり-かんじょう	糊涂账；笼统帐。

な 行

【内柔外剛】ないじゅう-がいごう
nèiróuwàigāng
内柔外刚。中《易经・否卦》："内阴而外阳，内柔而外刚。"

【内緒話】ないしょ-ばなし
qiāoqiāohuà
悄悄话；秘密的话；私下里的话。

【内政干渉】ないせい-かんしょう
gānshè
干涉内政。

【内憂外患】ないゆう-がいかん
nèiyōuwàihuàn
内忧外患。中宋・李心传《建炎以来系年要录・172・绍兴 26 年 5 月己巳》："忠臣烈士沦亡殆尽，内忧外患相仍而起，陛下将何以为策？"

【長口上】なが-こうじょう
róngcháng　kāichǎngbái
冗长的开场白。

【長談義】なが-だんぎ
chángpiān
长篇大论。

【長丁場】なが-ちょうば
❶mǎncháng 漫长的路程；漫长的旅程。❷kuàngrìchíjiǔ 旷日持久的工作。❸大段台词；冗长的一幕剧。

【長電話】なが-でんわ
长时间的电话。

【仲人口】なこうど-ぐち
méishuò　méipó　zuǐ
媒妁之言；媒婆的嘴。

【菜種梅雨】なたね-づゆ
三、四月份的连阴雨。

【雪崩現象】なだれ-げんしょう
xuěbēngxiàoyìng
雪崩效应。

【夏時間】なつ-じかん
夏令时；夏时制。

【七種粥】ななくさ-がゆ
❶正月初七的 càizhōu 菜粥。❷日式八宝粥；七米粥。

【七不思議】なな-ふしぎ
qíjì
七大怪；七大奇迹。

【鍋底景気】なべぞこ-けいき
不易恢复的景气；píngdǐguō 平底锅效应。

【鍋奉行】なべ-ぶぎょう
huǒguōzhǎng
吃火锅的指挥者；火锅长。

【生意気】なま-いき
dàbàn　suàn　shénqìshízú　shèngqìlíngrén
充大瓣儿蒜；神气十足；盛气凌人。類
konamaiki
小生意気。

【生演奏】なま-えんそう
yǎnzòu
现场演奏。

【生合点】なま-がってん
自以为明白。

【生臭坊主】なまくさ-ぼうず
pòjièsēng
酒肉和尚；花和尚；破戒僧。

【生半可】なま-はんか
fūqiǎn
半半拉拉；半瓶（子）醋；不充分；肤浅；不成熟。類ちゅうとはんぱ中途半端。

【生兵法】なま-びょうほう
yīzhībànjiě　bànpíngcù　いっちはんかい
一知半解；三脚猫；半瓶醋。類一知半解。

【生返事】なまへんじ
hánhu　àimèi　dàidā　から
含糊的回答；暧昧的回答；带搭不理的回答。類空
へんじ
返事。

838

【生放送】なま-ほうそう 直播；实况转播。_类実況放送。
【生麦生米生卵】なまむぎ なまごめ なまたまご （绕口令）生米生面生鸡蛋。
【並木道】なみき-みち 林荫道。
【並大抵】なみ-たいてい 普通；寻常；一般。_类尋常一様。
【南無阿弥陀仏】なむ-あみだぶつ （佛教）南无阿弥陀佛；阿弥陀佛。_中梵文：namo amitabhaya buddhahaya.
【南無三】なむ-さん 天呀！；糟了！._类南無三宝②。
【南無三宝】なむ-さんぼう ❶（佛教）皈依三宝（佛・法・僧）。_类帰依三宝。❷天啊！糟了！_类南無三。
【縄暖簾】なわ-のれん ❶垂绳门帘。❷大众酒家；小饭铺。_类赤提灯。
【難易度】なんい-ど 难易度。
【難行苦行】なんぎょう-くぎょう 苦修苦行；历尽艰辛。_类艱難辛苦。
【難攻不落】なんこう-ふらく ❶难以攻陷；坚不可摧。_类鉄壁の陣。❷说不动；难以说服。
【南船北馬】なんせん-ほくば ❶南船北马。❷旅行各地；云游四方。_类東奔西走。_中清・周之琦《心日斋词・子夜歌》："寄情处，南船北马，好句为谁题赠？"
【軟着陸】なん-ちゃくりく 软着陆。_英Soft landing.
【南蛮渡来】なんばん-とらい 西洋传来；来自西洋。
【南蛮北狄】なんばん-ほくてき （对周边民族的蔑称）南蛮北狄；南方和北方的少数民族。_类東夷西戎。
【二階屋】にかい-や 二层楼。
【似顔絵】にがお-え ❶肖像画。❷（江户・浮世绘）美女画；演员肖像画。
【肉食妻帯】にくじき-さいたい 和尚吃肉娶妻。
【肉体関係】にくたい-かんけい 两性关系；肉体关系。
【二次会】にじ-かい 换个酒馆继续喝；宴会之后去别的地方再喝。
【二者択一】にしゃ-たくいつ 二者择一。
【二重国籍】にじゅう-こくせき 双重国籍。

【二十四節気】にじゅうし-せっき	èrshísìjiéqì 二十四节气。中《陔余丛考·34》二十四节气名。
【二重人格】にじゅう-じんかく	❶双重人格。❷失忆；记忆 sàngshī 丧 失。
【二重生活】にじゅう-せいかつ	❶两种不同的生活。❷ dōngxīfāng 东 西 方 两种生活方式。❸ 两地分居。
【二重否定】にじゅう-ひてい	双重否定；否定的否定。
【二重窓】にじゅう-まど	chuānghu 双层 窗 户。
【二重丸】にじゅう-まる	shuāngquān 双 圏 儿。
【二束三文】にそく-さんもん	不值钱；yìwénbùzhí 一 文 不 值；bùzhíyìqián 不值一钱；piányihuò 便宜货。類 ひとやま 一山 ひゃくもん 百 文。
【日常坐臥】にちじょう-ざが	平时；平素；日常。類 つねひごろ 常日頃。
【日常茶飯事】にちじょう-さはん-じ	jiācháng biànfàn 家 常 便饭；sīkōngjiànguàn 司 空 见 惯。類 茶飯事。
【日日是好日】にちにち これ こうじつ	天天都是好日子。中唐·云门文偃《云门匡真禅师广录》："云门垂语云：'十五日已前不问汝，十五日已后道将一句来！'自代云：'日日是好日。'"。
【日給月給】にっきゅう-げっきゅう	计日月薪；yuèxīn 日薪月付。
【日光浴】にっこう-よく	日光浴。
【日進月歩】にっしん-げっぽ	rìxīnyuèyì 日新月异。類 ひ な つき すす 日に就り月に将む。
【二転三転】にてん-さんてん	变来变去。
【二刀流】にとう-りゅう	❶（左右手各执一刀 zhíyīdāo）双刀战法。❷既喝酒又吃甜食。
【二度手間】にど-でま	费二遍事。
【二人三脚】ににん-さんきゃく	❶二人三足。❷二人齐心协力 qíxīnxiélì。
【二番底】にばん-ぞこ	不景气突破底线；gǔshì 股市 二次触底。
【二枚看板】にまい-かんばん	两个最红的演员；两个代表人物；两颗巨星 kē。
【二枚腰】にまい-ごし	（相扑 xiāngpū）腰板硬。
【二枚舌】にまい-じた	说话前后矛盾；撒 谎 sāhuǎng。類 うそ つ 嘘を吐く。
【二枚目】にまい-め	美男子；英俊小生 yīngjùn。類 びだんし 美男子。
【二枚目半】にまいめ-はん	yōumò 幽默的美男子。
【荷厄介】に-やっかい	fùdān léizhuì bāofu máfan 负 担； 累 赘； 包 袱； 麻烦。
【入道雲】にゅうどう-ぐも	积雨云。

840

【乳幼児】にゅう-ようーじ　嬰幼儿。

【如意棒】によい-ぼう　如意棒；金箍棒。

【女房役】にょうぼう-やく　助手。

【女人禁制】にょにん-きんせい　禁止妇女进入；女子禁入。

【二律背反】にりつ-はいはん　二律背反。

【人気商売】にんき-しょうばい　人气生意；依靠人气的行当。

【人気投票】にんき-とうひょう　（对演员等的）人望投票；人气投票。

【人気者】にんき-もの　红人；有人气的人；大家喜欢的人。

【人間関係】にんげん-かんけい　人际关系。類対人関係。

【人間国宝】にんげん-こくほう　被指定为无形文化遗产的人物；国宝级人物；人才国宝。

【人間像】にんげん-ぞう　人物形象。

【人間味】にんげんみ　人情味。類人情味。

【人間模様】にんげん-もよう　人际关系图；纵横交错的人际关系。

【人間業】にんげん-わざ　人力；人工造成的。

【刃傷沙汰】にんじょう-ざた　动刀子的事件；流血事件。類血を見る。

【人情味】にんじょう-み　人情味。類人間味。

【人非人】にんぴにん　不是人；禽兽；人面兽心。類狼に衣。

【糠味噌女房】ぬかみそ-にょうぼう　糟糠之妻；邋遢老婆。類糟糠の妻。

【盗人根性】ぬすっと-こんじょう　贼性；贼心。

【微温湯】ぬるま-ゆ　❶温水；微温水。❷安闲的生活。

【寝心地】ね-ごこち　床铺被褥的舒适度。

【寝支度】ね-じたく　准备睡觉。類床を取る。

【寝正月】ね-しょうがつ　待在家里过年。

【寝小便】ね-しょうべん　尿床；睡梦遗尿。

【鼠花火】ねずみ-はなび　老鼠花炮。

【寝煙草】ね-たばこ　躺着吸烟。

【熱気球】ねつ-ききゅう　热气球。

【熱血漢】 ねっけつ-かん	热血汉子；热血男儿。
【熱帯夜】 ねったい-や	不低于25度的夜晚。
【寝不足】 ね-ぶそく	睡眠(suìmián)不足。
【寝坊助】 ねぼすけ	大觉包(dàjiàobāo)；睡懒觉(shuìlǎnjiào)的家伙(jiāhuǒ)；懒蛋子。
【寝間着】 ね-まき	睡衣。
【寝物語】 ね-ものがたり	枕边蜜语；私房话；枕边话。
【寝業師】 ねわざ-し	阴谋(yīnmóu)家；幕后推手。
【粘液質】 ねんえき-しつ	（气质类型）粘液质。
【年月日】 ねん-がっ-ぴ	年月日。
【年功序列】 ねんこう-じょれつ	论资排辈(páibèi)；重视资历。
【年代物】 ねんだい-もの	老古董(gǔdǒng)；陈年老货；文物级旧物。[类]時代物①(じだいもの)。
【年中行事】 ねんちゅう-ぎょうじ	每年例行仪式(yíshì)；每年惯例的活动。
【年年歳歳】 ねんねん-さいさい	年年岁岁(niánniánsuìsuì)；年复一年。[中]唐·刘希夷《代悲白头翁》："年年岁岁花相似，岁岁年年人不同。"
【年齢層】 ねんれい-そう	年龄层；年龄组。
【年齢不詳】 ねんれい-ふしょう	年龄不详；看不出多大岁数。
【農機具】 のう-きぐ	农机具。
【能天気】 のう-てんき	轻浮；轻率(qīngshuài)。[类]軽佻浮薄(けいちょうふはく)。
【脳味噌】 のう-みそ	❶脑筋；脑子。[类]血の巡り(ちのめぐり)。❷脑浆(nǎojiāng)；脑细胞。
【熨斗袋】 のし-ぶくろ	礼金袋ㄦ；红包ㄦ（或装有哀仪(āiyí)的纸袋）。[类]祝儀袋(しゅうぎぶくろ)。
【喉自慢】 のど-じまん	❶对歌喉(gēhóu)有自信的人。❷业余歌手赛(sài)。
【野方図】 の-ほうず	❶旁若无人(pángruòwúrén)；横蛮无理(héngmánwúlǐ)；恣意妄为(zìyìwàngwéi)；肆无忌惮(sìwújìdàn)。[类]傍若無人。❷漫无边际(mànwúbiānjì)；漫无止境。[类]仕様(しょう)も無(な)い。
【惚気話】 のろけ-ばなし	炫耀(xuànyào)恋爱史；津津乐道(jīnjīnlèdào)自己的浪漫(làngmàn)史。
【呑気坊主】 のんき-ぼうず	散仙(sǎnxiān)；优哉游哉(yōuzāiyōuzāi)的人；悠闲(yōuxián)度日的人；无忧无虑的人。[类]極楽蜻蛉(ごくらくとんぼ)。
【飲兵衛】 のんべえ	酒鬼。

は 行

【灰神楽】はい-かぐら
（水滴在火上）烟灰飞扬。

【背後関係】はいご-かんけい
幕后关系；私下关系。

【売国奴】ばいこく-ど
卖国贼（zéi）。

【廃藩置県】はいはん-ちけん
（明治维新改诸侯国为中央直辖的县）废藩置县。

【杯盤狼籍】はいばん-ろうぜき
杯盘狼藉（bēi pán láng jí）。🀄汉·司马迁《史记·滑稽列传》："日暮酒阑，合尊促坐，男女同席，履舄交错，杯盘狼藉。"

【廃仏毀釈】はいぶつ-きしゃく
排佛毁寺（pái fó huǐ sì）；破坏寺院。

【馬鹿正直】ばか-しょうじき
过于认真；死心眼儿；愚顽（yú wán）。🔲頭（あたま）が固（かた）い。

【馬鹿力】ばか-ぢから
傻（shā）力气；牛劲。

【馬鹿面】ばか-づら
呆头呆脑（dāi tóu dāi nǎo）；痴呆（chī dāi）的面相（miàn xiàng）。

【馬鹿丁寧】ばか-ていねい
过分恭敬（guò fèn gōng jìng）；过分殷勤（yīn qín）；过分谦恭（qiān gōng）。

【馬鹿話】ばか-ばなし
无关紧要的话（wú guān jǐn yào）；聊天（liáo tiān）；废话。🔲無駄話（むだばなし）。

【馬鹿野郎】ばか-やろう
混蛋；混帐东西（hún zhàng dōng xi）。

【破顔一笑】はがん-いっしょう
破颜一笑。

【博引旁証】はくいん-ぼうしょう
旁征博引（páng zhēng bó yǐn）。🀄清·王韬《淞隐漫录·红芸别墅》："生数典已穷，而女（=汝）博引旁征，滔滔不竭，计女（=汝）多于生凡十四则。"

【博学多才】はくがく-たさい
博学多才（bó xué duō cái）。🀄唐·房玄龄等《晋书·郄诜传》："诜博学多才，瑰伟倜党，不拘细行。"

【白眼視】はくがん-し
白眼看待；冷眼对待。🔲白（しろ）い眼（め）で見（み）る。

【白紙委任】はくし-いにん
全权委任；空白委任（kòng bái）。🔲下駄（げた）を預（あず）ける。

【白紙撤回】はくし-てっかい
收回成命；作废。

【白砂青松】はくしゃ-せいしょう
（海滨（hǎi bīn）的美丽风光）白沙和青松。

【拍手喝采】はくしゅ-かっさい
拍手喝彩（pāi shǒu hè cǎi）；拍手称快（chēng kuài）；拍手叫好。

【爆弾発言】ばくだん-はつげん
炸弹（zhà dàn）性的发言；偏激发言（piān jī）；引起震动的发言。

【白昼夢】はくちゅう-む
白日梦；白日做梦（bái rì zuò mèng）。

【白髪三千丈】はくはつ さんぜんじょう
白发三千丈（bái fà sān qiān zhàng）。🀄唐·李白《秋浦歌》："白发三千丈，缘愁似个长。"

843

【博聞強記】はくぶん-きょうき	bówénqiángjì 博闻 强 记。中汉·司马迁《史记·孟子荀卿列传》："淳于髡，齐人也，博闻强记，学无所主。"
【白兵戦】はくへい-せん	báirènzhàn ròubózhàn duǎnbīngxiāngjiē 白刃 战； 肉搏战； 短 兵 相接。
【博覽強記】はくらん-きょうき	bólǎnqiángjì 博览 强 记。中宋·欧阳修《六一诗话》："颇读儒书，博览强记，亦自能撰述，而辞辩纵横，人莫能屈。"
【薄利多売】はくり-たばい	bólìduōxiāo 薄利多 销。類数で熟す。
【禿茶瓶】はげ-ちゃびん	tūtóu 和尚头；秃头。
【端境期】はざかい-き	qīnghuángbùjiē 青 黄 不接时期；新旧交替期。
【梯子酒】はしご-ざけ	喝几家酒馆；由这家喝到那家。
【梯子段】はしご-だん	tīzichèng 梯子掌。
【馬耳東風】ばじ-とうふう	mǎěrdōngfēng ěrpáng 马耳 东 风； 耳 旁风；耳边风。類馬の耳に念仏。中宋·苏轼《和何长官六言次韵五首》（其五）："青山自是绝色，无人谁与为容？说向市朝公子，何殊马耳东风！"
【馬車馬】ばしゃ-うま	❶wǎnmǎ 挽 马；拉车的马。❷máitóukǔgàn jùjīnghuìshén 埋 头苦干； 聚精会 神。類一意専心。
【破邪顯正】はじゃ-けんしょう	pòxiéxiǎnzhèng xiángxiécóngzhèng 破邪显 正； 降邪从 正。中唐·吉藏《三论玄义》："但论虽有三，义唯二辙。一曰显正，二曰破邪。破邪则下拯沈沦。显正则上弘大法。"
【裸一貫】はだか-いっかん	chìshǒukōngquán liǎngshǒukōngkōng yīwénbùmíng 赤 手 空拳； 两 手空空； 一文不名。類徒手空拳。
【裸商売】はだか-しょうばい	❶xiāngpū hángdang 相扑的行当。❷赤手空拳；两手空空。類徒手空拳。
【裸電球】はだか-でんきゅう	没有灯伞的电灯。
【傍迷惑】はた-めいわく	dǎrǎopángrén jiǎorǎo fáng'ài 打扰 旁 人；搅扰周围人； 妨 碍他人。
【八面玲瓏】はちめん-れいろう	❶bāmiànlínglóng 八 面 玲 珑。類八方美人②。中宋·夏元鼎《满庭芳》："虽是无为清净，依然要，八面玲珑。"❷心无芥蒂。❸人际关系圆 滑。類八方美人①。
【八面六臂】はちめん-ろっぴ	sāntóuliùbì 三 头六臂；能力高强。類三面六臂。
【撥音便】はつ-おんびん	bōyīnbiàn （为发音方便产生的语流音变）拨音 便。
【初冠雪】はつ-かんせつ	shǒuchǎng 山顶首 场 积雪。類初化粧②。
【初化粧】はつ-げしょう	❶huàzhuāng 新年第一次化 妆。❷山顶首场积雪。類初冠雪。

【抜山蓋世】ばつざん-がいせい
　báshāngàishì lìbáshānxī qìgàishì jǔdǐngbáshān
　拔山盖世；力拔山兮，气盖世；举鼎拔山。類 気は世を蓋う；力山を抜き、気は世を蓋う。中汉・司马迁《史记・项羽本纪》："于是项王乃悲歌慷慨，自为诗曰：'力拔山兮气盖世，时不利兮骓不逝。骓不逝兮可奈何，虞兮虞兮奈若何！'"

【初仕事】はつ-しごと
　新年第一天工作。

【発展家】はってん-か
　dàxiǎnshēnshǒu jiǔsèzhītú
　风月场大显身手；酒色之徒。

【発展的解消】はってんてき-かいしょう
　chèxiāo
　为发展扩大而撤销原有机构。

【八頭身】はっとう-しん
　标准身材。

【初舞台】はつ-ぶたい
　　　　　　　　　liàngxiàng zhǎnlùtóujiǎo
　❶首次登台演出。❷首次亮相；崭露头角。

【八方美人】はっぽう-びじん
　　　　　　　　　　　　　bāmiànlínglóng
　❶四面讨好。類八面玲珑③。❷八面玲珑。類八面玲珑①。

【破天荒】は-てんこう
　pòtiānhuāng　　kōngqiánjuéhòu
　破天荒。類空前绝后。中五代・王定保《唐摭言・海述解送》："大中四年，刘蜕舍人以是府解及第；时崔魏公坐镇，破天荒钱七十万资蜕。"

【花言葉】はな-ことば
　花语。

【話半分】はなし-はんぶん
　❶听话信一半。❷说了一半；话没说完。

【鼻高高】はな-たかだか
　yángyángdéyì zhǐgāoqìyáng
　扬扬得意；趾高气扬。類得意满面。

【花吹雪】はな-ふぶき
　　yīng　　　luòyīngbīnfēn
　落樱缤纷；落英缤纷；飞雪似的落花。類樱吹雪。

【花見酒】はなみ-ざけ
　饮酒赏花；赏花酒。

【花見時】はなみ-どき
　赏樱花最佳时期。

【羽二重】は-ぶたえ
　fǎngchóu
　纺绸。

【破魔矢】はま-や
　pòmójiàn bìxiéjiàn
　破魔箭；辟邪箭。

【早合点】はや-がてん
　　　　　　　　　　cǎoshuàicōngmáng
　贸然断定；草率匆忙作出判断。

【早口言葉】はやくち-ことば
　ràokǒulìng
　绕口令。

【早場米】はやば-まい
　早熟大米；早熟地区的稻米。

【腹一杯】はら-いっぱい
　❶满腹。❷尽情地。

【薔薇色】ばら-いろ
　　　　　méiguī
　❶粉色；玫瑰色。❷美好的。

【腹具合】はら-ぐあい
　胃肠状况。

【腹時計】はら-どけい
　　　　　　jībǎo
　根据肚子饥饱程度推测时间。

【腹八分】はら-はちぶ
　吃八分饱。

【波瀾万丈】はらん-ばんじょう
　bōlánzhuàngkuò diēdàngqǐfú dàqǐdàluò
　波澜壮阔；跌宕起伏；大起大落。

【針仕事】	はり-しごと	女红(nǚgōng)；针线活ㄦ。
【罵詈雑言】	ばり-ぞうごん	破口大骂(pòkǒudàmà)；用脏话谩骂(mànmà)。 類悪口雑言(あっこう)。
【針麻酔】	はり-ますい	针刺麻醉(zhēncì)。
【春一番】	はる-いちばん	立春后头一阵暖风。
【破廉恥】	は-れんち	厚颜无耻(hòuyánwúchǐ)；寡廉鲜耻(guǎliánxiǎnchǐ)。 類厚顔無恥(こうがんむち)。
【半永久】	はん-えいきゅう	半永久性；坚固不易破损。
【番外地】	ばんがい-ち	无地址(dìzhǐ)号码的土地；没有地号的土地或地皮。
【繁華街】	はんか-がい	闹市（区）；六街三市(liùjiēsānshì)。
【半可通】	はんか-つう	不懂装懂；一知半解(yīzhībànjiě)；一瓶不响，半瓶晃荡(bànpínghuàngdang)；似通非通。 類一知半解(いっちはんかい)。
【反間苦肉】	はんかん-くにく	反间苦肉计(fǎnjiàn)；苦肉计。 類反間苦肉(はんかんくにくさく)の策。
【半官半民】	はんかん-はんみん	半官半民；官民合办。
【番記者】	ばん-きしゃ	随行记者；跟班记者。
【反逆児】	はんぎゃく-じ	叛逆(pànnì)；反叛者；背叛世俗的人。
【半狂乱】	はん-きょうらん	半癫狂(diānkuáng)；近乎精神失常；发疯(fāfēng)。 類気(き)が変(へん)になる。
【番号札】	ばんごう-ふだ	号码牌。
【万古不易】	ばんこ-ふえき	亘古不变(gèngǔ)；万古不变(wàngǔbùbiàn)。 類千古不易(せんこ)。
【盤根錯節】	ばんこん-さくせつ	盘根错节(pángēncuòjié)。 中南朝·宋·范晔《后汉书·虞诩传》："志不求易，事不避难，臣之职也。不遇盘根错节，何以别利器乎？"
【万死一生】	ばんし-いっしょう	九死一生(jiǔsǐyīshēng)；死里逃生(sǐlǐtáoshēng)。 類九死(きゅうし)に一生(いっしょう)を得(え)る。 中唐·李峤《为御史大夫娄师德谢赐杂彩表》："七擒三捷，诚所庶几，九死一生，岂当还顾？"
【半死半生】	はんし-はんしょう	半死不活(bànsǐbùhuó)；半死不活；气息奄奄(qìxīyānyān)。 類息(いき)も絶(た)え絶(だ)え。 中汉·枚乘《七发》："龙门之桐，高百尺而无枝……其根半死半生。"
【半熟卵】	はんじゅく-たまご	半熟煮鸡蛋(zhǔjīdàn)。
【半信半疑】	はんしん-はんぎ	半信半疑(bànxìnbànyí)；将信将疑(jiāngxìnjiāngyí)。 中唐·元稹《古筑城曲五解（其四）》："因兹请休和，虏往骑来过。半疑兼半信，筑城犹嵯峨。"

【半身不随】はんしん-ふずい　半身不遂（bànshēnbùsuí）；偏瘫（piāntān）。[中]汉・张仲景《金匮要略・方论上・中风历节》：“夫风之为病，当半身不遂或但臂不遂者，此为痹脉微而数中风使然。”

【万世一系】ばんせい-いっけい　万世一系。

【半醒半睡】はんせい-はんすい　半睡半醒；似睡非睡。

【般若面】はんにゃ-づら　（女人嫉妒（jídù）表情的面具）般若面（bōrěmiàn）。

【般若湯】はんにゃ-とう　（僧人（sēngrén）的隐语指酒）般若汤（bōrětāng）。

【半人前】はんにん-まえ　❶半人分。❷半个人。

【半農半漁】はんのう-はんぎょ　半农半渔（yú）。

【万万歳】ばん-ばんざい　万万岁。

【半病人】はん-びょうにん　体虚（tǐxū）像病人一样。

【万物流転】ばんぶつ-るてん　万物流转（liúzhuǎn）。[類]有為（うい）転変（てんぺん）は世（よ）の習（なら）い。

【万夫不当】ばんぷ-ふとう　万夫莫当（wànfūmòdāng）。[類]一騎当千（いっきとうせん）。[中]元・施君美《幽闺记・罔害璠良》：“此子六韬三略皆能，万夫不当之勇。”

【繁文縟礼】はんぶん-じょくれい　繁文缛节（fánwénrùjié）。

【反面教師】はんめん-きょうし　反面教员。

【万有引力】ばんゆう-いんりょく　万有引力。

【万緑叢中紅一点】ばんりょく そうちゅう こういってん　万绿丛中一点红（wànlǜcóngzhōngyīdiǎnhóng）。[類]紅一点。[中]宋・王安石《咏石榴花》：“万绿丛中红一点，动人春色不须多。”

【贔屓目】ひいき-め　偏袒（piāntǎn）的眼光；往好里看；偏爱的眼光。[類]贔屓目に見（み）る。

【美意識】び-いしき　审美意识。

【日一日】ひ-いちにち　一天天地。

【被害妄想】ひがい-もうそう　迫害狂；被害妄想（wàngxiǎng）症。

【比較的】ひかく-てき　比较；较为（jiàowéi）。

【日陰者】ひかげ-もの　❶隐姓埋名的人；不敢出头露面（lòumiàn）的人。❷被埋没（máimò）的人；湮没（yānmò）于世的人。

【悲喜劇】ひ-き-げき　❶悲喜剧。❷悲喜参半。

【微苦笑】び-く-しょう　微微苦笑。

【膝小僧】ひざ-こぞう	膝盖骨。
【肘鉄砲】ひじ-てっぽう（てっぽう、でっぽうとも）	❶用肘撞人。❷严厉拒绝。
【被写体】ひしゃ-たい	拍照对象。
【美酒佳肴】びしゅ-かこう	美酒佳肴。中清・曹雪芹《红楼梦・1》："须臾茶毕，早已设下杯盘，那美酒佳肴，自不必说。"
【非常口】ひじょう-ぐち	紧急出口；安全出口；太平门。
【非常時】ひじょう-じ	❶紧急时。❷非常时期。
【非常手段】ひじょう-しゅだん	非常措施；特殊手段；非常规手段。
【美少女】び-しょうじょ	美貌的少女；小美女。
【非常線】ひじょう-せん	警戒线。
【美丈夫】び-じょうふ	美男子；俊男。类美男子。
【美辞麗句】びじ-れいく	华丽的辞藻。
【美人薄命】びじん-はくめい	红颜薄命。类佳人薄命。中宋・方蒙仲《落梅》："青冢锁香魂，罗浮埋玉质。美人薄命多，临风空太息。"
【鐚一文】びた-いちもん	一文钱；一分钱；分文。
【左団扇】ひだり-うちわ	享清福；安闲自在；安闲度日。类左団扇で暮らす。
【火達磨】ひ-だるま	火人；浑身是火。
【美男子】び-だんし	美男子。类二枚目；美丈夫。
【微調整】び-ちょうせい	微调。
【必要悪】ひつよう-あく	不得已的社会之恶。
【一安心】ひと-あんしん	暂且安下心来；松一口气。
【人一倍】ひと-いちばい	比别人加倍；比别人更加。
【一口大】ひとくち-だい	一口轻易吃下的大小。
【一工夫】ひと-くふう	动一番脑筋；下一番功夫。
【一苦労】ひと-くろう	费点劲；吃些苦；受些累。类骨が折れる。
【人心地】ひと-ごこち	❶恢复正常的心智。❷正常的精神状态；正常心态。
【一細工】ひと-さいく	❶稍作修改；稍作改进。❷一个人的工作。
【一仕事】ひと-しごと	❶一件工作。❷一个大活ん。
【一芝居】ひと-しばい	耍一个花招；演一出戏。类策を弄する。

【一筋縄】ひとすじ-なわ	一般的手段；平常的方法。
【一粒種】ひとつぶ-だね	独根苗；独生子。類一人息子；一人娘。
【一風呂】ひと-ふろ	（简单地）洗一次澡。
【人真似】ひと-まね	❶模仿(mófǎng)别人。類物(もの)真似。❷动物模仿人的动作。
【人身御供】ひとみ-ごくう	❶活人牺牲(xīshēng)。❷牺牲者。
【人文字】ひと-もじ	众人排成文字图案。
【一悶着】ひと-もんちゃく	小（的）纷争；纠纷(jiūfēn)。
【一山百文】ひとやま-ひゃくもん	一毛钱一堆；便宜货(piányihuò)。類二束三文(にそくさんもん)。
【一人頭】ひとり-あたま	人均；平均每人；一人份儿。
【一人相撲】ひとり-ずもう	❶一个人表演摔跤(shuāijiāo)。❷唱独角戏(chàngdújiǎoxì)；不管别人，一个人干。類一人相撲を取(と)る。
【一人旅】ひとり-たび	单人旅行。
【一人息子】ひとり-むすこ	独生子。類一粒種。
【一人娘】ひとり-むすこ	独生女。類一粒種。
【皮肉屋】ひにく-や	好挖苦(hāowākǔ)人的人；爱说风凉话的人。
【非人情】ひ-にんじょう	❶缺乏同情心。類無慈悲(むじひ)。❷超越一般人情。
【檜舞台】ひのき-ぶたい	用武之地；施展才能的地方；大显身手(dàxiǎnshēnshǒu)的好场所。
【皮膚感覚】ひふ-かんかく	皮肤(pífū)的感觉。
【悲憤慷慨】ひふん-こうがい	悲愤满怀；愤慨激昂(fènkǎijīáng)。
【誹謗中傷】ひぼう-ちゅうしょう	诽谤中伤(fěibàngzhòngshāng)。
【非暴力】ひ-ぼうりょく	非暴力抵抗。
【美味佳肴】びみ-かこう	美味佳肴(jiāyáo)；嘉肴美馔(jiāyáoměizhuàn)。中清・惜阴堂主人《二度梅・4》："前已吩咐尔等，不喜美味佳肴，又何为如此过费，是何意也？"
【秘密裏】ひみつ-り	秘密地；暗中；人不知鬼不觉(rénbùzhīguǐbùjué)。類暗暗裏(あんあんり)；冥冥の裡(めいめいのうち)。
【眉目秀麗】びもく-しゅうれい	眉清目秀(méiqīngmùxiù)。類目元(めもと)が涼(すず)しい；容姿端麗(ようしたんれい)。
【百尺竿頭】ひゃくしゃく-かんとう	➡百尺竿頭に一歩(いっぽ)を進(すす)む

【百戦百勝】	ひゃくせん-ひゃくしょう	百战百胜；攻无不克；战无不胜。中春秋·孙武《孙子·谋攻》："百战百胜，非善之善者也；不战而屈人之兵，善之善者也。"
【百戦錬磨】	ひゃくせん-れんま	身经百战；久经沙场。類千軍万馬②。
【百点満点】	ひゃくてん-まんてん	❶百分制。❷无可挑剔；完美无缺。類申し分がない。
【百人力】	ひゃくにん-りき	❶百人之力。類千人力。❷强有力的支持；有后盾而力增百倍。類千人力。
【百八十度】	ひゃくはちじゅう-ど	一百八十度；正相反的方向。
【百八煩悩】	ひゃくはち-ぼんのう	（佛教）一百零八种烦恼。
【百万言】	ひゃくまん-げん	千言万语。類千言万語。
【百面相】	ひゃく-めんそう	面部各种表情（的表演）。
【百花斉放】	ひゃっか-せいほう	百花齐放。中清·褚人获《隋唐演义》："妾等今夜虔祷天宫，管取明朝百花齐放。"
【百家争鳴】	ひゃっか-そうめい	百家争鸣。中清·俞樾《春在堂随笔·3》："百家争鸣或传或不传，而言之有故，持之成理者，屈指可尽。"
【百花繚乱】	ひゃっか-りょうらん	百花争艳；百花盛开；人才辈出。
【百発百中】	ひゃっぱつ-ひゃくちゅう	百发百中；弹无虚发。類一発必中；大地に槌；柳の葉を百度射中つ。中汉·司马迁《史记·周记》中："楚有养由基者，善射者也。去柳叶者百步而射之，百发百中之。"
【病院食】	びょういん-しょく	住院患者餐。
【表音文字】	ひょうおん-もじ	表音文字；拼音文字。
【氷河期】	ひょうが-き	冰河期。
【剽軽者】	ひょうきん-もの	活宝；爱开玩笑的人。
【表敬訪問】	ひょうけい-ほうもん	拜访；拜会；拜见。
【費用対効果】	ひよう-たい-こうか	性价比；性能价格比。西Cost Performance.
【瓢箪鯰】	ひょうたん-なまず	❶不得要领（的人）。❷歌舞伎的一种伴奏曲。
【病虫害】	びょう-ちゅう-がい	病虫害。
【氷点下】	ひょうてん-か	零下（温度）。

【表裏一体】	ひょうり-いったい	表里如一；心口如一；表里一致；互为表里。
【表裏者】	ひょうり-もの	❶表里不一的人。❷叛徒。
【表六玉】	ひょうろく-だま	傻瓜；蠢货；笨蛋。類唐変木。
【比翼連理】	ひよく-れんり	比翼连理；比翼鸟，连理枝；比翼连枝。類鴛鴦の契り；鴛鴦夫婦；枝を交わす；琴瑟相和す；天に在らば比翼の鳥、地に在らば連理の枝；羽を交わす；羽を交わせる鳥；羽を並べる①；連理の枝。中唐・白居易《长恨歌》："在天愿做比翼鸟，在地愿为连理枝。"
【日和見】	ひより-み	❶观察天气。❷观望形势；骑墙。類洞が峠を決め込む。
【平仮名】	ひら-がな	平假名。
【平社員】	ひら-しゃいん	没有官职的员工；最底层员工。
【昼行灯】	ひる-あんどん	傻乎乎的人；不起作用的人。
【昼日中】	ひる-ひなか	大白天；正晌午。
【披露宴】	ひろう-えん	婚宴。
【疲労困憊】	ひろう-こんぱい	疲劳不堪；精疲力竭；筋疲力尽。類綿のように疲れる。
【広小路】	ひろ-こうじ	大马路；宽阔的街道。
【品行方正】	ひんこう-ほうせい	品行端正。
【品性下劣】	ひんせい-げれつ	品德恶劣；品德低下。
【貧乏神】	びんぼう-がみ	丧门星；扫帚星。類疫病神②。
【貧乏籤】	びんぼう-くじ	坏签；摊上吃亏的任务。
【貧乏性】	びんぼう-しょう	小家子气；抠抠搜搜；吝啬鬼。
【貧乏人】	びんぼう-にん	穷人。
【貧民窟】	ひんみん-くつ	贫民窟。
【無愛想】	ぶ-あいそう	冷淡；不耐烦。類取り付く島もない。
【不安材料】	ふあん-ざいりょう	使人不安的因素。
【不案内】	ふ-あんない	陌生；不了解（当地或机构内的）情况；不熟悉。
【風雲児】	ふううん-じ	风云人物；风云儿。
【風紀紊乱】	ふうき-びんらん	风纪紊乱。

| 【風光明媚】ふうこう-めいび | fēngguāngmíngmèi 风光明媚。類 山紫水明。中 明·吴承恩《西游记·72》："行觳多少山原，历尽无穷水道，不觉秋去冬残，又值风光明媚。" |

【風水害】ふうすい-がい　风灾和水灾。

【風声鶴唳】ふうせい-かくれい　fēngshēnghèlì 风声鹤唳。類 戦戦兢兢。中 唐·房玄龄《晋书·谢玄·19》："余众弃甲宵遁，闻风声鹤唳，皆以为王师已至……"

【風馬牛】ふう-ばぎゅう　fēngmǎniúbùxiāngjí 风马牛不相及。中 春秋·左丘明《左传·僖公四年》："君处北海，寡人处南海，唯是风马牛不相及也。不虞君之涉吾地也，何故？"

【風評被害】ふうひょう-ひがい　zhìxiāo liúyánfēiyǔ 受恶评而滞销；流言蜚语导致的经济损失。

【夫婦喧嘩】ふうふ-げんか　chǎojià 两口子吵架。

【風物詩】ふうぶつ-し　风景；风物；风景诗。

【夫婦仲】ふうふ-なか　夫妻感情。

【風来坊】ふうらい-ぼう　❶流浪汉。❷不定性的人；不能安稳工作的人。

【風流韻事】ふうりゅう-いんじ　fēngliúyùnshì 风流韵事。中《隋唐演义·76》："此旨一下，众朝臣纷纷窃议。也有不乐的，以为亵渎朝臣；也有喜欢的，以为风流韵事。"

【風流三昧】ふうりゅう-ざんまい　dǔhàofēngyǎ 笃好风雅。

【風林火山】ふう-りん-か-ざん　wǔtiánxìnxuán jírúfēng xúrúlín qīnlüè （武田信玄军旗的标语）疾如风，徐如林，侵掠rúhuǒ bùdòngrúshān 如火，不动如山。中 战国·孙武《孙子·军争》："故其疾如风，其徐如林，侵掠如火，不动如山，难知如阴，动如雷震。"

【武運長久】ぶうん-ちょうきゅう　武运长久。

【不快指数】ふかい-しすう　shūshì （不舒适的量化指标）不适指数。

【不可解】ふか-かい　不可理解；难以理解。bùkěsīyì 不可思议。類 理解に苦しむ。

【不可逆】ふか-ぎゃく　nìzhuǎn 不可逆；不可逆转。

【不可欠】ふか-けつ　bùkěhuòquē 不可或缺；必不可少；不可缺少。類 必要欠くべからざる。

【不可抗力】ふか-こうりょく　不可抗力；不可抗拒。

【不可思議】ふか-しぎ　bùkěsīyì 不可思议；怪异；奇怪。類 不思議；摩訶不思議。中 晋·后秦·鸠摩罗什译《维摩诘经·不思议品》："诸佛菩萨有解脱名不可思议。"

【不可侵】	ふか-しん	不可侵犯。
【不恰好】	ぶ-かっこう	不好看；不美观；不像样子。
【不勝手】	ふ-かって	❶不方便。❷生计艰难；生活窘迫。類生活難。
【不可避】	ふか-ひ	无法回避；不可避免。
【不可分】	ふか-ぶん	分不开；密不可分。
【不感症】	ふかん-しょう	❶性感缺失症。❷感觉迟钝。
【不完全燃焼】	ふかんぜん-ねんしょう	不完全燃烧；燃烧不充分。
【不機嫌】	ふ-きげん	心绪不佳；不痛快。類虫の居所が悪い。
【不帰投点】	ふきとう-てん	飞机超出飞行半径的地点。西Point of no return.
【不気味】	ぶ-きみ	瘆人；（令人）毛骨悚然；阴森可怖。類気味が悪い。
【不義密通】	ふぎ-みっつう	通奸；有悖人伦的奸情；偷香窃玉。類慇懃を通ずる；穴隙を鑽る；情を通ずる②。
【不朽不滅】	ふきゅう-ふめつ	不朽不灭；永恒；不可磨灭。
【不行状】	ふ-ぎょうじょう	品行不端；有劣迹；不规矩。類筋が悪い③；不行跡。
【不行跡】	ふ-ぎょうせき	品行不端；劣迹。類不行状。
【不協和音】	ふきょうわ-おん	❶不谐和音。❷不协调的关系。
【不器量】	ぶ-きりょう	❶长得丑。類独が嚔をしたよう。❷才智不足。
【不謹慎】	ふ-きんしん	不谨慎；不慎重。
【不具合】	ふ-ぐあい	状况不良；不合适；不适当。
【複雑怪奇】	ふくざつ-かいき	复杂离奇。
【副産物】	ふく-さんぶつ	❶副产品。❷应运而生（的事物）。
【不倶戴天】	ふぐ-たいてん	不共戴天；誓（势）不两立。類君父の讐は俱に天を戴かず；俱に天を戴かず。中汉・戴圣《礼记・曲礼》："父之雠，弗与共戴天。兄弟之雠，不反兵。交游之雠，不同国。"
【福徳円満】	ふくとく-えんまん	富贵双全。
【伏魔殿】	ふくま-でん	❶魔窟。❷罪恶渊薮。
【福利厚生】	ふくり-こうせい	福利待遇。
【福禄寿】	ふくろく-じゅ	福禄寿。

【袋小路】	ふくろ-こうじ	死胡同。
【腹話術】	ふく-わじゅつ	腹语术。
【不景気】	ふ-けいき	❶不景气；萧条。類世間が詰まる。❷无精打采；打不起精神。類精が無い。
【不経済】	ふ-けいざい	不经济；浪费。
【武芸十八般】	ぶげい-じゅうはっぱん	十八般武艺。類武芸百般。
【武芸百般】	ぶげい-ひゃっぱん	十八般武艺；所有种类的武艺。類武芸十八般。
【不見識】	ふ-けんしき	没有见识；思维、判断能力低。
【不言実行】	ふげん-じっこう	不多说话，埋头实干；老黄牛。
【不言不語】	ふげん-ふご	不言不语；缄默；不声不响。類言わず語らず。中明・冯梦龙《醒世恒言・吴衙内邻舟赴约》："秀娥……心忆着吴衙内，坐在旁边，不言不语，如醉如痴，酒也不沾一滴，箸也不动一动。"
【富国強兵】	ふこく-きょうへい	富国强兵。中战国・商鞅等《商君书・一言》："故治国者其抟（=专）力也，以富国强兵也。"
【不心得】	ふ-こころえ	❶缺乏修养；不谨慎；轻率。❷居心不良。
【不細工】	ぶ-さいく	❶制作粗糙；工艺不精。❷长得丑。類独り嚔をしたよう。
【無沙汰】	ぶ-さた	久疏问候；久未通信；久无音信。
【無作法】	ぶ-さほう	没礼貌；没规矩；粗鲁。
【不思議】	ふ-しぎ	不可思议；不知何故；难以想像。類不可思議。中晋・后秦・鸠摩罗什译《维摩诘经・不思议品》："诸佛菩萨有解脱名不可思议。"
【無事息災】	ぶじ-そくさい	平安无事。類平穏無事。
【不時着】	ふじ-ちゃく	紧急降落；迫降。
【不死鳥】	ふし-ちょう	不死鸟；火凤凰。
【武士道】	ぶし-どう	武士道。
【富士額】	ふじ-びたい	发际呈富士山形（美女的条件之一）。
【不始末】	ふ-しまつ	行为不检点，给人添麻烦；善后处理不彻底。類不調法③。
【不死身】	ふじ-み	❶铁人；硬汉。❷不屈不挠（的人）。類不撓不屈。

| 【不惜身命】ふしゃく-しんみょう | ^(fójiào) ^(bùxīshēnmìng)（佛教）不惜身命；不惜献出生命。類^(だいしいちばん)大死一番②。中晋·后秦·鸠摩罗什译《法华经·譬喻品》："若人精进，常修慈心，不惜身命，乃可为说。" |

【不祝儀】ぶ-しゅうぎ
　　　　　　　　　　　　zàng lǐ　　sāng shì
　　　　　　　　　　　　葬礼；丧事。

【不首尾】ふ-しゅび（ふ、ぶとも）
❶未能首尾如一。❷结果不好；结果失败。❸不受上司好评。

【不祥事】ふ-しょうじ
　　　　　　　qiūshì　　　　　chǒuwén
　　　　　　　糗事；不良事件；丑闻。

【無精髭】ぶしょう-ひげ
不修饰的胡子。

【不承不承】ふしょう-ぶしょう
　　　　　　　　miǎnmiǎnqiǎngqiǎng
　　　　　　　极不情愿；勉 勉 强 强。

【夫唱婦随】ふしょう-ふずい
　　　　　fūchàngfùsuí
　　　　　夫唱妇随。中春秋·尹喜《关尹子·三极》："天下之理，夫者倡，妇者随。"

【婦女子】ふじょ-し
❶妇女与儿童；妇女和小孩。❷妇女。

【不寝番】ふしん-ばん
　　tōngxiāozhíqín　　　　　zhàngǎng
　　通 宵 执勤；夜勤；夜班；夜间 站 岗。類^(ね)^(ばん)寝ずの番。

【不世出】ふ-せいしゅつ
　　kuàngshìhǎnjiàn　xīshì　　　nánxún
　　 旷 世罕见；稀世；世上难寻。中汉·司马迁《史记·淮阴侯列传》："此所谓功无二于天下，而略不世出者也。"

【不整脈】ふせい-みゃく
　xīnlǜ
　心律不齐。

【不即不離】ふそく-ふり
　bùjíbùlí
　不即不离。類^(はな)付かず離れず。中唐·佛陀多罗译《圆觉经卷上》："不即不离，无缚无脱"

【舞台裏】ぶたい-うら
后台；幕后；内幕。類^(がくやうら)楽屋裏。

【舞台度胸】ぶたい-どきょう
登台胆量。

【二言目】ふたこと-め
　　　　　chán
　　口头 禅；开口闭口；一开口。

【二股膏薬】ふたまた-ごうやく
　　　　　　　qíqiáng　　　　　　　　　　　　^(うちまた)
　　两面派；骑 墙 派；机会主义。類内股膏薬。

【普段着】ふだん-ぎ
常服；便装；休闲服。

【無調法】ぶ-ちょうほう
　bàoqiàn　　　　　　　　　　　　　　　　　bènzhuō
❶抱 歉 我不会（吸烟、喝酒）。❷不周到。❸笨 拙。類不始末。

【物価高】ぶっか-だか
　ánggùi　　　　　　　　^(しょしき)^(あ)
　物价 昂贵；物价高。類諸式が上がる。

【不都合】ふ-つごう
　　　　　　　　shìdàng　　　　　　　　　　　^(ことわり)^(な)
❶不妥；不适 当。❷不合道理。類 理 無し。❸缺钱。類^(ふところ)^(さむ)懐 が寒い。

【復古調】ふっこ-ちょう
　　　　　　　gǔsègǔxiāng
　复古倾向；古色古 香。

【仏舎利】ぶっ-しゃり
　shèlìzǐ　fóshèlì
　舍利子；佛舍利。中晋·道安《西域志》："摩揭陀国正月十五日僧俗云集，观舍利子放光雨花。"

【物情騒然】ぶつじょう-そうぜん　人心骚动；社会动荡；社会不安定。

【物心両面】ぶっしん-りょうめん　物质和精神两方面。

【仏頂面】ぶっちょう-づら　不高兴的面孔；绷着脸；板着脸。

【不束者】ふつつか-もの　不懂规矩的人；粗人。

【物物交換】ぶつぶつ-こうかん　物物交换；以物换物。

【仏法僧】ぶっ-ぽう-そう　❶佛法僧。中宋・释道诚《释氏要览・三宝》："三宝，谓佛、法、僧。" ❷红角鸮。

【不体裁】ふ-ていさい　不成体统；不像样子；不光彩。

【不手際】ふ-てぎわ　不得法；笨拙；失当。

【筆無精】ふで-ぶしょう　懒于动笔；不好动笔。

【不倒翁】ふとう-おう　不倒翁。中清・赵翼《陔余丛考・不倒翁》："儿童嬉戏有不倒翁，糊纸作醉汉状，虚其中而实其底，虽按捺旋转不倒也。"

【浮動票】ふどう-ひょう　流动的选票；未定的选票。

【不撓不屈】ふとう-ふくつ　不屈不挠；坚忍（韧）不拔。類七転八起；七転び八起き①；不死身②。中汉・班固《汉书・叙传下》："乐昌笃实，不桡(=挠)不诎(=屈)，遘闵既多，是用废黜。"

【不特定多数】ふとくてい-たすう　非特定多数；众多人群。

【不得要領】ふとく-ようりょう　不得要领；抓不住要点。類要領を得ない。中汉・司马迁《史记・大宛列传》："骞从月氏至大夏，竟不能得月氏要领。"

【懐勘定】ふところ-かんじょう　心中盘算。類胸算用。

【懐具合】ふところ-ぐあい　手头钱的多少；腰包的状况；所带的钱数。

【懐鉄砲】ふところ-でっぽう　手枪。

【不如意】ふ-にょい　❶不如意；不随心。類思うに任せない。中唐・房玄龄《晋书・羊祜传》："天下不如意，恒十居七八。" ❷不宽裕；手头拮据。類懐が寒い。

【不人情】ふ-にんじょう　没有人情味；缺乏同情心；冷酷。類無慈悲。

【不文律】ふぶん-りつ　❶默契；心照不宣。❷习惯法；不成文的规定。

【不平不満】ふへい-ふまん　有意见；不高兴(gāoxìng)；不满。

【不偏不党】ふへん-ふとう　不偏不党(bùpiānbùdǎng)；不偏不倚(bùpiānbùyǐ)；中庸之道(zhōngyōngzhīdào)；中立公正。[中]战国・吕不韦《吕氏春秋・士容》："士不偏不党，柔而坚，虚而实。"

【不眠不休】ふみん-ふきゅう　昼夜(zhòuyè)不停；孜孜不倦(zīzībùjuàn)；没日没夜。[類]昼夜(ちゅうや)を分(わ)かたず。

【不夜城】ふや-じょう　不夜城(búyèchéng)。[中]汉・班固《汉书・28上》颜师古注："齐有不夜城，盖古者有日夜中照于东境。"

【武勇伝】ぶゆう-でん　❶武林英豪传(yīngháozhuàn)。❷一逞(chěng)英豪。

【冬化粧】ふゆ-げしょう　雪景；银装。[類]雪(ゆき)化粧。

【冬木立】ふゆ-こだち　冬季木叶尽脱的树林。

【冬支度】ふゆ-じたく　准备过冬；作过冬准备。

【冬将軍】ふゆ-しょうぐん　严冬；严寒。

【不要不急】ふよう-ふきゅう　不急需；不急之务(bùjízhīwù)。

【無頼漢】ぶらい-かん　无赖。

【不埒千万】ふらち-せんばん　悖理(bèilǐ)；岂有此理(qǐyǒucǐlǐ)；可恶已极(kěwùyǐjí)。

【不立文字】ふりゅう-もんじ　不立文字(bùlìwénzì)。[中]宋・释普济《五灯会元・7》："师问：'祇如古德，岂不是以心传心？' 峰曰：'兼不立文字语句。'"

【不良少女】ふりょう-しょうじょ　太妹；顽劣少女(wánlièshàonǚ)。

【不良少年】ふりょう-しょうねん　问题少年；太保；顽劣少年(wánlièshàonián)。

【武陵桃源】ぶりょう-とうげん　武陵(wǔlíng)桃源；世外桃源(shìwàitáoyuán)。[類]桃源郷(きょう)。

【古強者】ふる-つわもの　老兵；老资格。

【古女房】ふる-にょうぼう　❶宫中资深女官。❷老妻；老伴(lǎobàn)儿。

【無礼講】ぶれい-こう　开怀畅饮(kāihuáichàngyǐn)的宴会；不讲客套(kètào)；不拘(bùjū)礼节的宴会。

【無礼千万】ぶれい-せんばん　极端无礼。

【不老長寿】ふろう-ちょうじゅ　长生不老(chángshēngbùlǎo)。[類]不老不死。

【不老不死】ふろう-ふし　长生不老。[類]不老長寿。[中]春秋・列御寇《列子・汤问》："珠玕之树皆丛生，华实皆有滋味，食之不老不死。"

【風呂敷】ふろ-しき　包袱皮(bāofupí)。

【付和雷同】ふわ-らいどう　随声附和。類尾に付く；狂人走れば不狂人も走る；尻馬に乗る；尻に付く；矮人の観場。

【雰囲気】ふんい-き　qìfēn fēnwéi 气氛；氛围。

【分岐点】ぶんき-てん　chà lǐng 岔路口；分水岭。類分水嶺。

【文芸復興】ぶんげい-ふっこう　文艺复兴。西Renaissance.

【粉骨砕身】ふんこつ-さいしん　fěnshēnsuìgǔ jūgōngjìncuì jiéjìnquánlì 粉身碎骨；鞠躬尽瘁；竭尽全力。類体を粉にする；身骨を砕く；骨を砕く；身を砕く；身を粉にする。中唐・颜真卿《同州刺史谢上表》："在臣叨幸，何以克堪！暂当粉骨碎身，少酬万一。"

【文庫本】ぶんこ-ぼん　xiùzhēnběn （多为64开或A6纸）袖珍本（的书）。

【焚書坑儒】ふんしょ-こうじゅ　fénshūkēngrú 焚书坑儒。中汉・孔安国《尚书序》："及秦始皇灭先代典籍，焚书坑儒，天下学士逃难解散，我先人用藏其家书于屋壁。"

【文人墨客】ぶんじん-ぼっかく　wénrénmòkè sāorénmòkè 文人墨客；骚人墨客。中清・古吴墨浪子《西湖佳话・六桥才迹》："东坡政事之暇，便约一班同僚官长，文人墨客，都到西湖上来嬉遊。"

【分水嶺】ぶんすい-れい　fēnshuǐlǐng 分水岭。類岐点。中北魏・郦道元《水经注・漾水》："即其地势源流所归。故俗以嶓冢为分水岭。"

【分相応】ぶん-そうおう　fúhé 符合身份；与身份相合。類身分相応。

【文武百官】ぶんぶ-ひゃっかん　文武百官。

【文武両道】ぶんぶ-りょうどう　学问和武艺；文武两方面。

【分別顔】ふんべつ-がお　tōngqíngdálǐ 明白事理的样子；通情达理的表情。

【文房具】ぶんぼう-ぐ　wénfángsìbǎo 文具；文房四宝。

【文明開化】ぶんめい-かいか　文明开化。

【奮励努力】ふんれい-どりょく　奋发努力。

【弊衣破帽】へいい-はぼう　bìyīpòmào yīguānbùzhěng （二战前日本高中生的服装风格）敝衣破帽；衣冠不整。

【弊衣蓬髪】へいい-ほうはつ　lànshān péngtóugòumiàn 破衣烂衫，蓬头垢面。

【平穏無事】へいおん-ぶじ　平安无事。類事も無し①；無事息災。

【平衡感覚】へいこう-かんかく　pínghénggǎn 平衡感；正确判断，平稳处理事情的能力。

858

【平行線】へいこう-せん	❶平行线。❷互不相让；互不妥协。類平行線を辿る。
【平身低頭】へいしん-ていとう	九十度大弯腰；低头（谢罪）；垂眉折腰。類膝を折る。
【平年作】へいねん-さく	（农业）平常年景；普通的年成。
【平平凡凡】へいへい-ぼんぼん	平平凡凡；平庸无奇。類可もなく不可もなし②；事も無し③；沈香も焚かず屁もひらず。
【平和共存】へいわ-きょうそん	和平共处。
【下手糞】へた-くそ	烂；糟糕；极差。
【下手巧者】へた-ごうしゃ	熟巧掩盖工艺粗劣。
【別行動】べつ-こうどう	离开集体，单独行动。
【別世界】べっ-せかい	❶另一个世界。類別天地。❷完全不同的环境。
【別天地】べっ-てんち	另一个世界；不同于尘俗的世界。類別世界①。
【別問題】べつ-もんだい	两码事；另一回事。
【屁理屈】へ-りくつ	歪理；强词夺理；诡辩。類堅白同異の弁；小理屈。
【変化球】へんか-きゅう	曲线球；变化莫测的球。
【勉強家】べんきょう-か	勤奋学习的人；努力钻研的人；认真工作的人。
【変幻自在】へんげん-じざい	变幻自如；变幻无常；变化多端；变幻莫测。
【片言隻句】へんげん-せっく	只言片语；片言只字。類一字一句②；一言半句。
【変死体】へんし-たい	非正常死亡的遗体；横死者的遗体。
【偏執狂】へんしゅう-きょう	偏执狂。
【変節漢】へんせつ-かん	变节者；叛徒。
【弁天娘】べんてん-むすめ	天仙一般的美女。
【扁平足】へんぺい-そく	扁平足。
【偏旁冠脚】へん-ぼう-かん-きゃく	偏旁部首。
【便利屋】べんり-や	便民服务业者；好用的服务业者。
【暴飲暴食】ぼういん-ぼうしょく	暴饮暴食。
【砲煙弾雨】ほうえん-だんう	枪林弹雨；硝烟弥漫，弹雨横飞。

【放課後】ほうか-ご　　放学之后；课外。
【放歌高吟】ほうか-こうぎん　　yīnhánggāogē 引吭高歌；放声歌唱。
【放火魔】ほうか-ま　　zònghuǒ 纵火惯犯。
【判官贔屓】ほうがん-びいき（ほうがん、はんがんとも）　　同情弱者；恻隐之心。類恻隐の情。
【方向音痴】ほうこう-おんち　　不辨方向的人；好转向的人。類東西を弁ぜず①；右も左も分らない①。
【方向転換】ほうこう-てんかん　　❶改变方向。❷改变方针。
【暴虎馮河】ぼうこ-ひょうか　　bàohǔpínghé yǒuyǒngwúmóu mángàn 暴虎冯河；有勇无谋；冒险蛮干。類血気に逸る。中《论语・述而》："子曰：'暴虎冯河，死而无悔者，吾不与也。'"
【豊作貧乏】ほうさく-びんぼう　　gǔjiànshāngnóng 谷贱伤农；丰收谷贱，收入减少。類大漁貧乏。
【法三章】ほう-さんしょう　　yuēfǎsānzhāng 约法三章。中唐・司马迁《史记・高祖本纪》："与父老约，法三章：杀人者死，伤人及盗抵罪。"
【傍若無人】ぼうじゃく-ぶじん（傍、旁とも）　　pángruòwúrén mùwúyúzǐ 旁若无人；目无余子。類辺り構わず；辺りに人なきが如し；傍らに人無きが如し；眼中人なし；虱をひねって当世の務を談ず；野方図①；人も無げ；人を人とも思わない。中汉・司马迁《史记・刺客列传》："高渐离击筑，荆轲和而歌于市中，相乐也。已而相泣，旁若无人者。"
【放射能】ほうしゃ-のう　　放射性；放射现象。
【坊主頭】ぼうず-あたま　　光头。類丸坊主。
【茫然自失】ぼうぜん-じしつ　　mángránzìshī mángránruòshī jīng è fādāi 茫然自失；茫然若失；惊愕发呆。類手に持つ物を落としたよう；我か人か；我を忘れる②。中战国・庄周《庄子・说剑》："文王芒然自失，曰：'诸侯之剑如何？'"
【暴走族】ぼうそう-ぞく　　biāochēzú 飙车族。
【方程式】ほうてい-しき　　方程式。
【蓬頭垢面】ほうとう-こうめん　　péngtóugòumiàn 蓬头垢面。中北魏・魏收《魏书・封轨传》："君子正其衣冠，尊其瞻视，何必蓬头垢面，然后为贤？"
【報道陣】ほうどう-じん　　méitǐ 媒体；记者。
【放蕩無頼】ほうとう-ぶらい　　fàngdàngbùjī diēdàngbùjī 放荡不羁；跌宕不羁。

860

【豊年満作】ほうねん-まんさく		丰产丰收；丰年好收成；岁丰年稔 suìfēngniánrěn。類五穀豊穣 ごこくほうじょう。
【暴風雨】ほうふう-う		暴风雨；暴风骤雨 bàofēngzhòuyǔ；急风暴雨 jífēngbàoyǔ。
【捧腹絶倒】ほうふく-ぜっとう		捧 pěng 腹大笑。類腹 はら を抱 かか える。
【朋友知己】ほうゆう-ちき		朋友；知己 zhījǐ；熟人。
【放埒三昧】ほうらつ-ざんまい		放荡不羁 fàngdàngbùjī；胡作非为 húzuòfēiwéi；任意胡来；为所欲为 wéisuǒyùwéi；。類仕放題 しほうだい。
【暴力団】ぼうりょく-だん		暴力团；黑社会。
【保革伯仲】ほかく-はくちゅう		保守革新势均力敌 shìjūnlìdí。
【木石漢】ぼくせき-かん		木人石心；木石心肠；心如铁石 xīnrútiěshí。類木仏金仏石仏 きぶつかなぶついしぼとけ。
【朴念仁】ぼくねん-じん		不懂道理的人；话少生硬的人。
【歩行者天国】ほこうしゃ-てんごく		步行街 bùxíngjiē。
【母子家庭】ぼし-かてい		母子家庭；单亲家庭。
【暮色蒼然】ぼしょく-そうぜん		暮色苍然 mùsècāngrán；苍茫 cāngmáng。中宋・赵蕃《八月八日发潭州后得绝句四十首》："暮色苍然遂不开，我舟亦欲傍崖隈。"明・袁中道《珂雪斋集・五・感怀诗之34》："日暮望遥山，绛霞散林野……暮色苍然至，牛羊皆来下。"
【母子寮】ぼし-りょう		母子生活支援设施。
【母川回帰】ぼせん-かいき		鲑鱼洄游产卵 guīyúhuíyóu。
【保存食】ほぞん-しょく		保存性食品；储存性食品 chǔcún。
【没交渉】ぼっ-こうしょう		没来往；不相往来。中宋・释普济《五灯会元・百丈海禅师法嗣・沩山灵佑禅师》："正是汝心，正是汝佛。若向外得一知一解，将为禅道，且没交涉。"
【墨痕淋漓】ぼっこん-りんり		墨痕淋漓 línlí；墨迹犹新 mòjì。
【没趣味】ぼつ-しゅみ		没意思 méiyìsi；没趣。類無趣味 むしゅみ。
【骨皮筋右衛門】ほねかわ-すじえもん		骨瘦如柴 gǔshòurúchái；皮包骨；瘦猴 shòuhóu。類骨と皮 ほねとかわ。
【匍匐膝行】ほふく-しっこう		（在显贵面前）膝行 xīxíng。
【匍匐前進】ほふく-ぜんしん		匍匐前进 púfú。
【本家本元】ほんけ-ほんもと		本家；正宗 zhèngzōng；创始人。

【匍匐膝行】ほふく-しっこう	（在显贵面前）膝行。
【匍匐前進】ほふく-ぜんしん	púfú 匍匐前进。
【本家本元】ほんけ-ほんもと	本家；正宗；创始人。
【本採用】ほん-さいよう	zhuǎnzhèng 转正；正式录用。
【本寸法】ほん-すんぽう	合乎正宗规范；原汁原味ㄦ。
【本調子】ほん-ちょうし	❶基调。❷正常状态。
【煩悩即菩提】ぼんのうそく ぼだい	fánnǎojípútí 烦恼即菩提。中 隋·智·《法华玄义·9》："观生死即涅槃，治报障也；观烦恼即菩提，治业障烦恼障也。"
【本場物】ほんば-もの	zhèngzōnghuò 正宗货。
【本舞台】ほん-ぶたい	❶正面舞台。❷正规舞台；正式演出的舞台。
【本末転倒】ほんまつ-てんとう	běnmòdàozhì diāndǎo 本末倒置；主次颠倒。類主客转倒。

ま 行

【真一文字】ま-いちもんじ	❶笔直；一直。類一直線。❷目不转睛。
【前景気】まえ-げいき	（庆典等）开始前的气氛。
【前口上】まえ-こうじょう	kāichǎngbái 开场白；引子。
【前宣伝】まえ-せんでん	事先的宣传。
【前評判】まえ-ひょうばん	预先评论；开始之前的评论。
【摩崖仏】まがい-ぶつ	móyáfó yábìdiāokè 摩崖佛；崖壁雕刻的佛像。
【摩訶不思議】まか-ふしぎ	bùkěsīyì shénhūqíshén xuánzhīyòuxuán 不可思议；神乎其神；玄之又玄。類不可思議。
【真面目】まじめ	❶严肃认真；老实；踏实。❷诚实；正派；正经。
【真正面】ま-しょうめん	正面。
【益荒男】ますら-お（丈夫・大丈夫とも）	❶男子汉；大丈夫。類男一匹。❷猎人。
【摩天楼】まてん-ろう	mótiānlóu 摩天楼。
【窓際族】まどぎわ-ぞく	gànbu 边缘化干部；退二线的干部。
【愛弟子】まな-でし	déyìménshēng 爱徒；得意门生；高足。
【真人間】ま-にんげん	正经人；正派人。
【真似事】まね-ごと	❶模仿。類ものまね。❷（对自己行为的自谦）学。
【真冬日】まふゆ-び	（日本气象用语）最高气温为冰点以下的日子；隆冬；严冬。

【魔法瓶】	まほう-びん	暖水瓶；保温瓶。
【豆知識】	まめ-ちしき	小知识。
【豆鉄砲】	まめ-でっぽう	玩具枪（以豆粒为子弹）。
【豆電球】	まめ-でんきゅう	小电灯泡。
【眉唾物】	まゆつば-もの	不可轻信的；值得怀疑的。
【真夜中】	ま-よなか	三更半夜；深更半夜；午夜。類草木も眠る。
【丸暗記】	まる-あんき	死记硬背；整体背下来。
【丸天井】	まる-てんじょう	❶球形屋顶；穹隆屋顶。❷天空。
【丸坊主】	まる-ぼうず	光头。類坊主頭。
【満艦飾】	まんかん-しょく	❶舰船挂满旗。❷盛装；花枝招展。類綺羅を飾る①。❸晾满衣物。
【満漢全席】	まんかん-ぜんせき	满汉全席。中清朝宫廷菜。
【万華鏡】	まんげ-きょう	万花筒。
【満場一致】	まんじょう-いっち	全场一致。
【満身創痍】	まんしん-そうい	满身创伤；遍体鳞伤。
【曼陀羅】	まんだら	曼陀罗；曼荼罗。中晋・后秦・鸠摩罗什译《法华经・序品》："是时天雨曼陀罗华。"宋・司马光《涑水记闻・3》："杜杞字伟长，为湖南转运副使。五溪蛮反，杞以金帛、官爵诱出之，因为设宴，饮以曼陀罗酒，昏醉，尽杀之。"
【満天下】	まん-てんか	全天下；全世界。類全世界。
【万年床】	まんねん-どこ	一直不叠被的床；总不整理的床。
【万年雪】	まんねん-ゆき	终年不化的冰雪；雪线以上的积雪。
【満年齢】	まん-ねんれい	周岁。
【万馬券】	まん-ばけん	获奖一万日元以上的赌马券；百元赌马券，可获万元奖。
【万万一】	まんまん-いち	万一。
【木乃伊】	みいら	木乃伊；干尸。〈葡〉Mirra、〈荷〉Munmmie。中明・陶宗仪《辍耕录・木乃伊》："回回有七八十岁老人……俟百年启封，则蜜剂也……番言木乃伊。"
【未開地】	みかい-ち	❶荒原。❷史前之地；蛮荒之地。

【身勝手】みーがって　任性；自私；只顾自己方便。[類]自分勝手(じぶんかって)。

【身綺麗】みーぎれい　衣冠楚楚(yīguānchǔchǔ)；穿着干净利索(chuānzhuógānjìnglìsuǒ)。

【三行半】みくだりーはん　休书；休妻文书。

【身支度】みーじたく　打扮(dǎban)；装束(zhuāngshù)；整装。

【未熟児】みじゅくーじ　早产儿；不足月。

【水菓子】みずーがし　水果。

【水際作戦】みずぎわーさくせん　❶登陆防卫战；❷防御(fángyù)病害入境（措施）。

【水仕事】みずーしごと　洗涮(xǐshuàn)等用水的工作。

【水商売】みずーしょうばい　服务行业；靠人缘维持的生意。[類]客(きゃく)商売

【水鉄砲】みずでっぽう　（玩具）喷水枪(pēnshuǐqiāng)。

【見世物】みせーもの　❶杂耍(záshuǎ)；耍把戏(shuǎbǎxì)。❷被戏耍(xìshuǎ)；当众出丑(dāngzhòngchūchǒu)。[類]恥(はじ)を曝(さら)す。

【未曾有】みーぞーう　未曾有(wèicéngyǒu)过；空前。[類]空前絶後(くうぜんぜつご)。[中]战国・墨翟《墨子・亲士》："缓贤忘士而能以其国存者，未曾有也。"

【味噌糞】みそーくそ　➡糞味噌

【道案内】みちーあんない　❶路标；道路指示牌(pái)。❷向导；引路人。

【未知数】みちーすう　未知数。

【三日天下】みっかーてんか　短命政权。

【三日坊主】みっかーぼうず　三天打鱼(sāntiāndǎyú)，两天晒网(liǎngtiānshàiwǎng)；没常性。[類]兎(うさぎ)の糞(ふん)。

【身贔屓】みーびいき　偏袒(piāntǎn)自己人。

【身分相応】みぶんーそうおう　符合(fúhé)身份；身份相称(xiāngchèn)。[類]分相応。

【未亡人】みぼうーじん　未亡人(wèiwángrén)；遗孀(yíshuāng)；寡妇(guǎfu)。[中]春秋・左丘明《左传・成公9年》："大夫勤辱，不忘先君以及嗣君，施及未亡人。先君犹有望也！"

【見本市】みほんーいち　商品交易会；展销会(zhǎnxiāohuì)。

【見真似】みーまね　看着学。[類]見様見真似。

【耳学問】みみーがくもん　道听途说(dàotīngtúshuō)；口耳之学(kǒuěrzhīxué)。

【耳相談】みみーそうだん　低声商量；耳语交谈。

【耳年増】みみーどしま　听过很多性知识(xìngzhīshi)的姑娘。

【土産話】みやげーばなし　旅途见闻。

【土産物】みやげーもの　礼物；土特产。

【苗字帯刀】みょうじ-たいとう	（江戸时代武士的特权）称姓佩刀。
【見様見真似】みよう-みまね	看样学样；久而自通；照样子学。類見真似。
【未来永劫】みらい-えいごう	永远；永久；久远的未来。
【未来図】みらい-ず	远景规划；愿景；未来的图景。
【未来像】みらい-ぞう	想象未来的状态；前景；远景。
【無意識】む-いしき	❶丧失意识；无意识。❷下意识；潜在意识。
【無一物】む-いちもつ	一无所有。類無一文。
【無一文】む-いちもん	身无分文。類手と身になる；裸になる②；無一物。
【無為徒食】むい-としょく	无所事事；虚度年华；游手好闲；行尸走肉；斗鸡走狗。類惰眠を貪る②；のんべんだらりと；蛇を遣う。
【無意味】む-いみ	❶没意义。❷无价值。
【無位無官】むい-むかん	无官无品；平民百姓。
【無為無策】むい-むさく	听其自然；束手无策。
【無縁仏】むえん-ぼとけ	孤魂野鬼；无人凭吊的死者；无主尸。
【無学文盲】むがく-もんもう	不识字；文盲；目不识丁。類一丁字を識らず；目に一丁字なし。
【昔気質】むかし-かたぎ	老派儿；守旧；老脑筋。
【無我夢中】むが-むちゅう	忘我；全神贯注；全身心投入。類是非も知らず。
【無関係】む-かんけい	无关；没关系。
【無関心】む-かんしん	不关心；不闻不问；不放在心上；不感兴趣。
【無期延期】むき-えんき	无期限延期。
【無期限】む-きげん	无限期。
【無軌道】む-きどう	❶无轨道；无轨。❷脱离常规的行动；不和常识的思想。
【無気力】む-きりょく	毫无斗志；没有朝气；什么都不想作。
【無芸大食】むげい-たいしょく	大饭桶；酒囊饭袋。
【無原則】む-げんそく	无原则。
【無限大】む-げんだい	无限大；无穷大。
【無国籍】む-こくせき	无国籍。
【無罪放免】むざい-ほうめん	无罪释放。

【無慈悲】	む-じひ	冷酷无情；毫无同情心。類神も仏もない；非人情①；不人情；未練未酌がない。
【虫眼鏡】	むし-めがね	放大镜。
【無邪気】	む-じゃき	❶天真。類天真爛漫。❷幼稚。❸单纯。
【武者修行】	むしゃ-しゅぎょう	武士游学练武；在他乡锻炼武艺。
【無重力】	む-じゅうりょく	失重状态。
【無趣味】	む-しゅみ	没有趣味；不解风流；没意思。類没趣味。
【無条件】	む-じょうけん	无条件。
【無所属】	む-しょぞく	无党派；无党无派。
【無人境】	むじん-きょう	无人之境；无人区。類人外境。
【無神経】	む-しんけい	❶对环境气氛感知迟钝。❷缺心眼儿；不管不顾。
【無尽蔵】	むじん-ぞう	无尽藏；取之不尽，用之不竭；无穷无尽。中宋·苏轼《前赤壁赋》："惟江上之清风，与山间之明月……是造物者之无尽藏也。"
【娘気質】	むすめ-かたぎ	姑娘共有的气质。
【無責任】	む-せきにん	不负责任。
【無節操】	む-せっそう	没有节操；没有操守。
【無銭飲食】	むせん-いんしょく	吃霸王餐；吃饭不付钱。
【無造作】	む-ぞうさ	❶轻而易举；毫不费力。類苦もない。❷随意；漫不经心。
【無駄足】	むだ-あし	冤枉路；白跑一趟。類無駄足を踏む。
【無駄金】	むだ-がね	白花钱；冤枉钱。
【無駄口】	むだ-ぐち	废话；闲聊。類無駄口を叩く。
【無駄事】	むだ-ごと	毫无意义的事。
【無駄玉】	むだ-だま	打水漂儿；投资打水漂；瞎子点灯白费蜡。
【無駄話】	むだ-ばなし	漫无边际的闲聊；闲聊；废话。類馬鹿話。
【無駄骨】	むだ-ぼね	白费力气。類一文にもならない。
【無駄飯】	むだ-めし	闲饭。
【無知蒙昧】	むち-もうまい	蒙昧无知；愚昧无知；浑浑噩噩。
【無手勝流】	むてかつ-りゅう	❶不战而屈人之兵；智取。❷塚原卜传流派。❸自创流派。類自己流。

【無党派層】むとうは-そう	无党派选举人；不支持任何党派的选举人。
【無投票】む-とうひょう	不需投票（自然当选）。
【胸算用】むな-ざんよう	心里打算；心里盘 $pánsuàn$ 算；内心估计。類 ふところかんじょう 懐勘定。
【無二無三】むに-むさん	❶$wúèrwúsān$ 无二无三；独$dúyīwúèr$ 一无二。類 ゆいいつむに 唯一無二。中隋・吉藏《法华义疏》："法华正言无二无三，会同归一。此经直明万善成佛，不言无二无三。" ❷$zhuānxīnzhìzhì$ 专心致志；$yīqiè$ 不顾一切。類 いちいせんしん 一意専心。
【胸三寸】むね-さんずん	心中；方寸。
【無念無想】むねん-むそう	❶心无杂念；万念皆$jiēkōng$ 空。類 めいきょうしすい 明鏡止水。❷毫无$gùlǜ$ 顾虑。
【無能力】む-のうりょく	❶没本事；没能力。類 $nō$ 能がない。❷（法律）无行为能力。
【無表情】む-ひょうじょう	没有表情。
【無病息災】むびょう-そくさい	息灾灭病；无病无灾。
【無風地帯】むふう-ちたい	不受外界影响的地方；真空地带。
【無分別】む-ふんべつ	没有分$fēnbiàn$ 辨能力；鲁$lǔmǎng$ 莽；轻$qīngshuài$ 率。類 あとさきみず 後先見ず。
【無防備】む-ぼうび	不设防；没有防备；（对危险）无预防措施。
【無味乾燥】むみ-かんそう	$kūzàowúwèi$ 枯燥无味；乏味。類 aji 味も素っ気もない。
【無名氏】むめい-し	$wúmíngshì$ 无名氏。中清・俞樾《茶香室丛钞・茶汤》："宋无名氏《南窗纪谈》云：'客至则设茶，欲去则设汤。'"
【無欲恬淡】むよく-てんたん	$tiándànwúyù$ 恬淡无欲；$tiándànguǎyù$ 恬淡寡欲。中汉・王充《论衡・道虚》："世或以老子之道为可以度世，恬淡无欲，养精爱气。"
【村社会】むら-しゃかい	排外的封闭世界；封闭的社会。
【村八分】むら-はちぶ	❶孤立违反村规者。❷无视其存在。
【無理解】む-りかい	无同情心；不理解（别人的心情）。
【無理算段】むり-さんだん	$qīpīnbācòu$ 七拼八凑；东借西凑；$jiānnánchóukuǎn$ 艰难筹款。
【無理心中】むり-しんじゅう	逼着对方和自己同死。
【無理筋】むり-すじ	非常规办法；不按套路出牌$tàolùchūpái$；违背常理$wéibèi$ 的手段。
【無理難題】むり-なんだい	无理要求；过分的要求$guòfèn$；难为人$nánwei$。
【無理無体】むり-むたい	$qiángzhì$ 强制；强迫$qiǎngpò$；不讲理。類 $rifujin$ 理不尽。
【銘柄米】めいがら-まい	$míngpái$ 名牌大米；品牌大米。

【明鏡止水】めいきょう-しすい	明镜止水；一尘不染；心如止水。類無念無想①。中战国·庄周《庄子·德充符》："人莫鉴于流水，而鉴于止水，唯止能止众止。"汉·刘安《淮南子·俶真训》："人莫鉴于刘沫而鉴于止水者，以其静也；莫窥于生铁而窥于明镜者，以（睹）其易也。"
【名所案内】めいしょ-あんない	❶景点介绍。❷旅游指南。
【名所旧跡】めいしょ-きゅうせき	名胜古迹。
【名人芸】めいじん-げい	名人的绝技；著名高手的技艺。
【名人肌】めいじん-はだ	名人气度；名人风范；名人气质。
【明窓浄机】めいそう-じょうき	明窗净几；窗明几净。中宋·欧阳修《试笔》："苏子美尝言，明窗净几，笔砚纸墨皆极精良，亦自是人生一乐。"
【名調子】めい-ちょうし	流畅明快而有节奏的讲演或解说。
【目一杯】め-いっぱい	最大限度；竭尽全力。類最大限。
【名物男】めいぶつ-おとこ	大名鼎鼎的人。
【明眸皓歯】めいぼう-こうし	明眸皓齿。中唐·杜甫《哀江头》诗："明眸皓齿今何在？血污游魂归不得。"
【明明白白】めいめい-はくはく	明明白白；一清二白；一清二楚；很明显；很明确。中明·施耐庵《水浒·45》："账目已自明明白白，并无分文来去。"
【名誉毀損】めいよ-きそん	损坏名誉；诽谤。
【名誉心】めいよ-しん	渴求名誉的心理；重视名誉。
【名誉挽回】めいよ-ばんかい	挽回声誉；恢复名誉。類汚名を雪ぐ。
【命令一下】めいれ-いっか	下达命令；命令一下。
【明朗闊達】めいろう-かったつ	开朗豁达。
【迷惑千万】めいわく-せんばん	麻烦透顶；及其为难；麻烦至极。
【夫婦茶碗】めおと-ぢゃわん	鸳鸯茶杯；夫妻杯。
【盲滅法】めくら-めっぽう	胡来；盲目；鲁莽。類暗闇の鉄砲。
【目玉商品】めだま-しょうひん	拳头商品；特价商品；用来吸引顾客的商品。

【滅私奉公】めっし-ほうこう	mièsīfènggōng　kèjǐfènggōng 灭私奉公；克己奉公。中唐・元稹《崔倰授尚书户部侍郎制》："辟名用物者逃无所入,灭私奉公者得以自明。"
【面会謝絶】めんかい-しゃぜつ	谢绝探视；谢绝会面。
【免許皆伝】めんきょ-かいでん	取得真传；传授全部绝技。
【免罪符】めんざい-ふ	❶免罪符。❷逃避责任的行为。
【面従腹背】めんじゅう-ふくはい	yángfèngyīnwéi　miàncóngfùfěi 阳奉阴违；面从腹诽；表面服从内心不服。類笑中に刀あり。中清・李绿园《歧路灯・63》："世兄果为嫌家伯语重,何难回头是岸,万不可面从腹诽。"
【面倒見】めんどう-み	照料；照看；照顾。類世話を焼く。
【面壁九年】めんぺき-くねん	miànbìjiǔnián 面壁九年。中宋・释普济《五灯会元・17》："惆怅洛阳人未来,面壁九年空冷坐。"
【面目躍如】めんぼく-やくじょ	bùkuìwéi　huólínghuóxiàn 不愧为；名声大振；活灵活现。類面目躍如たるものがある。
【蒙古斑】もうこ-はん	měnggǔbān　chénzhuó 蒙古斑；色素斑；新生儿色素沉着。
【孟母三遷】もうぼ-さんせん	➡孟母三遷の教え
【没義道】もぎ-どう	cǎnwúréndào　bàonüèwúdào 惨无人道；暴虐无道；刻毒。類極悪非道。
【目論見】もく-ろみ	试图；意图；企图。
【文字面】もじ-づら	字面上。
【勿体顔】もったい-がお	shàyǒujièshì　zhuāngqiāngzuòshì 煞有介事的样子；装腔作势。類勿体を付ける。
【物真似】もの-まね	mófǎngxiù 模仿秀。類人真似①；真似事①。
【物見遊山】ものみ-ゆさん	yóushānwánshuǐ 游山玩水；游山逛景。
【桃栗三年柿八年】ももくりさんねん かきはちねん	táolǐ 桃栗三年见果,柿子八年结实。
【門外漢】もんがい-かん	ménwàihàn　wàiháng 门外汉；外行。類藤四郎③。中宋・释普济《五灯会元》："'若不到此田地,如何有这个消息?'庵曰:'是门外汉耳。'"
【門外不出】もんがい-ふしゅつ	zhēncáng　zhéjū ❶珍藏；秘不示人。❷蛰居；闭门不出。
【門下生】もんか-せい	弟子；门徒。中晋・袁宏《后汉纪・明帝纪上》："虎贲中郎将豫章何汤,荣(桓荣)门下生也。"

【門戸開放】	もんこ-かいほう	门户开放。
【門前町】	もんぜん-まち	神社、寺院门前的街区。
【問題外】	もんだい-がい	不值一提；不值得当作问题。類 取るに足りない。
【問題作】	もんだい-さく	引发关注的作品；受到热议的作品。
【問題視】	もんだい-し	dàngzuò 当作问题。
【問答無用】	もんどう-むよう	不必争论；无需争论。類 一議に及ばず；子細に及ばず；千も万もいらぬ；論に及ばず。
【翻筋斗】	もんどり	➡翻筋斗を打つ

や　行

【八百長】	やお-ちょう	❶假比赛。❷事先窜通好（的）；合谋。類 気脈を通じる。
【八百屋】	やお-や	❶蔬菜水果店。❷杂家；杂学家。
【八百万】	やお-よろず	数不尽；数不胜数。類 数知らず。
【山羊髯】	やぎ-ひげ	山羊胡。
【役者子供】	やくしゃ-こども	❶演员只懂演技不谙世故。類 役者馬鹿。❷歌舞伎的少年演员；童星。
【役者馬鹿】	やくしゃ-ばか	演员只懂演技不谙世故。類 役者子供①。
【約束事】	やくそく-ごと	❶约定的事。❷命中注定；因缘。
【役人根性】	やくにん-こんじょう	官吏的劣根性；官架子；死板。
【疫病神】	やくびょう-がみ	❶瘟神。❷丧门星；扫帚星。類 貧乏神。
【役不足】	やく-ぶそく	❶演员对分配的角色不满足。❷大材小用；屈才。類 大器小用。
【自棄糞】	やけ-くそ	自暴自弃；破罐破摔。類 自暴自棄。
【自棄酒】	やけ-ざけ	闷酒。
【野次馬】	やじ-うま	跟着起哄的人；看热闹的人；乱吵乱嚷的群众。
【野次馬根性】	やじうま-こんじょう	好起哄的秉性；好起哄的毛病。
【野心満満】	やしん-まんまん	野心勃勃；雄心勃勃。類 触手が動く。
【安普請】	やす-ぶしん	豆腐渣工程；粗劣材料低成本的建筑。
【野生味】	やせい-み	野性。

【屋台骨】	やたい-ぼね	顶梁柱；支柱；台柱子。㊣大黒柱。
【厄介者】	やっかい-もの	❶累赘；包袱。❷吃闲饭的人；寄食者。
【藪医者】	やぶ-いしゃ	江湖郎中；庸医。
【野暮天】	やぼ-てん	土包子；乡巴佬。
【野暮用】	やぼ-よう	琐事；业务上的事；没什么意思的事。
【山津波】	やま-つなみ	山洪；泥石流。㊣土石流。
【大和言葉】	やまと-ことば	❶日本固有词汇。❷日本格律诗（和歌）。❸规范文雅的语言。
【大和撫子】	やまと-なでしこ	❶石竹（花）；瞿麦。❷传统日本女子（外柔内刚，柔美而顽强）。
【山吹色】	やまぶき-いろ	❶金黄色；黄颜色。❷（江户时代流通的）金币。㊣黄なる物。
【闇将軍】	やみ-しょうぐん	幕后操纵者；幕后掌权者。㊣陰の人；影武者②。
【夜郎自大】	やろう-じだい	夜郎自大。㊣唯我独尊。㊥清·蒲松龄《绛妃》："驾炮车之狂云，遂以夜郎自大；恃贪狼之逆气，漫以河伯为尊。"
【唯一無二】	ゆいいつ-むに	唯一；独一无二。㊣後にも先にも；掛け替えのない；藝にも晴れにも②；二つと無い；無二無三①。㊥清·秦力山《秦力山集·说革命·七》："左宗棠骄功守旧，而吾国惟一无二之造船厂，以为其所擘画。"
【唯我独尊】	ゆいが-どくそん	唯我独尊；狂妄自大；目中无人。㊣天上天下唯我独尊；夜郎自大。㊥唐·玄奘《大唐西域记·6》："天上天下唯我独尊，今兹而往生分己尽。"宋·释普济《五灯会元·1》："天上天下，唯吾独尊。"
【憂鬱質】	ゆううつ-しつ	（气质类型）抑郁质。
【勇往邁進】	ゆうおう-まいしん	勇往直前。㊣直往邁進。
【有害無益】	ゆうがい-むえき	有害无益。㊣百害あって一利なし。
【勇気凛凛】	ゆうき-りんりん	勇气十足；无所畏惧；大无畏。
【有言実行】	ゆうげん-じっこう	说到做到；言出必行；说话算数；说一不二；言而有信。

【有識者】ゆうしき-しゃ	yǒushízhīshì 有识之士；有学问见识广的人。
【優柔不断】ゆうじゅう-ふだん	yōuróuguǎduàn 优柔寡断。類煮え切らない。中战国・韩非《韩非子・亡征》："缓心而无成，柔茹而寡断，好恶无决，而无所定立者，可亡也。"宋・洪迈《容斋续笔・9》："四人皆握娗自好，当优柔不断之朝，无所规救。"
【優勝劣敗】ゆうしょう-れっぱい	yōushènglièbài 优胜劣败；优胜劣汰；适者生存。中清 吴趼人《痛史》第一回："优胜劣败，取乱侮亡，自不必说。"
【融通無碍】ゆうずう-むげ	chàngtōng zǔ 畅通无阻。
【優先席】ゆうせん-せき	yūn 老弱病残孕专座；优先坐席；爱心坐席。
【有職故実】ゆうそく-こじつ	cháotíng 皇家（贵族）文化学；研究朝廷・高官的各种规范的学问。
【有知無知三十里】ゆうちむち さんじゅうり	xiāngchàshèn 才智相差甚远。中南朝・宋・刘义庆《世说新语・捷悟》："魏武亦记之，与修同。乃叹曰：'我才不及卿，乃觉三十里。'"
【誘導尋問】ゆうどう-じんもん	yòugòng tàogòng 诱供；套供。
【郵便番号】ゆうびん-ばんごう	biānmǎ 邮政编码。
【有名税】ゆうめい-ぜい	máfan rénpàchūmíngzhūpàzhuàng 名气大，麻烦大；人怕出名猪怕壮。
【有名無実】ゆうめい-むじつ	yǒumíngwúshí míngcúnshíwáng túyǒuxūmíng 有名无实；徒有其名；名存实亡；徒有虚名。類名有りて実無し；名所に見所なし；名物に旨い物なし。中战国・尉缭《尉缭子・兵令下》："聚卒为军，有空名而无实，外不足以御敌，内不足以守国，此军之所以不给，将之所以夺威也。"
【勇猛果敢】ゆうもう-かかん	勇猛果敢。
【悠悠自適】ゆうゆう-じてき	yōuxiánzìdé yōuyōuzìdé yōuránzìdé 悠闲自得；悠然自适；悠悠自得；悠然自得。類閑日月②。中明・冯梦龙《醒世恒言・4》："那老者……粗衣淡饭，悠悠自得。"
【有料道路】ゆうりょう-どうろ	收费公路。
【愉快犯】ゆかい-はん	扰乱社会而后快的罪犯。
【雪合戦】ゆき-がっせん	dǎxuězhàng 打雪仗。
【雪化粧】ゆき-げしょう	sùguǒ 银装素裹。類冬化粧。
【雪達磨】ゆき-だるま	雪人儿。
【雪達磨式】ゆきだるま-しき	gǔnxuěqiú 滚雪球式的。

【雪見酒】ゆきみ-ざけ	赏雪饮酒。	
【行方不明】ゆくえ-ふめい	去向不明；失踪(shīzōng)；杳如黄鹤(yǎorúhuánghè)。【類】行方無し①；行方も知れぬ①。	
【油断大敵】ゆだん-たいてき	粗心大意(cūxīndàyi)害死人；千万不要麻痹大意(mábìdàyi)。	
【指相撲】ゆび-ずもう	压拇指(mǔzhǐ)游戏。	
【夢心地】ゆめ-ごこち	如在梦中；如在梦境。	
【夢物語】ゆめ-ものがたり	梦见的事；梦话；不着边际(bùzhuóbiānjì)的话。	
【用意周到】ようい-しゅうとう	准备周全；用心周到；准备充分。【類】手回(てまわ)しがいい。	
【要害堅固】ようがい-けんご	易守难攻，固若金汤(gùruòjīntāng)。	
【妖怪変化】ようかい-へんげ	妖魔鬼怪(yāomóguǐguài)；牛鬼蛇神(niúguǐshéshén)；邪魔外道(xiémówàidào)。【類】狐狸妖怪(こりょうかい)；魑魅魍魉(ちみもうりょう)。	
【容姿端麗】ようし-たんれい	端庄秀丽(duānzhuāngxiùlì)；姿容美丽(zīróng)；姿容秀美。【類】眉目秀麗(びもくしゅうれい)。	
【用心棒】ようじん-ぼう	❶顶门棍(dǐngméngùn)。❷保镖(bǎobiāo)。	
【様子見】ようす-み	静观；静观其变。	
【要注意】よう-ちゅうい	应该注意；值得注意。	
【羊頭狗肉】ようとう-くにく	挂羊头卖狗肉(guàyángtóumàigǒuròu)；名不副实(míngbùfùshí)。【類】羊頭(ようとう)を掲(かか)げて狗肉(くにく)を売(う)る。【中】宋・释普济《五灯会元・16》："悬羊头，卖狗肉，坏后进，初几灭。"	
【陽動作戦】ようどう-さくせん	佯动作战；佯攻(yánggōng)；佯动惑敌(yángdònghuòdí)。	
【容貌魁偉】ようぼう-かいい	容貌魁伟(róngmàokuíwěi)；相貌(xiàngmào)魁伟。【中】南朝・宋・范晔《后汉书・郭太传》："身长八尺，容貌魁伟，褒衣博带，周游郡国。"	
【余計者】よけい-もの	多余的人。	
【余計物】よけい-もの	多余的东西(dōngxi)；累赘(léizhuì)；无用的长物(chángwù)。【類】無用(むよう)の長物(ちょうぶつ)。	
【横一線】よこ-いっせん	不分优劣；齐头并进(qítóubìngjìn)；并驾齐驱(bìngjiàqíqū)。【類】何(いず)れ劣(おと)らぬ。	
【予行演習】よこづな-ずもう	预演；彩排(cǎipái)。	
【横綱相撲】よこづな-ずもう	毫无悬念地获胜(xuánniàn)；轻而易举(qīngéryìjǔ)地获胜。	
【横恋慕】よこ-れんぼ	恋慕(liànmù)别人的配偶(pèiǒu)（或情人）。	
【四字熟語】よじ-じゅくご	四字成语；四字熟语。	
【予想外】よそう-がい	意外；没想到；出乎意料(chūhūyìliào)。【類】思(おも)いも寄(よ)らない。	
【予想屋】よそう-や	赌博(dǔbó)信息提供者；预见赛马(sàimǎ)等胜负的人。	

【余所事】よそ-ごと　　与己无关的事；别人的事。類知った事でない。

【余所見】よそ-み　　❶往旁边看。類余所目①。❷在别人看来；在别人眼中。類余所目②。❸旁观；作壁上观。類袖手傍観。

【余所目】よそ-め　　❶漫不经心地看；往旁边看。類余所見①。❷在别人看来；别人的眼光。類余所見②。❸旁观。類袖手傍観。

【余所者】よそ-もの　　❶外乡人；外来者。❷外人；圈子外的人。

【与太者】よた-もの　　❶流氓；痞子。❷懒汉；蠢货。

【与太郎】よたろう　　❶糊涂虫；傻瓜。類唐変木。❷胡诌八扯；造谣者。

【預貯金】よ-ちょ-きん　　储蓄；存款。

【欲求不満】よっきゅう-ふまん　　欲望尚未满足；欲望没有达到；挫败感。

【予備軍】よび-ぐん　　❶预备部队；后方待命的部队。❷后备军。

【予防線】よぼう-せん　　防线。

【四方山話】よもやま-ばなし　　侃大山；山南海北的闲聊；聊天。類世間話。

【余裕綽綽】よゆう-しゃくしゃく　　从容不迫。類悠揚迫らず。

【弱気筋】よわき-すじ　　看跌者；行情看落的股民。

ら行

【磊磊落落】らいらい-らくらく　　襟怀磊落；豪爽旷达；胸襟开阔。類天空海闊。中唐・房玄齢等《晋书・石勒载记・105》："大丈夫行事当礌(=磊)礌落落，如日月皎然，终不能如曹孟德、司马仲达父子，欺他孤儿寡妇，狐媚以取天下也。"

【楽隠居】らく-いんきょ　　退休后过闲适的生活；安度晚年。

【楽天地】らくてん-ち　　乐园；乐土。

【羅針盤】らしん-ばん　　指南针；罗盘。

【落下傘候補】らっかさん-こうほ　　"空降"候选人；非自己地盘的参选者。

【落花流水】らっか-りゅうすい
❶落花流水。❷男欢女爱；相亲相爱；两情相悦。類思い思われる。中唐・李嘉佑《闻逝者自惊》："黄卷清琴总为累，落花流水共添愁。"

【落花狼藉】らっか-ろうぜき
❶落花满地。❷狼藉不堪。❸对妇女施暴。

【乱離骨灰】らり-こっぱい
离散；如鸟兽散；一塌糊涂。

【乱高下】らん-こうげ
行情大起大落；市场震荡；狂涨暴跌。

【乱臣賊子】らんしん-ぞくし
乱臣贼子。中《孟子・滕文公下》："孔子成《春秋》，而论臣贼子惧。"

【乱痴気】らん-ちき
乱哄哄；乱纷纷；乱作一团。

【乱筆乱文】らんぴつ-らんぶん
字迹潦草；信笔涂鸦。

【乱暴狼藉】らんぼう-ろうぜき
暴戾恣睢；胡作非为；对人施暴。

【利害関係】りがい-かんけい
利害关系。

【利害得失】りがい-とくしつ
利害得失。中清・岭南羽衣女士《东欧女豪杰・4》："我虽然素有是志，可恨自己学问太浅，不能够把那利害得失，详详密密说得出来。"

【力戦奮闘】りきせん-ふんとう
全力奋战；竭尽全力拼杀。類全力をあげる。

【陸海空】りく-かい-くう
陆海空；海陆空。

【理屈屋】りくつ-や
爱讲理的人；爱狡辩的人。

【六韜三略】りくとう-さんりゃく
六韬三略。中唐・黄滔《祭南海南平王》："天生大贤，浚六韬三略之才谋。"

【利権屋】りけん-や
❶钻营牟利者。❷斡旋于官商之间的牟利者。

【離合集散】りごう-しゅうさん
聚散离合；时聚时散。

【理想郷】りそう-きょう
理想国；乌托邦；桃花源。類桃源郷。

【理想論】りそう-ろん
理想的空论；不现实的理想主义。

【律儀者】りちぎ-もの
忠诚老实的人；规规矩矩的人；品行端方的人。

【離着陸】りちゃく-りく
飞机起降。

【立脚地】りっきゃく-ち
立足之地。

【立候補】りっ-こうほ
参加竞选。

【立志伝】りっし-でん
成功者传记；励志奋斗人生传记。

【立身出世】 りっしん-しゅっせ	立身扬名；发迹；显达；出人头地。類目の目を見る；身を起こす①；身を立てる①；世に知られる；世に出る②。
【立体視】 りったい-し	立体视觉。
【里程標】 りてい-ひょう	里程碑。類一里塚。
【離乳食】 りにゅう-しょく	断奶食品。
【離発着】 り-はっ-ちゃく	航班出发和到达。
【理非曲直】 りひ-きょくちょく	是非曲直。類是非曲直。
【理不尽】 り-ふじん	蛮横无理；不讲理。類無理無体。
【裏面工作】 りめん-こうさく	幕后工作；事先暗中进行谈判。
【裏面史】 りめん-し	内幕历史。
【流言飛語】 りゅうげんひご	流言蜚语。中清・张廷玉等《明史・马孟桢传》："入主出奴，爱憎由心，雌黄信口，流言蜚（=飞）语，腾入禁庭。"
【流行語】 りゅうこう-ご	流行语。
【竜頭蛇尾】 りゅうとう-だび	龙头蛇尾；虎头蛇尾；有头无尾。類頭でっかちの尻つぼみ。中宋・朱熹《朱子语类・130》："如在欧公文集序，先说得许多天来底大，恁地好了，到结束处，却只如此，盖不止龙头蛇尾矣。"
【両極端】 りょう-きょくたん	两个极端。
【良妻賢母】 りょうさい-けんぼ	贤妻良母。
【梁山泊】 りょうざん-ぱく	梁山泊。中明・施耐庵《水浒・12》："是山东济州管下一个水乡，地名梁山泊，方圆八百余里，中间是宛子城、蓼儿洼。"
【両天秤】 りょう-てんびん	❶天平。❷脚踏两只船。類二股を掛ける。
【両面作戦】 りょうめん-さくせん	❶两面迎敌；两面作战。❷双管齐下；两种手段并用。
【両論併記】 りょうろん-へいき	赞成和反对两种意见一并写入；罗列对立的两种意见。
【慮外者】 りょがい-もの	没教养的东西；混账东西；没礼貌的家伙。
【理路整然】 りろ-せいぜん	条理井然；条理清晰；逻辑严整；有条理。類辻褄が合う。

【臨機応変】りんき-おうへん　临机应变(línjīyìngbiàn)；随机应变(suíjīyìngbiàn)；相机而行(xiàngjī'érxíng)；相机行事(xiàngjīxíngshì)。[類]機(き)に臨(のぞ)み変(へん)に応(おう)ず；機(き)に因(よ)りて法(ほう)を説(と)く；融通(ゆうずう)が利(き)く①。[中]唐・李德裕《请赐刘沔诏状》："自度便宜，临机应变，不得过怀疑虑，皆待指挥。"

【臨場感】りんじょう-かん　身临其境(shēnlínqíjìng)之感。

【臨戦態勢】りんせん-たいせい　临战态势；临阵态势。

【輪廻転生】りんね-てんしょう　（佛教(fójiào)）轮回转生(lúnhuízhuǎnshēng)；生死轮回。

【留守居】るす-い　看家(kānjiā)（的人）；留守。[類]留守番。

【留守番】るす-ばん　留在家里看家；留守（人员）。[類]跡(あと)を守(まも)る①；留守居。

【冷却期間】れいきゃく-きかん　暂停(zàntíng)激烈对立；使冲动降温(jiàngwēn)。

【冷血漢】れいけつ-かん　冷酷(lěngkù)的人。

【冷水浴】れいすい-よく　冷水浴。

【冷暖房】れいだん-ぼう　冷气和暖气设备。

【黎明期】れいめい-き　新文化萌芽(méngyá)期；（新文明的）黎明(límíng)期。

【歴史観】れきし-かん　历史观。

【恋愛結婚】れんあい-けっこん　恋爱结婚。

【錬金術】れんきん-じゅつ　炼金术；炼丹术。

【連合軍】れんごう-ぐん　联军；盟军；联合国部队。

【連日連夜】れんじつ-れんや　连续几天。

【練習台】れんしゅう-だい　陪练人员。[類]稽古台(けいこだい)①。

【連戦連勝】れんせん-れんしょう　连战连胜；连战连捷(jié)。

【連戦連敗】れんせん-れんぱい　连战连败。

【連帯責任】れんたい-せきにん　连带责任。

【連絡先】れんらく-さき　联系地址(dìzhǐ)。

【連絡網】れんらく-もう　联络网。

【労使関係】ろうし-かんけい　劳资关系。

【老若男女】ろうにゃく-なんにょ　男女老少(shào)。

【老婆心】ろうば-しん　（一片）婆心；婆婆妈妈(pópómāmā)；（恕(shù)我）多余的操心。

【浪費癖】 ろうひ-へき	浪费的毛病；浪费的习性。	
【老老介護】 ろうろう-かいご	老人护理老人；年老子女照顾更老的父母。	
【禄盗人】 ろく-ぬすびと	尸位素餐者（shīwèisùcān）；无才无德而拿薪俸（xīnfèng）的人。類月給泥棒（げっきゅうどろぼう）。	
【露出症】 ろしゅつ-しょう	裸露癖（luǒlùpǐ）；露阴癖（lùyīnpǐ）；裸露性器官的变态。	
【露出度】 ろしゅつ-ど	❶肉体露出（lòuchū）的程度。❷媒体露面频率（méitǐlòumiànpínlǜ）；出镜频率。	
【六根清浄】 ろっこん-せいじょう	（佛教六根：眼、耳、鼻、舌、身、意）六根清净（fójiào... liùgēnqīngjìng）。中隋•炀帝（杨广）《宝台经藏愿文》："五种法师，俱得六根清净。"	
【露天風呂】 ろてん-ぶろ	室外浴池；露天（lùtiān）浴池。	
【論功行賞】 ろんこう-こうしょう	论功行赏（lùngōngxíngshǎng）。中春秋•管仲《管子•地图》："论功劳行赏罚，不敢蔽贤"。	

わ 行

【若隠居】 わか-いんきょ	提前退休；不到老年就让接班人管理家事。	
【若白髪】 わか-しらが	少白头（shàobáitóu）。	
【若大将】 わか-だいしょう	❶年轻的大将（dàjiàng）。❷少东家（shàodōngjiā）。	
【和気藹藹】 わき-あいあい	一团和气（yītuánhéqì）；和和气气。	
【和光同塵】 わこう-どうじん	和光同尘（héguāngtóngchén）；与世无争（yǔshìwúzhēng）；浑俗和光（húnsúhéguāng）。類塵（ちり）に同ず（どう）；塵に交わる（まじ）。中春秋•李耳《老子•4》："挫其锐，解其纷，和其光，同其尘。"	
【和魂漢才】 わこん-かんさい	日本固有精神与中国学识相结合。	
【和魂洋才】 わこん-ようさい	日本固有精神与西方学识相结合。	
【和洋折衷】 わよう-せっちゅう	日西合璧（hébì）；日本和西方折衷（zhézhōng）。	
【草鞋銭】 わらじ-せん	极少的盘缠（pánchan）。	
【悪餓鬼】 わる-がき	恶童；坏孩子。	
【悪知恵】 わる-ぢえ	坏主意；干坏事的脑筋。	

参考文献（参考书）

●条目主要来源于四大辞书（四书皆收者悉数网罗）：

見出しの主な出所は四大辞典である（四辞典に全部に登載されている見出しはすべて収録）：

『日本国語大辞典』（小学館）

『広辞苑』（岩波書店）

『大辞泉』（小学館）

『大辞林』（三省堂）

●日本·中国所出熟语类专门辞典（部分参考）：

日本と中国で出版されている慣用句専門辞典（部分的参考）：

『明鏡ことわざ成句使い方辞典』（大修館）

『三省堂　故事ことわざ・慣用句辞典』（三省堂）

『漢和辞典』（学研）

『慣用句・故事ことわざ・四字熟語　使いさばき辞典』（東京書籍）

『ポケット版　慣用句・故事ことわざ辞典』（成美堂）

『四字熟語辞典』（学研教育）

『暮らしの中のことわざ辞典』（集英社）

《汉语大词典》（上海辞书出版社）

《汉语成语源流大词典》（开明出版社）

《中华成语词典》（商务印书馆）

《中华成语熟语辞海》（学苑出版社）

《日语惯用语、谚语详解》（外语教学与研究出版社）

《汉语惯用语·谚语辞典》（国防工业出版社）

《迷你日语惯用句词典》（外语教学与研究出版）

《简明日汉成语辞典》（知识出版社）

《日汉成语谚语词典》（上海译文出版社）

《汉语惯用语词典》（商务印书馆）

《简明汉语俗语辞典》（中华书局）

《中国惯用语大辞典》（上海辞书出版社）

【編者略歴】

田忠魁（Tian・ZhongKui）
1968年毕业于黑龙江大学日语专业。
1971年起先后任哈尔滨工程大学、黑龙江大学、县立广岛大学教授。
学术方向：日语语音学、词汇学、语源研究、日汉语言对比研究。
曾任中国大学外语教学指导委员会委员；全国大学日语4级考试命题组副组长。
(1) 论文：《日语的重音与汉语的声调》；
(2)《中日同源语根/轱辘/と/クル/についての考察》；《论汉语词重音》等。(2) 著作：《大学日语预备级Ⅰ～Ⅲ》（两主编之一）；『類義語使い分け辞典』（共著）等。

髙橋公一郎（たかはし・こういちろう）
1950年　日本国秋田県生れ。
1982年　中国浙江農業大学農学部（現浙江大学農学院）修了。
〔対中国ＮＧＯ〕
1975年～1984年　社団法人日中農林水産交流協会勤務（事務局員兼通訳）。
〔対中国ＯＤＡ〕
1988年～2006年　国際協力事業団（現国際協力機構・ＪＩＣＡ）による政府間技術協力5プロジェクト業務調整員。通算14年間中国滞在。
1984年～現在　全国通訳案内士（中国語）。

精選　日中慣用句辞典

2025年2月14日　第1刷発行

編　者　髙橋公一郎　田忠魁
発行者　濱　正史
発行所　株式会社元就（げんしゅう）出版社
　　　　〒171-0022 東京都豊島区南池袋4-20-9
　　　　　　　　　サンロードビル2F-B
　　　　電話 03-3986-7736　FAX 03-3987-2580
　　　　振替 00120-3-31078

装　幀　クリエイティブ・コンセプト
印刷所　モリモト印刷株式会社

※乱丁本・落丁本はお取り替えいたします。

©Koichiro Takahashi　2025 Printed in Japan
ISBN978-4-86106-282-7　C0587